南京保卫战史料与研究

丛书主编　周　峰

南京保卫战全纪录

孙宅巍　杨颖奇　主编

南京出版传媒集团　南京出版社

图书在版编目（CIP）数据

南京保卫战全纪录 / 孙宅巍，杨颖奇主编. -- 南京：南京出版社，2024.11

ISBN 978-7-5533-4363-1

Ⅰ. ①南… Ⅱ. ①孙… ②杨… Ⅲ. ①南京保卫战(1937)—史料 Ⅳ. ①K265.210.6

中国国家版本馆CIP数据核字(2024)第006662号

丛 书 名 南京保卫战史料与研究
丛书主编 周 峰
书 名 南京保卫战全纪录
主 编 孙宅巍 杨颖奇
出版发行：南京出版传媒集团
南 京 出 版 社

社址：南京市太平门街53号 邮编：210016

网址：http://www.njcbs.cn 电子信箱：njcbs1988@163.com

联系电话：025-83283893、83283864（营销） 025-83112257（编务）

出 版 人 项晓宁
出 品 人 卢海鸣
策 划 卢海鸣 朱天乐
责任编辑 聂 焘
装帧设计 王 俊
责任印制 杨福彬

排 版 南京新华丰制版有限公司
印 刷 南京工大印务有限公司
开 本 787毫米×1092毫米 1/16
印 张 47
字 数 813千
版 次 2024年11月第1版
印 次 2024年11月第1次印刷
书 号 ISBN 978-7-5533-4363-1
定 价 220.00元

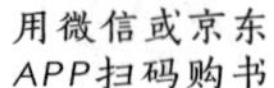

用微信或京东APP扫码购书

用淘宝APP扫码购书

国家社科基金抗日战争研究专项工程项目

“南京大屠杀档案文献与研究资料的搜集整理和数据库建设”（批准号：19KZD003）成果

“南京保卫战史料与研究”
编辑委员会

总 序

张宪文

南京，是历史悠久的文明古都，也是一座坚强不屈的英雄城市。

1937 年，抗日战争全面爆发后，中国军民筑起抗日民族统一战线，誓死抵抗日本军国主义的侵略，发出了抗日救国的最强音。作为当时中国首都的南京，成为日军急于侵占的目标。淞沪会战爆发后的第三天，也就是 1937 年 8 月 15 日，日军飞机首次空袭南京。对南京的空袭，持续了近 4 个月之久。淞沪会战后，日军随即从上海向南京进攻，一路烧杀劫掠，江南大地惨遭蹂躏。12 月上旬，中国将士拉开了保卫南京的序幕。

80 多年前的南京保卫战，是中国人民抗日战争史上的一场重要战役。1937 年 12 月 1 日，日本大本营发布“大陆命第 8 号”，命令“华中方面军司令官须与海军协同，攻占敌国首都南京”。日本华中方面军司令官松井石根随即下达了攻击南京的命令。日本海军第十一战队突破江阴沉船防线，向南京江面进攻。日军飞机协助陆军进攻，轰炸中国守军防御阵地。

面对日军进攻，中国守军奉命防御，在“地面保卫战”打响之前，就已开始了“空中保卫战”。在激烈的空战中，乐以琴、高志航、刘粹刚、戴广进等中国空军飞行员驾机迎战。南京市民积极挖建防空壕。苏联援华志愿航空队抵达南京，协助中国空军与日机作战，涅日丹诺夫、阿列克赛耶夫等苏联飞行员在南京英勇牺牲。

1937 年 11 月 20 日，国民政府宣布移驻重庆，并任命唐生智为南京卫戍司令长官，颁布南京卫戍军战斗序列，调集约 15 万兵力，指挥 13 个建制师又 15 个建制团及江宁要塞、首都警察等武装力量，利用外围与复廓阵地御敌，实行“短期固守”。中国守军与日军在南京周边的淳化镇、牛首山、杨坊山等地激战，失利后转入内廓阵地与城垣。12 月 9 日，日军向中国守军空投《劝降书》，中国守军不予理会。10

日，日军向南京城发起总攻，中国守军与日军在光华门、紫金山、雨花台、中华门、赛公桥等地展开血战。11日，鉴于防守不能持久，蒋介石下令“如情势不能久持时，可相机撤退”。12日下午5时，唐生智召集高级将领会议，决定撤退。中国守军一部渡江北撤，一部向皖浙边区转进，已渡至江北的中国军队沿津浦路向徐州方向撤退。在三天的激烈战斗中，萧山令、朱赤、高致嵩、易安华、罗策群、姚中英、司徒非、李兰池、刘国用、蓝运东、万全策等将领壮烈殉国。13日，南京沦陷，南京保卫战至此结束，日军随即实施了震惊中外的大屠杀。16日，国民政府发表《为退出南京告全国国民书》，指出：“中国持久抗战，其最后决胜之中心，不但不在南京，抑且不在各大都市，而实寄于全国之乡村与广大强固之民心。”表示“敌之武力终有穷时，最后胜利必属于我”。

悲壮的南京保卫战，表现了中国军人为保卫南京而与日本侵略军血战到底的不屈精神，展现了“天下兴亡、匹夫有责的爱国情怀，视死如归、宁死不屈的民族气节，不畏强暴、血战到底的英雄气概”。与抗战时期的其他战役相比，南京保卫战因其对首都的保卫，及其与南京大屠杀之间的关联性，是抗战史上不可忽略的一战。开展南京保卫战系统研究，具有重要的学术价值和意义。

经过学术界30多年的努力，一批南京保卫战相关史料和专著问世。在研究中，学界发现了新的史料，提出了新的研究理念和视角。同时，我们也看到，有关南京保卫战的研究和史实传播仍然较为薄弱，仍有不少人对南京保卫战缺乏基本的了解，甚至极个别所谓的“精日分子”在南京保卫战遗迹前做出亵渎抗战英烈的举动，造成了极为恶劣的社会影响。为进一步推动南京保卫战研究，缅怀为国捐躯的抗日将士，更全面客观地将南京保卫战历史研究好、传播好，在新时代弘扬爱国主义主旋律，弘扬伟大的抗战精神，国家记忆与国际和平研究院联合中国第二历史档案馆、江苏省社会科学院历史研究所、侵华日军南京大屠杀遇难同胞纪念馆以及南京地区有关高校的专家学者，秉持“让历史说话，用史实发言”“总体研究要深、专题研究要细”的原则，从档案文献、文史资料、日方资料、报刊史料、老兵口述、遗址考证等方面着手，系统开展南京保卫战研究。通过中方、日方、第三方的档案、照片、影片、报刊、日记、书信、实物、口述史料等，探究南京保卫战的历史背景、时空范围、作战经过、伤亡情况、失败原因、人物评价、市民抗争等一系列问题，阐述南京保卫战的历史地位和重要意义，发掘新史料，提出新观点，推出“南京保卫战史料与研究”丛书。

本丛书分为若干系列，汇集各方史料，主要内容包括以下七个方面：

一、南京保卫战档案整理与研究。挖掘与梳理中国第二历史档案馆等单位典藏的有关南京保卫战的档案文献，涉及南京保卫战的组织、筹备、指挥、战斗等资料。中国第二历史档案馆的专家学者查阅了30余个全宗、逾11万条案卷目录、10万多页电子档案，以影印的方式，将档案原貌呈现给读者。

二、南京保卫战的日方资料整理与研究。日方资料包括以下5个方面：一是日军官兵的战地日记；二是日军官兵的战地书信；三是日军官兵回忆；四是日本军方文件，包括作战命令和战斗报告等；五是日军部队史。

三、文史资料与民国出版物中有关南京保卫战的史料整理与研究。检索《全国各级政协文史资料篇目索引（1960—1990年）》《民国时期总书目（1911—1949）》等，查找与南京保卫战有关的内容，特别是民国时期出版的《警察向导》（第一卷第一期至第七期）"首都警察抗战特辑"，收录了参与保卫南京的警察的回忆资料。这是之前未曾发现的新史料，具有重要的史料价值。

四、南京保卫战老兵口述史料整理与研究。曾参与南京保卫战的抗战老兵，是见证南京保卫战历史的"活史料"。专家学者在湖南、山东等地采访曾参与南京保卫战及外围作战的抗战老兵，并委托中国台湾地区的热心人士寻访参加过南京保卫战的老兵，充实南京保卫战的口述史料。

五、南京保卫战报刊史料整理与研究。战时中外报刊均对南京保卫战做了大量的新闻报道。专家们重点查阅了1937年8月至12月的《中央日报》《大公报》《申报》等中国主流报刊的相关报道，并将查找范围扩展至南京沦陷前有关南京防空建设的报道，以及南京沦陷后有关纪念南京保卫战阵亡将士的报道。对于外方报道，重点查找了战时日本报刊有关日军进攻南京的报道，以及美国《纽约时报》等西方报刊的相关报道，并将这些新闻报道影印或翻译出版。

六、南京保卫战遗迹考证研究。南京保卫战留下了大量的战斗遗迹，分布于紫金山、汤山等地，是反映南京保卫战战况、开展爱国主义教育的重要资源。专家学者将文字史料与实物史料相结合，发掘遗迹背后的故事，让当年的战斗遗迹诉说历史，讲述惨烈的战斗故事。

七、撰写《南京保卫战全纪录》。学者们在新史料的基础上，以新的视角和理念撰写《南京保卫战全纪录》，力求具有学术深度和时代价值，将南京保卫战研究提高到一个新的高度。

我们希望这套丛书的出版，能为海内外历史研究者和历史爱好者提供所需的历史资料，为繁荣史学研究、促进史实传播发挥重要作用。由于史料来源广泛，个别档案资料或有瑕疵，为保持史料原貌，我们原文收录，并以注释作了相关说明，供读者参考和辨析。

本丛书既是一项较大的学术工程，也是一项史实传播的文化工程。史料的搜集、整理、编译等工作，得到了中国第二历史档案馆、南京师范大学、江苏省社会科学院、侵华日军南京大屠杀遇难同胞纪念馆等机构及专家学者，以及南京出版社领导和编辑的大力支持，他们克服各种困难，付出了大量辛劳，我深表感谢！

习近平总书记指出："历史是最好的教科书，学习中国近现代史，就要了解近代中国所经历的屈辱历史，深刻汲取落后就要挨打、就要受欺负的教训，增强励精图治、奋发图强的历史使命感和责任感。"我们希望这套丛书的出版，将有助于在全社会弘扬以爱国主义为核心的民族精神和伟大的抗战精神，用我们的研究成果告慰牺牲奉献的抗战先烈和英雄将士，传递南京保卫战历史记忆，激发人们的家国情怀，更加珍惜和平之可贵，为实现民族复兴的伟大梦想凝聚精神和力量！

是为序。

（作者为国家记忆与国际和平研究院院长
南京大学荣誉资深教授）

目　录

导　论

第一章　战前形势

第二章　战前军事准备

第三章　空袭与空战

第四章　日军进犯南京

第五章　东南正面阵地防御作战

第六章　复郭阵地防御作战

第七章　撤守和突围战斗

第八章　战役结果

结束语

大事记

导　论

一　南京保卫战研究的回顾与现状

自1937年12月进行南京保卫战以来，已经过去了86年。随着对抗日战争研究的不断深入，对于在抗日战争正面战场具有重要地位与影响的南京保卫战，学界和社会给予了极大的关注。研究南京保卫战的论著与资料，不断问世；对南京保卫战的认识与评价也由浅入深。

对南京保卫战的长期研究与探索成果丰硕，有一大批专题论文、文章与学术专著面世。

自20世纪80年代以来，抗战史研究专家与学者在我国内地与港台杂志上，发表了大量研究南京保卫战的文章。主要有：孙宅巍撰《试论抗战初期的南京保卫战》（《江海学刊》1985年第5期）、《如何评价南京保卫战——再论南京保卫战》（《民国档案与民国史学术讨论会论文集》，档案出版社1988年版）、《评唐生智在南京保卫战中的功过》（《历史档案》1985年第4期）、《南京保卫战双方兵力的研究》（《抗日战争史事探索》，上海社会科学院出版社1988年版）、《论南京保卫战中几个有争议的问题》（《民国档案》1993年第1期）、《论南京保卫战的决策及其结局》（《南京社会科学》2000年第4期）、《南京保卫战再研究》（《日本侵华南京大屠杀研究》2019年第1期），唐生智、刘斐、宋希濂、王耀武、杜聿明、周振强等亲历南京保卫战官兵的回忆文章集《南京保卫战》（中国文史出版社1987年版），张其立撰《探讨1937年南京保卫战的几个问题》（《南京史志》1988年第4期）、《日寇对南京的空袭》（《南京史志》1987年特刊），高榆、刘存权、强剑衷撰《南京保卫战纪实》（《南京史志》1988年第6期），怀远撰《唐生智死守南京终不死》（香港《春秋》杂志第757期，1989年2月），文辉撰《南京保卫战中的首都警察部队》（《江苏地方志》1995年第3期），李君山撰《南京保卫战国府决策与执行过程》（台北《历史月刊》1995年8月号），台北“国史馆”撰《孤城英烈一将军——萧山令南京保卫战殉国记》（台北《历史月刊》1995年8月号），呼延如璞、赵志撰《南京光华门城头中华魂——记谢承瑞烈士》(《民国春秋》1997年第5期），邵烨撰《沦陷前后南京在中日双方眼中的地位和价值比较》（《民国档案》2012年第3期），高晓星撰《南京军民的空中保卫战》（《日本侵华史研究》2013年第2期），戚厚杰撰《南京保卫战指挥机构与参战部队考证》（《日本侵华史研究》2013年第4期），经盛鸿撰《论南京保卫战中的唐生智》（《日本侵华史研究》2016年第4期），程瑶、唐恺撰《南京保卫战部分守军的参战、撤退人数》（《日本侵华南京大屠杀研究》2018年第4期），戚厚杰撰《论南京保卫战中侵华日军进攻南京的兵力及其部署分析》（《军事历史研究》2020年第2期），汪海涛撰《南京保卫战守城官兵参战及撤离人数再辨析》（《军事历史研究》2020年第2期）等。从上列各文的标题不难发现，学术界对于南京保卫战这一重要历史事件，从历史背景、战略决策、战役经过、双方兵力、战役影响，到空地配合、人物命运等，都给予了全方位的关注。

在研究南京保卫战的文章不断发表的同时，研究南京保卫战的专著，也在我国内地、台湾与澳门出版。

在早期研究南京保卫战的著作中，谭道平先生于1946年出版的《南京卫戍战史话》一枝独秀。该书虽称“史话”，但由于谭氏在南京卫戍军总部参加战役部署、作战指挥，亲随蒋介石、唐生智、罗卓英等高级领导人视察、讲话，该文还附载了参加保卫战的将领与卫戍军兵力统计，作为撤退命令的“特字第一号命令”及突围计划、联络信号、渡江计划，均使其具有信史的价值。书中写有对保卫战战略、战术得失的评论《论南京卫戍战与淞沪战争》等。谭先生在书中，给予南京保卫战高度的评价。他认为：“南京卫戍战争，为我中华民族神圣抗战史中之著名战役，牺牲重大，战斗惨烈，旷古之所无有，中外之所震惊，而于战略政略，威就尤钜。”①上述内容，使该书成为学术界研究南京保卫战的第一部战史著作与理论著作。它给学术界提供了军事档案以外的第一手战役资料及战役评价，为日后对南京保卫战的研究打下了最初的基础。

谭道平先生的《南京卫戍战史话》出版后，研究南京保卫战的专著沉寂了50年，直至1997年，在抗日战争全面爆发60周年之际，方有孙宅巍研究南京保卫战历

① 谭道平：《南京卫戍战史话》自序，东南文化事业出版社1946年版。

史的专著《南京保卫战史》在我国台湾地区出版。该书是严格意义上研究南京保卫战史的第一部学术专著。权威史学家茅家琦教授为该书作序，称：“长期以来，学术界对南京保卫战的研究比抗日战争史的其他课题显得相对薄弱。这种情况的出现，可能有两个原因：一是南京保卫战是一次中等规模的战役；二是南京保卫战是中国军队失败的战役。但是，正如作者在书中指出的，当时南京是中国的首都，南京战役又与日本侵略军在南京的血腥大屠杀紧密相连，它虽然是一次失败的战役，但在抗日战争史上仍占有重要地位。”该书最为珍贵之处在于设立了“历史的沉思”专章，对保卫战败在何处、保卫战失败原因、唐生智与保卫战的关系、保卫战的历史地位等理论问题进行了深入的探讨。关于败在何处，著者认为：“南京城的失陷，标志着南京保卫战的结束。但是，南京保卫战的胜负，并不仅仅以南京城的守弃为标志，甚至可以说，在抗战初期的特定条件下，南京保卫战的胜负，完全不以南京城的守弃为标志。”“南京保卫战未能较多地消灭敌人、较好地保存自己和争取到较为充裕的时间，因此，它是失败的。”关于失败原因，著者认为，南京保卫战的失败乃是由各方面因素综合造成，非一人一事所导致。“主观上，就组织和实施南京保卫战的国民政府及其军事当局而言，在组织指挥与后勤保障方面，都存在着严重的问题。”“客观上，敌我双方军力的对比与南京城不利防守的地形，对战局也有着重要的影响。”关于唐生智的功过，该书提出需要多角度地公正、客观地评价唐生智。书中写道：“他的主要贡献在于，在日军疯狂进攻南京的危急情况下，自告奋勇，受命守城；悉心指挥，临难不苟；拒绝投降，认真抵抗。”但是，“唐生智统率的南京卫戍军，指导思想是单纯防御、被动应战；组织实施松散无力、指挥不灵；战役退却一片混乱、损失惨重。”该书对唐生智卫戍南京总的评价是：“率军守土抗敌，有很大的功劳，战役指挥失误，有重大的过失，他的功、过都是客观存在的。过不能掩功，功不能抵过……总的说来，就唐生智在南京保卫战中的表现来看，他不愧是一名抗日爱国将领。”关于历史地位，该书在当时史学界对于南京保卫战是否是一次独立的抗日战役尚存不同看法的情况下，首次肯定地指出：“南京保卫战有自己既定的战略目标、统一的作战计划，投入了相当的兵力，经历了一系列大小战斗，是一次具有中等规模的重要战役。”该书进而强调：“战役中，守城官兵浴血奋战的爱国壮举，是全中国军民的共同光荣和骄傲。”“由于南京是当时中国的首都，是日军借以胁迫中国投降的攻击重点，加之南京守军英勇拼搏、牺牲惨烈，又使它作为抗战初期一次举国瞩目的重要战役，载入了中国人民抗战和世界人民反法西斯战争的光荣史册。”①

进入21世纪后，李吉荪先生于2001年推出新著《中日南京之战》。该书原设计有16章又3篇附文，但由于种种原因，只出了由6篇文章组成的“精选版”，文字量也压缩为6万字左右。但它却在几个方面提出了独到的见解：一是在“质疑‘三次高级幕僚会议’决定南京防守”篇中，推翻了刘斐先生之“三次高级幕僚会议”说。李氏举出多位高级官员的回忆与文章，均不见刘氏出席蒋介石召集的高级幕僚会议。他认为蒋介石对于防守南京的方案，早在刘斐所说召开高级幕僚会议的11月中旬之前，就已经做好了决定。“‘三次高级幕僚会议’决定南京防守问题，实难以置信。”“从时间、空间、常情、军情诸多客观条件来分析，均不可能产生唯真（即刘斐）文那样的‘三次高级幕僚会议’。”二是就南京守军的英勇奋战给予高度评价。书中以激越昂扬的文字，写道：“中华民族的优秀儿女，不愿做奴隶的人们，从司令长官、军长、师长到中、下级指挥官和在淞沪战场与日军拼杀几个月的老兵到刚刚学会装子弹的新兵，在野蛮侵略者的面前，不听谎言与祈祷，也不怕狂轰滥炸，在侵略者攻城时，奋起英勇拼杀，谱写出一部悲壮激烈的民族颂歌。”三是充分肯定了南京之战的战略价值与意义。书中列举国际、国内背景，指出：“南京战役是‘明知其不可为而为之’……是受‘持久战’总战略所制约，它是为了争取时间，掩护从上海撤下来的军队转移整补和下一步作战的布置。”“悲壮而短暂的南京之战，是为中华民族生存的一场苦战；又是国共合作组成民族统一战线后，进行的一场为民族解放之战；又是国共两党参加最高国防会议，确定抗日策略后之一场为捍卫祖国尊严之战；也是在全世界人民声援中一场反法西斯侵略正义之战。”四是力排众议，就战役指挥官唐生智的表现给予极高评价。著者认为：“唐作为此战役最高指挥官，抗敌御强，危难受命，面对牺牲，背水作阵，城下拒降，指挥若定，失援应变，弃守依令，信守诺言‘临危不乱，临难不苟’。为八年抗战中，最先率部与日军作战之国民革命军一级上将。”②

孙宅巍在20世纪末于我国台湾地区出版《南京保卫战史》后，经17年深思、琢磨，在2014年修订出版了面貌一新的《南京保卫战史》。新版的《南京保卫战史》

① 孙宅巍：《南京保卫战史》，台北中华发展基金管理委员会、五南图书出版公司1997年版，序第2页，第311—338页。

② 李吉荪：《中日南京之战》，澳门国际炎黄文化出版社2001年版，第75页、95页、86—87页、103页、96页、101页。此处“八年抗战”特指八年全国性抗战。

在大体保持原版结构的基础上，有几个方面突破了原有的资料来源、框架结构与理念认知。一是全方位地充实了来自日方与第三方的文献、新闻资料。该书充分利用了由张宪文教授主编的72卷《南京大屠杀史料集》中，日本军方的作战文书、日军官兵战地日记，以及日本、英美报纸对南京保卫战战况的报道。书中大量引用日军官兵的纪录，称在紫金山战斗中，“他们战斗到最后一个人”；称在光华门战斗中，日军步兵第36联队第1大队“死伤大半”；称在雨花台发生了“血淋淋的攻防战”；将中华门战斗称为“惨烈的肉搏战”。该书引用英美报纸，写道“中国守军之形势已处于极度严重关头……中国军队仍继续坚强抵抗”。这些日军官兵与英美记者纪录的引用，大大增强了论述的说服力。二是在“临战首都”章中，增加了南京工业的西迁与南京学校及文化机构内迁的内容。该书通过对这些机构内迁活动的论述，扩大了南京保卫战的内涵。正如著者所述：“每一机构的内迁，都是一个像模像样的战役；内迁中的每一次中转，都是一场货真价实的战斗；每个内迁者，都是一名威武不屈的抗日战士。”① 三是提出了南京保卫战与南京大屠杀存在着多重关联的新理念。著者认为，南京保卫战与南京大屠杀之间，远远不是简单的在时间上前后承接的关系，而是有着多重的、丰富的内在关联。该书指出：南京保卫战是南京大屠杀的重要历史背景，“日本侵略军对南京的进攻与占领，南京保卫战的悲壮进行，以及南京守军不成功的撤退”，都是南京大屠杀发生的近期背景。南京保卫战的时空范畴影响着南京大屠杀的时空范畴。南京守军的英勇抵抗必然招致日本侵略军的疯狂报复，这就构成了南京大屠杀发生的某种原因，当然这绝不是“理由”。唐生智不成功的撤退，使9万大军滞留城内，一部潜入民间，被日军利用为搜捕青壮年平民的借口。被日军屠杀的放下武器的军人，是南京大屠杀遇难者的重要组成部分。南京保卫战的延伸，是南京大屠杀中抗争的重要内容。

2016年，由抗日战争研究专家马振犊领衔担纲的“正面战场抗战启示录”九卷本丛书中的一种，罗娟女士所著《南京保卫战》出版。著者依靠身在中国第二历史档案馆工作的资料优势，以国民政府军事档案为基础史料，以新的视角，对南京保卫战的背景、经过与影响进行了新的诠释。著者认为，长期以来，史学界对南京保卫战的战略意义与价值认识不足。该书写道：“长期被‘弱视’的南京保卫战，应还原其真实价值……南京保卫战是‘八一三’淞沪战役的延续，从战略意义上讲，此战一定程度上牵制了日军在华东、华中方面的兵力，也间接影响

① 孙宅巍：《南京保卫战史》，南京出版社2014年版，第88页。

着日军在侵华方针和战略部署上的持续转变。”[①] 著者还围绕战役的失败，剖析了对有关各方的看法。首先是作为最高统帅的蒋介石，对失败负有重要责任。著者认为：“作为最高统帅，蒋介石的‘国际主义幻想’一直没有熄灭，不仅不能公开自己的作战意图，而且不能正视现实，听取正确的建议，做好应变善后工作，只是原则上做出了‘要守’‘准撤’的命令。”其次，战役最高指挥官唐生智指挥、部署失误，也负有不可推卸的责任。著者指出，唐生智“不应该允许‘应该突围的部队也可以渡江’的情况出现”；“几乎撤走了一切可以渡江的船只，断绝了守城部队的最后一线生机”[②]。著者还认为：“把南京沦陷、南京大屠杀归罪于国军抵抗不力”，“这种看法是有失公允的”。“在南京保卫战中，守军将士以自己的血肉之躯，与日军进行着坚决的拼搏与抵抗。”“南京保卫战是一场‘明知必败’但又‘不得不战’的战役，这也在一定程度上体现了中国军民不畏强敌、英勇抗战的爱国主义精神。”[③]

罗娟女士继《南京保卫战》一书出版后，又与马振犊联手，用5年的时间，在原书基础上，利用新发现的史料，进一步梳理南京保卫战史研究中的若干学术问题，形成了诸多新的观点，于2021年出版新著《南京城防保卫战》。该书对南京保卫战的性质、地位与战略意义，保卫战的抉择过程，唐生智在战役指挥中的功过是非，保卫战与南京大屠杀的关系等问题，进行了创新性探讨，明确指出：“在惨烈而悲壮的南京保卫战中，中国官兵表现了英勇的抗战卫国的牺牲精神。这些以上海撤守部队为主体的守城部队将士们，在疲惫之余，为保卫国家、保卫首都，不惜牺牲个人性命与来犯之敌进行了殊死作战，在明知胜算无几的情况下，他们仍然全力投入保卫南京的战斗，为抗战尽了最后的努力。”[④] 该书在肯定南京保卫战最高指挥官唐生智所制定的《首都保卫军作战计划》“比较完备”的同时，又观点鲜明地指出：“它缺乏一项重要的内容，那就是一旦城破，大部队如何安全撤退的设计。对此，唐生智仅以‘置于死地而后生’的简单思维，下令将南京江岸边的船只撤向江北，将渡江北撤之路断绝，同时命令扼守江边的部队，不许守城部队擅自通过，造成了后来守城部队无法撤出而被日军大规模屠杀的惨剧。”[⑤]

① 罗娟：《南京保卫战》，航空工业出版社2016年版，第274页。

② 罗娟：《南京保卫战》，航空工业出版社2016年版，第276—277页。

③ 罗娟：《南京保卫战》，航空工业出版社2016年版，第280—281页。

④ 罗娟、马振犊：《南京城防保卫战》，金城出版社2021年版，第258页。

⑤ 罗娟、马振犊：《南京城防保卫战》，金城出版社2021年版，第1页。

该书对保卫战的准确定位，以及对最高指挥官部署优劣的客观点评，都显示了著者对南京保卫战这一课题研究的新的高度与水平。

史学界对南京保卫战的研究，还出现在相关的一些领域的著作中，成为这些著作中受到高度关注的重要内容。

首先，南京保卫战相关内容出现在各种抗日战争研究著作之中。抗日战争史主要包括前6年的东北、淞沪、长城与察哈尔抗战，以及后8年抗日战争全面爆发后的正面战场与敌后战场作战。南京保卫战是正面战场的重要战役之一。

我国台湾地区于20世纪70年代先后出版的《第二次中日战争史》与《国民革命战史·第三部：抗日御侮》中，包含了南京保卫战研究的内容。吴相湘先生编著的《第二次中日战争史》，在“日军在南京大屠杀”节中，分别以“唐生智守南京”“日军猛攻光华门”“城内守军突围”三目展开介绍保卫战的全过程，而对于中日双方之排兵布阵、历经战斗，仅作简单扼要之叙述，认为在经淞沪抗战，已奠定全国军民长期抗战决心，四川又为长期抗战根据地的情况下，“南京防卫战不过是要表示我们步步为营的决心，南京在政略和战略上都已不关重要了。”[①] 蒋纬国编著的《国民革命战史·第三部：抗日御侮》在正面战场作战之“华东方面”部分设置三目，包括“南京保卫战”一目。此目简述了1937年12月4日至13日间，分别在南京外围与复郭阵地进行的战斗，未对南京一役之得失、意义作出评价。

自1978年中共十一届三中全会召开后，确立了改革开放的方针，学术界提倡解放思想，打破了一些研究的“禁区”，随之涌现出一批高水平、高质量的研究抗日战争的著作。这些著作毫无例外地都重点关注了南京保卫战。

1978年中共十一届三中全会召开后，最早推出的一部抗战史著作是张宪文教授于1984年主编的《抗日战争正面战场》。该书专门设立“南京保卫战”一章，又以“南京的背水一战”详述了战役的经过。书中充分肯定了南京守军英勇抗击日军的顽强战斗精神，同时也指出了战役指挥者在开战前、战斗中与撤退时的诸多失误。著者指出：“南京一战，中国军队以十万之众浴血奋战，英勇反击了日本侵略军。”“中国军队以疲惫之师仓卒（促）应战，军事当局在战役组织指挥上又出现了不少错误。”[②]

1994年由军事科学院军事历史研究部推出了上、中、下三卷的《中国抗日战

① 吴相湘编著：《第二次中日战争史》上册，台北综合月刊社1973年版，第399页。

② 张宪文主编：《抗日战争正面战场》，河南人民出版社1987年版，第81页。

争史》。该书设立专节论述“淞沪会战及南京保卫战”。在此节中，以高度概括的文字简单叙述了南京保卫战的经过，并大致采用了《抗日战争正面战场》一书中对南京保卫战的评价，唯较前书更为简单。

跨入21世纪后，抗战史坛出现了两个引人注目的新成果，它们是：2001年由张宪文主编的《中国抗日战争史（1931—1945）》与2002年由郭汝瑰、黄玉章主编的《中国抗日战争正面战场作战记》。

《中国抗日战争史（1931—1945）》专设“南京的背水一战”目，较为详细地论述了南京保卫战中的双方布局和作战经过，认为“南京保卫战，中国军队15万疲惫之师在三面被围，背水一战的不利情况下，英勇抗击了日军机械化部队5个半师团10余万人的优势兵力，以伤亡万余人的代价歼敌逾万人，是值得后人称颂的。”但是，这一战役“无论在战役指挥上、战术实施上，还是战略决策上，均有较大的失误。”①

《中国抗日战争正面战场作战记》在“华东战局”章中，专设“南京保卫战”节，用5个目的大篇幅、长文字，来分述日本大本营的成立及进攻南京的决策、中国政府对南京地区的抗战准备及作战指导、战役经过，并对战役的得失进行了简要的分析。著者认为：“在淞沪会战后主力部队遭受重大损失的困难情况下进行的南京保卫战，表示了中国政府的抗战决心，但就其结果而言，则不论在战役上还是战略上，都是失败的作战。”“事实上，政治、军事两个方面的目的均未真正达到，所以说在战役上失败了。”“从中日两军的情况看，南京保卫战没有达到尽量消耗敌人、保存自己战斗力的战略要求，相反地，自己的军事力量消耗过大、损失过大，更不利于持久抗战，所以说在战略上也失败了。”②

其次，在南京大屠杀的研究中，包含了更多南京保卫战的内容。南京保卫战是南京大屠杀的重要历史背景，没有南京保卫战的失败与南京城的失陷，便不可能有日本侵略军10万大军侵占南京城，疯狂杀烧淫掠，30万南京军民惨遭屠杀的人类大悲剧。因此，研究南京大屠杀的著作均无一例外地设有专章专节，首先对南京保卫战详加论述。

我国第一部公开出版的研究南京大屠杀的著作，当推高兴祖先生于1985年撰著的《日军侵华暴行——南京大屠杀》。该书在“南京的失陷”章中，叙述了南

---

① 张宪文主编：《中国抗日战争史（1931—1945）》，南京大学出版社2001年版，第376页。

② 郭汝瑰、黄玉章主编：《中国抗日战争正面战场作战记》，江苏人民出版社2002年版，第637—638页。

京保卫战的经过，南京守军的“激烈抵抗”“猛烈堵击”“拼死反击”于各阵地的交战中随处可见。书中描述：“在中山陵一带，双方进行了激烈的机枪战”，“城墙周围战斗异常激烈”。[①]该书肯定了中国军人在南京保卫战中顽强战斗的精神，但没有对它的历史地位作出评论。

两年后，由“南京大屠杀”史料编辑委员会撰著的《侵华日军南京大屠杀史稿》出版。该书设“南京的失陷”专节，论述南京保卫战的经过。该书认为，南京外围阵地“未经激烈战斗”即告失守，“双方在雨花台、上新河、紫金山展开激战”[②]。全节未对南京保卫战的意义、失败原因等进行评论。

1997年，由孙宅巍主编的《南京大屠杀》出版，该书是孙宅巍负责的国家社科基金项目“南京大屠杀史”的重要成果。编写者在全书第一章专门论述“日军侵华和南京的失陷”，除回顾日军侵华历史与从七七事变到上海失陷的历史外，用4个节的文字，详述了南京保卫战中、日双方的战前准备、南京保卫战的完整过程，以及南京城失陷的经过。在研究南京大屠杀的著作中，该书首次以较多的文字和资料，对南京保卫战中的句汤线、孟塘和大胡山、湖熟和淳化、牛首山、紫金山、杨坊山、光华门、雨花台、中华门、水西门、赛公桥11处主要战斗，分别加以叙述，全景式地展现了中国守军在南京城的英勇拼搏。该书指出：“南京守军，在唐生智的指挥下，用猛烈的炮火和激烈的战斗，回答了日军的劝降之举。”“中国军队据城坚守，浴血奋战，虽形势极为严重，但其守土抗敌的决心，惊天地而泣鬼神。”[③]该书对中国守军在南京保卫战中表现出的勇敢顽强的精神与气概，给予了充分的肯定。

2005年，孙宅巍又推出了一部新的研究南京大屠杀的著作《澄清历史——南京大屠杀研究与思考》。这是对南京大屠杀史进行横向研究的一部理论著作。在这部著作中，首篇即“保卫战篇”。该篇就南京保卫战是一次独立的战役、中日双方兵力的投入与损失、保卫战的时空范畴、南京城的失陷不是保卫战失败的标志、保卫战的历史地位、如何看待唐生智“与南京共存亡”的誓言、客观分析唐生智对战役失败所应负的责任、南京保卫战与南京大屠杀的多重关联等8个方面的理论与实证问题，进行了深入的探讨与剖析。该篇在前述《南京保卫战史》评论的基础上，又进一步指出：“南京保卫战与南京大屠杀前后相互承接，南京大屠杀

---

① 高兴祖：《日军侵华暴行——南京大屠杀》，上海人民出版社1985年版，第19页。

② “南京大屠杀”史料编辑委员会：《侵华日军南京大屠杀史稿》，江苏古籍出版社1987年版，第10—11页。

③ 孙宅巍主编：《南京大屠杀》，北京出版社1997年版，第63页、第69页。

自南京保卫战失败而开始，南京保卫战以南京大屠杀发生而终结。但它们之间的关联远不止此。保卫战的壮烈进行，必然遭致日本侵略军的疯狂报复；滞留南京的中国军人是南京沦陷时人口的重要构架；被屠杀的中国军人是大屠杀遇难同胞的重要组成部分；大批中国军人潜入民间，被日军利用为屠杀的借口。”①

张宪文主编的《南京大屠杀全史》三卷本于2012年问世。该书专设“首都保卫战”一章，用万字篇幅，以6节分述日军的进击、国民政府保卫南京的举措、外围阵地的争夺、复郭阵地激战、日军攻占南京城和日军进击中的暴虐行为。与前书《南京大屠杀》相比，该书以更长的篇幅、更加完整的结构，论述了作为南京大屠杀重要政治、军事背景的南京保卫战。该书还论述了与南京保卫战相关的防空作战、国民政府西迁，以及日军在进军南京途中的暴行。这些内容的加入，无疑使对南京保卫战的论述，更趋完整化与立体化。书中对保卫战战事的叙述，亦较其他南京大屠杀著作更为详细、丰满。该书将战役的主体部分分为“外围阵地的争夺”“复廓（郭）阵地激战”与“日军攻占南京”三个部分，其中对东线战事、南线激战、东郊血战、东南城垣激战及守军奉命撤退，均分目详细展开。该书对南京保卫战的历史，叙而不论，寓论于史。虽没有专门评论的文字，但著者对南京守军英勇抗击侵略者的无畏精神的赞颂，跃然纸上。

第三，近年出版的南京与江苏通史的研究著作，也汇集了对南京保卫战的研究成果。

2011年由南京市地方志编纂委员会办公室编纂的《南京通史·民国卷》，用整整一章的篇幅（全书共八章），浓墨重彩地对南京保卫战的历史进行了研究。该章以“日军入侵与南京保卫战”为题，首先，叙述了第二次国共合作在南京的形成，突出了国共在南京的谈判与第二次国共合作的实现。这一南京保卫战发生前夕的重要政治背景，凸显了在以国共合作为基础的抗日民族统一战线旗帜下进行全民族抗战的政治特色。其次，研究了战前南京的政治、经济、军事状况，包括国民政府的西迁，南京工业与文教机构的内迁，日机的空袭与壮烈的空战，以及中日双方战斗序列的编组与攻防形势。该章的主体内容为南京保卫战的战斗经过，对外围激战、唐生智拒降、血战紫金山、光华门争夺战、雨花台激战、南京沦陷等内容，都分别做了较详细的论述。该书因系通史性质，未对战役进行专门评价，但在各节、目的内容中，均彰显了中国军人英勇奋战的无畏气概。该书“唐生智拒降”一目写道：

① 孙宅巍：《澄清历史——南京大屠杀研究与思考》，江苏人民出版社2005年版，第1页。

“猛烈、复杂的战况，虽对守军不利，但是持续不断的枪炮声和敌我严重的伤亡，都有力地证明，中国守军并未被日军的要挟所吓倒，日军如不付出重大的伤亡代价，是不可能进入南京城的。”该书“首都沦陷”一目指出，南京守军曾准备进行巷战。书称：“事实证明，自唐生智以下的南京守城官兵，在十分艰苦和危急的情势下，确曾有在南京进行巷战的思想和行动准备，只是在接到蒋介石的撤退命令，并权衡全局形势，作出全城撤退的决定后，才放弃了这种打算。”①

由孙宅巍、王卫星、崔巍主编的《江苏通史・中华民国卷》于2012年出版。该书对南京保卫战的论述，较《南京通史・民国卷》更为简练，系在“南京大屠杀”一节，列出“南京保卫战”与“南京沦陷与南京大屠杀”二目，分别叙述了发生在南京城郊的11个主要战斗与唐生智部署撤守的经过。该书着力于中国守军的部署与抵抗的论述，而较少涉及日军的进攻序列与作战部署。书称：“南京的失陷，标志着南京保卫战的结束，从此，南京人民开始了一段腥风血雨、惨遭杀戮和蹂躏的悲惨经历。”②在此，著者将南京保卫战与紧随其后的南京大屠杀这两大事件，自然地联系起来。

史学界历经几十年的不懈努力，可以说对南京保卫战的研究，已经做到了有基础、有深度、有高度。面对抗日战争与南京大屠杀相关研究不断深化的趋势，面对在南京保卫战方面已有的丰硕研究成果，在这一领域作出新的更高水平的开创性成果，完全有必要，也完全有可能。

如上所述，大量涌现的南京保卫战研究文章与著作，提出了各种不同的观点和看法，这种状况要求学术界拿出创新的理论与更加具有说服力的观点，得出客观基础共识，以便将南京保卫战的研究推向一个新的高度。学术界和军史界针对南京保卫战的研究，不同的看法与观点主要有：

第一，对南京保卫战一役的总体评价。持否定意见者，把这一战役说成是“一触即溃”“不战而逃”，似乎根本没有进行过激烈的战斗。李宗仁先生在其回忆录中称：南京守军“激战不到三四天工夫便全军溃败”③。怀远先生在文章中称南京保卫战为“一幕中跡近荒唐的首都保卫战”④。甚至，有些史书根本不把南京保

① 南京市地方志编纂委员会办公室编：《南京通史・民国卷》，南京出版社2011年版，第304页、3179页。

② 孙宅巍、王卫星、崔巍主编：《江苏通史・中华民国卷》，凤凰出版社2012年版，第330页。

③ 中国人民政治协商会议广西壮族自治区委员会文史资料研究委员会编：《李宗仁回忆录》（下），内部发行，1980年，第701页。

④ 怀远：《唐生智死守南京终不死》，香港《春秋》，1989年2月1日第757期。

卫战作为一次独立的战役来写，而只是把它作为淞沪战役的尾声一笔带过。而多数研究者对南京保卫战的重要战略地位以及守城官兵英勇献身的精神予以充分肯定。正如罗娟女士在《南京保卫战》一书中所写："南京保卫战显示了中国政府积极抗日的决心，坚定了军民的抗日意志，进而掀起了全民族同仇敌忾、抗击日寇的热潮。""南京保卫战是一场'知其不可为而为之'的战争……体现出中华民族保家卫国、不惧强敌的英勇气概和民族气节。在南京保卫战中，成千上万名中国官兵血洒金陵。他们为保卫南京献出了宝贵的生命，对国家、对民族尽到了军人的职责。"①

第二，对南京保卫战最高指挥官唐生智的评价。少数研究者因为唐生智的指挥失误以及南京保卫战的失败，而对唐进行了诸多带有强烈主观意味的指责。李君山先生著文称：唐系"抱着侥幸的心理，博赌日军不会马上进兵"②。怀远先生在文章中指责唐氏"竟在战斗正殷的当儿，不知去向"，"早就退到了安全地带"③。然而，多数研究论著对于唐生智的评价坚持客观公正的态度，将其功过予以区分，并且从总体上肯定他的抗战精神与积极投身抗日战场的态度。李吉荪先生在其专著《国民革命军一级上将唐生智》中，就唐氏在南京保卫战中的表现给予极高的评价。书称："南京战役之战略地位，将唐生智推上历史舞台，赋予重大使命，指挥保卫战，无可异议，唐生智乃甘心情愿，危城受命；唐生智亦为时势所决定之最佳人选"。"明知其不可为背水作阵，身处绝境，于城破巷战之时，得知即将合围，唐生智等三位高级指挥官均身留危城之中，镇定指挥巷战，亦为……其他战役绝无仅有之战例。"④

第三，对于南京保卫战中日双方投入兵力之估算。南京保卫战不同于淞沪会战，那时双方多数部队未经激烈战斗，保持了满员的态势，兵员人数易于统计。中日双方经淞沪会战后，许多部队均不满员，中方部队的缺失更甚，故对于投入战场实际兵力的估算，有较大的差异。孙宅巍在《南京保卫战史》中认为，中方部队计为 13 个建制师又 15 个建制团，约 15 万人；日方部队共 4 个师团又 2 个支队、1 个先遣队，总人数为 10 万人左右。⑤ 谭道平先生在《南京卫戍战史话》中，列表

① 罗娟：《南京保卫战》，航空工业出版社 2016 年版，第 273 页、285 页。

② 李君山：《南京保卫战国府的决策与执行过程》，台北《历史月刊》1995 年 8 月号。

③ 怀远：《唐生智死守南京终不死》，香港《春秋》，1989 年 2 月 1 日第 757 期。

④ 李吉荪：《国民革命军一级上将唐生智》，中国旅游出版社 1993 年版，第 184—185 页。

⑤ 孙宅巍：《南京保卫战史》，南京出版社 2014 年版，第 124—125 页。

统计南京卫戍军，认为共 8.1 万人，其中有战斗兵 4.9 万人、杂兵 3.2 万人。[①] 汪海涛先生最近发文认为，孙氏对南京守军人数估计偏高，实际参战人数应在 11 万—15 万人之间。[②] 经盛鸿先生则在论文中称，日方“除以 101 师团主力留守上海一线外，集中‘华中方面军’所辖两个军的几乎全部兵力，计有 8 个师团、2 个支队（相当于旅团）及各辅助部队，约 24 万人，投入到进攻南京的战役中去。”[③] 与此相关的争议，还有中日双方在战役中损失的兵员，中方撤退到后方的官兵人数等。由于各自对投入兵力数有不同的估算，导致战斗损失及安全撤离等数字也相应存在一定差异。

第四，对南京保卫战时空范畴的界定。南京保卫战以 1937 年 12 月 13 日城陷之日为其时间的下限，历来并无歧见。但对于它开始的时间，则有众多说法。有的认为应从 1937 年 12 月 1 日日本大本营下达第 8 号敕令算起；有的认为应当更早，从 11 月 25 日蒋介石颁定首都卫戍部队战斗序列算起；还有的则认为 12 月 10 日日军下令攻城才能算南京保卫战的起点。前文已述，孙宅巍在《南京保卫战史》中主张，南京保卫战的时空范畴，应有狭义和广义两种解释。狭义的解释，可把南京保卫战的开始日期界定为 12 月 4 日；广义的解释，则自 11 月 12 日上海失陷，日军即已开始对南京进行战略上的争夺，南京保卫战由此开始。

学术界对南京保卫战的研究，当然不可能穷尽所有存在的问题，对它们都作出一个最终的结论。但是，层面可以扩展，研究可以深化。这正是我们今天加大投入，集中力量，攻坚克难，去开启研究南京保卫战新征程的必要性和重要性。

同时，经过学者们几十年的辛勤耕耘，南京保卫战史坛已经结出了丰硕的果实，为进一步深入研究这一课题，奠定了良好的基础。自 20 世纪 70 年代后期改革开放以来，随着对抗日战争研究的加强、对南京大屠杀历史的高度重视，一批批研究南京保卫战的资料不断涌现。

当前，我们在南京保卫战研究方面，面临着十分有利的机遇，它为我们构架、撰写一部新的南京保卫战“全史”，以及就保卫战的方方面面进行个案研究，都提供了方便与条件。几十年来的研究积淀，其中包括对史实的梳理、资料的考证、观点的争论，都为下一步的研究工作奠定了良好的基础。前人在研究中，对南京保卫战中的一人一事、某一问题提出了一己之见。今天，我们已经可以站在历史

---

① 谭道平：《南京卫戍战史话》，东南文化事业出版社 1946 年版，第 93—95 页。

② 汪海涛：《南京保卫战守城官兵参战及撤离人数再辨析》，《军事历史研究》2020 年第 2 期。

③ 经盛鸿：《侵华日军进攻南京的兵力及其部署分析》，《军事历史研究》2020 年第 2 期。

的高度，完整地就南京保卫战中的所有问题，用新的视角、新的认知，加以综合评判。我们从南京保卫战的专题论著中，看到了战役过程中及其前后的具体史实；又从整个抗战史、南京大屠杀史，以及江苏、南京地方史中，看到了南京保卫战在其中所占有的地位与分量。有了这样较高水平的研究基础，我们便可以更加灵活地驾驭各种既有的资料，驰骋在抗战史的浩瀚海洋中，使研究更加接近南京保卫战史的原貌。

综上所述，对南京保卫战的研究任重道远。现存研究成果的看法分歧与理念差异，提示我们需要对南京保卫战做进一步深入探讨。已有研究成果的积淀与新鲜资料的大量涌现，使南京保卫战的深度研究成为可能。下一步的南京保卫战研究，千头万绪，重在创新。缺少了创新便失去了进行再研究的价值与意义。要创新，新在哪里？一部专史的构架，犹如构建一幢房屋，它包括厅堂亭园、花草树木、山水楼台，如何营造与布局，应该由内容决定形式。就现有的南京保卫战史而言，已有5部；连同抗战史、南京大屠杀史、地方史相关著作，总共已有10余部。这些著作，出版时间不同，作者研究功底不同，占有的史料、对问题的认知也各不相同，要对这些已经出现的“房屋”构架进行科学的比较，吸取精华，舍弃冗杂，大胆地建，大胆地拆。新的构架来源于新的认知。时代在前进，环境在变化，研究在深入。不同的时代与社会环境，会孕育出不同的思想火花、思维亮点与思考视角。如近年来对抗战史14年跨度的定位、对抗战精神的大力提倡与弘扬、对南京大屠杀死难者国家公祭日的设定等等，都直接、间接影响到我们对南京保卫战的思考，其中涉及以国共合作为基础的抗日民族统一战线对南京保卫战的影响，局部抗战期间南京人民的抗日爱国运动，以及对南京保卫战与南京大屠杀的关联研究。我们期待着，就南京保卫战有争议的诸多问题，取得突破性的进展，开创南京保卫战研究的全新局面。这也正是我们此次编写南京保卫战“全纪录”的背景、基础与目标。

二 南京保卫战的时空范畴

南京保卫战作为一个战役，要研究它的历史，有一个绕不过去的问题：如何界定它的时空范畴。时间与空间，是战役计量的两个基本维度。这两个维度不划定，则战役中经历了多少次战斗，双方各投入了多少兵力，双方的伤亡与物资损耗等，均无法进行统计。

南京保卫战不似七七卢沟桥事变、八一三淞沪抗战等战事，有明确的起始时间。它是一场渐进的战争运动。正因为如此，人们在计算这一战役经历的时间及其所应包含的地域时，有着完全不同的见解。

南京保卫战以 1937 年 12 月 13 日城陷为其时间的下限，历来并无歧见。但对于它开始的时间，则有众多的说法。除前文所述 12 月 1 日、11 月 25 日、12 月 10 日的说法外。更有一说，主张将空中的战斗也考虑在南京保卫战的时空范畴之中。例如，高晓星先生在《南京军民的空中保卫战》一文中指出："确切地说，南京保卫战应该是从 1937 年 8 月 15 日中国空军抗击日本海军航空队袭击南京的空战开始的。空中保卫战是南京保卫战最早的战场，也是南京保卫战的重要组成部分。而且，南京空中保卫战范围也应该扩大到包括苏、浙、皖、沪等地区的华东战区。"①

对于一个战役的起始时间，似可确定这样几个基本观点。

一是不宜以敌方的部署、行动来界定。因为敌方为了进行某一战役、进攻某一城市，可以早有预谋与部署，有时要经过较长时间的预谋与策划，到具体实施时，也要经过较长距离的调动与奔袭，这些行动多数是秘密进行的，我方并不完全清楚，也影响不了我方对战役的准备与部署。就南京保卫战而言，早在 1937 年 8 月 15 日，淞沪会战开始两天后，日本方面刚被任命为上海派遣军司令官的松井石根大将，便直言宣称："别无他途，只有拿下南京，打垮蒋介石政权。这就是我必须完成的使命。"② 日军第 10 军司令官柳川平助于 11 月 15 日夜主持召开了幕僚会议，决定"以军的主力独自果断地向南京追击"。日军华中方面军亦于 11 月 22 日正式向东京参谋本部发出报告："为了使事变迅速解决，乘现在敌人的劣势，必须占领南京。"③ 这些对于日军攻击南京具有决定意义的表态与部署，都在中国方面正式公布唐生智就任南京卫戍司令长官的命令之前。在中方连南京保卫战最高指挥官还未确定的情况下，何谈南京保卫战的开始！

二是不宜以我方的部署、准备来界定。因为部署与准备可以提前数月以至经年，它并不等于这一战役就已经开始。中方自九一八事变后，即开始筹划中日一旦全面开战，首都南京的防守问题，1934 年至 1936 年间，在京（南京）、沪、杭地区修筑了多条国防线，至 1937 年 8 月，已在南京及其东南远郊一带先后构筑了

① 高晓星：《南京军民的空中保卫战》，《日本侵华史研究》2013 年第 2 期。

② 〔美〕戴维·贝尔加米尼著、张震久等译：《日本天皇的阴谋》上册，商务印书馆 1984 年版，第 54 页。

③ 〔日〕日本防卫厅防卫研究所战史室著、齐福霖译：《中国事变陆军作战史》第 1 卷第 2 分册，中华书局 1981 年版，第 106、107 页。

533 个永久工事。其中，工兵第 1 团在龙潭、汤山、淳化、方山、将军山、牛首山至板桥的弧形线上，构筑了 233 个工事；参谋本部要塞组在江岸及城厢内外构筑了 265 个工事。[①] 这些工事的构筑，是南京保卫战战前准备的重要内容。但它们构筑的时间显然与南京保卫战的实际开始并无直接关系。

三是一般不宜以空、海作战行动来界定。因为空战、海战各有它自身的时空范畴，不能代替与影响陆地作战的时空计算。只有与陆军密切协同的空海先期打击，方可计入战役的时空范畴。因此，上述高晓星先生关于将 8 月 15 日的首次南京空战作为南京保卫战的开始的主张，虽有一定道理，有可理解之处，但因无法弄清此时战役的最高指挥官、参战部队、战役目标、作战计划等要素，故尚不能将这次空战作为南京保卫战的开端；且若将苏、浙、皖、沪均划入南京保卫战的空间范围，则亦无法统计在这一广阔空间中，究竟投入了多少部队，以及战役成果与人员、物资的损失。

上述不以敌方的部署、行动来界定，不以我方的部署、准备来界定，一般不以空、海作战行动来界定，乃均就确定战役的时空范畴而言，而非认为这些因素均与战役的进行无关，无须写入战役的作战史。相反，要对某一战役进行完整的研究，当然必须将其“前世今生”、来龙去脉详细弄清。

一般说来，抗日战争期间的战役时空，根据当时中国海、空军与陆军协同作战的实际能力与状况，还只能以陆军作战作为基本依据。所谓起始时间，就应该是指双方陆军最早接触交火的时间；所谓起始空间，亦即两军开始接触交火的地域。从这时起，直至战役结束，其所历经的时间与各次战斗所历经的地域，即为该战役的时空范畴。

南京保卫战时间的认定，直接影响到对战役地域的估计。战役的起始时间愈向前推，实际上也就承认了战役发生在更为广阔的地域。如将日军 11 月中下旬对吴福、锡澄二线的攻击，以及中国军队在这一时间段迟滞日军进击的战斗，划入南京保卫战的时间范畴，则苏州、无锡、常州等地必然要归入南京保卫战的地域范畴。同样道理，若因日军第 13 师团之沼田支队对扬州（12 月 14 日占领）、滁县（12 月 20 日占领）等地的占领，而将这些地区列入南京保卫战的地域范畴，则南京保卫战的结束时间亦要相应推延至 12 月 13 日南京城陷之后。不仅如此，中国方面在苏、锡、常等地负责阻击日军的第 15、第 21 集团军等第三战区部分部队，

① 费仲兴：《紫金山抗日碉堡知多少》，《南京史志》2013 年第 2 期。

也自然地要列入南京保卫战参战部队。这显然会造成对南京保卫战的研究更加复杂，纠缠于更多的作战元素。

要确定在渐进运动过程中的战役的时空范围，必须考虑到影响战役进行的各种复杂因素，就南京保卫战而言，似应有狭义和广义两种解释。

对南京保卫战时空范围狭义的解释，应着眼于直接保卫南京的战斗。从这一观点出发，发生在南京以外其他地域的作战行动，虽在战略上起着保卫南京的作用，但不应计入南京保卫战的范畴。

南京保卫战开始于何时、何地，应由南京守军的实际战斗经历决定。下列情形是不可能的：在没有南京守军参与的情况下，南京保卫战已经开始，或将某一块地域划入南京保卫战的空间范畴。事实并不复杂：南京一线守军最早与日军接触、交火的日子，便是南京保卫战开始的时间；南京一线守军最早与日军接触、交火的阵地，便是南京保卫战地域的最前端。

《南京卫戍军战斗详报》对于作战的地域和时间，有清楚的记载："1. 南京东南正面阵地（江宁镇、牛首山、淳化镇、汤山、龙潭之域）十二月四日至八日；2. 南京复廓阵地（雨花台、紫金山、乌龙山、幕府山及南京城垣）十二月九日至十二日"①。《第三战区作战经过概要》在"南京会战"项下，则记有"十二月初"时，各部队按"主阵地"和"复廓阵地"配置的情况，其对于主阵地的叙述为"板桥至淳化镇之线，以 74A 两师担任，孟塘至龙潭之线，以 83A 担任（后改为 10A 担任）"②。南京卫戍军的战斗详报将 12 月 4 日至 8 日作为作战的第一阶段。由此可见，南京卫戍军认为，他们保卫南京的战斗系自 12 月 4 日开始。现存的军事档案中，对于南京保卫战战斗经过的逐日记录，也均是自 12 月 4 日始。据记载，12 月 4 日这一天，"句容以东四十里处及天王寺西北上葛村附近各发现便衣敌军，与我派在前方之游击队接触"③；"敌以主力沿京湖（沪）路，一部沿京杭路，各出现于秣陵关及句容我前进阵地前，遂发生战斗"④。上述两份军事档案，对于南京保卫战中外围阵地位置与范围的记载基本一致，即由江宁镇、牛首山、淳化镇、

---

① 《南京卫戍军战斗详报》，中国第二历史档案馆藏，档案号七八七—7593。

② 《第三战区作战经过概要》，中国第二历史档案馆编：《抗日战争正面战场》上册，江苏古籍出版社 1987 年版，第 415 页。"A"是民国时期军队序列中军的代号。

③ 《南京卫戍军战斗详报》，中国第二历史档案馆藏，档案号七八七—7593。

④ 《第三战区作战经过概要》，中国第二历史档案馆编：《抗日战争正面战场》上册，江苏古籍出版社 1987 年版，第 415 页。

汤山、孟塘、龙潭构成一个大弧形圈，其两端均濒临长江。一般说来，这个弧形圈与长江之间的地域，即南京保卫战赖以进行的空间范围。它的纵深，随着战事的发展，一直延续到12月13日时，南京守军撤退到达的城北下关的长江边。不过，在战斗实际进行的过程中，南京卫戍军的前沿阵地不可能像几何学中的圆弧那样标准和整齐。南京卫戍军规定：第74军在担任牛首山至淳化镇附近守备的同时，须“向秣陵关、湖熟镇派出前进部队”；第66军在担任淳化镇至凤（伏）牛山一线守备的同时，须“向句容附近派有力之前进部队”；第83军在担任凤（伏）牛山附近经拜经台至龙潭一线守备的同时，须“向下蜀派出前进部队”[①]。后来，在句容、秣陵关和湖熟等地，事实上都发生了比较激烈的战斗。这些局部延伸的阵地，理所当然也属于南京保卫战的地域。

另一方面，日本大本营虽然在12月1日就下达了“攻占敌国首都南京”的敕令，但是，华中方面军对该敕令的执行，却是命令第10军主力自12月3日开始行动，“以一部从芜湖方面进入南京背后，以主力击败当面之敌，进入溧水附近”；命令上海派遣军主力自12月5日开始行动，“重点保持在丹阳、句容公路方面”[②]。事实上，上海派遣军主力发起追击的时间，比华中方面军规定的时间更早，他们在12月3日即“以第十六师团沿句容—汤水镇—南京公路地区，以第九师团沿天王寺—淳化镇—南京公路，均向南京追击”[③]。至12月4日，上述两军前锋部队已分别在溧水以北和句容以南，与南京守军对垒、接触，并发生伤亡。日方《中支那方面陆上作战经过概要》记载：“方面军司令官于12月4日下达命令，命令两军夺取南京郊外的敌军既设阵地，并做好攻占南京城的准备。”[④]根据日军右翼第16师团步兵第38联队“战记”记载，“12月4日黎明前，按照预定的计划，片桐（第9联队）、大野（第20联队）两部队作为先遣队首先进军句容……5日，片桐、大野部队的先遣队突入句容。”[⑤]作为先遣队的步兵第20联队的伍长林正

① 《南京卫戍军战斗详报》，中国第二历史档案馆藏，档案号七八七—7593。

② 〔日〕日本防卫厅防卫研究所战史室著、齐福霖译：《中国事变陆军作战史》第1卷第2分册，中华书局1981年版，第109页。

③ 〔日〕日本防卫厅防卫研究所战史室著、齐福霖译：《中国事变陆军作战史》第1卷第2分册，中华书局1981年版，第109页。

④ 《中支那方面陆上作战经过概要》，王卫星编、刘军等译：《南京大屠杀史料集》第56册《日军文献》上，江苏人民出版社2010年版，第55页。

⑤ 野口俊夫：《奈良联队战记》，王卫星编、刘军等译：《南京大屠杀史料集》第56册《日军文献》上，江苏人民出版社2010年版，第327页、328页。

明在日记中记有："12 月 3 日到达白兔镇，12 月 4 日夜行军、露营、山本阵亡"[①]。这与上述中国军方的记录以及对战况的估计，基本吻合。

从以上中日双方的作战行动和史料记载来看，把南京保卫战的开始日期界定为 12 月 4 日，将其所涉及的地域大致界定为江宁镇—淳化—汤山—龙潭弧形圈以内，是有充分根据且比较妥当的。

关于南京保卫战的终结时间与纵深地域。鉴于南京城失陷的 12 月 13 日是这一战役的一个大的时间节点，具有深远的国际影响与历史影响，因此将其作为南京保卫战一役的终结时间，是比较确当的。就南京保卫战的地域而言，其东南方向为作战正面，纵深则延及城北红山及长江边乌龙山、幕府山一带。12 月 8 日南京卫戍军总部发布的"卫参作字第二十八号"命令规定："第二军团固守杨坊山、乌龙山之线及乌龙山要塞"，"第三十六师固守红山、幕府山一带"[②]。而南京保卫战的尾声，还包括：发生于 12 月 14 日，第 87 师工兵连张谊所部在古林寺的英勇奋战，"张谊知道已被日寇包围，决心以死殉国，他们拒绝投降，一直打到弹药耗光，犹以枪刺迎向敌人，直到一百多人全部战死。"[③]发生于 12 月 15 日，第 160 师在突围途中于高淳西南之邓埠的激战，师参谋处长钟汉柏"乃决心令第一大队夜袭邓埠当面之敌，掩护本队通过。"[④]发生于 12 月 16、17 两日草鞋峡数千名战俘的暴动。据日军准尉箭内享三郎描述："去江边集合的最紧张时刻，一瞬间暴乱发生了。他们一起站了起来，开始挥舞着树枝什么的袭击卫兵，打倒他们然后逃跑。有的跳进江水里，有的向陆地上跑，黑夜中的突然事件就这么发生了。"[⑤]12 月中下旬，第 66 军参谋处长郭永镳在句容九华山、高丽山一带，共收容官兵 1500 多人，编为 3 个营，"组织民众担任游击，屡挫敌人"[⑥]。就一个战役和历史事件而言，"尾声"的存在是很正常的。它是事件本身的延续，可以视为事件主体的一部分。但是，由于"尾声"延续的时空会有一个相当的维度，往往不便于统计，而且该维度一般都已超出了标志性的时空节点。因此，事实上，通常在研究

① 《林正明日记》，王卫星编：《南京大屠杀史料集》第 8 册《日军官兵日记》，江苏人民出版社、凤凰出版社 2005 年版，第 625 页。

② 《南京卫戍军战斗详报》，中国第二历史档案馆藏，档案号七八七—7593。

③ 王炳毅：《寻找消失在古林寺的抗日英雄》，《南京晨报》2005 年 3 月 31 日。

④ 《陆军第一六〇师锡澄南京两役战斗详报》，中国第二历史档案馆藏，档案号七八七—7582。

⑤ 《战争与人》，王卫星编：《南京大屠杀史料集》第 10 册《日军官兵与随军记者回忆》，江苏人民出版社、凤凰出版社 2006 年版，第 376 页。

⑥ 《陆军第六十六军南京突围战斗详报》，中国第二历史档案馆藏，档案号七八七—7583。

中，给予“尾声”足够的重视，并不一定将各项数据均列入统计，也不因“尾声”的存在而改变对事件终结时间的认定。历史上，这样的事例很多。发生在 1945 年 12 月的新四军高邮战役，并不能改变抗日战争于同年 9 月 2 日已经结束的定论；发生在 1949 年 11 月至 1950 年 4 月的解放大西南战役，也不能改变解放战争已于 1949 年 10 月 1 日中华人民共和国成立时结束的定论。

对南京保卫战时空范围广义的解释，则以对南京城的战略进攻和防御为出发点。

日本华中方面军在 11 月 12 日攻陷上海后，几乎立即就开始了向南京进军的作战行动。11 月 14 日，华中方面军命令：上海派遣军占领福山、常熟、苏州一线；第 10 军须占领平望镇、嘉兴、海盐一线。[①] 这一命令已经显示出，日军分别从太湖以北和以南向南京进军的意图。第 10 军司令官柳川平助更于 11 月 17 日制定了《从嘉兴向南京追击的作战指导要领》，要求“不失时机一举向南京追击敌人”[②]。自 12 月 1 日，日本大本营以及华中方面军分别为攻占南京下达命令和作出部署后，便逐渐形成了三路攻击南京的战场态势：右翼沿京沪线及其两侧的公路，从东北方面，向南京进击，并抽出一部渡过长江，以切断江北大运河及津浦铁路。中路从太湖以南地区出发，绕经太湖背面，沿京杭国道及其附近公路，与右翼平行前进，从正面攻击南京。左翼沿太湖南岸一直向西，占领芜湖，切断长江，并派出一部渡江，沿长江北岸直趋浦口，完成从江北对南京的包围。

中国方面早在全面抗战爆发前，即预料到中日全面交手以后，日军可能由杭州湾、淞沪地区向首都南京进击。为从战略上保卫南京，中国军事当局特修建了吴（苏州）福（福山）、乍（浦）平（湖）嘉（善）和锡（无锡）澄（江阴）等国防线。上海失陷后，中国军队即在上述各线逐次抵抗，并在江阴、镇江、广德、泗安等地进行了激烈的战斗。11 月 30 日，蒋介石在致顾祝同、刘湘、唐生智的密电稿中，也大致划定了第三、第七战区与南京卫戍军作战的“大南京”地域。电稿称：“第七战区除固守现地（按指宜兴、广德、溧阳、芜湖等地[③]）外，其左翼

① 〔日〕日本防卫厅防卫研究所战史室著、齐福霖译：《中国事变陆军作战史》第 1 卷第 2 分册，中华书局 1981 年版，第 99 页。

② 〔日〕日本防卫厅防卫研究所战史室著、齐福霖译：《中国事变陆军作战史》第 1 卷第 2 分册，中华书局 1981 年版，第 107 页。

③ 《刘湘致蒋介石报告》（1937 年 11 月 20 日），中国第二历史档案馆编：《抗日战争正面战场》上册，江苏古籍出版社 1987 年版，第 398—399 页。

须以有力部队留置于安吉、孝丰山地，向（相）机攻击敌侧背，迟滞其前进。”“第三战区依前令开始转进以后，须以有力部队分别留置于龙潭以南广德以北各山地，迟滞敌之前进，掩护主力之行动，并破坏重要交通线。”“首都卫戍军除固守南京既设阵地外，应与第三战区部队密切协同相互策应，击破敌之攻围军。”①

由此可见，从广义上说，1937年11月12日上海的失陷，便是南京保卫战的开始。正如当时担任南京卫戍军参谋处作战科长的谭道平先生所说：“首都保卫战的开始，即是我军退出上海战区的那一个日子”②。而这一战役的空间范围，则包括了东至浏河、太仓、昆山、嘉兴、平湖，南至泗安、广德，西至芜湖、长江中的江心洲，北至长江北岸的江浦、六圩、靖江等地的广阔地域。中日两军在这一广阔地域内的较量，从战略上看，具有保卫南京或攻占南京的作用。就广义的时空范畴而言，中国军队所要保卫的目标是“大南京”，而不是狭义理解中的那个“小南京”。从“大南京”的时空范畴中，可以看出中国军队是如何在南京城四周的广阔地域阻击日军的。它从战略上支撑着首都南京的固守。广义的南京保卫战的起始时空已如上所述。时间与上海的失陷相连接；地域则为淞沪以西、太湖南北，其终结时间也是12月13日南京城失陷这一天。因为无论从战役上还是从战略上来说，南京保卫战的中心目标是保卫南京城。南京一旦失陷，即宣告了南京保卫战的结束。当然，从广义上来说，它的尾声会有更为丰富和复杂的内涵。

就南京保卫战时空范畴而言，还有一个与南京大屠杀时空范畴的关系问题。

就时间概念来说，南京保卫战开始的时间，应当也就是南京大屠杀开始的时间。

南京大屠杀究竟开始于何时，一般来说官方与学术界已习惯于把它定格于1937年12月13日，即南京城陷之日。侵华日军南京大屠杀遇难同胞纪念馆自建馆起，一直竖有一座十字形的镌刻有时间标志的纪念碑，上书“1937.12.13—1938.1”。南京金陵大学美国教授贝德士在向中国军事法庭提交的“声明书”中指出：“自1937年12月13日日兵进入南京城后，在广大范围内放火与抢劫，杀死、刺伤与强奸平民，并枪杀彼等认为曾充中国军人之非武装人民，情势万分严重，达三星期至七星期之久。”③代表中国参加远东国际军事法庭审判的大法官梅汝璈称

① 《蒋介石致顾祝同等密电稿》（1937年11月30日），中国第二历史档案馆编：《抗日战争正面战场》上册，江苏古籍出版社1987年版，第400页。

② 谭道平：《南京卫戍战史话》，东南文化事业出版社1946年版，第49页。

③ 《南京金陵大学历史学教授贝茨博士声明书》，朱成山：《侵华日军南京大屠杀外籍人士证言集》，江苏人民出版社1998年版，第403页。

日军“这种屠杀的高潮在一九三七年十二月十三日兽军攻占南京后昼夜不停地持续了六个星期之久（见远东国际军事法庭判决书）。”①1937年12月13日，是一个标志性的日子。就在这一天，中国的首都南京沦陷了，南京保卫战结束了，日军进城了，杀烧淫掠的暴行一下子达到疯狂的程度。把这一天作为南京大屠杀暴行的起始日，在事实上与法理上都是合理的。但是，对于一些重大历史事件，其约定俗成的起始日，与事实上真正开始的日子，往往并不一致。就南京大屠杀而言，由于日军在南京近郊，每到一处即以搜寻“便衣兵”为借口，或因奸淫妇女、抢夺粮食、强掳民夫等诱发，屠杀无辜平民。学术界已经承认：“严格说来，南京大屠杀的开始时间，比城陷之日要早。早在攻击南京的日军临近南京时，在其郊县已大量发生屠杀暴行。”②在《战犯谷寿夫判决书》的附件中，中国国防部军事法庭列举了多起发生在城陷之前的屠杀事实。家住南郊向花村的农民蒋东旺、蒋海畴、蒋海祥、蒋海青等人，均是在城陷前的12月9日被日军枪杀的；工人邵源岭、僧人果诚等，则都是在城陷前的12月10日被日军杀害的。③另据退休职工李春香的证言，他居住在栖霞山甘家巷的父亲，也是在12月10日被日军无辜枪杀的。④

从12月13日南京城陷之日向前推移，南京大屠杀最早开始的时间，可以一直追溯到南京保卫战开始的时间。因为中国守军防守着南京地区最外围的防线，过了这道防线即不能算南京地区，日军在那里的暴行也不能列入南京大屠杀暴行。12月初，西进日军已经渐次抵达句容天王寺附近，与中方第66军第160师前锋部队接触；日军第9师团的先头部队500余人亦已进抵淳化、秣陵关一线，与守军第74军第51师之警戒部队接触。也就在中日两军先头部队接触交火的时候，日军即已在南京近郊地区，开始了延续数月之久的大屠杀暴行。淳化镇戴马墅村村民吕守祥说：“12个鬼子把中国人当靶子打。有个老太拄个拐杖到漏塘，就被当靶子打死了……我看到的是打死两个，两个都姓胡，是堂兄弟。（12月5日）”⑤据村民陈世江口述，12月6日日军在句容黄梅镇潘家边打死了俞海青、俞海修、

① 梅汝璈：《远东国际军事法庭》，法律出版社2005年版，第302页。

② 孙宅巍：《南京大屠杀真相》，南京出版社2016年版，第74页。

③《谷寿夫战犯案判决书附件关于分散屠杀部分统计节录》，中国第二历史档案馆、南京市档案馆编：《侵华日军南京大屠杀档案》，江苏古籍出版社1987年版，第282页、第297—298页。

④《李春香证言》，“南京大屠杀”史料编辑委员会等编：《侵华日军南京大屠杀史料》，江苏古籍出版社1985年版，第450页。

⑤《吕守祥口述》，张连红、戴袁支编：《南京大屠杀史料集》第26册《幸存者调查口述》（中），江苏人民出版社、凤凰出版社2006年版，第912页。

俞三口子（小名）一家三口人。[1]12 月 7 日，两个日本兵在汤山姚家边强奸妇女后，“把躲在村里的三十来个外村人统统叫到槽坊，一个个绑起来，用刀挑死，然后放一把火，把房子烧了。”[2] 由此可见，南京保卫战的起始时间，也就是南京大屠杀最初开始的时间。

当然，南京保卫战与南京大屠杀的时间跨度不可能相同。这两个事件在时间上基本上是前后承接的。南京大屠杀的前奏，其时间与南京保卫战的进行是重叠的。南京保卫战的结束，南京城的失陷，标志着南京大屠杀的开始。至于南京大屠杀本身的时间范畴，《远东国际军事法庭判决书》判定：“据后来估计，在日军占领后最初六个星期内，南京及其附近被屠杀的平民和俘虏，总数达二十万人以上。这种估计并不夸张，这由掩埋队及其他团体所埋尸体达十五万五千人的事实就可以证明了……这个数字还没有将被日军所烧弃了的尸体，投入到长江，或以其他方法处分的人们计算在内。”[3] 这也就是侵华日军南京大屠杀遇难同胞纪念馆中，一直竖有镌刻着“1937.12.13—1938.1”的十字形纪念碑的根据。这是南京大屠杀暴行最为集中的一段时间。有学者经过研究，认为南京大屠杀的时间范围，“其下限应大大迟于城陷后 6 周的 1 月下旬，而达于 1938 年 3 月。”[4] 在南京大屠杀的 30 万死难者中，有 7 万至 9 万人为放下武器的士兵，他们或成建制地被俘而遭集体屠杀，或在分散潜入民间后又被日军搜出加以杀害。这批数量庞大的军人的命运，是南京保卫战历史悲壮的尾声。鉴于此，南京保卫战与南京大屠杀在时间范畴上，便形成了这样一种相互交叉、缠绕的复杂关系：南京保卫战起始的时间，决定了南京大屠杀实际开始的时间；南京保卫战的战役经过时间，是南京大屠杀暴行达于高潮前的前奏时间；南京大屠杀所历经的完整时间，是南京保卫战悲壮的尾声时间。

再就地域概念来说，南京保卫战保卫的目标是南京城，而南京大屠杀遭殃的主要地域是以南京城为中心的城郊各地。应当说，这两个事件的地域基本上是重叠的。笔者看来，南京保卫战对南京大屠杀在地域上的影响，主要表现在以下三

---

① 《陈世江口述》，费仲兴、张连红编：《南京大屠杀史料集》第 27 册《幸存者调查口述》（下），江苏人民出版社、凤凰出版社 2006 年版，第 1326 页。

② 《陈恩贵口述》，费仲兴、张连红编：《南京大屠杀史料集》第 27 册《幸存者调查口述》（下），江苏人民出版社、凤凰出版社 2006 年版，第 1218 页。

③ 张效林译：《远东国际军事法庭判决书》，群众出版社 1986 年版，第 486 页。

④ 孙宅巍：《南京大屠杀真相》，南京出版社 2016 年版，第 75 页。

个方面。

第一，南京保卫战的守卫阵地与日军进军路线，决定了南京大屠杀最初的地域。前文已述，中国军队对南京外围阵地的防守，以一条由江宁镇、牛首山、淳化镇、汤山、孟塘、龙潭构成的大弧形圈展开；而日军的进军路线与攻击重点，也正是为了突破这一大弧形圈中的各战略要点。位于这一大弧形圈上及其附近的句容、汤山、淳化、秣陵等处，便自然地成了南京大屠杀暴行中最早出现的一批地点。经过四五天的外围激战，南京卫戍军于12月8日调整阵地，决定以南京城垣为依托，建立由板桥镇、牛首山、雨花台、河定桥、紫金山、杨坊山、乌龙山构成的复郭防线。这些据点四周的乡村，便成为前南京大屠杀时期暴行发生的主要地域。

第二，参加过南京保卫战的众多放下武器的军人的殉难地，构成南京大屠杀集体屠杀的重要场所。据我国台湾学者李恩涵教授对日本军方文献及官兵日记的考证，仅在南京城陷后的四五天内，日军对守军俘虏的屠杀事件即有：12月13日，第9师团在城内“扫荡”“败残兵”7000多人；第16师团之步兵第38联队、第33联队在下关“扫荡”使守军遗尸5万余具。12月14日，第16师团第30旅团在太平门外“处刑”数千人，“生埋”1300人；步兵第20联队在玄武门枪杀散兵328人。12月15日，第6师团步兵第23联队在水西门附近将约2000人“处刑”。12月14日至17日间，第13师团步兵第65联队在幕府山处死俘虏13500人；12月17日，第16师团步兵第38联队将尧化门俘虏之7200人“处刑”。[①] 此外，在中国审判战犯军事法庭对战犯谷寿夫的判决书附件中，还列入大量、多批军民混杂被集体屠杀的案例，其中包括：12月15日，“有平民官兵共九千余人，被日军俘获，押往海军鱼雷营，用机枪集体扫射”；“在司法院难民所内，将着制服长警一百余名，改装者三百余名，另有军民一千余名，总共二千余名，排成四队，用机枪十二架及步枪押送至汉中门外，分别捆扎，用机枪扫射”。12月16日，“将军民石岩、陈肇委、胡瑞卿、王克村等数百人，驱集大方巷广场上，以机枪射杀。”12月18日，“在下关南通路之北，将我军人及难民约三百余人，集合该处麦地内，用机枪射杀”。12月19日，“在龙江桥江口，将我军民五百余名绑扎后，全体堆于马路空地旁，以机枪射杀后，纵火烧毙”。12月间，“在城北宝塔桥及鱼雷营一带，屠杀军民三万人以上”；“难民五千余名，士兵二千余名，在南门外附近

① 李恩涵：《日本军战争暴行之研究》，台北商务印书馆1994年版，第30—31页。

凤台乡、花神庙一带被屠杀”。[1]据此，下关江边、幕府山、太平门、汉中门、上新河、鱼雷营、花神庙等地，成为日军南京大屠杀地域中有代表性的集体屠杀场地。

第三，部分放下武器的中国士兵潜入民间与安全区后，与无辜市民一起广泛遭到分散屠杀，使城内大街小巷与乡间田野，布满遇难者的尸体。日本侵略军进入南京城后，正是打着搜寻“便衣兵”的旗号，大肆捕捉无辜市民，恣意杀害。在许多场合，日军不分青红皂白，不论男女老幼，一概加以残暴的屠杀。也有一些场合，日军确是按照一个军人可能具备的特征，如额头上有帽痕，手心、肩头有老茧等，或有女子、老人上前认领“亲人”，来决定是否捕捉一名男性青壮年。英国《曼彻斯特卫报》记者田伯烈在《外人目睹中之日军暴行》一书中写道：“任何人的手上只要发现硬茧，就可以指为当兵的证据，必死无疑。”[2]见证人张道富在证言中说：“日本人到难民区来抓人，一看见男人，就检查头上有没有帽沿〔檐〕印、手上有没有老茧，如果有就认为是当兵的，抓去杀掉。”[3]

由此可见，南京保卫战与南京大屠杀在地域上存在着基本重叠、稍有差异的现象。两大事件“基本重叠”的地域是南京市行政上所管辖的 7 个城区、4 个乡区，以及夹于上述行政管辖区中间的中央直辖陵园区这 12 个行政区域。在这 12 个行政区中，只有第 8 区即浦口区位于江北，因有大江阻隔，南京卫戍军并未部署部队到那里防守，因而南京卫戍军亦未在浦口同日军进行战斗。同时，由于南京城三面临江，只有通向淞沪杭的南面、东南面是日本侵略军从陆地进击的方位，因而在上述方向上行政不归属南京市管辖的江宁县及句容县的部分地区也归南京卫戍军防守。南京守军奉命保卫的目标，就是南京江南的这 11 个行政区，以及在其外围的江宁、句容阵地。而这片地区，恰好也正是日军企图通过血腥的屠杀，以实现其震慑、报复中国军民、中国政府之目的的地区。值得注意的是，地处长江以北的江浦、六合二县因地处南京背面，在南京保卫战期间，基本属于守军的后方，除从江北沿江而下运动的国崎支队曾与驻守江北的第三战区部队在江浦有过小规模的接触外，未发生其他战斗，故此二县基本不是南京保卫战的战场。但是日本侵略军的杀烧淫掠暴行，并没有放过这江北二县。因此，南京大屠杀的地域要稍

---

① 《谷寿夫战犯案判决书附件关于分散屠杀部分统计节录》，中国第二历史档案馆、南京市档案馆编：《侵华日军南京大屠杀档案》，江苏古籍出版社 1987 年版，第 132—136 页。

② 〔英〕田伯烈著、杨明译：《外人目睹中之日军暴行》，南京出版社 2017 年版，第 29 页。

③ 《张道富证言》，“南京大屠杀”史料编辑委员会等编：《侵华日军南京大屠杀史料》，江苏古籍出版社 1985 年版，第 467 页。

大于南京保卫战的地域。南京保卫战的战斗只是在长江以南地区进行，而南京大屠杀的地区则涵盖了长江南北的南京城乡及相邻县区。

三　本书的研究方法和利用的主要史料

本书既为“全纪录”，在利用资料和理论创新方面，较前已面世的有关南京保卫战史的研究，当更为系统，更为完整。虽然“全”仅是个相对的概念，今天的“全”，明天必将会被超越，变为不全。但站在南京保卫战研究八十多年积淀的基础上，著者团队仍然锲而不舍地将今天眼光中的“全”，作为写作与研究所追求的目标。鉴于此，本专书的研究方法采用了六个“结合”，以争取研究成果能够站在当今的制高点上。

第一，史论结合。

史书，一般以纵向叙史为基本写作逻辑。所谓“以史为鉴”，并非在叙述史实时，插进诸多作者的说教，而是通过介绍一段真实、完整的历史，让读者从中领悟到这段史实所折射出的自然结论。然而，这绝非开脱了作者论述观点、理念、因果的任务。为了充分阐述关于南京保卫战历史的新的思考与解析，著者采取了以下几种方法：

一是以新的构架，保证了史论的有机结合。本书构架基本按战前形势、中日双方的准备与部署、战斗经过、战役结果的顺序排列。这样的排列，给论述保卫战前的政治、军事、外交、经济、文教、社会形势以及双方决策、排兵布阵的当与不当，对评判保卫战的结果、得失留下了充分的空间。如在第一章“战前形势”的第一节“政治形势”中，列入“南京人民抗日救亡运动”“国共南京谈判与抗日民族统一战线形成”及“中共在南京的抗日活动与对保卫南京的声援”等目，这本身就展示了作为抗日战争重要战役的南京保卫战，是在以国共合作为基础的抗日民族统一战线旗帜下进行的，同时也彰显了中国共产党在抗日战争中发挥的中流砥柱作用。关于战斗经过，本书一口气列出了从外围到复郭地区的30多场战斗，反映了战役的悲壮与激烈。在“战役结果”这一章，列入“失利的战役”“战俘惨遭屠杀”“城陷后的战斗”与“铭记英烈”等节，体现了战役的失败与悲惨结局，南京守军战斗到最后一刻，以及保卫战给中国人民留下的宝贵精神财富。创新的构架中镌刻着作者对保卫战研究的基本观点。

二是列入专目展开理论探讨。顾名思义，史书的节、目与内容，其绝大部分需用来介绍相关史实，否则即非史书，而为史论。南京保卫战史也不能例外。其战前、战斗、失败部分，均以论述事实经过为主体。本书则结合史实，适时进行相关理论阐述，特专列少数非史实性而为纯理论性的条目。如在“失利的战役”部分，加列“战役失败的标志”“失败原因”与“唐生智的功过”；在“铭记英烈”部分，加列“抗战精神永存”。上述条目的设置，目的在于紧贴相关史实，专门进行理论的探讨。就一个段落而言，已基本离开史实的叙述，而专攻相关理论的认知；但就其章、节而言，仍未离开寓论于史的宗旨。

三是增设“导论”与“结束语”，为强化理论阐述提供了更为广阔的空间。“导论”与“结束语”本无固定程式，属于全书史实之外的自由发挥，当然又是以正文中史实为依据的自然升华。本书在“导论”中，专列一节论述南京保卫战的时空范畴。这一内容不宜列入正文的任何章节。它是对整个保卫战时空范畴的探索与限制。而正文中每一章的内容都受限于它所处的时段，或为战前，或为战斗中，或为城陷后。事实上，写南京保卫战史，若对其时空范畴没有一个清晰的认识，对全书的内容是无法驾驭的。又如，本书在“结束语”中写了战役“重要的历史地位”，这就更不是写在正文某一章可以完成的任务，而必须居高临下，站在整个抗日战争史的高度来观察这一战役的得失与价值。“导论”与“结束语”的增设，进一步强化了本书的史论结合，使其在理论上达到了一个新的高度。

第二，时空结合。

写历史，尤其是战争史，离不开时间与空间这两个最重要的元素。一场现代机械化的战争，战场形势瞬息万变，随着时间的迁延，战争空间也在不断地改变。本书注意到南京保卫战中，有关时空方面的各种复杂情况，尽量保证时间与空间坐标的一致与清晰。

一种情况是，同一时间在多地发生了战斗。日军对南京的进攻，系分左、中、右三路同时向西推进，最终完成对南京城的合围。本书分别以江阴要塞激战与泗安、广德战斗等，来论述日军于11月底、12月初从不同方向直指南京的战斗；以湖熟、淳化战斗与牛首山、将军山战斗等，来论述12月上旬南京外围地区的战斗；以紫金山、光华门、雨花台、中华门等战斗，来论述12月10日以后直至城陷时复郭城垣地区的战斗。在不同的节、目中，将同一时间发生于不同地域的战斗，有机融合到一起。

另一种情况是，同一空间延续多日的战斗。由于中国军队的坚守和英勇抗争，许多城乡与阵地，都经过了多日的鏖战，方陷敌手。如江阴保卫战从11月28日延续至12月2日，紫金山战斗从12月8日坚持到13日，雨花台战斗从12月9日延续至12日等。本书一般均以逐日记述的方法，使发生在同一地点的战斗有清晰的时间坐标。

还有一种情况是，同一支部队处于流动的状态，经历了不同时间与不同地点的战斗。如第103师，先于11月29日至12月1日经江阴激战，旋又于12月上旬参加保卫镇江之战，再于12月10日调守南京中山门。本书将该部在不同时间的战况，分别记录于各相关战斗的文字之中。又如第66军是最典型的一支在城陷后实施突围的部队。该部在突围过程中，历经13日的岔路口、仙鹤门、空山与狮子山、方冲等战斗，15日的邓埠等战斗。本书叙述该支部队流动过程中的战斗经历时，特别注意其时空的变化与交汇。

第三，远近结合。

前文在关于南京保卫战的时空范畴论述中已述及，对南京保卫战的时空范畴实有狭义与广义，或称南京城防与大南京保卫之区分。大南京地区，在战略上起着保卫南京城的作用，大南京保卫虽不能与南京保卫战这一战役等同，但在论述南京保卫战时，那些远离南京地区的战斗又不可或缺。

发生在南京城郊的20多次战斗，无疑是本书的重点内容。南京保卫战，若离开了南京城墙内外地点的战斗，便失去了保卫南京这座城市的出发点。因此，本书将自12月4日发生在句容、汤山一带的前锋战开始，经12月上旬的龙潭、乌龙山、大胡山、淳化、仙鹤门、麒麟门、牛首山等外围阵地战斗，直至12月10日以后在古城垣上的和平门、中山门、光华门、通济门、武定门、雨花门、水西门等战斗，作为保卫战的主体内容，一一加以重点论述。这些阵地，均由南京卫戍军直接守卫，其战果与战斗损失，均直接计入保卫战的统计。

当然，进行南京保卫战，也离不开“大南京”范围内的配合与互动。日本侵略军不可能从天而降，突然出现在南京近郊；中国军队在日军进军南京途中，事实上也在不同方向，进行了节节抵抗。自11月12日上海沦陷起，日军事实上就已开始了向南京攻击的筹划与部署。他们分别沿京沪线、京杭国道行军，直至长江北岸，兵锋直指南京之腹背。本书对远离南京而又护卫着南京的乍平嘉、吴福、锡澄三道国防线，以及江阴、镇江、泗安、广德、溧水、江北城镇的战斗，均有详细论述。这些地区虽位于南京的大外围，但它们环卫着南京。日军进军这些地区，其目的均在夺取南京；中方守卫这些地区，其目的在于拱护南京。

第四，中外资料结合。

本书既为南京保卫战全纪录，当以中方如何保卫首都南京为其主要内容。对于如何制定保卫的方针、策略，如何部署，如何指挥，如何处理善后，当然只有中方自己的档案、文献资料最具意义与价值。这些资料，包括军史档案、媒体报道、当事者口述等。其中，高层决策、各支部队战斗详报，成为保卫战全纪录之核心资料。中方为主体，日方为客体。主体是该段历史的核心。本书在写作中，本着“以我为主”的原则，着力搜集中方的各种资料，用以作为论述、论证的首要依据。

作战的对方是日本侵略军，其虽处客体地位，但他们的决策、部署、一举一动，也直接关系到南京保卫战的进行。因此，本书将尽量地利用日方资料，放在重要地位。本书在编写中，凡涉及中日双方的预案、部署、交战等内容，均以中日双方资料参照互补。特别是在南京城郊、城垣的各次战斗中，日方官兵写下大量战地日记，较为真实地记录了战斗的实况。这些日记，比之中方守军官兵几十年后的回忆，更加接近战斗的实况，也更为具体清晰。从现在已经公布的战斗文书来看，日方的资料也比中方现存资料更为丰富、具体。

此外，本书在选用外方资料时，还注意到西方媒体与公益人士的书信、日记等资料。这类资料不如交战双方上层及官兵的记录、回忆录那么具体，但对于南京保卫战这样一场举世瞩目的重要战役，以及其与人类大悲剧南京大屠杀紧密相连的重大背景来说，西方人士的资料，可以对揭示南京的社会形势、官兵士气及日机空袭的后果，起重要的辅助作用。西方人士处于第三方的地位，他们的报道与记录，避免了主客体双方记录中可能出现的夸大、缩小与情绪化的现象。

本书的撰写宗旨之一，即搜集尽量多的新鲜中外资料，做到资料创新。中外资料在对战事的论述中高度融合，帮助本书实现了资料创新。

第五，史学与其他学科结合。

南京保卫战史之主体内容为保卫南京城的战役史、战争史，因此本书的写作首先要借助军事学。军事学涵盖的范围十分广泛。它包括战略、战役、战术、军兵种、后勤、军事人物等诸多方面。本书将南京战役放在持久战中“短期固守”的位置上，加以展开与评估；对以陆军为主的陆、海、空军立体交锋，均分别详加记述；首次在南京保卫战史中，详细列入中方陆军序列至团、日方陆军序列至中队，并增列中国空军部队序列、日军海军航空兵序列与日军陆军航空兵序列；在军事准备部分，不仅呈献了对南京城防备计划的制定与1935年秋季大演习的研究成果，而且对吴福、锡澄、乍平嘉、海嘉国防线，南京周边防御工事，临战时期防御工事及乌龙山江面沉船阻塞线等的构筑、设置，进行了较为深入的研究；在军事人物部分，本书对蒋介石、唐生智、松井石根等高级指挥官的作战意图与指挥行踪进行了客观的研判，对重要殉国将领与无名勇士的事迹予以宣扬。大量军事学研究成果，构成了本书研究内容的主体。

城市经济是城市保卫战的重要影响因素和保卫的重要目标。不同的城市经济形势与生产状况，给保卫战提出了不同的要求，也必然会给保卫战提供不同品质的物质保障。本书利用经济学的研究手段，专列“经济形势”一节，作为保卫战进行的经济背景。在战斗前城市经济形势的框架中，本书分别研究了在战争硝烟临近时的工厂内迁，大批商民逃难给百万人口大城市的市场供应造成的危机，战时体制条件下政府对粮食供给所采取的措施，以及战争条件下市区和城郊的工农业生产状况。书中通过数据统计，对保卫战开始前南京城商业经济与工农业生产消长的情况，作出有说服力的交代。在论述工厂内迁时，注意研究它在整个抗日战争大时空范畴内的积极影响。那些迁往大后方的南京工厂，涉及迁移的工业资金与工业技术人才，对于发展大西南的工业基础与持久抗战，都具有重要影响。战前城市经济与生产状况的变动，又影响社会与人心的稳定、作战部队的供给与战斗力。经济学手段的运用，直接加固了对保卫战史军事斗争研究的基础。它告诉人们，战争不仅仅是部队与部队的较量，它还包括了经济能力的较量，包含着重要的经济元素。

南京保卫战是一场保卫首都的战役。首都驻有各国的外交使馆，许多外交活动均在这里进行。这些外交活动都在一定程度上影响着保卫战的进行，同时，保卫战的进行也影响着正常的外交活动。要研究保卫战与外交活动之间的关系，就必须借助外交学的手段。本书内容牵涉政府外交、军事外交与民间外交等。在政府外交方面，本书研究了意大利驻中国大使陶德曼的调停活动、欧美列强对中日战争所抱的态度，以及各国使馆于战前迁离南京的情况；在军事外交方面，对中德间的军事合作、《中苏互不侵犯条约》的签订和苏联援华志愿航空队在南京的参战，均有详细论述；在民间外交方面，着重研究了德国、美国、英国、丹麦等国友好人士设立南京安全区及保护南京难民的善举。上述各个领域的外交活动，直接、间接地影响了保卫战的进行，与在南京地面、空中、水上的战斗，共同书写了南京保卫战的历史记忆。

战争需要全社会的动员，战争也影响到社会的方方面面。战争改变了城市的生态。炮火与硝烟，将一座和平、宁静的南京城，带入了紧张、恐怖、血腥的战时状态。本书运用社会学的手段，通过对新闻媒体报道、城市管理、市民动员、慈善救助、医疗卫生等层面的研究，再现了保卫战中南京的社会状况。新闻媒体是城市的号角与喉舌。本书充分利用了新闻媒体的资料，将战争前、战斗中与失陷后守军、市民与城市的状况予以诠释。书中设有“社会形势”专节，分述了南京安全区的设立、慈善机构对难民的救助、市区医疗卫生机构的运转、对日谍汉奸的斗争、对人民进行战争动员与国防教育等。南京保卫战的进行，需要社会各方面的支撑，也是南京全社会动员的结果。

第六，创新研究与前期研究结合。

如前所述，南京保卫战史的研究，从1946年谭道平先生所著《南京卫戍战史话》算起，已经经历了70多年，涌现出大量论著。尤其是关于抗日战争史、江苏与南京地方史，以及南京大屠杀史的研究，大大带动与促进了南京保卫战史的研究。南京大学中华民国史研究中心、侵华日军南京大屠杀遇难同胞纪念馆和国家记忆与国际和平研究院（原名南京大屠杀史与国际和平研究院）等单位，付出大量人力与财力，系统出版了涉及南京保卫战的南京大屠杀文献资料与学术专著。已有的南京保卫战史研究成果，引用资料翔实，不断推进思考深度，经过了数十年的推敲锤炼，已经把该领域的研究提升到相当的高度，为今后的研究，奠定了良好的基础。本书充分吸收和利用了这些资料与认知，取其精华，融会贯通，权衡利弊，适当调整。所有南京保卫战史的前期成果，都是本书进行创新研究的出发点与奠基石。书中大量沿用了经过数十年检验的那些被认为是正确的、精准的理念与观点，那些被认为是最有说服力的战斗资料、战场统计。已有的研究成果，都是本书写作的宝贵财富与文献资源。著者通过比较鉴别，决定取舍，精心提炼，使得既有的成果焕发出新的光华。

当然，充分吸收并利用前期研究成果，决不等于简单地重复已有的理念与认知。新著的生命与价值在于创新。本书着力于以下三个方面的创新：

一是构架创新。著作的结构犹如一座建筑物的布局与外貌，不同的布局与外貌，决定了建筑物设计的优劣与风格；不同的结构，也决定着著作的不同水平与品质。应有的部分如果缺失了，那会有损于展现历史真相的力度；不应有的部分如果加入了，则反而会画蛇添足、弄巧成拙。本书对战前的南京，分别从政治、军事、外交、经济、文教、社会等六个方面，详述其形势与状况；对战前的准备，分别从制订防御计划、构筑防御工事、组建卫戍部队等三个方面，论述国民政府的作战方针与具体部署；对延续四个月的空袭与空战，分别从中日双方空战部队序列、空战经过，以及日机空袭对城市的破坏等方面，独立于地面交战之外，设专章加以叙述；对作为保卫战主体的地面部队作战，则列出30余次有较大影响的战斗，运用多方面资料，尽量完整地还原保卫战悲壮、惨烈的原貌；对战役的失利，分别从南京城失陷、俘虏惨遭屠杀、城陷后仍有不屈的抗争，以及铭记战斗中的英雄业绩等四个方面加以论述，且史论结合，既交代了战役失败的事实，又深度论述了保卫战失败的原因，卫戍军司令长官唐生智的功过，以及如何继承、发扬抗战精神。书中为加强理论研究的力度，特设导论与结束语，对南京保卫战的时空范畴、历史地位、与南京大屠杀的关联等理论问题，进行了深度探讨。本书没有像前期研究中有些成果那样，将南京保卫战的历史叙述，一直延伸到抗战胜利、审判日本战犯；也没有设立专章专门论述城陷后的南京大屠杀史实。应当说，新增的部分、加强的部分与精减的部分，都反映出了结构的创新。

二是资料创新。对南京保卫战史的研究，离不开大量引用档案、文献与新闻资料，而对历史资料的引用，存在发掘、消化与吸收的过程。资料虽然丰富，但人们在研究过程中，或未加认真发掘，无法利用；或虽已见到，但由于受到研究架构、理念的影响，对其视而不见。如全面抗战初期国民政府拟订的南京城防战备计划、1935年的秋季大演习、有关南京防御作战的方案这三个方面的资料，在前期研究中，均不被重视，较少写入“战前的南京形势”。由于日军系自东南方向，从淞沪地区一路西进，南京战役的主要战场与战斗，均在江南地域，故而前期研究，对江北岸的战史资料较少顾及；同时，对一些未被列入南京卫戍军战斗序列的部队的资料，如南京义勇国民总队与金陵师管区等，亦未加重视。《南京保卫战史》与《南京保卫战》分别出版于2014年与2016年。在两位作者写作过程中，已有大量日军作战文书与日军官兵日记等中文译本问世，但由于时间较为仓促，著者来不及充分吸收、消化资料中的相关信息，因此对于这些资料的运用，显得较为粗糙与局限。显然，对于这些前期已经出现的资料，有一个再消化、再吸收的过程。这是资料创新的一个方面。另一方面，近年在抗战研究与南京大屠杀研究中，还推出了许多关于南京保卫战的新的资料。在这方面，具有代表性的成果，是由张建军先生（后为周峰）主编的“南京保卫战史料与研究”丛书。这套丛书，在2018—2020年期间，出版了南京保卫战的全套影印档案、历史文献、文史资料、老兵口述史与碉堡遗址等10余册图书。丛书包含了许多第一次与读者见面的档案、文献、口述资料。大量新鲜资料的涌现，成为《南京保卫战全纪录》写作实现资料创新的丰富源泉。本书已大量使用这些最新面世的历史资料，将全书的资料运用提高到一个新的水平。

三是理念创新。当前，南京保卫战的基础军事档案资料，在数量上并没有显著的增加，但对相同资料的理解与诠释，却有了极大的提升。在前期研究中，存在过分强调战役惨烈与悲情一面的倾向。本书在写作中将保卫战中折射出的战斗精神，融入伟大的抗战精神。在“战役结果”一章，不仅如实记录了战役的失败、南京的失陷，以及随之而来的大批军人被俘并遭屠杀的情况，更突出了城陷后中国军人继续抗争，各参战部队在抗战洪流中继续奋战的情况。这样，便跳出了保卫“南京城”这个狭小的圈子，在更广阔的视野与时空中，弘扬与彰显了宝贵的抗战精神。再从保卫战的历史地位看，以往的研究多侧重于强调保卫首都的重要性，以此区别于其他城市的保卫战。此点固然十分重要。但本书在写作中，除循此理念，予以发挥外，又从当时国民政府在战略上改变日军进攻方向的角度来加以分析。淞沪会战本有将日军由北向南进攻方向改变为自东向西之意，而南京保卫战则沿此战略思路，进一步拖住日军，将其锋镝引向西向仰攻，致其处于军事上极其不利的地位，而中方则正好将地形、物资十分有利的大西南辟为战略后方，与日方长期周旋，以达持久作战、拖垮日方的目的。此外，本书着力加强了战前南京的政治、外交、军事、经济、文化等方面形势的论述，加大了原不被注意的江北警备部队、南京义勇国民兵总队与金陵师管区等辅助部队的分量，精细统计了战役伤亡与军械的损失等，均体现了从理念上对战争损失统计完整性、精确性的追求与努力。

本书在史料利用上，主要依据以下四个方面的史料：

第一，以中国军方史料作为本书的基础资料。本书既为“南京保卫战全纪录”，其研究的主要方向，当为中国军队是如何筹划、实施此一战役的。这就决定了书中的主要史料来自中国军方。只有中国军方的文献、战斗文书，最能详尽地体现“保卫战”的准备、进行和结局。此类史料又经档案部门、纪念馆、研究机构及研究学者分别编著出版，向社会公布。其主要史料有：由秦孝仪主编、中国国民党中央委员会党史委员会于1981年编印的《中华民国重要史料初编·对日抗战时期》第2编《作战经过》，在“淞沪会战”项，有南京保卫战相关文电及英烈选录；由中国第二历史档案馆编纂，先后于1987年和2005年由江苏古籍出版社、凤凰出版社出版的《抗日战争正面战场》中“南京保卫战”部分；1993年由南京大学出版社出版的70册《中华民国史史料长编》中，1937年10月—12月部分及其“补编”“南京保卫战战斗纪事”部分；由江苏古籍出版社、凤凰出版社出版的“中华民国史档案资料汇编”中“南京保卫战”部分；中国人民政治协商会议全国委员会文史资料研究委员会《南京保卫战》编审组编，中国文史出版社1987年出版的《原国民党将领抗日战争亲历记·南京保卫战》；马振犊等编，江苏人民出版社和凤凰出版社于2005年出版的《南京大屠杀史料集》第2册《南京保卫战》；由中国第二历史档案馆、侵华日军南京大屠杀遇难同胞纪念馆合编，南京出版社2007年出版的10卷本《南京保卫战殉难将士档案》；由张建军（后为周峰）主编的“南京保卫战史料与研究”丛书，包括南京出版社自2018年以来陆续出版的《南京保卫战档案》（共8册），以及《南京保卫战历史文献（1937—1949）》《南京保卫战文史资料》《南京保卫战老兵口述史》《紫金山的碉堡》等；金以林、罗敏主编，社会科学文献出版社2020年出版的100册《中华民族抗日战争军事资料集》中“战略防御”专题的相关部分等。除上述已公开出版的资料之外，还有大量中国第二历史档案馆、侵华日军南京大屠杀遇难同胞纪念馆、台北“国史馆”的馆藏档案资料。在中方军事史料中，本书特别加强了以往论著中较为薄弱的空军和海军资料。它们是：中央航空学校1939年印行的《南京防空经验》、抗战期间编纂的《防空学校校史》；国民党“空军总司令部”情报署于1950年编印的《空军抗日战史》第1册；国民党海军总司令部1941年编印的《海军战史》等。

第二，大量采用日方军事文献资料。南京保卫战的作战对象，乃日本松井石根所部华中方面军。日本军方对攻击南京的战斗部署与实况有详细的记录；许多参战的日军官兵也记有战地日记。因此，日方的文献对于研究南京保卫战，有着至关重要的作用。其主要史料有：由日本防卫厅防卫研究所战史室著、齐福霖译，中华书局于1981年出版的《中国事变陆军作战史》第1卷第2分册，其中有“攻占南京作战”部分；日本防卫厅防卫研修所战史室编、朝云新闻社1974年出版的《中国方面陆军航空作战》；日本海军省教育局1941年编印的《支那事变尽忠录》；江苏教育出版社于1999年出版的《东史郎日记》；松冈环编著、新内如等译，上海辞书出版社于2002年出版的《南京战·寻找被封闭的记忆——侵华日军原士兵102人的证言》；张宪文主编，江苏人民出版社于2005到2010年出版的《南京大屠杀史料集》中《日军官兵日记》《日军官兵日记与书信》《日军官兵与随军记者回忆》《日本军方文件》《日本军方文件与官兵日记》《日军官兵回忆》《日军文献》《日军官兵日记与回忆》《日军第六师团官兵回忆》等。

第三，充分借助了新闻报道史料。新闻媒体是社会的喉舌，而新闻报道特点在于反应快、情况实、时空准，多为战地记者亲自采访或目睹之实况。它是交战双方文献资料的重要补充。其主要资料有：陆束屏搜集并编译，红旗出版社于

1999年出版的《南京大屠杀——英美人士的目击报道》，该书有“南京城的陷落”新闻报道专章；杨夏鸣、张生编，杨夏鸣等译，江苏人民出版社于2007年出版的《国际检察局文书·美国报刊报道》，该书有美国主流报刊《纽约时报》《时代周刊》对南京保卫战的报道；经盛鸿于2008到2010年间先后撰著，南京出版社出版的《恶魔的吹鼓手与辩护士——战时日本新闻传媒与南京大屠杀》《西方新闻传媒视野中的南京大屠杀》《战时中国新闻传媒与南京大屠杀》，上述各书均有各方新闻媒体对于南京保卫战与日机空袭的报道与相关评论；王卫星编，何慈毅、李斌等译，江苏人民出版社于2010年出版的《〈东京日日新闻〉与〈大阪每日新闻〉报道》《〈东京朝日新闻〉与〈读卖新闻〉报道》；朱成山编，彭曦等译，南京出版社于2011年出版的《侵华日军南京大屠杀日本报刊影印集》，该书涉及《东京朝日新闻》《大阪朝日新闻》《大阪每日新闻》《静冈民友新闻》《河北新报》《新爱知》《名古屋新闻》《福井新闻》《新潟新闻》等关于南京保卫战的报道。

第四，适当采用西方官方与民间人士文献。西方国家与人士，作为南京保卫战的第三方，其文献资料虽不可能出现战斗部署与战场交战实况的记载，但对南京保卫战期间及其前后南京城社会状况的观察，却具有独特的视角，能够提供较为客观、真实的记录。这是撰著南京保卫战史不可缺少的辅助内容。其主要资料有：章开沅编译，南京大学出版社于1999年出版的《天理难容——美国传教士眼中的南京大屠杀（1937—1938）》；1997年由江苏人民出版社、江苏教育出版社出版的《拉贝日记》，2000年由江苏人民出版社出版的《魏特琳日记》；朱成山主编，桂奋权、卢彦名译，南京出版社于2007年出版的《海外南京大屠杀史料集》；陆束屏编著、翻译，南京出版社于2013年出版的《英国外交官和英美海军军官的记载》，该书有“日军攻陷南京城池”一章，收录的自1937年11月15日起的《美国海军情报周报》也有关于南京保卫战的记录；张宪文主编的“南京大屠杀史料集”丛书，其第6册《外国媒体报道与德国使馆报告》、第12册《英美文书·安全区文书·自治委员会文书》、第30册《德国使领馆文书》、第31册《英国使领馆文书》、第63册《美国外交文件》、第69册与第70册《耶鲁文献》（上、下），等等。

上述四个方面史料包含了一批首次使用的作战命令、战斗序列、战役统计资料。这些新鲜资料的公布与使用，将使本书对南京保卫战的研究，达到一个新的水平。对于那些前期面世已久的资料，进行再挖掘、再消化、再吸收，达到融会贯通，对于著者进一步认识南京保卫战，可以提供更多新的领悟与认知，从而使本书对南京保卫战真相的揭示，更加完整，更加深刻。

第一章 战前形势

自1931年九一八事变后，中日矛盾急剧上升。在全国抗日救亡运动的推动下，国共第二次合作谈判在南京进行并达成协议，从而形成团结御敌的抗日民族统一战线。随着全民族抗战的爆发，南京人民的抗日救亡运动积极开展。面对日本侵略军觊觎并进逼首都南京的危急情况，国民政府已着手从政治、外交、军事、经济、文化、社会等诸多方面，进行保卫南京的紧急应战准备。

第一节 政治形势

一 南京人民抗日救亡运动

甲午战争后，日本帝国主义不断策划侵略中国的阴谋。1927年，日本内阁首相田中义一召集“东方会议”，确定了日本占领中国、侵占亚洲、独霸世界的战略目标。随后，日本在中国东北地区制造了一系列事端。1931年，九一八事变爆发，揭开了中国人民局部抗日战争的序幕。1937年初，日本加快对华侵略步伐，其参谋本部在《关于对华政策给陆军省的建议》中提到，对中国“准备给予致命的痛击”[①]。当年7月7日夜，驻北平丰台日军借口一名士兵失踪，蓄意制造事端，炮击宛平县城。卢沟桥事变的发生，标志着中国人民全面抗日战争的开始。

① 〔日〕日本防卫厅防卫研究所战史室著，齐福霖译：《中国事变陆军作战史》第1卷第1分册，中华书局1979年版，第110页。

自九一八事变以来，中共南京地下党组织领导南京人民不断开展抗日救亡运动，在知识分子和公教人员中建立外围组织，宣传抗日主张，秘密成立南京读书会。1934年至1936年，相继成立以中共党员为骨干或得到中共党员帮助的妇女文化促进会、南京妇女救国会、南京文化界救国会、南京职工界救国会、首都女子学术研究会、南京秘密学联（即南京学生救国会）、南京各界救国会联合会、首都各界援绥抗敌后援会等。这些抗日救亡团体根据自身特点，开展各种学术活动、教育活动、艺术活动等，以此团结知识分子和各界群众，进行抗日宣传，使南京形成了广泛的抗日统一战线。①1936年底，由于国民政府对抗日救亡运动的镇压，除南京学联坚持秘密活动外，文化界、妇女界、职工界救国会都转入隐蔽或分散活动。②

全面抗战爆发后，为进一步推动全国的抗日救亡运动，中共中央书记处于1937年7月15日向各地党组织发出了《中央关于组织抗日统一战线扩大救亡运动给各地党部的指示》，要求各地党部："迅速组织统一战线，扩大救亡运动，执行坚决抗战保卫国土的总方针""共产党员应实际上成为各地救亡运动与救亡组织之发起人、宣传者与组织者，以诚恳坦白谦逊之态度与努力的工作，取得信仰及这类团体中的领导位置。"③

在中共南京地下党组织的推动下，南京人民的抗日救亡运动逐步形成高潮。7月中下旬，首都各界抗敌后援会、文化界抗敌后援会、华侨抗敌后援会、学生界抗敌后援会等纷纷成立。7月12日，南京各群众团体举行联席会议，讨论抗战工作，并通电全国，号召奋起抗战。7月15日，南京各机关、团体代表300余人开会成立首都各界抗敌后援会。7月17日，南京文化界100余名知名人士集会，成立首都文化界抗敌后援会，要求国民政府即日出兵抗日。7月18日，首都华侨教育总会等8个团体集会，联合成立了首都华侨抗敌后援会。7月31日，在南京秘密学联的组织与发动下，金陵大学、中央大学及各中小学学生200余人，在青年会大礼堂集会，宣布成立南京学生界抗敌后援会，并组织学生到新街口、夫子庙等繁华地段进行抗日宣传。同期，南京工人福利委员会还举行常委会会议，决定发起募捐劳军活动，组织志愿运输队到前线服务。④

---

① 南京市地方志编纂委员会编：《南京政党志》，河海大学出版社1997年版，第193—194页。

② 江苏省中共党史学会编：《江苏抗日战争史》，中共党史出版社2007年版，第39页。

③ 中央档案馆编：《中共中央文件选集》第11册，中共中央党校出版社1991年版，第289—290页。

④ 中共南京市委党史资料征集编研委员会办公室编：《南京革命史大事记（1919—1949）》，中共南京市委党史资料征集编研委员会办公室1986年印行，第100—101页。

在南京人民组成的抗日救亡战线中，妇女是一支不可或缺的力量。早在1936年6月，国民党首都公务人员训练委员会中央党部训练队就发布通知，要求首都各机关女职员施行军事看护训练，为期1个月。[①]1937年6月，国民党中央执行委员会民众训练部提出《妇女会军事训练纲要草案》，要求由全国各地妇女会聘请军事专门人才，对妇女会成员进行军事训练，为期1年。全面抗战爆发后的7月29日，南京市妇女界为争取国际舆论支持，发表《告全世界友邦妇女书》，历数自九一八事变以来日本侵略军的野蛮暴行，称“此种军人为任何国家所无，是全世界妇女之公敌，且为人类文明之耻辱”，呼吁世界各友邦妇女“本爱护和平维持人道之旨趣，而主持正义，协助中国妇女，消灭破坏世界和平的日本军人。”[②]8月1日，中国妇女慰劳自卫抗战将士总会在南京成立，并分电各省市从速成立分会，宋美龄、沈慧莲、吴贻芳等为负责人，总会发表了《致全国妇女同胞电》，号召占国民半数之妇女“对此天职，义不容辞，捐输服役，救伤慰劳，责无旁贷”，到11月南京分会仍积极组织各种慰问团、战时服务团，前往医院、车站、前线慰问抗日官兵，通过帮助照料受伤将士，递送饮食，写寄家信，轮流值班，高唱欢送歌等鼓舞抗战士气；发起募捐活动与鼓励购买救国公债、劝捐战时用品等；开展战时宣传，制作宣传标语与宣传纲要。[③] 此外，首都抗敌后援会的妇女还赶制棉衣运往前线，以慰劳战士。

南京社会各界也纷纷通过捐助物资、公演抗日话剧、参加救护队等方式支援抗日战争。其中，南京百货业同业工会发起捐款慰劳前线战士活动，1天内19家商店便捐款1240元；各工厂工人开展捐献1日工资运动；中学生开展捐献5万条毛巾活动；夫子庙各茶社歌女举办游艺会，两日内为抗战募捐万元；首都各界抗敌后援会为募集资金支持抗战，召集财政局及各同业公会负责人开会议决，自8月15日起的三个月内，旅馆、筵席业加税5.3%，娱乐场所、影戏剧院及游艺场所加税3.4%。市商会还发起筹募救国公债，据《中央日报》11月12日报道，“现各同业公会认购数目已有二十一万八千元。”[④] 南京各界人民除捐款外，还开展多种形式的抗战宣传活动。例如，7月下旬，各大学、中学留校女学生公演抗日话剧；

---

① 中华全国妇女联合会妇女研究所、中国第二历史档案馆编:《中国妇女运动历史资料·民国政府卷》(上)，中国妇女出版社2011年版，第499页。

② 中共南京市委党史工作办公室、中共南京市委宣传部编：《南京百年风云（1840—1949）》，南京出版社1997年版，第495页。

③ 中华全国妇女联合会妇女研究所、中国第二历史档案馆编:《中国妇女运动历史资料·民国政府卷》(下)，中国妇女出版社2011年版，第571、574、575页。

④ 《商会函各公会催缴救国公债》，《中央日报》1937年11月12日，第4版。

8月，由剧作家田汉以七七事变为背景赶写的四幕话剧《卢沟桥》在南京公演；南京抗敌后援会举行抗敌漫画展览，等等。此外，南京学生200余人为救护前线受伤官兵，还积极参加战地救护队。[①]

随着八一三事变的爆发，日军大举进攻上海，上海军民奋起抵抗，南京各界人民掀起了以支援淞沪抗战为中心内容的抗日救亡活动新高潮。南京职工救国会组织了南京市区人民救护队，并举办战地救护讲习班。该会成员薛宁人以红十字会的名义，发动中央医院的医护人员，在中央大学开设首都重伤医院，许多学生和工人自动报名参加重伤医院的服务工作。职工救国会和妇女救国会还发动工人、妇女开展了多项宣传、慰劳活动。在淞沪、华北战事激烈进行之际，南京各界妇女慰劳会举行第二次常务会议，决定通电慰问淞沪及华北前线的抗战将士。[②]

与此同时，从平津流亡到南京的学生，还与首都学生相结合，开展抗日救亡活动。8月中下旬，由平津各大学流亡到南京的学生浦安修、郑代巩等人发起，在南京成立了平津流亡同学会。同期，由北平学委负责人蒋南翔、李华带队的平津学生流亡团也陆续到达南京。他们和南京学联、南京的学生共同起草抗日宣言，向国民政府请愿，积极开展各种救亡活动：平津同学会歌咏队在中央广播电台演唱《牺牲已到最后关头》《打回老家去》《保卫我们的祖国》《救亡进行曲》等抗日歌曲，激励全国军民的抗日斗志；平津同学会500余人和首都学生界抗敌后援会联合举行铲除汉奸的宣传活动，他们共组成28个小队，分别到浦口、下关、雨花台、水西门等地，揭发汉奸的罪恶，动员检举汉奸，在九一八纪念日，又分赴燕子矶、上新河等地，宣传除奸、防空，劝募救国公债；平津流亡学生在南京公演话剧、劝募寒衣、救济难民；在中国共产党直接领导下，学生组成救亡宣传团，到安徽的淮南、合肥、巢县、无为、芜湖等地，向工农民众宣传抗日，受到广泛欢迎，取得了显著效果。[③]

全面抗战爆发后，轰轰烈烈的南京人民抗日救亡运动，成为全国人民抗日洪流的重要组成部分。

---

① 中共南京市委党史资料征集编研委员会办公室编：《南京革命史大事记（1919—1949）》，中共南京市委党史资料征集编研委员会办公室1986年印行，第100—101页。

② 中共南京市委党史资料征集编研委员会办公室编：《南京革命史大事记（1919—1949）》，中共南京市委党史资料征集编研委员会办公室1986年印行，第102—103页。

③ 中共南京市委党史资料征集编研委员会办公室编：《南京革命史大事记（1919—1949）》，中共南京市委党史资料征集编研委员会办公室1986年印行，第102—105页；华彬清、钱树柏主编：《南京大学共产党人（1922年9月—1949年4月）》，南京大学出版社2002年版，第26—27页。

二　国共南京谈判与抗日民族统一战线形成

抗日战争全面爆发，南京与全国人民抗日救亡运动的空前高涨，促使国民党与国民政府逐步坚定了抗日的立场，并走上与中国共产党实现第二次合作的道路。南京作为国民政府所在地，见证了国共两党第二次合作的曲折历程与最终实现。

早在1935年年底，随着华北事变造成严重的民族危机，蒋介石再次考虑与苏联接触，设法争取苏联援助。因此，他在当年12月中旬，授意驻苏武官邓文仪和陈立夫前往苏联驻华使馆会晤鲍格莫洛夫，传达联苏意图并探寻苏联政府对国民党政治解决共产党问题的意见。[①] 这次秘密会面，促成了国民党与中共驻共产国际代表团的秘密接触。

政策的调整，也是实现国共第二次合作的必要条件。1936年1月，邓文仪与中共驻共产国际代表团团长王明以及潘汉年，在莫斯科就两党合作进行初步商谈。国共两党的重新接触，在一定程度上体现了国民党对内对外政策的调整，这种调整亦为国共两党实现第二次合作准备了部分条件。

与此同时，国民党在国内分别找到华北地区中共地下党组织与南京方面共产党线索，与中共北方局代表周小舟、吕振羽的接触先后有三次。1936年1月，周小舟、吕振羽首次来南京商谈，但并无结果。4月，周、吕二人再次来南京与国民党接触，双方对合作条件仍未达成一致。7月，周、吕二人第三次赴南京与国民党方面进行多次谈判，此时双方的主张已接近后来各自所提条件，并对合作中之领导权，以及国防政府组织形式等问题，进行了反复协商。至8月下旬，该谈判条件送达中共中央。9月，中共中央通知北方局已另派正式代表进行谈判，至此该条沟通渠道的活动结束。

在此期间，南京方面的宋子文与陈果夫兄弟还分别通过宋庆龄等人，联系到原属中共特科系统的董健吾与张子华。董、张二人多次往返南京与苏区，进行联系，初步建立起国共双方高层沟通的渠道。8月底，周恩来分别致信曾养甫和陈立夫兄弟，表示愿意外出商谈。11月，潘汉年作为中共中央谈判代表与陈立夫等人举行正式会谈，结果并未有实质性进展。国共两党经过多次秘密谈判，虽然未达成任何合作协议，但为西安事变期间及之后的正式谈判创造了条件。12月12日，西安

① 杨奎松：《国民党的“联共”与“反共”》，社会科学文献出版社2008年版，第314—315页。

事变的发生直接促成了国共两党高层谈判的进行。

1937年2月，国共两党就如何共同抗日、实现合作问题进行正式谈判，持续约1个月的西安谈判围绕红军改编、苏区改制、西路军等问题进行争论。3月，周恩来与蒋介石在杭州谈判。6月，周、蒋进行庐山谈判，再次商讨两党合作形式、红军改编、苏区改制问题等，此时蒋介石在军事指挥权与红军改编问题上毫不让步。

就在国共两党艰难地进行合作抗日谈判的时候，7月7日卢沟桥事变爆发。7月8日，中共中央即发出《为日军进攻卢沟桥通电》，号召“全中国同胞、政府与军队，团结起来，筑成民族统一战线的坚固长城，抵抗日寇的侵掠”“国共两党亲密合作抵抗日寇的新进攻！驱逐日寇出中国！”①同日，红军将领还联名致电蒋介石，迫切陈词：“红军将士，咸愿在委员长领导之下，为国效命，与敌周旋，以达保土卫国之目的”②。

七七事变的发生，标志着中国全民族抗战的开始，这也推动着国共合作谈判的进行。8月2日，蒋鼎文转蒋介石电，邀请周恩来约同朱德、毛泽东来南京面商大计。9日，周恩来、朱德与叶剑英由西安飞抵南京，参加南京国民政府组织召开的国防会议，并与国民党谈判红军改编等各项具体问题。议程中，中共方面不计前嫌，在会上坦陈抗日方略。11日，周恩来、朱德等出席了国民政府军事委员会军政部召集的谈话会。会上，周恩来指出：当前战争中，必须培养出可以独立持久的能力。在正面防御上，不可以停顿于一线及数线的阵地，而应当由阵地战转为平原与山地的扩大运动战。另一方面，则要采取游击战。③朱德指出：“抗日战争在战略上是持久的防御战，在战术上则应采取攻势。”“游击战是抗战中的重要因素。游击队在敌后积极活动，敌人就不得不派兵守卫其后方，这就牵制了它的大量兵力。”④另外，他还建议开办游击训练班，使国民党军队也能够逐步地学会进行游击战争。会议期间，中共代表还同冯玉祥、白崇禧、刘湘、龙云等国民党地方实力派将领进行了会晤。

8月12日，周恩来、朱德等与张冲、邵力子、康泽举行了第一次南京谈判，

---

① 《中共中央为日军进攻卢沟桥通电》（1937年7月8日），中央统战部、中央档案馆编：《中共中央抗日民族统一战线文件选编》（下），档案出版社1986年版，第2页。

② 中央档案馆编：《中共中央文件选集》第11册，中共中央党校出版社1991年版，第278页。

③ 中共中央文献研究室编：《周恩来年谱（一八九八—一九四九）》，人民出版社、中央文献出版社1990年版，第375页。

④ 中共中央文献研究室编：《朱德传》，人民出版社、中央文献出版社1993年版，第398页。

商讨了《中共中央为公布国共合作宣言》初稿内容，因国民党删改宣言初稿中的部分条文与"民主""共产党""同国民党获得谅解"等文字，从而引起双方争执。周恩来等当即表示，有的可以研究，有的不能同意，并要求将中共的意见报告蒋介石。[①]

由于8月13日淞沪会战爆发，战火随时有燃烧到首都南京的可能，蒋介石迫切需要红军开赴抗日前线共同作战。于是红军改编问题久拖不决的状况也有了转机。蒋介石原先坚持要在改编后的红军总部派1名政治部主任，并给3个师派去参谋长，后降低要求，对国民党方面谈判代表康泽说："参谋长不派了，政治部主任也不派了，只派三个联络参谋和八路军总指挥部的联络参谋"[②]。8月19日，双方同意红军改编为国民革命军第八路军、设立总指挥部，统率3个师，任命朱德、彭德怀为正、副总指挥。军队中一切职务，包括各级之副职，自副师长至副排长人员，均由中共自行配备。与此同时，双方对红军在南方的各路游击队的改编问题，也达成了大致意向。周恩来于8月17日电告中共中央："现已与军何（指军政部部长何应钦）商定，允许我方派人到各边区传达党中央意旨，并协助各边区传达改编。"他还建议中共中央，即令派往鄂豫皖的郑位三和派往闽西南的方方，以及派往湘鄂赣边区的诸人员，迅速来南京。[③]

在参加了国防会议及与国民党方面进行谈判之后，朱德于8月16日乘车回陕，19日抵云阳抗日红军前敌总指挥部。周恩来于21日离南京抵西安，其谈判中的未了事宜，则由叶剑英留在南京继续与国民党方面交涉。25日，《中国共产党抗日救国十大纲领》发表，其中再次强调："在国共两党彻底合作的基础上，建立全国各党各派各界各军的抗日民族统一战线，领导抗日战争，精诚团结，共赴国难。"[④]

9月中下旬，国共两党代表举行了第二次南京谈判。这次谈判，在中共代表博古、叶剑英与国民党方面的蒋介石、康泽之间进行，主要内容为讨论发表中共宣言问题。会谈中，康泽根据蒋介石意旨，要求中共删去宣言中的政治主张，只保留共产党表示共赴国难的四项保证。博古严肃拒绝，双方争论十分激烈。

---

① 中共中央文献研究室编：《周恩来传》，人民出版社、中央文献出版社1989年版，第366页。

② 康泽：《我在国共第二次合作谈判中的一段经历》，中国人民政治协商会议全国委员会文史资料研究委员会编：《文史资料选辑》第71辑，中华书局1980年版，第22页。

③ 中共中央文献研究室编：《周恩来传》，人民出版社、中央文献出版社1989年版，第367—368页。

④《中国共产党抗日救国十大纲领》（1937年8月25日），中央档案馆编：《中共中央文件选集》第11册，中共中央党校出版社1991年版，第329—330页。

后来，在全国人民奋起抗战的形势下，蒋介石只得同意保留中共所提出的基本政治主张，而中共方面也做出了一些让步。最后，由康泽与博古分别代表国民党和共产党在宣言稿上签了字。次日，蒋介石、康泽、张冲与博古、叶剑英在孔祥熙公馆作了最后的商谈。蒋介石同意立即发表中共中央的宣言。国共间对于这一宣言和实现第二次合作的商讨，先后延续了两个多月，终于在南京实现了历史性的突破。

9月22日，国民党中央通讯社发表了中共早在7月15日就交付国民党发表的《中共中央为公布国共合作宣言》，向全国同胞提出了奋斗的总目标：

（一）争取中华民族之独立自由与解放。首先须切实地迅速地准备与发动民族革命抗战，以收复失地和恢复领土主权之完整。

（二）实现民权政治，召开国民大会，以制定宪法与规定救国方针。

（三）实现中国人民之幸福与愉快的生活。首先须切实救济灾荒，安定民生，发展国防经济，解除人民痛苦与改善人民生活。①

为了实现上述三项总的奋斗目标，中国共产党特郑重宣布：

一、孙中山先生的三民主义为中国今日之必需，本党愿为其彻底的实现而奋斗。

二、取消一切推翻国民党政权的暴动政策及赤化运动，停止以暴力没收地主土地的政策。

三、取消现在的苏维埃政府，实行民权政治，以期全国政权之统一。

四、取消红军名义及番号，改编为国民革命军，受国民政府军事委员会之统辖，并待命出动，担任抗日前线之职责。②

在国民党中央通讯社发表《中国共产党为公布国共合作宣言》的次日，蒋介石发表了相关谈话。蒋在谈话中，称赞“中国共产党发表之宣言”即“为民族意识胜过一切之例证”，表示“对于国内任何党派，只要诚意救国，愿在国民革命抗敌御侮之旗帜下共同奋斗者，政府自无不（开）诚接纳，咸使集中于本党领导

① 《中共中央为公布国共合作宣言》，《周恩来选集》上卷，人民出版社1980年版，第76—77页。

② 《中共中央为公布国共合作宣言》，《周恩来选集》上卷，人民出版社1980年版，第77页。

之下，而一致努力”，“中国民族既已一致觉醒，绝对团结，自必坚守不偏不倚之国策，集中整个民族力量，自卫自助，以抗暴敌，挽救危亡。”①

《中国共产党为公布国共合作宣言》和蒋介石针对中共宣言谈话的发表，标志着第二次国共合作的正式形成和抗日民族统一战线的正式建立。这次国共合作，虽没有两党共同承认的政治纲领，没有统一战线的组织形式，但它体现了两党抗敌御侮、联合救国的共同愿望和实际行动。中共中央对于第二次国共合作的实现，给予了极高的评价，指出《中国共产党为公布国共合作宣言》与蒋介石的谈话，“宣布了统一战线的成功，建立了两党团结救国的必要基础”，“不但将成为两党团结的方针，而且将成为全国国民大团结的根本方针。中华民族之复兴，日本帝国主义之打倒，将于今后的两党团结与全国团结得到基础”。谈话“指出了团结救国的深切意义，确定了共产党在全国的合法地位，发出了‘与全国国民彻底更始’的诺言。”② 中共中央强调：“这在中国革命史上开辟了一个新纪元。这将给予中国革命以广大的深刻的影响，将对于打倒日本帝国主义发生决定的作用。”③

南京是国共两党在民族危亡关头，为团结抗战而历经艰苦谈判，并最终实现第二次国共合作的地方，而以第二次国共合作为基础的抗日民族统一战线，是实现中国全民族抗战的旗帜与保障。之后，中国人民在抗日民族统一战线的旗帜下，坚持团结抗战，反对投降分裂，克服种种困难，终于取得抗日战争的最后胜利。而南京作为国共谈判及形成团结抗战局面的见证地，也被记入史册。

三　国民政府迁都

1937 年，在淞沪战局危急、敌机不断轰炸南京的严重情况下，中国政府决定迁都重庆，而重庆被选作首都迁移的地点，有着诸多原因和长远战略考虑。

在地理条件上，四川地处中国腹地，周围地形复杂、形势险要，在国防上具有特别重要的地位。在民族战争中，四川是理想的大后方，其东有长江各险要关隘，尤以宜昌至奉节间的三峡最为险峻；西有号称世界屋脊的青藏高原作为自然屏障；

① 中央统战部、中央档案馆编：《中共中央抗日民族统一战线文件选编》（下），档案出版社 1986 年版，第 823—824 页。

② 中央统战部、中央档案馆编：《中共中央抗日民族统一战线文件选编》（下），档案出版社 1986 年版，第 43 页。

③ 毛泽东：《国共合作成立后的迫切任务》，《毛泽东选集》第 2 卷，人民出版社 1991 年版，第 364 页。

北有大巴山、秦岭横阻；南有云贵高原屏障安全。被称为“天府之国”的四川拥有丰富的矿产资源，具有发展国防工业的优良条件。重庆，在当时作为四川的一个重镇，是中国西部重要水陆交通枢纽和战略要地，长江、嘉陵江两江在此汇合，以重庆为起点的川黔公路，全长550余公里，将四川与贵州贯通。

正是由于四川独特的地理、资源条件，在民国初年就有人认识到其在中国对外战争中的重要地位，蔡锷、孙中山、蒋百里等人均提出过抵御外敌时可以西南三省为最后根据地的论述。战前，蒋介石的德国总顾问法肯豪森也提出“四川为最后防地，富庶而因地理关系特形安全之省份，宜设法筹备，使作最后预备队。”①故此，蒋介石对于以四川为中国战略大后方的考虑，在1935年逐渐突显。

1935年，蒋介石利用中央军“追剿”红军的契机，与高级幕僚陈诚、顾祝同等进入西南地区，开始长达半年之久的考察。3月4日，在四川党务办事处扩大纪念周讲话中，蒋介石指出：“就四川地位而言，不仅是我们革命的一个重要地方，尤其是我们中华民族立国的根据地。”②7月，蒋介石又指出：“对倭应以长江以南与平汉线以西地区为主要线，而以川黔陕三省为核心，甘滇为后方。”10月，蒋介石再次强调：“四川在天时地利人文各方面，实在不愧为中国的首省，天然是复兴民族最好的根据地”，“日本人无论在东三省或者将来在华北弄什么伪组织，都不相干，都不足以致我们的死命！我们今后不必因为在华北或长江下游出什么乱子了，就以为不得了，其实没有什么！只要我们四川能够稳定，国家必可复兴！”③

不同于1932年上海一·二八事变后南京国民政府匆忙迁都洛阳，在将四川视为抗战大后方后，蒋介石指示南京国民政府立即着手加强西南各省统制与建设。1935年，南京国民政府直属管辖下的四川省政府在重庆成立，结束了川境长期分裂的局面。蒋介石从政治、军事、金融、财政各方面入手，筹备四川建设。1935年5月，蒋介石发文给财政部部长孔祥熙，强调“此时我方军事与政治重心全在四川，请兄对于四川经济有关之各种问题，从速解决，并早定川中金融之根本方策……如能多解现银入川，以备万一更好。”同时期，蒋介石在日记中写道：“四川内容复杂……当一本既定方针，扶助其中之一人，主持川政，而中央除整理金融，

① 张宪文等：《中华民国史》（第3卷），南京大学出版社2005年版，第37—38页。

② 秦孝仪主编：《中华民国重要史料初编·对日抗战时期》绪编（3），台北中国国民党中央委员会党史委员会1981年编印，第329页。

③ 杨光彦等主编：《重庆国民政府》，重庆出版社1995年版，第2页。

统一币制，筹备其经济实业之发展以外，对于军事，不宜植势。”[①]

四川本来没有一条通往外省的公路，而到全面抗战爆发前，已建成川陕、川湘、川鄂、川黔等多条省际公路，并且还有川滇、川康等公路正在勘查、修筑。与国防有关的工业，逐渐由国民政府中央军事部门接管经营。重庆行营拨官股40万元，筹办四川水泥公司；军政部兵工署接办了原由四川地方经营的重庆电力炼钢厂、重庆子弹厂、铜元局等兵工企业。

关于军事方面，全面抗战爆发前夕，蒋介石电令，成立以何应钦为主任委员，顾祝同、刘湘为副主任委员的川康军事整理委员会。经过整理，将川康各军缩编三分之一，将军官任免、军事学校、航空防空和军需生产权收归军事委员会。1936年初，在南京国民政府制定的《民国二十五年度国防计划大纲草案》中，明确“以四川为作战总根据地”。[②]至1937年6月，作为抗战总根据地的四川基本上被国民政府控制。

1937年七七事变爆发后，国民政府军事机关主要长官及相关人员就军事防御、战略部署等问题召开多次会议，着手部署迁址办公事宜逐渐提上日程。7月17日，军事委员会举行卢沟桥事变第7次会报时，决定各部院会“另觅小房屋，为机密办公处”。7月下旬，蒋介石下达手令“各部院会实施动员演习及准备迁地办公并限三日具报”，7月27日军事委员会举行卢沟桥事变第17次会报时，决定“各机关办公地点疏开……万不得已时，则迁移他处办公（如衡阳）”。8月4日，军事委员会举行第25次会报，会上何应钦提出“战时政府所在地，应加研究”，并提出“武汉是否适宜”的想法。[③]

八一三淞沪抗战打响后，四川省主席刘湘面陈蒋介石，“建议中央迁川”，因而得到蒋的嘉许。10月29日，蒋介石在国防最高会议上作《国民政府迁都重庆与抗战前途》的报告，第一次正式提出迁都的问题。他说：“军事上最要之点，不但胜利要有预定计划，即挫败也要有预定的打算。不但胜利要立于主动的地位，就是退却也要立于主动地位。然后一时的挫折，不致有全盘溃败之忧，而可以把握最后的胜利。今天我们主动而退，将来即可以主动而进，大体上说来是不足为虑的。”蒋介石在此次会议上宣布：为坚持长期抗战，国民政府将迁都重庆，以

---

① 秦孝仪主编：《中华民国重要史料初编·对日抗战时期》绪编（3），台北中国国民党中央委员会党史委员会1981年编印，第335页。

② 罗娟编著：《南京保卫战》，航空工业出版社2016年版，第91页。

③ 罗娟编著：《南京保卫战》，航空工业出版社2016年版，第92页。

四川为抗敌大后方。[①]

10月30日，蒋介石又表示："到了二十四年进入四川，这才找到了可以持久抗战的后方。从二十四年开始，将四川建设成后方根据地以后，就预想以四川作为国民政府的基地。现在中央已经决议国民政府迁到重庆。国府迁渝，并非此时才决定的，而是三年以前奠定四川根据地时早已预定，不过今天实现而已。"[②]

11月12日，在上海失陷的严峻形势下，身为国防最高会议主席、军事委员会委员长和行政院院长的蒋介石，经与国民政府主席林森会商，决定了迁都重庆大计。在此前后，蒋介石与四川省政府主席刘湘商定了整理四川财政及加强川省国防建设等事项，为国民政府西迁入川做了安排。

11月15日，国防最高会议决定："国民政府及中央党部迁都重庆，军事委员会迁移地点，由委员长酌定。其他各机关或迁重庆，或随军委会设办事处，或设于长沙以南之地点。"[③]次日，国民政府下令，中央党、政各机关与南京市政府各机构、各国营工厂，以及各大、中学校从速迁离南京。于是，在南京的各机关开始公开大规模地分向重庆、汉口、长沙等地迁移。国民政府主席林森于当天在南京登永丰舰启程赴川。在内迁的各政府机构中，行政院、立法院、司法院、检察院、考试院直接西迁重庆；财政部、外交部、卫生署暂迁汉口；交通部暂迁长沙；部分军事机关暂留南京。随后，英、美、苏等各国大使馆，亦迁至外交部办公地点——汉口。

11月19日，苏州失陷，南京面临更大危机，蒋介石再次声明："敌如进攻南京，我们就保卫南京。敌如进攻四川，我们就保卫四川……在敌人侵害下，中国只要有一处自由场所，国民政府将依然作为最高权利（力）机关存在。"[④]

11月20日，南京国民政府正式发表移驻重庆宣言。该宣言肯定了全面抗战3个月来的战绩和精神，宣示了国民政府移驻重庆的目的和持久抗战的决心。《国民政府移驻重庆宣言》称：

迩者暴日更肆贪黩，分兵西进，逼我首都，察其用意，无非欲挟其暴力，要

---

① 杨光彦等主编：《重庆国民政府》，重庆出版社1995年版，第3—4页。

② 蒋纬国总编著：《国民革命战史·第三部：抗日御侮》（2），台北黎明文化事业股份有限公司1978年版，第28页。

③ 台湾"中央研究院"近代史研究所编：《王世杰日记》第一册，1990年，第149页。

④ 张宪文等：《中华民国史》（第3卷），南京大学出版社2005年版，第38页。

我为城下之盟。殊不知我国自决定抗战自卫之日，即已深知此为最后关头，为国家生命计，为国际正义与世界和平计，皆已无屈服之余地。凡有血气，无不具宁为玉碎，不为瓦全之决心。国民政府兹为适应战况，统筹全局，长期抗战起见，本日移驻重庆，此后将以最广大之规模，从事更持久之战斗，以中华人民之众、土地之广、人人抱必死之决心，以其热血与土地凝结为一，任何暴力不能使之分离，外得国际之同情，内有民众之团结，继续抗战，必能达到维护国家民族生存独立之目的。①

当天，蒋介石在发给国民党各省、市党部和各省、市政府的一份秘密电报中说："国民政府为适应战略统筹全局起见，业于本日率同中央各机关移驻重庆，并经发布宣言，昭示全国，谅已周悉。此项措施，在使中枢不受敌人暴力之威胁，贯彻我全国持久抗战之主旨，以打破日寇速战速决之迷梦。国民政府迁渝以后，不唯我前方抗战军事仍本既定方针，照常进行，绝无牵动；且中枢移驻内地，首脑既臻安固，则耳目手足，更能充分发挥其效用；就整个抗战大计而言，实为进一步展开战略之起点。"蒋介石还于11月21日发出一份致各战区司令长官，各总司令，各军团长，各军长、师长、旅长的密电，通报国民政府迁都的举措，号召全体官兵："宜抱破釜沉舟之决心，益坚最后胜利之自信，寸地尺土，誓以血肉相撑持，积日累时，必陷穷寇于覆灭。遵有计划有步骤之策略，作更坚决更勇敢之奋斗。"②

国民政府关于迁都重庆的宣言发表后，中国军政首脑以及四川地方政府，纷纷就此发表声明、讲话，进一步阐明迁都之意义，并做出相应的表示和安排。四川省政府主席刘湘于国民政府迁渝宣言发表的当天，即致电国民政府主席林森，表示支持和欢迎政府迁渝；行政院副院长孔祥熙于11月22日在汉口就迁都一事答记者问时称：此次国民政府移驻之举，实为表现中国更坚决抗战之意志。

11月24日，军事委员会秘书长张群在南京举行茶会，招待在京中外侨民及外报代表。他说："政府为继续抗战之决心所驱使，迁离南京，但南京仍将为中国之首都。"张群同时表示，在国民政府移驻重庆之后，南京市的民政由市长马超俊办理，治安由他本人负责维持；中国军政当局对于南京法纪的维持，会予以极大注意，将尽其力之所能，竭力保护外国人之生命财产；为了加强与外国的联系，

① 《国府宣言移驻重庆，统筹全局长期抗战》，《大公报》1937年11月21日。

② 秦孝仪主编：《中华民国重要史料初编·对日抗战时期》第2编（2），台北中国国民党中央委员会党史委员会1981年编印，第212—213页。

当互通信息，定于每晚9时由当局代表在国际俱乐部会晤外侨与报界人士，讨论大局，答复问题。如有必要，他本人将亲自到场。①

事实上，国民政府各机关的西迁，早自10月即已陆续开始。到11月中旬，国防最高会议作出迁都决定后，则进入大规模搬迁阶段。11月20日国民政府发表移驻重庆宣言时，各机关实已大体迁毕。据中央通讯社发表《国民政府移驻重庆宣言》当日，《申报》相关消息："政府各机关，陆续迁移，今日殆已搬运完毕，各办公处与各工厂所有贵重设备，现皆拆卸净尽。"②时任八路军驻京代表叶剑英和八路军驻京办事处主任李克农，在11月20日写给中共中央的一份报告中，描述了政府机关搬迁的景象："你什么时候走，已成为见面的寒暄话头。各机关纷纷迁移，马路上只见汽车洋车载满行李往车站码头上跑，下关行李堆积如山，往汉口船票已卖至月底。"③

当然，国民政府暨所属各机关的突击西迁，不可避免地在社会上和市民中，造成了一种紧张、不安的情绪。政府的搬迁，促成了市民更大规模的逃难。11月中旬出版的《时事半月刊》介绍说："京芜、京沪、京（津）浦几条铁路和长江的轮船，忙得天昏地黑，有的搬到津浦沿线小城市里去住；有的跑苏州、无锡；有的跑芜湖、广德、宣城；有的上扬州、淮阴。更有的跑远些上广东，到湖南，去四川。"④

国民政府主席林森先于11月16日晚，乘永丰舰启程离开南京，驶往重庆，22日，在经过五个昼夜的航行之后，抵达长江的咽喉之地宜昌，后换乘"民风轮"，于当月26日抵达重庆。随林森迁往四川的国民政府文官、参军、主计三处职员，先后乘"民政轮""民贵轮"抵重庆。30日这天，国民党中央执行委员会秘书长叶楚伧、中央监察委员会秘书长王子庄，以及执行委员吴稚晖、丁惟汾、钮永建等也抵达重庆。

12月1日，国民政府在简陋的新场所正式开始办公。新址设于曾家岩原重庆高级工科中学内。重庆市政府工务科在得悉国民政府决迁重庆之令后，便紧急组织力量，昼夜赶工，于11月25日完成改建。这一天，行政院通电知照各单位已迁渝办公。一周后，国民党中央党部于12月7日正式在范庄举行迁渝后的首次执、

① 《南京仍为首都/张群负责维持治安》，《申报》1937年11月25日。

②《国民政府迁重庆/昨日发表宣言，将以更广大之规模，从事更持久之战斗》，《申报》1937年11月21日。

③ 中共南京市委党史办公室等编:《抗战初期的八路军驻南京办事处》，南京大学出版社1987年版，第39页。

④ 《我们钢铁般的国都》，《时事半月刊》第1卷第3期。

监委联席会议，并正式开始办公。

以林森抵达重庆为标志性事件的国民政府迁渝，具有某种象征性。此时，由长江串联着的三大城市南京、武汉、重庆，都在一定意义上发挥着首都的中枢作用，代表着国家和政府。这是中国全民族抗战初期特有的奇异现象。

四　中共在南京的抗日活动与对保卫南京的声援

1937 年 8 月，在国共两党关于将中国工农红军改编为国民革命军第八路军的协议达成后，中共中央提出下一阶段党的任务，就是“动员一切力量争取抗战的最后胜利。”①10 月，毛泽东在致潘汉年、刘晓的电函中指示：“上海党目前工作的中心……是在加强各种救亡协会与救亡团体的群众工作，扩大这些团体的群众基础与独立民主的救亡活动。”②

全民族抗战爆发后，处于首都地位且又面临危机形势的南京，中共中央给予重点关注。早在 1931 年的九一八事变后，中共南京地下党组织就通过秘密成立读书会等，宣传抗日救亡思想，并领导南京人民的抗日救亡运动不断向前发展。至全面抗战爆发后，通过和国民党方面的谈判协商，中共中央在南京建立了“第八路军驻京办事处”（后改称“第十八集团军驻京办事处”），以此作为中共中央和八路军在南京的办事机构。该办事处租设于鼓楼附近之傅厚岗 66 号（现青云巷 41 号）的一幢小楼。中共中央指派李克农任办事处处长，由钱之光负责军需、财务，另有工作人员数人。为便于工作，另在高楼门 29 号（现高云岭 29 号）租有一座小楼作为处长公馆，在西流湾 1 号租有平房一座，作为宿舍，并兼作办公用房。10 月 3 日，朱德、彭德怀致电军政部部长何应钦等，称：

> 兹派职路参谋长叶剑英为驻京代表，李克农为驻京办事处主任，以后钧部所发与职路之一切军需、军械等，概由该办事处主任李克农负责署名领取。特电谨呈备案。③

---

① 《中央关于目前形势与党的任务的决定》（1937 年 8 月 25 日），中央档案馆编：《中共中央文件选集》第 11 册，中共中央党校出版社 1991 年版，第 324—325 页。

② 洛甫、毛泽东致潘汉年、刘晓：《关于对取消“全救”的认识及其取消后上海救亡工作方针的指示》（1937 年 10 月 18 日），中央档案馆编：《中共中央文件选集》第 11 册，中共中央党校出版社 1991 年版，375 页。

③ 中共南京市委党史办公室等编：《抗战初期的八路军驻南京办事处》，南京大学出版社 1987 年版，第 27 页。

八路军南京办事处建立于南京保卫战前夕、国共第二次合作实现的关键时期，它同时也肩负着中共中央驻京办事处的重任。其主要工作：

一是承担营救被国民党关押的政治犯的重要使命。八九月间，先后由国民政府军事委员会公布的《战时监犯调服军役办法》，以及司法行政部批准的江苏高等法院《临时处置监犯办法》规定，部分监犯可以“服役”形式，提前释放。于是，在8月中旬至9月上旬，经积极努力争取，陆续从晓庄附近的首都反省院、江东门中央军人监狱、老虎桥江苏第一监狱等处，让夏之栩、王根英、蔡馥生、黄文杰、陈独秀和赤色工会国际驻太平洋职工会代表牛兰、汪得利曾等一批短刑期政治犯获得释放。对于刑期较长的政治犯，办事处便以朱德、彭德怀或叶剑英的名义，写信给军政部部长何应钦，指名要求将前者调往八路军“服役”。据统计，在8月至10月间，从南京、苏州、上海、杭州等地监狱、反省院先后获释的政治犯中，经八路军南京办事处接待和初步审查的共有1000多人，其中700多人经西安转送至延安。此项工作意义重大，它赶在南京保卫战及南京沦陷之前完成，最大限度地避免了革命力量的损失，保护了一批抗日干部，使他们能够在抗战事业中发挥重要作用。

二是积极宣传中共抗日救国纲领与八路军的战绩。9月，办事处批准刚从中央军人监狱获释的中共党员陈同生（陈农菲）前往《金陵日报》任总编辑、代理社长。陈同生等人利用《金陵日报》大力宣传团结抗日，并在报纸显著位置刊登《中共中央为公布国共合作宣言》和八路军平型关大捷等消息。9月下旬，经国民党同意，中共开始在南京筹办《新华日报》，由潘梓年负总责，钱之光、章汉夫分别负责经理、编辑工作，请国民党元老于右任题写了报头，并租好营业场所与印刷厂，但后来由于上海战事吃紧，南京有失守危险，只得迁往武汉继续筹备。办事处在积极筹办报纸的同时，还将中共中央的重要宣传文章和八路军在前线作战的战绩，不断通过油印转发各报馆，以扩大影响。10月7日，办事处在沪上报纸刊登《朱德、彭德怀启事》大幅广告，对全国各军政领袖、各党派首领、各界名宿、各民众团体为朱、彭就任八路军正副总指挥事发来的贺电表示感谢，并称：“所部业已开赴前线，正与暴敌激战，我全体将士誓与全国民众及各友军在蒋委员长领导之下扫除强敌，务使民族解放之伟大事业克底于成。”[①]10月中旬，八路军驻京代表叶剑英通过接受记者访问的方式，向社会公布了八路军在前线作战的情况和战

① 《珍闻：朱德、彭德怀启事》，《南声》1937年第92期。

果。他说："近日我军在各路战事始终占取优势。游击战术，业已收得相当之功效。"[①]叶剑英还通过由梅汝璈主编的《时事类编特刊》，来宣传中共的抗日主张。该刊在10月25日出版的第3期上，刊登了叶剑英的题词："举国一致的团结与坚持是战胜日寇的基本条件"。同期，这期还刊登了叶剑英致梅汝璈的一封信，称："伟大的中华民族抗日的神圣战争，正在全国范围内开展着，北至于长城、塞外，南至于南海、琼州，天天在进行着平面的、立体的战斗。只要我们能够做到：一、举国一致的团结与坚持，二、努力争取国际上一些同情与援助，三、在战略和战术有巧妙的指导和运用，我想胜利是我们的。"叶剑英充分肯定了该刊适应抗战形势发展的编辑方针，指出："目前全国人民生活的特征，应该是一切为着抗日神圣战争的胜利。贵馆特刊出版，相当地改变了一些性质和内容，使适合于抗战期间大众的需要，这是非常必要的。"[②]

三是在恢复、建立南京中共组织方面，做了大量工作。当大批平津流亡学生抵达南京后，北平学委负责人蒋南翔于9月8日到八路军南京办事处，向叶剑英、博古等汇报工作。博古指示其将流亡学生中的30名中共党员组成一个特别支部，建立正常的组织生活。9月中旬，博古又指示成立中共南京市委，由李华任市委书记，方珂德、马子卿为委员。市委的工作重点为：与平津流亡学生取得密切联系，帮助他们提高政治觉悟，获得工作机会；注意吸收民族解放先锋队的优秀分子入党；建立新的统一的南京学生团体；在产业部门及乡村小学教员中发展党员等。[③]自10月起，被破坏达3年之久的中共南京市委又告重建，先后由博古、李克农负责领导。新成立的中共南京市委于10月底制定了一个工作大纲，并组织"首都平津学生抗日救亡宣传团"，去安徽淮南煤矿和广大农村进行抗日宣传。但是，随着南京形势愈发紧张，未及全面开展工作，中共南京市委便不得不准备撤退。关于南京市委的撤退工作，李克农指示："一、凡是能够参加游击队的，尽量去溧阳、溧水参加游击队；二、凡是在南京真正站不住脚的，不是南京本地土生土长的就撤退；三、如果身份没有暴露，南京有家可长期埋伏的，就留在南京。"[④]根据这一指示，南京的中共党员大多数撤退，留下埋伏的很少。市委书记李华亦转赴武汉，于是

① 《京华晚报》1937年10月18日。转引自中共南京市委党史办公室等编：《抗战初期的八路军驻南京办事处》，南京大学出版社1987年版，第9页。

② 《时事类编特刊》，1937年10月，第3期。

③ 中共南京市委党史办公室等编：《抗战初期的八路军驻南京办事处》，南京大学出版社1987年版，第14页。

④ 中共南京市委党史办公室等编：《抗战初期的八路军驻南京办事处》，南京大学出版社1987年版，第83页。

刚建立不久的南京党组织又告中断。八路军南京办事处也分批撤往武汉，于12月中旬合并于“八路军武汉办事处”。

在淞沪会战及南京保卫战前夕，中国共产党除在南京建立八路军办事处与恢复中共南京市委外，还在相关报刊发表文章，揭露日机轰炸南京罪行及日本侵略者的险恶用心，积极声援保卫南京。

《救国时报》是由中国共产党驻共产国际代表团领导的设于巴黎的一份报纸，其利用在莫斯科与巴黎的有利条件，根据西方国家报刊及通讯社的消息，及时地对日军暴行等进行报道并强烈谴责。

自1937年9月下旬起，《救国时报》多次报道日军战机毫无人道、野蛮轰炸中国各地的消息，而其轰炸中国的“首要目标之一”便是首都南京。

9月25日，该报刊发“日寇连续猛烈轰炸南京广州等地，肆意轰炸无辜平民及文化机关”的消息，内称：

日寇在各方面的进攻，均受到我军之英勇抵抗，乃变本加厉实行其轰炸我国首都与广州居民及其他中心城市之兽性的毒辣政策。①

9月30日，该报刊发题为《不顾国际愤怒与抗议，日寇继续轰炸南京广州各地》的报道，称“日寇豺狼成性，竟以和平居民与伤病民众为轰炸之目标”，强烈要求“各国制止日寇兽行”。其中关于南京被炸的报道如下：

在我国首都之南京，日寇于19至22等日之连续轰炸后，每日仍持续其暴行，25日轰炸尤烈。一日之内，轰炸至五次之多，寇机参加轰炸者达百架以上，投弹不下200枚。②

该篇报道还指出，日机在对南京的轰炸中，除轰炸车站、无线电台、中央通讯社等交通电讯设施外，还故意“向人口最密集的文化商业中心区域轰炸，红十字会医院、卫生处等亦遭其殃，居民住宅多被炸毁，男女老少，死伤百人”。而

① 巴黎《救国时报》1937年9月25日。转引自经盛鸿：《战时中国新闻传媒与南京大屠杀》（下册），南京出版社2010年版，第499页。

② 巴黎《救国时报》1937年9月25日。转引自经盛鸿：《战时中国新闻传媒与南京大屠杀》（下册），南京出版社2010年版，第500页。

其狂轰滥炸的目的："试图从心理上彻底击垮南京市民心理防线，造成市民心理上的恐惧感，使市民失去心理平衡，望而生畏，从而丧失反抗的意志。"①

《救国时报》的连续报道，使得国际社会能够及时知悉日本侵略中国及狂轰滥炸南京等城市的情况，对日机轰炸南京及其他地方的暴行进行及时揭露，并予以强烈谴责。

《新中华报》是中共中央在全民族抗战爆发前后在延安出版的机关报，其前身为《红色中华》（中华苏维埃中央政府机关报），西安事变后，中共中央为适应团结抗战的新情况，从1937年1月29日起将《红色中华》改名为《新中华报》。自9月6日陕甘宁边区政府成立后，该报成为边区政府的机关报。该报在卢沟桥事变后积极报道全面抗战情况，并对日军进攻南京及南京保卫战予以重点关注。

1937年11月下旬，《新中华报》动态报道"在日寇进攻下，南京政府迁都重庆，发表宣言要抗战到底"，以及"敌分二路进攻南京"的消息，并发表题为《为保卫南京而战》的重要社论，指出：

在太原、上海相继失陷以后，日本帝国主义进攻的主要目标自然是南京了。南京政府之迁都重庆，已在他的宣言中声明，解释并不是准备放弃南京，相反的，而是为着统筹全国长期的持久抗战。政府这样的决心，是值得全国人民欢迎的。保卫南京是目前政府和人民不可逃避的责任。

为着中国民族的生存，我们一定要化除过去一切的成见，实现全国更进一步的精诚团结，实行全国的总动员，实行全面的抗战，这样来保卫南京，保卫中国，一直到将日本帝国主义完全从中国赶出去。②

同年11月27日，在延安出版的中共中央政治理论刊物《解放》周刊第1卷第25期，也发表了《国民政府迁都感言》，肯定南京政府迁都是为了统筹长期持久的抗战，号召"不要因为国都的迁移，而存着放弃南京以至于长江流域的思想，我们应当发动广大的民众，武装起来，实行保卫南京。南京应该成为中国的马德里，以一切力量一切方法来保卫它。实行全面的全民族抗战，坚决保卫南京。"③

① 巴黎《救国时报》1937年9月25日。转引自经盛鸿：《战时中国新闻传媒与南京大屠杀》（下册），南京出版社2010年版，第500页。

② 凌曦、唐恺编：《南京保卫战中方报纸报道（1937—1938）》，南京出版社2020年版，第118页。

③ 《国民政府迁都感言》，《解放》1937年第1卷第25期。

由共产党人凯丰作词、吕骥作曲的《保卫南京》歌谱，也刊载在《解放》周刊的第 1 卷第 25 期上，歌曲用急迫的节奏，铿锵的音调，号召全国民众保卫南京，坚定抗战信念，疾呼：

我们的首都，正在危急中。
同胞们！快快动员起来，武装起来，保卫南京！
实现全面的抗战，全民族的抗战，这是神圣的民族革命战争。
驱逐日寇出中国，把我们的首都，搬回南京！
把我们的首都，搬回南京！①

除此以外，在中共政治主张的影响下，一些民主人士、爱国青年也纷纷在其他一些刊物上发表诗文，声援保卫南京。如署名为“黄”的作者，在《前哨（长沙）》1937 年第 3 卷第 10 期上，发表《尖兵：保卫南京》一文，强烈表示首都南京实在太重要了，“我们要支持长期抗战，必须先尽力支持南京。保卫南京！”②

中国共产党以及爱国人士多方的声援，为保卫南京提供了不可或缺的信念支持，促进了以国共两党合作为基础的抗日民族统一战线的巩固与发展。

---

① 凯丰作词、吕骥作曲：《保卫南京》，《解放》1937 年第 1 卷第 25 期。

② 《尖兵：保卫南京》，《前哨（长沙）》1937 年第 3 卷第 10 期。

第二节　军事形势

一　军事地理形势概述

南京是驰名中外的历史文化名城，同时又是为兵家所重视的军事战略要地。纵观中国历史，有多个或全国或地区性的王朝选择定都南京，该地遂有“六朝古都”“十朝都会”的称谓。

被称为“江南佳丽地，金陵帝王州”的南京，有着长达6000多年的文明史，是中华文明重要发祥地之一。同时，它也是中国历史上建都时间跨度最长的古都，有1700余年之久，曾长期属于中国南方的政治、经济、文化中心，厚重的历史文化底蕴使南京无疑位居全国历史文化名城之前列。

溯源南京的建城建都史，最早始于春秋时期。后在将近1800年前的三国时代，孙权建立吴国，便以建业（即今南京）为都城。自此之后，南京便成为在中国历史上有着重要地位与影响的著名都城。东晋、宋、齐、梁、陈，亦皆以此地为都，遂成就其著名的“六朝古都”之称。再后，南唐、初明、太平天国，也前后在此建都。其中，朱元璋创建的大明王朝，更是大一统王朝，此时期南京的都城地位达于顶峰，而依据自然地形修建的长达30余公里的高大城墙，号为世界之最，此足见当时南京城在全国无与伦比的影响力。近代以来，孙中山领导创建的中华民国，也将首都设于南京，孙中山曾在南京就任中华民国临时大总统，于是，南京再次位居全国的统治中心。自“六朝古都”至“十朝都会”，南京一脉相承之历史文化发展，屡为外界所瞩目，其重要影响已达海外。

南京在历史上多次被作为都城，其间虽数遭兵燹之灾，但又能屡从硝烟瓦砾中重现繁华，这得益于其得天独厚的地理位置和气度不凡的风水佳境。其山川之灵秀，气象之宏伟，文化之深蕴，地理之特别，甚为多个朝代的统治者所看重。

南京的地理位置，在中国基本上属于南北交叉点而稍稍偏南一些，其北面紧靠着传统的南北分界线长江。历史上当北方处于战乱时期，又或是因为其他原因而不能在北方建都时，南京就成了受长江天堑保护的最佳建都之地。此外，南京位处长江下游地区，属江南鱼米之乡，在此建都物质上亦能有所保障。

南京的地理形势，自古就有“虎踞龙盘”之美誉。此句出于三国时的著名军事家、政治家诸葛亮之口，其评价南京：秣陵之地，钟阜龙盘，石城虎踞，真乃帝王之宅也。此后，“龙盘虎踞”便成为南京地理形象的代名词。

濒临长江的南京，平面位置呈现南北长、东西窄，是正南北向的总体布局。其南面是由低山、岗地、河谷平原、滨湖平原和沿江河地等构成的地貌综合体，低山丘陵占到全市总面积的近三分之二。此外，全市总面积的约十分之一为水域，近四分之一为平原与洼地。

南京城区呈现群山环抱、地形起伏不平的特点。宁镇山脉由东入城后分为三支：（一）北支由东往西，序为宝华山、栖霞山、乌龙山、笆斗山、幕府山，再沿江向西南转为狮子山、四望山、马鞍山、清凉山；（二）中支由东往西，序为紫金山、九华山、北极阁、鼓楼岗、五台山，在清凉山与北支交合，向西连接古长江冲积物堆成的下蜀黄土岗地；（三）南支由东往西南，即青龙山、马鞍山、方山、雨花台、将军山、牛首山、岱山至江宁镇三山矶。

南京城内主要河流有长江和秦淮河。长江南京段全长近百公里，秦淮河全长百余公里，并有内外秦淮河之分，即秦淮河流至南京武定门外分为两股，一股为干流，称外秦淮河，绕城经中华门、水西门、定淮门外由三汊河注入长江；另一股称内秦淮河，由通济门东水关入城，流经淮清桥后又分为南北两支，南支为“十里秦淮”，经夫子庙文德桥至水西门西水关出城，与干流汇集，北支即古运渎，经内桥至张公桥出涵洞口入干流。在湖泊方面，南京市区主要有玄武湖、琵琶湖、紫霞湖和莫愁湖等，其中玄武湖、莫愁湖湖水面积分别为3.7平方公里和0.37平方公里；城南则有石臼湖和固城湖，湖水面积分别为201平方公里、24.3平方公里。

综上所述，南京之北与西北两面环江，江面宽阔，水流湍急，被视为南京的天堑保障。南京城内外地形则以丘陵为主，高矮起伏，间以平地，水系亦较丰富。

南京的地形态势，从军事方面观察，历来具有守难攻易的特点。南京的攻防作战，与其所处的地理环境密切相关。长江从安庆、芜湖两地开始，由向东奔流转而向北流，长江流至南京城北，在这里形成一个大转弯（约120度的钝角），再向东南奔流而去。南京城就处在这个俗称“胳膊肘弯”的地理环境之中。所以，濒临长江的南京城实则三面临水，即西北面、北面、东北面；另则三小面开放，即东面、西面各一部，南面全部。故在历史上，北方军队要进攻南京，往往从邻近南京的长江上游当涂东渡，并从下游的镇江南渡过江，然后两相对进，自南面包抄钳击南京而破城；而南方军队进攻南京则较为容易，主力可分数路大体上从东、南、西南三个方向进击和包抄南京。从北或南对南京形成的包抄态势，都使原曾仰赖的长江天堑反成为护城之战的一大劣势：既是背水还击，又缺少机动余地，容易陷入极为被动的局面。因此，历史上在南京的攻防作战中，防守成功的战例较少，而进攻获胜的战例却很多。

南京守难攻易是历史已经给出的结论。那么作为兵家必争之地的南京，到底应该怎样防御？客观地说，南京毕竟是山环水绕、“虎踞龙盘”之地，此地理特征，也为其提供了凭险据守的自然条件。南京城之背靠长江，毕竟还是为欲南进之北方军队增加了甚大困难，若防御部署得当，确有获胜之可能。南京城内外之多山、低岗、河网，亦可视为抵御自东、南、西南方向来犯之对方军队的有利地形。南京的山系由于自然分布和走势，本身并不能形成闭合的防御圈，南京周边各条山脉，并非连绵不断的峰岭相接，山与山之间留有自然缺口，此成为外来军队进击南京的必经通道，故若能合理利用山脉的自然走势以预设防御地带，然后再结合人工阵地构设坚固防线，就可以充分发挥地理方面的优势，从而建立起较为完整的防御体系。

就构建南京防御体系而言，从军事角度来看，应特别重视要点防御，涉及外围山脉之间的通道、内廓城门和各制高点。这些不仅是南京攻守双方争夺的焦点，也是整个防线的重要支撑。因此，这些通道附近的要隘和制高点，就成为南京防御体系中必须坚守之地。历史上，在距离南京城区最近也是南京最重要的防御要点——幕府山曾发生过数次重要战事，以至影响全局。

岁月流逝，但山河未改。迨至20世纪30年代，南京滨江之北、之东、之西，仍是大江奔涌；城区之南、之东、之西，依旧众山列阵、冈峦蹲伏。然时势却已变化，日本侵略者自1931年发动九一八事变起，先是吞并中国东北，继而制造华北事变，再于1937年7月发动全面侵华战争，随之在淞沪燃起战火，接着便将下一个军事打击目标，直指中华民国的首都南京。

依前所言，面对军力占优、兵锋正盛的日军，南京的地理形势从军事防御方面察知，是既有利又有弊。所谓“有利”，是指中国守军可利用之前已大体完成之防御阵地，占据要隘与制高点，并利用山间通道，运动御敌，避免敌长驱直入直抵南京城下；所谓“有弊”，是指南京东、南、西三面地形比较开阔，防御缺乏纵深，且背临呈大半弧形之长江，这就限制了部队的宽大机动与撤退时的安全退却。

南京如此之军事地理形势，其时国民政府也注意到了。为抗击日军来犯，国民政府也曾未雨绸缪，较早地在太湖南北两岸构筑了吴福、锡澄、乍平嘉、海嘉等多道国防线，以阻止日军向西进攻南京；同时又在江阴、镇江、乌龙山设置江面封锁线，以遏阻日本海军溯江而上夹攻南京；另外，还在南京城郊利用山势设置外围与复郭两道阵地。这些都是根据南京之坐落位置与山川地形，从远及近，由东到西，接陆连江而做的防御部署，期望能够在保卫首都南京时，在战略、战役方面发挥重要作用。

二 抗日战争全面爆发

日本帝国主义自九一八事变强占中国东北三省后，为进一步实现大陆政策，相继向南侵占热河全省、察哈尔省大部分领土，并于1935年策划“华北五省自治运动”，成立“冀东防共自治政府”。1937年，日本加快对华侵略战争的步伐。1月20日，日军参谋本部在《关于对华政策给陆军省的建议》中提出：对中国“准备给予致命的痛击”。[①]4月，日本外务、大藏、陆军、海军大臣制定了《华北指导方案》，要使华北地区“切实成为防共、亲日、亲满之地带，俾资获得国防资源及扩充交通设施，使其一方面成为防备赤化势力之威胁，另一方面成为实现日满华三国提携互助之基础。”[②]为实现这一目的，从6月起，驻丰台日军在卢沟桥一带频繁演习。东京盛传：“七夕之夜，华北将重演柳条沟（湖）一样的事件。”[③]至此，华北上空乌云密布，战争一触即发。

1937年7月7日夜，蓄谋已久的日军在北平西南卢沟桥附近演习时，以一名士兵“失踪”为借口，要求进入宛平县城搜查，遭到中国守军第29军（军长宋哲元）的严词拒绝。日军遂向中国守军开枪射击，又炮轰宛平县城。面对侵略者无端的猖狂挑衅，第29军奋起抵抗。此即震惊中外的七七事变，又称卢沟桥事变，激烈

① 〔日〕日本防卫厅防卫研究所战史室著，齐福霖译：《中国事变陆军作战史》第1卷第1分册，中华书局1979年版，第110页。

② 上海社会科学院历史研究所编：《“八一三”抗战史料选编》，上海人民出版社1986年版，第576页。

③ 〔日〕今井武夫著，天津市政协编译委员会译：《今井武夫回忆录》，中国文史出版社1987年版，第12页。

的枪炮声拉开了中国全面抗战的序幕。

7月8日，中共中央即时发出《中国共产党为日军进攻卢沟桥通电》，号召全国军民团结起来，共同抵抗日本侵略者，同时向全国民众表明了中国共产党抗战到底的决心。但蒋介石初时尚未有明确的、坚决的抗战决心。当日，蒋介石在日记中写道："彼将乘我准备未完之时，逼我屈服乎？""将与宋哲元为难乎？使华北独立化乎？""决心应战，此其时乎？""此时倭无与我开战之利。"①9日，蒋介石电复北平市长秦德纯等人："应先具必战与牺牲之决心，及继续准备，积极不懈，而后可以不丧主权之原则与之交涉"。②

为进一步扩大侵华战争，日本决定再次向华北派兵增援。7月11日，日本军令部与参谋本部签署了关于华北作战的陆海军协定，规定陆海军协同，给驻扎在平津地区的中国第29军一击。③16日，日军向华北增兵4个师团、2个独立混成旅团。17日，日本陆军参谋本部制定了《在华北行使兵力时对华战争指导纲要》，计划分三期分别解决"华北问题"，最后完成对河北省北部及上海与苏州河之间地域的军事占领，并以海军封锁海面，迫使中国屈服。④增援后的日军兵分三路，进犯华北，包围北平。

在华北危急、平津危急的严峻形势下，蒋介石于7月17日表达了对卢沟桥事变的新态度，称："我们希望和平，而不求苟安；准备应战，而决不求战。我们知道全国应战以后之局势，就只有牺牲到底，无丝毫侥幸求免之理。如果战端一开，那就是地无分南北，年无分老幼，无论何人，皆有守土抗战之责任，皆应抱定牺牲一切之决心。"⑤当天，蒋介石在日记中写道："倭寇使用不战而屈之惯技暴露无余，我必以战而不屈之决心待之，或可制彼凶暴，消弭战祸乎？""我表示决心之文书，似已到时间！"19日，蒋介石再次在日记里表现出抗日决心："人之为危，阻不欲发，而我以为转危为安，独在此举。但此意既定，无论安危成败，在所不计"。⑥23日，中共中央发表《中国共产党为日本帝国主义进攻华北第二次

① 杨天石：《找寻真实的蒋介石：蒋介石日记解读1》，重庆出版社2015年版，第97页。

② 秦孝仪总编纂：《"总统"蒋公大事长编初稿》卷4（上），台北中国国民党中央委员会党史委员会1978年编印，总第1120页。

③ 《现代史资料9·日中战争2》，美铃书房1976年版，第5页。

④ 《现代史资料9·日中战争2》，美铃书房1976年版，第17—18页。

⑤ 中共中央党校中共党史资料室编：《卢沟桥事变和平津抗战（资料选编）》，中共中央党校科研办公室1986年印行，第84页。

⑥ 杨天石：《找寻真实的蒋介石：蒋介石日记解读1》，重庆出版社2015年版，第98—99页。

宣言》，提出了保证执行蒋介石所宣布的抗日方针的八项办法，并强调“对于日本帝国主义的侵掠，再不能有任何的让步与妥协了”，“坚持抗战到底”，“拼着我们民族的生命去求得我们民族的最后胜利”。①

7月25日，日军完成对平津中国守军的包围。28日，日军以陆、空协同的优势兵力，向北平附近的通州等地发动进攻。中国守军第29军官兵，以简陋的工事和落后的武器，顽强抵抗。副军长佟麟阁亲自领兵阻击，与敌拼死搏杀，壮烈殉国。第132师师长赵登禹亲率部队，挥舞大刀，向敌冲杀，中弹牺牲。第29军在战事失利的情况下，依旧浴血奋战，节节抵抗，但最终仍失南苑、北苑、西苑，乃被迫撤退。29日，北平沦陷。

在北平激战的同时，日军对天津也发起了进攻。驻守天津的第29军第38师一部，在副师长李文田的率领下，协同天津保安警察部队，于7月29日向日军控制的海光寺营房、总车站和飞机场等处发动进攻。中国军队一度攻占北仓飞机场，逼近海光寺营房，给日军以重大杀伤。后日军在飞机、战车的掩护下，进行反扑，总车站、南开大学校舍等处建筑多毁于炮火。经血战一昼夜，中国守军终因敌我力量悬殊，于7月30日从天津撤退。

8月初，日军确定的作战目标是“首先向保定、沧州一线前进。主决战方面定为沿平汉线地区。决战时间预定在9月下旬或10月上旬。”② 战略任务规定为“除确保已占领的平津地区，要以挫败敌之战斗意志，获取结束战局的时机为目的，迅速击灭河北中部之敌。”③

8月20日，蒋介石颁布《国军作战指导计划》训令，指示第二战区第一步以现有兵力，固守南口、万全之线，第二步向赤城、沽源之线转移攻势，第三步在山西东北方向厚积兵力，以期永久固守。④

此时，日军不断增兵华北，并以平津地区为集结点，分三路展开攻势。一路由平汉线南侵，袭涿县、保定、石家庄；一路由津浦线南犯，进取沧县、德州；一路沿平绥线西进，出南口，直指晋察绥。日军的三路攻势，首要的战略目标是

① 《中共中央为日本帝国主义进攻华北第二次宣言》（1937年7月23日），中央统战部、中央档案馆编：《中共中央抗日民族统一战线文件选编》（下），档案出版社1986年版，第25页。

② 〔日〕日本防卫厅防卫研究所战史室著，齐福霖译：《中国事变陆军作战史》第1卷第1分册，中华书局1979年版，第216页。

③ 日本防卫厅防卫研修所战史室编：《战史丛书·大本营陆军部》（1），朝云新闻社1974年版，第473页。

④ 中国第二历史档案馆编：《国民政府抗战时期军事档案选辑》，重庆出版社2016年版，第280页。

夺取山西，而位于北平西北面的南口，则是通向察绥和山西的战略要地。中日双方在南口进行激战，中国守军凭险据守，顽强阻击。但因第68军刘汝明部作战不力，贻误战机，张家口与南口先后失守。

8月下旬，由中共直接领导的国民革命军第八路军改编成功。8月25日，中共中央革命军事委员会发布命令，任命朱德为总指挥，彭德怀为副总指挥。后按国民革命军战斗序列，八路军改称第18集团军，朱德、彭德怀分任总司令与副总司令。八路军下辖第115师、120师、129师，陆续开赴抗日前线。9月至11月，国共两党的军队在抗日前线密切合作，进行了著名的平型关战斗和忻口会战。

10月，由中共直接领导的抗日部队新四军组建。湘、闽、粤、赣、浙、鄂、豫、皖8省10余个地区的红军游击队共1万余人，统一改编为国民革命军陆军新编第四军，叶挺任军长，项英任副军长。新四军将士先后开辟苏南抗日根据地、豫皖苏抗日根据地等，通过开展游击战有力地打击了日伪军的气焰。同时，由中共领导的东北抗日联军在中国东北地区的白山黑水间，坚持抗击日本侵略者，打击伪满统治，约4万人的东北抗日联军与东北人民紧密结合，表现出英勇不屈的抗战精神。

自全面抗战爆发以来，抗日烽火迅速在华北燃起。8月13日，随着蒋介石政府调整东战场军事部署，淞沪会战打响，战火从北向南、从东向西快速蔓延至长江流域。这也意味着南京保卫战逐渐提上日程。

三　国民政府调整东战场军事部署

1937年七七事变发生后，中日双方军队在华北地区集结重兵、展开激战，日军力图迅速解决华北战事，打击并瓦解南京国民政府，从而占领全中国。在日军占据华北战场主动权的形势下，为避免中国军队被日军从海路、陆路两面包围夹击，达到巩固南京以及经济策源地的目的，国民政府主动调整抗日战略，开辟淞沪战场，以期打破现有战争格局，争取抗战主动权，得到国际社会的关注与援助。但值得一提的是，此战略调整并非一蹴而就，而是跟长期以来注重上海的军事部署有关；另一方面，淞沪会战并非从设想之初就有如此大的规模，其总体战略与战役规模是在作战中逐渐形成与发展的。

早在1932年一·二八淞沪抗战爆发后，国民政府就制定了《全国防卫计划》。后在年度国防计划中，特别是在1935年到1937年间，蒋介石持续关注着上海地区的军事部署。1935 年度《防卫计划纲要》强调："为制止敌之蚕食野心，确保我之领土完整起见，应集全国之精锐，于适当地区与敌决战，一举而击破之，先行消灭在长城以内及沿江海之敌势力为要。"[①] 1936 年绥远抗战爆发后，蒋介石亦电令朱培德、何应钦："应预备察绥事态之扩大，须准备一切，京沪与沪杭两方面尤应积极工作，并作进兵吴淞之准备。"[②] 1937 年，军事委员会参谋本部制定了《民国廿六年度国防作战计划》，该计划分甲案和乙案，其中甲案之作战指导要领如下："长江下游地区之国军，于开战之初，应首先用全力占领上海，无论如何，必须扑灭在上海之敌军，以为全部作战之核心，尔后直接沿江海岸阻止敌之上陆，并对登陆成功之敌，决行攻击而歼灭之。"[③] 1934 年至 1936 年，国民政府修筑苏嘉线、吴福线国防工事，巩固了东南沿海国防建设。

卢沟桥抗战枪声打响后，蒋介石为加强上海防务，任命张治中为京沪警备司令。张遂命一小支部队化装为保安队进驻上海。7 月 17 日，日本驻上海的海军第 3 舰队司令长谷川清向日本海军军令部报告："如果局限战域，则有利于敌方兵力之集中，深恐使我方作战困难……为制中国于死命，须以控制上海、南京为最要者。"[④] 在参谋本部支那课和田中新一所掌握的陆军省军事课，扩张主义的论调甚嚣尘上。

7 月 30 日，张治中向蒋介石提出，一旦上海情况异常，"似宜立于主动地位，首先发动"，蒋介石同意张治中的设想，复电称："应由我先发制敌，但时机应待命令。"[⑤] 8 月 1 日、2 日，皖、赣、浙、闽四省边区总指挥及苏浙边区绥靖主任（淞沪抗战爆发后任第八集团军兼右翼军总司令）张发奎，连续两天致电蒋介石，汇报日方动态："敌侨离杭，敌舰敌机活动情形似于杭州湾有所企图，揆其寻隙挑衅事变或所难免""本日有日船在汇山码头卸下军用汽车一百数十辆，预测必有深入内地企图。现在江浙两省公路四达，其前进必势敏捷，似宜预筹防御等由。"[⑥] 8 月 8 日，主管作战计划的军事委员会第一部部长黄绍竑在南京军事会议上称："对

---

① 张宪文等：《中华民国史》第 2 卷，南京大学出版社 2005 年版，第 359 页。

② 吕芳上主编：《蒋中正先生年谱长编》第五册，台北"国史馆"、中正纪念堂、中正文教基金会 2015 年版，第 188 页。

③ 《民国廿六年度国防作战计划》（甲案），中国第二历史档案馆编：《抗日战争正面战场》上册，凤凰出版社 2005 年版，第 7 页。

④ 张宪文主编：《中华民国史纲》，河南人民出版社 1985 年版，第 475 页。

⑤ 杨天石：《找寻真实的蒋介石：蒋介石日记解读 1》，重庆出版社 2015 年版，第 101 页。

⑥《张发奎致蒋介石、何应钦密电》《张发奎致蒋介石密电》，中国第二历史档案馆编：《抗日战争正面战场》上册，凤凰出版社 2005 年版，第 249—250 页。

上海应作积极之准备，如敌人增兵上陆，应先以空军轰炸之，因之我空军应推进至上海附近，随时至海上行侦察”。[①]

8 月 9 日，日本海军特别陆战队驻沪西第 1 中队队长携士兵驾车，企图闯入虹桥机场侦察，与保安队发生冲突，两人被击毙。张治中密电蒋介石等人，称在沪日军兵力有所增加，并且仍有增兵可能，现已有“陆战队官兵约五千人，业经组织健全之在乡军人约三千人，壮丁义勇队三千五百人”，当日在沪日舰共12艘，“各舰可随时登陆之水兵，共计约三千人”，此外，还有“各种轻重口径炮约三十余门，高射炮八门，战车及装甲汽车各约二十余辆。”[②] 事件发生后，日军乘机要求中国方面撤出保安队，拆除防御工事，日方则在上海集中兵舰。

8 月 11 日，蒋介石得知日军航空母舰 1 艘及海军陆战队 4000 人已先后到沪，后续部队 16 日前可到齐的情况，决定封锁吴淞口。同日，命张治中率领第 87 师、88 师自苏州、无锡等地推进至上海围攻线，准备围攻淞沪。[③]12 日晨，张治中率部占领上海。当天蒋介石命令张治中等待命令，并避免小部队冲突。此时，国民党中常会秘密决定，自 8 月 12 日起全国进入战时状态，推定蒋介石为大元帅。中国外交部也即刻发表强硬声明，指责日方口头上同意以外交途径解决虹桥事件，但仍准备对上海等地实行军事行动，这侵犯了中国领土主权且违反了国际条约，表示中国“处此环境之下，忍无可忍，除抵抗暴力，实行自卫外，实无其他途径”[④]，中国军队当遵守人不犯我，我不犯人的一贯政策。

虹桥机场事件发生后，日本海相米内光政向陆相杉山元提出动员陆军，得到其同意。日本海军中央部通知第 3 舰队，除武力外别无解决办法，将在陆军动员之后的第 20 天开始攻击。8 月 10 日，日本内阁会议同意派遣陆军。长谷川清命待命的舰队开赴上海。12 日，陆军省决定动员 30 万兵力分赴上海与青岛。13 日，中日双方形成对抗之势，并在八字桥等地发生多次冲突，淞沪战役就此爆发。

8 月 14 日，国民政府发表自卫抗战郑重声明，称：“中国之领土主权，已横受日本之侵略……中国决不放弃领土之任何部分，遇有侵略，惟有实行天赋之自

---

① 中国第二历史档案馆：《卢沟桥事变后国民党政府军事机关长官会报第十六至卅三次会议记录》，《民国档案》1987 年第 3 期，第 13 页。

② 《张治中致蒋介石等密电》，中国第二历史档案馆编：《抗日战争正面战场》上册，凤凰出版社 2005 年版，第 251 页。

③ 《上海作战日记》，中国第二历史档案馆编：《抗日战争正面战场》上册，凤凰出版社 2005 年版，第 339 页。

④ 张世瑛编：《蒋中正“总统”档案：事略稿本》第 40 册补编，台北“国史馆”2015 年版，第 324 页。

卫权以应之。”[①]中国军队奉令向日军发起进攻。蒋介石在当天的日记中写道：“惟望神圣保佑中华，使沪战能急胜也。”[②]15日，日本政府发表声明：“为膺惩中国军之暴戾，促使南京政府反省，今已不得不采取断然措施。”[③]随之，日本迅速组成上海派遣军，赴上海作战。

就淞沪战役爆发前后情势看，国民政府是主动在华北战场之外开辟了第二战场，以打破日军将华北作为作战中心的战略局势，使日军不得不分割其兵力部署，将关注点从华北地区逐渐移至长江流域。但开战之初，蒋介石希望以优势兵力迅速扑灭在沪日军，阻止后续日军沿江海岸登陆，亦非从一开始就抱有长久作战的打算。随着战场局势逐渐胶着，中日双方不断增兵上海地区，致使淞沪战役规模不断扩大。

国民政府主动发动淞沪会战，乃出于战略、政略、振奋民众抗战信心等多重因素考虑。

就战略而言，淞沪会战一方面旨在保护全国经济命脉，巩固首都南京；另一方面是为打乱日军作战计划，争取战争主动权，吸引日军兵力南下，减轻华北作战压力；同时为工厂内迁、西南大后方建设争取时间。对此，蒋介石在淞沪会战结束后不久的开封军事会议上说：“我们此次为什么要在上海作战呢？就是要打破敌人的战略，使他们不能按照预定计划，集中兵力侵略我们华北。”[④]白崇禧亦称：“我洞悉敌人之阴谋，此时期内之战略指导：以空间换取时间，为保持实力避免与敌人决战，除部分兵力重叠配备于平汉、津浦、平绥各线，牵制敌人，消耗敌军实力外，主力分布于长江流域，诱敌入山岳地带，使其优越之装备不能发挥效力，以奠定我长期抗敌之基础。”[⑤]

就政略而言，因淞沪会战涉及各国在沪利益，可促成国际组织干涉，从而在总体上达到解决中日争端问题的目的。这成为国民政府主动开战的一个重要因素。

---

① 《国民政府自卫抗战声明书》（1937年8月14日），中国第二历史档案馆编：《中华民国史档案资料汇编》第5辑第2编“外交”（1），江苏古籍出版社1997年版，第27页。

② 《蒋介石日记》（手稿），1937年8月14日。引自《国际因素与蒋介石淞沪抗战决策再探讨》（载《党史研究与教学》2017年第6期）。

③ 张宪文等：《中华民国史》第3卷，南京大学出版社2005年版，第28页。

④ 秦孝仪主编：《中华民国重要史料初编·对日抗战时期》第2编（1），台北中国国民党中央委员会党史委员会1981年编印，第65页。

⑤ 白崇禧口述，贾廷诗、陈三井等记录，郭廷以校阅：《白崇禧口述自传》，中国大百科全书出版社2016年版，第70页。

8 月 30 日，国防最高会议讨论通过“抗战期间外交方略”，其中指出：中国抗战的结果不仅影响东亚局面，且有牵动世界大势之可能；中国单独苦战，不能为无限之支持，亦不能中途弃战求和，势必从世界大局寻求出路，应促使英法苏在外交上共同行动，逐渐演成军事干涉的局面。[①] 10 月，《九国公约》签字国在布鲁塞尔开会，蒋介石希望通过该会争取国际援助以及对日经济制裁。因此通电全军将士，说明九国公约会议即将举行，鼓舞全体将士“尤当特别努力，加倍奋励”“于此时机表示我精神力量，以增加国际地位与友邦同情”。[②] 但此良愿，未达效果。故蒋介石于 1938 年 2 月反省称：“去年最大之失着，为美总统发表芝嘉谷（芝加哥）演说，召集九国会议时，不即退兵于苏嘉阵地，而于精疲力尽时，反再增兵坚持，竟使一败涂地，无可收拾！若于此时自动撤退，敌必至原有不驻兵区域嘉昆为止，且可在九国会议席上言和，此余太坚强之过也。”[③]

就振奋民众抗战信心而言，国民政府期望借淞沪会战鼓舞全国军民抗日斗志，扫除恐日心理，以证明中国军队是可以与日军英勇作战，并能够取得战役胜利的。事实上，淞沪会战确实在很大程度上激发了全国人民的抗日斗志，社会各界民众积极行动起来，以各种方式支持中国军队英勇抗战，而这也激发了参战将士的抗敌勇气，他们以自己的鲜血与生命保卫国家，捍卫中华民族利益。

四 淞沪会战失利与上海沦陷

1937 年 8 月 13 日，淞沪战役打响后，蒋介石确定了淞沪方面军队的战斗序列，原京沪警备部队改编为第 9 集团军，张治中任总司令，重点攻击虹口、杨树浦之敌；原苏浙边区部队改编为第 8 集团军，张发奎任总司令，重点守卫杭州湾北岸，扫荡浦东之敌；由西安调第 36 师宋希濂部火速开赴淞沪前线；出动空军，担任要地空防并出击敌军。张治中担任左翼军总司令，张发奎担任右翼军总司令，并以李松山、阮肇昌、刘尚志各师及张銮基的独立旅，炮兵第 2 旅 2 团编为第 18 集团军，总司令由张发奎兼任。在作战任务上，右翼军负责对虹桥日军发动佯攻，转移日军注意力，从而支援左翼军发动的主攻。左翼军对虹口、杨树浦日军据点进行进攻。在军力部署上，张发奎命独立旅进军浦东，第 2 炮兵团一部进军浦东、一部

① 张世瑛编：《蒋中正“总统”档案：事略稿本》第 40 册补编，台北“国史馆”2015 年版，第 399—403 页。
② 魏延秋选编：《当代学者论淞沪抗战》（下），上海科学技术文献出版社 2017 年版，第 54 页。
③ 黄自进、潘光哲编：《蒋中正“总统”五记——省克记》，台北“国史馆”2011 年版，第 133 页。

进军杭州湾，李松山师配合左翼军作战。左翼军第88师进至北站与江湾间，第87师主力进至市中心区，炮兵第10团1营及炮兵第8团进至真如、大场，独立第20旅1团进至南翔，第56师及江苏保安第2团、第4团负责江防。由于租界区与黄浦江横亘在左右两翼军之间，战事主要集中在左翼军负责的闸北方向，右翼军战区相对平静些。

8月14日，第88师264旅作为主攻部队，集中力量攻击日军在虹口的海军陆战队司令部。第264旅从江湾路推进，自左翼旋回压迫日军，逐次前进，迫使日军节节后退。第262旅以北车站为中心，从右翼牵制拘束日军。日军凭借坚固的防御工事和舰炮支援进行顽抗。中国军队英勇作战，逐渐接近日方海军司令部附近，使得部分日军退回司令部内。但是由于第264旅旅长黄梅兴阵亡，攻击不得不停止。在这场战斗中，第264旅伤亡人数达千余人。[①]战况之激烈，可见一斑。从14日到22日，中国军队对虹口、杨树浦日军据点进行猛烈攻击。此时，日军亦利用舰炮火力掩护固守，等待援军。

8月15、16日，中国军队奉令进行攻击准备，占据了五洲公墓、爱国女中、粤东中学等地，并在日本海军俱乐部附近激战。17日，张治中率部继续开始全线总攻，各部官兵虽英勇作战，但总体上进展不大。22日，日军增援部队已至，其战斗力增强。此时，中国军队的进攻受到挫折，形成被动的作战局面。

在陆军作战的同时，中国空军出动战机轰炸日本军舰与日军据点。尚处于建设初期的中国空军，在淞沪开战时只有300余架作战飞机，包括轰炸机3个大队，驱逐机[②]3个大队，侦察机2个大队，攻击机1个大队，每个大队下辖2到4个中队。飞机大多从国外购买，无法自制。面对强大的日本航空队，中国空军坚持战斗。8月13日，国民政府航空委员会发布《空军作战命令第一号》，要求空军协助陆军消灭在沪的日本军队及其根据地，并于14日黄昏前秘密到达攻击位置。14日凌晨，发布第二号作战令。中国空军开始分批轰炸日军据点以及黄浦江日舰。同日，中国空军在杭州上空阻击日机，在恶劣天气下击落日机数架，取得空军首胜。16日，中国空军再次轰炸日军据点公大纱厂和虹口地区。陆军第87、88师从左右两翼缩小了对日军的包围圈，浦东日军被迫放弃了三菱、太仓、日清等公司的仓库和码头。17日，中国空军轰炸日本海军陆战队司令部。经过将近1个月的奋战，中国空军

---

① 邓一帆主编：《记忆中的淞沪抗战·八一三淞沪抗战》（上），上海科学技术文献出版社2017年版，第742页。

② 当时对战斗机的称呼。

取得了骄人战绩，击落日机60架，几乎歼灭了日本鹿屋航空队。[①] 但是，中国空军也损失惨重。至10月下旬，中国空军由314架作战飞机锐减至80余架，基本丧失作战能力。这样，中国空军便丧失了制空权。

面对日舰的猛烈炮火，张发奎利用驻守在浦东的炮兵阵地进行回击。炮兵阵地集中在浦东洋泾，隔着黄浦江炮击虹口。由于炮兵善于隐藏，不停变换阵地，给日舰与虹口日军据点以有力打击，得到了“神炮”的赞誉。炮火先后摧毁了日华纱厂、日清公司、邮船会社、三井码头等藏有日军军用物资的据点。炮兵对日本海军陆战队司令部、日本总领事馆与黄浦江上的日舰“出云”号等进行多次炮击，但由于日军工事异常坚固，再加上炮火威力不够，日本海军陆战队司令部与总领事馆并没有太大损伤，而日舰“出云”号等也没有被击沉。尽管如此，炮兵阵地在支援左翼军正面对战中还是起到了不可忽视的作用。

自8月13日淞沪战役爆发以来的最初10天，是该战役的第一阶段。在此阶段，中国军队主要围绕虹口、杨树浦等处日军所据阵地的周围进行战斗，陆、空军相互配合，保持了主动进攻的态势，一度重创日本海军、陆军，并攻击至汇山码头。之后随着日军陆续增兵，中国军队的首攻优势逐渐减弱，于是淞沪战役进入第二阶段。

8月22日晚，日军第3、11师团及第8师团的第4旅团、第1师团的第1旅团，从吴淞、川沙登陆，向罗店、浏河之线进犯。中国方面增调陈诚第15集团军守备长江南岸。薛岳为第19集团军总司令，确保南翔、罗店、广福至长江一带，阻击日军西犯。此时担任第三战区前敌总指挥兼第15集团军总司令的陈诚，把淞沪战场的中国军队区分为围攻军和江防军两部分。围攻军由张治中统率，共辖4个师又5个团、2个警备大队，重点围攻原已驻沪之日军。江防军由陈诚亲自统率，共辖6个师又4个团，重点阻击登陆之敌。此外，另以3个师、1个独立旅作为预备队。面对日军进攻，第9集团军总司令张治中从正面抽出部队，向狮子林方向前进，支援江防军作战；调第11师向罗店北进，支援第56师；调第87师1个旅支援吴淞；调第98师向宝山、杨行、刘行、罗店一线前进，阻击上陆敌军；第36、87、88师，独立第20旅，保安总团，教导总队等，仍正面固守虹口、杨树浦阵地；另抽调第36、87师共4个团前往围击张华浜。23日晚，中国军队彻夜激战。24日凌晨，第87师增派第261旅1个营至吴淞激战。至27日，杨树浦正面阵地、罗店、吴淞一

① 中共上海市委党史研究室编：《上海抗战图史》，上海人民出版社2015年版，第112页。

线以及狮子林阵地，均与日军保持对峙态势。29日，罗店失陷。9月上旬，日军在军舰炮击、飞机轰炸的配合下，强行登陆吴淞口、虬江码头等地，与中国军队第61师、上海保安总团、第6师分别在杨行、吴淞、虬江码头一带激战，虹口正面阵地的军工路一带也遭到日军轰炸。至9月中旬，中日双方军队在宝山、月浦、罗店、浏河一线，反复争夺。后因日军增援、炮火猛烈，中国军队退守北站、江湾、庙行、罗店一线。

自9月中旬起，日军连续有第9、101师团及重藤支队抵达淞沪战场，中国军队在英勇抗击中损失过大，被迫由攻势转入守势。9月21日，中国第三战区调整部署，分为左、中、右三个作战军。由蒋介石兼任第三战区司令长官，顾祝同任第三战区副司令长官。中央作战军总司令为朱绍良，辖第9、21集团军，以黄浦江以西、蕴藻浜以南地区为作战地域；左翼作战军总司令为陈诚，辖第15、19集团军；右翼作战军总司令为张发奎，辖第8、10集团军。此时，淞沪一带的中国兵力已达40余万人。9月30日，日军发动总攻，双方以大场为中心，在蕴藻浜两岸展开激战。10月7日，日军强渡蕴藻浜，从正面攻击大场至南翔一线。15日，中国军队第21集团军增援战场，进行反击。22日，日军在海陆空立体协作下大肆反扑，中国军队艰难战斗，节节败退。三路作战军大部牺牲。25日，大场失陷，中国守军被迫退守苏州河南岸。战役进入撤退阶段。

11月初，日军第10军在强大炮火配合下，从杭州湾的金山卫和全公亭大举登陆，分多路由西线迂回中国军队的后方。9日，松江失陷。为避免腹背受敌，中国军队受命全线撤退。12日，日军占领上海，淞沪战役结束。

中国军队在历时3个月的淞沪抗战中，总共投入了70多个师、约70万兵力。日本方面先后投入了9个师团、2个支队和1个旅团等部队，约30万兵力。百万军队在淞沪战场上，激烈厮杀3个月。中国军队共伤亡30万余人，毙伤敌军5万余人。作战中，先后出现一批名垂青史、英勇抗敌的英杰。如守卫宝山的姚子青营长，率五百官兵，在激烈巷战中全部牺牲；第524团团附谢晋元，号称率八百勇士，退守闸北四行仓库，孤军死守，名扬中外；第215团第2营营长李曾[①]率全营官兵冒着敌人炮火，穿户入室与敌格斗，最终全营官兵葬身火海，等等。

淞沪抗战沉重地打击了日军的侵略气焰，粉碎了日本侵略者“三个月灭亡中国”的迷梦；同时，也以数十万中国军人的热血和生命，向全世界展示了中华民族不

① 一说名“李增”。

屈不挠的斗争意志。英国《泰晤士报》发表社论称："此次两军作战，双方伤亡惨重，但十周之英勇抵抗，已造成中国堪称军事国家之荣誉，此前所未闻者，须知若干华军器械，犹未充分，但一般所认为不能保持一日之地，彼等竟守至十周之久。此种奇迹，自属难能可贵，上海一隅之抵抗，对于整个中国均有极大之影响。"[①]

蒋介石在11月11日致九国公约会议的电报中说："中国军队自上海撤退，乃战略关系，且为长期抗战之计，中国主权若一日受威胁，则中国军队当赓续抗战一日。"[②] 并在内部作出训示："此次淞沪战争已给日人绝大之打击，充分表示我们军人为国家为主义决死抗敌的精神；纪念光荣战死之官兵，就要继续他们牺牲的精神，完成他们的遗志；高级将领应加倍勤劳，认真研究改进部队的缺点，讲求有效的战术，以减少官兵的伤亡，增大战斗的力量。"[③]

虽然淞沪会战中国方面损失巨大，但中国抗战不会因此停止，全民族的持久抗战才揭开帷幕。正如上海市市长俞鸿钧在告市民书中所言：

沪市抗战之持久，已足证明吾民众认识之精到，估量之确切，但吾人此三月中之经历，应再加以探讨。举凡吾人之所作所为，某者可以为法，某者可以为戒，某者组织未尽周，某者措施未尽密，一隅之警惕淬励，即全局之借鉴取法，然后充沪市民众抗战之精神，足以为全民族抗战之精神，恢沪市民众抗战之经验，足以为全民族抗战之经验。吾数百万民众，具此信念，即可使全国数万万民众，同守此信念而不渝，故切望吾沪民众不可因战地略移而误滋沮丧，更当因环境较异而益矢忠诚。[④]

淞沪会战后，日军的大炮、战车隆隆地开向南京，南京保卫战的战幕已经拉开。

五　日本进攻南京决策的制定

日军向中国发起的全面侵略战争，从一开始，就把攻击中国的首都南京，作

① 白崇禧：《白崇禧回忆录》，解放军出版社1987年版，第113页。

② 中国第二历史档案馆整编：《中华民国史史料长编》第43册，南京大学出版社1993年版，第139页。

③ 白崇禧：《白崇禧回忆录》，解放军出版社1987年版，第114页。

④ 《俞鸿钧发表告市民书》（1937年11月11日），上海社会科学院历史研究所编：《"八一三"抗战史料选编》，上海人民出版社1986年版，第48—49页。

为首先要实现的一个重要目标。

早在1937年8月15日，当时卢沟桥事变发生满一个月，也是淞沪抗战的第三天，好战的日本预备役军官松井石根大将，在被裕仁天皇任命为上海派遣军司令官时，便直言宣称："别无他途，只有拿下南京，打垮蒋介石政权。这就是我必须完成的使命。"①

当中国军队在战场上节节后退、日军不断追击的时候，日本东京的参谋本部，曾经大肆标榜他们画在地图上的"制令线"，声称在中国前线作战的部队一到达此线就必须停止进击，似乎他们并没有更高的作战目标。其实，这只是一种自欺欺人的说法。日军划定的"制令线"，同世界上任何一支军队在某一时间的作战地域规定，并没有什么本质上的区别。他们可以随时宣布废止前一条制令线，再划出一条新的制令线。同时，在前线作战的日军指挥官，深知东京天皇和参谋本部的侵略意图，从来没有把"制令线"看成是不可逾越。曾任日本参谋本部作战课长的河边虎四郎事后坦言："中央方面计划近期在广东方面作战，考虑把重藤支队和第十一师团派到南方，所以松井方面军的兵力削弱了，直追南京也不能简单成行，暂且先在苏州、嘉兴一线为后期做准备，所以定下来这条线。"②

11月7日，在中国军队即将由淞沪战场全线撤退的前夕，日军参谋本部以"临命第600号"，规定了一条横跨长江三角洲的"制令线"。该命令称："华中方面军作战地区大概定为联结苏州、嘉兴一线以东。"参谋次长多田骏还给华中方面军参谋长塚田攻发出通牒，对这条"制令线"做了如下解释："将作战地域定为苏州—嘉兴一线以东，意在预期方面军主力不超过该线。""贵军的任务仍然是剿灭上海附近的敌人，其地域应考虑到尔后的警备及那时候调出兵力等，所以希望在东面加以如此限制，而对其他方面的敌人须继续保持彻底进行攻击的态势。因此，第十军可根据随后将在上游方面出现的作战进程，在认为有利的情况下，及时以一部兵力推进到苏州、嘉兴等地。"③

可是，随着日军前线部队在中国东战场的不断推进，他们已决定自主地向南京进击。第10军司令官柳川平助于11月15日夜主持召开幕僚会议，决定"以军

① 〔美〕戴维·贝尔加米尼著，张震久等译：《日本天皇的阴谋》上册，商务印书馆1984年版，第54页。

② 《河边虎四郎少将回想应答录》，王卫星编，叶琳等译：《南京大屠杀史料集》第32册《日本军方文件与官兵日记》，江苏人民出版社2007年版，第16页。

③ 〔日〕日本防卫厅防卫研究所战史室著，齐福霖译：《中国事变陆军作战史》第1卷第2分册，中华书局1981年版，第94页。

的主力独自果断地向南京追击”。他们认为：在太湖以东地区的作战并不彻底，因而失去了歼灭中国军队主力的机会，但是也造成了中国军队的溃乱，“如果抓住这个变动着的战机一举断然进行追击，据判断有二十天的时间可以占领南京”①。11 月 17 日，第 10 军制定了《从嘉兴向南京追击的作战指导要领》，18 日 8 时，向所属各师团下达了“不失时机一举向南京追击敌人”的命令。

11 月 19 日，第 10 军向东京参谋本部发电报告：

一、集团本日正午占领嘉兴，大概傍晚扫荡完了。

二、集团 19 日晨命令以全力向南京追击，大致部署如下：

国崎部队经湖州、广德向芜湖追击，切断敌之退路。第十八师团经湖州、广德、溧水向南京追击。第一百十四师团经湖州、长兴、溧阳向南京追击。第六师团先向湖州推进。②

此后，日本上海派遣军越过中国方面的吴福国防线，开始向锡澄线追击；第 10 军也自嘉兴出发，沿太湖南岸向湖州西进。11 月 22 日，日军华中方面军正式向东京参谋本部发出报告：“为了使事变迅速解决，乘现在敌人的劣势，必须攻占南京。”其主要理由是：“现存敌之抵抗在各阵地均极其微弱，很难断定有彻底保卫南京的意图。在此之际，军如停留在苏州、嘉兴一线，不仅会失去战机，而且将使敌人恢复斗志、重整战斗力量，其结果要彻底挫伤其战斗意志将很困难。从而事变的解决越发推迟，国民也将无法谅解军的作战意图，有害于国民舆论一致。为此，利用目前的形势攻占南京，当在华中方面结束作战。”该方面军在报告中，还特别强调：“要解决事变，攻占首都南京具有最大的价值。”华中方面军表示，愿“以现有的兵力不惜付出最大牺牲”。他们估计，在太湖以南运动的第 10 军，随着后方基地的建立，将可继续向前进击，而上海派遣军经过大约 10 天的休整，亦可向南京发起追击。因此，“估计最迟在二个月以内可以达到目的”。③

① 〔日〕日本防卫厅防卫研究所战史室著，齐福霖译：《中国事变陆军作战史》第 1 卷第 2 分册，中华书局 1981 年版，第 107 页。

② 〔日〕日本防卫厅防卫研究所战史室著，齐福霖译：《中国事变陆军作战史》第 1 卷第 2 分册，中华书局 1981 年版，第 106 页。

③ 〔日〕日本防卫厅防卫研究所战史室著，齐福霖译：《中国事变陆军作战史》第 1 卷第 2 分册，中华书局 1981 年版，第 106 页。

根据中国东战场战争形势的发展，日本刚刚成立的最高统帅部——大本营，于11月24日召开了第一次御前会议。出席者有参谋总长闲院宫载仁、陆军大臣杉山元、参谋次长多田骏、军令部总长伏见宫博恭王、海军大臣米内光政、作战部部长下村定等人。会议明显表示需要取消“制令线”，向南京发起进攻。会议对于华中战场的形势做了如下的分析：

华中方面军正利用在上海周围的胜利成果，不失时机地果敢进行追击。但当初给该军的任务是消灭上海附近之敌，并使该地从南京方面孤立出来，由于是出于这种要求而编组的，所以不仅它的推进能力受到限制，而且很多辎重，甚至连炮兵这样的战列部队有不少还远在前线部队的后方，因此不能考虑一举即可到达南京。在此情况下，方面军应以其航空部队与海军航空兵力协同，轰炸南京及其他要地，并不断表现出进击的气势，以资消磨敌人的战斗意志。

统帅部也在考虑根据今后情况，整顿好该方面军新的准备态势，使其攻击南京或其他地区。①

同一天，日本参谋本部发出“大陆指第5号”命令：“废除以临命第六百号指示的华中方面军作战地域。”华中方面军在得到这一废除“制令线”的指示后，遂于当天制定了《第二期作战计划大纲》，命令上海派遣军和第10军在无锡—湖州一线准备下一步的作战，应于12月上旬完成一举攻克南京的准备。

尽管如此，日本大本营内部，在何时发布向南京攻击命令的问题上，仍存在着分歧。参谋次长多田骏出于政略、策略上的考虑，对于眼下是否命令攻击南京，持犹豫态度。作战部部长下村定则较为支持前线部队的狂热情绪，主张立即向南京开进。为了迫使多田骏接受既成事实，下村定暗中说服了天皇，并于27日以个人名义向正在中国东部前线作战的日本军队，一连发出两份极不寻常的电报。

一份是给华中方面军司令官松井石根的官方电报，内容为：“我们怀着攻打南京的坚定决心在本部进行了认真讨论，但尚未做出最后决定。谨请放心，无论如何，我们将于近期内做出决定。”② 这一内容，并未越出多田骏所能接受的范围。

另一份则以非官方的“急密电”，发给安插在松井手下当参谋的那些属于裕

① 〔日〕日本防卫厅防卫研究所战史室著，齐福霖译：《中国事变陆军作战史》第1卷第2分册，中华书局1981年版，第104页。

② 〔美〕戴维·贝尔加米尼著，张震久等译：《日本天皇的阴谋》上册，商务印书馆1984年版，第65页。

仁天皇心腹集团的军官们，内容为："虽我尚未获得长官之决定，但本部核心切望攻占南京。据此，请弃置原占领区，继续前进。"[①] 显然，这份电报的内容，超出了需对战争进程承担责任的多田骏的见解。但是，电报中分明写着，这是"本部核心"的认识，这便暗示了裕仁天皇的意旨。正是这份电报，激发了前线的参谋和士兵们的狂热情绪。当这种情绪再通过无线电反馈到东京最高统帅部的时候，多田骏在事实面前，被迫让步。

于是，日本参谋本部于11月28日下达电令："向南京追击。"松井石根在这一天的《阵中日记》的附记中写道：

> 次长来电报传达了参谋本部关于进攻南京的决定。我欣喜地感到，这些天我那些竭力鼓动的意见终于奏效了。两军与后方的联络线正逐渐整备起来，这样一来，一旦命令下达，最迟在下个月5日便可以下达进攻南京的命令了。[②]

进攻南京的正式书面命令，经加盖国玺，即成为天皇敕令。至12月1日，由参谋次长多田骏亲自携带，飞送上海。松井石根在12月1日的《阵中日记》中记述："今天，参谋次长来到这儿，他带来并宣布了进攻南京的命令。"[③]

12月2日，由多田骏宣读进攻南京的训示。松井石根在《阵中日记》中写道："今晨，我向全军下达了进攻南京的命令，又作为方面军司令官对官兵进行了训话，并命令第十军从12月3日开始前进；派遣军于12月5日开始前进。同时还敦促海军迅速开赴江阴附近，并打开要塞，开通长江水路。"[④]

这一道道来自日军高层的命令，彻底宣告了之前"制令线"的取消，并把熊熊战火引向中国的政治中心，即中华民国的首都——有着数千年文明历史的南京。南京军民，即将陷入一场血与火的灾难。

---

① 〔美〕戴维·贝尔加米尼著，张震久等译：《日本天皇的阴谋》上册，商务印书馆1984年版，第65页。

② 《松井石根阵中日记》，王卫星编：《南京大屠杀史料集》第8册《日军官兵日记》，江苏人民出版社、凤凰出版社2005年版，第140页。

③ 《松井石根阵中日记》，王卫星编：《南京大屠杀史料集》第8册《日军官兵日记》，江苏人民出版社、凤凰出版社2005年版，第142页。

④ 《松井石根阵中日记》，王卫星编：《南京大屠杀史料集》第8册《日军官兵日记》，江苏人民出版社、凤凰出版社2005年版，第143页。

第三节 外交形势

一 中德军事合作

早在晚清时期，清廷引进与效仿德国现代化的军事装备、军队建制，组建新式军队、聘请德籍军官与技术顾问、建立军校等成为当时自强运动的重要内容。甲午战争之后，德国武力侵占中国山东胶州湾，成为掀起瓜分中国狂潮的西方侵略者之一。第一次世界大战结束后，德国失去在华据点与特权。

20 世纪 20 年代，为推动自身经济恢复发展，重回中国市场，寻找充足的工业原料，德国政府主动派代表卜尔熙来华活动。1921 年中德签订《中德协约》，标志两国关系正式恢复。德国在华的商业也得到快速重建，其中致力于战后德国军事复兴的德国商人与渴求武器装备的中国各方军阀势力一拍即合，使得中德武器贸易逐渐扩大，“仅 1925 年，德国运进的武器总值就达 1300 万马克，超过全部外国武器进口值的一半以上，这些官方统计并未把猖獗的走私及通过第三国转口的数字包括在内”[①]。除了武器贸易，在此时期，孙中山及革命党人也曾多次寻求德国援助，希望聘任德国军事顾问、招募德国教官、商谈对广东投资等，要求其支持中国革命。孙中山主张联德的观念影响了中国国民党，甚至为之后蒋介石所领导的南京国民政府的对德关系定下了基调。

1927 年，蒋介石建立南京国民政府以后，开始聘请德国军事顾问来华，开启了长达 10 余年的中德军事合作。蒋介石为何要选择德国进行军事合作？主要是基于国际关系与个人倾向两方面的因素。具体而言，蒋介石认为苏联具有重大威胁，并在 1927 年年底发表了对苏联断绝邦交令，将在北伐战争中作出贡献的苏

① 〔美〕柯伟林著，陈谦平、陈红民、武菁、申晓云译：《蒋介石政府与纳粹德国》，中国青年出版社 1994 年版，第 34 页。

联军事顾问全部免职并送返回国，因此需要填补国内军事顾问的空缺。但是英美法各国囿于在华权益，对蒋介石政府持观望态度，这才使得蒋介石把注意力转向了德国。

南京国民政府这一时期与德国的军事合作，出于两个方面的原因：

一方面，德国“虽以工业立国，不过国际间一制造家耳。又以(凡尔赛)条约关系，与我地位平等。无复压迫侵略之势，此我之宜联德者一”；而“德国战后，受条约之束缚，战债赔款之重负，军备军器之限制，其受帝国主义之压迫，有甚于我，其思脱离其威势，亦与我同。故德国战后，对中国向表好感，而其民族，尤渐知注意中国，而求相互了解，此亦同病相怜，使之然也。有此反对帝国主义之共同立场，此我之宜联德者二。”[①]

另一方面，蒋介石个人与身边部分幕僚也倾向于学习德国。1912 年与 1918 年蒋曾两度计划赴德留学，主要学习德国成功的秘诀。他自认为德国的“物质”和“人才”均可借用，并主张将俾斯麦的“铁血政策”作为中国的“指导原则”。[②]

于是，在内外因素共同作用下，蒋介石坚定了联德的决心，走上了中德军事合作之路。而德国之所以选择与南京国民政府进行军事合作，亦如德人汉斯·克兰在向蒋介石阐述中德合作基础的报告中所说，从中国需求而言，国防工业建设极为紧迫，从中国原料优势而言，富有矿产原料且尚待开采，而德国困于《凡尔赛条约》的压制，需要中国的矿产原料以恢复工业经济，这成为双方合作的基础。其所举中德合作基础如下：

中国为维持政治及经济之自由发展起见，即须重立军事革新基础以实施军事建设，并须努力实现有计划之全国统一，而不可一日缓也。……中国为一农业国，其国民之大部分均为农人，其农业生产力极大，若国内之和平实现，安全保障成立，铁道公路普遍全国，贯通各省，则其生产力更将增长。中国富有矿产原料，惟大部分尚未开采，若从事开采之后，中国将为矿苗、五金及石炭等之重要生产者。……中国之工业发展，应偏重于国防方面，及相当农产制造方面之需要。此外凡有裨于经济建设之一切工业，自应在趋重之列，农业之发展将为经济建设中之最大部

① 马骏：《二三十年代中德军事合作始末概论》，刘善章、周荃主编：《中德关系史文丛》，青岛出版社 1991 年版，第 230 页。

② 〔美〕柯伟林著，陈谦平、陈红民、武菁、申晓云译：《蒋介石政府与纳粹德国》，中国青年出版社 1994 年版，第 58 页。

分。……政府主要任务，须于寻常输出途径外，为过剩农矿产品寻求一国外主要销场，所谓主要销场者，虽在销路停滞期间，亦能接受剩余物产，因短时间起落不定之销路停滞，亦足以使经济机构蒙重大损失，并足以阻碍其发展也。中国为继续实现其建设趋向计，正需有一对中国绝无领土野心而能处处满足其需要之国家，与之友好结合，相依为助也。[①]

1927年年底，蒋介石会见德国鲁登道夫上校的助手马克斯·鲍尔，聘任其为“经济事务顾问”。鲍尔在受聘期间提出关于军事调动与改组、重工业化、航空运输、农业生产等方面的建议，聚焦于帮助蒋介石政府创建现代化的军事工业，协调整个经济的发展。1928年，鲍尔还率中国代表团赴德考察军事技术，商谈贸易合作，招募了一批德国退役军官为赴华顾问团成员。最初的顾问团共有26人，受聘负责军事训练、军械装备供应、政治政策制定等。[②]

1929年，鲍尔去世后，德国军方便与在南京的顾问团建立了直接联系。早期顾问团的成员主要是以私人身份受聘的德国退役军官。之后中德双方政府开展合作，德国顾问便以官方身份赴华开展活动。据统计，从1928年年底至1938年十年间，总共有135名德国军事顾问被派往国民政府任职，另有8名文职顾问与许多省级军事、技术专家。[③]除了聘任德国顾问团，进口武器装备、发展军事工业与建设国防军事体系也是双方军事合作的重要内容。

自1927年始，德国顾问受聘训练国民党军队。1928年，国民党规定“军事教育应予统一，全国所有军事学校应置于政府直接控制之下，并特别说明凡由军事将领所设立之任何军事学校或训练班一律废止”。[④]德国顾问在南京开设讲习班，蒋介石、李宗仁、李济深、冯玉祥等国民党高级将领均参加学习，讲学维持到1929年蒋桂战争爆发后才停止。

1933年，德国顾问团长佛采尔提出了关于发展、整理中国军队的建议书，指出要加强各兵种的指挥院校建设，改善军事当局人浮于事的状况，强调“此种学

① 《克兰为确立“中德合作基础”致蒋介石报告（1935年）》，中国第二历史档案馆编：《中德外交密档（1927—1947）》，广西师范大学出版社1994年版，第16—18页。

② 〔美〕柯伟林著，陈谦平、陈红民、武菁、申晓云译：《蒋介石政府与纳粹德国》，中国青年出版社1994年版，第69页。

③ 黄慧英、张燕萍著：《南京百年城市史（1912—2012）·国际化进程卷》，南京出版社2014年版，第78页。

④ 马骏：《二三十年代中德军事合作始末概论》，刘善章、周荃主编：《中德关系史文丛》，青岛出版社1991年版，第236页。

校可云已树军官、军士新式教育训练之基础，而新式与良好陆军犹如大厦，即可建筑于是”。[①]之后，汉斯·冯·塞克特访华时也提到，军队的价值根据军官的价值而定，要通过才能高低来决定是否把军官培养为将才，因此他建议成立教导总队，作为培训师以上军官，训练部队熟悉掌握现代军事技能的机构。

在佛采尔、塞克特等多位德籍顾问的建议下，国民党军队建立了多所军校以培养军事人才。至1937年，国民党军队成立了中央军官学校、陆军大学、骑兵学校、步兵学校、炮兵学校、工兵学校、通信兵学校、宪兵教练所、装甲兵学校、防空学校、交辎学校、军需学校、要塞炮兵教练所、杭州空军官校、马尾海军官校、陆军测量学校、陆军财务学校、陆军军医学校、陆军兽医学校、外语学校、军械学校等。同年，共有91位德国军事顾问参与到国民党军事教育中，除佛采尔、克鲁格等4名总顾问外，其他德籍顾问被分配在参谋本部、陆军大学、测量总局、交通司、航空署、兵工署、军需署、骑兵旅、铁道炮队司令部、军官学校、第87师、第88师、炮兵学校、工兵学校、步兵学校、财政部税警特务团等处，除个别顾问不在中国，绝大多数的顾问都来华参与了相关工作。[②]除了军官教育，德籍顾问还直接帮助国民党军队建立初、中、高三级军事教育体制，涉及军事基础训练、分科训练、各专业兵种学习以及高级指挥人员的培养，在一定程度上提高了学员的军事作战能力。

按照德制建立起现代化新式军队，也是中德双方进行军事合作的重要内容。早在鲍尔在华任顾问时，便提出了整顿军队的建议。1933年，佛采尔在致蒋介石的建议书中提出当前新式军队建设的不足以及应对措施，称：“四年内之双方合作，可云已树陆军新式发展之良好基础”，但是“照德制按德国典范令进行，此举固有明令，但每未能普及”。因此，他再次强调实施新式训练所需的各种条件，比如建立职责明晰的军事机构，培养熟悉各兵种协同作战的高级指挥官，按照德国教育方式加强炮兵训练，配备新式武器，补充购置新式通信设备、汽车、演习器材等装备，完善部队建制、加强各兵种合作等。塞克特在任前考察时也向蒋介石提出编练中国军队的建议：中国常备军有60个师即可够用，只要训练得法可成劲旅；中方应先成立一个训练团，调集各部队将官来集训，逐步推广德式训练以

---

① 《德总顾问佛采尔建议书（1933年2月14日）》，中国第二历史档案馆编：《中德外交密档（1927—1947）》，广西师范大学出版社1994年版，第139页。

② 《德国顾问在华工作分配一览表》（1937年8月），中国第二历史档案馆编：《中德外交密档（1927—1947）》，广西师范大学出版社1994年版，第129页。

完成重建军队的任务，等等。[①]

蒋介石重视德国军事顾问的建议，计划分阶段建立一支现代化军队，决定于1934至1936年编练60个新式陆军师。至1937年全面抗战前，60个调整师的整编尚未完成一半，中央军校教导总队和以第36、第87、第88师为代表的新式中央军共30个师，完全或部分接受过德制装备与训练。

1931年九一八事变发生后，蒋介石筹划针对日本的秘密国防，让德国顾问参与军事国防建设。1932年国防设计委员会成立，具体职责为“在政府处理由于外敌入侵可能发生的所有重要问题方面，事先提出切实可行的方案；为招募和重组国防军，刺激更高的生产建设能力，以达巩固国防的最终目的而制订计划；对于短期的国防计划工作提出建议”[②]。

1935年2月，德国顾问汉斯·冯·塞克特向蒋介石呈报中国兵工建设计划提纲，并称在得到德国国防部建议之后，会由德国第7军军长莱谢劳赴华汇报详细计划。蒋介石认同塞克特关于国防建设、军事工业、军队管理等方面的建议，认为“树立武备一律、精锐能战之国防军力，其数量尽可从小，而不可一日缓也。同时国防经济及工业方面之设施，亦须达到独立自给，不受国外牵制之最低限度”。国民政府根据纲领内容拟定3期建设计划，预计9年完成。其“第一期为树立中心区，举凡十万众国防军及相当空军力量，以及海军初步基础之建设。此外，属于上述范围内之基本工业、国防工业与夫交通技术上之必需建设，皆在其内。第二期中应继续前部工作，将已草创而未完整者，补充完整，并须将建设范围扩张至中心点外。第三期为推进并充实一、二两期之工作而设，既经确立之全部建设计划内一切预订工作，均须于此期内完成。如此确订之范围足为逐步实施中国内部及经济建设之稳固基础，借助德国之处尤多。”[③]

1935年3月，国防设计委员会更名为资源委员会。该委员会提交了其拟定的《国防工业初步计划》，此计划综合国防安全、工业建设、交通基础等因素，是一项规模庞大的国防工业发展战略计划，涉及冶金、电力、机械工业及化学工业等。次年6月，资源委员会在参考了德国顾问及专家的意见后，又提请通过了《国

---

① 辛达谟：《法尔根豪森将军回忆中的蒋委员长与中国（1934—1938）》，台北《传记文学》第19卷第5期，第49页。

② 《国防设计委员会工作概况》，《民国档案》1990年第3期，第28—37页。

③ 《蒋介石为全面加强中德合作致塞克特函稿（1935年11月3日）》，中国第二历史档案馆编：《中德外交密档（1927—1947）》，广西师范大学出版社1994年版，第2—3页。

防工业三年计划》。该计划主张在内陆腹地江西、湖北、湖南、四川等地建设炼钢厂、钨铁厂、机器厂、煤炼油厂等工业和原材料基地，发展国防工业以抵御日本侵略。计划体现出德国顾问克兰、塞克特所提的集中国力、建设“实力中心点”区域的建议。

1935年8月，德国总顾问亚历山大·冯·法肯豪森针对中国抗日形势，提出了相应的中国国防对策。他首先分析了战略态势：称：中日“一旦军事上发生冲突，华北即直受危险，若不战而放弃河北，则长江北岸、南北两干路唯一之横贯连〔联〕络，极占重要之陇海路暨其重大城市（洛阳、巩县、开封等），起首即陷于最前战区。……对海正面有重大意义者，首推长江。敌苟能控制中国最重要之中心点直至武汉一带，则中国之防力已失一最重要之根据，即范围广大是也，于是直至内地，中国截分为二。……川省若未设法工业化能自造必要用品，处此种情况，必无战胜希望，而不啻陷中国于灭亡”。因此法肯豪森建议中国应竭尽全力为保全国土而奋斗，指出：“作战取战略上守势，且在内线主要威胁由东、北两方，顾虑交通路，凡作战所用部队宜集中于徐州—郑州—武汉—南昌—南京区间……由该区可以速向各方集中。……东部有两事极关重要，一为封锁长江，一为警卫首都，二者有密切之连带关系。……长江封锁于中部防御最关重要，亦即为国防之最要点，防御务须向前推进。……南京为全国首都，必应固守，故极宜增筑东正面及东南正面之工事。……次之为南昌、武昌，可作主支撑点，宜用全力固守，以维持通广州之连〔联〕络。……终至四川为最后防地，富庶而因地理关系特形安全之省份（旁批：最后根据地），宜设法筹备使作最后预备队，自有重大意义”①。1936年，蒋介石表示：“对于建国行政以及国防组织、军令更新所建议各点，后者尤属重要，余甚感谢，并已采纳，令饬施行。”②

中德军事合作还包括中德武器装备的交易，即德国以其优质的军火及工业机械换取中国的钨、锰、锑等原材料，“以货易货”的贸易形式是双方开展军事合作的重要途径。

早在1928年，刚成立不久的南京国民政府，即与西门子、克虏伯等德国公司签订了价值100万马克的贸易合同，购买了一大批军火。此后，双方武器贸易迅速

① 《法肯豪森关于中国抗日战备之建议书两件》，中国第二历史档案馆编：《中德外交密档（1927—1947）》，广西师范大学出版社1994年版，第173—176页。

② 《蒋介石为促进中德全面合作复希特勒函稿（1936年9月7日）》，中国第二历史档案馆编：《中德外交密档（1927—1947）》，广西师范大学出版社1994年版，第6页。

发展。1932年，国民政府向德方购买卜福斯山炮48门与配套器材，并成立了1个炮兵旅。海关报告资料显示，1928年至1933年间，德国武器在中国武器装备总进口额中所占比重较高。1928年德国军火进口值为3208897海关两，占比28.1%，位居第二；1929年进口值为1203500海关两，占比31.5%，位居第一；1930年进口值为4008800海关两，占比25.7%，仅次于日本，位居第二；1931年进口值为3402714海关两，占比28.0%，位居第一；1932年进口值为1640645海关两，占比20.4%，位居第三；1933年进口值为3464444海关两，占比19.6%，位居第三。①20世纪30年代，国民党编制新军，对新式武器装备的需求持续刺激了中德军事贸易。柯伟林引自《德国外交政策文件》的统计数字显示，1936年德国实际交付给中国的军火总额为2374.8万马克，1937年则高达8278.8604万马克。②

1934年，克兰在德国官方支持下，成立了德国工业品贸易有限公司，专门经营中德间“以货易货”贸易。同年8月，克兰与孔祥熙签订了《中国农产品与德国工业品易货贸易合同》，标志着中德间易货贸易正式拉开序幕。德国政府表示中德两国签订的货物互换合同具有重要意义，德国通过“物品交换途径以抵补其国外生产品之需要，借以改善金融现状，而扩充其经济建设”，因此“准备与中国密切合作，以赞助其建设志愿。”③中德双方以物易物的交易流程大致如下：“由矿冶、农林各处所供给之输出货物，先须送交中国银行团商务部接收，并由该商务部将应行封装各货封装妥当，以备运输，然后交与德国银行团所附属之出入口运输公司负责办理。中德两国银行团依照中德两国条约上之法则关键，规订（定）出口货物之价目。规订（定）价目时，两方皆须依据两国密切友谊合作互助之意义，不偏不倚，相见以诚。中德两国银行团间之货价计价抵算手续异常简易，只须（需）双方履行货物互换合同所附带之借款合同所规订（定）可矣。”④

1935年，蒋介石在致塞克特的函件中表达出对中德两国全面加强合作的期待，表示“以两国政治经济之当面难关而论，则两国提携合作之需要，至为明显。故双方应有力量，均须向此目标集中运用以为贯彻也”。为满足德国对矿产原料的

① 马振犊、戚如高：《蒋介石与希特勒——民国时期中德关系研究》，九州出版社2012年版，第81页。

② 〔美〕柯伟林著，陈谦平、陈红民、武菁、申晓云译：《蒋介石政府与纳粹德国》，中国青年出版社1994年版，第262页。

③ 《克兰为确立“中德合作基础”致蒋介石报告（1935年）》，中国第二历史档案馆编：《中德外交密档（1927—1947）》，广西师范大学出版社1994年版，第18页。

④ 《克兰为蒋介石筹划设立“实力中心点”组织之建议（1935年）》，中国第二历史档案馆编：《中德外交密档（1927—1947）》，广西师范大学出版社1994年版，第167—168页。

需求，蒋还提到“一面须将现有矿厂加以扩充，一面尚须开采新矿，一部分矿产之炼冶设施亦不可少。此外尚未开采之矿产来源，尚须实地调查，以确定其开采价值。贵国能迅速派遣地质矿冶等专家来华协助进行，实关重要。”[①]1936年，希特勒致电蒋介石，称：“中德两国之货物互换，实给予两国经济进展以莫大裨益。”[②]同年蒋介石亦多次致函希特勒，表达中德两国在政治经济国防等各方面合作之重要性，并允诺“中国原料之必须巨量供给贵国”，并“令饬所属准于本年内供给贵国以三千万华币计值之货物”。[③]

1936年，中德签订了涉及金额高达1亿金马克的易货贸易协定，中国以钨砂、纯锑、锡、棉花、桐油、大豆等物资换取德国的武器、机器。同年4月至11月，德国从中国进口了8000吨钨、锌、锡等原料，11月至次年2月，又进口了1.8万吨钨、锑等原料。1937年，中国72%的钨砂出口德国。据资料统计，1927年至1940年，德国在中国对外贸易中所占百分比分别为3.1%、3.6%、3.9%、4.2%、4.5%、6.54%、6.53%、6.1%、8.7%、11.4%、11.5%、10.2%、5.15%、1.48%。由此可见，20世纪30年代以来德国在中国对外贸易中所占比重明显呈上升趋势，尤其到1936年全面抗战前夕，德国所占份额高达10%以上，并且持续到1938年。[④]

长期购置德国武器，使得国民政府军队的武器装备结构以德国武器为重，至1937年7月，南京城防配备了德制88毫米高射炮和德制防空警报系统，在南京街道经常可以看到75毫米克虏伯大炮、亨舍尔及MAN型坦克等德国武器在列队中。

南京国民政府还进口大批德国军火生产设备，以此为基础在长江流域创建兵工厂、弹药厂等。汉阳兵工厂于1935年初生产出与毛瑟98型步枪非常相似的“中正式”步枪。原为金陵机器制造局的南京兵工厂在1935年到1936年得到重建，研仿制造德式武器，生产出中国式的马克沁机关枪，称为“宁造24式”重机枪，此外还生产八二迫击炮、步枪弹、防毒面具等。至1937年全面抗战爆发时，国民党30万中央军的精锐部队大部都用德制武器装备。

---

① 《蒋介石为全面加强中德合作致塞克特函稿（1935年11月3日）》，中国第二历史档案馆编：《中德外交密档（1927—1947）》，广西师范大学出版社1994年版，第1—2页。

② 《希特勒为发展对华合作事致蒋介石电（1936年5月13日）》，中国第二历史档案馆编：《中德外交密档（1927—1947）》，广西师范大学出版社1994年版，第4页。

③ 《蒋介石为促进中德全面合作复希特勒函稿（1936年9月7日）》，中国第二历史档案馆编：《中德外交密档（1927—1947）》，广西师范大学出版社1994年版，第5—6页。

④ 《德国在中国对外贸易中所占百分比表》，中国第二历史档案馆编：《中德外交密档（1927—1947）》，广西师范大学出版社1994年版，第226页。

1936年11月，德、日签订《反共产国际协定》。德国驻华大使陶德曼立即向中国政府解释，《协定》仅为防卫国际“赤化”之宣传总机关（第三国际），绝不反对任何国家，亦不反对苏联，并“无扩张之意”。[①]德国国防部长柏龙白也致函孔祥熙，说明德日签订协议，“全为防御赤化阴谋，决不影响于吾两国之共同建设事业”，他为能获取大量农矿原料供给感到庆幸，并承诺“柏终始如一，愿竭绵薄，促其供输”[②]。

1937年11月，意大利加入《反共产国际协定》，德、意、日轴心国集团正式形成。面对这种情况，蒋介石逐渐改变对德态度，1938年后中德关系逐渐由密切走向冷却，1941年两国彻底断交。中德两国长达10余年的军事合作，直接影响了蒋介石对日防御与军事作战的部署与心态，并且与发动淞沪抗战有着密切关系。

二　陶德曼调停

当战争的硝烟已经弥漫南京城的时候，发生了德国驻中国大使陶德曼出面调停中日战争的事件。之所以出现这一幕后外交活动，与中、德、日三方关系有关，也与南京保卫战的进行息息相关。

南京国民政府方面，1937年卢沟桥事变发生后，虽然中国军队坚决抵抗日军进攻，但是国民政府并未放弃和平解决，多次重申要求日军撤回原驻防地，恢复事件以前状态。7月17日，蒋介石在庐山谈话中提道：“在和平根本绝望之前一秒钟，我们还是希望和平的”，希望通过和平外交方法，求得卢事解决，并重申4点立场：不得侵害中国主权与领土完整；不容许冀察行政组织有任何不合法的改变；中央政府所派地方官吏，如冀察政务委员会委员长，不能任人要求撤换；第29军现在所驻领土不能受任何约束。[③]这4点立场成为解决中日冲突的基本方针。国民政府提出恢复卢沟桥事变前原状，认为这是中日和平谈判的基础。

同时，国民政府还诉诸国联，希望得到国际社会的支持和援助，但是国联远

① 《德国国防部致克兰电译稿（1936年11月25日）》，中国第二历史档案馆编：《中德外交密档（1927—1947）》，广西师范大学出版社1994年版，第50页。

② 《柏龙白致孔祥熙函（1936年11月27日）》，中国第二历史档案馆编：《中德外交密档（1927—1947）》，广西师范大学出版社1994年版，第51页。

③ 上海社会科学院历史研究所编：《“八一三”抗战史料选编》，上海人民出版社1986年版，第616页。

东咨询委员会只是斥责日本的武力行为，并未认定日本为侵略者，并劝导中日双方达成现地停战或停火，即“把重点放在先实现停止敌对行动，然后通过斡旋或调解取得迅速解决”[①]。

无条件的先行停战对国民政府没有任何帮助，于是中国政府便暗中寻求与英、法、美等国的接洽，声明以恢复卢沟桥事变前原状为停战条件。但是英、法、美、苏各国均不愿单独出面调停，因此德国驻华大使陶德曼的调停顺其自然成为国民政府的选择。

就日本方面而言，1937 年 7 月 7 日卢沟桥事变发生后，日本为趁机将战场上得来的“战果”条约化、合法化，采取了武力进攻与外交接触相结合的方式。8 月初，日本派驻华大使川越茂与中国政府秘密接触，但随着淞沪会战爆发，这次秘密接触未果。淞沪战役打响后，日军受到中国军队的顽强抵抗，双方一度处于对峙状态，再加上日本受国际社会的一致谴责，因此日方选择和谈来巩固当前“战果”。日本又不愿让英、美插手中日间的和战问题，便选择与中、日双方都有着良好关系的德国出面，欲迫使中国政府接受和谈的苛刻条件。德国在中国有着巨大的商业利益，同时它当时正在准备发动欧洲战争，也希望日本不要因为侵华而消耗了牵制苏联的实力，因此，乐于充当中日之间调停人的角色。

淞沪会战经过 8 月、9 月的激烈战斗，中日双方部队已呈胶着状态。日本方面“速战速决”的方针已被打破。10 月 1 日，近卫首相、杉山陆相、米内海相、广田外相举行了四相会议，制定了《处理中国事变纲要》，企图“通过十月攻势的战果找到结束战争的机会，与南京政府和平解决”，其一般方针为：“宗旨在于使这次事变在军事行动取得成果与外交措施得宜的配合下尽快结束；使中国取消抗日政策和容共政策，在日华之间建立真正明朗而永久的邦交，以期实现日满华的和睦与共荣”，其外交措施为：“外交措施的目的，在于迅速促使中国反省，将中国诱导到我方所期待的境地；对于中国及第三国，进行适时的谈判与工作。结束事变时，使中国取消抗日政策与容共政策，以不咎既往的划时期的调整邦交条件进行外交谈判”[②]。次日，日本陆、海、外三省的当事者又进一步研究对策，“其结果决定不改变原来的日、中两国直接谈判的方针，但接受第三国公正的、劝告

① 顾维钧：《顾维钧回忆录》第 2 分册，中华书局 1985 年版，第 589 页。

② 〔日〕日本防卫厅防卫研究所战史室著，齐福霖译：《中国事变陆军作战史》第 1 卷第 2 分册，中华书局 1981 年版，第 56 页。

式的和平斡旋。也就是，坚决反对干涉，但也必须考虑适当利用好意的斡旋”[①]。于是，由德国出面调停中日战事，便被提上了议事日程。

10月21日，日本外相广田弘毅会见德国驻日大使狄克逊，表示：“日本随时都准备与中国直接谈判，假如有一个与中国友善的国家，如像德国和意大利，劝说南京政府觅取解决，日本也是欢迎的。”[②]22日，日本参谋本部邀请德国驻华大使出面“调停”中日战争。同日，德国外交部发给驻华大使陶德曼一份电报，称：“我们认为，就目前来说，直接谈判比较有希望，如果有机会的话，我们并且愿意作联系的途径。”[③]30日，德国驻华大使陶德曼会见国民政府外交次长陈介，正式转达了德国政府愿意帮助中日谈判的意向。31日，德国驻华参赞斐尔诗邀请汪精卫、何应钦等“主和派”与陶德曼共进晚餐，双方就中日关系进行了商谈。

11月2日，德国驻日大使狄克逊拜访日本外相广田。广田提出了与中国议和的7项条件：（1）内蒙古在国际法下建立一个与外蒙古情形类似的自治政府；（2）在华北沿“满洲国”边境至平津铁路线以南一点建立一个非军事区，这个非军事区由中国的警察和官吏维持秩序；（3）在上海建立一个比现在更大的非军事区，由国际警察管制；（4）停止反日政策，履行1935年提出的修改学校教科书等要求；（5）共同反对布尔什维克主义；（6）降低对日本货物的关税；（7）尊重外侨权利。广田强调：“假如日本被迫继续作战，他（它）就要把战争进行到使中国完全溃败，然后再提出远较现在为苛刻的条件。”狄克逊在向德国外交部报告上述谈话内容时说：“照我看起来，这些条件是很温和的，南京可以接受而不致有失面子，我们现在似可对南京施加压力，使它接受这些条件。”[④]德国外交部很快便接受了狄克逊的建议，要求驻中国大使陶德曼将日本提出的和平谈判条件通知蒋介石。

11月3日，德国驻日大使狄克逊致电陶德曼，转述日本外务省所提和平条件。陶德曼奉命于11月5日与蒋介石在南京会晤，向蒋转达了日本提出的7项议和条件。蒋介石认为，中日间议和的前提，是必须恢复到双方战争前的状态，只有在做到

① 《狄克逊致德国外交部电》（1937年10月21日），黄美真、张云编：《汪精卫集团投敌》，上海人民出版社1984年版，第103页。

② 《狄克逊致德国外交部电》（1937年10月21日），黄美真、张云编：《汪精卫集团投敌》，上海人民出版社1984年版，第103页。

③ 《德国外交部国务部长麦根逊致陶德曼电》（1937年10月22日），黄美真、张云编：《汪精卫集团投敌》，上海人民出版社1984年版，第103页。

④ 黄美真、张云编：《汪精卫集团投敌》，上海人民出版社1984年版，第108—109页。

这一点后，双方才可以讨论某些条件。他说：

假如日本不愿意恢复战前状态．中国不能接受日本的任何要求。中国如同意日本的要求，国民政府将会被舆论浪潮所冲倒。

日本正在执行错误的政策——现在不对中国采取友好的态度以奠定日后的友善基础，却只顾提出要求。假如日本继续作战，中国也不会放下武器。

假定国民政府因日本采取的政策而倾倒了，则结果是共产党在中国占优势。[①]

当天，蒋介石在日记中写道："敌托德使传达媾和条件，试探防共协定为主，余严词拒绝。"[②]陶德曼大使将与蒋介石会见的情况及时报告德国外交部后，德国驻日本大使狄克逊遂根据本国外交部的指令，于11月8日拜会广田外相，向其传达："中国表示假如日本不愿意恢复原状（恢复事变前的状态），不能答应进行谈判。对于某些条件，当然可以讨论，但这也是恢复原状以后的事。和约的缔结，必须成为将来两国友好关系的基石。"[③]

之后，随着太原、上海等地的失陷，日军在华北、华中两个战场上进击之势愈加咄咄逼人，再加上九国公约会议并未阻止日本侵华，因此南京国民政府更加重视陶德曼的"调停"。不可否认，就蒋介石等人来说，对于"调停"之举抱有一定的幻想。日益严峻的战局，亟须整顿的中国军队的现状，也迫使蒋介石不得不在一定程度上采取"缓兵之计"，以争取时间，布置新的战场。

11月26日，陶德曼主动向孔祥熙表示，德国仍愿意负责调停事宜。随后陶德曼又先后会晤行政院副院长孔祥熙和外交部部长王世杰，重提日本的议和条件，并要求再次与蒋介石商谈。蒋答应了陶的要求。蒋介石于11月29日在日记中就此事写道："为缓兵之计，不得不如此耳！"[④]

12月2日，蒋介石在听取了外交部次长徐谟关于陶德曼重提中日议和的报告后，召集副参谋总长白崇禧、第三战区副司令长官顾祝同、军令部部长徐永昌和

---

① 〔日〕《产经新闻》社撰、古屋奎二主笔，《蒋介石秘录》翻译组译：《蒋介石秘录》第4卷，湖南人民出版社1988年版，第54—55页。

② 杨天石：《找寻真实的蒋介石：蒋介石日记解读1》，重庆出版社2015年版，第209页。

③ 〔日〕日本防卫厅防卫研究所战史室著，齐福霖译：《中国事变陆军作战史》第1卷第2分册，中华书局1981年版，第134页。

④ 〔日〕《产经新闻》社撰、古屋奎二主笔，《蒋介石秘录》翻译组译：《蒋介石秘录》第4卷，湖南人民出版社1988年版，第55页。

南京卫戍司令长官唐生智等人开会，商讨对陶德曼调停一事的态度。白崇禧说："如果条件只是这些，那为什么还非要打仗不可呢？"徐永昌和顾祝同认为："日本的条件可以作为谈判的基础"。唐生智也表示同意其他人的意见。[①]于是，由蒋介石归纳众人的意见，确定了两条原则：一是不拒绝德国的调停；二是华北政权需要保存。[②]

当天下午，蒋介石在南京会见陶德曼，这是双方在不到1个月的时间内第二次会面。蒋介石首先询问：日方所提要求是否仍和先前一样？陶德曼对此作了肯定的答复，并对各条要求加以解释。蒋介石遂作出如下表示：

（一）日方无信，已签字之条约尚往往撕毁，我方相信德方，愿德方始终执调停之劳；

（二）华北行政主权应当完整，此为我方坚持之点；

（三）日方所提条件可作为讨论之基础，但不能作为如哀的美敦书中所列条件无可变更；

（四）日方不能以战胜者自居，因我方并未承认为战败者；

（五）日方不能将此条件片面的（地）随意宣布。[③]

陶德曼在当天发给德国外交部的电报中称："日本对于蒋介石这种勇敢的愿意和平的态度，应该给以种种便利，俾使他能够完成谈判。""在全部谈话中，蒋介石的态度极为友善，精神很好，一点也不紧张。他自己对于防守首都表示很乐观。"[④]

12月5日，外交部次长徐谟再次为陶德曼大使总结蒋介石前所表示的要点："有两个我们认为极重要的条件。（一）中国深望，在恢复和平的全部过程中，德国通过调停予以帮助。（二）中国在华北的主权和行政权不得改变，它们的完整必须维持"；"在敌对行动继续进行的时候，是不可能进行任何谈判的"；"虽然大使提出来的各点可以作为谈判的基础，它们在任何情形之下都不应该被认为

---

① 程思远：《政坛回忆》，广西人民出版社1983年版，第111页。

② 马振犊、戚如高：《蒋介石与希特勒——民国时期中德关系研究》，九州出版社2012年版，第327页。

③ 秦孝仪主编：《中华民国重要史料初编·对日抗战时期》第6编（3），台北中国国民党中央委员会党史委员会1981年编印，第113页。"哀的美敦书"，即最后通牒。

④ 《陶德曼致德国外交部电》（1937年12月2日），黄美真、张云编：《汪精卫集团投敌》，上海人民出版社1984年版，第114页。

是以最后通牒的形式提出来的不可改变的要求。”①

此时日军已经进攻到南京附近。在这种形势十分严峻和危急的情况下，蒋介石和徐谟再三阐明的态度，坚持了一定的原则。可以说，国民政府迫切希望有一个短暂休战的机会。

可是，随着日军在中国东战场的节节“胜利”，以及参谋本部和华中方面军关于攻占南京命令的正式下达，日本方面对和谈的态度及其条件，正在发生变化。11月底，日军参谋本部起草了一份《解决中国事变处理方针》草案，将与中国进行和谈的条件大大提高，主要内容如下：

（1）中国正式承认“满洲国”；

（2）中国分别在华北及内蒙古建立能体现日、“满”、华互助共荣及加强防共的政权；

（3）中国放弃排日和反“满”政策；

（4）中国确立防共政策，对日、“满”的防共政策予以协助，并约定与“满洲国”一起参加日、德、意防共协定；

（5）日本协助中国进行新上海的建设；

（6）日、“满”、华就资源开发、物资贸易、航空联络、交通等，签订必要的互惠性的协定；

（7）中国对此项事变中日本侨民所受的损失负责赔偿。

日本方面幻想中国接受上述条件，并签订条约，届时双方宣布废除以往所签订的《何梅协定》《塘沽协定》《秦土协定》《上海停战协定》。为保证条约的履行，另有两项保障事项：一是日军进入的地区作为非武装地区，待地方治安恢复后，再行撤兵；二是中国承认日本在华北5省因给予特殊权益而在金融、处理关税、开发资源、管理交通通信等方面保留必要的机关。②

日本参谋本部所拟定的上述草案，在12月1日得到了陆军省的确认，将其作为大本营陆军部的方案。日方强调：“本处理方针所示内容，是我国所能容忍的最低限度。”③

---

①《陶德曼致德国外交部电》（1937年12月2日），黄美真、张云编：《汪精卫集团投敌》，上海人民出版社1984年版，第122页。

②〔日〕日本防卫厅防卫研究所战史室著，齐福霖译：《中国事变陆军作战史》第1卷第2分册，中华书局1981年版，第136—137页。

③〔日〕日本防卫厅防卫研究所战史室著，齐福霖译：《中国事变陆军作战史》第1卷第2分册，中华书局1981年版，第137页。

日本陆军方面的强硬态度，使内阁改变了谈判的基调。12 月 7 日，德国驻日大使狄克逊遵照本国政府的训令，将自 11 月 2 日至 12 月 2 日的调停经过的备忘录递交日本外相广田弘毅。不料广田表示："怀疑是否还可以在 1 个月以前——日本的巨大的军事胜利以前——所拟制的基础上谈判"；"最近几星期已经发生了不同的情况""陆军方面的要求已经比以前苛刻了"。狄克逊与广田会晤后，感到："从最近这几日（日本）在军事上的巨大胜利和中国的严重失败看来，日本对它提出的要点加以一定的扩大，是不可避免的。"①

日本内阁在接到狄克逊递交的"调停"备忘录以后，立刻召开了首、陆、海、外四相会议，通报陶德曼向中国方面转达的条件，研究日本方面须采取的态度。陆军方面，则于 12 月 8 日在大臣官邸召集了有参谋次长等人参加的会议。会议认定："还看不到蒋的反省态度。将来有无反省姑且不谈，现在这种态度不能接受；现在则需要把根据新形势所取的态度和条件交给德国大使。大臣须与海相、首相会晤，首先予以拒绝，促蒋反省。稍后把我方研究以后的条件告诉德国大使。"②

由于蒋介石坚持既定方针，而日本方面气焰嚣张、价码不断提高，陶德曼"调停"毫无结果。12 月 13 日，日军占领南京。中日"和谈"终以闹剧收场，陶德曼调停也宣告失败。

三　《中苏互不侵犯条约》的签署与苏联对华援助

苏联作为与中日两国相邻的强国，对于中日间战争有着重要的影响。早在 1932 年年底中苏正式复交后，两国就签订条约问题进行了商谈。但是由于苏联在远东问题上对日妥协，损害中国主权完整，使得中苏两国互不信任，条约签订并未有实质进展。1933 年日军开始进犯中国华北地区，鉴于国联干预未果，国民政府主动联系苏联，表达了改善两国关系的意愿。虽然两国互有改善关系的意愿，但双方关系整体还是偏冷淡。直到 1935 年，日本在华北制造了一系列事件，企图实现"华北自治"。同时，日本又不断在日苏之间挑起冲突，这便促使中苏两国走近，双方有了缔结条约的意愿。

---

① 《狄克逊致德国外交部电》（1937 年 12 月 7 日），黄美真、张云编：《汪精卫集团投敌》，上海人民出版社 1984 年版，第 123—124 页。

② 〔日〕日本防卫厅防卫研究所战史室著，齐福霖译：《中国事变陆军作战史》第 1 卷第 2 分册，中华书局 1981 年版，第 136 页。

1935 年 10 月 7 日，日本外相广田提出了“广田三原则”，即中日“提携”、承认伪满洲国、共同防共，该原则严重危害了中国主权完整，并将矛头对准了苏联。为打消苏联疑虑，18 日，蒋介石会见鲍格莫洛夫，表达了将会改善中苏关系、不会与日本缔结反苏军事同盟的决定，并提出与苏联签订具有实质意义的协定。此时，争取与苏联缔约成为国民政府外交活动的重要内容。

面对国民政府的缔约意愿，出于对中日关系、国共关系等因素的考虑，苏联方面态度几经变化。12 月 28 日，苏联副外交人民委员斯托莫尼亚科夫致函苏联驻华全权代表鲍格莫洛夫，主张支持中国日益强大的主战派力量，如果中国要进行抗战，苏联应给予力所能及的援助，但认为与蒋介石签订互助条约的时机还不成熟。另外，他还要求在商谈互助条约事宜之前必须弄清楚蒋介石的真实意图以及具体计划，因为蒋介石有可能利用苏中谈判来促成中日妥协。此外，斯托莫尼亚科夫让鲍格莫洛夫密切关注国民党和共产党之间的关系，积极促进国共两党建立统一战线，其认为这样才能真正有效地抗击日本的侵略。最后，斯托莫尼亚科夫强调，如果蒋介石提出要求苏联为国共两党建立统一战线进行调解，应予以拒绝，但可以敦促国共两党进行直接谈判，并愿意随时为蒋介石或国民党中央委员会的任何代表赴莫斯科办理签证，不管他前去的目的如何。[①]

1936 年 2 月至 5 月，中苏双方多次就签订互助条约进行会谈。苏联方面认为蒋介石没有下定决心进行抗日，且尚未放弃“剿共”方针，只是“希望利用未来的苏日战争”来抗日，因此并未答应与国民政府签订互助条约。[②]1936 年 11 月，德、日签订《反共产国际协定》及其《秘密附加协定》，苏联受到前所未有的威胁，于是希望通过中国牵制日本进攻，但为避免刺激日本、造成两线同时作战的局面，苏方强调“以苏中双边互助条约的形式进行合作为时过早”“建议在目前阶段签订一个广泛的友好条约”，内容可与德日之间的秘密协定相似。[③] 同年 12 月，西安事变发生。西安事变的和平解决使得国共两党重新合作，奠定了建立抗日民族统一战线的基础，中苏两国关系也因此更加密切。

---

① 汪金国：《反法西斯战争时期的中国与世界研究（第八卷）：战时苏联对华政策》，武汉大学出版社 2010 年版，第 38—39 页。

② 汪金国：《反法西斯战争时期的中国与世界研究（第八卷）：战时苏联对华政策》，武汉大学出版社 2010 年版，第 39—40 页。

③ 汪金国：《反法西斯战争时期的中国与世界研究（第八卷）：战时苏联对华政策》，武汉大学出版社 2010 年版，第 41 页。

1937 年 4 月，中苏双方进行多次会谈，鲍格莫洛夫根据苏联政府的指示，提出了苏中共同防御外患的三步计划：一、以中国政府名义邀请太平洋有关各国（包括英国、美国、法国）召开一国际会议，商定集体互助协定，苏联将协助疏通各国，使他们能共同接受中国的提议；二、若第一项未能实现时，中苏商讨订立互不侵犯协定；三、中苏订立互助协定。[①]国民政府考虑到与英、美、德各国的关系，对于苏联的提议未作积极回应，认为此提议“关系我国存亡至深且巨，我国似不宜轻于拒绝，亦不宜仓卒（促）赞成”[②]。中苏签订条约事宜暂时搁置。

直到 1937 年七七事变爆发后，全国抗战形势促使国民政府重新考虑苏联代表鲍格莫洛夫所提建议。7 月 8 日，蒋介石在庐山召见立法院院长孙科与外交部部长王宠惠，表示如果事态扩大，可能会演变成一场全面战争。在这场全面战争中，“最关键的因素”是与苏联达成协议，由苏联供应军事装备并缔结一个中苏互助条约。[③]7 月 9 日，孙科同王宠惠赴上海与鲍格莫洛夫商谈缔结中苏互助条约之事。国民政府还草拟了中苏互助条约草案，内容为“中华民国或苏联远东领土有被第三者直接或间接侵犯之恐怖或危险时，两国应即商定办法，以实行国际联合会盟约第十条之规定”“两国应即彼此予以军事及其他援助”“一方之军队为实行上列两款之义务起见，经双方同意而调至他方之领土内，若他方请求调回应即调回”[④]。

与中国方面建议不同，苏联代表鲍格莫洛夫则提议中苏签订互不侵犯条约，原因在于如果苏联与中国签订互助条约，即意味着苏联必须参战，日本很可能因此进攻苏联，但苏联当时尚未做好与日本作战的准备。总之，苏方认为以互助条约去刺激日本可能会引来进攻，故签订这样的条约是不明智的。[⑤]7 月 19 日，陈立夫与鲍格莫洛夫交谈，表示“中国是日本进攻的首当其冲的目标，而苏联则是第

---

① 秦孝仪主编：《中华民国重要史料初编 · 对日抗战时期》第 3 编（2），台北中国国民党中央委员会党史委员会 1981 年编印，第 325 页。

② 秦孝仪主编：《中华民国重要史料初编 · 对日抗战时期》第 3 编（2），台北中国国民党中央委员会党史委员会 1981 年编印，第 326 页。

③ 孙科：《中苏关系》，中华书局 1946 年版，第 16 页。

④ 秦孝仪主编：《中华民国重要史料初编 · 对日抗战时期》第 3 编（2），台北中国国民党中央委员会党史委员会 1981 年编印，第 327 页。

⑤ 陶文钊、杨奎松、王建朗：《抗日战争时期中国对外关系》，中国社会科学出版社 2009 年版，第 66 页。

二个”[①]。而鲍格莫洛夫坚持签订互不侵犯条约，并宣称：苏联政府认为，当前关于互助条约的任何谈判都是不合时宜的。7月底，蒋介石提出在双方商讨签订条约之外，可另行解决军事物资供应问题，但苏联认为提供军事物资务必以首先签署互不侵犯条约为先决条件。[②]

迫于国内战争形势，8月2日，蒋介石会见鲍格莫洛夫，表示若互不侵犯条约不涉及侵犯中国主权的内容，则原则上同意签约。8月初，中苏双方将互不侵犯条约草案互相提交给对方。8月21日，中国外交部长王宠惠和苏联驻华全权代表鲍格莫洛夫在南京正式签订了《中苏互不侵犯条约》，并协商通过了最后的补充要求。条约主要内容包括：

第一条：两缔约国重新郑重声明，两方斥责以战争为解决国际纠纷之方法，并否认在两国相互关系间以战争为实行国家政策之工具，并依照此项诺言，两方约定不单独或联合其他一国或多数国对彼此为任何侵略。

第二条：倘两缔约国之一方受一个或数个第三国侵略时，彼缔约国约定在冲突全部期间内对于该第三国不得直接或间接给予任何协助，并不得为任何行动，或签订任何协定，致该侵略国得用以施行不利于受侵略之缔约国。

第三条：本条约之条款，不得解释为对于在本条约生效以前，两缔约国已经签订之任何双面或多边条约对于两缔约国所发生之权利与义务有何影响或变更。

第四条：本条约于上列全权代表签字之日发生效力，其有效期间为五年，两缔约国之一方在期满前六个月得向彼方通知废止本条约之意思，倘两方均未如期通知，本条约认为在第一次期满后自动延长二年，如于二年期间届满前六个月双方并不向对方通知废止本条约之意，本条约应再延长二年，以后按此进行。[③]

8月29日，苏联外交部致电苏联驻英、美、德、意、日等国大使，说明《中苏互不侵犯条约》没有针对某一国的含义。国民政府也事先告知各国驻华使节，

① 汪金国：《反法西斯战争时期的中国与世界研究（第八卷）：战时苏联对华政策》，武汉大学出版社2010年版，第101页。

② 汪金国：《反法西斯战争时期的中国与世界研究（第八卷）：战时苏联对华政策》，武汉大学出版社2010年版，第44页。

③ 复旦大学历史系中国近代史教研组编：《中国近代对外关系史资料选辑（1840—1949）》下卷第2分册，上海人民出版社1977年版，第17—18页。

表明该条约别无他意。次日，《中苏互不侵犯条约》正式公布。

《中苏互不侵犯条约》的签订，对当时国内抗战起到了振奋作用，亦如孙科所说：这一协定“有着十分重大的意义，一方面表明了苏联对我的友好态度，对于我们在艰苦奋斗中的人民自是一种精神上的鼓励；另一方面无疑坦白地告诉日本侵略者，他们对这种不义的举动是绝不同情的。”[①]《中苏互不侵犯条约》签订后，国际社会就此纷纷发声。伦敦《星报》指出，中苏条约的真正意义就是苏联要竭尽一切可能以军用物资、技术人员来援助中国，甚至还要给中国贷款。[②]法国《巴黎日报》评论道：《中苏互不侵犯条约》是“插入日本蛮牛颈中的第一支火箭”。[③]美联社评论道：新条约拒绝将战争作为推行政治的工具，并使中国和苏联都承担起不帮助第三国反对缔约国任何一方的义务。[④]鲍格莫洛夫在接受路透社采访时指出，他对《中苏互不侵犯条约》之签订表示满意，并希望两国友谊关系得以新条约为基础而更加巩固。[⑤]

正如鲍格莫洛夫所说，《中苏互不侵犯条约》签订后，苏联将从政治、道义与军事援助上，积极响应中国政府的诉求。

政治上，苏联政府在国联大会上给予国民政府支持，并多次在国联和其他国际会议上谴责日本的侵华行径。9月13日，国联第18届大会在日内瓦召开，会上中国代表顾维钧揭露了日本侵略行径，陈述了中国政府的立场。苏联首席代表李维诺夫发言支持中国政府。他表示：“在亚洲大陆上，一个国家不须宣战，无缘无故地对另一个国家——中国发动进攻，集中了十万军队封锁中国的海岸，使世界上最大的商业中心之一的贸易陷于瘫痪。显然我们看到的只是这些行动的开端，它将如何继续下去以致结局如何还很难估计”，因此各国应该联合起来反对侵略。[⑥]9月26日，苏联在23国委员会讨论会上再次强调，要承认日本是侵略者，并对其实行有效制裁。11月3日，在布鲁塞尔召开的专门国际会议上，苏联代表李维诺

① 孙科：《中苏关系》，中华书局1946年版，第35页。

② 罗存康：《〈中苏互不侵犯条约〉的签订及其国际国内反响》，《南京大屠杀史研究》2011年第3期，第68页。

③ 王建朗、曾景忠：《中国近代通史》第9卷，江苏人民出版社2007年版，第169页。

④ 张圻福主编：《中华民国外交史纲》，人民日报出版社1995年版，第302页。

⑤ 罗存康：《〈中苏互不侵犯条约〉的签订及其国际国内反响》，《南京大屠杀史研究》2011年第3期，第69页。

⑥ 汪金国：《反法西斯战争时期的中国与世界研究（第八卷）：战时苏联对华政策》，武汉大学出版社2010年版，第53页。

夫继续支持国民政府诉求，驳斥美国以牺牲中国换取中日和平的观点。他认为，这次会议的目的不是要简单地取得远东和平，而是要取得“一个正义的和平，一个今后在世界各地不是放纵侵略而是束缚侵略的和平”[①]。11月13日，日本已经侵占上海，顾维钧再次在布鲁塞尔会议上要求制裁日本。苏联政府也指示本国代表团尽可能给中国以最大援助。但是，英美法等西方国家草草结束会议，最终，会议宣言并未公开谴责日本的侵略行为，更没有提到对日制裁。

苏联政府还通过媒体舆论来支持中国政府的抗日斗争。卢沟桥事变后，苏联的《真理报》发表文章《卢沟桥事件》，指出：“卢沟桥的挑衅是日本执行对华‘新’政策的直接后果，这项政策是以臭名昭著的‘广田三原则’为基础的”，对这次事件“应该给予更大的关注”。7月13日，《真理报》又发表文章，揭露日本“这次进攻还抱有另一附带的目的：东京方面是把它作为目前日英双方开始了的关于瓜分中国势力范围谈判中的一张王牌。日本方面希望把它的英国对手摆在既成事实（华北独立）的面前，从而在这次关于瓜分中国这块馅饼的谈判中压低价钱”[②]。不仅如此，《真理报》还刊载了不少批评英美等国消极政策和中立政策的文章，比如《伦敦与中国事件》（1937年7月30日）、《美国对中国抗日战争的态度》（1937年8月21日）、《美国与远东事件》（1937年10月20日）等。[③] 此外，《真理报》还时刻跟踪中日间的战况，对中国人民的抗战表示赞扬。不可否认的是，这些新闻报道不仅从道义上声援了中国政府的抗战斗争，还帮助中国人民赢得国际关注。

关于苏联对华提供的军事援助，在中苏达成互不侵犯条约后，苏联立即同意向国民政府提供1亿法币的军事物资，并从此开始向中国援助军事物资。1937年8月下旬，国民政府派员出使苏联，要求苏联提供飞机等物资援助。9月，经过双方协商，苏联同意提供轰炸机62架、驱逐机163架、坦克82辆、防坦克炮200门、1个高射炮营的装备在内的战争物资，总价值高达1亿法币。11月中旬，苏联援华的第一批飞机抵达兰州，这使得已经在淞沪战场上失去战斗力的中国空军重新

① 汪金国：《反法西斯战争时期的中国与世界研究（第八卷）：战时苏联对华政策》，武汉大学出版社2010年版，第54页。

② 汪金国：《反法西斯战争时期的中国与世界研究（第八卷）：战时苏联对华政策》，武汉大学出版社2010年版，第56页。

③ 汪金国：《反法西斯战争时期的中国与世界研究（第八卷）：战时苏联对华政策》，武汉大学出版社2010年版，第57页。

拥有了战斗力量，其中有一部分飞机直接投入到南京保卫战的作战中。

1937 年年底，中国政府提出希望苏联能提供 20 个师的武器装备。经过双方商谈，苏联同意除步枪由中国自制外，按每师重炮 4 门、野炮 8 门、防坦克炮 4 门、重机枪 15 挺、轻机枪 30 挺的配置，向中国提供 20 个师的装备。根据这项计划，中方共得到重炮 80 门（附炮弹 8 万发）、野炮 160 门（附炮弹 160 万发）、防坦克炮 80 门（附炮弹 12 万发），重机枪 300 挺、轻机枪 600 挺（共附子弹 1000 万发）。[①] 当时苏联提供的武器装备，很多具有世界领先水平，比如 И–15 战斗机、И–16 战斗机、T–26 坦克等。1938 年至 1939 年，苏联对华提供了三期贷款，总额高达 2.5 亿美元，囊括了中国政府所需要的飞机、坦克、汽车、大炮、轻重机枪、步枪、子弹等物资，大大改善了中国军队的武器装备水平。

除争取苏联军事装备援助之外，中国政府还希望苏联直接出兵帮助抗日。1937 年 8 月，白崇禧曾向鲍格莫洛夫表示，希望在经过一段长期的战争之后，苏联能够起到类似美国在第一次世界大战中所起的作用。11 月 1 日，杨杰出使苏联，在争取军事物资援助的同时，奉命向苏联国防人民委员提出若中国决心抗战到底，则苏联能否参战的问题。11 月 11 日，斯大林向杨杰表示："若中国不利时，苏联可以向日开战""若即时与日开战，必使中国失去世界同情之一半""故苏联对日本之开战等待时机之到来"。次日，伏罗希洛夫元帅再次表示，当中国抗战到了生死关头时，苏联将出兵参战，绝不坐视中国失败。[②]

1937 年 11 月，随着抵达兰州的第一批援华飞机的到来，苏联空军志愿队也投入战场。12 月 1 日，苏联空军志愿队驾驶着 23 架战斗机、20 架轰炸机投入到南京保卫战的战斗中，打击了日军的嚣张气焰，有力地支持了地面作战部队。随着南京保卫战的战斗愈发激烈，南京岌岌可危。中国政府再次请求苏联出兵援助，但斯大林出于自身战略考虑，并未应允，表示苏联目前不能对日出兵，否则会被认为是侵略行动，舆论将对苏联和中国不利。[③]

很快，首都南京陷落。不可否认的是，苏联在全面抗战初期给予中国政府道义与军事物资上的大力支持，对中国抗战有积极的重要意义。但是由于苏联更多关注自身利益，再加上意识形态等因素，故中苏关系当时未能更加密切。

---

① 陶文钊、杨奎松、王建朗：《抗日战争时期中国对外关系》，中国社会科学出版社 2009 年版，第 76 页。

② 秦孝仪主编：《中华民国重要史料初编 · 对日抗战时期》第 3 编（2），台北中国国民党中央委员会党史委员会 1981 年编印，第 335—337 页。

③ 陶文钊、杨奎松、王建朗：《抗日战争时期中国对外关系》，中国社会科学出版社 2009 年版，第 83 页。

四　欧美列强对中日战争的态度

1931 年九一八事变发生后，为确保在华利益，英美企图以牺牲中国利益来实现对日的妥协。

美国方面，事件发生后的几天内，美国驻华外交官就认定，这是日本关东军“蓄谋已久的，精心地、有步骤地加以实施的侵略行为”，危害了一战以来美国倡导建立的国际秩序。[①]但是，美国政府倾向相信日本国内的文官政府，并认为中日战争属于民族主义冲突，因此选择避免介入中日战局，谨慎对待中日谈判。在这一思想的指导下，美国对中国政府提出的由国联和美国出面制止日本侵略的希望反应淡漠。1931 年 9 月 19 日，中国驻国联代表施肇基奉命向国联通告日军突然出兵并占领沈阳的情况，呼吁国联采取措施。9 月 21 日，施肇基向国联正式提交申诉。中国政府还要求美国政府援引《非战公约》，制止日本侵略。但是除了呼吁中日双方节制，美国并无其他行为。

不仅如此，美国还阻止国联对中日战争进行调查。9 月 21 日，在中国驻国联代表施肇基的建议下，国联初步同意建立调查团并希望美国参加。美国坚持认为，最好由国联采取外交途径，要求中日双方通过直接谈判来解决问题。如果谈判不成，国联可根据盟约采取适当行动，美国则给予“一切道义上的支持”。[②]在美国的干涉下，国联最终决议，要求双方避免冲突，日本承诺把军队撤到“满铁”区域以内，中国则负责保护日本侨民的生命、财产安全。于是，日本关东军在国联、美国不干涉的情况下，迅速地侵占中国东北广大地区。之后，美国曾一改置身事外的态度，支持国联于 1932 年成立调查团，并发表“不承认主义”声明，明确反对日本用武力损害中国主权完整。1932 年一·二八事变后，美国在外交上对日逐渐强硬，促成中日停战谈判。但是，后来美国也没有采取措施进一步遏制日本对中国的侵略。

对于英国而言，由于其在中国东北的利益份额很少，九一八事变发生后，英国觉得与自身关系不大，也不打算维护第一次世界大战以来的国际秩序，因此整

① 陶文钊主编：《反法西斯战争时期的中国与世界研究（第六卷）：战时美国对华政策》，武汉大学出版社 2010 年版，第 10 页。

② 陶文钊主编：《反法西斯战争时期的中国与世界研究（第六卷）：战时美国对华政策》，武汉大学出版社 2010 年版，第 13 页。

体态度消极。英国政府希望维持现状，对于中国政府所提制裁日本的提议不予理睬。当时英国《泰晤士报》的社论声称：“捍卫中国的行政完整，在那个完整仅仅是一种理想的时候，似乎不是外交部当前的任务。中国的行政完整性在1922年就不曾存在过，在今天也不存在。自从《九国公约》签字以来，中国的中央政府，从来没有对这块巨大的领土实行过任何真正的管理……尽管她对满洲的主权无可争议，但是自从南京成为首都以来，没有什么迹象表明中央政府在这里行使过任何真正的管理。”《泰晤士报》对中国政府通过国联制约日本的做法表示否定，认为：“行政院提倡和平，根本不意味着它对刺激性的政策抱以同情的态度，中国政府近年来是过于经常地陶醉于这种政策的”，并提醒：“国联应该正视这样的情况，即日本现在根本不可能撤兵的现实，如果国联实行强制的措施，使日本不能够体面地解决问题，必定会带来日本与国联的正面冲突”。[①] 英国这些行为无疑助长了日本侵略中国的嚣张气焰。直到1937年中国抗战全面爆发前，因为日本威胁到英国在华利益、破坏国际秩序，英国对日态度也曾短暂强硬过，但始终没有彻底改变对日妥协的绥靖政策。

七七事变爆发后，英国政府反应迅速，立即对日本作出警告，要求日本停止行动，积极充当起仲裁人的角色。究其原因，英国认为中国是“帝国防御的第一道防线”，若日本独占中国将严重危及英国在华利益，于是英国一反之前的绥靖政策，努力遏制日本的进一步侵略行径。例如，英国外交大臣艾登在7月13日表示：“我已经警告日本大使，只要当前的局势继续下去，开始英日谈判是不可能的”。20日他又告知日本政府:“日本政府认为中国政府的抵抗行动会很有限……这种观点是错误的。确实，中国政府渴望和平，但蒋介石也有一个他不能放弃的底线。”英国驻华公使许阁森29日称：“目前的局势，的确是对1931年以来中日历史背景的反动，是日本为了占领和统治整个中国这样的目的而导致的局势日益严峻的结果。”另外，英国政府官员也纷纷指出，卢沟桥事变是日本长期侵华导致的，在卢沟桥事变中日本军队进行的演习只能被认为是很愚蠢的，现今局面的最终责任应该更多是在日本方面，“中国方面对日本侵略中国的一些想法也是无可厚非的。”[②]

---

① 李世安等：《反法西斯战争时期的中国与世界研究（第七卷）：战时英国对华政策》，武汉大学出版社2010年版，第32—33页。

② 李世安等：《反法西斯战争时期的中国与世界研究（第七卷）：战时英国对华政策》，武汉大学出版社2010年版，第45—46页。

此时，英国《泰晤士报》等报刊也纷纷开始谴责日本。7月10日、17日，《泰晤士报》连续报道，日军不断在中国军队面前进行军事演习，是导致摩擦的原因所在，并对日本不断向华北增兵表示不满，指出日军在华北的兵力已经超员。13日，《曼彻斯特导报》在社论中指责："日本军阀之行动为一种借口，借以蓄意肇事，其言曰：北平附近之事端，初无重要之可言，今乃引起此次中日纠纷；然即令酿成战争，此种事端亦不过一种口实而已，初非真正之原因也。"①这种反对日本侵华的声音随着战事的发展而愈发强烈。

于是，英国政府希望联合美国共同发声，制止日本的侵略行为。但是七七事变后，美国却采取观望态度，不想刺激日本，以防止其在华利益受损。7月12日，美国国务院远东司司长霍恩贝克在备忘录中写道："本政府在此时采取任何调停意图的行动都是不成熟和不明智的，将可能激化而不是缓和局势。"而国务卿赫尔则担心，"一项调停的建议只会激怒日本政府并借此告诉日本人民，西方列强正试图干预所谓日本在华的自卫权利"。因此赫尔认为，"唯一的希望在于继续保持与日本的友好关系，从而保证在时机成熟时，我们有机会介入结束战争，如同西奥多·罗斯福在1904年日俄战争时做过的那样。"②

所以，面对英国的提议，美国国务院予以婉拒，且声称美国愿意合作，但希望采取平行行动，而不是联合行动。7月16日，赫尔发表声明，提出"和平不可分割"的原则，指出目前在世界若干地区存在的紧张局势，"表面看来，这仅仅牵涉到邻近的那些国家，但它归根结底必然会涉及整个世界""任何严重的敌对行为，无不以这样或那样的方式影响美国的利益、权利和义务"。因此，美国政府提出几条希望得到普遍遵守的国际准则：在本国和国际上自我克制；在推行政策时不使用武力，不干涉他国内政；通过和平谈判和协商的途径，调整国际关系中的有关问题；信守国际协议；维护条约神圣不可侵犯的原则；贸易机会均等。③赫尔声明一经发表，便得到了各国的支持。

受到美国政策影响的英国，没有一味强硬下去，又准备对日妥协，以维护其在华利益。直到8月13日，淞沪会战爆发。美国在华利益进一步受损，美国的民意调查结果也倾向同情中国，在当时的盖洛普民意调查中，有55%的受访者表示

① 《抗战以来欧美同情我国之言论与行动》，《时事月报》1939年第2期。

② 陶文钊主编：《反法西斯战争时期的中国与世界研究（第六卷）：战时美国对华政策》，武汉大学出版社2010年版，第80—81页。

③ 王建朗：《中国现代史丛书·抗战初期的远东国际关系》，台北东大图书股份有限公司1996年版，第40页。

不支持中、日任何一方，但有43%的受访者表示支持中国，支持日本的仅有2%。[1]7月23日，赫尔再度发表声明，强调“7月16日阐述的原则可以运用于太平洋和世界其他地区……这些原则体现于华盛顿会议条约和巴黎的《凯洛格——白里安公约》之中”，表示美国政府“不信奉政治联盟或介入，也不信奉极端孤立。它信奉国际协作……正力图在太平洋地区和全世界保持、加强和复兴上述原则”。[2]赫尔两次发表声明，一方面体现出美国对制止日本侵略并未有实质举措，另一方面也表明美国正逐渐改变对中日冲突的观望立场。

9月12日，中国政府正式向国联递交了申诉书。16日，美国同意作为观察员出席远东顾问委员会会议。20日，日本对中国南京、广州等地实施大规模的轰炸，这受到英、美、法、苏等国的抗议。28日，美国发表声明，支持在该委员会层面解决日军轰炸问题，谴责日本对平民区进行的大规模轰炸“是毫无道理且违背法律和人道准则的”[3]。

10月5日，美国总统罗斯福在芝加哥发表演讲，指出：“战争是一种传染病，无论宣战与否，它能够吞噬那些远离战争发源地的国家和人民。我们决心置身于战争之外，但是，我们不能保证我们自己能免于战争的灾难性影响和卷入战争的危险……最为重要的是，所有爱好和平的国家必须坚持表达自己对和平的愿望，直至那些企图破坏协定和别国权利的国家停止其作为。维护和平必须做出积极的努力。”[4]

罗斯福的演讲立刻引起中国、英国、日本等国家的关注。

10月7日，蒋介石向美联社记者表示：“今美总统已发表其伟论，对于人权与和平均有阐明，足令我人确信，凡坚持正义者，必可如愿以偿”[5]，其言语间充满对该演讲的肯定。但美国国内却出现一片反对罗斯福演讲的声音：“从大西洋

① 陶文钊主编：《反法西斯战争时期的中国与世界研究（第六卷）：战时美国对华政策》，武汉大学出版社2010年版，第83页。

② 陶文钊主编：《反法西斯战争时期的中国与世界研究（第六卷）：战时美国对华政策》，武汉大学出版社2010年版，第83—84页。

③ 陶文钊主编：《反法西斯战争时期的中国与世界研究（第六卷）：战时美国对华政策》，武汉大学出版社2010年版，第89页。

④ 陶文钊主编：《反法西斯战争时期的中国与世界研究（第六卷）：战时美国对华政策》，武汉大学出版社2010年版，第92页。

⑤《蒋介石答美联社记者问》（1937年10月7日），章伯锋、庄建平主编：《抗日战争（第四卷）·外交（上）》，四川大学出版社1997年版，第84—85页。

到太平洋，从加拿大到墨西哥湾，国会议员们吼出他们的决心，今天、明天、永远都不能让美国卷入外国的战争”“任何旨在指证侵略者、采取制裁一类的行动都将使美国卷入其力图避免的联盟关系”“反对任何最终需要美国使用武力的东西，不管是否以暗示的方式”[①]。因此，罗斯福又补充道：“美国厌恶战争，美国渴望和平，因此，美国积极地行动起来以寻求和平”“这种方法并非一定要同保持中立背道而驰”[②]。可见，美国在逐渐改变对日妥协政策，但是否采用制裁手段，抑或者保持中立，或通过与各国进行外交协调达到目的，则是以美国利益为前提进行政治选择。

在美国立场逐渐清晰化的情况下，英国对日立场又逐渐强硬起来。1937 年 10 月 13 日，英国召开内阁会议，会上讨论了是否要对日本进行制裁。英国首相张伯伦在会上说道：如果要制裁日本，就要冒战争的风险，但是“不冒战争的风险，要实行有效的制裁是不可能的”“我们可以搞无效的制裁，但这种制裁将不会达到目的，并会导致（如在意大利问题上那样）长期的痛苦和恶感”，但是如果制裁是有效的，也丝毫不能保证日本不在德国和意大利的怂恿下，不对东印度群岛的石油供应地、香港和菲律宾发动报复性的进攻。如此看来，张伯伦既希望能制裁日本，又担心日本对英国进行报复。因此，他希望得到美国的支持，从而可以顺利地对日进行制裁，“如果不能从美国得到一项保证，即他们准备正视可能落到在远东有重大利益的国家身上的一切后果的话，我们就不能实行制裁”[③]。鉴于美国的态度，英国没有立即对日本实施制裁，但是坚持反对日本进一步扩大对华侵略。

11 月 3 日，英、美、法、苏等 19 个国家在布鲁塞尔召开了《九国公约》成员国会议，这是中国政府要求国联采取措施制约日本的情况下，国联会议衍生出的会议。会议由《九国公约》成员国中除中、日、美之外的其他国家共同发起，美国代表诺曼・戴维斯参会，并在会上表示美国将与各国共同努力，在条约条款和原则的范围内，寻求一种“和平结束远东敌对行为”的办法。美国采取利用国际

① 陶文钊主编：《反法西斯战争时期的中国与世界研究（第六卷）：战时美国对华政策》，武汉大学出版社 2010 年版，第 95 页。

② 陶文钊主编：《反法西斯战争时期的中国与世界研究（第六卷）：战时美国对华政策》，武汉大学出版社 2010 年版，第 96 页。

③ 李巨廉、王斯德主编：《第二次世界大战起源历史文件资料集（1937.7—1939.8）》，华东师范大学出版社 1985 年版，第 37 页。

舆论，迫使中日“和解”，为自身争取外交行动空间的策略，多次劝说日本参会，企图通过延长会议周期以推动国际国内舆论发展，达到促使日本妥协的目的。

在如此情势之下，日本清楚自己属于受审的角色，多次拒绝参会。会议氛围持续低迷，许多参会代表带有“失败主义”情绪，认为延期会议达不到实际效果。11 月 9 日，上海松江等地被日本占领。中国政府强烈呼吁会议能够抗议日本侵略。英、法代表认为一味利用道义压迫日本是不会有效的，应该要对日采取最低限度的行动。10 日，戴维斯向美国国内汇报情况，指出延长会议策略是“不切实际”的，因此提出禁止政府对日贷款、对日施加心理压力等建议。但是美国国务院出于国内舆论压力，未接受戴维斯的建议，并将重心放到如何平息国内批评政府对会议无所作为的声音上。

最终在 11 月 24 日，布鲁塞尔会议只通过一个报告和一项宣言，中国政府借助国际力量抗议日本侵略的希望再次破灭。报告指出会议为停止战争冲突所作的努力，而日本却多次拒绝参会。宣言重申了“武力本身决不可能为两国之间的争端提供公正持久的解决办法”，以及“停止战争行动，求助于和平程序”的原则。[①] 布鲁塞尔会议在美、英等西方国家的把持下，草草结束了。正如《纽约时报》的评论：会议宣言只是一曲天鹅挽歌。中国政府代表顾维钧表示：“对于大会不能采取积极而完备步骤，实为遗憾”[②]。国际社会对日批判的舆论并未阻止日本战车继续向前，淞沪战场的失利很快影响到南京。

在此期间，欧美各国在南京的使馆人员与公民相继撤离。早在 1937 年 8 月中旬，美国大使馆便希望所有的妇女和没有特别任务的男子做好撤退的准备。9 月 1 日，美国国务卿在致驻华大使的电报中强调，要美国公民“特别是妇女儿童和那些服务不是急需的男子，应尽快从危险迫在眉睫的地区或出路可能不复存在的地方撤往安全地区。”[③] 魏特琳在日记中提到，美国大使馆的帕克斯顿从 8 月下旬到 9 月下旬多次在谈话中劝说其撤离，但都遭到她的拒绝，她在日记中多次提到肩负的责任很难使她撤离。到 11 月 6 日，根据美国亚洲舰队总司令的报告，从中国各

---

① 《布鲁塞尔会议通过的报告和宣言（节录）》（1937 年 11 月 24 日），章伯锋、庄建平主编：《抗日战争（第四卷）·外交（上）》，四川大学出版社 1997 年版，第 112—115 页。

② 《顾维钧在布鲁塞尔会议闭幕会上的声明（摘录）》（1937 年 11 月 24 日），章伯锋，庄建平主编：《抗日战争（第四卷）·外交（上）》，四川大学出版社 1997 年版，第 115 页。

③《美国国务卿致美驻华大使（约翰逊）》（1937 年 9 月 1 日），杨夏鸣编：《南京大屠杀史料集》第 63 册《美国外交文件》，江苏人民出版社 2010 年版，第 71 页。

地撤离的美国公民总共 4631 人，留下 5757 人。[1] 美国大使馆劝说与安排美国公民撤离南京的工作一直持续到 12 月初。12 月 5 日，美国大使馆通知，建议所有滞留南京的美国公民集合前往美国军舰以撤离南京。12 月 8 日，留在南京的美国大使馆工作人员及英德官员撤至美国军舰“帕奈”号，军舰遭到日军炮击。几乎在南京的全体德国人于 11 月 22 日离开南京，仅剩为数不多的使馆人员与德国公民留宁。英国公民在南京的总人数相对较少，英国大使馆的撤离难度相对较小，至 12 月初，剩余的少数英国公民撤离至英国商船、皇家军舰蟋蟀号等船只上。

随着欧美各国使馆人员与公民的撤离，日军的铁骑更加狂热地扑向南京。

① 《美国亚洲舰队总司令（亚内尔）致海军作战部长（莱希）》（1937 年 11 月 10 日），杨夏鸣编：《南京大屠杀史料集》第 63 册《美国外交文件》，江苏人民出版社 2010 年版，第 85 页。

第四节 经济形势

一 工厂企业的内迁

1927年4月18日，蒋介石与部分国民党中央政治会议委员在南京另行建立国民政府，当天发表了《国民政府定都南京宣言》，宣布国民政府自即日起在南京开始办公。此后，南京国民政府历经相对稳定的十年国内建设时期，南京作为全国最先成立的市级行政区、首都与政治中心，在市政建设、人口增长、工商业经济发展等方面取得了显著成就。

1937年7月7日，卢沟桥事变发生，很快北平、天津相继失守，华北地区面临全面失陷危机。为了抢救中国的民族工业，上海的民营企业家首先呼吁工厂内迁，社会各界有识之士纷纷响应，要求将沿海工厂内迁。据统计，1936年这一年集中于中国东南沿海的江苏、浙江、山东、福建、广东、上海、天津等地的工业企业总数为3178家，占全国已登记工厂总数的70.75%，其中在实业部登记注册的上海工厂有1235家，占全国已登记工厂总数的31.4%，资本额占全国资本总额的39.73%。[①]

7月22日，国民政府采纳内迁建议，成立了“国家总动员设计委员会”，负责战时动员事宜。资源委员会副主任钱昌照向蒋介石提出动员建议：一是资助拆迁上海主要民营工厂，并移至后方生产，以利继续抗战；二是紧急拨款抢购积存于青岛等沿海城市的战略物资，如水泥、钢材、木材等，以供防御之需。提议得到批准。[②]

7月28日，资源委员会专门委员林继庸在机器化学组的讨论会上提出“将上

① 魏宏运著、南开大学历史学院编：《抗日战争与中国社会》上，天津人民出版社2017年版，第386页。

② 苏智良等编著：《去大后方——中国抗战内迁实录》，上海人民出版社2005年版，第47页。

海的工厂迁至内地”，引发激烈讨论。经过资源委员会的多方洽谈，上海大鑫钢铁厂、上海机器厂、新民机器厂、新中工程公司、中华铁工厂、康元制罐厂、中国炼气公司、大中华橡胶厂，以及天利、天原、天厨、天盛组成的“天”字号化工集团等，先后表示支持工厂内迁。

8月6日，资源委员会在机械化学组第四次会议上，对机器工厂迁移的种类、机器数目、成立机器迁移组织，迁移所需的资金、厂地、运输工具等进行了详细讨论。9日，资源委员会正式向行政院提交了关于上海工厂内迁的提案，申请补助上海各工厂内迁经费。10日，行政院致资源委员会字第3410号公函，表示准许提案建议，并要求资源委员会、财政部、军政部、实业部组织监督委员会，以资源委员会为主办机关，严密监督迁移事宜。[①]11日，监督委员会在沪正式成立，并组织了上海工厂联合迁移委员会，开展具体内迁工作。

8月13日，淞沪会战打响，上海虹口、闸北、杨树浦地区陷入炮火，铁路与陆路交通因战火而无力运输内迁机器与物资。在重重困难下，22日，顺昌机器厂作为第一家内迁工厂，从上海装船出发。此后，上海机器厂、新民机器厂、大鑫钢铁厂、新中工程公司等陆续出发。上海工厂内迁之路由此开始。

由于事先没有周全的迁移计划，再加上战事的影响，机器物资主要由木船运载，一路沿苏州河入长江，再到武汉。内迁路上面临各种艰难险阻，工厂既要躲避日机袭击，又要解决运输问题。《抗战期间上海民营工厂内迁纪略》记述了当时的迁移情况：“用木船，上覆树枝、茅草等伪装，循苏州河用人力划出，每艘相距里许，互相照应，途中遇敌机来袭就停泊于芦苇丛中暂避。抵苏州后，乃雇用小火轮拖原船至镇江，再换装江轮直驶汉口。……因江阴已被封锁，铁路又侧重军运，我们只有循苏州河一条路运至苏州，或取道南市由松江转苏州。”[②]还有人总结道：内迁时“天上有飞机追袭，地上又得想尽办法领取护照通过防线，同时还要应付宪警的无理刁难，寸步难行，时时刻刻如过火焰山”[③]。

9月初，随着淞沪战事的持续，上海的民族企业纷纷要求内迁，掀起了内迁的浪潮。资源委员会所申请的内迁经费告急，不得不对内迁企业进行适当限制。9月

① 《行政院致资源委员会函（8月10日）》，中国第二历史档案馆编：《国民政府抗战时期厂企内迁档案选辑》上，重庆出版社2016年版，第6页。

② 颜耀秋：《抗战期间上海民营工厂内迁纪略》，章伯锋、庄建平主编：《抗日战争（第5卷）·国民政府与大后方经济》，四川大学出版社1997年版，第278页。

③ 钱昌照：《钱昌照回忆录》，中国文史出版社1998年版，第56页。

5日，军务司向国家总动员设计委员会交呈提案，强调了工厂内迁的紧迫性与必要性，称："为战事爆发，沿海各市，俱有遭受毁损之虞。即使暂在租界开工，亦以内外隔绝，原料产品交易为难，商民两困，势必时作时停，终归倒闭，不特影响于国计民生之损失，抑且有委弃国防经济资源，以资敌用，因而致使军事失败之危险。津沪工厂未能早迁，致沦于敌，即其明例。今者亡羊补牢，允宜急将上海尚能运出之工业资源、各厂店，尽量设法迅速搬出，并将京沪杭甬沿线及其他各地重要工业，悉移内地，以树工业基础，而保国防资源"。该提案提出了非常时期迁移工厂的办法，并将工厂迁移种类分为基本工业、军需工业与民生工业，其中与主要军需及基本生活无关或有碍的工厂，与主要军需及基本生活有关而原料无法解决的工厂都暂不迁移。此外，还划定了政府、地方与厂方的职责。[①]

面对上海许多民企无法内迁引起的不满，9月中旬，资源委员会呈请行政院关于"上海工厂迁移内地扩充范围请增经费"提案，提出为吴蕴初的"天"字号企业、造船厂、文化事业公司增拨资金。9月16日，行政院下发字第3712号公函，函文指出：自抗战以来，金融停滞，各厂无法调度，大都处于停顿；交通军运繁忙，各路阻塞，原料货物无从运输；棉稻秋收受到阻隔，影响农工；为蓄国家实力，应当尽力恢复工业生产，对于"可迁移者，固应从速迁移；可复工者，更当迅予复工"，并要求监督委员会严密监督迁移工作。[②]9月27日，国民政府各部委召开迁移工厂相关会议，重订迁移工厂原则为："（一）迁移之工厂分为两种，一为指定军需工厂，二为普通工厂。（二）指定军需工厂，系指国防上必需该厂之助，由政府令其迁移。……（六）普通工厂，为指定军需工厂以外之工厂。凡愿迁移，呈经政府核准者，得予以免税、免验、减免运费，便利运输，或征收地亩等之援助。惟因财政所限，不补助迁移费。关于迁移后之安插及工作问题，亦以由厂家自行筹划为原则。（七）上海工厂迁移现行办法，即可告一段落。为对于金融情形与工业需要能兼筹并顾计，所有上海工厂迁移善后与以后工厂迁移事宜，应由工矿调整委员会主持。"[③]此时，工矿调整委员会代替资源委员会负责全国各地的民企工厂内迁。

---

① 《国家总动员设计委员会抄送军务司非常时期迁移工厂办法提案函（1937年9月5日）》，中国第二历史档案馆编：《国民政府抗战时期厂企内迁档案选辑》上，重庆出版社2016年版，第8—9页。

② 《资源委员会秘书厅抄发行政院关于上海各工厂迁移内地工作函及工厂名单代电（1937年9月23日）》，中国第二历史档案馆编：《国民政府抗战时期厂企内迁档案选辑》上，重庆出版社2016年版，第16页。

③ 《国民政府各部委关于迁移工厂的会议记录（1937年9月27日）》，中国第二历史档案馆编：《国民政府抗战时期厂企内迁档案选辑》上，重庆出版社2016年版，第18—19页。

随着上海工厂内迁的进行，资源委员会副主任钱昌照派人到山东、江苏接洽内迁工作。11月14日，由工矿调整委员会、资源委员会、第三部、第四部、军政部、财政部、实业部等各部委代表组成了厂矿迁移监督委员会。16日，工矿调整委员会分别致电江苏、山东、浙江省政府主席，表示将分别派人前去监督工厂迁移事宜，希望协助指导，其中江苏省的工厂内迁工作由第三部组长林继庸、第四部专员顾毓琼进行监督。[①]但是，由于11月12日上海沦陷，苏州、无锡、常州等地很快相继失陷，江苏数百家民企未能及时撤离，最后只有数家迁出。军政部部长何应钦对这一阶段的工厂内迁总结道："东战区之上海、无锡、常州各地工厂，或因时期仓猝，主持者未能充分顾虑，或因厂商自相因循，以致十九未能迁移，有毁于兵火，有沦于敌手，国力因以减耗，资源因以缺乏，影响抗战前途，至重且大。"[②]

南京，是当时全国重要的军事、化学工业基地，拥有当时中国最先进的化工、电子、机械企业与历史悠久的兵工军械企业，同时民生工业发展势头良好。1927至1934年间，南京全市新增各类工厂567家，平均每年新建81家。根据刘大钧之《中国工业调查报告》的不完全统计，至1937年，在南京全市15个行业中，拥有工厂678家，工人9853人，各种机械设备1890台，产品总值达约2344万元，其中印刷厂219家、丝绸厂200家、棉织厂105家、翻砂铁工厂66家、碾米厂50家。[③]淞沪会战打响后，南京也开始了紧迫的工业内迁任务。

截至南京沦陷时，南京内迁的民企工厂有：仁昌机器厂，1937年12月迁往汉口，后又迁湖南沅陵；永利化学工业公司，1937年迁往汉口，后又迁重庆；吴善兴机器厂，1937年12月迁往汉口，后又迁湖南常德；陈东记机器厂，1937年12月迁往汉口，后又迁沅陵；大同五金号，迁往重庆；瑞生机器厂，1937年12月迁往汉口，后又迁常德、辰溪；京华印书馆，1937年年底迁往重庆；南京美丰祥印刷所，1937年年底迁往汉口，后又迁重庆。内迁的国民政府各部、委员会所属企业：中央炼铜厂，1937年迁往长沙，后移昆明，改名昆明电冶厂；军政部电信工厂，1937年8月迁往湖南长沙，后又迁宜昌、重庆、四川内地；南京军用图书局，1937年年底迁往武汉，后又迁重庆；军政部第三被服厂，1937年9月迁往长沙，

① 《工矿调整委员会为派员监督厂矿内迁致各省政府及有关单位文电》（1937年11月15—25日），中国第二历史档案馆编：《国民政府抗战时期厂企内迁档案选辑》上，重庆出版社2016年版，第28—29页。

② 《何应钦请令饬民营纱布工厂内迁致蒋介石呈》（1937年12月25日），中国第二历史档案馆编：《国民政府抗战时期厂企内迁档案选辑》上，重庆出版社2016年版，第34页。

③ 《地方工业概况统计表》，刘大钧：《中国工业调查报告》下册，经济统计研究所1937年2月，第1—5页。

后又迁广西桂林、湖南祁阳，贵州都匀、贵阳；金陵兵工厂，迁移中使用代名“宁和号”，1937年9月该厂的枪弹厂开始搬迁，11月全厂搬迁；军政部交通机械修造厂，1937年11月迁往长沙，后又移沅陵、贵阳、四川；弹道研究所，1937年11月迁往重庆；精密研究所，1937年11月迁往重庆，由第22工厂代管；航空兵器技术研究所，1937年11月迁往武汉，后又迁四川；中央修械所，1937年11月迁往汉口，后又迁衡阳、贵阳，改称第44工厂；军用光学器材厂筹备处，1937年11月迁重庆，后又迁昆明，改称第22工厂；兵工署应用化学研究所，1937年11月迁往四川泸县。①

在南京内迁工厂中，最有代表性的是国营兵工企业金陵兵工厂和民营企业永利铔厂。它们分别代表了南京工业内迁的大致命运：有的内迁成功，为大后方的工业建设和中国人民的持久抗战作出了贡献；有的由于时间紧迫，只做了部分搬迁或未及搬迁即被敌占敌毁，它们的曲折遭遇无不体现出工厂内迁的艰难与抗战的不易。

1927年，原金陵机器制造局改为上海兵工厂南京分厂，第二年上海兵工厂南京分厂正式更名为金陵兵工厂，该厂进行了成功的扩建，至1937年时，已达年产马克沁重机枪626挺、八二迫击炮440门、八二迫击炮弹35万发、机枪及步枪弹2802万粒、防毒面具28980具的能力，其生产的马克沁重机枪因质量上乘又被称为“宁造24式”，该厂员工也增加到4000余人。②

为了保存与加强中国军工制造能力，金陵兵工厂于1937年11月16日，奉军政部关于全厂西迁重庆的命令，历时半月，将机枪、迫击炮制造工具，发电设备等4300吨机械材料，于当月底基本拆装完毕，撤离南京，经汉口西运。据亲历者回忆：“全体职工接到命令后，激于同仇敌忾和爱国爱厂之情，废寝忘食不分昼夜地拆机、包装、装车、装船，只用了十几天的时间，就把约五千吨的机器、器材等拆装完毕，于同年12月1日由南京用火车、汽车、轮船、木船分四路向汉口行进，每个船上都派了得力的押运人员及工作人员，汉口、宜昌等大站又都设置了接待站。……但在那么一个非常时期又非常恶劣的环境中，进行那样的紧急搬迁，再加上蜀道难行的天然障碍，大家在途中还是吃尽了苦头，临离开金陵兵工厂前，

① 朱成山主编：《南京大屠杀辞典》上，南京出版社2017年版，第846—847页。

② 赵志中：《金陵兵工厂——第六十兵工厂》，江苏省政协文史资料委员会等编：《江苏近代兵工史略》，江苏文史资料编辑部1989年印行，第69—70页。

李承干……带领大家脱帽向工厂三鞠躬，挥泪告别。”①

在首批西迁队伍押运该厂主要物资出发后，还留下60余吨杂物，由姚志良、吴堂、王相越、蔡金清等工友负责看守，择机再运。他们于12月6日，雇用木船，紧随首批之后，也踏上了征途。西运途中，负责押运的工人们历尽艰辛。据余濯之先生记述：“这两批运输大军，过了三个月的艰苦旅行，途中多次遭敌机轰炸扫射，触礁、沉船的危险时刻存在，人们硬是冒着生命危险，把沉下江底的物资一点一点地打捞起来，换上木船、耕牛继续拖运前进。”②

各船队于1938年1月至2月间，先后抵达重庆，并购得江北簸箕石原裕蜀丝厂厂址、租得燮和火柴厂厂址，加以整修改建，因陋就简，建起简易厂房，安装好1000余台机器，于3月1日部分恢复生产，并根据兵工署命令，改称兵工署第21兵工厂。原金陵兵工厂厂长李承干继续担任第21兵工厂厂长。李承干的口号是：“开工第一！出货第一！”他说：“我不赞成等山洞开好、机器进洞再开工的办法，我们的抗战不能等呀。我主张事先要有重建的准备，敌人把我们炸了，我们再盖新的，只要我们的人不死，我们总会有办法来复工。”③李承干厂长还约请了文化名人郭沫若为该厂厂歌作词，以激励全厂工人在抗战的艰苦条件下，以钢铁般的意志，努力生产，勇猛前进。歌词为：“战以止战，兵以弭兵，正义的剑是保卫和平。创造犀利的武器，争取国防的安宁，光荣的历史，肇自金陵。勤俭求知，廉洁公正，迎头赶上，尽我智能，工作是不断地竞争。我们有骨肉般的友爱，我们有金石般的至诚。我们有熔炉般的热烈，我们有钢铁般的坚韧。量欲其富，质欲其精，同志们猛进！猛进！同志们猛进！猛进！”④

第21兵工厂迅速成为大后方军工生产的骨干企业，受到最高军事当局的重视。之后，该厂又陆续接收了汉阳兵工厂的步枪厂，以及第20兵工厂和第40兵工厂的轻机枪厂，先后建立专门生产枪弹、炮弹的綦江分厂，专门生产八二迫击炮弹的安宁（云南）分厂。到抗战胜利前夕，该厂本部已有工人近万人，连同各分厂共达1.4万余人，拥有机器设备3500台，主要产品达19种，八二迫击炮弹最高月

---

① 俞濯之：《抗日战争中金陵兵工厂的变迁》，江苏省政协文史资料委员会等编：《江苏近代兵工史略》，江苏文史资料编辑部1989年印行，第95页。

② 俞濯之：《抗日战争中金陵兵工厂的变迁》，江苏省政协文史资料委员会等编：《江苏近代兵工史略》，江苏文史资料编辑部1989年印行，第95页。

③ 戚厚杰：《抗战时期兵器工业的内迁及在西南地区的发展》，《民国档案》2003年第1期。

④ 俞濯之：《抗日战争中金陵兵工厂的变迁》，江苏省政协文史资料委员会等编：《江苏近代兵工史略》，江苏文史资料编辑部1989年印行，第98页。

产量达8万发、最高年产量达56万余发，成为战时中国最大的兵工厂。

作为南京民营企业内迁代表的南京永利铔厂于1937年2月刚刚建成投产，其生产能力可达日产硫酸铔250吨、硝酸40吨，产品主要为国防与农业服务。该厂设备先进，是当时中国乃至远东最大、最先进的化工企业。八一三事变发生后，该厂受兵工署委托，以硝酸改制炸药，满足中国抗战战事所亟须。因此，永利铔厂成为日军空袭的重要目标。在淞沪会战期间，日机曾三次空袭该厂，致其遭到严重破坏。

12月初，在日军兵锋直指南京的危急情况下，工厂厂长兼总工程师侯德榜利用太古公司“黄埔”号轮船驶来南京的机会，将铁工部的全部机件及其他一小部分机件装船西运，计有：大小机器500余台、电焊机9台、生铁80吨、铁皮18吨、铁板20吨及硫酸铔成品一批，总计200余吨。① 此后，永利化学工业有限公司总经理范旭东又趁武汉“黄埔”号轮船最后一次东下的机会，派出9名技术人员，率领一部分工人，准备再拆迁一部分重要部件，不能拆运的则予以技术上的破坏；运不出去的图纸、文件、资料等，亦一概付之一炬。但是，当轮船下行到南京城外三汊河口时，南京城已经失陷，永利铔厂亦同时被日军占领，此行的目的未能实现。这部分技术人员和工人，只好由陆路徒步经合肥、六安而至麻城，由公司派汽车接至汉口。范旭东原拟以撤出的部分技术人员、工人以及机器设备为基础，在大后方再建永利铔川厂，曾将从南京撤出的唯一一套生产水泥的机器变卖，以满足公司运作的开支，为聚拢人才、开办新厂而努力。但后来终因资金筹措困难，难圆新建川厂之梦。虽然由于种种原因，西迁的永利铔厂未能在四川的土地上结出新果，但该厂所迁出的部分设备、图纸与技术人员，仍然在持久抗战的岁月中，为四川及内地的工业建设，作出了相应的贡献。

尽管，最终南京迁移出的工厂数量不多，大部分工厂或被毁或被占，但以金陵兵工厂与永利铔厂为代表的工厂的内迁，在战火中保存了部分工业设备与技术人才，在一定程度上充实了大后方工业建设的力量，从经济与物质的层面上，为坚持持久抗战，争取抗日战争的最后胜利，发挥了宝贵的作用。

二　农商基本状况与遭受空袭破坏

1927至1937年间，南京市根据《首都计划》进行了大量的城市建设，城内、

① 苏智良等编著：《去大后方——中国抗战内迁实录》，上海人民出版社2005年版，第109页。

城外新筑主要道路40余条，新筑柏油路、弹石路、碎石路、煤屑路等总计百余公里，兴建了多条联络苏浙皖的公路，兴建了2个机场，另有3条铁路途经南京，南京港区范围扩大。至全面抗战爆发前，南京城内基本形成了现代化道路格局，对外水陆交通网络较为完善，成为中国近代水陆交通的重要枢纽之一。市政府管辖城、乡11个区和直隶于国民政府的总理陵园区，全市总面积达465.85平方公里，城区占有43.54平方公里，乡区占有422.31平方公里，全市共有200160户，1015450人，城区人口为853781人，乡区人口为161669人①；形成了市中心新街口、城南夫子庙与城北下关商业区，汇集了中央商场、大华大戏院与新都大戏院等现代化建筑，建设了一批中央政府机构、企事业单位，以及教育、医疗、商业、娱乐、民国纪念设施等。

其中，南京的农业人口数量，农产品种类、产量以及商品化程度都在逐渐提高。1927年，国民政府建都南京之初，全市人口为36万多，其中农户3万户，约15万人，耕地36万亩，占人口之14%的地主拥有62%的土地。②20世纪30年代，农作物的种植基本为两熟制，主要粮食作物有水稻、玉米、麦类、大豆、甘薯等，经济作物有油菜、芝麻、麻类、西瓜、各类蔬菜等。民国时期南京蔬菜市场体系已基本形成。

根据1934年南京的粮食生产数据显示，水稻在上新河、安德门、孝陵卫、燕子矶4区的种植面积达到9.23万亩，亩产约138千克，总产约12762吨。玉米种植曾一度发展至南京郊县，最高年种植近10万亩，到1934年，玉米种植面积下降到2.2万亩，总产1135吨。甘薯主要种植在丘陵地区，种植面积约为15万亩，1936至1941年间，孝陵卫、燕子矶、安德门一带的年平均种植面积约400亩，亩产甘薯250千克左右。1934年，南京郊区的大豆种植面积为3万亩，亩产44千克，总产约0.1万吨。③相比粮食生产，经济作物的种植与生产规模则相对较小。

另外，南京郊县的畜牧业有一定的发展。根据1933年《实业志》的记载，南京五县养牛38081头，制奶业也得到大力发展。1933年，国民政府实业部在汤山黄梅桥设立中央种畜场。1936年，南京共有官办、校办、教会办、私营的大小牧

① 张连红：《南京大屠杀前夕南京人口的变化》，《民国档案》2004年第3期。

② 南京市人民政府研究室编：《南京经济史》上册，中国农业科技出版社1996年版，第308页、第363—364页。

③ 南京市地方志编纂委员会编：《南京市志（6）：农业、水利》，方志出版社2010年版，第29、32、41页。

场38家。1937年南京沦陷前，公办牧场的大部分牛群外迁至四川、重庆，私营牧场的牛群分散到郊县和苏北一带饲养。[①]1936年9月，为促进农产副业及特殊产品发展等，国民政府成立了国民经济建设运动委员会南京市分会，负责发展本市合作事业以及指导改善农产副业等经济建设。

至1937年全面抗战爆发前，除了米粮生产不能完全满足南京市民消费需求外，南京各郊县所产其他农副产品（含水产品）可基本满足市民需求。此外，南京还通过吸纳安徽、苏北等地产粮区的粮食，从而有效补充城市的粮食供应量，保障了本市的粮食供应，由此也形成了中华门、下关两大粮食交易市场，米商粮贩云集此两地。

但是，自1937年8月15日日机空袭南京开始，南京郊县地区的农副业生产受到了明显的影响。1937年，郊县的播种面积只有往年的72%，三分之一的耕地因延误耕种而荒芜。日军占领南京后，对南京的经济生活造成更加严重的破坏，农业荒废、大量牲畜被宰杀、房屋农具被毁等等。

国民政府建都南京后，积极建设南京商业。根据1935年《南京市商情概况》统计："京市商店凡二万零四百一十家，可分类为一百一十九业。除转运、报关、银行、钱庄、储蓄、典当以及不合于营业税登记之小商店五千三百家，二十二年倒闭商店一千一百〇八家不计外，现存商店尚有一万三千〇三家。系该市商会同业公会之分业，计有粮食、绸布等九十六业，经理店员八万六千〇七十九人，资本一千二百四十三万余元。二十二年全年营业，凡七千二百三十四万余元"，南京的商店集中于"城中、城南及下关等处，以第三区（夫子庙一带）为最多，其次一区（大行宫、洪武街一带）、二区（太平路、白下路一带）、五区（汉中路、明瓦廊一带）、四区（中华路、雨花路一带）、七区（下关一带）、六区（丁家桥、三牌楼一带），依次等差，以第八区（浦口一带）为最少。"[②]其中，城南夫子庙、太平路、中华路商业区和市中心新街口商业区，聚集了南京城七成以上的店铺。

夫子庙、太平路一带的商业区是南京历史悠久的商业区，各色商店集中，各种货物齐全，市井繁荣，人流如潮，尤其是内秦淮河畔的夫子庙商业区，不仅大小商家云集，而且有着丰富的文化积淀。当时的太平路是南京主要的商业街之一，

① 南京市地方志编纂委员会编：《南京市志（6）：农业、水利》，方志出版社2010年版，第249、251页。

② 《南京市商情概况》，经盛鸿等编：《南京大屠杀史料集》第1册《战前的南京与日机的空袭》，江苏人民出版社、凤凰出版社2005年版，第89页。

“是南京人的骄傲，这条街夜晚的霓虹灯可以与上海的南京路相媲美”。[①] 而新街口商业区，是由南京城市规划所形成的以新街口为中心的城市干道格局发展而来。1928年，中山路动工，新街口成为中山路北段与东段之间的连接点。1930年，政府开始扩建新街口，次年新街口广场建成。1935年，新街口广场扩建，成为南京城内第一个现代广场，面积上万平方米。广场中心有直径16米的圆形草坪，向外依次是8米宽的环形弹石地面停车场，9米宽的环形混凝土花坛，20米宽的环形沥青行车道，5米宽的环形混凝土人行道。环形花坛分为4个扇形，留下4个道口通向街道。新街口广场不仅是中山路、中正路（今中山南路）、中山东路、汉中路等干道的交汇中心，交通便捷，也是南京很多大型庆典活动的举办场所。1936年，新街口建成了一批现代化的大型商场与剧院、银行、饭店，如中央商场、新都大戏院、大华大戏院、交通银行、福昌饭店等，新街口逐渐成为近代南京城市的核心。此外，下关一带因连接津浦线、沪宁线（当时称“京沪线”）与长江航道而发展成为繁华的商业区，尤其是1935年后，粮食、煤炭等重要物资在此转运，旅馆业、运输业、商业得到快速发展。

战前的南京商业很繁华，有热闹繁盛的商业区，各行各业都设立了商店。据1935年统计：市商会同业公会之分业“计共九十六业，都一万三千零三家。家数之多，洋广杂货业占第一位；资本之大，旅馆业占第一位；营业之大，亦推洋广杂货，次为绸布纸烟两业，再次为粮食业钱米业。查金陵关进口货物，多为疋头、棉纱、香烟、肥皂、油、糖、五金等日常用品。盖自定都后，人口激增，需要较多，故此类商业亦进展较速。”[②] 其中，洋广杂货业、酒菜馆业的商店分别达千余家。此外，南京的粮食业、绸布业、交电器材商业、服务业、旅馆业、水泥业、砖瓦砂石业、木材业等，也不断得到发展，有些行业发展甚是繁荣。比如，战前南京的粮行、米行等有600余家，主要集中在中华门外的米市大街、扫帚巷、芦席巷与下关的鲜鱼巷、惠民桥一带，不仅能满足上百万南京市民的粮食需求，还加工转销汉口、天津等地，每年集散粮食达2亿公斤左右。1936年，南京的绸布店增至62家，资本达913950元。[③] 关于旅馆业，1934年全市约有

---

① 〔德〕约翰·拉贝著，本书翻译组译：《拉贝日记》，江苏人民出版社、江苏教育出版社1997年版，第419—420页。

② 《南京市商情概况》，经盛鸿等编：《南京大屠杀史料集》第1册《战前的南京与日机的空袭》，江苏人民出版社、凤凰出版社2005年版，第90页。

③ 南京市地方志编纂委员会编：《南京日用工业品商业志》，南京出版社1996年版，第73页。

363 家各式旅店，主要集中在下关、大行宫、洪武路、夫子庙等商业繁盛之处，其中包括中央饭店这类现代化的大型酒店，行业服务人员有 4273 人。1936 年，随着无线电广播的兴起，南京出现了最早一批无线电行，商店多集中在建康路、中山路、夫子庙等。

但是，当 1937 年 8 月日军空袭开始后，南京商业同样遭受巨大破坏，商业中心频遭日机轰炸，很多商店或被炸毁或被迫关闭，市场呈现一片残破景象。

对于日军空袭南京所造成的破坏，日方有很多资料都予以记载。日本驻上海冈本总领事在致驻北平森岛参事官的电文中写道："日前夜间空袭时，炸弹落在太平路引起火灾，约死亡百人，立法院也落了炸弹，由此引起许多人逃离南京。"日本驻北平的森岛参事官在致广田弘毅的电文中写道："以国民党本部和外交部为目标的炸弹都散落在中山路附近，英国大使馆也遭到碎片袭击；针对下关码头的投弹，有两处发生火灾，连国际输出会社也受到损害，下关和住宅区的损害轻微"。[①]10 月，冈本总领事向外相广田弘毅报告了往返上海与南京之间的视察情况，提到南京城内商业："市内商店大多关闭，太平路一带开业者不过四分之一，较大饭店全部歇业。物资方面，洋货、杂货品种缺乏，棉布、丝织品、毛织品等欠缺，价格为事变中（前）的一倍，卷烟也一样，米价每担 10 元（上等米）到 8 元（中等米）左右。其他土产品等未感不便。公共汽车，仅有下关、夫子庙线开通。船只的出入，因难民的往来，显得很乱。""金陵大学美国人 Y.P.Tenn 对于日本空袭进行了极详细的调查，它是费用和损失对比性的经济调查，每天都将空袭状况报告给美国友人等……他强调空袭造成结果是失大于得。"[②]

日本海军中佐阿部信夫有如下记述："从 8 月 15 日起至 9 月 19 日前，共进行了 9 回，击坠或炸毁了许多敌机，轰炸了敌重要军事设施，取得了很大战果。……人口数百万的首都日益变成'死亡之都'，南京临近最后的时刻。"[③]

类似的记载在西方人士的日记以及新闻媒体的报道中也可看到。德国人约

---

① 《驻沪冈本总领事致驻北平森岛参事官电》（1937 年 9 月 7 日）、《驻北平森岛参事官致广田外务大臣电》（1937 年 9 月 23 日），经盛鸿等编：《南京大屠杀史料集》第 1 册《战前的南京与日机的空袭》，江苏人民出版社、凤凰出版社 2005 年版，第 173—174 页。

② 《驻沪冈本总领事致广田外务大臣函》（1937 年 10 月 27 日），经盛鸿等编：《南京大屠杀史料集》第 1 册《战前的南京与日机的空袭》，江苏人民出版社、凤凰出版社 2005 年版，第 177—178 页。

③ 〔日〕海军中佐阿部信夫：《支那事变战记·海军航空战》（摘录），经盛鸿等编：《南京大屠杀史料集》第 1 册《战前的南京与日机的空袭》，江苏人民出版社、凤凰出版社 2005 年版，第 157 页。

翰·拉贝在日记中写道："下午5时左右，一切危险都过去了，我们才又到下关去查看。有8枚炸弹落在电厂""距离中山路上德国黑姆佩尔饭店不远处，在天生药房和远洋办事处的对面，大约有12所中国人的房屋被几枚炸弹炸得精光。房子前面一个防空洞里，除去坐在中间的一个人外，里面的所有人都因炸弹爆炸产生的气浪而丧生。有一个伏在防空洞后面地上的行人被抛出了10英尺，却幸免于难，总共被炸死30人"，"远处来了6架日本飞机，它们在城南投炸弹，看来是向自来水厂飞去的"。[①]面对国际社会的指责，日军提出轰炸是以军事设施及军事相关地点为目标，但是日军的轰炸不仅破坏了航空基地、火药厂、军官学校、飞机场、军用列车、宪兵司令部、航空署、水雷库、防空炮台等，还袭击了商业街区、学校、医院、水厂、电厂、民用火车站等地，许多商店在轰炸中受损。

关于日军空袭造成的损失，南京市市长马超俊就本市被日机空袭造成的损伤向行政院呈文，汇报了相关情况："计自八月十五日起至十月十五日止两个月中，共遭空袭六十五次，骚扰破坏无时或已，我无辜民众惨死敌弹之下者，先后达三百余人，他如文化组织、慈善团体以及医药机关等，亦莫不遭其摧毁。每一弹落，墙圮壁颓，血肉横飞"，其中大行宫、洪武街一带被投弹77个，死伤136人，破坏草、瓦房442间；太平路、白下路一带被投弹51个，死伤191人，破坏草、瓦房319间；夫子庙一带被投弹38个，死伤50人，破坏草、瓦房246间；中华路、雨花路一带被投弹38个，死伤118人，破坏草、瓦房229间；汉中路、明瓦廊一带被投弹9个，死伤26人，破坏草、瓦房91间；丁家桥、三牌楼一带被投弹50个，死伤48人，破坏草、瓦房140间；下关一带被投弹9个，死伤37人，破坏草、瓦房22间。另外上新河、孝陵与燕子矶被投弹总计200余个，死伤总计199人，破坏草、瓦房共392间。夫子庙、大行宫、太平路一带被投弹总数为166个，占日军投弹总数的1/3多，房屋损伤700余间，占据总数的近1/2。[②]

关于轰炸的具体情况，国内新闻媒体的报道较为详细。8月15日首次空袭时，

① 〔德〕约翰·拉贝著，本书翻译组译：《拉贝日记》，江苏人民出版社、江苏教育出版社2009年版，第14—16页、第24页。

② 《南京市长马超俊就本市被日机空袭损伤情况致行政院呈文》（1937年11月4日），经盛鸿等编：《南京大屠杀史料集》第1册《战前的南京与日机的空袭》，江苏人民出版社、凤凰出版社2005年版，第305—306页。

"新街口大陆银行，妙机公司屋顶，因机枪扫射，微有损伤。"[①]8月26日，日机"于数千尺之高空，向京市东南各部人烟稠密之区，乱掷炸弹及烧夷弹数十枚之多。"[②]9月20日，"中华门外西街香铺营、邓府巷有民房数处被炸，损失不大。"9月21日，"全城几皆有炸弹落下。有坠于国民政府附近者，中央大学、挹江门、和平门、兵工厂、自来水厂及飞机场等附近，亦皆有之。紫金山巅气象台附近，亦闻有大爆炸声。马路之被毁者，为国府附近之国府路及鼓楼附近之中山路北段。"[③]9月22日，"日机在城南掷下如饭碗大小之射击物为数甚多，ABC番菜馆门前坠落多枚，马路被击成洞。但在新住宅区则日机掷下重约二百五十公斤之大炸弹。山西路口之中山路被击成一巨大裂口。……日机显亦注意城南内政部与警备司令部，但目标不准，仅击中一当铺，中国银行后面之住宅七所亦被炸毁……秦淮河中亦坠落三弹。此外有五弹落于中央党部附近，毁屋数所。而党部后面之民生旅馆亦被殃及，附近一桥亦全毁。下关难民收容所被炸后，血肉四飞，景象奇惨，而收容难民数千人之草棚，为炸弹所延烧，浓烟直冲云霄，四周若干哩外犹能见之。下关煤炭港附近亦落数弹，致有数处着火。"[④]9月25日，"市中心区落下炸弹六枚，毗财政部之海关公署附近，闻亦有炸弹落下。……今晨下关太古公司码头附近落下二弹。又英商祥泰木行公司屋内亦中一弹……南城中山路一带曾因中弹起火三处。该处商店颇多"；9月26日，"敌机九十六架于二十五日上午分五次来京轰炸，我文化、卫生、慈善等机关，多被摧残，商店及平民住宅被炸毁者亦不少，致平民百余人因日军之残暴行为而惨遭牺牲"；11月24日，"城心附近与东中山路两面共落下轻炸弹约二十枚，死伤人数尚未由当局查明，现信死者约七人，重伤者十二人。……一弹落于国民大会巨厦广场之东南隅，震倒一墙，并震碎许多玻璃窗。第二弹落于东中山路之中，亦震倒一墙，并损商店数家。第三弹击中李西（译音）中学房屋而重损之"；12月6日，"下午一时半在浦口车站附近，共投燃烧弹及炸弹十余枚，并掷下传单，当有数处起火。津浦路局第八号、第十号货栈被毁，

① 经盛鸿等编：《南京大屠杀史料集》第1册《战前的南京与日机的空袭》，江苏人民出版社、凤凰出版社2005年版，第243页。

② 经盛鸿等编：《南京大屠杀史料集》第1册《战前的南京与日机的空袭》，江苏人民出版社、凤凰出版社2005年版，第254页。

③ 经盛鸿等编：《南京大屠杀史料集》第1册《战前的南京与日机的空袭》，江苏人民出版社、凤凰出版社2005年版，第254页。

④ 经盛鸿等编：《南京大屠杀史料集》第1册《战前的南京与日机的空袭》，江苏人民出版社、凤凰出版社2005年版，第263页。

死伤平民二十余人”；12 月 7 日，“其时轰炸下关与浦口车站之日机，共有十七架之多。一时投下之弹，在十数枚以上，死伤难民甚多”。①

日机的空袭损毁了商店，严重影响了市场秩序，很多商店陆续停业，商品也逐渐短缺，物价不断上涨。1937 年 8 月下旬，明妮・魏特琳在日记中写道：“许多商店已关了门。我去了两家印度商店看看能否买到洗涤用品，但这两家商店都关了门。卡什杂货店也准备关门了，经理姚先生说他在农村租了一间房子，他的大部分货物都存到那里去了，他已把他的家人送到宁波。因为没有生意，电影院、书店和精品店都关了门。”② 到 9 月底，商店关闭的情况更为严峻，魏特琳有如下记载：“今天上午，F・陈先生去了南京的主要商业街，看看能否买到我们准备做旗帜所需的红、白、蓝布，但他说，唉，所有的商店都是铁将军把门，门关得紧紧的”，时隔两天，又派“程夫人去了太平路，看看能否买到做旗帜用的红、白、蓝布。同陈先生一样，她也说除了水果商店外，所有的商店都是铁将军把门”③。

10 月 24 日，拉贝在日记中写到，当发现在中国老板开的所谓的德国肉店的橱窗里放有爱福牌啤酒后，赶紧把库存的 9 瓶全买了下来。到 11 月份，生活必需品等物价飞涨。11 月 19 日，拉贝继续在日记中记载：“一辆马车现在要价 6 元，而汽车又租不到”“一罐煤油的价钱从 4.7 元涨到了 7 元。一吨煤现在 28 元，而不再是 20 元。我还能储备一吨煤和 4 罐煤油，眼下不可能得到更多的东西了”。④11 月 28 日，《申报》报道称：“南京各商铺泰半停业，铺主他适，仅有若干售食物之店铺，尚未闭门，唯存货渐罄，所剩者唯售价昂贵之罐头食物与洋酒耳。”⑤

由于长期处在日机空袭的威胁中，很多商店陆续关闭，商业遭到极大破坏。尽管南京市政府要求各商店在警报解除后，立即营业，但除了部分商家遵令开业以外，整个市面并未恢复原状，市民生活仍处于无助与恐慌之中，正如魏特琳在日记中所记：“老百姓是多么希望和平和过正常的生活啊！许多人天真地问我和

① 经盛鸿等编：《南京大屠杀史料集》第 1 册《战前的南京与日机的空袭》，江苏人民出版社、凤凰出版社 2005 年版，第 286、290、291 页。

② 〔美〕明妮・魏特琳著，南京师范大学南京大屠杀研究中心译：《魏特琳日记》，江苏人民出版社 2000 年版，第 21 页。

③ 〔美〕明妮・魏特琳著，南京师范大学南京大屠杀研究中心译：《魏特琳日记》，江苏人民出版社 2000 年版，第 64、69 页。

④〔德〕约翰・拉贝著，本书翻译组译：《拉贝日记》，江苏人民出版社、江苏教育出版社 2009 年版，第 69 页。

⑤ 《南京设立安全区，外侨认为愈迫切》，《申报》1937 年 11 月 28 日，第 2 版。

平何时能到来——仿佛我知道这一疯狂的举动何时会结束似的”[①]。

三 战时体制粮食供给的准备

1937年全面抗战爆发后，国民政府立即扩大了经济统制的范围。1937年7月21日，国民政府召开了“实施总动员谈话会”，决定为适应战时需要，立即对粮食、资源、交通、卫生机关及其人员、材料实行统制，对财政金融进行统一筹划，并部署有关部门立即执行。

8月13日，淞沪会战爆发。14日，中国政府发表《自卫抗战声明书》，声明“中国责任所在，自应尽其能力，以维护其领土主权”。15日，蒋介石下达全国动员令，正式组建大本营，将全国划分为5个战区，中国进入了战时体制。同月，国防最高会议通过了《总动员计划大纲》，决定加强粮食管理，禁止面粉出口。18日，行政院颁布了《战时粮食管理条例》，决定设立战时粮食管理局，统筹粮食的生产、消费、储藏、价格、运输、贸易及分配等事宜。8月底又公布《食粮资敌治罪暂行条例》，禁止非常时期私运食粮出口或资敌，违者将予以严惩，出口食粮在10万斤以上者，以资敌论，未满10万斤者处无期徒刑或七年以上有期徒刑，包庇或纵容者以共同犯论。[②]

11月，在军事委员会之下设立了应急性的农产调整委员会，负责全国农产事业的资金、运输及补救其亏损等。12月12日，国民政府公布了《战时农矿工商管理条例》，经济统制开始渗透到工业、农业、矿业、商业、交通运输、金融、物价等各方面，包括许多民用必需品，如棉、丝、麻、羊毛及其制品、粮食、油、茶、糖、盐、火柴等，以及矿产品、日用品。

由于首都南京的重要地位，保障粮食供给成为国民政府守卫首都的重要措施。南京战时体制下粮食供给的准备主要体现在两个方面：一方面全面抗战爆发后，南京市政府受命立即着手储备南京市的粮食；另一方面，根据《战时粮食管理条例》规定，加强对南京市战时粮食的管理。

加大南京粮食储备力度，是应对战时状态的第一要务。自1932年一·二八事变后，国民政府就有了储备粮食的意识与应对战时粮食管理的经验，因此，全面

---

① 〔美〕明妮·魏特琳著，南京师范大学南京大屠杀研究中心译：《魏特琳日记》，江苏人民出版社2015年版，第89页。

② 《食粮资敌治罪条例》，《申报》1937年9月1日，第2版。

抗战爆发后，国民政府立即要求南京市政府“储备五十万人口六个月粮食”[①]。于是，南京市政府会同农本局、米粮业公会及金融界，着手筹议购储大批米粮，以备战时需要，其他煤炭等燃料及油盐等日常必需品，也与各方接洽购储。8月11日，南京市市长马超俊表示：“关于粮食问题，市府详加筹划，现与各关系机关商定妥筹办法，充实准备，并由农本局协助办理一切。江苏本为产米之区，如句容、溧水等处，与京市相距密迩，运输亦称便捷。刻下既有妥善之筹计与适当之准备，来源又属无虞，故民食前途，决无问题”[②]。

为了办理非常时期粮食的购置、储存与保管等事宜，南京市社会局成立了食粮管理处。为保障粮食购置与储存所需要的资金，8月底市贴放委员会成立，“四行联合贴放委员会南京分会立约透支四百万元，以为购办食米之用”[③]。于是，南京食粮管理处接洽江苏、安徽等产粮区，委托江苏省工农业生产指导处、地方银行、农本局等购办米粮，按照合同约定，计划从安徽的安庆、芜湖与江苏省代购的熟米、糙米等各类米粮，折算成熟米共计42万市石。[④]

1937年11月底，市长马超俊向唐生智报告代购食粮已陆续运到，称“自采运以来，截至十一月二十七日止，计镇江方面已购运到京之食米，共三六零二包，重八七三七九五市斤；芜湖方面，已购运到京之食米，共三五八三八包，重六九二五一六八市斤；另由农本局方面代办之食米，全数运京，共三六九四零包，重七二六二三五七九市斤，总计已购运到京之食米，共七六三八零包，重八零四二二五四二市斤，均经存储于中华门外、城内、下关、三汊河各公私学校、机关、米厂、堆栈等处。”[⑤]受战局影响，原定购置的42万市石米粮最终未能全部运入。12月1日，日军已经逼近南京城，市长马超俊受命将粮食移交给首都卫戍司令长官公署，并根据蒋介石命令，将3万石食米拨交给南京安全区国际委员会用以赈济难民。

当然，除了国民政府主导购置米粮外，南京市商业团体、各粮商以及南京市

---

① 《首都食粮管理处处长陈剑如为奉令购储本市食米经过情形致市长马超俊的签呈》（1937年10月28日），南京市档案馆藏，档案号1001-5-233。

② 《京市应付非常时期，市府已有充分准备》，《申报》1937年8月12日，第5版。

③ 《首都食粮管理处处长陈剑如为奉令购储本市食米经过情形致市长马超俊的签呈》（1937年10月28日），南京市档案馆藏，档案号1001-5-233。

④ 《首都食粮管理处处长陈剑如为奉令购储本市食米经过情形致市长马超俊的签呈》（1937年10月28日），南京市档案馆藏，档案号1001-5-233。

⑤ 《马超俊密呈唐生智》（1937年12月1日），南京市档案馆藏，档案号1001-5-234。

慈善团体也纷纷大量购进米粮。比如，8 月 20 日南京市商会决议：“拟筹款百万元，采办米粮 10 万石，预为储备，以供需要。”[①]南京市慈善团体成立了慈善团体联合会，负责购置救济粮食，决定先购办 1000 担，后视米价情形再酌予囤积。

自 8 月 15 日日机开始轰炸南京起，城内工商业持续遭到破坏，但是至 11 月中旬，粮食的购置与囤积进展相对平稳。据《中央日报》9 月 2 日报道：“本京下关麦粉市价，两周以来，无甚出入，闻销数疲滞，存货甚多，又上江一带之秋收多属丰稔，连日运来新米之船甚涌……虽值非常时期，关于米粮之供应，绝无问题，粮价且较往年有所减低。”[②]9 月中旬，有报道称：“日来各地到京之米船，平均日有百艘。本京各米商为预防明年春荒起见，咸尽量购积云。”[③]10 月底，食粮管理处处长陈剑如向市长马超俊汇报：“根据本市米市管理处统计，计自八月中旬迄今，每日到京熟米，平均约在二千六百二十石左右，各米号每日销售熟米，平均约在二千五百一十石左右。本市除各住户自存者不计外，各米号现有存米，共约三万石左右，与抗战前存数相仿。如运输不生问题，来源仍可继续，似无缺乏之虞。”[④]到 11 月中旬，仍有粮食购储。当月下旬，日军逼近南京城，粮食供给渠道被切断，南京城内外的仓储粮食成为军民的唯一保障。

关于南京战时粮食管理，主要围绕禁止食粮转运出口、禁止资敌粮食、保证供给、稳定粮价等方面进行。早在国民政府建立初期，南京市政府就于社会局下设立了市立粮食管理所，专管全市粮食市场，并对全市经营粮食的一切工商行业做出规定：“凡本市内一切粮食业均应遵照本简章呈请社会局粮食管理所登记。……不论为制造、居间、趸售、零售，凡属经营粮食之工商业均用之。”[⑤]

1929 年，隶属于粮食管理所的南京特别市粮食管理所委员会成立，完成了对全市粮食业的登记。同年，南京发生米粮供应困难、粮价上涨的问题，市政府通过大量购进洋米、评定粮价、暂免米捐、严禁囤积居奇等措施控制粮价上涨。由于市政府的干预与管理，最终较为平稳地度过了米荒危机。1936 年 12 月，南京市政府于社会局下设米市管理处，该处负责粮食业登记、粮食仓库筹设、粮食产销、

① 《市商会储粮事暂缓办，征房租慎重办理》，《中央日报》1937 年 8 月 22 日。

② 《京市民食无虞，下关粮价疲滞，存货山积来源甚多，各地丰收销数不畅》，《中央日报》1937 年 9 月 2 日。

③ 《日来米船涌到，本京粮价更趋平低，米商尽量囤购，民食无虑》，《中央日报》1937 年 9 月 16 日。

④ 《首都食粮管理处处长陈剑如为奉令购储本市食米经过情形致市长马超俊的签呈》（1937 年 10 月 28 日），南京市档案馆藏，档案号 1001-5-233。

⑤ 《筹办粮食业登记》，《首都市政公报》1929 年 4 月 30 日，第 34 期，第 7 页。

粮价评定、运输与储存、检验、分配、工人管理等相关事项。同时，还颁布了《南京市米市管理处粮食业管理规则》。可见，南京市政府对粮食市场的管理并非战时特有，为保障首都南京市民的日常生活，米粮等民生相关事宜自建都起便纳入政府行政管理。

1937年全面抗战爆发后，国民政府立即采取措施对粮食加强管理。《中央日报》发表社论，说明粮食对于民生的重要性，强调粮食统制的必要性，指出："食粮为人民一日不可缺之生活要件，而在非常时会，其供给与分配，尤足以影响大局，摇动人心，故各国对此问题，在平时均拟订有极周密的统制办法，而战时尤加严其管理。……目前已有若干商人，利用时局波动情形，散播谣诼，便其私图，吾人因此益感对于粮食统制问题，不可不亟谋实施，而战时食粮管理办法，目前亦宜加以研究，庶于非常事变之来临，不致张皇失措。"①

8月，国民政府先后颁布了《战时粮食管理条例》《食粮资敌治罪暂行条例》，将战时粮食管理纳入军事管制体系，凡资敌食粮者，将交由有军法权之机关审判。为应对资敌食粮与奸商操纵市场等问题，南京市政府加紧采取措施。7月20日，南京米市管理处下令加紧粮食调查登记，规定每日上午位于三汊河与中华门的两处食粮登记所职员分赴各行调查前一日午后，以及当日早晨所到之粮船数量及载量，次晨除到京粮船基本状况之外，须进一步调查各粮船在京销售情形，及其有无他运情事。对于购运、转运面粉的商民，市社会局规定："应由起运地点之商会或面粉业公会证明，确系供给民食，出具切结，经海关税务司核准后，方予验放。"②8月9日，南京市社会局会同警察厅、米市管理处等共同成立了民食委员会，规定禁止粮食转运出口，并严密防控奸商操纵市场。

在大量购储粮食与加强战时粮食管理的双重举措下，截至1937年12月南京沦陷前，南京市政府共代购储存米粮约94512.57石，慈善团体共存粮约1万石，当年南京郊县的米粮产量约为7.5万石，再加上粮商的存粮，按照平均每人每天食米0.005市石计算，则可以满足40万人3个月的粮食消耗。③由此可见，南京市政府为应对战时局势做出了积极努力。

---

①《论食粮统制问题》，《中央日报》1937年7月25日。

②《禁止面粉出口，社会局布告周知》，《中央日报》1937年8月7日。

③ 屈胜飞：《政府、粮商与社会——国民党统治时期南京粮食问题研究（1927—1949）》，南京大学博士学位论文，2013年，第112页。

第五节　社会形势

一　院校与文化机构内迁

在抗日战火燃及江南大地的情况下，首都南京已成为日军攻击的既定目标。作为中国重要文化中心的南京，其学校与文化机构面临着繁重的内迁任务。这些机构的专家、员工、师生，背负着历史与民族赋予的重任和希望，跋山涉水，辗转迁移，为祖国文化资源的保存和文化事业的发展，作出了卓越的贡献。

南京集中了多所公立、私立高等学校与众多中学。对青年的教育和专业人才的培养，关系到抗战的持久进行与国家未来的进步、发展。在文教机构的内迁工作中，这些学校首当其冲。需要注意的是，南京国民政府自 1927 年成立以来，不断在学校推行军事训练。抗战全面爆发后，国民政府教育部与训练总监部制定了《高中以上学校学生战时后方服务组织与训练办法大纲》，将防空、防护、救济等课程，列入军训学科。但是，随着淞沪战事的扩大与南京空袭形势的愈发严峻，学生军训只得随着院校内迁陆续在大后方展开。

在多家内迁院校中，国立中央大学是内迁最迅速、最完整的学校。至抗战全面爆发前，该校已设有文、法、教育、理、工、农、医 7 个学院共 34 个科系。1937 年 8 月，淞沪会战爆发后，南京高校陆续遭遇日机空袭，国立中央大学校长罗家伦曾就中大遭受日机袭击呈文教育部，建议迁校疏散，称：

自上海战事发动以来，中央大学曾受敌机三次袭击。第一次为八月十五日下午，敌机以机关枪扫射图书馆及实验学校各一次；第二次为十九日下午在大学本部投二百五十公斤炸弹七枚；第三次为二十六日深夜在实验学校投同样炸弹一枚，又附近教授住宅被毁者四所，校工死者五人。……考察客观事实及为国家保全文化与维持教育事业之有效的继续进行计，似不能不作迁移打算。其简单理由为：（一）不必将三千以上教职员学生置于易受及常受轰炸之地。（二）不必将价值四五百万之图书、仪器置于同样之境地。（三）为教育效率计，应置文化训练机关于较安全地点，方能督促其加紧工作。[①]

1937年10月，在校长罗家伦主持下，中大7个学院的1500余名学生、1000名教职工及家属，总共4000人，随携图书、仪器共1900余箱，西迁入川。最后一批学生于11月中旬抵达重庆，新校址设于重庆沙坪坝松林坡，12月1日正式开学。

中央政治学校是国民党培养“新政治人才”的专门学校，由蒋介石亲兼校长，1937年时共设大学、研究二部，地政、计政、合作三学院，以及蒙藏学校、边疆分校。七七事变后，该校先迁江西庐山，后迁湖南芷江，1938年再迁重庆。

国立药学专科学校于1935年筹建，以丁家桥中大农学院园艺场为校址，校长孟目的。七七事变发生时，学校建筑工程尚未竣工。1937年9月2日，孟目的校长呈文教育部，指出：“自抗战以来无日不为敌机袭击。因之本校新生考试，旧生续学在在均受影响，长此以往则我国与国防亟关重要之药学教育将无由发展”，因此建议“暂迁武昌定期开学，谋救国之分工，作长期之抵抗”，并申请迁移费用5500元。[②]9月15日，校中家具及仪器药品，分别装箱运往武昌。9月29日始，学校员工陆续赴武昌。12月迁往重庆。

国立戏剧学校创立于1935年10月，校长余上沅。全面抗战爆发后，该校始迁长沙，复转重庆，1939年再迁四川安县，1940年更名国立戏剧专科学校。

私立金陵大学是一所历史悠久、国内著名的教会学校，由美国基督教各教会共同创办，1937年时已设有文、理、医三学院，史学、化学、农业经济学三学部及中国文化研究所，校长陈裕光。淞沪会战结束后，日军西进，局势险恶，金大匆忙于11月25日、29日及12月3日，分批西迁。在第三批人员、物资出发后数日，汉口《大公报》进行了如下报道：“南京金陵大学全体教职员、学生因战事关系，亦随同各机关，自南方分批退出。二十八日第一批首抵武汉，截至前日止，该校教职员学生已到二百余人，均暂寓武昌华中大学内。该校图书仪器亦均同运来。

---

① 《国立中央大学校长罗家伦呈教育部该校被炸情形及建议迁校疏散文》，经盛鸿等编：《南京大屠杀史料集》第1册《战前的南京与日机的空袭》，江苏人民出版社、凤凰出版社2005年版，第330页。

② 《国立药学专科学校校长关于迁校及校舍建筑等问题呈文》，经盛鸿等编：《南京大屠杀史料集》第1册《战前的南京与日机的空袭》，江苏人民出版社、凤凰出版社2005年版，第336页。

昨日该校当局已决定将全体人员及物品分作六批迁赴四川成都华西大学，准备在该处继续开学上课。”[①] 金大在三批西迁行动中，共携图书仪器400余箱，约125吨，加上随行员生300余人，历时近3月，经汉口、宜昌、万县、重庆而达成都华西坝，于1938年3月1日正式开学，时有教职员145人、学生387人。[②]

私立金陵女子文理学院在民国初年由北美多家教会联合创办。1937年时，由留美博士吴贻芳任校长，分设文、理二学院，共有10个科系。淞沪会战爆发后，吴贻芳校长决定将全院分设武昌、上海、成都三个办学中心，分区施教。9月中旬起，由龙冠海、陈品芝博士先后率社会学、生物学等科系学生去武昌的华中大学办学。10月初起，在蔡路德、克馥兰等老师的带领下，另一部分学生来到上海韦尔路999号的上海分校临时总部报到上课。随着抗战形势的发展，以及学校人力、财力的限制，先后于1938年1月和3月，武昌教区和上海分校分别结束教务，统一集中至成都办学。

与此同时，南京的一些中学也实行了内迁。首先，一些大学的附中，随主管大学一道内迁。如：中大附中迁至贵阳，金大附中迁至靠近重庆的万县。其次，少数普通中学也进行了内迁。如：南京市立钟南中学内迁入川，南京私立东方中学于1937年冬经苏皖豫鄂辗转迁至重庆。这些中学的内迁，也为保存和培养国家建设的后备人才作出了积极的贡献。

南京各内迁学校的师生员工，发扬了抗战精神，在战火中克服重重困难，于新址因陋就简办学，为国家和民族保存了教育精英与后备力量，不断培养与造就了各方面的人才，并弥补了中国西南地区高等教育的薄弱环节。这对南京乃至全国日后教育的振兴，经济和文化事业的发展，都有着重要意义。

除了高等院校、中学内迁外，南京的文化机构也纷纷内迁。1928年成立的中央研究院是全国最高的学术研究机构，由著名教育家蔡元培任院长，其总办事处设于南京成贤街57号法制局旧址和58号瓦房内，总干事先后由杨铨、丁燮林、丁文江、朱家骅担任。该院之地质、天文、气象、历史语言、心理、社会科学、动植物等7个研究所亦分设南京市内各处。

1937年11月，中央研究院奉命西迁，其在宁机构辗转迁移情况如下：

总办事处：1937年11月由南京迁到长沙圣经书院；1938年2月迁到重庆，

① 《南京金陵大学决迁移成都》，汉口《大公报》1937年12月6日。

② 《私立金陵大学要览及概况报告简表摘录》，经盛鸿等编：《南京大屠杀史料集》第1册《战前的南京与日机的空袭》，江苏人民出版社、凤凰出版社2005年版，第340页。

先后设址于曾家岩隐庐、上清寺聚兴村8号、牛角沱生生花园内；1944年春，迁至国府路337号中央研究院新址。

地质研究所：由宁迁湘，转桂林、三江，复移桂林，1944年6月由桂林疏散，经贵阳，11月抵重庆。

天文研究所：1937年8月下旬，即分批迁抵湘省南岳，12月8日由南岳迁广西桂林；1938年4月18日离桂林，25日抵云南昆明。

气象研究所：1937年9月初由南京迁汉口，12月底分批由汉迁渝，1938年1月底全部抵达。初在通远门兴隆街设办事处，2月转曾家岩隐庐，1939年5月迁北碚。

历史语言研究所：由宁经湘至昆明，1941年复迁南溪县李庄。

心理研究所：1937年8月由南京迁往长沙；10月迁衡山南岳圣经学校；12月底由南岳经桂林迁阳朔；1938年12月又经柳州至三江县之丹洲乡；1940年12月复迁桂林；1944年6月由桂林疏散，经贵阳，11月迁抵重庆北碚。

社会科学研究所：自宁经湘，转阳朔，复迁昆明；1941年再迁南溪李庄。

动植物研究所：由宁经湘，转阳朔；1940年12月转重庆北碚。

与此同时，设于上海的物理、化学、工程三处研究所，亦同步进行了西迁。

物理研究所：自沪迁湘，其后一部迁阳朔、桂林、三江，一部至昆明；1940年冬迁桂林，1944年6月自桂林疏散，经贵阳，11月抵重庆北碚。

化学、工程两研究所：自沪经湘，转昆明。

由南京内迁的中央研究院各机构，占了全院机构的绝大部分。中央研究院西迁这一具有战略意义的举措，为国家基本完整地保存了这一多学科的全国最高学术机构，及其人员和重要的资料、仪器、设备。这对于推进科学教育、文化事业的发展，加速国家现代化的进程，夺取抗战胜利，都有着深远的意义。

在抗日战争的硝烟中，最为瞩目并带有神秘色彩的文物及其机构的大迁移，当属北平故宫博物院及其收藏文物的内迁。由于其中近半数的文物，乃先保存于南京，再由南京经水、陆两路西迁，并成立了故宫博物院南京分院，因此其内迁的行动，便与南京有了不可分割的关系。

1931年九一八事变后，侵华日军迅速鲸吞东北三省，并觊觎华北。国民政府为了不使国宝落入日本侵略者手中，制定了周密的南迁故宫及北平文物珍宝的计划。自1933年2月6日至5月15日，在故宫博物院院长马衡的精心组织下，分5批将该项文物南运上海、南京，其中计有故宫博物院13491箱、古物陈列所5415箱、颐和园640箱、国子监11箱，共装有秦朝以来的书法、绘画作品6411幅，商代青铜器4402件、玉器3894件，南宋瓷器23780件等24万多件珍贵国宝。[①]古物、图书暂存上海租界，档案暂存南京行政院大礼堂。后故宫博物院常务理事会决定，将南京朝天宫作为设立南京分院及建筑文物仓库的地点，相关工程于1936年8月竣工后，暂存上海的文物珍宝便陆续运存至南京朝天宫的新建库房。

1937年七七事变发生，平津相继失陷后，故宫博物院决定将暂存沪宁的文物通过水陆运输分三路运往西南大后方。存上海的文物共9331箱取中路，沿长江经汉口、宜宾，而分藏乐山、峨眉，原存南京朝天宫新建库房的文物分南北两路西运入川。南路运出者，以1936年曾送英国伦敦参展的精美文物为主，分装80个铁皮箱，于1937年8月由招商局“建国”轮运抵汉口，再以车送长沙、贵阳，1938年冬迁至安顺华严洞，并成立故宫博物院安顺办事处。北路运出者，计有故宫及古物陈列所、颐和园、国子监等处文物7288箱，于1937年11月以火车输送，从南京经津浦、陇海线运抵宝鸡，1938年5月再以卡车经汉中、秦岭，往返承运，历时10月方全部运抵成都；1939年7月，复运峨眉，并成立故宫博物院峨眉办事处。

位于南京中山门内的中央博物院筹备处，系于1933年由蔡元培倡议设立；1936年成立理事会，由蔡元培任理事长，并将北平历史博物馆并入。该院以原内政部所属古物陈列所收藏的清内府文物为基本藏品，在文物内迁中，筹备处暨馆藏珍品亦随故宫文物一并西迁，到达了重庆。1939年6月，因重庆屡遭日机空袭，遂分三批迁往昆明，小部存入乐山。1940年8月，日机轰炸昆明，中央博物院筹备处及其存昆文物，复迁四川南溪李庄。1942年至1943年间，该院还会同中央研究院史语所、动植物所，中国地理研究所，共同组成“西北史地考察团”，赴甘、宁、青一带进行科学考察。

南京文物机构暨所藏文物，以及中转文物的内迁，是保存中国历史文化精华的重要举措，从一个侧面充分体现了文物战线仁人志士顽强不屈的民族精神。在战火中，历尽千辛万苦保存下来的文物及其专门人才，是一笔无法用金钱估量的宝贵民族财富。

在南京文化机构内迁的洪流中，两家著名的公共图书馆——中央图书馆和国学图书馆，也进行了部分的搬迁。两馆为保存南京及国内的图书精华努力迁藏。但是，大部图书仍遭日军焚毁、劫掠，或在战乱中散失，成为中华文化的重大损失。

中央图书馆筹建于1933年，至1937年时已有藏书15万册。1937年11月18

① 孟国祥：《大劫难：日本侵华对中国文化的破坏》，中国社会科学出版社2005年版，第87页。

日奉命西迁，20 日将重要图书 130 箱 1 万余册运离南京赴武汉，12 月 15 日再雇民船至岳阳，后转宜昌，1938 年 2 月 1 日抵重庆，假川东师范大礼堂办公；1939 年 3 月，因重庆频遭日机轰炸，奉命疏散至白沙；1941 年 2 月 1 日，重庆两浮支路新馆建成并正式对外开放。①

位于南京清凉山麓龙蟠里的国学图书馆，初建于清道光年间，至 1937 年已有藏书 24 万册。日机空袭南京后，该馆将一部分图书珍品藏于朝天宫地库，同时另将一部分丛书及地方志 3 万余册，船运至苏北兴化收藏，后兴化藏书大部为日军焚毁、劫掠，一部分散失。②

南京文教机构的内迁，是抗日战争中的另一场“南京保卫战”，其所保卫的目标是南京的人才精英和文化精华。可以说，每一机构的内迁，都是一场真实的战役；内迁中的每一次中转，都是一场艰苦的战斗；每个内迁者，都是一名威武的抗日战士。南京文化、教育界内迁人士所作出的卓越贡献，永远是南京人民的光荣与骄傲。

二　难民救助与伤兵救治

早在抗战全面爆发之初，中国军事当局就已经预感到首都的人口疏散，将是抗战中亟待解决的一大问题。1937 年 7 月 29 日，军政部部长何应钦在军事委员会会报会议上指出：“南京市百万余人口，战时甚感不便，亦可先将妇孺迁移他处……尤其机关职员之眷属，尤宜先秘密移动。”③淞沪会战爆发后，8 月 25 日，南京市政府召集相关部门开会，决定组织成立南京市难民救济委员会，负责办理难民的收容、遣送、给养、管理等具体事宜，下设总务组（由市政府、赈务委员会担任）、收遣组（由交通部、铁道部、下关船舶管理所等担任）、保卫组（由警备司令部及首都警察厅担任）、训导组（由国民党南京市党部及首都各届抗敌后援会担任）。④

随着淞沪战事的推进，9 月初，国民政府设立了应急机构非常时期难民救济委

① 刘建业等主编：《迁都重庆的国民政府》，北京出版社 1994 年版，第 297 页。

② 孟国祥：《大劫难：日本侵华对中国文化的破坏》，中国社会科学出版社 2005 年版，第 22 页。

③《卢沟桥事件第十九次会报》（1937 年 7 月 29 日），中国第二历史档案馆编：《抗日战争正面战场》上册，凤凰出版社 2005 年版，第 267 页。

④《首都警察厅为报告派员参加南京市难民救济委员会经过情形致内政部呈》（1937 年 9 月 6 日），国民政府内政部档案，中国第二历史档案馆藏，全宗号十二（1），案卷号 4898。

员会，主要负责救济难民相关事宜，办理难民收容、运输、给养、救护、管理等。救济委员会总部设在南京，以行政院所派委员为主任委员，内政部、军政部、财政部、实业部、交通部等部各派一人组成委员会。同月，行政院颁布了《非常时期救济难民办法大纲》，该大纲成为抗战时期难民救济的主要法律规范，旨在在全国建立一套分级负责的难民救济体制。[①]此外，针对难民的运送、收容和迁移等具体事项，国民政府还分类出台了《非常时期运送难民办法》《各游击根据地义民收容所设置办法》《非常时期难民移垦条例》《战时迁移妇孺办法》《处置难民过境法》等法规条例。其中，国民政府针对妇孺等弱势群体颁布的《战时迁移妇孺办法》，规定了战时迁移妇孺的具体办法，规定在易受敌机侵袭地带，所有妇孺应一并迁移疏散，若遇到紧急情况，由当地政府先指定较近的安全地区，暂为安置，然后再行转移。[②]

自淞沪会战爆发以来，南京持续开展外地难民的救济与遣送工作。据世界红卍字会南京分会统计：“‘八·一三’沪战既起，各地难民纷纷来京，每日千数百人不等”[③]。随着上海的沦陷，日军向南京方向进犯，苏州、常州、无锡等地难民纷纷逃难，部分难民因经济等原因无力继续西迁而滞留南京，南京本地也仍有大量贫民滞留。至1937年11月初，南京市常住人口中仍有54.7万余人留在南京。[④]至11月中旬，南京市共有四五十万人被有组织地迁移或自行逃难，大批外地难民和前线伤兵，经南京被转运到后方。

11月中旬，军事委员会后勤部召集各相关机关开会，讨论遣送难民问题。为更好安排难民遣送与供应滞留南京居民粮食、食盐、燃料等物资，后勤部要求南京市政府即日函呈“遣送路线人数及区域”。南京市政府根据后勤部的要求，对当时南京人口与需要遣送的难民数量进行了统计，11月23日回函称：“查本市现有人口约五十余万。除一部分能自动离京，一部分事实上决不能离京者外，估计将来需要遣送难民约二十万人左右。”[⑤]

11月中旬，南京已出现大规模的难民潮，“通往下关的路上，行进着成百上

---

① 常云平、刘力：《乱世飘蓬：抗战时期难民大迁移》，商务印书馆2015年版，第136页。

② 《战时迁移妇孺办法》（1937年11月3日），南京市档案馆藏，档案号1000–1–251。

③ 世界红卍字会南京分会：《民国二十六至三十四年慈善工作报告书》（1945年），南京市档案馆藏，档案号1024–1–34521。

④ 张连红：《南京大屠杀之前南京市民的社会心理》，《抗日战争研究》2002年第4期。

⑤ 《南京市政府关于难民遣送致军事委员会后方勤务部公函节录》（1937年11月23日），中国第二历史档案馆、南京市档案馆编：《侵华日军南京大屠杀档案》，江苏古籍出版社1997年版，第915页。

千辆装满了行李的人力车，以及跟车的中国人，他们都想乘坐那几条即将驶往上游的轮船到安全的地方去”。[①]11月20日，国民政府正式发表《移驻重庆宣言》，由于此次迁移是以公务人员与大量政府档案文件等物资为主，南京市区内的大小轮船受到交通部的统制，所有民船全部被征集并编上号码以供迁移使用，因此大量买不到车票、船票的南京百姓拥挤在江边、车站。由于局势迅速恶化，军事委员会后勤部所提的遣送难民计划也未能来得及实施，数十万难民最终滞留南京。

南京部分慈善团体组织救济队，设立收容所，开展难民救济工作。据世界红卍字会南京分会报告，该会下关救济队于车站、码头设立临时收容所10处、粥厂2处，救济来往难民，并帮助交涉车船、遣回原籍，先后共计收容遣散难民达155690名。[②]

除难民救济之外，大批从淞沪战线撤至南京的伤兵也在此进行救治、转运。9月间，军事委员会在南京成立卫生勤务部，作为战时卫生行政的最高领导机关。该机构成立后，立即着手调整和指导南京的民间卫生机关。地方卫生机关均做好了收容伤兵的准备。南京市卫生事务所负责统筹全市防护与救护工作，“日夜分三班工作，随时处理一切事宜。所有公立医院，早经布置，床位甚多。其他临时租用场所，以收容受伤军民者，亦有多处。”[③]日方飞机自8月中旬空袭南京后，南京地区医院（如中央医院）收治伤病人员激增。截至9月底，中央医院“住院83人，疗伤248人，在院死亡23人”[④]。鼓楼医院也开始收治伤兵，包括中央医院转来的伤员和少量外地伤兵。

随着淞沪战事日益激烈，大批重伤员通过铁路陆续运送抵达南京下关火车站。少量轻伤员混入重伤员之中，借以逃避作战。蒋介石指示南京宪兵司令部和卫生勤务部：“轻伤兵处理，由宪兵司令部负责主持，未经军医证明重伤而擅入后方医院不赴前方者，应作逃兵处置；首都与省会之地只住重伤兵，凡轻伤者，应一律在前方医院。”[⑤]因途中无法得到妥善照料，刚到南京的部分伤兵出现病情加重，

① 〔德〕约翰·拉贝著，本书翻译组译：《拉贝日记》，江苏人民出版社、江苏教育出版社2009年版，第67页。

② 《世界红卍字会南京分会民国二十六年至三十四年慈善工作报告书》，南京市档案馆藏，档案号1024–1–34512。

③ 《京市救护工作》，《中央日报》1937年8月18日。

④ 《救护工作月报表》（1937年9月1日—30日），经盛鸿等编：《南京大屠杀史料集》第1册《战前的南京与日机的空袭》，江苏人民出版社、凤凰出版社2005年版，第398页。

⑤ 吕芳上主编：《蒋中正先生年谱长编》第五册，台北“国史馆”、中正纪念堂、中正文教基金会2015年版，第409页。

甚至死亡的情况。为此，10 月初成立伤兵接应所，按规定将运抵南京的伤兵护送下车后，转送至接应所暂时安置。据统计，仅 10 月中下旬，下关车站伤兵接应所共接收伤兵 12747 名，医护人员共为 6620 名伤兵换药敷料。[①]可见工作量之大。

面对源源不断运往南京的重伤员，卫生勤务部又动员中国红十字会等社会力量，参与协助伤兵救护工作，建立起战时“三合一”救护体系。其间，宋美龄提出要利用上海之人力、物力、财力，在南京筹设一座大规模伤兵医院。卫生勤务部指令中国红十字会总会在南京设立办事处，并利用中央大学校址设立一所伤兵医院（即首都医院），共有床位 5000 余张，所有给养等费用均由卫生勤务部按照规定数目补助。[②]后为接收粤籍伤兵，又在和平门外南京孤儿院旧址设立首都医院和平分院，共有医护人员 43 名，设有床位 300 余张。[③]10 月 9 日，首都医院正式开始收容伤兵，因其收容量之大，组建之迅速被誉为“伤兵医院之冠”。该院设有初诊室、手术室、传染病室、X 光室、骨科室、重伤室及轻伤室等病室。各路运往南京的伤兵先在下关伤兵接应所进行简单包扎处理，然后再被送往首都医院。伤兵到了首都医院后，先由初诊室进行登记，调换衣服，注射破伤风疫苗，再按照受伤部位的不同送往不同病室进一步治疗。伤兵病愈后，由医院通知伤兵管理处，由后者率领出院。[④]

首都医院开办之初，医护人员、医疗物资都极为缺乏。上海医务界响应号召，派遣大批医务人员前来支援。医疗器材、药品、棉被、衣物等也陆续送达。截至 10 月 28 日，首都医院已收容伤兵 1059 名，和平分院收容 170 名。为扩大收容量，中央大学科学馆、生物馆、实验学校等都被辟为病房。[⑤]伤兵在首都医院得到妥善照料，并得到社会各界慰问。根据《冯玉祥日记》记载：“各方馈赠极多，情形甚佳”“伤兵每人皆有棉被”[⑥]。新生活运动促进总会伤兵慰问组成立后，按照“将官每名 100 元、校官每名 50 元、尉官每名 30 元、士兵每名 10 元”的标准，分发犒赏费。

---

① 《中国红十字会总会南京下关车站伤兵接应所十月份工作报告节录》（1937 年 11 月 10 日），中国第二历史档案馆、南京市档案馆编：《侵华日军南京大屠杀档案》，江苏古籍出版社 1987 年版，第 708 页。

② 《军事委员会卫生勤务部工作报告》（1937 年 10 月），中国第二历史档案馆藏，档案号七六——520。

③ 《在京设立首都办事处之经过》，《中国红十字会月刊》1940 年 4 月，第 58 期，第 14 页。

④ 《首都伤兵医院概况》，《中国红十字会月刊》1940 年 4 月，第 58 期，第 14 页。

⑤ 《庞京周返京》，《中央日报》1937 年 10 月 29 日。

⑥ 《冯玉祥日记》（1937 年 11 月 6 日），经盛鸿等编：《南京大屠杀史料集》第 1 册《战前的南京与日机的空袭》，江苏人民出版社、凤凰出版社 2005 年版，第 190 页。

无锡失陷后，每天都有两三千伤员从无锡、常州、吴兴、长兴等地运到南京。这些伤员多数系炮火和轰炸造成的重伤员。圣公会传教士福斯特陪同该公会牧师马吉于11月21日到达下关火车站，发现"站台、候车室、售票处，全是火车运来的伤员，大部分人都没有草垫或被褥，衣不蔽体，食不果腹。"①因原本负责收治伤员的首都医院已经关闭，因此这些前线转来的重伤员只有一小部分改由南京当地卫生机关接收，大部分则途经下关水路运往武汉等地。此外，因首都战事临近，此前参与伤兵救护工作的民间团体或结束任务，或迁往后方。如此种种，导致"请来工作的人压根就不见踪影"，而到了南京的伤兵"有时几天都无人过问，无人为他们包扎伤口、供给食物"②，部分伤兵甚至因此病死，因找不到人负责把尸体抬走，便堆放在伤员旁边。

南京卫戍军战斗序列正式颁布后，部分守城部队加紧开设绷带所、野战医院等卫生机关。以第78军36师宋希濂部为例，其守备计划规定："三十六师卫生第一连应准备于和平门车站、文殊禅院（金川门外）、挹江门各附近开设绷带所。卫生第二连应准备在中央党部、外交部开设野战病院。""伤病兵至野战病院之输送，主用担架，副用汽车。由野战病院之后送，主用船舶，副用车辆。"③

伤兵救护工作除利用军队原配备的军医机关外，也需要地方医院的支援。但此时地方医院要么关闭，要么已经撤往后方。在组织撤退工作过程中，卫生勤务部不得不预留一批军医机关，以应对在南京卫戍战斗中陆续产生的伤病员。11月下旬，为弥补救护人员的不足，通过征召方式建立了由1000多名官兵组成的第二救护总队，以应对城防救护之急需。但稍显不足的是，这些应征人员并无专业救护经验。当时的南京已届寒冬，寒气袭人，这批救护总队的官兵还穿着单衣，后经搬用部分内迁机构遗留衣物，方得改善。

当枪炮声已经在南京城墙四周猛烈响起的时候，有人动员正在从事救护工作的军医官蒋公毂离京出走。蒋公毂答道："至于我，是负着重大责任的人，断不能自由自在的（地）出走。倘我现在跟你到汉口，这叫做逃。逃的人生命是有了，

① 《福斯特致妻子函》（1937年11月23日—1938年2月13日），章开沅编译：《南京大屠杀史料集》第4册《美国传教士的日记与书信》，江苏人民出版社、凤凰出版社2005年版，第91页。

② 《福斯特致家人函》（1937年12月7日），章开沅编译：《南京大屠杀史料集》第4册《美国传教士的日记与书信》，江苏人民出版社、凤凰出版社2005年版，第131页。

③ 《陆军第七十八军南京北郊附近守备计划》（1937年11月—12月），中国第二历史档案馆编：《南京保卫战档案》第8册，南京出版社2018年版，第221页。

再拿什么面目去见人呢？生死成败，早已置诸度外，请你不要代我着急。”[①] 参加南京救护工作的，还有从外地赶来支援的热心青年。苏州红十字会救护队的 20 名男女青年不避艰险，护送伤兵过江，积极传送与救护有关的各项指令。

11 月 15 日，国民政府下令将南京伤兵迁往内地，将首都医院“所收伤兵 3318 名，乃沿江南铁路及长江水路移送皖赣各地军医院，分散收容。”[②]11 月底，卫生勤务部也奉命撤离南京，前往武汉，该部野战救护处处长金诵盘奉命代理部务工作，并统一指挥留守南京的军医机关，共计 8 个医院、4 个收容所、4 个接应所、1 个汽车组，以及军医署驻苏办事处、卫戍兵站监部卫生处等。为了明确工作任务和救护区域，金诵盘召集各军医机关及各军、师军医处负责人举行会议，决定卫生材料及经费的补充应由军医署驻苏办事处负责，并明确了各卫生机关的具体分工及驻地。[③]

许多留在南京的西方友好人士出于人道主义关怀，竭尽所能参与伤兵救护工作。自日机轰炸南京始，在各国驻华使领馆的要求下，在南京的西方人士纷纷撤离，但是一批在教会、大学、医院、企业等机构的人士选择留下来，商讨如何应对战时危难。他们成立了“妇女儿童救济委员会”，后扩大为“南京基督教战时救济委员会”，由金陵大学校长陈裕光担任主席，金陵神学院院长韩德尔·李与金陵女子文理学院院长吴贻芳任副主席，杭立武、魏特琳、米尔斯、斯迈思等任委员。该委员会具体职能如下：“（1）救济工作与南京大学医院有关，拯救空袭后的受伤平民，还有救济从下关过来的上海战区难民。（2）公开交流工作，为救济开支集资募捐，把事实报告给中国海外的朋友。”[④] 11 月 7 日，成立“下关伤兵接待部”，由美国牧师约翰·马吉负责协助中方接待、照顾、转移在下关的中国伤兵，后美国圣公会的福斯特牧师也加入其中。11 月 23 日，福斯特来到下关，觉得“火车站的局势今天比以往更可怕、更混乱……我（福斯特）到达时有 250 名伤员，天亮前又来了 750 名。有一些男童子军在协助工作，但由于下雨、严寒和缺少交通工具，没有其他的志愿者出现。”[⑤]

随着日军逐渐逼近南京，城内卫生医疗机构大规模内迁，首都医院、南京药

---

① 蒋公穀：《陷京三月记》，南京出版社 2006 年版，第 6 页。

② 胡兰生：《中华民国红十字会历史与工作概述》，《红十字月刊》1947 年 6 月，第 18 期，第 6 页。

③ 参见蒋公穀：《陷京三月记》，南京出版社 2006 年版，第 1—3 页。

④ 张生等：《南京大屠杀史研究》（上），凤凰出版社 2015 年版，第 338 页。

⑤ 《福斯特致妻子函》（1937 年 11 月 23 日），章开沅编译：《南京大屠杀史料集》第 4 册《美国传教士的日记与书信》，江苏人民出版社、凤凰出版社 2005 年版，第 93 页。

房相继关闭后，鼓楼医院作为南京城唯一运转的医院也曾一度计划关闭，大批医护人员已撤离南京。根据威尔逊记载："医院里只剩下特里默（Trimmer）医生——另一个美国医生、我和5名护士，以及一些选择留下来陪伴我们的清扫工。在此之前，我们医院总共有20名中国医生，大约40到50个护士和实习护士。他们是在12月1日离开南京的。"①至南京沦陷前夕，除中国军队的伤兵收容所，仅剩3位医师的鼓楼医院实际上成为市内唯一的医院。②城内市民医疗救治主要由鼓楼医院几位医师承担，卫生医疗资源极度短缺。在这种情况下，拉贝通过新闻广播告知市民日军攻城时的注意事项，伤员可以送到鼓楼医院，叫救护车可拨打电话31624。

12月9日，负责南京伤兵救护的金诵盘主动联系南京安全区国际委员会，商讨伤兵救护与收容事宜，提议组织国际红十字会医院，收容重伤员，提供住院治疗，作为对该委员会的帮助，他能提供80名中国医生，对此，拉贝非常高兴。

为减少日军对接管和救护中国伤兵施加的阻力，在南京安全区国际委员会的直接支持下，以马吉为主席的国际红十字会南京委员会于12月13日成立。据魏特琳当天日记记载："贝茨大约在11时过来。他说国际红十字会已经得到了5万美元，用以建立伤兵医院，第一所医院将设在外交部。已经组建了一个17人的委员会。"③但是南京沦陷后，日军禁止西方人士进入外交部与军政部的伤兵医院救助伤兵，伤员被置于死地。

在之后的侵华日军南京大屠杀期间，国际红十字会南京委员会在难民区继续从事难民救助工作。

三　南京安全区的设立

1937年11月中旬，日军气势汹汹地逼近南京，南京城面临着一场劫难。

金陵女子文理学院的魏特琳教授曾在日记中表露出对南京形势的忧虑："有

① 《威尔逊的证词与回答质证》，杨夏鸣编：《南京大屠杀史料集》第7册《东京审判》，江苏人民出版社、凤凰出版社2005年版，第43页。

② 〔美〕F·提尔曼·杜丁：《英国舰船遭到轰炸》，张生编：《南京大屠杀史料集》第6册《外国媒体报道与德国使馆报告》，江苏人民出版社、凤凰出版社2005年版，第42页。

③ 〔美〕明妮·魏特琳著，南京师范大学南京大屠杀研究中心译：《魏特琳日记》，江苏人民出版社2000年版，第190页。

谣传说交通部正在征用船只，部分工作人员已撤出了南京。我们不知道中国军队是否能遏制日军的进攻。如果不能，南京被占领只是时间问题，那时，将会有激烈的抵抗，还是仓促的撤退？”①魏特琳担心很多没有条件离开南京的中国百姓如何在空袭与战乱中生存。为了解决南京战事爆发后的难民问题，她和其他留在南京的西方人士真诚希望，能够通过效仿法国神父饶家驹在上海南市建立难民区的人道主义做法，帮助南京难民度过这最艰难的时刻。

11 月 17 日，魏特琳向美国驻华使馆官员帕克写信，建议在南京设立一个类似上海南市难民区的安全区域，以保护难民。她在信中详述建立南京安全区的紧迫性，并设想将金陵女子文理学院作为安全区中心：

> 在日军逼近南京前，我认为预先为那些无法避难的贫苦妇女、儿童，以及其他市民设立一个对他们来说较为安全的场所为好，并期望能事先就此事进行商讨。正如您所知，这样的事情在上海已经实行了，但为时已晚。毫无疑问，如果能及早着手进行周密的准备，将能挽救更多人的生命。……我认为金陵女子文理学院从地理位置和建筑物的牢固性来说，作为（安全）中心是再合适不过了。如果这里被用作人道的目的，那些出资捐助者们也一定会很乐意的。若本校被指定为（安全）中心，我们准备立即腾出楼下的房屋，准备好大房间，以备万一。②

同一天下午 5 时 30 分左右，米尔斯、贝德士与斯迈思三人前往帕克家中访问，询问帕克关于建立南京安全区计划的想法。这位美国使馆官员表示如果设立这样的中心，大使馆是欢迎的，并打算代他们向日军当局转达，他自己也乐于将这一情报传达给日本。③显然，这批留京的传教士不约而同地提出了建立南京安全区的倡议。

无独有偶，设立难民区的想法不单由致力于战时救济与保护难民的西方人士提出，根据金陵大学董事会董事长、中英文教基金会总干事杭立武博士回忆，由他首先邀约部分留在南京的有人道主义救援精神的外侨代表，提出了援照上海设

---

① 〔美〕明妮·魏特琳著，南京师范大学南京大屠杀研究中心译：《魏特琳日记》，江苏人民出版社 2000 年版，第 151 页。

② 南京师范大学南京大屠杀研究中心主编：《魏特琳传》，南京出版社 2001 年版，第 94 页。

③《（备忘录）关于暂定在南京设立安全区的提案》（1937 年 11 月 17 日），张生等编：《南京大屠杀史料集》第 12 册《英美文书·安全区文书·自治委员会文书》，江苏人民出版社、凤凰出版社 2006 年版，第 84—85 页。

立难民区的先例，成立一个南京安全区国际委员会，并设立难民区的设想，以便在情势最危急的时候，使未及撤离的难民有一个最后躲避的场所，并避免日军的轰炸。他后来回忆说：

一九三七年十一月，我在南京看到报纸报道上海有一个饶神父，在上海设难民区，容纳很多妇女和小孩。我忽然动脑筋，觉得日本将进攻南京了，我准备成立一个南京安全区国际委员会，并设立一个难民区。

……

我约集了一二十个外国人，我说我们要设一个难民区，他们都同意，他们认为这是为人道的事情，应该赞同。我们这个难民区很自然的（地）就把金陵大学、金陵女子文理学院划进去，一直到鼓楼、新街口。①

11月18日，米尔斯、贝德士等人积极联系各方人士，推进南京安全区的建立。11月19日，部分外侨酝酿成立国际委员会，有人征求德国西门子中国公司驻南京的代表约翰·拉贝的意见，问其是否愿意参加。拉贝在这一天的日记中写道："成立了一个国际委员会（主要由鼓楼医院的美国医生和在金陵大学任教授的传教士组成）。委员会试图建立一个难民区，即位于城内或城外的中立区。一旦城市遭到炮击，非战斗人员可以躲避到那里去。有人问我（我要留在这里的消息已传出）是否愿意参加这个委员会，我表示愿意。晚上在斯迈思教授家吃饭的时候，我结识了很多美国籍的委员。"②

11月21日，由杭立武与美国长老会牧师米尔斯，金陵大学教授斯迈思、贝德士四人联合署名的难民区筹组报告送交南京市政府。报告称：南京难民区国际委员会对中国政府接受为逃难的平民设立安全区的建议表示感激，并对市长马超俊所保证的将负责难民区的水、食物、卫生服务等管理工作表示感谢。③22日，南京安全区国际委员会正式成立，拉贝被推选为主席。他在这一天的日记中写道："大家选举我当'主席'，我推辞不掉，为了做件好事，我让步了。但愿我能够胜任

① 杭立武：《筹组南京沦陷后难民区的经过》，中国人民政治协商会议全国委员会文史资料研究委员会《南京保卫战》编审组编：《原国民党将领抗日战争亲历记·南京保卫战》，中国文史出版社1987年版，第302页。

② 〔德〕约翰·拉贝著，本书翻译组译：《拉贝日记》，江苏人民出版社、江苏教育出版社1997年版，第92页。

③ 《贝德士致南京市长》（1937年11月21日），张生编、舒建中等译：《南京大屠杀史料集》第69册《耶鲁文献》（上册），江苏人民出版社2010年版，第319—320页。

这个也许会变得十分重要的职务。”①

根据拉贝在日记中的记录可知，11 月 29 日，在英国文化协会举行的例会上，南京市市长马超俊当众宣布国际委员会成立。12 月 2 日，南京安全区国际委员会迁入位于宁海路 5 号的国民政府要员张群的私宅，并成立了南京安全区国际委员会总部。12 月 4 日，南京安全区国际委员会向新闻界和警方发布《在安全区安置居民及分发食物的暂行措施》，这一天，难民们开始陆陆续续搬进安全区。

南京安全区国际委员会共有 15 人，其中德国籍 3 人，英国籍 4 人，丹麦籍 1 人，美国籍则有 7 人。他们分别是：

拉贝（John H. D. Rabe），德国，西门子洋行；

斯迈思（Lewis S. C. Smythe）博士，美国，金陵大学；

福勒（P.H. Munro-Faure），英国，亚细亚火油公司；

马吉（John Magee）牧师，美国，美国圣公会；

希尔滋（P. R. Shields），英国，和记洋行；

汉森（J. M. Hanson），丹麦，德士古火油公司；

潘丁（G. Schultze-Pantin），德国，兴明贸易公司；

麦凯（Jvor Mackay），英国，太古公司；

皮克林（J. V. Pickering），美国，美孚煤油公司；

施佩林（Eduard Sperling），德国，上海保险公司；

贝德士（M.S. Bates）博士，美国，金陵大学；

米尔斯（W. P. Mills）牧师，美国，长老会；

利恩（J.Lean），英国，亚细亚火油公司；

特里默（C. S. Trimmer），美国，鼓楼医院；

里格斯（Charles Riggs），美国，金陵大学。②

委员会推举在苏州出生的美国基督教青年会秘书长费奇为总干事，杭立武为中方共事总干事（又称副总干事），德国礼和洋行职员克勒格尔为财务主管，汤忠谟为中方秘书处主任，德国上海保险公司职员施佩林为总稽查，美籍金陵大学教授斯迈思博士为秘书。委员会下设粮食、住房、卫生委员会，分由韩湘林、许

① 〔德〕约翰·拉贝著，本书翻译组译：《拉贝日记》，江苏人民出版社、江苏教育出版社 1997 年版，第 97 页。

② 〔德〕约翰·拉贝著，本书翻译组译：《拉贝日记》，江苏人民出版社、江苏教育出版社 1997 年版，第 120—121 页。

传音、沈玉书任主任。[①] 拉贝以极大的热情投身于这种人道主义工作。他甚至通过上海的德国总领事馆联系到国社党中国分部的负责人拉曼，希望他可以转为代发致希特勒的电报，试图争取让日本人承认国际委员会。

同时，为管理与照护南京受伤军民，南京安全区国际委员会还组织了“国际红十字会南京委员会”（The International Red Cross Committee of Nanking），并呈请上海国际红十字会和中国红十字会承认。12 月 13 日，该委员会成立。该委员会与南京安全区国际委员会密切合作，有多名委员同时也是国际委员会委员，由马吉牧师担任主席，中国红十字会南京分会的李春南（译音，Li Chuin-nan）与洛威（W. Lowe）任副主席，福斯特（Ernest H. Forster）牧师任秘书，克勒格尔（Christian Kroeger）任会计，此外还有南京安全区国际委员会委员福勒、特里默、贝德士、拉贝、斯迈思、米尔斯，以及特维内姆夫人（Mrs. Paul Dewitt Twinem）、魏特琳女士（Miss Minnie Vautrin）、威尔逊医生（Dr. Robert O .Wilson）、麦卡勒姆牧师（Rev. James Mccallum）、波德希沃洛夫（Mr. Cola Podshivoloff）、沈玉书牧师（译音，Pastor Shen Yu-Shu）担任委员。[②]

安全区亦称“难民区”，以美国大使馆所在地和金陵大学、金陵女子文理学院等教会学校为中心，占地约 3.86 平方公里。四面以马路为界：东以中山路、中山北路为界，自新街口起，止于山西路交叉路口；北以山西路及其以北一带至西康路之线为界；西以西康路为界，自汉口路交叉路口向东南划斜线，至上海路与汉中路交叉路口；南以汉中路为界，自上海路至新街口。安全区内分设交通部大厦、五台山小学、汉口路小学、陆军大学、小桃源南京语言学校、军用化学厂、金陵大学附中、圣经师资训练学校、华侨招待所、金陵神学院、司法部、最高法院、金陵大学蚕桑系、金陵大学图书馆、德国俱乐部、金陵女子文理学院、法学院、农村师资训练学校、山西路小学、金陵大学宿舍等 20 余处难民收容所。

安全区内不再挂青天白日满地红旗，而改为民国初年使用的五色国旗，并以红圈加红十字图案作为安全区徽章。在安全区周围，以旗帜作记号，旗帜一律为白底，印有红圈内加红十字的安全区徽章。

南京安全区国际委员会成立以后，曾经通过多种渠道，同中、日双方进行交涉，

---

① 〔德〕约翰·拉贝著，本书翻译组译：《拉贝日记》，江苏人民出版社、江苏教育出版社 1997 年版，第 132—133 页。

② 〔英〕田伯烈著，杨明译：《1937：一名英国记者实录的日军暴行》，湖北人民出版社 2005 年版，第 201—202 页。

希望能够获得中、日双方的承认与尊重；其要求承认安全区的中立地位，不驻扎军队，不设立军事机关，不加轰炸，免受战事侵扰。

国际委员会的这些要求和建议，得到了中国方面的完全承认及积极支持和配合。11 月 26 日，国际委员会 10 多位委员再次联名向南京市政府递交报告，希望市政府落实负责安全区内的饮食、安全、房舍等事项，并提到安全区的范围界定、撤除中国方面武装设备与武装人员等问题。这一报告得到中国方面的积极回应，中国方面正式承认安全区的设立，并在事务管理、物料资助、清除军事机构等方面给予支持，具体落实如下：“一、在市政府抽调职员若干人，成立了难民救济委员会，协助国际委员会筹备会工作。二、函请首都警察厅派警察若干名协助工作。三、中国当局完全确认难民区范围。在划定区域内的公共场所、学校或空用房屋，国际委员会均可拨用，作为难民的住所。四、至于安全区中的军事机构和军事设施，卫戍司令长官唐生智将派员完成清除军事、空防设施的艰苦工作，并拨交军粮存条二张：一为米 5 万石；一为面粉 10 万包。”[①]

12 月 1 日，南京市市长马超俊把难民区的行政权交给了国际委员会，其中包括警察、重要公共事业、消防、住宅、食物及卫生各项职权，同时交给国际委员会 450 名警察、3 万担米、1 万担面粉、一些盐，并拨交 10 万元现金[②]，以应付紧急过渡时期。国际委员会由于运输、贮藏等条件的限制，在南京沦陷前实际领取了大米 9076 袋合 11345 担，以及面粉 1000 袋。军事委员会秘书长张群将宁海路 5 号私宅提供给国际委员会作为总办公处。首都卫戍司令长官唐生智也推诚合作。他于 12 月 3 日致函国际委员会主席拉贝，称：

您请求我作为负责城防的司令官承诺从区内撤出所有的军事设施和指挥所（包括交通指挥所），禁止军事人员在区域内居住或进入该区域。鉴于在上海已有设立这类区域的先例，考虑到这样一个区域能拯救许多穷苦人的生命并减轻他们的苦痛，我原则上完全赞同成立这么一个区域的想法。

……

关于从安全区撤出所有军事组织和交通设施一事，我已经下达命令，根据您的愿望执行。我会尽快敦促军事人员不得在区域内居住或穿越该区域。总而言之，

① 张生等：《南京大屠杀史研究》（上），凤凰出版社 2015 年版，第 345 页。

② 〔英〕田伯烈著，杨明译：《1937：一名英国记者实录的日军暴行》，湖北人民出版社 2005 年版，第 17 页。

我会在我的权限范围内满足您的愿望，因为作为卫戍司令，我钦佩贵委员会的工作并愿意竭诚与您合作。①

唐生智特对上述答复函件又作出三点说明：“（1）如果建议内提出的安全区有清楚明晰的标记，中国军方将考虑不再在区内设置新的军事设施。（2）此外在区内不应再继续设立或使用军事堡垒设施，包括高射炮（抵御飞机用的火炮），从区内撤出其他全部武器和武装部队。（3）其他不包含武装部队或常备军的服务性设施，在必要的情况下撤出安全区。”②

唐生智在对拉贝的请求做出答复和说明后，很快便应国际委员会要求，拆除了难民区内的军事设施，并于12月7日下令所有军队一律撤离安全区，同时在万分困难的情况下，供给国际委员会3辆卡车，以便他们运送米、煤。

南京安全区国际委员会通过两条渠道与日本方面进行了联系：第一条渠道为11月22日夜间，通过美国大使馆的无线电台，将关于设立安全区的建议发往驻上海日军当局，日军当局对此没有作出反应。日本报纸却大造反面舆论。《东京日日新闻》声称：“如南京成立安全区，则日军之进攻南京将大受妨碍。南京外侨不足五十人，而所拟之安全区，则毗连炮台与军事工程，日军欲攻击南京，而不妨及安全区，乃不可能事。”另一份较有影响的日本报纸《读卖新闻》则扬言：“南京安全区与上海南市难民区完全不同，此事必须由进攻南京之军事当局决定之。”③12月5日，东京当局通过美国大使馆答复南京安全区国际委员会：“日本政府不承担在未来对所述区域免遭炮击或轰炸的保证义务”④。

另一条渠道为，将建议与拟议中安全区的地图送交在上海创设难民区的法国饶神父，“请他把地图给日本的司令看，请他同意我们成立难民区，并且答应以后不要骚扰难民区”⑤。当饶神父将南京安全区的地图交给日军司令官松井石根

① 〔德〕约翰·拉贝著，本书翻译组译：《拉贝日记》，江苏人民出版社、江苏教育出版社2009年版，第106页。

② 〔德〕约翰·拉贝著，本书翻译组译：《拉贝日记》，江苏人民出版社、江苏教育出版社2009年版，第105页。

③ 《日报意见》，《申报》1937年11月26日。

④ 〔德〕约翰·拉贝著，本书翻译组译：《拉贝日记》，江苏人民出版社、江苏教育出版社2009年版，第104页。

⑤ 杭立武：《筹组南京沦陷后难民区的经过》，中国人民政治协商会议全国委员会文史资料研究委员会《南京保卫战》编审组编：《原国民党将领抗日战争亲历记·南京保卫战》，中国文史出版社1987年版，第302页。

后，对方只答称："我们知道这件事了"。后来日方又声称："难民区内倘无中国军队或军事机关，则日军不至故意加以攻击。"[①]12月2日，国际委员会收到了饶神父发来的，由美国大使馆转来的日本当局的答复："日本政府已获悉你们建立安全区的申请，却不得不遗憾地对此予以否决……但是，只要与日方必要的军事措施不相冲突，日本政府将努力尊重此区域。"[②]日本政府依旧没有正式承认安全区。

12月3日，德国大使馆转达了日本"出于军事上的原因不同意设立南京特别保护区或要塞区域"的态度。5日，美国大使馆转达了日本关于安全区的正式答复，再次拒绝了国际委员会关于成立安全区的提议。8日，在日方得知安全区仍在筹建后，日本驻上海总领事冈本季正再次要求留在南京的外籍人士撤离，这一信息也通报给了美国大使馆。可见，日军拒绝建立南京安全区的态度很明确。

日方通告表明，日本政府拒绝承认南京安全区的理由如下："1. 考虑到一旦发生紧急情况，委员会不具备完全切断安全区与外界联系的自然条件与人工设施，有必要给安全区领导层提供足够的物资材料或其他特别权力，以便安全区附近发生战斗时，能够阻挡中国武装部队进入安全区寻求保护或将安全区用于军事目的。2. 此外还必须考虑到，不论是在安全区内，还是在安全区的附近都有中国的军事设施和据点，一旦在南京发生战斗，这些设施和据点很难做到不会被中国军队使用。3. 鉴于上述原因，日本政府认为，即使该建议受到中国当局的欢迎，但仍然不能保证做到在南京发生战斗时，能够完全阻挡住中国军队进入安全区并将安全区用于军事目的。"[③]

尽管与日本当局交涉未果，但是这些国际人士还是毅然将设立南京安全区的工作付诸实施，并于12月8日发布《告南京市民书》，正式宣告了安全区的建立。在《告南京市民书》中，安全区的创立者们以满怀热情和善意的口吻说："看到以上中日两方面的允诺，我们希望在所指定的区域内为平民谋真正的安全。然而在战争的时候，对于任何人的安全自然不能担保的。无论何人也不应当认为进了这个区域，就可以完全保险平安。我们相信，倘然中日双方都能遵守他们的允诺，这个区域以内的人民，当然比他处的人民平安得多啦，因此，市民可以请进

---

① 〔英〕田伯烈著，杨明译：《1937：一名英国记者实录的日军暴行》，湖北人民出版社2005年版，第204页。

② 〔德〕约翰·拉贝著，本书翻译组译：《拉贝日记》，江苏人民出版社、江苏教育出版社2009年版，第95页。

③ 〔德〕约翰·拉贝著，本书翻译组译：《拉贝日记》，江苏人民出版社、江苏教育出版社2009年版，第104页。

来吧！”[①]

事实上，早在《告南京市民书》发布前，南京城乡难民即已不断进入安全区避难。12 月 8 日这一天，随着《告南京市民书》的发布，更多的难民蜂拥入住。据路透社记者当天报道：安全区中“已挤满居民，尚有数千人仍继续迁入。通至该区之各巷，汽车拥挤，几不能通行，随地可见各避难者坐于彼等所携少数所有物之上，静候安插住处。国际安全区域委员会，已接收区内之各处公共建筑、学校、大学、最高法院、军校及华侨俱乐部等，以便容纳拥入该区之难民。……安全委员会已发表管理规则，请迁入区内居住者，对于住处，应尽力作私人之接洽，因各处公共建筑及机关之房屋，将留作收容最贫苦之难民”。[②]

随着南京保卫战的激烈进行，难民们更如潮水一样涌入难民区。难民区内 20 余处难民收容所均已人满为患。后来由于难民数量激增，不仅各收容所的既设宿舍里住满了人，就连教室、图书馆、露天操场，以及一切公共机关和私人住宅、院落中都挤满了难民。整个安全区最大收容量曾达到 29 万人。在难民区从事难民救济工作的，除了南京安全区国际委员会外，还有以美国圣公会马吉牧师为主席的国际红十字会南京委员会（The International Red Cross Committee of Nanking），以及南京当地的慈善团体崇善堂、世界红卍字会南京分会等机构。

尽管后来历史证明，攻占南京城的侵华日军让南京安全区并不安全，烧杀淫掠等暴行在安全区里频频发生，但是由于安全区国际委员会和各慈善团体的热心工作，以及外侨的积极交涉、据理力争，安全区在保护与救济难民方面，依旧发挥了不可忽视的重要作用。

四 日谍汉奸活动和反谍防奸斗争

间谍与情报工作是日本发动对华侵略战争的前提与战略基础，对抗日谍与汉奸活动是抗战中没有硝烟的战斗，在抗日战争中具有重要性与急迫性。

晚清时期，日本间谍便开始在中国东北地区、上海、南京等地有所活动。1871 年，日本参议江藤新平在《对华政策意见书》中提道：“日本应尽快派出间谍人员，

① 〔德〕约翰·拉贝著，本书翻译组译：《拉贝日记》，江苏人民出版社、江苏教育出版社 2009 年版，第 115—116 页。

② 《日军三路攻首都/淳化镇昨晨大战》，《申报》1937 年 12 月 9 日。

潜入中国各地搜集情报，一等时机成熟，立即发动战争”[①]。之后日本政府便派遣日谍潜入中国，搜集各地军事、经济与政治情报。1894 年甲午战争爆发之际，两名在南京进行间谍活动的日谍被清政府捕获并斩首。

民国初年，日本利用中国军阀割据混战的局势，派出大量间谍，以顾问、领事等身份开展情报工作，通过各种手段参与中国内政，南京逐渐成为日谍活动的重点区域。1927 年，南京国民政府建立。日本派遣以佐佐木到一为代表的重要情报人员在南京活动，与蒋介石政府建立各种形式的联系，这对之后的中日关系产生了重要影响。

1932 年一·二八事变爆发后，日本加紧对华间谍活动，在军事与政治地位较高的中国城市部署间谍网，逐步建立了包括陆军参谋本部驻华的各特务机关、海军参谋本部驻华的各特务机关、关东军各特务机关、大使馆及领事馆的情报机关在内的间谍体系。[②]1937 年卢沟桥事变爆发后，日本特务机关的间谍活动更为深入、显露，日本政府任用了大量有在华经历或了解中国情况的军官任各级指挥官、参谋与特务机关长等职，直接影响侵华战争形势。

除了建立各特务机关、完善间谍网外，日本还派遣谍报人员以经商、参观、旅游等名义来华搜集情报，开展间谍活动。全面抗战爆发前，日本参谋部第二科组织了一个全华军事调查团，由高学历、多兵种且有丰富作战经验的人员组成，目的是“调查有关军事重要价值之各地情形……中国军队驻扎情形；中国各地军队配备情形、实力状况；各军队军官（注重高级军官）之性格、指挥特点；中国各军事区域防御工事建筑情形；各交通枢纽，特别是处于中原地区的郑州物资的储藏、运输，军队之车辆数目及战争发起后运输军队数量；在中日关系紧张时，中国各地人们，特别是地方领导人对战争的态度如何；各地民众军训情形等”。该调查团以旅游为名义，深入新疆、内蒙古、山西、河南、湖南、广东、广西、南京、上海、杭州等地搜集情报，并与各地汉奸、特务秘密联络。[③]

日谍的情报搜集十分详细，不仅调查各地所属部队的番号、司令部所在地、

---

① 经盛鸿：《南京沦陷八年史（1937 年 12 月 13 日—1945 年 8 月 15 日）》（上册），社会科学文献出版社 2005 年版，第 56 页。

② 马振犊、戚厚杰等编著：《日本侵华图志（第 13 卷）：情报与间谍活动》，山东画报出版社 2015 年版，第 123 页。

③ 马振犊、戚厚杰等编著：《日本侵华图志（第 13 卷）：情报与间谍活动》，山东画报出版社 2015 年版，第 136 页。

拥有的武器（普通枪支、轻重机枪、火炮、特种兵器）数量及弹药量、兵力（人员和马匹数量），对各级指挥员姓名、部队的简史及系统派别和“色彩”（对日态度）等情况都能准确掌握。[①] 以日谍调查中国空军为例，1937 年春日本参谋本部训令各驻华大使馆武官迅速调查中国空军等军事设施情况。11 月，参谋本部将各地情报汇编成“支那航空一览表”，详细记载了国民政府中央空军的 14 个中队的功能、机种、飞机数量、驻扎地名称、队长及队员姓名等信息。“支那飞行场一览图”则将当时中国西至甘肃省、南至海南岛的 200 多个机场都加以标注，并用不同标记区分正在使用中（包括近期使用）的机场、陆上机场（经过施工就能使用或可供迫降的机场）和水上机场，对可供轰炸机起降的机场、具备夜间起降设备的机场做特殊标记。[②]

20 世纪 30 年代，日本在南京建立了多个日谍组织，直接服务于日军进攻南京与日机轰炸，比如设于太平路花牌楼与白下路的钢笔店，日谍利用店门口的巨型钢笔模型发送联络暗号，在日机空袭南京期间，秘密地为日军指示轰炸目标。设于新街口的日商仁丹公司南京分公司，其间谍利用经商为掩护，借着推销仁丹，搜集南京城乡道路信息，通过张贴仁丹广告，指示中国军事目标与通行路径，日军进攻南京时，就利用仁丹广告以判断进攻路线。还有女性日谍参与对华情报工作。据有关史料记载，七七事变前后，日本参谋本部通过南京国民政府亲日派的关系，将日谍川岛芳子安插到南京车站任职，收集情报、拉拢国民政府官员和特务分子。川岛芳子的间谍活动引起国民政府有关部门的注意，国民政府“发现南京中华门外板桥火车站有一个女职员逐日收到外地寄来的巨额汇款，形迹可疑”，于是派李士群前往侦察，但李并未得手，反被策反成为汉奸。[③] 另一个与川岛芳子齐名的女日谍南造云子，17 岁时被派到中国大连从事间谍活动，1929 年到南京继续间谍活动，窃取了包括吴淞口要塞扩建炮台军事设施报告在内的多个中方重要军事情报。1937 年 7 月中旬，南造云子为配合日军进攻南京，伪装成为中国银行职员秘密潜入南京，利用各种关系发展政府公务人员成为间谍，并掌握中方多项高级军

---

① 马振犊、戚厚杰等编著：《日本侵华图志（第 13 卷）：情报与间谍活动》，山东画报出版社 2015 年版，第 136 页。

② 马振犊、戚厚杰等编著：《日本侵华图志（第 13 卷）：情报与间谍活动》，山东画报出版社 2015 年版，第 137 页。

③ 经盛鸿：《南京沦陷八年史（1937 年 12 月 13 日—1945 年 8 月 15 日）》（上册），社会科学文献出版社 2005 年版，第 67 页。

事情报，对国民政府抗战造成极大破坏。

在南京地区诸多日谍组织与招募汉奸的活动中，历时最久、组织规模最大、影响最大的，应属日本驻南京总领事须磨弥吉郎招募国民政府行政院机要秘书黄浚为首的汉奸间谍组织。须磨弥吉郎是日本老牌间谍，自1931年来到南京任日本总领事馆总领事后，在南京活动有5年之久。作为日本政府外交人员，他与南京国民政府外事部门进行外交交涉，不断制造外交麻烦。如1934年夏策划“藏本英明失踪事件”等，并且以外交官身份作掩护，进行间谍活动。他部署在华日谍秘密搜集中国的军事、政治、经济等各种情报，收买中国各军政机要部门人员，招募各类汉奸，将其组成隐藏在中国政府与军政机构内部的谍报组织。其中，国民政府行政院机要秘书黄浚及其同伙就被日谍南造云子引诱、收买，成为间谍，出卖大量中国政府最高当局核心机密。黄浚与其他国民政府高级军政人员组成汉奸集团，对中国的抗日部署造成了极大破坏：“其一是在1937年8月初，将中国军方准备封锁江阴长江江面、拦截当时停泊于江阴上游各港口的日舰的机密提供给日方，使得日方提前撤走长江中、上游各港口的几乎所有军舰，国民政府的计划落空；其二是在1937年8月中旬，指派杀手混入南京中央军校‘总理纪念周’活动，企图刺杀蒋介石等……因事前被发现而未果；其三是在1937年8月25日，将蒋介石准备于8月26日乘坐英国驻华大使许阁森的座车从南京前往上海的情报提供日方，使得日方在那一天出动战机袭击许阁森座车，炸伤许阁森，而蒋介石因临时放弃此行，才逃过一死。”①1937年8月28日，在国民政府宪特机关侦查、抓捕后，黄浚父子与其他汉奸间谍共18人，在雨花台刑场被处决。后为伪中华民国维新政府头号汉奸的梁鸿志，竟赋诗对黄浚表示哀悼。

全面抗战爆发前，国民政府对日谍活动与组织已逐渐警惕，并对间谍、汉奸活动进行了打击。早在南京国民政府成立初期，为应对党内外斗争需要，蒋介石就注重特务组织机构的建立，1928年国民党中央组织部下属的党务调查科负责党务情报搜集，是国民党内首个正式的专职情报机构，也是国民党中央执行委员会调查统计局的前身。1937年七七事变爆发前，调查科（后改为党务调查处）与各地军警部门密切配合，主要任务包括破坏各地的中国共产党组织、搜集各地方实力派政治军事情报等。但随着日本特务机关不断活动，“以特制特”、破坏日谍

① 经盛鸿：《南京沦陷八年史（1937年12月13日—1945年8月15日）》（上册），社会科学文献出版社2005年版，第69—70页。

汉奸活动、逮捕及刺杀日谍汉奸，就成为国民政府特务机构的重要“攘外”之举。比如，参谋本部对1935年至1936年间日本在华侦察情报机关进行调查，搜集了有关日本侦察机关名称、所在地、主持人以及间谍活动等信息。在南京的日本侦察机关与特务组织有：陆军武官办事处（南京鼓楼阴阳营5号），负责联系各武官、各地间谍；南京谍报组，由关东军秘密令吉林宪兵队派谍报员组成，专门侦察中国军政情况；南京总领事馆警察署，专为侦察中国军政情况并互相通报联络者。[①]此外，国民政府特务机构还协助中央航空学校建立防空情报电台网，协助保卫首都南京与杭州空军基地等。

1937年全面抗战爆发后，国民党政府特务机构功能转变为对内对外两线作战，与日本及其在华扶植的各个伪政权的情报与特务工作展开对抗。比如国民政府军事委员会调查统计局第二处负责人戴笠，给北平、天津、保定各区站长的电文中多次提到要详细侦察军队调动、汉奸活动情况，并要求协助中国军队进行军事行动、惩处汉奸。八一三淞沪会战期间，为应对由日谍豢养的汉奸暴露中国军队阵地以供敌机轰炸等情况，国民政府军事委员会调查统计局派遣人员到沪开展情报侦察与防奸工作，保护通信线路与桥梁、引导部队、救护伤兵、疏散民众、破坏敌方军运、成立“忠义救国军”以负责敌后方的破坏工作等。但由于全面抗战初期，对日本特务情报工作的手法不甚了解，国民党特务机构多是被动应对，抗战进入相持阶段后，其工作才有了明显进展。

为了防制汉奸间谍，国民政府与南京军政当局还加强了对市民的防奸教育以及城区自治工作。一方面通过报纸宣传、张贴标语、播报广播、播放电影等方式劝告人们：“勿贪一时小利，危害国家，如因失业可求政府救济”，“仍甘为汉奸者，则格杀勿论”[②]，“做汉奸就是出卖祖宗，做了汉奸不得好死，做了汉奸遗臭万年，做了汉奸子孙不能做人”[③]。国民政府中央广播会连续播放“抗战时期各人应做的特务工作”“防卫知识”等来教育民众，电影《打倒运械资敌的汉奸》在新都大戏院连续多日放映。另一方面强化城区自治工作，市政府委派保甲长加强基层组织，实行五户连坐制。为了避免泄漏军情，宪兵司令部和首都警察厅下令要求茶楼、酒楼、旅社及其他公共场所，“禁止侈谈国事”，“恐为汉奸窃听，

① 马振犊、戚厚杰等编著：《日本侵华图志（第13卷）：情报与间谍活动》，山东画报出版社2015年版，第125—126页。

② 《京市府劝告汉奸》，《中央日报》1937年9月6日，第3版。

③ 张连红：《南京大屠杀之前南京市民的社会心理》，《抗日战争研究》2002年第4期。

泄漏戎机”。[①]警备司令部也发布严禁造谣的布告，要求民众“各安生业，不得轻信谣言，自滋扰累……如有捕风捉影，造谣惑众，一经查觉，或被告发，定予从严究办，决不宽贷。”[②]

为了避免日机夜袭时有汉奸放信号指示位置，军警防护团仔细侦察夜间用灯情况。对于汉奸活动则采取严厉措施坚决镇压。中外媒体曾报道日谍与汉奸被抓捕、枪决的消息。《时代周刊》报道：“有29名嫌疑犯，其中大部分是本地中国人，但也有一到二位因父母或祖父母是日本人而作为间谍被枪毙”[③]；“宪兵司令部昨日下午四时，以特备车押载汉奸刘金全……以汉奸罪执行枪决”[④]；“上海方面敌军现用大批女间谍探刺我方军情，并曾冒穿我士兵服装混往前线，昨被我军击毙一人，名桃秋芳子（中央社）”[⑤]；《中央日报》1937年8月14日报道无锡发现汉奸，已捕获十余人；“（中央社）上海十九日下午六时四十五分电上海戒严司令部军法处，十九日开始办公，通饬沪各军警团队，嗣后拘获间谍汉奸，一律解处，依法严办”[⑥]。

此外，国内各报刊也积极宣传、揭示日本间谍活动及其危害，甚至有报刊以日本桃色间谍案为噱头来引起民众对女日谍活动的关注。振铎在《肃清间谍》一文里指出：“日本帝国主义的间谍网，在中国是张布已久的了，那〔哪〕一个地方没有他们的间谍的活动，在支配着中国过去许多次的内乱和军阀们的活动的，还不是日本间谍的工作的成绩。……他们知道挑拨离间是不可能的了，于是利用亲日的利欲熏心的中国奸细混入各重要政府机关代为探听消息，抄送秘密文件，乃至散布种种的谣言。果然这手段极毒辣。……这些间谍是比之可见的敌人们更可怕的！我们必须以最严厉的方法去扑灭他们！我们应极严密的〔地〕监察着可疑人物！肃清间谍这是抗敌的第一步的工作！这是人人有责任去做的！”[⑦]

还有文章提醒民众要提高防范间谍的意识，称“我国人民对于谍报的学识太不注意，以致无意中不知不觉常常把宝贵的消息泄露给敌人，或帮助了敌人。……如前线战情很剧烈而急待接济时……误信了这种敌人谣言，一传十，十传百……

① 《宪警机关布告：禁止侈谈国事》，《中央日报》1937年10月2日。

② 《首都宣告戒严》，《中央日报》1937年8月16日。

③ 《正如宣布的那样》，杨夏鸣、张生编，杨夏鸣等译：《南京大屠杀史料集》第29册《国际检察局文书·美国报刊报道》，江苏人民出版社2007年版，第581页。

④ 《宪兵司令部枪决两汉奸》，《中央日报》1937年8月17日。

⑤ 《敌女间谍刺探我军情》，《中央日报》1937年10月13日。

⑥ 《沪戒严司令部军法处成立》，《中央日报》1937年8月20日。

⑦ 振铎：《肃清间谍》，《世界知识、妇女生活、中华公论、国民周刊战时联合旬刊》，1937年第1期。

前线的战争失了良好的接济，岂不是会得到败绩吗？……我们每一个平民，尤其是政府的官员，都不可不有相当的关于谍报的学识，以防敌人间谍的活动。”[①]

鉴于日本间谍活动的隐秘性，许多报刊还介绍曾发生过的有名的军事间谍案，比如将自动照相机系在信鸽腹部，对无法进入的要塞区域进行空中拍摄；将情报藏入珍珠项圈内，以此方式传递信息；使用隐字墨水，将情报信息写于布条上，等等。

在防奸肃谍宣传的影响下，南京市民对汉奸活动保持着高度的警觉。有位汽车司机，见一名乘客带了整箱的钞票，觉得形迹可疑，便把车子一直开到了宪兵司令部。经查，该乘客果然是一个负有扩展不法组织等任务的汉奸。美国传教士明妮·魏特琳在日记中也记载了人们对汉奸活动的认知与警惕：“美玉认为校园里有间谍，他们用手电筒给日机指示轰炸目标。……但幸运的是没有人受伤”[②]；“遵宜说：‘魏特琳小姐，如果我们被打败的话，那不是因为我们的人民缺乏勇气，而是我们的队伍中有汉奸’”[③]。当国民政府高级官员试图借用金陵女子文理学院的校舍时，魏特琳担心如果高级官员过来，校园内势必有很多小汽车，这将引起人们的注意，包括间谍的注意，从而会危及校园安全。[④]面对日机夜袭，魏特琳对手电筒的使用特别谨慎，因为她和学生们听说有许多间谍为了得到一笔钱，会用灯光向敌人发信号。[⑤]对于黄浚汉奸组织投敌叛国案，魏特琳表示这是目前危机中最可悲的事情之一，她在日记中写道：“在空袭期间，我们听到了许多关于汉奸或叛徒的议论。我间接地听说，有 18 个男女，其中一些人还身居要职，昨天被当作汉奸枪毙了。由于在被击落的日本飞机里发现了地图，中国当局知道，政府的秘密和计划被泄露给了敌人。……当一些人为自己的国家牺牲一切的时候，另外一些人却在发国难财。”[⑥]

---

① 协邦：《谈谈间谍》，《邮协月刊》1937 年，第 5 卷第 4 期。

② 〔美〕明妮·魏特琳著，南京师范大学南京大屠杀研究中心译：《魏特琳日记》，江苏人民出版社 2015 年版，第 13 页。

③ 〔美〕明妮·魏特琳著，南京师范大学南京大屠杀研究中心译：《魏特琳日记》，江苏人民出版社 2015 年版，第 27 页。

④ 〔美〕明妮·魏特琳著，南京师范大学南京大屠杀研究中心译：《魏特琳日记》，江苏人民出版社 2015 年版，第 14 页。

⑤ 〔美〕明妮·魏特琳著，南京师范大学南京大屠杀研究中心译：《魏特琳日记》，江苏人民出版社 2015 年版，第 19 页。

⑥ 〔美〕明妮·魏特琳著，南京师范大学南京大屠杀研究中心译：《魏特琳日记》，江苏人民出版社 2015 年版，第 24 页。

从南京保卫战打响到结束，日本间谍与汉奸一直肆意破坏中国军民的抗战建设、散布谣言动摇抗战精神，因此提高对间谍汉奸的认识，严厉惩处间谍汉奸破坏抗战的行为，始终贯穿整个抗战过程。同时，防奸反谍斗争仅依靠国民政府公布的汉奸治罪条例与特务机构“以特制特”的斗争是远远不够的，正如《怎样消灭汉奸》一文所说：“汉奸多是事实，自抗战以来，从出卖机要情报的大汉奸，到在我军阵地或后方指示信号与放毒的小汉奸，不断的〔地〕被发现……现在，摆在我们面前的，并非可怕的阴影，而是非常清楚的问题——如何消灭汉奸，如何消灭我们民族队伍的敌人……此刻万分急迫的是应发动广大民众，如何组织民众，教育民众，发挥民众的力量去消灭汉奸的工作。”①

五　战争动员

为发动南京市民应对日军空袭与侵略战争，国民政府和南京军政当局在城市防空准备、民众教育、抗日宣传等方面进行了广泛的战争动员。南京军民也表现出了高昂的抗日斗志。

为应对空袭，南京军政当局教育市民警惕敌机来袭，做好防空掩护，防空警报响起后应迅速躲避，并要求各机关、学校、工厂以及民众等准备避难室、消防救护设备、防毒面具、药品以及灯火管制所需物品。日机袭击期间，当局对民众进行积极疏导，以维护城区治安。1937年8月5日，蒋介石亲书手令致军事委员会，敦促指定首都防空统一机关与负责主管长官，以免“推诿纷歧”②。防空司令部在雨花台、富贵山、北极阁等处都筑有防空工事，并部署了高炮部队对日机进行拦击。为降低日机轰炸的目标性，南京城内几乎所有建筑都涂成黑色或土褐色，并对室内外各种灯光进行管制。魏特琳在8月6日的日记中写道：“几天前，南京的居民接到命令，要把房顶涂成黑色或是灰色，现在仅有少数的屋顶为瓦红色了。”③后来，所有红色的砖瓦屋顶都刷成了黑色，就连完全由红砖瓦砌成的住宅区也被刷成黑色，公共汽车亦未例外，甚至连金陵女子文理学院养的鹅也被要求涂成黑

① 夏萤：《怎样消灭汉奸》，郭沫若等：《如何消灭汉奸》，救亡文化出版社1938年版，第13—14页。

② 秦孝仪主编：《中华民国重要史料初编·对日抗战时期》第2编（2），台北中国国民党中央委员会党史委员会1981年编印，第215页。

③〔美〕明妮·魏特琳著，南京师范大学南京大屠杀研究中心译：《魏特琳日记》，江苏人民出版社2015年版，第6页。

色或直接处理掉。

为提醒人们注意躲避日机空袭，市政府四处张贴布告，告诫市民“当敌机空袭，各宜静避”“出而探望，仰视街中，或遭敌机扫射，或被炸弹击中，轻则残身，重则殒命”[①]，并通过提前拉响防空警报，警示市民离开街道、饭馆、教室等处，躲进防空洞里。《辛报》曾提到“首都空防警报计分五种，为空袭警报、紧急警报、解除警报、毒气警报、火灾警报，各以器具声响区别之。”[②]拉贝也在日记里多次记述拉响防空警报的情形：“约在空袭20分钟～30分钟前就响起清脆的警报声，发出某种较短信号时，所有行人都要离开街道，一切交通都要停止。步行者全部躲进前面已经提到的各条街道上修筑的防空洞里。”[③]“警报突然会响起。以前我们用作报时信号的电器汽笛响起了拉长的‘呜——’声，这是第一次信号：警告信号。就是说敌机已经起飞，正在飞往南京途中的某个地方。所有的人都赶快奔跑回家，或者奔向附近的防空洞。住得比较远的人就坐人力车赶到安全的地方去。……第二次信号！一再重复的一长三短的‘呜’声，表示敌人正在南京上空。现在全城空荡荡的，一片死寂，无丝毫动静。”[④]

军事委员会还要求各机关学校组织、训练防空要领，组建警报班，派专人负责警报监视之事，须“按照其单位之多寡及配置之状况，而设置所要之防空警报装置，以为向内部人员传达之用……在可能范围内，务须装置信号灯或警钟于主管官之处所或办公厅。”“指派警报专员，任警报之监视，并注意与最近之防空警报机关如汽笛、警钟、号音之人员等联络。”[⑤]此外，为提醒市民，防空司令部特在闹市区新街口广场的中央，设置了一个巨大的灰色炸弹模型。在整个日机空袭期间，该司令部不断施放防空警报，使市民能够及时躲避日机的轰炸。国民政府关于防空警报的措施被《纽约时报》称为“非常严厉”，具体表现在“当防空警报响起时，所有车辆和一切交通工具都必须立即停止行驶。这些汽车、马车和黄包车的车主们不允许离开自己的车子。所有步行者都必须找地方躲藏，并不得

① 《敌机来袭时必须静避》，《中央日报》1937年8月23日。

② 《首都空袭中的形形色色》，张慧卿编：《南京保卫战历史文献（1937—1949）》，南京出版社2019年版，第194页。

③〔德〕约翰·拉贝著，本书翻译组译：《拉贝日记》，江苏人民出版社、江苏教育出版社2009年版，第7页。

④〔德〕约翰·拉贝著，本书翻译组译：《拉贝日记》，江苏人民出版社、江苏教育出版社2009年版，第38页。

⑤ 《各机关暨学校之消极防空设备要领》，中国第二历史档案馆编：《南京保卫战档案》第6册，南京出版社2018年版，第38页。

喧哗，直到空袭警报解除为止。”[①]

对于日机夜间空袭，必须通过严格的灯光管制避免暴露目标。在军事委员会给各机关、学校的防空要领里，明确要求：“1.窗户须一律用一层或二层之厚黑布制成窗帘，紧密遮蔽。2.门扉一律须能紧闭，以免漏光于外方。3.亮瓦、通气孔及能透光之处，须一律用黑布或纸遮蔽或糊上。4.预备低光电灯泡及着色电灯泡若干，以为灯火管制时之用。5.增设屋内外灯之自动开关。6.灯火管制实施期间，电灯大都熄灭，各机关各学校为工作起见，应准备洋烛、油灯及手电灯若干，但须有适当之遮蔽用具”[②]，并对屋内外电灯，汽车、火车、轮船等交通工具用灯进行了详细区分与规定。

魏特琳在日记中曾写道：金陵女子文理学院校长吴贻芳对聚集在科学楼大厅里的所有工人和学校卫队讲话，强调当飞机在头顶时躲在防空洞或地下室的必要性，以及在夜晚警报响过以后不要使用手电筒的重要性。魏特琳本人也十分警惕夜袭时出现亮光：“晚上8时—9时。我们又躲进了防空洞……在进地下室之前，我停了下来，以确定校园的任何地方都看不到手电筒的亮光”[③]。中外记者也报道了夜晚对灯光的管制以及市民的配合：“晚上，新街口花牌楼一带挺热闹的市口霓虹灯当然不会放光了，其他地方更不必说，就是中国银行屋顶上两个明亮底〔的〕葫芦，也罩上了蓝布罩儿”[④]，“日机夜间来袭时，警号一响，所有的灯火即刻完全熄灭……事实上居民都非常遵守纪律，绝无留有光亮的。”[⑤]

南京军政当局在加强市民防卫意识的同时，为了应对敌人的不断空袭，尽量减少伤亡和人员损失，由蒋介石亲签致南京市市长马超俊的条谕，要求“南京市各马路及要口附近，相隔二三里之距离各点，必须多设平民与行人避难所，其计划地点构造法，皆希呈报；并于此十日内，壮丁全体动员，构筑避难所为

① 《据报道南京遭到局部毁坏》，杨夏鸣、张生编，杨夏鸣等译：《南京大屠杀史料集》第29册《国际检察局文书·美国报刊报道》，江苏人民出版社2007年版，第325页。

② 《各机关暨学校之消极防空设备要领》，中国第二历史档案馆编：《南京保卫战档案》第6册，南京出版社2018年版，第40—41页。

③〔美〕明妮·魏特琳著，南京师范大学南京大屠杀研究中心译：《魏特琳日记》，江苏人民出版社2015年版，第19页。

④ 《中国空军威力底一瞥》，张慧卿编：《南京保卫战历史文献（1937—1949）》，南京出版社2019年版，第197页。

⑤ 徐志麟译：《南京在空袭下》，张慧卿编：《南京保卫战历史文献（1937—1949）》，南京出版社2019年版，第201页。

要。"[①]军事委员会对如何建筑避难室提供指导并绘制了各式避难所图形，避难所建设要求如下：（一）避难室不宜过大，而需增设多处。纵或中弹，不致损及全部生命。（二）市内窗牖等处，须妥密闭气，并于进出口处，设置防毒幕。（三）室内通风设备，如因滤毒通风器之购置不易，可利用我国旧有之风箱，加以各种消毒药品，以为滤毒通风设备。（四）为防炸弹破片及其威力起见，可在墙外四周堆积一米至二米厚之沙包护墙，该护墙离墙尺许。（五）避难室应该选择独立屋或靠外边有坚固墙壁之房间构筑之，这样不易遭火灾波及，且易于被救护。[②]在各机关的积极推动下，南京市内修筑了成千上万的防空洞，资源委员会、南京市防护团等机关团体在市内各交通要道和住户密集地区建筑了很多公共防空洞，还有由军政各机关及防护团督促市民自行构筑的防空洞。

根据《中央日报》10月中旬的报道，仅南京市防护团就建筑了116处公开防空壕[③]，连同其他机关建筑的防空壕共有150处[④]。有报道称，南京"公共的地窟满街皆是，像是别的城市里的公厕一样的多和普遍"。[⑤]对于自行构筑的防空洞，魏特琳在日记里记载，其在中国和德国军事专家的指导下，知道了应该如何建造防空洞，并为未来几天准备挖的4个防空洞选址。[⑥]拉贝也在日记中提到在自家院子里构筑防空洞的情形："我不在南京时，我们的中国人挖了一个防空洞，现在已快要倒塌了。于是，我们把这肮脏的防空洞进行了整理，重新作了很好的布置：加了牢固的梁木，铺上了地板，垒上了沙袋（今天一只空袋子价值一元钱）。右边当然有入口和出口。……为了对付炸弹爆炸产生的气浪，我们还在两个洞的门口垒起了沙袋。"[⑦]《密勒氏评论周报》的主笔鲍威尔（John B.Powell）考察南京后，对南京防空设施大为赞赏，宣称："南京所设之地穴，防空警号及一切防空设备非常周密，堪称世界防空设备最完密之一城，颇有保护居民使不受敌机轰炸之可

① 秦孝仪主编：《中华民国重要史料初编·对日抗战时期》第2编（2），台北中国国民党中央委员会党史委员会1981年编印，第21页。

② 《各机关学校避难室应注意事项》，中国第二历史档案馆编：《南京保卫战档案》第6册，南京出版社2018年版，第66—67页。

③ 《京市公共防空壕防护团筑百十六处》，《中央日报》1937年10月16日。

④ 《京市公共防空壕已完成百五十处》，《中央日报》1937年10月12日。

⑤ 徐志麟译：《南京在空袭下》，张慧卿编：《南京保卫战历史文献（1937—1949）》，南京出版社2019年版，第200页。

⑥ 〔美〕明妮·魏特琳著，南京师范大学南京大屠杀研究中心译：《魏特琳日记》，江苏人民出版社2015年版，第8—9页。

⑦ 〔德〕约翰·拉贝著，本书翻译组译：《拉贝日记》，江苏人民出版社、江苏教育出版社2009年版，第9页。

能”，并认为南京的地窟建筑精良，南京各机关、商店银行、住宅以及使馆之建筑地窟者，其数不下五千，“其中多数且备有电灯及食物储藏室。对于沿街行走之人，亦有公共避弹室之建筑，使行人得以就近躲避。”①

除了构筑防空洞，南京市政府还配合进行防毒知识宣传。8月25日，市政府曾组织1000多名相关人员走上街头，挨户宣传防毒。在南京防毒面具充公以供军需的情况下，民众则用纱布等材料制成简易的防毒面具。魏特琳在日记中写道：“警报解除后，我发现图书管理员吴小姐在指导学生如何剪裁防毒面具”②；《拉贝日记》有如下记录：“我把全部家用药品和这期间已关闭的学校的药品都搬进了防空洞里，还准备了用于遭到毒气进攻时的浸醋绷带”③。遍及市内的防空设施与防空、防毒注意事项的宣传，在一定程度上降低了市民的伤亡程度。

此外，每次日机袭击之时，军警和防护团成员都会积极疏导市民，使得全市秩序井然。据《中央日报》报道：当警报响起后，“一会儿宪兵、警察及受过国民训练的市民，都发现于各街道上……等到第三次紧急警报发出的时候，各街头上警宪的岗位已经布妥，交通立刻断绝，车辆除军用外，一律停止行动，行人都避入避难所或两旁的屋里，一时全城鸦雀无声，在这一切的进行中，敏捷中含有无上的从容，紧张中保有整齐的秩序”④，“那时马路上没有一个行人，戒备森严，木壳枪脱了壳，长枪上了刺刀，平端在每一个军警的手里，宪兵坐着卡车，风驰电掣的〔地〕来往巡逡”⑤。每当夜袭时，防空部队在各条街上来去巡逻，查看在第一次警号与紧急警号之间，是否还有灯火未熄。空袭之后，宪警和防护团成员则立即组织抢救、清理等工作，他们“在两枚炸弹炸开了中山路主干道的碎石路面半个小时后，就已填补了那些坑洞，修复好了路面。修路时交通一点也没有中断”⑥。国内外许多媒体对南京井然有序的防空安排进行了称赞，在驻沪冈本总领事致广田外务大臣的函里，也作了肯定性描述：“由于宪兵警察和防护团员的周

---

①《南京的防空设备》，张慧卿编：《南京保卫战历史文献（1937—1949）》，南京出版社2019年版，第198—199页。

②〔美〕明妮·魏特琳著，南京师范大学南京大屠杀研究中心译：《魏特琳日记》，江苏人民出版社2015年版，第15页。

③〔德〕约翰·拉贝著，本书翻译组译：《拉贝日记》，江苏人民出版社、江苏教育出版社2009年版，第9页。

④《从恐怖中得到安慰》，《中央日报》1937年8月16日。

⑤《中国空军威力底一瞥》，张慧卿编：《南京保卫战历史文献（1937—1949）》，南京出版社2019年版，第197页。

⑥〔德〕约翰·拉贝著，本书翻译组译：《拉贝日记》，江苏人民出版社、江苏教育出版社2009年版，第38页。

全指挥，以及市民有秩序的行动，避难是在极其良好的秩序下进行的。”①

经历长期空袭后，南京市民从空袭初期的茫然、好奇、恐慌，逐渐习以为常。8月15日，南京首次遭到日机空袭。由于这是第一次空袭，人们一时还没有认识到应该离开街道赶快躲藏起来。之后随着日机不断来袭，部分市民竟很好奇，想看看外面发生的情况。再后来因经历日机长期频繁轰炸，市民学会了如何迅速应对。有记者描述他在饭馆吃饭时，突遇紧急警报响起，堂倌要求他立即离开，并解释说：“在紧急警报的时候，谁家店铺都不能容留谁。”②魏特琳曾在日记中记载：“人们很快适应了新情况，而且动作也很麻利。同我在一个防空洞的花匠和女勤杂工们带来了扇子，甚至还带来了蚊香。我们用了不到10分钟的时间起床、穿衣、关门、上锁，来到防空洞。”“午夜，空袭警报响了起来。像以往一样，我们做好准备，进入防空洞。现在我已学会，在前一天晚上，把我在防空洞里所需的用品准备好，这样，在需要时，我就能立刻拿到所需的东西。”③拉贝也有如下记载：“每次响起警报时，一大批穷苦的居民（有男人、女人和孩子）奔跑着经过我的房子到五台山去，那里的山丘下挖有一批较大的防空洞。”④

时任金陵女子文理学院院长的吴贻芳，曾回忆在南京失陷前数个月时间里防日机空袭的情景与经验：“南京空袭警报后，不到五分钟，街上即无行人。”“根据在京所得的经验，知道对敌机的空袭，毋须惊慌恐惧；不过南京的防空设备和防空训练，都已达到相当的程度，否则，所受的损失，恐须加上几倍”。“南京当局先在公园内建一模范避难所，后又择定地段建公共防空壕，并令居民建筑。而军事机关、教育机关，均将筑法印成小册分送，所以筑的避难所都适合可用。”“南京各大医院均组有救护队，每次空袭时，俟解除警报一放，立将救护车开往被炸的地方，或其他有信报告的地方，对于伤的人，加以救护。每次轰炸，死的人真不多，而伤的人能救得快，大都有痊愈的希望”。⑤

有外文报纸报道：“南京的居民，现在是那么的习惯于日本飞机的空袭了。

---

① 马振犊等编：《南京大屠杀史料集》第2册《南京保卫战》，江苏人民出版社、凤凰出版社2005年版，第39页。

② 《中国空军威力底一瞥》，张慧卿编：《南京保卫战历史文献（1937—1949）》，南京出版社2019年版，第197页。

③ 〔美〕明妮·魏特琳著，南京师范大学南京大屠杀研究中心译：《魏特琳日记》，江苏人民出版社2015年版，第22页。

④ 〔德〕约翰·拉贝著，本书翻译组译：《拉贝日记》，江苏人民出版社、江苏教育出版社2009年版，第28页。

⑤ 吴贻芳：《在京四个月的空袭经验和诸位一谈》，交通部成都广播电台播出，1938年3月。

几乎是每天当四周响起了防空警号时，他们便都满不在乎地躲入防空壕和地窟去，毫无慌张之象。”[①] 尽管南京民众对日机空袭逐渐习惯，但是持续不断的空袭已经严重破坏了市民的正常生活，并不时有市民死伤的情况发生。

除了防空教育与防空设施准备外，发动南京军民参与抗战、激发民众抗日热忱，也是战前动员的重要内容。据炮兵第 42 团第 1 营第 3 连副连长沈咸回忆：高炮部队在各自的阵地上召开了誓师大会，缪范团长命令参战官兵“为民族、为国土、为生存战斗到底”。[②] 南京各界代表也纷纷前来阵地慰问，召开慰问会，军民代表都做了慷慨激昂的发言，表示了军民一心、宁死不屈、抗战到底的决心。

为发动南京市民抗战，军政当局、各社会团体等通过电台演讲、上演抗日戏剧与电影、举办抗敌漫画展、涂刷抗日标语、展示战利品等方式开展抗日宣传。比如军委会政训处抗敌剧团的戏剧《我们的故乡》《八百壮士》，在南京香铺营公余联欢社曾连续数天上演。由中国儿童协会主办的全国儿童抗敌漫画旅行展，也在中华路青年大会堂展出。市内各处涂刷了很多抗日标语，多数是“打倒日本帝国主义”“一致团结抗日”“坚持长期抗战，争取最后胜利”等词句。第一公园还设有战利品展览场，陈列着日本飞机坠机碎片等。另外，很多报刊亦纷纷号召民众保卫南京，呼吁：“我们必须彻底认识，保卫首都的责任不仅是前线战士或某一部分人所应单独负担的，乃是全国人民，‘地无分南北，人无分老幼’，所应一致参加，奋勇杀贼”；“现在的事实，是敌人的兵已经围了我们的南京，凡中国的男女儿，务必各尽其责”。[③]

面对敌人的空袭与炮火，南京市民同仇敌忾，积极组织动员起来。正如中外记者所报道的那样：“南京市的一般民众，有组织，有训练，抗敌情绪始终保持着最高度。开战以后，感到敌机的威胁，妇孺老幼有一部分离开首都了，但是所有的壮丁，所有的生产者，不止是镇静，反而更积极地工作。前方回来的伤兵，他们有担架队，有救护团，勤慎敏捷地送到指定的医院；增援部队陆续地经过南京，他们都热烈地招待，热烈地欢迎，使每一个战士都感到为国效力的光荣”[④]；

---

① 徐志麟译：《南京在空袭下》，张慧卿编：《南京保卫战历史文献（1937—1949）》，南京出版社 2019 年版，第 200 页。

② 沈咸：《高炮连参加南京保卫战简记》，中国人民政治协商会议全国委员会文史资料研究委员会《南京保卫战》编审组编：《原国民党将领抗日战争亲历记 · 南京保卫战》，中国文史出版社 1987 年版，第 223 页。

③ 《论保卫首都与最后胜利进一步之认识》，张慧卿编：《南京保卫战历史文献（1937—1949）》，南京出版社 2019 年版，第 111、114 页。

④ 《伟大的南京》，《时事半月刊》第 1 卷第 5 期。

“热闹马路旁，我看见了武装的军警、球鞋短裤的学生、裸臂赤足的工人，穿绸质衣服的平时所谓斯文人，一个个你拿着箩，我拿着锹，大家协调的〔地〕设计，齐一的〔地〕动工。严肃包围了四周，紧张笼罩了一切，学生站立到民众的中间，军民打成了一片。……彼此相互叫唤着‘赶快’，任何一角都听不着‘慢一点’的呼声。这些场合，再配合了街头播音机狂吐出慷慨激昂的歌声，那真是‘中国怒吼’了！”①

工人们坚守岗位，积极支援前线。浦口的火车在敌机的狂轰滥炸之下，坚持行驶，运送部队和军用物资。电厂、水厂和邮电局的工人，保证了电、水的正常供应和信件、电话、电报的畅通。建筑工人忙于构筑遍布城郊的碉堡、工事，一直坚持到城陷的一刻。处于社会最底层的人力车夫，抗敌意识也很强。有一位伤兵要从下关乘车到中央大学，但是他身无分文。人力车夫慨然说：“我不要钱，因为你是打日本受伤的！”

商人们为爱国心所驱使，踊跃购买公债，销毁日货，捐助衣服和食品给伤兵和难民，遵守政府对于汽油、药品等统制物资的政策，真正做到了“有钱出钱”。

南京的大学生一般都由政府组织转移到了后方。留下来的中小学校学生组织了歌咏团，到电台去播音，去伤兵医院慰劳。由中小学生组成的战场服务团，还活跃在城区各地，从事运输、救护等工作。

向来被人们轻视的秦淮歌女，也自觉地为抗击敌人、保卫南京贡献自己的一份力量。她们组织起来，为伤兵唱戏，募捐棉衣，劝募公债，高唱抗日歌曲，其情景十分感人。

战火已经迫近南京。南京军民正以奋勇精神，准备迎接反抗侵略者的激烈战斗！

---

① 黎浩：《立体武装下的南京》，张慧卿编：《南京保卫战历史文献（1937—1949）》，南京出版社2019年版，第89页。

第二章 战前军事准备

1937年七七事变爆发，中国全民族抗战开始。中国军队在战争初期表现出的抗战精神与行动，粉碎了日本帝国主义“三个月灭亡中国”的猖狂叫嚣。中国军队之所以有这样的抗战精神和行动，其要因除当时中国政治上空前团结进步外，还有在局部抗战时期中国政府已在国防上有所计划和准备，即在1931年的九一八事变后，南京国民政府军事委员会便开始制定京沪杭地区战备计划，并按南京城防构筑方案，在南京周边构筑起大弧型外围防线和以南京城墙为依托的复郭防线，这在之后进行的南京保卫战中发挥了重要作用。

第一节 防御计划

一 抗战初期的南京城防计划

20世纪30年代初，经历过济南惨案、九一八事变和一·二八事变之后，“中日之间必有一战”已经成为社会各界的共识。此时掌握党政军大权的蒋介石，虽然还没有下定全面抗击日本侵略的决心，但迫于现实形势，以及为了长久地稳固政权与保卫国土之需要，也在谋划着应对未来日本侵略和中国抗战的战略及政略。

1931年，九一八事变发生后，蒋介石急忙调集军队“北上助防”①。民族危机之下，南京国民政府在国防建设上开始预做布置。1931年11月，国民党召开第四

① 秦孝仪主编：《中华民国重要史料初编·对日抗战时期》绪编（1），台北中国国民党中央委员会党史委员会1981年编印，第281页。

次全国代表大会。会议通过了《国防建设初期方案》，提出“以国防建设为中心”“以假想敌国为建设对象”。该方案之要点，“一为军备建设；一为经济建设；一为国民教育建设”，其贯彻“充实陆军，整理海军，完成海岸及陆地要塞之防备”和“以整理充实陆军为重点”的军队整理建设方针。[①]

1932年一·二八事变的发生，给国民政府敲响了警钟，事变后，京畿之地的安危被重视起来。作为中华民国首都的南京，其城市安全的重要性不言而喻。鉴于此，国民政府组织制定了“长期性、全面性防务计划”——《全国防卫计划》。为便于部队集结待命与日军周旋，该计划提出，将全国按地域划分为5个防卫区，总兵力约240万人，各防卫区军队分别安排防卫计划。其中，第三防卫区兵力计划用途为：“长江以南及浙江、福建两省，何应钦、陈铭枢指挥十九路军、第五军，并从江西抽调五个师增援淞沪，由湘、粤出兵一部入赣，监视红军”，兵力主要用于淞沪作战。第二防卫区兵力计划用途为：“黄河以南、长江以北的河南、山东和苏北皖北地区，由蒋介石、韩复榘统率鲁豫及苏皖北部队”作为前者的后援。[②]该计划是九一八事变后国民政府制定的最早且比较完整的应战计划，但由于种种原因并未能实行。

与此同时，蒋介石在参谋本部专门成立了“国防设计委员会”，要求其负责调查统筹“攘外”事宜，即“在政府可能面临的外国侵略的一切重大问题上提出切实而及时的处理建议，重组国军并提高中国的生产能力，提出短期内加强国防的建议”[③]。1932年11月，参谋本部向国民党四届三中全会提交军事报告，提出了对日防御计划，包括“沿江防御计划”，该计划针对吴淞口炮台被毁，指出“中国可资利用者仅为江阴、镇江、南京之要塞，需全力加强之”[④]。

参谋本部于1933年拟订的又一项防卫计划提出实施8项“应急之处置”，包括：在战争情况下，军队应在长江中清除敌人舰只并从通商口岸消灭敌军；在江阴到南京之间及徐州到海岸之间的地区建筑工事；在天津—北平—张家口一带修

① 秦孝仪主编：《中国国民党历次全国代表大会重要决议案汇编（上）》，《革命文献》第76辑，台北中国国民党中央委员会党史史料编纂委员会、“中央”文物供应社1978年版，第149页。

② 秦孝仪主编：《中华民国重要史料初编·对日抗战时期》绪编（1），台北中国国民党中央委员会党史委员会1981年编印，第438页。

③ 《国防设计委员会聘请国防军备专门委员名单及研究问题》（1934年），中国第二历史档案馆藏，档案号七八三—662。

④ 《参谋本部对第四届三中全会军事报告》（1932年11月），中国第二历史档案馆藏，档案号七八七—2049。

建防线；准备保卫山东的潍河；加强冀北的军力并训练当地的民团；在重要城市修筑防空设施。[①] 自 1933 年 2 月起，蒋介石下令构筑长江沿岸部分要塞防御工事、潜伏炮兵阵地。同年 10 月，蒋指示参谋本部尽快拟定江海各要塞方案与修筑计划，并逐步施行。

在《全国防卫计划》颁布后不久，蒋介石就责成南京警备司令部拟定南京防御计划。由于国防计划每年都在调整，因此，南京城防战备方案也迟迟没有最终确定。

在最初由参谋本部参谋次长杨杰等人提出的“京沪杭设防方案”中，对南京城防的设想是采用闭锁式设防，即以堡垒团构成防御工事。后来，德国军事顾问经过实地考察，认为“此种工事用以防御战车，效力之大，自不可没，惟遇敌经袭，一时未必用战车参加，更未必在建筑地区。若对正规之围攻军作战，则此种工事，苟中 15 公分之榴弹数枚，顷刻倾塌，无甚价值”[②]。考虑到这种方案形式过于陈旧，而且不适宜对敌进行持久消耗战，因此并没有被采用。

1934 年 2 月，蒋介石指示参谋本部制定东南国防计划，规定北至海州、徐州、归德，南到温州、漳州的海防计划；以南京为中心的防空计划；确定机场地点和江防要塞。[③]3 月 22 日，蒋介石在批示 1934 年度国防大纲时，将全国划为沿海、沿江、沿京沪杭线等在内共 10 个国防区，“并扼要构成国防工事”。[④] 该计划在沿江及东南方面得到部分实施。

南京是东南国防计划的核心。为此，在 1934 年，参谋本部经过多次实地勘察和研究，先后拟定了《南京方面之防御方案》《首都上下游渡河准备计划》《南京防守计划》《对敌袭击首都之防御要领》等计划或方案。

《南京方面之防御方案》设定了“中国若与一外国作战”，南京有可能受到的攻击方式：（一）敌军舰轰击城市；（二）空中袭击；（三）停泊江面敌舰派兵上陆袭击；（四）以上诸兵联合部队沿京沪铁路或经汤山向南京之攻击前进。[⑤]

---

① 孙湘德、宋景宪主编：《宋故上将哲元将军遗集》上册，台北传记文学出版社 1985 年版，第 176—181 页。

② 《参谋本部有关在南京附近修建永久工事之事宜》（1934 年），中国第二历史档案馆藏，档案号七八七—2258。

③ 秦孝仪主编：《中华民国重要史料初编 · 对日抗战时期》绪编（3），台北中国国民党中央委员会党史委员会 1981 年编印，第 298 页。

④ 胡哲峰：《抗战前国民党政府国防准备评述》，《军事历史研究》1987 年第 2 期，第 107 页。

⑤ 《参谋本部所拟“南京方面之防御方案”及“对敌袭击首都之防御要领”》（1934 年），中国第二历史档案馆藏，档案号七八七—1994。

针对以上 4 种进攻方式，《南京方面之防御方案》分别作出了应对计划。方案还对指挥系统之南京要塞司令在平时和战时的不同部队配置，以及为抵御一种攻击已由外调集多师于南京城内外各处，警备司令需隶属某军指挥部等项，一一作了说明，但总体来看，该方案内容较为简单。

《首都上下游渡河准备计划》则分别从“龙潭、下蜀方面”“采石镇、和县方面”“东梁山、当涂、江边方面”列明渡河准备要领。①

《南京防守计划》相较于《南京方面之防御方案》之框架和内容，则更为详细具体。该计划从敌情判断、方针、指导要领、兵力部署、水雷阻塞、防空、交通及通信、其他事项等 8 个方面，阐述了防御计划要点。

《对敌袭击首都之防御要领》指出：“欲从长江方面袭取首都，必先于下关或上下游附近各处江面麇集敌舰”“对江内敌舰位置，应随时有详确报告”；同时指出：“军事当局之任务，为作最后抵抗之准备”，且“政事当局应有无论如何不放弃首都之明显决心”②，并从江面警戒、上陆可能等方面阐述其防御要领。

唐生智担任国民政府军事委员会执行部总监期间，也积极行动，认真拟订较为详细的上海、南京防御作战计划。1935 年春，唐拟定了《京沪保卫战军事设想和计划》。该计划听取了著名军事家蒋百里的意见，并得到蒋介石的核准。该计划主张“以上海、杭州湾为第一线，昆山、无锡、苏州、杭州一带为第二线，江阴、镇江为第三线，南京、京杭公路（宁杭公路）为第四线”；同时规定“各线部队应该预先有准备，假如上海的部队打了一个时期要撤退时，则第一线上海、杭州湾的部队撤到浙江以西、皖南一带，整理补充，并在那里准备阵地。以后各线则陆续往后方调动，以作长期抗日、拖死日本人的准备。”③

1931 年九一八事变后至 1935 年华北事变前，南京国民政府在国防准备上尚不充分。当时的国民政府在国内坚持反共内战，拒绝中国共产党团结抗日的倡议，其基本的政治方针仍为“安内攘外为现时我国之国是”④。正是由于这一原因，日

---

① 《参谋本部所拟首都上下游渡河准备计划》（1934 年），中国第二历史档案馆藏，档案号七八七—1980。

② 《参谋本部所拟“南京方面之防御方案”及“对敌袭击首都之防御要领”》（1934 年），中国第二历史档案馆藏，档案号七八七—1994。

③ 唐生智：《卫戍南京之经过》，中国人民政治协商会议全国委员会文史资料研究委员会《南京保卫战》编审组编：《原国民党将领抗日战争亲历记·南京保卫战》，中国文史出版社 1987 年版，第 1 页。

④ 《国民政府军事委员会民国廿五年度国防计划大纲草案》（1936 年），中国第二历史档案馆藏，档案号七八七—1968。

本侵略者对中国国土的一次次蚕食鲸吞，都取得了“相当的成功”。而日本帝国主义不灭亡中国便不甘罢手，国民政府的生存受到严重威胁，国民党当局自身感到“现时整个的国家均陷于非常的状态，环境险恶危急”[①]，如此处境，也迫使其在国防上不得不进行调整，做些应付式的准备。

1933年至1934年间，蒋介石的“安内”工作取得重大进展，历时两月余的反蒋福建事变失败。1935年夏天，日本侵略者悍然发动华北事变，接着又策动了一场使华北脱离中央的“华北自治运动”，事情严重性超乎以往。国民党中央军和东北军相继从河北省撤出，国民党在该省的组织被取缔，省政府从天津迁至保定。

基于上述内外部环境因素的巨大转变，特别是日本唆使导演的这场“以分离华北为目的的自治运动”，使得蒋介石第一次切身感受到事态的严重性，感慨“最后关头”已然到来，“攘外必先安内”的政策再也无法继续执行下去，国民政府的对日政策及相应战略随之也发生了重要变化，在国防准备方面迈出了比较实质性的步伐，从而开始了以御侮为目的的国防准备工作。

自1935年11月国民党召开第五次全国代表大会开始，国民党政策的重心逐渐由对内转向对外、由“剿共”转向抗日。在这次大会上，“国防建设”成为热点关键词。在大会通过的20余个提案中，有约1/3的提案是着眼于或涉及加强国防建设、准备抗战的问题。[②]随着国民党及其政府对内对外政策的转变，其在政治、经济、军事等方面的抗日准备工作，也在百般艰难中有所进展。

就在这一年的5月，德籍军事家亚历山大·冯·法肯豪森担任蒋介石德国军事顾问团总顾问，参与中国的最高机密筹划与各项战争准备工作。法肯豪森判断，华北事变使日本的全面侵华意图更为明显，中日之间的战争将会不可避免。他自感使命重大，上任后立即着手开展以下工作：一、迅速组织可以作战的机动部队；二、尽可能保全长江以南地区（江防和东南沿海的海防列为主要任务）；三、发展自给自足的军事工业。

为此，法肯豪森精心拟写了关于应付时局对策的建议书并上报国民政府，对当时形势进行了详尽分析，提出了很多有价值的看法。他根据以往多年驻日工作经验，以及对日本陆军的深入研究，对未来的中日战争走向进行了较为科学的分

① 《国民政府军事委员会民国廿五年度国防计划大纲草案》（1936年），中国第二历史档案馆藏，档案号七八七—1968。

② 袁武振：《抗日战争前夕南京国民政府的抗战准备述论》，《抗日战争与中国历史——“九一八”事变60周年国际学术讨论会文集》，1991年，第295—296页。

析预测，为国民政府随后的国防计划制定工作提供了参考和依据。在建议书中，他提出了“抗战初期利用黄河、长江两道屏障，阻击日本人”“在长江入口处的江阴沉船，堵塞航道，不让日本军舰进入长江”① 等一系列具体设想。

结合德国军事顾问们的建议，国民政府开始认真考虑国防建设的具体实施问题，从制订作战计划、构筑国防工事、补充装备力量和加强训练演习等多方面进行了积极备战。

至 1937 年全面抗战爆发前，随着南京国民政府政治策略的逐渐变化，其国防军事战略也发生了明显改变。国民政府针对日本陆军作战区域和方向的研判，经历了一个不断深化和细化的过程。形势研判的变化对应着国防计划和作战策略的适时调整。从 1936 年、1937 年这两个年度的国防计划和作战计划中，可以看出国民政府对于敌情、国力的了解程度以及未来抗战战略、战术计划的具体构想，从中也可看出其对日抗战决心、防卫措施的变化情况。其中，江浙地区、京沪一带的防御已渐“作为第一重点”加以重视，并有了从防卫计划到常备兵力部署的详细安排。

1935 年年底至 1936 年年初，国民政府先后拟定了《国防计划大纲》《民国二十五年度国防计划大纲草案》《国防设施纲要草案》和《作战计划》等数份文件，着重于防区的划分，也具体规划了 1936 年的国防军事主要任务。通过预判“暴日现正急进，实现其传统的大陆政策……故其陆军主力便于由东北向西南进展，更仗其海军空军之优势，随时可能于青岛、连云港、长江、杭州湾、福州、厦门等处掩护其陆军之一部任意登陆”②，进而认定“今日我国之预想敌国应以侵略我国最急，加我危害最甚之日本为预想敌国，故凡国防军事一切建设准备，当以日军为对象而筹划之”③。《作战计划》将全国划分为四类区域，包括抗战区 10 个（察哈尔、绥远、河北、山西、山东、河南、江苏、浙江、福建、广东），警备区 4 个（安徽、江西、湖南、广西），绥靖区 4 个（甘肃、陕西、四川、宁夏），其他省份为预备区。从四类区域的划分来看，国民政府显然已明确判断日本在华作战将首先集中于华北和东南沿海各省。④

① 《总顾问法肯豪森关于应付时局对策之建议（抄件）》（1935 年 8 月 20 日），中国第二历史档案馆藏，档案号七八七—2127。

② 《作战计划》（1936 年），中国第二历史档案馆藏，档案号七八七—2131。

③ 《民国二十五年度国防计划大纲草案》（1936 年），中国第二历史档案馆藏，档案号七八七—1968。

④ 张宪文等：《中华民国史》第 2 卷，南京大学出版社 2005 年版，第 361—362 页。

国民政府军方也普遍认为:“京沪一带似为第一重点,平津两地,似为第二重点,浙闽二省,似为第三重点,倘被敌军占领,全局将不堪设想矣。”[①]《国防计划大纲草案》之“抗战区各防卫区阵地”一项,明确“江浙防卫线”为:“右翼由乍澉浦经昆山、常熟、江阴、沿江北湖沿地带以至淮阴,其掩护阵地为镇海、金山、阜宁、涟水之线”;具体部署如下:“江浙防卫区:江苏之海州、淮阴、南通、江阴、昆山、吴兴、宜兴、溧阳各驻兵一师,南京及铜山驻兵二师”;指导要领规定:“开战初期,抗战区各防卫区按预定计划统一指挥下,以游击战斗法各自为战,各保护其卫戍区,不得已时,退至预定最后抵抗线”[②]。在作战计划中,对京沪杭一带的第5集团军兵力部署如下:“京沪方面,以第三十六师、八十七师任第一线之防御,第二十一师任前方之增援;沪杭方面,以第五十五师、五十七师任第一线之防御,以独立四十三旅任前方之增援”[③]。

华北事变后,南京国民政府已经开始转向真正以御侮为目的的国防准备。但直到1936年上半年,蒋介石仍然认为中日战争暂时不会爆发。8月以来,抗日运动在全国多地区不断走向高潮,成都、北海等地先后发生“蓉案”“北海事件”,日军随即做出以战争相威胁的强硬姿态,在其《对华时局处理方针》中提出:国民政府中央对所有事件负责,必须迅速采取杜绝排日活动、迅速调整邦交、降低关税等措施;如果国民政府不满足其条件,日本陆海军将协同作战,固守上海,保障占领青岛;海军负责封锁华中、华南要地,轰炸华中、华南中国航空基地,日本陆军将出兵华北。[④]日方的军事威胁使蒋介石看到形势险峻,感到战争有“随时爆发”的可能,于是作出军事应对部署。9月18日,蒋介石致电何应钦,要求军事机关积极准备。24日,他再次致电何应钦:“据昨今形势,对方已具一逞决心,务令京沪汉各地立即准备一切,严密警戒,俾随时抗战为要。”[⑤]蒋已认识到:“察倭寇素性之横暴,决不能避免战争。而倭寇乃未料及启衅以后,决无谈和之时,非我亡即彼亡,此亦理势之所当然也”[⑥]。

---

① 中国第二历史档案馆编:《国民政府筹备抗战档案史料一组》,《民国档案》1997年第2期,第8页。

② 《民国二十五年度国防计划大纲草案》(1936年),中国第二历史档案馆藏,档案号七八七—1968。

③ 《作战计划》(1936年),中国第二历史档案馆藏,档案号七八七—2131。

④ 日本防卫厅防卫研究所战史室著,天津市政协编译委员会译:《日本海军在中国的作战》,中华书局1991年版,第136—137页。

⑤ 秦孝仪主编:《中华民国重要史料初编·对日抗战时期》绪编(3),台北中国国民党中央委员会党史委员会1981年编印,第673—675页。

⑥ 高素兰编辑:《蒋中正“总统”档案:事略稿本38,民国二十五年八月至十月》(上),台北“国史馆”2010年版,第515页。

陈诚也曾致信蒋介石，认为“就中日问题论，前途终不免一战”“中日间的关系，今日实已至最严重之阶段”。[①]蒋介石强调“应作随时应战准备，并转入主动地位。”[②]

1937年伊始，国民政府更加明显地感觉到，中日之间战争爆发的可能性与日俱增。蒋介石在一次演讲中坦言：“国际风云日恶，中国处境阽危。”[③]在2月召开的国民党五届三中全会上，何应钦在军事报告中称：“近年国际风云日紧，何时发生战事，殊未可料。”[④]当年3月，国民政府参谋本部完成了《民国二十六年度作战计划》（甲、乙案）的制定，其中既包括了对敌情的研判，也有相应的作战预案。

《民国二十六年度作战计划（甲案）》称：“长江下游地区之国军，于开战之初，应首先用全力占领上海，无论如何，必须扑灭在上海之敌军，以为全部作战之核心，尔后直接沿江海岸阻止敌上陆，并对登陆成功之敌，决行攻击而歼灭之。不得已时，逐次后退占领预设阵地，最后须确保乍浦—嘉兴—无锡—江阴之线，以巩卫首都。对杭州湾、江阴之江面，实行封锁，阻绝敌舰之侵入。”[⑤]方案对日军在东南沿海、宁沪杭一带进攻的具体方向判断如下：在长江下游太湖附近地区，日军会利用在上海的根据地，以有力之部队在该地区登陆，协同其海军展开进攻。在杭州湾以南沿海岸的各个要地，日军可能只会有局部的攻击，但对于福州、厦门、汕头等地，日军仍有占领的企图。[⑥]《国防作战计划》提出：“在江浙方面：驻江南部队应集结于京沪线及首都附近，一面任淞沪方面之增援，并相机扑灭上海之敌势力，一面防止长江内敌舰之侵扰，以维护首都。”[⑦]

《民国二十六年度作战计划（乙案）》则指出：“江浙方面：杭州湾—江阴方面务必占领之；海州—镇海—海门，务直接沿海岸破坏敌之登陆之企图”，并对负责该地区的第四方面军当中的首都警卫军部署如下：应集中于南京—浦口—

① 《函呈时弊日亟请迅为根本部署以图挽救危亡》，《陈诚先生书信集——与蒋中正先生往来函电》（上），台北“国史馆”2007年版，第221—222页。

② 高素兰编辑：《蒋中正“总统”档案：事略稿本38，民国二十五年八月至十月》（上），台北“国史馆”2010年版，第548页。

③ 秦孝仪主编：《先“总统”蒋公思想言论总集》卷14，台北中国国民党中央委员会党史委员会1984年编印，第484页。

④ 何应钦：《对五届三中全会军事报告》，《民国丛书第二编·32：何上将抗战期间军事报告》，上海书店1990年版，第36页。

⑤ 《民国二十六年度作战计划（甲案）》（1937年），中国第二历史档案馆藏，档案号七八七—2132。

⑥ 《民国二十六年度作战计划（甲案）》（1937年），中国第二历史档案馆藏，档案号七八七—2132。

⑦ 《作战计划》（1937年），中国第二历史档案馆藏，档案号七八七—2128。

镇江—善湖一带地区，于开战初期，迅速搜荡扑灭敌之潜伏势力及根据地，以策应沪杭一带之作战。对首都警卫军的战斗序列以图表方式列出：首都警卫军下辖第85师（师长陈铁），第77师（师长罗霖），教导总队（总队长桂永清）以及镇江要塞、江宁要塞。[①]同时，国民政府将以首都南京为中心的东南地区置于对日防空的重点区域，将空军飞机（其中能够参战的飞机223架）集中部署于南昌、广德、句容、蚌埠、杭州、南京等地[②]，以便使有限的空军兵力能集中配置使用。

南京城交通四通八达，地势险要，但因背临长江、多面环山，易攻难守。针对南京地区的战备工作，结合其城市地理特点，重点应放在东、南两个方向。参谋本部于1935年制定出《首都要塞计划》《首都警卫计划》《首都方面之防御计划》等一系列方案，这些方案从南京地形、敌情判断、守备方针、阵地选定及编成、筑城要领及工事种类等方面，进行了详细而全面的规划。

对于南京周边及城内城防及工事构筑，参谋本部所秉持的指导思想如下：第一、保证不被敌人包围；第二、万一被敌人包围，能够独立进行作战，打破敌人的包围。

基于这种指导思想，南京城防战备分为江南方面、江北方面和江正面三个层次，以江南方面为南京城防的重点区域。江南方面的防御工事，由内而外又分为三个层次，依次是复郭阵地、外围阵地和警戒阵地。其中，最主要的两个层次是外围阵地和复郭阵地，第三个层次警戒阵地设置在外围阵地前，其依附于外围阵地而存在。南京城内的防御工事，则设立了两个警备区。

城外防御第一层次：警戒阵地设置于“石幔山—汤水镇东南方高地线—土桥镇—湖熟镇—秣陵关、江宁镇一线”。

城外防御第二层次：外围阵地构筑于“栖霞山—金子山—青龙山—银凤山—娘娘凹—淳化镇—方山—幽栖寺—观山—吴殿—行李庄—矶山—大胜关相连之地带扼要编成，共设分派堡二十三个，固定炮台十一个，中间堡二十九个”，两翼均依托长江天堑，形成大弧形阵地。

城外防御第三层次：复郭阵地“为乌龙山—八〇四高地—太平山—银花山—朝阳洞—紫金山东麓—赵家桥西北方高地—石山村—饺儿山—艾村—府山—大苇村—伍家村—头关—上新河镇相连之地带扼要编成，共设分派堡十六个，固定炮台六个，中间堡十七个”。

① 《民国二十六年度作战计划（乙案）》（1937年），中国第二历史档案馆藏，档案号七八七—2133。

② 高晓星、时平：《民国空军的航迹》，海潮出版社1992年版，第249—252页。

围郭则“利用原有幕、虎、狮三炮台及何、杨、马家山炮台，富贵山炮台，雨花台炮台为基干，更于白骨坟西侧五〇五高地，红山、红庙东北方三一、六高地等处添设炮台四座”。[①]

以南京城墙为内郭，沿紫金山、麒麟门、雨花台、下关和幕府山一线为外郭阵地，内郭与外郭相互结合，构成一个完整防御体系。

南京城内则以北极阁、鼓楼和清凉山为界，划分为两个守备区，并在清凉山等制高点，构筑了坚固的核心据点。

江北方面和江正面与全国江防、海防密切相关，从国家总体计划层面看，“先求巩固长江下游之江防”，其次渐及“闽、粤、苏、鲁诸海岸”。长江下游江防便是以江宁、江阴两个要塞为中心，依托有利地形，封锁渡口，扼要构筑分派堡28个、固定炮台8个、中间堡29个。[②]江正面防御则是沿江在乌龙山、煤炭山、幕府山、狮子山、清凉山、大胜关相连地带增设并完善炮台。

从1935年华北事变后到1937年卢沟桥事变前，国民政府在国防上做了初步布置和准备，其中一些国防建设与设计成果经以后的抗战实践证明是比较合理的。在走上抗日道路以后，国民政府为实施抗日计划也付出了积极努力，如分区域制订防御计划、分地块建设国防工事线、开展整军及战略物资储备等，在战略上基本确立“持久战”思想，这对于争取抗战最后胜利具有很大意义。

二　1935年秋季大演习

制定国防计划大纲，确定对敌作战方针，是国防准备的重要环节，而进行军队整理、开展军事演习则是国防准备的重要步骤。

1935年夏，华北事态的恶化迫使蒋介石先是在10月中旬，沿陇海路西调，在平汉线南段沿线集中了10余万军队，他本人在视察河南省时，“命令在黄河上赶做船筏，以防万一”。[③]后又在首都南京附近集结了11个师的兵力，由蒋介石本人亲自担任总指挥，举行了秋季联合大演习。军队在平汉、津浦线南端相继集结兵力，一方面是针对当年日本策动的“华北自治运动”而进行的主动武力展示，另一方面也是为保卫京沪进行的一次提前演练。

---

① 《首都要塞计划》，中国第二历史档案馆藏，档案号七八七—2256。

② 《首都要塞计划》，中国第二历史档案馆藏，档案号七八七—2256。

③ 胡哲峰：《抗战前国民党政府国防准备评述》，《军事历史研究》1987年第2期，第109页。

国民政府军事委员会训练总监部总监唐生智拟定的保卫京沪的战役构想一经确定，中国军事当局便决定选择适当时机，在适当区域，组织一次保卫首都南京的实战演习。1935 年 8 月，唐生智受蒋介石之命指导参谋本部承办人员拟定实战演习的草案。12 月上旬，经多方筹备，在南京周边的苏南大地，国民政府两支装备齐全的多兵种部队，分别以进攻、守卫首都南京为目的，进行了一场激烈的“厮杀”。这便是由蒋介石亲自主持，唐生智亲自指挥的军事演习，史称“民国二十四年度秋季大演习”。

此次演习的筹备经过及演习的各项规定，在《民国二十四年度秋季大演习记事附录》里有详细记载。就当时国际形势而言，“自欧战以来，世界各国，莫不以大战之经验，从事于军备改进，国防建设，而编制装备战术，亦随科学之发达，武器之进步，而日有更张。此种变更，是否适合将来之需要？不能实战证明，乃不得不以假想情况，从事试验，于是各种演习尚焉。近代各国不惜人力财力，于每年秋季举行大演习，以求得各种宝贵之经验。”就国内形势而言，“我国近二十年来，因政局之变迁，军事倥偬，日无宁息！国防准备，尤无暇顾及。九一八以后，国难日深，而国际风云复日益紧迫！非整顿军备，不足以救亡图存，我军事当局亦聚精会神，勉力将事”，经国民政府决定“逐次施行各种演习；虽所得经验亦多，但范围狭小，不易洞悉全豹”，鉴于此，举行大规模的秋季大演习，以“试验过去教育之成绩，并探求编制、装备、战术改进之方针”。①

1935 年 8 月，蒋介石电令唐生智，要求他“负责指导参谋本部承办人员担任筹备，从事计划”，并指示其“先由承办人员拟定大演习筹备事项、预定日历表，将各项事务列举，预定完成日期，以为筹备之准绳”②。同时，唐生智还要负责拟定实战演习的计划草案、教令等内容，并编制预算。

到了 9 月中旬，各种演习草案已经大致就绪。随后，蒋介石又电令指定为演习部队的第 36、第 87 师先后到达南京附近集中整顿。军事委员会召集各相关机关、部队高级人员在参谋本部举行会报，听取各方报告，并会商关于演习部队的编组、各种事务筹备的工作分配，以及统监部的组织、筹备完成期等事项。之后，每周举行一次会报，以达到集思广益、分工合作的效果，进一步完善演习准备工作。

---

① 《参谋本部编印〈民国二十四年度秋季大演习记事附录（第二卷）〉》，中国第二历史档案馆藏，档案号七六七—1420。

② 《参谋本部编印〈民国二十四年度秋季大演习记事附录（第二卷）〉》，中国第二历史档案馆藏，档案号七六七—1420。

10月上旬，参谋本部第一厅主持、计划演习人员，依据拟定的侦察计划赴句容、汤水一带，进行了为期一周的演习地形侦察工作。10月中旬，蒋介石由太原返回南京，召见了唐生智等人，听取其关于演习筹备情形的汇报，仔细询问有关细节，并当面指示演习地点选定的原则、演习科目、大致日程等事项的调整。总监唐生智又立即率领参谋本部人员根据蒋介石的最新指示精神，重新修正演习大纲与指导要领。至此，经考察演习地形、修订演习计划，最终完善形成了以日军为假想敌人的《1935年秋季大演习计划》。

11月初，演习的领导机构和组织实施计划正式出台。成立演习统监部，蒋介石担任统监，唐生智担任演习参谋长。中央陆军军官学校教育长张治中为东军司令官，宪兵司令谷正伦为西军司令官。本次演习共设审判长3名，其中，东、西两军各设审判长1名，另设中央审判长1名。演习领导机构成员安排如下：

演习统监部统监：蒋介石（军事委员会委员长）

参谋长：唐生智（训练总监）

副参谋长：杨杰（参谋本部参谋次长）

熊斌（参谋本部参谋次长）

参谋处主任：刘光（军事委员会办公厅副主任）

东军司令官：张治中（中央陆军军官学校教育长）

西军司令官：谷正伦（首都宪兵司令兼警备司令）

东军审判长：周亚国（训练总监部副监）

西军审判长：张华辅（训练总监部副监）

中央审判长：杨杰（兼）①

随后，国民政府发布参加演习部队的战斗序列，划定演习区域。参加本次演习的主干部队都是陆军中装备优良、训练有素的佼佼者，包括第36师、第87师、教导总队、宪兵部队等。演习选定南京至宜兴天王寺，溧水与溧阳、张渚间一带为演习地域，以京杭公路为东西两军的主要交通线，模拟对抗日军登陆。

张治中率领的东军以第87师、教导总队为基干，集结于宜兴附近，目标任务是向南京方向进攻。谷正伦率领的西军则以第36师、宪兵部队及由中央军校学生编成的第1混成旅为基干，集结于天王寺附近，目标任务是拱卫首都、反击入侵。

---

① 《参谋本部编印〈民国二十四年度秋季大演习记事附录（第二卷）〉》，中国第二历史档案馆藏，档案号七六七—1420。

双方均配有飞机以及炮兵、装甲兵、化学兵、通讯兵等兵种，参加演习的部队总计有5个师4万余人。

演习计划大纲之大意如下：以苏皖赣为根据地的西军谷正伦部，以浙闽为根据地的东军张治中部；演习主力军在安徽省歙县南方地区，一部在安徽广德，江西婺源、彭泽附近，太湖北方地区也有演习部队行动。京杭公路方面，西军以其第5军主力集结天王寺附近，东军以第1军主力集结宜兴附近，两军于集结完毕后，各以积极的企图相对进，在溧阳西侧胡桥、丁山桥之线附近地区发生遭遇战，西军以战略关系，主力不待遭遇战之决战，即利用夜暗，退却于六步山东西之线防守，以一部后卫利用南渡一带的河流湖沼，逐次迟滞东军的追击，演习小部队河川攻防。最后，汽车输送增援部队（第1混成旅）由南京至溧水东南方面，于东军拂晓攻击之际，实施转移攻击，使最后之胜利属于西军谷正伦部，从而实现拱卫首都的目的。①

11月中旬，参谋长唐生智及各审判长根据拟定的教令、指导要领与《审判勤务参考方略》，在陆军大学校内召集会议，详加指示，推进多方演练，训练为期约一周。

11月30日，参加演习的各支部队全部进入指定位置。12月1日，京杭国道上车水马龙，高级的福特轿车，各式吉普车、摩托车和军用卡车，挤满了这条并不宽阔的公路。

演习统监部设在溧阳南渡镇。中午12时前，演习统监部的高级幕僚及参谋处人员陆续抵达，并进入状态。

12月2日清晨，秋季大演习正式开始。双方各以积极之企图向前推进，在位于溧阳西边的胡桥、丁山桥一线发生“遭遇战”。西军谷正伦部从战略上考虑，主力没有参加“遭遇战”的决战，而是利用天黑退至六步山东西一线进行防御。3日，东西两军继续发生“遭遇战”。双方各以轻武器猛烈交火。西军第36师将重点保持在右翼，但因道路状况不好，影响了该部炮兵的调动、配置，导致出现被动局面。

12月4日，东军张治中部主动出击，在进击中被西军后卫阻挡，战局呈现僵持局面，没有进展。6日起，西军转变策略，实施阵地攻击战。同时，派出步兵一营沿途袭击东军的右翼，企图攻击其侧背，从而形成包围，但这使西军兵力过于

① 《参谋本部编印〈民国二十四年度秋季大演习记事附录（第二卷）〉》，中国第二历史档案馆藏，档案号七六七—1420。

分散。在这一阶段的攻击战中，东军也暴露出自己的弱点，即教导总队与第 87 师接合部兵力薄弱，为西军转移攻势提供了机会。

南渡镇一带河流纵横，湖沼遍布。西军利用这一点，逐次迟滞东军的进攻，演练了小部队的河川防守作战。最后，正当东军乘胜追击，发起拂晓攻势之际，西军的增援部队——第 1 混成旅抵达。援军从左翼实施猛烈转移攻击，导致东军进攻功亏一篑。

由于最后关头生力军第 1 混成旅出现，使得战场形势立即逆转，原处于劣势的第 36 师、宪兵部队与援军第 1 混成旅密切配合，对攻势猛烈的东军一部予以“围歼”。12 月 8 日，演习圆满完成既定任务。

演习结束后，总监蒋介石、参谋长唐生智都发表了讲评。

蒋介石称：“这是国军第一次大规模演习，无论在技术上或战术上，虽然成绩不算很坏，但是毕竟免不了有不少重大的缺点。”[①] 蒋介石的讲评内容虽不长，但分量很重。他用“不算很坏”四个字作评，肯定了演习的成绩，但褒扬中也含有严峻成分。发表完整体性讲评后，蒋介石十分严厉地批评了特种部队和炮兵第 4 团不知道爱护兵器和军旗，以及前方指挥官没有注意后方管理等问题。

随后，参谋长唐生智发表了长篇讲评，指出：“秋季演习之目的，固在使各部队于各种战斗方式中，发挥各级指挥官之指挥能力，演练连〔联〕合诸兵种之协同动作，然其要义尤在检讨关于国军编制、装备、教育、训练，诸方面之缺点，以为尔后改良精进之准绳。本演习中，吾人已发现甚多之缺点，获得丰富之教训，甚望诸位能悉心研究，出全副毅力，勇往迈进，期于短期内获得良好成绩，以完成国防准备之基础，则本演习之价值，实甚伟大也。”[②]

接着，唐生智又从军队指挥、诸兵种之协同和对地形的观察、利用三个方面逐一讲评本次演习中存在的问题，总结经验。

在军队指挥方面，唐生智指出，演习过程中存在以下四个方面的问题：一是各部队长官没有做到适时下定决心，发出命令并予以贯彻；二是在兵力使用上，没有做到集中优势兵力于决战方面；三是指挥官没有亲临前线，适时作出决断；四是通讯联络存在诸多缺陷。

---

① 《参谋本部编印〈一九三五年度秋季大演习讲评〉》（1935 年），中国第二历史档案馆藏，档案号七六七—1421。

② 《参谋本部编印〈一九三五年度秋季大演习讲评〉》（1935 年），中国第二历史档案馆藏，档案号七六七—1421。

在诸兵种协同方面，唐生智指出，参加演习部队除了陆军步兵为主力的参战部队外，还有空军、炮兵、装甲兵、防空兵和化学兵等军、兵种，应协同配合作战，但在演习中，存在如下缺陷：一是步、炮间没有良好的协同；二是空、地联络不良；三是战车没有发挥出冲锋、奇袭的作用；四是高炮部队没有很好完成防空任务；五是化学兵的运用不合机宜，等等。

在对地形的观察、利用方面，唐生智指出，应着重就道路、河川和汽车运输等三个方面总结经验，明确需注意的事项，称“在将来实践中，为避免敌空军之威力，应多实施夜行军为有利”，“在许多重叠河川地域之战斗，攻者应以先头部队首先扩大正面，继续以工兵，使接近河岸侦察河川之状况，并决定向有机可乘之地点攻击，防者当利用各河流进行逐次抵抗”①。

除了批评演习过程存在的问题和不足，唐生智也表扬了西军谷正伦部在演习最后阶段适时利用汽车运送第 1 混成旅援军，从而达到胜利“围歼”对方主力目的的成功之举。同时，他再次强调：“大部队之运输易受空军之攻击，亦易发生故障，故应切实注意上空之防护，或利用夜晚以行之。”②

唐生智的这些比较深入、恰当的讲评，在很大程度上切中了中国军队之流弊与要害，得到蒋介石的高度肯定。《秋季大演习讲评》被要求立即印发全军，让官兵们认真研读。

1935 年的“秋季大演习”，因在盛夏时启动计划，预定在“秋季”演习，所以名为“秋季大演习”，但实际进行演习时已是“大雪”节令以后。两年之后，历史出现了惊人的巧合。1937 年 12 月上旬，日本侵略者沿着京杭国道攻向南京，在 12 月 2 日至 8 日这个时间段，在溧阳、溧水、天王寺、句容等地进行了战斗，而在 1935 年 12 月进行的大演习中，东军的进军路线恰好有一路也是沿着京杭国道，逐次向南京攻击前进。演习的时间与两年之后南京保卫战发生的时间都是 12 月，此为第一重巧合；演习地点与南京保卫战外围阵地战斗区域也惊人的吻合，此为第二重巧合；参加演习部队与颁布的南京卫戍军战斗序列中都有第 36 师、第 87 师、教导总队以及宪兵部队等，这是第三重巧合；唐生智不仅参加了演习，担任参谋长，还是后来南京保卫战的最高指挥官，这是第四重巧合。但遗憾的是，本次演习中

① 《参谋本部编印〈一九三五年度秋季大演习讲评〉》（1935 年），中国第二历史档案馆藏，档案号七六七—1421。

② 《参谋本部编印〈一九三五年度秋季大演习讲评〉》（1935 年），中国第二历史档案馆藏，档案号七六七—1421。

所发现的问题与不足，所积累的经验与教训，并未能在日后的实践中收到理想的改进效果。

中日两军在东部战场的较量，势在必行。国民政府军事部门预做实战计划，认真组织军事演习，借以提高部队未来抗敌的战斗力，所有这些比较主动、积极的努力，都为日后的淞沪会战、南京保卫战，在思想认识上、战略战术上做了有益准备。

三　防空演习

在抗战初期的多次对敌战斗中，包括蒋介石嫡系中央军在内的许多成建制部队，在日机的狂轰滥炸下伤亡殆尽，牺牲很大。1932 年一·二八事变后，日军航空队对上海进行狂轰滥炸，关于“日本要轰炸首都的流言”也传遍南京全城，国人“无空防即无国防”的呼声渐高。当年 8 月，参谋本部通过《南京方面之防御方案》，发布《民间防空准备办法》，规定在南京警备司令部内设置防空校官一名，专门负责防空工作。9 月，参谋本部在修订《南京临时防空计划》时指出：“积极防空因器材缺乏及时间迫促关系，势所难能，故拟采用守势防空，以备万一。”[①]

所谓积极防空，是指用绝对优势的空军，从根本上消灭敌人的空中势力，以确保自身空中的安全。所谓守势防空，即消极防空，是指用必要的空军和地上防空部队，阻止敌人的空中攻击，并在平时对民众施以对空防护的组织和训练，在敌人空军侵入领空的时候，采取有力处置，以减少受害的程度。当时的中日军事实力对比差距较大，因此战前国民政府的防空准备基本上采取消极防空。

1933 年 3 月，南京警备司令部又制定了《南京警备司令部呈报之南京警卫计划》，内容基本与《南京临时防空计划》相同。同时，国民党中央党部制定的《中央党部防空计划书》指出，应对首都南京的重要之处一一加以规划，提出“对于一些特别重要之处，如孙中山陵墓、中央党部、中央广播电台等应当有专门的防空部署”[②]。

防空事务“在平时虽有相当之准备，如至战时受敌机空袭，民众究应如何应付，仍是盲然”，而组织防空演习是提高训练水平的重要方式，“既可审察设施情形，

① 《南京临时防空计划》（1932 年 9 月），中国第二历史档案馆藏，档案号七八七—17017。

② 《中央党部防空计划及有关文电》（1934 年 5 月—11 月），中国第二历史档案馆藏，档案号七八七—17019。

并可唤起民众觉悟。”[①]

鉴于此，国民政府在积极推进防空基础设施建设的同时，也加快了防空宣传、组织都市防空演习的步伐。国民政府组织了两次重要的防空演习，一次是1934年11月的“首都防空演习”，另一次是1935年11月举行的“京杭镇联合防空演习”。

首次首都防空演习

1934年，在全国抗日浪潮和各方有识之士的推动下，国民政府于当年11月下旬，在南京举行了“首都防空演习”。此次演习，是中国历史上第一次防空大演习。

1934年8月，军事委员会成立防空处，指导南京的防空建设。防空处下设积极防空、消极防空、防空情报等科。处长由学成归国不久的防空学校校长、防空专家黄镇球担任。

黄镇球（1898—1979），字剑灵，广东梅县人，早年先后就读于黄埔陆军小学、湖北陆军第二预备学校和保定陆军军官学校，曾加入同盟会，参加过东征战役、北伐战争，曾任国民革命军旅长、师长。1929年黄镇球赴德国研习防空学，并赴英、法、意、奥、比、瑞等国考察防空事业，1934年7月任防空学校校长，全面抗战爆发后，历任军事委员会防空副司令、航空委员会防空总监、后方勤务总司令等职。他是民国时期著名的防空专家，建立和发展了中国的消极防空、积极防空和防空情报体系，受到美国总统罗斯福的嘉奖，荣获美国自由勋章和国民政府青天白日勋章。[②]

防空处成立伊始，在蒋介石的授意下，被委以重任的黄镇球全力组织筹备“首都防空演习”事宜。据时任防空处办事处主任曹宝清回忆，当时在积极防空方面，包括利用津浦、京（南京）沪、京杭沿线及长江两岸各地炮台、电话加以短期训练；设置防空监视哨，组织南京防空情报网。消极防空方面，包括组织民间防空，成立警报大队、消防大队、交通管制大队、灯火管制大队，等等。[③]

为加强首次演习的组织指挥和力量协调，蒋介石还特令军事委员会办公厅召集军委会有关部门和行政院、监察院等五院院长开会，专门研究防空演习事宜。1934年5月，会议如期召开，黄镇球在会上就防空演习计划和实施方案作了详细报告。关于演习目的，报告称：“南京为我国首都，地近海滨，长江蜿蜒其侧，

① 《空军五年建设及防空计划》（1932年），中国第二历史档案馆藏，档案号七八七—16963。

② 赵华能：《南京沦陷前的防空准备》，《民国春秋》2000年第6期，第12页。

③ 曹宝清、丁普明：《抗日战争时期南京的防空》，廖利明编：《南京保卫战文史资料》，南京出版社2019年版，第473页。

一旦战争爆发，最为敌机良好之目标，加之防空部队，训练尚未成熟，民众防空思想，均属幼稚，如受敌机空袭，举动难免失措。故此次防空演习，即训练积极、消极防空方法，灌输人民以防空知识，俾于空袭时，得有适当之处置及敏捷之动作，以期减少敌机之损害，而巩固我首都之安全。”[①]

会上，各方就演习的组织实施达成共识，经会议研究决定如下事项：

1. 由防空学校召集驻南京地区的军、警、宪及各政府机关有关人员在杭州接受短期防空集训，熟悉演习预案和应办事项；

2. 立即着手建立南京地区民众防护团和通信单位，让其接受防空训练和统一指导；

3. 加强民防勤务训练，由防空学校负责派员来南京对基层单位民防人员进行训练；

4. 一切准备工作包括人、财、物、组织、技术、训练等，务必于演习之前筹备完成。[②]

随后，国民政府又征调了京沪杭铁路、公路沿线及江苏、浙江两省的各电报、电话工作人员到防空学校接受防空情报训练，随即加以任务编组，并派遣当时仅有的高炮部队和高射机枪分队先期开赴南京地区构筑阵地，开展对空射击训练。同时集中中央军校、步兵学校、教导总队、江宁要塞及南京各机关学校的防空工作人员进行先期训练，并成立有航空委员会和空军人员参加的演习协调小组，以加强陆空协调联系，实施统一指挥。

9月28日，演习期近，行政院转发《首都防空演习各机关应行准备之事项》给内政部，同时抄送军事委员会，其内容包括“各机关于防空上应行准备之警报、传达、防空、通信、灯火管制、消防、防毒、救护、避难诸项”[③]。由南京市人民自卫指导委员会印发《南京市各机关及民众对于灯火管制应行准备及注意事项》，共8页，图文并茂，通俗易懂。

筹办演习期间，“许多市民不明了防空演习的用意，竟大惊小怪起来，以为有甚么战事发生”[④]，因此，在积极建设防空设施的同时，为确保演习效果，防空

① 赵华能：《南京沦陷前的防空准备》，《民国春秋》2000年第6期，第13页。

② 王作化：《中国历史上第一次防空大演习》，《纵横》2005年第2期，第57—59页。

③《首都各机关对于防空演习及灯火管制应行准备注意事项》（1934年9月—10月），中国第二历史档案馆藏，档案号一二（6）—2716。

④ 南京市地方志编纂委员会编：《南京人民防空志》，深圳海天出版社1994年版，第378页。

宣传也没有放松。军事委员会组织开展全市公开防空宣传，在正式演习开始前，于11月13日至19日，举行了“首都防空宣传周”活动，内容包括党政军要人作防空演讲、宣传员进行定点或挨家上门宣传、印发各种宣传材料计80余万份、在主要街道悬挂或张贴大幅标语等。

首次南京防空演习采取统裁及派员方式进行裁判。演习前，由军事委员会成立统裁部，任命参谋本部次长贺耀组为统裁，南京警备司令谷正伦、首都警察厅长陈焯任副统裁，具体指挥演习各项事宜。

统裁部下设全盘指导班、航空组、高射炮组、防空小炮（高射机枪）组、通信组、灯火管制组、交通管制组、警备组、警报组、烟雾组、消防组、救护组、防毒组、工务组等。各组评判官由南京市市长，内政部和交通部次长，南京警备司令部参谋长，航空学校和防空学校、炮兵学校、警官高等学校校长，兵工署和卫生署署长，津浦路管委会委员长及南京发电厂厂长等担任。①

9月1日，统裁部给航空委员会发电报，请其拨派飞机参加演习。9月5日，航空委员会复电，批准由驻扎在杭州的空军第6大队拨派9架霍克Ⅲ式飞机，由队长高志航亲自率领前往南京，作为防御机。11月9日，军事委员会航空学校派可塞机9架作为演习中的敌方攻击机。

演习按照积极防空、防空情报和消极防空3个系统组织演习部队。最终确定参加演习的积极防空部队如下：攻击航空队由中央航空学校33名官兵充任，防御航空队由空军第6大队10名官兵充任，防空高射炮部队由防空学校75高炮营434名官兵充任。高射小炮队由军队重兵器连、军校教导总队两个小炮队和步校小炮连522名官兵和学员充任。

其他地面参演部队，执行消极防空的有：交通管制大队886人，灯火管制大队1503人，消防大队448人，工务大队566人，防毒大队401人，救护大队703人，烟幕大队307人，警备大队3942人。以上人员共计8756人。②

空情接收由防空处呈准军事委员会，暂调南京警备司令部之中央通信所充任，设于香林寺防空处内，计有官兵210人。

以上参演各类人员共10190人。警报网依都市各要点设3处汽笛警报，6处电流回声器警报，另在各要道口警察岗楼设警铃警报。演习总指挥部设在位于南京

① 王作化：《中国历史上第一次防空大演习》，《纵横》2005年第2期，第57—59页。

② 赵华能：《南京沦陷前的防空准备》，《民国春秋》2000年第6期，第13页。

鸡鸣寺的防空情报所。根据演习内容不同，整个参演地域划分为防空监视地带、飞机战斗地带、听测地带、高射炮射击地带、警备区、灯火管制区等。

这场演习分5个部分进行：第一次演习主要内容为防空部队对空作战；第二次主要内容为施放烟幕弹；第三次和第四次演习内容侧重于灯火管制、照测动作及试放照明弹；第五次演习内容为消除空袭后果。

11月21日上午7时40分，经过精心筹备的首都防空大演习拉开序幕。演习指导班派出的广播车在南京各主要街道和居民区广播演习注意事项，敦促市民遵守演习规则。相关演习地段市民在工作人员的指导下，紧急跑向防空掩体或安全地带进行隐蔽。南京各重要路口由全副武装的宪兵和警察实施戒严和交通管制，胸佩演习标志的工作人员，迅速指挥着来往车辆和人群进行疏散隐蔽。此时，演习中的敌攻击大队9架飞机已由上海虹桥机场起飞，并沿沪宁线向南京迫近。

7时55分，南京接报后立即拉响警报，演习正式开始。8时30分，驻防于南京大校场机场的9架防御驱逐机起飞迎敌，在句容上空与“敌机”激战，10分钟后“敌机”退却。激战中，南京各要点的防空高炮、高射机枪响成一片。有几幢楼房被“敌机”击中，顷刻间黑烟滚滚，10余辆消防车赶到被炸现场开始灭火工作。烟雾弥漫之中，几辆救护车也赶赴现场抢救“伤员”。

当日下午，进行了施放烟火演习。晚上，进行了灯火管制和试放照明弹演习。11月22日上午按计划进行消除空袭后果的演习。

以下是参加此次演习的曹宝清、丁普明（时任南京空军站总站长）对部分演习经过的回忆：

由南京空军总站派出飞机三架绕至苏州迤〔以〕东返航，此时作为发现，假设敌机由上海向南京成队空袭，高度一万尺。敌机所经过之各监视哨，将敌机架数、方向、高度、机种等分别报告南京防空指挥部，断定空袭南京，即发出空袭警报。南京机场警戒之飞机，即时起飞迎击，时间约30分钟左右，使飞机高度能达15000尺，取得制空权。高射部队也就准备射击位置。民众听空袭警报后，按平时规定之防空壕进入隐蔽。各消极防空（包括救护、消防、工务、消毒、交通管制、警戒等）都出动，做好准备。南京防空指挥部根据防空监视哨报告，敌机已逼近南京上空，即发出紧急警报，这时只有空军和高射部队对敌机作战，规定敌机以红色信号弹代替炸弹，绿色信号弹代替燃烧弹。各消防、救护、工务等大队见敌机投下炸弹或燃烧弹，即按指定地点实施各项抢救工作。及敌机离开南京上空相当距离时，即发出解除警报，恢复原状。使用之警报器，除电笛外，并用手摇警报器、铜锣、号音等为辅。警报之区别，以音响之长短规定之。①

演习期间，演习区域上空飞机轰鸣，地面炮声隆隆，探照灯光柱四射，军警的警笛声和消防车、救护车的鸣叫声交织在一起，整个南京地区笼罩在一派“战争”气氛之中，演习场面颇为真实壮观。

11 月 22 日上午 9 时，演习结束后，参加演习的各级干部和全国 21 个省市参观代表齐聚中央军校大礼堂，听取蒋介石、贺耀组的讲评。各评判官也对演习进行了评判，表示肯定的有 21 处，指出存在的缺点共 36 处，需要改进的共 57 处。②蒋介石对此次演习评价很高，称赞为“第一次的创举”。他提出：“希望大家对这次演习所得到的经验和教训，要格外重视，以后要本着这些经验和教训，来继续不断地研究改进，努力向上。”③

这次防空大演习，引起全国各地的高度重视。实际演习中，有 21 个省、市派代表抵南京现场参观，各大报刊都给予重点报道，进行防空知识的宣传。同时这场演习也引起了国外的极大关注，不仅美、英等西方国家派出军事观察员前来观察，蓄谋发动全面侵华战争的日本也派出大批间谍前来搜集情报。

首次南京防空演习是防空事业从书本知识、宣传教育到实际训练的一个转折，是中国历史上第一次国土防空实地演习，也是一次较为成功的大规模城市防空演练，它不仅增强了当时人们的国土防空意识和防空知识，而且为全面抗战后的城市防空奠定了基础。为了纪念这次南京防空大演习，1940 年国民政府颁布命令，将每年的 11 月 21 日这天定为“防空节”。

京杭镇联合防空演习

1934 年的首次南京防空演习，“成绩虽称完满，但以事属创举，一切措施，仍多待改善。”④1935 年后，在南京防空大演习的影响下，南昌、九江、杭州等地

① 曹宝清、丁普明：《抗日战争时期南京的防空》，中国人民政治协商会议全国委员会文史资料委员会编：《文史资料存稿选编·军事机构》上册，中国文史出版社 2002 年版，第 606—607 页。

② 南京地方志编纂委员会编：《南京人民防空志》，深圳海天出版社 1994 年版，第 101 页。

③ 台北军史研究编纂会：《抗战胜利四十周年论文集》（上），台北黎明文化事业股份有限公司 1986 年版，第 675 页。

④ 赵炳坤、刘炳炎：《京镇杭联合防空演习记事》，军事委员会防空委员会 1936 年印行，第 2 页。

先后举办了防空演习，以加强防空力量。其中规模最大、影响最大的，要数 1935 年秋季的“京杭镇联合防空演习”。

1935 年 3 月 1 日，为进一步推进防空建设，军事委员会将防空处改组为防空委员会，杨杰担任主任，黄镇球担任副主任。为加强对首都南京及其毗邻城市防空经验的推广，进一步提高民众防空技能，国民政府指示防空委员会成立后，即拟从事筹备京（南京）、沪（上海）、镇（镇江）联合防空演习，“以扩大防空知识之训练，用作战时之准备”。但是，后来考虑到上海“因地理关系，情形复杂，诸多滞碍”，于是又决定改为“京（南京）杭（杭州）镇（镇江）联合防空演习”①，目的是进一步加强对首都南京和东南沿海地带的防护。

军事当局决定于 1935 年 11 月 28 日至 30 日在南京、杭州、镇江三地举行联合防空演习，重点演练监视哨所勤务、夜间灯火管制、空中及地面战斗、各防空协同动作以及警备勤务等。演习地域涵盖南京市的江宁、江浦、句容、六合等县及江宁要塞司令部，杭州市、镇江市的全部，沿沪杭甬铁路，以及京沪铁路、京杭国道的一部，兼江阴要塞、镇江要塞，十分广泛。

防空委员会受命组织此次联合演习，“为求筹备便利起见，关于南京方面者，由防空委员会担任筹备首都防空演习一切事宜”②；杭州方面防空演习一切事宜，由航空学校、防空学校和浙江省保安处负责筹备；镇江方面防空演习一切事宜，由江苏省保安处负责筹备。各铁路和要塞，由各路局及各要塞司令部，分别担任筹备各处之防空演习一切事宜。空军由航空委员会随时派飞机参加。③

在演习筹备期间，各负责单位采取各类积极措施。为达到演习效果，防空委员会注重抓好事前宣传，尤其重视民众防空教育宣传。一是编制了“防空须知”，印成小册子和标语，发给全体市民；二是发动全市中小学生在主要街头及娱乐场所讲演防空知识。镇江防空演习指挥部还组织举办了多个防空教育培训班，为地方培养了大批急需的防空人才和骨干力量。

11 月中旬，成立演习统监部，任命军事委员会训练总监唐生智为统监，坐镇南京指挥，任命参谋次长熊斌为副统监，驻守杭州指挥，任命军事委员会训练副总监周亚卫为副统监，驻守镇江指挥。

11 月 20 日，军事委员会、行政院等单位组成联合检查组，分片检查各机关、

① 赵炳坤、刘炳炎：《京镇杭联合防空演习记事》，军事委员会防空委员会 1936 年印行，第 2 页。
② 赵炳坤、刘炳炎：《京镇杭联合防空演习记事》，军事委员会防空委员会 1936 年印行，第 3 页。
③ 赵炳坤、刘炳炎：《京镇杭联合防空演习记事》，军事委员会防空委员会 1936 年印行，第 3 页。

学校、部队的防空警报装置和通信、灯火管制、消防、防毒、救护、伪装等设施。行政院秘书长褚民谊率领的第二检查组连续检查了 4 天。

11 月 24 日 9 时，防空委员会主任杨杰、副主任黄镇球等在南京公共体育场检阅了首都防空演习部队 18000 人。本次演习部队依照之前的首都防空演习构成，分积极防空、消极防空和防空情报 3 支队伍。

11 月 28 日，京杭镇联合防空演习开始。此次演习经过充分准备，声势浩大。当日上午，防空司令部派出 9 架飞机分 4 路进行侦察，训练各地监视哨对空勤务。晚 8 时，空袭警报拉响，开启灯火管制，全城灯火关闭，街上行人车辆除领有通行证的，一律禁止通行。中央社记者随同演习部队上街巡视，“其时微雨蒙蒙，阴云密布，全城顿入静默状态，益增恐怖情悸”。进行灯火管制和防毒演习时市民表现较好。《大公报》报道说：“发空袭警报，室外灯火即行熄灭，交通管制队亦指示行人趋入避难所”，当假想敌飞机来临，紧急警报拉响，顿时“全城室内外灯火完全关闭，交通亦停止，秩序极佳”，举行防毒演习时，假想“敌机掷投瓦斯弹时，官兵并戴防毒面具，动作极为迅速”①。11 月 30 日上午，京杭镇联合演习结束。

统监唐生智对此次演习讲评如下：“谓此次演习成绩较去年进步……各部队尤其空军部队，仍能依预定程序演习完毕，童军及男女学生努力参加，亦极可称赞，惟交通及灯火管制尚未做到理想境界，应再改良”②。

评判官对演习项目逐一进行讲评，认为“此次演习成绩，较去年大有进步，概括论之，司令部经过状态，镇静而确实，司令官对待情况，处置裕如”，同时也指出：“有优点 51 条、缺点和须改进事项 76 条”③。

防空委员会对演习过程中的每一个环节都进行了认真总结，并针对出现的问题提出了详尽的改进意见。杨杰、黄镇球对此次防空演习也给予了很高的评价。

国民政府官员纷纷或发来贺电，或为演习题词。国民政府主席林森题词“周详缜密”，于右任题“自卫之耀”，孙科题“巩我国防”，居正题“逢时利器”，蒋介石题“巩我空防”，冯玉祥题“鸷以鹰扬，巩我空防；威如凤举，恢我疆圉；惟同志兮努力，以尽国民之天职”④。

---

① 《京杭镇三地防空演习完毕》，天津《大公报》1935 年 12 月 1 日。

② 《京杭镇三地防空演习完毕》，天津《大公报》1935 年 12 月 1 日。

③ 南京地方志编纂委员会编：《南京人民防空志》，深圳海天出版社 1994 年版，第 113 页。

④ 赵华能：《南京沦陷前的防空准备》，《民国春秋》2000 年第 6 期，第 14 页。

这次联合防空演习，是国民政府防空史上首次跨省市大规模、大范围的防空演习，也是全面抗战爆发前国民政府专门针对日本侵略而进行的大范围防空专项联合演习。通过此次演习，东南沿海地区的防空情报布置、民防的设施和组织以及军队的配备，都得到补充和完善，初步形成了较为严密的首都防空圈。

以上两次针对南京地区的防空大演习，既锻炼了队伍，检验了防空设施，也使南京市民受到了深刻的防空教育。

事实上，国民政府军事委员会1935年组织的“民国二十四年度秋季大演习”不仅有陆地演习，“航空方面演习”也是整个大演习的重要内容之一。此次“航空方面演习”1935年11月酝酿计划，12月2日至6日正式演习。参加演习的飞机有66架，官兵512人。

在《中华民国二十四年度秋季大演习记事附录》中，关于“航空方面演习”有如下记载：

本年度演习，关于空军方面筹备之事项由航空委员会负责办理，自十一月上旬起，即开始筹备，并由第一处详细计划。关于部队之编组，人员之配合及器材之分拨：航委会为明了本年度演习之一般结构及陆空军相互连〔联〕系之必要事项起见，于十一月中旬，派遣刘芳秀，邢铲非等，由南昌飞京接洽，此后筹备各项，已次第就绪，立即遵照战斗序列，从事编组，任命空军部队训练处邢副主任铲非为东军航空各大队队长，孙琰副之，大队部直属飞机三架。所属第一队（轰炸）以原空军第一队诺斯罗卜机九架编成；第二队（驱逐）由航校霍克机九架编成；（侦察）以原空军第十二队之一部可塞机六架编成。任命航空委员〔会〕第二处刘副处长芳秀为西军航空大队队长，崔沧石副之，大队部直属飞机三架。所属第十一队（驱逐）以京第七、八两队之费亚提机及伯卖责达机共十二架编成；（侦察）以原空军第十二队之一部可塞机、达格拉斯机共六架编成；另设特务队委黄正裕为队长，以航委会诺斯罗卜机九架编成。惟此次各队之编成，困难实多，因原有侦察队（第十二队）照相及通信装备不敷使用，故参加演习时侦察机之选定成两军编组之最大问题，不得已乃将空军第十二队分为两队，分属东西两军，除该队原有之通信设备及照相外，更由训练处拨达格拉斯机二架，由轰炸队拨斜照相机二架，于必要时用轰炸机（诺机）行垂直照相，至此参加演习之侦察机始行选定。关于通信班、照相班、补给班，因平时无大队组织，勉将原有空军部队训练处所属照相人员及南昌总站人员数名编为两组，分属东西两军，至此大队组织始完成。综计此次参加演习飞机六十六架，官兵五百一十二员名。十二月二十四日动员，二十八日到达南京杭州按想定所示就演习准备位置。十二月二日进入演习情况，六日演习完毕，八日分返原驻扎地点归还建制，此筹备经过大概情形也。①

对此次大演习中防空部队的表现，《一九三五年度秋季大演习讲评》也有详细评述：关于空军之训练方面，“此次演习空军人员大多偏重飞行技术，而疏忽于战术”，因此，此后空军之训练，“务须于战术方面多加注重为要”；关于空军侦察人才之养成方面，“侦察人才，尚少养成”“急须提倡奖励之”，且“必须于战略战术有甚深之研究……能发见重大之情况”者才能胜任；关于军司令部中设置空军幕僚之必要性方面，指出“为发挥空军效能起见，凡须配属航空队之高等司令部中，均应分别设置航空部长或航空参谋……俾拟定空军一切计划及为司令官关于空军使用之顾问，以发挥其效能……故须于编制中应增设航空部长或航空参谋之固定员缺，以主管指挥空军之业务，实属必要”。②

1936年以后，中日关系日益紧张，全国普遍举行了防空演习。1936年7月4日至5日，举行了杭州防空演习；11月23日至24日，举行了苏、常、锡、武、澄防空演习。大敌当前，民众积极参与防空演习，效果良好。

除加强实战演习外，国民政府还于1935年6月在南京举办了防空展览会，历时14天，参观人数达30余万人，产生了积极的社会影响。③为使防空知识普及于民众，“其他如防空影片、防空标语，凡可以增益人民之防空知识技能或促使注意防空建设者均经一一举办。”④

全面抗战爆发后，日军以占有绝对优势的日本陆海军航空队频繁轰炸中国的重要城市、港口和交通要道，而首都南京更成为日军空袭的重要目标。空袭对南京造成的损失相对较小。这与战前南京的防空事业准备较为充分，并曾多次举行防空大演习，积极开展针对民众的防空宣传活动，有着密不可分的关系。

① 参谋本部编印：《中华民国二十四年度秋季大演习记事附录》第二卷，中国第二历史档案馆藏民国图书，第11—12页。

② 《参谋本部编印〈一九三五年度秋季大演习讲评〉》（1935年），中国第二历史档案馆藏，档案号七六七—1421。

③ 《空军沿革史初稿》，中国第二历史档案馆藏，档案号七八七—581。

④ 《防空设施及抗战经过概要》，中国第二历史档案馆藏，档案号七八七—17029。

四　全面抗战爆发后南京防御作战方案

全面抗战爆发后，国民政府在淞沪战场投放近70万兵力，与日本侵略者展开激战。身在首都南京的政要聚集起来，商讨对日作战办法，南京的防御工作也在加紧进行。

关于首都南京的防御问题，蒋介石早先已有考虑。他责成南京警备司令部拟定南京防御计划，并由当时的军事委员会执行部领导其事。军事委员会执行部是主管国防工事的一个机构，由该部训练总监唐生智监管相关工作，办公地点附设在百子亭唐公馆。南京警备司令部是具体负责制定阵地编成、火力配置及工事构筑计划的机构，司令由宪兵司令谷正伦兼任，司令部附设在道署街宪兵司令部里面一所旧式平房内。

时任南京警备司令部（后改编为首都警卫军司令部）参谋处参谋程奎朗事后回忆："当时警备司令部参谋处拟定南京防守计划，是以决战防御的目的，选定大胜关、牛首山、方山、淳化镇、大连山、汤山、龙潭等处原城塞组既设永久工事之线为主阵地，简称东南阵地；以雨花台、紫金山、银孔山、杨坊山、红土山、幕府山、乌龙山之线为预备阵地（亦称复廓阵地）；在长江北岸，以浦口镇为核心，由划子口沿点将台（浦口北面高地）到江浦县西端为主阵地，与东南阵地夹江形成一环形要塞。"①

随着上海战情的变化，进一步完善首都南京的防御设施，则显得更为紧迫。1937年9月上旬，蒋介石先后电令何应钦、谷正伦等人，部署组织首都附近各线阵地赶筑工事事宜。在给何应钦的电文中，蒋介石专门督促赶筑南京附近各阵地工事。②何应钦在收到电文的次日便给谷正伦、桂永清发去代电稿。随后，南京军民冒着敌机的轰炸、扫射，投入城防的碉堡、战壕的赶修工作中。

11月16日，《第三战区第三期作战计划》要求以"巩卫首都"之目的，"抽较次之三至五个师，回任首都之巩卫，并预先构筑工事"。该计划全文内容如下：

---

① 程奎朗:《南京复廓阵地的构筑及守城战斗》，中国人民政治协商会议全国委员会文史资料研究委员会《南京保卫战》编审组编:《原国民党将领抗日战争亲历记·南京保卫战》，中国文史出版社1987年版，第37页。

② 《蒋介石致何应钦电》（1937年9月2日），中国第二历史档案馆编:《抗日战争正面战场》上册，江苏古籍出版社1987年版，第395页。

第一　方针

为打破敌由杭州湾方面包围我军之企图，并巩固首都起见：京沪线方面，应利用既设工事，节约兵力；抽调一部，转用于沪杭线方面，阻止敌之发展。同时抽调一部，巩卫首都；待后续兵团到达，以广德为中心，转移攻势，压迫敌于钱塘江附近而歼灭之。

第二　指导要领

一、京沪线方面，务以最小限之兵力，利用吴福线工事，阻止该方面之敌；不得已时，转进于锡澄、宜（宜兴）、武（武进）等阵地，节节抗战。

二、由京沪线抽调约两个师，（除第七军）经宜兴、长兴，进出吴兴，归张发奎指挥，同时以炮兵大部转用于沪杭方面。另抽较次之三至五个师，回任首都之巩卫，并预先构筑工事。

三、沪杭线方面，应扼守崇德、石湾、南浔线及临平、吴兴线，最后应以刘建绪所部（第十集团军）退守杭州附近，第七军之徐、程两师，退守长兴附近，待川军到达后，一齐转移攻势。

四、续到之川军六个师，车运者，由南京用汽车输送至广德附近，船运者，由芜湖、宣城，再用汽车输送至宁国附近集中；置重点于广德方面，攻击沪杭方面之敌。

五、京沪方面不堪作战之部队，及可抽出之资材应即运送后方。①

11月底，根据首都卫戍部队最初的战斗序列，已经接受南京卫戍司令长官任命的唐生智，在南京现有驻守部队和物质条件的基础上，策定了南京城防御计划——《首都保卫军作战计划》，该计划对防御方针、指导要领、兵团部署等进行了详尽安排，内容如下：

第一　方针

保卫军为使第三战区主力军作战容易之目的，即利用雨花台、天堡城、红山及幕府山已完成之骨干工事，编成核心阵地，强韧守备南京，以牵制敌军。

第二　指导要领

一、要塞以全力掩护长江封锁线，并协同核心守备队之战斗。

① 《第三战区第三期作战计划》（1937年11月16日），中国第二历史档案馆编：《南京保卫战档案》第6册，南京出版社2018年版，第440—442页。

二、核心阵地，虽寸土不让敌军，各守备部队须作物资及械弹上准备，俾具独立作战之能力。

三、各守备地区应多筑掩蔽部，并赶筑永久与野战工事及速编成坚固障碍物。

四、各部队对于既设阵地工事位置，应预先检查修补，并多作战斗预行演习。

第三　兵团部署

一、第八十八师以主力位置于雨花台附近，任水西门、中华门至武定门及雨花台之守备。

二、第三十六师以主力位置于龙王庙附近，担任玄武门、红山、幕府山至挹江门之守备，并与幕府要塞协同作战。

三、教导总队以主力位置于小营（中央军校西），担任光华门、中山门至太平门及天堡城之守备，并以一团归要塞邵百昌司令指挥，任乌龙山要塞守备。

四、宪兵队以主力位置于清凉山附近，担任定淮门及汉中门及清凉山之守备，并于龙潭、汤水、淳化等处各派兵一连，处置退回之散兵，待命撤回。

五、警察队担任城内秩序之维持及交通点、重要仓库、自来水塔、电灯厂等处之守护。

六、要塞部队固守乌龙山、幕府山之要塞地区，并掩护长江封锁线。

七、防空队以七公分五高射炮位置于五台山附近，其余分别位置于大校场及下关等处，主任城市、大校场、轮渡、自来水塔、电灯厂之掩护。

八、运输、通讯、卫生、补给等项，另行拟定计划。①

《首都保卫军作战计划》之要点：一是利用雨花台、天堡城、红山及幕府山已完成的骨干工事，编成核心阵地；二是命要塞用全力掩护长江封锁线，并协同核心守备队战斗；三是各守备部队须做物质及械弹上的准备，且都要有独立作战之能力。②

12月1日，蒋介石率部“巡视环城四周之防务……甚为满意”③。《申报》在12月2日对此进行了报道：“中国军队现正积极预备南京城郊之防御工事，蒋介石将军日昨对新建防御工事视察一周后，至表满意。现在南京城门除有十门已经用障碍物关闭外，其余十三门仍照常大开，城中各处均筑行战壕，街衢交通要点均置沙包电网，城外各军事要点亦均布置炮位、埋藏地雷。目前南京驻军约五万人，

① 《首都保卫军作战计划》（1937年11月），中国第二历史档案馆藏，档案号七八七—7593。

② 吴相湘编著：《第二次中日战争史》上册，台北综合月刊社1973年版，第399页。

③ 《蒋介石巡视南京防务》，《申报》1937年12月1日。

日内尚有继续开来者。此种大规模之守城准备，实证明中国当局一息尚存、一弹尚在均必死守南京之宣言。”①

国民政府对首都南京的防御部署，显示出“中国之抵抗力量决不动摇，日军仍有一兵一卒在中国土地，中国均坚决抗战到底”的决心。

五 “短期固守”方针的确定

早在八一三淞沪战事伊始，日军即在淞沪战场开战的同时，多次派出飞机袭扰南京城区。11 月中旬开始，战火日益向南京方向蔓延，南京国民政府组织各政府机关和部门、高校、科研院所及医疗机构等西迁。就在淞沪战场上的日军指挥官和远在东京的决策者争辩是否有必要立即攻占南京时，中方也在讨论南京到底要不要守以及如何守的问题。

当上海的战事急转直下时，中国军事当局下令守军部队自淞沪战场撤退，但日军紧追不已，一路急速西进。自此开始，首都南京的防卫问题便正式提上了议事日程。就南京如何守的问题，蒋介石先是征求了一些高级将领的意见。

当第三战区部队开始从上海苏州河一线撤退时，蒋介石电召在淞沪前线指挥作战的陈诚到南京，征求其意见。

蒋介石问陈诚：“南京如何守法？”

陈诚反问：“是否叫我守？”

蒋介石说：“不。”

陈诚便说：“如不叫我守，则我不主张守南京。”②

当时大多数的高级官员与军事专家认为，保卫南京的意义不大。其中主张不守南京的，还有第五战区司令长官李宗仁和张群等人。

李宗仁认为：从战术上看，南京是个绝地，敌人可以三面合围，而北面又阻于长江，无路可退。以新受挫折的部队来坐困孤城，实难望久守。历史上没有攻不破的堡垒，何况我军新败之余，士气颇受打击，又无生力军增援；而敌人则夺标在望，士气正盛，南京必被攻破。与其如此，倒不如我们自己宣布南京为不设防城市，以免敌人找借口烧杀平民。而我们则可将大军撤往长江两岸，一面可阻

① 《南京防务加强》，《申报》1937 年 12 月 2 日。

② 《陈诚私人回忆资料》，《民国档案》1987 年第 1 期，第 17 页。

敌人向津浦线北进，同时可拒止敌人西上，让其徒得南京，对战争大局影响不大。[①]

张群也是不赞成守南京的，认为没有守南京的条件，不可能长期固守。此外他还提出："如果我军自动退出南京，日军不是以武力攻占的。万一将来和谈时，它就不能以战胜者自居而对我进行要挟。"[②]

另一名高级将领白崇禧，亦曾表达这样的观点："上海作战，我们一共使用了十八个军，其中有朱绍良的第九集团军，刘建绪的第十集团军，廖磊的第二十一集团军，薛岳的第十九集团军，罗卓英的第十五集团军，我们可能集中的部队通通用在淞沪战场了，现在这些部队已经残破不全，需要休整，而目前又没有后续部队可供调度，因此防守南京是不可能的，也是不必要的，应当吸取沪战教训，放弃守点守线的战法，改采积极防御的方针。"[③] 他还同时让随从程思远准备一份材料，以便在必要时提出建议，将南京宣布为不设防城市。

由于在上海战场屡遭重创，日军杀气腾腾地"以全力向南京追击"，很快形成围攻南京之势。南京保卫战一触即发，形势十分危急。

日军近在咫尺，"首都南京要不要守？怎么守？"一时间成为摆在国民政府上层面前最大也是最迫切的问题。

蒋介石在日记中写道："南京孤城不能守，然不能不守，对上、对下、对国、对民，殊难为怀也。"[④] 这道出了蒋内心的矛盾状态。

在此期间，蒋介石的德国军事顾问法肯豪森 1935 年在《关于应付时局对策之建议》中阐述："敌如沿长江而上，迅速占领中国最重要的中心点武汉，将中国一分为二，切断国民政府西退重庆之长江水路，抗战大局将无法收拾"，因此"必须在上海、南京等地作坚决抵抗，迟滞敌军沿长江直达武汉"，且"南京作为首都，必须固守，除了已有的江防要塞外，还要增筑东正面及东南正面工事"。[⑤] 外国军事顾问的建议，正是蒋介石心里深深所念，即如果日军发现南京是座空城，就必然在军事战略上产生怀疑与警惕，进而影响到其在长江流域的行动；而日军一旦停止前进，重新集结主力在北方战场，势必将完全破坏中国方面以长江一线为抗

---

① 李宗仁口述，唐德刚撰写：《李宗仁回忆录》（下），广西人民出版社 1980 年，第 699 页。

② 宋希濂：《鹰犬将军——宋希濂自述》，中国文史出版社 1986 年版，第 125 页。

③ 程思远：《政海秘辛》，北方文艺出版社 1991 年版，第 116 页。

④ 秦孝仪总编纂：《"总统"蒋公大事长编初稿》卷 4（上），台北中国国民党中央委员会党史委员会 1978 年编印，第 145 页。

⑤ 《总顾问法肯豪森关于应付时局对策之建议（抄件）》（1935 年 8 月 20 日），中国第二历史档案馆藏，档案号七八七—2127。

日主战场的战略计划，对全局造成非常不利的影响。所以，尽管蒋介石心里非常清楚并决定最终会放弃首都南京，但“为了进一步将日军主力吸引到南京和长江下游地区，而故意表明决心死守南京，此为疑兵之计”[①]。

但是，国民党领导层思想并不统一，主张不守的思想占了上风。而此时蒋介石所倚重的德国总顾问法肯豪森，也基于德国参与“陶德曼调停”等政治外交方面的考量，亦明确反对固守南京。他认为，固守南京是“发疯”的举动，如果蒋介石选择强迫他的军队背靠长江决战，一场灾难很可能将无法避免。

为了切实解决这个议题，蒋介石于11月中旬连续主持召开了三次高级幕僚军事会议，商讨首都南京防守问题。

第一次高级幕僚会议在11月13日—14日召开，出席会议的有军政部部长何应钦，军事委员会常委、大本营副参谋总长白崇禧，军事委员会办公厅主任徐永昌，国民政府军令部第一厅（作战厅）厅长、大本营作战组组长刘斐等。

蒋介石在会议一开始，就点明了会议议题是“防守南京”问题，也就是定下了“要守”的基调，而幕僚会议名义上是为“研讨”和“征求意见”，自然也允许不同意见存在。

刘斐详细分析了防守南京的利害与得失，强烈要求避免在南京进行大规模的战斗，其意见很有代表性。他认为：“应坚持持久消耗战略原则，不应该在一城一地的得失上争胜负，而要从全盘着眼，同敌人展开全面而持久的战争”。对于南京的防守问题，他指出“守是守不住的”，因为“日军利用它在上海会战后的有利形势，以优势的海陆空军和重装备，沿长江和沪宁、京杭国道（宁杭公路）等有利的水陆交通线前进”，“江面用海军封锁和炮击南京，陆上也可由芜湖截断我后方交通线，然后以海陆空军协同攻击，则南京将处在立体包围的形势下”，而中国军队的实力已经被削弱了，“在上海会战中损失太大，又经过混乱的长途退却，已无战斗力，非在远后方经过长时期的补充整训，不能恢复战斗能力。”[②]

当然，刘斐也提出，南京是一国之首都，为维持整个国家的士气，不能不经一战便放弃；但不应投入过多的部队，只需象征性的防守，进行适当抵抗之后就主动撤退；在兵力使用上，只要用12个团，最多使用18个团就可以执行这项任务，

① 王俯民：《蒋介石传》，经济日报出版社1989年版，第169页。

② 刘斐：《抗战初期的南京保卫战》，中国人民政治协商会议全国委员会文史资料研究委员会《南京保卫战》编审组编：《原国民党将领抗日战争亲历记·南京保卫战》，中国文史出版社1987年版，第8页。

再多就不切实际了，部队太多将不便于机动。

刘斐的观点明确，论据充分，得到了大本营副参谋总长白崇禧的支持。白原本持有与李宗仁前述相同的主张，即：东战场部队已经残缺不齐，疲劳不堪，根本无法在短期内再组织大规模的守城战役，应宣布南京为不设防城市。他的理由包括：南京是总理指定之首都，为总理陵寝之所在地，不忍遭军事破坏，应宣布为不设防之城市，以主力退至城之西部、西南部一带，一部集结于浦口，监视南京，掩护徐州，保留实力，以便机动打击敌人。①

白崇禧的这一想法，就当时的军事形势而言，确实有一定道理，一方面能够保存实力，另一方面也不失体面。但是，会上的他考虑到蒋介石已经明确表示“防守南京”，自己也不便直接在会上“唱反调”，毕竟“不设防”的建议与蒋介石所倾向的“守一守”的主张自然相去甚远。

何应钦、徐永昌等将领也没有发表新见解，一致表示同意刘斐意见。本来开会人员就不多，现在意见又是一边倒。蒋介石认为会议再无必要开下去，便犹豫不决地说：刘斐的看法很对，凡是在上海作战中损失很大的部队，都应该一律调整到后方进行整理补充。然后，他又说道：“南京是国际观瞻所系，守是应该守一下的，至于如何守法，值得再加考虑”②。

大约于11月15日、16日，蒋介石在他的中山陵寓所，主持召开第二次高级幕僚会议，继续商讨关于防守南京的问题。这次出席会议的人员，除了参加上次会议的人员，又增加了军事委员会训练总监部总监、警卫执行部主任唐生智和南京警备司令谷正伦等人。

此时，沪宁线上的战事已经再次发生变化。第三战区的主力部队已经奉令向广德、安吉、宁国一带退却。第三战区主要指挥官顾祝同、陈诚等人，也已经前往皖南一带部署部队的整理补充事宜。

会上，刘斐首先报告了全面抗战以来的形势和目前敌我军事状况，继续主张对南京不宜实行固守，只用12至18个团的兵力，在作象征性防守后即主动后撤。

唐生智却持反对意见。他说：“南京是我国首都，为国际观瞻所系，又是孙总理陵墓所在，如果放弃南京，将何以对总理在天之灵？因此非死守不可。”蒋介石在这次会上亦未作出最后决定，只是说：“孟潇（唐生智的字）的意见很对，

---

① 白崇禧：《白崇禧回忆录》，解放军出版社1987年版，第119—120页。

② 刘斐：《抗战初期的南京保卫战》，中国人民政治协商会议全国委员会文史资料研究委员会《南京保卫战》编审组编：《原国民党将领抗日战争亲历记·南京保卫战》，中国文史出版社1987年版，第9页。

值得考虑，我们再研究研究罢！”[①]

唐生智对于守卫南京，不仅是情感上觉得有“守”的需要，还有从战略上考虑的一面。他在后来的回忆文章中这样写道：“我同意守南京，掩护前方部队的休整和后方部队的集中，以阻止和缓延敌人的进攻。”“我认为守南京主要的目的还是多争取一些时间，使撤下来的部队得到休整和准备，而不单纯从南京是首都或中山陵园所在地来考虑。”[②]军事委员会警卫执行部第一组科长谭道平后来在关于南京卫戍战的著作中亦称：“南京的守城战，是中外人士观瞻所在，富有政略的意义。在战略上看来，也可以吸引追击的敌人向南京前进，使从上海撤退下来五六十个师，至少也可以减轻一些压迫，得到转进喘息的时间。”“南京卫戍战的另一个伟大意义，是在掩护我上海大军得以安然地向浙皖边区退却，而其自身却不得不忍受战争的一切痛楚。”[③]

第三次会议大约在11月17日、18日晚上召开。会议一开始，蒋介石就开门见山地说：“南京是我国的首都，为国际观瞻所系，对全国人心也有重大影响，完全不守是不可以的。”[④]何应钦、徐永昌赶紧附和，表示支持蒋的意见。但谁来守南京又是一个新的议题。蒋问：“谁负责固守南京为好？”唐生智打破沉寂，坚决地说：“委员长，若没有别人负责，我愿意勉为其难，我一定坚决死守，与南京城共存亡！”蒋说：“很好，就由孟潇负责。”接着，又对何应钦说：“就这么办，有什么要准备的，马上办，可让孟潇先行视事，命令随即发表。”[⑤]

蒋介石在确定了南京防守方针后，便于11月19日下达手令，以唐生智为南京卫戍司令长官。20日，唐生智走马上任，并随即将自己执掌的军事委员会执行部改组为南京卫戍司令长官部。唐就任伊始，特颁发布告：“凡文武机关暨一般民众，当此国难严重时期，均应各竭所能、各尽所知、沉着应变、共赴事机。倘有不轨奸徒造谣生事，摇惑人心，或乘机扰乱、妨害安宁者，均为国法所不容，本司令

① 刘斐：《抗战初期的南京保卫战》，中国人民政治协商会议全国委员会文史资料研究委员会《南京保卫战》编审组编：《原国民党将领抗日战争亲历记·南京保卫战》，中国文史出版社1987年版，第9页。

② 唐生智：《一九三一至一九四九年概括回忆的几件事》，中国人民政治协商会议全国委员会文史资料研究委员会编：《文史资料选辑》第15辑，中华书局1961年版，第46页、第48页。

③ 谭道平：《南京卫戍战史话》，东南文化事业出版社1946年版，第47页、第117页。

④ 宋希濂：《南京守城战役亲历记》，马振犊等编：《南京大屠杀史料集》第2册《南京保卫战》，江苏人民出版社、凤凰出版社2005年版，第266页。

⑤ 刘斐：《抗战初期的南京保卫战》，中国人民政治协商会议全国委员会文史资料研究委员会《南京保卫战》编审组编：《原国民党将领抗日战争亲历记·南京保卫战》，中国文史出版社1987年版，第9—10页。

长官职责所在，执法以绳，决不稍予宽纵。”[①]24日，国民政府正式发布任命唐生智为南京卫戍司令长官的公告。

11月27日，唐生智对驻京中外记者发表谈话，表示了誓死守城的决心，并声明：南京军事当局将竭尽所能保护留京外侨的生命和财产安全。他说：“外人之能离京者以离京为上，惟中国政府自将竭其能力，担保留京外人之安全……假使外人有不满之处，吾人闻悉之后，即当竭力矫正之。余为负责之员，拟尽余力所能为，以遏止纷乱。在数日之中，局势尚不致骤行严重，惟一旦局势转危，则各城门均将紧闭，且将取其他行动，但无论如何，余必竭力保护外侨也。”[②]

从军事意义上来讲，南京本身没有纵深和持久防守的可能，因此撤出南京的计划蒋介石心中早有备案。他主张的防守南京的方针是“短期固守”，具体就是：“南京守城，非守与不守之问题，而是固守之时间问题。在敌军火力优势，长江得自由航行之情势下，欲期保持，颇属难能，故只可希望较短时间之防守”，“既作短时间守城之望，则不必将全部之基干部队，全部牺牲，须预为撤退之掩护。”“若是至不得已放弃南京时，各防守部队撤退，得有掩护。”[③]

11月30日，蒋介石给顾祝同、刘湘、唐生智同时发去密电，对整个东战场的战斗力量作了调整部署，对第三、第七战区及首都卫戍军的作战任务进行了具体规定：

一、第七战区除固守现地外，其左翼须以有力部队留置于安吉、孝丰山地，向（相）机攻击敌侧背，迟滞其前进。

二、第三战区依前令开始转进以后，须以有力部队分别留置于龙潭以南、广德以北各山地，迟滞敌之前进，掩护主力之行动，并破坏重要交通线。

三、各战区须与首都卫戍军相策应，对敌作战保持动作之自由。其损失过大之部队，应酌令其撤退于宁国、芜湖以西地区，积极整理补充待命。

四、首都卫戍军除固守南京既设阵地外，应与第三战区部队密切协同，相互策应，击破敌之攻围军。

① 《南京卫戍司令长官唐生智视事 / 布告民众沉着应变 / 造谣扰乱决不宽纵》，《中央日报》1937年11月22日。

② 《唐生智发表讲话“与南京共存亡”》（1937年11月27日），马振犊等编：《南京大屠杀史料集》第2册《南京保卫战》，江苏人民出版社、凤凰出版社2005年版，第79页。

③ 第三战区长官司令部编制：《抗战纪实》，中国第二历史档案馆藏，档案号七八七—6700。

五、将各战区之部署具报为要。[①]

南京卫戍军部队直属军事委员会指挥，其防区属于东战场的一部分，与第三战区、第七战区防区相衔接。在东战场的整体布局之下，唐生智先将第一批到达南京之兵力，配置于复郭防线。

关于参加防守的部队，除了原在南京的教导总队、宪兵部队等，先把第 78 军宋希濂部由第三战区预备序列调归南京卫戍军序列，后陆续增加第 66 军叶肇部，第 74 军俞济时部等，并将驻在武汉的第 2 军团徐源泉部调往南京。

防守计划大体分作两线配备，即一部占领自京芜路上的大胜关起至淳化镇、汤水（汤山）镇、龙潭这一弧形线的前进阵地，主力占领复郭阵地，将原有永久工事增强成为闭锁式或半闭锁式阵地。

① 《蒋介石致顾祝同等电》（1937 年 11 月 30 日），中国第二历史档案馆编：《南京保卫战档案》第 7 册，南京出版社 2018 年版，第 91 页。

第二节　防御工事

一　吴福、锡澄、乍平嘉及海嘉国防线的修筑

构筑防御工事是国防建设的重要组成部分。鉴于南京重要的政治地位，同时又和全国最大的经济中心上海相毗邻，国民政府对京沪杭一带的国防建设尤为重视，于是，便首先修筑吴福、锡澄、乍平嘉及海嘉国防线。

1932 年起，国民政府陆续推进江防、海防要塞整理和国防工事构筑工作，其中江防、海防要塞的整建工作在 1933 年全面展开。1932 年年底，参谋本部专门成立了国防设计委员会，负责调查统筹“攘外”事宜，其中一项工作就是修整沿江要塞、修筑防御工事。至 1937 年上半年，全国共有南京、镇江、江阴、宁波、虎门、马尾、厦门、南通、连云港等 9 个要塞区整理完毕，共拥有炮台 41 座，各种要塞炮 273 门。① 为了增强要塞火力，国民政府还花重金从德国购置了大批要塞重炮，装置在江阴、镇江、南京、武汉各要塞。②

国防工事的构筑工作起步在 1932 年年底，但全面开工时间则相对滞后，已至 1936 年春。在《全国防卫计划》和《京沪杭设防方案》颁布之后，军事委员会为统筹执行构筑国防工事，于 1932 年 12 月在参谋本部专门成立城塞组，负责修建各要塞和国防工事，城塞组主任先后由参谋次长贺耀组、杨杰及工兵监吴和宣兼任。国防工事的构筑与防区划分、战场建设紧密相关，国防工事的构筑程序是以首都南京为中心，逐次向国境线推进。但随着《淞沪停战协定》的生效，拟订的一系列防御计划并未能顺利贯彻执行，拟构筑的国防工事也未能如期开工和推进，京沪一带的战备工作只在秘密状态下进行。

---

① 《全国要塞概况一览表》（1937 年 1 月），中国第二历史档案馆藏，档案号七八七—2181。

② 《陆军沿革史草案》，中国第二历史档案馆藏，档案号七八七—575。

自1933年起，为防止日军从杭州湾和吴淞口南北两面登陆继而向南京推进，国民政府军事委员会成立了秘密机构，专职负责京、沪、杭三地国防工事的设计和构筑。10月，参谋本部起草了上海及其周围地区构筑防御工事的计划。参谋本部派员勘察地形，部署在京、沪、杭地区修建国防工事，并组织陆军大学第十期学员实施战术演习，用以研究和拟定设防计划。1934年，参谋本部城塞组“在德国军事顾问指导下，开始修整长江沿岸的江阴、镇江、江宁等各要塞，并准备在南京以东构筑国防工事”[①]。4月，德国著名军事家汉斯·冯·塞克特受邀出任蒋介石军事顾问团总顾问，设计了从上海到南京的江南国防工事图，提出建设一条“中国的兴登堡防线”，作为中国抗日国防的重要工程之一。[②]而德国军事顾问这项经过实地考察所编制的方案最终被评定为过于耗费财力，没有被采用。

京沪地区有京沪铁路、京沪公路和长江三条水陆通道，北有长江，南有太湖，二者之间湖沼绵亘，河网纵横。在此区域选定要点构筑国防线，可以有效抵御或迟滞来敌的进攻。最后，经过参谋本部深入考察、勘测、研究，由李青等人编制了一个较为合理的方案。该方案将整个京沪杭地区的国防工事，分作京沪、沪杭、南京三个作战防御区，以首都南京为核心，太湖南北两条走廊作为辅翼拱卫首都的安全。同时，方案决定在四条主要防御线上修筑以钢筋水泥为主体的防御工事：京沪防御区以吴福线（苏州吴江至常熟福山）和锡澄线（无锡至江阴澄江）为主阵地；沪杭防御区以乍嘉线（乍浦经嘉兴至苏州）和海嘉线（海盐经嘉兴至吴江）为主阵地。为了便于部队机动，还特别修筑了苏州至嘉兴的铁路。方案充分考虑到以京沪地区为防御重点，先行构筑国防工事，随后配置兵力防守。

1934至1936年间，国民政府调用了4个步兵师的兵力，加上大批工兵部队，按照该方案构筑了上海至南京一线的苏州、常熟、江阴等地的防御工事，在南京外围也构筑了两道防御工事。早在一·二八淞沪战役结束后，肩负淞沪警卫之责的张治中便回到中央陆军军官学校继续担任教育长。因当时不方便组织司令部，于是先后在南京、苏州秘密设置备战机构，在中央军校内设立了一个“高级教官室”，专门主持制订“京沪分区”防御计划及实施事项。后来又扩充组织，在苏州留园设置了“中央军校野营办事处”，内设政治、军事两个组，秘密派遣部队

① 郭汝瑰、黄玉章主编：《中国抗日战争正面战场作战记》，江苏人民出版社2015年版，第524页。

② 杨智友：《蒋介石最器重的德军顾问——塞克特将军》，《档案春秋》2010年第11期，第32页。

业务骨干前往南京和上海间各战略要点进行详细调查，对防御作战的兵力部署、防线设施、指挥系统、兵源补充、后勤补充乃至发动民众、舆论准备、群众组训、军民合作等多方面的问题，都进行了严密、慎重、具体的研究设计。后来，为了京沪杭国防工事的修建工作，张治中还兼负京沪区驻军指挥之责，指挥第87、88、36师，以及江阴要塞、江阴电雷学校、太湖水警部队、淞沪警备司令部，在京沪线上择险要地形，筹划预构防御工事等。宋希濂率领的第36师负责构筑苏州国防工事。①

1936年春季前后，国防工事建设全面展开。此时，张治中已升任京沪警备区司令长官，专门负责京沪地区防御计划拟定、国防工事构筑、组织演习训练等对日抗战准备工作，一旦淞沪发生战争，京沪警备区即可迅速转变为前线指挥所。

到1937年3月，国民党召开五届三中全会前，国民政府在江浙区、山东区鲁南阵地和河南区实际构筑工事3512个，其中江浙区为2264个，约占65%。② 至全面抗战爆发前，浙江、山东、河南、晋绥、察冀各区第一期国防工事基本完成，其中规模较大的有淞沪、吴福、锡澄、乍平嘉、乍澉甬、宁镇、鲁南、豫北、豫南、沧保德石、娘子关与雁门关内长城等阵地工事。③ 军事委员会于1937年8月3日所统计的《全国已成国防工事报告表》显示，全国已完成工事构筑4553个。该报告表以表格方式列出了包括京沪杭地区工事在内的完成情况：首都附近265个、首都东南附近223个、首都江西北岸45个、芜湖附近25个、镇江附近22个、无锡江阴278个、吴江至福山345个、淞沪附近69个、乍平嘉附近1076个、澉浦附近33个、宁波镇海258个……④

在京沪杭一带修筑的大量工事中，最主要的有太湖南北的吴福线（苏州吴江—常熟福山）、锡澄线（无锡—澄江）、乍平嘉线（乍浦—平湖—嘉善）和海嘉线（海盐—嘉兴），以这些主线阵地为依托，分设后方阵地和前进阵地。上述前三道国防线都是以铁路为轴，吴福线、锡澄线均以京沪铁路为轴，乍平嘉线以沪杭铁路为轴。上述四道国防线均呈南北走向，其目的在于防御日军从海上入侵后，以海、

① 宋希濂：《鹰犬将军——宋希濂自述》，中国文史出版社1986年版，第107页。

② 该数据为根据《何上将抗战期间军事报告》中《对五届三中全会军事报告》一文所载数字计算得出。转引自胡哲峰：《抗战前国民党政府国防准备评述》，《军事历史研究》1987年第2期，第110页。

③ 袁武振：《抗日战争前夕南京国民政府的抗战准备述论》，《抗日战争与中国历史——“九一八”事变60周年国际学术讨论会文集》，1991年，第299页。

④ 《全国国防工事已成和进展概况报告表》（1937年8月），中国第二历史档案馆藏，档案号七八七—2209。

陆军协同西进。

在《全国已成国防工事报告表》中，还同时注明了各区域工事构筑机关和备考情况。其中，吴福线、锡澄线等阵地，由第36、87师负责构筑，共计完成623座工事。备考一栏注明吴福线“现又增加九十五个工事正开始构筑”，这样预计前述各阵地共构筑工事718座。乍平嘉、澉浦附近等阵地，由浙江省政府负责构筑，总计达到1109座工事，备考一栏注明乍平嘉附近“现又构筑增强工事”[①]。到1937年11月初，吴福线阵地又增强至289座工事，主阵地带的野战工事也都大体完成。[②]

以上工事多为永久性或半永久性，辅以天然湖泊和人工障碍物掩护。其中，永久工事类型主要分为四种：机枪掩体、小炮掩体、观测所和掩蔽部。为修筑国防工事，国民政府投入大量财力。工事均采用钢筋水泥结构，按照德国、俄国最新“筑城教范”施工。每座工事平均约需花费3000元。[③]工事设计标准方面，对步兵骨干阵地工事强度，以确能抵抗敌人150毫米口径的炮弹和500磅炸弹为标准。对地下工事的强度，以确能抵抗1000磅以上炸弹为标准。[④]

担任过京沪防御区吴福、锡澄国防线修筑工作的第36师参谋处主任龚孟涛回忆：

掩体内部装配有两重门，外面是一公分厚的钢板门，以防炮弹或炸弹破片伤害人员。里面是一种三夹板或五夹板的木防毒门。门缝处装有防止漏气的呢绒或橡胶布之类的密接设备。两重门上还涂有防锈防腐的油漆。每个掩体内装设防毒通风的防护装置。即使敌人在战时使用毒气或毒气弹等，都能保证防护安全。……阵地内的交通路大部是新建的汽车道。工事外部对敌方面多利用河流做外壕，障碍力相当大。[⑤]

---

① 《全国国防工事已成和进展概况报告表》（1937年8月），中国第二历史档案馆藏，档案号七八七—2209。

② 《军委会有关京沪间工事构筑、部署的来往文电》（1937年9月—11月），中国第二历史档案馆藏，档案号七八七—3221。

③ “国防部史政编译局”：《抗日战史》第二版第一册，台北“国防部史政局”1985年版，第359页。

④ 张程：《淞沪会战后至南京保卫战前中日两军华东战场作战史实考察》，华东师范大学硕士学位论文，2016年，第137页。

⑤ 龚孟涛：《苏锡既设阵地的构筑与不守》，中国人民政治协商会议全国委员会文史资料委员会编：《文史资料存稿选编·抗日战争》（上册），中国文史出版社2002年版，第588页。

就吴福、锡澄国防线工事而言，负责的人员基本按照要求完成了修筑工作。1937年2月下旬，由军事委员会、参谋本部、军政部、中央学校等单位派员组成6人验收组，奉命“赴苏福线南段、会同验收第36师担任构筑各机枪小炮指挥所、观测所等各永久工事”。验收工作自2月25日开始，至3月29日结束。验收结束后，验收组出具了军事及技术验收意见，认为“各工事结构核与该师所制图样外表大体尚属相符”，但在钢筋混凝土、钢器、通风管、排水沟等10个方面尚有欠妥之处。3月31日，验收组整理形成了《验收苏福线南段第三十六师构筑各永久工事报告书》。在该报告书中，对该线南段工事构筑情况有如下具体描述：“查苏福线南段湘城镇、正仪镇、角直北圦[①]、吴江县各地区已筑成永久重机枪掩体六十九个，小炮掩体八个，观测所三个，指挥所三个，共计八十三个，各种掩体位置射向俯仰角等，与颁发标定图表对照，大致相符。惟查小庞山东端15号机枪射向不符。”[②]同年4月前，参谋本部又奉命对锡澄国防线的构筑进行了巡察，并于4月11日由铨叙厅厅长林蔚写成《锡澄区（包含武进）巡察报告书》。报告书认为，工事构筑基本符合目标要求，建议“修复江北岸炮台”，在长山配置要塞炮，各要塞间需“利用原有水道沟通连〔联〕络”，进一步增强正面安镇附近的前进阵地。

八一三淞沪战役爆发后，军事委员会加紧了吴福线永久工事的加固和野战工事的构筑。9月3日，蒋介石密电第三战区副司令长官顾祝同等：“查吴福、澄锡与沪杭各线阵地编成，除原有国防永久工事外，步兵掩体、指挥所、瞭望所、交通壕、障碍物、阵地交通路等多未完成。兹规定吴福线及澄锡线工事，由冯司令长官、顾副司令长官指派部队担任，沪杭线由张总司令发奎指派该区部队担任，分别负责构筑，统限于九月二十日以前完成。且为协助军队迅速完成计，应由该省政府在工事区域各县征集民夫协助工作，由各驻在军事机关负责指导，并将工事进行情形具报为要。”[③]

9月10日，蒋介石电令第三战区司令长官冯玉祥，并转副司令长官顾祝同、第66军军长叶肇，强调吴福线阵地应增强的步兵工事要加紧构筑，由第66军担

---

① 圦，其意同“途”，意为道路。

② 《苏福线南段国防工事验收报告、清册及附图》（1937年3月），中国第二历史档案馆藏，档案号七八七—2294。

③ 《蒋介石致顾祝同等电》（1937年9月3日），中国第二历史档案馆编：《南京保卫战档案》第6册，南京出版社2018年版，第284页。

任构筑并守备，命令：

（一）该军以一师担任吴江至洋（阳）澄湖以南阵地之守备与步兵工事之构筑，其主力控制于吴县附近，并以步兵一团任殿山湖西南莘塔镇、周庄、陈墓及澄湖以西同里镇以东真义镇各据点之守备与步兵工事之构筑。

（二）该军以一师担任湘城镇经常熟至福山镇阵地之守备与步兵工事之构筑，其主力控制于杨尖镇附近，并以一部任梅李镇、浒浦镇各据点之守备与步兵工事之构筑。

（三）该军以其教导旅任福山镇以西鹿苑镇、西塘桥、杨舍营，合兴街及其以北双桥西、新桥各据点之守备与步兵工事之构筑。

（四）其部署及步兵工事限于九月廿日以前完成，具报为要。

（五）所有吴福阵地未完成之永久、半永久工事，着由城塞组派员会同该军长迅速完成。[①]

为加快野战工事构筑进度，军事委员会训练总监部总监唐生智与顾祝同召集幕僚商讨决定：

（一）由上官军团长负全般战术上指导之责，由杨副主任负技术上指导之责及材料准备。

（二）筑工部队由33D[②]之三团附民工七千人担任福常段，76D之四团附民工一万三千人担任崑阳湖以南头西塘镇一带之工事。

（三）工事进行程序，先完成吴福线本阵地，次及前进阵地及伪工事，尤注意常福段及各公路线两侧，特别加强提前完成。

（四）民工二万人已以钧座名义电苏省府及施专员，限廿六日以前征齐。

（五）阵地之编成由鹰屋顾问指导，并令杨副主任率各机关部队构筑，采用疏散纵深伪装，以期加强抗力，减少损害。

（六）开工日期预定为廿七日，并限双十节（10月10日）前完成。[③]

---

① 《蒋介石致冯玉祥等电》（1937年9月10日），中国第二历史档案馆编：《南京保卫战档案》第6册，南京出版社2018年版，第299—300页。

② “D”是民国时期军队序列中师的代号。

③ 《唐生智顾祝同致蒋介石电》（1937年9月24日），中国第二历史档案馆编：《南京保卫战档案》第6册，南京出版社2018年版，第334页。

9月25日，鉴于战场形势紧急，蒋介石再次致电唐生智和顾祝同，指示："吴福线已成阵地，工事加强增添外，应在其前方和后方，以相当距离，再筑数道永久工事"。①

在命令军方加紧构筑国防工事的同时，9月3日，蒋介石致电江苏省政府主席陈果夫，指示其："（一）着即以中正名义令各县长、专员，聘请就地正绅出面抗倭自卫，并请其督率乡民指定重要地点挖掘战壕，构筑工事，协助军队防护地方。希迅速分别施行具报。（二）着由该省府颁定赏罚令，并颁发自卫新知书籍及防空工事掩盖、伪装等式样，令各乡遵办为要。"②

吴福、锡澄国防线等国防工事在抗战中发挥了积极作用，给日军西进造成了一定的阻碍与损失。这一点从日军士兵的回忆记录或日记中可以看出。各类坚固的碉堡，给他们造成了很大阻碍或杀伤，因而给他们留下了深刻印象。据日军第16师团步兵第20联队的一名士兵回忆："无锡和南京不同，敌人在这里花了好几年修筑了防御工事。正因为如此，我们追击的脚步也在那里停滞不前了，双方展开了激战。……这里的敌军为了保卫南京，所以很顽强。他们设置了散兵壕、反坦克壕和铁丝网，还有碉堡等，我们一步都无法动弹。由于阵地坚固，我们陷入了苦战。……我军动用炮兵、飞机和速射炮中队来助战。"③一名日军炮兵观测员在日记中这样描述："战斗结束后我们去查看敌人的碉堡，才知道那是钢筋混凝土浇筑的真正的碉堡……混凝土足有三四尺厚……这恐怕是几年前就开始的计划吧。"④

乍平嘉国防线为乍浦至平望再至嘉善一带的国防工事，由浙江省地方政府构筑。乍浦地处杭州湾北岸，滨海而踞，地势险要，为浙西门户，扼苏浙要冲，历代为兵家必争之地。1932年一·二八淞沪战役后，浙江省地方政府便奉国民政府之命，分期分批构筑自乍浦镇起经平湖、嘉兴至苏浙交界之王江泾镇的乍平嘉线，全长80余公里，诸山要隘、塘岸、要道遍置炮垒掩体50多座，并筑成了环山军

---

① 《蒋介石致唐生智、顾祝同电》（1937年9月25日），秦孝仪主编：《中华民国重要史料初编·对日抗战时期》第2编（2），台北中国国民党中央委员会党史委员会1981年编印，第209页。

② 《蒋介石致陈果夫电》（1937年9月3日），中国第二历史档案馆编：《南京保卫战档案》第6册，南京出版社2018年版，第285页。

③ 富士原辰次：《支那事变的回忆》，王卫星编，叶琳等译：《南京大屠杀史料集》第33册《日军官兵回忆》，江苏人民出版社2007年版，第134—135页。

④ 《田中直幸阵中日记》，王卫星编，叶琳等译：《南京大屠杀史料集》第32册《日本军方文件与官兵日记》，江苏人民出版社2007年版，第401页。

用公路和战壕。[①]整个乍平嘉国防线分为警戒阵地、前进阵地、核心阵地和后方阵地多道工事线，对防御纵深和侧翼保护都有比较周全的考虑。这道国防线是三道主要国防线中构筑工程量最大、筑造工事最多、整体防御体系最为完备、工事坚固性最强的一道国防线。该国防线拥有轻机枪掩体 871 座，轻重机枪两用掩体 29 座，重机枪单枪眼掩体 19 座，重机枪两枪眼掩体 74 座，重机枪三枪眼掩体 49 座，小炮掩体 34 座，总计 1076 座掩体。[②]

海嘉线是沪杭防御区的另一个主阵地。该国防工事线自海盐澉浦起至嘉兴王江泾镇再至吴江境内。嘉兴是苏州、杭州两城的中间节点，在上海开埠之后得近代风气之先，良好的区位优势也使得嘉兴频遭战火冲击。1932 年一·二八淞沪战役爆发后，嘉兴成为重要的后方军事枢纽，从南方陆续赶来增援上海的国民政府军队均沿沪杭甬铁路转经大运河开往前线。自 1934 年起，嘉兴境内陆续建成飞机场、苏嘉铁路以及乍平嘉、海嘉国防工事，成为拱卫首都南京的前沿阵地和保卫浙江全省的第一道防线。海嘉线与同在嘉兴境内的乍平嘉线，都有阻止淞沪地区日军从苏州河南岸向南京进攻的功能，在实际战斗中也确实发挥了阻击、毙伤日军的重要作用。[③]

乍平嘉线、海嘉线国防工事的坚固，后来在实战中，也给日军带来了震撼。日军第 18 师团步兵第 114 联队一名士兵这样写道："第十八师团自登陆以来，在向南京进击的战斗中，最为激烈的一战就数嘉善之战了。""我们射出的子弹，不用说步枪了，就是机关枪和山炮也丝毫不起作用。……我们的飞机瞄准碉堡频繁地投下炸弹，但是总也炸不中。就算偶尔炸中一次，碉堡中也没什么变化，依然从被炸中的碉堡里不断射出子弹。在这样的情况下，只能用步兵从碉堡的一侧进攻，除此之外别无他法。（11 月）11 日最终还是没能前进，（11 月）12 日也以双方对峙而告终。"[④]日军第 18 师团下辖步兵第 114 联队的战史也有相关记载："师团倾全力攻击的枫泾镇—嘉善—嘉兴一带，配备了无数这样的碉堡群，而且构筑彼此相互支援的野战阵地，堪称铁壁一般。"[⑤]

---

① 《乍浦碉堡群》，《嘉兴日报》2015 年 11 月 10 日。

② 《沪杭甬分区乍平嘉方面第一、二期工事位置全图及工事清册》（1937 年 8 月），中国第二历史档案馆藏，档案号七八七—2360。

③ 岳钦韬：《嘉兴需要一座抗日战争纪念馆》，《嘉兴日报》2015 年 8 月 14 日。

④ 《火野苇平的信》，王卫星编，叶琳、李斌等译：《南京大屠杀史料集》第 61 册《日军官兵日记与回忆》下，江苏人民出版社 2010 年版，第 729—730 页。

⑤ 日军步兵第百十四联队编集委员会：《步兵第百十四联队史》，1988 年，第 64 页。

整个京沪杭地区的整体国防战备建设进行得较为缓慢，1936年才大规模开始，到1937年基本完成全部工程。建造工事的同时，战备物资也随之得到了大量补充。值得一提的是，在全面抗战爆发前的两三年时间里，中国从德国购买的军火、兵工及重工业设备，总价值不下2亿马克，其中武器装备占多数。

二 南京周边防御工事的修筑

南京周边地区的城防工作虽然在1932年后即被提上日程，但却一直没有真正实施。直到1934年国民政府才开始将精力转向南京城的城防工作。承担修筑任务的主要是参谋本部城塞组和南京警备司令部，中央军校和南京工兵学校也参与了一部分工作，包括工兵学校的练习队、宪兵团等。

对工事的构筑，根据性质不同，进行了任务分工。城塞组“掌全国要塞计划与要塞建筑（技术）事宜”①，下设技术股负责筹划工事修筑方案，军事股负责实地勘测、指导修正，材料处负责调配工具和材料，临时工程处负责设计构筑步枪、机枪掩体，炮兵营连观测所等。南京工兵学校的练习队承担了南京城内外一些据点、地下室，以及紫金山附近部分重机枪工事的构筑；宪兵团则专门担负南京城墙永久工事的构筑。

为了便于修筑工作的顺利开展，临时工程处设有7个临时工区，每个工区由主任、军事指导员、技术员、事务员、秘书、工人等组成。人员构成较为合理，分工也比较明确。上述人员除来自城塞组外，还有部分陆军工兵学校成员。这种组织系统和人员构成，为工事施工奠定了良好的人力基础。

根据南京城防方案，工事的种类包括重兵器（如重炮、野炮、山炮、小炮等）掩体、机关枪掩体、炮兵观测所、指挥所、掩蔽部（包括兵员掩蔽部、弹药掩蔽部）等，以其坚固程度不同可分为永久工事和半永久工事两种。另外，还有交通通信网、粮秣库、弹药库、材料场、发电所、照明设备等附属工事。

永久工事主要包含分派堡和炮台，分派堡根据强度和兵备的不同分为甲、乙、丙三种。甲种可以容纳步兵1个营、重机关枪2个连、二生小炮6门，并设有枪炮座、步枪射击装置、防空防毒、通信、栖息所、掩蔽部等设备。乙种、丙种设备依次减少。分派堡大多可随地形而设置，外形不显高大，多伪装隐蔽，其强度“以能

① 中国第二历史档案馆：《德国军事顾问法肯豪森演讲纪要》（上），《民国档案》2005年第1期，第29页。

抗堪军舰之主炮射击，及大中口径之攻城榴弹炮之被帽弹、地雷弹等有延期装置之各种炮弹，及空军投掷500磅炸弹等连续命中为标准”[①]。炮台则一般采用炮塔式，炮门最下限可行180度的射击或全方向射击，每个炮台配有观测所、听测所、通信所各1个，炮侧弹药库4个、炮台弹药库2个。半永久工事主要包括中间堡、中间炮台、侧防炮座、障碍物等，其大多由铁轨、枕木构筑而成。其中，中间堡用来严密封锁两个分派堡射击不充分的间隙，大小可以容纳步兵1个连及附属重兵器等设备为准。中间炮台主要为补助远战炮不能射击的中间区域，侧防炮座则是为了保护两个分派堡的侧防。[②]

永久工事和半永久工事主要构筑在外围阵地和复郭阵地的关键要害处。外围阵地的重要据点包括三山矶、大胜关、板桥镇、方山、汤山、九华山、乌龙山、句容等，其构成了外围防御线。复郭阵地的战略据点最重要的是雨花台、天堡城，其次为西面挹江门向南至马家山、清凉山，此外，东边富贵山、狮子山等据点也属于复郭防御线。

国民政府军事委员会提出，南京附近的防御工事构筑要考虑到水陆两个方面，采取适中的办法，重点解决雨花台、天堡城、紫金山的工事构筑，具体方案如下：

（一）雨花台附近防御工事构筑按照德国顾问法肯豪森选定路线，将左翼延伸至东岳庙口，择要构筑步兵重兵器半永久工事（步兵支撑点、机关枪阵地、观测所等项）。（二）天堡城之旧址加以修理，环城构筑重机关枪掩体数座，使能鸟瞰，制登山之敌。（三）沿天堡城与紫金山之周围各要点，构筑步兵重兵器半永久工事。（四）此两地于可能范围内构筑或准备铁条及他种障碍物，如踩发地雷、触发地雷等，尽量向纵深地区逐渐增加。[③]

在整个复郭阵地中，雨花台和天堡城在南面和东面的战略防守中位置最为突出，参谋本部认为上述构筑方法效力大、范围广、用途多，可造成一种速成且需费无多的掩护。后经由参谋本部、军政部、南京警备司令部、江宁要塞司令部、南京市政府会同商定，按照上述构筑方法执行。此外，东南辅助复郭线，为两翼依托护城河，随地势高低，“筑底宽4.5公尺，高4公尺，顶幅2.5公尺之土堤为

---

① 《首都要塞计划、首都附近阵地侦察报告书及首都警卫计划（附图）》，中国第二历史档案馆藏，档案号七八七—2256。

② 杨向昆：《首都城防战备与南京保卫战》，《日本侵华史研究》2017年第4期，第24页。

③《参谋本部有关在南京附近修建永久工事之事宜》（1934年8月—1935年12月），中国第二历史档案馆藏，档案号七八七—2258。文中所述“此两地”，系指雨花台、天堡城。

雨花台外城之城郭。”[①] 天堡城外郭与雨花台都筑造了具有同等障碍力的外壕和高堤。

城墙是复郭阵地的主干，蒋介石对城墙的工事构筑格外重视，曾致电何应钦，特别指示：“南京城墙及各门楼修理经费，应列入本年度预算内。城砖应专窑烧制，或令附近各砖窑厂特制最坚实者为要，又门楼应用水泥建筑，平顶可置高射小炮，但在平顶上另添中国式瓦屋顶”[②]。关于南京城墙地带范围的确定，参谋本部规定：“南京城墙地带之范围以周围城墙为基线，在城内距城墙100公尺之地区属之，在城外则以护城河外沿为界，无护城河之部分则以距离城墙300公尺之地区属之。”[③] 城墙工事构筑主要包括在城墙上构筑枪炮掩体，加固城门，封闭部分城门，设置障碍物等。

此外，为了防止日军空袭，当局选择在南京城内、城郊一些战略要点，如富贵山、鸡鸣寺、南山、清凉山、雨花台、童子仓、方山、都天庙等处，建筑地下室和坑道工事，以备作战指挥和防空之用。其中，尤以富贵山地下室规模最大，设备也更为完善。

每一个地下室工事的构筑，都需要由参谋本部“召集工兵监、工兵学校及总顾问办工所派员共同研究多次，再邀集各外籍专家研究二次，始将方法、图案、预算等确定”[④]，然后，再由参谋本部指派人员“前往工事地点，详细履勘，并计划施工程序，暨工作场宿食厂蓬等位置”[⑤]，之后修建厂蓬和道路，清理妨碍施工的土石，领取工具，采购材料。在做好一系列前期准备工作之后，方开始正式施工。

至全面抗战爆发前，除富贵山以外，计划中的地下工事基本修筑完成。地下室大小不同、功能各异。“雨花台和马家山地下室工事有司令室、幕僚室、办公室、警卫室、马达室各一间，能容六七十人。挹江门南山地下掩蔽部可容480人。鸡鸣寺有司令室、幕僚室、电话室、办公室、警卫室等，分两层结构，可容约百人。

---

① 《参谋本部有关在南京附近修建永久工事之事宜》（1934年8月—1935年12月），中国第二历史档案馆藏，档案号七八七—2258。

② 秦孝仪主编：《中华民国重要史料初编·对日抗战时期》绪编（3），台北中国国民党中央委员会党史委员会1981年编印，第302页。

③ 《参谋本部有关在南京附近修建永久工事之事宜》（1934年8月—1935年12月），中国第二历史档案馆藏，档案号七八七—2258。

④ 《参谋本部城塞组承建南京鸡鸣寺地下室工程的文书》（1935年8月—10月），中国第二历史档案馆藏，档案号七六七—1698。

⑤ 《参谋本部城塞组请拨发南京鸡鸣寺地下室建设经费、函送地下室图表说明书及请拨借办公室等事项的文书》（1935年11月—12月），中国第二历史档案馆藏，档案号七六七—1699。

方山有司令室、幕僚室及楼上办公室、储藏室各一间，可容30余人。”[①] 这些地下室工事根据使用计划的不同，归口不同部门管理和使用，如“方山地区指挥所用，雨花台区指挥所用，马家山要塞司令部用，北极阁防空处用，都天庙军政部用，富贵山大本营用。”[②]

在修筑野战工事、地下室工事的同时，对连接各工事点的交通壕也进行了修筑。交通壕分地下和地上两种类型。地下交通壕由城塞组负责，地上交通壕由测量总局测绘，参谋本部负责招商施工。此外，通信网络、照明系统、粮秣库、弹药库的修筑也一并进行。

到1937年8月，南京及其东南远郊一带已先后构筑了533个永久工事，其中包括由独立工兵第1团在龙潭、汤山、淳化、方山、将军山、牛首山至板桥的弧线上构筑的233个工事；由参谋本部城防要塞组在江岸及城厢内外构筑的265个工事；由第85师完成的南京西、北部长江左岸的一些工事。[③]

紫金山是南京复郭阵地中的制高点，具有重要的战略战役价值。该区域的防御工事构筑工作之第一期工程于1935年春季启动，共构筑碉堡159座，后经陆续修建，至1936年全部完工。在紫金山附近的碉堡中，有16个属于双层大型连体碉堡。[④]

三　临战前防御工事的赶修

自1937年八一三淞沪抗战爆发后，国民政府一面组织政府机构、高校院所陆续西迁，一面加紧推进南京地区防御设施的完善工作。

1937年9月2日，蒋介石致电何应钦，专门督促赶筑南京附近各阵地工事，指示其：“首都附近各线阵地，应即编成，招募民夫，由教导总队派兵指导，赶筑工事，应分第一期、第二期、第三期，完成日期与工事计划，详报为要。”[⑤]

---

① 《参谋本部参谋总长程潜巡视首都城内外地下工事报告表》（1936年10月），中国第二历史档案馆藏，档案号七六七—1668。

② 《参谋本部城塞组构筑南京城防通信总机掩蔽部案》（1937年7月—9月），中国第二历史档案馆藏，档案号七六七—1797。

③ 《全国国防工事已成和进展概况报告表》（1937年8月），中国第二历史档案馆藏，档案号七八七—2209。

④ 费仲兴：《紫金山抗日碉堡知多少》，《南京史志》2013年第2期。

⑤ 《蒋介石致何应钦电》（1937年9月2日），中国第二历史档案馆编：《抗日战争正面战场》上册，江苏古籍出版社1987年版，第395页。

何应钦接到蒋介石指示后，立即行动，在电文上批示："由徐参事约集南京警备司令部参谋长、教导总队长及该队参谋长等，于今晚会商遵办。"[①] 在何应钦的亲自督办下，通过发动多方力量，临战时期的南京防御工事得以立即赶筑，并取得了较大进展。

9月27日，时任南京警备司令谷正伦呈报的一份报告称"首都东南阵地本部正在赶工增强中"，但也同时指出"至镇江、芜湖线之工事，本部并无部队可派，实属无法构筑"，进而向参谋本部提出请求加派部队参与工事构筑。9月30日，参谋本部作战组张以铨签呈："查第五十三师李韫珩部自川开京将即到达，拟请酌拨该师之一部归谷司令负责指导担任工事构筑"。[②]

南京军民斗志昂扬，冒着遭敌机轰炸与扫射的危险，抓紧时间赶修城防碉堡、战壕。当时"大本营除令教导总队的一个工兵连由德国顾问指导，在汤水镇前端构筑野战工事外，还把宪兵学校的官兵学员分派到龙潭、大连山、淳化镇各地发动民工构筑野战工事。首先完成防战车外壕，然后构筑射击阵地。"[③]

11月8日，第三战区下达撤退令，中国军队从上海战场陆续撤退，首都南京附近的防御工作显得更为紧迫。中国军方也进一步加强了构筑南京周边防御工事的力量。第三战区在其最新拟定的作战计划中，特别规定："抽调较次之三至五个师，回任首都之巩卫，并构筑工事。"[④]

11月9日、10日，军事委员会第一部遵照蒋介石关于"视察首都附近各阵地工事状况"的指示，派员前往龙潭、汤山、淳化镇、方山、句容等处视察，随后将包括太湖附近工事在内的情况写成专门报告，以密文形式呈报蒋介石。报告内容如下：

一、首都城厢及近郊已成工事，共计二百六十五座。

二、首都东南阵地原已成工事二百二十三座，新定增加二百五十五座，现已

---

① 《蒋介石致何应钦电》（1937年9月2日），中国第二历史档案馆编：《抗日战争正面战场》上册，江苏古籍出版社1987年版，第395页。

② 《南京警备司令部关于首都东南阵地本部正在赶筑、镇江芜湖线之工事无部队可派等报告》（1937年9月27日），中国第二历史档案馆藏，档案号七八七—3221。

③ 程奎朗：《南京复廓阵地的构筑及守城战斗》，中国人民政治协商会议全国委员会文史资料研究委员会《南京保卫战》编审组编：《原国民党将领抗日战争亲历记·南京保卫战》，中国文史出版社1987年版，第40页。

④ 蒋纬国总编著：《国民革命战史·第三部：抗日御侮》（5），台北黎明文化事业有限公司1979年版，第67页。

完成约壹百六十座，余正赶筑中。

三、此次新增工事图样，业已改良轻机枪掩体为三射口，并令再加研究，多增设一或二射口。

四、首都东南阵地之前进阵地，计高资、句容、湖热〔熟〕、秣陵关等处附近各筑一团（按重机枪十八挺、轻机枪八十一挺、小炮六门、步枪八百支计）阵地之野战工事，现已完成，就句容附近观之，各工事均成纵深配备，尚属妥当，惟对战车未设外壕，又句容城及飞机场均未含于阵地内，过早放弃，颇为不合，已令警备司令部改正矣。

五、首都东南阵地之野战工事，第一线暂定六个半师（按四团制师装备齐全计）之阵地，以宪兵配属工兵一营，指导民夫构筑，限四十日可完成，其经费拟计需五十万元，如蒙准筑，拟恳发款交南京警备司令部负责办理，至开始构筑之时期仍乞钧核示遵。

六、首都东南阵地加强永久工事，现已完成大部，拟令即调一部人员推进构筑镇江、上塘镇、白兔镇、薛埠、上兴埠等处附近据点永久工事。

七、武进、宜兴、长兴附近新定构筑永久工事二百座。武进方面业已开工，长兴方面正输送材料，本月中旬亦将开始构筑。如无重大困难，本年年底以前可均完成，又本线已由城塞组工务处会同江苏省保安处筑有简单之野战工事。

八、锡澄阵地已完成永久工事二百七十四座，拟再调原担任构筑浏河、嘉定、南翔工事人员加强本阵地铁路、公路及主要方面之阵地工事。

九、吴福阵地已有工事二百八十九座，现定增强九十余座，正构筑中，又本阵地第三阵地等之野战工事，已大体完成，刘海沙永久工事四十四座亦完成一部，余正赶筑中。

十、杭州临平至吴兴线，拟即构筑永久工事，已令刘建绪负责赶筑。

十一、乍平嘉阵地已成永久工事壹千零柒拾陆座，现正构筑增强工事约一百座，又主阵地等之野战工事，亦大体完成。

十二、吴福阵地、乍平嘉阵地间沼泽地等之永久工事一百二十座正赶筑中，太湖西方沿岸，亦拟择要构筑野战工事。①

---

①《军委会有关京沪间工事构筑、部署的来往文电》（1937年11月11日），中国第二历史档案馆藏，档案号七八七—3221。

11月14日，蒋介石在此报告上作出批示，提出三点要求：一是长兴工事应提前完成，现构筑至如何程度，重新实地视察后详报；二是首都东南阵地野战工事之50万元准照发，令即日开工，限半个月完成；三是其余未完成工事，应从速构筑完成。①

继上海失守后，乍平嘉、吴福、锡澄诸阵地及吴兴、长兴诸要点相继失守。南京卫戍军策定首都防御部署，各部队奉命征集民夫在各地区赶筑工事。

经过首都军民齐心协力，在大战来临之前，为首都南京构筑起了一道防护“墙”。至11月底，在南京外围，已经筑成了一道半圆形的百里战壕。日本方面摘引了11月30日一家通讯社自南京发来的报道：“数千市民，在将校指挥之下，构筑堑壕，其堑壕由市内延至扬子江岸，成半圆形，长达五十八公里。”②

11月底至12月初的南京城内外布满了战壕。在一些交通要道处，还堆置了沙包，拉起了带刺的铁丝网。光华门、中山门、太平门等城门，也都用沙包堵塞关闭。上海《申报》在12月初报道称：南京各城门中“有十门已经用障碍物关闭”，“城中各处均筑行战壕，街衢交通要点均置沙包电网，城外各军事要点亦均布置炮位、埋藏地雷。”③

在大敌当前的情况下，南京地区的军民为保卫首都，积极投入赶筑工事的大潮，为了尽早尽快完成任务，他们竭尽全力。至临战前，南京城内外，呈现出一片紧张备战的战斗氛围。

然而，由于战争准备、行政效率以及军事指挥等方面存在的缺陷，南京城内外的工事构筑，从制定计划，到核定位置，再到施工质量，都存在着较为严重的问题。具体如下：

第一，由大本营核定的工事构筑计划，多数未能完成。有的是征集不到相当数量的民工，施工进度跟不上；有的是实施一段时间后，临战时又改变防守策略，不得已中止了原有工程。已经构筑完成的工事，有的位置过于暴露，有的缺乏侧射或斜射火力配置。

第二，指挥机关对工事的侦察、检查和核定，不够严格。很多时候，当局仅

---

①《军事委员会执行部关于首都附近等阵地工事状况巡察报告与第一部来往代电》（1937年11月14日），中国第二历史档案馆藏，档案号七八七—3221。

②〔日〕日本陆军恤兵部发行:《支那事变战迹之刊》中卷，中央陆军军官学校第四分校1941年印，第103页。

③《南京防务加强 / 现有驻军五万 / 形势严重我决死守 / 城中各处均筑战壕》，《申报》（上海版）1937年12月2日。

派出参谋人员陪同德国顾问前去简单巡视一遍，有些列入计划的工事实际并未真正施工；对于有的地段，甚至派不出前往现场侦察的参谋人员。据程奎朗参谋回忆，南京警备司令部参谋处人手不足，在重新选定位置来构筑工事这一环节，没有普遍派出必要的参谋人员到现场侦察，只由主管作战的参谋袁滋荣在比例尺五万分之一的地图上标定，参谋长朱昌整天忙于文书处理，参谋处长苏恂和对于防御计划既未提出方案，也未督促施行。[①]

第三，南京城内外多处工事，存在各种各样的质量问题。南京城外围阵地的淳化镇、牛首山一带的钢筋水泥工事，有的用土埋着，有的门打不开；而且机关枪掩体的枪眼，一般都做得太大，容易被敌人发现而集中火力加以摧毁。位于四郊的炮台工事，虽然是采用钢筋水泥构筑而成，但“几全不切用”“暴露而且密集于狭小之地域”[②]。有的工事的质量，因为偷工减料的缘故，根本起不到防御作用。如在中山门至光华门之间的城墙上构筑的永久工事，只是在外面涂了些水泥，内部的横梁均以南竹充数，并且已经腐烂，官兵见之，无不愤慨。

南京城在工事构筑上存在的各种问题，直接影响到南京保卫战的进行，为保卫战的惨重损失埋下了伏笔。

四　江阴、乌龙山江面封锁线的设置

全面抗战爆发后，日军军舰随时可以从上海溯江而上，直接在首都南京登陆。为了阻止日军利用长江向内地进攻的阴谋，国民政府制定了长江流域沉船堵江塞港的计划。作为一种单纯的消极防御策略，沉船行动的实施，对于打破日军速战速决的计划起到了一定作用。

日本军方为了达到全面占领中国的目的，在1936年8月制定了“1937年作战计划”，强调“海军要击灭中国舰队，压制中国沿海及长江流域，与陆军协力占领要地”[③]。对此，国民政府基于对日本“将利用其海军之优势，行动完全自由，仅以一部协同空军掩护陆军之登陆，余或集中于长江协同其陆军作战。或于开战

---

① 程奎朗：《南京复廓阵地的构筑及守城战斗》，中国人民政治协商会议全国委员会文史资料研究委员会《南京保卫战》编审组编：《原国民党将领抗日战争亲历记·南京保卫战》，中国文史出版社1987年版，第37页。

② 《江阴镇江江宁等要塞区作战经过概要心得概要书》（1946年2月），中国第二历史档案馆藏，档案号七八七—7587。

③ 海军司令部《近代中国海军》编辑部编著：《近代中国海军》，海潮出版社1994年版，第948页。

初期，破坏我沿海要地，并袭用其不宣而战之故伎，以阻碍我长江交通”的初步判断，在《民国二十六年度国防作战计划（乙案）》中明确提出，海军应“迅速集中于长江，协同陆、空军及要塞扫荡扑灭敌在我长江之舰队，而后则封锁长江各要口，并杭州湾、胶州湾、温州湾，拒止敌之登陆”[①]。

江阴地处长江南岸，在长江下游吴淞口与南京之间，扼长江下游咽喉，东有巫山、段山为屏，西有萧山、青山为障，南靠秦望山、大小茅山为前哨。江阴江面最窄处只有 1500 米，素有“江海门户”“锁航要塞”之称，是拱卫南京的第一道水上屏障，江阴又是武澄、锡澄等公路的枢纽，战略地位异常重要。

1937 年全面抗战爆发后，中国军事当局对于江阴要塞的防卫和附近江面的封锁，特别重视。在卢沟桥事变发生后，国民政府军事机关长官会报专门讨论了“长江封锁”有关事项，决定“撤除长江之灯塔航标”[②]。8 月 6 日，在国民政府最高国防会议上，作出了设立江阴阻塞线，以封锁长江、保卫南京的决定。一方面，破除灯塔、灯船等航道标志；另一方面，自沉舰船堵塞航道，并配合布雷和岸炮构成阻塞线。国民政府选定在江阴福姜沙上游 6 公里处，于南岸长山和北岸罗家桥港之间江阴江面最窄处，建立一道阻塞线。

为阻止日本海军舰艇自淞沪地区溯江而上，配合陆军进袭南京，中国海军于江阴、乌龙山等处江面，沉船、设障碍，阻塞江道。8 月间，海军部所指挥的第一舰队和第二舰队 49 艘舰艇，奉命分别停泊在南京下关和湖口江面，准备实施长江沉船封锁作战。当时海军的第一步工作，“即实行破除航路标志，如灯标、灯桩、灯船、灯塔及测量标杆等，使敌舰失去目标，不易活动。此项工作于二十六年八月十一日起，先就江阴下游一段开始实施，海军部派甘露、皦日、青天三测量舰及绥宁、威宁两炮艇分别担任，经各该舰艇努力进行，先后将西周、浒浦口、铁黄沙、西港道、狼山下、姚港嘴、狼山、大姚港、通州沙、青天礁、刘海沙、长福沙、海北港沙、龙潭港、福姜沙等各项航行标志，一律毁除，完成任务”[③]。这成功地让日本海军舰艇在很长时间内只能在黄浦江一带活动，难以溯江而上向

① 《民国二十六年度国防作战计划（乙案）》（1937 年），中国第二历史档案馆藏，档案号七八七—2133。

② 《卢沟桥事变后国民党政府军事机关长官会报第一至十五次会议记录》，《民国档案》1987 年第 2 期，第 7 页。

③ 国民政府军事委员会：《对国民党临时全国代表大会军事报告》（1938 年 3 月），廖利明编：《南京保卫战文史资料》，南京出版社 2019 年版，第 492 页。

南京进犯。

除破除航道标志外，国民政府军政部与海军司令部商议，将不宜行驶内河之海船和船龄较大之旧船自沉，借以阻塞航道。

八九两月间，国民政府军事委员会即在江阴附近江面，实行沉船封江，以阻止麇集吴淞口的日舰自由上驶。自 8 月 11 日起，国民政府军事委员会调集军舰、商船、趸船等舰船沉于江阴下游一带，此项工作由海军部部长陈绍宽负责指挥。所征用的船舰及实施情况具体如下：

8 月 11 日，由海军部部长陈绍宽亲率“平海”“宁海”“海容”“海筹”“应瑞”“逸仙”等主力舰组成的舰队，驰赴江阴，一面将江阴下游各航路标志，如灯塔、灯标、灯桩、灯船、测量标杆等，一律破除；一面调“通济”“大同”“自强”“德胜”“威胜”“武胜”6 舰，“辰”“宿”2 鱼雷艇，以及征用自国营招商局与各轮船公司的“嘉禾”“新铭”“同华”“遇顺”“广利”“泰顺”“回安”“通利”“宁静”“鲲兴”“新平安”“茂利二号”“源长”“醒狮”“母佑”“华富”“大赉”“通和”“瑞康”“华新”等商船 20 艘，依次下沉，阻塞江阴水道。这项工作至 8 月 12 日初步完成。为进一步阻塞航道，旋又征调“公平”“万宰”“泳吉”3 艘商船，以及镇江、芜湖、九江、汉口、沙市等地的日本趸船 8 艘，开往江阴，加强阻塞。

9 月 25 日，再调“海圻”“海容”“海筹”“海琛”4 艘大吨位军舰，沉江阻塞，构成另一辅助阻塞线。

综计在江阴航道，共沉大小军舰、商船、趸船 43 艘，总吨位达 63800 多吨。此后，又从江苏、浙江、安徽、湖北等省，征用民船、盐船 185 艘，填入石子 3000 余英方[①]又 65020 担又 2354 英吨，以弥补江底封锁空隙。[②]该项工程，规模浩大，10 余艘舰艇和 1000 余人，经两个月工作才告完成。日军为打破封锁，曾在这里出动大量飞机，予以狂轰滥炸，但并未完全达其目的。

在沉船阻塞航道的同时，军事当局还在江阴段实施江面布雷计划。电雷学校在江阴巫山—姜福沙一线（后扩展至龙驹沙）水中布设了视发水雷 63 具、触发水雷 60 具。在江阴江面沉船、沉石阻塞工程大致完成后，军事委员会先后于 10 月 30 日、31 日两次致电江防总司令刘兴，督饬有关江阴封锁线之检查及布雷之事。军事委员会第一部 10 月 30 日电称：“敌寇对我江阴封锁线百计图谋破坏，希饬

---

① 英方为英制立方尺的简称，1 英方约等于 0.0283 立方米。此处 3000 余英方应约相当于 85 立方米。

② 国民政府海军总司令部编：《海军战史》，1941 年编印。

属严密警戒，随时检视，加以补填，并多设雷线，尽量增强为要。”①

10月31日，蒋介石亲自电令刘兴：“江阴封锁线关系綦重，已于卅作亨电令，随时检视补填，加布雷线，尽量增强在案。查现布之雷，多属沉雷，其爆炸力与敷设地点之水深有密切关系。若水量过深，则爆炸力直达水面之效力尚应研究。希饬欧阳司令加布重量水雷，随时严密检查有无流失渗漏及电线有无损坏，以期效力确实。”②

江防总司令刘兴经询问江阴江防司令欧阳格，于11月7日电呈蒋介石报告称：

（一）布雷状况及其效果：

（甲）江阴水道现已布置水雷计有一千磅视发沉雷三十七具、五百磅视发沉雷十五具、三百磅视发半浮雷十一具、一百五十磅视发半浮雷五具、一百磅碰雷四十具；

（乙）半浮雷离水面深度高低潮平均约十五呎，碰雷离水面深度高潮十二呎，低潮二呎；

（丙）据以往经验，一千磅沉雷之有效爆炸力为水深六十呎至七十呎，五百磅沉雷为二十五呎至三十呎；至半浮雷及碰雷，当敌舰接近时，均可直接炸毁其船身。惟此系指新雷而言。本部向国外定制之新雷完全未到，所布雷者概为二十年前之旧雷，然其效力亦决不可忽视，虽沉溺，其深大致与新雷相去亦不过远。

（二）沉雷电缆逐日检查，无损坏及流失散漏等情。

（三）苏省府雇来石工一百六十名，已在长山炸石。以前已随炸随填，以后将储交设计委会统筹使用。③

除了沉船阻塞航道，以及在江阴段江面布雷，海军部为加强守卫阻塞线力量，还先后派第一舰队司令陈季良、第2舰队司令曾以鼎率舰队驻守江阴，以“平海”“宁海”“应瑞”“逸仙”等主力军舰，“列最前线，其余各舰艇，亦各严阵以待，

① 《军事委员会第一部致刘兴电》（1937年10月30日），中国第二历史档案馆编：《南京保卫战档案》第6册，南京出版社2018年版，第406页。

② 《蒋介石致刘兴电》（1937年10月31日），中国第二历史档案馆编：《南京保卫战档案》第6册，南京出版社2018年版，第407页。

③ 《长江堵塞计划及意见等有关文电》（1937年11月7日），中国第二历史档案馆藏，档案号七八七—3484。

准备敌舰来袭，迎头痛击”[①]。

江阴沉船、沉石与敷设水雷，建立封锁线之工程，对于阻滞日海军逆江而上，增强守军岸炮打击敌舰效果，争取南京备战时间，发挥了重要作用。

乌龙山江面，为日海军舰艇驶向南京下关地区之必经之地，也是沿江保卫南京的最后一个关口。南京保卫战前，为了扼守长江航道，延缓日军进攻，还依托南京栖霞江边的乌龙山炮台，进行了江防工事的设置。

国民政府早在淞沪会战期间，即着手布置乌龙山江面阻塞线。军事委员会第一部曾分别下令由江宁要塞司令邵百昌负责此项工程之实施，由淞沪警备司令杨虎负责在上海采购所需物资。邵百昌司令计算出所需材料为木排 200 只、粗铁索若干及 3—5 吨重铁锚等。[②]后由南京市政府办得木排 150 只，上海市方面无相应规格之铁锚、铁链等，参谋总长程潜为此商请唐生智总监，通过广东绥靖主任余汉谋，“速向香港采购，直接运交邵司令应用，较为便捷”[③]。

9 月中旬，蒋介石曾亲自下达手令，查问“乌龙山江口堵塞工程何日可完成？现在进行程度如何？”[④]当时乌龙山炮台拥有 230 毫米、150 毫米、120 毫米口径等要塞炮，从山顶可以直接俯射长江江面敌舰。南京保卫战发生前，军事委员会复下令，在乌龙山炮台以东的江中布设水雷，在镇江凿沉一批商船和民船，建立堵塞线。11 月，江阴阻塞线设置完成后，部分技术人员从江阴赶赴南京，构建乌龙山阻塞工程，先是征用招商局“永清”号趸船 1 艘，加上其他轮船 4 艘和大小木船数十艘，共 4063 吨，将船只满载石块后沉入江底，突击布置了乌龙山阻塞线。[⑤]前者为第一道封锁线，技术人员又用麻条在江面构筑可以缠绕军舰螺旋桨的第二、第三两道阻塞线。后又在乌龙山斜对面的六合划子口部署了从“海圻”号巡洋舰上拆下的 47 毫米速射炮，配合乌龙山炮台封锁长江，此成为南京江面最后一道屏障。[⑥]同时，江苏省地方政

① 国民政府军事委员会：《对国民党临时全国代表大会军事报告》（1938 年 3 月），廖利明编：《南京保卫战文史资料》，南京出版社 2019 年版，第 493 页。

② 《唐生智关于乌龙山江口阻塞工程进展情形与程潜来往函》（1937 年 9 月 20—22 日），中国第二历史档案馆编：《南京保卫战档案》第 5 册，南京出版社 2018 年版，第 372—373 页。

③ 《唐生智关于乌龙山江口阻塞工程进展情形与程潜来往函》（1937 年 9 月 20—22 日），中国第二历史档案馆编：《南京保卫战档案》第 5 册，南京出版社 2018 年版，第 376 页。

④ 《唐生智关于乌龙山江口阻塞工程进展情形与程潜来往函》（1937 年 9 月 20—22 日），中国第二历史档案馆编：《南京保卫战档案》第 5 册，南京出版社 2018 年版，第 372 页。

⑤ 史春林：《抗战初期沉船堵江塞港状况及评价》，《长白学刊》2004 年第 3 期，第 99 页。

⑥ 《乌龙山炮台完整遗迹被发现》，《南京日报》2017 年 6 月 14 日。

府还对境内的其他水道要塞，如太仓浏河口、杨林口、七丫口、鹿鸣泾等地都用船只装上石料沉入河中加以封闭。南京危急时，江都县政府征集了大小民船 2760 只，动员民工五六万人，参加阻塞江道的施工。[①]

南京保卫战打响后，日本海军前进至乌龙山阻塞线前，受其阻碍，还遭到中国军队江防要塞的猛烈炮击，只好掉头逃窜。之后，日军增援舰艇又企图冲过江面，再次与乌龙山炮台交火，但仍未能越过栖霞乌龙山江面。日军上海派遣军参谋长饭沼守在 1937 年 12 月 12 日的日记中称："海军第十一水雷小型舰队已接近南京，遭到来自乌龙庙要塞的炮击，停在炮台下游。"[②] 由此可见，乌龙山阻塞线与乌龙山炮台扼守住了长江航道，为延缓南京城沦陷、掩护守军撤退发挥了积极作用。

① 史春林：《抗战初期沉船堵江塞港状况及评价》，《长白学刊》2004 年第 3 期，第 99 页。

② 《饭沼守日记》（1937 年 12 月 12 日），王卫星编：《南京大屠杀史料集》第 8 册《日军官兵日记》，江苏人民出版社、凤凰出版社 2005 年版，第 203 页。

第三节　军队部署

一　南京卫戍军的编成

国民政府确立“短期固守”南京城的方针之后，随即开始调兵遣将。1937 年 11 月 24 日，国民政府发布公告，特任唐生智为南京卫戍军司令长官。次日，蒋介石颁布首都卫戍部队最初的战斗序列：

（一）司令长官唐生智。

（二）第七十二军孙元良部。

（三）第七十八军宋希濂部。

（四）首都警卫军谷正伦：（甲）桂（永清）总队；（乙）宪兵部队。

（五）其他特种部队之一部。①

后来，日军突破锡澄线，并日益向南京郊区逼近。蒋介石开始多方调兵，南京卫戍部队阵容不断扩大。12 月 5 日，南京外围的战斗已经打响，蒋介石电令召回正在皖南前线指挥作战的第 16 军团军团长罗卓英，让其赶赴南京就任南京卫戍军副司令长官。②

12 月 6 日，蒋介石正式明令罗卓英、刘兴为南京卫戍副司令长官。此时，南京卫戍司令长官司令部班子配齐，具体为：

司令长官　　唐生智

副司令长官　　罗卓英　刘　兴

参谋长　　周　斓

① 《蒋介石颁布首都卫戍部队战斗序列代电》（1937 年 11 月 25 日），中国第二历史档案馆编：《抗日战争正面战场》上册，江苏古籍出版社 1987 年版，第 400 页。

② 《第十九集团军东战场战斗详报》，中国第二历史档案馆藏，档案号七八七—6536。

副参谋长　　　　佘念慈

罗卓英，字尤青，广东大埔人，少时喜好古诗文辞，中学毕业后在家乡从事教书工作，1919 年考入保定陆军军官学校学习，后又因陈诚的关系进入黄埔军校，成为陈诚在军中的亲信将领和得力助手，先后担任第 11 师师长、第 18 军军长。在淞沪会战中，他率领部队在陈诚指挥的左翼浴血奋战，后任第 15 集团军总司令。上海失陷后，罗随部队撤退皖南，任第 16 军团军团长。

刘兴，字铁夫，湖南祁阳人，1916 年毕业于保定陆军军官学校，大革命前多年追随唐生智，是与其共患难的亲信。北伐战争期间，唐生智担任第 18 军军长，刘担任第 18 军第 4 师师长。至全面抗战爆发前，刘还担任过南昌行营所属北路军第 1 路军副总指挥，兼任第 8 纵队指挥官、守备队指挥官等职。全面抗战爆发后，他率领部队参加八一三淞沪抗战，担任江防军总司令，兼任第 15 军团军团长、第 27 军军长。上海失陷后，刘兴率第 112、103 师，暨江阴要塞部队、镇江要塞部队、江宁要塞部队负责江防。

周斓，湖南祁阳人。赵恒惕统治湖南时期，唐生智任湘军第 4 师师长，周先后担任师参谋长、警备旅旅长等职。北伐战争以后，唐部扩编，周历任第 8 军教导师师长、第 36 军副军长、第 17 军军长等职。

佘念慈，江苏赣榆人，毕业于保定陆军速成学堂第二期骑兵科、陆军大学正则班第五期，历任国民革命军陆军军官研究班教务处处长、军事委员会高级参谋等职。

在上述四人中，刘兴和周斓是唐生智的多年部属，由唐生智推荐后获蒋介石允准，罗卓英为陈诚推荐，而佘念慈则是由何应钦举荐。于是，在卫戍军司令长官部形成了多方势力混处的格局。

另外，在南京卫戍司令长官部之下，设有参谋处、副官处、秘书科、经理科以及运输司令部等组织。经过不断补充、调整，参加南京保卫战的作战部队之完整序列[①]具体如下：

---

① 参考资料来源：《南京卫戍军战斗详报》，中国第二历史档案馆藏，档案号七八七—7593；中国第二历史档案馆编：《南京保卫战档案》，南京出版社 2018 年版；马振犊等编：《南京大屠杀史料集》第 2 册《南京保卫战》，江苏人民出版社、凤凰出版社 2005 年版；中国第二历史档案馆、侵华日军南京大屠杀遇难同胞纪念馆编：《南京保卫战殉难将士档案》（全 10 册），南京出版社 2007 年版；张慧卿编：《南京保卫战历史文献（1937—1949）》，南京出版社 2019 年版；廖利明编：《南京保卫战文史资料》，南京出版社 2019 年版；中国人民政治协商会议全国委员会文史资料研究委员会《南京保卫战》编审组编：《原国民党将领抗日战争亲历记 · 南京保卫战》，中国文史出版社 1987 年版；《南京保卫战中国军队战斗序列》，《现代快报》2005 年 7 月 7 日；江苏省政协文史委员会编：《江苏文史资料存稿选编 · 军事卷》（上册），江苏人民出版社 2007 年版；朱成山主编：《南京大屠杀辞典》上，南京出版社 2017 年版。

第 2 军团	军团长	徐源泉
第 41 师	师长	丁治磐
	副师长	徐钟瑞
	参谋长	杨子采
第 121 旅	旅长	张习崇
第 241 团	团长	孙继德
第 242 团	团长	赵景武
第 123 旅	旅长	芮勤学
第 245 团	团长	余勤仁
第 246 团	团长	孟棠宣
第 48 师	师长	徐继武
	副师长	蒋作均
	参谋长	张士铨
第 142 旅	旅长	牛乐亭
第 283 团	团长	牟　焯
第 284 团	团长	任箫亭
第 144 旅	旅长	韩　浚
第 287 团	团长	赵我华
第 288 团	团长	曹　毅
第 66 军[①]	军长	叶　肇
第 159 师	师长	谭　邃（后因肺病离开前线）
	副师长	罗策群（代师长）
第 475 旅	旅长	林伟俦
第 949 团	团长	黄纪福（副旅长兼）
		谢彩轩（黄纪福牺牲后继任）

① 根据第 159 师某部营附林诗学在其回忆文章《国民党粤系六十六军始末》中的记述，第 66 军“经过苏州、锡澄、江阴、汤山等线与敌作过短时阻击战斗，以后就退入南京城，开始城防战斗。军下辖两个师，因伤亡过半，乃各编并为 1 个旅，第 159 师以林伟俦为旅长，160 师以喻英奇为旅长”。原文见廖利明编：《南京保卫战文史资料》，南京出版社 2019 年版，第 168 页。

第 950 团	团长	林伟俦（旅长兼）
第 477 旅	旅长	司徒非[①]
第 952 团	团长	何全标
第 953 团	团长	不　详
第 160 师	师长	叶　肇（军长兼）
第 478 旅	旅长	邓志才
		喻英奇（12 月 11 日代）
第 955 团	团长	梁卓芬
第 956 团	团长	喻英奇
		蔡如柏（12 月 11 日代）
第 480 旅	旅长	利树宗
第 958 团	团长	梁佐勋
第 959 团	团长	翟洪宇
第 71 军	军长	王敬久
第 87 师	师长	沈发藻
第 259 旅	旅长	易安华
第 517 团	团长	刘漫天
第 518 团	团长	石仲和
第 260 旅[②]（补充旅）	旅长	刘启雄
补充团	团长	谢家珣
补充第 1 团	团长	蔡　祺
第 261 旅	旅长	陈颐鼎（副师长兼）
第 521 团	团长	郏国选
第 522 团	团长	向凤武

① 后因部队损伤过大，两旅合并为一旅。由林伟俦担任旅长，司徒非升任第 160 师参谋长。

② 第 260 旅由该师原补充旅改成。

部队	职务	姓名
第72军	军长	孙元良
第88师	师长	孙元良（军长兼）
第262旅	旅长	朱　赤
第523团	团长	吴求剑（后升任补充旅旅长）
第524团	团长	韩宪元
第264旅	旅长	高致嵩
		廖龄奇（12月12日继任）
第527团	团长	李　杰
第528团	团长	沈芝生
补充旅	旅长	吴求剑
补充第1团	团长	华品章
补充第2团	团长	易　瑾
第74军	军长	俞济时
第51师	师长	王耀武
第151旅	旅长	周志道
第301团	团长	纪鸿儒（代）
第302团	团长	程　智
		吴克定（12月12日继任）
第153旅	旅长	李天霞
第305团	团长	张灵甫
第306团	团长	邱维达
第58师	师长	冯圣法
第172旅	旅长	何凌霄
第343团	团长	戚永年
第344团	团长	陈式正
第174旅	旅长	朱　奇
第347团	团长	钟学栋
第348团	团长	李德生

第 78 军	军长	宋希濂
第 36 师	师长	宋希濂（军长兼）
第 106 旅	旅长	李志鹏
	代旅长	顾葆裕
第 211 团	团长	王芝瑞
第 212 团	团长	熊新民
第 108 旅	旅长	刘　瑛
第 215 团	团长	伍光宗
第 216 团	团长	张绍勋
补充旅	旅长	李钦若
补充第 2 团	团长	李牧良
第 83 军	军长	邓龙光
第 154 师	师长	巫剑雄
	参谋长	张　弛
第 460 旅	旅长	骆秀礼
第 919 团	团长	王苐文
第 920 团	团长	马　毅
第 462 旅	旅长	蒋　武
第 922 团	团长	黄汉庭
第 923 团	团长	陈文瑞
第 156 师	师长	李　江
	参谋长	张显歧
第 466 旅	旅长	王德全
第 931 团	团长	郑军凯
第 932 团	团长	杨智佳
第 468 旅	旅长	黄世途
第 934 团	团长	黄俊民
第 935 团	团长	吕　识

教导总队	总队长	桂永清
	副总队长	周振强
	参谋长	邱清泉
第 1 旅	旅长	周振强（兼）
第 1 团	团长	秦士铨
第 2 团	团长	谢承瑞
第 2 旅	旅长	胡启儒
第 3 团	团长	李西开
第 6 团	团长	刘子淑
第 3 旅	旅长	马威龙（代）
第 4 团	团长	睢友蔺
第 5 团	团长	马威龙（兼）
直属炮兵团①	团长	楼迪善
直属骑兵团	团长	王翰卿
直属工兵团	团长	杨厚灿
直属通信团	团长	田鄂云
直属特务营	营长	不　详
直属军士营	营长	吴曙青
直属辎重团	团长	郭旭泉
第 103 师	师长	何知重
第 613 团	团长	罗熠斌
第 615 团	团长	周相魁
第 618 团	团长	万式炯
第 112 师	师长	霍守义
第 334 旅	旅长	马万珍

① 根据时任教导总队第 1 旅第 2 团第 3 营营长吴幼元回忆，工兵团、通信团和特务营留在南京，其余 3 个补充团和炮兵团、骑兵团以及军士营、高炮营、平射炮营都调到后方去补充。文见《在南京保卫战中的教导总队》，中国人民政治协商会议全国委员会文史资料委员会编：《文史资料存稿选编·抗日战争》（上册），中国文史出版社 2002 年版，第 595 页。

部队	职务	姓名
第 667 团	团长	方叔洪
第 668 团	团长	崔锡璋
第 336 旅	旅长	李德明
第 671 团	团长	许庚扬
第 672 团	团长	万　毅
宪兵部队	副司令	萧山令
	参谋长	萧山令（兼）
第 2 团	团长	罗友胜
第 5 团	团长	刘　炜
第 10 团	团长	陈烈林
教导第 2 团	团长	周竞仁
练习团	团长	吴志勋
江宁要塞部队	司令	邵百昌
	参谋长	曹友信
幕府山炮台	台长	杨汉坤
乌龙山炮台	台长	欧阳春
狮子山炮台	台长	冯　藩
马鞍山炮台	台长	刘炳勋
雨花台炮台	台长	伍仲岳
守备第 1 营	营长	曹　毅
守备第 2 营	营长	丁缩符
工兵连	连长	裴即凯
通信连	连长	周少松
运输司令部	司令	周鳌山
补充团	团长	陈敦和
防空司令部	副司令	黄镇球
炮兵第 8 团	团长	娄绍恺
重炮兵第 10 团	团长	不　详

高射炮第 42 团	团长	缪　范
战车部队	指挥官	刘介辉

战车防御炮 8 门、轻战车 10 辆

最终确定参加南京保卫战的参战部队中，除了配属性质的运输、炮兵、防空、装甲、通信、特务等部队外，其主力部队共为 13 个建制师及 10 个建制团（其中，教导总队为6个团，宪兵部队为4个团）。以上参战部队的兵员数量，迄无准确数字。[①]

各参战部队虽然得到了兵员补充，但多数部队建制仍严重不足，最少的记录认为“唐生智部五万人留守保卫南京”[②]。时任南京卫戍司令长官部参谋处第一科科长的谭道平，在南京保卫战中曾经负责军务统计工作，也负责过办理兵员调拨等工作。据他回忆：“在字面上明明是一个师或者是一个军开上去，可是，天晓得哪……兵员只不过一个营的模样，同时，没有大炮，步枪也不整齐，机枪有一部分……早就丧失了作战的用处。”[③]

谭道平对参战部队的兵力进行了统计，在其战后的回忆文章中，他认为参加保卫南京的卫戍部队总数为 8.1 万人。具体包括：

第 2 军团（含第 41、48 师）	18000 人
第 66 军（含第 159、160 师）	7000 人
第 83 军（含第 154、156 师）	5500 人
第 78 军第 36 师	7000 人
第 74 军（含第 51、58 师）	13000 人
第 71 军第 87 师	6500 人
第 72 军第 88 师	7000 人
教导总队	11000 人
第 103、112 师，宪兵及各直属部队	6000 人
总计	81000 人[④]

上表对于考察南京保卫战中各参战部队的兵力构成，具有一定的参考价值，但是对其所列各部队具体人数，经对照现已公开的档案资料，仍有较大出入，与实

① 根据多人回忆，教导总队各特种兵团虽有其名，但仍为营的构架与人数，且部分已调至后方整训，故未列入正规建制团计数。

② 黄廷燕：《日本侵华事件及暴行》，香港泛德思有限公司安定出版社 1992 年版，第 33 页。

③ 谭道平：《南京卫戍战史话》，东南文化事业出版社 1946 年版，第 67—68 页。

④ 谭道平：《南京卫戍战史话》，东南文化事业出版社 1946 年版，第 93—95 页。

际参战人数相比，明显偏低。如中央军嫡系部队第78军第36师的兵力仅为7000人，但《第七十八军南京战役战斗详报》所列数据为11968人。[①] 上表中，宪兵部队、黔军第103师、东北军第112师及各直属部队总计6000人，但仅《宪兵忠烈纪要》所列宪兵部队人数即有6452人。[②]

考虑到大多数部队在淞沪战场损失严重，虽应急补充但远未达到满编水平。仅有教导总队、第71军、第36师这几支部队因编制和任务的特殊性，经补充新兵后，实际兵员数量达到甚至超过了额定编制数。

根据现有已公开档案资料和回忆文章，参加南京保卫战各部队的人数为：

第2军团（含第41、48师）	16929人[③]
第66军（含第159、160师）	约10000人[④]
第83军（含第154、156师）	5500人[⑤]
第78军第36师	11968人[⑥]
第74军（含第51、58师）	约17000人[⑦]

① 《第七十八军南京战役战斗详报》，中国第二历史档案馆藏，档案号七八七—7590。

② 宪兵司令部编：《宪兵忠烈纪要》（1946年12月印行），张慧卿编：《南京保卫战历史文献（1937—1949）》，南京出版社2019年版，第336页。

③ 《徐源泉致蒋介石密电》（1937年12月23日），中国第二历史档案馆编：《抗日战争正面战场》上册，江苏古籍出版社1987年版，第418—419页。

④ 第160师参加淞沪会战时人数无法查考，似应与有记录的第159师人数相仿（见下文），约为13000人。该部队在淞沪会战中共损失2353人（《叶肇电蒋中正报告所部第一五九师第一六〇师等自九月十五至十月一日参加刘行战役官兵伤亡武器耗损等详细数量请设法分别补充》，台北"国史馆"藏，数位典藏号002—090200—00034—151），经锡澄激战后，"全师战斗员兵，不足三千"（《陆军第一百六十师锡澄南京两役战斗详报》，中国第二历史档案馆藏，档案号七八七—7582），考虑到尚有非战斗兵未统计在内，以及南京突围后尚存4180人（《叶肇电蒋中正陈报返抵攸县防次检视整理随便及武器通讯器材补充情形》，台北"国史馆"藏，数位典藏号002—080200—00495—132）的事实，该师参加南京保卫战的人数应在5000人以上。第159师参加淞沪会战时共有官兵13420人（《陆军第一五九师简史》，中国第二历史档案馆藏，档案号七八七—6760），在淞沪会战中共损失5124人（《叶肇电蒋中正报告所部第一五九师第一六〇师等自九月十五至十月一日参加刘行战役官兵伤亡武器耗损等详细数量请设法分别补充》，台北"国史馆"藏，数位典藏号002—090200—00034—151），后经锡澄多次激烈战斗，参照第159师的相关伤亡状况及突围后尚存3610人（《叶肇电蒋中正陈报返抵攸县防次检视整理随便及武器通讯器材补充情形》，台北"国史馆"藏，数位典藏号002—080200—00495—132）的事实，估计约有5000人参加了南京保卫战。因此，第66军以满员之部，参加淞沪、锡澄之战后，参加南京保卫战的官兵应在10000人以上。

⑤ 谭道平：《南京卫戍战史话》，东南文化事业出版社1946年版，第93页。

⑥ 《第七十八军南京战役战斗详报》，中国第二历史档案馆藏，档案号七八七—7590。

⑦ 王耀武：《南京保卫战的回忆》，中国人民政治协商会议全国委员会文史资料研究委员会《南京保卫战》编审组编：《原国民党将领抗日战争亲历记·南京保卫战》，中国文史出版社1987年版，第141页。

第 71 军第 87 师	约 10000 人[①]
第 72 军第 88 师	12000 人[②]
教导总队	30000 人[③]
第 103 师	6000 人[④]
第 112 师	4000 人[⑤]
宪兵部队	6452 人[⑥]

上述各部队参战人数相加，已达 129849 人，即约 13 万人。考虑到第 83 军的人数取自统计偏低的谭道平表，再加上总部机关及各要塞、炮兵、战车等配属部队人数，其全部参战人数应接近 15 万人。

如前所述，参加南京守城的部队共有 13 个建制师又 10 个建制团，约为 15 万人，数量看似较为庞大，但军队组成庞杂，武器装备落后。

南京卫戍部队大半为蒋介石嫡系的中央军，也有部分地方部队加入。战斗序列中的部队，大部分应该是比较能战斗的，包括有蒋介石“铁卫队”之称的桂永清教导总队，第 78 军第 36 师，以及按照德式建制并训练的第 71 军第 87 师、第 72 军第 88 师等。但这些参战部队，大多刚从上海战场撤退下来，经过 3 个月的血战，部队精锐大为亏损，即大都是“久经战役、补充整理工作尚未完成的残缺部队，老兵既少，新兵大多尚未受过训练”[⑦]。参加南京保卫战的守军队伍很大一部分兵力来自新兵。据谭道平统计，第 2 军团有“五分之四为训练不到一月之新兵”，第 36 师“在南京补充新兵约三千名”，第 51 师和第 58 师均“在南京补充约二千名”，第 87 师“在镇江补充三千名”，教导总队“在南京补充新兵约五千名”。粗略估计，在参加南京保卫战的全部守军中，刚入伍的新兵占了 38%，能直接与日军搏杀的士兵只占 60%。[⑧]有的新兵参战前根本没有接触过枪炮，不会射击，没有基本的军

① 仇广汉:《淞沪抗战暨南京失守纪实》，廖利明编:《南京保卫战文史资料》，南京出版社 2019 年版，第 192 页。

② 《顾祝同电蒋中正据孙元良称该军剿匪追击及首都战后官兵伤亡情形》，台北“国史馆”藏，数位典藏号 002—080200—00281—018。

③ 李西开:《紫金山战斗》，中国人民政治协商会议全国委员会文史资料研究委员会《南京保卫战》编审组编:《原国民党将领抗日战争亲历记 · 南京保卫战》，中国文史出版社 1987 年版，第 170 页。

④ 赵旭:《南京保卫战亲历记》，廖利明编:《南京保卫战文史资料》，南京出版社 2019 年版，第 301 页。

⑤ 万毅:《万毅将军回忆录》，中共党史出版社 1998 年版，第 51 页。

⑥ 宪兵司令部编:《宪兵忠烈纪要》（1946 年 12 月印行），张慧卿编:《南京保卫战历史文献（1937—1949）》，南京出版社 2019 年版，第 338 页。

⑦ 《南京卫戍军战斗详报》，中国第二历史档案馆藏，档案号七八七—7593。

⑧ 谭道平:《南京卫戍战史话》，东南文化事业出版社 1946 年版，第 93—95 页。

事知识，到达阵地后，只能一面修工事，一面学射击，“边教射击、讲授军事知识，边守阵地”①。南京卫戍军司令长官唐生智也坦言，新补充的士兵过多，上下级之间多不相识，因此各级均不便掌握；尤其在战事紧迫，战况激烈时，“一退不易复进，一溃不可收拾”②。因此，部队要么严重缺员、士气沮丧，要么虽然得到了新兵补充，但因时局匆忙，新兵未经战斗训练，而连长、排长大多是从幸存老兵中提拔上来的，这样的作战部队，面对敌人的进攻，难以组织有效的抵抗。还有一部分部队是从后方新调来的，如徐源泉所部第2军团，因为是地方部队，对南京地形地势都不熟悉，经过紧急长途急行军后，便匆忙投入南京保卫战。

参加南京保卫战各部队十分缺少重武器装备。参加作战之特种兵中的炮兵，只有炮兵第8团1个整团和第10团1个营（榴炮营）的兵力，此外还有8门战车防御炮、10辆轻战车和27门高射炮。③到了12月初，在南京复郭与城垣展开激烈战斗时，中国方面空军的战机已经损失殆尽，海军的主力作战舰艇，一部已被日军炸毁，一部已经撤往长江中上游一带。所有这些，都给南京保卫战中国军队的战斗力带来了不利的影响。

二　参战部队调集南京

1937年10月，南京警备司令部改编为首都警卫军司令部，编制相当于集团军，负责南京防守任务，由大本营直辖。司令部编制为司令之下设参谋长一人，下属机构只有一个参谋处，其他各处由宪兵司令部的各处兼办，不另设置。番号颁布后，兵力并未有大的扩充。

原设之南京警备区辖有南京、江宁、镇江、丹阳、金坛、句容、溧水、高淳、芜湖、当涂、全椒、滁县、仪征、江浦、六合等15个县市，虽然按规定辖区内所驻部队均归首都警卫军司令谷正伦指挥，但由于淞沪战事紧急，刚调来的部队一到南京就开往上海增援，没有一支野战部队固定下来作为构筑南京防御阵地之基干使用。当时曾一度指定驻芜湖之贵州部队第121师吴剑平部及驻蚌埠滁县一带的北方部

① 欧阳午：《南京撤退追忆》，中国人民政治协商会议全国委员会文史资料研究委员会《南京保卫战》编审组编：《原国民党将领抗日战争亲历记·南京保卫战》，中国文史出版社1987年版，第240页。

② 秦孝仪主编：《中华民国重要史料初编·对日抗战时期》第2编（2），台北中国国民党中央委员会党史委员会1981年编印，第224页。

③ 谭道平：《南京卫戍战史话》，东南文化事业出版社1946年版，第92—95页。

队第167师归谷正伦指挥，但第167师不久又被他调，第121师虽曾受命开往句容、天王寺一带构筑工事，几天后也被调往上海。因此，首都警卫军司令谷正伦实际上能指挥的部队，只有守城门、仓库的宪兵第2团罗友胜部和担任京沪铁路沿线护路工作的宪兵第10团陈烈林部，以及在中华门外正在训练的新兵教导团周竞仁部（隶属于宪兵部队）。这些部队本为首都驻防部队，并非为战争而训练的主力部队。该三团的装备都是平日值勤之轻装备，缺少应战火力。因此，首都警卫军名义上虽已成立，但实际上还只是一个空架子。而且，因为兵力经常被调动，首都警卫军参谋处制定的东南阵地构筑计划，也未全面实施。

当上海战场开始部署撤退时，南京地区的驻守部队主要还是宪兵和首都警察。11月下旬，谷正伦因病辞去首都警卫军司令一职，去湖南治病，宪兵第1团也撤退到湖南，实际留守南京城内者为新任副司令萧山令（原为参谋长），指挥宪兵第2团及第10团守城。①

最初被安排参加保卫南京的战斗部队，包括第72军孙元良的第88师、第78军宋希濂的第36师、谷正伦的首都警卫军部队（包括桂永清的教导总队和宪兵部队的部分兵力），炮兵第8团娄绍凯的1个营和战防炮、高射炮、战车连等，共约4万人。② 其中第88师、第36师、教导总队都是经历过淞沪战役刚从战场撤退下来的部队，伤亡较大，官兵也都极度疲惫，回到南京后只能稍作休整，并补充了部分新兵。

在这些部队中，教导总队由原中央军校教导总队扩编而成。教导总队名义上是作为以德式战术训练的示范部队，实际上是蒋介石的“御林军”，其总队长桂永清是复兴社最早的九干事之一。总队营长、团长以上军官，都是复兴社的骨干分子。部队装备齐全，战斗力强。教导总队在受领保卫南京的任务后，便立即进行战前的各项准备工作：

一是编组部队。教导总队共编成3个旅共6个团，再加上工兵、通信两团和特务营，计3万余人。

二是部署兵力。根据卫戍军总司令部赋予的守备任务，教导总队决定以第1旅置于通济门、光华门至工兵学校一线，准备迎击由城东南淳化方向攻城之敌；以第2旅置于紫金山第一、第二峰至卫岗一线，准备迎击由东面汤山方向来攻之

① 《宪兵司令部在京抗战部队之战斗详报》，中国第二历史档案馆藏，档案号七八七—7595。

② 谭道平：《1937年冬唐生智卫戍南京的回忆》，江苏省政协文史委员会编：《江苏文史资料存稿选编·军事卷》（上册），江苏人民出版社2007年版，第116页。

敌；以第3旅置于第2旅之后，玄武湖东北、天堡城西北一线，作为总队预备队，随时准备支援第一线战斗。

三是修筑阵地。包括开挖战壕，建筑各种掩蔽体，修筑指挥所，封闭通敌道路，设置障碍物，堵塞城门，埋设地雷，扫清射界，架设通信线路，构建预备阵地等项任务。

四是坚壁清野。清查陵园区各要人公馆，如存在枪支弹药，一律查收待用。销毁妨碍视线的建筑物和可以资敌利用的各种物体，城外的机关、团体、私人厂商，限期迁入城内。开放城外粮仓，由居民自由换取粮食。城内街头巷尾，设立岗哨，加强戒备。

五是广积粮食。储存3至6个月的主副食品，凡是国家仓库的粮食，一律征用；私人厂商的粮食，照价征购。[①]

宋希濂的第36师自八一三淞沪战役爆发后即投入战斗，与日军周旋2个多月，损失惨重，退驻苏州、无锡。11月22日上午，宋希濂率残部3000余人到达南京，随后调拨补充新兵4000人，第36师成为一个拥有7000余人的师。[②]后至临战前，复经充实，方达满员。宋虽已升任第78军军长，但实际指挥的部队仍仅有第36师这1个师，宋本人兼任师长。11月25日，宋根据南京卫戍司令长官部颁发的守备计划，率领部队到达指定地区，向各部队下达了命令要旨：师以协同友军固守南京之目的，决心于红山、猪头山、幕府山、下关、和平门、挹江门附近地区占领阵地，利用工事，联系要塞，主要以火力歼灭来犯之敌。该命令强调了部队的防御重点为“东正面指向红山，西正面指向下关附近”，同时划定了各部队的作战地界。在阵地工事方面，决定“就原有之永久工事为基础构筑。视情况予以加强，构成强固闭锁式或半闭锁堡垒。利用前进阵地、警戒阵地强韧抵抗，消耗敌人，并掩护主阵地”[③]。

孙元良的第72军也仅有第88师这1个师，孙兼任师长。彼时，第88师共有4个团、6个直属营，经补充后有官兵12000人，负责守卫雨花台、中华门一带，

① 吴幼元：《在南京保卫战中的教导总队》，中国人民政治协商会议全国委员会文史资料委员会编：《文史资料存稿选编·抗日战争》（上册），中国文史出版社2002年版，第595—596页。

② 宋希濂：《南京守城战》，中国人民政治协商会议全国委员会文史资料研究委员会《南京保卫战》编审组编：《原国民党将领抗日战争亲历记·南京保卫战》，中国文史出版社1987年版，第232页。

③ 宋希濂：《南京守城战》，中国人民政治协商会议全国委员会文史资料研究委员会《南京保卫战》编审组编：《原国民党将领抗日战争亲历记·南京保卫战》，中国文史出版社1987年版，第231—232页。

以雨花台为重点。

随着上海战事的急剧恶化，在淞沪战役中担任掩护撤退任务的部队，开始相继撤退到南京附近的句容、汤水一带。以上撤往南京附近的部队经唐生智报告蒋介石核准，都被命令参加保卫南京。这些部队基本上都历经淞沪战役及大撤退，伤亡较大，而且由于时间紧迫，补充整理新兵工作尚未完成，老兵很少，补充后的新兵又大都尚未受过专业训练。

叶肇率领的第66军是由第159师（师长谭邃）和第160师（叶肇兼任师长）组成的非蒋介石嫡系的广东部队。八一三淞沪会战爆发后，该军编入上海保卫战左翼军陈诚麾下的第19集团军（总司令薛岳，广东人）参加战役，经两月激战，伤亡很大。11月11日，第66军遵照第三战区左翼军发布的命令组织撤退，但因负责支援的友军掩护不力，“以致在安亭之徐公桥附近受敌袭击，损失奇重”[①]，到11月18日，第160师的全部战斗兵力不足3000人。11月20日，在南京卫戍司令长官部成立时，该军奉命参加南京保卫战，负责外围句容一带的防守，成为东南阵地防御的主力。因该军自11月11日晚从前线撤退后，日夜赶路，不敢停歇，所以“绝无整理与补充的机会”，其“159师缩编为两团”[②]，这使得第66军徒有“军”之名，而只有“师”之实。该军守卫南京之军力，连同非战斗兵员，亦只勉强达万人之数。

俞济时的第74军，虽经数次补充，但新兵大都为匆忙征集，战斗力较弱。该军由军部直属部队、第51师（师长王耀武）和第58师（师长冯圣法）组成，装备相对比较优良。八一三淞沪会战爆发后，俞奉命率第74军加入淞沪抗战战斗序列，隶属左翼军总司令陈诚麾下第15集团军第16军团（集团军总司令和军团长均为罗卓英），在以上海市西北的罗店、嘉定、安亭的阵地为中心的区域同日军展开激战。该军“在上海一带作战牺牲甚众，缺额很多，军长俞济时及一般军官都希望撤至一个较安全的地点，整训一个时期再行作战”[③]。整支部队撤到南京时已疲惫不堪。俞济时利用在南京郊外驻扎期间的间隙，一面设防，一面补充新兵。在被列入南京战斗序列时，该军已勉强补齐两个师，每个师包含2个旅4个团，全军官兵共计17000人，负责防卫从淳化镇到牛首山广阔地区的南京外围阵地。

---

① 《陆军第一百六十师锡澄南京两役战斗详报》，中国第二历史档案馆藏，档案号七八七—7582。

② 《陆军第六十六军南京突围战斗详报》，中国第二历史档案馆藏，档案号七八七—7583。

③ 王耀武:《第七十四军参加南京保卫战经过》，中国人民政治协商会议全国委员会文史资料研究委员会《南京保卫战》编审组编:《原国民党将领抗日战争亲历记·南京保卫战》，中国文史出版社1987年版，第141页。

第2军团的徐源泉部2个师从湖北武汉调来支援，于12月4日后陆续抵达南京。该军团由第41师（师长丁治磐）和第48师（师长徐继武）组成。八一三淞沪会战爆发后，第41、48师部分下级军官和士兵万余人被抽调参加上海战役。随后，部队补充新兵，被派往南京，在船上发给其军服和武器，匆忙教导武器装备的用法。第41师于12月5日拂晓前，奉令占领龙王山、栖霞山一线，到达后立即构筑工事，进入备战状态。第48师“行至安庆、芜湖间亦受空袭，至八日先后登陆完毕”①，奉命开往杨坊山、乌龙山一线占领阵地。

第103师和第112师两支部队原来奉命在镇江防守，12月8日，接到“向南京急进”的命令，12月10日到达南京。原负责守卫小金山、甘家巷、仙鹤观一线的第83军，则撤进城内，负责构筑巷战工事。

各参战部队陆续赶赴南京后，国民政府军事委员会与南京卫戍司令长官部抓紧时机，对部队、军民进行战斗动员，宣示保卫南京的决心，以鼓舞民心士气。

11月27日，唐生智在中英文化协会招待外国新闻记者及留京外侨领袖时发表谈话：“卢沟桥事变以来，我军在各地多遭挫败。但吾人将屡败屡战，至最后胜利为止。本人奉命保卫南京，至少有两事最有把握：第一，本人及所属部队，誓当寸土必争，不惜牺牲于南京保卫战中；第二，此种牺牲定将使敌人付出莫大之代价。”②

两天后，蒋介石亲自率领参加南京保卫战的部分将领，包括唐生智、罗卓英、周斓、宋希濂、桂永清、孙元良、邵百昌等，一起到紫金山、天堡城、狮子山等处，视察南京复郭阵地。随从人员还有侍从室主任钱大钧、第三战区副司令长官顾祝同、第17军团军团长兼第1军军长胡宗南等。蒋介石在视察时特别强调，南京东南一带山地利于防守，北有长江依托，形成天然要塞，至少可守两个多月。只要能守住两个月，就有时间整编生力军以解南京之围。③

蒋介石、唐生智等高层人物的讲话，显示了国民政府已做好准备，与由淞沪地区西进之日军，进行一场保卫首都南京的新战役。面对来势汹汹的日本侵略军，南京守军部队迎难而上，准备与敌人决一死战。

---

① 《第二军团京东战役战斗详报》，中国第二历史档案馆藏，档案号七八七—7591。

② 谭道平：《1937年冬唐生智卫戍南京的回忆》，江苏省政协文史委员会编：《江苏文史资料存稿选编·军事卷》（上册），江苏人民出版社2007年版，第118页。

③ 谭道平：《1937年冬唐生智卫戍南京的回忆》，江苏省政协文史委员会编：《江苏文史资料存稿选编·军事卷》（上册），江苏人民出版社2007年版，第118页。

12月4日晚，日军华中方面军司令官松井石根在上海发布“中方作命第27号”，命令日本陆军一面沿京沪线向西北追击，一面沿京杭国道向北进犯，右侧沿长江向西进攻，左侧攻入芜湖背后，试图割断中方部队与后方的联系，形成了从东南西三方面对中国首都南京的大钳形围攻，南京外围防守战就此揭幕。

三　外围阵地与复郭防线的构成

南京卫戍司令长官部成立后，策定了首都城防计划的概略。唐生智按照外围阵地和复郭防线两个层次来进行部队的配置。

南京外围阵地的弧形防御线，按顺时针方向依次大致为：（东北方向）栖霞山、龙潭、孟塘—（正东方向）汤山—（东南方向）湖熟、淳化—（西南方向）秣陵关、牛首山、江宁镇。各部之间相互衔接呼应，部分地区有友军派出前进部队。

南京复郭阵地的圆形防御线，按顺时针方向依次大致为：（城东北方向）乌龙山要塞—（城东方向）紫金山—（城南方向）光华门、中华门、雨花台—（城西方向）清凉门—（城北方向）挹江门。

如前所述，最初被安排参加卫戍南京的部队，是第72军孙元良的第88师、第78军宋希濂的第36师、谷正伦的首都警卫军部队（包括桂永清的教导总队和宪兵部队的部分兵力），炮兵第8团娄绍凯的1个营和战防炮、高射炮、战车连等，共约4万人。[①]

同时，南京卫戍司令长官部亦要求各区域部队自行征集民夫，在各守备地区内赶筑工事。后随着卫戍部队阵容的不断壮大，第74、第66、第83军等部陆续开抵南京，司令长官部决定将上述新增部队部署在南京东南面的第一道防御阵地，负责外围地区作战。上述新增部队具体配置如下：

（一）第七十二军派出右侧支队至江宁镇附近，任右翼掩护。

（二）第七十四军任牛首山至淳化镇附近之守备，并向秣陵关、湖熟镇派出前进部队。

（三）第六十六军任淳化镇附近至凤牛山之守备，并向句容附近派有力之前

① 谭道平：《1937年冬唐生智卫戍南京的回忆》，江苏省政协文史委员会编：《江苏文史资料存稿选编·军事卷》（上册），江苏人民出版社2007年版，第116页。

进部队。

（四）第八十三军任凤牛山附近经拜经台至龙潭之守备，向下蜀派出前进部队。[①]

在南京保卫战的过程中，因敌情发展因素，部署亦有部分调整。如当发现日军一部从武进向丹阳前进，一部由京杭国道向南京前进的紧急军情时，守军第83军即奉命前进至丹阳、镇江作战，而其所负责守备的龙潭至孟塘一段阵地，则改由刚刚从武汉紧急开拔到南京的第2军团徐源泉部负责。

12月初，参加守卫南京的部队已基本调集就绪，达到15个师的兵力。经进一步调整、充实后，各部具体配置为：

（一）主阵地。板桥至淳化镇之线，由第74军之两师担任，孟塘至龙潭之线，由第83军担任（后改为第2军团担任）。

（二）复郭阵地。狮子山及城北一带，由第36师担任，安德门至雨花台，由第88师担任，河定桥至工兵学校，由第87师担任，其北经紫金山前缘至蒋王庙，由教导总队担任。[②]

参加南京保卫战的守城部队，虽以外围阵地与复郭防线内外两道防御线渐次进行防守，但总体呈现防守正面阵地过宽、防地过于分散、纵深配置不足等问题。

外围阵地各部部署情况为：

（一）第2军团徐源泉部。第41师负责栖霞山守备，后撤守乌龙山要塞。第48师以1个团守乌龙山，3个团担任和尚庄至杨坊山北麓间防务。[③]

（二）第74军俞济时部。第51师担任方山至淳化镇之守备，第58师占领牛首山，军部设于通济门外村庄中。[④]

实际调集用于防御外围阵地的军队数量较少。这些部队又都参加过上海之战，伤亡较重。因此，最后防守东南主阵地的部队只有第66军约万人，第74军17000余人，第83军5500人，共计约32000人。而当南京外围城防保卫战真正打响之后，第83军第156师实际上还在丹阳、镇江间作战，第154师也曾被派前往接应，导

① 《南京卫戍军战斗详报》（1937年12月），中国第二历史档案馆藏，档案号七八七—7593。

② 《第三战区南京会战经过概要》，中国第二历史档案馆编：《抗日战争正面战场》上册，江苏古籍出版社1987年版，第415页。

③ 《第二军团京东战役战斗详报》，中国第二历史档案馆藏，档案号七八七—7591。

④ 王耀武：《第七十四军参加南京保卫战经过》，中国人民政治协商会议全国委员会文史资料研究委员会《南京保卫战》编审组编：《原国民党将领抗日战争亲历记·南京保卫战》，中国文史出版社1987年版，第141—143页。

致用于东南主阵地防守的军力明显不足。

外围阵地军力不足，导致各部的防守正面过宽，相邻部队之间不能密切衔接。第2军团徐源泉部实际防守正面达40公里，在城东北部杨坊山一带，与友军教导总队衔接不上。在实际战斗过程中出现了“一线配备尚虑不足，纵深配置实所不能”的困难局面。徐源泉在战斗详报中写道：“各以全师兵力完全展布，犹觉不敷分配，而敌之攻我，专注一点，我则处处薄弱，坐以受敌，终至被各个击破。”①

复郭防线各部部署如下：

（一）第36师宋希濂部。该部队防守重点为：东正面指向红山，西正面指向下关附近；左右依托玄武湖与幕府山要塞。其第108旅，担任东正面红山、北固山的守备，右与教导总队联系，左与第106旅联系；第106旅担任挹江门、和平门至晓庄师范学校一带的守备，右与第108旅联系，左与宪兵团联系；其骑兵连主力位于大水关，一部位于燕子矶搜索敌情，受敌压迫时，由和平门退回预备队位置；师司令部位于挹江门附近。②

（二）教导总队桂永清部。步兵第1旅率本旅第1、2团，军士营，附工兵1营为右翼队，担任紫金山老虎洞、西山到工兵学校之线的防守；步兵第3旅率本旅第4、5团为左翼队，担任紫金山老虎洞左侧到岔路口之线的防守；步兵第2旅率本旅第3、6团，附工兵1连，担任陵园新村、中山陵西侧、灵谷寺之老虎洞南侧一带的守备；骑兵团在汤山、青龙山之间占领警戒阵地，阻止敌人前进；炮兵团在富贵山一带占领阵地。③

（三）宪兵部队。萧山令部宪兵第2团、教导团、特务营、第5团之第1营及重机枪连第10连为清凉山守备队，守备清凉山至汉中门、水西门、棉花地、上新河一线阵地；宪兵第10团为明故宫守备队，守备明故宫、复成桥、三十四标一线阵地。④

由上可见，南京卫戍军的兵力配置受兵力不足的客观限制，该军在组织指挥上，也存在一定缺陷。南京复郭与外围等阵地的设置与构成，虽足以表明指挥者守土

---

① 《第二军团京东战役战斗详报》，中国第二历史档案馆藏，档案号七八七—7591。

② 宋希濂：《南京守城战》，中国人民政治协商会议全国委员会文史资料研究委员会《南京保卫战》编审组编：《原国民党将领抗日战争亲历记·南京保卫战》，中国文史出版社1987年版，第231—232页。

③ 周振强：《教导总队在南京保卫战中》，中国人民政治协商会议全国委员会文史资料研究委员会《南京保卫战》编审组编：《原国民党将领抗日战争亲历记·南京保卫战》，中国文史出版社1987年版，第166—167页。

④ 《宪兵司令部在京抗战部队之战斗详报》，中国第二历史档案馆藏，档案号七八七—7595。

奋战、顽强抗敌的决心，但也显示出消极、被动防御之弱点。

四　江北岸浦口、六合警备部队的部署

除上述外围阵地和复郭防线外，第七战区还在长江以北的江浦、浦口、六合等地区设置防线，不仅成为南京保卫战的腹背阵地，也是掩护中国守军撤退的屏障。

1937年11月5日，日军国崎支队自金山卫登陆后，参加了上海地区的作战。11月19日，日军第10军司令官柳川平助下达命令："国崎支队应派一支小部队确保平望镇，主力经嘉善、湖州、广德向芜湖挺进，以切断敌军的退路。然后根据情况，做好派主力或部分部队进入扬子江西岸南京背后的准备。"①12月2日，根据12月1日日军大本营陆军部发布的第8号命令，柳川平助再次下达命令："国崎支队应从广德—建平—水阳镇—太平府道路方向渡过扬子江到左岸，尔后进入浦口附近，切断敌军退路。"②

日军进犯长江北岸的可能与态势，非常不利于中国军队守卫南京的战役全局。有史家分析："（日军）由采石矶溯江迂回江浦浦口，阻截我军江北的退路，企图将我军在南京的主力，包围歼灭。以当时形势言：长江恰如一弓形，敌军的阵地已构成一弓弦，南京却被困在此弧形之中，处境绝对不利，兼以敌方破坏江阴封锁线后，潜水艇已可沿江西上，遮断南京与浦口的联络，使我方战略地位上，更增多一道威胁。"③

中国方面守卫江浦、浦口一线的部队，是从淞沪战场撤退下来的第17军团胡宗南部。该部在上海地区经过3个月的血战，已是伤亡惨重。12月2日，胡宗南奉命前往南京，接受蒋介石面谕，遂至浦口部署防卫。在江浦、浦口一线的中国守军，包括第1军下辖的第1、第78、第102师等部。④第1军自上海撤退后，在无锡、扬州补充了新兵4个团。其第78师各部计有官兵3172名，包括由河北、河南两省征来未受过训练的新兵。⑤

---

① 王卫星、雷国山编：《南京大屠杀史料集》第11册《日本军方文件》，江苏人民出版社、凤凰出版社2006年版，第199页。

② 王卫星、雷国山编：《南京大屠杀史料集》第11册《日本军方文件》，江苏人民出版社、凤凰出版社2006年版，第203页。

③ 高越天编著：《抗战史话》，独立出版社1941年版，第65—66页。

④ 卢彦名、唐恺：《南京保卫战的江北地区防御作战》，《档案与建设》2020年第7期，第82页。

⑤ 於达、罗列：《民国上将胡宗南年谱》，台北商务印书馆1972年版，第83页。

在江北岸的六合，其划子口与南岸的栖霞山隔江遥望。清末著名地图学家马征麟撰写的《长江津要》称此地“前扼长江、后接滁口……为金陵之门户”，并且指出“最为冲要者当即此矣”[①]。南京保卫战开始之前，划子口曾被作为南京防御主阵地的一部分。中国军队在划子口一带设置了永久工事。七七事变后，中央军校教导总队第1团3营9连曾派出1个排的力量，对划子口以及附近大河口的江防工事进行看护和巡视。划子口位于乌龙山阻塞线以东，当日军军舰沿长江溯江而上时，这里便成为南京地区江防的“最前哨”。中国海军的炮队也进驻了划子口，担负“最前哨”的守备任务。[②]据南京保卫战期间江宁要塞战报记述：江防守备第2大队共有海炮6门，“分装划子口四门，小金庄二门”，12月10日“小金庄附近海炮移划子口”，12月11日“长江要塞守备总队第二大队全部调划子口，备敌登陆”[③]。“海圻”号巡洋舰水兵第2分队副队长张振育在1937年12月11日、12日两天都身处南京江面，目睹了江防作战情况。他后来回忆：“我要塞守备队之第二大队一部，用由‘海圻’舰拆下之四公分七小炮六门，预置于江北岸划子口。”[④]以上为江防部队在六合地区部署之情况。

五 首都义勇壮丁总队和金陵师管区的活动

蒋介石在部署参加南京保卫战的部队时，还注意到对首都义勇壮丁总队的使用。1937年11月28日，南京卫戍司令长官部发布训令如下：

令南京市政府

奉委员长谕，委何志浩为首都义勇壮丁总队总队长并兼壮丁指挥处处长等因，所有南京市防护团及南京市各区区长暂归该处长指挥，除分别令委外，合行令仰遵照，并饬属一体遵照此令。[⑤]

---

① 胡卓然：《南京保卫战中的海军作战》，《团结报》2017年12月15日。

② 胡卓然：《南京保卫战中的海军作战》，《团结报》2017年12月15日。

③ 《江宁要塞区自二十六年十二月九日起至二十六年十二月十三日止间作战经过概要》，中国第二历史档案馆藏，档案号七八七—7587。

④ 胡卓然：《南京保卫战中的海军作战》，《团结报》2017年12月15日。

⑤ 《奉委员长谕委何志浩为首都义勇壮丁总队总队长兼壮丁指挥处处长 所有南京市防护团及南京市各区区长暂归其指挥》，南京市档案馆藏，档案号10010010084（00）0010。

关于首都义勇壮丁总队的来源，需追溯之前《兵役法》之颁布和实施情况。早在1924年召开国民党第一次代表大会时，就已明确规定“改募兵制度为征兵制度”，但直至1935年以前，国民政府一直采取募兵制度。由于连年军阀混战以及以“剿共”为名的内战消耗，兵力日益枯竭。国民政府遂于1933年6月颁布《兵役法》，明确适龄男子服兵役的义务，至1936年明令实施。根据《兵役法》第3条规定：年满18岁至22岁的男子服常备兵役，23岁至36岁的男子服国民兵役，“在不服常备兵役时服国民兵役，平时受正规之军事教育，战时则以国民政府之命令征集之”[①]。基于此，所有适龄壮丁可统称为国民兵，作为储备兵员的基础。

义勇壮丁队是由社训队演化而来，负责兵员征补和训练等工作。国民政府原于1929年在训练总监部设有国民军事教育处，专门负责学校军事教育工作，但在《兵役法》颁布后，学校军训推广为社会军训，包括壮丁训练、少年团及妇女队训练、公务员训练等若干种，以壮丁训练为主。壮丁训练于1934年秋在东南沿海开始实施。1936年4月《兵役法》公布施行后，“国民兵教育”由军事委员会统一名称为“壮丁训练”。[②]9月，国民政府讨论通过《国民兵义勇壮丁管理规则草案》。12月，军事委员会发布训令，明确：关于义勇壮丁队之管理上一切事务以后均由军政部主管。同年，颁布《壮丁训练实施纲要暨县军训教官遴选办法》，出台《社会军事训练实施纲要》《国民兵服役施行规则》等，规定县设训练总队，为组织单位，县（市）长兼任总队长（省派军训教官兼副总队长，负实际责任），乡镇设社训队，为训练单位。此后，国民兵训练便由训练总监部会同关系各部在全国积极推进。

1936年10月，南京国民政府讨论通过《首都义勇壮丁队管理暂行办法》。1937年4月，首都义勇壮丁总队正式成立。根据“本市壮丁训令，由首都国民军训委员会办理，市府参加为委员之一，专负训令责任。总队长一职由市长兼任，并分别委任各区长为区队长，督促协助军训会办理壮丁调查统计编队及选定训练场所，并负管理指挥壮丁受训练后之责，所有社会军训经费及各中等学校军训经费，多由市政府担任之”[③]。由上可知，南京市市长马超俊亲自担任总队长一职。

首都义勇壮丁总队成立后，立即开展训练壮丁和编队等工作。全面抗战爆发后，官兵持续大量伤亡，兵员的征补与组训工作愈益显得急不可缓。首都义勇壮丁总

① 王云五主编：《中华民国现行法规大全》，商务印书馆1933年版，第499页。

② 何应钦：《民国丛书第二编・32：何上将抗战期间军事报告》，上海书店1990年版，第165页。

③ 南京市政府秘书处编印：《十年来之南京》，1937年6月1日，第146—147页。

队针对壮丁队伍的训练工作也进一步提速。根据《首都国民军事训练委员会总动员实施计划》所载："自二十四年五月一日社训开始起，至本年六月份止，所有各期受训期满壮丁，由本会按期分别造具名册，已送首都义勇壮丁总队实施动员训练。"[①]根据战时训练壮丁的使用分配，到1937年7月底，首都义勇壮丁总队"计已将第一期训练完成之壮丁编队，其第二三期亦在赓续编组中"[②]。

全面抗战爆发后，国民政府为配合兵役制度的改革，同时切实满足抗战的兵员需要，启动了战时兵役征募机制。进入8月份以后，时局愈发紧张，随着淞沪战场前方部队的不断消耗，新兵员的需求更是大幅度增加。于是，国民政府提出"在非常时期得由兵役主管机关随时征集国民兵"的方案[③]，并在8月17日紧急颁布《国民兵征集令》，要求立即部署征集国民兵事宜，并从国民兵中征集常备兵入营。紧接着，在8月31日国民政府又紧急颁布了《国民兵义勇壮丁队管理规则》计24条。同时，相关部门提请审议《战地国民兵义勇壮丁队服役办法》，规定步兵服役2年，特种兵服役3—4年，运输兵服役1年半，升为军士后就成为职业军人。[④]随后，各地纷纷设立国民兵义勇壮丁总队（不久均改称国民兵团）。全国各地都陆续建立了军管区、师管区，各县除设有兵役科外，还成立了常设机构征兵事务所。

起初，首都义勇壮丁总队训练完成并编队的壮丁数量仍十分有限，且编训目的即兵员去向目标单一，仅在于"使其对于首都消极防空各种组织，均能充实，而完成防空实施之各项准备。"于是，该总队决定，"惟本总队业经编列之壮丁，全体编入防护团""除任防护团工作以外，几无剩余壮丁能担任其他任务"[⑤]。首都义勇壮丁总队提出，"欲使本总队再担任其他任务，势必仰望社训队从新训练之壮丁充任"，遂拟定了《首都义勇壮丁总队战时使用计划》，于8月5日呈报南京市政府鉴核，恳请市政府"速饬社训队按此计划使用上各项要旨，于短期内能使多数壮丁训练完成，俾供使用"[⑥]。

9月10日，国民政府颁布《战时国民兵义勇壮丁常备队编成办法》20条。11

① 《首都国民军事训练委员会总动员实施计划》，南京市档案馆藏，档案号100100153（00）0006。

② 《首都义勇壮丁总队战时使用计划》，南京市档案馆藏，档案号10010010861（00）0001。

③《行政院、内政部、军政部等机关奉命颁布国民兵征集令》（1937年8月—11月），中国第二历史档案馆藏，档案号一二（6）—14594。

④ 《为检送战地国民兵义勇壮丁队服役办法咨请查照由》，南京市档案馆藏，档案号10010010862（00）0001。

⑤ 《首都义勇壮丁总队战时使用计划》，南京市档案馆藏，档案号10010010861（00）0001。

⑥ 《首都义勇壮丁总队战时使用计划》，南京市档案馆藏，档案号10010010861（00）0001。

月 6 日，南京市政府密令首都义勇壮丁总队，要求遵照执行该编成办法。[①]随后，首都义勇壮丁总队奉命加入保卫南京的行动，并具体承担起征兵、编训等工作，所有南京市防护团及南京市各区区长暂归其指挥。何志浩临危受命，替代市长马超俊担任总队长一职。

关于兵员征补工作，则与兵役管区密切相关。抗战时期，兵役管区经历了由师团二级制编为军师团三级制，再改为军师二级制，最后又回到军师团三级制的曲折过程。

1933 年的《兵役法》规定："关于兵役事务及在乡军人各种事项由军政部内政部协同管理之。"[②]1935 年春，何应钦指示军政部成立兵役科，谋划兵役事务。随后，兵役事务全面启动。1936 年春，军政部成立了兵役训练班。当年《兵役法》实施后，兵役管区陆续创设，担负现役兵之补充、兵役召集教育、动员计划实施、管区户口调查等役政基本任务。[③]其中，在南京邻近城市有徐海师管区（司令钱伦体）、淮扬师管区（司令杨挺亚）等 4 个师管区先后成立，并开始试行征兵。[④]按当时的有关规定，每个师管区与 1 个正规师配合，师管区所征之兵即归其配合的该正规师补充兵员之用。12 月 1 日为每年的新兵征集日，当年年底，各方共征集新兵约 5 万名，完成了国民政府历史上第一次征兵工作。征兵工作为切实解决兵员枯竭问题，提供了一条便捷可行的出路。

1937 年 3 月，军政部颁布《师管区筹备处组织规程》，指明师管区筹备处系为师管区司令部未成立时存在的组织。[⑤]5 月，苏沪师管区筹备处成立，处长吴冠周。在此期间，军政部兵役科经扩充后升级为兵役司（后又于 1939 年 2 月起改为兵役署），致力于筹备设立师管区、实施征兵事务及推行国民兵役、促进壮丁训令实施事宜。6 月，为保障义务兵役制的推行，使正面战场的兵力不断得到补充，国民政府决定在全国已设 12 个师管区的基础上，再设置 8 个师管区。随后，在何应钦主持下，包括金陵师管区在内的 8 个师管区相继成立。其中，金陵师管区辖京宁、镇江、武进、江阴 4 个团管区。

---

① 《战时国民兵义勇壮丁常备队编成办法令首都义勇壮丁总队遵照》，南京市档案馆藏，档案号 10010010229（00）0002。

② 《立法院公报》第 15 册，南京出版社 1989 年版，第 114 页。

③ 仲华：《试论抗战时期国民党军队的兵员征补》，《南京政治学院学报》2006 年第 3 期，第 83 页。

④ 《徐海、淮扬、苏沪师管区情况报告及有关文书》，中国第二历史档案馆藏，档案号一二（6）—15330。

⑤ 《师管区筹备处组织规程及有关文书》，中国第二历史档案馆藏，档案号一二（6）—14729。

金陵师管区的成立初衷，是作为机动师管区而存在。所谓“机动”，即金陵师管区所征的新兵将由军政部命令拨补给任何有需要的部队。原安徽芜湖师管区司令刘秉粹调任金陵师管区首任司令。

为规范战时兵员征集工作，军政部制定了《战时兵员补充实施办法》，要求各师管区遵照执行。按照该办法，为推动兵员征集工作顺利开展，军政部令金陵师管区先成立一个后方补充营，在8月中旬以前“照实施办法编竣”，要求“仰将办理情形及成立日期具报并先将奉文日期报查为要”[①]。

遵照军政部命令要求，金陵师管区着手开展后方补充营建设事宜，关于干部、军医、被服、装具、经费等项，由军政部“已分饬主管机关筹备”，但补充营成立需要的兵员问题，由金陵师管区具体落实。根据军政部制发的《战时兵员补充实施办法》第六条及第十五条，金陵师管区制定了《金陵师管区后方补充营召集义勇壮丁办法》，规范了兵员征补前期操作流程及标准义勇壮丁的具体要求。内容如下：

一、本办法系依据军政部世代电附发之《战时兵员补充实施办法》第六条二款及第十五条二款所订。

二、后方补充营之兵卒，以召集各县市已受训练之义勇壮丁为主，退伍在乡士兵及志愿兵为助。

三、每次召集义勇壮丁人数，按命令规定召集之人数平均分配，由四个团管区召集之。团管区应令待按所属各县市已受训义勇壮丁人数比例分令召集之。县市长待按所属各区乡镇已受训练壮丁人数比例分令召集，或以抽签法行之。

四、被召集之义勇壮丁，须遵限期应招入营，不得延误。

五、被召集义勇壮丁之身体检查，由县市政府派遣医员严格检查，如有不合新兵检查规则所定合格之要求者，仍须退回更换，其来往旅费由县政府负赔偿之责。

六、被召集之义勇壮丁须身家清白，且具有一定住址及身体强壮者为合格。

七、各县市须遵县命令而定召集义勇壮丁人数及日期，一次送至集合地点交接收员，县团管区签购并缮具花名册二份，一呈团管区一交接收员。

姓名	年龄	籍贯	职务	英年	家长姓名	备考

（籍贯栏须注明区乡）

---

① 《为呈报经办召集壮丁五十名交送金陵师管区》，南京市档案馆藏，档案号10010010883（00）0003。

八、召集之义勇壮丁集合地点，应由团管区择其交通便利通中之处，令知各县如期送至交验，再由团区或接收员运至师管区所在地，如规定在团管区训练者，即在团管区所在地训练。

九、召集费每名三元（自由县召集之日起，至入营之日止，每名每天给养二角，零用一角），旅运费及护送费一并在内，仍须据实报销。①

根据实施办法和有关规定，金陵师管区后方补充营成立，“应需士兵人数奉令规定一千名，按四个团管区分配，每区应召集二百五十名”。金陵师管区在分别电告各区遵照规定召集的同时，曾就京宁团管区所负责召集250名士兵中50名之“配定”一事，于8月6日以公函专门印发南京市政府，称：“关于京宁区召集之二百五十名，兹配定由贵府召集五十名，希即查照本区后方补充营召集义勇壮丁办法第二条之规定，务于本月删②日前如数集齐。送到本部验收为荷。”③南京市政府在收到该公函后，即函令首都义勇壮丁总队负责具体工作。

8月9日，为部署南京市政府交办之为金陵师管区征集壮丁50名的任务，首都义勇壮丁总队总队部督察组主任干事即召集各区队长举行会议，分派目标任务，并将各区队长应抽派壮丁人数及其抽派标准、手续、办法等项决定记录在卷。其记录的具体内容如下：（一）壮丁抽派标准，以各区队现有已受军训之壮丁人数多少为比例，决定一、二、三、四、五、七各区队各派六名，六、八、九、十各区队各派三名，十一、十二两区队各派一名，合计五十名之数，但在此规定数外，各区队需各多送数名，以便检查不合格者之抵补；（二）抽派应采用自动自愿方式，由各区队通告行之，并说明召集任务及其待遇等情由，务使自动报名，加以挑选；（三）凡已编入防护团之壮丁，不在抽派之列；（四）以上决议事项，即由督察组主任呈请核准通令办理。④

短短两天，首都义勇壮丁总队便按照要求完成了抽派壮丁50名的召集任务，8月11日，函告市政府“将抽派之壮丁统于八月十四日上午十时齐集本总队部听候点验”，同时将办理此案情形连同会议记录一并呈报。8月14日，南京市政府

---

① 《金陵师管区后方补充营召集义勇壮丁办法》，南京市档案馆藏，档案号10010010883（00）0003。

② 电报中常用记录方法，韵目代表日期，“删日”即15日。

③ 《为呈报经办召集壮丁五十名交送金陵师管区》，南京市档案馆藏，档案号10010010883（00）0003。

④ 《为市府交办金陵师管区嘱送壮丁五十名一案由本总队部督察组主任召集各区队长会议记录》，南京市档案馆藏，档案号10010010883（00）0003。

派员到义勇壮丁总队总队部点收，同时派医员对征集壮丁逐个进行体格检验，后转送金陵师管区司令部。[①]

此次按照要求完成抽派壮丁 50 名的任务，说明金陵师管区与义勇壮丁总队之间存在着密切关系。金陵师管区在成立后方补充营时需要召集士兵 1000 名，按照所辖京宁、镇江、武进、江阴 4 个团管区平均分配名额，每区应召集 250 名。根据召集办法，“团管区应令待按所属各县市已受训义勇壮丁人数比例分令召集之。县市长待按所属各区乡镇已受训练壮丁人数比例分令召集，或所抽签法行之”，其中京宁团管区所认领负责召集 50 名士兵之任务，由金陵师管区直接分配给市政府转而安排给首都义勇壮丁总队负责完成。而金陵师管区所下辖的各团管区在认领召集士兵任务后，遂将任务分配到各地市政府层面，政府再分派任务给所辖各义勇壮丁总队，因此实际召集工作基本由下辖市县义勇壮丁总队来完成。

八一三淞沪战事爆发后，金陵师管区奉军政部命令，组建 8 个补充营，对所属 10 县壮丁进行征集。一般由各师管区成立补训处及后方补充团营，编练征集的新兵。兵员补充一般遵循“各市国民兵义勇壮丁总队”及稍后之“国民兵团”，到“后方补充团营”，再到“野战补充团营”，再到“野战军”的流程，逐一进行。[②]

随着战事的发展，兵员严重不足问题越发突出。1937 年 11 月 8 日，京宁团管区司令函致南京市自治事务处，称根据金陵师管区代电，要求切实遵照军政部“壮丁迁移他县需持有迁移证，如无则就寄居地征集以防流失”[③]等指示精神，这反映出部队对壮丁的需求量明显大于供给量。金陵师管区司令刘秉粹（兼任京宁团管区司令）同期发布训令，要求各区区公所切实遵照办理。

陆军步兵学校的练习队兵员也有明显缺额，该校“奉令就南京、嘉兴、芜湖、无为、南陵、合肥、六安等地招考补充”，特派学校练习队队附刘广增前来金陵师管区，落实帮助办理招考学员事宜。金陵师管区于 11 月 13 日致函南京市政府报告此事，同时发布训令，就为陆军步兵学校练习队补充兵员事宜，要求各区公所遵照协助办理。[④]

---

① 《为呈报经办召集壮丁五十名交送金陵师管区》，南京市档案馆藏，档案号 10010010883（00）0003。

② 仲华：《试论抗战时期国民党军队的兵员征补》，《南京政治学院学报》2006 年第 3 期，第 84 页。

③ 《准金陵师管区电闸就地征集壮丁训令》，南京市档案馆藏，档案号 10010080051（00）0002。文件名称原文如此。

④《金陵师管区司令部为陆军步兵学校招考练习队学兵的公函》，南京市档案馆藏，档案号 10010080025（00）0015。

因为兵员严重枯竭，有的师管区在执行征兵任务时，既不抽签，也不检查体格，而是见人就抓。据时任淮项师管区代理司令，曾任芜湖、金陵师管区上校主任参谋的李昭良在《我所知道的弊窦丛生的国民党兵役》一文中回忆："我们把八个营的壮丁抓齐不久，南京保卫战就打响了。这八个营总共5000多人，奉命全部交给参战的孙元良等部。"①

全面抗战爆发后，多地师管区在兵员补充、及时派送方面都发挥了积极作用。参加南京保卫战的第72军第88师排长匡希圣曾称："七十一（二）军撤到南京等待补充新兵。新兵都是临时由各师管区补充来的，我所在的八十八师，临时由江西南浔师管区补充。"②另有第74军58师经淞沪抗战调往南京后，由金陵师管区、杭嘉湖师管区补充了部分新兵。十二月间，该师以补充来的新兵，担任南京秣陵关、牛首山、江东门、水西门一带守备，与敌激战，因此损失巨大。在整个南京保卫战期间，临战补充来的新兵多数仓促地被派往前线作战，他们虽能在抗击日军进攻中勇敢作战，但终因缺少基本训练及作战经验而遭到更为严重的伤亡。

首都义勇壮丁总队和金陵师管区虽然存留时间不长，但在南京保卫战前夕和战役期间，均积极推动兵员征补及新兵训练工作，为参战部队及时蓄力发挥了积极作用。

---

① 文芳主编：《兵祸》，中国文史出版社2004年版，第103页。

② 匡希圣：《南京保卫战亲历记》，廖利明编：《南京保卫战文史资料》，南京出版社2019年版，第210页。

第三章　空袭与空战

随着淞沪会战的爆发与进行，1937 年 8 月 15 日至 12 月初的 3 个多月时间里，侵华日军的轰炸机、战斗机持续不断大规模地频繁出动，对中国首都南京及其周边地区的军事目标以至平民，凶残地进行重点及无差别的轰炸与袭击，从而造成重大损失和伤亡。为了保卫南京领空与平民的生命财产，中国空军暨苏联援华航空志愿队以及地面防空部队，对来犯日机进行了奋力阻截与打击，取得重要成果。在空战中保卫南京的英雄们血洒长空，为抵抗侵略贡献出宝贵的生命。

第一节　空袭南京的日军航空兵部队

一　海军航空兵部队

日本军队没有独立建制的空军，陆军和海军各自分别设有航空兵部队。南京沦陷前，日本海军航空兵是最早向南京城区发动空袭的航空兵部队。

1937 年 7 月日本帝国主义发动全面侵华战争后不久，侵华日军的陆海军就在华航空作战分界达成协定：华北地区的航空作战以陆军航空兵为主，华东和华南地区的航空作战以海军航空兵为主。[①] 当时，日本海军航空兵的作战飞机部队分为三种类型：一种是主要配属在航空母舰上的舰载机部队；一种是在航母和陆基机

① 经盛鸿等编：《南京大屠杀史料集》第 1 册《战前的南京与日机的空袭》，江苏人民出版社、凤凰出版社 2005 年版，第 103 页。

场都可起飞作战的舰载机部队；一种是以陆地机场为基地，并从陆地机场起飞作战的重型轰炸机，亦被日本海军称之为“陆上攻击机”的部队，该机型能够飞越较远距离实施空袭。

八一三淞沪之战起，侵华日军将空袭范围扩大到中国的华东地区。当时在上海附近海域，有日本海军第一航空战队“龙骧”“凤翔”号航空母舰，第二航空战队“加贺”号航空母舰，第三航空战队“神威”号水上飞机母舰等。它们曾经在上海以东的马鞍列岛（舟山群岛以北）活动，并且出动舰载机支援上海的日本海军陆战队，袭击了杭州等地。需要强调的是，当时日军未能即时在上海地区设立机场，故其舰载机只能从远离陆地的航母甲板上起飞，受航程限制而无法远距离空袭南京。因此，在8月中旬至9月中旬，日本海军航空兵完全依赖陆上攻击机（即轰炸机，下同）对南京实施轰炸。

当时，日本海军陆上攻击机的主力机型是三菱96式陆上攻击机（编号G3M，以下简称“96式陆上攻击机”）。[①]96式陆上攻击机机长16.45米，翼展25米，高3.685米，使用两台金星3型气冷发动机，载重2872公斤，最多能够挂载800公斤炸弹。该机装配的发动机在飞行高度2000米时的马力为790匹，最大飞行速度每小时348公里，升限7480米。作为能够越洋空袭的机型，96式陆上攻击机的续航里程达2854公里，就其攻击半径而言，能够从当时为日本占领的济州岛、台湾岛起飞，对中国大陆华东地区诸多城市实施空袭。

装备该机型的岸基航空兵部队是木更津航空队和鹿屋航空队。木更津航空队于1936年4月1日在千叶县木更津市组建，隶属日本海军横须贺镇守府。鹿屋航空队于1936年4月1日在鹿儿岛县鹿屋市组建，隶属日本海军佐世保镇守府。[②]

1937年七七事变后，日本海军按照战时编制重新整编航空兵特设部队。7月11日，木更津航空队和鹿屋航空队合编为日本海军第1联合航空队。在最初对南京的空袭中，日本海军航空兵参战部队仅为海军第1联合航空队。其中，木更津航空队在8月15、19、22、24、26日先后5次出动96式陆上攻击机投入空袭南京的作战；鹿屋航空队则只在8月19、27日出动96式陆上攻击机参与轰炸南京。在此期间，日本海军的各型战斗机均因航程不够而无法对96式陆上攻击机实施护航。

至1937年9月，随着淞沪战局的变化，日本海军已在上海郊区日本公大纱厂

① 《侵华日军主力中型轰炸机：96式陆上攻击机》，《国际展望》2002年第17期，第30—31页。

② 朱成山主编：《南京大屠杀辞典》上，南京出版社2017年版，第943页。

内空地修筑了机场，命名为公大机场（日方称“甲基地”）。拥有这个陆地上的前进基地之后，侵华日军海军的舰载机能够从上海的陆地起飞，从而将南京纳入其空袭的范围。因此，从 9 月中旬起，日军空袭南京的海军航空兵作战部队，不再只有木更津航空队和鹿屋航空队，开始出现更多支航空兵部队，其中成建制部队最主要的是海军第 2 联合航空队。该联合航空队下辖的第 12、第 13 航空队均为 1937 年 7 月 11 日组建的特设航空队。其中，第 13 航空队装备日本海军当时最新式的 96 式舰载战斗机（编号 A5M）、96 式舰载轰炸机（编号 D1A2），以及 96 式舰载攻击机（编号 B4Y）。[①] 第 12 航空队装备有 95 式舰载战斗机、94 式舰载轰炸机，以及 92 式舰载攻击机，其性能稍落后于第 13 航空队装备的机型。

日本海军第 2 联合航空队原先隶属日本海军第 2 舰队。该联合航空队成立后即由位于九州的大分县佐伯机场、长崎县大村机场起飞，至中国大连周水子机场，为日本陆军向华北的海上运兵船队担任空中掩护。9 月 10 日，第 2 联合航空队奉命紧急转至上海公大机场，改隶属第 3 舰队，投入对中国华东的侵略作战。[②]

该联合航空队的舰载机和原先在上海附近海域的日本海军舰载机，随即投入了对南京的空袭。

时任侵华日军“中国方面派遣舰队”司令长官的长谷川清中将，决定整合华东方面的海军航空部队，以继续对南京进行无差别轰炸。9 月 14 日，长谷川清下令以第 2、第 4、第 5 空袭部队编成“南京攻击部队”，决定对南京实施更猛烈的空袭。

其中，第 2 空袭部队由日本海军第 12、第 13 航空队组成；第 4 空袭部队由日本海军第 22 航空队，水上飞机母舰“神威”号、第 1 水雷战队旗舰轻巡洋舰“川内”号以及第 8 战队军舰上的水上侦察机编成；第 5 空袭部队即“加贺”号航空母舰的舰载机部队。

日本海军“南京攻击部队”除了独立对南京实施空袭外，也出动战机掩护和配合海军第 1 联合航空队陆上攻击机轰炸南京。

日本海军航空兵在轰炸南京的过程中，当中国空军战斗机起飞拦截来袭日机时，日舰载战斗机和被作为战斗机使用的水上侦察机，即投入空战，掩护其陆上攻击机和舰载轰炸机、攻击机对南京市区进行空袭。

---

① 日本作战文献里，“舰载战斗机”简称“舰战”；“舰载爆击机”简称“舰爆”，指舰载俯冲轰炸机；“舰载攻击机”简称“舰攻”，指舰载水平轰炸机。

② 朱成山主编：《南京大屠杀辞典》上，南京出版社 2017 年版，第 941 页。

二　陆军航空兵部队

日军陆军航空兵空袭南京行动较迟，次数较少。日本陆军主力航空队第3飞行团参与了空袭南京。1937年8月淞沪会战开始后，日本陆军决定组建该飞行团加入上海方面作战。自9月起，日本陆军航空兵第3飞行团（陆军少将值贺忠治担任飞行团长）开始进驻上海，支援陆军作战。9月中旬，该飞行团下辖的两个独立飞行中队率先进驻上海王浜机场，从而揭开了日本陆军航空兵进入华东战场的序幕。

王浜机场位于宝山丁家桥，日军夺占该处后修筑并命名（日方称“王浜机场”为“乙基地”）。9月18日，独立飞行第10中队从台湾转场至上海王浜机场。安部勇雄担任中队长，该中队装备有12架95式战斗机（Ki–10[①]），此为中日战争初期日本陆军航空队战斗机主力机型，该型战斗机马力为760匹，最大飞行速度每小时400公里（飞行高度3000米），升限10000米，续航力1100公里，装有两挺89式7.7毫米口径机枪。

此外，独立飞行第4中队于7月21日由日本太刀洗机场出发，于9月27日辗转抵达上海王浜机场。该中队由陆军大尉神崎清担任中队长。该中队装备了9架94式侦察机（Ki–4），该型侦察机马力630匹，最大飞行速度每小时283公里（飞行高度2400米），升限8000米，挂载副油箱时续航力2000公里。94式侦察机还装有3挺7.7毫米口径机枪，能够挂载150公斤炸弹，可执行侦察、轰炸等任务。

不过，日本陆军航空兵到达华东地区之后，暂时没有参加对南京的空袭，9月和10月仍是只有海军航空兵对南京进行空袭。

10月16日，日本陆军航空兵又进一步补充兵力进入华东战场。该日，日本陆军第3飞行团所属独立飞行第11、第15中队前进至王浜机场，至此，该团全体集结于上海。其中第11中队由陆军大尉野中俊雄担任中队长，装备10架川崎93式轻型轰炸机（Ki–3）；第15中队由陆军大尉泷升担任中队长，装备6架93式重型轰炸机（Ki–4），其最大飞行速度每小时220公里，升限5000米，续航力1000公里，装有两挺双联装7.7毫米口径机枪，可挂载100公斤炸弹。在转场上海途中，其中1架在舟山群岛上空失踪，故该中队投入作战的轰炸机实际是5架。

从12月2日开始，日本陆军航空兵4个独立飞行中队与日本海军航空兵一起，共同投入了对南京的空袭。

① 指飞机型号，下同。

第二节　南京防空作战部队

一　空军部队装备

1931 年九一八事变后，日本帝国主义步步紧逼，继续实施扩大侵略的阴谋。此时，日本利用航空兵优势助推其侵略，引起中国军方的高度重视。1932 年国民政府军事委员会在制定《国防空军建设五年计划及预算大纲》时认为：我国空军仅具雏形，日本窥我空虚，攻我弱点，侵占我土地，蹂躏我名城，运用少数飞机而我已感重大压迫，时亟事危，则我应急起直追。随后，中国空军有了一定的发展。

至八一三事变之前的 1937 年 8 月 10 日，中国空军在华东地区部署有 8 个大队、22 个中队，各种类型的军用飞机全部来自进口，具体如下：

101 架战斗机，分别为 18 架寇蒂斯霍克 II 战斗机、66 架寇蒂斯霍克 III 战斗机、10 架波音 281 战斗机、7 架菲亚特 CR32 战斗机（旧译“费机”）；

36 架诺斯罗普“伽玛 2E”轻型轰炸机（旧译“诺机”）；

17 架双发轰炸机，分别为 5 架萨伏亚 S72 轰炸机、6 架亨克尔 HE111 轰炸机、6 架马丁 139WC 轰炸机；

20 架寇蒂斯 A-12“伯劳鸟”（Shrike）攻击机（旧译“许机”）；

10 架钱斯·沃特 O3U2“海盗”（Corsair）轻型侦察/轰炸机（旧译“可塞机”或“可机”）；

60 架道格拉斯 O2MC-4 轻型轰炸机（旧译“达机”）。

以上中国空军拥有的各军用飞机中，全面抗战开始后用于保卫南京以及其他重要城市，迎击日军航空兵空袭者，主要为霍克 II、霍克 III、波音 281、菲亚特 CR32 等型战斗机。

美国造霍克 II 战斗机是美国寇蒂斯公司生产的最后一种双翼战斗机，为

F11C-2战斗机的改装出口机型，以“霍克II”为代号进行出口，1933年起陆续出口到中国多架，最大速度每小时328公里，升限7387米，航程1004公里，装备的武器为2挺7.62毫米口径机枪，另可配备52公斤级炸弹2枚。①

霍克II战斗机被称为“老霍克”，与之对应的霍克Ⅲ战斗机称为“新霍克”。“新霍克”与之前所购的“老霍克”相比，时速要快60—70公里，且起落架可以收放，以减少空气阻力，因此中国于全面抗战开始前夕曾大规模进口，使其成为全面抗战初期中国空军装备最多的主力战斗机。霍克III战斗机最大速度每小时386公里，升限8410米. 航程1284公里，装备的武器为7.62毫米口径机枪1挺，12.7毫米口径机枪1挺。该机实际上也是一种战斗轰炸机，除了进行空战，也可以配备52公斤级炸弹4枚或251公斤级炸弹1枚，对敌进行空袭。②

美国造波音281战斗机是波音公司生产的单翼战斗机出口机型，属于具有里程碑意义的新式全金属战斗机。该机最大速度每小时378公里，升限8300米，航程1000公里，装备的武器为7.62毫米口径机枪1挺，12.7毫米口径机枪1挺。国民政府没有成批引进该机。该机原是广东地方空军于1934年9月与美国波音公司签订合同采购的。1936年两广事变期间，广东空军投奔南京国民政府后，这批波音281战斗机被统一编入空军第3大队。该型战斗机中队的中队长是来自美国西雅图的归国华侨黄泮扬，驻地在江苏句容，其承担起了守卫首都南京的任务③。

菲亚特CR32战斗机是意大利菲亚特公司于20世纪30年代初推出的双翼战斗机。该机最大速度每小时360公里，升限8800米，航程760公里，装备的武器为7.7毫米口径机枪2挺。因菲亚特CR32战斗机的发动机使用的苯精混合燃料购买困难，中国空军装备该型战斗机极少，仅有几架配属空军第3大队第8队使用。因该机仍使用较为落后的水冷发动机，故在1937年南京空战中，中国飞行员驾驶该机时常要顾虑发动机的冷却水箱，这对作战效率产生了不利影响。

中国空军的主力机型为霍克III、波音281、菲亚特CR32，和日本海军航空兵

---

① 参见魏钢、陈应明、张维编著:《中国飞机全书》第一卷，航空工业出版社2012年版，第18页；曹剑浪:《中国国民党军简史》下册，解放军出版社2010年版，第2046页。

② 参见魏钢、陈应明、张维编著:《中国飞机全书》第一卷，航空工业出版社2012年版，第30—31页；〔英〕霍姆斯著，刘杨译:《简式早期经典战机鉴赏指南》，人民邮电出版社2009年版，第51页；曹剑浪:《中国国民党军简史》下册，解放军出版社2010年版，第2046页。

③ 参见魏钢、陈应明、张维编著:《中国飞机全书》第一卷，航空工业出版社2012年版，第24—25页;《1937年南京上空的波音281》，《航空世界》2013年第7期，第74页。

为空袭南京护航的主力机型96式舰载战斗机对比，在性能上仍有不小差距。三菱96式舰载战斗机是侵华日军于七七事变之前开始装备海军航空兵的最新式单翼战斗机，部分关键性能压倒了中国空军装备的各个型号进口战斗机。如96式舰载战斗机最大速度为每小时406公里，其升限也高达9450米。

从1937年9月中旬开始，96式舰载战斗机成为日本海军航空兵护航空袭南京机群的主要机型之一，面对该机的优越性能，中国空军飞行员虽驾驶着落后战机，仍以英勇无畏精神与其在南京上空数次格斗，曾多次击落这一型号战斗机，亦曾多次突破其拦截，猛烈打击日军轰炸机和攻击机。

就编制序列而言，中国空军投入南京防空作战的部队，呈现了一个动态变化的过程。八一三事变发生前夕，中国空军开始下令作战部队负责守卫南京领空，要其自8月12日起，由拂晓至黄昏各派飞机凌空巡逻，严密警戒，防敌空袭。

最早驻扎南京的空军部队有：第8大队（欠第19队），驻大校场；第3大队（第17队、第8队），驻句容、大校场。8月14日晚，根据“空军作战命令第三号”，第3大队专任首都防空，并全部取紧急姿势，且特别要注意拂晓敌情，第28队也从拂晓起移驻南京，同任首都防空。

值得注意的是，当时常驻南京机场的轰炸机部队并未担负南京地区的防空作战任务，南京机场仅是其参与轰炸上海日军的出击基地，因此该轰炸机部队不能归入防空作战的南京空军部队序列。

8月15日南京第一次防空作战打响，中国空军承担南京领空防务的部队计有：第3大队（含配属）驻句容之第17队、驻南京之第8队、驻南昌之第28队，第4大队驻杭州之第23队、第22队等。上述各个部队于南京首次防空作战打响时就部署在南京及其周边，其后也长期轮番参加保卫南京的空战。另有中国空军第5大队，从8月中旬开始兼顾保卫南京领空和从南京出击轰炸的任务。该大队装备的霍克式战斗机兼有挂弹轰炸的能力。因此，该大队领受了双重任务。但是随着战局的发展，第5大队的任务更偏重于在南京的警戒。综上所述，参与南京防空作战的空军部队序列为第3、第4、第5大队。

“空中南京保卫战”期间，中国空军直接使用过的主要军用机场有：南京地区明故宫机场、大校场机场、溧水机场，以及南京以东句容地区的句容机场[①]。上述机场为中国空军进行“空中南京保卫战”时的主要起降基地。其中，大校场机

① 1937年曾紧急修建中山陵公路临时机场，但未能投入使用。

场之军事地位最为关键，它是以军用为主的军民合用机场。1937 年全民族抗战开始之前，该机场被列为空军在全国范围内 10 个总站驻地之一。

南京空军总站是 20 世纪 30 年代初在南京设立的重要的空军机场管理机关。1934 年，国民政府将机场管理机构航空场站分为飞行场、航空站、二等总站和一等总站 4 个等级。大校场机场投入使用后，设置于机场内的南京总站属于一等总站。该总站内设机构有总站本部、站务股、管理股、飞行管理股、会计股、补给股、医务股和通信股等，并且附属有修配工厂、气象台、夜航设备和地面交通运输工具等。南京总站所辖机场不仅包括南京本地的机场，另下辖南京周边地区苏州、扬州、广德、芜湖、安庆、蚌埠等地机场；其不仅是大校场机场管理机构，也是管辖驻扎在南京周边之若干机场的机构，由航空站承担地勤、飞机检修保养、导航信号、指挥起落等项业务。

1937 年 8 月 15 日至 12 月上旬"空中南京保卫战"期间，有"断臂飞将军"美誉的中国空军著名战斗英雄石邦藩曾担任南京空军总站站长，他指挥全场站官兵有力地支援了飞行员的空战。

至 12 月南京沦陷前，空军南京总站撤退至湖南邵阳，随后转向陕西西安。

二　地面防空部队

首都南京对日防空作战准备，除筹组航空兵部队外，同时还积极筹组地面防空部队。

当 1937 年全面抗战开始时，中国地面防空部队的实力已有一定基础。国民政府军政部军务司司长王文宣在 1943 年发表的《最近十年军务纪要》一文中，即对此有如下记述：

> 自一·二八淞沪战役后，深感空防重要，于（民国）二十三年及二十五年先后购到博福斯 7.5 高射炮二十门，成立高射炮兵六个连，均归（中央）防空学校督训，二十六年以新购之 3.7 及 2.0 公分高射机关炮成立高射炮兵团（五营十八连），为保守兵种秘密，嗣改为陆军炮兵第四十一团，又以新购之 2.0 公分炮一百零八门成立炮兵第四十二团（五营十六连）。[①]

① 王文宣：《最近十年军务纪要》，1943 年印行。

此时，中央防空学校下辖部队及陆军炮兵第41、第42团，在全民族抗战打响之后各有一部分部署于南京市区。据《防空学校校史》（1943年编印）载，该校下辖的能够投入作战的部队有练习队和高射炮学员队，其具体情形如下：

练习队成立于二十二年十一月，初附设于高射炮队，迨后高射炮队编入本校，该队遂成一独立单位；供本校学员实习之用，兼负作战任务……于二十五年四月呈准改编为两连两独立排，以射击排、观测排、照测排编为第一连，由原射击排长陈达观充连长，以机炮排、机枪排、伪装排编为第二连，由原机炮排长沈炎炽升充连长……翌年五月，第一连照测排拨出扩充为照测第一队，当以直属弹药排拨归该连。

……

政府除第一批已购办三七高射机关炮，第二批又将续购，本校为免除器材运到后训练急促及编练困难起见，乃于二十六年六月间，呈准在本校设置高射机关炮学员队，但为秘密起见，乃改名为甲种高射炮学员队，此其成立之经过情形也，该队教育期限定为一年，系招考上（中）尉青年军官施以训练……[①]

该《防空学校校史》续称，南京防空作战打响之际，南京城区的高射武器，“中央军校、步兵学校、军政部学兵队、教导总队、江宁要塞司令部皆各有之”。防空学校通过拟定统一计划，对其实施了实质上的“统一指挥”。

作为中国军史上最早的团级高射炮兵部队，陆军炮兵第41、第42团是从粤、桂、赣、浙、湘各省及武汉市的警备旅里拨出兵员，统一调来中央防空学校后编成的。为了确保高射炮兵团尽快形成战斗力，中央防空学校甲种高射炮学员队附设军官队，并在军士训练队附设军士训练班，专门负责编练送校受训的军官和军士，以此为编成高射炮兵团的主干人员。

根据以上资料与记述，参与南京防空作战的地面防空部队，主要来自中央防空学校及其编练的高射炮兵团。《防空学校校史》称：“自抗战发生至本校西迁时止，为我国前期抗战之第一阶段，我防空部队，本诸国军作战方略从事部署，其使用方法，概分为集团分配及游击，在抗战首脑地点……首都，吾人集中各种大小口径高射炮多门，布成浓密火网，射击敌机，以收物资效能，并依赖上峰指导得宜，

① 《防空学校校史》，中央防空学校1943年编印。

将士英勇作战，颇予敌机以至大之损害”。[①]

另据中央防空学校练习队高射炮第1连士兵吕坤回忆，日军开始空袭南京后，中国军队驻防南京的高射炮兵部队有“三个高空高射炮连，共12门高射炮”，此外还有2个中空机关炮连，2个低空机关炮连。其中中央防空学校练习队高射炮第1连“装备是三十年代最新式武器……德式卜福斯高射炮。口径七公分五，三吨半重。由葛马指挥仪用电器系统操纵，间接瞄准射击，有效射程7500公尺以下”[②]。

其时高射炮兵团在南京编成之后，一部分部队调到各地参加防空作战，一部分则留在南京市区参加防空作战。陆军炮兵第42团1营3连上尉连附沈咸回忆：“十月二十五日，我们连到达南京市，立即进入阵地。连长杨秉义率领第三排排长吕齐和士兵布防浦口，保卫长江码头、轮渡、车站；第二排（排长姓名忘了）布防紫金山，保卫飞机场；我率领第一排排长王永贵和士兵布防雨花台，保卫中华门、水西门和飞机场。全连三个排，每排各装配两门高射炮”。他还回忆了连队拥有的高射炮的具体情况：“我连配有德国造高射炮六门，每门炮身重两吨，用五吨牵引车载运。高射炮性能为：高射两千五百至三千米，平射四千米”[③]。

依据1937年12月南京突围后练习队队附吕琦和陆军炮兵第41团第1营营长李申之提交的有关报告可知，南京沦陷以前，参加过南京保卫战的各高射炮兵部队番号分别为：

中央防空学校练习队高射炮第1连（拥有七五高炮4门、基塔式2公分高炮1门）；

陆军炮兵第41团第1连一部（拥有三七高炮2门）、第3连一部（拥有三七高炮1门）；

陆军炮兵第42团第3、第4、第7连（各有2公分高炮6门）；

另有中央陆军军官学校教导总队（拥有三七高炮2门）。

此外，在保卫南京期间另有防空学校照测队所配属的高射炮兵，其拥有“德式照空灯三副，英式照空灯一副”。[④]

---

① 《防空学校校史》，中央防空学校1943年编印。

② 中国人民政治协商会议湘潭市郊区委员会文史资料研究委员会编：《湘潭市郊区文史资料》第3辑，1989年，内部资料，第139页。

③ 沈咸：《高炮连参加南京保卫战简记》，中国人民政治协商会议全国委员会文史资料研究委员会《南京保卫战》编审组编：《原国民党将领抗日战争亲历记·南京保卫战》，中国文史出版社1987年版，第223页。

④ 《吕琦等关于撤离南京的情况报告》（1937年12月30日），中国第二历史档案馆藏，档案号七八七—7463。

关于南京保卫战期间地面防空部队的战绩，《防空学校校史》有这样的记述：

赖乎情报传递之迅速、确实，阵地设置之完善周密，我防空部队可以适时适地以行射击，故先后击落敌机达十二架之多，其受伤者，当亦不少，是时每因各种关系空军不能起飞作战之际，无不专赖高射部队对空射击，使敌机不敢低飞恣意轰炸，其命中公算，统计结果为三百发七五高射炮弹可击落敌机一架，当时以敌机不能高飞，俱在我各高射枪炮之射程内，故能有此成绩，以我国防空部队训练之短暂与设备之不全而论，此种成绩，诚堪称赞而为防空军人无上之光荣也。①

中央防空学校在转移到大后方之后发表的《抗战以来我防空部队击落敌机纪实》一文里，也详细叙述了全面抗战初期高射炮兵通过保卫南京，迫使日军航空兵不敢低飞投弹的情况：

当开战之初，敌人轻我无备，其残暴之空军不分昼夜，频袭我政府所在地之南京，岂知我之防空设备，在短期间已具相当规模，于周密准备与适切部署之状态下。敌机每来空袭，莫不遭我意外之扫击，是时空中作战，每值诸种关系我之空军或不及起飞时，尤无不专赖我高射部队以任之，于是弹花现处，常见敌机起火下降，一时目为奇观，市人鼓舞庆胜，多有争摄照片以留纪念者……

厥后，敌机畏我射击精准，已无再行低飞肆虐与急降投弹之事，我随战事之拖延，遂陆续增编部队，高射武器亦日渐充实……②

事实证明，在南京保卫战之前及保卫战期间，中国军队所陆续筹组与部署的地面防空部队，在抗击日机对南京地区的空袭方面，发挥了非常重要的积极作用。

---

① 《防空学校校史》，中央防空学校 1943 年编印。

② 《防空军人》，1939 年第 1 卷。

第三节 “八一五”“九一九”空战

一 首胜“八一五”

1937年七七事变揭开全民族抗战序幕之后，中国空军与侵华日军航空兵的对抗也在1个多月后正式拉开帷幕。

1937年8月14日，日本海军鹿屋航空队出动飞机空袭杭州时，中国空军战机予以坚决还击，并于杭州地区击落其两架陆上攻击机，另击伤其1架陆上攻击机，该受伤日机于返航后在台湾松山机场迫降时损毁。[①]

八一四空战，是七七事变之后中国空军和侵华日军航空兵的首次空中战斗。首战告捷的胜利消息，有力地激励了中国空军捍卫领空的信心，也沉重地打击了侵华日军的嚣张气焰。后来在1939年11月，国民政府把8月14日定为空军节，进行纪念。

日本海军航空兵在八一四空战中受到重挫之后，又计划继续对华东多个城市发动大规模空袭。其中南京作为中国首都，成为其攻击计划的首要目标之一。在八一四空战当天，日本海军航空兵木更津航空队接到海军第1联合航空队的命令，要求在次日（8月15日）全力对南京发动空袭。

8月15日晨，木更津航空队按照前一天接到的命令，全部轰炸机从日本本土起飞，越过东海后空袭南京。这是全民族抗战开始后，日本帝国主义第一次对中国首都南京发动攻击。

为了抗击日机空袭，中国空军和地面防空部队协同作战，揭开了“空中南京保卫战”的序幕。八一五南京抗日防空作战是全民族抗战开始后，中国军队在南

① 当时关于八一四空战战果曾被中方记录为6 ：0，学术界近年依据日方空战记录确认日方损失飞机实为3架。8月14日当天另有一架日军飞机在广德上空被击伤，返回台湾基隆港时坠海。

京这座城市的首次抗日作战行动，它标志着全民族抗战开始后，南京这座城市抗击法西斯入侵的战斗从此打响。

8 月 15 日，在南京上空的中日空军交锋中，侵华日军遭受了比八一四杭州空战更大的损失。同时，这次空战取得了 1937 年南京历次抗日防空作战中最大战果。

当天，日军木更津航空队第 1 大队下辖的第 1、第 2、第 3 中队，第 2 大队下辖的第 4、第 5 中队，参与了此次空战。按照其“攻击计划”，第 1、第 2 中队的轰炸目标是南京的大校场机场，第 3 中队的轰炸目标是南京“（明）故宫机场”，第 4、第 5 中队的轰炸目标是句容机场及大校场机场。

上午 8 时许[①]，木更津航空队全部 5 个中队（每个中队下辖 2 个小队，每个小队均装备 2 架 96 式陆上攻击机），共计 20 架 96 式陆上攻击机陆续从日本九州的大村航空基地起飞，经东海上空向中国大陆汹汹飞来。每架飞机各挂载两枚 250 公斤陆用炸弹，并携带机枪弹匣 3 个，装弹 291 发。

11 时左右，日军飞机靠近中国大陆海岸线，此时台风亦到达上海地区附近。受其严重影响，还在海面上空的木更津航空队第 1、第 2 大队在花鸟岛（今属浙江省舟山群岛之嵊泗列岛）附近海面分开飞行。接着，木更津航空队第 1 大队的第 1、第 2、第 3 中队也分开行动，各中队独自向南京飞去。

8 月 15 日前，按计划，担负南京防务的中国空军部队原先只有第 3 大队。该大队下辖第 8、第 17 队装备有波音 P-12E 战斗机和菲亚特 CR32 战斗机。其中第 8 队驻南京大校场机场，第 17 队驻南京以东的句容机场。8 月 14 日夜，驻南昌的空军第 5 大队第 28 队接到空军第 3 军区命令，派战机 7 架前往南京，暂时配属给第 3 大队执行警卫首都的任务。8 月 15 日晨，第 28 队队长陈其光率领霍克战斗机 7 架自南昌飞抵南京。

8 月 15 日，当日军轰炸机大举逼近之时，中午 12 时，中国空军总指挥周至柔又电令驻杭州的空军第 4 大队（装备霍克 III 战斗机）调动到南京，和第 3 大队一起担负首都防务。第 4 大队下辖第 21、第 22、第 23 队，接到命令之后留下第 23 队继续驻守杭州。13 时，第 21 队队长李桂丹（辽宁新民人，中央航空学校第 2 期航空班毕业）率该队尚能使用的 3 架霍克 III 战斗机从杭州飞往南京。与此同时，第 22 队队长黄光汉（浙江余姚人，中央航空学校第 2 期航空班毕业，中央航空学校校长黄光锐之弟）、副队长赖名汤（江西石城人，中央航空学校第 2 期航空班毕业）

---

① 日本以东京所在的东九区时间作为标准时间，本节引用的日本记录里的作战时间均已换算为中国时间。

等8人也驾机赶往南京。

随着8月15日上午第5大队第28队的到来和下午第4大队第21、第22队的增援，中国空军当天在南京的实力得以大幅增强。面对日机的首次来袭，南京严阵以待。

中国军队此前在江苏浙江一带多地设立防空监视哨，构成一张严密的防空情报网。8月15日这天，此防空情报网在迎战日机空袭时发挥了重大作用。当日中午时分，日军木更津航空队的飞机刚刚穿过海岸线进入中国大陆上空，很快就在苏州以东被发现。

12时40分，昆山附近阳澄湖畔的正仪、唯亭等防空监视哨，先后报告发现不明身份的4架飞机由东向西飞来，12时50分首都防空司令部又接到报告，称这些飞机经过无锡后还在继续向西飞行。中国军队随即判断这些飞机确是日机。

在预判这批日机即将进入南京空域，企图实施空袭后，13时10分，南京城内的空袭警报凌厉响起，这是抗日战争开始后南京首次在实战中鸣放防空警报。中央通讯社转发英国路透社驻南京记者的新闻电讯里，描述了当时的情况："敌机未到前半小时，全城已鸣警号，警察、宪兵、救伤队、消防队均准备以待，公民训练团团员亦分驻各街之隅……警号既鸣，交通全停。"①。随后，防空监视哨又发现更多敌机朝南京飞来。13时20分，在发现日机飞临南京以南的溧阳上空时，南京市区鸣放了紧急警报。

木更津航空队的飞机被地方防空监视哨发现后，过了几分钟，就在太湖上空受到了中国空军的阻击，于是，中国空军和日军木更津航空队之间的空战，便率先在太湖上空打响，随后即在南京城区及其以东地区上空展开更大规模的空战。

中国空军对于此次战况的记录可以归纳如下：

8月15日下午最先阻击向南京飞来的日军木更津航空队的中国空军部队，并非前述各个担负南京防空任务的部队，而是隶属中央航空学校暂编大队的第34队。

13时，第34队队长周庭芳（河南内黄人，中央航空学校第2期航空班毕业）率霍克战斗机6架自浙江嘉兴机场起飞，向嘉善一带飞行，计划在巡逻时截击可能袭击杭州的日军飞机。在嘉善西南上空，周庭芳发现敌机八架，判断这是向杭州方向飞来的。发现敌机后，周庭芳驾驶飞机尾追至太湖上空，随后与跟着他飞来的第34队队员王志恺分别向敌机的左后方发起攻击。

① 《日空军昨进袭首都》，《申报》1937年8月16日。

敌机在受到中国空军飞机的射击之后，立即转变队形，周庭芳和战友也改变方向后继续射击。敌机随后飞入台风带来的浓厚云雾。周庭芳和王志恺因其余的战机未能赶上，担心追入云雾后寡不敌众，中了敌机的埋伏，也没有紧追不舍。这时，周庭芳注意到敌机应是飞往南京方向。考虑到保卫首都的重要性，他随后带着第 34 队的飞机也飞向南京。

在日军木更津航空队的作战记录里，其第 4、第 5 中队都有在太湖上空与中国空军战机展开空战的记载，第 3 中队也描述过在太湖上空遭遇中国空军战斗机的情形。木更津航空队曾吹嘘在太湖上空击落中国战机多架，但结合中方实际记录来看，当属无稽之谈。

以上遭遇战虽然是在太湖上空打响的，但是阻滞和干扰了前往南京轰炸的日本军机，从而奏响了抗日战争期间保卫南京的空战序曲。

在太湖上空中日战机打响遭遇战的同时，担负南京防空任务的中国空军部队也升空准备作战。13 时 30 分，第 3 大队第 17 队分队长秦家柱率波音战斗机 3 架，第 8 队副队长陈有维率菲亚特战斗机 5 架，由南京起飞，自西向东准备迎击日机。此时，第 17 队队长黄泮扬率波音战斗机 5 架从句容起飞后，自东向西朝南京飞来，准备增援南京。当日上午刚刚到达南京的第 5 大队第 28 队的 7 架霍克战斗机，也从南京起飞，在南京和句容之间的空域巡逻。13 时从杭州起飞赶来支援南京的第 4 大队第 21、第 22 队的 11 架战斗机，此时已接近南京上空。

这时，台风带来的乌云笼罩在南京上空。天地之间一片昏暗，城市周边多地还下起了暴雨。日军木更津航空队在风雨之中放弃轰炸句容机场，改而全力攻击南京的明故宫机场和大校场机场。其第 1 大队第 2 中队的 4 架陆上攻击机在南京周边盘旋多圈，一度降低到 100 米高度进行低空飞行，还是没能发现南京的位置，最终放弃了轰炸南京的计划而返航。于是，日军可以投入作战的攻击机数量减少了五分之一。余下 4 个中队进入南京上空后，由木更津航空队第 1 飞行队长林田如虎少佐指挥第 1 中队，于 13 时 50 分从高度 500 米处率先开始轰炸大校场机场。

在南京鸣放紧急警报，日机陆续进入南京上空时，中国空军的 31 架战斗机，已在城区以东密布的乌云之中寻找敌机的踪迹。中日之间在这片空域的飞机数对比是 31 ：16，中方占据了兵力上的优势。其时南京地面的高射炮和高射机枪也开始轰击敌机，这是中国军队成建制的地面防空部队（中央防空学校下辖部队）在成立之后首次投入战斗。在空地夹击之下，侵入南京上空的日军航空兵受到了第一次打击。

日方记录承认：面对中国空军飞机截击和地面炮火，第一批投入空袭的木更津航空队第 1 中队有两机中弹。林田所搭乘的陆上攻击机作为领队首当其冲，虽然未被击落，但已是弹痕累累，整架陆上攻击机弹孔多达 42 个，其中机身中弹 13 发、机翼 17 发、机尾 8 发、螺旋桨 4 发。轰炸时，该架飞机上的侦察员太田武夫一空曹[①]被打死。这是日军承认的第一个被击毙于南京上空的航空兵，也是全面抗战开始后中国军队于南京击毙的第一个日军士兵。

战斗中，木更津航空队第 1 中队第 2 小队的长机因瞄准具被击中而无法使用，不能进行投弹，退出了轰炸行列。最终，中日飞机数对比变成 31 ∶ 15。

对于八一五中日两方军队空战，日本木更津航空队有如此记录：木更津航空队第 2 飞行队长平本道隆少佐指挥第 2 大队第 4 中队从南京东北迂回至八卦洲，然后又向南越过南京大半个城区，该大队第 5 中队于 14 时 03 分轰炸明故宫机场。第 10 小队 1 号机因油箱中弹，脱离编队，然后坠毁于距离南京市区 20 公里附近。[②]

中国空军的记录则是：空战开始时，首先发现敌机的是从句容率部刚飞抵南京上空的第 17 队。他们刚刚飞到大校场机场，就发现敌机组成菱形编队，正在轰炸大校场机场。该队分队长黄兴瑞驾驶战机俯冲至日机编队左后方，占领攻击阵位后开始射击。一架日机中弹后迅速起火，坠毁在大校场机场以东。[③]

日军被击落第一架飞机后，空战仍在继续展开。14 时 05 分，木更津航空队第 2 大队第 4 中队在 400 米高度轰炸大校场机场。这是大校场机场在当日遭受的第二次空袭。完成轰炸后，该第 4 中队向东南方向撤退，14 时 10 分发现中国空军霍克战斗机，并于 14 时 15 分开始与霍克战斗机交战。日军记录其第 8 小队 2 号机油箱中弹，其后迅速掉队并发生火灾而坠毁。同时，被击伤的还有第 7 小队 1 号机，侦察员渡边勇空曹长中弹身亡。[④]

---

① 1929 年 5 月 10 日，日本海军确定非军官空勤人员军衔依次为航空兵曹长（“空曹长”）、一等航空兵曹（“一空曹”）、二等航空兵曹（“二空曹”）、三等航空兵曹（“三空曹”）、一等航空兵（“一空兵”）、二等航空兵（“二空兵”）、三等航空兵（“三空兵”）、四等航空兵（“四空兵”）。下文均依此进行简写。

② 8 月 15 日木更津航空队轰炸经过、编制表，参见《木更津海军航空队战斗概（详）报》（昭和 12 年 8 月 15 日—12 年 8 月 21 日），王卫星编、叶琳等译：《南京大屠杀史料集》第 32 册《日本军方文件与官兵日记》，江苏人民出版社 2007 年版，第 272 页。

③ 时因乌云笼罩、视线受限，中方这一记录似是混淆了明故宫和大校场上空敌机被击落的情况。黄兴瑞疑于明故宫附近击落了敌机。

④《木更津海军航空队战斗概（详）报》（昭和 12 年 8 月 15 日—12 年 8 月 21 日），王卫星编、叶琳等译：《南京大屠杀史料集》第 32 册《日本军方文件与官兵日记》，江苏人民出版社 2007 年版，第 271—272 页。

中方记录里与之对应的内容是：第 17 队分队长秦家柱发现第二批轰炸大校场机场的日机。他驾驶编号 1702 号的座机靠近后，从一架日机的后下方进入攻击位置后猛烈射击，这架日机起火坠毁在南京市区东南地面。

在第一批和第二批飞临大校场机场实施空袭的日机分别被击落 1 架之后，日军飞机又对该机场实施了第三次空袭。木更津航空队第 1 大队第 3 中队改变原有计划，在 14 时 25 分首先轰炸了明故宫机场，随后再向西南方向飞去，14 时 30 分开始轰炸大校场机场。日方记录此次轰炸结束后，该中队自西向东撤退时遭受中国空军霍克战斗机的追击，其中第 6 小队 2 号机先在南京以东中弹并且开始坠落。紧接着，第 5 小队 2 号机同样在中国空军霍克战斗机的射击下起火，然后开始坠落，最终因为装载的炸弹被击中而在空中发生爆炸并解体。此时，该第 3 中队剩下的两架陆上攻击机则分别朝东北和东南方向逃走。

木更津航空队第 1 大队第 3 中队即将轰炸大校场机场时，在太湖上空曾经与日机作战的中国空军第 34 队也在 14 时 20 分之后飞抵大校场机场附近。周庭芳等立即率机从左后下方向日机猛射。他们随后看到“敌第二小队四机，即向溧水方向逃去”。在中方记录里，第 8、21、22、34 队一起追击向东逃跑的日军飞机。中国空军的战绩记录称，追击中在城东的方山、溧水和句容等地上空又先后击落多达 11 架日机，当天合计击落日机 13 架。

关于八一五空战击落日机数量，据日方的内部记录显示，当天在南京被击落的日方 4 架飞机里，有两架是在逃出南京空域时被击落的；而且除了第 3 中队，其他中队的陆上攻击机也同遭攻击，其中第 5 中队第 9 小队长机左侧发动机因油管被打穿，致使发动机停车，这架陆上攻击机被迫离队，经句容以西飞往杭州湾，然后独自返航。战后的日军航空兵作战详报承认除了 4 架飞机被击落，还有多达 9 架飞机在空战中被击伤，合计共为 13 架。据此判断，中方记录所称击落日机 13 架，似是把击伤的日机也归入击落战绩。究其原因，疑在空战时，恰值空中云层密厚，视野模糊，致中方飞行员将击伤的各架敌机误认为已被击落。

另外，当天日机开始轰炸后，中国军队的地面防空部队亦投入战斗。在对空射击中，仅 75 毫米口径高射炮弹就使用了 83 发。其间，37 毫米口径高射炮、20 毫米口径高射机关枪也都对空射击过。关于地面防空部队的战绩，据《防空学校所属部队自抗战以来击落敌机统计表》记载：“青龙山大队和防校三、七连”在南京青龙山宝林镇击落敌机 1 架；“练习队第一连”在南京东南的响水关击落敌机 1 架。可见地面防空部队与空军互相配合，也取得了可喜的战绩。

战后，日本海军内部记录以较大篇幅“表彰”了初次轰炸南京时的阵亡人员。该篇记录为了粉饰失败，吹嘘空战中击落多架中国空军飞机，实际上当天的空战中国空军仅有飞机被击伤后迫降，并无任何飞机被击落的情况。该篇记录尽管不吝溢美之词，夸张日军航空队的“战绩”，但也能够从其中细节处看出日军初次轰炸南京时受创严重的事实，并佐证了在首次南京空战中中国空军所取得的辉煌业绩。以下为日本海军内部记录的部分内容：

十五日由林田少佐指挥的海军攻击机队收到轰炸南京飞机场命令，上午九时十分踊跃（地）从九州方面前进基地起飞。……（他们）到达敌人首都南京上空，爆击大校场、故宫等飞行场，而且还勇敢地和来袭的敌人战斗机在空中壮烈交战，收获很大战果……

基于此次空袭，细川大尉指挥的绀野机及二见机，当日上午九时二十分和其他僚机一同踊跃从九州方面基地起飞，冒着恶劣天气继续困难极大的飞行，下午三时二十六分到达南京上空……爆破敌机飞行机五架，并给予飞行场（指故宫、大校场飞机场）相当之损害。此时……不仅受到紫金山其他几所环绕首都的防空阵地的枪炮猛射，而且还勇敢地和向我迫近的八架敌军战斗机展开空中交战，和僚机一起勇战奋斗，突然击坠三架飞机，但是不幸的是两机因为猛烈的敌弹发生火灾，一同在大校场飞行场东方约四千米地点坠落，搭乘勇士全部阵亡。

入佐大尉指挥的南波机及吉田大尉指挥的安藤机，当日上午九时十分和其他僚机一同踊跃从九州方面基地起飞，（在太湖遭遇中方飞机拦截并与之交战后）挺进南京。

于是南波机下午三时到达南京上空，（在爆击大校场飞行场后）即将归还基地时，正在那时因为遭遇数十家（架）敌军战斗机的攻击，一边冒着地上防空炮火的攻击一边应战，和僚机一起击落两架敌机。然而不幸的是敌弹命中本机发动机……（并）受到约五架敌军战斗机的连续攻击，于是燃料槽起火，三时十五分在南京飞行场外坠落各员遂战死。

安藤机也是下午三时十五分在高度五百米从北方进入南京，爆击故宫飞行场……（之后）一边冒着从几个防空阵地来的猛烈枪炮火，一边利用断云避退……然而敌军的集中弹命中本机的左燃料槽，发生火灾。……此时因为敌机尚执拗攻击，各射手猛然应战……（但）飞机大半被火焰包围，于是操纵变得不可能。在南京城外落下，同时和地面猛烈撞击，轰燃爆碎，连片影都不可得。[①]

侵华日军上述“表彰”内容里充满了“惋惜”，其实充分表现出当天南京上空的此次战斗打痛了侵略者。可以说，首次南京空战中，中国空军重创了日军木更津航空队。次日（8月16日），木更津航空队可投入战斗的不过10架陆上攻击机。相比之下，尚未空袭过南京的日本海军航空兵鹿屋航空队到8月16日仍有29架陆上攻击机可用。可以说，日军木更津航空队在成为侵犯南京领空的“急先锋”并遭重创后，其实力已被大幅度削弱。

中国空军在这一天的南京防空作战之中无人伤亡。中国军队在这次防空作战中的主要损失来自地面防空部队，一发炸弹落在明故宫机场附近的探照灯阵地上，炸死防空部队军士1名，列兵7名[②]。这是全民族抗战爆发之后，南京在抵御日本侵略作战中殉难的第一批军人。

日军对南京首次进行空袭以受到中国空军的沉重打击而告终，需要指出的是，当日本陆上攻击机进行空袭时，竟无差别地向人口稠密的居民区投掷炸弹，致众多南京市民伤亡。《申报》记者于1937年8月16日，在从南京发出的新闻专电里记录了空袭中市民伤亡情况：“事后向各医院调查，受伤投入医院医治者，计中央医院九人，下关传染病院三人，内有重伤一人，丰富路卫生事务所二人，复成桥事务所十人。煤炭港由博爱医院诊治，俱系轻伤。第一公园附近死数十人。”“通济门及明故宫附近，敌机先后共放七弹，伤亡数人。”“新街口大陆银行，妙机公司屋顶，因机枪扫射，微有损伤。”[③]这是日军发动全面侵华战争后，对南京人民所欠下的第一笔血债。

二 昼夜反空袭

日军海军航空兵于8月15日袭击南京，受到迎头痛击并遭到重大损失后，在随后的三天内未对南京发动空袭，但南京军民仍保持了高度戒备。

8月16日晨6时4分，丹阳防空监视哨报告，有日军军机飞过丹阳继续西进，

---

① 日本海军省教育局：《支那事变尽忠录》第一卷，1941年编印。引文括号中字，为作者所加。

② 参见《南京首都防空司令部八月份高射枪炮照测战斗报告表》（1937年8月15日），转引自中央防空学校编：《南京防空经验》，1939年7月印行。

③ 《日空军昨进袭首都》，《申报》1937年8月16日。

因报告时敌机的位置已经逼近首都，南京市立即拉响紧急警报。7时3分，因敌机至新丰车站盘旋后，折转向东投弹，南京鸣放了解除警报。中央通讯社对此进行了详细报道："敌机十余架，突于十六日晨来京空袭。我全市（居）民均于梦中被警报惊醒，乃纷纷赴就近避难所躲避……七时正，京市解除警报，恢复原状。""第一次系在清晨六时，当时我方早已得到警报，首都宪警防务团立刻全体出动，四面戒备，且凭已得有经验，故态度异常镇静，动作敏捷"①。

当日上午，日本海军航空兵鹿屋航空队空袭南京以东的句容机场。就日军的作战企图而言，此次空袭虽不是直接以南京为目标，但因为句容紧靠南京东郊，中国军队是按照抵御日军对南京的空袭来实施作战准备的。日军机群上午9时38分飞至宜兴上空之后，南京随即发出空袭警报。至9时51分，空军总站接句容机场报告，敌机已近句容，南京再发出紧急警报。

10时许，中国空军第3大队大队长蒋其炎接到空军南京总站长石邦藩电话，称无锡发现日军重型轰炸机6架向西飞进，有袭击首都南京的企图。蒋当即命令在句容机场的第3大队第17、第28队起飞警戒。两队接到命令后于10时10分开始起飞。就在中国空军战机尚未完全起飞之际，日军飞机已经在机场上空投弹。此时在句容机场的机械士动作迅速，确保多架战机继续起飞迎敌。因为我机起飞和敌机投弹同时发生，机械士来不及四散避开，就卧倒在场地上。敌机投弹后，第17队机械士周世宏左腿受轻伤。②

中国空军战机冒着敌机轰炸而迅速起飞后，对轰炸句容机场的敌机进行了有力截击，很快击落日军鹿屋航空队3架96式陆上攻击机。击毙的日军飞行人员包括鹿屋航空队飞行队长新田慎一少佐，这是日本发动全面侵华战争后，首次有航空兵现职佐官被击毙。

日军结束上午对句容的空袭后，南京仍是处在高度戒备之中，随后又多次鸣放防空警报。15时10分，防空监视哨发现日军军机群飞过苏州，南京市立即拉响了空袭警报。日机于15时50分飞至浒墅关，南京拉响了紧急警报。但敌机在该地上空盘旋后，转而飞向昆山吴县一带投弹，南京随后在16时21分鸣放了解除警报。但在1个多小时后的17时28分，驻扎在扬州江都的空军第5大队报告称，有敌机多架向南京飞行，于是南京再度拉响防空警报。17时52分，因镇江、丹阳、

---

① 《日机昨又袭京未逞》，《申报》1937年8月17日。

② 台北"空军总司令部情报署"编：《空军抗日战史》第1册，1950年，第46—47页。

高资镇、桥头镇等地都报告发现敌机，南京的防空警报即刻升级为紧急警报。南京周边的中国空军战机也起飞搜索，但因为始终没有发现日机踪影，方于19时57分发出解除警报。

8月17日，日军航空兵飞机虽然全天没有靠近城市上空，但是南京的防空警报在中午和下午仍不时鸣响。当日11时47分，南京北边的六合报告，发现云层上有飞机6架，因为不能判断是中方飞机还是日军飞机，南京于11时50分鸣放了空袭警报。至12时20分，确认是从上海返航的中国空军6架战机降落在滁县机场，了解是误会后于12时30分鸣放了解除警报。13时22分，南京接到报告称在安徽蚌埠轰炸的敌机又继续南飞，遂在13时30分发出空袭警报，至14时20分确认这批日机经过高邮转而向东后，于14时30分鸣放了解除警报。这些细节充分展现出，自8月15日首次遭受轰炸之后，南京一刻也没有放松警惕，而如此紧绷着的高度戒备，也为随后数天持续抗击日军空袭，提供了思想上的准备。8月18日，因为没有敌机出现在附近空域，南京一整天未鸣放警报。

8月19日，日本海军航空兵第二次空袭南京。据日本军方有关记录：当日上午9时整，其鹿屋航空队所属9架陆上攻击机各挂载两枚250公斤陆用弹，从台北松山机场依次升空，集结完毕后，向中国大陆直飞而来。当飞抵临近南京的石臼湖西岸上空以后，机群飞行高度下降并向南京迫近。10时左右，该航空队第5小队2号机因发动机故障退出编队，向东折返台北，其余8架飞机则继续向南京逼近。

12时25分，该航空队分队长森千代次大尉指挥各机开始在4000米高度对南京进行轰炸。其中，第1、第5小队轰炸南京火药厂，第4小队轰炸南京兵工厂。据中方发布的记录显示，日军此次空袭又把炸弹投入了平民区，导致数名南京郊区村民遇难：

（南京）据空军司令部宣称，日重轰炸机又自台湾飞来，于今日正午袭击首都。敌机共八架。中国飞机在安徽广德天空拦击之。击落敌机两架，惟余六架进至首都。在距飞行场两哩许掷下炸弹两枚，死村民数人。[①]

日军飞机完成轰炸后，第1、第4小队开始爬升，然后钻进云层返航。12时37分，鹿屋航空队第1、第4小队飞抵南京东南19公里处，遭遇中国空军2架霍克战斗

① 《敌机昨又两度袭京/分赴广德及首都企图轰炸》，《申报》1937年8月20日。

机截击。日军作战报告称第4小队3号机随后下落不明。日军机群摆脱中方战斗机后，余下各机在16时左右分别返回台北松山机场。

据中方记录，战斗开始前我方忽然接到敌机空袭警报，于是立即成队起飞，以1200米的高度在空中巡逻。13时30分，中国飞行员龚业悌在广德西北发现敌军两架重型轰炸机成梯形队形，从南京方向低空向南逃逸，我机将其中1架击落后，于14时30分返回机场。[①]

被击落的日军3号机机组成员有：宫原辰雄、任川佑光、冈本逸郎、伊东朝男、有川勇、小池近男六人。中央通讯社当时的新闻电讯称："机中六人，一人已死，五人携轻机枪逃逸，正在搜捕中"[②]。

日本海军事后"表彰"阵亡人员的内部记录里，在毫无根据吹嘘"战绩"的同时，记录了仅有川勇一人阵亡的情况：

> 有川勇自支那事变一爆发，昭和十二年八月十四日以来连日参加对杭州、南昌、扬州各飞行场的轰炸及对大运河的爆破。同月十九日作为电信员搭乘指挥官森大尉率领的石队陆上攻击机，上午十时十一分从台湾方面前进基地进发，飞过台湾海峡到达南京上空，下午一时二十五分左右，轰炸兵器厂。在避退途中，遭遇五架敌军P-36型战斗机，与之交战之后，击坠其两架，一时三十三分于南京东南方约二十里处与僚机分离，行踪不明，被认定为战死。[③]

而中国军队俘虏日军航空兵的记录里，可以分别看到日军3号机里小池近男、伊东朝男等5人的名字[④]。依据上述史料可以确认，有川勇随飞机被击落而毙命。其余5人当时弃机逃跑，后被俘。这是全民族抗战开始后，南京地区首次俘虏日本军人。因此，这一战绩具有里程碑的意义。

8月19日晚，日军航空兵首次对南京发动了夜间空袭。日方记录称：14时50分以后，木更津航空队所属的14架96式陆上攻击机陆续从济州岛起飞，以高度3500米飞越东海直奔南京，进入中国大陆上空后高度下降至3000米，尔后各中队在高邮湖上空盘旋集合。18时30分左右，该航空队调整航向，以高度3500米南下。

① 台北"空军总司令部情报署"编：《空军抗日战史》第1册，1950年，第57—58页。

② 《敌机昨两度袭首都/我空军迎战击落四架》，《中央日报》1937年8月20日。

③ 日本海军省教育局：《支那事变尽忠录》第二卷，1941年编印。

④ 唐学锋：《中国空军抗战史》，四川大学出版社2000年版，第113页。

日军记录称：飞机进入南京上空即将进行投弹时，受到“从敌人江上舰艇及地上来的猛烈炮火和照射，但并未受到损害”。值得一提的是，日方资料叙述中国海军舰艇参与南京城市防空的史实细节，留下了迄今唯一的相关史料记录，为中国海军抗战史补充了新的内容。

19时以后，林田如虎指挥第1大队第1、第2中队同时向中央陆军军官学校投弹，第3中队在4分钟后投弹。除第1中队在高度2900米实施轰炸外，第2、第3中队皆于高度3000米投弹。按照日军战报记录，第1、第3中队各有6弹命中了中央陆军军官学校，第2中队有1弹命中，共炸毁8座营房。

第2大队声称计划攻击的目标是国民政府、参谋本部。日机记录投弹高度3000米。投弹后，第4中队确认3弹命中，第5中队确认4弹命中，共炸毁5座建筑物。实际上，第2大队的炸弹并没有任何一枚落在国民政府附近，日军宣称“命中”国民政府的7枚炸弹，实际上全部被投进与国民政府有一段距离的中央大学。

被轰炸的国立中央大学，当时被誉为中国“最高学府”。此前8月15日日机首次空袭南京时，其陆上攻击机用飞机上的机枪对该校进行扫射，曾击中该校图书馆和附属实验学校大门各一次。时任校长的教育家罗家伦后来回忆：“那时我还教大家不要张扬，恐怕校内人心摇动”。但谁也没有想到，这次机枪扫射校园，只是日机摧残该校的第一步。

8月19日中央大学校园被空袭的时间，约为傍晚7时。据路透社驻南京记者报道：“是时尚有雷雨，全城皆闻炸弹爆裂声。八时一刻，日机退去”。在撼动整个南京城的巨大声响之中，宣称空袭国民政府的日军航空兵飞机在中央大学校园内投下了250公斤炸弹7枚，给整座校园造成了惨重损失。

9月4日，罗家伦校长在呈给国民政府教育部的报告里，记录了各炸弹的落弹位置：“八月十九日下午六时许，敌机进袭首都投掷炸弹。本校计共落弹七枚：一在图书馆后身，距离建筑仅丈许，一在牙医学校后身，二在大礼堂后身，一在建造中之牙医院与科学院馆之间，一在女生宿舍中部，一在无机化学教室东边”。该报告还详细记录了各处损失情况：“（一）牙科学校（原昆虫局平房）全部震塌；（二）女生健身房局部震毁；（三）无机化学教室着火被焚；（四）女生宿舍旧平房大部分炸毁；（五）大礼堂后墙炸穿数处，礼台部分全毁；（六）实验学校办公用平房炸毁两进，女生宿舍亦毁；（七）此外如图书馆、大礼堂、科学馆、南高院、生物馆以及实验学校各处教室之门窗玻璃、隔间木壁多被震毁；（八）本校校工死一人，建筑牙医院之厂方工人死五人。”[①]

此次空袭中遭损毁的“无机化学教室”，是一处有重大历史意义的建筑。1924年7月5日，中国奥委会借“国立东南大学化学教室”召开成立大会，这里堪称中国参与国际奥林匹克事业的发祥地，而该处具有重大意义的历史建筑毁于这次空袭，亦是日本侵略者对南京、对这座校园欠下的一笔文化债。

日军飞机在8月19日晚上对南京的空袭行动中，没有受到有效打击。据中方资料记载：18时20分，驻句容的中国空军第3大队接到空军南京总站长石邦藩的电话，称“镇江有敌机九架向南京方向飞行”。大队长蒋其炎立即命令飞机起飞到南京上空，不久看见总站铺示着陆信号后便返回机场。正欲着陆之时，总站又来电话说:“敌机九架正炸南京”。待第3大队各架飞机再次起飞时，敌机已经逃走。[②]这是日机第一次夜袭南京。

日本海军航空兵事后在作战详报之中对傍晚空袭南京进行了“经验”归纳，称：因为南京市内及周围地区布置着极其有威力的对空射击设施，所以白天低高度攻击可能会受到相当大的损害，故在高度3000米以上应更适当；本次攻击在日落15分钟后果断施行，因之没有受到对方战斗机的追踪。此后日军对南京的多次空袭，常常是依据其所谓“经验”而进行，试图以夜幕掩护逃脱打击。

8月21日，日军暂停一天后再次对南京发动了空袭行动。当日凌晨2时25分，日本海军航空兵木更津航空队由济州岛出发，越过东海进入中国大陆上空，计划准备轰炸扬州，飞至高邮湖附近时由于云层较低，无法确认位置，木更津航空队第4中队穿过云雾继续南下，后于4时45分南下至长江北岸，仍不能发现扬州的位置。此时，日军飞机已经靠近南京上空，南京城内为此又响起了防空警报。

当日早晨6时15分，没有发现目标的木更津航空队第4中队把炸弹扔在长江边的浦口。其虽是随意投弹，实际上是南京遭受的第三次空袭。当时中央通讯社转发英国路透社驻南京记者的新闻电讯，该电讯这样叙述日机接近南京后的情况：“今日清晨空袭之警号又作，居民皆从睡梦中惊醒，即纷纷觅地藏匿。四时三十分，敌机三架出现首都郊外天空，但未进至都城界内，亦未掷弹，即向东南疾飞而去”[③]。

据中方史料记载，4时20分，第3大队接到日机乘着拂晓袭击南京的警报，

① 《中央大学校长罗家伦呈报该校8月19日、26日先后被炸损失情形》，张宪文、吕晶编:《南京大屠杀真相》（上），江苏人民出版社2007年版，第77—78页。

② 台北“空军总司令部情报署”编:《空军抗日战史》第1册，1950年，第58页。

③ 《日机昨又袭攻京杭/首都方面击落敌机四架》，《申报》1937年8月22日。

立即起飞，分为两队。第 1 队由第 17 队队长黄泮扬率领 7 架波音战斗机，第 2 队由第 28 队队长陈其光率领 7 架霍克战斗机，在句容和南京之间的上空巡逻。5 时许，我机飞抵南京南方时，黄队长发现 3 架敌机成 V 字队形，在南京北边山地上空飞行。因为有训令，我机不能经过南京市区上空，于是只能绕城前往迎击日机，等飞到目的地时，已经看不见敌机。第 17 队分队长秦家柱在 5 时 20 分左右驾驶战机正在南京北边巡逻，忽然看见有炸弹落在长江中，水浪翻腾，才发现 3 架日机。在追击的过程中，秦之战机机枪发生故障，而机身又被日军轰炸机的机枪击中 6 弹，无法再继续追击，只好向句容返航。其余各架飞机均未遭遇敌机，于 7 时后飞回机场着陆。①

接着，在 8 月 22 日夜晚，木更津航空队再次出动 6 架 96 式陆上攻击机（各挂载两枚 250 公斤陆用弹），分两次轰炸南京。这是南京第四次遭受轰炸，并且也是自 8 月 15 日以来日军航空兵首次连续两天对南京发动空袭。

20 时 35 分，木更津航空队第 4 中队飞抵高邮湖上空，后以高度 2800 米向南京直接飞行而来，21 时 25 分抵达南京大校场机场上空，因无法观察目标，于是在草鞋峡以北转弯，再次进入轰炸航路。随后因探照灯干扰，陆上攻击机被迫在雨花台附近投弹。投弹后，该中队开始返航，于 23 日凌晨 0 时 15 分抵达济州岛。

22 时 27 分，平本道隆带领木更津航空队第 3 中队起飞后，一路直飞南京。23 日凌晨 1 时 40 分，该中队轰炸大校场机场，高度 2800 米，因同样遭受探照灯照射，最后把炸弹扔在机场以南。②

次日，《中央日报》以“敌机夜袭首都京未逞”为题，刊登了 8 月 22 日中央通讯社发出的一条新闻电讯：

敌方重轰炸机三架，廿二日晚七时三刻来京，企图夜袭。我早有准备，探照灯一齐照射，敌机无所逃形。同时，枪炮齐发，敌机极现恐慌，仓皇投两弹而逃。事后调查，两弹均落郊野。③

此条新闻显示，中国军队通过用探照灯照射及地面防空火力发射枪炮弹，成

① 台北“空军总司令部情报署”编：《空军抗日战史》第 1 册，1950 年，第 64 页。

②《木更津海军航空队南京攻击战斗详报》，王卫星编，刘军等译：《南京大屠杀史料集》第 57 册《日军文献》下，江苏人民出版社 2010 年版，第 800—801 页。

③《敌机夜袭首都京未逞》，《中央日报》1937 年 8 月 23 日。

功地干扰了敌机空袭。

虽几次被挫败，但日机对南京的空袭仍继续进行。据日方资料记载，8 月 23 日夜 21 时 50 分，日军木更津航空队的第 1 飞行长林田如虎少佐带领两架陆上攻击机，各挂载 12 枚 60 公斤陆用炸弹，从济州岛起飞，准备对南京“警备司令部”实施轰炸。[①]

离开济州岛后，林田如虎率部以高度 2000 米向西直接飞行而来，抵达高邮湖上空后调整航向前往南京，并爬升至 3500 米高空。

当夜 23 时 30 分，中国空军第 34 队队长周庭芳率领 6 架霍克战斗机从大校场机场升空。起飞后，周庭芳及分队长杨慎贤（广东梅县人，中央航空学校第 4 期航空班毕业）发现日军陆上攻击机，周庭芳加大油门，迅速从日军陆上攻击机编队正下方进入攻击位置，这时日军飞机已飞抵机场上空。为干扰日军轰炸，周庭芳向后翻转，然后切入日机后方并扣动扳机，但很快机枪卡壳，进攻被迫停止了。杨慎贤升空后误受己方高射炮射击，幸而没有中弹，但为此退出攻击。第 34 队其余战斗机未能接敌。[②]

虽然中国空军此战未能有效打击日军飞机，但迫于中方战斗机勇敢攻击和干扰，木更津航空队也未能顺利轰炸目标。日方记录称，这两架陆上攻击机只能在次日（8 月 24 日）的 0 时 05 分，将炸弹随意投掷于远离目标的玄武湖南端（轰炸机为了确保安全降落，不能带弹返航），接着便向东撤离，最后在 3 时 50 分返回济州岛。

8 月 24 日 17 时整，日军木更津航空队又出动 6 架陆上攻击机，并各挂载 12 枚 60 公斤陆用弹，再一次对南京实施夜袭。

日军这 6 架陆上攻击机从济州岛起飞后，于 20 时整飞抵洪泽湖东南，随即调整航向并以 2800 米高度南下抵南京城郊。其间曾经有 3 架中方战斗机从其右下方，以高度差 500 米进行转向爬升。

日方陆上攻击机沿大校场机场外围迂回至机场南侧，其第 3 中队进入轰炸航路期间，受到地面探照灯照射。此刻中方亦出动 6 架战斗机升空搜索，但未能发现日军陆上攻击机。

据日军有关记录显示，在此次空战中，其 3 号机左侧 2 号油箱被打穿。20 时 30 分，

---

① 《木更津海军航空队南京攻击战斗详报》，王卫星编，刘军等译：《南京大屠杀史料集》第 57 册《日军文献》下，江苏人民出版社 2010 年版，第 805 页。

② 台北“空军总司令部情报署”编：《空军抗日战史》第 1 册，1950 年，第 76 页。

第 3 中队自西向东以 1000 米高度向大校场机场投弹，炸毁 2 架中方飞机，随后便飞离南京。在返航途中，第 3 中队继续受到中方战斗机追击。当飞至镇江西南时，其 2 号机与 1 号机并飞。随后，1、2 号机在组织火力期间遭受其他日机火力误伤。20 时 40 分，该中队 3 架飞机分散后返航。

与木更津航空队第 3 中队受到中国空军截击和追击不同，日方记录中第 4 中队则未受打击。该中队第 4 分队长入佐俊家大尉指挥本中队进入轰炸航路，虽然短暂遭受探照灯干扰，入佐俊家仍继续率部抵近大校场机场。20 时 24 分，该中队飞机在 2500 米高空实施水平轰炸，弹着点位于距总站办公室 3 米处及停机处，炸毁 1 架隶属第 5 大队的福克伍尔夫 FW44“金翅雀”双翼教练机。此外，第 24 队 2403 号机在大火中被付诸一炬，隶属第 4 大队的 IV-2 号机蒙皮被烧光。①

投弹后，木更津航空队调整航向，开始返回济州岛。次日凌晨 1 时多，第 4、第 3 中队各机先后降落于济州岛。

以上短短数天，日本海军航空兵对南京持续进行的 4 次轰炸，都没有受到中方军队有效打击，日军又逐步形成骄狂心理。

8 月 26 日深夜至 27 日凌晨，日军航空兵又继续出动陆上攻击机，分三路于夜间突然袭击了南京。

根据日方记录，8 月 26 日 20 时 45 分，木更津航空队第 1 分队长小谷雄二大尉带领 4 架陆上攻击机（各挂载 12 枚 60 公斤陆用弹）从济州岛起飞，进入中国大陆江苏境内后经过高邮湖，次日零时 30 分抵达南京上空。第 1 小队随即以 3000 米高度轰炸作战计划里的中国军队“宪兵团及航空署”②，第 2 小队则紧随其后于零时 35 分轰炸上述目标。

值得一提的是，进行这一路空袭的日军航空兵受到了中国军队的打击。据中方记录③，敌机夜袭南京，被我军击落两架飞机，其中一架坠落在高邮附近，另一架正在调查中。

面对侵入南京上空的敌机，中国空军出动 4 架战斗机，分两组进行截击，后在探照灯照射下追击木更津航空队飞机。

空战中，日方记录其第 2 小队于 27 日 3 时 50 分全部返回基地；第 1 小队 1

---

① 台北“空军总司令部情报署”编：《空军抗日战史》第 1 册，1950 年，第 79 页。

②《第一联合航空队 8 月 27 日南京攻击战斗详报》，王卫星编，刘军等译：《南京大屠杀史料集》第 57 册《日军文献》下，江苏人民出版社 2010 年版，第 785—787 页。

③ 台北“空军总司令部情报署”编：《空军抗日战史》第 1 册，1950 年，第 93 页。

号机则在与中方战斗机交战大约 20 分钟后摆脱对方，于 4 时 40 分返回基地降落；而第 1 小队 2 号机由于右侧油箱中弹起火，最终逃离时，于 27 日凌晨 1 时 45 分，坠毁在南京东北方向高邮湖畔天长县附近。此后，中方的新闻报道也证实“在天长击落敌机一架”。中方战斗机追击至 1 时 25 分返航。

再看中国军队高射炮兵作战战绩的相关统计，高射炮第 1 连和陆军炮兵学校练习队第 1 连，均记录其于 8 月 26 日击中敌机 1 架（可能是分别击中同一架敌机），该敌机“落于六合境内”。南京郊区的六合县和天长县距离不远，据此判断日军第 1 小队 2 号机实际上应是被中国高射炮兵开火击落。

日本海军事后“表彰”阵亡人员的内部记录显示，被击落的日军第 1 小队 2 号机上，7 名机组成员佐藤进、饭田秀雄、斧田卯之助、远藤利秋、江连武雄、增子正行、及川至全部阵亡：

八月二十六日受到爆击南京宪兵团及航空署命令的南京攻击部队小谷小队佐藤机和僚机一同于下午九时四十五分踊跃从前进基地进发。此夜天晴云淡风亦少，正在那时月亮出来，视野良好，银翼排列渡洋，经过高邮湖，翌二十七日凌晨一时三十分到达南京上空，高度三千米，爆击宪兵团及航空署，全部炸弹在目标及附近落下，给敌人造成很大损害，完成了他们的任务。

其后，佐藤机跟随向导机高速避退之中，被两架敌军战斗机跟踪。经过奋战还击，凌晨一时四十五分被敌弹击中右燃料箱，看到火焰吐出发生了火灾，大约一分钟后在南京东北二十里的高邮湖畔天长附近坠落爆破，佐藤一空曹以下的搭乘员全部死亡。[①]

日军吹嘘上述阵亡人员的文书发出了哀叹和“惋惜”，这也从另一个侧面证明中国军队的防空作战给日本军机以沉重打击。

中国军民其后从日军第 1 小队 2 号机残骸里，发现机组成员斧田卯之助收到了其妻敏子寄来的家书及照片。《申报》在 1937 年 9 月 18 日于报纸的第二版刊登了斧田卯之助家书的部分翻译内容：

每天在酷暑中归来挂念着。为什么呢？东西一点儿都吃不进，但是很强健

① 日本海军省教育局：《支那事变尽忠录》第二卷，1941 年编印。

着，你也强健吧？你的信一封都没有收到，实在太挂念了。忙吗？倘若想到你，万一——悲惨的情绪，立刻袭上我的心头，我是非常的焦虑、怀念、不安，有时遂至通宵不能入眠。木更津的战死者，委实太多了，十六日以后的战死者又在发表了。请你每天给我信吧！我一时一刻一分一秒都在渴望着，期待着你的佳音。……斧田君，你康健着。母亲她们自从你出发后，天天早晨去拜菩萨，祝祷你平安！在这样的冷静的家中，尤其到了你晚归的时间，而我等你的样子，谁看了都伤心！愿你早一点回来吧！你永远的平安！①

这封家书里日本士兵妻子一句句凄凉诉说，也从另一个方面反映了普通日本百姓对日本军国主义驱使士兵成为侵华战争炮灰的有力控诉。

受限于当时的装备条件，中国空军战机在夜间作战时难以及时发现敌机，故当26日夜日军分三路轰炸南京时仅有一路受到打击，另两路日机机群未能被成功拦截。据日方资料记载，8月26日夜21时50分，木更津航空队武田八郎中尉率4架陆上攻击机（各挂载12枚60公斤陆用弹）对南京进行空袭。该部日军航空兵经过高邮湖上空曾经发现第1次攻击队之第1小队2号机坠落，随后，在南京空域依次轰炸作战计划里的中国军队“宪兵团及航空署”。其中第4小队于27日凌晨1时23分在3000米高空实施轰炸，第3小队于1时26分投弹。4时30分，第2次攻击队全体返回济州岛。

另日本海军航空兵鹿屋航空队所属6架陆上攻击机（各挂载12枚60公斤陆用弹）亦于26日23时25分从台北起飞，次日凌晨2时58分抵达南京，对南京兵工厂和“市街”（银行街）实施轰炸后返航，6时10分在台北降落。鹿屋航空队在8月27日的《南京攻击战斗详报》中，公然宣布对属于平民目标的南京“市街”进行了轰炸。该份作战文书所记录的对于南京市内街道不加分辨地进行无差别轰炸，实际上也是日军战争罪行的又一自供状。

在以上三路空袭的过程中，木更津航空队投下60公斤炸弹多达96枚，鹿屋航空队投下60公斤炸弹多达72枚。

分析历史资料的有关记载，不难发现，日军进行投弹时，南京地面中国军队的防空火力进行了拦截，日军陆上攻击机不敢低飞投弹，在不能确认目标位置的

① 《敌机长斧田／一封凄凉的家书／闺妇空怀盼望情况悲惨／慈母祝祷保平安菩萨无灵》，《申报》1937年9月18日。

情况下，竟都是对目标周围之南京市区进行无差别轰炸，故造成南京市民生命财产的严重损失。中央通讯社于8月28日发出新闻电讯，记述空袭当天南京有数百人遇难：

二十六〔七〕日上午一时至三时许，敌机二十余架，分两次袭南京。因我高射炮控制严密，敌机不敢低飞，遂于数千尺之高空，向京市东南各部人烟稠密之区，乱掷炸弹及烧夷弹数十枚之多。事后调查被毁者有中央大学实验中学，计炸毁房屋八十余间，死伤工人夫役多名。遗族学校及城中省三医院房屋亦被炸毁。又各街道亦有数处中弹多枚。统计各处炸毁及延烧平民房屋共四五百间，无辜民众被炸毙、焚毙者数百人。幸我政府防护周密，对于延烧之房屋，当时即由消防队努力扑灭。伤者送院诊治，死者妥为掩埋。①

此次日军进行无差别轰炸时，南京市区东南部的八府塘地区受害较为严重。著名诗人沙雁亲身经历空袭，又亲眼看见了空袭后惨景，于是写下了叙事诗《忆八府塘血火》。这是迄今为止从历史文献里发现的唯一一首记录日本航空兵空袭无辜南京平民的叙事诗。② 它真切地反映了当年南京无辜平民在日机空袭中的悲惨经历，亦是亲历者对日军残酷暴行的正义控诉。该诗写道：

轰！轰！轰！
雷般的爆炸声响，
震动了整个石城，
撼摇了百万市民的心房！
……
八府塘，就这样遇了难，遭了殃！
无数间茅屋，火烧得凄凉
百余条无辜的生命，全数在炮烟中埋葬！
全数在敌军惨绝人寰的炮烟中埋葬！

① 《敌机掷弹 / 毁灭我文化机关》，《申报》1937年8月29日。

② 以日本航空兵空袭南京为题材的诗歌现已发现多首，例如罗家伦的《敌机炸后的南京》。这些诗歌从不同角度控诉了日军暴行。不过，历史学界迄今发现叙述日军轰炸南京史实细节的叙事诗仅有《忆八府塘血火》一首。

8月26日的日军空袭不仅给南京八府塘等地民众的生命财产造成严重损失，还又一次严重波及国立中央大学。校长罗家伦回忆：“敌机第三度的光顾，是八月二十六日晚上，把实验学校炸了”。中央大学校园第三次遭到空袭之后，罗家伦校长在呈给教育部的一份报告中，综合介绍了三次被炸情形：“自上海战事发动以来，中央大学曾受敌机三次袭击。第一次为八月十五日下午，敌机以机关枪扫射图书馆及实验学校各一次；第二次为十九日下午在大学本部投二百五十公斤炸弹七枚；第三次为二十六日深夜在实验学校投同样炸弹一枚，又附近教授住宅被毁者四所，校工死者五人。”①

8月26日深夜至27日凌晨的空袭过后，日军飞机从1937年8月15日开始对南京发起的空袭行动之第一阶段暂时结束。

此后，因淞沪战场处于胶着状态，日本海军将航空兵的飞机集中用于支援其陆战队和陆军的进攻，一度暂停了对南京的空袭。

包括8月15日那次日机对南京的空袭在内，在整个8月，日本海军使用陆上攻击机对首都南京实施了8次空中突击，其中仅有两次是在昼间，剩下6次皆在夜间展开。日方海军航空兵共出动96式陆上攻击机71架次，消耗80枚250公斤陆用弹、252枚60公斤陆用弹。因受到当时航空技术的限制，中方战斗机飞行员在夜间很难发现敌机和进行空战，这是中日双方此段时间内发生空战较少的主要原因。

因为在这一时期，侵华日军未能在淞沪战场上稳住战线，故其未能在上海建成能够起降战机的机场，而侵华日军装备的各式作战飞机之中，能够在航程上到达南京上空的仅有实际上为远程轰炸机的“陆上攻击机”。日军战斗机无法伴随轰炸机飞抵南京实施掩护。因此，在中国空军战机的积极截击之下，侵华日军木更津航空队、鹿屋航空队都遭受严重损失，共有6架96式陆上攻击机被击落，中弹受损的有16架。同时，中国空军则未损失1名飞行员，空战中仅有5架战斗机中弹。南京上空的中日初期交锋以中国军队大胜、侵华日军大败而告一段落。

在这段时间，中国空军于保卫南京方面能够取得如此优异战绩，其原因如下：一是日方96式陆上攻击机速度要慢于中方主要装备的霍克III、波音281、菲亚特CR32这3个型号的战斗机，其升限同样明显低于中方此3个型号的战斗机；二是

① 《国立中央大学校长罗家伦呈教育部该校被炸情形及建议迁校疏散文》，中国第二历史档案馆藏，档案号五—5287。

日方96式陆上攻击机仅有3挺7.7毫米口径单联机枪（炮塔采用圆筒形结构），作为自卫火力（其中两挺在机身顶部，余下1挺在机腹）相对较弱；三是日方该机的油箱缺乏防弹措施，被中方战斗机截击和追击时，一旦中弹很容易起火；四是日方军机在执行空中突袭任务时，将炸弹挂在机腹底下，更影响了飞行速度。以上日机的这些劣势，使得具有相对更优越性能的中方战机在起飞迎战时，面对没有战斗机护航的日方96式陆上攻击机，可以利用自身优势迅猛地将其击落或击伤。当然，更重要的原因则是：中国空军飞行员是为保卫国土而战，为打击侵略者而战，为保护民众生命财产而战，故其同仇敌忾的斗志、英勇顽强的战斗精神，再伴之以地面比较便捷的保障服务、城内外防空火力的积极配合，故而能够在此期间取得予敌重大打击的空战成果。

自1937年8月28日起至9月18日的二十二天中，在8月中下旬屡次遭受打击的侵华日军航空兵，一度完全暂停了对南京的轰炸。南京天空也因此恢复了一段时期的平静。即便如此，南京这座城市同样没有放松对空戒备，时刻准备着迎战空中来犯之敌。

三　激战“九一九”

进入1937年9月份之后，南京在9月8日、10日、16日三次因为在周边发现飞机而鸣放了防空警报。其中，9月10日鸣放警报是中国空军的飞机中午从浙江衢州飞抵安徽芜湖，事前未通知以致产生的误会；9月16日鸣放警报则是因为中国空军飞机前往上海，飞至吴县因大雨折回以致产生的误会。从这些误判能够看出，虽然持续很多天未遭日机空袭，但南京的警惕心从未削弱，附近一旦出现未能判明敌我的飞机，有关部门就会以极为负责的态度鸣放警报。

9月16日的防空警报，是间隔多日之后给南京军民敲响的警钟。南京上空的平静随即在三天后即被打破。侵华日军航空兵至9月中旬在上海掌握陆地机场之后，又以战斗机护航轰炸机的新形式恢复了对南京的持续轰炸，而此轰炸则是由侵华日军“南京攻击部队”这一“特设”建制部队进行的。

9月19日，正好是农历八月十五中秋节。在这个阖家团圆的日子，日军飞机向南京发动了自8月27日以来的第一次空袭，而且也是一次大规模无差别的狂轰滥炸。

据日方资料记载，9月19日上午7时55分，日本海军航空兵17架96式舰载轰炸机（各挂载2枚60公斤陆用弹）、12架96式舰载战斗机、16架中岛95式水上侦察机（E8N）依次起飞。起飞后，舰载轰炸机队爬升至高度3000米，舰载战斗机队在高度4000米占位，水上侦察机队则直接跟随舰载轰炸机。编队后，上述飞机在第13航空队飞行队长和田铁二郎少佐的带领下，向南京直接飞扑而来。

中国空军接到警报后迅速行动，以大无畏的精神与企图空袭南京的日本侵略军飞机展开了激烈空战。据中方记录，8时30分，中国空军第23队队长毛瀛初率领8架霍克III战斗机由南京起飞。升空后，这些霍克战斗机组成梯队在南京郊区上方约4000米处巡逻，旋即在南京东郊青龙山上空发现日军机群成倒三角队形，分几层配备，其轰炸机位于3600米高空，战斗机位于5000米高空。①

毛瀛初立即率部迎头攻击日军轰炸机，后又转到日军机群后方攻击。日军第2分队见状立即向右转弯，脱离机群。毛瀛初驾驶IV–1号机，立即攻击日军机群第1分队，于是日军变成梯形战队，敌军第3号机首先被击落。中方继续攻击敌方长机，敌机中弹后有破损物件向后坠落，击破中方领队战机的下侧机翼。此时，中方领队机炸弹已经耗尽，立即降落补充炸弹后，经过检查发现这架飞机的气缸与油箱中了数发子弹，左翼被撞出一个小孔。中方队员王殿弼向日方第2分队进攻了两次，并击伤日军战机。不久，因为日方战斗机向中方攻击，受伤日机才得以脱逃。

空战打响后，中国空军第23队队员戴广进，驾机冲入日军第2分队的机群之中。就在此时，日军战斗机赶至，戴广进随即驾机迎击日军战斗机。激战中座机油箱不幸中弹起火，戴未及跳伞，以身殉职，成为首位牺牲于南京空战的抗日航空烈士。中方第2分队赖命汤、敖居贤、王荫华驾驶3架飞机，在空中发现日方战斗机，于是未参与截击日方轰炸机，只驾驶飞机在空中盘旋，作为掩护。中方第3分队杨梦青、陈怀民攻击了日方的1架水上侦察机，使其受到严重损伤。但是，中方陈怀民驾驶的2505号飞机被日机击伤后被迫降落。

戴广进是安徽合肥人，生于1914年12月24日，幼读私塾，后随家迁居苏州，考入晏成中学，在校期间，为人诚实、刚强，且爱好体育运动，曾代表江苏省队参加全国运动会，获得网球比赛冠军。他在就读上海光华大学期间立志航空救国，遂辍学离校投考中央航空学校，并表示："我就是要报考航校，即使牺牲，也是光荣的"。1935年5月，戴广进考入中央航校第6期航空甲班，次年10月学成毕

① 台北"空军总司令部情报署"编：《空军抗日战史》第1册，1950年，第184—187页。

业，被派到空军第 23 队担任准尉本级队员，半年后升任少尉本级队员，1937 年 7 月 31 日被授予空军少尉军衔。8 月，戴随所部参加淞沪会战。他在接到出击命令时即致书其弟，内言“自古忠孝不能两全，我将为国而捐躯，弟当加倍孝奉双亲，勿以我为念”。从 8 月 15 日开始到 9 月初，他驾驶霍克 III 战斗机屡次出击执行任务，曾在掩护友军轰炸机时被日军战斗机包围，幸因沉着应对而安全脱险返航。“九一九”空战牺牲时，戴广进年仅 23 岁，后被追授空军中尉军衔。

在戴广进不幸牺牲的同时，队长毛瀛初继击伤日军第 1 分队 3 号机后，续攻击敌 2 号机，致日机中弹右转，飞行高度下降。至此，日方第 1 分队队形瓦解。毛瀛初趁机攻击并击伤敌该分队长所驾飞机，致对方机身碎片横飞，同时亦有碎片击伤毛之座机。

中方第 23 队首先打响激烈空战后，第 17 队 5 架波音战斗机从句容升空支援。第 25 队 8 架霍克 III 战斗机、第 8 队 3 架菲亚特战斗机也依次升空迎战日机。

从南京起飞的第 8 队此前已经接连数十日作战，飞机折损颇多，因此当天仅 3 架菲亚特战斗机能够执行任务。9 月 19 日上午 8 时 40 分，第 8 队副队长陈有维（亦有资料称其为陈友维）带领刘炽徽、黄居谷驾驶全部菲亚特战斗机起飞后，于青龙山上空遭遇日军 96 式舰载战斗机，双方发生了激烈空战。

当时，面对敌强我弱的情况，刘炽徽驾机（座机号 803）毫不犹豫地冲入敌阵，终因居于劣势而被日机击落，不幸牺牲。

此刻，黄居谷在驾机（座机号 804）升空迎敌后，于敌众我寡情况下与副队长陈有维互相配合，勇猛冲入敌阵搏杀，并合力击落日机 1 架。但在接下来的战斗中，机身被日机击中 3 弹，他艰难地爬出飞机跳伞，却不幸因降落伞没有打开而坠地殉职。

刘炽徽是广东中山人，原名刘龙光，1911 年 7 月 24 日出生于美国，为在美华侨。他从小生活富裕，但受到“航空救国”思想的影响决心回国报效，因此在 1932 年报名考入了由美国华侨航空救国会开办的航空学校学习飞行技术。待学有所成后，刘遂与数名同学在救国会资助下于 1933 年 8 月回国，9 月获准编入中央航空学校第三期继续学习飞行技术，次年 12 月学成毕业，被派任为空军第 8 队准尉本级见习员，半年后升任少尉本级队员，1936 年 3 月被授予空军少尉军衔，10 月升任空军第 8 队中尉本级分队长。1937 年 7 月全面抗战爆发后，刘炽徽先后在 8 月 14 日、15 日、26 日的 3 次空战中成功配合友机击退日军，并在 15 日的空战中击落日机 1 架，得到航空委员会认可，获一星星序奖章，至 9 月 19 日在保卫南京的空战中牺牲时，年仅 26 岁，1941 年 7 月 14 日，被追晋为空军上尉。

与刘炽徽同时牺牲的黄居谷，原名黄国盘，广东揭阳人，生于1914年12月12日。他从小胸怀抱负，勤劳好学，先后入大光小学、光华国文专科学校、潮安金山中学学习。在读中学时，因家中无力继续资助学业而被迫辍学，以种田为生。1929年春，其在长兄的帮助下前往汕头大中高级中学就读初二年级。在此期间，受到进步同学影响，决定投军报国。次年暑假时，他报名考入陈济棠办的教导队当学兵，1932年8月又在“航空救国”思潮影响下，考入广东航空学校第六期航空甲班学习飞行技术。来年4月学成毕业，因学习成绩名列前茅，他获得陈济棠奖励的一块怀表，此后累任至第1集团军上尉飞行员之职。1936年6月30日，黄居谷因反对陈济棠发动两广事变，率先与两名同僚驾机飞赴南京，脱离粤军，此后被编入中央空军第8队，次年5月升任中尉本级分队长。1937年7月抗战全面爆发。时值夫人即将分娩，黄深感自己有随时牺牲的可能，便嘱夫人：“婴孩出生，是男取名小居，是女取名小谷”。从8月14日起，他随部参战，屡次升空迎击日机，并在15日的空战中击落日机1架，得到航空委员会认可，获一星星序奖章，9月19日牺牲时，年仅23岁。1941年7月14日，黄居谷被追赠空军上尉军衔。

9月19日当天，第8队仅有的3架飞机全部升空抗击日机空袭南京，虽有两架不幸被击落，但是3位飞行员不畏强敌、英勇作战的事迹，被人们广为传颂与纪念。

中国飞行员的英勇战斗也让侵略者付出了代价。日方内部相关作战记录承认这一天的空战有飞机损失。日方作战记录称，在9月19日上午9时55分左右，日军舰载轰炸机队进入轰炸航路，其中一部前往侦察南京郊区板桥镇，而大部在10时10分左右轰炸大校场机场，一部空袭兵工厂，共投下34枚60公斤陆用弹。轰炸期间，6架由第13航空队分队长川口茂彦大尉指挥的舰载轰炸机，在经过雨花台北面上空时遭到中方霍克战斗机截击。霍克战斗机从右后方进入攻击，对此，日军舰载轰炸机队以左转弯进入盘旋并开始迎击，随后其第5小队1、2号机下落不明。其中，2号机由山下清明驾驶，西元哲夫搭乘。日方资料称，该机“失踪”后长期不知其究竟被击落于何处，也不知道飞行员的下落。一直到1941年4月，日军有关方面才查清事情经过，原来在1937年9月19日上午11时许，从南京方向飞来日军飞机1架（第5小队2号机），在江宁县禄口镇的“杨树湾”上空盘旋后坠落到地面，一胖一瘦两飞行员逃出座机后，被当地中方军民围追堵截。此两人在逃出约500米后，胖飞行员看无路可逃，用手枪打死瘦小飞行员后，开枪自杀。当天下午4时，中国军民出于人道主义将二人埋葬了。

关于日军该2号机被击落的情况，1937年9月19日，中央通讯社在所发新闻电讯中，有一条这样记述："敌机四十六架，十九日晨八时半，由东南方向京来袭。我空军闻报，急派机队前往迎击……敌机分一部约二十余架，袭入京市，余机仍应付我军之追击。至扬中及江宁县属禄口镇，被我击落两架。至十时许，残余敌机始纷向东南逃去"[①]。这一新闻电讯明确记录有1架敌机在江宁县的禄口镇上空被击落。另1架被中方击落的日机，则为日方所称由川口茂彦、宫川正义驾驶之"失踪"的1号机，此2人随飞机坠毁而毙命。

9月19日的空战并不仅仅发生在南京上空。为了拦截日军航空兵飞机，阻止其进入南京上空，句容上空也发生了激烈空战。上午8时40分，中方第17队副队长黄新瑞（广东台山人，广东航空学校第1期航空班毕业，座机编号1703）率5架波音战斗机由句容升空，组成右梯队前往南京截击日机。9时，黄在句容上空看到8架日军水上侦察机，于是率部突袭日机，与其展开激战。与此同时，日机也四散开来进行反击。战斗约20分钟后，黄因左手受伤无法驾驶，遂跳伞并降落在江宁县鹤龄乡。队员刘兰清在与日机的缠斗中不幸座机中弹起火而被迫跳伞。日机见此情况，竟仍然对准伞降中的刘兰清射击，致其腹部连中数弹，虽然降落于南京郊区江宁县西成乡，但终因伤重不治而牺牲。

刘兰清，广东兴宁人，出生于1914年11月4日，自幼体格强健，聪明好学，先后就读于麻岭小学、兴民中学，1930年春，离校回麻岭小学任代课老师。时局动乱，刘兰清产生了航空救国的想法，于1930年9月考入广东航校第五期，1932年4月毕业后派任第1集团军空军司令部准尉见习官，后升迁至上尉飞行员。刘因反对陈济棠发动两广事变，于1936年7月10日随第4队离粤飞赴杭州。此后第4队改编为中国空军第17队，刘兰清亦改任该队少尉本级队员。1937年7月抗战全面爆发后，驻防句容空军机场的刘兰清于8月14日随部飞赴上海参战。在接下来的1个月里，刘兰清执行任务达19次，为掩护陆军和友机作出积极贡献。他牺牲时年仅23岁。1941年7月14日，刘兰清被追晋为空军中尉。

刘兰清殉难后，其战友分队长胡佐龙在结束句容上空战斗后，驾机前往南京途中，于紫金山以东上空，又发现日军水上侦察机1架，即刻进行攻击。日机后座飞行员中弹身亡，日机中弹后冒出白烟，于是仓皇逃往镇江方向，胡驾机紧追不舍，于句容北方上空对其再行攻击。最后，日机中弹坠毁于镇江高资镇附近。

日方资料记载，日军部分水上飞机飞至句容上空时，发现中方战斗机攻击己方

① 《京郊空战 / 击落敌机七架 / 黄戴两勇士殉国》，《大公报》1937年9月20日。

舰载轰炸机，第8战队的水上侦察机立即上前实施掩护，与中国空军接战。日方声称击落中方飞机3架，至空战结束，“川内”巡洋舰（航空）分队长冈岛威大尉失踪。

此次空战之后，日军另有“神威”舰（航空）分队长南部德盛大尉在返航途中迫降于长江镇江段，为避免飞机被中方缴获，该机组人员还将座机焚毁。随后，南部德盛与侦察员古川寅夫为同属“神威”舰的横山孝司救起。

9月19日是“空中南京保卫战”最为激烈的一天。当日上午空战结束后，下午日本海军第2联合航空队再度空袭南京。该航空队这次有12架96式舰载轰炸机（各挂载2枚60公斤陆用弹）、11架战斗机及11架水上侦察机，从上海起飞，飞行至16时15分左右抵达南京上空。16时30分，有十来架日方战斗机直袭南京。中国空军驻南京、句容各队起飞了8架战斗机在南京上空巡回警戒。驻句容第3大队大队长蒋其炎（广东新会人，广东航空学校第3期航空甲班毕业，座机编号1705）率3架波音战斗机从句容出发，飞往南京截击日军的轰炸机，后于南京以东上空遭遇了十多架日军战斗机。在敌众我寡的情况下，蒋其炎被日机四面包围，于是发生约5分钟的混战。据日方资料记载，一架中方战机在被持续攻击后翻转坠落于板桥镇对岸的田野。

对照中方记录，被击落的中方飞机应该就是蒋其炎大队长的这一架。在当天下午的空战中，蒋其炎的右腿及左手腕受伤。由于座机受伤严重，蒋于是跳伞。此时日方战斗机竟然残酷地向蒋之降落伞射击多次。蒋跳伞后落于江宁县灵山附近，被救回。另有队员黄子沾被日机包围夹攻，因为看不见友方战斗机，于是冲出重围返回机场；胡佐龙座机的操纵索被日军打断，幸运的是他仍能安全返航。

9月19日全天，中国空军共有7架战斗机被击落，其中2架为霍克III战斗机、3架为波音战斗机，2架为菲亚特战斗机，另有7架战斗机（霍克III战斗机6架，波音战斗机1架）受损。此次空战中国空军飞行员有5人受伤，4人牺牲。此次牺牲的4名飞行员，是南京空中保卫战的第一批航空烈士。

日军统计，在当天的南京空战中，共损失3架舰载轰炸机及2架水上飞机，至少6人先后被击毙，另有1架舰载战斗机迫降在江面后被焚毁。

从战损对比可见，对抗日军航空队这样的强敌时，中国空军在激战之中完全不落下风。

日军一名飞行员于当天空袭返航后，在日记中有如此记述：“高角炮[①]弹像把

① “高角炮”是当时日军对于高射炮的称呼，下文引用资料里此类术语均予以原文照转。

天空覆盖住一样炸裂，敌军战斗机虽然想通过后方射击，但是距离稍微有些远，可以看出战斗机在循环战……五分队的飞机三架被破坏。真应该可惜川口大尉的死”[①]。此日记也从日军视角记录了中国军队坚决抗击日本侵略军的情景。

“九一九”南京空战，是中国空军为保卫南京损失最大的单次空战之一。但航空英烈以鲜血保卫了这座城市。正是经过中国空军飞行员的英勇抗击和拦截，日机当日对南京的大规模无差别轰炸阴谋才未能肆意实施，而窜入市区投弹的日机则受到中方地面防空部队的猛烈射击，故亦未能肆意进行轰炸。

当天中央通讯社发出的新闻电讯对此状况有这样的介绍：“袭入京市之敌机，经我防空部队枪炮猛攻，未能肆虐，闻半小时乃逃出市外，在江东门附近投下数弹，未有重大损失。”有关史实，从当时中央通讯社转发的英国路透社驻南京记者的新闻报道中也可以看出：“敌机最注意之地点，为中央广播电台、自来水厂、飞行场、兵工厂。据当局宣称，所受损失甚微。自来水厂附近落下两炸弹，厂所安然无损。飞行场损库房一所”。“敌机对于中央广播电台及南京自来水厂最为注意，投弹颇多，但闻此两处未遭损害”[②]。

9月19日这天，南京因中方飞机的拦截与地面炮火的射击，没有遭到大的破坏，但日机所投炸弹仍造成了南京市民的生命财产损失，这是日本侵略者欠下南京人民的又一笔血债。上海《申报》当天从南京发出的专电报道了市民的伤亡情况：

十九日晨八点三刻，敌机若干由西北飞来，经我机在城郊迎击，空战一小时。闻在汤山附近及南郊击落数架。下午三点一刻，敌机若干，自东南方飞来，我空军立即出动迎战。敌机在城内住民区投弹，在李家苑死伤妇孺约十人。下关考棚炸一棺材店，市立医院略为波及。白酒坊及评事街、教少营民房数处被炸。旋经我空军击退，市面即恢复。[③]

“九一九”空战是中日双方空军在南京上空进行的一次激烈搏杀，中国飞行员的英雄气概与牺牲精神当为历史所铭记。

① 日本海军省教育局：《支那事变尽忠录》第三卷，1941年编印。

② 经盛鸿等编：《南京大屠杀史料集》第1册《战前的南京与日机的空袭》，江苏人民出版社、凤凰出版社2005年版，第256—257页。

③ 《敌机昨两度袭京 / 并沿沪杭路滥施轰炸 / 四十六架中击落七架 / 我机二架亦受伤坠落》，《申报》1937年9月20日。

第四节　十月前后空战

一　新一轮空袭与反空袭

日军航空兵于 9 月 19 日对南京实施的大规模轰炸，揭开了新一轮对南京持续大规模空袭的序幕。在此后的 8 天中，日军航空兵为了在首都南京制造恐怖气氛，其“南京攻击部队”甚至在一天之中几次空袭南京。为了保卫南京领空，中国空军奋力予以阻击。中日双方在南京上空的激烈空战接连发生。

9 月 20 日 9 时 05 分，日本海军航空兵第 13 航空队分队长高桥赫一指挥 12 架 96 式舰载轰炸机（各挂载 1 枚 250 公斤陆用弹），在 4 架 96 式舰载战斗机的掩护下空袭南京。

10 时左右，日方有 40 多架飞机，分成三批向中方突然发动袭击。10 时 15 分，中方第 17 队分队长胡佐龙率两架波音战斗机从南京起飞。5 分钟后，第 24 队队长刘粹刚率 9 架霍克 III 战斗机由南京升空，由于部分战斗机缺少供氧设备，故只能在高度 4600 米至 6000 米警戒。

10 时 30 分，中方战斗机发现日机机群（约 40 架飞机），成 V 字和 T 字队形，在高度约 4500 米的上空分成三批，向东南方向借助太阳光入侵南京上空，并投放炸弹。中方战斗机由于在数量上处于劣势，为了避免遭到损害没有对其进行攻击，因此只能在空中观察。日机投完炸弹后仍在空中逗留，没有离开。

11 时 30 分，日方又派来 3 架战斗机和 6 架重型轰炸机，纷纷向南京城内投掷燃烧弹、杀伤弹等重型炸弹。此时，中方战斗机遂开始向日机发起攻击，其各队的战斗经过如下：第 17 分队长胡佐龙驾驶 1706 号机，最初攻击两架舰载轰炸机，因随后遭受日军舰载战斗机袭击，致机翼、起落架各中一弹。队员黄子沾与 1 架日军舰载战斗机进行缠斗，期间由于发现数十架日机接连抵近，为了避免被日军包围，随即退出战斗，并降落在句容机场，补充燃油后返回南京。

第24队队长刘粹刚率袁葆康、信寿巽，攻击日方舰载轰炸机并击伤其1架。同时，日方9架舰载轰炸机成半圆形将刘粹刚等包围，又派两架水上驱逐机尾随，经过中方战斗机猛力冲击，最后刘粹刚与袁葆康均击落日方飞机1架，率部突围成功。

此次激烈空战中，第21队副队长乐以琴从南京上空追击1架日机至镇江以西上空，并将其击落。第24队队员董庆翔参加数次攻击，但未能击落日机。

此次战斗，刘粹刚、乐以琴及第24队分队长傅啸宇座机中弹受轻微损伤，好在均于13时50分安全返回南京。

日方记录其舰载轰炸机队第4小队2号机被霍克战斗机击落，谷本秀幸、阵内保三阵亡。12时35分，日军第13航空队飞机返回公大机场。日本海军内部“表彰”阵亡人员的文件对该机被击落有如下记录：

九月二十日时值第三次南京空袭，谷本及阵内两人，搭乘高桥（赫一）大尉指挥的空袭部队白相爆击队池田（正伟中尉）小队的一机，谷本三空曹操纵它，因为爆击国民政府、参谋本部及中央广播电台之故，被战斗机队掩护，和僚机一同上午十时五分从基地出发，同日，十一时五十分左右到达南京上空，如各队预先定好的一样分别前进爆击。

谷本机也排除敌人战斗机的妨害，下午零时十分左右爆击中央广播电台，之后进一步和敌军战斗机展开猛烈空中战斗。可是击退敌机之后在预定的集合点不见谷本机的机影，因此池田小队因为搜索同机返回南京上空，和敌军战斗机两架交战，结果没有达成搜索的目的。

之后综合支那报纸〔报道〕，一并当日的空战其他四周的状况，认定谷本机在战斗中机体重要部分受到损伤，于是在南京南方丹阳湖附近坠落战死。①

以上内容从日方视角还原了该机空袭南京被击落的完整经过，此亦从反面彰显了中国空军的又一战绩。

11时30分，“加贺”号航空母舰派驻上海的舰载机部队又出动11架96式舰载攻击机、5架96式舰载轰炸机、8架94式舰载轰炸机及2架96式舰载战斗机，

① 日本海军省教育局：《支那事变尽忠录》第三卷，1941年编印。

偕13架水上侦察机（“神威”号水上飞机母舰7架，第22航空队4架，第8战队2架）前往南京，后于13时左右突然袭击南京。其飞行队长楠本几登少佐指挥舰载攻击机队向南京城外雨花台阵地实施水平轰炸。日本海军航空兵承认，此次空袭有5架舰载攻击机被中国军队地面防空部队击中受伤。

“加贺”号航母舰载机部队另一名飞行队长崎长嘉郎大尉带领9架舰载轰炸机，于13时30分轰炸南京大校场机场，其分队长龟义行大尉在突袭期间遭中方霍克战斗机攻击，坐在他身后的侦察员黑木虎夫一空曹因子弹贯穿心脏而当场身亡。14时45分，“加贺”攻击队返回公大机场。

9月20日日军飞机对南京的空袭，又是一次无差别轰炸。中央通讯社所发新闻电讯报道了当天日军航空兵对南京轰炸造成的损失：

闻平民死伤多人。全城几皆有炸弹落下。有坠于国民政府附近者，中央大学、挹江门、和平门、兵工厂、自来水厂及飞机场等附近，亦皆有之。紫金山巅气象台附近，亦闻有大爆炸声。马路之被毁者，为国府附近之国府路及鼓楼附近之中山路北段。①

日军9月20日空袭南京时还投放了许多传单，妄图迷惑人心。时任国立中央大学校长的罗家伦写出了《敌机上散放的荒谬无耻之传单》一文，记录了日机投放传单的内容：

在空袭沉闷的时候，敌人送一点暴露他们无耻心理的材料来，供我们一笑，也是增加我们生命乐趣的一种贡献。于将近三十次企图空袭首都无效，受了重大的打击以后；二十日那天敌人五架飞机送死以前，散下一种传单，是冒充中国人口气写的。大意就是可怜中国的空军，一点战斗力没有，见到日本的飞机就逃。（我们）老百姓去年捐了许多钱献机祝寿，效果到哪里去了。②

间隔一天以后，日本海军航空兵于9月22日又一次空袭南京。当天，中国空军第4大队转场至兰州，准备接收苏联伊–16战斗机，并将所属的霍克III飞机全

① 《首都昨续遭空袭/敌机四次到京轰炸》，《申报》1937年9月21日。

② 《敌机上散放的荒谬无耻之传单》，《航空周报》第五期，1937年10月。

数交付第5大队。自此后的一段时期，南京上空防务全部由第5大队承担。

9月22日上午9时05分，日军第12航空队所属的12架94式舰载轰炸机（各挂载2枚60公斤陆用弹）与4架96式舰载战斗机、7架隶属“神威”舰的95式水上侦察机编队并由上海出航。舰载轰炸机指挥官是第12航空队飞行队长田中一，舰载战斗机指挥官是木更津航空队分队长南乡茂章，水上侦察机指挥官是南部德盛。12时05分左右，日军第12航空队的舰载轰炸机飞临南京，其轰炸目标是“防空委员会”所在地，轰炸结束后，于12时25分返回上海。

9时35分，日军第13航空队派出飞机空袭南京。分队长山下七郎率4架96式舰载战斗机，掩护由白相定男指挥的14架96式舰载轰炸机（各挂载2枚60公斤陆用弹），对位于湖南路的国民党中央党部进行轰炸。

13时整，由“加贺”舰载机部队及水上飞机汇编而成的攻击队发起当日第三次针对南京的空袭，共计出动8架舰载攻击机、4架舰载轰炸机、3架舰载战斗机、7架水上侦察机（其中2架隶属第8战队，余下的来自第22航空队），由“加贺”舰载机部队分队长井口兼夫大尉担任攻击队指挥官。15时左右，攻击队轰炸南京火车站编组站，共消耗8枚250公斤陆用弹及20枚60公斤陆用弹。17时整，攻击队全体返回上海。

日本海军航空兵于9月22日对南京的3次空袭，更为直接地以平民区为轰炸目标。英国路透社驻南京记者为此报道了当时驻南京外国人士的惊讶：“连城南人民稠密之处在内，被击炸者逾三十处。而美意德大使馆所在之新住宅区，为旅京外人住宅丛集之所者，亦被波及。以前日机仅攻击飞机场、兵工厂及其他军事机关，但此次则对住宅区域大肆轰炸，外人咸大异之。”①

《申报》当天午间从南京发出新闻急电，称：“我方损失尚微。城南及城西北角有数处火警，旋即扑灭”；13时发出第2次急电又称：“我损害极微”②。但是，随后经过其他记者详细统计，发现当天空袭又一次造成了南京市民的伤亡。英国路透社驻南京记者当天在新闻电讯里就下关难民有重大伤亡的情况进行报道：“虽死亡确数现尚未悉，但下关难民收容所一处，在第二次袭击时为日机炸毁，致死难民在百人以上……下关难民收容所被炸后，血肉四飞，景象奇惨，而收容难民数千人之草棚，为炸弹所延烧，浓烟直冲云霄，四周若干哩外犹能见之。下关煤

① 经盛鸿等编：《南京大屠杀史料集》第1册《战前的南京与日机的空袭》，江苏人民出版社、凤凰出版社2005年版，第263页。

② 《大队敌机两次飞首都袭击/我空军得报在四郊截击》，《申报·临时夕刊》1937年9月22日。

炭港附近亦落数弹，致有数处着火。”[1]中央通讯社当天在发出的新闻电讯稿中也记录了平民的伤亡情况：“计中央党部投五弹，毁房屋多间，损伤尚微。其余落池塘及荒地者各十余枚。落路面者七八枚。落民房者十余枚。死伤平民四十余人，毁房五十余间。”[2]9月23日，英国路透社驻南京记者补充报道了22日日军轰炸南京造成的损失情况：

昨日轰炸死伤人数现尚未能加以估计，因死伤之人在轰炸尚未停止之时，已经随时移去也。惟下关收容所之难民百余人则遭不测，惨不胜言。其他各地死伤不多。中央党部被中五弹之多，但只死一人，伤四人。[3]

9月22日，日军对南京进行轰炸时甚至还曾投弹于美国驻华大使馆附近。《申报》当天在14时发的急电里记录了当时的情景：“今晨敌机第一次袭京时，鼓楼美大使馆附近，亦有炸弹落下，轰烈巨声，幸美大使馆无恙”[4]。此外，日军空袭南京下关时，还投弹炸毁了长江边英国企业和记洋行的趸船。中央通讯社次日对其详细情况予以报道：

敌机二十一架二十二日下午一时一刻，来南京空袭，飞至下关，即向英商和记洋行一带射袭。该处似为其预定轰炸之目的。当时一弹抛于该行趸船，船即被毁，一守船者即被炸伤，并将该船旁一杠夫炸死。敌机见目的已达，即飞至该行门前，又频频投弹，致该行一门警受伤，门墙被毁，附近居民二人亦受伤。现被炸趸船已下沉，仅有一少部分留落水面，但被炸痕迹斑斑可寻。闻该行经理英人，当时适在他处，自接到被炸报告后，即请示英政府向日交涉。[5]

根据中方对当日空战过程的记载[6]，9月22日10时05分，日方的驱逐机、轰炸机共30多架，分批侵袭南京，第一批有21架，第二批有8架，第三批有5架。

---

① 《被轰炸者逾三十处 / 下关难民收容所与新住宅区亦被炸》，《申报》1937年9月23日。

② 《首都天空大战 / 我空军迭奏奇功》，《申报》1937年9月23日。

③ 《首都难民惨遭敌机炸毙》，《申报》1937年9月24日。

④ 《大队敌机两次飞首都袭击 / 我空军得报在四郊截击》，《申报·临时夕刊》1937年9月22日。

⑤ 《首都难民惨遭敌机炸毙》，《申报》1937年9月24日。

⑥ 参见台北“空军总司令部情报署”编：《空军抗日战史》第1册，1950年，第125页。

驻守在南京的警戒部队在10时15分，由队长刘粹刚带领10架霍克战斗机，队长黄泮扬带领两架波音战斗机，起飞后分别以约6000米、5700米的高度，分散在不同的区域进行巡逻和防备。到11时30分，日方30多架飞机在约4500米的高空，成T字和V字队形一架接着一架向中方袭击。这时，中方队员刘粹刚、袁葆康和岑泽鎏为一小队，在遇到日方的飞机时，刘、袁的两架飞机立即俯冲向日方轰炸机进攻，直到日方飞机冒出黑烟才脱离战场①。

此时，岑泽鎏的飞机由于在上空进行监控，所以和刘、袁失去联系。当其正在上空盘旋时，突然遇到从背后袭击的日军单翼驱逐机。因为日军飞机性能灵敏，而岑所驾飞机发动机出现故障，导致不能和日军继续作战，被迫降落到江边，其面部受到创伤。另有中方队员董庆翔追逐日方的1架驱逐机，连续发射子弹，一直追赶至江阴才返回；还有中方队员徐葆攻击日方飞机，惜未击中。到12时30分时，中方飞机才陆续降落。

其间，队长黄泮扬带领两架波音战斗机，在下关的上空发现日方的两架飞机成梯形，飞行高度约为3900米，正好在中方飞机下方。于是，黄便凭借着有利形势，向下俯飞攻击日方僚机，此刻日方长机赶紧掉头救护。约10分钟后，黄又发现日方在其下方的陆地上停有两架驱逐机，当时便向下从后方进攻。这时突然另有日方驱逐机前来援助，并向黄机猛烈射击。在此不利形势下，黄驾机撤退，于10时05分降落到机场。

这次空战，中方队员刘粹刚、袁葆康击落日方飞机两架，黄泮扬、董庆翔击伤日方飞机两架。战斗中袁葆康驾驶的新2号霍克战斗机主油箱被日机击穿，黄泮扬驾驶的1706号波音战斗机机身油匣被日机击破。②

13时，南京上空又响起空袭警报。随之中方飞机再次起飞巡逻。13时30分，日方轰炸机、驱逐机各10多架袭击南京，在城内投放炸弹。其时中日双方飞机没有相遇，14时15分警报解除，中方飞机着陆。

9月25日，日军飞机又开始对南京实施轰炸。中国军队对来犯之敌又予以沉重打击，此次地面机炮防空部队立下功劳。

当日9时05分，日方第2联合航空队出动23架舰载轰炸机（其中11架属94式舰载轰炸机，12架属96式舰载轰炸机，每架舰载轰炸机挂载两枚60公斤陆用

① 后根据中日双方有关资料判明，被刘粹刚、袁葆康击落的日机属日军第13航空队舰载轰炸机第3小队3号机。该机在前往集合航点途中遇中方霍克战斗机围攻，最终中弹坠落，其操纵员、侦察员毙命。

② 日方资料曾称，在当日空战中击落中方战斗机4架。

弹）、8 架 96 式舰载战斗机空袭南京。其中，由田中指挥的 94 式舰载轰炸机，在由南乡茂章指挥的 4 架 96 式舰载战斗机的掩护下，猛烈轰炸南京下关供电所（旧称电灯厂，承担南京大部分供电）。但因为供电所临近下关轮渡栈桥，附近第三国的权益错综复杂，加之附近中方地面防御炮火密布，故日机为保证定点爆炸成功，遂从 4300 米的高度降低至 1000 米，冒险对目标实施低空投弹。

投弹期间，日军第 12 航空队分队长坂本以文大尉所驾驶的座机，被中国军队高射炮炮弹命中，顿时在空中爆炸。坂本以文毙命后，被追晋为少佐，因此他成为中国军队在南京地区击毙的又一名日军航空兵佐官，这也是中方“空中南京保卫战”的重要战果之一。

此时，同属日军第 12 航空队的大木忠一同样遭遇座机被地面炮火击中的情况。他所驾驶的舰载轰炸机在俯冲时中弹，润滑油泄漏。因此，大木驾机返回时迫降于江阴附近长江江面，他带着侦察员山口幸次游到长江北岸，被中国军队发现并包围和射击，二人仅有手枪无法与中国军队抗衡，只能躲在芦苇丛里等待救援。很快，隶属“神威”舰的横山孝司空曹长驾驶一架水上侦察机前来搜索大木机组。大木见友军前来营救，随即挥舞上衣示意。横山发现后，迅速驾机降落在江边，并以机枪与岸上中国军队对射。大木、山口趁机跳到水里试图游到横山机旁，最终山口中弹消失在波涛中，大木获救。对此二人的具体营救情况，日方资料有这样的记载：

此时横山〔孝司〕航空兵曹长操纵的军舰神威之水上机一边约五十米低空飞行，一边搜索。几乎可以说是上天保佑，他们脱下上衣向之挥舞发送同机暗号，幸运的是同机发现了他〔们〕，着水接近。两人一边持枪对准敌人，一边挥舞着手示意“要是危险的话就不要靠近啦”，依据飞机“游过来”的信号，两人立即打定主意，拿着枪向横山机游过去。

然而因为山口落在后面，大木几次回头等待，从陆上来的敌人炮弹在身边激起水烟，大木在落下的炮弹中继续沉着勇敢地游泳。没一会儿后面的山口受到敌人的炮弹〔袭击〕，叫道不行了，听到叫声的大木立即接近想要支起他，没等到过去山口就沉到河底了。为了掩护，横山机一直对敌人射击，因为现在一刻也不允许犹豫，连搜索的空当都没有，只能吞泪救下大木一空，离水返回。[①]

---

① 日本海军省教育局：《支那事变尽忠录》第三卷，1941 年编印。

当天，日军第13航空队分队长高桥赫一大尉指挥的96式舰载轰炸机，在由菅波政治指挥的4架舰载战斗机掩护下，对国民党党部和南京市政府进行轰炸。10时59分，其舰载轰炸机队第4小队2号机在俯冲轰炸期间被地面高射炮击落，操纵员藤木鹿象、侦察员望月秀雄毙命。[①] 另于12时50分，日军第2联合航空队余下飞机返回上海。

据中方报纸报道，我高射枪炮部队在当天对日机作战中大显神威，“当敌机进袭之时，地上高射炮发如连珠，立即将敌机三架击落。其中一架在半空中，即着火炸毁。一架落于南城，一架坠北区。”中国高射炮兵的英勇奋战，引起了南京市民的热烈喝彩。时有英国路透社驻南京记者如此报道：“此时地上观众，一时竟忘记身处于危险地位，欢呼鼓掌，表示愉快”[②]。

著名作家郭沫若当时正在南京。他看到地面上为高射炮兵欢呼鼓掌的人群后，内心深受鼓舞，随后便将当日亲身的见闻写入回忆文章《在轰炸中来去》，其中对9月25日空战的情况有如下叙述：在9点钟左右，警报响起的时候，“于是同居的人都一齐跑向对山下的土壕里去避难……壕是因山凿成的，除有进口外，没有通气的气孔，坐在壕里……实在有点气闷”，“高射炮在轰隆地响……忽然有一声炮响得特别着实，敌机队中的第十架带着一股黑烟，像彗星一样坠落了”。“不一会又有一队敌机飞来了，这次是十五架，依然是由南而来，却转向城西北去散开，高射炮烟更加肩摩踵接地和它们角逐。忽然又是一声特别着实的炮响，敌机中的一架发出一朵红光，红光上冒着黑烟，又像一颗彗星一样，坠下了……敌人宣言，要把南京化为灰烬。我却亲眼看见，敌人在南京化为了灰烬。”警报解除后，“一街的人都是笑逐颜开的，那笑中自然有从恐怖里解放出来的安心，而更加不用说的是含有真打得好、真打得好的欢喜，这欢喜把我们民族的感情打成了一片，我们要把这民族的欢喜汇成哄笑，轰落下敌人的一切的飞机”。[③]

尽管受到沉重打击，日军在25日仍继续空袭南京。当天12时，日军“加贺”舰载机队又出动10架96式舰载攻击机、9架舰载轰炸机（其中5架为96式舰载轰炸机，余皆94式舰载轰炸机）、4架96式舰载战斗机与6架隶属第22航空队的95式水上侦察机一道飞离上海，于13时55分袭击南京，其中两架舰载攻击机

---

① 日本海军省教育局：《支那事变尽忠录》第三卷，1941年编印。

② 《敌机今晨两次空袭首都／第一次被我击落三架》，《申报》1937年9月26日。

③ 郭沫若：《在轰炸中来去》，转引自经盛鸿：《战时中国新闻传媒与南京大屠杀》（上册），南京出版社2010年版，第97页。

中弹。随后，“神威”舰所属 6 架水上侦察机（各挂载两枚 30 公斤陆用弹）在南部德盛指挥下轰炸南京的兵工厂。

随后，日军第 2 联合航空队在下午又出动 20 架舰载轰炸机（含 11 架 94 式舰载轰炸机、9 架 96 式舰载轰炸机）、7 架 96 式舰载战斗机，再度突然袭击了南京。其中 11 架 94 式舰载轰炸机（各挂载两枚 60 公斤陆用弹）在田中一指挥下轰炸防空指挥所，和田铁二郎指挥的 96 式舰载轰炸机（各挂载 1 枚 250 公斤陆用弹）共同轰炸火车站及仓库。此次空袭，日军未被拦截，在 18 时 30 分返回公大机场。

日本海军航空兵 9 月 25 日对南京的多次轰炸，又公然向平民目标进行了投弹。国民政府卫生署被炸毁，中央医院房屋后面也落下炸弹。市区人口稠密区域也多处落弹。中央通讯社次日在报道清洁总队和红十字会“从事收拾残物余尸”时称：“计在中山东路检获尸体七具，三条巷二具，大世界一具，胡家宅一具，百子亭一具。此种尸体，多已断肢残臂，焦头烂额，惨不忍睹。敌军惨无人道之野蛮行为，于此暴露无遗”[①]。

国立中央大学当天也再次遭日军轰炸。英国路透社驻南京记者当天在所发电讯中记录了采访罗家伦的内容：“中央大学校长罗家伦语路透访员谓，该大学之美术科与公共卫生处，全为敌机炸毁。幸公共卫生处有病人五十适于晨间运往他处，否则恐全将罹难矣。此为敌机第四次轰炸中央大学云”。[②] 后罗家伦在呈国民政府教育部的报告中，也再次详细记载了这次空袭对本校的损害：“九月二十五日下午本校中山院又中敌弹一枚，该建筑之西北角被其炸毁墙壁，完全震塌，损毁较重，将来修复颇为困难”[③]。这是侵华日军破坏中国高等学校的又一罪行。

9 月 27 日，在暂停一天之后，日军飞机又开始了对南京的空袭。

当日 10 时 15 分和 12 时 20 分，日方约 10 架飞机两次空袭南京，在城内投放炸弹。中方警戒部队起飞 11 架战斗机，但未能和日机相遇，只有队长黄泮扬驾驶七五式霍克战斗机，在 12 时 05 分从南京起飞后，向句容方向搜索，在句容北面发现有 9 架日军飞机成梯形队形，在 3000 米高度向南京飞行。这时黄机从飞行高度约 1500 米处，升高到 3600 米对日机进行拦截。日方发现黄机后，便立即转向东北方向并爬高。等到黄机追至南京北面，日军的队形已经分散，此正是黄机回击的好时机，

① 《首都被轰炸后惨状 / 各机关均整理布置恢复工作》，《申报》1937 年 9 月 27 日。

② 《首都被轰炸后惨状 / 各机关均整理布置恢复工作》，《申报》1937 年 9 月 27 日。

③ 《中央大学校长罗家伦呈报该校 9 月 25 日被炸损失情形》（1937 年 11 月 3 日），中国第二历史档案馆藏，档案号五—5287。

未料发动机温度已经达到100多度，功率显著降低，最终不得已在13时飞回机场。

日军飞机这天对南京的空袭，造成了南京平民的重大伤亡。中央通讯社所发的新闻电讯报道了日机轰炸江北浦口时的惨状：

二十七日午敌机轰炸浦口时，津浦路局颇受损失。兹查明敌机在浦口所投之十余弹，均系重磅炸弹。该路车房被毁，水塔及车辆轨道亦均受重伤。至小河南一带民房被炸，死伤尤惨。其最残酷者，莫如待运北上之难民数百人，几尽罹难云。①

面对空袭浦口的日军飞机，南京地面防空部队实施了对空射击。在地面防空部队的作战文献中，对此的记载是："敌机九架于十二时四十分飞到浦口投弹，被我高射枪炮击伤二架，均命中机尾，我浦口阵地人员亦有伤亡。"② 自8月15日有人员在南京的阵地上牺牲之后，在9月27日这一天，地面防空部队再次有数名人员在敌机空袭南京时牺牲。

9月28日，日本海军航空兵继续对南京发动空袭。当天12时整，其第13航空队出动12架96式舰载轰炸机（其中3架各挂载1枚250公斤陆用弹，余下各挂载两枚60公斤陆用弹）、5架96式舰载战斗机，前来空袭南京机场及句容机场。15时20分，日军飞机全部返回上海。

面对日军飞机对南京发动的这次空袭，中国空军有11架战斗机，在第24队队长刘粹刚的率领下升空截击。据中方资料记载，当日12时以后，日军10架飞机空袭南京，中方第5大队在12时出动10架霍克III战斗机，队长刘粹刚驾1架波音战斗机领队，分3小队成梯形队形，在句容上空截击日机。分队长罗英德带领1个小队，发现日机后攻击了1次。刘粹刚带领2架霍克战斗机，自己驾驶波音战斗机，在句容上空约4500米的云下盘旋。接到右僚机分队长傅啸宇的通报，刘粹刚看见在正下方云底出现日方5架单翼战斗机，后又发现3架双翼轻轰炸机、两架战斗机。随后，刘粹刚驾机向下俯冲，准备攻击日方机群前卫位置的3架战斗机。因为向下时与日军战斗机距离已远，就转而攻击日军的轰炸机，刘粹刚于是操纵飞机盘旋着上升，再回头时除了自己所驾波音战斗机，未见到战友的飞机，才发现已经和其他战友的飞机失散了，而日机已逃入稠密的云层中。于是，他驾机在镇江天

① 《（敌机）两队飞京/企图肆虐》，《申报》1937年9月29日。

②《南京首都防空司令部八月份高射枪炮照测战斗报告表》（1937年9月27日记录），转引自中央防空学校编《南京防空经验》，1939年7月印行。

王寺巡逻，直到发现机场有降落的信号才归队，其他队友在14时30分降落。当日，傅啸宇驾驶新4号机，因为脱离了队伍，飞到芜湖上空时被日机击落，飞机翻转，人受重伤，后虽经竭力抢救，但终因伤势过重而于10月5日牺牲，年仅22岁。①

傅啸宇，福建闽侯人，出生于1915年4月18日，少时因喜好运动、音乐、绘画和摄影，因此曾考入马江艺术学校就学，后因向往大海而考入马尾海军学堂学习驾驶专业，1932年考入吴淞商船学校继续学业。1934年3月，因受“航空救国”思潮影响，傅考入中央航空学校第四期航空班学习飞行技术，次年6月毕业后因飞行技术精湛而被留校担任准尉本级见习官，半年后升任少尉本级助教。1936年10月空军扩编时，傅被调往新成立的空军第24队任少尉本级队员，1937年5月被提拔为少尉本级分队长。至全面抗战爆发1个月之后，驻防南昌的第24队奉调南京，并自8月14日开始投入战斗。在接下来的1个月内，他屡次升空迎敌，先后在8月15日和16日的空战中各击落1架日机，并得到航空委员会认可，获二星星序奖章。1941年7月傅啸宇被追晋为空军中尉。

自9月19日至28日，日军“南京攻击部队”以舰载机机群轰炸南京，共计实施12次空袭行动。日本海军航空兵先后出动149架次舰载轰炸机、66架次舰载战斗机、29架次舰载攻击机、65架次水上侦察机。中国地面防空部队统计，在整个9月份“敌军共投弹四百一十九枚”。

在空袭南京过程中，日军共损失8架舰载轰炸机、2架水上侦察机。此外，1架舰载战斗机迫降后被焚毁，1架舰载轰炸机中弹受伤。由于日军新型战斗机96式舰载战斗机投入战场，中方战斗机部队开始遭受损失。为了保卫南京领空和抗击日军对南京的空袭，中国空军有7架战斗机被击落，另有12架受损。在阻击和拦截敌人之“南京攻击部队”的空战中，敌我损失较为接近。中国空军飞行员的勇敢与爱国精神令人钦佩，同时中方地面防空部队也有上佳表现。

二　扬威“一〇·一二”

9月28日的空袭结束后，日军航空队因为战局情况和气象原因，对南京的空袭暂停了8天，后又于10月6日、12日对南京再次发动空袭。驻防南京的中国空军部队再次迎战日机，并在10月12日的空战中取得大胜。

① 台北“空军总司令部情报署”编：《空军抗日战史》第1册，1950年，第130页。

10 月 6 日 8 时 55 分，日军第 13 航空队 5 架舰载轰炸机（各挂载两枚 60 公斤陆用弹）、3 架舰载战斗机由公大机场出发，高桥赫一担任此次攻击的指挥官。

在接到日本飞机来袭的警报后，刘粹刚于 9 时 55 分率 12 架霍克战斗机成丁字形升空，然后在大校场机场南方盘旋爬升，准备在汤山至句容之间截击日机。因为此处距离日军飞机仅 15 分钟路程。当刘粹刚等人驾驶飞机爬升至 3000 米时，发现有 6 架日军轰炸机已从西南方向飞到南京市区上空。当时日机位于中方战斗机上方约 600 米的高度，因为担心其后方有日军战斗机保护，故刘未率部攻击，但仍继续爬升并绕至日机后方。此时，日机俯冲投弹轰炸大校场机场，刘粹刚率第 1 分队的董庆翔、马金钟（河北南宫人，中央航空学校第 6 期航空乙班毕业，座机编号 2203）俯冲追击日机编队。当追至南京东南青龙山上空后，刘粹刚准备进入攻击阵位，这时一架位于其上方约 300 米高度的日机向其俯冲，刘因为处在不利地位，遂放弃攻击日方舰载轰炸机并实施规避。

此时，董、马二人由于在日机后方，便对这架日机进行数次咬尾攻击，最终迫使日机向上海方向撤离。随后，刘粹刚重新率第 1 分队追击日方舰载轰炸机，不料遭 3 架日方舰载战斗机袭击，最终因处于低空且性能不佳，无法反攻而放弃攻击日机。刘粹刚驾机一直转移到南京以东十二圩上空，转弯迎向日机方得以脱险。

分队长王倬在空战中受日机攻击，其驾驶的 2102 号机中弹 20 余发。11 时，霍克战斗机全部降落在大校场机场。在此次空战中，日军在机场的西面投了 8 枚炸弹，中方空军没有损失一架飞机。

中国空军当天战斗要报里另记录了日军一架轰炸机被击落，以及敌机投弹受到防空火力影响而毫无实效的情况：

敌以轰炸机四架，向我大校场俯冲投弹。其第一架被我高射炮命中，焚烧坠于大教场东北角水塘堤埂上，敌人机俱碎，仅残存机架。其余三敌机惊慌东返，炸弹乱投，我大校场未中一弹。[①]

该架 96 式舰载轰炸机是在俯冲期间被中国军队高射炮第 1 连击落的，其飞机操纵员田熊哲夫、侦察员小坂良夫当即毙命。日本海军在“表彰”阵亡人员的文件里，

① 有关 10 月 6 日的战况，均见《空军战斗要报》（1937 年 10 月 6 日），台北“空军总司令部情报署”编：《空军抗日战史》第 1 册，1950 年，第 223—225 页。

对此有比较具体的叙述：

十月六日田熊及小坂因为侦察、攻击南京及芜湖的目的，搭乘舰上爆击机，属于高桥（赫一）大尉指挥的爆击队，上午九时五十五分踊跃从基地出发，十一时三十分左右到达南京大校场飞行场上空。此时敌人的地上炮火炽烈之至，爆击颇为困难，田熊机沉着果敢行动，接着高桥机如隼般急速下降爆击，但是，不幸的是被敌人高角炮弹击中，于是起了火灾，一边被火焰包围一边和爱机一起冲进飞机场，于是战死。①

13时45分，日本海军第13航空队再次出动3架舰载轰炸机（指挥官池田正伟）、7架舰载战斗机（指挥官中野忠二郎）空袭南京。

接到日军机群来袭的警报后，14时50分，刘粹刚再度出击，这次他带领12架战斗机（其中霍克10架，波音1架，菲亚特1架），成T字队形升空，然后在南京西侧盘旋集结，集结完毕后前往汤山、句容之间，以免被日军占了先机。不料当机队飞到约3300米高度时，刘粹刚发现日机已经飞抵南京上空，高出其机队1000米。中方因为形势不利，不便于攻击，就立即从长江北面盘旋而上，飞至句容时，位于4600米的高空。其间，刘粹刚发现两架日军单翼战斗机正从其机队正下方数百米处飞来，他随即率部调转，从日机后上方攻击日机僚机。此时日方长机立即爬升接战，刘粹刚率1分队连续两次攻击，2分队也同样加入战斗。

在激烈混战中，有一架日机向西北飞行，中方第2、3分队当即追击。而刘粹刚、董庆翔则继续与日机缠斗。战斗中，董的座机发动机中弹，后再遭另一架日机袭击。正在危急时刻，刘粹刚当即从前方攻击日机，试图为部下解围。不过，董的座机因受损严重，最后迫降于炮兵学校以南五六里的马路旁，董本人负伤。

攻击董庆翔的日机退出战斗后，恰好处于刘粹刚前方，距离极近，因此刘粹刚立即射击。可惜的是，正当该日机螺旋桨掉落之时，又有一架日机从一侧向刘粹刚所驾飞机抵近，双方因此进入盘旋爬升状态。日机此时发挥出了优良性能，以高速动作与中方飞机进行缠斗。在此不利形势下，刘粹刚驾机灵活避让日机攻击，并以螺旋急降方式进行机动，日机误以为击中，就没有继续追击，刘则立即飞返南京。

① 日本海军省教育局：《支那事变尽忠录》第三卷，1941年编印。

此次空战，中国空军飞行员袁葆康等与敌机于南京东郊大连山上空激战数回后，敌机借云层脱离。陈有维驾驶菲亚特 CR32 战斗机与敌机迎面对射时，因顾虑发动机冷却水箱被敌机射击，遂降低高度脱离敌机。

经过中国空军英勇抗击，当天下午日军的空袭又是毫无成效。中国空军当天《战斗要报》记录："午后，敌轰炸机三架对我大校场平飞投弹，均落于场外"。

10 月 6 日的这场空战，刘粹刚所率见习飞行员马金钟表现英勇。

马金钟是河北南宫人，出生于 1914 年 11 月 29 日。他在县立中学就读时受到"航空救国"思潮的影响，决定参加空军，遂于 1935 年 5 月考入中央航空学校，成为第六期航空乙班学生。1937 年 5 月，马在航校学成毕业后被派到第 24 队担任准尉本级见习员。按照规定，马在为期半年的见习期间，无权升空参战，所获训练机会也十分有限。然而当抗战全面爆发后，当时既无作战经验，又缺乏足够飞行训练的见习员马金钟，即破例义无反顾地投入保卫南京的空中战场。10 月 6 日，他临危受命替补升空，驾机（座机号 2203）抗击日军对南京的空袭。在下午的空战中，当中方机队与日机遭遇并展开激战时，队长刘粹刚的座机被日机攻击，马金钟不顾个人安危，当即插入刘机与日机之间试图解围，却不幸被日机击中，坠机而亡，年仅 23 岁。当时他尚未被正式授予空军少尉军衔，1942 年 6 月 1 日，始被追晋为空军少尉。

刘粹刚在返航途中，发现马金钟座机遭日机追击，即计划援救，可惜还没等他赶到，马机便已中弹坠落于青龙山附近。此时，刘粹刚又试图追击日机，无奈日机依仗速度优势很快爬升钻进云层而逃脱，刘粹刚只好掉头返航。

15 时 10 分，日军第 13 航空队飞机返回上海。16 时 30 分左右，刘粹刚部余下飞机全部返回南京机场。

依据《申报》记者和中央通讯社当天的新闻报道，10 月 6 日的空袭对于南京没有造成实际损失。日军飞机受到截击和追击后，未能投弹于南京市区，仅仅是朝郊区丢弃炸弹。实际上是中国空军飞行员们的英勇抵抗，挫败了日军空袭计划，保护了南京市区。

后来日军声称在 10 月 6 日下午第二次空袭南京期间，共击落中方 7 架飞机，实际上，中方在下午的战斗中仅损失 1 架霍克战斗机及 1 名飞行员（马金钟），另有 1 架中弹迫降。日军所谓击落中方 7 架飞机的说法，当是毫无依据的夸大与吹嘘。

10 月 6 日的空战过后，侵华日军"南京攻击部队"的舰载轰炸机和舰载攻击机自9月19日以来对南京的持续空袭，短暂暂停。

舰载轰炸机和舰载攻击机的载弹较少，空袭时的威力远不及陆上攻击机。到10月12日，日本海军又以“南京攻击部队”的舰载战斗机掩护陆上攻击机，重新对南京实施空袭。

之前在8月中下旬，日本海军的陆上攻击机曾在没有战斗机掩护的情况下多次空袭南京，遭受了中国空军的沉重打击。现间隔近一个半月，其陆上攻击机再次飞临南京上空实施空袭，但这次得到日军“南京攻击部队”出动的舰载战斗机的强力掩护。因此，驻防南京的中国空军面临严峻的挑战。

10月12日，是农历九月初九重阳节，和9月19日中秋节时一样，侵华日军又选择在中国的特殊节日对南京进行大规模无差别轰炸。

当日11时10分，日军木更津航空队所属9架陆上攻击机从济州岛出航，向上海直接飞行而来。13时20分，该航空队在公大机场上空与第13航空队的11架舰载战斗机会合，然后向南京飞来。这些舰载战斗机在第13航空队飞行队长中野忠二郎少佐指挥下，于12时10分升空。13时35分，第13航空队在栖霞山以东空域跟陆上攻击机分开，陆上攻击机在菅久恒雄少佐带领下从草鞋峡东进入轰炸航路。

据日方资料记载，木更津航空队于14时50分飞抵南京上空，向大校场机场投弹。其第1中队分别在14时51分及14时54分两度进入攻击状态；第2中队于14时52分轰炸大校场机场，两架陆上攻击机因地面中国军队防空火力射击而中弹受伤。与此同时，担任掩护任务的日军战斗机与中国空军飞机进行了空战。

据中方资料记载，10月12日下午14时左右，中国军队接报：日军出动9架轰炸机准备空袭南京。14时30分，刘粹刚率5架霍克III、两架波音及1架菲亚特战斗机从南京机场起飞。升空后，刘粹刚驾驶2407号机爬升至5300米左右，搜索了20多分钟后，发现日军出动6架战斗机于4000米的高空成T字队形，尾随掩护9架巨型轰炸机。刘粹刚立即攻击日军轰炸机。这时，2架日军舰载战斗机逼近刘之后方，迫使刘放弃攻击轰炸机转而攻击日方战斗机。混战期间，刘粹刚进行3次迎头攻击后脱离，然后调整攻击目标，试图攻击3架在编队中殿后的敌轰炸机。这时，另一架舰载战斗机从后方来袭，迫使刘放弃攻击。紧接着，刘粹刚迅速掉头，与日机迎面飞行。未等刘粹刚扣动扳机，日机抢先射击，直接打断刘粹刚座机的操纵索。尽管座机一度陷入尾旋，刘粹刚努力恢复平飞，并向日机迎面飞行。此时，日机降低飞行高度试图甩掉对方，但刘粹刚仍与这架舰载战斗机进行缠斗。

在经过4到5次缠斗后，双方飞行高度已下降至90米。日机为避免遭地面火力所伤，开始爬升脱离战斗，因为速度较快，结果飞到刘的正上方。刘粹刚见状，迅速抓住机会扣动机枪扳机，并命中目标，这架日机最终坠落于南京水佐巷5号的一户民宅。[①]

分队长罗英德投入战斗后不久，即遭一架日军舰载战斗机咬尾。幸运的是，第4大队大队长、中国空军著名抗日英雄高志航此时驾驶霍克III战斗机及时赶来援救“势极危殆”的罗英德机，并向该日机发起攻击。该日机见状，遂舍弃罗英德机而突然转头向高志航机发起攻击。高志航面对日机，当即连续射击。日机遂上升入云，不见复出。不过地面人员看见有“敌机亦直升入云，旋入旋出，忽上忽下，约二分钟后卒坠于仙鹤门南侧，驾驶员身中十七弹”[②]。此坠落日机即是被高志航数次射击后击落的日机。

此后高志航又和一架敌机缠斗，他从敌机前方攻击2次，从后方攻击1次。激战中，高志航座机12.7毫米口径机枪出现卡弹情况，7.9毫米口径机枪子弹又用尽了。而此时又有2架日军舰载战斗机前来攻击高志航。高志航于是利用急剧俯冲成功摆脱敌机，从镇江附近连绵山谷绕过，低飞至南京郊区溧水机场降落。激烈空战后，高志航异常疲惫，降落于溧水机场后在原地静卧了1小时，黄昏时分才飞回大校场机场。

当日，高志航还于上午时分即在镇江周边空战中，与黄泮扬、刘粹刚、袁葆康等飞行员合力击落日军两架“神威”水上侦察机，机上人员包括日军“神威”舰（航空）分队长南部德盛大尉[③]。

空战中，曹芳震勇敢驾机冲入敌阵，不料在追击一架日机时遭另一架日机追击，因没能成功摆脱而被日机击中。曹在身中17弹的情况下，仍然坚持要将飞机安全降落，但终因失血过多陷入昏迷，随飞机坠落于南京笆斗山而牺牲，年仅24岁。

曹芳震是湖南湘乡人，出生于1913年5月10日，自幼喜好音乐、艺术和文学。1933年7月从省立高级工业学校机械班毕业后，其父想送他去杭州艺专学习，但他决定从军报国，改而投考湖南省航空处机械班学习飞机修理，次年7月又被保

---

① 台北“空军总司令部情报署”编：《空军抗日战史》第1册，1950年，第229—230页；《空军战斗要报》（1937年10月12日）。

② 《空军战斗要报》（1937年10月12日）。

③ 在日方记录中，承认梅田长晴、龙口虎太、猪野正纯三人下落不明，此三人所乘飞机极有可能是被高志航等人击落。

送到位于南京的中央军校。1935 年 5 月，曹投考中央航空学校，成为第六期航空甲班的一名学生，第二年 10 月学成毕业后派任空军第 29 队准尉本级见习员，1937 年 7 月获授空军少尉军衔。抗战全面爆发后的 8 月，正在休假的曹芳震在家中接到立即返回部队的命令。临行前他面告新婚妻子："男儿报国，万死不辞，唯念万一不幸，你孤苦伶仃，我在九泉之下亦心神不安"。其妻深晓大义，当即勉励他要"为国奋斗"。曹回到位于南昌的部队驻地后又被调往驻防南京的空军第 24 队，此后即参加了历次保卫首都的空战，直至牺牲。1941 年 7 月 14 日，曹芳震被追晋为空军中尉。

曹芳震殉难后，分队长黄子沾驾驶 1707 号波音战斗机仍与日机混战，后因发动机油箱中弹而迫降在明故宫机场。其他中方战斗机于 15 时 30 分降落于南京。

蒋介石夫人宋美龄作为在地面上的观战者，目睹了 10 月 12 日的激烈空战，随后写下了题为《中国在空袭下》的回忆文章，并刊登在美国《论坛》（Forum）杂志上，之后译载于 1938 年 1 月 19 日在武汉出版的《文摘・战时旬刊》第 9 号，该文写道：

此刻是（十月十二日）下午两点四十二分……我可以听见驱逐机的声音。高射炮的爆炸声从四面八方传来，我们的驱逐机有几架出现了。它们本来都飞在云上面。机关枪现在在我上面的高空中响着，那些飞行员正在云端里交战。那九架轰炸机在城市上空不住地前进，它们要击中其目标，不能保持着它们的阵线，打头的三架现在已经飞到南面的城墙上空了。

……

两点五十六分……一架中国的"鹰"正在追逐一架日本的单翼机。它们盘旋回翔，悠然迅速地掠下来，倏尔又嗡嗡地急升上去。它们的机关枪格格地响个不住。那敌机似乎打中了我们的人；不，它逃走了。他们远远地彼此分开，各自兜了一个圈子，随即又迅速地彼此扑拢来。猛烈的高射炮火对那些正在逃走的轰炸机放射着。那架单翼的敌机似乎在半空中停住了，它已被击中了。我们的"鹰"又疾飞回来攻击它。它停止了一会儿，于是就头朝下直落下来；火焰冲了出来，这架将要毁灭的敌机向着本城南门附近的一个人烟稠密的区域落下去。橙黄色的火焰，拖着一条彗星尾巴似的黑烟，割破了天空。

宋美龄的上述回忆，是生动记述 10 月 12 日南京上空激烈空战的又一重要历史文献。这篇文章当年在美国的发表，将中国空军飞行员奋勇杀敌的壮烈场景与爱国精神展示给美国以及全世界人民。

依据日方记录，当天15时，其陆上攻击机在残存舰载战斗机掩护下返航，至15时45分在上海上空与舰载战斗机分离。17时30分，陆上攻击机返回济州岛。第13航空队的8架舰载战斗机于16时返回上海公大机场。

10月12日的空战，日军虽然企图通过战斗机掩护，迅速排除中方战斗机干扰后继续实施轰炸，但被击落了3架战斗机，2架陆上攻击机又被击伤。日军妄图以战斗机掩护空袭的阴谋受到打击。

日本海军在"表彰"阵亡人员的文件里，承认被击落的3架战斗机，其飞行员梅田长晴、龙口虎太、猪野正纯三人全部毙命于南京。

中国空军于当天在《战斗要报》中特地记录："自中秋恶战时，本重阳日为我获胜之第二次大空战"。当天《空军得力战斗人员表》列出第4大队大队长高志航、第24队队长刘粹刚、第17队队长黄泮扬分别"击落敌驱逐机一架"的功绩。

中国空军的英勇抵抗，让日本海军航空兵的这次空袭没有任何效果。中央通讯社10月12日当天发出新闻电讯稿："敌在光华门外共投弹廿六枚，除有少数民房被毁外，别无损失"。

中方此次战斗损失1架战斗机，牺牲1名飞行员，另有1架战斗机中弹受伤。但是，对比敌我损失，中国空军当天仍是取得了大胜。

三 鏖战十月

在10月12日的反空袭中，日本海军航空兵虽又被打击，却没有放弃继续空袭南京的行动。

据日方资料称，10月13日上午11时30分，日军第13航空队出动3架96式舰载轰炸机（各挂载两枚60公斤陆用弹）、6架96式舰载战斗机，准备对南京大校场机场实施突然袭击。航途中，其舰载轰炸机指挥官白相定男大尉发现低空密布云层，在如此天气不佳的情况下难以展开攻击，于是率部折返。而南乡茂章大尉则继续带领战斗机飞往南京，在抵达南京上空后，却发现机场并没有中方飞机，最终亦无功而返。

中方资料所记则是另外一种情况："本（十三）日，首都发出空袭警报四次。敌机至十二圩、高资等处投弹而返，最后沿津浦南段巡回二次，均不敢进窥首都。

我机每次皆起飞搜寻截击，迄未与敌遇”[①]。

10月14日，日军轰炸机在更多战斗机护航下，再一次向南京发动空袭。当日8时25分，由第13航空队所属9架舰载战斗机、3架舰载轰炸机（各挂载两枚60公斤陆用弹）组成的攻击队从上海出航，后于9时30分左右空袭南京大校场机场。

9时25分，在接到空袭警报后，中方刘粹刚等驾驶6架霍克战斗机升空。不久即发现日军3架舰载轰炸机自东飞来，在机场东侧投下数枚炸弹，另外9架舰载战斗机在下关上空游弋。当时见双方实力悬殊，中方起飞战斗机没有发起攻击。

根据日方记录，日军舰载战斗机发现中方霍克战斗机后，当即展开追击，后者紧急转弯并进入俯冲。日方飞行员望月勇击落中方飞机1架，儿岛、冈本合力击落另1架中方霍克战斗机。

当天中方不幸被击落的两架霍克战斗机，分别是空军第3大队第8队队员张韬良的座机（编号2102号）、第7队见习员范涛的座机（编号2207号）。该两机分别坠落在南京郊区六合西门外，安徽省来安县、滁县东北地区。[②]

张韬良，河北宁津人，出生于1911年，先后就读于县立高级小学、天津求真中学，因在学期间参加反对日本侵略东三省的运动而被校方开除，后转入北京求实中学学习。经此变故，张决定投身“航空救国”，遂于1935年5月考入中央航空学校第六期航空甲班学习飞行技术。在学习期间，他多次赋诗抒发保卫国土、洗雪国耻的豪情。次年10月学成毕业，张被分配到空军第8队任准尉本级见习员，1937年7月31日被授予空军少尉军衔。全面抗战爆发后，他知道自己终于有了为国报效的时机，遂在给家人的信中写道：“当此国难紧急之时，我身为军人，生死早已度外，一旦为国捐躯，请勿悲也……”10月14日上午，日军空袭南京，他架机随队升空截击，不幸被日机击中，坠于六合而牺牲，年仅26岁，1941年7月14日，被追晋为空军中尉。

范涛，吉林延吉人，出生于1914年1月2日，曾就读县立高小，后因愤于日军发动九一八事变并强占东北而决定入关投军，以“航空救国”的方式报效国家，驱除日敌，1935年5月考入中央航空学校第六期航空乙班学习飞行技术，1937年

---

① 《空军战斗要报》（1937年10月13日）。

② 上述坠机区域见《我方空军飞机损耗表》（1937年10月14日）。

5 月航校毕业后派任空军第 7 队准尉本级见习员。全面抗战爆发后，他屡次申请参战，但因见习期未满而被拒绝，后调往第 24 队服务。在 10 月 14 日反日机空袭中，他主动申请参战，在获得批准后随队驾机升空阻敌，不幸被日军飞机击落而牺牲，年仅 23 岁。1942 年 11 月 25 日，范涛被追晋为空军少尉。

近午时分，在空袭结束后，日军第 13 航空队攻击队于 11 时 40 分返回上海。另外，中方除陈有维驾机降落徐州外，其他飞行员驾机于 11 时返回南京。

10 月 16 日，日军恢复对南京的轰炸。当日 13 时整，日军第 13 航空队所属 6 架 96 式舰载轰炸机（各挂载两枚 60 公斤陆用弹）、3 架 96 式舰载攻击机（各挂载 6 枚 60 公斤陆用弹），在 6 架战斗机掩护下从公大机场出航，继续对南京大校场机场实施空袭。14 时 40 分左右，该航空队飞机开始轰炸大校场机场，投弹后全体开始返航，16 时 10 分返回上海。

关于此次日机空袭情况，中方资料有比较详细的记载：根据日机将要侵袭南京的情报，14 时 50 分，中国空军驻南京的第 5 大队出动 3 架战斗机巡逻，加强警戒。15 时 15 分，日军出动数架轰炸机在战斗机护航下到机场投弹，中方没有损失，15 时 45 分解除警报，16 时 20 分中方飞机降落。17 时收到情报，又有 5 架日机经滁州向东南飞去，中方驻南京航空部队立即出动 4 架飞机加以警戒，没有发现日军踪迹，方于 19 时降落。

10 月 19 日凌晨，日本海军航空兵木更津航空队利用月色，两次突然袭击了南京大校场机场，共计出动 8 架 96 式陆上攻击机（各挂载 12 枚 60 公斤陆用弹）。该航空队第 2 中队率先从济州岛出航，飞越东海进入中国大陆上空。2 时后，该中队两小队分开，依次轰炸大校场机场。其间有数架中方战斗机升空阻截。5 时整过后，第 2 中队返回济州岛。另外日军木更津航空队第 1 中队于当日 0 时整出航，于 3 时 45 分轰炸南京大校场机场。在其退出轰炸后，遭到中方战斗机追击，后日机于 6 时 55 分至 7 时 40 分分次返回济州岛。

10 月 19 日 8 时整，日军鹿屋航空队所属 8 架陆上攻击机（各挂载 12 枚 60 公斤陆用弹）从台北出航，沿中国大陆沿海北上，11 时整抵达公大机场，与由南乡茂章指挥的 6 架 96 式舰载战斗机会合后前往南京。12 时 40 分，该航空队第 3、第 1 小队依次轰炸大校场机场。12 时 50 分，该航空队第 2 小队开始轰炸南京浦口。轰炸结束后，鹿屋航空队各机于 16 时 15 分全体返回台北。

英国路透社驻南京记者针对日机轰炸浦口报道称：“有数机猛轰城北煤港与浦口方面之轮渡，弹落处发出烈焰。火车轮渡处与附近房屋数所亦起火，津浦电话交通暂时中断”。而据中央通讯社记者当天报道，日军空袭浦口未能切断航运交通：“敌机十余架，于十九日午十二时许袭京，向津浦轮渡投弹，意图破坏我该处交通，幸各轮渡预有防御，未被击中”。[1]

据中方资料记载，10 月 19 日凌晨 2 时 10 分，警报拉响，不一会儿，有几架日机到大校场机场投弹，3 时 30 分日军航空兵又出动 6 架轰炸机轰炸机场，炸毁了 1 间飞机仓库、3 间宿舍，炸坏两架飞机。数架中方战斗机起飞阻截日机，凌晨 5 时，中国空军飞机降落。12 时 40 分，8 架日机经句容飞至大校场机场进行投弹，机场本身未遭受损失。日机炸死了机场旁的两名百姓，中国空军飞机起飞后没有遇到日机。之后，13 时 08 分日军轰炸机由西向东飞，经过句容，中方用高射炮射击，没有击中，5 分钟后日机又折回来，在句容西南方的上空盘旋了大约 10 分钟后才离开，13 时 20 分，中国空军飞机降落。[2]

10 月 20 日上午 9 时整，日本海军航空兵木更津航空队所属 9 架 96 式陆上攻击机（各挂载 12 枚 60 公斤陆用弹）由济州岛出发，于 12 时 10 分抵达上海。12 时 30 分，南乡茂章率领 9 架 96 式舰载战斗机掩护木更津航空队的陆上攻击机，从上海出发，准备对南京实施空袭。日机编队飞往南京，并对大校场机场实施水平轰炸。航空委员会特务团士兵朱元富，空军第 5 队传达余焕臣被炸阵亡。13 时 50 分，日机混合编队抵达上海，其中舰载战斗机降落在公大机场，陆上攻击机则继续飞行，最后于 15 时 30 分抵达济州岛。

据中方资料记载，当日 12 时 45 分，日军出动巨型轰炸机，分三批入侵南京上空，在大校场机场进行投弹，炸毁了一大半的宿舍。此外，又有 9 架日军战斗机盘旋在南京上空，中国空军飞机并未与其接触。因为机场被炸毁，中国空军飞机准备在句容降落，但是降落期间警报又被拉响，于是又转向溧水，14 时 30 分突然接到日军来袭的情报，但是却发现日军航空兵在苏州投弹后已去向不明。[3]

日军此次空袭南京虽然投入飞机不少，但仍未起到什么实际效用。中央通讯社当天发出新闻电讯称：“一时许，敌轰炸机九架发现于京郊，我高射枪炮予以猛烈射击，敌机慌张异常，在飞机场附近投弹二十余枚，中有三架高飞，窜过京空，一时城中高射枪炮密集齐发，敌机则仓皇向西北方向疾飞而去。据闻除飞机场内

① 《敌机不断肆虐 / 轰炸首都轮渡》，《申报》1937 年 10 月 20 日。

② 台北“空军总司令部情报署”编：《空军抗日战史》第 1 册，1950 年，第 249 页。

③ 台北“空军总司令部情报署”编：《空军抗日战史》第 1 册，1950 年，第 252 页。

一部办公房屋被炸毁外，余无损失。”[①]

英国路透社驻南京记者当天也证实了上述情况：“路透访员以为该处飞行场与兵工厂必受重损。但在第二次解警后，往阅该二地，见兵工厂仍照常忙碌工作，飞行场有巨穴五十，正由工人迅速填补”[②]。

在接连几日的空袭之后，侵华日军对南京的空袭行动仍在升级。10月21日，日本海军航空兵鹿屋、木更津航空队第一次共同组织兵力空袭南京。当日7时55分，12架隶属鹿屋航空队的96式陆上攻击机率先出航，其中第1小队及第2小队每架飞机各挂载2枚250公斤陆用弹，余下各机皆挂载12枚60公斤陆用弹。9时10分，木更津航空队所属12架96式陆上攻击机（各挂载2枚250公斤陆用弹）由济州岛出航，向中国大陆飞行。11时10分，鹿屋航空队抵达上海，5分钟后木更津航空队飞抵上海。同时，第13航空队所属7架舰载战斗机在中野忠二郎带领下升空。几个机群集合后，组成攻击队于12时50分前往南京，后于南京草鞋峡江面上空散开队形，并根据各自目标，分别进入轰炸航路。

日军鹿屋航空队第3、第4小队作战目标为轰炸大校场机场，日方声称炸毁了一架等待维修的波音战斗机；第1、第2小队分别轰炸兵工厂、火药厂。木更津航空队则前往轰炸浦口火车站、硫酸厂。返航途中，鹿屋航空队第2小队3号机因发动机故障，中途降落在公大机场，其余陆上攻击机先后在16时以后返回各自基地。

10月22日14时25分，日方第13航空队又出动舰载战斗机、舰载轰炸机各3架，于15时40分左右突然袭击了南京大校场机场，后于17时10分返回上海公大机场。据中方资料记载，当日11时40分，日军航空兵出动6架飞机在武进区进行投弹；15时55分，日军3架战斗机侵袭南京；16时05分，日军6架轰炸机在大校场机场进行投弹，炸毁总站办公室、两间宿舍，并伤及机场内一架待修的波音飞机。当驻溧水的空军部队接到警报后，队长刘粹刚率领5架飞机去截击日机，但升空后并未遇到敌机，于17时返回溧水机场。[③]

10月23日7时50分，日军木更津航空队所属12架陆上攻击机（各挂载12枚60公斤陆用弹）由济州岛出航，奔袭安庆、南京。其中5架陆上攻击机于11时35分轰炸南京大校场机场，并于16时返回济州岛；第13航空队在11时05分派出6架战斗机，分别掩护空袭南京及安庆的陆上攻击机，于15时整返回上海。

① 《敌机两次袭京》，《申报》1937年10月21日。
② 《敌机两次袭京》，《申报》1937年10月21日。
③ 台北“空军总司令部情报署”编：《空军抗日战史》第1册，1950年，第264页。

根据中方资料记载，10 月 23 日 8 时 55 分，南京、溧水同时拉响警报，中国空军驻溧水机场的第 5 大队出动 3 架飞机加强空中警戒，但是日机并没有来，10 时 20 分中方飞机降落。11 时 25 分，南京又拉响警报。13 时 10 分日军出动轰炸机和战斗机各 3 架入侵南京上空，随后又出动了 3 架轰炸机，一共在大校场机场投下 45 枚炸弹，炸毁中方练习机 1 架，此外中方基本没有损失。①

当天，中央通讯社发出新闻电讯，称日军此次空袭受到地面防空部队阻击："下午一时许，敌机五架发现于京郊上空，在我高射枪炮猛烈射击中，敌机向大校场投数弹而去。除一部房屋被炸毁外，别无损失"②。

以上日军对南京的几次空袭，中日双方飞机都没有直接发生空战。南京地面防空部队则进行了英勇抗击，每一次都有效干扰了日机投弹，从而使日军的这几次空袭未对地面造成严重损失。

10 月 24 日 8 时 40 分，日军木更津航空队出动 9 架陆上攻击机，10 时 05 分抵达公大机场，与 6 架 96 式舰载战斗机会合后，向南京飞行而来，11 时 10 分轰炸南京大校场机场，投弹高度 2000 至 2800 米。投弹完毕后，木更津航空队返航，后于 14 时 15 分返回济州岛，舰载战斗机则于 12 时 45 分返回上海。

当日 9 时 25 分，中国空军第 2 大队第 14 队队长全正熹、队员游云章，驾驶修理好的 902 号诺斯罗普"伽玛 2E"轻型轰炸机从山东济宁起飞，前往南京。此前，10 月 21 日凌晨，902 号机在轰炸了被日军占据的山东省平原县城后，曾因故障而降落于济宁。

11 时 30 分，902 号机抵达南京上空时，突然遭到日军 5 架战斗机的袭击。全正熹知道 1 架轰炸机难以对抗敌军 5 架战斗机，但他仍然沉着冷静地驾驶飞机试图摆脱敌机，向安庆方向突围。但因与陆地航空站失去联系，全正熹、游云章在缺乏救援的情况下被 5 架敌机包围，于南京郊区板桥镇上空被日机击落而殉难。③

全正熹，贵州荔波人，出生于 1912 年 11 月 17 日，曾就读于县立两级高小和省立都匀第五中学，成绩均名列前茅，1930 年春起，先后入贵州陆军军官教导团、中央军校武汉分校第八期学习，九一八事变后决定"航空救国"。1932 年 9 月，全正熹正式进入中央航空学校学习，被编为第二期航空班学生，1934 年 2 月学成毕业，他先是留校担任准尉本级见习员，半年后升任少尉本级助教。1936 年 10 月

① 台北"空军总司令部情报署"编：《空军抗日战史》第 1 册，1950 年，第 264 页。

② 《敌机昨日三度袭京未逞》，《申报》1937 年 10 月 24 日。

③ 《空军战斗要报》（1937 年 10 月 24 日）。

空军第 14 队成立，全正熹被调升为该队中尉本级队长，次年 9 月被授予空军中尉军衔。该队装备的是诺斯罗普轻型轰炸机。1937 年全面抗战爆发后，从 8 月起，他率领全队人员先后转战津浦、津沽、淞沪等地战场，给日军塘沽码头、上海机场，浏河口日军舰船以沉重打击，10 月 24 日在南京牺牲时，年仅 25 岁。1941 年 7 月 14 日，全正熹被追晋为空军上尉。①

游云章，湖北武汉人，出生于 1913 年 8 月 24 日，在汉阳中学就读时受进步青年影响而决心“航空救国”，1935 年 5 月成功考入中央航空学校第六期航空甲班接受飞行训练，次年 10 月毕业后派任空军第 9 队准尉本级见习员，1937 年 7 月 31 日被授予空军少尉军衔。全面抗战爆发后的 8 月，游随部投入淞沪战场与日军航空队交战。在 8 月 14 日、16 日的两次战斗中，其作战英勇，有效地掩护和配合友机将日机击退。1 个月后第 9 队改组，游被调往空军第 14 队担任少尉本级队员，他也因此从战斗机飞行员改为轰炸机飞行员。10 月 24 日在南京牺牲时，游云章年仅 24 岁，1941 年 7 月 14 日，被追晋为空军中尉。

通观 1937 年 10 月全月，随着日军在淞沪战场逐渐占据优势，同时也加大了对南京的空袭力度，其第 2 联合航空队为日军空袭暴行“出力”最多；而于 9 月份一度“转战”其他地方的鹿屋、木更津航空队，在日方战斗机的掩护下，重新又在昼间空袭南京。

在 10 月份这 1 个月里，据不完全统计，日军为了空袭南京共至少出动 91 架次 96 式舰载战斗机、33 架次 96 式舰载轰炸机、4 架次 96 式舰载攻击机以及 72 架次 96 式陆上攻击机，消耗 36 枚 250 公斤陆用弹、588 枚 60 公斤陆用弹、144 枚 50 公斤陆用弹。

经过中国空军浴血抵抗和地面防空部队不懈努力，日军在 1937 年 10 月空袭南京时受到有效打击，共损失 3 架舰载战斗机、1 架舰载轰炸机、5 名搭乘员（即空勤人员）。为保卫南京领空、抗击侵华日军对南京的空袭，中方损失 4 架霍克 III 战斗机，牺牲 4 名飞行员，敌我损失仍是较为接近。

---

① 2015 年 8 月 24 日，全正熹被列入民政部公布的第二批“600 名著名抗日英烈和英雄群体名录”。

第五节　中苏并肩铸空防

一　日机空袭续酿惨案

1937年11月，淞沪会战出现了对中国军队不利的变化。8月13日淞沪会战打响之后，中国空军即奋力在华东地区迎击日军航空兵。经过两个半月的空战，中方战机损耗严重。因此，从11月开始，中国空军陆续向后方转移兵力。

随着11月初开始，淞沪战局的状况愈加严峻，中国空军原先驻防南京的第5大队战机也开始向后方武汉转移。10月26日之后，第5大队已“无完善飞机可用”。随后，“11月1日，修妥Ⅳ-1、Ⅳ-2，两机由京飞汉。自是修妥各机，即陆续飞汉担任警戒。九日，大队长宁明楷率第十七队队长黄洋扬飞汉。”[①]至11月上旬，中方在南京能够起飞的飞机仅剩7架，因此已不再能够阻击日军的肆意空袭。

在这一历史背景下，11月份已经暂时无力再战的中国空军，几乎未在南京上空拦截日机。

与此同时，日军却自10月底开始，增强了在华东方面的航空兵实力。第1联合航空队决定抽调6架95式陆上攻击机至上海，并编成上海派遣队（以下简称“派遣队”），以支援华东方面的友军。1架95式陆上攻击机（G2H1）于10月27日抵达上海王浜机场，后又补充3架96式陆上攻击机；横须贺航空队调来两架95式陆上攻击机。至此，上海派遣队共有95式、96式陆上攻击机各3架。

在上海即将沦陷之际，侵华日军航空兵的陆上攻击机改变之前隔海飞来的惯例，开始驻扎在上海的陆地机场。日军利用上海机场，积蓄了更为充足的航空兵实力，用于空袭包括南京在内的华东各地。需要指出的是，10月24日空袭南京后

① 台北“空军总司令部情报署”编：《空军抗日战史》第1册，1950年，第286页。

至 11 月 9 日期间，侵华日军暂停了对南京的空袭。部分原因是自 1937 年 10 月底至 11 月上旬，华东地区出现了持续阴雨天气，这在客观上不利于日军航空兵的出动。

11 月 10 日上午 11 时 35 分，日军派遣队出动 3 架 96 式陆上攻击机，由上海王浜机场升空，然后转向飞往公大机场上空等待友军，后于 12 时 20 分与 9 架舰载战斗机、2 架舰载攻击机集合，遂编队经高邮湖前往滁县。13 时 45 分，日机飞抵滁县上空，由于未发现滁县机场有飞机，因此南下飞往南京。14 时 05 分至 14 时 10 分，陆上攻击机轰炸了南京大校场机场，中方地面防空部队奋起抵抗。空袭时，日军 3 号机中弹受伤。15 时 15 分，日军飞机全部返回上海。

据中方资料记载，当日 13 时 15 分，日军航空兵驾驶 9 架战斗机，分 3 队入侵南京上空，进行窥探。然后有日军 3 架巨型轰炸机，从北向南，直驱至大校场机场，投弹两次，共 40 多枚。13 时 40 分，日军航空兵在龙潭附近集合向东飞去，三四分钟后，又出动 9 架战斗机，在南京以东的句容上空飞过，未进行空袭。①

在日机空袭期间，南京地面防空部队的高射炮火力发挥了重要作用。防空部队记录称：当日，“敌轰炸机十四架，于十二时五十五分由浦口方向侵入京市上空，旋向大教场上空投弹。经我高射部队迎头痛击，当（即）将敌机队形击散，且炸点良好。内有七．五弹三发靠近目标，敌机仓皇，遂向汤山方向逃逸。消耗七．五公分弹药四十六（发）。”②

在此次空袭中，日军的轰炸行动没有取得“实效”，故当天中央通讯社在所发出的报道里，记录“我方并无损失”。

11 月 11 日，日本海军航空兵再次空袭南京。日方曾有记录称，当日 9 时 20 分，其鹿屋航空队飞行队长须田佳三少佐，带领 9 架 96 式陆上攻击机（各挂载 12 枚 60 公斤陆用弹）从台北出发，后于 12 时 15 分在上海上空与第 13 航空队所属的 9 架战斗机会合，前去轰炸南京机场；13 时 30 分，鹿屋航空队陆上攻击机分次在高度 2700 米、3000 米投弹轰炸大校场机场，击中机场周边数个军事掩体；16 时 45 分，鹿屋航空队各机陆续返回台北。

另据中方战况记录：本日 13 时 40 分，日军航空兵出动 10 多架战斗机，分多队侵入南京上空，随后有轰炸机 9 架，分 3 队到机场上空投弹，其中 1 架脱离战队，在明故宫上空被中国军队高射炮击中着火，机内 6 人全部坠机身亡，日军战斗机

---

① 台北“空军总司令部情报署”编：《空军抗日战史》第 1 册，1950 年，第 291 页。

② 参见《南京首都防空司令部八月份高射枪炮照测战斗报告表》（1937 年 11 月 10 日），转引自中央防空学校编：《南京防空经验》，1939 年 7 月印行。

在南京上空盘旋几个小时后才离开。[①]

据中国空军统计，日军炸毁炸伤4架诺斯罗普“伽玛2E”轻型轰炸机。此前，刚出击试图轰炸日舰“加贺”号后返回南京的II–6号机被毁，905号机损毁严重，II–4、1409号机被击伤。此外，两架霍克III战斗机（编号2307、2309）在轰炸中受损。[②]

当日，中国地面防空部队的作战文献记载了打击敌机的经过：“是日，云层甚低，敌机仅在两千公尺左右，我高射枪炮各阵地均施以急袭射击，当（时）将敌机击落一架并击伤一架，于空中倾侧数次。敌机乃不支向东逃逸。射击一次，击落敌机一架，击伤敌机一架，消耗七．五公分弹药七十（发）。”[③]

日本海军后来在“表彰”阵亡人员的内部记录里承认，鹿屋航空队第1小队2号机被南京市区高射炮击落，机组成员田泽留吉、菅野平吉、丸山贡、根本正治、小木曾荣治、阿久津次男、国生三雄七人全部毙命于南京。[④]

11月11日抗击日军航空兵并击落其轰炸机1架的重要胜利，是在上海沦陷前夕取得的，在某种程度上具有危局之下鼓舞士气的作用。同时，日军当天的这次空袭，也给停放在机场的中方飞机造成不小损失。

11月12日，中国军队撤出上海，上海沦陷在日本侵略者的铁蹄之下。随后，日本海军航空兵的飞机，能够更为随意地就近从上海起飞，对南京实行无差别轰炸。

11月15日，日军第1联合航空队上海派遣队又出动所属3架96式陆上攻击机（各挂载12枚60公斤陆用弹）从王浜机场起飞，后于14时02分与9架舰载战斗机、6架舰载攻击机会合，然后经江阴、丹阳向扬州直接飞来。15时25分，日机抵达扬州机场，由于未在机场看见中方飞机，因此调整航向前往南京，并且于15时55分轰炸了南京大校场机场。最后，日军全部飞机在16时55分返回上海。

此次日本海军航空兵空袭南京时，迫于中国军队地面防空部队的火力打击，又鉴于11月11日刚有1架轰炸机被中国军队高射炮击落，于是不敢进行低飞投弹，只敢从高空将炸弹随意扔下。

据中方资料记载，11月15日，日军航空兵空袭南京，15时05分，日军出动数架战斗机、巨型轰炸机，从南京以东飞至大校场机场上空，在投下10多枚炸弹后，

① 《空军战斗要报》（1937年11月11日），中国第二历史档案馆藏，档案号七八七—16897。

② 《空军战斗要报》（1937年11月11日），中国第二历史档案馆藏，档案号七八七—16897。

③ 《南京首都防空司令部八月份高射枪炮照测战斗报告表》（1937年11月11日），转引自中央防空学校编：《南京防空经验》，1939年7月印行。

④ 日本海军省教育局：《支那事变尽忠录》第三卷，1941年编印。

向西北方向飞去，不久之后又折回大校场机场，再投10多枚炸弹，15时35分向东飞去，经句容机场时又投下1枚炸弹，落在机场外的水塘中。[①]

日军航空兵飞临南京上空后如此随意空袭，又是没有任何“实效”。当天中国方面中央通讯社发出报道，称：“经我高射枪炮慎重射击，敌机仓皇窜至光华门外大校场附近，滥投二十余弹而去。事后调查，炸弹均落郊野，我方无何损失”[②]。

11月21日下午3时许，日机27架来犯南京，中方地面防空部队即以猛烈炮火射击，取得击落1架，击伤3架的重大战果。防空部队高射炮第1连第一测手吕坤，亲历了此次击落、击伤敌机的战斗。他“目见日机飞行员猝死在离烧毁的机身二百公尺处，飞行员服装内装有用黄纸朱红画的护身符六张，获得重型机关枪两挺，子弹四千余发。”他后来详细回忆了当天击落敌机的经过：

十一月二十一日，晴天，天空明朗，偶尔有朵朵白云向南飘浮。午后三时一刻，空袭警报呼呼叫，我连全体战斗人员迅速进入阵地，各就各位，严阵以待。测高镜、指挥仪、四门高射炮，都朝向紫金山方向（因日机次次空袭都是沿京杭国道，利用紫金山山峦、云雾作掩护，突然进入市郊）。十五分钟后，紧急警报叫，我们全体战斗人员都听到轰轰的飞机声，声音愈来愈大。我当时是观测距离的第一测手（看测高镜），关系到高射炮射击诸元（方向、高低、引信）的精确命中。我用测高镜高低左右来回搜索，发现敌机二十七架。我高呼目标已得，并及时测出斜距离是八千四百公尺。指挥仪的测手也同时捕到目标，及时把我测出的斜距离装入指挥仪距离面内，将计算出来的各种命中射击诸元，用电器系统传递给各炮。发射铃响了，四发炮弹（每发弹头重六点五公斤，爆炸威力高低左右前后五十公尺）一齐飞向日机群。观测射击结果，炮弹打低了，指挥仪即速修正高十个密位。第二次发射铃响了，四发炮弹又射向日机群，观测射击结果，炮弹打高了，再迅速修正低五个密位。第三次发射铃响了，四发炮弹又一齐射向日机群，一架日机被击中当场起火．拖着浓烟坠落于我阵地前沿二公里处。还有三架日机负伤，其他日机逃逸。[③]

---

① 台北“空军总司令部情报署”编：《空军抗日战史》第1册，1950年，第292页。

② 《首都昨又遭空袭／京苏间电话电报皆已中断》，《申报》1937年11月16日。

③ 吕坤：《南京保卫战中防空亲历记》，廖利明编：《南京保卫战文史资料》，南京出版社2019年版，第486—487页。

南京在经过一段没有中国空军飞机驻防的窘迫时期之后，11 月 23 日，中国空军第 5 大队奉命派张伟华、张慕飞、徐保畇 3 名飞行员，分别驾驶 2508、2205、IV–2 号霍克战斗机，于 14 时自汉口飞往南京，担任南京的警戒任务。[①]南京自此又有了中国空军的作战飞机驻防。

至11月底前，日军飞机又两次空袭南京，造成严重的人员伤亡和军民财产损失。

第一次空袭是在 11 月 24 日。上午 11 时 50 分，日军派遣队 2 架陆上攻击机（各挂载 12 枚 60 公斤陆用弹）从王浜机场出发。12 时 08 分，派遣队陆上攻击机在公大机场上空与日军第 13 航空队 9 架舰载战斗机、6 架舰载轰炸机会合，随后前往南京。13 时 35 分，攻击队发现南京大校场机场，但因没有发现有价值的攻击目标，而改为轰炸电话局。13 时 40 分，攻击队飞至大校场机场以西，发现中方战斗机从正前方上空抵近，高度相差 500 米。于是，中方一架战斗机与日军护航战斗机缠斗，另一架绕至日军陆上攻击机编队后上方攻击。在这次攻击之中，日军陆上攻击机 1 号机左机翼中 1 弹。在实施轰炸后，日军陆上攻击机于 13 时 58 分返回句容上空，至 14 时 20 分与 5 架舰载战斗机编队返航，后降落在上海王浜机场。

在日机空袭期间，南京市区光华门外及城内碑亭巷、二郎庙、游府西街一带均遭投弹。南京地面防空部队亦对空袭日机进行猛烈射击。

11 月 24 日，英国路透社驻南京记者发出的新闻电讯里，记录了此次空袭给南京造成的严重损失：

（南京）今日首都复遭日机袭击，城心附近与东中山路两面共落下轻炸弹约二十枚，死伤人数尚未由当局查明，现信死者约七人，重伤者十二人。午后一时三十分，警报复作，此为本日第三次警报，前两次则无日机飞临。钟鸣两句，日重轰炸机两架飞行甚速，出现天空，后随驱逐机两架。日机越城后，回向东南面前进。维时高射炮声，隆隆震耳。日机或同时掷弹。一弹落于国民大会巨厦广场之东南隅，震倒一墙，并震碎许多玻璃窗。第二弹落于东中山路之中，亦震倒一墙，并损商店数家。第三弹击中李西（译音）中学房屋而重损之。该校系中国著名耶教徒取名，由美法人管理。余弹落于贫民住区，死伤多在该处。或谓日机为甚有准力之高射炮所迫，故无目标掷弹逃去。[②]

① 台北“空军总司令部情报署”编：《空军抗日战史》第 1 册，1950 年，第 292 页。

② 《首都及广州 / 昨日又遭空袭 / 高射炮声怒吼如雷 / 毁房伤人损失极重》，《申报》1937 年 11 月 25 日。

《申报》在刊登路透社驻南京记者此篇新闻时，标题里特地写了“毁房伤人、损失极重”的词句。然而，随着之后日机的空袭行动不断升级，给中方造成的损失愈发严重。

另一次空袭是在11月29日下午，日军海军航空兵突然对南京南郊溧水城区进行狂轰滥炸，造成了特别重大的人员伤亡和财产损失。据后来参加掩埋尸首的幸存者回忆，“南门东侧城墙外，挖了一个大坑，埋了从夫子庙、大东门街清理出的尸体”“美人山埋得最多，有几百具”。轰炸后的惨状从这些回忆里可以窥见一斑。20世纪80年代初调查时，幸存者龚齐浦回忆了当时不完全统计的遇难人数，称遭轰炸之后的溧水城里掩埋无主尸体786具，认领运走的尸体200具左右。龚齐浦还回忆，加上不能辨认和未及从废墟之中找到的尸首，溧水遇难同胞可能“有1200人之多”。溧水当地政府于1939年6月追记1937年损失的报告里曾提道：“城内死者经地方设法掩埋统计约900余具”。[①]

当天，在侵华日军的作战电报中也留下了溧水大轰炸的铁证。

其一是在11月29日17时30分，日军海军航空兵第1联合航空队派遣队指挥官向其上级、日本海军多个航空兵部队以及“中国方面舰队参谋长”发出的标注着“极秘”的“一联空战斗概报第十四号”。该电报称29日中午12时05分，日本海军航空兵第1联合航空队的九六式陆上攻击机两架、九五式陆上攻击机3架，与第2联合航空队、鹿屋航空队的飞机汇合后一起前往溧水进行攻击。编队飞机在溧水投下“60公斤炸弹六十四枚、250公斤炸弹六枚”，全部命中溧水的城内街道。日军指挥官还丧心病狂、洋洋得意地评价道：此次空袭“引起多处火灾”，确认“效果相当大”。

其二是29日18时，日本海军航空兵“第三空袭部队”（当时驻扎在台湾的鹿屋航空队一部）指挥官给他的上级等发出的一份“极秘”电报，称：当日“14：00轰炸溧水”，投下“60公斤炸弹三十六枚、250公斤炸弹十一枚”，全部命中溧水城区（日语称“市街”），这“引起多处火灾”，确认“效果大”。

其三是29日19时，参加空袭溧水的日本海军航空兵“第五空袭部队”（第2联合航空队一部）指挥官向其上级、其他航空兵部队以及“中国方面舰队长官”发出的“极秘”电报，称所辖的第13航空队出动舰载俯冲轰炸机6架、舰载水平轰炸机8架、舰载战斗机9架，与前述两个日军航空兵部队一起于“14：05”空

① 南京市地方志办公室等编：《铁证如山——侵华日军溧水大轰炸实录》，南京出版社2016年版，第102页。

袭了溧水，投下“250公斤炸弹十枚、60公斤炸弹二十八枚”。[①]

此三份“极秘”的作战电报显示，日军3个部队当天合计投下250公斤炸弹27枚（6750公斤）、60公斤炸弹128枚（7680公斤），共计落弹多达155枚（14430公斤），这对于常住人口只有4000人的溧水城区来说，堪称是一个令人发指的血淋淋的惨烈数据。并且，日军在三份“极密”的作战电报里，完全没有提到在溧水城区发现了任何军事目标，可见日军在当时清楚知道轰炸的就是平民目标。

关于日军飞机轰炸溧水的情况，中央通讯社在29日当天发出《敌机惨轰溧水》的电讯，揭示日机“在城内投弹达百余枚，死伤平民甚多，被毁房屋无数”。次日，该社又补发了《敌今四次轰炸溧水》的新闻电讯，进一步详细叙述了溧水遭袭惨状：“溧水城厢及附近村庄已成焦土。公路上之伤兵难民，因遭敌机枪密集扫射，死者极众，遗尸遍野，途为之塞，断胫残肢，惨不忍睹。即河中通行之难民船舶，亦多遭炸沉，河水为之变色”。[②]

前述溧水大轰炸惨案发生后第一时间的多份历史记录，共同组成了侵华日军对溧水平民所犯罪行的铁证。

幸存者之中有此前在淞沪前线参加救护工作的张鸿树，他于11月29日正好后撤转移到溧水。他回忆当时跑出城门后，目睹了日军飞机对溧水进行轰炸：

（那日）忽听到飞机声，先是一架侦察机，接着大群飞机由西向东而来。我说不好，拉上马骥跑出西门，躺在地上数着飞机，一共36架。一进入城市上空，炸弹就闪荧光倾泻下来了。炸弹、燃烧弹的巨大爆炸声中，房屋倒塌起火．全城浓烟滚滚，一片火海。[③]

张鸿树回忆来溧水空袭的日机共36架，基本上符合实际出动的日机数量。据日军有关战报资料显示，11月29日空袭溧水的是以下三支日军部队：第1联合航空队上海派遣队、鹿屋航空队溧水攻击队、第2联合航空队第13航空队。鹿屋航空队的九六式陆上攻击机9架，于上午9：25—9：30从台北的机场出发，中午在上海的上空和第1联合航空队上海派遣队的3架九五式陆上攻击机、两架九六

① 南京市地方志办公室等编：《铁证如山——侵华日军溧水大轰炸实录》，南京出版社2016年版，第78页。

② 南京市地方志办公室等编：《铁证如山——侵华日军溧水大轰炸实录》，南京出版社2016年版，第21—22页。

③ 南京市地方志办公室等编：《铁证如山——侵华日军溧水大轰炸实录》，南京出版社2016年版，第88页。

式陆上攻击机，第2联合航空队第13航空队的6架舰载俯冲轰炸机、8架舰载水平轰炸机汇合，在9架舰载战斗机的护航下朝溧水进发。合计37架日军飞机在下午14时许开始陆续对溧水进行空袭。

另外，日军有关《战斗详报》明确记载，轰炸的目标就是整个“溧水市街（城区）”，甚至还残忍地把“民宅粉碎”“引起多处火灾”等罪行，列为战斗的“功绩”，还把炸弹的落弹位置绘到了溧水城区地图上。透过这一个个标示在繁华城区的落弹位置，可以清晰看出空袭对于平民生命财产造成了怎样的惨重损失。

日机空袭除了使用轰炸机进行轰炸外，护航的日军战斗机还以机枪疯狂扫射。惨案幸存者余樵话在《溧水县城惨遭日机轰炸前后见闻》里，回忆了他所听到的难民们的叙述：

刚吃过中饭，就遭日机轰炸，大地震动着，房屋摇晃着，屋里的人纷纷向外跑。街上更加拥挤，人们像潮水一般，只顾涌出县城。那〔哪〕知敌机发现稠密人群，便向低空扫射，射死的人比炸死的人还要多，到处都是尸体。[①]

另一位幸存者俞盛龙，回忆了日军航空兵机枪扫射杀害他母亲的惨痛往事：

只见街上房屋炸塌，到处有被炸死的尸体。有的腿被炸得飞到树枝上，有的肚肠淌了出来，真是惨不忍睹。我接连跨过几具尸体才走到王昌祥店里，见店房已被炸塌，店里空空无人，只有我母亲身子斜依柜台躺在地上，胸部和腿部都中了敌机的机枪子弹，遍身被鲜血染红，早已没有一丝气息了。我伏在母亲身上痛哭不已。一直等到天黑了，我父亲和姐姐、哥哥等人才从乡下赶来，悲痛地把母亲抬回家安葬。[②]

实际上，日军溧水大轰炸对溧水城区建筑造成的破坏，一直到1947年还没有完成修复，那时在城内不论是大街，还是小巷，到处可见断壁残垣、破砖碎瓦，这些都是1937年11月29日日军轰炸时留下的罪行痕迹。

溧水大轰炸是抗战时期侵华日军对江苏各地的空袭中，造成无辜平民伤亡最

① 南京市地方志办公室等编:《铁证如山——侵华日军溧水大轰炸实录》，南京出版社2016年版，第107页。
② 南京市地方志办公室等编:《铁证如山——侵华日军溧水大轰炸实录》，南京出版社2016年版，第104页。

多的单次空袭，这一历史惨案将永远留在人们的记忆里。

在1937年的整个11月，日军共投入50架次舰载机及31架次陆上攻击机突袭南京、溧水，损失1架96式陆上攻击机。兵力匮乏的中国空军一度已经很难组织战斗机截击日机。这主要是因为中国空军长时间参加华东方面的对敌空袭，损失飞机较多，又无法及时补充，这直接导致无法阻止日军持续空袭南京。

不过即使是在如此艰难时期，中国空军和地面防空部队仍继续坚持守卫着南京的天空，继续谱写着可歌可泣的“空中南京保卫战”新篇章。

二　苏联航空志愿队首战南京

1937年11月中旬，因中方战机的暂时撤离，致南京逐步陷入“有空无防”的严峻局面，仅仅依靠地面防空部队的努力而没有空军飞机升空迎敌，如此难以有效阻击和拦截日军的空袭。在这艰难时刻，苏联援华航空志愿队抵达南京，参加空中保卫南京的作战行动。

此前，全面抗战开始后，为了支援中国人民的正义斗争，苏联援助中国空军一批战机。中国空军著名战斗英雄高志航率队前往兰州接收战机并训练，准备以这些飞机来保卫南京。据参加接收飞机的飞行员杨遇春回忆，中国空军接收的新战机本来是11月15日要飞往南京的，但是在河南省周家口机场遭遇恶劣天气，在连续等待6天之后，11月21日天气终于转晴。在正准备起飞前往南京时，遭到事先探获消息的日军航空兵的空袭，绝大部分飞机在地面遭到损毁，高志航等飞行员也不幸牺牲，其原定即刻去参加保卫南京的计划，也未能实现。

在南京原有战机或损失或撤离，而新飞机又半路损毁的艰危情况下，1937年11月21日（一说11月22日），苏联援华航空志愿队飞行员驾驶战斗机赶到南京，并于次日直接投入保卫南京的空战中。此前不到一个月，苏联援华航空志愿队的先头部队刚通过新疆的中苏边界进入中国。他们是从兰州一带经长途飞行来到南京的。抵达时总共有43架飞机，其中23架隶属普洛柯菲也夫率领的伊-16战斗机大队，另外20架隶属基达林斯基率领的SB轰炸机大队。

苏联是第一个援助中国抗战的国家。1937年8月，中苏两国在南京签订了《中苏互不侵犯条约》，苏联政府随后派遣航空志愿队参加中国的抗日战争，其中就包括南京空中保卫战，而当年11月22日在南京上空与日机的激战，即为苏联援华航空志愿队的首战。

据日方作战文献记载，11 月 22 日晚 22 时 19 分，日本海军第 2 联合航空队发给海军航空本部和其他部队的、标注着“极秘”和“至急”的作战电报里，称当日正午时分，其下辖的第 13 航空队“九六”式舰载战斗机 6 架，掩护第 12 航空队的“九七”式舰载攻击机两架前往南京（电报之中地名代号 P），在其上空与“单叶战斗机”6 架展开空战，傍晚 17 时机群返回基地，有 1 架第 13 航空队的舰载战斗机没有归航。该机在南京上空被“敌战斗机一架”追踪，尔后情况不明，飞行员“宫崎三空曹”也随机一起失踪。

11 月 22 日当天，日本《朝日新闻》上海特派员也发出新闻电讯，记载了从南京返回的飞行员叙述的情况。报道称：日军飞机“下午 2 时 30 分飞抵南京上空”，发现“难得一见的六架敌战斗机在空中游弋”，“当天敌人出动的飞机是以前从没见过的机型，这是一种单翼单引擎战斗机，非常灵活，无法判断是意大利制造的还是苏联人驾驶的战斗机”[①]。这段记录也说明，骄狂的日本侵略者此前在 11 月的上中旬多次轰炸南京未曾遇到空中抵抗，已认为在南京不会再发生空战了，未料到会在这次空袭中遭到迎头痛击。

11 月 23 日，日本方面通过情报确认，22 日在南京阻击其空袭的是苏联战斗机，这是日军首次遇到苏联战斗机。据《日本海军第一联合航空队上海派遣队事变日志》记载，11 月 23 日日军中国方面舰队司令官在给第 2 联合航空队司令官，第 1、3 航空队司令官，以及该上海派遣队指挥官发出的电报中通报：P（南京）方面有苏联飞机出现。11 月 24 日，日本《东京朝日新闻》刊登了《查明被我军击退的敌机为新到的苏联战机 / 已证实其飞行员也一起参战》这一新闻。

第二次世界大战期间，日本陆军恤兵部编印的专门回顾和鼓吹日军在华“战绩”之手册中的《南京攻略》章节显示，日军在 1937 年 11 月 22 日发起了“南京大空袭”。据该日方资料记载，下午 2 时 30 分，日军海军航空兵飞机到达南京上空，在空袭的同时还投放了用来瓦解中国军队士气的《劝降书》，就在以为不会遇到空中抵抗时，忽见六架战机，这些战机认明日机之后，立即发起攻击，双方随即在南京上空展开空战。事后，日军飞行员判断，这些战斗机为苏联飞机。[②]

---

① 《斗志昂扬地攻击南京 / 向蒋介石投下劝降书 / 空战中击落敌人新锐战机》，王卫星编，王卫星、李斌等译：《南京大屠杀史料集》第 59 册《〈东京朝日新闻〉与〈读卖新闻〉报道》，江苏人民出版社 2010 年版，第 61—62 页。

② 参见《支那事变战绩之刊——华中之部（中卷）》，马振犊、林宇梅等编：《南京大屠杀史料集》第 64 册《民国出版物中记载的日军暴行》，江苏人民出版社 2010 年版，第 243 页。

1937年11月22日当天中央通讯社的新闻电讯记载："淫雨经旬，一旦放晴，敌机二十二日三度企图袭京"[①]。中国地面防空部队和苏联援华航空志愿队并肩战斗，共同挫败了这一天日军航空兵的空袭行动。

11月23日，美国《纽约时报》刊登了其驻南京记者前一天从南京发出的报道《苏联飞机保卫南京》。这篇报道从第三方视角间接证实了苏联援华首战发生在南京的事实：

南京，周二，11月23日，苏联飞机昨天首次加入中国空军，参与同日本航空兵的作战。

在政府开始撤离南京市以来的第一次突袭中，9架日本战斗机下午1点出现在南京市上空，随即受到7架中国飞机的围堵，云层内外发生了一系列战斗。

在3架日本飞机的攻击下，一架中国新型飞机在空战开始几分钟后被击落，残骸在中央军事学校的场地内燃烧着。笔者查看了飞机残骸，从可靠的消息来源得知，这架飞机属于中国空军刚刚购入的一个中队。

昨天还不能确定到底有多少苏联飞机参与作战。但有经验的观察员能够明显看出，除了那架失事的飞机，东边还有一架曾经〔过去〕从未在南京上空见过的快速新型飞机。这架飞机在经历了一场短暂的战斗后，以极快的速度在城市上空低飞盘旋了很多次，而且进行的大部分都是令人窒息的、几近垂直的爬升。这大概是为了向公众展示这架飞机，并且通过它的表现而鼓舞高射炮炮手……[②]

日本当年在公布新闻报道时，为了掩饰失败而宣称虽遇到苏联飞机但自身没有损失。实际上，日本海军第2联合航空队在其作战电报里，已记录有飞行员未返航。另查阅1940年日本海军省教育局编纂的、用于内部宣扬战死者侵华"功绩"的《支那事变尽忠录》，其中有明确记录，即一名叫宫崎康治的日本海军二等航空兵曹，于1937年11月22日下午2时25分，在南乡茂章大尉的带领下进犯南京上空，随后在大校场机场上空遭遇3架苏制伊-16战斗机阻击；下午2时45分，宫崎康治在空战中被击中死亡，其座机被击落。据此可知，在刚刚长途赶来，还不熟悉日军航空兵战术的情况下，苏联援华航空志愿队首战就取得击落日机、击毙其飞

① 《敌机三度袭京/经我空军起而应战/一架击落数架受伤》，《申报》1937年11月23日。

② 《苏联飞机保卫南京》，《纽约时报》1937年11月23日。

行员的出色战绩。

经过当天苏联援华航空志愿队的英勇战斗，日本海军航空兵对南京的空袭又一次未能有任何“实效”。南京市区成功避免了一次严重损失。但是，这也是浸透着苏联航空烈士鲜血的战绩。在这次空战中，有1架苏联航空志愿队的飞机被日机击中坠毁，飞行员牺牲。

这位牺牲的苏联航空志愿队飞行员名叫涅日丹诺夫·尼古拉·尼基福罗维奇，他是一名苏联空军中尉，1913年出生于乌拉尔斯克州伊尔比特市（今属俄罗斯），为苏共预备党员，1933年入伍，牺牲时年仅24岁。他是中苏并肩抗击侵华日军牺牲的第一位苏军烈士。伊尔比特市人文历史博物馆档案记录涅日丹诺夫于1937年11月22日的空战中牺牲，并被苏联授予勋章一枚。①

南京，是中苏并肩抗日的首战之地，也是苏联与侵华日军作战的首获战果之地，还是参加中国抗日战争而阵亡于作战之中的最早苏军烈士牺牲之地。对此，南京以至中国人民永远不会忘记苏军飞行员参与保卫南京的壮举与史实！

三　最后的空战

进入1937年12月之后，在南京保卫战打响之前，侵华日军航空兵继续轰炸南京，而在日本陆军部队也逼近南京郊区之际，南京的防空作战也继续艰难地坚持着。

12月1日，中国空军于南京南郊拦截日本海军航空兵战斗机，与日军第12航空队分队长、“王牌飞行员”潮田良平进行了空战。当时驻防南京的中国空军飞行员罗英德回忆：12月1日南京空战时，与潮田良平交过手，未分胜负，双方驰骋而去。罗英德对潮田良平印象深刻的原因，系其所驾96式舰载战斗机机身涂有金色长线条标志，极为醒目；是役我方飞行员敖居贤座机被其击落，敖居贤本人牺牲。

中国空军有关航空烈士的记录里，第23队队员敖居贤是在12月1日于南京郊区溧水牺牲。当日，敖居贤随罗英德等升空截击欲轰炸南京的日军机群，并在南京郊区溧水上空与日机展开激战。战斗中，他率先冲入敌阵，却不幸被日机击中，

① 因为当时苏联援华航空志愿队是秘密赴华参战，故在涅日丹诺夫的档案里没有牺牲地位于南京的记载，烈士家乡的人们也一直不知道他牺牲于中国何处，后来终于在2015年从中国方面获知其牺牲于南京的确切消息，俄罗斯伊尔比特市人文历史博物馆馆长瓦西里·康斯坦丁诺维奇为此专门致谢中方人员，感谢中方提供的关于英雄的最新资料与信息。

以身殉国。

敖居贤，辽宁凤城人，出生于1914年10月23日。其家境贫寒，读小学时学校生活时断时续。1931年九一八事变后，他身陷沦陷区，面对日军累累暴行，愤而决定入关投军抗日，1934年9月，考入中央航空学校第五期航空甲班学习，1936年1月毕业后被派到洛阳分校担任准尉本级见习员，半年后升任少尉本级助教，1936年10月19日被授予空军少尉军衔。次年7月全面抗战爆发后，他申请外调，成为空军第23队少尉本级队员，希望能在空中杀敌卫国。从8月开始，他屡次升空在淞沪战场迎击日军，并在9月19日的空战中击落日机1架，获一星星序奖章，12月1日牺牲于南京时，年仅23岁。1942年6月1日，敖居贤被追晋为空军中尉。

12月1日，日本大本营下令进攻南京。当时，尽管中国空军已经陆续将主力调离华东，而苏联援华航空志愿队于11月下旬进驻南京，故至12月初仍有防空力量在南京坚守。日军了解到这些情况，为了在陆军部队从地面进攻南京之前夺取制空权，遂决定对南京继续实施空袭。

据日方记录，12月2日10时整，第13航空队派出8架96式舰载攻击机、6架96式舰载战斗机前往南京，实施空袭。12时05分左右，战斗机第2小队最先接战，该部于南京上空发现一架苏制伊–16战斗机，随即展开追击，其队员古贺清登发现一架“马丁轰炸机”，随即改为攻击这架轰炸机。铃木清延、寺松直三空曹驾驶僚机继续追击伊–16。在确认铃木成功实施咬尾攻击后，寺松退出战斗。铃木向目标抵近后与其进行缠斗，最终将其击落（所谓击落中方飞机一事，仅日方资料所记，中方则未有此记载）。

另据中方记录，11时22分中方战机飞行至溧水，这时中方战机处于约2000米的高空，同时发现上空有日方轰炸机3架，且有多架战斗机作掩护，日方飞机并未发现中方飞机行踪，而中方发现日方战斗机亦为时已晚，此外因为中方飞机飞行高度较低，只得立即返回南京。中方飞机在快要到达机场的时候，正好遇到日方战斗机前来掩护轰炸机场，于是转到安庆降落。①

日方续记，在当日12时20分，寺松、铃木发现另有1架伊–16战斗机进入俯冲状态，试图退出战斗，遂共同追击这架飞机，待飞到某处山坡上空后，寺松、铃木向目标抵近并进行长连射。这架伊–16虽然中弹冒出浓烟，还是成功利用树林的掩护迅速撤离。

---

① 台北“空军总司令部情报署”编：《空军抗日战史》第1册，1950年，第293页。

日方自称，在其第 2 小队离开后，战斗机第 1 小队继续掩护舰载攻击机队向大校场机场前进。12 时 15 分，日方舰载攻击机队抵达南京上空，从北进入攻击航路，对大校场机场实施水平轰炸，高度 4200 米。轰炸结束后，舰载攻击机队于句容南 6 公里集合并向上海返航，后于 13 时 55 分返回公大机场。

日方还宣称，其战斗机第 1 小队与苏联航空志愿队主力爆发激战。12 时 35 分左右，该小队发现 20 架伊 –16 战斗机向舰载攻击机队抵近，遂加速接敌并实施突袭。于是双方发生激烈交战。

此次战斗，日军第 13 航空队声称击落了 8 架伊 –16 战斗机（称其中两架为疑似战果）、3 架马丁轰炸机，其自身毫无损失。

从 12 月 2 日开始，此前已经出没于华东地区的日本陆军航空兵也投入了对南京的空袭。日本陆海军航空兵共同对南京发动大规模空袭，是日军急于向南京发起地面进攻的“先声”。

12 月 2 日上午 11 时 15 分，日本陆军航空兵独立飞行第 10 中队的鹤田静三、吉濑桂，各驾驶一架 95 式战斗机离开上海，飞往南京。二人飞抵大校场机场后，发现有 12 架轰炸机、15 架战斗机停放在机场，于是对这些飞机进行了 3 次扫射。其间，机场有 4 架战斗机、2 架轰炸机相继升空。鹤田静三声称率先击落 1 架轰炸机，吉濑桂声称击落了第 2 架轰炸机。

实际上，苏联航空志愿队确认有 5 人在这一天的空战中牺牲，他们是：亚历山大・伊万诺维奇・布尔丹诺夫上尉、瓦西里・谢尔盖也维奇・阿列克赛耶夫中尉、米哈伊尔・伊万诺维奇・安德烈耶夫中尉、阿尔西尼・彼得洛维奇・彼得诺夫中尉、谢尔盖・葛里高利耶夫・波波夫准尉。而且其中有部分人员是在 12 月 2 日当天，为打击敌人的后方，对上海日军进行空袭时牺牲的。例如彼得诺夫中尉，他是苏联援华航空志愿队轰炸机的领航员，12 月 2 日随 1 架轰炸机从南京大校场机场出发攻击上海日军，日军地面高射炮拦截时有弹片击中了轰炸机，彼得诺夫不幸牺牲。机长萨若宁负伤后在将飞机驶回南京的途中，牺牲于上海上空，而彼得诺夫被安葬于南京。[①] 据此，日军所称击落中方（实为苏联援华航空志愿队）飞机架数疑为虚报战绩。

南京防空作战虽处于整体上的不利局面，但对照日军记录，在 12 月 2 日的南京空战中，中苏空军联合地面防空部队拦截日机空袭时，仍击落了日军飞机两架，

① 〔俄〕卡利亚金著，赖铭传译：《沿着陌生的道路：一位苏联驻中国军事顾问的笔记》，解放军出版社 2013 年版，第 82 页、第 258 页。

击毙日本陆军航空兵 4 人。

此如日方资料所记，12 月 2 日这天，日军陆军航空兵独立飞行第 4 中队出动 3 架 94 式侦察机前往溧水执行侦察任务，完成侦察后，这些侦察机沿太平、江宁方向飞往南京大校场机场。随后，其 1 号机在靠近大校场机场观察时被伊 -16 战斗机击落，3 号机被地面高射炮击落，仅 2 号机逃出南京上空返回机场。[①]

后来日本军方在有关资料中，亦对此次行动做了如下叙述：

12 月 2 日，对南京周边特别是溧水（南京东南约 40 千米）附近的阵地和兵力移动的情报搜索命令交给了陆军独立飞行第 4 中队长。考虑到可能有敌机妨碍，于是下达派出 3 架飞机组成编队出动的命令。3 架飞机增强了对溧水阵地的搜索后，经太平、江宁镇向大校场飞行场前进。途中，发现正在南下中的中国军队并予以轰炸。发现大校场飞行场驻有大型飞机约 10 架、小型飞机约 20 架。编队长竹本大尉在进一步详细确认敌机时，有 2—3 架小型飞机和 1—2 架大型飞机开始起飞。编队长指挥攻击敌起飞的轰炸机，遭到敌战斗机的反击。被证实的有 2 架，未被证实的有数架敌机被击毁。但含编队长在内的 2 架飞机未返回，返航的 2 号机机身中弹 35 发，弹痕可数。[②]

被击落日军飞机的机组人员 4 人全部毙命，成为南京防空作战的又一战绩。

12 月 3 日，日本陆军航空兵又开始空袭南京。日军独立飞行第 4 中队此时开始陆续使用常州机场，至 12 月 7 日该部全体机组已进驻常州。日本陆军航空兵起降基地与南京的距离又大为缩短。

12 月 3 日上午 10 时 30 分，日本陆军航空兵独立飞行第 10 中队掩护第 11 中队轰炸大校场机场。参加此次掩护的是高月光陆军大尉、远部喜久雄陆军少尉、佐野清则曹长、金丸贞三军曹、粉川宗三军曹 5 人。日方记录称，当轰炸与掩护机群飞抵南京上空时，有中方的 17 架伊 -16 战斗机组成编队，向日机迎面飞来，在接下来的空战中，有 3 架伊 -16 被击中坠落。

当日，中国空军第 21 队队长董明德、副队长乐以琴各驾驶 1 架霍克战斗机参加南京空战。其实，日军大批机群再次飞临南京上空实施攻击时，乐以琴的座机

---

① 日本皇辉会本部编：《陆の荒鹫殊勋甲：前篇》，1941 年，第 199 页。另关于日方 3 号机被击落一事，查中方高射炮兵当天记录，没有击落日机的记载，因此这架日机疑被中苏空军飞机击落。

② 日本防卫厅防卫研修所战史室编：《战史丛书・中国方面陆军航空作战》，朝云新闻社 1974 年版。

正在修理，但他杀敌心切，当即决定改用同僚座机升空迎敌。

升空后不久，乐以琴在栖霞山上空发现了日军3架轰炸机，便开足马力冲了过去。不料这是日军早已计划好的陷阱，当乐以琴即将靠近日军轰炸机时，突然在他的上方出现了3架日军战斗机。乐以琴见情况急迫，毫不畏惧，立即予以还击，终因势单力孤，战机连中7弹，被日军击落于南京栖霞山，其本人壮烈牺牲，年仅23岁[①]。

乐以琴和他的战友当天英勇抗击日军的空袭，干扰了日机的投弹行动，让南京市区当天未遭损失。《申报》次日刊登报道称："日机在光华门外投弹数枚而去，我无损失。"[②]

对于12月3日的空袭，英国路透社驻南京记者次日（12月4日）发出新闻电讯："南京昨日又遭空袭，此为战事生后之第一百十一次"[③]。

12月1日至3日期间，侵华日军对南京进行了无差别轰炸，高射炮兵上尉连附沈咸曾亲眼目击："十二月一日开始，排成品字形的敌机大队一次又一次地轮番对我首都实行灭绝人性的报复性轰炸。我还记得：第一天入侵九次，第二天入侵十一次，第三天入侵十五次。轰炸目标集中在中华门、水西门一线。南京城西南隅广大地区，被炸成一片瓦砾，没有一条完整的街道，没有一座完整的房屋。"他还回忆了高射炮兵努力抗击敌机空袭，使其不敢低飞投弹的情况："为了打击敌机又使自己不受损失，我们排不断转移炮位，有时，一天内要转移七八次阵地。敌机在我高射炮火力攻击下不敢低飞投弹，始终没有炸中城墙"[④]。

自12月4日开始，惨烈悲壮的南京保卫战打响，侵华日军对南京的空袭和地面进攻逐步结合到一起。同时，南京防空作战也融入了南京保卫战之中。

在1937年8月15日至12月初的3个多月时间里，在敌强我弱的情况下，中国空军和地面防空部队，以及长途赶来的苏联援华航空志愿队，临危不惧、奋勇战斗，在"空中南京保卫战"中给来犯日军航空兵以沉重打击，这是保卫南京战斗中光辉的一页。它将永远被南京这座城市所铭记和纪念，而在空中保卫战中牺牲的英烈也将精神永在，浩气长存！

---

① 乐以琴生平事迹见本书第八章第四节第一目"殉国将领英名永存"。

② 《日机昨两度袭京/被击落四架/我机一架亦中弹坠落》，《申报》1937年12月4日。

③ 《首都又遭空袭》，《申报》1937年12月5日。

④ 沈咸：《高炮连参加南京保卫战简记》，中国人民政治协商会议全国委员会文史资料研究委员会《南京保卫战》编审组编：《原国民党将领抗日战争亲历记·南京保卫战》，中国文史出版社1987年版，第225页。

第四章　日军进犯南京

作为当时中国首都所在地和抗战军事指挥中枢，自日本发动全面侵华战争以来，南京一直是日军进攻的主要目标。进犯南京的决策，是在对华发动全面战争背景下，日本当局高层放弃所谓“不扩大”方针，中国战场日军前线指挥官狂热急进，妄图迅速解决战争的结果。1937 年 11 月 12 日，日军占领上海后，兵分多路向南京进犯，陆军突破乍平嘉线、吴福线、锡澄线三道国防线，日本海军攻破江阴、镇江阻塞线溯江而上。中国军队沿途与日军展开激战，以阻击日军向南京进犯。

第一节　方针与部署

一　进犯南京的决策

1937 年 7 月，日本发动全面侵华战争，特别是随着八一三事变后淞沪战役的展开，日本当局放弃所谓“不扩大”方针，进一步升级对华侵略行动。

8 月 15 日，日本政府发表声明：“为了惩罚中国军队之暴戾，促使南京政府觉醒，于今不得不采取之断然措施”[①]。同日，日本参谋本部下达“临参命第 73 号”，决定派遣上海派遣军赴上海，任命陆军大将松井石根为司令官，其任务是“与海

① 〔日〕日本防卫厅防卫研究所战史室著，齐福霖译：《中国事变陆军作战史》第 1 卷第 2 分册，中华书局 1981 年版，第 5 页。

军协作，歼灭上海附近的敌人，占领上海及北部地区主要战线，保护帝国臣民”[①]。8月17日，日本内阁会议作出决议：“放弃以前所采取的不扩大方针，筹划战时形势下所需要的各种对策”[②]。

由于当时日本陆军当局尚未下决心将长江中下游地区作为主战场，因此，一开始上海派遣军的兵力仅限于第11师团（缺1个联队）和第3师团两个师团，以及若干直属部队。松井石根认为这样的安排“消极至极”“令人不胜遗憾”。8月16日，他分别面见参谋本部第二部长本间雅晴和陆相杉山元陈述自己的意见：“要全力以赴将南京政府作为目标，采用武力和经济手段进行逼迫，使今秋迅速向全面解决的阶段迈进。如果我陆军依然一味沿袭过去的方法，顾忌对俄关系以及其他对外关系，左顾右盼断然回避作战，反而会使将来的国策陷入危险的境地……我军应该以迅速进攻南京为目的，向中支那[③]派遣必要兵力（约五个师团），必须一举推翻南京政府。”[④]由此可见，松井石根在被任命为上海派遣军司令官之时，就已经把迅速进攻南京作为当期直接作战目标。

9月17日，松井石根向东京方面提出有关今后攻占南京的作战方针以及有关用兵的想法，其主要内容如下：

（一）作战方针

用派遣军的主力部队，从江南地区的太湖两侧地区及南京东面和南面，以包围之势攻打南京。再用一部分兵力占领杭州，占据浙东地区。还有部分兵力占领江北地区的通州、扬州、浦口等要地，以此掐断与支那北方的联系。

（二）所用兵力编排

方面军司令部一

特配备一个强有力的参谋机构

第一军　主要有两个野炮师团、一个山炮师团为主力部队。

　　　　主要从太湖以北开往南京东面进行作战。

① 《临参命第73号》（1937年8月15日），王卫星、雷国山编：《南京大屠杀史料集》第11册《日本军方文件》，江苏人民出版社、凤凰出版社2006年版，第1页。

② 〔日〕日本防卫厅防卫研究所战史室著，齐福霖译：《中国事变陆军作战史》第1卷第2分册，中华书局1981年版，第5页。

③ 指长江中下游地区，亦称“华中”。下同。

④ 《松井石根阵中日记》（1937年8月16日），王卫星编：《南京大屠杀史料集》第8册《日军官兵日记》，江苏人民出版社、凤凰出版社2005年版，第23页。

第二军　配备一个野炮师团和一个山炮师团。

主要从太湖以南开往南京南面作战。

独立山炮一个师团

占领杭州，占据浙东地区。

军直辖部队

配备一个重炮旅团和其他攻城炮兵。

后备步兵约有15个大队。

铁道兵一个联队。

其他略。

方面军的兵站监部一

兵站各部队除了增加一些始终需要的物品外，特别要为水路兵站配备必要的人员和物资。估计运输这些物资的小船大部分可以在当地征缴到。

（三）作战时期

第一期　自12月中旬至1月下旬

攻打江阴、无锡、湖州，攻进常州、宜兴和广德一带。

第二期　自2月上旬至2月下旬

占领镇江、句容、溧水和宁国一带。

第三期　自3月上旬至3月下旬

攻打南京。

上述作战计划，是以12月上旬前占领福山、常熟、苏州、嘉兴一带为基础的，是为了连续作战而制定的方案。今后，可以根据派遣军计划的成功情况，来缩减作战时期。①

由此可以看出，早在9月中旬，淞沪战事尚在进行之时，上海派遣军司令官松井石根已经对攻打南京作出了详细计划，涉及作战方针、兵力编排和作战时期，并将上述意见转达参谋次长，寻求支持。

10月20日，松井石根再次向参谋次长表达了对今后作战的意见："因为我军的目标最终是南京，所以当派遣军在上海西部地区的作战告一段落后，必须组编

① 《松井石根阵中日记》（1937年9月17日），王卫星编：《南京大屠杀史料集》第8册《日军官兵日记》，江苏人民出版社、凤凰出版社2005年版，第63—64页。

方面军，至少要组成两个军”，并请其转告本间第二部长他的另一个意见：“现在的战略要点归根到底就是攻打南京，并推翻南京政府。所以可以提前研究占领南京以后，如何开展政治工作的事宜。”①

10月21日，为增援和配合上海派遣军作战，日本参谋本部命令组建第10军。11月5日晨，第10军所辖第6、第18师团及国崎支队在金山卫海岸强行登陆。

11月7日，日方根据“临参命第138号”编组华中方面军，下辖上海派遣军和第10军，松井石根担任华中方面军兼上海派遣军司令官，并明确华中方面军的任务：“与海军协作挫败敌军战斗意志，为寻找结束战争的机遇而歼灭上海附近的敌人。”②8日，又有第10军所辖之第114师团从金山卫登陆，加入淞沪战场的作战。

同时，根据“临命第600号”，日本参谋本部划定一条“制令线”，规定：“华中方面军的作战区域大体是苏州、嘉兴一线以东地区。”③日军参谋次长多田骏在给华中方面军参谋长塚田攻的通牒中，对此做出解释：“贵军的任务仍然是剿灭上海附近的敌人，其地域应考虑到尔后的警备及那时候调出兵力等，所以希望在东面加以如此限制，而对其他方面的敌人须继续保持彻底进行攻击的态势。”④日本参谋本部作战课长河边虎四郎从兵力部署角度，解释了划定“制令线”的原因：“中央方面计划近期在广东方面作战，考虑把重藤支队和第11师团派到南方，所以松井方面军的兵力削弱了，直追南京也不能简单成行，暂且先在苏州、嘉兴一线为后期做准备，所以定下来这条线。”⑤

由此可见，日军当局划定苏州、嘉兴一线，并不是要阻止日军向南京进犯，而是因为计划将兵力调往外地，担心华中方面军兵力不足而采取的权宜之计。

在淞沪战场中国军队已呈全线撤退的形势之下，狂热的日军指挥官决定突破

---

① 《松井石根阵中日记》（1937年10月20日），王卫星编：《南京大屠杀史料集》第8册《日军官兵日记》，江苏人民出版社、凤凰出版社2005年版，第103—104页。

② 《临参命第138号》（1937年11月7日），王卫星、雷国山编：《南京大屠杀史料集》第11册《日本军方文件》，江苏人民出版社、凤凰出版社2006年版，第4页。

③ 《临命第600号》（1937年11月7日），王卫星、雷国山编：《南京大屠杀史料集》第11册《日本军方文件》，江苏人民出版社、凤凰出版社2006年版，第6页。

④ 〔日〕日本防卫厅防卫研究所战史室著，齐福霖译：《中国事变陆军作战史》第1卷第2分册，中华书局1981年版，第94页。

⑤ 《河边虎四郎少将回想应答录》，王卫星编，叶琳等译：《南京大屠杀史料集》第32册《日本军方文件与官兵日记》，江苏人民出版社2007年版，第16页。

所谓“制令线”的限制，继续向南京方向进攻。11 月 11 日，松井石根改变了原先军部制定的方针，决定一举向常熟—苏州—嘉兴一线追击。12 日，上海沦陷，淞沪会战结束后，日军没有停止追击，继续向南京方向进犯。

11 月 15 日夜，第 10 军司令官柳川平助召开幕僚会议，决定“以军的主力独自果断地向南京追击”，他们认为，太湖以东地区的作战并不彻底，因此失去了歼灭中国军队主力的机会，但也造成了中国军队的溃乱，“如果抓住这个变动着的战机一举断然进行追击，据判断有二十天的时间可以占领南京”。[①]17 日，第 10 军制定了《从嘉兴向南京追击的作战指导要领》，18 日 8 时，根据“不失时机一举向南京追击敌人”的方针，向所属各师团下达进攻命令。[②]

11 月 19 日，第 10 军向参谋本部发出报告电：“集团 19 日晨命令以全力向南京追击，大致部署如下：国崎部队经湖州、广德向芜湖追击，切断敌之退路。第 18 师团经湖州、广德、溧水向南京追击。第 114 师团经湖州、长兴、溧阳向南京追击。第 6 师团先向湖州推进。”[③]

实际上，主张向南京追击的不仅仅是第 10 军。按照“仍然在苏州、嘉兴一线准备以后的作战，同时企图攻占无锡及湖州”的方针，11 月 20 日华中方面军命令上海派遣军攻击无锡，第 10 军一部攻击湖州，并以精锐一部协助上海派遣军攻击无锡。

11 月 22 日，华中方面军向参谋本部呈报今后的作战意见，认为“为了加速解决事变，要趁现在敌人之颓势攻克南京”，其理由是：“南京政府因在湖东会战中大败，现已做出迁都之举，仅留统帅机关于南京。其第一线部队之战斗力已显著丧失。如今，敌之抵抗在各阵地皆极为微弱。很难确认敌是否有确保南京之意图。”“在此之际，留部队于苏州、嘉兴一线，不仅已丧失战机，而且致使敌方恢复元气，战斗力得以重新整备。据此，要彻底挫其战斗意志，恐怕甚为困难。”“由于事变之解决时间益发延长，故于国内之国民难以谅解我军之作战意图，从而有害于国论之统一。因此，可利用目前之形势，攻克南京。”电文陈述了向南京追击的可行性：“上海派遣军虽因连续作战而疲劳稍甚，但若给予十天之休整，战

① 〔日〕日本防卫厅防卫研究所战史室著，齐福霖译：《中国事变陆军作战史》第 1 卷第 2 分册，中华书局 1981 年版，第 107 页。

② 〔日〕日本防卫厅防卫研究所战史室著，齐福霖译：《中国事变陆军作战史》第 1 卷第 2 分册，中华书局 1981 年版，第 107 页。

③ 〔日〕日本防卫厅防卫研究所战史室著，齐福霖译：《中国事变陆军作战史》第 1 卷第 2 分册，中华书局 1981 年版，第 106 页。

斗力即可恢复，军队之整顿亦能完毕。故判断向南京之追击完全可能。”电文还对攻占南京的时间做了预判：“估计两个月以内，可达目的。”①

参谋本部内部对于是否废除“制令线”则意见不一，参谋次长多田骏出于“解决事变的政略要求”，坚持第10军必须终止行动，从“制令线”后退；第一部长下村定则支持“现地军采取积极行动”，应由华中方面军司令官做出决定。

11月17日，为加强对侵华战争的战略指导，日本当局设立了直接受命于天皇的最高统帅部——大本营。11月24日，日本大本营召开第一次御前会议，参谋总长闲院宫、陆军大臣杉山、参谋次长多田、第一部长下村、军令部总长伏见宫、海军大臣米内等政要参加了会议。会上，参谋总长、第一部长分别介绍和说明了陆军今后的作战方针以及继续作战的计划，其中有关华中战场的形势分析和作战计划指出，随着上海及其周边战事的迅速推进，华中方面军的作战任务发生转变，但由于兵力和装备的限制，影响其向南京推进，“不能考虑一举即可到达南京”。会议认为，在此情况下，“方面军应以其航空部队与海军航空兵力协同，轰炸南京及其他要地，并不断表现出进击的气势，以资消磨敌人的战斗意志”。“统帅部也在考虑根据今后情况，整顿好该方面军新的准备态势，使其攻击南京或其他地区。”②

由此可见，在日本天皇旗下设立的大本营，作为战时的最高统帅机关，明确了攻击南京的作战计划。同日，“大陆电第18号”指示：“废除根据‘临命第600号’指示的华中方面军作战区域。”③至此，“制令线”被废除。

11月24日，华中方面军制定第二期作战计划大纲，具体内容如下：

华中方面军第二期作战计划大纲

11月24日

第一　作战方针

华中方面军与中国方面舰队协同，迅速攻克南京。

---

① 《中方参电第167号》（1937年11月22日），王卫星、雷国山编：《南京大屠杀史料集》第11册《日本军方文件》，江苏人民出版社、凤凰出版社2006年版，第18—19页。

② 〔日〕日本防卫厅防卫研究所战史室著，齐福霖译：《中国事变陆军作战史》第1卷第2分册，中华书局1981年版，第103—104页。

③ 《大陆电第18号》（1937年11月24日），王卫星、雷国山编：《南京大屠杀史料集》第11册《日本军方文件》，江苏人民出版社、凤凰出版社2006年版，第10页。

第二　指导要领

一、方面军大致在无锡、湖州一线以东地区，于12月上旬前，彻底完成向南京跃进之准备。并相机以一部攻克江阴要塞，以及占领杭州。

二、方面军以一部自扬子江左岸及芜湖方面进至南京背后，其主力自丹阳以东之京沪铁路—丹阳—句容方面，以及湖州—宜兴—溧阳—溧水方面相呼应，于南京要塞外，歼灭敌之野战军，攻克南京。

三、本次作战预定于昭和13年1月中旬结束。

第三　作战准备

一、方面军按照能适应今后会战之要求进行整编（参照另纸）。

二、各兵团整顿兵力，充实战斗力。

第四　兵团部署

一、上海派遣军

1. 占领无锡后，若能以一部封锁江阴要塞，则攻克之。

2. 大致以一个师团之兵力，于扬子江左岸地区作战，并于南京北部地区截断津浦铁路。

3. 其主力重点保持于丹阳—句容一线，击破当面之敌，进至磨盘山脉西侧。

二、第十军

1. 大致以一个师团之兵力，自广德—宁国—芜湖一线，进抵南京背后。

2. 其主力重点保持于宜兴—溧阳一线，击破当面之敌，并进抵溧水附近。

3. 酌情以一部占领杭州。

三、两军之作战区域，以黄浦江—北新泾下游之苏州河—北新泾—青浦—吴江—岜亭桥镇（宜兴以北约10公里）—黄金山镇（溧阳西北约25公里）一线为界。

线上属上海派遣军作战区域（黄浦江除外）。

四、在南京周边之会战中，应调整部署，将重点南移，最终攻克南京。

五、以约一个师团之兵力，作为方面军直辖之第二线兵团，令其驻于宜兴附近，南京周边会战时，若需要，则增为第一线。

六、上海周边地区为方面军直辖警备区域。

第五　陆海军之协同

一、必须水路作战、轰炸，以及搜索等方面不留任何遗憾。此点另与海军协商。

第六　兵站、交通、通信

一、必须一举跃进至南京，促进两军，尤其是第10军后方之整备。

二、迅速努力利用铁路，且最大限度利用水路。

三、补给应以弹药为重点。[①]

日本参谋本部在废除“制令线”的同时，即开始考虑进攻南京问题。11月27日，第一部长下村定给华中方面军参谋长拍发电报，指出：“攻占南京，本部有坚强的决心，现正逐步进行审议。”[②]28日，其将已制定的作战指导纲要向参谋次长多田骏做了说明，终于得到他的同意。同日，多田骏致电松井石根，传达了参谋本部关于进攻南京的决定。松井石根在其日记中写道：“我欣喜地感到，这些天我那些竭力鼓动的意见终于奏效了。”“一旦命令下达，最迟在下个月5日便可以下达进攻南京的命令了。”[③]

11月30日，松井石根召集幕僚商讨进攻南京的作战方案，“基本定于12月上旬（5日左右）全军向南京发动总攻击。”[④]

12月1日，大本营下达“大陆命第7号”“大陆命第8号”，重新编组华中方面军的战斗序列，命令其与海军协同进攻中国首都南京。

大陆命第7号

命　令

华中方面军的战斗序列如附件所示。

昭和12年12月1日

附件

华中方面军战斗序列：

华中方面军司令官　陆军大将　松井石根

华中方面军司令部

上海派遣军

① 《华中方面军第二期作战计划大纲》（1937年11月24日），王卫星、雷国山编：《南京大屠杀史料集》第11册《日本军方文件》，江苏人民出版社、凤凰出版社2006年版，第20—21页。

② 〔日〕日本防卫厅防卫研究所战史室著，齐福霖译：《中国事变陆军作战史》第1卷第2分册，中华书局1981年版，第109页。

③ 《松井石根阵中日记》（1937年11月28日），王卫星编：《南京大屠杀史料集》第8册《日军官兵日记》，江苏人民出版社、凤凰出版社2005年版，第140页。

④ 《松井石根阵中日记》（1937年11月30日），王卫星编：《南京大屠杀史料集》第8册《日军官兵日记》，江苏人民出版社、凤凰出版社2005年版，第141页。

第10军[①]

大陆命第8号

命　令

一、华中方面军应与海军协同，进攻敌国首都南京。

二、有关细则由参谋总长指示。

昭和〔12年〕12月1日[②]

12月1日，参谋次长多田骏携带加盖玉玺的天皇敕令前往上海，2日他向松井石根宣读了进攻南京的训示，松井石根正式向部队下达了攻击南京的命令。松井石根在《阵中日记》中记述："今晨，我向全军下达了进攻南京的命令，又作为方面军司令官进行了训话，并命令第10军从12月3日开始前进，派遣军于12月5日开始前进，同时还敦促海军迅速开赴江阴附近，并打开要塞，开通长江水路。随着全军的进攻进程，派遣军的部分兵力（约1个师团）将登陆去江北。计划切断江北运河和津浦铁路线。"[③]

至此，日军进犯南京的决策最终完成，日军兵分多路向南京发起攻击，古都南京面临一场空前的劫难。

二　华中方面军的组成

华中方面军具体策划与实施了攻占南京的作战任务。该方面军是根据1937年11月7日"临参命第138号"编组而成，下辖华中方面军司令部、上海派遣军和第10军。陆军大将松井石根担任方面军司令官，并兼任上海派遣军司令官。第10军司令官为柳川平助中将。华中方面军编组之初的任务是与海军协作消灭上海附近的中国军队。此时，第10军已于11月初在杭州湾登陆，淞沪战事已近尾声，

① 《大陆命第7号》（1937年12月1日），王卫星、雷国山编：《南京大屠杀史料集》第11册《日本军方文件》，江苏人民出版社、凤凰出版社2006年版，第7页。

② 《大陆命第8号》（1937年12月1日），王卫星、雷国山编：《南京大屠杀史料集》第11册《日本军方文件》，江苏人民出版社、凤凰出版社2006年版，第8页。

③ 《松井石根阵中日记》（1937年12月2日），王卫星编：《南京大屠杀史料集》第8册《日军官兵日记》，江苏人民出版社、凤凰出版社2005年版，第143页。

中国军队纷纷撤离上海战场，而华中方面军的组建意味着日本当局改变以往“不扩大”战事的计划，向中国首都进犯，试图以此尽快结束战争。12 月 1 日，日本当局下达“大陆命第 7 号”和“大陆命第 8 号”，正式确认华中方面军的战斗序列。2 日，松井石根不再兼任上海派遣军司令官，由朝香宫鸠彦王接任。根据命令，华中方面军的作战任务明确为与海军协同进攻中国首都南京。

松井石根（1878—1948），华中方面军司令官，陆军大将，先后毕业于陆军士官学校和陆军大学，曾任日本驻法国和中国公使馆武官，后任驻奉天特务机关长、日本参谋本部课长和第二部长，以及第 11 师团长等职，曾参与制造九一八事变，1932 年任驻台湾日军司令官，1933 年晋升陆军大将，1935 年被编入预备役，1937 年 8 月 15 日，被任命为上海派遣军司令官，指挥淞沪作战。11 月 7 日，松井石根任华中方面军司令官，兼上海派遣军司令官，12 月 2 日，不再兼任上海派遣军司令官。作为华中方面军最高指挥官，松井石根直接策划与指挥了日军攻击南京的战斗。

上海派遣军

作为华中方面军的重要组成部分，上海派遣军是根据 1937 年 8 月 15 日“临参命第 73 号”编组而成，松井石根大将任派遣军司令官，其任务是与海军协作，歼灭上海附近的敌人，占领上海及北部地区主要战线。编制之初的上海派遣军序列为：上海派遣司令部、第 3 师团、第 11 师团（欠天谷支队）、独立机关枪第 7 大队、坦克第 5 大队。①12 月 1 日，根据“大陆命第 7 号”，上海派遣军编入华中方面军战斗序列。12 月 2 日，朝香宫鸠彦王接任上海派遣军司令官。

朝香宫鸠彦王（1887—1981），上海派遣军司令官，陆军中将，裕仁天皇的叔父，早年毕业于陆军士官学校，后任陆军大学教官、日本驻法国公使馆武官、步兵第 1 旅团长、近卫师团长等职。1937 年 12 月 2 日，他接替松井石根出任上海派遣军司令官，指挥部队参与攻击南京城的战斗。

第 10 军

作为华中方面军的重要组成部分，第 10 军是根据 1937 年 10 月 20 日“临参命第 119 号”组建而成，司令官为柳川平助中将，其作战任务是“与海军协作在杭州北岸登陆，促使上海派遣军司令官能够顺利完成任务”。②12 月 1 日，根据“大陆命第 7 号”，第 10 军编入华中方面军战斗序列。

---

① 《临参命第 73 号》（1937 年 8 月 15 日），王卫星、雷国山编：《南京大屠杀史料集》第 11 册《日本军方文件》，江苏人民出版社、凤凰出版社 2006 年版，第 1—2 页。

② 《临参命第 119 号》（1937 年 10 月 20 日），王卫星、雷国山编：《南京大屠杀史料集》第 11 册《日本军方文件》，江苏人民出版社、凤凰出版社 2006 年版，第 3 页。

柳川平助（1879—1945），第10军司令官，陆军中将，先后毕业于陆军士官学校和陆军大学，毕业后任骑兵学校和陆军大学骑兵教官，曾参加日俄战争，先后任骑兵第1旅团长、骑兵学校校长、骑兵第1师团长、驻台湾日军司令官等职，1931年晋升中将，1936年转入预备役，1937年10月20日出任第10军司令官，指挥部队于11月5日在杭州湾登陆，参与淞沪战役。上海沦陷后，柳川平助指挥部队向南京攻击，参与攻击南京城的战斗。

华中方面军战斗序列[①]

华中方面军司令部

司令官	松井石根	大将
参谋长	塚田攻	少将
副参谋长	武藤章	大佐

上海派遣军

军司令部

司令官	朝香宫鸠彦王	中将
参谋长	饭沼守	少将
副参谋长	上村利道	步兵大佐

第3师团

师团司令部

师团长	藤田进	中将
参谋长	田尻利雄	大佐

步兵第5旅团

旅团长	片山理一郎	

步兵第6联队

① 参见《华中方面军战斗序列》，王卫星编，叶琳等译：《南京大屠杀史料集》第32册《日本军方文件与官兵日记》，江苏人民出版社2007年版，第68—106页。

联队长	川并密	大佐
步兵第68联队		
联队长	鹰森孝	大佐
步兵第29旅团		
旅团长	上野勘一郎	少将
步兵第18联队		
联队长	石井嘉穗	大佐
步兵第34联队		
联队长	田上八郎	大佐
骑兵第3联队		
联队长	星善太郎	中佐
野炮兵第3联队		
联队长	武田精一	大佐
工兵第3联队		
联队长	中岛三栖夫	大佐
辎重兵第3联队		
联队长	栗岩上治	中佐

第9师团

师团司令部		
师团长	吉住良辅	中将
参谋长	中川宏	大佐
步兵第6旅团		
旅团长	秋山义允	少将
步兵第7联队		
联队长	伊佐一男	大佐
步兵第35联队		
联队长	富士井末吉	大佐
步兵第18旅团		
旅团长	井出宣时	少将
步兵第19联队		

联队长	人见秀三	大佐
步兵第36联队		
联队长	胁坂次郎	大佐
骑兵第9联队		
联队长	森吾六	大佐
山炮兵第9联队		
联队长	芹泽透	大佐
工兵第9联队		
联队长	野中利贞	大佐
辎重兵第9联队		
联队长	三田村正之助	大佐

第11师团

师团司令部		
师团长	山室宗武	中将
参谋长	片村四八	大佐
步兵第10旅团		
旅团长	天谷直次郎	少将
步兵第12联队		
联队长	安达二十三	大佐
步兵第22联队		
联队长	永津佐比重	大佐
步兵第22旅团		
旅团长	黑岩义胜	少将
步兵第43联队		
联队长	浅间义雄	大佐
步兵第44联队		
联队长	和知鹰二	大佐
骑兵第11联队		
联队长	田边勇	中佐
山炮兵第11联队		

联队长 山内保 大佐

工兵第 11 联队

联队长 山内章 大佐

辎重兵第 11 联队

联队长 大河原定 中佐

重藤支队[①]

台湾守备队司令部

司令官 重藤千秋 少将

台湾步兵第 1 联队

联队长 佐藤要 大佐

台湾步兵第 2 联队

联队长 高桥良 大佐

台湾山炮兵联队

联队长 中岛要吉 大佐

第 13 师团

师团司令部

师团长 荻洲立兵 中将

参谋长 畑勇三郎 大佐

步兵第 103 旅团

旅团长 山田梅二 少将

步兵第 104 联队

联队长 田代元俊 大佐

山田支队[②]

支队本部

支队长 山田梅二 少将

步兵第 65 联队

联队长 两角业作 大佐

① 由台湾守备队扩编而成，1937 年 11 月初杭州湾登陆后，由第 11 师团长指挥。

② 由步兵第 103 旅团一部编成，步兵第 103 旅团长山田梅二为支队长。

步兵第 26 旅团

旅团长	沼田德重	少将

步兵第 116 联队

联队长	添田孚	大佐

步兵第 58 联队

联队长	仓森公任	大佐

骑兵第 17 大队

大队长	小野贤三	中佐

山炮兵第 19 联队

联队长	横尾阔	中佐

工兵第 13 联队

联队长	岩渊经夫	少佐

辎重兵第 13 联队

联队长	新村理市	少佐

第 16 师团

师团司令部

师团长	中岛今朝吾	中将
参谋长	中泽三夫	大佐

步兵第 19 旅团

旅团长	草场辰巳	少将

步兵第 9 联队

联队长	片桐护郎	大佐

步兵第 20 联队

联队长	大野宣明	大佐

步兵第 30 旅团

旅团长	佐佐木到一	少将

步兵第 33 联队

联队长	野田谦吾	大佐

步兵第 38 联队

联队长	助川静二	大佐

骑兵第 20 联队

联队长 笠井敏松 中佐

野炮兵第 22 联队

联队长 三国直福 大佐

工兵第 16 联队

联队长 今中武义 大佐

辎重兵第 16 联队

联队长 柄泽畔夫 中佐

第 101 师团

师团司令部

师团长 伊东政喜 中将

参谋长 西山福太郎 大佐

步兵第 101 旅团

旅团长 佐藤正三郎 少将

步兵第 101 联队

联队长 饭塚国五郎 大佐

步兵第 149 联队

联队长 津田辰参 大佐

步兵第 102 旅团

旅团长 工藤义雄 少将

步兵第 103 联队

联队长 谷川幸造 大佐

步兵第 157 联队

联队长 福井浩太郎 大佐

骑兵第 101 联队

联队长 大岛久忠 大佐

野炮兵第 101 联队

联队长 山田秀之助 中佐

工兵第 101 联队

联队长 八隅锦三郎 中佐

辎重兵第 101 联队

联队长 鸟海胜雄 中佐

上海派遣军直辖炮兵部队

野战重炮兵第 5 旅团

旅团长 内山英太郎 少将

野战重炮兵第 11 联队（欠第 1 大队、1/2 联队炮列）

联队长 浅田弥五郎

野战重炮兵第 12 联队

联队长 富田富藏 大佐

野战重炮兵第 10 联队

联队长 长屋朝生 中佐

独立野战重炮兵第 15 联队

联队长 街道长作 中佐

独立野战重炮兵第 2 大队

大队长 西田茂 少佐

独立野战重炮兵第 3 大队

大队长 重永洁 少佐

独立野战重炮兵第 4 大队

大队长 二宫精一 少佐

攻城重炮兵第 1 联队第 1 大队

大队长 小笠原胜国 少佐

独立攻城重炮兵第 1 大队

大队长 松村精 少佐

独立攻城重炮兵第 2 大队

大队长 万波蔀 少佐

独立攻城重炮兵第 5 大队

大队长 铃木茂 少佐

独立攻城重炮兵中队

中队长 片山一彦 大尉

临时攻城重炮兵中队

中队长	冈田峮一	大尉
独立气球第2中队		
中队长	神吉武吉	少佐
独立气球第3中队		
中队长	纐哲三	少佐
第2野战高射炮兵司令部		
司令官	伊藤范治	中佐

第10军

军司令部		
司令官	柳川平助	中将
参谋长	田边盛武	少将

第6师团

师团司令部		
师团长	谷寿夫	中将
参谋长	下野一霍	大佐
步兵第11旅团		
旅团长	坂井德太郎	少将
步兵第13联队		
联队长	冈本保之	大佐
步兵第47联队		
联队长	长谷川正宪	大佐
步兵第36旅团		
旅团长	牛岛满	少将
步兵第23联队		
联队长	冈本镇臣	大佐
步兵第45联队		
联队长	竹下义晴	大佐
骑兵第6联队		
联队长	猪木近太	中佐

野炮兵第 6 联队

联队长　藤村谦　中佐

工兵第 6 联队

联队长　中村诚一　大佐

辎重兵第 6 联队

联队长　川真田国卫　大佐

第 18 师团

师团司令部

师团长　牛岛真雄　中将

参谋长　小藤惠　大佐

步兵第 23 旅团

旅团长　上野龟甫　少将

步兵第 55 联队

联队长　野副昌德　大佐

步兵第 56 联队

联队长　藤山三浪　中佐

步兵第 35 旅团

旅团长　手塚省三　少将

步兵第 114 联队

联队长　片冈角次　中佐

步兵第 124 联队

联队长　小堺芳治　中佐

骑兵第 23 大队

大队长　小池昌次　中佐

野炮兵第 12 联队

联队长　浅野末吉　中佐

工兵第 12 联队

联队长　井泽新　大佐

辎重兵第 12 联队

联队长　川内益实　大佐

第 114 师团

师团司令部		
师团长	末松茂治	中将
参谋长	矶田三郎	大佐
步兵第 127 旅团		
旅团长	秋山充三郎	少将
步兵第 102 联队		
联队长	千叶小太郎	大佐
步兵第 66 联队		
联队长	山田常太	中佐
步兵第 128 旅团		
旅团长	奥保夫	少将
步兵第 115 联队		
联队长	矢ケ崎节三	中佐
步兵第 150 联队		
联队长	山本重悳	中佐
骑兵第 118 大队		
大队长	天城干七郎	少佐
野炮兵第 120 联队		
联队长	大塚升	中佐
工兵第 114 联队		
联队长	野口胜之助	少佐
辎重兵第 114 联队		
联队长	中岛秀次	少佐

国崎支队[①]

支队司令部		
支队长	国崎登	少将
步兵第 41 联队		

① 即第 5 师团步兵第 9 旅团，1937 年 10 月 20 日根据“临参命第 122 号”命令编入第 10 军战斗序列。

联队长　　　　　　山田铁二郎　　大佐

独立山炮兵第 3 联队

联队长　　　　　　月野木正雄　　大佐

辎重兵第 5 联队（第 1 中队）

联队长　　　　　　江藤新吉　　大佐

第 10 军直辖炮兵部队

野战重炮兵第 6 旅团

旅团长　　　　　　石田保道　　少将

野战重炮兵第 13 联队

联队长　　　　桥本欣五郎　　大佐

野战重炮兵第 14 联队

联队长　　　　井手龙男　　大佐

独立山炮兵第 2 联队

联队长　　　　　　原山鹤吉　　中佐

第 1 野战高射炮兵司令部

司令官　　　　　　西田通久　　中佐[①]

上述华中方面军战斗序列中，除第 101 师团奉命驻守上海担任警备任务，没有参与攻击南京外，其他部队都不同程度地参与了向南京进犯的军事行动。其中，第 6 师团、第 9 师团、第 16 师团、第 114 师团、第 3 师团一部、第 13 师团山田支队，以及国崎支队等部队，直接参与攻击南京城的战斗，总兵力约 10 万人。华中方面军与日本海军协同，兵分多路，向南京进犯。

三　陆军兵分三路向南京进犯

11 月 12 日，日军占领上海后，分兵多路向南京进犯。19 日晨，第 10 军突破“制令线”，全力向南京追击，命令国崎支队经湖州、广德向芜湖追击，切断中国军队之退路；第 18 师团经湖州、广德、溧水向南京追击；第 114 师团经湖州、长兴、

① 原史料中，华中方面军战斗序列还有其他配属部队，此处省略。

溧阳向南京追击；第6师团则先向湖州推进。19日，日军占领常熟、苏州、嘉兴。

根据南京三面环山、背靠长江的地形特点，华中方面军制订了分兵多路合围攻克南京的战术部署，即中路主力正面突击，左右两翼包抄夹击，截断中国守军往江北的退路。11月24日，华中方面军制订进攻南京的“第二期作战计划大纲”，其指导要领为：一、方面军在无锡、湖州一线以东地区集结，12月上旬前完成进攻南京的准备工作。在适当时机，以方面军之一部攻克江阴要塞。二、主力部队从丹阳以东的京沪铁路—丹阳—句容方面，以及湖州—宜兴—溧阳—溧水方面相互呼应、配合作战，一部从扬子江左岸及芜湖方面绕道南京背后，在南京要塞外消灭中国野战军，攻克南京。

根据该作战计划大纲，华中方面军从京沪铁路、江南大运河、太湖及太湖北岸公路，分兵三路向南京进犯。

右翼

上海派遣军第3、第9、第11、第13、第16师团，沿京沪线及两侧公路向南京进犯，其一部渡长江与江南部队完成对南京守军的包抄合围，并切断江北大运河和津浦铁路。

第3师团　在攻占上海后，第3师团主力经南翔向太仓追击，11月14日到达太仓。当日，奉华中方面军司令官的命令，作为方面军直辖部队，该师团与第101师团一同担任上海及日军后方要地的警备任务。11月18日第3师团回归上海派遣军指挥，按照军的命令，12月2日在苏州集结，后作为第二线兵团，沿着第9师团进军路线（苏州—无锡—常州—金坛—天王寺—淳化）前进，11日派出一支先遣队进抵第9师团左翼，13日参加攻击南京城。

第9师团　该师团从高家湾附近出发，主力沿京沪铁路西进，11月15日到达昆山，17日起依次突破昆山、苏州间中国守军阵地，19日占领苏州。师团主力与第11师团及第16师团同时向无锡方向攻击，25日攻占无锡东面阵地。25日，上海派遣军命令第9师团以一部在太湖附近机动，主力向常州方向追击。12月2日，师团追击队占领金坛。12月5日，步兵第18旅团长指挥以步兵第36联队为基干的追击队攻击淳化镇，遭遇中国守军的顽强抵抗未果，8日以师团主力出动占领淳化镇，又连夜继续追击。9日拂晓，师团一部进抵光华门，后对光华门及雨花台一带发起进攻。

第11师团　根据上海派遣军司令官11月11日部署，该师团12日攻占南翔，14日攻占太仓，后继续向西追击，19日，占领莫城镇，切断常熟—苏州公路。22日，军司令官命令第 11 师团向常州方向追击。第 11、第 16 师团及第 9 师团主力同时向无锡方向攻击，25 日攻占无锡东面阵地。同日，师团主力奉命在无锡附近地区集结。师团下辖的重藤支队向常熟西面地区追击，27 日切断江阴—无锡公路，按照军的命令，在无锡北面地区集结。后师团主力及重藤支队在上海集结。12 月 3 日，上海派遣军命令天谷支队沿常州—丹阳—镇江，迅速向镇江攻击前进，该部后来渡过长江，参加苏北地区的作战。该支队由第 11 师团步兵第 10 旅团野战重炮兵 1 个大队、迫击炮 1 个大队以及后备炮兵和工兵各 1 个中队组成。

第 13 师团　根据上海派遣军司令官 11 月 11 日部署，师团主力 14 日攻占浏河镇，进入太仓北面地区，后沿京沪线以北沿江地区向西进犯，连续突破中国军队构筑的吴福、锡澄两道国防线。25 日，上海派遣军命令第 13 师团及集成骑兵队封锁江阴要塞，准备发起进攻。28 日，该师团占领青阳镇。因江阴附近中国守军正向西面撤退，29 日上海派遣军命令第 13 师团攻占该地。该师团从江阴要塞正面发起攻击，12 月 2 日，占领江阴要塞。4 日，师团主力自江阴出发，沿江阴—常州—奔牛镇—孟河城—镇江公路一线向镇江进军，准备攻击长江北岸地区；与此同时，为了开放长江水面及切断石庄镇—靖江—泰兴公路，其昭田支队渡过长江攻占靖江，后大部返回江南与师团主力一起进攻镇江。11 日，该师团占领镇江。12 日，为切断中国守军向东撤退的路线，根据上海派遣军命令，由步兵第 103 旅团长山田栴二少将指挥，以步兵 3 个大队、山炮兵 1 个大队为基干的山田支队，从镇江出发进抵南京北面，13 日占领乌龙山，14 日占领幕府山。

第 16 师团　根据《第十六师团作战经过概要》记载，该师团原隶属第 2 军，在华北作战告一段落后，从石家庄去大连乘船前往上海，转归上海派遣军指挥。11 月 13 日，先头部队在白茆口附近登陆。14 日，师团主力从白茆口上游登陆，向常熟前进。15 日，该师团接军的命令，要求迅速攻占常熟，随后沿着常熟—杨尖镇—无锡公路及附近地区，朝无锡方向追击中国军队。19 日，第 16 师团及重藤支队占领常熟。第 16、第 11 师团及第 9 师团主力向无锡攻击前进，25 日攻占无锡以东阵地，26 日下午，完全占领无锡，后沿京沪铁路向常州追击中国军队，29 日上午占领常州。12 月 2 日，师团追击队占领丹阳。5 日，师团主力由丹阳向南京进攻，沿句容—汤水镇—南京公路，接连击溃据守汤水镇等阵地的中国军队，9 日晚进抵下麒麟门附近南京东侧阵地。师团自 8 日起以右翼队（步兵第 33 联队）攻击紫金山，以左翼队（步兵第 19 旅团）攻击下麒麟门至中山门沿路地区。佐佐木指挥的右翼支队从紫金山北边地区向下关前进，切断中国军队退路。①

中路

日军第10军之第6、第114师团，从松江、金山附近出发，经太湖以南地区，沿京杭公路，正面攻击南京。

第6师团　该师团从松江出发，沿沪杭线推进。11月19日，第10军命令第6师团向湖州推进。21日该师团在嘉善休整，防治霍乱病症，24日，从嘉善出发向湖州推进。30日，第10军命令第6师团派部分战斗力强的部队占领定埠，主力于长兴、湖州地区准备向南京前进。12月2日，第10军命令第6师团先经长兴—广德—定埠—洪蓝埠道路进入溧水西部地区，后沿横溪桥镇—南京的道路向南京追击。当时，第6师团正在湖州西面行进，接攻占南京命令后强行军。12月4日，第10军命令第6师团沿洪蓝埠—横溪桥镇—南京的道路向南京追击。经急行军，第6师团于7日追上第114师团，8日起与该师团左翼相连接，攻占南京雨花台第一线阵地。10日第6师团一部沿长江江岸前进，14日到达下关。

第114师团　根据《第114师团作战经过概要》记载，11月10日—11日，第114师团大部步兵、工兵在杭州湾金山卫城附近登陆，12日向平湖方向进攻，16日，奉命经枫泾向嘉兴前进。18日，师团主力进入枫泾，一部进入平湖，后师团经枫泾—嘉兴公路和平湖—嘉兴公路，快速前进，19日，进抵嘉兴地区。当日，第10军命令第114师团夺取嘉兴后，主力应迅速经湖州、长兴、溧阳向南京追击，并做好进入长江西岸南京背后的准备。20日，第114师团经平望镇及南浔镇向湖州进攻。23日起，第114师团和国崎支队协作，进攻湖州附近之中国军队。25日师团主力占领长兴。26日，该师团即以秋山支队（步兵第127旅团）为先遣队向宜兴进发，以主力在长兴附近准备其后的追击。28日，先遣队占领宜兴。30日，第10军命令第114师团派部分战斗力强的部队占领溧阳，主力于宜兴附近准备向南京前进。12月2日，第10军根据华中方面军关于攻占南京的命令作出部署，命令第114师团沿宜兴—溧阳—溧水公路进入溧水北面地区，尔后准备沿溧水—南京道路向南京追击。当日，该师团占领溧阳。4日，第114师团先遣队占领溧水。同日，第10军命令第114师团沿溧水—秣陵关—南京公路向南京追击。6日，师团派步兵第128旅团（兵力为两个大队）经湖熟镇从方山以东地区，主力沿溧水—

① 《第十六师团作战经过概要》（1938年1月10日），王卫星、雷国山编：《南京大屠杀史料集》第11册《日本军方文件》，江苏人民出版社、凤凰出版社2006年版，第53—56页。

秣陵关公路，一起向南京方向进攻。7日，师团主力击溃了占据秣陵关附近的中国守军，继续追击，8日，继续进攻将军山附近的大约2000名中国守军。10日早上，该师团突击至南京雨花台附近的中国守军第一线阵地，并立即展开进攻。[①]

左翼

第10军的第18师团和国崎支队，沿太湖南岸一侧向西进攻，占领嘉兴—湖州—广德—芜湖一线，一部渡过长江，沿北岸攻占浦口，包围南京，切断中国守军退路。

第18师团　该师团从金山卫出发西进，沿途经嘉善、嘉兴、平望。11月19日，第10军命令第18师团迅速经湖州、广德、溧水向南京追击，以其炮兵主力协助第114师团作战，直至占领嘉兴。25日，师团主力在湖州附近集结，并以其追击队追击中国军队，30日占领广德。同日，第18师团奉命派部分战斗力强的部队占领东灞，主力于广德、下泗安地区准备向南京前进。12月2日，第10军接到华中方面军攻占南京的命令后作出部署，命第18师团应先经广德—十字铺—建平—洪蓝埠道路进入小丹阳镇附近，尔后准备从太平—南京道路方向向南京追击。此时，芜湖附近的中国大部队溯长江而上，部分部队经宁国南下撤退，而日方第18师团主力正在下泗安附近前进。为切断中国军队的退路，4日，第10军根据华中方面军司令官的指示，命令第18师团改变进攻路线，沿宁国—芜湖—南京道路向南京追击。接到攻占南京的命令后，该师团立即向西攻击前进，7日占领宁国，10日傍晚占领芜湖。11日，第10军令该师团停止向南京追击，不参加攻占南京的战斗，主力在太平、芜湖之间集结，准备参加攻占杭州的战役。

国崎支队　11月19日，第10军命令国崎支队派一支小部队驻守平望镇，主力经嘉兴、湖州、广德向芜湖挺进，以切断中国军队的退路。23日，国崎支队与第18、第114师团进入湖州东面地区，协同击败该地中国守军。30日，第10军命令国崎支队沿广德—建平—水阳镇道路前进至水阳镇，并准备前进至太平附近。同日，国崎支队进入广德。12月2日，第10军命令国崎支队沿广德—建平—水阳镇—太平的道路，渡过长江到左岸，尔后进入浦口附近，切断中国守军退路。同日，国崎支队从广德出发，12月3日到达郎溪，6日从郎溪出发，沿水路前进，9日占领太平。11日，该支队在太平北面的慈湖镇附近渡过长江，后沿左岸向浦口推进，13日，占领浦口，切断中国守军退路。

---

① 《第一一四师团作战经过概要》，王卫星、雷国山编：《南京大屠杀史料集》第11册《日本军方文件》，江苏人民出版社、凤凰出版社2006年版，第221—222页。

日军进攻南京的三路部队中，以中路第6、第114师团，右翼第9、第16师团为主，其他部队为辅，左右包抄，中路突破，合围南京。南京岌岌可危。

四　海军第3舰队溯江而上

为实现将中国军队合围消灭于南京城下，进而攻占中国首都南京，迫使国民政府投降，在华中方面军从陆上分兵多路向南京进犯的同时，日本海军第3舰队与方面军协同，溯江而上，突破江阴、镇江等要塞区的封锁与防御，到达下关江面，切断中国军队的水上退路。

1937年7月28日后，由长谷川清中将指挥的日本海军第3舰队，负责华中、华南方面作战。10月，日本海军第3、第4舰队共同组成中国方面舰队。11月20日，日本设立大本营后，根据"帝国海军战时编制"要求，将在中国的日本海军舰队统一改编为"中国方面舰队"，长谷川清担任舰队司令长官。日本海军在华中方面长江的舰艇配置和警戒区域如下：

第1警戒部队（第11战队、"严岛"），警戒区域为黄浦江；

第2警戒部队（第3水雷战队、第11水雷队、第11扫雷队），警戒区域为七丫口上游；

第3警戒部队（第12战队），警戒区域为七丫口下游；

第4警戒部队（特设炮艇队、"小鹰"），警戒区域为太湖方面内河。[①]

11月24日，华中方面军制订《华中方面军第二期作战计划大纲》，强调"陆海军之协同""必须水路作战、轰炸，以及搜索等方面不留任何遗憾。"[②]。

11月25日，日本海军中国方面舰队司令长官长谷川清命令第2警戒部队准备打通江阴附近长江航道，命令第11战队派2艘驱逐舰、1艘炮舰，第1港务部派4只拖船，"出云"号派扫雷员配合第2警戒部队。29日，长谷川清命令第2警戒部队打通江阴附近长江航道。

12月1日，日本大本营对"帝国海军战时编制"进行调整，华中方面海军水面舰艇部队的战斗序列和警戒区域变更如下：

第1警戒部队（第11战队、第2扫雷队、第3扫雷队、第24驱逐队），警

---

① 日本防卫厅防卫研修所战史室：《战史丛书·中国方面海军作战（1）》，朝云新闻社1974年版，第454页。

② 《华中方面军第二期作战计划大纲》（1937年11月24日），王卫星、雷国山编：《南京大屠杀史料集》第11册《日本军方文件》，江苏人民出版社、凤凰出版社2006年版，第21页。

戒区域为吴淞上游长江江段；

第 2 警戒部队，警戒区域为吴淞下游及华中沿海；

根据地部队，警戒区域为吴淞（含）、黄浦江。[①]

变更后，第 1 警戒部队成为日本海军溯江作战的主力部队。12 月 1 日，第 3 水雷战队司令官近藤英次郎少将被任命为第 11 战队司令官，负责指挥第 1 警戒部队作战。

12 月 1 日，日本大本营下达“大海令”，命令“中国方面舰队应与陆军协力攻略南京”。根据命令，第 1 警戒部队开始溯江作战，其部队战斗序列及作战区域如下：

主队（直率）：“安宅”“坚田”“鸟羽”，区域为许浦口（浒浦口）；

前路警戒队：（“八重山”舰长），区域为交叉口附近；

掩护队：（“八重山”舰长），“八重山”“栗”“梅”“莲”；

扫雷队：（“出云”舰长林紫郎少佐），拖船 4（“利华”“竹丸”、海 2、海 3）；

警戒队：（“嵯峨”舰长），“保津”“比良”“势多”“嵯峨”，区域为通州、吴淞；

协力部队：（“神州丸”舰长），“神川丸”（水上飞机母舰）。[②]

12 月 2 日，华中方面军司令官松井石根与中国方面舰队司令长官长谷川清签订《关于南京攻击作战的陆海军协定》，具体内容如下：

关于南京攻击作战的陆海军协定

一、为了攻克南京，华中方面军与支那方面舰队[③]协定如下：

1. 华中方面军以上海派遣军之一部，尽量于靠近南京之地点，在扬子江左岸地区登陆，自南京背后发起攻击。同时，于浦口镇、扬州附近截断津浦铁路及江北大运河。

2. 支那方面舰队以第三舰队之一部为先遣队，且协助前项之登陆作战。

3. 关于以上作战之细节，上海派遣军与第三舰队直接协商。

二、航空作战

① 日本防卫厅防卫研修所战史室：《战史丛书·中国方面海军作战（1）》，朝云新闻社 1974 年版，第 455 页。

② 日本防卫厅防卫研修所战史室：《战史丛书·中国方面海军作战（1）》，朝云新闻社 1974 年版，第 455 页。“直率”即直接指挥。

③ 即日本海军中国方面舰队。

1.支那方面舰队除协助登陆作战之外，以航空兵力之大部，进抵常州、芜湖方面，获得华中方面的制空权。

2.华中方面军协助机场之整备、警戒及补给。

3.关于协助陆战的细节，由华中方面军与支那方面舰队另行协商。

昭和12年12月2日

华中方面军司令官 松井石根

支那方面舰队司令长官 长谷川清①

12月2日—6日，日本海军中国方面舰队第1警戒部队出动扫雷舰，在江阴阻塞线进行扫雷，清理江阴南北航道水雷，打通了航道。

12月7日，日本陆军已经逼近南京近郊，为切断中国守军水上撤退的后路，合围南京，日本海军欲打通直达南京的长江航道。为此，日本海军调整了第1警戒部队战斗序列，增强了扫雷力量：

主队（直率）：“安宅”“比良”“势多”；

前路警戒队（第24驱逐队司令）：第24驱逐队（欠“凉风”“保津”“鸟羽”）；

扫雷部队（第3扫雷队司令，未来到之前为第2扫雷队司令）：第3扫雷队、第2扫雷队、特别扫雷队（拖船6只）；

下游警戒队（“嵯峨”舰长）：“嵯峨”“坚田”“拇”“栗”“莲”；

航空部队（“神川丸”舰长）：“神川丸”“凉风”；

特别作业队（宫里大佐）。②

同日，日本海军中国方面舰队第11战队司令官近藤英次郎下达战斗命令：“前路警戒队与第2扫雷队协力，实施处置北航道，控制水雷及清扫前进道路；‘保津’‘势多’、特别扫雷队（林少佐指挥的6只拖船）在‘保津’舰长的指挥下清扫封锁线——江阴间水路的南侧一带；‘比良’‘鸟羽’进出江阴附近，清扫江阴下游，‘安宅’由本职率领预定于10时自泊地出发，进出江阴”。③日军各舰按照命令进行扫雷作业，当日，日本海军中国方面舰队第1警戒队进入江阴。

12月8日，日本海军第1警戒部队派出“安宅”号等舰，协助已占据江阴的

① 《关于南京攻击作战的陆海军协定》（1937年12月2日），王卫星、雷国山编：《南京大屠杀史料集》第11册《日本军方文件》，江苏人民出版社、凤凰出版社2006年版，第23页。

② 日本防卫厅防卫研修所战史室：《战史丛书·中国方面海军作战（1）》，朝云新闻社1974年版，第461页。

③ 日本防卫厅防卫研修所战史室：《战史丛书·中国方面海军作战（1）》，朝云新闻社1974年版，第462页。

华中方面军第 13 师团步兵第 26 旅团在长江对岸的八圩港以东地区登陆，进攻靖江，同时派出“神川丸”上的舰载机轰炸天生港南岸的中国守军阵地，以支援陆军攻击附近的炮台。下午 4 时，日本陆海军协同作战，攻占了靖江和天生港炮台，使从江阴撤退的中国守军受到很大损失，保障了长江江阴段日舰航行的安全。

12 月 8 日，日本海军中国方面舰队司令长官长谷川清命令第 1 警戒部队迅速打通到南京的水路。于是，第 1 警戒部队加快了扫雷进度，命令第 2 扫雷队向镇江方向江面扫雷，第 1 扫雷队则继续在江阴阻塞线附近泊地扫雷，当日下午完成任务后继续向西进行扫雷作业。9 日，第 1 警戒部队继续扫雷作业的同时，派出“安宅”“神川丸”上的舰载机轰炸中国守军控制的三江营阵地。“雄基丸”则在扫雷作业中触雷沉没。10 日，日本海军第 1 警戒部队攻入三江营，龟山炮台中国守军被迫放弃抵抗。11 日，日本海军在进攻镇江要塞，突入镇江城的同时，继续向长江上游进行扫雷作业。

第二节 突破三道国防线

一 占领乍平嘉线

在全面抗战爆发前，国民政府为了应对日军从海上入侵后向南京进犯的危险，在京沪杭一带构筑了大量的防御工事，其中乍平嘉国防线即为主要防御工事之一。

乍平嘉国防线为乍浦至平望、嘉善一带的国防工事，由浙江省政府负责构筑，是全面抗战爆发前国民政府在京沪杭一带构筑的3道主要国防线中工程量最大、防御体系最为完备、最为坚固的一道国防线。

1937年8月下旬，日军两个师团从吴淞、川沙登陆，淞沪战场的局势发生转变，9月中旬，中国军队被迫退守上海北站、江湾、杨家宅、罗店西南至施相公庙一线。9月中下旬，日军调集第9、第101师团及重藤支队投入淞沪战场，中国军队损失过大，被迫转入防御。9月21日，第三战区调整淞沪战场部队部署，将其分为左中右三个作战军：中央作战军以朱绍良为总司令，辖第9集团军及第18师；左翼作战军以陈诚为总司令，辖第15、第19集团军；右翼作战军以张发奎为总司令，辖第8、第10集团军。10月7日，日军从正面攻击大场至南翔一线，25日，日军占领大场，中国守军被迫退守苏州河南岸。

正当淞沪战场中国守军在苏州河沿线与日军苦战时，11月5日拂晓，日军第10军的第6、第18师团及国崎支队由杭州湾金山卫、全公亭、漕泾等地登陆。中国军队右翼作战军原以第63师任乍浦、澉浦，第62师任全公亭、金山咀间，第55师、独立第45旅任浦东防守。后因中央作战军撤退至苏州河南岸，浦东方面战事吃紧，将第62师主力调往浦东，全公亭、金山咀一线仅有第62师一部守备。5日晨日军登陆时，因兵力悬殊，中国守军无法阻止日军。中国大本营迅速调遣浦东第62师主力、独立第45旅，以及新到枫泾的第79师攻击登陆日军，并命令新到青浦的第67军向松江推进，以策应友军。但由于雨后道路泥泞及日机轰炸，部队行动十分迟缓，而日军后续部队则源源不断登陆。日军第6师团一部登陆后直扑松江，11月9日占领松江、枫泾，其主力沿沪杭铁路进犯嘉善，企图与苏州河附近沿沪杭线南下的上海派遣军主力相呼应，合围苏州河南岸的中国军队。

此时，中国军队在淞沪战场上已经与日军激战了近三个月，伤亡惨重，又面临腹背受敌的境地，鉴于此，11月8日第三战区在其“作战计划”中规定：“战区以巩固首都之目的，先期向平嘉、吴福既设阵地转移，以节约并保持国军战力，拒止敌人，待后续兵团之到达，再以广德为中心，于钱塘江左岸方面，转移攻势。”[①]同日，第三战区正式下达撤退令，左、右两翼部队分别向吴福线和乍平嘉线撤退。

11月9日凌晨，中央作战军开始向青浦、白鹤港一线转移阵地，但因“退却命令之下达太迟，各部队非仅无余裕之准备，竟有未接退却命令而随邻部队之撤退而撤者，且对于退却之道路未予明示，各部均拥挤于公路，秩序至为混乱”[②]，难以在青浦、安亭、嘉定一带建立坚固防线。左翼作战军不得不与中央作战军协同，向吴福阵地撤退。因退却部署不当，加之日机轰炸，部队更为混乱。11月10日下午，顾祝同命令左翼作战军一部占领青阳港至周墅、支塘镇、白茆口一线阵地，掩护该军主力撤至真仪镇、巴城镇、福山镇一线，占据吴福线阵地，并在唯亭、外跨塘至常熟城一线构筑第二线阵地。当日下午6时，新任左翼作战军总司令薛岳下达第1号作战命令，命令第15、第19、第21集团军向吴福阵地转进。11日夜，左翼作战军开始转移。根据部署，右翼作战军占据乍平嘉既有国防工事，阻击正面进攻的日军。而右翼作战军撤退混乱，急需左翼作战军掩护，根据第三战区前敌总司令陈诚的命令，11日晚8时开始，第15、第21集团军以一部留驻原阵地，主力转移至新泾河一线占领阵地，以掩护右翼军转移。12日，左翼作战军各部队到达指定位置。

日军方面，为配合上海派遣军的正面进攻，11月11日，其第10军派遣第6师团及国崎支队向昆山方向追击，同时命令第18、第114师团向嘉兴、平望一线进攻。与此同时，日军调集兵力在长江白茆口登陆。13日6时许，上海派遣军重藤支队（约3个联队）在白茆口以西的中州登陆，当日傍晚到达常熟以东约10公里一线，支队一部攻击了支塘镇。第16师团11月9日从大连港起航，13日下午3时先头部队的

① 蒋纬国总编著：《国民革命战史·第三部：抗日御侮》（5），台北黎明文化事业股份有限公司1979年版，第66页。

② 《第三战区淞沪会战经过概要》（1937年8月—12月），中国第二历史档案馆编：《抗日战争正面战场》上册，江苏古籍出版社1987年版，第381页。

一支在白茆口登陆，迅速击败中国守军第 40 师后向支塘镇攻击前进，主力于 14 日在白茆口上游登陆，一部向福山进攻（后被召回师团所在地），一部向常熟方向攻击。

在此情况下，第三战区长官部在 11 月 13 日下令放弃昆山、支塘镇一线阵地，部队撤至平嘉、吴福主阵地坚守，具体部署如下：

（1）昆支掩护线，由薛岳总司令指挥税警总团，第 19 集团军之第 51 师、第 36 师、第 6 师、第 46 师之一团、第 44 师 228 旅、第 76 师、第 171 师、第 174 师、第 176 师、第 173 师，占领大墅镇—青阳港—支塘—白茆口一线，掩护主力军转进及左翼军占领吴福阵地。

（2）右翼军占领乍平嘉阵地，拒止敌军前进，其在京沪方面部队部署如下：第 55 师到达平望附近，归还建制，第 62 师经苏嘉路车运至嘉兴，第 59、第 90 师速到唯亭、真仪上车向嘉兴盛泽输送，第 19、第 16、第 107 师余部徒步行军经苏嘉公路向嘉兴转进，第 108 师 545 旅到苏州附近集结后经苏嘉公路向嘉兴转进。

（3）左翼军向吴福阵地转进。具体部署如下，第一阵地带：第 8、第 14 师占领吴淞江南岸—甪直镇—南邵渡一线；第 154、第 159、第 160 师占领吴淞江北岸—港田里—真仪镇—北道泾—傀儡湖一线，担任吴淞江面的警备；第 44 师 228 旅、第 32 师、第 76 师、第 98 师占领巴城镇—东塘墅—古里村（不含）一线，但第 44 师 228 旅、第 76 师须待昆支阵地奉命撤退后方开始转移；第 60 师、第 13 师、第 56 师 534 旅、第 40 师、第 76 师（欠 228 旅）占领古里村（含）—梅里镇—浒浦镇一线，负责浒浦—耿泾口—福山镇间江防。第二阵地带：北坎、同里至车坊镇的军事行动由第 9 集团军代总司令上官云相指挥，第 107 师占领平望（不含）—北坎镇（不含）间地区，第 58、第 87、第 3 师占领北坎镇—同里镇—朱家浜—车坊镇—吴淞江南岸地区；沙湖至唯亭的军事行动由第 19 集团军代总司令香翰屏指挥，第 57 师占领外跨塘—唯亭间地区，第 53 师占领沙湖—塘埔村—斜塘镇间地区；相城、莫城至常熟的军事行动由第 15 集团军总司令陈诚指挥，第 133 师占领相城镇—昆城湖间地区，第 67、第 11 师占领莫城镇—常熟城（含）间地区；常熟至福山的军事行动由第 21 集团军总司令廖磊指挥，第 171、第 173、第 174、第 176 师待昆支阵地守军奉命撤退后转进至常熟（不含）—萧家桥（不含）间地区，第 15、第 105 师占领萧家桥（含）—福山镇间地区，第 18、第 46 师占领苏州以西浒墅关附近地区。①

① 《第二十一集团军昆支线常福线锡澄线抗敌战斗详报》（1937 年 11 月），中国第二历史档案馆编：《南京保卫战档案》第 7 册，南京出版社 2018 年版，第 323—326 页。

11 月 14 日，松井石根判定中国军队不会停留在苏州、嘉兴一线，而是继续向西退却，于是华中方面军司令部下达进攻命令：

（1）方面军决定占领常熟、苏州、嘉兴一线，准备尔后的作战。

（2）上海派遣军应占领福山、常熟、苏州一线，以约 2 个师团在昆山、太仓附近集结，使之作为方面军司令部的直辖；还应准备使在上海派遣军指挥下的第 10 军的部队回到原所属。

（3）第 10 军须占领平望镇、嘉兴、海盐一线。①

日军第 6 师团和国崎支队各一部 11 月 9 日占领松江、枫泾后，主力沿沪杭铁路进犯嘉善。

中国守军右翼作战军第 10 集团军于 11 月 9 日占领乍、平、嘉既设国防工事，阻止当面之敌。守军在上海沦陷前后，于乍平嘉国防线上，与进攻日军进行了激烈战斗，逐堡逐城，顽强血战，有效阻滞了日军西进的步伐。11 月 13 日，由青浦经湖沼西进的日军占领平望镇，14 日，嘉善在中国守军第 128 师与日军多日血战后，始告失陷，随后乍浦、平湖，复经顽强阻击而不守。19 日，嘉兴失陷。至此，虽经中国守军浴血奋战，作为首都东南屏障的乍平嘉国防线，终因敌我力量差距为日军突破。

二 激战吴福线

吴福线国防工事南起苏州吴县，北至福山，横亘于铁路、公路与运河之间，是利用江南水网密布、间有山丘的地形特点，借以阻击日军西进的第一道防御线。1934 年至 1936 年间，国民政府军事委员会调集大量人力构筑吴福线国防永久工事。1937 年淞沪会战爆发后，军事委员会加紧了吴福线永久工事的加固和野战工事的构筑。由于淞沪战事紧张，日机的轰炸，加之民工征集困难，上述野战工事构筑计划并未完全实现，但作为经营多年的国防工事，吴福线仍是拱卫首都南京的重要防御线。

淞沪会战后期，鉴于日军第 10 军主力已渡过黄浦江占领松江，日军突破苏州河，中国军队面临腹背受敌被包围的危险，1937 年 11 月 8 日，第三战区司令长官部正

① 〔日〕日本防卫厅防卫研究所战史室著，齐福霖译：《中国事变陆军作战史》第 1 卷第 2 分册，中华书局 1981 年版，第 99 页。

式下达撤退令，命令各集团军："先期向平嘉吴福线既设阵地转移，以节约并保持战力，拒止敌人，待后续兵团到达，再以广德为中心，于钱塘江左岸方面转移攻势。"[①] 根据上述命令，左右两翼中国军队分别向吴福线和乍平嘉线撤退。

11 月 10 日 13 时，第三战区对左翼作战军的转移下达补充命令，第 19 集团军沿苏沪公路西侧地区转移，第 15、第 21 集团军沿锡沪公路两侧地区转移，其中第 15 集团军沿太仓、昆山公路转移。[②]18 时，左翼作战军总司令薛岳下达第 1 号作战令，命令部队于 11 日夜向吴福线阵地转进。由于撤退过程中右翼作战军异常混乱，急需左翼作战军进行掩护，11 日 16 时，第三战区前敌总司令陈诚命令，左翼作战军第 15 和第 21 集团军延迟至 12 日夜开始转移。[③] 根据上述命令，左翼两集团军于 11 日 20 时开始，以一部留守阵地外，主力转移占领新泾河一线阵地，掩护右翼作战军撤退。由于日军白天轰炸频繁，中国军队只能在夜间行军。

11 月 13 日晨，日军军舰在白茆口、浒浦镇一带江面集结。下午 3 时，日军先头部队在白茆口登陆，向徐家市攻击，战场形势愈发紧张。中国守军江防部队第 40 师占领张家市、徐家市南侧等地，抵抗日军的进攻。与此同时，第 21 集团军派出第 173、第 176 师前往支援，向徐家市一带攻击前进。第 15 集团军派出第 98、第 171 师占领常熟至福山间既设阵地，防御日军由徐家市西进。

此时，京沪路方面日军已于 13 日通过安亭镇向昆山迫进，浒浦口登陆日军有截断支塘镇附近公路的可能，昆支线阵地形势日趋不利。根据战场形势变化，13 日晚，第三战区副司令长官顾祝同命令部队向吴福线转移，以"占领乍浦、平湖、嘉善、吴县、福山线本阵地，拒止敌人"。[④]15 日晨，左翼作战军各部占领吴福线阵地，准备抵御日军进攻。

日军在白茆口登陆后，其华中方面军司令部于 11 月 14 日下达命令，决定由上海派遣军占领福山、常熟、苏州一线，为以后的作战做准备。日军第 11 师团正面追击中国军队至常熟一带，向虞山方向进攻；一部越过昆承湖向莫城镇方向进攻。在白茆口、浒浦镇登陆的日军 1 个联队向谢家桥方向的中国军队发起攻击。

① 张宪文、李继锋等：《中国抗日战争史》（第二卷），化学工业出版社 2016 年版，第 135 页。

② 蒋纬国总编著：《国民革命战史·第三部：抗日御侮》（5），台北黎明文化事业股份有限公司 1979 年版，第 71 页。

③ 蒋纬国总编著：《国民革命战史·第三部：抗日御侮》（5），台北黎明文化事业股份有限公司 1979 年版，第 71 页。

④ 蒋纬国总编著：《国民革命战史·第三部：抗日御侮》（5），台北黎明文化事业股份有限公司 1979 年版，第 74 页。

11 月 15 日上午 9 时，日军出动坦克多辆，配合步兵，沿支塘—常熟公路向三里桥中国守军阵地发动进攻。中国守军第 98 师与日军激战至中午 12 时，打退日军的进攻。16 日晨，日军又向第 98 师第 294 旅左翼迂回包抄，被中国军队堵截。17 时，日军出动战车 18 辆，配合步兵向第 98 师第 292 旅阵地发起进攻，中国军队奋起抵抗，击退日军。

15 日上午，日军飞机猛烈轰炸了常熟城外的中国左翼作战军第 21 集团军所属各部，中国军队损失惨重，一片混乱。14 时后，第 171 师在第 15 集团军第 60 师支援下，击退曹家村附近日军先头部队。16 日晨，第 171 师奉命撤退。

16 日 16 时，第三战区向左翼作战军第 15、第 21 集团军发出命令，称“锡澄阵地现正部署中，第十五、第二十一两集团军应迟滞敌人，使由正面转移之我军，得有确实占领阵地之时间”“常熟附近之战斗，应维持至十九日，尔后以有力一部沿常锡公路逐次拒止敌人，掩护我正面各部队之转移。”①

16 日，刚发布的《第三战区第三期作战计划》“指导要领”要求：“京沪线方面，务以最小限之兵力，利用吴福线工事，阻止该方面之敌，不得已时，转进于锡澄、宜（宜兴）、武（武进）等阵地，节节抗战。”②

16 日，日本海军出动 10 艘橡皮艇运载五六十名士兵，企图从福山登陆。中国守军独立第 34 旅第 702 团猛烈阻击日军，打死日军 10 余人，击伤二三十人，迫使日军撤回军舰。③

17 日，《申报》报道了 16 日常熟附近的战况。该报道称：“我军事当局刻以淞沪战局完全移至国防线上，敌虽步步进犯，但该线我方早有准备，军力配置已臻完竣，今明当展开大战，与敌死拼。昨日下午，敌分路围击常熟，当在该城东南近郊发生恶战，同时有敌舰多艘集结福山江面，猛轰福山防地，掩护陆军登陆，企图侧击常熟，我军正在奋力堵截中”。④

17 日上午，蒋介石命令左翼军固守苏州、常州、福山一线阵地。13 时，左翼

---

① 蒋纬国总编著：《国民革命战史・第三部：抗日御侮》（5），台北黎明文化事业股份有限公司 1979 年版，第 78 页。

② 《第三战区第三期作战计划》（1937 年 11 月 16 日），中国第二历史档案馆编：《南京保卫战档案》第 6 册，南京出版社 2018 年版，第 440 页。

③ 牟龙光：《浏河口、福山镇、无锡之役》，中国人民政治协商会议全国委员会文史资料研究委员会《八一三淞沪抗战》编审组编：《原国民党将领抗日战争亲历记・八一三淞沪抗战》，中国文史出版社 1987 年版，第 266 页。

④ 《敌沿苏嘉路进窥苏州 / 我大军云集严予痛击》，《申报》（上海版）1937 年 11 月 17 日。

军总司令薛岳传达蒋介石的命令，要求除肖之楚部及第60师外，其他各部“应在原阵地线上固守，非有委座命令不得撤退”。①

17日，日军海陆空力量协同，向李家桥—谢家桥—福山一线阵地发动进攻。拂晓，日军步兵在炮兵掩护下，向谢家桥发起猛攻，中国守军奋起还击，第48军特务营营长夏演生阵亡，官兵损失极为严重，谢家桥一度为日军占领。第21集团军当即派第176师前去恢复阵地，日军乃溃退。该师第1051团代理团长蔡朝焜在逆袭中阵亡。旋日军又增援，复行进攻，战事愈烈。守军第171师第1016团团长谢志恒奋勇督战，中弹殉国；全团官兵顽强拼搏，坚守阵地。当时第39军派出1个团前来增援，沿小河及谢家桥两侧道路施行扼堵；并集中炮火于两岸，对已被日军占领之镇东岸街市，施行密集射击，予日军以重创。

17日14时，日军以密集炮火轰击中国守军炮兵阵地，再次向谢家桥发动攻击，守军第39军及第173师顽强抵抗，迟滞了日军企图渡过福山塘河发动进攻的计划，给日军以重创。当日，日军还向第44师防守的常熟城北至李家桥一线发起进攻，18时突破李家桥及虞山阵地，中国守军在顽强抵抗后撤往常熟城及附近的冶塘镇。

19日晨，为收复虞山阵地，第15集团军命令第26军第228师由常熟西门向虞山东进攻，第11师第31旅及第32师由常熟城西向虞山南进攻。中国军队与日军展开激战，攻占虞山东部两高地。由于日军炮火猛烈，中国军队伤亡较多，加之部分部队未及时赶到指定位置，导致三面合围虞山日军的计划未能实现。双方激战至中午，日军迫近冶塘镇。

此时，战场形势对吴福线中国守军已非常不利。18日日军在突破昆山、苏州中国守军阵地之后，已迫近苏州近郊。19日日军攻占嘉兴，并继续西进以迂回吴福线侧翼。与此同时，在浒浦登陆的日军与中国守军独立第34旅激战后攻占福山。19日，鉴于吴福线已难以坚守，左翼军总司令薛岳下达撤退命令：“本翼军决放弃固守吴福阵地之计划，逐段撤退，以掩护锡澄阵地的占领。”②当日，日军攻占苏州和常熟。至此，作为拱卫首都南京的第一道防线吴福线国防工事沦陷，之后日军继续向南京进犯。

吴福线国防工事耗费巨大人力物力，经多次构筑而成，虽较为坚固，却基本

① 《第二十一集团军廖磊部淞沪会战在南翔陈家行及苏皖浙转进等战斗详报》，中国第二历史档案馆藏，档案号七八七—7552。

② 《第二十一集团军廖磊部淞沪会战在南翔陈家行及苏皖浙转进等战斗详报》，中国第二历史档案馆藏，档案号七八七—7552。

无人值守，缺乏导向指引。11 月 20 日，蒋介石在致顾祝同密电中指出：“吴福线既设工事无图可按，无钥开门，无人指示。”[①] 这导致中国军队在日军追击下一时无法使用该工事，吴福线国防工事没有能发挥其应有作用，殊为憾惜。加之日军飞机的轰炸，部队撤退部署不当，“各部队完全脱离掌握，士气沮丧，故不能阻止敌之前进，而向锡澄线溃退”。[②]

三　攻破锡澄线

锡澄线国防工事是全面抗战爆发前国民政府为拱卫首都南京，于 1934—1936 年间在京沪杭地区构筑的主要国防工事之一，它北起江阴（澄江）要塞，南至京沪线上的无锡。淞沪会战爆发后，国民政府当局加紧了对锡澄线永久工事的完善和野战工事的构筑。但由于战事紧张，民工不易征集，导致锡澄线临战工事构筑完成情况并不理想。

淞沪会战结束后，日军向南京继续进犯，战场形势急转直下，第三战区不得不放弃吴福线阵地，向锡澄线转进。1937 年 11 月 19 日，左翼作战军总司令薛岳命令第 15、第 21 集团军可逐段转进，以迟滞日军的进攻，使日军 22 日黄昏前不能接近锡澄线前进阵地鸿山、安镇、河塘镇、乌龟山、闸山镇一线。[③] 日军追击而至，中国守军凭借锡澄线国防工事与日军展开激战。

早在吴福线阵地失守后，蒋介石即命令中国军队死守锡澄线。鉴于吴福线国防工事因无人指引，无钥匙开门，导致无法充分利用的情况，11 月 20 日蒋介石密电顾祝同，让其转知罗卓英：“嗣后锡澄线及其他阵线，在相当时期指派部队，预为发掘，派人看守，预先配备及工事图发给师以上司令部使用，并令地方政府预置柴水食盐等物。”[④]

针对日军从太湖水面进犯的可能，蒋介石在命令加紧锡澄线国防工事构筑的

① 《蒋介石致顾祝同等电》（1937 年 11 月 20 日），中国第二历史档案馆编：《南京保卫战档案》第 6 册，南京出版社 2018 年版，第 512 页。

② 《第三战区淞沪会战经过概要》（1937 年 8 月—12 月），中国第二历史档案馆编：《抗日战争正面战场》上册，江苏古籍出版社 1987 年版，第 381 页。

③ 《第二十一集团军廖磊部淞沪会战在南翔陈家行及苏皖浙转进等战斗详报》，中国第二历史档案馆藏，档案号七八七—7552。

④ 《蒋介石致顾祝同等电》（1937 年 11 月 20 日），中国第二历史档案馆编：《南京保卫战档案》第 6 册，南京出版社 2018 年版，第 512 页。

同时，要求严密警戒太湖水域敌情。11 月 14 日，蒋介石致电江苏省政府主席陈果夫等："查太湖水面辽阔，敌常利用汽艇乘虚窜入，影响作战，至关重要。仰饬无锡、宜兴、长兴、吴兴等四县县长，负责督促各该县警察、壮丁，协同友军切取连〔联〕系，对于太湖严密警戒，遇有情况，随即电报为要。"①

按照"仍然在苏州、嘉兴一线准备以后的作战，同时企图攻占无锡及湖州"的作战方针，日本华中方面军于 11 月 20 日正式下达命令，向锡澄线中国守军发起进攻：由上海派遣军攻击无锡，第 10 军以一部攻击湖州，以精锐力量协助上海派遣军攻击无锡。

面对日军的进攻，11 月 21 日午夜，蒋介石紧急致电刘湘、唐生智、顾祝同等将领，强调加强锡澄线国防工事防守的重要性："查第三战区现在阵线，右翼临平、吴兴之线为国军主力之后方，左翼锡澄之线，为我首都及长江之屏障，有良好地形，坚固阵地，可资扼守，此两方如辅车之相依，苟缺其一，均足倾陷我军整个之阵线，关系重大，莫过于此。"② 他要求中国守军继续努力，克服困难，必须死守现有阵地，并适时给日军以打击。

日军在向无锡进犯的过程中，江南地区密布的水网，以及隐蔽其中的中国士兵狙击，给日军造成了很大麻烦。日军第 16 师团第 30 旅团旅团长佐佐木到一在《南京攻略记》中写道："这附近大致的地形是河流纵横交错，原野上的水田及旱地间点缀着稍高一些的桑树地，其间有许多极为隐蔽的机枪掩体，四处逃跑的少数残敌隐蔽在各处进行狙击，因此战斗无法取得进展。旅团司令部也完全暴露在敌人的面前，捷克式机枪不知会从什么地方、什么方向向我们射击。"③

11 月 23 日上午，中国守军第 160 师在祝塘、艾家桥一线与追击而来的日军相持。第 956 团与日军 1000 余人在祝塘镇附近激战。25 日拂晓，日军又向该师前进阵地猛烈攻击，第 956 团官兵沉着应战，使日军未能得逞。但其左翼阵地郁家桥、华墅镇一带为日军冲入。8 时，日军步骑联合数百人窜至璜塘阵地，致防守祝塘、艾家桥之第 956 团陷于三面包围。午后 1 时，日军炮兵向璜塘阵地猛烈轰击，持

① 《蒋介石致陈果夫等电》（1937 年 11 月 14 日），中国第二历史档案馆编：《南京保卫战档案》第 6 册，南京出版社 2018 年版，第 421 页。

② 《蒋介石致刘湘唐生智等电》（1937 年 11 月 21 日），中国第二历史档案馆编：《南京保卫战档案》第 7 册，南京出版社 2018 年版，第 9—11 页。

③ 佐佐木到一：《南京攻略记》，王卫星编，叶琳等译：《南京大屠杀史料集》第 60 册《日军官兵日记与回忆》（上），江苏人民出版社 2010 年版，第 323 页。

续约 1 小时，继以步兵五六百人发起冲击。守军第 959 团候敌进至最近距离时，机枪突然猛烈阻击，大量杀伤日军。

11 月 24 日，日军进犯至无锡附近。25 日，中国军队与日军在无锡城进行激战。清晨，从江阴赶来的中国守军独立第 34 旅，向占据无锡城东北角日本纱厂的日军发动进攻，将日军击退。当日下午，日军出动飞机和火炮，对中国守军阵地进行大规模轰炸和炮击。傍晚时分，中国守军在第 58 师的掩护下被迫转移撤退。日军出动飞机 10 余架，坦克 10 余辆，轰炸和追击中国军队。中国守军独立第 34 旅 701 团奋起反击，以手榴弹炸毁日军坦克 3 辆。后中国守军第 1 师派出敢死队，在机枪的掩护下，用手榴弹炸毁追击日军的 4 辆坦克，独立第 34 旅官兵则用火焚烧坦克，使在坦克内负隅顽抗的日军彻底失去战斗力。

日军步兵第 33 联队少尉军官岛田胜巳记述了这一天与中国守军激战的情况。他写道："也就是在那个时候，联队旗手佐佐木腹部被子弹击穿。如果被联队从正前方突破的话，敌军的退路就会受到直接威胁。因此，遭到敌军疯狂的抵抗也是正常的事情。旅团副官幡野清大尉的大腿也负了伤，就是在这样的枪林弹雨中度过了数小时。"[①]

25 日夜，蒋介石再次命令第三战区必须坚守锡澄线，但此时中国军队经过连日作战已难以抵挡日军的进攻，不得不撤离无锡，日军第 9、第 11 和第 16 师团先后进占无锡。

为了摆脱日军由京杭国道构建的大包围圈，11 月 26 日，中国军队一部沿京沪铁路撤向常州，主力向浙、皖、赣边境退却，江防军则坚守江阴要塞。日军突破锡澄线后，继续向南京近郊进犯。

值得注意的是，虽然在 11 月 18 日吴福线弃守前，第 15 集团军总司令罗卓英针对吴福线"既设工事无图可按，无钥开门，无人指示"的教训，建议嗣后锡澄线及其他防线预先做好相关准备。蒋介石采纳了罗卓英的建议，并将其报告转发给第三战区副司令长官顾祝同，以及江苏省政府主席陈果夫、浙江省政府主席朱家骅，希望在锡澄线战斗中注意上述问题。但是，由于中国军队撤退仓促，时间紧迫，上述建议来不及实施，导致投入巨资构筑的锡澄线国防工事，同吴福线一样未能完全发挥其应有的防御功能，为日军所攻破。

---

① 岛田胜巳：《步兵第三十三联队史——光荣的 50 年历程》，王卫星编，刘军等译：《南京大屠杀史料集》第 56 册《日军文献》上，江苏人民出版社 2010 年版，第 267 页。

四 江阴要塞战斗

1937年11月26日，日军攻破锡澄线后，江阴要塞陷于孤立，成为日军正面攻击的主要目标。29日，日军第13师团及集成骑兵队（10月8日，以骑兵第3、第9、第17、第101大队编成，森五六担任指挥官）兵分两路向江阴要塞区进攻，中国守军与日军展开激战。

自1840年鸦片战争爆发以来，中国清政府为抵御外敌，在吴淞、江阴、江宁等长江要隘，以及沿海城市构筑要塞炮台。后来，大多数炮台已年久失修，装备陈旧。1932年一·二八事变爆发后，为防止日本海军溯江而上攻击南京，国民政府开始加强长江沿岸要塞的建设。2月，国民政府军政部成立江阴、镇江、江宁各区要塞实施委员会，责成军务司负责办理要塞工事的设计与施工。5月，《淞沪停战协定》签订后，国民政府军事委员会参谋本部制定要塞五年整备计划，以长江为重点，以南京为中心，通过增强要塞工事强度，辅以守备队防御，设置游动炮兵和水中防御器材，以阻止敌人登陆。参谋本部制定的《中国中部各要塞及守备区整备实施计划》对日军进犯南京的方向进行了判断："本区系全国的经济、政治中心，为敌军作战目标。战争爆发后，敌陆军必然沿京沪线、海军沿长江，在空军的掩护下向南京进犯。淞沪协定签订之后，吴淞要塞已失去作用，而江阴为长江第一门户，为拱卫首都南京，首应加强江阴、镇江和江宁要塞区。"[①]其中以江阴要塞最为重要。12月，参谋本部成立"城塞组"，在德国军事顾问指导下，对上述沿江要塞进行整理与建设。

江阴地处长江下游南岸，与北岸靖江隔江相望，扼长江下游咽喉，乃南京的水路门户，是兵家必争之地。江阴位于上海与南京之间，又是锡澄、武澄等公路的交通枢纽，战略地位极为重要，清代以来就在此筑炮台驻军防守。

鉴于此，国民政府不断增强江阴要塞的守军力量。1937年5月，国民政府军事委员会制订《江阴方面防守计划书》，部署江阴要塞区防御。该计划将江阴要塞区分为江北、江南、江阴要塞三个部分。江阴要塞保卫战打响前，要塞区主要驻扎有第103师、第112师、江防部队和要塞部队，以及海军炮队，由江防总司令刘兴统一指挥。刘兴命令第103师担任黄山、君山、巫山、稷山、定山一线防守，

① 郭汝瑰、黄玉章主编：《中国抗日战争正面战场作战记》，江苏人民出版社2002年版，第270页。

阻击无锡、福山方向来犯之敌；第112师担任江阴城及其附近地区的防守；第111师作为预备队驻守江北的靖江、天生港一线。[①]江阴要塞司令部下设萧山、东山、黄山、西山和鹅山5个炮台，驻有步兵2个守备营，工兵、通信、小炮各1个连，部署要塞备炮61门（其中15公分新炮4门，8.8公分新炮8门）。[②]由于兵力有限，其主阵地设于要塞及城厢附近。

11月9日，蒋介石电令江阴要塞司令许康等各要塞指挥官，命令："各要塞守备部队官兵，虽至炮毁弹尽，亦不得擅退，须与要塞共存亡"。[③]

淞沪会战爆发后，日军飞机不断飞临江阴轰炸要塞和中国海军舰队，舰队受损严重。之后，日本海军舰队溯江而上迫近南通刘海沙一带，炮击两岸中国军队阵地。11月24日华中方面军制定第二期作战计划大纲，命令上海派遣军占领无锡后，以一部封锁并攻克江阴要塞。25日，日军第9师团和第11师团的部分兵力攻占无锡，使江阴要塞背面完全暴露。上海派遣军司令官决定，如果中国守军进行顽强抵抗而不能迅速攻占江阴要塞，就予以封锁。25日，命令第13师团及集成骑兵队，封锁江阴要塞，准备进攻。第13师团以1个步兵旅团，重炮10余门，战车30余辆，沿锡澄公路推进；以一部共2个步兵混成联队沿常澄公路向江阴推进。[④]集成骑兵队则由福山沿江边推进。26日，日军先头部队进抵江阴东南的青阳、华墅、杨舍一线，中国守军在与日军接触激战后，即撤回预定阵地。日军出动飞机10余架轮番轰炸要塞炮台及北关一带，其中1架被击落。日本海军60余艘军舰停泊于段山港以东，向段山港、毛竹港沿江部队射击。

在此情况下，11月26日晚7时，江防总司令刘兴作出部署："（甲）江防军以主力固守江阴要塞，以一部警备江岸，施行持久抵抗，以保长江门户；（乙）112师以主力占领由夏港口、夏港镇、青山、江阴城南至金童桥间之主阵地带，拒止敌人；（丙）103师以主力占领由金童桥（不含）经杨家港、凤凰山东麓至长山东麓间之主阵地带，拒止敌人；（丁）57军率111师以一部警备南通，拒止敌人上陆，

① 赵旭：《守备江阴要塞战斗纪实》，中国人民政治协商会议全国委员会文史资料研究委员会《南京保卫战》编审组编：《原国民党将领抗日战争亲历记·南京保卫战》，中国文史出版社1987年版，第91页。

② 《江阴要塞区自二十六年十一月二十六日至二十六年十二月一日间作战经过概要》，中国第二历史档案馆编：《南京保卫战档案》第7册，南京出版社2018年版，第473—474页。

③ 《蒋介石致王皞南等密电稿》（1937年11月9日），中国第二历史档案馆编：《抗日战争正面战场》上册，江苏古籍出版社1987年版，第330页。

④ 《江阴要塞区自二十六年十一月二十六日至二十六年十二月一日间作战经过概要》，中国第二历史档案馆编：《南京保卫战档案》第7册，南京出版社2018年版，第473页。

以大部在靖江附近，协同要塞妨害敌舰活动，并拒止敌人上陆；（戊）要塞部队严整备战，构成江上火力阻塞线，制压敌舰之动作，尤须对于陆正面准备火力，支援陆军作战；（己）江防部队须以鱼雷快艇袭击敌舰，妨害敌舰活动，掩护地区。”[①] 当晚，各部队按照作战命令完成部署。第103师兵力部署如下：第613团（团长罗熠斌）守备巫山、秀山一线，第618团（团长万式炯）守备定山、云亭镇一线，第615团（团长周相魁）作为预备队机动使用，师部设在黄山附近。[②]

11月27日，日军在南闸镇、云亭镇、詹文桥前方修整炮车，与中国守军相持，为围攻做准备。日军炮兵则在小茅山附近阵地向中国守军黄田港口及君山等处阵地断断续续射击，中国守军炮台予以还击。日军飞机除侧重向中国守军步兵阵地投弹外，又向要塞各炮台投弹百余枚，其造成损失很小。

11月28日，日军先头部队由青阳镇攻击南闸镇、花山、云亭镇中国守军前进阵地。黄山等炮台的中国守军开炮迎战，对日军步炮兵进行火力压制，遏制其进攻势头。据守该阵地的中国守军第112师两个营击退了日军。《申报》报道了黄山要塞及各炮台向日舰攻击的实况：“我黄山要塞，不久也开炮应战，轰然巨响，震动大江两岸。同时各山炮台也突起轰击，日舰中弹颇多，其中二艘沉没，十数艘受伤，于是日舰不敢逼近我炮火射程之内。”[③] 日军在小茅山的炮兵推进到南闸附近，向黄田港、八圩港射击，企图切断中国军队江上交通。日军在云亭镇南500公尺处增派重炮一连，向马鞍山、黄山炮台及其工事不断射击。当晚，南闸阵地一度失守，中国守军反复争夺，于拂晓前夺回阵地。次日，双方仍在南闸、云亭一线胶着激战，我军伤亡虽大，但未放弃阵地。当晚，守军始撤向青山、板桥之线。

11月29日，上海派遣军命令第13师团迅速攻占江阴要塞，该师团立刻从正面发起攻击。日军主力在南闸镇、云亭镇向中国守军右侧阵地猛攻，30日占领南闸、花山两据点。中国守军各炮台以火力支援陆上反攻，但终因兵力薄弱，损失过重，当晚被迫向青山、板桥一线撤离。詹文桥一线的战斗也十分激烈。此外，10余架日机全天轰炸要塞各炮台。

在地面进攻的同时，日本海军于29日炮击江阴要塞，要塞中国守军立即进行

---

① 《江阴要塞区自二十六年十一月二十六日至二十六年十二月一日间作战经过概要》，中国第二历史档案馆编：《南京保卫战档案》第7册，南京出版社2018年版，第474—475页。

② 万式炯：《第一〇三师江阴抗战及撤退概述》，中国人民政治协商会议全国委员会文史资料研究委员会《南京保卫战》编审组编：《原国民党将领抗日战争亲历记·南京保卫战》，中国文史出版社1987年版，第84页。

③ 《孤军支持百小时/江阴炮台失守》，《申报》（上海版）1937年12月4日。

还击，双方炮战 3 小时，中国守军击沉日舰 3 艘，击伤 1 艘，江阴要塞区长山炮台被日军击毁。①

11 月 30 日，日军以战车为先导，向第 103 师 618 团阵地发起进攻。第 618 团挖掘的防战车壕沟发挥作用，日军战车前进受阻，团长万式炯命令第 3 营挑选勇敢善战官兵 10 人组成敢死队，爬上日军战车，将手榴弹从观察孔和炮塔盖口投进战车，以炸死炸伤驾驶兵，炸伤战车，另外还用集束手榴弹（每束 9 枚）放置于战车履带下引爆，共炸毁日军战车 7 辆，从而遏制了日军的进攻。②

是日，日军在出动步兵进攻的同时，还在南闸镇、云亭镇方面增派炮兵，与海军及航空队协同配合，企图击毁要塞炮台。上午 8 时，在新港附近发现日本海军军舰 5 艘，另有 15 艘正从巫山驶来，中国守军新炮及巫山海炮射击，当即击沉日军军舰 1 艘，轻伤 1 艘，其他舰只均逃离。除了击退日舰外，要塞炮台的新炮还击落日机 2 架，击伤 3 架。

日本华中方面军司令官松井石根在日记中记述："有情报误报说第 13 师团已攻陷江阴，其实只是逼近了江阴市区。敌军目前的守备兵力不多，但是有炮火从炮台向接近江阴的我海军舰艇射击。"③

12 月 1 日，中日双方军队进行了激烈炮战。中国守军鹅山、萧山、黄山各炮台共损失火炮 4 门，通信设备几乎全被摧毁，日军的通信连也几乎全被消灭。日军飞机不断向各炮台轰炸，并向八圩港、十圩港投弹百余枚，企图切断江上交通。下午 5 时许，西北关被日军突破，日军冲入城中后，以 20 余辆坦克掩护步兵，从西北关攻至君山龙岗炮台区，备炮失去效力，后经中国守军预备队反攻恢复了阵地。

当天，日军出动陆海空力量向第 103 师阵地发起猛攻，80 余架飞机向阵地轮番轰炸，中国守军凭借坚固的要塞工事，激战两昼夜，击退了日军多次进攻，守住了要塞，但自身也伤亡惨重。第 613 团团长罗熠斌、团附魏自远、第 3 营营长刘崧森等阵亡，第 615 团团长周相魁及第 1、第 2 营营长等负伤，第 618 团中校团

---

① 赵旭：《守备江阴要塞战斗纪实》，全国政协文史和学习委员会编：《南京保卫战亲历记》，中国文史出版社 2015 年版，第 103 页。

② 赵旭：《守备江阴要塞战斗纪实》，全国政协文史和学习委员会编：《南京保卫战亲历记》，中国文史出版社 2015 年版，第 103—104 页。

③ 《松井石根阵中日记》（1937 年 11 月 30 日），王卫星编：《南京大屠杀史料集》第 8 册《日军官兵日记》，江苏人民出版社、凤凰出版社 2005 年版，第 141 页。

附李益昌、第2营营长等负伤，其第1营营长陈绍培阵亡。[①]

由于中国守军损失过重，缺乏弹药，且第112师师长霍守义在守城战斗中被炮弹炸伤，难以维持。在此情况下，12月1日晚6时，江防总司令刘兴召集各师长和要塞司令等开会商讨如何应对日益严峻的战局，第112师师长霍守义和第103师师长何知重主张撤退，江阴要塞司令许康则表示要坚守，由于“撤”与“守”意见不统一，刘兴向南京卫戍司令长官部请示后，根据上级命令下达了撤退命令。撤退办法如下：（一）从现在起（晚8时），要塞炮兵火力，向江阴西门外射击，掩护步兵突围，到12时为止；（二）12时后，对要塞进行破坏，破坏完毕，从靖江方面向镇江撤退；（三）江防司令部准备快艇和船只，载总司令部向南京撤退。[②]当晚，各部队按照命令进行撤退。

第103师接到撤退命令后，连夜向西转移，到江阴城边方知第112师已奉命撤退。当晚10时第103师在撤退到江阴城西钱家村时，遭遇日军伏击，在其密集火力封锁下，官兵伤亡众多。第103师618团团长万式炯命令第3营挑选勇敢官兵20余人组成突击队，绕路到夏港，从民房房顶向日军投掷手榴弹，摧毁日军火力点，使该师顺利突围到达申港。而师长何知重、参谋长王光汉（号雨膏）等当晚在混战中由黄田港渡江到江北，向汉口方向转移。12月3日凌晨，副师长戴之奇率余部沿江向西退守镇江，镇江失守后，沿铁路撤往南京。[③]据第103师第618团团长万式炯记述，江阴要塞战斗中，该师共伤亡官兵360余人。[④]

按照撤退命令，江阴要塞司令许康进行部署：“（一）各台一面向夏港方面射击，掩护友军突围，一面向云亭镇、詹文桥方面射击，阻止敌人追击；（二）各台将所余弹药尽量射完后，即将火炮工事销毁，限于2日午前5时，处理完毕。”[⑤]根据命令，各炮台官兵在完成掩护友军撤退、阻止日军追击的任务后，于12月1日

① 赵旭：《守备江阴要塞战斗纪实》，全国政协文史和学习委员会编：《南京保卫战亲历记》，中国文史出版社2015年版，第104页。

② 杜隆基：《抗战中的江阴要塞》，全国政协文史和学习委员会编：《南京保卫战亲历记》，中国文史出版社2015年版，第89页。

③ 赵旭：《守备江阴要塞战斗纪实》，全国政协文史和学习委员会编：《南京保卫战亲历记》，中国文史出版社2015年版，第104—105页。

④ 万式炯：《第一〇三师江阴抗战及撤退概述》，中国人民政治协商会议全国委员会文史资料研究委员会《南京保卫战》编审组编：《原国民党将领抗日战争亲历记·南京保卫战》，中国文史出版社1987年版，第86页。

⑤ 《江阴要塞区自二十六年十一月二十六日至二十六年十二月一日间作战经过概要》，中国第二历史档案馆编：《南京保卫战档案》第7册，南京出版社2018年版，第479页。

夜间毁掉了各火炮工事。据时任要塞司令部探照灯台台长杜隆基回忆：“多年建造起来的要塞一旦破坏，心实不忍，又不能资敌，只得狠心破坏。先将两架六公尺基线的实体视测远机和两架两公尺直径的探照灯，由山顶推下，然后破坏火炮，由于支援步兵突围时，射击速度较快，改装后的火炮，有的炮身前段已炸掉一截，破坏比较容易，唯甲炮和丙炮不易破坏，将炮口堵塞上泥土发射，炮身仍然是完好的，只好又派人到军机械库去拿硫酸，把硫酸倒入弹药膛，使甲三台、甲四台和丙一台侵蚀，成为废炮。”①

12月2日当天，日军第13师团完全占领江阴要塞，开始“扫荡”残余中国守军。4日，《申报》（上海版）报道了江阴失陷的消息：“江阴炮台四五日来受日海陆空联合进攻，左右腹背乃至顶部均遭最新式武器猛袭，可谓五面受敌。我当地守军以血肉之坚城补物质之不足，奋勇抵抗，支持至一百小时左右，卒以守军孤单、武器落后，于昨（二日）七时许不得已忍痛退出。”②

中国守军撤退后，仍留士兵看守在江阴段所布设的水雷，据该士兵归队后报告：2日午后，4艘日舰触发水雷，其中只有1艘返航；5日午后，又有1艘日舰触雷，没有返航；8日上午，还有1艘日军汽艇触雷被炸沉，午后7艘铁驳船满载日军士兵，即将到达雷区时，有士兵触发2排水雷（12个），似有舰只被炸毁，其他舰只立即撤退。③

为了打通长江水面，日军第13师团在占领江阴要塞后，派1个联队从江阴渡江，占领靖江，协助其海军将江阴水路上的障碍物全部清除。④

---

① 杜隆基：《抗战中的江阴要塞》，全国政协文史和学习委员会编：《南京保卫战亲历记》，中国文史出版社2015年版，第89页。

② 《孤军支持百小时/江阴炮台失守》，《申报》（上海版）1937年12月4日。

③ 《江阴要塞区自二十六年十一月二十六日至二十六年十二月一日间作战经过概要》，中国第二历史档案馆编：《南京保卫战档案》第7册，南京出版社2018年版，第480—481页。

④ 《松井石根阵中日记》（1937年12月7日），王卫星编：《南京大屠杀史料集》第8册《日军官兵日记》，江苏人民出版社、凤凰出版社2005年版，第147页。

第三节　主力逼近南京

一　泗安、广德战斗

日军占领上海后，继续向南京进犯，并制订了分兵三路合围攻克南京的作战方针，即以中路主力正面突击，左右两翼包抄夹击，以达到截断中国守军向江北的退路及占领南京的战役目的。

根据该作战方针，在日军右翼部队于进攻江阴的同时，其左翼部队亦通过泗安、广德地区向南京进犯，企图包围南京。广德、泗安地处浙江、安徽、江苏三省要冲，是绕经太湖进攻南京的必经之处，战略地位非常重要，历来为兵家必争之地。

中国守军从淞沪战场撤退后，日军由沪杭向南京推进。第三战区调集川军6个师拱卫首都南京，第144、第147、第148师先后集中于南京，第145、第146师两师以及独立第13旅、独立第14旅大部到达芜湖时，京沪、京杭线战事日趋危急，川军奉命由南京向广德、长兴前进，协助吴兴方面友军作战。根据《第三战区第三期作战计划》部署："续到之川军六个师，车运者，由南京用汽车输送至广德附近。船运者，由芜湖、宣城，再用汽车输送至宁国附近集中，置重点于广德方面，攻击沪杭方面之敌。"[①]而在川军尚未到达目的地时，吴兴已陷落，中国守军纷纷后撤，日军继续向泗安方面推进。

1937年11月19日，日军第10军即命令国崎支队经湖州、广德向芜湖追击，第18师团经湖州、广德、溧水向南京追击。24日，新发布的《华中方面军第二期作战计划大纲》要求第10军以1个师团之兵力，自广德—宁国—芜湖一线，进抵南京背后。25日，根据方面军的命令，第10军作出部署："以军主力在长兴、湖

---

① 《第三战区第三期作战计划》（1937年11月16日），中国第二历史档案馆编：《抗日战争正面战场》上册，江苏古籍出版社1987年版，第331页。

州附近集结，以第 114 师团的一部占领宜兴，以第 18 师团的一部占领广德，确保以后的前进据点。”①

11 月 20 日，第七战区司令长官刘湘呈报蒋介石，对泗安、广德一线川军部署如下：（一）以 1 个师担任长兴、1 个旅担任宜兴附近湖岸的警戒，于 23 日完全到达；（二）以两个师集结于五里店、广德、七里店、十八里店地区间，并派出一部至泗安镇附近警戒，于 22 日前到达 1 个师；（三）以 1 个半师集结于溧阳张渚镇、戴埠镇地区间，限于 22 日全部到达。直属部队方面，独立第 13 旅集结于清水河附近（芜湖以东 20 公里），独立第 14 旅集结于芜湖，宪兵营驻南京。②

据时任第 23 集团军第 23 军 144 师 432 旅参谋长胡秉璋回忆，11 月 23 日，川军总部在宣城十字铺发布各部作战地域相关命令：第 144 师郭勋祺部在长兴以北太湖西岸的夹浦、金村一线设防固守，并抽调一部兵力支援长兴、新塘、李家巷的第 146 师，共同抵御由吴兴方向北进之敌，并注意监视太湖中洞庭山之敌，防止敌人越湖偷袭中国守军阵地侧后方。第 146 师刘兆藜部布防于长兴以南新塘、李家巷、吕仙镇一带地区，左与第 144 师联系，右与长兴南侧的第 148 师联系。第 148 师陈万仞部布防于长兴西南侧，沿虹星桥、林城一线，左与第 146 师联系，右与在泗安、界碑布防的第 145 师联系。独立第 14 旅周绍轩部布防于吕仙镇以北至林城一线，与第 146、第 148 师协同作战。独立第 13 旅田钟毅部在梅溪北岸至中泗安之线布防，确保与守卫泗安的第 145 师联系。第 145 师饶国华部布防于长兴通往广德公路之上泗安、中泗安、下泗安一线，确保机场、仓库之安全。第 147 师杨国祯部集结于白岩、煤山、合溪间为总预备队，适时策应前方友军作战。③各部接到命令后立即开赴指定地点，连夜构筑工事，准备阻击日军。

11 月 25 日，日军第 18 师团主力在湖州附近集结，26 日，该师团前锋部队进抵第 145 师防守的泗安。日军 1 个旅团 5000 多人在 30 余辆坦克和装甲车，以及 20 余架飞机的现代化武器的掩护下，向第 145 师发起猛攻，该师难以应对，泗安遂被攻占。

① 〔日〕日本防卫厅防卫研究所战史室著，齐福霖译：《中国事变陆军作战史》第 1 卷第 2 分册，中华书局 1981 年版，第 108 页。

② 参见《刘湘致蒋介石报告》（1937 年 11 月 20 日），中国第二历史档案馆编：《南京保卫战档案》第 7 册，南京出版社 2018 年版，第 1—2 页。

③ 胡秉璋《记太湖、泗安、广德之战》，中国人民政治协商会议全国委员会文史资料研究委员会《南京保卫战》编审组编：《原国民党将领抗日战争亲历记·南京保卫战》，中国文史出版社 1987 年版，第 116—117 页。

泗安失守后，川军总部命令第146师从左翼，独立第13旅从右翼包围日军，以收复泗安。第146师师长刘兆藜率第438旅和师直属部队从左翼直趋泗安，切断日军后方交通联络线，阻击由长兴、吴兴进犯之敌，策应广德方面作战。第146师438旅旅长梁泽民率该旅第875团于26日午夜到达泗安西南，获悉当时占据泗安的日军只有两个步兵中队和一个骑兵队共500余人。第875团官兵不顾长途行军的疲劳，连夜向泗安日军发起攻击。他们用大刀、手榴弹与日军激战至黎明，收复泗安。此战共歼灭日军骑兵40余人，缴获三八式步枪40余支，焚烧汽油100余箱，缴获军用物资及文件等千余件，残敌向东溃退。[①]

收复泗安后，第146师师长刘兆藜命令第438旅以一部扼守泗安，主力向广德靠拢。第438旅旅长梁泽民率部进至界碑附近时遭遇日军，与800余名日军展开厮杀，共击毁敌装甲车5辆，汽车10余辆，日军溃退。

26日当天，日军出动27架飞机对广德县城进行狂轰滥炸，城内房舍建筑被摧毁殆尽。是日上午，驻守夹浦的第144师，依托江浙交界的山地工事和森林，与日军展开激战，其张昌德团以伤亡百余人的代价坚守该阵地。据时任该师参谋长林华钧回忆："十时左右，敌步兵七八百人向我猛攻。待敌到阵地前一千米以内，我们机枪才开始猛烈反击。这时，炮二旅也对准敌人的火力点——机关炮、步兵炮、装甲车和密集部队进行破坏和歼灭性炮击。果然打得好，敌人两三个大队完全被我近距离的机炮火力击溃。打到午后二时，双方成停止状态。以后敌人也未敢向我阵地再行攻击。"[②]

27日晨，日军出动10架飞机轮番对中国守军各阵地进行轰炸，之后，步兵向各阵地发起进攻。第146师阵地是日军的主要进攻目标，日军步兵在数十辆坦克、装甲车的掩护下向第146师阵地发起攻击。师长刘兆藜采取"逐次佯退、诱敌深入"策略，将日军引入狭隘的埋伏区域，先用4门山炮击毁日军后面的数辆汽车，堵住其退路，然后集中8门山炮和迫击炮、轻重机枪，以及步枪和手榴弹射击日军先头车辆。日军先头部队2000余人立即停止进攻，回师救援，预先埋伏的潘寅九团长率第875团，杨国安团长率第876团，分别从左右两翼夹击日军，激战数小时后，日军在飞机的掩护下溃退。此役共击毁日军坦克3辆、装甲车9辆、炮车4辆，

① 骆周能：《简记广德、泗安战役》，中国人民政治协商会议全国委员会文史资料研究委员会《南京保卫战》编审组编：《原国民党将领抗日战争亲历记·南京保卫战》，中国文史出版社1987年版，第128页。

② 林华钧：《金村南山阻击战》，中国人民政治协商会议全国委员会文史资料研究委员会《南京保卫战》编审组编：《原国民党将领抗日战争亲历记·南京保卫战》，中国文史出版社1987年版，第108—109页。

缴获山炮 3 门、野炮 1 门、步枪 89 支、机枪 2 挺、军旗 17 面，其他物资 300 余件。①

当天，日军在飞机掩护下，出动 6000 余人进攻第 145 师防守的中泗安、下泗安阵地。中泗安、下泗安为平原地带，无险可守，第 435 旅两个团寡不敌众，损失惨重，中泗安、下泗安失守。

27 日上午，日军分兵数路进攻夹浦、金村一带中国守军阵地。第 144 师师长郭勋祺亲率 3 个手枪连到夹浦督战，并令第 432 旅旅长唐明昭速率唐映华团前往支援，又令山炮营在南山预定地点进行炮火支援。午后 2 时，日军先头部队进抵南山附近，预置在南山腹地的 8 门德国山炮一起向日军轰击，日军遭袭后阵容混乱向后撤退。此时，太湖中日军乘数十只木船和许多小艇来袭。师长郭勋祺传令沿湖官兵待日军船艇距离四五百米时再一齐向船艇射击，并令唐映华团速到金村附近湖岸边协助防守，阻止日军登陆，以保障整个阵地的安全。郭勋祺则“手提一支二十发子弹的手枪，率十余手枪兵在阵地前端，指挥营连长作战。几经肉搏，双方伤亡惨重，直到入暮时，敌人方悄悄后退”，“郭师长腿部负伤，因见情况严重，他坚不下火线，传令军医处长夏道生到桥边为之裹伤。”②

川军总部根据战场形势变化，对 28 日的战斗进行部署：命令第 145 师坚守上泗安并适时出击；第 146 师乘胜向虹星桥包抄，截断日军退路；第 148 师以接近林城之潘左旅，向下泗安、林城间日军实施腰击，并以左翼袁治旅支援第 144 师夹浦、金村间阵地，阻止太湖日军登陆；独立第 14 旅从梅溪以北向中泗安、下泗安以南日军进攻；独立第 13 旅推进到泗安一带作为预备队，支援各部。总部要求各部在 28 日拂晓前到达指定位置，天明围攻中泗安、下泗安日军。③

28 日晨，川军各部按照命令，除以一部留守阵地防备日军第 18 师团进攻外，其余各部向下泗安日军发起攻击。日军仓皇应战，秩序大乱。中泗安日军见状连忙放弃阵地前往救援下泗安日军。日军出动 20 余架飞机轮番轰炸、扫射，掩护日军突围，双方激战至中午。日军第 18 师团抽调 1 个旅团的兵力，坦克 4 辆、小炮 4 门、装甲车 10 辆，沿林城前往增援下泗安日军。独立第 14 旅旅长周绍轩奉命阻

---

① 胡秉璋《记太湖、泗安、广德之战》，中国人民政治协商会议全国委员会文史资料研究委员会《南京保卫战》编审组编：《原国民党将领抗日战争亲历记 · 南京保卫战》，中国文史出版社 1987 年版，第 119—120 页。

② 胡秉璋《记太湖、泗安、广德之战》，中国人民政治协商会议全国委员会文史资料研究委员会《南京保卫战》编审组编：《原国民党将领抗日战争亲历记 · 南京保卫战》，中国文史出版社 1987 年版，第 120 页。

③ 胡秉璋《记太湖、泗安、广德之战》，中国人民政治协商会议全国委员会文史资料研究委员会《南京保卫战》编审组编：《原国民党将领抗日战争亲历记 · 南京保卫战》，中国文史出版社 1987 年版，第 121 页。

击增援日军。团长刘克用命令卫兵连胡荣程连长和赵学贵排长组织敢死队，20余名精壮士兵各带一束手榴弹，埋伏于路两侧以炸毁日军战车，“当敌人一辆坦克驶到胡连长身边时，他立即跃起，跳上敌之坦克，将一束手榴弹拉开引火线塞入敌车洞孔内，迅速跳下车，顿时车内发出连续爆炸声。”[①]战斗中，连长胡荣程、排长赵学贵以及卫兵连全部壮烈牺牲。第146师和独立第13旅一部前来支援独立第14旅，与日军展开激战。在日军第18师团的增援下，下午4时左右泗安日军绕林城向南逃窜，中泗安、下泗安被收复。

29日10时左右，日军又出动1个旅团以上的兵力、坦克2辆、炮车4辆、装甲车10余辆，向泗安方向发起猛烈攻击。中国守军第145师虽奋力抵抗，但寡不敌众，下午2时许，上泗安、中泗安、下泗安相继失守。师长饶国华率部退至界牌一线死守，天黑后日军退回泗安。饶国华令所部坚守阵地的同时，连夜乘车前往川军总部请求支援，未果而归。在敌情严重而无援兵的情况下，他当晚通令所属旅、团、营及友军官兵，宣誓称：“国家养兵是为了保国卫民。人谁不死，死有重于泰山，轻如鸿毛。今天是我报国之时，阵地在我在，阵地亡我亡。望我官兵不惜一切努力报国，恪尽职守。”[②]

当中国守军第145、第148师战斗极端困苦之时，由安吉方面向日军侧面运动的第146师进抵泗安镇以南地区，侦察得知泗安已经被日军占领，中国守军主力被迫向西转进。广德、泗安间日军运输车辆来往频繁，泗安附近堆积了日军大量辎重。基于上述情形，第146师师长召集所属团以上军官开会，指示应以主力断然向泗安日军背后进行侧面攻击，切断日军后路，截获日军物资，并以有力一部向大山、界牌攻击前进，尔后进出十里岗以西地区，协同军主力夹击西犯之日军。30日拂晓，第146师开始发起对日军的攻击，战斗非常顺利，第438旅一举攻占泗安，日军仓皇应战，死伤惨重。国民政府军事委员会委员长蒋介石在汉口出席总理纪念周活动时对此役予以奖评。当晚，日军从小溪方面增援反攻，与第146师彻夜激战。12月1日晨，该师被迫向泗安以南地区转进。[③]

① 胡秉璋《记太湖、泗安、广德之战》，中国人民政治协商会议全国委员会文史资料研究委员会《南京保卫战》编审组编：《原国民党将领抗日战争亲历记·南京保卫战》，中国文史出版社1987年版，第122页。

② 胡秉璋《记太湖、泗安、广德之战》，中国人民政治协商会议全国委员会文史资料研究委员会《南京保卫战》编审组编：《原国民党将领抗日战争亲历记·南京保卫战》，中国文史出版社1987年版，第122—123页。

③ 《第三战区副司令长官唐式遵关于广德泗安之战回忆录》，中国第二历史档案馆编：《南京保卫战档案》第7册，南京出版社2018年版，第514—515页。

11 月 30 日晨，日军第 18 师团向中国守军各阵地发动进攻，其中第 145 师防守的广德附近 5 里处的界牌方面战斗尤为激烈。师长饶国华率手枪兵 20 余人，在前线督战。在日军地面部队猛烈进攻和飞机狂轰滥炸下，左翼第 433 旅佟毅一部开始溃退，逐步退出界牌，右翼第 435 旅孟浩然部虽拼命扼守，终被迫退至大道南面一带。日军主力循公路向广德方向攻击前进。此时，奉命退守祠山岗要隘的戴传薪团部署尚未就绪，日军即已在飞机掩护下涌来，该团被迫向山地转移。饶国华见状回到广德城附近的后方师部，写下致第七战区司令长官刘湘、第 21 集团军总司令唐式遵及自己家属的信，作为遗嘱。为了不使广德机场物资落入敌手，他带领卫兵连前往飞机场焚毁仓库。之后，饶国华盘坐在广德城东门外，面向日军方向大呼："威廉第二如此强盛都要灭亡，何况你小小日本，将来亦必灭亡！"[①]说完拔出手枪自戕殉国，时年 43 岁。饶国华是南京保卫战期间牺牲最早、职务最高的将军，其殉国壮举在全国引起强烈反响。国民政府追赠其陆军上将，予以国葬，并在多地举行了公祭大会。毛泽东亦在延安高度评价饶国华等阵亡的抗日将士，他指出："几百万军队与无数人民都加入了火线，其中几十万人就在执行他们的神圣任务当中光荣地、壮烈地牺牲了。……我们真诚地追悼这些死者，表示永远纪念他们，从郝梦麟、佟麟阁、赵登禹、饶国华……诸将领到每一个战士，无不给了全中国人以崇高伟大的模范。"[②]

连日来，第 145 师和第 146 师在泗安、广德一线与日军展开激战，最终寡不敌众被迫撤离，广德沦陷。12 月 3 日，第 144、第 145、第 147、第 148 师各师奉命开赴皖南休整，广德、泗安战役告终。

第三战区副司令长官兼第 21 集团军总司令唐式遵在回忆录中，对广德、泗安战役进行了这样的总结：（一）中国军队对日军武器装备性能不了解，一般官兵对飞机、战车防御毫无经验，心怀恐惧，因而常有临阵脱逃现象发生。（二）部队辗转调防，因运输困难，导致未能按时集中，此次战役实际参加作战的兵力总数不到两个师，且通讯中断，失去联络，难以阻挡日军进攻。（三）上级指挥部不了解部队和前线实际情况，作战命令指示的任务无法实施，而下级指挥部过于

---

① 胡秉璋《记太湖、泗安、广德之战》，中国人民政治协商会议全国委员会文史资料研究委员会《南京保卫战》编审组编：《原国民党将领抗日战争亲历记 · 南京保卫战》，中国文史出版社 1987 年版，第 123 页。

② 毛泽东：《在纪念孙中山逝世十三周年及追悼抗敌阵亡将士大会上的讲话》，《毛泽东文集》第二卷，人民出版社 1993 年版，第 113 页。另：1983 年 9 月 10 日，饶国华被四川省人民政府追认为革命烈士；2014 年 8 月，饶国华入选民政部公布的第一批著名抗日英烈和英雄群体名录。郝梦龄〔麟〕烈士的名字，有不同说法，使用郝梦龄者为多。

重视上级命令而很少有灵活处置，流于空谈。（四）第146师侧击泗安日军之战为该师师长下定决心、断然处置及所属各部官兵团结努力的结果。①

广德是南京外围防御的重点，广德的失守，意味着左翼日军打开了进攻南京的通道。12月2日，根据日军华中方面军下达的攻占南京的命令，日军第10军进行了部署：第6师团沿长兴—广德—洪兰埠公路进入兰水以西地区；第18师团沿广德—十字铺—郎溪—洪兰埠—太平—南京公路，进入小丹阳附近；国崎支队从广德—郎溪—太平公路方向渡扬子江进入浦口地区，以切断中国军队的退路。②除第18师团外，各支日军部队沿广德—泗安一线向南京进犯。

二　镇江要塞战斗

日军先后突破吴福线、锡澄线两道国防线后，中国军队被迫向常州及其以西退却。1937年11月22日，日军华中方面军命令第16、第11师团继续向常州方向追击。25日，又命令第9师团一部在太湖方面机动，其主力向常州攻击。29日，第9师团占领常州。12月2日，第16师团占领丹阳。日军占领常州和丹阳后，兵分两路向镇江进犯，一路沿镇江—丹阳公路，另一路沿镇江—常州公路攻击前进。

镇江是南京之东大门，地处长江与大运河交汇处，京沪铁路由此经过，是继吴福线、锡澄线后屏障首都的又一战略要地。1928年7月27日，国民政府正式批准以镇江为江苏省省会，次年2月江苏省政府各厅正式迁到镇江。1937年11月，上海沦陷后，日军飞机频繁轰炸镇江，战火迫近，江苏省政府匆忙渡江撤往苏北地区。

早在1879年，清朝即设要塞于丹徒。全面抗战爆发前，国民政府在镇江构筑了永久性国防工事，其要塞的任务是封锁长江江面，阻击敌舰西进。

淞沪会战爆发后，国民政府加紧镇江一带的防御工事建设。1937年9月5日，蒋介石致电江苏省政府主席陈果夫："部队一时不能抽调，镇江附近防御工事，着征民夫构筑，由保安处负责指导"③。

① 《第三战区副司令长官唐式遵关于广德泗安之战回忆录》，中国第二历史档案馆编：《南京保卫战档案》第7册，南京出版社2018年版，第514—515页。

② 〔日〕日本防卫厅防卫研究所战史室著，齐福霖译：《中国事变陆军作战史》第1卷第2分册，中华书局1981年版，第110页。

③ 《蒋介石致陈果夫电》（1937年9月5日），中国第二历史档案馆编：《南京保卫战档案》第6册，南京出版社2018年版，第290页。

镇江要塞区原隶属江防总部，司令为林显扬，参谋长为王乐坡（又名王庚），司令部设于镇江城内河边街的仓库内。要塞布防有守备营、通信连和工兵连各1个。守备营位于象山营房，下辖3个步兵连、1个重机枪连，主要任务是掩护和保障要塞炮台的安全，弥补炮台火力之不足。通信连直属要塞司令部指挥，工兵连由军政部城塞组临时调用。要塞下辖象山、焦山、都天庙、圌山关4个炮台。象山炮台位于东码头附近，有备炮12门，其中24公分口径、15公分口径炮各4门；焦山炮台位于长江中心小岛之上，与象山炮台隔江相对，有9.5公分口径炮8门；都天庙炮台位于长江北岸，有备炮8门，其中24公分口径、9.5公分口径炮各4门；圌山关炮台位于大港镇附近，有备炮12门，分别为24公分口径炮4门，9.5公分口径炮8门。要塞炮以正对江面为主，陆上为次。①

当时，由于江防总司令刘兴率领部队驻防江阴，不能抽派军队到镇江。镇江方面陆上防守实际由江苏省保安处长兼警备司令项致庄负责。镇江区要塞司令林显扬曾多次电呈上级机关，强调陆防形势比江防更为严峻，如果陆上不能守住，要塞也就会失去作用，希望能派高级指挥官率领大部队协同要塞作战。11月下旬，江苏省政府改组，保安队及警察先后渡江撤离，项致庄也卸任，镇江方面仅剩林显扬指挥的要塞部队。

江阴要塞失守后，吴福线、锡澄线失去防御作用，日军向镇江防线推进。镇江要塞司令部随即向各炮台和守备部队下达战斗命令：（一）守备营第1连，附重机枪2挺、通信兵1班，立即进入禹山阵地，监视丹徒镇方向日军动态。（二）守备营第2连，附重机枪2挺、通信兵1班，进入镇象路小高地，对京沪铁路、公路严密防范。（三）守备营第3连和工兵连为预备队，由守备营副营长指挥，第3连派出哨兵在北固山和甘露寺瞭望敌情。（四）象山、焦山、都天庙、圌山关炮台官兵进入各炮炮位，随时准备战斗。（五）敢死队归指挥所直接指挥，随时听候调遣，并严密监视镇象公路情况。（六）司令部非战斗人员转移江北六圩地区，设立后方。（七）司令、参谋长等立即进入象山指挥所。②司令部在守备营采取自愿报名方式挑选敢死队队员，由指挥所直接指挥。参谋长王乐坡向守备营全营官兵宣布："根据形势的需要，要临时组织一个敢死队，从官兵中选出军官

① 王庚：《坚守镇江要塞记》，中国人民政治协商会议全国委员会文史资料研究委员会《南京保卫战》编审组编：《原国民党将领抗日战争亲历记·南京保卫战》，中国文史出版社1987年版，第130—131页。

② 王庚：《坚守镇江要塞记》，中国人民政治协商会议全国委员会文史资料研究委员会《南京保卫战》编审组编：《原国民党将领抗日战争亲历记·南京保卫战》，中国文史出版社1987年版，第131—132页。

二名、士兵五十名。具有作战经验，体格健壮，勇敢不怕死的人，请站出来，不要勉强。”[①] 他话音一落，即有许多人踊跃报名，报名的数字超过了预定的人数。王乐坡从中挑选了50余名，组成敢死队。

12月1日，第71军军长王敬久率部到达镇江，根据唐生智命令，镇江区要塞部队归该军统一指挥，第87师副师长兼第261旅旅长陈颐鼎兼任镇江警备司令。据陈颐鼎回忆：“十二月初，镇江外围战斗就打响了，以镇江南部竹林寺、鹤林寺等地战斗打得最为激烈，另有日军六辆坦克沿丹徒到镇江公路窜抵市中心，均被我军击退。”[②] 数日后，王敬久率第71军军部至龙潭，镇江要塞部队改归第87师师长沈发藻指挥。隔日，沈发藻也率部开赴龙潭。江阴要塞失守后，江防总司令刘兴率第103师由江阴撤退至镇江。不久，刘兴奉调进京，第103师2000余人留守镇江，由第103师副师长戴之奇负责指挥，镇江要塞部队和省保安队一部也由其统一指挥。根据部署，以镇江区要塞守备营防守丹徒至禹山，以保安队之一部守岘凉山，镇江以西则由第103师驻守。[③] 镇江地域广阔，而驻防兵力则过少。

日军攻占江阴要塞后，图谋继续攻占镇江要塞。12月7日，日军一部由丹阳直趋句容，一部由镇江西南10里处长山方面，避开中国守军坚固的战壕工事和铁丝网，以及要塞炮的火力，向镇江攻击前进。下午3时起到当晚，日军与中国守军第103师展开激战，双方僵持不下。8日拂晓，日军炮火猛烈轰击中国守军阵地。而镇江要塞大炮大都是对江装置，而且位于镇江城东北8里处，所以无法给中国守军以炮火支援。上午9时，第103师在日军攻击下渐渐不支，副师长戴之奇向镇江要塞司令部发出命令：“（1）敌以猛烈炮火攻击甚烈，我军有不支之势，拟向龙潭方面转进。（2）贵部即行渡江向六合转进”[④]。

上午11时，镇江区要塞司令林显扬收到命令后，认为不能退却，随即电话告知戴之奇，并电呈军政部部长何应钦，表示愿死守不退。林显扬旋以重赏组织敢死队，以焦建和连长为队长，王有震、王坐山、薛奇英为分队长，士兵踊跃报

---

① 王庚：《镇江要塞在抗日中》，廖利明编：《南京保卫战文史资料》，南京出版社2019年版，第532页。

② 陈颐鼎：《第八十七师在南京保卫战中》，中国人民政治协商会议全国委员会文史资料研究委员会《南京保卫战》编审组编：《原国民党将领抗日战争亲历记·南京保卫战》，中国文史出版社1987年版，第152页。

③ 《镇江要塞区自二十六年十二月八日至十二日间作战经过概要》，中国第二历史档案馆藏，档案号七八七—7587。

④ 《镇江区要塞抗战经过报告》（1937年12月），中国第二历史档案馆编：《南京保卫战档案》第8册，南京出版社2018年版，第465页。

名者有 113 人。

12 时，日军占领镇江城后，向要塞发起攻击。由于兵力薄弱，要塞中国守军仅固守象山之一隅。下午 3 时，日军炮兵从甘露寺向中国守军阵地猛烈射击，并以 18 辆坦克由镇象公路冲入象山炮台，步兵 200 余人随之推进。此时，中国守军正准备派兵破坏镇象公路，因为时间仓促未能奏效。而镇江要塞能转向陆上射击的只有象山、焦山两炮台的 4 门火炮。敢死队及其他步兵紧急部署于小合山一带，与日军激战，击毁日军坦克 3 辆，其余坦克被迫后撤，日军步兵被阻击于北固山一带，双方相持到晚间，中国守军伤亡 10 余人。当晚，日军调集大部队向中国守军进逼。考虑到象山炮台工事已全被摧毁，且兵力过少，面临长江，后撤退路被占，处在这样的绝境，即使官兵全部壮烈牺牲也无济于事，不如保存一部分实力退守焦山、都天庙两炮台继续抗战。于是，中国守军连夜将象山炮台弹药、炮闩、粮秣及一切军用品，分别运送到焦山、都天庙两炮台。

要塞司令部任命象山炮台台长范圣域为焦山、都天庙炮台总台长，率领敢死队，以及象山炮台官兵之一部，死守焦山炮台。要塞区参谋长王乐坡召集象山炮台台长范圣域、守备营营长卢超和敢死队队长焦建和到指挥所当面进行部署：

1. 象山炮台所有炮闩全部拆卸，到傍晚渡江。所有炮弹，都运给都天庙炮台。炮闩带到司令部保管。

2. 守备营坚守阵地，掩护炮兵安全渡江后，撤退到都天庙炮台两侧阵地，与保安处部队联系。

3. 敢死队掩护指挥所人员安全渡江。

4. 守备营必须控制民船听候调遣，不得有误。

5. 指挥所撤退到都天庙炮台右后方。①

象山炮台官兵及驻象山之要塞区指挥所，均于 12 月 8 日晚撤离象山。敢死队员则在完成掩护指挥所人员渡江后，撤退到焦山炮台，归其指挥。

12 月 9 日上午 5 时，日军包围占领象山炮台后，从甘露寺、九里街、尧山阵地，以猛烈炮火集中射击焦山炮台，中国守军炮兵沉着应战。战至上午 8 时，日军飞机前来轰炸，一天轰炸 8 次，共投弹近百枚，将焦山寺院等一切建筑全部炸毁，还炸毁火炮 1 门，中国守军伤亡 40 余人。据焦山定慧寺德峻和尚记述：“九日早二时，我军敢死队四十名来山，拟继续死守三日。是日午前，敌猛攻如昨，我军

① 王庚：《镇江要塞在抗日中》，廖利明编：《南京保卫战文史资料》，南京出版社 2019 年版，第 533 页。

自得后援，士兵大旺，亦立予还击。午后，突有满装敌军之汽艇十数艘，疾驶来山，将欲登岸，我军以机枪向之扫射，敌不支而溃。”①

12 月 10 日，日军炮火与 5 架飞机协同，对焦山炮台猛烈轰击，下午 4 时又以 15 公分口径火炮掩护步兵，试图乘船渡江，登陆焦山。经下午激战，该炮台 4 门炮仅余 1 门可用，炮兵死伤过半，通信亦断绝。迫不得已，要塞区参谋长王乐坡作出如下部署：1. 现存所有炮台官兵，由各台台长集中率领到高邮待命。2. 敢死队队长即刻率部归还守备营使用。3. 守备营仍坚守原阵地，与保安部队并肩奋战，不得擅离。4. 指挥所转移到江北施家桥。5. 司令部后方在高邮。② 指挥所遂于当晚撤离焦山炮台，转移江北。另外，当晚炮台台长范圣域率部分炮兵将伤兵及炮闩渡江运到江北，命令敢死队隐蔽在焦山炮台，以打击渡江日军。

12 月 11 日 8 时，日军炮火继续向焦山炮台射击，并以机枪从象山扫射中国守军阵地。下午 4 时，日军以为焦山炮台中国守军已经全部撤退，于是用民船渡江，焦山炮台隐蔽的中国守军待日军接近时突然以机枪扫射，击沉 6 艘日军渡船，落水淹死的日军有百余人，但由于日军渡船众多，加之在象山炮台用大炮、机枪进行掩护，最终渡江登陆。

圌山关炮台孤立于镇江下游 60 余里处，日军占领镇江后，切断电线，使得炮台与要塞区失去通讯联系。12 月 8 日，要塞司令部派员前往圌山关炮台下达命令，令其死守炮台，可相机独断。驻守该炮台的中国守军兵力不足，只有 40 余名步兵，只得集中于炮台附近。9 日下午，日军 300 余人配备众多小炮和机枪，向中国守军迫近。中国守军步兵占据五峰山，并以龟山小炮射击日军，与日军激战到夜间。此战，中国守军伤亡 7 人，失踪 10 余人，与日军伤亡人数相当。由于守军兵力有限，且与后方失去联络，迫不得已连夜携带弹药、炮闩及电话等渡江撤到北岸。

在中国守军先后从象山、圌山关、焦山炮台撤出后，位于长江北岸的都天庙炮台成了镇江要塞区封锁长江江面的最后阵地。11 日 9 时，日军出动 3 架飞机轰炸都天庙炮台，投弹 20 余枚，下午 2 时、4 时前后，又投弹 50 余枚。都山庙炮台附近被炸严重，台部及营房大部被毁，所幸炮位有掩盖，仅死伤 5 人。12 日，日军飞机三次轰炸都天庙炮台，炮台火炮全被炸毁。日军又在焦山炮台用小炮和机枪向都天庙炮台射击，居高临下，火力猛烈，中国守军难以还击。下午 4 时，右

① 张怿伯：《镇江沦陷记》，人民出版社 1999 年版，第 77 页。

② 王庚：《镇江要塞在抗日中》，廖利明编：《南京保卫战文史资料》，南京出版社 2019 年版，第 533 页。

翼守军保安队一部和要塞工兵渐渐不支，撤退下来，但左翼守备营坚守不动，使日军无法从炮台附近渡江。13日清晨，由于守备营部队过度疲乏，伤亡众多，镇江区要塞司令林显扬商请江苏省保安队接防，以使守备营转移后方休整。当晚，守备营部队全部撤退到扬州、沿江一带，向高邮转进，后奉命与保安队一同向淮阴集中。

中国守军在镇江战斗中顽强作战，迟滞了日军向南京的进犯。但由于镇江区要塞各炮台主要是为了封锁长江江面，因而火炮大多对江而不能对陆作战，日军先从陆路进攻，占领要塞后方，致使要塞火炮无法发挥其威力。此外，要塞驻守部队数量过少，且没有防空武器，部队伤亡较大，其中军官阵亡2人、伤1人，士兵伤亡160余名，生死不明者，军官5人，士兵90余名。[①]

三　日本海军第3舰队突破江阴、镇江阻塞线

除了陆军分兵多路向南京进犯外，日本海军第3舰队第11战队从上海、江阴溯江而上，企图控制南京江面，以切断中国守军渡江北撤的退路，全歼南京的中国军队。中国方面则在江阴、镇江设置阻塞线，以阻止日本海军溯江而上，但最终未能阻挡住日军。

国民政府海军部自1929年成立以来，特别是九一八事变爆发后，制定了一系列计划，以加强海军建设，积极备战。1933年国民政府海军部制定《海军建设及整理计划草案》，1934年国民政府在《国防计划》中专列“海军”一章，1936年国民政府参谋本部又制定《民国二十六年国防作战计划》。该国防作战计划的甲案明确规定了中国海军“要领”：“应避免与敌海军在沿海各地决战。保持我之实力，全力集中长江，协力陆空军之作战”，还规定了中国海军“行动概要”：“第一、第二舰队，于宣战时，籍机敏之行动，迅速集中长江。在宣战同时，与我空军及要塞协力，扫荡江内敌舰。尔后与要塞担任长江下游之警备，协力陆军之作战”[②]。从该计划可以看出，长江是中国海军的主战场，这一方面是由于中国的政治经济中心南京、上海位于长江流域，另一方面也与中日海军实力密切相关。

全面抗战爆发前，中日海军实力相差悬殊。中国海军共有4个舰队，舰艇120

① 《镇江要塞区作战经过概要》（1937年12月8日至12月12日），中国第二历史档案馆藏，档案号七八七—7587。

② 高晓星：《评中国海军的抗日作战》，《军事历史研究》1990年第4期。

余艘，总排水量仅为6.8万多吨[①]，而且多数舰艇吨位小、航速慢、装备落后。而1937年日本海军则列编有航空母舰4艘、水上飞机母舰2艘、重巡洋舰12艘、战列舰9艘，各种舰船共285艘，总排水量为115.3万余吨，这还不包括许多炮艇、登陆艇和辅助舰船。此外，日本海军航空队还有舰载飞机182架，陆基飞机629架。[②]

七七事变后，日本海军向华东地区派驻第2、第3舰队计30余艘舰艇，封锁长江口及附近海岸，切断中国海上交通。其中，第3舰队13艘舰艇，任黄浦江作战；第2舰队19艘舰艇，"任长江上游方面作战，正准备陆续循长江上驶"。[③]第3舰队所辖第11战队主要在长江流域活动。1937年8月25日下午，第3舰队司令长官长谷川清宣布，当晚6时起封锁从长江口到广东汕头的中国领海，所有中国船只均一律没收，第三国船只在相当条件下可自由出入。9月5日，将封锁范围扩大到几乎整个中国海域。日本方面企图"攻占上海，进而以陆军沿沪宁线西犯，海军溯长江而上，会合从北方南下的部队，形成水陆并进，南北合攻南京的态势，妄图一举摧毁中国政府的政治中心，迫作城下之盟，达到三个月灭亡中国的目的。"[④]

中国海军则将中央海军49艘、东北海军2艘、电雷学校20艘舰艇派遣至长江流域，准备对日作战。鉴于中日海军实力相差悬殊，中国海军一方面加强江岸要塞防御，另一方面采取沉船堵塞长江航道、布设水雷、构筑阻塞线等方式巩固江防，以阻止日本海军溯江而上，拱卫首都。在上海至南京间江面主要设置了江阴、镇江、江宁三道阻塞线，其中江阴阻塞线是抗战中最大的一条水中阻塞线。

江阴封锁线完成后，"敌方对我执行此项策略，视为一重大障碍，敌之军舰力量无可施展，不敢来犯，遂尽量利用其空军威力，压迫我扼守防线各舰"[⑤]。为打破中国军队对江阴的封锁，1937年8月16日起，日本海军航空队开始出动飞机对江阴进行侦察和空袭。22日，中国海军首次击落日本海军轰炸机1架。9月22日和23日，日军出动第2航空战队（拥有舰载机42架）和第2联合航空队（拥有陆基飞机66架）大批飞机，攻击驻防江阴的中国海军第1舰队，以及电雷学校

① 高晓星：《评中国海军的抗日作战》，《军事历史研究》1990年第4期。

② 日本防卫厅防卫研修所战史室编：《战史丛书·中国方面海军作战（1）》，朝云新闻社1974年版，第230页、232页。

③ 《张治中致蒋介石、何应钦密电》（1937年8月13日），中国第二历史档案馆编：《抗日战争正面战场》上册，江苏古籍出版社1987年版，第266页。

④ 陈书麟、陈贞寿编著：《中华民国海军通史》，海潮出版社1993年版，第387页。

⑤ 国民政府军事委员会：《对国民党临时全国代表大会军事报告》（1938年3月），廖利明编：《南京保卫战文史资料》，南京出版社2019年版，第493页。

等部的高射炮阵地。[①]9月22日，日机大队来袭，中国海军各舰官兵奋勇抗击，激战6小时，击伤敌机5架，而海军之“平海”“应瑞”两舰则被炸伤，“平海”舰舰长高宪申受伤，其余官兵亦伤亡不少。23日，日机六七十架分批向中国舰队进攻，特别是以“平海”“宁海”舰为其主要轰炸目标，双方展开猛烈海空战。中国海军官兵死守炮位，奋勇抵抗，“宁海”舰舰长陈宏泰虽身受重伤，仍在望台指挥作战。中国海军击落敌机4架，击伤多架。但由于双方力量悬殊，“平海”“宁海”号主力舰最终被炸沉没，阵亡官兵26人，负伤72人。[②]第1舰队司令陈季良移驻“逸仙”号轻巡洋舰，继续指挥战斗。25日，日机16架向该舰猛烈轰炸，该舰沉着应战，以舰首主炮击落敌机2架，但该舰也被炸沉没。“建康”号驱逐舰驰援加入作战，也被炸沉，28名官兵阵亡，36人负伤。鉴于江阴前线中国海军第1舰队受损严重，海军部召“楚有”舰移驻江阴，由海军第2舰队司令曾以鼎担任指挥，该舰于28、29日遭袭，最终被日机炸沉。10月，中国海军“青天”“湖鹏”“湖鹗”“江宁”“应瑞”等舰在与日机激战中被炸沉，“绥宁”“江贞”“顺胜”等舰被击伤，官兵伤亡众多。

由于中国海军舰队损失严重，国民政府军事委员会决定将海军各舰舰炮拆下，部署于江阴长江南北两岸地区，如巫山、六助港、长山、萧山、黄山等处，以备敌舰来袭，予以迎头痛击。[③]而镇江方面则布置炮位，所有炮队员兵从各舰调用，防务相当巩固。

11月16日，随着战事发展，将各处炮队移设长江上游。因江阴防务关系首都南京安危，海军部特留巫山炮队固守江阴。11月30日，5艘日本军舰进犯和尚港，巫山中国守军炮队炮轰日舰，击伤2艘，重伤1艘，其他2舰逃脱。12月1日江阴失守后，为了防止火炮落入日军手中，该炮台官兵将火炮炸毁或拆除重要部件后撤往南京。

中国海军官兵浴血奋战的精神，令目睹江阴作战场景的德国军事顾问团团长法肯豪森十分感动，他感叹道：“第一次欧战四年中，未见过如此恶战者”[④]。

江阴失守后，“以我堵塞线工事坚固，敌舰未敢遽入，清港需时，故我得从

---

① 高晓星：《中国海军的抗日作战》，《日本侵华史研究》2015年第3期，第15页。

② 杨志本主编：《中华民国海军史料》，海洋出版社1987年版，第312—313页。

③ 国民政府军事委员会：《对国民党临时全国代表大会军事报告》（1938年3月），廖利明编：《南京保卫战文史资料》，南京出版社2019年版，第493页。

④ 杨志本主编：《中华民国海军史料》，海洋出版社1987年版，第313页。

容于长江上游布设第二道防线”[①]。日军雇佣千余人欲打通阻塞线，七天七夜才挖通一条仅能通过1艘小型舰船的航道，这迟滞了日本海军溯江而上进犯南京的速度。

除了江阴阻塞线外，中国守军还在镇江江面设置了阻塞线。镇江区要塞司令林显扬在1938年2月《镇江区要塞抗战经过报告》中记述了镇江阻塞线构筑过程，报告称：起初，国民政府命令江苏省保安处长项致庄会同镇江区要塞司令林显扬办理镇江阻塞线构筑事宜，由电雷学校派员指导。依照长江宽深，构筑阻塞线需要巨轮数十艘，石块数万方。因为材料搜集困难，黄河水利会建议用“柳石枕”阻塞。国民政府责成江苏省政府征集材料，黄河水利会施工，并由江苏省保安处长项致庄与镇江区要塞司令林显扬监督指挥。11月下旬，江苏省政府改组，项致庄卸任，黄河水利会派工程司来镇江视察，以材料征集困难，施工并非短时期内可以完成为由，建议阻塞线改移至下游，以致工程停顿。直到锡澄线战事吃紧，国民政府最终命令镇江区要塞司令林显扬负责办理，而“其时省府已迁，人民逃避一空，材料工人一无办法，焦急万状，不得已建议用海盗劫轮方法期速就”。于是，林显扬命令：“士兵漏夜赶制麻铅网，满江密布，冀绞轮齿，以迟延军舰行动。经七昼夜，计共投下三四千，此急迫中阻塞之一法也”[②]。

12月11日，日本海军在进攻镇江要塞，突入镇江城的同时，继续向长江上游扫雷作业。

日本海军省所编《支那事变中帝国海军的行动》一书，记述了日本海军溯江作战向南京进犯的过程，具体如下：

最近，众人期待的“称霸长江”计划已由江上舰艇默默地完成了。扬子江方面，处于策动中的我方□□舰队不断铲除栈桥及其他航路上的各种障碍，或扫荡西岸的敌军，或侦察两岸的要地，逆流而上，终于在12月13日凌晨，对位于南京下游15公里的南京最后的守卫线乌龙山炮台及江对岸的老监圩炮台发起了炮击。下午2时，我舰队威风凛凛地毅然从敌前溯江而上，下午5时以□□旗舰为中心，□□艘战舰首尾相连，昂然开进抗日首都南京的大门下关码头。

……突破江阴要塞以来，经过了十天的连续奋战，我军排除了水雷、障碍船、防守要塞等各种障碍，克服了一切困难，完成了称霸长江的重大任务。事变以来

① 国民政府军事委员会：《对国民党临时全国代表大会军事报告》（1938年3月），廖利明编：《南京保卫战文史资料》，南京出版社2019年版，第493页。

② 《镇江区要塞抗战经过报告》（1938年2月），中国第二历史档案馆藏，档案号七八七—7587。

用了仅仅四个月的时间，下关江面上就飘扬起我军光芒四射的军舰旗帜，完全切断了敌人的退路，在南京攻略战中取得了不朽的辉煌战果。[①]

以上叙述，一方面展现了日本海军舰艇进犯中国内河，肆意扩大侵略的狂妄行动；另一方面也从侧面表现了中国海军官兵英勇抗敌的精神与壮烈情景。日本海军在长江江阴、镇江段的艰难推进，说明中国军方构筑的江阴、镇江阻塞线，在阻挡、延滞日本海军舰队溯江攻击方面发挥了重要作用。

① 海军省海军军事普及部编：《支那事变中帝国海军的行动》，王卫星、雷国山编：《南京大屠杀史料集》第11册《日本军方文件》，江苏人民出版社、凤凰出版社2006年版，第335—336页。

第五章　东南正面阵地防御作战

日本侵略军挟淞沪战场获胜之威，驱动大军一路占城夺地，气势汹汹地向中国首都南京杀来。其先是在句容境内打响两次前哨战，之后接连突破中国军队在多个方面的防线。其间，中国军队虽有或强或弱的抵抗，但终未能遏止日军的进攻。于是，日军从不同方向直冲至南京城下。此时侵略者妄图劝降中国守军，但被坚决拒绝。在如此严峻的形势之下，一场攻城与守城的激烈拼杀即将拉开序幕。

第一节　外围阵地东线战斗

一　白兔、上葛前哨战

在南京保卫战外围阵地东线战斗中，于句容境内率先发生两次前哨序战，一是白兔镇前哨序战，一是上葛村前哨序战。两次前哨序战的背景，与中国军队当时对“前进阵地”的设置及认识，有着直接的密切关系。

南京保卫战的正式打响，是从侵华日军进攻中国军队设置在主阵地前方的“前进阵地”开始的。对此，《第三战区作战经过概要》之“南京会战”项有明确记载：“十二月四日，敌以主力沿京湖路，一部沿京杭路，各出现于秣陵关及句容我前进阵地前，遂发生战斗”[①]。

① 《第三战区作战经过概要》（1937年8月—12月），中国第二历史档案馆编：《南京保卫战档案》第7册，南京出版社2018年版，第182页。

保卫战前，南京周边设置了“主阵地”的范围，其板桥至淳化镇一线，以第74军之2个师担任守备；孟塘至龙潭一线，以第83军担任守备。而在这一西自板桥、东至龙潭的弧形防线的前方，中国军队又派驻了“前进部队”。《南京卫戍军战斗详报》在回顾“作战前一般之概略情形”时，不仅详述了弧形防线的起止范围，同时也有对“前进部队”的记载：

决定东南阵地为第一道防御阵地，其配备如左：

（一）第七十二军派出右侧支队至江宁镇附近，任右翼掩护。

（二）第七十四军任牛首山至淳化镇附近之守备，并向秣陵关、湖熟镇派出前进部队。

（三）第六十六军任淳化镇附近至凤牛山之守备．并向句容附近派有力之前进部队。

（四）第八十三军任凤牛山附近经拜经台至龙潭之守备，向下蜀派出前进部队。①

据此可知，中国军队计划向主阵地南部前沿的秣陵关和湖熟镇、东部的句容县、东北部的下蜀镇三个方向，分别派出三支前进部队，设置三块前进阵地。但此时第83军并没有严格按照这一部署接手拜经台至龙潭之守备任务。其后，又因卫戍军司令部重新下令第83军“转进至丹阳、镇江作战”，向下蜀派出的前进部队也随之转移。因此，南京保卫战打响时，下蜀这一前进阵地并无部队驻守；而在南京外围主阵地前的句容、秣陵关和湖熟镇等前进阵地，则在南京保卫战打响之际，陆续成为在对应方向上最早交战的战场。

据参与南京地区防御阵地构筑工程的南京工兵学校教官黄德馨回忆，外围阵地前方设置“警戒阵地”（前进阵地的又一称呼）的构想，早在战前就被明确列入防御阵地的规划：

外围阵地选定乌龙山、栖霞山、青龙山、淳化镇、牛首山、大胜关一线，两翼依托长江天堑，形成一弧线阵地，并以东南为阵地的主要防御方向。……警戒

① 《南京卫戍军战斗详报》，中国第二历史档案馆藏，档案号七八七—7593。引文中所提“凤牛山”，应为今南京市江宁区汤山街道青林社区之“伏牛山”；引文中所提“拜经台”，位于今句容市宝华山区西部主峰上，又名晒经台、会君台。

阵地选在后头山、大连山、湖熟、秣陵关、江宁镇一线，虽离外围阵地较远，但可使其有充分时间作战斗准备。[①]

构想之中在后头山和大连山一带的警戒阵地，后来融入外围阵地，这是因为在其前方的句容设置了更为靠前的警戒阵地。

就军事角度而言，设置警戒阵地（即前进阵地），一般都能够在较大程度上阻止当面之敌对本阵地进行侦察，也能够造成敌方对本阵地实际位置的误判，从而也能较大限度地避免给对手提供突然攻击己方主阵地的机会。但前进阵地设置距离的远近又有战术意义上的区别。

句容阵地距离东南正面阵地近20公里，离主阵地较远，能够在较早发出预警讯息的同时，提前阻碍对方的隐蔽行军，防止其占领本阵地前的有利地形作为进攻准备阵地。通过较久的战斗，可以迟滞敌方进攻本阵地的时间，同时，还能迫使敌在远离本阵地的位置提前展开战斗队形，让己方得以及时判断敌人攻势的兵力和方向。但由于前进阵地与本阵地的距离较远，“则易受敌之包围攻击，其结果遂有为敌各个击破之虞。”[②]在南京南郊设置的外围防线的前方，没有大范围的连绵成片、山头林立的丘陵地带，有利于及时判明当面之敌的实际动向，故而并不惧怕敌人“尾追而近迫”，造成突然袭击本阵地的局面。在这种地形之下，警戒阵地只需完成发出预警信息的任务即可。

从战局的实际发展来看，设置在句容境内、距离本阵地较远的前进阵地，也确实受到了日军的“包围攻击”，但是后来驻防此阵地的中国军队第66军第160师官兵，以自身灵活的战术、勇敢的精神，避免了在这一设置较远的前进阵地上“为敌各个击破”。

早在1937年9月，中国军事当局就在句容派驻了部队，由“百二十一师担任句容、天王寺一带”工事之构筑。[③]到12月初，南京保卫战中日军队的最早交战，就发生在句容境内之“前进阵地”。据《南京卫戍军战斗详报》记载，12月4日晚，

① 黄德馨：《京沪杭国防工事的设想、构筑和作用》，中国人民政治协商会议全国委员会文史资料研究委员会《八一三淞沪抗战》编审组编：《原国民党将领抗日战争亲历记·八一三淞沪抗战》，中国文史出版社1987年版，第57页。

② 训练总监部编：《战术学摘要》，1937年，第104页。

③ 《蒋介石致谷正伦电稿》（1937年9月9日），马振犊等编：《南京大屠杀史料集》第2册《南京保卫战》，江苏人民出版社、凤凰出版社2005年版，第52页。

南京东郊的中国军队尚未完成部署的时候，“我六十六军之前进部队，已在句容与敌开始交战。”[①]

最早打响于句容的两场南京保卫战的前哨序战，一是发生于句容县城以东约40里处的白兔镇（曾名“白土镇”，后称“白兔镇”，时属“白土乡”）；一是发生于句容天王寺西北约数公里处的上葛村。

白兔镇与上葛村距离20多公里。发生于12月4日的前哨战斗，是在上葛村、白兔镇这两个距离较远的村镇分别打响的。

中国军队派遣在前方从事“游击作战”的小股部队，率先发现渗透该地区的日军便衣侦察人员，并与之交火。这虽然只有试探性、侦察性的攻防性质，但却是南京卫戍军以逐日战斗详报记述的南京保卫战的首次作战。于是，南京保卫战就此在句容境内的白兔镇、上葛村正式拉开序幕。

侵华日军上海派遣军参谋长饭沼守在1937年12月4日的日记中，记载了日军部队在12月4日晨初入句容时的位置：

……第十六师团先头部队8时40分在倪塘（句容东面约十五公里），第九师团先头部队9时在西王岗（天王寺东面两公里），第一一四师团（第十军）9时在张家山（溧水东面约十三公里），各部队前方均未发现敌人。

下午4时左右第九师团先头部队抵达位于句容南面约七公里处的二圣桥。师团主力紧随其后。第十六师团部队自清晨起基本未前进。[②]

将日记之中的地名位置与下葛村、白兔镇的位置进行对比能够发现，倪塘村在白兔镇以西不到4公里处；西王岗紧邻天王寺，在下葛村东南10公里左右的位置；二圣桥则在葛村东北不到10公里处。日军记录的地名，其地理位置与中国军队记载发现日军的位置均比较接近。

12月4日，在南京东部近郊汤水镇（今为江宁区汤山街道）一带的中国军队第66军第160师师部，首先接到此前在丹阳掩护主力部队撤退的第959团的电话。此电话由该团团长翟洪宇从句容县城打来，他向师部报告，称该团已由丹阳绕道经镇江到达句容城。第160师师部随即要求该团从句容县城前往汤水镇，与全师

① 《南京卫戍军战斗详报》，中国第二历史档案馆藏，档案号七八七—7593。

② 《饭沼日记》（1937年12月4日），张宪文、吕晶编：《见证与记录：南京大屠杀史料精选（日方史料）》，江苏人民出版社2014年版，第510页。

汇合。但在当日下午14时，第160师又接到第66军下达的作战命令，要求该师“着四七八旅（欠九五六团）附九五九团，迅即占领句容西端已设阵地，为前进部队，极力拒止敌之前进，无令不得撤退。”第956团则在江宁县和句容县交界的山区（珠山、青龙山、多子山之线）布防。①

12月4日下午14时40分，第160师依据第66军的命令要旨，作出以下紧急部署：“师以协同友军固守南京之目的，决以主力占领句容西端已设阵地，以一部占领珠山、多子山、青龙山已设阵地”；“四七八旅（欠九五六团）附九五九团，应即占领句容西端已设阵地，为前进部队拒止敌之前进，无命不得撤退”；“九五六团应即占领珠山、多子山、青龙山第二线已设阵地，归本部直接指挥。”②

第959团正按第160师此前的命令，在从句容县城前往汤水镇的途中，突然接到新命令，于是部队临时停留在句容境内，并且立即转入句容西端预设的前进阵地。按第160师作战详报记载，在12月4日中午，中国军队在句容警戒的游击人员突然发现，“敌之先头部队三四百人现已到达天王寺附近”。当时，第66军第159师则部署在第160师阵地后方的预设阵地。

上述命令中的“句容西端已设阵地”，就是南京以东防线最前沿的前进阵地。第66军曾在淞沪会战时在刘行一带与日军作战，伤亡严重。该军其后陆续经无锡、苏州，撤至南京外围准备阻击日军，还要承担汤水镇、江宁和句容交界的青龙山区的防备，可投入句容前进阵地的兵力，较之当面日军第16、第9师团呈显著的劣势。

第66军第160师建制为“二旅四团制”，当时下辖有第478、第480旅。其中，第478旅下辖第955、第956团，而从丹阳转移到句容的第959团则隶属第480旅。12月4日下午，在第160师的紧急部署下，第478旅旅部和第955团开赴句容，和原在句容的第959团共同守卫阵地。而第478旅第956团则留在第二线阵地上。从这一部署可以看出，中国军队在兵力捉襟见肘的情况下，考虑到句容境内才到达1个团的兵力，于是把成建制的第478旅一分为二，把旅部指挥的两个团拆开使用，增强了前进阵地的兵力，也避免了第二线阵地上无兵可守。

就在这样的兵力窘迫境地之中，句容境内随后发生战斗，虽然规模不大，但是，句容前进阵地的第160师部分官兵仍以少敌多，成功地发挥了前进阵地在军事上

① 《陆军第一百六十师锡澄南京两役战斗详报》，中国第二历史档案馆藏，档案号七八七—7582。

② 《陆军第一百六十师锡澄南京两役战斗详报》，中国第二历史档案馆藏，档案号七八七—7582。

的重要作用。

白兔镇前哨战

12月4日的句容序战中，中国士兵在白兔镇遭遇的日军侦察人员，来自日军第16师团的先头部队。此前的11月，日军该师团从扬子江口上游的白茆口一带登陆，攻下常熟后，又从无锡沿京沪铁路向西北方向进犯，先后向常州、丹阳方向发起进攻。

11月26日下午14时30分，该师团完全占领无锡以后，其下辖的步兵第19旅团旅团长草场辰巳少将亲自指挥3个步兵大队、轻型坦克队、1个野炮大队组成的“追击队”，沿京沪铁路地区向常州追击中国军队。《第十六师团作战经过概要》记载了这一路的日军进入句容之前的作战概况：

追击部队扫荡了从第十一、第九师团方面撤退但失去退路而滞留无锡市区的敌军，或重创溃逃中的敌军。追击途中，排除了横林镇及常州以东4公里附近敌军的抵抗，29日上午11时40分占领了常州。

当时虽也接到军的命令，师团应派部分部队占领丹阳，主力集结于常州附近，准备尔后的作战。但从军的整体态势看，认为需要让师团全力进入丹阳附近，让追击部队前进到丹阳，师团主力在其后方行进。追击部队清除了奔牛镇、吕城镇敌军的抵抗，于12月2日完全包围并消灭了据守丹阳附近的敌军。①

在日军第16师团作战经过概要的记载中被“完全包围并消灭”的丹阳守军，实际上就是前述的第160师第959团，只是该团不仅未被消灭，还成功绕路镇江转移到句容县城。南京保卫战打响之际，该团又坚守句容前进阵地，与此前在丹阳交过手的日军步兵第19旅团部队再次展开激战。

12月3日，日军上海派遣军命令第16师团“沿句容—汤水镇（句容西北方约十六公里）—南京的道路向南京追击敌军”②，正是这一命令，让该师团继续西进，向句容进发。

第16师团自己对此事的详细记载是：

① 《第十六师团作战经过概要》，王卫星、雷国山编：《南京大屠杀史料集》第11册《日本军方文件》，江苏人民出版社、凤凰出版社2006年版，第54页。

② 《支那事变陆战概史》，王卫星编，刘军等译：《南京大屠杀史料集》第56册《日军文献》上，江苏人民出版社2010年版，第8页。

此后，师团接到军的命令，应派部分部队占领白兔镇附近，主力在丹阳附近集结兵力，准备进攻南京。此时正好收到情报，南京的敌军一直在向南方撤退，即受命应一举追到南京。

师团在立刻让追击部队继续追击的同时，即让主力于5日离开丹阳追向南京。①

可见，12月4日在句容县白兔镇遭遇中国军队游击部队的日军便衣人员，就是第16师团“追击部队”的侦察人员。而日军第16师团接到的上海派遣军命令之中出现的“白兔镇”，也与中方作战文献里句容序战中“白兔镇”的地理位置一致。

按照中国军队有关南京保卫战的军事档案的记载，保卫南京的战斗从1937年12月4日开始打响。《南京卫戍军战斗详报》回溯南京保卫战每日战况时，对首次战斗的记载是：12月4日，“句容以东四十里处及天王寺西北上葛村附近各发现便衣敌军，与我派在前方之游击队接触。”

中国守军将12月4日在句容县城“以东四十里”的白兔镇以及“天王寺西北上葛村附近”的小规模战斗，记录为南京保卫战最先打响的序战。

然而，侵华日军公开发布的消息却记载，早在前一天，中日军队已在句容县东南的白兔镇展开激烈交火。日本联合通讯社特派记者12月3日从丹阳发出的新闻电讯称，日军第16师团步兵第20（电讯中按指挥官的姓而称其为大野部队）、第9联队（电讯中按指挥官的姓而称其为片桐部队）在当日的追击作战中，“已逼近于2日占领的丹阳和句容之间的白兔镇（丹阳以西五里）之敌。这里是环绕南京周围的大面积丘陵地带。敌人在白兔镇构筑了无数碉堡阵地。”②日方在公开发布的新闻报道之中，将进攻句容白兔镇视为进攻南京近郊“防御线”的重要开端，称这里“地处南京防御线的咽喉部，距离南京仅15里多。”③日方记载，在3日的所谓战斗中，中国军队在此“抵抗十分顽强”，其步兵第20联队经过激战攻入该镇：“大野部队以擅长的山地战给予敌人以痛击。3日上午9时，该部队已经占

① 《第十六师团作战经过概要》，王卫星、雷国山编：《南京大屠杀史料集》第11册《日本军方文件》，江苏人民出版社、凤凰出版社2006年版，第55页。

② 《东京日日新闻》（1937年12月4日夕刊），王卫星编，何慈毅、李斌等译：《南京大屠杀史料集》第58册《〈东京日日新闻〉与〈大阪每日新闻〉报道》，江苏人民出版社2010年版，第115页。

③ 《大阪每日新闻》（1937年12月4日夕刊），王卫星编，何慈毅、李斌等译：《南京大屠杀史料集》第58册《〈东京日日新闻〉与〈大阪每日新闻〉报道》，江苏人民出版社2010年版，第363页。

领了白兔镇一角。”[①]

白兔镇的战斗究竟是发生于12月3日（日方记载）还是12月4日（中方记载），笔者通过对当时中日双方更多方面的史料记载与新闻报道的综合考察与辨析，确认南京保卫战的序战无疑义是在12月4日打响的。日本方面特派记者“3日”占领白兔镇一角的记载，或是带有吹嘘性质的宣传，或是并未经过什么战斗而“占领”了白兔镇之边缘地带。

上葛村前哨战

关于南京保卫战的另一场前哨战，即位于天王寺附近的上葛村前哨战，其发生日期亦为12月4日，而非12月3日。

因为在12月3日，上海派遣军命令第9师团沿天王寺—淳化镇的方向向南京追击[②]；日本的相关战斗详报显示，3日晚上，第9师团步兵第36联队接到的作战命令是，需要在4日清晨向天王寺方面前进[③]。又据第9师团之步兵第36联队的山本武在12月4日写的日记：“正午时分通过了天王寺，继续行军。”[④]据此能够判定，12月3日这一天，日军并未到达天王寺。

12月4日，日军第9师团出现在天王寺一带后，上葛村附近的中国士兵发现来自第9师团的日军侦察人员，并且与之交火。这里的日军侦察人员，和白兔镇战斗中的日军并不属于同一个日军师团。

另据中方有关资料记载：“由金坛正面沿公路进扑天王寺之日军，因有机械化部队之配备，来势至猛，我军以该处地势较差，又因句容方面已受威胁，于昨晨（5日）拂晓前，已将阵地略向西移。”[⑤]资料中，阵地略往天王寺以西移动，恰好到达上葛村的位置。

综合中日双方的资料记载可知，上葛村前哨序战发生在12月4日，地点在天王寺一带。其大致过程为：12月4日拂晓前，中国军队根据不利的地形与敌情形

---

① 《东京日日新闻》（1937年12月4日夕刊），王卫星编，何慈毅、李斌等译：《南京大屠杀史料集》第58册《〈东京日日新闻〉与〈大阪每日新闻〉报道》，江苏人民出版社2010年版，第115页。

② 《支那事变陆战概史》，王卫星编，刘军等译：《南京大屠杀史料集》第56册《日军文献》上，江苏人民出版社2010年版，第8—9页。

③ 《步兵第三十六联队战斗详报》，王卫星编，叶琳等译：《南京大屠杀史料集》第32册《日本军方文件与官兵日记》，江苏人民出版社2007年版，第139页。

④ 《山本武日记》，王卫星编，叶琳等译：《南京大屠杀史料集》第32册《日本军方文件与官兵日记》，江苏人民出版社2007年版，第343页。

⑤ 《我军事当局誓死保卫南京／句容溧水有猛烈争夺战》，《申报》（上海版）1937年12月7日。

势，将原先设立在天王寺周遭的阵地向西移动，日军第 9 师团的先头部队随后到达天王寺；中国军队虽然向西转移阵地，但派出游击人员在天王寺附近警戒；当日中午前后，中国士兵与日军侦察人员在天王寺以西的上葛村遭遇并交火。随后，在汤水镇一带驻扎的第 160 师，迅速而又及时地接到“敌之先头部队三四百人现已到达天王寺附近”的预警信息。

12 月 4 日句容境内白兔镇、上葛村的前哨战，虽然规模很小，且中日双方都没有留下战斗之中自身损失的记录。但是，于 12 月 4 日才踏入句容境内的日军第16、第9师团，因为这两次前哨战，在第一时间分别在中国军队前方暴露了自身踪迹。另外，也是在 12 月 4 日这一天，南京卫戍军又通过其他途径，掌握了“南渡、溧阳间及丹阳以西公路有敌步炮联合纵队与机械化部队”的敌情。句容的两次前哨战和这一新发现的敌情，让南京卫戍军确认日军“进攻南京企图业已明了”。因此，卫戍军于 4 日“当即令各部努力搜索敌情，并严加戒备。”[①] 当日下午，第 160 师部队迅速投入句容县境西端的预设前进阵地，担负防御任务。

句容境内前进阵地上的战斗，使来犯之日军进攻南京东郊外围阵地的日期延迟了一天多。在迟滞敌人步伐的同时，也避免了主阵地在尚未完成部署、没有充分准备的情况下直接受到日军的进攻。正因为中国军队此前在句容预先设置有用于警戒的前进阵地，才会有军事上的游击人员在前进阵地的更前方搜集敌情。12 月 4 日发生在句容境内的两次前哨战，让中国军队得以第一时间发现侵入句容境内的日军之动向，实现了及时预警，从而确保处于外围阵地的中国军队能够及时开始戒备，这在南京保卫战开始阶段，乃是具有积极意义的作战行动。

二　句容弃守

12 月 4 日的两次前哨序战之后，中日两军在南京东郊更大规模的战斗也随之逐步展开。

第 160 师两个团在句容前进阵地担负守卫任务后，其部署为：“一营守句容城，主力在句容西北栗子里附近占领阵地”[②]。

1935 年中国军方绘制的句容地图标明，栗子里在句容县城西北的京杭公路以

① 《南京卫戍军战斗详报》，中国第二历史档案馆藏，档案号七八七—7593。

② 《南京卫戍军战斗详报》，中国第二历史档案馆藏，档案号七八七—7593。

北，而在其附近有1934年建成的句容机场。鉴于此，第160师将前进阵地设置在栗子里附近，一方面是为了扼守日军从公路行军时必然会经过的京杭公路，防止日军通过公路快速冲入南京郊区的汤水镇一带；另一方面则是利用飞机场开阔而又平坦的地形，从栗子里的“高地”，居高临下阻击在此冲锋时无法掩蔽的日军部队。

结合日军的记载，亦能够判断出句容前进阵地预设在此位置的军事意义。日军第16师团步兵第30旅团下辖的步兵第33联队，在其军史之中记载称：“作为师团前卫的第1大队于6日进入句容城，并接受了攻击句容飞机场以北高地上敌人阵地的任务。敌人在高地上架设了数道约三百米宽的铁丝网，并在各要点构筑了机枪掩体，而且阵地的前方为飞机场的平坦地形，因此，对进攻者来说极为不利。”[①]由此可见，句容中国守军重兵据守在栗子里附近，这在战术上具有重要意义。

句容县城也属第160师所守卫的前进阵地的范围。12月4日，中日双方军队在句容县城及其附近地区的交战情况，日本方面的记载是：第16师团于12月4日中午完成对紧靠着句容县城的王家边的占领；随后又于4日下午5时30分“在距离句容城外东面700米处，隔着南北走向的河流与敌军展开激战。”[②]；5日晨或拂晓，即完全占领了句容。日本陆军省新闻班编写的《支那事变经过概要》记载：“4日傍晚时分，我军进入句容东面七公里处的太平庄，开始攻击句容。在反复夜袭并扫荡残敌之后，经由市外西北侧到达飞机场。5日日出时分，部队三呼万岁。”[③]

对于12月4日至5日句容城东的战斗情况，中方则有不完全相同的记载。南京卫戍军相关记载称，12月5日拂晓，驻守句容前进阵地的第478旅所属的两个团“与敌接触，略经射击，敌即后退”[④]。中方还有记者前来句容前线参观的记录。时报载：“华方之主力部队自昨日起已集中于镇江、句容及溧水西北一带，镇江、句容均在华军手中。”[⑤]并且，“五日午京中外国记者数人驱车至句容视察，将抵该地附近时，突闻密集枪声自东北而来，有顷又见炮弹向句容城内射击，足见当时敌尚在句

① 岛田胜巳：《步兵第三十三联队史》，王卫星编，刘军等译：《南京大屠杀史料集》第56册《日军文献》上，江苏人民出版社2010年版，第270页。

② 《大阪每日新闻》（1937年12月5日），王卫星编，何慈毅、李斌等译：《南京大屠杀史料集》第58册《〈东京日日新闻〉与〈大阪每日新闻〉报道》，江苏人民出版社2010年版，第366页。

③《支那事变经过概要》，王卫星编，叶琳等译：《南京大屠杀史料集》第32册《日本军方文件与官兵日记》，江苏人民出版社2007年版，第21页。

④ 《南京卫戍军战斗详报》，中国第二历史档案馆藏，档案号七八七—7593。

⑤ 《我军事当局誓死保卫南京／句容溧水有猛烈争夺战》，《申报》（上海版）1937年12月7日。

容以东”[①]。以上报道俱称，5日时句容仍未陷落。事实上，句容完全失陷的时刻，是第478旅旅长邓志才报告的6日下午之后。

从中日双方史料的记载之中，能够获知在栗子里附近区域、句容县城两地构筑的前进阵地，在南京保卫战初期于军事上发挥了独特作用。

日军上海派遣军参谋长饭沼守在1937年12月5日的日记之中记载:“第九师团、第十六师团部队今晨9时左右来到句容前方约四公里处。朝香宫殿下亲自任上海派遣军司令官。”[②]此时，距离句容县城仅有四公里的日军，若是沿着经过县城北部的京杭公路，一路向西北方向前进，仅仅需要走过十余公里就能到达南京城郊的汤水镇。当日军大举逼近之时，驻守京杭公路旁边栗子里附近区域以及句容县城的中国军队，毅然愤起阻挡日军进犯的脚步。

其时，经过长途跋涉而来的日军“追击部队”——步兵第19旅团的补给出现了严重困难。日方资料记述，12月4日，追击队进入位于句容西面的白兔镇时，“步兵第二十联队的弹药已经不多了。大队炮队的炮弹一发都没有了，联队炮约有炮弹200发。配属的野炮兵第二大队三个中队虽有600发炮弹，但是根据该联队联络将校千原少尉的报告，炮弹尚在运输途中。”[③]

在日军到达句容之前，“在战斗中步枪和轻、重机枪都在节省着使用子弹，但自11月17日登陆之后一次也没有补充过弹药。因此，此后是一边战斗，一边节约弹药。野炮兵也跟不上，得不到他们的炮火支援。”这样的窘迫情况在句容战斗打响后仍在延续。日军步兵第19旅团记载：“自5日拂晓攻击句容，一直持续战斗到攻击南京的第三天，即11日。到12日才终于得到了补给。”[④]

在弹药持续严重匮乏的背景下，日军一些军官对句容及其周边防御兵力状况并不了解，存在着“追击部队重视迂回包围，尽量避免正面冲突”[⑤]的理念。第16

---

① 《南京城内昨闻炮声/敌犯汤山已被击退》，《大公报》（汉口版）1937年12月7日，马振犊等编：《南京大屠杀史料集》第2册《南京保卫战》，江苏人民出版社、凤凰出版社2005年版，第99页。

② 《饭沼日记》（1937年12月5日），张宪文、吕晶编：《见证与记录：南京大屠杀史料精选（日方史料）》，江苏人民出版社2014年版，第511页。

③ 犬饲总一郎:《南京攻防战之真相》，王卫星编，叶琳等译:《南京大屠杀史料集》第33册《日军官兵回忆》，江苏人民出版社2007年版，第118页。

④ 犬饲总一郎:《南京攻防战之真相》，王卫星编，叶琳等译:《南京大屠杀史料集》第33册《日军官兵回忆》，江苏人民出版社2007年版，第118页。

⑤ 《木佐木久日记》（1937年12月5日），张宪文、吕晶编:《见证与记录: 南京大屠杀史料精选（日方史料）》，江苏人民出版社2014年版，第512页。

师团步兵第 19 旅团旅团长草场辰巳少将在未与其上级将领充分沟通的情况下，直接避开中国守军阵地，带领部队以迂回形式绕过句容县城。日军第 16 师团师团长中岛今朝吾中将对此颇为不满。他在 12 月 5 日的日记中记录：因为“草场部队将步兵第一中队及炮兵留在正面，率其他部队沿句容—汤水镇向右迂回，迂回至句容敌军侧后方。部队也因此进不了句容，滞留于祝家边周围。”接着，他又用愤怒的语气在日记之中继续表达怨言：

近来草场部队一再使用迂回战术，与正面部队未保持联系，便贸然插入敌后。句容正前方仅留有一支步兵部队，且其任务并非进攻，而是负责掩护炮兵的。此种规模的迂回行动务必加以控制。①

由此可见，句容前进阵地上中国军队第 478 旅驻守兵力虽少，但是这一阵地的存在，让日军第 16 师团下辖部队未能在 12 月 5 日沿着京杭公路快速前进，从而较大幅度地延缓了日军到达南京近郊区的时间。

从当时情况看，日军能够在句容以北实施迂回行进，其实也和当时中国军队部署上的一些失误有关。从句容县城以北的栗子里，至句容县东北部的东昌乡（该乡的集镇被称为东昌街，老街至今尚存）之间，留下了十余公里的防线间隙。12 月 5 日当天，这一段间隙中方没有部署兵力驻守。驻防东昌街的第 83 军第 154 师，此前关注的是镇江方向。该师实际上和驻防句容前进阵地的第 160 师一线部队之间没有直接联系，这导致了日军部队从第 154 师、第 160 师第 478 旅阵地之间乘隙穿过。

中岛今朝吾日记之中记载其所部滞留的“祝家边”，就在“东昌街”以西。该师团的部队自东向西从第 154 师防区边缘经过，并未受到阻碍。

第 16 师团后方参谋木佐木久在日记中记载：“主干道方面仅有一个中队在留守，主力已从句容北面向敌后迂回。”他在日记里还记下了这样一个细节：“位于句容东部地区的敌军虽然没有强大兵力，但他们依靠碉堡进行顽强抵抗。”②

在中方的作战记录中，有与之相对应的内容。虽然此时日军成建制的两个师团主力部队大兵压境，但中方第 160 师也没有完全失去在句容县境以东的军事布置。

① 《中岛师团长日记》（1937 年 12 月 5 日），张宪文、吕晶编：《见证与记录：南京大屠杀史料精选（日方史料）》，江苏人民出版社 2014 年版，第 511 页。

② 《木佐木久日记》（1937 年 12 月 5 日），张宪文、吕晶编：《见证与记录：南京大屠杀史料精选（日方史料）》，江苏人民出版社 2014 年版，第 512 页。

12月5日上午11时，守军第160师潜伏于句容东端的便衣队，还曾与百余名日军发生过交火。

第160师的军情记录记载，12月5日13时，第478旅守军曾发现“敌数百人进入句容，向我万家边、朱家下、邵家村阵地，施行威力搜索”①。这表明日军曾一度攻入句容县城。

日方新闻报道称，第16师团之步兵第33联队、步兵第9联队、步兵第38联队各部队，于5日不断逼近句容阵地，并攻击句容（县城）东面阵地；第9师团步兵第36联队等部队，攻击句容（县城）南面阵地。经过战斗之后，步兵第38、第33联队于午后突破了句容东面的阵地，“正在攻击据守句容市街〔指城区〕，企图进行顽强抵抗的敌人。”② 这一记述与中方记载日军“进入句容”以及在句容县城周边“施行威力搜索”，是较为一致的。

5日下午，第66军接到前进阵地敌情报告：“〔日军〕主力分两路向土桥镇、牧马场前进包围，其一部并由土桥镇转向新塘市迂迴〔回〕”，该军判断日军迂回行军的目的是“截断我句容部队归路”。而南京卫戍军接到报告之后则判断出，土桥镇、牧马场诸地日军部队“似有向我两翼包围企图。”因此，南京卫戍军下令第66军“严加防范”，并且考虑到句容前进阵地距离外围防线过远，有可能被敌人围歼，因此补充下令：“前进部队于不得已时可相机归还建制。”③

因为日军攻击句容县城时，切断了电话线（此前句容县城与汤水镇有电话联系），故12月6日晨6时，第478旅和第160师指挥部失去联系。此前的12月6日凌晨3时，第160师派出两辆弹药车支援驻守句容前进阵地的第478旅，支援车辆被日军迂回部队拦截并缴获于土桥镇附近的新塘市。由于日军的迂回作战行动，第478旅所驻守的前进阵地实际上已陷入了日军进军路线的后方，导致其四面都有敌人。

但日军的迂回部队并没有分兵再回头袭击句容的守军。句容前进阵地仍然只受到来自句容县城日军的攻击。日军第16师团部随后也在12月6日白天从祝家边移驻到句容县城之中。但是，栗子里附近的第478旅部队仍在京杭公路旁边阻击日军。中岛今朝吾在日记中记载，在12月6日白天，句容县城以北“道路又有

---

① 《陆军第一百六十师锡澄、南京两役战斗详报》，中国第二历史档案馆藏，档案号七八七—7582。

② 《读卖新闻》（1937年12月6日），王卫星编，王卫星、李斌等译：《南京大屠杀史料集》第59册《〈东京朝日新闻〉与〈读卖新闻〉报道》，江苏人民出版社2010年版，第369页。

③ 《南京卫戍军战斗详报》，中国第二历史档案馆藏，档案号七八七—7593。

敌军轻机枪阻击”[①]。因步兵第19旅团在5日晚上进入句容北部山区，日军第16师团部与其联系中断，情况不明。在这种背景下，师团部掌握的兵力较为单薄，中岛今朝吾担心如突击损失必然重大，于是只好滞留在句容县城，命炮兵向前推进并进行炮击。

根据日方前线特派记者所记，在栗子里附近中国军队的阵地曾让日军在京杭公路上“寸步难行”。在6日这天，日军大野部队主力绕过通往南京的大路，急速穿过北侧地带；中国军队在句容前面丘陵地带上筑有成片的混凝土碉堡阵地，并从那里猛烈扫射正在大路上行至句容西侧2公里处的井上部队，使得井上部队寸步难行。此时日军炮兵同步兵一同摆好炮阵，对中国军队阵营进行了一整天的炮火轰炸；中国军队使用机关枪英勇阻击日军，密集的子弹在日军士兵头顶上“嗖嗖”飞过；日军炮兵在离中方碉堡仅1公里处连续炮击，炮弹屡屡击中碉堡，给中国守军造成大的伤亡。[②]

在日军第16师团后方行军的步兵第33联队，此时也赶到句容县城一带。与第16师团部移驻句容县城的同时，该联队的第1大队也于6日进入句容城，奉命攻击句容飞机场以北高地上的中国军队阵地，也就是栗子里附近阵地。在步兵第33联队的军史中，对本次战斗的记述如下：

> 敌人在高地上架设了数道约三百米宽的铁丝网，并在各要点构筑了机枪掩体，而且阵地的前方为飞机场的平坦地形，因此，对进攻者来说极为不利。在师团炮兵的炮击掩护下，到下午好不容易才夺取了敌人的前沿阵地。但是，敌人凭借第二线阵地继续顽强抵抗。就这样，在战局无法进展的状况下迎来了黄昏。向南京急速挺进的师团在此遇到了预想不到的阻碍。[③]

对这次中日双方军队的交战，中国守军第478旅对当面之敌的人数判断为“五六千人”，并且记录了受到日军炮击的情况。这和中岛今朝吾日记、步兵第

---

① 《中岛师团长日记》（1937年12月5日），张宪文、吕晶编：《见证与记录：南京大屠杀史料精选（日方史料）》，江苏人民出版社2014年版，第513页。

② 参见《驱散敌军，健步如飞不断迈进；从句容到南京，大野部队丘陵突破激战》，《大阪每日新闻》1937年12月12日。

③ 岛田胜巳：《步兵第三十三联队史》，张宪文、吕晶编：《见证与记录：南京大屠杀史料精选（日方史料）》，江苏人民出版社2014年版，第683页。

33 联队军史之中都记录的第 16 师团直属炮兵投入进攻的内容，在史实细节上形成了对应。该旅旅长邓志才对当天的战况记述为：

（一）步炮联合之敌五六千人，于六日拂晓将我阵地四面包围，水泄不通，敌机二十余架不断轰炸，敌炮亦同时向我猛烈轰击，步兵则轮回向我阵地后方冲击。

（二）职以未奉命令不敢擅移，因固守原阵地，与敌激战至十六时……当时之部署如左：

1. 命中校团附刘栋才率兵一营向土桥方向佯攻，俟主力突出重围时，即随队尾跟进。

2. 九五五团应于黄昏前完成攻击准备，黄昏后即由京杭国道以南地区向汤山方面之敌攻击前进。

3. 九五九团缺一营为预备队，随旅部行进。①

12 月 6 日晚 19 时，该旅依照部署分头开始行动。

如邓志才旅长所述，该旅因没有接到撤退令而不能后撤，两个团的官兵在 6 日白天坚守栗子里附近阵地，多次击退日军步兵第 33 联队第 1 大队的进攻。其实在当日中午 12 时，第 66 军已经将前进阵地的撤退令下达到第 160 师，却因电话线在早晨被切断，撤退令无法送达第 478 旅。当天下午，第 160 师副师长华振中亲率第 956 团两个营的部队，试图前往句容县境内策应第 478 旅撤退。

15 时，策应部队到达汤水镇时，发现驻守汤水镇、仙澜桥南北之线已设阵地的第 159 师已经与迂回到汤水镇的日军部队交火，公路边的陆军炮兵学校营房也被日军占领。第 160 师策应前进阵地的部队无法再进入句容县境，只好安排少数人员，把译成密码的撤退令分两路继续往前传送，但是因汤水镇一带战斗激烈，第 478 旅最终未能接到撤退令。

虽然没有接到撤退令，但汤水镇守军和来犯之敌展开激战时的枪声越来越激烈，这枪声也传到了句容西北栗子里附近阵地上。6 日 16 时，第 478 旅旅长邓志才“闻汤水方面枪声甚烈，知敌已向我主阵地进攻，遂决心于黄昏后突围归队，以免受敌各个击破。”②

① 《陆军第一百六十师锡澄、南京两役战斗详报》，中国第二历史档案馆藏，档案号七八七—7582。

② 《陆军第一百六十师锡澄、南京两役战斗详报》，中国第二历史档案馆藏，档案号七八七—7582。文中称伤亡官兵十余员，应指伤亡军官十余员。

按照突围部署，19 时，该旅主力开始向汤水镇一带突围。日军迂回攻击汤水镇的部队，并没有想到句容前进阵地的守军会突然在他们侧翼发动攻势，在第 955 团的攻击之下，日军“凌乱不堪，纷纷溃退。”而占领汤水镇陆军炮兵学校营房的日军，随后向突围部队的右侧攻击。邓志才又派出第 959 团一部于主力右侧阻击日军。在第 959 团一部的掩护下，第 478 旅其他部队“且退且战，至七日二时，到达白家场附近。”该旅记载守卫句容前进阵地期间，“毙敌三百余名，我伤亡官兵十余员，士兵三百余人。”①

随着第 478 旅的突围撤退，句容及其周围阵地于 6 日晚失守。

在中国守军实施突围行动期间，围攻句容前进阵地的日军步兵第 33 联队第 1 大队尚未发现中国守军已于黄昏时分撤退，而计划到 6 日午夜之后再发动向中国守军的进攻。据《步兵第三十三联队史》记载：“渡边第 1 大队长试图凭借夜袭消灭敌人，于是在 7 日凌晨零时左右，趁着敌人出现动摇迹象，一举突入敌阵，并占领了该阵地。”②实际上，在 5 个小时之前，前进阵地的中国守军已经开始突围。该联队军史吹嘘“占领”的不过是早已空无一人的阵地。倒是在日方前线特派记者的记述里，承认了是中国军队自行撤退：“好像是子弹都打光了，敌兵在深夜撤退。天亮后，7 日天空一片晴朗，这条大路上的敌兵一旦撤退，就可以畅通无阻地走到句容 15 公里外的地方。”③

日方记者记载的“15 公里”，其实就是句容县城与江宁汤水镇之间的距离。这仅仅“15 公里”的距离，在日军眼中由公路行军可能只需不到 3 个小时就能通过。然而，第 16 师团部和步兵第 33 联队因为栗子里附近阵地的牵制，12 月 6 日完全止步于句容县城，到 12 月 7 日早晨，才开始继续向汤水镇方向前进。从这一细节能够看出，句容前进阵地的战斗，对牵制日军兵力和迟滞日军的攻势，有着重要意义。

当时中国的新闻界对句容前进阵地有这样的评价：守卫句容之部队，“在日军四面包围中，抗战三日，牵制日军前进，收得极大效果”④。就军事意义而言，

① 《陆军第一百六十师锡澄、南京两役战斗详报》，中国第二历史档案馆藏，档案号七八七—7582。文中称“伤亡官兵十余员”，应指伤亡军官十余员。

② 岛田胜巳：《步兵第三十三联队史》，张宪文、吕晶编：《见证与记录：南京大屠杀史料精选（日方史料）》，江苏人民出版社 2014 年版，第 683 页。

③ 《驱散敌军，健步如飞不断迈进；从句容到南京，大野部队丘陵突破激战》，《大阪每日新闻》1937 年 12 月 12 日。

④ 《京郊五军奋勇抗战 / 现坚守第一道防线 / 昨日炮轰猛烈，我军三路迎击 / 我芜湖防线亦极为稳固》，《大公报》（上海版）1937 年 12 月 9 日。

句容前进阵地不仅起到预警和迟滞日军进攻外围阵地的作用，而且仅以两团兵力守卫的句容前进阵地，就让来犯之敌多个联队被迫分散迂回，使其失去了集中兵力攻击中国军队外围阵地前沿要地的有利条件，甚至还一度间接导致敌人师团长和下辖的旅团中断联系，造成了日军指挥上的短暂混乱。更值得一提的是，句容前进阵地守军并没有被敌人消灭，而是大部分成功突围，归还建制。

第二节 东部远郊战斗

一 汤水镇之战

句容县城失守之前的 12 月 5 日下午，前进阵地上的中国军队发现了日军迂回的动向，及时发出了预警。第 478 旅旅长邓志才向第 160 师上级报告：“午后四时，有步炮连〔联〕合之敌三千余人，到达土桥镇，有向新塘市前进模样。又有敌兵一队约千余人，于同时经牧马场向汤水方向前进。”[①] 前进阵地在拒止当面之敌的同时，也在第一时间向后方提供了敌情信息。

句容前进阵地报告中绕过句容县城一带“到达土桥镇”的日军，即是后来进攻淳化镇的第 9 师团部队。该部并没有靠近过中国守军的前进阵地，进入句容后就立即在县境南部快速向土桥镇迂回。另外经过牧马场“向汤水方向前进”的日军，则是在前进阵地附近迂回，后来进攻孟塘的第 16 师团部队。

新塘市位于江宁土桥镇东北方向，距汤水镇的陆军炮兵学校营房数公里。“牧马场”则是 1932 年开始筹办的国民政府军政部“句容种马牧场”。该“牧场”位于句容境内九华山山麓的黄梅桥附近。

日军第 16 师团步兵第 19 旅团绕过栗子里一带有中国军队据守的京杭公路路段之后，有至少千余人以弧形的行军路线小幅度绕到前进阵地的后面，在黄梅桥一带再次穿过这里的京杭公路，快速进入江宁和句容交界区域。

据日军第 16 师团的作战档案附录的《第 16 师团的外围阵地突破经过要图》的行军路线显示，步兵第 19 旅团下辖的步兵第 9、第 20 联队兵分两路行进。其中，步兵第 20 联队再次绕到京杭公路附近。

---

① 《陆军第一百六十师锡澄、南京两役战斗详报》，中国第二历史档案馆藏，档案号七八七—7582。

全面抗战爆发后，黄梅桥附近的句容种马牧场已经迁址到贵州清镇，原址陷入暂时无人管理的境地。因此，步兵第20联队得以迅速通过这片开阔地带，随后，在6日下午到达汤水镇附近的炮兵学校营房一带，并且在汤水镇的西南方向继续进攻。

此前，中国守军第159师奉命驻守汤水镇、仙澜桥南北之线外围阵地。迂回到汤水镇的日军部队与第159师交火之后，京杭公路边的陆军炮兵学校营房也被日军占领。

如前文所述，12月6日下午3时，第160师策应前进阵地的2个营部队到达汤水镇，也加入了这里的战斗，该部试图继续派人员前往句容境内向第478旅传送撤退令，但负责传送信息的人员在新塘市受阻。“新塘市”距汤水镇的陆军炮兵学校营房很近，又在栗子里与汤水镇之间的位置，鉴于该地的重要性，“六十六军派兵一团向新塘市之敌攻击……但新塘市之敌得有增援，未能迅速驱逐。”①

南京卫戍军当天“并命在东昌街之一五四师向句容前进助战”。第83军第154师随后在12月7日南下，到达白兔镇、行乡镇附近，“惜因汤山方面情况变迁，半途中止。”②

时任日军步兵第19旅团司令部通信班长，后来成为日本军事史专家的犬饲总一郎，在7日早晨徒步前往炮兵学校时，曾经亲眼看到了这一支袭击日军侧翼的中国部队：

途中发现了经过前方南进的敌军侦察军官。因为早上的阳光从我身后照来，所以笔者首先发现了对方。当然，事先曾想到过敌军部队的抵达。在用望远镜观察右后方时，注意到南进的敌兵团先头部队正在接近我通信所，于是我赶紧返回并撤走通信所，带着12个人做好了迎头痛击敌军的准备。幸运的是，敌军部队经过村东面往南去了。

该村附近有几道向南方延伸的山梁，小河流经其间。所以敌兵团南进时并不知道有我军追击队主力的存在。③

① 《南京卫戍军战斗详报》，中国第二历史档案馆藏，档案号七八七—7593。

② 《南京卫戍军战斗详报》，中国第二历史档案馆藏，档案号七八七—7593。

③ 犬饲总一郎:《南京攻防战之真相》，王卫星编，叶琳等译:《南京大屠杀史料集》第33册《日军官兵回忆》，江苏人民出版社2007年版，第119页。

此前的12月4日，日军主力初入句容，确曾到过句容县境东南部的白兔镇、行乡镇。但在12月7日之前，日军已经离开。第154师此前未能及时南下策应句容县城附近的前进阵地，导致日军迂回部队从该师驻防的东昌街以南的间隙进入句容北部山区。到12月7日时，南京卫戍军总部终于让该师南下。但是，此时该师因为山丘河流的阻碍，并没有发现日军第16师团集中在句容县境西部地区的部队。第154师若是在南下途中能够发现敌人主力位置，突然从右侧翼袭击日军第16师团，势必缓解汤水镇的军事压力。但是该师出发之后反而是与敌人主力部队擦肩而过，进入了早已没有日军一兵一卒的"白兔镇、行乡镇"。因此，这是一次扑空的军事行动，也是一次颇为可惜的主动出击。

就在第154师徒劳无功地向句容县东部出击的同时，日军步兵第9联队第1大队在孟塘以南的汤山山区攻击前进。此前，在句容县城附近向更北方向迂回的步兵第9联队到达句容县境北部的固江口之后，其第2大队继续北上，而第1大队则转而向西逐步攻击前进，在次日攻击至汤水镇以西。

江宁汤水镇作为南京近郊重镇，在日军的第一次进攻之中，该地西南面、西面分别受到一支日军部队的进攻。日军在山区分兵几路的战术，在未能被及时查明的情况下，造成了中国守军对敌情的误判。

此前，第160师因日军从防线缺口楔入纵深，已经分出部队前往孟塘周边山地驻防。第66军后来撰写的悼念文章里，提到了在孟塘防御作战之中殉难的第956团第1营营长刘厚，称他"于汤山之役，奉令增援一五九师，与敌激战甚烈。"[①]第159师是负责防守汤山周边阵地的。从"增援一五九师"这一细节能看出，第956团派出的部队是在孟塘以南山地防守，以免日军快速攻至第159师阵地的侧翼。

在第160师对日军步兵第9联队第1大队于汤水镇以西的攻势实施阻击的同时，日军步兵第9联队第2大队也从孟塘一带向湖山（当时被称为大胡山，今名棒槌山）、岘山一带进攻。第160师误以为这是同一路日军，而这一路敌人的企图是"进出白家场，断绝我军后方联络"。于是，该师又继续部署第956团予以阻击。该团"拼死抵抗，敌不得逞。"[②]

实际上，从《第16师团的外围阵地突破经过要图》的记载来看，日军步兵第9联队的第1、第2大队承担的作战目标完全不同。第1大队在汤山山区西进之后

① 胥兆梅选辑：《南京保卫战第六十六军阵亡将士殉国事略》，《民国档案》2007年第4期，第40页。

② 《陆军第一百六十师锡澄、南京两役战斗详报》，中国第二历史档案馆藏，档案号七八七—7582。

渐渐朝西南方向进攻，是为了配合其他部队一起夺取汤水镇。而第2大队进攻湖山、岘山，是为了继续向西攻击，其后续攻击方向是东流镇、麒麟门。

关于与汤水镇战斗同时进行的孟塘及其周边的战斗，日军投入的部队另有从步兵第9联队第2大队右翼迂回而来的步兵第38联队。该联队在7日逼近至孟塘以北的上鲍亭、下鲍亭一带，被第160师认为是“仍不断向孟塘方面移动”之“敌之后续部队”。因此，第160师在兵力已不敷分配的情况下，仍再次向孟塘派出增援部队，以“堵截孟塘之敌，掩护我军左侧”。

12月6日，占领汤水镇陆军炮兵学校的日军步兵第20联队并没有继续停留于此。7日，虽然中国军队记述“正面之敌向汤水猛攻”，但实际上，该联队停止向汤水方向进攻，转而再采取迂回战术，朝着东南方向前进。

而接替步兵第20联队进攻汤水镇的，是此前被第478旅牵制在句容的日军步兵第33联队。该联队在句容耽误了一天时间之后，在7日上午8时开始“转入追击”。此外，与步兵第33联队一起攻击汤水镇的，另有此前迂回到汤水镇以北的步兵第9联队第1大队。该大队突破了中国军队第160师的分兵堵截后，也从汤水镇的北部发起进攻。

面对日军自东面和北面的夹击，负责汤水镇防御任务的第159师继续坚守阵地。日军新闻报道中也记载了中国军队在汤水镇的顽强坚守，称：“死守南京的敌人盘踞在汤水镇附近，利用迫击炮、速射炮顽强抵抗，并且在高地修筑了永久的阵地，射程极其准确，我军不敢轻视。”①

值得专门予以记述的是，12月7日，日军第16师团部从句容进驻陆军炮兵学校营房之后，遭到中国军队的火力反击。师团长中岛今朝吾也被击伤。

该师团参谋木佐木久在12月7日的日记之中，对其所在部队在汤水镇遇到的抵抗以及师团长受伤的细节描述如下：

句容西面的敌军已经撤退。指挥部于上午9时前从句容出发。野战重炮堵塞了前方道路，极为碍事。据闻步兵第九联队（片桐部队）及步兵第二十联队（大野部队）战术高明，均回避与敌军正面交锋，力图迂回作战。因此，主干道上竟见不到一兵一卒。白天行军时，师团指挥部与步兵尖兵同时前进。果然，在进入颜家村时，遭到敌人的火力袭击。步兵散开，炮兵向前，形同遭遇战一般。面对

① 《确保城外要地，冒着朝霭一齐进击》，《东京日日新闻》1937年12月9日。

早已等候在阵地里的敌军，我们毫无战术，这是一场无序而混乱的战斗。敌军炮弹狂轰滥炸而指挥部却束手无策，实在不能令人满意。师团长负伤，军医部长慌忙赶来，却被训斥。

师团长来到部队后面，我们也转移至指挥部。刚立起身不足一分钟，便有两枚迫击炮弹落下，险些丧命。

迫击炮弹落在身边爆炸，有人受伤。听说师团长左大腿部受穿透性枪伤，我很吃惊。看来我们必须考虑选择怎样的位置。晚上我们住在一所炮兵学校里……

主干道方面，今天在汤水镇遭遇敌军正面抵抗，我右侧支队和追击队伍正在继续深入敌军后方。敌人左边与右边的联络极差。①

面对中国守军的抵抗，日军最后又是采取夜袭战术，夺取了汤水镇。步兵第33联队的军史记载了8日凌晨袭占汤水镇的经过：

敌军向汤水镇方向撤退，第1大队依然作为师团前卫，于下午2时50分左右抵达汤水镇以东约一公里处的颜家村。汤水镇位于南京以东约二十公里处，是支那少有的温泉之地，也是有名的疗养胜地。敌军以此地为中心，利用其所在的高地构筑坚固的阵地。第1大队决心于当晚再次发动夜袭来夺取该阵地。8日凌晨3时，经过一场肉搏战后终于击退了敌军，接着继续攻占了南面相邻的阵地。下午5时30分，汤水镇一带被我收入囊中。②

中岛今朝吾在12月8日的日记之中，也记载日军两支部队都是在夜间攻入汤水镇：“昨夜，步兵第三十三联队（野田部队）第1大队自东面、步兵第九联队（片桐部队）第1大队自北面攻入汤水镇并占领之。”③

在中国军队留下的作战记录中，相关记载如下：12月7日“我汤水镇前面第一线阵地受在炮兵营房展开之优势敌军攻击，各处被敌突入，不得已于入暮后撤

① 《木佐木久日记》（1937年12月7日），张宪文、吕晶编：《见证与记录：南京大屠杀史料精选（日方史料）》，江苏人民出版社2014年版，第515页。

② 《步兵第三十三联队史——光荣的50年历程》，张宪文、吕晶编：《见证与记录：南京大屠杀史料精选（日方史料）》，江苏人民出版社2014年版，第683页。

③ 《中岛师团长日记》（1937年12月8日），张宪文、吕晶编：《见证与记录：南京大屠杀史料精选（日方史料）》，江苏人民出版社2014年版，第516页。

退至第二线，固守汤山及汤水镇。”[①]8 日“汤水阵地被敌突破，现我一五九师在汤山、半边山等处与敌激战。”[②]

并且，中国军队的记载里，留下12月8日早晨8时许“汤山镇状况不明”的细节，这也从侧面印证了该镇沦陷于此前凌晨时分：

本日，敌以主力及炮兵机械化部队进攻汤山第二道防线，与我守军发生混战。至八时许，汤山镇状况不明，汤山及两侧高地始终在我手中。其后方珠山、青龙山之线复经一五六师派部队接防（该师已有二团于七日晚间由镇江到达麒麟门，归六十六军军长指挥），阵地渐形稳固。[③]

以上记录也显示，汤水镇失守之后，中国军队仍勇敢地守卫在周边的山峦上。并且，当时在汤水镇后方侯家塘的陆军步兵学校，也有第 160 师的部队在据守。第 955 团中校团附廖俊一“奉命固守步兵学校附近阵地，卒以兵力薄弱，陷于敌围”。第 66 军后来发布廖俊一殉难经历时，记载了其率部在陆军步兵学校拼死坚守的战况：

廖君中弹受伤，仍裹伤指挥，与敌肉搏，但以众寡悬殊，士卒伤亡殆尽，廖君以伤势过重，且寇追甚急，近傍士兵屡欲荷之而出，或别移偏处稍待，廖君大声曰：“余不惧死，誓与敌不两立，我虽伤不能动，但手枪犹在，如能博取三五倭寇，死亦无憾。你可速随部队走，不可以我个人为累！”敌遂骤至，廖君手击两寇，自饮弹而亡，亦云壮矣！[④]

美国《纽约时报》著名记者 F · 提尔曼 · 杜丁则记录了他亲眼看到的汤山附近一个山头里 300 名中国军人坚持抵抗的情景：

300 名中国军人被日军围困在离南京 12 英里的汤山公路边一座锥形山峰上，

① 《南京卫戍军战斗详报》，中国第二历史档案馆藏，档案号七八七—7593。

② 《陆军第一百六十师锡澄、南京两役战斗详报》，中国第二历史档案馆藏，档案号七八七—7582。

③ 《南京卫戍军战斗详报》，中国第二历史档案馆藏，档案号七八七—7593。

④ 《陆军第六十六军阵亡将士荣哀录（节选）》（1939 年 4 月），中国第二历史档案馆、侵华日军南京大屠杀遇难同胞纪念馆编：《南京保卫战殉难将士档案》，南京出版社 2007 年版，第 513 页。

经昨天一整天激战，伤亡殆尽，几乎只剩一个人……中国军队竭尽全力反击。他们只有自动手枪，弹药很快打完。一小群士兵冒着杀伤力极强的机枪火力，从进攻者之间的空隙往外冲，和笔者在一起的个别人活着冲了出来。[①]

日军在发布的新闻中，记录 8 日的这次战斗发生地是汤山以北的孔山（在今江苏园博园旁），并且是以炮兵掩护、山麓放火、机枪猛烈扫射的攻击方式，将退至山顶的“三百余名”中国守军“全部歼灭”。[②]

但是，12 月 8 日中国军队何时放弃了汤水镇周边山地？各处记载却不尽一致。第 78 军记载“本（八）日午后已放弃汤水”。这与日军在战斗详报之中的记载一致。日军在当天下午给前线部队通报的消息之中，称汤水镇附近中国守军“午后 1 时许”“开始逐次退却”。

8 日下午 4 时，南京卫戍司令长官部颁发的“卫参作字第 28 号命令”仍记载“有步兵千余、炮数门之敌及战车十余辆，与我汤水镇 66A 阵地部队混战中。”[③] 因南京卫戍军的作战记录有许多细节滞后于战场实际状况，因而难以确认撰写这一内容是依据哪一时段的战况，故可判断为，南京卫戍司令长官部下达退守复郭阵地命令（第 160 师记录是下午 4 时接到命令）后，在汤水镇周边守卫的中国军队按照该命令（“第六十六军至大水关附近集结整理待命”，“第八十三军之一五六及三十六师之一团在青龙山、龙王山线掩护撤退。”）开始撤退。[④] 如此，在 12 月 8 日入夜之前，汤水镇周边的丘陵地带全部弃守。

但日军占领汤水周边山地后，并不能从这里快速到达南京中山门城墙下。在日军的前方仍有连绵的山地难以逾越。

二　孟塘及周边之战

日方记载，汤水镇之战打响后，日军自 12 月 6 日“午前起，开始攻击汤水镇

---

① 《火焰蔓延威逼 / 机枪扫射兵士》，张生编：《南京大屠杀史料集》第 6 册《外国媒体报道与德国使馆报告》，江苏人民出版社、凤凰出版社 2005 年版，第 56 页。

② 《大阪每日新闻》（1937 年 12 月 10 日夕刊），王卫星编，何慈毅、李斌等译：《南京大屠杀史料集》第 58 册《〈东京日日新闻〉与〈大阪每日新闻〉报道》，江苏人民出版社 2010 年版，第 406 页。

③ 《第二军团京东战役战斗详报》（1937 年 12 月），中国第二历史档案馆编：《南京保卫战档案》第 8 册，南京出版社 2018 年版，第 348—349 页。

④ 《南京卫戍军战斗详报》，中国第二历史档案馆藏，档案号七八七—7593。

附近之敌阵地。至翌七日，由汤水镇东北方及东方，占得包围之态势，更以一部进入汤水镇西南之高堰，以压迫敌军之退路”[①]。突然攻入汤水镇西南侧翼的日军，促使南京卫戍军发动第一、第二次孟塘围歼战，也引出了孟塘周边中日军队的混战。

此前的12月5日下午，句容前进阵地的中国守军发现经过牧马场“向汤水方向前进”的日军，其实只是其步兵第20联队，而步兵第9联队则以更大弧度的迂回路线绕向句容北部，在6日早晨已经进入句容北部和江宁交界地带的山区。这导致句容境内的中国军队并没有发现其动向。随后这一路日军在没有阻挡也未被发现的情况下，一直深入到南京东北部的近郊区，在孟塘一带才被发现并受到中国军队的阻击。

正如前文所述，第66军接到前进阵地报告后，判断日军迂回行军的目的是“截断我句容部队归路”，而南京卫戍军接到报告之后则判断日军即将对南京防线两翼实施包围。很快，卫戍军指挥部发现在南京东北郊区龙潭一带存在着兵力部署上的间隙。当时，第2军团的第41师部队在5日有1个团到达龙潭，两个团到达栖霞山、龙王山之线，正开始占领防御阵地。另有1个团移驻乌龙山，担任要塞守备。后续的第48师拟到达后，再准备向龙潭推进。但是，第2军团的部队部署较慢，该军团的右翼阵地在5日下午仍然不能与第66军衔接，两支部队之间产生空隙，随时有被敌侵入的可能。而句容前进阵地提供的敌军迂回行军的动向，让南京卫戍军总部确认“情况渐次严重”。12月5日晚，卫戍军总部开会商讨后，决定部署在栖霞山阵地上的第41师部队迅速向保国山、拜经台之线先行推进。

然而，第2军团则记录并没有在12月5日晚上就被要求改变部署，而是在12月6日方接到作战命令，其内容是：

一、进据句容之敌，步兵三千名、炮二十余门，又汤水东南约八公里之杨家村附近，亦发现敌步探三五人。

前派往该方向之警戒部队，已向汤水镇撤退。

着第二军团前线部队迅占乌鸦山、拜经台、雷彭台之线，并派步兵一连至乌鸦山东约七八公里之普渡桥，对东方南方警戒，并与八十三军连〔联〕络。[②]

---

① 〔日〕西坦新七：《中国事变史》，中国第二历史档案馆、南京市档案馆编：《侵华日军南京大屠杀档案》，江苏古籍出版社1987年版，第19页。

② 《第二军团京东战役战斗详报》，中国第二历史档案馆藏，档案号七八七—7591。

命令之中的地名“雷彭台”又名擂鼓台，在龙潭附近，拜经台在宝华山西部主峰，而“乌鸦山”则在江宁与句容交界处，紧邻伏牛山南麓，就地理位置而言，在宝华山拜经台防线以南。

第2军团军团长徐源泉接到上述命令后，立即率第41师师长丁治磐，以及该师的两个旅长张习崇、芮勤学前往附近侦察，得出的结论是：“查全正面约二十公里左右，若以装备不全之一步兵师配备该线，实嫌过宽，处处薄弱，再与右翼汤水镇友军159D衔接更属难能。”[①]

第2军团的上述结论，揭示了南京外围防线部署上的又一严重失误。在句容前进阵地报告日军迂回动向之后，第2军团临时接防的宝华山南北的这段防线，原先部署计划之中属于第83军的防区；而日军12月5日开始以旅团建制的兵力迂回至此段防区时，第83军竟未能将防线的北端补齐。第2军团在仓促之下改变原定部署，抽出两个团的兵力向前迁移阵地，因兵力不足而又贻误战机。

到12月6日上午11时，驻扎在栖霞街的第2军团部才“为遵守命令、维持全局计”，勉为其难要求第41师派出第241团，并调担任小金庄警戒之第246团，“归张旅长习崇指挥，迅速占领乌鸦山、拜经台、雷彭台之线，分派一部至九华山，占领前进阵地。另以步兵一连，扼守普渡桥，构筑工事，逐次拒止敌人。”[②]但是为时已晚，此前南京外围防线的东北段因为在一天之中始终是防守洞开的状况，已被迂回的日军第9联队一部趁机楔入纵深地带，很快侵入汤水镇以北的孟塘。

后来在其作战记录之中，第160师记述了因为外围防线北端其他部队未能布防导致的危急状况：

> 十六时，因左翼友军未遵令到达指定地点，致敌由九华山北麓绕我左翼孟塘，当即令九五六团派两连，由刘营长厚率领速调孟塘，以主力集结珠山，并分一部至大胡山占领阵地，与敌相持入夜。[③]

就在第2军团下令派出两个团堵上外围阵地的漏洞前（12月6日下午2时），中国军队发现已有日军到达孟塘一带。在南京保卫战的前期同时涉及部队番号最多的孟塘之战，就在这种背景下匆忙打响了。

---

① 《第二军团京东战役战斗详报》，中国第二历史档案馆藏，档案号七八七—7591。

② 《第二军团京东战役战斗详报》，中国第二历史档案馆藏，档案号七八七—7591。

③ 《陆军第一百六十师锡澄、南京两役战斗详报》，中国第二历史档案馆藏，档案号七八七—7582。

南京卫戍军记载的逐日战况显示，12 月 6 日上午 10 时，“向牧马场前进之敌突有一部由九华山北麓侵入孟塘”。实际上，当时从句容北部山区迂回到江宁境内的日军部队有 2 支：步兵第 9 联队和步兵第 38 联队。第 160 师后来记载的“现与我对峙中”的“侵入复兴桥方面之敌约千余人”，实际上是经过孟塘的日军步兵第 9 联队第 2 大队，该大队自孟塘继续向西攻击前进。

前文已述，日军第 16 师团步兵第 19 旅团下辖的步兵第 9 联队和步兵第 20 联队，是在深入句容县境之后，靠近句容县城一带中国军队前进阵地时开始迂回的，而步兵第 38 联队则是刚进入句容即向北长距离迂回。

在句容向北迂回的日军步兵第 9 联队，并没有随步兵第 20 联队一起经过句容种马牧场，而是于 12 月 5 日晚到达句容北部固江口后，单独从步兵第 20 联队的右翼以更大幅度迂回前进。

步兵第 9 联队第 1 大队部队则在固江口附近转向正西，向汤水镇中方据点靠近，直接攻向汤水镇方向；而其第 2 大队则向北继续迂回，后再转而朝着正西方向的孟塘攻击前进。据步兵第 9 联队第 2 大队战斗详报记载，12 月 6 日该大队第 7 中队向孟埠（即孟塘，下同）附近前进；之后主力经过东国[①]、孟埠向中方阵地前进。日军步兵第 9 联队第 2 大队在乌鸦山以北转而向西迂回，走出山谷之后很快即能到达孟塘。日军步兵第 38 联队也是在此转而向西，进入孟塘以北地区的。

这一段此前因为防守的疏漏，中国军队并未在此组织防御。12 月 6 日，第 2 军团接到南京卫戍军军令，要其及时向前推进以填补防线漏洞，而漏洞的南端就在乌鸦山。但是，该军团未能在当天中午前后及时出兵补上乌鸦山以北的防线漏洞，而之前日军步兵第 9 联队第 2 大队，则已出动第 7 中队在上午 10 时左右抵达“东国”（东葛墙）。随后，该联队主力过固江口，再经过东葛墙向孟塘附近挺进。遗憾的是，第 2 军团因稍慢一步，未能抢得先机在日军穿越乌鸦山北麓时堵住缺口，导致日军一举楔入中国军队防线的内部纵深。

南京卫戍军将该路日军误判为是从“牧马场”转到“九华山北麓”的部队，立即在 12 月 6 日上午“派部堵剿”。但是日军是突入到中国军队没有布防的山区之中，因此一开始的堵截没有起到作用。此时，日军一面警戒，一面利用凹地继续西进。至午后二时，其先头部队在高家庄、大胡山附近被中国军队发现。南京

① 此处日军记载的“东国”地名，实际上是依据谐音记载的句容地名“东葛墙”。该村位于宝华山南麓和乌鸦山北麓之间狭长的山谷地带。

卫戍军因此意识到，“金汤大道[1]及六十六军后方连〔联〕络线有被截断之虞。”

第66军承担的伏牛山至淳化镇的外围防线中，汤水镇位于中间位置。孟塘位于汤水镇阵地的左翼侧后。日军在此向南迂回，确实能够截断京汤公路，同时截断第66军汤水镇阵地和其后方指挥部之间的联络。

日军突然出现的这一位置，已经在汤水镇的左翼后方，楔入了原定外围阵地接近10公里的纵深之中，这在当时完全出乎南京卫戍军总部的意料。而日军所在的纵深地带，不仅能够南下威胁京汤公路，而且向西北方向也能够快速到达栖霞山地区，向西南则能够攻入麒麟门一带。因此，若任凭日军在其楔入的纵深地带继续发动攻击，那么东郊多段外围防线有可能迅速崩溃。

面对此种紧张局面，中国守军立即从4个位置抽调不同建制、不同隶属的5支部队，准备从东南西北4个方向围攻楔入孟塘的日军。《南京卫戍军战斗详报》记载，12月6日“当命三十六师抽兵一团，配属战车、防御炮等前往扑灭。并命四十一师由北、六十六军由南，向孟塘、大胡山间凹地围攻。”同时，南京卫戍军也下令原先负责“固守镇江”的第71军（下辖第87师）及第83军第156师“以主力向南京转进，冲击孟塘敌之侧背”。[2]此时，日军步兵第9联队部和步兵第9联队第2大队都在孟塘。12月6日傍晚5时40分，步兵第9联队联队长片桐护郎在孟塘下令：第7中队占领大胡山附近；第2大队继续在孟塘西南以及东南高地附近。

南京卫戍军相关战报记载：“是晚，各部布置完毕，准备明拂晓将敌一举肃清。”但是，中国军队准备围攻孟塘一带时，判断这里的日军兵力偏少，而实际上另有日军步兵第38联队也从宝华山区迂回到孟塘以北。在迂回行进的过程中，该部日军与前往宝华山和乌鸦山之间山谷地带，试图堵住防线漏洞的第41师一部展开过战斗。

第2军团后来汇报其第41师“奉命后即将部队推进至龙潭、拜经台、射乌山、孟塘之线”的军事意义，是“以与汤水友军齐头”，可重新恢复既有防线位置。

然而，第2军团的部队填补宝华山至乌鸦山之间的防线漏洞时，日军步兵第38联队一部分已经越过了预设防线的位置。第41师下辖的第241、第246团在前往乌鸦山至宝华山一带填充防线缺口的过程中，北边（左翼）向前推进的第241团顺利到达擂鼓台至宝华山主峰一线，恢复了既有防线的位置；但南边（右翼）

① “金汤大道”乃笔误，实应为“京汤大道（公路）”。

② 《南京卫戍军战斗详报》，中国第二历史档案馆藏，档案号七八七—7593。

向前推进的第246团才到丁家山一带，就遭遇到通过防线缺口的敌人，难以再到宝华山主峰至乌鸦山一线的预设阵地，于是，该团当即占领丁家山、石洞山一带，开始阻击日军。对此，第2军团有如下记载："第二四六团进至丁家山、龙江头附近，即与由孟塘方面侵入之敌约七八百遭遇，该团当占领丁家山一带，驱逐该敌，并威力侦察其后方情况。"。①

日军步兵第38联队军史记载，在宝华山一带的中国军队，利用已筑之碉堡和有利地形，与当面日军积极作战，从而迟滞了日军步兵第38联队的迂回行动：

助川部队计划迂回到汤水镇以北，力图向宝华山发动猛烈进攻。防守的敌军在那些丘陵上构筑了无数的新式碉堡，并根据以往的演习，在有利的阵地向我军猛烈射击。该山地的攻防战十分激烈，持续了很长时间。②

然而，宝华山的战斗最终未能阻止日军步兵第38联队的行进。按照该联队军史记载的内容，联队各部队都到达了宝华山以西的江宁境内。

南京卫戍军在12月6日夜间计划围攻"孟塘之敌"时，未能了解这一带其实有两支不同建制的日军部队。因此12月7日凌晨2时出现了误判敌情的状况：

据六十六军不确情报，进据孟塘、大胡山之敌突然失踪，似有向北转进，进攻龙潭模样。当命三十六师之一团暂控置在麒麟门附近待命。四十一师照常占领阵地，并向孟塘前进，与六十六军左翼确实连〔联〕系。七十一军迳开高桥门附近待命。③

向北"进攻龙潭模样"的日军，实际上是在孟塘以北迂回的步兵第38联队。对敌情的误判导致围攻计划在实施上的延迟，到了12月7日拂晓后，随着能见度的提升，才得知大胡山附近之敌仍盘踞未去。南京卫戍军随后下令："各部继续连〔联〕系前进，迅将该敌消灭。"

南京卫戍军对这次围歼战是志在必得，当天甚至向新闻界发布消息，称："自

① 《第二军团京东战役战斗详报》，中国第二历史档案馆藏，档案号七八七—7591。

② 《奈良联队战记》，王卫星编，刘军等译：《南京大屠杀史料集》第56册《日军文献》上，江苏人民出版社2010年版，第328页。

③ 《南京卫戍军战斗详报》，中国第二历史档案馆藏，档案号七八七—7593。

句容绕至九华山背面攻我麒麟门之敌千余人，在汤水镇正北五六里之孟塘被我军从中切断；另由麒麟门以东之我守军某部对敌包围歼灭。”[①]

然而，南京卫戍军所称“各部继续连〔联〕系前进，迅将该敌消灭”，是一个并没有得到充分执行的军令。原定出击的5支部队，实际上并没有联合起来在12月7日重新实施围歼战斗。

第71军从镇江到达南京之后，被南京卫戍军下令“迳开高桥门附近待命”。随后该军第87师之一团乘车到达高桥门，准备在河定桥、上坊门、高桥门一线接防原第51师第二线阵地。而第156师的两个团在7日晚间才从镇江到达麒麟门，归第66军军长指挥，但并没有向北投入攻击孟塘之敌的战场，反而是向南转到汤水镇后方一带，接防珠山、青龙山之线。南京卫戍军的记录显示，这两支部队都没有“冲击孟塘敌之侧背”。

第78军战斗详报记载，最初是12月6日下午3时接到唐生智的军令，并未让其派兵“前往扑灭”日军，只是要求进驻麒麟门附近。令文如下：（一）“我第六十六军在汤水镇前方与敌激战中，孟塘附近发现敌之一部”；（二）“着三十六师派步兵一团进驻麒麟门附近，向前面酌派警戒部队”[②]。

第78军于6日下午接到命令后，随即以该军补充第2团开赴麒麟门附近担任警戒。但是，本该次日凌晨的围攻因为敌情误判而延迟之后，南京卫戍司令长官部并没有在拂晓时分重新下令该团从麒麟门出击。该团至7日中午12时才“奉令展开于葛家边、复兴桥、北冈之线，向东攻击。”而部队从麒麟门出发后徒步行军需要时间，到下午2时许先头部队才到达东流镇西端。

据第160师战报记载，该师只是晨7时因为日军继续前进而发动过一次“侧击”，“孟塘之敌二千余人，于七时进至复兴桥附近。我九五六团即向该敌侧击，歼其一部，敌未敢前进。”[③] 这其实仍是以阻击为目的的战斗。

12月7日，第2军团第41师第246团自拂晓开始，在射乌山、石洞山、丁家山之线与日军“激战终日，互有伤亡”。但是，第246团与日军激战的位置，仍是此前一天该团重新组织防御的战线。南京卫戍军在对当天战况的记述中，也仅提及“龙潭、拜经台、保国山之线亦到处发现敌踪，与四十一师发生混战，双方各有伤亡。”因此，第2军团第41师也并没有在12月7日实施以孟塘之敌为目标的反攻。

---

① 《中山门外清晰炮声》，《申报》（上海版）1937年12月8日。

② 《陆军第七十八军南京之役战斗详报》，中国第二历史档案馆藏，档案号七八七—7590。

③ 《陆军第一百六十师锡澄、南京两役战斗详报》，中国第二历史档案馆藏，档案号七八七—7582。

依据上述记录，南京卫戍军在7日组织的四面围攻，只有第78军补充第2团以歼灭敌人为目的从西侧发起了反击。该团到达东流镇西端后，得知许巷、复兴桥已经被日军占领，遂以所部展开于眼泉庙南北高地之线，然后向许巷、复兴桥攻击。午后6时，该部即占领许巷。

但是，投入此方向反击战的兵力极为单薄，最终在日军的顽抗之下也只能在夜间转为对峙："惟复兴桥附近之敌猛烈顽抗，且较我优势，我左右均无依托，且新兵畏战，不能再攻，遂成相持之局，各于原地彻夜。"①

日军步兵第9联队在7日凌晨，记载了周边中国军队增兵的状况，称孟塘南方高地一线，中国军队兵力正在增加；孔山和大胡山西南侧都发现有中国军队；镇江附近的中国军队搭乘夜间行驶的汽车向南京撤退。孟塘南方高地、孔山和大胡山西南侧，都是汤水镇以北的山地。这里新增的中国军队，只是第160师增派的防御日军南下进攻汤水镇的部队，而镇江附近的第71军，其撤退时行车的公路就经过日军阵地附近，虽然一度和孟塘周边近在咫尺，但该军并没有向"孟塘敌之侧背"发起过一次进攻。

南京卫戍军对7日围歼计划"未克奏效"的原因，只笼统归结为"终以通讯困难及敌机之骚扰，各部队未能同时进展"②，但实际上兵力薄弱才是围歼失败的主要原因。

南京卫戍军的围歼计划以孟塘一带的日军步兵第9联队为主要目标。然而，还有步兵第38联队在步兵第9联队右翼迂回，随着该部突破第2军团一线部队的堵截，进而深入孟塘以北，其在中国军队没有防备的情况下，迅速朝多个方向进攻，一部甚至深入到栖霞山一带。

12月7日傍晚6时，日军步兵第38联队联队长助川静二下令第2大队"在上埠头以东地区展开，务必占领上埠头。"而"上埠头"就位于栖霞山以南。晚8时30分，助川静二又下令："联队作为支队③的右翼第一线，继续发动攻击，进抵镇江至南京的公路一线。"④

"镇江至南京的公路"就在栖霞山下。由此可知，日军步兵第38联队的企图

① 《陆军第七十八军南京之役战斗详报》，中国第二历史档案馆藏，档案号七八七—7590。

② 《南京卫戍军战斗详报》，中国第二历史档案馆藏，档案号七八七—7593。

③ 指以步兵第30旅团旅团长佐佐木到一为首的"佐佐木支队"。

④ 《奈良联队战记》，王卫星编，刘军等译：《南京大屠杀史料集》第56册《日军文献》上，江苏人民出版社2010年版，第329页。

是占领栖霞山周边区域。该联队的军史记载了 12 月 7 日晚上的战况，内容涉及联队左右两翼的友军遭到中国军队的顽强抵抗而难以前进的情形。日军军史称："敌军构筑了坚固的碉堡……一边吹起军号，一边发起勇猛突击"[①]。

南京卫戍军于 12 月 7 日午夜 12 时下达的"卫参作命第 25 号"令中，对一旦在孟塘歼敌得手后的一项部署，则反映了此时卫戍军下一步的作战构想。这份军令要求第 2 军团部队击破孟塘之敌后，"第四一师应推进至岘山，经乌鸦山至拜经台占领阵地。"[②] 这是为了继续按照预设阵地堵住外围防线东北段的缺口。可见，至 7 日午夜，南京卫戍军仍是以消灭楔入纵深的日军之后，完全恢复东南正面阵地的原先阵线为作战目标的。

但是，日军步兵第 38 联队分兵后已有一部继续西进，在 12 月 7 日午夜之前即已侵入栖霞山南部。实际上此时即使围歼孟塘之敌得手，也不可能实现清除外围阵地纵深地带的敌人，外围阵地东北段也已不可能恢复到预设阵地位置。但在此时，南京卫戍军仍误以为楔入外围防线的日军主要据守在孟塘一带，只要围歼了这股日军，则有希望重新恢复预设阵线。在这样一个不符合实际的指导思想之下，7 日午夜，南京卫戍军再次下令围歼孟塘一带的日军。

南京卫戍军的第二次孟塘围歼计划，仍然没有得到各部队的严格贯彻。

第 2 军团记录其到 8 日早晨 6 时，才接到南京卫戍军于 7 日午夜 12 时下达的"卫参作命第 25 号"命令。该军令显示南京卫戍军投入重兵试图一举围歼孟塘的"二三百"日军：

一、侵入孟塘附近之敌约二三百人，仍盘据〔踞〕火龙山、大胡山附近顽强抵抗中。

二、我军以彻底消灭敌之目的，决自岘山—狮子山—射乌〔乌〕山三方面包围攻击，并限明（八）日将该敌捕捉歼灭之。

三、六十六军以有力部队，展开于棘山—空山之线，向该敌攻击前进，并须截断孟塘附近敌之退路，堵截其后续部队。

四、三十六师补充二团，展开于岘山—马基山之线，向当面之敌攻击前进。

五、四一师除守备龙潭、拜经台之部队外，应展开于射乌〔乌〕山、木山及

---

① 《奈良联队战记》，王卫星编，刘军等译：《南京大屠杀史料集》第 56 册《日军文献》上，江苏人民出版社 2010 年版，第 330 页。

② 《南京卫戍军战斗详报》，中国第二历史档案馆藏，档案号七八七—7593。

龙王山之线，向当面之敌攻击前进。

六、战车队主协力三十六师补充二团之战斗，并掩护我步兵之前进，受第三十六师李团长指挥。

各部现今（七）日晚须攻击部署完毕，明（八）日早六时一举摧破敌军。

七、重炮兵第八团之一连由娄团长指挥，于东流镇附近占领阵地，与友军切取联络，支援步兵。攻击开始时间，由该团长协同三十六师李团长决定之。

使用弹药五十发。①

第2军团在8日晨6时，才收到这份要求“明（八）日早六时一举摧破敌军”的命令，收到命令的时刻，就是南京卫戍军要求统一发动进攻的时刻，而在此前的12月7日夜间，第2军团完全是按照自身的构想来准备作战的。7日晚8时，第2军团派出第242团“占领乌家山、狮子山之线，与当面之敌对峙，夜间施行侦察预备”，计划“明（八）日拂晓向敌人左翼出击，冀捕捉而歼灭之”。在8日晨，第2军团宣称第41师“已于本（八）日早六时开始攻击。”但是，又记载“敌步兵约数千人，炮约三十余门，亦于同时攻击我丁家山、石洞山、射乌山、狮子山之线，并以一部牵制我拜经台二四一团，互相激战。我毙敌甚多，本军亦伤亡枕藉。”②可见，第41师的战斗范围仍是在其既有阵线之内，并没有投入兵力自北向南攻击孟塘附近之敌。

日军步兵第38联队军史则这样记载了12月8日在丁家山一带受到中国军队反击的情况：

在大西第十二中队苦战的位于上埠头以西叫做丁家山的高地上，敌军构筑了坚固的堡垒，而且敌军于8日上午9时左右向上埠头东北方高地增派了兵力，并对前进到上埠头的助川部队联队本部发起了猛烈进攻。敌军一边吹起军号，一边发起勇猛突击。于是，土井第十中队……发起反击，追击敌军。但是，丁家山的敌军依然十分顽强。大槻第三大队长命令柏端第九中队出击，让其替换第十二中队。上午11时，第九中队……终于夺取了丁家山的敌军堡垒。③

① 《第二军团京东战役战斗详报》，中国第二历史档案馆藏，档案号七八七—7591。

② 《第二军团京东战役战斗详报》，中国第二历史档案馆藏，档案号七八七—7591。

③ 《奈良联队战记》，王卫星编，刘军等译：《南京大屠杀史料集》第56册《日军文献》上，江苏人民出版社2010年版，第330—331页。

第 160 师则记录在 8 日凌晨 2 时，接到卫戍军的指令："着该师协同三十六师补充团及四十一师，于本（八）日拂晓向侵入复兴桥之敌包围攻击而歼灭之。"然而，第 160 师各部队经过连日激战，已难以投入足够兵力参与围歼："是时，本师兵力仅有九五六团，不及千人，经昨（七）日与敌激战终日，损失不少。而九五五、九五九两团又新由句容突围归来，残破不堪，不能使用。"

因此，第 160 师并没有再投入兵力到一线，仍继续保持着和 12 月 7 日一样的兵力配置（"当即决心以九五六团担任第一线，其余编配完毕后为预备队"），具体而言，"九五六团第一营（附一连）应固守孟塘原阵地""九五六团（欠第一营又一连）应在原线，于拂晓前完成攻击准备。"① 而从句容撤回的两个团只是编为预备队，未投入一线战场。

第 956 团此时已经不到 1000 人，投入 8 日拂晓攻击的只有该团没有参加防守孟塘的数百人。因此，第 160 师只设置了一个攻击方向——复兴桥东南（依据日军作战文献之中的地图，该桥在大湖山村以西）。据相关战斗详报记载，"师以先行歼灭该敌〔指侵入复兴桥方面之敌千余人〕之目的，拟即协同友军包围敌之左侧背而歼灭之，攻击重点指向复兴桥东南地区。"② 在这样的情况下，8 日的第二次围歼作战依然和 7 日的第一次围歼作战一样，难以奏效。

南京卫戍军记载 8 日的第二次围歼作战"未能将侵入之敌依限解决"时，也记录了栖霞山也被敌人攻击的细节：

占领大胡山、高家庄之敌昨晚得增援后，本日拂晓向我进攻部队激烈反攻，并调主力向栖霞山方面包围。我四十一师及三十六师之一团反复冲击，毙敌甚多，终以敌机轰炸及炮兵优势，到处呈苦战状况，未能将侵入之敌依限解决，我进攻部队伤亡很大。③

第 160 师于 8 日拂晓，开始全线攻击。到上午 9 时，仅在大湖山村方面略有进展。日军步兵第 9 联队第 2 大队在其战斗详报中对此有这样的记载：第 2 大队在 8 日黎明时分，受到中国军队二三百人的进攻；中国军队吹响军号、呐喊着向日军阵地冲了过来；8 时 30 分左右，中国军队兵力逐渐增加，大概有 600 人左右。日军在这里

① 《陆军第一百六十师锡澄、南京两役战斗详报》，中国第二历史档案馆藏，档案号七八七—7582。
② 《陆军第一百六十师锡澄、南京两役战斗详报》，中国第二历史档案馆藏，档案号七八七—7582。
③ 《南京卫戍军战斗详报》，中国第二历史档案馆藏，档案号七八七—7593。

记载的600人左右的兵力，似为第160师投入的第956团半个团的全部兵员人数。

在此期间，第160师守卫孟塘以南的部队却陷入苦战之中，而防守孟塘之第956团第1营，也被敌四面包围，正浴血抗战中。

此时，第160师又根据战况作出判断，认为防守复兴桥与进攻孟塘（以南）、汤水镇的敌军是彼此呼应的。因此错误判断“必须先行扑灭复兴桥方面之敌，然后能解孟塘之围，以分敌势而救汤水之急，遂决心用全力向复兴桥方面之敌进攻。”①

实际上，复兴桥一带敌人主要是步兵第9联队第2大队一部，而进攻孟塘以南阵地向汤水镇北部逼近的敌军，主要是步兵第9联队第1大队一部，而以攻势配合复兴桥守敌的日军，则是在孟塘以北的步兵第38联队。因此，第160师的计划即使成功，也难以对汤水镇的战局有积极影响。况且，第160师的攻击没有得到其他方向中国军队的及时配合，复兴桥守敌阵地最终也未被攻取。

第160师相关战斗详报记载：8日下午2时，“我防守孟塘之刘营已全部殉国，营长阵亡”。第66军后来在追悼文章中，记载了第160师第956团第1营刘厚营长的殉难经过：“阵地得而复失，刘营长不畏艰难险阻，再率所部冲入敌阵，追奔逐北，不幸中弹殒命。”②这一记录说明，第1营在阵地失守之后，又向日军发动反攻，充分表现了中国军人卫国杀敌的勇气。

8日下午4时，南京卫戍军下令第160师立即“撤至大水关、燕子矶地区整理。”4时30分，第160师下令第956团“应于黄昏后经麒麟门、仙鹤门向燕子矶前进。”至此，第160师自南向北进攻孟塘一带之敌的行动即告结束。

参加孟塘一线作战的部队还有第78军补充第2团和战车部队。这些部队参加了对复兴桥、大湖山村、小湖山村的攻击。

第78军在其战斗详报中，记录了官兵奋勇冲锋和所取得的战绩，以及因新兵过多、训练不足，而致失利的战况：

军补充第二团（轻战车七辆协同）本（八）日向复兴桥、大小胡山之敌行拂晓攻击，十时许，连续冲锋数次，得攻占马基山。惟是时敌大部增援到达，全线转移攻势，并有战车五辆由小胡山掩护步兵向西出击，我战车被击毁二辆，余均撤退。旋马基山南半部被敌占领，敌主力更向我左侧后移动。该团自团长以下虽

---

① 《陆军第一百六十师锡澄、南京两役战斗详报》，中国第二历史档案馆藏，档案号七八七—7582。

② 《陆军第六十六军阵亡将士荣哀录（节选）》（1939年4月），中国第二历史档案馆、侵华日军南京大屠杀遇难同胞纪念馆编：《南京保卫战殉难将士档案》，南京出版社2007年版，第523页。

奋勇力战，屡次突破敌之包围，卒以所部究属新编，连排长指挥能力薄弱，意志极不统一，士兵亦无训练，类多束手待毙。其第二营大部遂被敌完全歼灭，其余众亦完全溃散。营长朱丹负伤，第一、三营共伤亡连排长以下百余名。迄午后七时，遂仍退守原阵地，与敌对峙。[①]

补充第2团的兵员状况，据战车连的摩托车侦察班班长何嘉兆回忆：12月6日夜11时许，战车连接到“支援第三十六师补充团进攻栖霞山麓和兴隆镇东北方面高地日军”的命令。尔后，部队在麒麟门公路两侧占领阵地，警戒待命，而自己则奉令到补充第2团进行联络，所得讯息为：“该团新兵多，未受过射击和投弹训练”，“全团缺员多，武器装备不齐全”[②]。

12月8日，实际投入围歼孟塘守敌的步兵兵力仅有补充第2团和第160师第956团的半个团。第956团能投入进攻的也仅有数百人，而补充第2团又存在新兵过多、武器不齐全的状况。这样的兵力投入，显然会导致战斗难有成效。事实上，在8日的围歼作战中，发挥作用较为显著的是战车连（投入第2排和第3排）。

据日军步兵第9联队第2大队的战斗详报显示，中国军队的坦克（战车）给其带来了沉重的军事压力：约有10辆轻战车向日军发起猛烈攻击，使该部自轻机枪分队长以下的士兵相继死伤。

然而，中国军队有战车参战，也没有攻破孟塘守敌的防线。何嘉兆回忆称：“十二月七日拂晓，按协同规定信号，发起冲击前进，支援补充团围歼了兴隆镇东北高地日军后，仍回到出发阵地待命。”并且，他还回忆了在战车返回途中，第2排有一辆战车，在田埂中转弯时主导轮出了故障，于是请求补充第2团团长派兵掩护抢修，团长却回答说：“我团奉命另有任务，即将撤退，不能掩护。”[③]可见，在战车尚未完全离开战场时，补充第2团已经接到撤退令了。

由此可见，战车部队配合补充第2团攻击孟塘东北山地的日军，并迫使其撤退之后，便返回出发阵地。

其时，补充第2团团长确实到一线带领部队“依次撤退”，并且把大部分部

---

① 《陆军第七十八军南京之役战斗详报》，中国第二历史档案馆藏，档案号七八七—7590。

② 何嘉兆：《战车三连卫戍南京纪实》，中国人民政治协商会议全国委员会文史资料研究委员会《南京保卫战》编审组编：《原国民党将领抗日战争亲历记·南京保卫战》，中国文史出版社1987年版，第219页。

③ 何嘉兆：《战车三连卫戍南京纪实》，中国人民政治协商会议全国委员会文史资料研究委员会《南京保卫战》编审组编：《原国民党将领抗日战争亲历记·南京保卫战》，中国文史出版社1987年版，第219页。

队带回原阵地。第78军后来对此也有记载，称：“团长李牧良衣襟被穿两弹，卒仍于第一线掌握部队依次撤退，据守原阵地，实堪嘉慰。”[①]

此外，亦无第87师部队投入孟塘围歼作战的记录。就这样，南京卫戍军计划投入重兵的第二次孟塘围歼战又告失利。这次仅仅投入1个半团兵力，而日军步兵第9联队第2大队则分散在复兴桥到大胡山（湖山）一带，以中队、小队乃至分队为单位与中国军队激战。

12月8日，日军步兵第9联队第2大队在多个方向同时受到中国军队的攻击，并且受到战车的冲击和炮火轰击。但是，在混战中，该大队并没有很严重的伤亡，据记录仅阵亡14人，受伤30人。因此，该大队在此战后，仍保持有充足的战斗力，随后仍能按照预定计划继续攻击前进。

在南京保卫战中方文献之中记载颇多的孟塘之战，最终不仅没有实现围歼敌人的目的，反而造成了多支部队受到较重伤亡，而且间接导致未能及时重新布防的后果。

中国军方后来对第二次孟塘围歼作战失利的评价是：

长官部虽于七日夜十二时下达攻击命令，准备对窜入孟塘之敌予以歼灭，旋以各部队奉令之时间有先后，行动未能协同一致，致失好机，因此外围战斗全陷被动。[②]

实际上，“全陷被动”的评价并不完全准确。据日军步兵第38联队的军史记载，助川静二于8日傍晚6时30分下达了如下命令：

一、我队当面之敌在我迫击炮、野炮部队的协同作战下，已出现败退的迹象，并将向西面撤退。北方高地上的敌军仍然据守在阵地上，其一部南下，出没在我军警戒线附近。支队应迅速扫荡当面之敌，并准备向下麒麟门方向转进。

二、右翼第一线（欠第一大队第七中队）应迅速击退当面之敌，以一部向东阳镇方向追击敌军，其主力在黄墅附近集结，并准备向下麒麟门方向挺进。[③]

① 《陆军第七十八军南京之役战斗详报》，中国第二历史档案馆藏，档案号七八七—7590。

② 《陆军第八十八师京沪抗战纪要》，中国第二历史档案馆藏，档案号七八七—7517。

③ 《奈良联队战记》，王卫星编，刘军等译：《南京大屠杀史料集》第56册《日军文献》上，江苏人民出版社2010年版，第331—332页。

可见，日军步兵第38联队此后的目标也不过是向麒麟门一带前进，并没有像此时淳化镇一带日军第9师团部队那样，把快速抵达南京城墙下列为目标。据日方资料记载，到了8日傍晚6时30分，虽然中国军队开始撤退，但是在孟塘附近仍有中国军队在活动。在这样的背景下，日军第16师团并不敢让部队快速前进。

9日凌晨0时25分，助川静二又接到了支队通报，师团“力图一举进抵下麒麟门一线”。可见，第16师团暂定的目标，也同样不过是一举抵达麒麟门一带。而麒麟门到南京中山门城墙一带，尚有大片可以防守的山地。在随后的复郭阵地战斗中，从孟塘周边出发的日军，在这些山地受到了中国军队一次次的英勇阻击。

第三节　外围阵地东南线战斗

一　湖熟、索墅前哨战

1937年11月下旬，唐生智正式就任南京卫戍司令长官之后，其初步“策定”的《首都保卫作战计划书》之中并没有防御南京东南郊区的江宁县淳化镇一带的内容。“计划书”里只要求驻南京的宪兵部队“于龙潭、汤水、淳化等处，各派兵一连，处置退回之散兵，待命撤回。”[①]可见，在唐生智的原计划之中，淳化只配备一个宪兵连，用于收拢从苏南撤退到这一带的零散部队。并且，这个宪兵连也随时会被撤回。淳化镇实际上没有安排成建制部队守卫，堪称“不设防地带”。

但是，江宁县淳化镇一带原已构筑了国防工事，而淳化镇的背后有通往南京市区光华门一带的公路。从淳化到市区也有大片无险可守的平坦地带。这里若是被日军未经战斗而直接突破，日军将会迅速抵达光华门城墙之下发动进攻。通过当时的军事地图可以发现，光华门的前方正面区域，甚至没有能够用于据守的坚固建筑物群落。因此，在淳化镇及时部署兵力予以布防，对迟滞日军进攻主城区有至关重要的作用。

就在《首都保卫作战计划书》颁布后的几天内，唐生智了解到第74军撤退至南京郊区的情况后，突然增加了驻防淳化的兵力。

11月28日，第74军第51师从句容一带开抵上坊镇附近，准备投入保卫南京的作战。南京卫戍司令长官唐生智随即命令该师“以主力担任方山至淳化镇之守备，以国防工事为主，构筑野战阵地”，并且要求该师在部署时，于防线的后方十公里左右的高桥门至河定桥一带，抢先设置第二线阵地，准备在退守时使用。

① 《首都保卫军作战计划》（1937年11月），中国第二历史档案馆藏，档案号七八七—7593。

唐生智在所下达的命令中，要求第 51 师部队承担防御任务的阵地，正是南京郊区东南正面阵地之中最靠近东南端的一段。该师防御区域的左线以第 66 军在南京东郊与句容交界地区的防御范围为界，右线则以第 74 军下辖的第 58 师的防御阵地为界。因此，唐生智还要求该师部左与第 66 军，右与第 74 军第 58 师切实取得联络。

在之前的 10 月，第 51 师已从“三团制”扩编为“二旅四团制”。南京保卫战打响之际，该师下辖第 151、第 153 旅。第 151 旅下辖第 301、第 302 团；第 153 旅下辖第 305、第 306 团。按照唐生智的上述命令，第 51 师师部驻留上坊镇的“城盖里”。

第 51 师将第 151 旅部队部署到上庄以南的位置，部队以上庄为开端，占领经淳化镇、宋墅直至方山的半弧形突出阵地。其中，以该旅第 301 团占领“右由宋墅（含）经淳化镇迄上庄（不含）之线”的阵地。该团阵地左端紧邻的上庄，正是第 66 军漫长防御阵地的最右端。因此，该团负责与第 66 军部队取得联络。

南京南郊的秣陵关和湖熟镇，和句容一样都设有前进阵地。分析此前南京卫戍军在东南阵地的军事部署可知，担任“牛首山至淳化镇附近之守备”的第 74 军，应该向“秣陵关、湖熟镇派出前进部队”。秣陵关位于第 74 军第 58 师的防御区域之中，湖熟镇则位于第 51 师阵地的最前沿。因此，唐生智 11 月 28 日向第 51 师下令的时候，还单独指出第 51 师须派出部队，在湖熟镇设置前沿警戒阵地，用以监视日军动向。

为什么会在湖熟镇这里设置前进阵地？笔者认为，可从江宁境内通往南京城区的公路情况入手，来考察其原因。当时从江宁境内通往南京城区的公路一共有四条：分别是属于国道的京杭国道、京芜国道；地方自建的京建（南京至安徽省建平县）公路、京湖（南京至江宁湖熟）公路。湖熟是日军前往南京城区的必经之路——京湖公路的起点，故而在这里设置前进阵地，势必能够在第一时间堵住日军。

按照前述部署，第 51 师下令第 301 团负责向湖熟镇派出警戒部队。据《陆军第五十一师于卫戍南京战斗之经过》记载：“湖熟镇又由三〇一团派步兵一连担任警戒”。从这一记载来看，湖熟镇的前进阵地最初只安排有一个步兵连的兵力守卫。

第 51 师另以第 151 旅第 302 团占领“右由方山（含）、左迄宋墅（不含）之线”的阵地。第 302 团阵地最右端的方山，距离第 74 军第 58 师前进部队设置的秣陵关警戒阵地较近，因此，该团负责与阵地右端的第 58 师部队取得联络。

按照梯次部署的考虑，第153旅的两个团则没有部署到一线战场。该旅第305团被部署在唐生智前述命令之中要求设置第二线阵地的“高桥门至河定桥（不含）之线”，负责“构筑预备阵地”。第306团则被定为该师的预备队，“位置于宋墅附近，策应第一线部队之战斗，重点保持于左翼。”

第51师以第306团作为预备队，主要是考虑到此前从淞沪战场撤退时，该团承担掩护战区的任务，最后在日军部队的间隙之中穿插才得以回归建制。较之其他各团而言，第306团更晚到达上坊镇一带，行军也更为疲劳。据该团团长邱维达回忆：

在上海撤退时，担任整个战区掩护任务。等我完成掩护任务，敌军已越超我一日行程，也就是说，我的部队尚在青浦，日军先头部队已到达苏州白鹅潭，如要赶上我军主力，必须冒险穿过敌军大部队。有人劝我不要去冒险，部队在上海已经打得够疲劳，如碰上敌大部队，一定要吃亏。我考虑，尔后在南京可能将有更重要任务，不能只顾眼前本身安全。终于依靠当地老百姓替我带路，利用夜间穿插小路，有时绕过敌军空隙而顺利通过敌军数道封锁线，安全到达南京上方〔坊〕镇、淳化镇与师主力汇合。①

第51师第151旅的两个团进入上述防御区域的国防工事之后，又奉命“限三日内完成可御中口径炮弹之防御工事”。这是因为原有的“在淳化附近之国防工事，均系距离甚远而目标显明之机关枪掩体”②。第51师师长王耀武对这些国防工事的不足有详细的回忆：

部队进入阵地后发现淳化镇、牛首山一带预先作〔做〕好的钢筋水泥的国防工事，有的用土埋着；有些机关枪掩体的门还锁着，开不开门；机关枪掩体的枪眼一般做得太大，不适用，极易被敌人发现目标，集中火力向我射击。因此官兵对既设阵地的国防工事甚为不满。③

① 邱维达：《我参加南京保卫战经过》，马振犊等编：《南京大屠杀史料集》第2册《南京保卫战》，江苏人民出版社、凤凰出版社2005年版，第304页。

② 《陆军第五十一师于卫戍南京战斗之经过》（1938年1月），中国第二历史档案馆藏，档案号七八七—7592。

③ 王耀武：《第七十四军参加南京保卫战经过》，中国人民政治协商会议全国委员会文史资料研究委员会《南京保卫战》编审组编：《原国民党将领抗日战争亲历记·南京保卫战》，中国文史出版社1987年版，第143页。

时任第 51 师文书的吴鸢，后来以“戾天”的化名于 1938 年 1 月发表文章，专门回顾了在日军抵达淳化镇之前抢修工事的细节：

不幸的管理国防工事图表的职员，并不全在首都，临时发掘，反而得向附近居民探询，以致时间人力，都不经济。

国防工事，大致发掘完了，可是，它只是据点，关于据点间的联系，是有待于作战部队完成的。好在上海抗战的结果，用血肉换来的教训，是做工事为第一要着。因此，士兵们虽然由上海退到南京，他的工作器具——圆锹、十字镐还是背在身上。

工事刚在预期中完成了，同时，敌骑也到了我们底面前。①

但是，在战前短时间内构筑足堪使用的坚固工事，就客观条件而言是不现实的。事实上，“欲构成坚固而纵深之阵地，需工甚大，而担任外线作战之部队输送力量薄弱，爆破材料及障碍物材料极感缺乏，虽经星夜赶筑，终以正面过宽，材料缺乏，阵地未能完成预期之坚固程度。”②

在正面工事构筑没有达到预期的同时，第 51 师因富有战斗经验的兵员在淞沪战场激战、苏南撤退掩护中损耗较多，补充了一大批刚征募到的新兵，其战斗力大打折扣。该师战斗详报称：“本师任罗店附近恶战两月，官兵伤亡过半，后复担任青浦、昆山、望亭数次之掩护任务，孤军苦斗，精锐尽失，中间虽经数度补充，然皆为来自田间之新兵，故战斗工作力量均感不足。”③ 在这样的情况下，第 51 师部队仍勇敢地坚守阵地，迎击来犯之敌。

据《陆军第五十一师于卫戍南京战斗之经过》记载，该师打响战斗是在“12 月 4 日下午 2 时”。当时，来自两个方向的日军部队出现在第 51 师的阵地附近，具体情况的相关记载如下：“由土桥、索墅西犯之敌约五百余人，炮四门，与我淳化前进部队接触。同时由天王寺西犯之敌骑百余，后续步兵五百余人，则直趋湖熟，亦与该处警戒部队接触。”④

---

① 贺圣遂、陈麦青编：《不能忘却的历史：抗战亲历实录》，复旦大学出版社 2005 年版，第 86 页。

② 《陆军第五十一师于卫戍南京战斗之经过》（1938 年 1 月），中国第二历史档案馆藏，档案号七八七—7592。

③ 《陆军第五十一师于卫戍南京战斗之经过》（1938 年 1 月），中国第二历史档案馆藏，档案号七八七—7592。

④ 《陆军第五十一师于卫戍南京战斗之经过》（1938 年 1 月），中国第二历史档案馆藏，档案号七八七—7592。

据《南京卫戍军战斗详报》记载，第74军第51师部署在湖熟镇前进阵地上的警戒部队，于12月5日与日军骑兵部队展开第一次交火，并且在这次战斗中给予敌人杀伤。战斗详报称："湖熟镇方面敌骑颇为活跃，与我在该处之五十一师前进部队接触，当被击毙数名。索墅镇及禄口镇亦有敌骑、敌探出没无常。"①时任南京卫戍司令长官部参谋处第一科科长的谭道平回忆，日军"于五日窜向湖熟镇，与我第五十一师前进部队接触"②。前述第51师第305团团长邱维达的回忆文章也记载"五日拂晓，接近秣陵关、淳化镇、汤山以东之线敌军，开始向我守军发起攻击。"③

而日军战斗详报记载，第9师团步兵第18旅团于12月5日下午3时20分，在索墅镇西方约2000米处之无名村落下达了第99号作战命令：

一、追击部队尽速击破敌人的收缩阵地，围歼其阵地后方撤退之敌。

二、步兵第三十六联队长指挥所部联队［第二大队（欠第六、第十一中队）、骑兵一分队、山炮兵第七中队（欠一小队）、工兵一分队］，作为第一线部队攻击当面之敌。④

据此判断，南京保卫战打响后进攻淳化镇的敌人部队，主要是日军第9师团步兵第18旅团下辖的步兵第36联队，该联队处于第9师团行军路线之最前列。其联队长胁坂次郎大佐当时宣称："以第一个登上南京城头为目标而迅猛前进"⑤。

中国报界曾在12月6日发出新闻称，12月5日上午9时，"句容县城西方之土桥镇突发现日军二百余人，显系绕道句容以南而扰我后方阵地者，当经我俞军×××部〔按指第74军俞济时部〕包围，在土桥镇附近山坳中发生鏖战。"⑥。

① 《南京卫戍军战斗详报》，中国第二历史档案馆藏，档案号七八七—7593。

② 谭道平：《南京卫戍战史话》，东南文化事业出版社1946年版，第54页。

③ 邱维达：《我参加南京保卫战经过》，马振犊等编：《南京大屠杀史料集》第2册《南京保卫战》，江苏人民出版社、凤凰出版社2005年版，第304页。

④ 《步兵第三十六联队战斗详报》，王卫星编，叶琳等译：《南京大屠杀史料集》第32册《日本军方文件与官兵日记》，江苏人民出版社2007年版，第141页。

⑤ 《山本武日记》，王卫星编，叶琳等译：《南京大屠杀史料集》第32册《日本军方文件与官兵日记》，江苏人民出版社2007年版，第343页。

⑥ 《句容方面展开激战/吴兴在我军包围中/广德经过拉锯战昨晨又收复/将士不畏寒，浴血保首都》，《大公报》（上海版）1937年12月6日。

《南京卫戍军战斗详报》与第51师的战斗详报都明确记载，湖熟镇的前哨警戒阵地于12月6日失守。据第51师战斗详报记载，12月5日这一天，该师的正面阵地“终日激战”，并持续至6日下午。该战报称：“迨至五日下午，淳化正面之敌已增至二千余人，炮十余门，终日激战，其飞机大炮轰炸尤烈。至六日下午，我湖熟之连仅剩二十余人，遂突围退出，其余官兵均与阵地共殉”[①]。中央通讯社记者12月7日自南京发出的新闻电讯中，记载了中国军队在12月6日自湖熟镇“北移”，之后敌我双方在淳化镇以南对峙的情况：

自句容正南22公里之天王寺，沿石子路，攻我光华门东南12公里之淳化镇。此路约有三个联队及一机械化兵团，似为敌之主力，攻犯甚猛。六日曾以大批飞机轮流轰炸，助其攻势。我军六日已自淳化南十公里湖熟镇北移，与敌相持于淳化镇以南。[②]

在日军步兵第36联队的军史文献中，记载了其攻取这块配备兵力“不多”的“第一线阵地”（即湖熟镇前进阵地）的经过：

5日傍晚，我联队抵达敌军阵地前，根据先头的第一大队长伊藤善光少佐的报告，以及联队长亲自侦察的情况判断，当面的敌军阵地虽极为坚固，但配备的兵力却不多，于是命令位于第一大队右侧由山崎大尉率领的第三大队展开，试图一举突破敌人阵地。由于敌人的火力猛烈，我军伤亡不断，到6日黄昏才好不容易夺取了第一线阵地。[③]

日方前述记录显示，湖熟镇前进阵地上的中国守军兵力虽然不多，但是日军进攻并不顺利，直到6日黄昏才夺取这一片阵地。

日军步兵第36联队的战斗详报，对12月6日“左翼第一线”的战况有较详

---

① 《陆军第五十一师于卫戍南京战斗之经过》（1938年1月），中国第二历史档案馆藏，档案号七八七—7592。

② 《敌分三股袭南京/其进路已被阻断/昨日无大接触，京城戒备加严》，《大公报》（汉口版）1937年12月8日。

③ 《鲭江步兵第三十六联队史》，王卫星编，刘军等译：《南京大屠杀史料集》第56册《日军文献》上，江苏人民出版社2010年版，第128页。

细的记述，其中披露了在此次战斗中屡次受挫，被迫一边构筑工事一边往前推进，至傍晚后才利用夜色突袭成功的情形。具体记载如下：

左翼第一线

四、根据联队命令，第一大队重新将第四中队作为右翼第一线，将刚回来的第一中队作为预备队，于上午8时开始转为攻击前进。尽管如此，敌人依靠有掩体的坚固阵地进行顽强抵抗，部队前进受阻，遂决定一面构筑工事一面推进。

五、下午3时30分，向联队长提出了于傍晚时分展开攻击的建议，得到认可后，即与第三大队联系。

下午4时，第二中队增援至第四中队的右翼，做好攻击的准备。

六、晚上7时，大队以第二、第四中队（配属机枪一个小队），利用薄暮迫近敌之第一线阵地，接着一举突入，短兵相接，一阵白刃战之后，占领并确保了该阵地。此时为晚上8时40分。

机枪第三中队不失时机地往左侧扩大战果，并进至该线。

预备队

七、黎明时分，机枪第二大队（欠一个中队）利用天还未亮的时机，在两第一线部队之间占领了阵地，主要协助左翼第一线作战。

联队炮

八、步兵炮中队位于第一线，对准敌碉堡的枪眼进行射击，弹着点极为准确，对敌人火力的压制非常成功，敌五座碉堡的火力点最终被消灭。①

日军步兵第36联队在其战斗详报中，还记载了“右翼第一线”的战况。此线的战斗应是发生在淳化镇以东的索墅镇，而非发生于湖熟镇前进阵地。该战斗详报中出现了地名“威斗唐家”（现为南京市江宁区淳化街道唐家村），查阅当时日军使用的军事地图可以确定，该地确实位于淳化镇和索墅镇之间。

日方记载中国军队在“右翼第一线”战斗中，对前沿阵地“增加兵力，抵抗愈益顽强，并且还增加了数门大炮”，由此可以看出，这显然是指淳化中国守军向索墅镇主动出击的一次战斗。日军记载，在这次战斗中“冲锋亦未能奏效”，

① 《步兵第三十六联队战斗详报》，王卫星编，叶琳等译：《南京大屠杀史料集》第32册《日本军方文件与官兵日记》，江苏人民出版社2007年版，第147页。

攻势陷入停顿。具体记载如下：

右翼第一线

一、第三大队决定于凌晨 5 时 30 分将阵地向前推进。首先顾虑到其后的战斗，遂按照第九中队、机枪小队、第十中队、机枪小队、步兵炮队的顺序，由大队长山崎大尉亲自指挥，经大路开始向淳化镇以东高地前进。

二、凌晨 6 时许，刚到达大平桥山坳的西侧，突然遭到该地掩体群的猛烈射击。大队长指挥第九中队和机枪中队突破该阵地，突入敌第二线阵地并占领其阵地之一部。

以第十中队及第十二中队从道路左侧之高地迂回，迅速进至威斗唐家，于上午 8 时前完全占领威斗唐家，至此该地区之态势首先得以改善。

三、上午 8 时，第十、第十二中队打算与第九中队会合，遂展开了猛烈而果敢的攻击。然而敌人依然在增加兵力，抵抗愈益顽强，并且还增加了数门大炮。炮弹的杀伤力极大，我方损失不断增加，冲锋亦未能奏效。于是在缜密侦察敌情敌阵的同时，开始在该地带构筑工事。①

据《南京卫戍军战斗详报》所述，自 12 月 5 日晚上从土桥镇朝西而来的日军部队于 12 月 6 日晨到达索墅镇之后，即出动兵力向淳化镇的第 51 师阵地实施所谓的“威力搜索”（即武力侦察），侵华日军航空兵也在当天对淳化镇发动多次空袭。这些都是日军即将发动大规模进攻的征兆。

为了避免来犯日军过早逼近淳化镇一带野战阵地的国防工事，第 51 师主动派出兵力，驱逐了自索墅镇前来实施武力侦察的日军。第 51 师的这次小规模反击作战获得了胜利，该部“得敌旗数面，枪十余支，斩获颇多。”② 中央通讯社记者在 12 月 7 日的新闻报道中，如此记录该项战果：“6 日晚曾在该处〔指淳化镇以南〕击毙敌前头部队数十人，获步枪二十余支，旗帜文件多种。”③

12 月 6 日，湖熟镇前进阵地因中国守军兵力较少（仅有 1 个步兵连）而失守。不过，中国军队也迫使索墅镇的日军停在原地，在时间上迟滞了日军一天，还杀

① 《步兵第三十六联队战斗详报》，王卫星编，叶琳等译：《南京大屠杀史料集》第 32 册《日本军方文件与官兵日记》，江苏人民出版社 2007 年版，第 146 页。

② 《南京卫戍军战斗详报》，中国第二历史档案馆藏，档案号七八七—7593。

③ 《日军三路猛犯南京》，《申报》（上海版）1937 年 12 月 8 日。

伤日军30余人。亲历这场战斗的日军分队长山本武在其12月6日的日记中记述："前方淳化镇的敌人在坚固堡垒中依然顽强，没有一点退却的迹象……不断进行突击的第一、第三大队的官兵在进行艰苦卓绝的战斗""这一天的战斗中我们联队有三十余人战死或负伤。"[①]

12月6日的湖熟、索墅前哨战结束之后，中日军队又在12月7日和8日两天之中，围绕淳化一带的阵地展开多次激烈的争夺。在整个东南正面阵地的各次战斗中，淳化战斗的最终失利，导致日军部队随后直接攻至南京城墙脚下。日军步兵第36联队在12月8日夜间越过淳化镇之后，在当晚就进抵南京光华门城墙下。

二　淳化战斗

湖熟失守后，日军多支部队在淳化镇附近发动攻势。据日军步兵第35联队的军史记载，该联队的攻击方向在步兵第36联队的右翼，该部朝着淳化镇东北方向的山地进攻，其第3大队于12月7日下午4时开始对"上庄一带阵地"发动进攻。[②]中国军队曾在这里几次发起反击。日军步兵第7联队则在步兵第35联队的右翼展开，另有此前占领溧水、在南京的南郊自南向北进攻的日军第114师团，其出动两个大队的兵力迂回前进，到达淳化附近的方山。《第一一四师团作战经过概要》对此有这样的记述："6日，师团派奥旅团经湖熟镇从方山以东地区……向南京追击。"[③]"奥旅团"即步兵第128旅团，由奥保夫少将率领，下辖步兵第115、第150联队。

在日军各支部队中，对淳化镇发动最猛烈进攻的乃是步兵第36联队。

12月7日，日军步兵第36联队再次向淳化镇发起猛烈进攻。此时，敌我之间各有困难，双方其实都是在困境之中打响战斗。中国军队在兵员作战经验、火力配置上呈现出较明显劣势。然而，对来犯之敌而言，中国军队所据之国防工事虽未能完全达到构筑预期，但因其设置有混凝土碉堡和机枪掩体等，故对发动攻势

① 《山本武日记》，王卫星编，叶琳等译：《南京大屠杀史料集》第32册《日本军方文件与官兵日记》，江苏人民出版社2007年版，第344页。

② 富山联队史刊行会编：《富山联队史》，1988年内部出版，第236页。

③ 《第一一四师团作战经过概要》，王卫星、雷国山编：《南京大屠杀史料集》第11册《日本军方文件》，江苏人民出版社、凤凰出版社2006年版，第222页。

的侵华日军部队而言杀伤力很大。日军步兵第36联队军史对淳化镇中国军队阵地有这样的记载："淳化镇附近设有南京防御战线的第一线阵地，这里构筑有三道防线，重要地点都配置了混凝土碉堡，其间还有机枪掩体阵地相连，阵地前架设了两道屋脊形铁丝网和一条反坦克壕，防备极为坚固。"① 日军步兵第36联队分队长山本武也在日记中写道："前方约一里的淳化镇构筑有极其坚固的阵地，是可以和德国的马其诺防线媲美的纵深防御阵地，敌人自夸其难以攻破……"②

面对中国军队据守的坚固国防工事，日军在没有遮蔽的情况下，如果暴露在中国军队的直瞄火力面前进行长距离冲锋，必然会遭受重大伤亡。因此，日军只好采取连夜朝前挖掘工事的方法逼近守军阵地。据步兵第36联队军史记载，联队长胁坂大佐"将第二大队（桧皮少佐）增派到第三大队右侧，构筑突击敌人第二道防御阵地的准备阵地……冒着刺骨的寒风昼夜不停地进行掘进作业。"③

此时，日军的后勤补给也出现了极为严重的困难。据日方军史记载，"当时军补给点的推进根本无法跟上师团的进击速度，因此粮秣几乎只能依靠就地供给。另外，弹药补给也极不充分，只是在渡过苏州河时补充了一点。用于补给的驮马损失甚大，利用民船、马车、汽车等一切运输工具，勉勉强强地跟随第一线部队追击。"④ 另据日方有关资料记载，其第一线官兵所携带的口粮已经吃光了，只能靠送上去的一点饭团和山芋充饥，甚至是啃着从附近田里挖来的红薯继续进行战斗的。

日军步兵第36联队因为上述困难的限制，在12月7日的进展较为缓慢。其一线的第1、第3这两个大队，在整个白天也只是挖掘阵地向前推进，并夺取了部分碉堡。在此情况下，日军只好让第2大队一部向右迂回投入战斗，但该大队的兵力在迂回之后，也只能继续采取近迫作业，构筑阵地等待后续进攻：

第二大队（欠第五中队、第七中队、一个机枪中队）利用大平桥之山脊，将

---

① 《鲭江步兵第三十六联队史》，王卫星编，刘军等译：《南京大屠杀史料集》第56册《日军文献》上，江苏人民出版社2010年版，第128页。

② 《山本武日记》，王卫星编，叶琳等译：《南京大屠杀史料集》第32册《日本军方文件与官兵日记》，江苏人民出版社2007年版，第344页。"德国的马其诺防线"为原文，事实上，马其诺防线是第一次世界大战后，法国为防德军入侵而构筑的。

③ 《鲭江步兵第三十六联队史》，王卫星编，刘军等译：《南京大屠杀史料集》第56册《日军文献》上，江苏人民出版社2010年版，第128页。

④ 《鲭江步兵第三十六联队史》，王卫星编，刘军等译：《南京大屠杀史料集》第56册《日军文献》上，江苏人民出版社2010年版，第128页。

第六机关枪中队及第八中队展开为第一线，冒着威斗唐家以北的大路北侧之掩体群的猛烈射击，一举进至敌方山坡下，并于上午8时与第三大队之右翼会合。进至该线后即构筑阵地准备攻击。①

在步兵第36联队发动猛烈进攻的同时，日军第9师团增加了在该联队进攻方向的右翼一侧的部署，将师团所属第6旅团之3个大队于12月7日投入战场。具体安排如下：以步兵第35联队第2大队（欠1个中队）为右翼支队，攻击长龙薄方向之中国军队，以协助主力之攻击；同时，步兵第6旅团旅团长秋山义兊少将亲自指挥以步兵两个大队为基干的右翼队，由大路北侧地区发起攻击，以图进至上坊镇附近。②据日军步兵第7联队军史记载，该联队于12月7日开始在淳化镇一带展开兵力，并且实施了侦察，为次日发动进攻做准备：

12月7日早上7时，联队从宿营地出发，经土桥镇向索墅镇前进。上午10时左右派去与师团司令部联络的沟口中尉归队，并传达了师团命令。根据命令，联队向索墅镇西方石子岗方向急速前进，联队长于下午2时刚一到达索墅镇，便命令联队向该地西侧地区挺进，并亲自到师团司令部去联络，这时正好见到旅团通信班长岩田一朗少尉，接受了旅团的命令。下午2时30分，命令第一、第二大队长及步兵炮中队长于索墅镇北面高地集结并展开队形。各大队于下午5时左右按预定计划展开，侦察前方的敌情和地形。作为旅团预备队的第三大队位于坊口。③

另外，在淳化一带已被迟滞2天的步兵第36联队，作为此前的“追击队”，其部署延续了之前的攻势，被旅团要求，“大致以目前之兵力为基干，而后作为左翼队，重点指向大路北侧之地区，突破当面之敌，以图一举进至南京城墙之线。”④

在中国军队第51师的作战记录中，12月7日该师阵地的左翼（对应日军战线

① 《步兵第三十六联队战斗详报》，王卫星编，叶琳等译：《南京大屠杀史料集》第32册《日本军方文件与官兵日记》，江苏人民出版社2007年版，第151页。

② 《步兵第三十六联队战斗详报》，王卫星编，叶琳等译：《南京大屠杀史料集》第32册《日本军方文件与官兵日记》，江苏人民出版社2007年版，第150页。

③ 伊佐一男：《步兵第七联队史》，王卫星编，刘军等译：《南京大屠杀史料集》第56册《日军文献》上，江苏人民出版社2010年版，第192—193页。

④ 《步兵第三十六联队战斗详报》，王卫星编，叶琳等译：《南京大屠杀史料集》第32册《日本军方文件与官兵日记》，江苏人民出版社2007年版，第150页。

的右翼一侧）确实受到了日军的袭击。值得一提的是，经过英勇抵抗，第51师在12月7日击溃了日军十余次进攻：

七日晨，由湖熟北进之敌约五百余人，由威墅、李墅攻击我宋墅、下王墅之阵地，并向方山迂回，与我三〇二团接触。复以一部约二百余人向上庄攻击，企图由左翼窜入，威胁淳化之侧背，对淳化正面则以炮火飞机竟日轰炸。其步兵又复猛烈攻击，战况异常激烈。三日以来，我官兵伤亡达九百余人，然士气旺盛，阵线巩固。敌倾全力来犯，总计不下十余次，均经我军击溃。①

日军步兵第36联队分队长山本武在其12月7日的日记之中，亦曾记录下了日军派出“敢死队”，但仍毫无效用的窘境：“淳化镇的敌人依然顽强，特别是在用混凝土构筑的碉堡阵地上。就算陆续派出敢死队实施突击，也只是徒增牺牲。心急如焚的大队长山崎〔即山崎盛始，当时代理第三大队大队长〕大尉亲自率领一个小队试图进行攻击并夺取阵地，但只能在碉堡的射击死角待着，陷入了进退两难、无计可施的境地。”②

就在当天的战斗中，第51师将原先作为预备队部署在后方上坊镇一带的第306团一部，投入一线作战。该部从位于方山东北五公里左右的宋墅出发，向方山东麓的下王墅发动猛烈反击，经彻夜激战，夺回了一度被日军攻入的下王墅阵地，具体记载如下：

我军亦伤亡过重，左翼依托空虚。敌复以精锐部队向我猛烈攻击，我即以三〇一团之一部对左翼形成勾形配备，以确实掩护左侧背，以三〇六团之一部增加宋墅，对下王墅之敌攻击前进，恢复原有阵地，彻夜激战，敌卒退出下王墅。③

第306团团长邱维达也回忆其确曾在12月7日派出过1个营增援前线，称：

---

① 《陆军第五十一师于卫戍南京战斗之经过》（1938年1月），中国第二历史档案馆藏，档案号七八七—7592。

② 《山本武日记》，王卫星编，叶琳等译：《南京大屠杀史料集》第32册《日本军方文件与官兵日记》，江苏人民出版社2007年版，第345页。

③ 《陆军第五十一师于卫戍南京战斗之经过》（1938年1月），中国第二历史档案馆藏，档案号七八七—7592

“十二月七日，接到师部命令，为策应周志道旅作战，立即派一个营守备湖熟镇[①]。我派第三营胡豪营长担任这项任务，与数倍之敌激战，阵地屹立未动。”[②]

第51师记载了所部与当面之敌夜间争夺下王墅阵地的战况，亦有日军步兵第36联队在当时的作战记录印证。据日军步兵第36联队记载，因白天的战斗未能有进展，该部确实改而采取夜袭的形式，并且在夜袭之中始发现其自7日中午以来的空袭和炮击的弹着点与阵地位置存在偏差，并未取得预期效果。具体记载如下：

下午5时，联队长就夜袭的可能性征求意见，各队决定实行夜袭，并报告联队长。遂令第八中队向前面之碉堡群实施夜袭。

第八中队于晚上7时利用夜幕作掩护，进至敌阵地前50米处，侦察了敌人阵地结构及障碍物的情况后，方知7日正午以来我军的轰炸及炮击，弹着点大多位于敌阵地之后方，未能破坏敌阵地前之铁丝网。而敌人一旦察觉我方在前进，便开始猛烈射击，弹如雨下，尤其是来自左前方之侧射，导致我方伤亡惨重。[③]

《南京卫戍军战斗详报》记载这一天的淳化战事，是“阵地屡失屡得”“维持原状入暮”。其具体描述如下：

淳化镇之敌，本日以步炮飞机协同向我阵地猛攻，机枪掩体亦被击毁十余座。我五十一师守军奋勇抗战，杀敌甚多，阵地屡失屡得，我部队伤亡甚大，嗣调该师预备队前往增援，得维持原状入暮。[④]

日军资料记载在12月7日晚8时，其第9中队主力及第11中队一部，“对残留于大平桥山坳部西侧的掩体群中的约40名敌人实施夜袭，并成功将其击破”，当时“第九中队大喊着杀入敌阵，吸引了敌人火力，乘此时机，第八

① 湖熟镇在前一天已失守，邱维达的这一回忆细节不确。

② 邱维达：《我参加南京保卫战经过》，马振犊等编：《南京大屠杀史料集》第2册《南京保卫战》，江苏人民出版社、凤凰出版社2005年版，第305页。

③ 《步兵第三十六联队战斗详报》，王卫星编，叶琳等译：《南京大屠杀史料集》第32册《日本军方文件与官兵日记》，江苏人民出版社2007年版，第151页。

④ 《南京卫戍军战斗详报》，中国第二历史档案馆藏，档案号七八七—7593。

中队逐渐左移阵地，冲入敌掩体群之侧面，并成功将其占领。此时是晚上 10 时左右。”[①]

前述第 51 师第 306 团一部经过“彻夜激战”，通过反击夺回阵地，日方对相关战斗的记录则并未写到是中国军队夺回日军所占的阵地，而是因为相关部队（第 8 中队）占领的阵地不在它所属的大队作战区域内，在黎明时分该部自己主动退出了阵地。代替其继续进攻的第 12 中队，随后在中国军队的反击中败退，中队长佐藤大尉亦被击毙。具体记载如下：

第三大队于凌晨 4 时，以第十二中队对山坳南侧之高地实施夜袭，而此时第八中队正试图消灭敌之侧防火力点而占据着该阵地，所幸两支友军并未相互射击。凌晨 5 时到达大队本部后，立即让第八中队移至第二大队之战斗区域内，以第十二中队代之占领该阵地。

大队长进而对第十二中队下达了夺取前面碉堡阵地之战斗命令。

在佐藤大尉的激励下，第十二中队虽然杀入敌碉堡阵地并夺取了该阵地之一部，但因遭遇敌交叉火力之猛烈射击以及敌之反击，连续出现伤亡，加之佐藤大尉阵亡，攻击终归失败。[②]

日军利用夜幕掩护稍有突破后，未能巩固阵地和再往前进。因此，12 月 7 日至 12 月 8 日晨的战斗，日军不但未能突破淳化一线的中国守军阵地，整体上也未能从 12 月 6 日的位置继续向前推进战线。据此能够判断，当日围绕淳化镇一带的争夺，中国军队大获全胜，日军则继续陷于停滞。

中方报纸当时曾及时发布了 12 月 8 日晨日军在淳化被击退的细节，称 8 日“八时许，日军陆续后退，遗尸百余具”[③]。第 51 师相关战斗详报记载称，该部在确保阵地不失的同时，“毙敌二百余，伤三百余名。”并且因为主动出击，该师还有缴获，“是役，我共缴获敌步枪三十余支，战旗十三面，地图二副〔幅〕”[④]。

---

① 《步兵第三十六联队战斗详报》，王卫星编，叶琳等译：《南京大屠杀史料集》第 32 册《日本军方文件与官兵日记》，江苏人民出版社 2007 年版，第 151 页。

② 《步兵第三十六联队战斗详报》，王卫星编，叶琳等译：《南京大屠杀史料集》第 32 册《日本军方文件与官兵日记》，江苏人民出版社 2007 年版，第 154 页。

③ 《日军攻陷淳化 / 兵临城下》，《申报》1938 年 12 月 9 日。

④ 《陆军第五十一师于卫戍南京战斗之经过》（1938 年 1 月），中国第二历史档案馆藏，档案号七八七—7592。

12月7日晚，第51师第153旅第305团原先驻守的第二线高桥门至河定桥阵地，奉命移交给第87师部队。第51师随即将该团部署到管头左翼构筑阵地，以掩护淳化部队之战斗。

日军在12月7日的进攻被粉碎后，又在8日继续发动了更大规模的进攻。

此前，日军面对胶着战局，在12月7日下午给步兵第36联队增加配备山炮兵第9中队、轻装甲车第7中队，以及独立机关枪第1大队（欠1个中队），以增强该联队的战斗力。其步兵第6旅团在12月7日也已经投入兵力于淳化右翼（对应中国守军防线的左翼）阵地，至12月8日，该旅团所属步兵第7、第35联队全部投入淳化战斗。同时，日军步兵第18旅团下辖之步兵第19联队也正在赶来支援的途中。这使第51师的防线承受着日军2个旅团、4个步兵联队的进攻压力。

据第51师战斗详报记载，日军“以主力部队由上庄抄袭破口山〔应为“破山口”〕，断我归路。其正面部队又在飞机、炮兵、坦克车掩护下向淳化猛攻，战况之烈，炮火之密，前所未有。”[①]

淳化地区始终是日军航空兵重点进行空袭的区域，而苏联援华航空志愿队在这一阶段发挥了重要作用。王耀武对此回忆道：

> 我空军及苏联空军志愿大队的轰炸机及战斗机，奋勇向来犯的敌机反击，空战甚烈，敌机被我机击落两架，我机也被敌击落一架。在南京保卫战中苏联的空军志愿大队表现得异常英勇，为保卫南京尽了极大的努力。官兵对苏联空军志愿大队为维护正义而奋斗的精神，甚为钦佩。我师第一五一旅旅长周志道在电话里对我说“苏联的空军真勇敢，使我万分钦佩。”[②]

12月8日晨，日军步兵第36联队联队长胁坂次郎“开始进至大平桥山坳东侧高地，一边观察战况，一边同助战炮兵观测所密切联络，指导战斗。”[③] 此前的7

① 《陆军第五十一师于卫戍南京战斗之经过》（1938年1月），中国第二历史档案馆藏，档案号七八七—7592。

② 王耀武:《第七十四军参加南京保卫战经过》，中国人民政治协商会议全国委员会文史资料研究委员会《南京保卫战》编审组编:《原国民党将领抗日战争亲历记·南京保卫战》，中国文史出版社1987年版，第143页。

③ 《步兵第三十六联队战斗详报》，王卫星编，叶琳等译:《南京大屠杀史料集》第32册《日本军方文件与官兵日记》，江苏人民出版社2007年版，第154页。

日夜间，胁坂次郎曾对增补给该联队的山炮兵部队就次日的作战部署预先下令：“山炮兵第九联队应主要做好向大路西侧地区射击之准备。”①

日军增援的山炮兵部队在8日上午开始轰击中国军队的阵地，炮击一度发挥了作用。据日军战斗详报记载，当日上午10时，步兵第36联队第2大队正面的中国守军掩体群，“因友军炮兵之射击而被压制。乘此时机，第八中队立即向当面之掩体群发起突袭”②。然而，在此关键时刻，日军的炮兵误伤了自己人，其炮弹打中了正在冲锋的日军第8中队，“击中该中队之中央，中队伤亡惨重，此次行动遂受挫。”③

这次进攻失败之后，8日上午11时10分，日军步兵第36联队联队长胁坂次郎开始重新部署新的攻势，并发布以下军令：

一、联队决定于下午2时突入当面之敌人阵地。

二、第二大队突入大路北侧之敌人阵地。

三、第三大队突入大路南侧之敌人阵地。

四、第一大队逼近淳化镇南侧。

五、冲锋发起时间定为下午2时。

六、机枪队在目前所在地协助第二、第三大队之战斗。

七、配属之炮兵从下午1时起，在大约30分钟内，对大路西侧地区实施攻击前的准备性射击。下午1时50分开始，在大约10分钟内，对道路西侧之敌阵地实施支援性射击。

八、轻装甲车中队于下午1时50分由目前所在地出发，沿大路前进，主要协助第三大队战斗。

九、预备队于目前所在地做好随时出发之准备。

十、我暂时原地不动，其后将沿大路向第三大队正面前进。④

---

①《步兵第三十六联队战斗详报》，王卫星编，叶琳等译：《南京大屠杀史料集》第32册《日本军方文件与官兵日记》，江苏人民出版社2007年版，第153页。

②《步兵第三十六联队战斗详报》，王卫星编，叶琳等译：《南京大屠杀史料集》第32册《日本军方文件与官兵日记》，江苏人民出版社2007年版，第155页。

③《步兵第三十六联队战斗详报》，王卫星编，叶琳等译：《南京大屠杀史料集》第32册《日本军方文件与官兵日记》，江苏人民出版社2007年版，第155页。

④《步兵第三十六联队战斗详报》，王卫星编，叶琳等译：《南京大屠杀史料集》第32册《日本军方文件与官兵日记》，江苏人民出版社2007年版，第155—156页。

胁坂次郎为了避免重蹈上午炮兵误射的覆辙，特与配合的日军炮兵部队达成如下协定——

为攻击实施准备性射击

自下午 1 时至下午 1 时 30 分，攻击大路以西地区。

支援冲锋的射击

自下午 1 时 50 分至下午 2 时，攻击大路西侧之掩体群。

延伸射击

攻击淳化镇。

终止射击以信号弹表示。①

时任第51师师长的王耀武，在后来的回忆文章里，也记述了日军增加平射炮（实际上是山炮）之后对战局的影响：

九日〔应为八日〕上午八时，敌以步炮空联合向我淳化镇、牛首山一带阵地攻击，尤以淳化镇的战斗为激烈。战至十时，敌战车六辆也投入淳化镇的战斗，平射炮也续有增加，以平射炮集中火力，向我开着大口的钢筋水泥的机关枪掩体中射击，我重机关枪被打坏了很多。炮火连天，血肉横飞，我官兵有的被打断腿、臂，有的被炸出脑浆，伤亡很众，张灵甫也受重伤。②

中方新闻媒体对 8 日上午发生在淳化镇的惨烈战斗与守军官兵的奋勇拼搏，进行了详细报道。《申报》以“激战三小时，我守原阵地”为题，报道称：

今晨5时，日军以步骑兵千余名、坦克车三十余辆，自淳化镇西十公里之东善镇，进犯该镇北二公里之史家井，我某军以一团出击，首先以战车及钢炮等向日坦克车猛射，继以机枪堵截，激战三小时，日军始终未能冲过该镇。8 时许，日军陆续后退，遗尸百余具，伤者已随余日军退去。日坦克车五辆毁于路旁，并遗轻机关

① 《步兵第三十六联队战斗详报》，王卫星编，叶琳等译：《南京大屠杀史料集》第 32 册《日本军方文件与官兵日记》，江苏人民出版社 2007 年版，第 155 页。

② 王耀武：《第七十四军参加南京保卫战经过》，中国人民政治协商会议全国委员会文史资料研究委员会《南京保卫战》编审组编：《原国民党将领抗日战争亲历记·南京保卫战》，中国文史出版社 1987 年版，第 144 页。

枪两挺、步枪五十余，我方亦伤亡三百余，淳化镇仍在我军坚守中。①

日军步兵第36联队对其攻破淳化镇阵地的经过则有更为详细的记载：

8日下午1时50分，按预定计划，炮兵一齐开火，接着，友军飞机对淳化镇进行了轰炸。炮兵开始进行支援性射击，我第一线部队一举发起突击，突入敌人阵地。

在联队正面，第二大队首先发起突击，接着，第三、第一大队争先恐后地向敌人投掷手榴弹，并与敌短兵相接。下午2时50分左右，攻入淳化镇西端。

血战三天，伤亡众多，疲劳至极，但是联队长没有因此退缩，一面粉碎了敌人的数次反扑，一面向第二、第三大队下达了以现有之态势，果断向上方〔坊〕镇进攻的命令。与此同时，命令第一大队转而果断地沿公路进行纵队追击，不给敌军依托后方阵地进行抵抗的时间。下午4时，进入了淳化镇西侧的高管头。随着联队迅速进入高管头，师团第一线各部队相继于是日深夜驱逐了马鞍山脉之敌，转入了夜间攻击。②

在如此严峻的形势下，尽管中国守军之一线阵地开始瓦解，但仍有一些部队依托工事，在继续顽强地抵抗着侵略者的进攻。日军步兵第36联队就记载其遇到阻力之后，被迫采取了迂回战术继续向前，具体记载如下：

第一大队长指挥第一、第四、第三中队的各主力及机枪一个小队在淳化镇以西追上了联队长。联队长随即掌握了该部，并以之为主力，立即部署左翼之追击。在第三、第二大队的后方，沿大路转而向上方〔坊〕镇方向实施纵队追击，③并于下午4时到达高管头。抵达该地之部队如下：

第十一中队（欠一个小队）、联队本部、第一大队（欠第二中队）、机枪第一大队、

① 《日军三路攻首都／淳化镇昨晨大战／激战三小时，我守原阵地／困守句容两团冲出重围／京市郊建筑物着手焚毁》，《申报》（上海版）1937年12月9日。

② 宫部一三：《风云南京城》，王卫星编，叶琳等译：《南京大屠杀史料集》第33册《日军官兵回忆》，江苏人民出版社2007年版，第38—39页。

③ 《步兵第三十六联队战斗详报》，王卫星编，叶琳等译：《南京大屠杀史料集》第32册《日本军方文件与官兵日记》，江苏人民出版社2007年版，第157页。

联队炮。

一到达高管头，即遭到两三百名敌人在前面山下村西面之高地上，凭借五六座碉堡组成的掩体阵地之抗拒，第三、第二大队之一部立即展开队形，开始射击，其主力在为攻击做准备。既接到一线部队的报告，又亲眼目击了此状，联队长判断，若沿此大路全力攻击，则损失必定巨大，白白送死，而且耗时颇多。遂令第一大队长让先期到达之第一中队扼守高管头之大路，又部署第三、第二大队迂回至敌阵地南侧，向敌人后方之上方〔坊〕镇实施追击。

第一中队决定扼守高管头西侧，第二、第三大队正在实施迂回转进。

随着敌军使用迂回战术，中国军队在此继续坚守已经没有意义。吴鸢在回忆8日下午一度反击得手后的情况时说："于是，敌人改变策略，从青龙山附近突破，进入上方〔坊〕镇，以致淳化镇背腹受敌，不得不于九日的晚间，奉令忍痛撤退。"①

因为日军已开始迂回穿插，这残存的阵地也难以遏止地走向进一步崩溃。而当防线开始崩溃的时候，第二线阵地的第306团在团长张灵甫的带领下赶来增援。第51师的有关作战记录反映了这一情况："八日晚，我奉命放弃淳化，该团即负责掩护我第一线部队之转移，在管头、上方〔坊〕镇附近与敌激战甚烈。该团团长张灵甫负伤，连长伤亡五员，排长以下伤亡六百余名。"②

这里所记述的激战之地"管头"，位于淳化镇以西，是从淳化镇向市区一带快速转移或撤退的必经之地。12月8日下午4时之后（即当晚放弃淳化之前），中方一线守军"向后弃逃，无法遏止"。面对淳化一线阵地开始被敌步兵第36联队突破的状况，第51师师长王耀武下令来援的第306团与战车部队一起投入战斗，"夺回原有阵地"。这时，中国军队的装甲兵以一次有力的出击迅速扭转了形势。

当时在第51师任职的吴鸢，曾以亲历人视角于1938年1月发表回忆文章，称："淳化镇一度陷落了。王耀武先生因为淳化镇的重要，马上再增兵一团，用附属他们的三辆中型战车掩护，一个反攻，当天便恢复原有阵地，毙敌甚众。"③

中国守军发起反击，战车一度逼近日军步兵第18旅团的司令部。日军步兵第36联队分队长山本武在其日记中提到了中方战车在这场战斗中的表现："旅团司

① 《南京之围》，《抗战》周刊第1卷第20期，1938年1月22日。

② 《陆军第五十一师于卫戍南京战斗之经过》（1938年1月），中国第二历史档案馆藏，档案号七八七—7592。

③ 《南京之围》，《抗战》周刊第1卷第20期，1938年1月22日。

令部打开了无线电通讯设备。过了一会儿，敌炮火渐渐逼近，让人觉得很奇怪，因为我们前方有第一线部队，这是怎么回事呢？但是炮弹的发射点越来越近，炮弹嗖、嗖地飞过来，令人不由得感到毛骨悚然。这时，在前面休息的士兵都一边大声喊着‘战车！’一边争先恐后地逃到旁边的山坡上，由于从众心里〔理〕的作用，我们也跑上了山坡。不久，大型战车轰鸣着一边开炮，一边慢慢地驶了过来。我和三岛伍长两人战战兢兢地从山坡上伸头一看，它正好从我们眼前慢慢地向着旅团司令部突进。”① 实际上，中方战车的炮弹给日军旅团带来的不安与惶恐还不止于此，山本武在下文提道：“旅团长和一群人一溜烟地向碉堡阵地的方向逃去”，“我们做梦都没想到会被战车袭击，这也是第一次遇到这种事”②。从山本武的叙述中，可以看出中方战车对日军的强烈震慑作用。

步兵第36联队在其战斗详报中还记载了当日下午暨晚间与中国守军交战的情况。详报称：“下午5时左右，配有三辆战车的300名敌军突然沿大路反扑而来。联队立即以第一中队及第四中队攻击敌之步兵，机枪第一大队协助攻击。尽管敌军被击退至山下村方向，但敌战车突破了高管头，正向我后方前进”，“晚8时，敌再度反扑”。③ 在日军的记述中，至8日晚8时，中国军队仍在继续发动反攻。

第51师在战斗详报中亦称，当日“相持至下午九时，仍在淳化附近与该敌胶着中”“当晚奉到司令长官唐命令，放弃淳化、方山阵地，向河定桥（不含）、麻田之线转移。”④ 南京卫戍司令长官部的撤退令下达之后，当晚10时，日军步兵第36联队发现阵地前“枪声开始稀落”，遂开始侦察并且趁势在夜间追击。对此，该联队战斗详报记述如下：

由于自8日夜10时起枪声开始稀落下来，立即派侦察将校（寺田中尉及大桥少尉）进行侦察。根据侦察之结果，判断敌人已经退却，遂向旅团长建议立即断然实施夜间追击。在领受下述命令要领后，立即以第一大队（欠第二中队）之主

① 《山本武日记》，王卫星编，叶琳等译：《南京大屠杀史料集》第32册《日本军方文件与官兵日记》，江苏人民出版社2007年版，第345页。

② 《山本武日记》，王卫星编，叶琳等译：《南京大屠杀史料集》第32册《日本军方文件与官兵日记》，江苏人民出版社2007年版，第345—346页。

③ 《步兵第三十六联队战斗详报》，王卫星编，叶琳等译：《南京大屠杀史料集》第32册《日本军方文件与官兵日记》，江苏人民出版社2007年版，第157页。

④ 《陆军第五十一师于卫戍南京战斗之经过》（1938年1月），中国第二历史档案馆藏，档案号七八七—7592。

力为先头，于晚11时20分由高管头西侧出发，向光华门方向断然实施夜间追击。①

日军步兵第36联队在突破淳化镇、上坊镇的阵地后，则按照其此前预想的“一举进至南京城墙之线”的部署，随即又向光华门城墙一带快速追击。

中国军队在撤退期间，因为过分仓促，又值黑夜，部分部队误入日军队伍，造成了不必要的损失。据日军步兵第36联队战史记载，8日晚，有约60名中国守军士兵在上坊镇附近，因误入日军该联队第3大队队伍，惨遭杀害。该日军步兵联队战史称：“在这期间，从山下村撤往上方〔坊〕镇方向的三五成群的敌军将占领该地的第三大队误认为友军，毫无戒备地走了过来，我军官兵发起突袭，刺杀砍死了约六十名敌兵。”②

9日凌晨5时15分，日军步兵第36联队先头部队到达光华门下。之前他们利用夜色，将第3大队编入主力，沿着上坊镇至光华门大道，突破中国军队在沿线的防守，径直向南京城方向，一路急追。日军步兵第36联队对此的记载是：

急速追击途中，尽管在各桥梁及村口都有敌人抵抗，但全被联队一一突破。9日凌晨5时15分，尖兵中队（山际少尉指挥）抵达光华门前。

此时光华门前道路一侧之电灯同时点亮，城墙上也发射了照明弹，敌人同时开火。联队长立即命第一大队在大路北侧展开，并侦察光华门守敌之阵地地形，让第三大队以及在山下村南部临时集结后稍晚赶上来的第二大队在防空学校集结。此时天色已经大亮，来自城墙上的火力越来越猛烈，后方的枪声也很密集。③

至此，淳化镇的防御作战以中国军队的撤退而告结束，日军亦首次直接抵达南京城墙之下。虽然这次战斗归于失败，但是，撤退令下达之前，阵地上官兵的英勇奋战精神及杀伤不少敌人的战绩，仍是南京保卫战中光荣的一页。第51师战斗详报对该部官兵12月8日坚守淳化的事迹有这样的记述：

---

① 《步兵第三十六联队战斗详报》，王卫星编，叶琳等译：《南京大屠杀史料集》第32册《日本军方文件与官兵日记》，江苏人民出版社2007年版，第158页。

② 《鲭江步兵第三十六联队史》，王卫星编，刘军等译：《南京大屠杀史料集》第56册《日军文献》上，江苏人民出版社2010年版，第130页。

③ 《步兵第三十六联队战斗详报》，王卫星编，叶琳等译：《南京大屠杀史料集》第32册《日本军方文件与官兵日记》，江苏人民出版社2007年版，第159页。

然我宋墅、淳化之守军，虽在硝烟弹雨中仍拼死撑持，与敌肉搏冲锋，杀声震天。是日，我三〇一团代团长纪鸿儒负重伤，连长伤亡九员，排长以下伤亡一千四百余名。敌亦伤亡极重，尸横遍野。[①]

南京卫戍军总部也对8日淳化镇守军在作战中的英勇与无畏，作了如下记录：

淳化镇方面，本日敌进攻愈烈，并分向东樵村、西庄附近包围，企图截断归路。我五十一师部队奋勇抗战，伤亡累累，其中五营官兵几全部壮烈牺牲。后援不继，该镇遂于午后四时失守。[②]

在日军步兵第36联队进攻方向的右翼地区，步兵第6旅团下辖的步兵第7联队和步兵第35联队也在傍晚时分突破了第51师防线的左翼阵地。这两个联队向南京城正东面的中山门攻击前进。

因第51师部队驻守的左翼阵地背后是连绵的青龙山区，故日军步兵第6旅团投入的这两个联队并未能在当夜就靠近南京城墙，而且即便日军穿越这片山区，在到达中山门之前，仍然需突破中山门东南一带中国守军的防线。

与之形成对比的是，日军步兵第36联队在12月8日入夜之后，虽仍陷入胶着战局，却迅速突破了中国军队在高桥门一带的后续防线，一举进抵光华门下。

此前在参与孟塘围歼作战和接防原第51师第二线阵地这两项部署之间，屡次来回摇摆的第71军第87师，未能及时前往淳化镇后方阵地布防，沿线各桥梁也未来得及破坏，遂导致12月8日晚未能稳住淳化镇背后的第二线阵地。《南京卫戍军战斗详报》记称：

敌乘五十一师撤退、八十七师当时仅到二团、阵地占领尚未稳定之际跟踪而来，高桥门、七瓮桥及中和桥均不及破坏，敌遂得，于拂晓进至光华门外，将大校场、通光营房占领（敌约步兵二千、坦克车十余辆）时，光华门附近仅有教导总队少数守兵，见情势紧急，比〔原文如此，疑为“彼”或“即”字之误〕将城门紧闭。[③]

① 《陆军第五十一师于卫戍南京战斗之经过》（1938年1月），中国第二历史档案馆藏，档案号七八七—7592。

② 《南京卫戍军战斗详报》，中国第二历史档案馆藏，档案号七八七—7593。

③ 《南京卫戍军战斗详报》，中国第二历史档案馆藏，档案号七八七—7593。

据日军第九师团战史的有关记载，9 日晨 5 时左右，率先进抵南京城光华门外河流一线的，是步兵第 36 联队[①]。笔者认为，可以确认当淳化镇中国军队撤退后，日军在这一线的部队只有步兵第 36 联队能很快到达南京城墙下，因为在淳化镇的左、右、后方都有中国军队在逐步阻击，这种情况下其他日军部队都进展缓慢。

日军步兵第 19 联队和另一方向的步兵第 7 联队，均未能在 8 日当夜接近南京城墙，到 9 日白天也仍然没有抵达城墙附近。步兵第 35 联队的军史显示，步兵第 7 联队在步兵第 35 联队的左翼，仍在准备攻击工兵学校附近的阵地；最左翼的步兵第 19 联队则进军至雨花台东部地区，准备下一步的进攻。[②]

12 月 8 日下午，就在步兵第 36 联队再次向淳化镇发动猛攻的时候，步兵第 19 联队开始奉令向左迂回，并迅速展开，以图击破当面之中国军队，沿主干道南侧地区向南京城墙武定门追击。8 日傍晚，步兵第 36 联队在继续强攻淳化正面的中国守军阵地之时，面对中国军队增援兵力和战车的反击，采取了迂回战术，沿着淳化镇—高桥门—光华门的路线继续进攻。

在步兵第 36 联队进攻路线的左翼，当天才到达淳化镇附近索墅镇的步兵第 19 联队，在傍晚后，又利用夜色的掩护，在分散的中国守军阵地中且战且进，沿着索墅镇—上坊门—武定门的路线向着城墙方向逼近。至次日上午 9 时 30 分，占领上坊门。可见，在复郭战斗打响后，南京东南城墙一线，只有光华门一带最先直面日军之进攻，其他各个方向的日军均尚未进抵城墙脚下。

事后，南京卫戍军总部较为客观地评价了第 51 师进行的淳化镇之战。南京卫戍司令长官唐生智，副司令长官罗卓英、刘兴在写给蒋介石的报告中称：第 51 师“淳化之役，力战三日夜，毙敌颇众”，“惟于八日晚撤退蒙重大之损失”[③]。

---

① 《第九师团作战概要》，王卫星编：《南京保卫战 · 日方资料》，南京出版社 2022 年版，第 43 页。

② 参见富山联队史刊行会编：《富山联队史》，1988 年内部出版，第 236 页。

③ 《军事委员会侍从室第一处主任钱大钧汇转南京卫戍司令长官唐生智副司令长官罗卓英、刘兴呈蒋委员长为卫戍南京未能持久守备自请处分报告》（1937 年 12 月 24 日），秦孝仪主编：《中华民国重要史料初编 · 对日抗战时期》第 2 编（2），台北中国国民党中央委员会党史委员会 1981 年编印，第 224 页。

第四节　外围阵地南线战斗

一　秣陵关前哨战

南京东南正面阵地虽然被南京卫戍军以“东南”这一方位词命名，但是该防线的走向，从整体上看呈现为向东南方向凸出的半弧形。

东南正面阵地的半弧形防线，自宝华山至淳化一带是东北至西南走向，在淳化转向方山一带设置防线之后，又向南部郊区秣陵关以北的将军山、牛首山等大片山区地带延伸。在南部郊区，防线的方向也转为近乎东西走向。这一东西走向的防线，利用连绵的山峰为屏障，试图阻止自溧水北上，在江宁境内逐步逼近南京城墙的日军部队。

《陆军第五十一师于卫戍南京战斗之经过》的“战斗前我军之一般状况与部署概略”部分，曾经附带着记录：“句容、汤水、秣陵关一带均派有严密之警戒，监视敌情，并与各友军保持联络。”[①]可见，和句容、湖熟镇一样，南京保卫战打响之前，中国军队也在南部郊区外围防线最前沿的秣陵关部署有警戒部队。

在中日双方有关南京南郊的历史资料中，有多件史料提及“秣陵关”。

南京卫戍军在战斗详报中明确记载：“京建关道，本日〔12 月 6 日〕有敌步炮纵队由溧水向南京前进，其先头向我派在秣陵关部队进攻，另有敌骑绕道向江宁镇方向前进。”[②]详报所称“京建关道”，系指南京至安徽省建平县的京建公路。该公路北起南京安德门，向南途经江宁、溧水、高淳，至安徽省建平县（今郎溪县）。此路线在今南京近郊区范围内，是从安德门到东善桥，再经过秣陵关到达禄口镇。

① 《陆军第五十一师于卫戍南京战斗之经过》（1938 年 1 月），中国第二历史档案馆藏，档案号七八七—7592。

② 《南京卫戍军战斗详报》，中国第二历史档案馆藏，档案号七八七—7593。

早在1931年10月初，江苏省建设厅曾奉令赶筑“关系军事交通至巨”的京建公路，当时组织了临时工程处，征用沿线江宁、溧水、高淳县民工修筑路基，军队也被派往协同修筑。其后，又针对该路安排过重新修筑。1934年1月，该路中华门至秣陵关段开始临时通车，随后，即能够承担长途汽车业务。①

日军第10军在1937年12月6日正午曾下达命令：“第一一四师团应沿溧水—秣陵关—南京公路向南京追击。”②这道命令中所称自溧水经秣陵关至南京的公路，就是前述秣陵关前往中华门所走的“京建公路”。

和句容前进阵地设置在京杭公路旁的“栗子里”，湖熟前进阵地设置在京湖公路的起始位置一样，秣陵关前进阵地设置在走京建公路前往南京城区的必经之地。这样，日军沿着这条公路前进，一定会被前进阵地堵截。而前进阵地也像屏障一样，能够阻止日军部队突然间直接进攻牛首山一带之主阵地。

按照上述记载，日军在12月6日开始向秣陵关前进阵地发起进攻。在南京当时外围防线的三块前进阵地中，秣陵关是最后受到敌人攻击的一处。

日军第114师团“作战经过概要”记载，12月6日秣陵关战斗打响后，第114师团“主力从溧水—秣陵关公路方向”向南京发起追击，在12月7日，师团主力“击溃了占据秣陵关附近的约千余名敌军，并继续急追。”③南京卫戍军在12月7日的战况记录中称：“秣陵关前面之敌分两路向我进攻，本日已进至杜桥、杨山之线，并有向我右侧大山迂回模样。”④可见，12月7日中日双方仍在秣陵关交战。

南京卫戍军专门在逐日战报中对“秣陵关前面之敌”的情况进行了分析，能够看出，这块前进阵地在来袭日军刚刚靠近时，确已起到了预警的作用。

日军步兵第66联队第1大队的战斗详报里，曾留下了有关秣陵关战斗的细节。该战斗详报记载第114师团步兵第127旅团在秣陵关附近投入了步兵第66、第102联队以及步兵第150联队第2大队等部队。日军不仅进攻秣陵关一带的村落房屋，还进攻了秣陵关右翼的章山。此战斗详报记述日军在12月7日中午实施了全面进攻。据此推断，在12月6日这天，可能只有日军先头部队发动过试探性的攻击。

---

① 刘荫棠主编：《江苏公路交通史》第1册《古代道路交通、近代公路、近代公路运输》，人民交通出版社1989年版，第138—139页。

② 《丁集作命甲第56号》，王卫星、雷国山编：《南京大屠杀史料集》第11册《日本军方文件》，江苏人民出版社、凤凰出版社2006年版，第205页。

③ 《第一一四师团作战经过概要》，王卫星、雷国山编：《南京大屠杀史料集》第11册《日本军方文件》，江苏人民出版社、凤凰出版社2006年版，第222页。

④ 《南京卫戍军战斗详报》，中国第二历史档案馆藏，档案号七八七—7593。

在这份战斗详报的“附图第二”上，能够看到12月7日下午2时20分前后，中国军队仍在秣陵关西北方的河岸顽强抵抗。日军另记载了中国军队在河岸冒着弹雨而投掷多枚手榴弹，并得到后方重火器的支援，同时，依托对岸既设阵地抵抗的中国军队，以火焚烧河上的桥梁。

此时，日军装甲兵也投入战斗。独立轻装甲车第2中队中队长藤田实彦对7日下午（实际上装甲车到达和攻入秣陵关的时间在凌晨3时30分前后），秣陵关西北方战况的回忆如下：

在那里有一条跟敌方阵地平行的小河纵贯南北。在敌人的阵地附近有许多高出地面二三十米的起伏山丘连成一片。我军与敌人的距离只有300米左右，敌人的炮弹“嗖嗖”地呼啸着，纷纷在小河附近落下爆炸。我们的步兵因敌人的猛烈射击，连探出头射击的机会都没有，一点也看不清敌人的情况。在离镇口三四十米的地方，有一座几乎炸焦了的桥梁，桥板和栏杆被烧成炭黑色，正在“噗嗤噗嗤”地冒着白烟……这座桥为什么会变成几乎烧焦的模样呢？我问了一下刚刚回来的侦察队长。原来敌人在撤退的时候，本来企图在桥上泼上汽油烧掉的。当我们的侦察战车到达该桥的时候，桥上正冒着两三尺高的熊熊火焰，并且伴有滚滚浓烟，战车根本无法前进。正在战车踌躇不前的时候，在小河土堤下的步兵赶了过来，从桥下往上泼水，但一时仍然不能将火扑灭。桥梁上面，敌人的子弹上下翻飞。于是，工兵的一支小分队奉命前来，冲到子弹纷飞的桥梁上奋力灭火。火势总算控制住了，但桥板却被烧掉了一半。侦察队长一边担心战车被桥上的火焰点着，一边命令战车一口气冲过熊熊大火。还好，战车没有起火就通过了桥梁。战车一向前开，敌人的子弹马上向战车密集射来，所以飞到桥上的子弹减少了许多，工兵小分队可以进一步展开灭火。①

日军装甲车在士兵的配合下冲过了秣陵关西北的桥梁，中国军队的烧桥行动功败垂成。藤田实彦对这座桥梁的争夺战印象很深，他在回忆文章中写道：“如果我们的工兵弟兄及侦察战车的行动哪怕就是再慢一分钟的话，我们的战车队就会又被敌人甩下，白白浪费许多时间。”②

---

① 藤田实彦：《战车战记》，王卫星编，叶琳等译：《南京大屠杀史料集》第33册《日军官兵回忆》，江苏人民出版社2007年版，第258—260页。

② 藤田实彦：《战车战记》，王卫星编，叶琳等译：《南京大屠杀史料集》第33册《日军官兵回忆》，江苏人民出版社2007年版，第260页。

步兵第66联队第1大队的战斗详报记载，7日下午3时30分，在秣陵关后方2公里处，中国军队“约千名以上的兵力集团在退却中。”日军随即向东善桥、花神庙一带发起追击。藤田实彦也回忆了攻破秣陵关之后，中国军队迅速后撤，日军得以迅速长驱直入的情况：

几分钟后，我率领的几十辆战车已经到了秣陵关和敌方阵地之间的道路上。车轮卷起黄尘飞速前进。向后眺望，战车队从秣陵关镇口的房屋中间不断涌现。在敌人看来，会以为不知道有多少辆战车吧！道路在敌人阵地的前面往右拐去，在两三百米远的北面高地的下面又往西折过去。我们不理会高地上的敌军，直接往前追赶正在撤退的敌军主力。等我们的战车前进到敌人阵地的对面时，高地上敌人射击的声音已不那么激烈了。我看到在遥远的后方秣陵关镇那里，步兵越过小河的土堤急速跟了上来。在公路上尾随战车队的步兵纵队一边追击敌人，一边不停地前进……秣陵关西面的敌人不知道是因为我们战车队的进攻才撤退，还是本来就计划好要撤退的，从早上开始就顽强地抵抗，直到下午4时还不打算逃跑。不过，当我们的战车继续进攻仅仅30分钟后，敌人开始往后撤了……①

日军步兵第66联队第1大队在战斗详报中记载，该大队在秣陵关俘虏30名中国军人，看到280具中国军人的遗骸，缴枪180支。傍晚7时许，日军已经到达东善桥以北的杨山（今为牛首山风景区东南的羊山）。

正如前文所述，秣陵关的桥梁因未能及时完全破坏，导致日军步兵以装甲车为先导，快速突破该前进阵地，也因秣陵关作为前进阵地，距离牛首山一带“本阵地”很近，再加上这里被日军在12月7日下午快速突破时，中国守军撤退仓促，被敌人“尾追而近迫我本阵地”。

秣陵关一带作为南京卫戍军在外围阵地前沿设置的三块前进阵地之一，就军事视角而言，和句容、湖熟的前进阵地所发挥出的迟滞敌人的作用不同。在秣陵关战斗的前后，句容前进阵地迫使日军第16师团多支部队迂回前进，牵制日军步兵第33联队一天以上；湖熟前进阵地兵力虽只有一个连，但也依托国防工事坚守一天。这两处国防工事均迟滞了当面之敌的攻势。而秣陵关在12月7日中午遭受

① 藤田实彦：《战车战记》，王卫星编，叶琳等译：《南京大屠杀史料集》第33册《日军官兵回忆》，江苏人民出版社2007年版，第260—261页。

到日军进攻之后，短短几个小时内很快失守，导致日军在当晚已经迫近了牛首山、将军山一带的外围主阵地，并且发起了夜袭。

中方于12月8日发布的新闻称："保卫南京之战，自汤山、淳化、秣陵关与日军接触后，今已进入第四日。现除秣陵关方面我军略向后移外，整个第一线仍屹立不动。"[①]可见，中方当时确将秣陵关视为南京外围防线最先撤守的阵地之一。

二　牛首山、将军山战斗

秣陵关前进阵地失守后，12月7日下午至傍晚，日军逐步逼近牛首山南麓一带。当晚，日军开始发动夜袭。牛首山和将军山一带山地（包括周边的韩府山、祖堂山、隐龙山等）中预先设置的外围防线主阵地，至此开始遭受日军的正面进攻。而此前一天，南京东部近郊和东南近郊已经展开激战，牛首山和将军山一带的山地，是在东南正面阵地战斗打响后受到敌军攻击的防线地段。

但是，南京郊区南线的防御作战，又是外围阵地各地段之中承受日军攻击兵力最多的一段。日军在南京郊区东线的进攻，投入的部队主要是第16师团；在南京郊区东南线的进攻，日军投入的部队主要是第9师团；而在南京郊区的南线，日军第114、第6师团先后投入进攻。

此前，第6师团因为部队出现了霍乱疫情，在浙江嘉善一带实施了一周的"防疫休养"。因此该师团行军进程落后于日军第9、第16、第114师团，12月初通过急行军才逐步赶上。12月7日下午4时，在秣陵关一带进攻的日军第114师团攻破中国守军的前进阵地之际，日军第6师团先头部队刚到达秣陵关以南的禄口镇。该师团决定当夜于所在地附近露营休整，然后于8日早晨出发前进。8日早晨起，第6师团开始自南向北移动，在当天逐步投入兵力，和第114师团分别对南郊的多座山峰发起攻势。牛首山周边连绵山脉的中国阵地，开始遭受日军两个师团的并行攻击。

牛首山距中华门约13公里，高242.9米。山上耸有两峰，东西相对，犹似牛头上的两只角，故称牛首山。南郊牛首山和韩府山一带，山势陡峭，绵延数里，形势天成，为南京南郊的一道天然屏障，历来为兵家必争之地，战略地位极为重

---

① 《京郊我军奋勇抗战/现坚守第一道防线/昨日炮轰猛烈，我军三路迎击/我芜湖防线亦极为稳固》，《大公报》（上海版）1937年12月9日。

要。韩府山与将军山相连，相传，将军山这个名字源于在这里因抗金痛失一臂的英雄[①]。

据时任第 51 师师长王耀武回忆，南京保卫战打响之前，第 74 军下令第 51 师占领淳化镇，第 58 师占领牛首山，日军一时难以攻破。日军第 6 师团战史对牛首山一带阵地有这样的记载："两高地上皆为岩石，敌人构筑了水泥碉堡和机枪掩体，并有纵横交错的壕沟相连。"[②] 日军主攻牛首山阵地的步兵第 45 联队少尉军官大宫司明回忆："山腰及靠近山脚的地方，有五六个环绕着铁丝网的掩体，山顶上还利用天然岩壁，设置了坚固的机枪掩体。我尖兵一行动，敌兵就从各掩体一齐开枪射击。"[③]

南京卫戍军对第 58 师在牛首山以及周边山地的防御战，最早予以记载的内容，是 12 月 8 日的战况：

> 本早，进攻牛首山之敌以战车四十余辆为先导，向将军山附近猛扑，经我战车防御炮击毁六辆，即迅速后退，全日战况极为沉寂。惟右侧支队受敌有力部队攻击，渐呈不支状态，下午自动向板桥镇后移。[④]

上述中国守军用"战车防御炮"击毁的 6 辆日军战车，实际上乃为日军独立轻装甲车第 2、第 6 中队，以及战车第 5 大队轻装甲车中队的轻型装甲车。12 月 8 日上午，日军第 114 师团下令装甲车部队以一部"与在将军山附近攻击敌人的步兵配合展开进攻"。在随后的战斗中，日军装甲车的攻势被击退，并且损失惨重。据轻装甲车第 2 中队中队长藤田实彦回忆："不仅从将军山，而且从南边高地的每一个山头上都有子弹飞来。将军山西北方四公里多的范围内，以及我们的面前，都展开了激烈的战斗。"[⑤] 他在回忆文章中，还详细记述了多辆"九四"式轻型装甲车被击毁的经过：

---

① 杨新华、王宝林主编：《南京山水城林》，南京大学出版社 2007 年版，第 90—93 页。

② 《熊本兵团战史——支那事变》，王卫星编，刘军等译：《南京大屠杀史料集》第 56 册《日军文献》上，江苏人民出版社 2010 年版，第 418 页。

③ 大宫司明：《攻打牛首山》，曹大臣编，罗文文等译：《南京大屠杀史料集》第 62 册《日军第六师团官兵回忆》，江苏人民出版社 2010 年版，第 276 页。

④ 《南京卫戍军战斗详报》，中国第二历史档案馆藏，档案号七八七—7593。

⑤ 藤田实彦：《战车战记》，王卫星编，叶琳等译：《南京大屠杀史料集》第 33 册《日军官兵回忆》，江苏人民出版社 2007 年版，第 268 页。

前方三四百米的地方隔着水田有一个村落。井上中尉对前田大尉说："我们先走一步！"然后往前行进了不到两分钟，先头部队到达了村落前面一百米左右的地方。突然，村口升起一缕缕白色烟雾，位于队列前端井上中尉的战车已身中数弹起火了。井上中尉顾不上别的了，急忙跳出战车，抓起战车驾驶员的衣领把他拽了出来。驾驶员脚上的汽油早已被火点着，熊熊燃烧起来。井上中尉急得大喊："快踩灭！快踩灭！"驾驶员拼命想把自己脚上的火踩灭，就在这一瞬间，驾驶员的胸口被敌人的机关枪击中，连中十几发子弹。驾驶员当场倒地，脚上的火仍在燃烧。井上中尉转身想命令第二辆战车停下来，可就在这时，稻村少尉的战车立刻开过来停下了，他也被敌人的反坦克炮击中起火了。稻村少尉和驾驶员想从战车里跳出来，于是少尉的上半身和驾驶员的头部暴露在战车外面。这时，不知从哪里飞来的敌弹击中了他，身体不能动了。眼看着火焰包围了整个战车，稻村少尉和驾驶员也消失在燃烧的战车里。

井上坚决不再让战车从高地后面开出来，但最终四辆战车还是出去了。第三辆战车被敌人的重型炮弹击中，第四辆战车中了地雷，被炸到道路旁边的坑里去了。井上中尉拼死指挥，最后总算把第五辆战车阻在了高地边上，尽管如此，还是失去了四辆战车和七名官兵。本来还打算把尸体收回来，但尸体所在位置距离敌人只有100米，再加上敌人的火力猛烈，甚至还有专门的反坦克炮，地形又复杂，战车只能在路上行驶，前进相当困难。如果去收回尸体的话，一定会遭到与前面的战车同样的命运。一时间大家一筹莫展。①

日军第6师团（熊本兵团）在其战史中，详细地描述了步兵第13联队攻占将军山的艰难战况："12月8日夜，步兵第十三联队与敌军反复进行了夜袭和反击，激战持续了一整夜。半夜时分，我军终于夺取了将军山和隐龙山。"②步兵第45联队军史记载，该联队12月8日晨5时50分从禄口镇出发，被部署在步兵第13联队左翼位置，下午2时许到达"目标地点"。随后，山炮开始射击，该联队第1大队机关枪第1小队进入有松树的低丘阵地，支援对祖堂山的进攻。③日军步兵第

① 藤田实彦：《战车战记》，王卫星编，叶琳等译：《南京大屠杀史料集》第33册《日军官兵回忆》，江苏人民出版社2007年版，第269—270页。

② 《熊本兵团战史——支那事变》，王卫星编，刘军等译：《南京大屠杀史料集》第56册《日军文献》上，江苏人民出版社2010年版，第418—419页。

③ 《步兵第四十五联队史》，张宪文、吕晶编：《见证与记录：南京大屠杀史料精选（日方史料）》，江苏人民出版社2014年版，第780页。

45联队第1大队第2中队的相关回忆文章则记录，12月8日，该中队的日军官兵“在冲向第二高地时，遭到五六十个敌兵两次猛烈的反击”，“第三高地的敌军抵抗甚为顽强，还有来自牛首山顶左边和庙宇附近的俯射，以及左右两侧猛烈的交叉火力”①。

当时中国的中央通讯社在其新闻电讯中对9日前牛首山的战况有这样的记载：“我居高临下，以手榴弹阻截日军机械化部队。×××师一营死守山前高地，为敌射击之的，牺牲甚众。然此一营健儿仍挺至原来之前方阵地，继续奋战。日军飞机二三十架环绕投弹，终日未息。我营长阵亡，士兵死伤数百，同时，日军亦死伤不少，并遗坦克五辆。”②

南京卫戍军对12月8日战况的记载中，在叙述晚上下令“退守复郭阵地”时，提到复郭防线的部署包括“第七十四军固守牛首山一带据点至河定桥之线”。按战前分工，河定桥一带是第51师之第二线阵地。牛首山则原定为外围防线的组成部分。而按照这一新的部署，从12月8日傍晚起，东南正面阵地的战斗结束之后，牛首山一带的阵地便融入复郭防线。

日军也在进攻复郭防线的第一天（12月9日），对牛首山一带发动了更为猛烈的攻势。日方当时发布的新闻称：“9日早晨，我军终于占领了距离将军山敌人第一线阵地以南500米的高地，并插上了日章旗。”③

此前于12月8日凌晨才到达溧水的日军野战重炮兵第14联队，12月9日晨开始越过秣陵关布置150毫米口径榴弹炮阵地。该联队军史及其附录的《射击图》和《阵地配备图》显示，该部队在秣陵关以北的高家庄北部丘陵设置炮兵阵地，以“威力强大”的炮火朝左边轰击牛首山的中国守军阵地，同时朝右边轰击将军山以及附近山峰上的中国守军阵地。④以如此口径的重炮来支援日军步兵部队的进攻，在日军攻击南京的作战当中尚属首次。

南京卫戍军战斗详报记载，就在复郭阵地战斗的第一天，即12月9日，“牛首山方面五十八师与敌激战竟日”，并令该师即行撤退至双闸镇至宋家凹一带，

① 《石原伍长的奋战》，曹大臣编，罗文文等译：《南京大屠杀史料集》第62册《日军第六师团官兵回忆》，江苏人民出版社2010年版，第280页。

② 《牛首山一带激烈的炮战》，《大公报》（上海版）1937年12月10日。

③ 《将军山的激战/我两中佐等负伤》，王卫星编，王卫星、李斌等译：《南京大屠杀史料集》第59册《〈东京朝日新闻〉与〈读卖新闻〉报道》，江苏人民出版社2010年版，第168—169页。

④ 野战重炮兵第十四联队史编纂委员会：《大陆蹈破三万秆》，1981年内部出版，第124—125页。

与第 51 师共同守备。①

第 78 军在 12 月 9 日午后了解到的战况，包括“敌占领大胜关，我七十四军刻仍在该处东北附近地区与敌激战。”②而大胜关东北附近地区，从地理方位看也包括牛首山北麓。第 74 军第 58 师因连日苦战，部队损失巨大。一位姓吴的营长率队通过第 51 师防线时说：“部队损失严重，被打得七零八落，我只带一个连冲出来。”③由此可见战斗之惨烈，这也导致牛首山一带阵地在 9 日夜间被迫撤守。

值得一提的是，在 9 日的战斗中日军受到沉重打击。日方资料记载：日军步兵第 45 联队（联队长竹下义晴）和步兵第 13 联队（联队长冈本保之），在这天晚上经过 30 余次反复冲杀，方占领了将军山西侧的高地，并沿将军山侧翼主公路迅速推进，至 10 日拂晓前，进抵离南京城墙 5 公里的河渠阵地前线。日军少将谷田勇在《南京菊花台附近谷兵团奋战记》一文中则称：“谷兵团在末松兵团之左翼展开，协助该兵团进攻将军山〔包括以西阵地〕。全力奋战了一昼夜多，到 9 日薄暮时分，兵团突击夺取了将军山以西之高地。由于打回了这根桩，敌人主阵地的一角被破坏了，敌人阵地出现了动摇。”④日方承认：“在极其惨烈的将军山激战中，一刈勇策中佐、鹤见鸿二中佐等一批军官负伤，数十名官兵阵亡。”⑤而且在中国军队的抵抗作战中，甚至还打击了日军后方的炮兵阵地。当时，日军配属第 6 师团的独立山炮兵第 2 联队，被师团长谷寿夫部署到将军山下，配合步兵第 45 联队的进攻。在进攻作战中，独立山炮兵第 2 联队第 1 大队大队长永山在知，被中国守军“狙击”的机枪子弹贯穿腹部后毙命。⑥

到当晚为止，牛首山中国守军的顽强抵抗，让日军官兵并没有想到能在次日晨突破牛首山。独立轻装甲车第 2 中队中队长藤田实彦回忆：12 月 9 日“下午开始，展开了猛烈的炮战，特别是傍晚时分，战场第一线的枪炮声尤其激烈。到晚

① 《南京卫戍军战斗详报》，中国第二历史档案馆藏，档案号七八七—7593。

② 《陆军第七十八军南京之役战斗详报》，中国第二历史档案馆藏，档案号七八七—7590。

③ 邱维达：《淳化阻击战》，中国人民政治协商会议全国委员会文史资料研究委员会《南京保卫战》编审组编：《原国民党将领抗日战争亲历记 · 南京保卫战》，中国文史出版社 1987 年版，第 149 页。

④ 谷田勇：《南京菊花台附近谷兵团奋战记》，王卫星、雷国山编：《南京大屠杀史料集》第 11 册《日本军方文件》，江苏人民出版社、凤凰出版社 2006 年版，第 315 页。谷兵团即谷寿夫所部第 6 师团，末松兵团即末松茂治所部第 114 师团。

⑤ 《将军山的激战 / 我两中佐等负伤》，王卫星编，王卫星、李斌等译：《南京大屠杀史料集》第 59 册《〈东京朝日新闻〉与〈读卖新闻〉报道》，江苏人民出版社 2010 年版，第 168—169 页。

⑥ “战史”颁布委员会：《“战史”：独立山炮兵第二联队》，1975 年 7 月内部出版，第 7 页。

上七八点钟，仍然能听到敌人的射击声。”藤田实彦甚至劝告着急前进的随军记者们：“无论你怎样想着率先破敌，如果时机不成熟的话，只会白白地增加牺牲者，也收不到相应的战果。我们面前的敌人不是还在顽强抵抗吗？”①

据日军《熊本兵团战史——支那事变》记载，在第6师团的4个步兵联队中，步兵第47联队和步兵第13联队一部为预备队；步兵第13联队其余部分和步兵第45联队则负责进攻；步兵第23联队则迂回板桥镇一带。12月9日“午后”，步兵第45联队主力负责进攻将军山，该联队一部负责进攻牛首山。上述两路日军至9日夜间都尚在铁心桥以南、将军山北麓一带，显然在夜间都参加了将军山、牛首山山区的激战。

9日午后，日军步兵第13联队主力尚在牛首山、将军山之间的丘陵地带。入夜之后该联队才到达铁心桥以北。只有步兵第23联队在9日夜间迂回到牛首山北麓，即将切断中国守军的退路。

综观牛首山一带阵地在12月8日、9日的战斗，其虽然承受了日军两个师团的猛烈攻击，但中国守军在给敌以较大杀伤后最终只是主动撤退，阵地并没有被敌人从正面攻破。因此，第58师之作战功绩被南京卫戍军所赞誉，并在一份总结报告中称：“第五十八师担任牛首山一带阵地之守备，得俞济时军长之部署谨慎，执法严厉，虽遇锐众之敌，而能固守不拔。”②

牛首山、将军山阵地的丢失，使首都南部雨花台阵地失去了最后一道屏障，直接暴露在日军的面前。但是，中国军队在牛首山、将军山的英勇战斗，其精神仍应予以嘉许。

三　大胜关一带战斗

大胜关位于南京板桥、双闸附近的长江之滨，为古代关名，南朝时名为大城港，北宋时在此地设立巡检寨，南宋时再于此处设置烽火台，元朝时亦在这里设立水驿，称“大城港镇”。1361年，农民起义军首领朱元璋率军在此大胜陈友谅部，之后便将此地改名为“大胜关”。明清时期，大胜关为南京城西南主要港市和军事要

① 藤田实彦：《战车战记》，王卫星编，叶琳等译：《南京大屠杀史料集》第33册《日军官兵回忆》，江苏人民出版社2007年版，第275—276页。

② 秦孝仪主编：《中华民国重要史料初编·对日抗战时期》第2编（2），台北中国国民党中央委员会党史委员会1981年编印，第224页。

塞之一。正因为此处周边地势险要，且为南京城西南诸水注入长江之处，所以自古以来即为兵家的重要关注之地。

在南京保卫战中，大胜关的防御自然被南京卫戍军所重视。在其部署中，大胜关一带归第72军右侧支队守卫。该军当时部署补充第1团守卫大胜关以及板桥镇周边。随着战局的发展，其左翼相邻友军第74军第58师亦参与共同防守。

对于大胜关及其外围板桥、西善桥、双闸等阵地，日军之主攻部队为第6师团步兵第36旅团所辖步兵第23联队冈本镇臣所部。该部除第3大队作为旅团预备队外，其第1、第2大队及联队炮中队都参加了这一攻击作战行动。该联队战史所附作战地图显示，其第1大队在左翼沿着京芜公路向西善桥攻击前进；第2大队在右翼从板桥镇转向东北方向的常府山，随后转向西善桥。[①] 该部战史记载，步兵第23联队“9日晨开始向据守在154高地以及煤山一线的敌人发起攻击，并进抵西善桥附近。”“第十二中队沿主干道西侧地区北进，以掩护主力的左翼。”[②] 联队于上午9时左右进抵板桥镇。接下来，该部队之战记写道：

联队部署为：以第一大队为左翼第一线，沿主干道地区攻击前进，第二大队（欠第五中队）为右翼第一线，攻击右侧高地上的敌人。在第二大队方面，起初，敌军构筑了相当坚固的阵地，并依托右侧高地上的侧面火力进行相当顽强的抵抗，但在我机关枪、大队炮等有力支援和第一线部队的猛攻之下，高地上的敌军终于溃退。[③]

可见，在9日的战斗中，中国守军凭借相当坚固的阵地，进行了相当顽强的抵抗，终因敌我力量过于悬殊，154高地与东侧之常府山先后被日军攻占。日军步兵第23联队之第1、第2大队，分别从左右两翼展开攻击。据该联队战记记载：

第一大队方面，第二、第三中队勇猛作战，占领了重要的154高地，从而瓦解了敌人阵地。常府山之敌也放弃了抵抗的念头，丢弃了阵地。因此，该方面的

① 《都城步兵第二十三联队战记》，王卫星编，刘军等译：《南京大屠杀史料集》第57册《日军文献》下，江苏人民出版社2010年版，第447页。

② 《都城步兵第二十三联队战记》，王卫星编，刘军等译：《南京大屠杀史料集》第57册《日军文献》下，江苏人民出版社2010年版，第457页。

③ 《都城步兵第二十三联队战记》，王卫星编，刘军等译：《南京大屠杀史料集》第57册《日军文献》下，江苏人民出版社2010年版，第457页。

作战进展迅速。主力沿主干道急速推进，下午5时，其先头已抵达距西善桥仅两公里的汪家村。第二大队方面，为保证后方部队的安全，连续攻击据守右侧高地阵地进行顽强抵抗的敌人，下午4时，击退了常府山及其以东高地上的敌军，并占领了该地。随后，沿主干道急速前进，在日落时分到达主力所在的位置。①

中方军事档案记载，大胜关于9日被日军攻占，但守军部队仍坚持战斗。具体记载如下：

九日晨，沿京芜路北犯之敌，已进占大胜关，我第七四军仍在该处东北地区与敌激战，至是第五一师复奉命至该处增援。②

南京卫戍军在其逐日记述的战斗详报中，则交代了大胜关被占乃是由于第88师派去的右侧支队过早撤退而导致。为不使第58师原守阵地孤立于日军包围之中，故南京卫戍司令长官部令其与第51师联合建立新的后方阵线。战斗详报称：

同日〔9日〕，牛首山方面五十八师与敌激战竟日，因八十八师派出之右侧支队过早撤退，敌军一部进占大胜关，且有沿江北犯模样。我五十八师阵地形成孤立，入晚下令撤退，与五十一师连〔联〕合担任双涧镇〔按指双闸镇〕至宋家凹守备（在八十八师右翼延伸线上）。③

中国军方与新闻媒体对大胜关及其周边阵地的战斗，虽记述不详，但在所有战史记录与新闻报道中，还是强调了守军的“顽强抵抗”“与敌激战”，并分析了大胜关在保卫南京战斗中的战略意义。《武汉日报》曾以“大胜关我军据天险堵截敌军”为题，报道该处的战况。报道称：“敌军企图越雨花台、西善桥西犯江边，以截断我军与芜湖之联络线，刻大胜关我军扼险堵截中。”④

---

① 《都城步兵第二十三联队战记》，王卫星编，刘军等译：《南京大屠杀史料集》第57册《日军文献》下，江苏人民出版社2010年版，第457页。

② 《国防部战史编纂委员会所编淞沪转进御敌战及南京卫戍战史稿》，中国第二历史档案馆编：《南京保卫战档案》第8册，南京出版社2018年版，第176—177页。

③ 《南京卫戍军战斗详报》，中国第二历史档案馆藏，档案号七八七—7593。

④ 《汤山我军移守中山门外/雨花台南战事激烈/敌绕袭西善桥图断我联络线/大胜关我军据天险堵截敌军/栖霞南光华门外敌伤亡数千》，《武汉日报》1937年12月11日。

正因为大胜关及其附近阵地的失守，使日军得以自大胜关、西善桥一线为出发地，向东北方向的安德门、菊花台等处发起逼近南京南部城垣的进攻。日军步兵第23联队遂于9日晚，在刚刚进抵的大胜关东北处汪家村，作出了次日的攻击部署。具体部署安排如下：

第一大队为左翼第一线，首先攻占蚕业试验场附近高地，然后攻击主干道北侧高地上的敌军阵地，并进抵安德门西北方高地；第二大队（欠第五中队）为右翼第一线，攻击安德门东南侧菊花台敌军阵地，并进抵安德门东北方高地。[①]

大胜关及其附近一线阵地，处于南京卫戍军部署之外围阵地与复郭阵地之接合部，是外围阵地的腹地与后方，又是复郭南线阵地的最前沿。外围阵地与复郭阵地在这里呈犬牙交错之势。从时间与地域上看，该线阵地在南京保卫战中，具有承前启后的联结与过渡意义。

① 《都城步兵第二十三联队战记》，王卫星编，刘军等译：《南京大屠杀史料集》第57册《日军文献》下，江苏人民出版社2010年版，第458页。

第五节　调整阵地与拒绝劝降

一　东南正面阵地的弃守

南京东南正面阵地的防御作战从地理方位上看，可分为东线、东南线和南线。各段阵地的战斗是分别打响的，而弃守的战况和对城防造成的后果也各有不同。

1937 年 12 月 4 日，日军进入句容县境内，南京保卫战的前哨战打响；5 日起，日军第 16 师团、第 9 师团在句容开始迂回前进，以攻击和包抄结合的形式，分别逼近南京外围阵地的东线和东南线。6 日，日军第 114 师团的先头部队逼近南京外围阵地的南线。随后，南京东南正面阵地全线陷入战火之中。

南京保卫战从外围防线的东线打响之后，中国军队本有机会主动采取机动灵活的战术，以迂回攻击、威胁敌人后方的形式，给来犯之敌严重一击；从在句容前进阵地曾牵制并迫使日军迂回的战况来看，南京保卫战是有希望挫敌锐气和初战告捷的。

当南京保卫战最初打响时，鞍马劳顿、长途跋涉的日军已是疲敝之师。中方在报道句容白兔镇前哨战时，对“该路日军给养发生困难”的描述，对照日军自己的记录，堪称所言不虚。

其时日军进入句容境内的各作战部队，只顾争先逼近南京郊区，致后勤辎重部队并未跟上，给养的补充在此时确实已经出现严重问题。事实上，早在 12 月 1 日，在上海派遣军参谋部第一课课长西原一策的作战日志中，就已经承认了部队是在缺乏补给的状况下向南京“追击”的事实：“尽管我深知部队的补给很不充分，但在目前的情况下，也仍然下令第十六师团和第九师团向丹阳和金坛方向追击敌人。”[①]

① 《西原一策作战日志》，王卫星编，叶琳等译：《南京大屠杀史料集》第 32 册《日本军方文件与官兵日记》，江苏人民出版社 2007 年版，第 107 页。

第16师团的后勤参谋木佐木久，也在其12月4日的日记中这样描写后勤补给状况："今天给部队一整天进行休整。但运输辎重队没到，兵站的弹药也没送来，惟一可以依靠的水上辎重队也因丹阳以西没有水路而无法利用。在这种情况下，休整实际是徒有虚名，滞留一天，只起到了对粮秣不足进行诉苦的作用。"[①]另有该师团步兵第20联队的士兵东史郎，甚至在其12月7日的日记中仍然说："我们自从在中支那登陆以来，一次也没得到过辎重兵的粮食补给，粮食都是通过自己征缴的。"[②]

可见，当南京保卫战的序战在句容打响之际，来犯的日军部队确实面临着后勤中断、补给匮乏的问题。

中方在镇江、句容布防的守军若是兵力雄厚，利用日军的这一薄弱环节，主动迂回对日军先头部队实施反击，显然是有希望击破或有效抵挡当面之敌的。但是，中方指挥部把大批部队部署到句容以北。在句容东昌就有1个建制师的兵力，反而在句容前进阵地只有临时部署的两个建制团。

因为部署到南京东郊外围阵地的守军兵力过少，尤其在句容县城周边只投入两个团守卫前进阵地，导致这里只能死守。兵力本就薄弱，加之没有主动出击的部署，使得先发制人的可能完全丧失。结果，南京卫戍军在保卫战一开始就陷入被动防守境地，为此后东南正面阵地东线的快速弃守埋下了伏笔。

当日军一部楔入汤水镇左侧翼的孟塘，防线难以发挥作用时，南京卫戍军又以多支部队出击，不但未能击破楔入之敌，反而丧失了主动权。战至12月8日，东线纵深阵地汤水镇以北山地至栖霞山一带均沦于敌手。

关于汤山失守的消息在12月10日见诸报端时，中方新闻界同时宣布栖霞山也被日军占领。第78军在战斗详报中，于记录"我六十六军于本（八）日午，已放弃汤水"的同时，也记录了东郊战线最北端的情况，称："栖霞山附近，本（八）日拂晓以来，敌我激战甚烈。午后七时以后，亦入于混战状态。"[③]南京外围防线的东段，在这一阶段的战斗中，先是因为防线有漏洞被日军一部楔入，后南京卫戍军发起反击和围歼作战又告失败，从而逐步陷于严重崩溃。

---

① 《木佐木久日记》，王卫星编：《南京大屠杀史料集》第8册《日军官兵日记》，江苏人民出版社、凤凰出版社2005年版，第325页。

② 《东史郎日记》，王卫星编：《南京大屠杀史料集》第8册《日军官兵日记》，江苏人民出版社、凤凰出版社2005年版，第418页。

③ 《陆军第七十八军南京之役战斗详报》，中国第二历史档案馆藏，档案号七八七—7590。

南京卫戍军在东线的判断失误与指挥失当，导致日军在攻占栖霞山的同时，趁着中国守军调整阵地而突破到麒麟门一带。于是，从宝华山、汤水镇、麒麟门，直至紫金山东麓一线，长达10余公里的防御纵深，在一天之内失陷于敌手。

这样的防御纵深是在此间仍有中国军队坚守的情况下陷于敌手的。据日方战记所载，日军步兵第38联队的助川静二联队长在8日夜间率部“试图向下麒麟门方向转进”，其于8日傍晚6时30分下达的命令承认，虽然当面的中国军队在日军迫击炮、野炮部队的协同作战下，“已出现败退的迹象，并将向西面撤退”，但是，北方高地上的中国守军仍然据守在阵地上①。

值得注意的是，东线战斗中的其他教训也较为深刻。第2军团在战后总结教训时，认为外围阵地东线的防御战斗，失于防线过宽而兵力过少。因此，日军方能集中兵力攻破“正面不过一公里”的一段，随后导致“全线动摇”。具体总结如下：

> 实地正面各约二十公里，纵有少数国防工事，或因重兵器不足，或因无是项兵器，大都不能利用。各线地境过宽，各以全师兵力完全展布，犹觉不敷分配。而敌之攻我，专注一点，我则处处薄弱，坐以受攻，终至于被敌各个击破。
>
> ……
>
> 敌之攻我，多为攻击一点，本师于石洞山、丁家山、太平山、乌龙山各战斗，敌之攻我，其正面皆不过一公里，则集中空炮火力及步兵冲力，一点既破，全线动摇。而我方始终须遵守固守某某线之命，毫无主动之能力，终至战局全现悲状而后已。②

此外，中国军队在反击作战时各一线部队只靠卫戍军的统一调度，部队之间完全没有联系，不能互知，导致没有配合，因而失利、溃退。第2军团具体总结如下：

> 自发动抗战以来，即秘密队号，并秘匿指挥位置，此对防备汉奸则得矣，然而因此友军情况不能互知，协同实多障碍，某部被攻，他部情况不明，因之不敢出击，致逸战机，一部失败，全部瓦解，是直为小失大耳。③

---

① 《奈良联队战记》，王卫星编，刘军等译：《南京大屠杀史料集》第56册《日军文献》上，江苏人民出版社2010年版，第331—332页。

② 《第二军团京东战役战斗详报》（1937年12月），中国第二历史档案馆藏，档案号七八七—7591。

③ 《第二军团京东战役战斗详报》（1937年12月），中国第二历史档案馆藏，档案号七八七—7591。

虽然东线弃守之际的失利让人惋惜，但是日军在东线越过栖霞山至麒麟门、紫金山东麓一线，与南京主城区一带，仍隔着杨坊山一带山地、麒麟门周边山地和紫金山。这大片的山地成为中国守军继续节节抗击的有利地形。日军在东线随后经过三日苦战，逐步推进到南京城区附近。

南郊的牛首山一带，则与东线不同，这里的战线较为稳定，至12月8日夜间尚未被日军攻破，而且日军在这里的险要地形面前一段时间内几乎一筹莫展。因此，这一片阵地又被转为南京复郭防线的一部分。

可惜的是，南京卫戍军在下令牛首山一带阵地转为南京复郭防线一部分之后，并未对该段防线的右侧翼予以稳固防守，致使日军很快从大胜关以东迂回到牛首山后方，最终导致这段防线在9日夜间弃守，此已属转入复郭战斗阶段的失利。

事实上，南线的弃守也并没有导致日军部队快速抵达南京城墙之下。牛首山以北，有安德门、小行周边的大片山地，中华门前又有雨花台高地以供据守。因而日军曾在此苦战三日，之后才到达南京城区以南的宽阔护城河前。

如前所述，东线和南线防御作战失利之后，日军部队均未能直接威胁南京主城区。

关于南京东南郊的淳化镇一带，日军记载其第9师团于“3日黄昏占领磨盘山顶，4日黄昏进至句容南方二圣桥附近，5日下午3时占领句容—南京道路上的索墅镇，进而逼向淳化镇之敌，直指南京，距离南京仅14公里。”[①] 这里跟南京主城区东南边缘一带的距离，比南线最前沿的秣陵关、东线最前沿的句容都更近一些；并且淳化镇阵地后方有一片地势平缓的区域，没有山地可供迟滞日军的进攻。但是南京卫戍军在这里的部署存在严重问题。其在一线兵力不足，仅有第51师的两个团在前沿守备，第87师对河定桥、高桥门一带的第二线阵地的接防过于草率。在8日战况较为不利的背景下，接防部队未能稳固淳化镇后方防线，也没有及时破坏桥梁。

12月8日入夜后，随着日军有部队逐步突破阵地，并且在其余阵地之间继续迂回前进，致中国守军防线逐步难以支撑。然而，因为东南线的阵地背后有大片山地，日军仅有突破淳化镇正面的步兵第36联队直接在9日凌晨之前攻至南京城墙下。该段防线并没有迅速全线崩溃，只是一线防区后方的第二线阵地因接防部

① 《支那事变经过概要》，王卫星编，叶琳等译：《南京大屠杀史料集》第32册《日本军方文件与官兵日记》，江苏人民出版社2007年版，第21页。

队的失误而被日军快速突破，因而导致光华门遭到直接进攻的严重后果。

东南正面阵地战斗失利后，南京主城的东南城区边缘开始受到日军的进攻，不过，日军并未能使多支部队从不同位置，迅速攻至城墙之下。因此，此时的日军还难以对主城区立即展开多路攻势。至12月8日夜间，南京城防总体上尚属稳固。

综上所述，东南正面阵地的弃守，虽然与诸多军事部署上的严重失误有关联，但是在12月8日夜间，南京的城防总体上尚未陷入危急关头。

二 调整阵地

南京卫戍军自12月初，将所率部队作外围和复郭两个层次部署后，在差不多一个星期的时间里，外围阵地从东而南，不断发生猛烈战斗。

位于京杭国道上的句容、汤山一线，是日军在战役初期重点进攻的地段。12月6日，句容陷落，日军随即推进到汤山附近，并在孟塘、大胡山一线与中国守军连日发生激战。8日，汤山被占，守军在孟塘亦渐不支。

南线湖熟、淳化一线，自6日起接战，经过3天连续战斗，终在8日丢失该线。

此外，从秣陵关攻击前进的日军第6师团，6日进至杜桥、杨山，开始向守军右侧迂回，7日起在牛首山发生激战；8日，守军在击退日军的进攻后，战事转入沉寂，日军准备发起新的大规模进攻。

据第78军“战斗详报”记载，8日各阵地战况为：

1. 淳化镇附近，自六日以来，敌我发生激战，本（八）日午后已入混乱状态中。

2. 我六十六军于本（八）日午后，已放弃汤水。

3. 栖霞山附近，本（八）日拂晓以来，敌我激战甚烈。午后七时以后，亦入于混乱状态。

4. 军补充第二团（轻战车七辆协同）本（八）日向复兴桥、大小胡山之敌行拂晓攻击，十时许，连续冲锋数次，得攻占马基山……迄午后七时，遂仍退守原阵地，与敌对峙。①

日军战史对12月最初一周各部队向南京攻击前进的战况，记载如下：

① 《陆军第七十八军南京之役战斗详报》，中国第二历史档案馆藏，档案号七八七—7590。

经溧水北上的千叶、山田等各部队，越过南京城南方唯一的要地秣陵关到达岔路口，进而逼近雨花台。自句容起并驾西进的助川、大野两部队，突破麒麟门这一难关后，在紫金山麓扎紧口袋，消灭山顶之敌后继续进军。从金坛起，经助川、大野两部队中间穿插长驱直入的胁坂、下枝两部队，越过南京城外四公里处的高桥门后，占领了飞机场。①

中国报纸根据外国电讯消息，将当时日军包围、进击南京的态势，归结为三路进军：一为自句容以北绕至汤水镇北、九华山之背面，沿小路攻击麒麟门，兵力约为两个联队；二为自句容正南22公里之天王寺沿石子路，攻击光华门东南12公里之淳化镇，兵力约为3个联队及1个机械化兵团；三为自溧水北击，兵力亦约为2个联队。②

至8日前后，位于南京东南两面的大弧形外围阵地，已有多处被突破，少数阵地虽未被突破，但也已呈现不支之势。另一方面，此时列入南京卫戍军序列的第87师，大部已由镇江开抵南京南部阵地。第154师、第156师正从丹阳、句容一带向南京转进中。鉴于外围战斗和部队调动的实际情况，南京卫戍军总部于当晚下达“卫参作字第二十八号”命令，决定退守复郭阵地，其调整部署如下：

右侧支队固守板桥镇大山之线。

第七十四军固守牛首山一带据点至河定桥之线。

第八十八师固守雨花台。

第七十一军之八十七师固守河定桥至孩子里（江南铁路北）之线，右与八十八师及五十一师、左与教导总队连〔联〕系。

教导总队固守紫金山。

第二军团固守杨坊山、乌龙山之线及乌龙山要塞。

第三十六师固守红山、幕府山一带。

第六十六军至大水关附近集结整理待命。

第八十三军之一五六及三十六师之一团，在青龙山、龙王山线掩护撤退。

① 《大陆战史》，王卫星编，叶琳等译：《南京大屠杀史料集》第32册《日本军方文件与官兵日记》，江苏人民出版社2007年版，第36页。

② 《日军三路猛犯南京》，《申报》（上海版）1937年12月8日。

在镇江之一〇三、一一二师向南京急进。[①]

这一部署变更的指导思想，在于“集中兵力，固守南京”。原来的大防御线，西自濒临长江的江宁镇，向东延至秣陵关、湖熟镇，再至句容、龙潭，而达于下游之长江边。经收缩阵地后，新阵地以南京城垣为依托，以复郭地区为重点防御的地带。该复郭防线，西自靠近长江边的板桥镇、牛首山，向东伸延至河定桥、紫金山，再至杨坊山、乌龙山，而达下游长江边。

这种阵地的收缩，固然是由当时敌我军事力量悬殊的形势所决定，乃不得已之举，但如此整齐划一的收缩，也反映了最高指挥官战略、战术上的呆板。这是一种消极防御，而非积极防御。积极的防御，应是将前进与后退、进攻与防守、外线与内线等作战手段交叉使用，不怕阵地犬牙交错。发生在12月8日的阵地消极调整，既表明了南京军事当局背城一战的决心，又从一个重要方面预示着保卫战之失利与危机将临。

纵观唐生智所下达“卫参作字第二十八号”命令的执行情况，“教导总队固守紫金山”“第二军团固守杨坊山、乌龙山之线及乌龙山要塞”的部署，在随后的战事中，较好地达到了巩固东线的战役意图。

然而，“第八十三军之一五六及三十六师之一团，在青龙山、龙王山线掩护撤退”的战役意图，并未能够实现。中国军队的战斗记录中，完全没有第156师掩护撤退的内容。而在第36师的记载中，只有“军补充第二团昨（八）晚在原阵地掩护两翼友军撤退后，于当晚十二时许奉令经麒麟门、尧化门以西岔路口附近开回南京，归还建制”的笼统记录。[②]这一记录显示在8日夜间12时，补充第2团即已经撤走，而此时第2军团第41师还没有成功撤退。事实上，第41师乃在没有得到掩护的情况下独立撤退，并且因缺乏掩护又导致日军“跟踪追击”。最后，第41师依靠该军团其他部队主动协助，才得以摆脱敌人。第2军团战斗详报记载如下：

军团长鉴于上项情形，一面将前方情形用电话报告唐司令长官，一面拟遵令四一师改占龙潭及打油山、龙王山之线，并抽出部队，接替龙王山、栖霞山之阵地，以使四八师遵令占领新阵线。但四一师因正面过广，伤亡过重，疲劳过甚，当夜

① 《南京卫戍军战斗详报》，中国第二历史档案馆藏，档案号七八七—7593。

② 《陆军第七十八军南京之役战斗详报》，中国第二历史档案馆藏，档案号七八七—7590。

深变换阵地之际，未免混乱，以致撤退未完，敌即以一部跟踪追击，以大部由小胡山经复兴桥向龙王山以西地区绕追，企图截断我全阵地后方连〔联〕络线。

当由48D之283R、287R于龙王山、栖霞山之线与敌保持接触，阻止敌之追击。我四一师全部于九日拂晓前脱离敌人，撤至上示之线，占领阵地。其四八师龙王山之283R，于拂晓亦相继借栖霞山287R之掩护，撤至银孔山左后方袁枣树一带占领预备阵地。①

与此同时，东南线和南线的战役意图也没有在调整阵地之际实现。

关于南线的状况。在唐生智的构想中，对南部郊区阵地并没有大幅度的调整。他仍要求“右侧支队固守板桥镇大山之线。第七十四军固守牛首山一带据点至河定桥之线。”在这一部署中，唐生智明确规定，板桥镇周边的防线首先必须“固守”。然而，日军在9日随即采取迂回战术，较为轻松地占领了板桥、双闸，仅是在154高地稍有激战。随后，牛首山因后方被日军迂回楔入，也被迫弃守。

关于东南线的状况。“河定桥至孩子里（江南铁路北）之线”属于复郭阵地范围。8日夜间唐生智下令调整阵地时，“第七十一军之八十七师固守河定桥至孩子里（江南铁路北）之线”的构想，实际上是计划把淳化镇后方的第二线阵地划入复郭阵地。但是，这一计划因为接防部队的失误，在8日当晚即告失败。日军一夜之间即突破了这里的复郭阵地防线，顺利到达光华门前。结果，在复郭阵地战斗打响之际，光华门城墙已直面日军之兵锋。

经过9日一天的激战，战事已逐渐推进到雨花台、通济门、光华门、紫金山等东南城垣一带。

10日，在城东南通济门、光华门、中山门一带发生激烈战斗的情况下，南京卫戍军总部对几支较为机动的部队调整部署如下：1. 以第156师增援通济门及光华门之城垣守备，并于城内赶筑工事；2. 以第159师控制明故宫附近，策应第156师作战；3. 以新由镇江撤回之第103师担任中山门附近城垣守备，归教导总队总队长桂永清指挥。②

此时，敌军已从各个方向攻至南京城下，守城官兵按照调整后的部署，开始同日军进行最后的殊死决斗。

---

① 《第二军团京东战役战斗详报》，中国第二历史档案馆藏，档案号七八七—7591。“R”是民国时期军队序列中团的代号。

② 《南京卫戍军战斗详报》，中国第二历史档案馆藏，档案号七八七—7593。.

三　拒绝劝降

中国守军于12月8日夜间调整阵地后，已决定收缩战线，将一线部队撤退至以城垣为依托的复郭阵地。

此时的南京城，可谓炮声隆隆、战火熊熊。中国报纸刊登的路透社电讯称："本日战事已逼近南京，东南郊外已发生冲突，日军主力部队，似拟以飞机、机械化部队及炮兵为助，进攻光华门外之淳化镇。日军一部刻在作包围九华山之行动，并向麒麟门前进；另有一部，则向长〔中〕山门进逼。中日两军之前哨，已在群山中屡有接触，昨夜城内可闻炮声。华军为准备防地起见，现着手焚毁各建筑物，中山门外中山陵区内之美丽新屋，现多在焚毁中。同时，一般平民已奉命移至安全区，区外除佩黄色臂章之宪兵外，不许车辆或人民往来，全城今日已宣布为战区。"①

在南京军民义愤填膺、同仇敌忾的同时，日本侵略者却趾高气扬，不可一世，正为即将攻占南京而洋洋自得。据《东京日日新闻》12月9日电讯称："9日早晨以来，由于我后续主力部队的进击，对南京的包围态势更加巩固。我攻击南京的各部队，以南京城为目标，继续逼近南京城。下午，右翼的助川、大野、野田各部队的主力，突破了南京东北方扬子江岸边的乌龙庙。与此相呼应，伊佐、富士井、胁坂等各部队也一齐展开攻击，突破了南京城以东一里处的孝陵卫、上方〔坊〕门。此外，千叶、矢ケ崎、山田各部队主力也突破了南京城以南的西善桥，并与正从南京城西面迂回的冈本、长谷川、神田、猪木等左翼部队相连。由此，南京大包围圈逐渐收紧。我斗志昂扬的各部队之先头已一举逼近了城墙。一旦敌人不服从我最高指挥官的开城劝告，南京城注定将逃脱不了顷刻覆灭的命运。"②日方的报道，虽有炫耀和夸张的成分，但南京城的危急，却是不容粉饰的事实。

在日军已全面突破南京外围防御阵地，正向复郭城垣推进的情况下，日本华中方面军司令官松井石根决定，于12月9日向中国守军空投"劝降书"，作为最

① 《日军三路攻首都／淳化镇昨晨大战／激战三小时，我守原阵地／困守句容两团冲出重围／京市郊建筑物着手焚毁》，《申报》（上海版）1937年12月9日。

② 《今天决定南京城的命运／我军持续攻击／全线收紧大包围圈》，《东京日日新闻》1937年12月10日，王卫星编，何慈毅、李斌等译：《南京大屠杀史料集》第58册《〈东京日日新闻〉与〈大阪每日新闻〉报道》，江苏人民出版社2010年版，第171页。

后通牒，声称中方守军若在24小时内不派出使节谈判投降，日军将向南京城发动总攻击。时任华中方面军副参谋长的武藤章在后来东京审判的宣誓证词中写道："12月8日，接到我们的先头部队已越过磨盘山并已逼近南京的消息后，松井将军立刻下令……为了劝南京城内的士兵投降，将派飞机空投劝降传单……假如中国军队到12月10日中午仍然没有投降，那么，将下令进攻南京。"① 日本军方文件《支那事变经过概要》则记载："南京总攻战打响之前的9日正午，最高指挥官松井大将命令我军飞机向南京卫戍司令唐生智投下劝降书，要求唐生智在24小时内即10日正午前投降。"②

日军航空兵向南京城内投放的"劝降书"内容如下：

百万日军已席卷江南。南京城将陷入重围之中。观之战局大势，今后交战唯有百害而无一利。盖江宁之地乃中国故都，亦为民国之都城，明孝陵、中山陵等名胜古迹猬集。有宛若东亚文化精髓之感。日军将严厉处置抵抗者，不予宽恕，然对无辜民众及不怀敌意之中国军队，则宽以待之。乃至东亚文化，亦有保护保全之热忱。然若贵军继续交战，南京势必难免战祸，千载之文化归于灰烬，十年之经营化为泡影。故本司令官代表日本军劝告贵军，立即和平开放南京城，然后按下文所记处置。

大日本陆军司令官　松井石根③

"劝降书"还以威胁的口气，通知中国军队代表与日军代表谈判投降的日期、地点和形式：

对本劝告书之答复，应于12月10日正午，在中山门至句容道路之步哨线，由我军收领之。若贵军派遣司令官代表，应准备于答复收领处，与本司令官代表达成关于接收南京城之必要协定。若于指定之时间内未得到任何答复，日本军将

① 《律师宣读武藤的宣誓证词（部分）》，杨夏鸣编：《南京大屠杀史料集》第7册《东京审判》，江苏人民出版社、凤凰出版社2005年版，第442—443页。

② 《支那事变经过概要》，王卫星编，叶琳等译：《南京大屠杀史料集》第32册《日本军方文件与官兵日记》，江苏人民出版社2010年版，第25页。

③ 《支那事变经过概要》，王卫星编，叶琳等译：《南京大屠杀史料集》第32册《日本军方文件与官兵日记》，江苏人民出版社2010年版，第25页。

不得不开始攻占南京。[①]

经手过松井石根这份“劝降书”的翻译冈田尚后来回忆，他负责翻译的文稿中，有时间、地点和“持白旗”的要求，具体如下：“我日军最高指挥官劝告贵军派出三名负责军使，于10日正午持白旗前往中山门外，同我方派遣的军使就有关占领南京问题举行预备会谈”[②]。日军公然要求中国军队持“白旗”出城接受“劝降”，是对中国守军抵抗意志的侮辱。

差不多与日军在南京散发“劝降书”的同时，中国方面在汉口发表了一则措辞强硬的声明。据《中山日报》12月9日专电称：“首都卫戍司令部发言人9日对外记者称，中国对南京附近防线现已加强，大军集中坚守。一息尚存，一弹尚在，南京必抵御到底。中国在物质上为劣，故惟有延长战争以使敌方枯竭。”[③]这一声明，预示了南京军民将决不屈服于日本的劝降和讹诈。

唐生智对日军的“劝降书”未予以理睬，并以9日夜间下达的命令作为对日军“劝降书”的实际回应。命令具体内容如下：

1.本军目下占领复廓阵地为固守南京之最后战斗，各部队应以与阵地共存亡之决心，尽力固守，决不许轻弃寸地，摇动全军，若有不遵命令擅自后移，定遵委座命令，按连坐法从严办理。

2.各军所得船只，一律缴交运输司令部保管，不准私自扣留。着派第七十八军军长宋希濂负责指挥沿江宪、警，严禁部队散兵私自乘船渡江，违者即行拘捕严办。倘敢抗拒，以武力制止。[④]

第78军军长宋希濂接奉唐生智上述命令后，随令下关守备部队第212团协同宪、警，负责办理收缴船只、不准散兵私自乘船一事，并出示布告，使各友军知晓。布告要旨为：

---

① 《支那事变经过概要》，王卫星编，叶琳等译：《南京大屠杀史料集》第32册《日本军方文件与官兵日记》，江苏人民出版社2010年版，第25—26页。

② 〔日〕田中正明著，军事科学院外国军事研究部译：《“南京大屠杀”之虚构》，世界知识出版社1985年版，内部读物，第130页。

③ 《蒋委员长在某地指挥／我决誓死抗战到底／虽战至二三载亦所不惜／首都保卫战我稳有把握》，《中山日报》1937年12月11日。

④ 《陆军第七十八军南京之役战斗详报》，中国第二历史档案馆藏，档案号七八七—7590。

1. 无司令长官公署通行证而渡江者，认为私行渡江。

2. 私行渡江不服制止者，准一律拘捕转送核办。[①]

唐生智在这一命令中要求部队上缴船只，也间接导致了12月13日很多部队撤退时无船可渡的悲剧。

南京守军在唐生智的指挥下，用猛烈的炮火和激烈的战斗，回答了日军的劝降之举。据报载：整个10日上午，“南京之战事，不因日军司令官松井石根致牒唐生智将军要求和平入城而比较缓和，抑且光华门、通济门、中山门一带之战事，更形激烈，自朝至午未有片时停息。华军对于死守南京至为坚决，予日军以重大打击。”[②]中央通讯社报道称：“敌方此种通牒，固属对我军之莫大侮辱，且亦为敌军不择手段对我非战斗员之京市民众大肆屠杀之先声，我唐司令长官奉令卫戍南京，誓与南京城共存亡，刻正督率所部奋勇抗战，对敌荒谬通牒，决不置理”[③]。日方资料称：“华军司令官唐生智，对此劝告，迄十日正午，并无回复，且是日晨，复以猛烈之炮火，续行攻击。”[④]

9日晨，日军华中方面军参谋长塚田攻率高级参谋公平匡武、情报参谋中山宁人、翻译官冈田尚等人，乘坐吉普车从苏州出发，在当天中午时分到达南京中山门外。翻译冈田尚后来在东京审判的宣誓证词中，就其在中山门外“短暂等候”的情况描述道：

12月9日早晨我乘车和塚田（Tsukada）以及参谋公平（Kimihira）和中山(Nakayama)从苏州出发，一到南京郊外，我们就在某个部队营地休息。第二天上午11点，我们几个人（塚田、公平、中山和我）前往中山门并在那里等候中方谈判人员的到来。可是直到下午1点，他们都没有出现。我们只能离开那里，之后不久，假如我没记错的话，总攻的命令就下达了。[⑤]

---

① 《陆军第七十八军南京之役战斗详报》，中国第二历史档案馆藏，档案号七八七—7590。

② 《日军向首都总攻击 / 我对日方要求未予答复 / 京郊大战我军猛力抵抗 / 芜湖传已陷落 / 当涂危急》，《申报》（上海版）1937年12月11日。

③ 《寇酋横施恐吓 / 企图实行大屠杀》，《扫荡报》1937年12月11日。

④〔日〕日本陆军恤兵部发行:《支那事变战迹之刊》中卷，中央陆军军官学校第四分校1941年印，第111页。

⑤ 杨夏鸣编：《南京大屠杀史料集》第7册《东京审判》，江苏人民出版社、凤凰出版社2005年版，第473—474页。

日军头目为中国军队的拒降而恼羞成怒。他们按照“最后通牒”中规定的时间，于10日午后1时正，正式下达了对南京的总攻击令，也就是正在苏州患肺炎的华中方面军司令官松井石根下达的“中方作命第34号”令：

华中方面军命令

12月10日下午1时于苏州方面军司令部

一、支那军不接受我军之劝告，仍在顽强抵抗。

二、上海派遣军与第十军，当继续南京攻城战，并扫荡城内之残敌。

三、我在苏州方面军司令部。

华中方面军司令官　松井石根[①]

松井石根在当天的日记中写道：“今天一直到中午，仍然没有接到支那军的答复。于是我对两军下达命令，从下午开始攻打南京城。”他还在日记中故作姿态地慨叹：“我真为敌军的顽固不化感到可惜。攻打是不得已的事。”[②]而《朝日新闻》以炫耀的口吻报道：正在前线指挥作战的上海派遣军司令官朝香宫鸠彦王，俨如“拿破仑一世”，站在城东的小山上，“观看南京城在硝烟迷漫中攻陷”。[③]

根据日方军史资料记载，10日正午以后，日军先以炮兵全力轰击，接着全线步兵出击，并辅以飞机的轰炸，其具体内容如下：“协力于地上部队的陆海航空队之巨弹，则对于城内之敌，或江面退窜之敌，加以攻击，或远向敌空军再建之根据地，对于正编成之飞行场，与待抗中之新锐机，加以攻击”。[④]日本同盟社在当天发出的战地通讯中写道：“从10日早晨起，城内的支那军进一步加强防备，凭借城墙继续进行拼死抵抗。照此形势看来，敌人决心固守城池，展开最后一战。南京的命运到了最后时刻。”“唐生智毫无礼节，不仅未在10日正午前的期限内作出任何答复，反而从10日早晨起向我军猛烈炮击。我军遂于下午1时30分拉

① 《中方作命第34号》，王卫星、雷国山编：《南京大屠杀史料集》第11册《日本军方文件》，江苏人民出版社、凤凰出版社2006年版，第30页。

② 《松井石根阵中日记》，王卫星编：《南京大屠杀史料集》第8册《日军官兵日记》，江苏人民出版社、凤凰出版社2005年版，第147页。

③ 〔美〕戴维·贝尔加米尼著，张震久等译：《日本天皇的阴谋》上册，商务印书馆1984年版，第78页。

④ 〔日〕西垣新七：《中国事变史》，中国第二历史档案馆、南京市档案馆编：《侵华日军南京大屠杀档案》，江苏古籍出版社1987年版，第22页。

开了南京城总攻击的战幕。”①

中国新闻机构迅速报道了日军讹诈不成后猖狂进攻和守军英勇抗击的消息。中央通讯社于10日晚11时，从南京战地发出电讯称：“下午一时余，敌大部又以坦克车先导，辅以机械化部队，仍向我东南郊猛冲，企图攻进城门，同时飞机滥炸，大炮频发，较昨晨尤烈。我守军各部拼死御敌，奋厉无前，激战至晚，炮声始渐稀，敌我仍相持于大校场附近。我阵地视昨日未有变动，惟双方伤亡均极重。敌企图一举而入城之梦想，已为我忠勇将士坚强之抵抗所摧破矣。”②《申报》称中国守军“沿城扼守，对于逼近城脚之日军以机枪及迫击炮轰射，并亦以重炮向日军阵地轰击，双方炮火之密，几无一分钟时间之停息”。该报综合各方消息，报道当日诸阵地战况为：汤山与中山门间之孝陵卫，双方争夺激烈，传日军已逼近中山门；大校场日军分兵二路，分向通济门、光华门进攻，该二门城墙有数处被毁，但涌进城门之少数日军，均为守军堵截击退；雨花台方向日军被堵于岔路口以北，但其西南边之西善桥已为日军攻占；紫金山日军向乌龙庙、蒋王庙推进，已离太平门不远。③

面对敌人的凶猛进攻，南京卫戍司令长官唐生智表示：“吾军以血肉之躯，与钢铁相争，伤亡之数，当然重大。”唐生智又称：目下南京全城已处猛烈轰炸之下，雨花台及紫金山附近仍在激战中。我军现正扼守雨花台山顶之炮台，猛力抵御；首都局势，仍在我军控制之下，现正坚决抵抗；我军之士气，殊为激昂。④

猛烈、复杂的战况虽对守军不利，但是持续不断的枪炮声和敌我严重的伤亡，都有力地证明：中国守军并未被日军的要挟所吓倒，日军如不付出重大的伤亡代价，是不可能进入南京城的。中国军队捍卫国土，保卫首都的爱国主义精神与浴血奋战的杀敌勇气，打破了侵略者轻松占领南京城的迷梦！

---

①《不回应我劝降书/一举攻占南京/下午1时30分终于拉开战幕》，王卫星编，何慈毅、李斌等译：《南京大屠杀史料集》第58册《〈东京日日新闻〉与〈大阪每日新闻〉报道》，江苏人民出版社2010年版，第190页。

②《寇酋横施恐吓/企图实行大屠杀》，《扫荡报》1937年12月11日。

③《日军向首都总攻击/我对日方要求未予答复/京郊大战我军猛力抵抗/芜湖传已陷落/当涂危急》，《申报》（上海版）1937年12月11日。

④《光华门争夺剧烈/我扼守雨花台炮台/首都局势昨晚未有变化/日机猛烈轰炸/全城大火/唐生智督战士气旺盛》，《申报》（上海版）1937年12月12日。

第六章　复郭阵地防御作战

侵华日军分作多路，在突破中国守军前哨阵地后，继续从多个方向逼近南京的复郭阵地。同时，中方守军亦在既设阵地上奋勇抵抗日军的凶猛进攻，其防守作战在南京城南、城东、城东北、城西、江北地区激烈展开。在复郭阵地及守卫南京城门、城墙的战斗中，守军官兵在爱国精神及民族大义的感召下，以不怕牺牲的勇气与进犯日军厮杀血战，表现出了中华民族反抗外来侵略的浩然正气；而日军则依仗其兵力与武器优势，在付出不小的伤亡代价后接连突破守军阵地及城门城墙，最终于 12 月 13 日占领守军撤退后的南京城。

第一节　城南地区战斗

一　雨花台战斗

雨花台位于中华门外，在南京保卫战时期是南京复郭防线南段的重要防御阵地。雨花台台高 100 米，自西向东长约 3500 米，分由石子岗、凤台岗、梅岗三处山岗组成。因该处为南京南部的军事要冲，素有“南京南大门”之称，其战略地位极其重要，历来为兵家必争之地。太平天国、辛亥革命时期，均在此发生过激烈战斗。雨花台高地与西南面的安德门高地、东南面武定门外高地连成一线，构成一个整体的防御屏障，以阻挡南来日军的攻击。

守卫雨花台的中国军队为第 72 军，军长孙元良。第 72 军以第 88 师为基干，该师在淞沪会战时扩编为第 72 军。参加南京保卫战时，第 72 军第 88 师下设第

262 旅和第 264 旅，军部下设 1 个补充旅，共计 3 个旅 6 个团。该部参加淞沪会战时损失甚大，到南京后补充新兵 3000 余人，总兵力约 12000 人。[①]

根据雨花台一线高地的地形，中国守军将雨花台阵地分为中央阵地、左翼阵地、右翼阵地，左翼与第 87 师连接，右翼与第 51 师连接。由军部的补充旅第 1 团派出一部兵力，进据板桥镇，开设前进阵地。据第 88 师师部参谋卢畏三回忆：“师以第二六四旅之第五二七团附炮兵两连扼守雨花台，第五二八团为预备队，前线并附工兵一营，通信营两个连，辎重营两个连。”[②] 参与攻击中方一线阵地的日军，自东向西以第 9 师团为右路，第 114 师团为中路，第 6 师团为左路。

雨花台早在清代时就筑有炮台，在南京保卫战前，中国守军又在此修筑了由铁丝网、堑壕、火力点以及钢筋水泥混凝土碉堡构成的坚固防御工事。

雨花台一线的战事于 12 月 9 日打响，日军第 9 师团步兵第 19 联队最先向雨花台左翼阵地白壁高地发起全面攻击。据日军步兵第 19 联队史记载：

第一线部队以第一大队为左翼第一线，沿主干道攻击东侧地区的敌人阵地，以第三大队为右翼第一线，攻击东侧的白壁高地上的敌人阵地。[③]

坚守阵地的第 264 旅高致嵩部官兵进行了顽强的抵抗，给予进犯的日军沉重打击。午后，终因敌众我寡，部分阵地被敌占据。此时，第 264 旅旅长高致嵩亲自率领第 528 团的两个营增援一线，几经激战，终于将阵线稳住，双方形成拉锯态势。据日军军史记载：

下午 2 时左右，左翼第一线先后攻占了第一高地和第二高地。但此时敌人的火力越来越猛烈，不仅从正面猛烈射击，而且对楔入突进的我军形成包围之势，对我侧翼的射击也愈加猛烈。敌人的炮弹不断落在我第一线部队周围，我伤亡惨重。[④]

---

① 程瑶、唐恺：《南京保卫战部分守军的参战、损失、撤退人数》，《日本侵华南京大屠杀研究》2018 年第 4 期。

② 卢畏三：《第八十八师扼守雨花台中华门片段》，中国人民政治协商会议全国委员会文史资料研究委员会《南京保卫战》编审组编：《原国民党将领抗日战争亲历记·南京保卫战》，中国文史出版社 1987 年版，第 164 页。

③ 《敦贺联队史》，王卫星编，刘军等译：《南京大屠杀史料集》第 56 册《日军文献》上，江苏人民出版社 2010 年版，第 216 页。

④ 《敦贺联队史》，王卫星编，刘军等译：《南京大屠杀史料集》第 56 册《日军文献》上，江苏人民出版社 2010 年版，第 216 页。

12月9日的战斗经夜不息，甚至在入夜以后第264旅官兵仍在炮火掩护下，对日军进行反击。仅仅9日一天就毙伤日军达150人，击毙日军步兵第19联队副官白川寿视少佐。

12月10日，在日军第9师团方面，其步兵第19联队于清晨再次发动攻击，中国守军利用碉堡及机枪掩体等坚固工事，在猛烈炮火掩护下进行了顽强抵抗，激战十余小时，日军在付出惨重的伤亡后，仅攻占了白壁高地的东侧。日军步兵第19联队之《敦贺联队史》写道：

虽然用尽各种手段，但敌人的抵抗仍然顽强，战况仍没有进展。为了压制我军的夜袭，天黑以后，敌人的炮火更加猛烈。右翼第三大队趁着黄昏，果敢地强行实施突袭，终于在晚上8时占领了白壁高地的东侧。然而，包括代理大队长藤井大尉在内，部队伤亡惨重，将校大部伤亡。当天，两大队伤亡达百余人。①

参加进攻该处的日军第9师团步兵第19联队士兵宫部一三如此描述当晚的战斗情景：

敌人的抵抗极为顽强，迫击炮弹、手榴弹交织成火力网，多次拼命进行反击，我军伤亡不断。而且当面的地形复杂，无法了解敌之详情，所以此后的突进陷入了困境。第一线部队控制了业已占领的阵地，准备在拂晓时发动进攻。入夜后，敌人的炮击越发猛烈，并向我第一线部队开枪射击。敌步兵大部队在火力掩护下，连续多次对我军进行勇猛地反击，而我第一线部队死守阵地，击退了敌人，在当天的战斗中，联队伤亡一百五十多人。②

同日，日军第114师团下达作战命令，师团将其攻击重点指向雨花台之中国守军，并进抵周家凹—雨花台一线。命令称：“敌军未接受我军劝降，仍在南京城外的一连串阵地勉强进行着最后的抵抗……两翼部队作战区域划定为周家凹—

① 《敦贺联队史》，王卫星编，刘军等译：《南京大屠杀史料集》第56册《日军文献》上，江苏人民出版社2010年版，第216页。

② 宫部一三：《风云南京城》，王卫星编，叶琳等译：《南京大屠杀史料集》第33册《日军官兵回忆》，江苏人民出版社2007年版，第33页。

鲜鱼宁—周家楼子一线（该线以上属于左翼队）。”①

与此同时，第 6 师团也确定了对南京城南侧内部防御阵地的攻击方向，这样以第 6 师团为左翼，第 114 师团为右翼对雨花台的攻击态势基本形成。在第 114 师团从右翼进攻雨花台的同时，第 6 师团以步兵第 13、第 47、第 23 联队一字排开，从左翼对雨花台阵地发起了集团进攻。此时，守卫雨花台右翼阵地的是第 72 军补充旅吴求剑部，以及与之相联接的第 74 军第 51 师第 305 团张灵甫部。

日军步兵第 23 联队的作战部署如下：“第一大队为左翼第一线，首先攻占蚕业试验场附近高地，然后攻击主干道北侧高地上的敌军阵地，并进抵安德门西北方高地；第二大队（欠第五中队）为右翼第一线，攻击安德门东南侧菊花台敌军阵地，并进抵安德门东北方高地。”②

10 日晨，日军步兵第 23 联队第 1 大队以第 3 中队为主攻，向蚕业试验场高地一线发起攻击。坚守阵地的中国官兵利用坚固的碉堡工事，在野炮、迫击炮的火力支援下顽强抵抗。该第 1 大队大队长驹泽贞安少佐被击伤。据陆军第 51 师战斗详报记载：“十日拂晓，敌七八百名沿京芜铁路由小米行攻击我军左侧，激战甚烈。”③ 至夜晚，中方阵地虽多处被攻陷，但中国守军仍然多次向敌展开反攻。日军以步兵第 23 联队第 2 大队第 7 中队为主力向天隆寺北侧高地和西侧高地的中国守军阵地发起攻击，守军第 72 军补充旅一部官兵凭借坚固工事顽强抵抗。对此，日军战史写道：“天隆寺北侧的敌军凭借三座混凝土碉堡，抵抗出乎意料的顽强，突击相当困难。”④ 激战至下午 2 时，中国守军终因寡不敌众，致天隆寺一线阵地被日军占领。

位于步兵第 23 联队右侧的步兵第 47 联队于下午 4 时开始攻击前进，后进抵菊花台一线高地，日军称之为 82 高地。步兵第 47 联队第 3 大队第 11 中队企图以夜袭的方式一举夺占，然而，战斗的惨烈程度让日军胆战心惊，日军战史及日后的回忆，以“血与火的攻防战”“血淋淋的攻防战”来形容此次战斗，称其激烈

① 《一一四师作命甲第 60 号》，王卫星、雷国山编：《南京大屠杀史料集》第 11 册《日本军方文件》，江苏人民出版社、凤凰出版社 2006 年版，第 217 页。

② 《都城步兵第二十三联队战记》，王卫星编，刘军等译：《南京大屠杀史料集》第 57 册《日军文献》下，江苏人民出版社 2010 年版，第 458 页。

③ 《陆军第五十一师于卫戍南京战斗之经过》（1938 年 1 月），中国第二历史档案馆藏，档案号七八七—7592。

④ 《都城步兵第二十三联队战记》，王卫星编，刘军等译：《南京大屠杀史料集》第 57 册《日军文献》下，江苏人民出版社 2010 年版，第 459 页。

程度在南京城外的战斗中屈指可数。[①]在黑夜中，中日两军展开了激烈的厮杀，守军连续进行了五次反击。日军战史写道："仍活着的士兵们以战友的尸体为沙袋，依靠刺刀和手榴弹战斗到了最后。"[②]原本94人的第11中队，经彻夜激战仅存24人，中队长首藤武也被中国守军击成重伤，后伤重毙命。中国守军也付出了惨重的伤亡，日军步兵第47联队少尉仓迫俊男写道："满山遍野都是佩戴着第八十八师臂章的敌兵尸体。"[③]

11日，日军第9师团步兵第19联队对雨花台左翼阵地进行了轮番攻击。阵地上守军损失殆尽，第264旅旅长高致嵩亲率作为预备队的第528团及所属工兵1营，紧急赶往第一线堵截日军，向已经攻入中方阵地的日军发起反击，以白刃肉搏终将日军杀退，毙伤日军步兵第19联队第1大队第2中队中队长近藤大尉以下60余人。日军军史写道："敌人的抵抗依然顽强，我军丝毫没有进展。"[④]就在步兵第19联队攻击的同时，第114师团步兵第66联队联队长山田常太大佐于12月11日凌晨0时40分下达了作战命令："师团决定以主力向南京城东南角持续进行攻击，我联队与步兵第一二七旅团为师团左翼队，攻击雨花台，以一部突破南京中华门及其东侧的城墙。"[⑤]

这时，大塚升中佐的野炮兵第120联队在野战重炮兵第14联队联队长井手龙男大佐的指挥下，于第114师团司令部的后方构筑阵地，开始炮击雨花台中国守军的碉堡阵地。[⑥]

在右翼阵地方面，围绕着82高地展开的激烈战斗，自10日晚一直持续到11日早晨。日军为了增援第11中队，其第10中队在荒金进中尉的指挥下扑向82高地，与反击的中国守军展开惨烈肉搏战。第5中队也在吉田光治大尉指挥下逼近到中

---

① 《大分第四十七联队奋战记》，曹大臣编，罗文文等译：《南京大屠杀史料集》第62册《日军第六师团官兵回忆》，江苏人民出版社2010年版，第101页。

② 《大分第四十七联队奋战记》，曹大臣编，罗文文等译：《南京大屠杀史料集》第62册《日军第六师团官兵回忆》，江苏人民出版社2010年版，第103页。

③ 仓迫俊男：《回忆82高地激战》，曹大臣编，罗文文等译：《南京大屠杀史料集》第62册《日军第六师团官兵回忆》，江苏人民出版社2010年版，第415页。

④ 《敦贺联队史》，王卫星编，刘军等译：《南京大屠杀史料集》第56册《日军文献》上，江苏人民出版社2010年版，第218页。

⑤ 《我们的大陆战记》，王卫星编，刘军等译：《南京大屠杀史料集》第57册《日军文献》下，江苏人民出版社2010年版，第706页。

⑥ 《我们的大陆战记》，王卫星编，刘军等译：《南京大屠杀史料集》第57册《日军文献》下，江苏人民出版社2010年版，第707页。

国守军阵地前400米的地方，进行猛烈攻击。这时吉田光治大尉所穿的新军服和明显的大尉肩章正好成为我守军狙击手的目标，一声枪响，吉田被中方守军成功击毙。

在日军步兵第23联队和步兵第47联队的协同攻击下，菊花台附近一带高地于11日下午2时40分被攻占。随后，日军步兵在战车部队的配合下，一举突破了南京外郭城门——安德门，向纵深长驱直入。日军第10军独立轻装甲车第2中队中队长藤田实彦对此回忆道：

铁门大约高四米，宽两米，非常结实。两边是钢筋水泥铸成的围墙，往两边的远处延伸而去。围墙上面是敌人坚固的阵地。我命令先头的两辆战车去撞开铁门。两辆战车开足马力用力一撞，没想到铁门“咣当”一声被撞开了。①

在安德门一线高地的激战中，日军仅中队长级别的军官就被击毙多人，包括步兵第23联队第1大队第2中队中队长沟口元吾大尉，步兵第47联队第2大队第5中队中队长吉田光治大尉、第3大队第11中队中队长首藤武中尉，以及野炮兵第6联队第1大队第2中队中队长藤井三郎大尉等。守卫82高地一线的第72军补充旅第1团官兵也付出了惨重的代价：团长华品章、第1营营长周鸿阵亡，第2营营长戴海荣负伤。该团撤出阵地的时候，全团已无一个完整建制的连、营，进城后重新整编为4个步兵连。② 日军步兵第47联队官兵被中国守军顽强的战斗精神所折服，曾回忆道：

大加称颂的应该还有支那军队的防御气概，他们面对日军阿修罗般的浴血奋战并没有逃跑，而是豁出性命阻击日本军队，猛烈地反攻了整整一昼夜，在“全部战斗到死”的口号鼓舞下打到最后，有的被枪打死，有的被刺刀戳死。堑壕里留下了成堆的步枪、机枪弹壳，以及倒下的无数尸体。③

---

① 《战车战记》，王卫星编，叶琳等译：《南京大屠杀史料集》第33册《日军官兵回忆》，江苏人民出版社2007年版，第284—285页。

② 高健：《抗日战争南京战役中一个步兵团的战斗纪实》，中国人民政治协商会议南京市委员会文史资料研究委员会编：《南京文史集萃》（第1辑），江苏古籍出版社1989年版，第80—85页。

③《夺取雨花台、大士庵》，曹大臣编，罗文文等译：《南京大屠杀史料集》第62册《日军第六师团官兵回忆》，江苏人民出版社2010年版，第104页。

位于步兵第47联队右侧的步兵第13联队，在进攻雨花台的过程中也遭遇了中方守军的顽强抵抗，其第4中队中队长松冈政人中尉、第7中队中队长获平昌之中尉、第8中队中队长中村进中尉等100余人伤亡。

由于安德门的失陷，在其右翼的华严寺、姜家营一线第51师第305团防区颇感压力。据陆军第51师战斗详报称："相持至午刻，敌以主力由孙家凹绕攻华岩寺、姜家营，复以一部沿天后宫大堤，企图突破毛官渡，华岩寺失而复得者数次。"①

此时，第305团已伤亡营长于清祥以下400余人，晚间11时，不得已向赛公桥、沈家圩、关帝庙一线退却。

中方战史也记录下了右翼阵地的最后时刻："至午后二时，我八十八师雨花台右翼阵地为敌突破，中华门城门亦被敌炮击毁，有少数敌军突入，但被歼灭。"②

11日夜，南京卫戍司令长官部下令："令八十八师缩短阵线，固守城外主要阵地，右与七十四军、左与八十七师密切连〔联〕系，其城垣防务（除中华门、雨花台附近外）由一五六师及七十四军分担。"③得令后，孙元良军长连夜指示第262旅旅长朱赤率领第524团等部，脱离城垣防务，增援固守雨花台中央阵地的高致嵩第264旅。得到增援的守军趁着夜色向日军第114师团步兵第66联队进行了大规模的反击。日军战史记录了11日夜的战斗，其中写道：

约两千名敌人在野炮、迫击炮、机关枪的掩护下进行反击，但铁丝网挡住了敌人，隔着铁丝网双方互投手榴弹，拼死相搏的攻防战持续了30分钟。敌人吹起军号，撤回阵地。面对2000名敌人，在50米开外的手榴弹战是登陆以来最为激烈的战斗。夜里，敌人的反击丝毫没有减弱，在一进一退的攻防战中我方也一片混乱。④

12日凌晨5时起，日军第114师团配属的野炮兵第120联队集中重炮向雨花台中国守军阵地进行了猛烈炮击。雨花台阵地顿时陷入一片火海，防御工事尽毁，守军伤亡惨重。在炮击一个小时后，第114师团步兵第66联队在步兵第102联队

---

① 《陆军第五十一师于卫戍南京战斗之经过》（1938年1月），中国第二历史档案馆藏，档案号七八七—7592。

② 《南京卫戍军战斗详报》，中国第二历史档案馆藏，档案号七八七—7593。

③ 《南京卫戍军战斗详报》，中国第二历史档案馆藏，档案号七八七—7593。

④ 《我们的大陆战记》，王卫星编，刘军等译：《南京大屠杀史料集》第57册《日军文献》下，江苏人民出版社2010年版，第712页。

的配合下，向中国守军阵地发起了攻击。阵地上的守军在第262旅旅长朱赤和第264旅旅长高致嵩的指挥下殊死抵抗，仍以少量的迫击炮不停地向日军射击。此时，已身负重伤的团长韩宪元见阵地被毁，官兵死伤过半，不顾下属让他下火线的劝说，裹伤再战，并振臂高呼："我524团能以1营兵力固守上海四行仓库，今我1团官兵，尚不能固守小小雨花台乎？""大丈夫既舍身许国，岂可临难苟免畏死偷生？"①

然而，由于寡不敌众，韩团长与全团官兵皆牺牲于雨花台阵地。不久，旅长朱赤也在率领敢死队对日军进行反冲锋时身中数弹殉国。《陆军第八十八师京沪抗战纪要》记录下了这悲壮的一幕：

> 我二六二旅旅长朱赤，二六四旅旅长高致嵩、团长韩宪元、李杰、华品章，中校参谋赵寒星，营长黄琪、符仪廷、周鸿、苏天俊、王宏烈、李强华各率所部反复肉搏，奋勇冲杀，屡进屡退，血肉横飞。上午韩团长宪元，营长黄琪、周鸿、符仪廷先后殉难，下午，旅长朱赤、高致嵩，团长华品章，营长苏天俊、王宏烈、李强华亦以弹尽援绝，或自戕，或阵亡，悲壮惨烈，天日亦为之变色。全师官兵六千余员名均皆英勇壮烈殉国，五二七团李团长杰亦因突围至飞机场，被敌击伤自杀。②

12日正午时分，第88师雨花台主阵地被日军占领。日军在突破雨花台阵地向中华门一线推进时，仍遭遇了雨花台上守军的顽强阻击。藤田实彦写道："但是，雨花台高地还是有许多敌兵在猛烈射击，使后面三四百米远的空地上的步兵无法前进。"③经短暂激战后，第88师残部在旅长高致嵩和副旅长廖龄奇的率领下向中华门方向撤退。面对跟踪追击的日军，旅长高致嵩一面命令廖龄奇率大部向中华门撤退，自己则率小部分官兵利用金陵兵工厂一排排高大的厂房继续阻击日军。日军步兵第115联队第3大队《南京攻略战斗详报》对第11中队金陵兵工厂附近战斗经过之记载如下：12月12日下午1时30分进抵金陵兵工厂附近时，遭遇来自金陵兵工厂方面中国守军的猛烈射击，经过50分钟激战，于2时20分才通过

---

① 《韩宪元》，黄季陆主编：《革命人物志》第8集，台北中国国民党中央委员会党史史料编纂委员会1970年编印，第356页。

② 《陆军第八十八师京沪抗战纪要》，中国第二历史档案馆藏，档案号七八七—7517。

③ 《战车战记》，王卫星编，叶琳等译：《南京大屠杀史料集》第33册《日军官兵回忆》，江苏人民出版社2007年版，第291页。

爆破工厂铁门进入厂区；此时，厂区内的守军仍然坚守不退，在厂房内誓死抵抗，与进入厂区的日军展开了逐楼的争夺；又激战了两小时后，日军才完全占领金陵兵工厂。[①] 至此，金陵兵工厂内中国守军迟滞了日军 3 个小时，为副旅长廖龄奇率领的官兵争取了宝贵的撤退时间。然而，旅长高致嵩暨 40 余名官兵却牺牲在了金陵兵工厂阻击战中。

由于中华门早已被堵塞，由廖龄奇率领的不到两千人无法入城，又无攀城之绳索、长梯等工具，只得沿着护城河两岸退却。因缺少系统的指挥，造成撤退的混乱，引起了一系列的连锁反应。《南京卫戍军战斗详报》载："至午后三时，八十八、八十七两师各一部溃退部队，经中山路北走拟出挹江门，至铁道部附近为本部特务队及三十六师所阻，不听，秩序益紊。"[②] 唐生智等主要指挥官事后对第 88 师部分官兵之无序撤退予以严厉指责称："因此波及全军。此应负最大责任也。"[③]

日军经过连续 3 日的苦战，虽然夺取了雨花台阵地，造成了中方守军的重大伤亡，但其自身也付出了十分惨重的代价。据第 6 师团野炮兵第 6 联队大队长长野喜诚回忆：在攻击雨花台阵地的 3 天中，在野炮兵阵地附近作战的独立工兵队，为了爆破雨花台守军的碉堡，曾先后 3 次组织敢死队前去爆破，损失惨重。第一批敢死队由 40 名队员组成，"此次敢死队的任务是在接近敌碉堡后，将绑上炸药近四米长的竹竿点燃后扔进去一举炸掉碉堡"，"悲哀的是最终他们并没有成功，听说 40 人中仅有 3 名伤员活了下来，其余全部阵亡了。"第二批敢死队，"没有完全成功，只完成了 1/3 的任务。"接着又组织了第三批敢死队前去爆破。随着第三次爆破的进行，一个步兵中队发起了冲锋，这个步兵中队最后只剩下几十人。[④]

经连日血战，以及混乱的撤退，第 72 军原本 12000 余人的部队，撤至郑州仅收容官兵不足 3000 人。

然而，撤退的无序并不能抹杀第 72 军全体官兵在雨花台战斗中的英雄壮举。第 72 军以绝对劣势的兵力和装备，在雨花台阵地力抗日军两个师团以及大量炮兵

① 《南京攻略战斗详报》，日本防卫省防卫研究所藏，亚洲历史资料中心，档案号 C11112027900。

② 《南京卫戍军战斗详报》，中国第二历史档案馆藏，档案号七八七—7593。

③ 《军事委员会侍从室第一处主任钱大钧汇转南京卫戍司令长官唐生智副司令长官罗卓英、刘兴呈蒋委员长为卫戍南京未能持久守备自请处分报告》（1937 年 12 月 24 日），秦孝仪主编：《中华民国重要史料初编·对日抗战时期》第 2 编（2），台北中国国民党中央委员会党史委员会 1981 年编印，第 225 页。

④ 长野喜诚：《遗憾与激动的交响乐》，曹大臣编，罗文文等译：《南京大屠杀史料集》第 62 册《日军第六师团官兵回忆》，江苏人民出版社 2010 年版，第 331—332 页。

和战车部队的联合攻击，予日军以沉重打击。日军为此不得不承认雨花台战斗是金山卫登陆以来最艰苦之硬仗。①

二　光华门战斗

光华门原名为正阳门，为明代南京城13座城门之一。该城门取名“正阳”，因朱元璋的大明王朝在“五行”中属“火”，主南方，其作为最南端的大门，是京城之“国门”。《南都察院志》称：“本门要冲，东至朝阳门界，西至通济门界，长908丈，垛口1326座。”正阳门建有内瓮城一座，设主城门与内瓮城城门二道。内瓮城的城门与京城的城门呈直线而设，皆为拱券城砖砌筑，无条石。主城门上建有闸楼和城楼，内瓮城上建有闸楼。1928年，正阳门改名为光华门，取“光复中华”之意，以纪念1911年12月江浙联军光复南京之举。

光华门位于南京环城防线之左翼，作为南京守军南线和东线阵地的结合地带，其战略位置极为重要。根据1936年11月27日由参谋本部第2工区移交至警备司令部的《第六期接收第2临时工区永久工事第2表》记载，在光华门东南城角构筑有编号为46号的机关枪掩体一座。②

日军步兵第36联队《南京城攻击记》中，这样描述光华门当时的城防状况：

> 综合各侦察报告及情报，当时光华门八扇大门紧闭，外壕宽度约有三十五米，水深约四米，城墙高约十三米，通往大门的道路被防御战车的战壕及五道路障挡住，道路两旁有五道铁丝网一直拦到水面。城门西侧及城墙上设有二十八个重机枪射击孔，如此后获悉的那样，由教导总队的精锐部队固守。③

光华门一线阵地主要由外围阵地和城防阵地两部分组成。外围阵地主要由第71军下辖第259旅、第260旅、第261旅负责防守，城防阵地则先后由教导总队、第156师、第88师、卫戍司令长官部特务队、宪兵教导第2团、首都警察部队等

① 滕昕云：《抗战前期德制新中央军南京保卫战之折戟沉沙》，台北老战友工作室军事文粹部2018年版，第126页。

② 中国第二历史档案馆编：《南京保卫战档案》第4册，南京出版社2018年版，第428页。

③《南京城攻击记》，王卫星、雷国山编：《南京大屠杀史料集》第11册《日本军方文件》，江苏人民出版社、凤凰出版社2006年版，第143页。

多支部队同时或交替参加防守。

日军步兵第36联队第1大队趁我守军第51师撤退，而接防的第87师由于兵力薄弱，在高桥门至河定桥一线阵地立足未稳之际，沿光华门外公路突破了高桥门一线的中国守军防线，于9日凌晨5时15分，进抵光华门。此时的光华门附近仅有教导总队第2旅的1个营，守军见情势紧急，立即将城门关闭，并将沙袋垒起堆积至城门一半高度，以堵截敌人冲击。日军《步兵第三十六联队战斗详报》称："9日凌晨5时15分，尖兵中队（山际少尉指挥）抵达光华门前。"详报这样描述了9日拂晓时光华门最初的情况：

此时光华门前道路一侧之电灯同时点亮，城墙上也发射了照明弹，敌人同时开火。联队长立即命第一大队在大路北侧展开，并侦察光华门守敌之阵地地形，让第三大队以及在山下村南部临时集结后稍晚赶上来的第二大队在防空学校集结。此时天色已经大亮，来自城墙上的火力越来越猛烈，后方的枪声也很密集。①

此时配属步兵第36联队的山炮兵第9联队第3大队的两门山炮，从防空学校围墙直接对准了城门开始炮击。日方资料《南京城攻击记》记载：

部署的山炮兵大队从防空学校围墙直接对准了城门开始炮击。大门的一部分虽然受到破坏，但里面已被泥土木材填实，再加上来不及得到补给就急促追击，仅带了少量弹药，故未能打开突击的道路。接着，小坂二兵队大尉指挥的敢死队，在大路上的轻装甲车以及伊藤大队的火力支援下，搬开了路障，来到城门前，前后来回两次强行爆破。由于炸药量少，以及没有时间填埋炸药，故效果不大。晚上8时，增加了炸药量再次进行爆破，但还是没能完全打开突击的道路，再次被敌军填堵上了。②

就在日军炮击光华门的同时，日军陆军航空兵由神崎大尉和上村准尉驾驶第919号机也于12月9日上午10时08分出发，协同第9师团对光华门守军进行轰炸，投下15磅重航空炸弹10枚，守军将士伤亡百余名。

---

①《步兵第三十六联队战斗详报》，王卫星编，叶琳等译：《南京大屠杀史料集》第32册《日本军方文件与官兵日记》，江苏人民出版社2010年版，第159页。

②《南京城攻击记》，王卫星、雷国山编：《南京大屠杀史料集》第11册《日本军方文件》，江苏人民出版社、凤凰出版社2006年版，第143页。

守城部队在紧急关头，向南京卫戍司令长官部告急，请求派兵火速增援。南京卫戍司令长官部得知情况后，紧急命令宪兵清凉山守备队派出 1 个营的兵力，由宪兵教导团团长周竞人部署，驰援光华门。时任宪兵教导第 2 团第 3 营第 9 连第 1 排排长向鸿远回忆："团部接到紧急命令后，即令我排组成加强排，配备捷克轻机枪六挺和充足的弹药，前往增援。那时团部控制六辆江南汽车公司的公共汽车，我排即在西藏路连部集合，带上全部武器弹药乘车前往。"①

向鸿远排长率部到达指定阵地后，与教导总队谢承瑞团密切配合，几经激战终将日军击退。向排长在事后回忆道："我组织了全排的火力攻击，命令六挺轻机枪都必须打三夹子弹，其他人员要集中力量把手榴弹投下去。由于我们居高临下，一阵猛烈射击和投弹后，敌人开始动摇了"；"下午七时许，发现敌人有退却模样，敌战车开动后都掉转车头，我立即命令全排士兵对准敌人猛烈射击，不一会敌人就全部退光了。"② 至此，光华门的战事稍见平稳。据宪兵部队的战斗详报称："以我增援部队之沉着射击及友军教导总队之迫击炮命中精确，遂将已突进至光华门外护城河之敌击退。"③

另在光华门告急之时，防守中华门至光华门一线的第 88 师第 264 旅第 524 团还紧急调派 1 个营驰援光华门城防，经整日激战，全营牺牲达 300 余人，仅排长黄自强以下 17 人生还。④

在光华门城垣上，与守军并肩作战的还有首都警察厅厅长萧山令指挥的保安警察大队。《首都警察抗战实况》写道：

维〔惟〕时机场已为炮火破坏无余，奉命退守光华门，敌寇仍以密集炮火进犯，城垣崩圮。我第八中队员警，躬负畚锸沙袋，于硝烟弹雨中冒死填筑，修缮略备，复随军作战，因兵力单薄，伤亡复重，急调第六第七两中队增援。⑤

---

① 向鸿远：《增援光华门侧记》，中国人民政治协商会议全国委员会文史资料研究委员会《南京保卫战》编审组编：《原国民党将领抗日战争亲历记·南京保卫战》，中国文史出版社 1987 年版，第 203 页。

② 向鸿远：《增援光华门侧记》，中国人民政治协商会议全国委员会文史资料研究委员会《南京保卫战》编审组编：《原国民党将领抗日战争亲历记·南京保卫战》，中国文史出版社 1987 年版，第 205 页。

③ 《宪兵司令部在京抗战部队之战斗详报》，中国第二历史档案馆藏，档案号七八七—7595。

④ 卢畏三：《第八十八师扼守雨花台中华门片段》，中国人民政治协商会议全国委员会文史资料研究委员会《南京保卫战》编审组编：《原国民党将领抗日战争亲历记·南京保卫战》，中国文史出版社 1987 年版，第 164—165 页。

⑤ 《首都警察抗战实况》，中国第二历史档案馆藏，档案号七八七—7594。

就在将进攻光华门之敌击退之时，日军又复转移兵力猛攻通济门，我守军奋勇迎击，敌卒不支，向后溃退。此时光华、通济两门炮声渐稀，形势已稍缓和。

9日的战斗中，虽然光华门城墙多处被敌炮击毁，但在守军及援军坚强抵抗下，阵地最终转危为安。《南京卫戍军战斗详报》对当日的战斗描述如下：

> 敌将野山炮推进高桥门附近，向光华门轰击，不一时洞穿二穴，敌军小部突入，当被我军击灭。此后随堵随破，几频〔濒〕于危者凡三数次，赖八十七师后续部队之反攻及直属特务队之增援，至午后四时，始将大校场之敌击退。但盘踞通光营房内及城门洞内之少数敌人则始终顽抗。①

就在日军步兵第36联队于防空学校内设置指挥部指挥对光华门开展攻击的同时，据守在光华门外的第71军第87师第259、第261旅等部，不断以营、团规模的兵力向日军发起突袭，切断了日军的联络，使攻击光华门的日军腹背受敌。日军步兵第36联队在其《南京城攻击记》中写道：

> 下午1时左右，在防空学校西侧附近的一个无名村落，有敌军陆续集结，有人看到其数量达四百至五百人，其在清水大队突击性扫射下，受到重创，向西面溃退。晚上10时左右，约有两百名敌军对中和桥以及与之并行的铁桥进行夜袭，第九中队及第三重机枪队与之猛烈交战，约三十分钟后将其击退到西南方向。②

9日当天战况，在事后日方出版的书刊中也有详尽的记述。《支那事变战迹之刊》一书写道："9日午前5时半，我胁坂部队，已达南京城光华门前面之城墙附近，当时城上之敌军，仍顽强作最后抵抗，不断对我军加以猛射。于是展开壮烈凄绝之迫击战。""敌即陆续派出精锐部队，以机关枪从各方面向我猛射，几无片刻间断。复由明故宫飞机场及城内各炮兵阵地，不断以重炮及迫击炮猛烈射击，致使我军无法前进。是时在敌弹如雨注之下，与后方之联络完全断绝，弹药粮食之供给，已不可能。"③

---

① 《南京卫戍军战斗详报》，中国第二历史档案馆藏，档案号七八七—7593。

② 《南京城攻击记》，王卫星、雷国山编：《南京大屠杀史料集》第11册《日本军方文件》，江苏人民出版社、凤凰出版社2006年版，第143页。

③ 〔日〕日本陆军恤兵部发行：《支那事变战迹之刊》中卷，中央陆军军官学校第四分校1941年印，第112—113页。

10日上午，日军步兵第36联队下达“步三六作命第87号”命令，再次对光华门进行了猛攻。该命令称：

一、联队决定于本日薄暮时分果断实施占领光华门之行动。

二、第一大队于下午3时之前完成各项准备，一旦炮击奏效，即刻突入光华门，并于下午5时30分逐步扩大战果，最终占领城门。

三、配备之山炮兵大队应以其一部于下午3时起对城门实施射击，以破坏之。

四、工兵中队在继续实施交通壕挖掘作业之同时，应担任爆破城门后之除土作业。

五、第二大队长指挥其余各队攻占通济门，并确保部队与后方之交通联络。①

在日军猛攻下，教导总队总队长桂永清深感光华门防守力量薄弱，急调总队炮兵团入城，将阵地设于明故宫附近，以支援光华门守军。炮兵的增援给予攻城日军重大打击。对此，日军步兵第36联队战史写道：“当时，因为敌军已经在城墙上部署了对付战车的大炮，所以运送旅团副官武田大尉的装甲车一出防空学校大门，就立刻受到炮击而被击毁，同车士兵战死。”② 配合进攻的轻型装甲车第7中队也有1辆战车被守军的战车防御炮击毁，车长野口小太郎军曹被击毙。同时，雨花台炮台守军要塞炮兵也以密集火力向光华门方向的日军射击。

10日午后，日军一部在坦克掩护下突破了中方第259旅阵地，突入光华门城门口，情况甚为严重。第71军军长王敬久严令，第259旅旅长易安华和第261旅旅长陈颐鼎将突入之敌消灭，并称“完不成任务拿头来见。”于是由第259旅旅长易安华亲率1个加强团在通济门外，第261旅旅长陈颐鼎率两个加强营由清凉巷、天堂村方向，协同夹攻突入光华门之敌。自午后2时至黄昏，将突入之敌的大部分歼灭。但是，第259旅旅长易安华、旅参谋主任倪国鼎，以及两位营长和30多名官兵也在这场战斗中阵亡。③

---

① 《步兵第三十六联队战斗详报》，王卫星编，叶琳等译：《南京大屠杀史料集》第32册《日本军方文件与官兵日记》，江苏人民出版社2010年版，第162页。

② 《南京城攻击记》，王卫星、雷国山编：《南京大屠杀史料集》第11册《日本军方文件》，江苏人民出版社、凤凰出版社2006年版，第144页。

③ 陈颐鼎：《第八十七师在南京保卫战中》，中国人民政治协商会议全国委员会文史资料研究委员会《南京保卫战》编审组编：《原国民党将领抗日战争亲历记·南京保卫战》，中国文史出版社1987年版，第155页。另有说法称易安华阵亡于中华门外，见《与城共存亡，与士同生死——记易安华烈士》，党德信、杨玉文主编：《抗日战争国民党阵亡将领录》，解放军出版社1987年版，第172—176页。

下午3时，日军山炮兵大队得到弹药补充后，再次对光华门进行更加猛烈的炮击，连续炮击两小时之后，光华门城门上端被轰塌处形成一道陡峭的斜坡，勉强打开了突击通道。此时，步兵第36联队第1大队大队长伊藤善光少佐命令由山际中尉率领的第1中队冲入城门内侧并占领之，接着又命第4中队带来云梯爬上城门。然而，日军的进攻立即遭到教导总队第2团及军士营、战车防御炮连的顽强抵抗。他们一边利用机枪扫射，一边向城墙下投掷大量的手榴弹，给日军以重大杀伤。教导总队总队部参谋刘庸诚回忆当日的战事："午后三时许，敌人的敢死队在其密集炮火的掩护下推进到护城河一线。晚八时，由城外冲到光华门外城的城门洞内。"[①]

就在攻城的日军遭遇中国守军拼死反击的同时，日军步兵第36联队联队长胁坂护郎也向伊藤善光下达了"应以全部战死之决心确保光华门"的命令。[②]伊藤善光遂率领作为预备队的第3中队前往增援，在增援作战中遭遇中方守军的顽强反击，伊藤善光本人被击毙于光华门下。

日军步兵第36联队战史中，记载了伊藤善光所部遭遇我光华门守军激烈抵抗时的战况。该战史写道：

> 决心决死一战的伊藤少佐趁着黄昏，率领作为预备队的第三中队推进至城门，但城门处敌人的机枪射击和城墙上方投下的手榴弹使战斗进展极其艰难。在此期间，大队长伊藤善光少佐沉着大胆，一边激励部下，一边斗志昂扬地努力奋战。晚上9时左右，手榴弹片击中了他的右额，他仍喊着要确保城门，最终壮烈阵亡。[③]

时任南京卫戍司令长官部参谋处科长的谭道平回忆这场战斗：

> 当时日军组成了一支小的敢死队，队长是一个四十余岁的瘦小的家伙，他野兽般疯狂地率领了他的十几个部下猛冲过来，即在光华门附近，为我教导总队的工兵排坚强地阻挡住了。于是在耀眼的阳光下就展开了白刃的肉搏，我们英勇的

① 刘庸诚：《南京抗战纪要》，中国人民政治协商会议全国委员会文史资料研究委员会《南京保卫战》编审组编：《原国民党将领抗日战争亲历记·南京保卫战》，中国文史出版社1987年版，第183页。

② 《步兵第三十六联队战斗详报》，王卫星编，叶琳等译：《南京大屠杀史料集》第32册《日本军方文件与官兵日记》，江苏人民出版社2010年版，第162页。

③ 《鲭江步兵第三十六联队史》，王卫星编，刘军等译：《南京大屠杀史料集》第56册《日军文献》上，江苏人民出版社2010年版，第138—139页。

弟兄们受伤了，倒了下去，而他们，这十数个可怜的无名侵略小卒，也就一个个完毕了他们的生命。①

激战至晚，进犯光华门的日军或被歼灭或被逐出，可是仍然有少部分日军利用在被炮火轰出的斜坡上构筑的三道掩体，潜伏在城门洞内，时时刻刻威胁着城墙上的守军。由于射击死角的关系，守军的火力无法扫射到潜伏的日军。为此，教导总队第2团团长谢承瑞向桂永清建议利用汽油进行烧杀，此提议得到了桂永清的认可，于是连夜从军校和励志社等处调运大量汽油桶至光华门城楼上。对此，刘庸诚有如下记述：“谢团长亲率战士背着汽油桶放到城墙箭楼处。半夜，把汽油桶的口松开丢在城门洞口，立即投下火种，摔破的汽油桶里溢出的油，迅速燃烧起来。护城河边的敌人射击更密。拂晓，我军守卫在城墙上的各营连，利用居高临下之势，以密集火力压制敌人。这时，谢团长亲自率一排英勇的战士突然把城门打开，十几挺机枪一齐向敌兵射击，多数均立遭击毙。”②

与此同时，在光华门附近明故宫机场内待命的战车第2排1辆坦克也积极支援了光华门守军的作战，对盘踞于城门洞内的伊藤善光残部发起了连续进攻，给予日军重大杀伤。③

同日，前来增援的粤军第156师第466旅第932团也效法谢团长的做法，将汽油浇在棉花上点燃，向城楼下投掷，以浓烟逼迫躲藏在城门洞内的日军出来，再予以歼灭。据《南京卫戍军战斗详报》记载：“是夜，一五六师选敢死队坠城，将潜伏城门洞内之少数敌军焚毙，将盘踞通光营房之敌歼灭，光华门及通济门方面遂得转危为安。”④然而，这数十名敢死队员也在战斗中全部阵亡。为此，南京卫戍军司令长官唐生智等高级将领高度赞扬第156师全体官兵，称“迨光华、通济两门危急时，该师星夜驰援，官兵用命，卒使该方面战况转危为安。敌亦因此转移其攻击目标于雨花台方面。此其功不可没也。”⑤

---

① 谭道平：《南京卫戍战史话》，东南文化事业出版社1946年版，第64—65页。

② 刘庸诚：《南京抗战纪要》，中国人民政治协商会议全国委员会文史资料研究委员会《南京保卫战》编审组编：《原国民党将领抗日战争亲历记·南京保卫战》，中国文史出版社1987年版，第184页。

③ 徐帆、甄锐：《钢铁抗战：中日装甲兵全史（1918—1937）》，中国长安出版社2015年版，第459页。

④ 《南京卫戍军战斗详报》，中国第二历史档案馆藏，档案号七八七—7593。

⑤ 《军事委员会侍从室第一处主任钱大钧汇转南京卫戍司令长官唐生智副司令长官罗卓英、刘兴呈蒋委员长为卫戍南京未能持久守备自请处分报告》，秦孝仪主编：《中华民国重要史料初编·对日抗战时期》第2编（2），台北中国国民党中央委员会党史委员会1981年编印，第224页。

守军在光华门奋勇杀敌的壮举也受到了新闻媒体的广泛关注，据当时香港的报纸报道称："城南我 ×× 师机械化部队，于昨晚至今晨间，猛攻反攻光华门附近敌军，我军奋勇争先，通济门方面我军以协同动作，结果将敌驱至光华门以南六七百公尺以外。"①

10 日晚至 11 日凌晨这段时间，给进攻光华门的日本侵略者留下了一段痛苦的记忆，参战的日军官兵后来回忆："半夜 0 时左右，敌军投下了催泪瓦斯，还派一辆战车先后数次逼近城门前，向城门洞内猛烈射击。另外，凌晨 1 时左右，敌军从城门上方扔下浇上汽油的木材，并点火燃烧了整整一夜，使我官兵苦不堪言。"②

11 日，由于光华门守军反攻得力，日军大部转向雨花台方面，但盘踞在光华门城墙下以及城门洞内的日军残部则在得到后续部队的增援后，不断组织进攻，企图攻占光华门。光华门上的中国守军也不断进行反击，战斗呈现拉锯态势，日军始终无法占领光华门城头。第 83 军中校参谋杨膺谓在 11 日上午率领第 156 师一部向城外日军炮兵阵地突击时中弹阵亡。③

日军第 9 师团山炮兵第 9 联队的山本勇这样记载 11 日当天的战斗：

苦苦与三个方向的敌人交战，胁坂部队第一大队在这两三天的激战中牺牲大半。敌人炮击十分猛烈，因此中队在民居内挖掘战壕。城墙上的战斗也异常激烈，刚占领就被夺回，再占领又被夺回，就这样双方多次展开拉锯战。刚打算顺着绳梯爬上城墙挂上日章旗，就和敌人发生格斗，或是被城墙上的敌人用刺刀挑落，总之，真是一场恶战。④

战至 12 日，光华门仍在守军手中。为了夺取光华门，12 日一早日军即对光华门城墙进行猛烈炮击，一边以 100 毫米口径的加农炮炮击城墙欲轰开突击通道，一边以 150 毫米口径的榴弹炮向城墙以上射击，压制守军的火力，一时间光华门城墙火光冲天，乱石飞溅。

---

① 凌曦、唐恺编：《南京保卫战中方报纸报道（1937—1938）》，南京出版社 2020 年版，299 页。

② 《鲭江步兵第三十六联队史》，王卫星编，刘军等译：《南京大屠杀史料集》第 56 册《日军文献》上，江苏人民出版社 2010 年版，第 139 页。

③ 胡博、王戡：《碧血千秋：抗日阵亡将军录》，武汉大学出版社 2013 年版，第 63 页。原书称杨膺谓军衔为少将，经核对档案，应为中校。

④ 山本勇：《南京、徐州、武汉三镇——回想中的进军》，王卫星编，叶琳等译：《南京大屠杀史料集》第 60 册《日军官兵日记与回忆》上，江苏人民出版社 2010 年版，第 208 页。

日军步兵第36联队军史文献记载了当天日军炮轰光华门的实况，具体如下：

自天亮起，配属之山炮，直接瞄准城门两侧及城墙上之碉堡，依次实施破坏，以遮蔽敌兵之视线，使敌人难以接近城门向城门内之我官兵投掷手榴弹。

另以一门山炮对准城门内右侧约50米处之城墙实施破坏射击。山炮刚把轰击方位告知协助作战的100毫米加农炮，位于飞机场之100毫米加农炮即开始实施猛烈射击。

弹着点皆极为准确，城墙逐渐崩塌，至日落时分，终于形成了一条陡峭的斜坡，冲锋通道开设成功。①

就在日军以重炮猛轰光华门的同时，盘踞在城门洞的日军与光华门城墙上的中国守军正进行着惨烈的争夺战。日军文献则记录下了这一幕，该文献称：

趁此机会，城门内的步枪一个分队携带两挺轻机枪、一挺重机枪爬上城门上方并占据了城墙。可是就在我停止炮击的同时，敌军又大举反击，胡乱投掷手榴弹，并从远处向我猛烈射击。我弹药耗尽，死伤大半，终于含泪撤下了城墙，回到城门内。

下午2时30分，联队长集合城外第一大队剩余人员组成竹川混成中队，由第二大队长桧皮少佐指挥。桧皮少佐命令第七中队增援混成中队，并试图再次向城门内补给弹药和粮秣。但直泄而下的弹雨封住了通道，突击者非死即伤，突击没有成功。②

战斗一直持续到13日的凌晨，在光华门守军撤退之前，日军的突击部队始终未能攻入城内。

当城墙上的中国守军撤退完毕后，日军方才从突破口处登上了已无防守的光华门城头。此时已经是13日的凌晨4时许。日军文献记载："半夜开始，敌军的枪声和投掷的手榴弹逐渐减少，凌晨4时左右则完全停止了。根据侦察，大部分敌军已经撤退。竹川混成中队从拱形城门的右侧破坏口斜坡登上了城墙，第二大

① 《步兵第三十六联队战斗详报》，王卫星编，叶琳等译：《南京大屠杀史料集》第32册《日本军方文件与官兵日记》，江苏人民出版社2007年版，第164页。

② 《步兵第三十六联队中支那方面行动概要》，王卫星编，刘军等译：《南京大屠杀史料集》第56册《日军文献》上，江苏人民出版社2010年版，第163页。

队以第七中队为先头从右侧破坏口登上并确保了城墙。”[①]

就在日军步兵第36联队占领光华门的同时，13日上午日军步兵第68联队发布攻占通济门的“步六八作命第134号”命令，其中称：“2.联队要进一步扩大前线部队已经获得的战果，攻克通济门。3.第二大队应派部分部队沿着城墙地带向通济门攻击前进并占领之。4.第三大队迅速从飞机场方面向通济门攻击前进，应协同第二大队部分部队占领该城门，应派部分部队支援工兵渡河作业，负责搜集材料。”[②]

与此同时，日军步兵第68联队第3大队也要求“第十一中队为尖兵中队，应在大队前方200米向通济门急速前进。”“下午6时左右，基本结束了扫荡。举着军旗从武定门经过城墙上向着通济门前进入城。”[③]

日军步兵第36联队自12月9日清晨开始进攻至13日凌晨占领光华门止，在这数日的战斗中伤亡惨重，共有伊藤善光少佐等275人阵亡，小川清大尉等546人负伤。[④]其中作为主攻的第1大队，战后仅有75人幸存。[⑤]守卫光华门一线的中国守军亦伤亡惨重，其中警察部队几乎全体阵亡，“光华门、通济门作战时，第六中队长沈迪祥、第七中队长王轩韶、第八中队长王中坚、第九中队长黄清率领所属奋勇抗战，几全部牺牲。”[⑥]南京卫戍司令长官参谋处程奎朗说：“据我所知，据守光华门的战斗是南京保卫战中最壮烈的战斗。”[⑦]同样，光华门一线战斗之惨烈，给日军也留下极为深刻的记忆。日军在战后不仅在光华门城门内侧伊藤善光大队长被击毙之处，设立了一座“故陆军伊藤中佐英灵”的墓碑，还在被100毫米口径加农炮轰击造成城墙坍圮的斜坡上树立了“突击路开设之迹”的木牌，以作为“战

① 《步兵第三十六联队中支那方面行动概要》，王卫星编，刘军等译：《南京大屠杀史料集》第56册《日军文献》上，江苏人民出版社2010年版，第166页。

② 《步兵第六十八联队第一大队战斗详报》，王卫星、雷国山编：《南京大屠杀史料集》第11册《日本军方文件》，江苏人民出版社、凤凰出版社2006年版，第162页。

③ 《步兵第六十八联队第一大队战斗详报》，王卫星、雷国山编：《南京大屠杀史料集》第11册《日本军方文件》，江苏人民出版社、凤凰出版社2006年版，第169页。

④ 《鲭江步兵第三十六联队史》，王卫星编，刘军等译：《南京大屠杀史料集》第56册《日军文献》上，江苏人民出版社2010年版，第143页。

⑤ 西尾吉助：《会计中尉的手记》，王卫星编，叶琳等译：《南京大屠杀史料集》第33册《日军官兵回忆》，江苏人民出版社2007年版，第27页。

⑥ 《首都警察抗战实况》，中国第二历史档案馆藏，档案号七八七—7594。

⑦ 程奎朗：《南京复廓阵地的构筑及守城战斗》，中国人民政治协商会议全国委员会文史资料研究委员会《南京保卫战》编审组编：《原国民党将领抗日战争亲历记·南京保卫战》，中国文史出版社1987年版，第43页。

绩”的炫耀。1939年1月19日，伪政权的“维新政府行政院院长”梁鸿志下令，对南京汉西、光华、中山三门附近毁损的城墙进行修复，可是特别对被日军炮火击毁的光华门东南侧地段城垣作出“战绩保存，不必修理”的决定。[①]光华门战斗被作为重要战例列入日军军事教育教材之中。

在历经数日的光华门争夺战中，中国守军一直坚守城头，勇敢拼搏。光华门战斗是整个南京保卫战中成功守卫阵地的范例。

三　雨花门、武定门战斗

雨花门位于中华门以东，介于中华门与武定门之间。1935年5月宁芜铁路竣工通车，为了使南京市内的京市铁路与京粤铁路相连，由中正街向南穿八府塘过淮清桥而跨秦淮河，傍白鹭洲，沿武定门内侧向南至中华门东石观音庙而抵城墙，辟城墙而建雨花门。[②]

南京保卫战中，当中日两军在中华门一线激烈厮杀的同时，中华门东侧雨花门至武定门一线的战斗也在进行。坚守这一线阵地的中国守军为第72军、第87师、第159师等部。攻击雨花门一线的日军部队为第114师团第128旅团所属步兵第150联队和第115联队，以及配属的野战重炮兵第114联队、野炮兵第120联队等部。

第114师团将所属第127旅团和第128旅团分为左右两翼展开攻击，并下达“一一四师作命甲第60号”命令。该命令内容包括：

二、师团须将主力保持在曾家门—南京城东南角方向，夜晚也要继续进攻，迅速果断地攻克期待已久的南京。

三、右翼队应将主力保持在右翼，攻击正面之敌，进入周家凹东侧地区，并派部分部队冲进南京城东南角及共和门（通济门）。

四、左翼队应继续进攻，并进抵雨花台；派部分部队冲进南门及其东侧城墙。[③]

横亘在雨花门前的曾家门、周家凹等一线高地，形成了守卫雨花门的天然屏障，

---

① 朱明、杨国庆：《南京城墙史话》，南京出版社2008年版，第91页。

② 朱明、杨国庆：《南京城墙史话》，南京出版社2008年版，第88页。

③ 《一一四师作命甲第60号》，王卫星、雷国山编：《南京大屠杀史料集》第11册《日本军方文件》，江苏人民出版社、凤凰出版社2006年版，第217页。

要攻占雨花门，首先要夺取这一线高地。因此，中日两军攻防战便率先在这里打响。12月12日，日军步兵第115联队即以周家凹东侧高地为目标，并明确指示各部确认攻击前进的方向后，开始攻击突进。[①]据守周家凹高地以及城墙上的中国守军，则以猛烈炮火进行回击。据参战的日军官兵回忆："敌人几近疯狂，从村庄里、城墙上向我军胡乱射击。"[②]战斗愈发激烈，守军的迫击炮弹不断向日军阵地轰击，双方僵持于周家凹高地一线。见部队毫无进展，日军步兵第115联队第3大队大队长信泽清三郎少佐手持望远镜到第一线观察中国守军阵地，被我守军击毙于阵前。

位于日军步兵第115联队右翼的步兵第150联队，于上午9时30分攻占了曾家门一线高地，这里距离南京城墙仅有两公里之遥。正当日军步兵第150联队联队长山本重悳中佐和野炮兵第120联队联队长大塚升中佐在曾家门高地商议进攻雨花门方案时，该处日军部队遭遇到雨花台守军数十枚野炮炮弹和迫击炮弹的袭击，顿时大为慌乱。日军战史写道："曾家门道路两侧到处都是震耳欲聋的剧烈爆炸声，官兵们慌不择路地四处散开，幸好没给我方造成损失。不过，在即将攻击南京城前，先被敌军的炮击吓破了胆。"[③]此时，步兵第150联队以两个大队的兵力倾力攻击前进，至上午11时已抵近距离南京城东南角约300米的地方。这时，步兵第150联队下达了对南京城墙的攻击命令，其中包括：

2. 联队先在目前一线准备突击，于炮兵结束射击的同时突进南京城东南角并夺取之。

3. 第一大队（配属部队不变）应于目前地点调整部署，从东南角城门突进城内。应挑选勇敢的军官及一个小队趁炮兵射击之际接近城墙，负责夺取城门。

4. 第二大队（配属部队不变）应于目前地点调整部署，从城墙爆破豁口突进城内。应挑选勇敢的军官及一个小队趁炮兵射击之际，逐个接近城墙，负责夺取城墙爆破豁口。

---

① 《步兵第一一五联队第二大队战斗详报》，王卫星编，叶琳等译：《南京大屠杀史料集》第32册《日本军方文件与官兵日记》，江苏人民出版社2007年版，第224页。

② 《日支事变从军记——突入南京》，王卫星编，叶琳等译：《南京大屠杀史料集》第33册《日军官兵回忆》，江苏人民出版社2007年版，第376页。

③ 《步兵第五十联队史及步兵第一五〇联队史》，王卫星编，刘军等译：《南京大屠杀史料集》第57册《日军文献》下，江苏人民出版社2010年版，第642页。

5. 前线两个大队应立刻搜索通过小河的地点及城墙附近的敌情、地形。

6. 野炮兵第八中队应实施破坏城墙射击。结束射击时间定在下午 1 时 20 分。

该命令还提示所部注意："从目前一线突击前进时，须以重武器压制城墙上的火力，掩护突击。""前线应迅速搜集用作渡河及攀登城墙的器材。"①

此时的雨花门、武定门均铁门紧闭，门前严严实实地堆满了沙袋，守军居高临下巧妙地利用有利地形、坚固的碉堡以及侧防工事，向河对岸的日军猛烈射击，以阻止日军渡河。日军战史这样描述雨花门一线的城防工事："南京城墙（东南角附近）垛口有射击孔，曲折部分到处有带顶盖的侧防设施，大部分为砖砌。斜面垂直高度约 30 米，上口宽约 5 米，有射击设施。"②

为了掩护步兵进攻，日军炮兵部队集中野战重炮兵第 14 联队第 2 大队的 12 门 150 毫米口径榴弹炮，以及野炮兵第 120 联队第 2 大队的 15 门野炮，对雨花门城墙进行了破坏性炮击。密集的枪炮声、爆炸声震天动地。"南京城墙上呈现出一幅极为惨烈的战斗景象。"③

就在炮击停息的间隙，日军工兵部队便开始抢修横跨在护城河上的已经被守军破坏的铁路桥。在河对岸，攻城日军在雨花门通往南面之铁路的两侧展开，右侧为步兵第 150 联队，左侧为步兵第 115 联队第 3 大队。④

日军的炮火刚停，中方守军就在未被击毁的城墙暗堡内向渡河的日军猛烈射击。日军不得不再行炮击，对守军进行火力压制。日军战史称这一时间的战斗，"双方的枪炮声达到了南京城外战斗的最高潮。"⑤ 在日军强大火力的压制下，中方守军多处城防工事被毁。据南京市档案馆藏《南京城防工事现况要图》显示，雨花门至武定门一段编号为 46、47 的碉堡工事均被日军炮火击毁。日军步兵第 150 联

---

①《步兵第一五〇联队战斗详报第6号》，王卫星、雷国山编:《南京大屠杀史料集》第11册《日本军方文件》，江苏人民出版社、凤凰出版社 2006 年版，第 254—255 页。

②《步兵第一五〇联队战斗详报第6号》，王卫星、雷国山编:《南京大屠杀史料集》第11册《日本军方文件》，江苏人民出版社、凤凰出版社 2006 年版，第 261 页。

③《步兵第五十联队史及步兵第一五〇联队史》，王卫星编，刘军等译:《南京大屠杀史料集》第 57 册《日军文献》下，江苏人民出版社 2010 年版，第 644 页。

④《步兵第五十联队史及步兵第一五〇联队史》，王卫星编，刘军等译:《南京大屠杀史料集》第 57 册《日军文献》下，江苏人民出版社 2010 年版，第 647 页。

⑤《步兵第五十联队史及步兵第一五〇联队史》，王卫星编，刘军等译:《南京大屠杀史料集》第 57 册《日军文献》下，江苏人民出版社 2010 年版，第 648 页。

队及第115联队各一部，趁此机会突击到雨花门下。然而，被沙袋以及厚重的铁质大门封堵的雨花门使得日军进退维谷。日军工兵通过两次爆破最终在城门下方炸开了一个可容单列纵队通过的通道。然而，冲入城内的日军，立即遭到来自城墙上方和城内我守军的火力夹击。对此，日军战史写道：

> 联队刚突入城内，敌军就展开了反击，直到天黑仍无停止的迹象。敌人起初从西北方展开反击，后来又逐渐扩展到正面，其反击始终没有停止。不仅如此，天黑以后，敌军除了在城内反击，甚至还扩展到了城墙上。①

通过被重炮轰击造成的城墙破坏口而攻上城墙的日军步兵第150联队本部和警卫小队，也遭遇到我守军的顽强抵抗，而联队本部情报中尉森下武被击毙。此时雨花门以及城墙东南角成为双方争夺的重点，战斗呈现拉锯态势。日军战史写道："由于敌军不时投掷手榴弹，并吹响冲锋号冲了上来，部队的伤亡不断，其状极为惨烈。"为此，日本侵略者不得不承认，"不要说扩大战果了，能确保阵地就已是竭尽全力了。"②

在城墙下的步兵第150联队第2大队也同样遭遇了城内守军的大规模反击，第2大队大队长儿森高槌少佐大腿及腹部先后中弹，被击毙于雨花门下。步兵第105联队方面也同样死伤惨重，第7中队中队长蚁川中尉负伤，小队长佐藤少尉以下多人毙命。

12日晚，虽然南京卫戍司令长官部已经下达撤退命令，雨花门一线的守军已经有部分开始陆续撤退，但是仍然有一部不愿意退却的官兵表示要死守阵地抗战到底。日军步兵第150联队特别下达命令称："敌军虽然似乎要放弃南京退往北方，但仍有部分部队就在近处一心想击退我们。"以此要求所属部队要牢牢守住已夺取的区域，提醒部队要特别警惕来自城墙上两侧中国守军的反击。③这一部分没有退却的中国官兵，虽然处于人数力量都在减弱的状况，但是并没有放弃抵抗，他们利用夜色的掩护，在城墙上下展开了多次反击。日军战史写道："敌军的火力

---

①《步兵第五十联队史及步兵第一五〇联队史》，王卫星编，刘军等译：《南京大屠杀史料集》第57册《日军文献》下，江苏人民出版社2010年版，第650页。

②《步兵第五十联队史及步兵第一五〇联队史》，王卫星编，刘军等译：《南京大屠杀史料集》第57册《日军文献》下，江苏人民出版社2010年版，第650页。

③《步兵第一五〇联队战斗详报第6号》，王卫星、雷国山编：《南京大屠杀史料集》第11册《日本军方文件》，江苏人民出版社、凤凰出版社2006年版，第258—259页。

随着夜深也渐渐减弱了，尽管如此，其仍然不断进行反击。”[①] 这样的情况一直持续到 13 日凌晨 5 时，准备进城“扫荡”的步兵第 150 联队第 1 大队还遭到了守军大部队的袭击。我守军官兵伴随着激越的冲锋号声，高举军旗怒潮般地向日军反击，经一个半小时的激战，才逐渐撤退。

当晚，进至江宁东山镇淹儿港的日军步兵第 68 联队也下达了“步六八作命第 133 号”命令，其内容包括：“联队要尽可能迅速地攻克武定门”，“第二大队（配备一个工兵小队）为前线部队，明天（13 日）拂晓应展开于飞机场西北侧附近至鬼神圹附近一线，准备进攻武定门。”[②] 然而，当步兵第 68 联队还没有进抵武定门的时候，步兵第 150 联队以第 1 大队主力，联同野炮兵第 120 联队第 5 至第 8 四个中队和一个步兵炮分队击退了守军的反击，已于上午 8 时 30 分占领了武定门。[③] 之后赶到的步兵第 68 联队则从南京城东南角，在步兵第 150 联队的正面扩大“战果”，于上午 9 时 30 分占领武定门及两侧城墙。[④]

武定门外的攻防战，同样也给日军留下了惨烈的印象。日军第 3 师团卫生队本部附属摄影班的寺田与之助曾目睹武定门外战后的情景，他后来回忆：“在护城河与城墙之间有一段大约二十米的空地，两岸的战壕内以及空地上满是战死了的中国人。一眼望去有数千人之多。”“在用特大黑砖层层堆砌起来的城墙上留下了无数大小不等的弹痕，向人们叙述着那场激战。”[⑤]

战后，日军在总结作战经验教训时，对于守军战术技能和顽强的战斗精神感到惊叹。日军在“战斗详报”中称：

蒋介石嫡系的第八十八师和第八十七师配备着许多野炮、迫击炮、机枪，据守在巧妙地利用地形、铁丝网、坚固碉堡、地堡和地点不明的侧防设施构筑的多

---

① 《步兵第五十联队史及步兵第一五〇联队史》，王卫星编，刘军等译：《南京大屠杀史料集》第 57 册《日军文献》下，江苏人民出版社 2010 年版，第 652 页。

② 《步兵第六十八联队第一大队战斗详报》，王卫星、雷国山编：《南京大屠杀史料集》第 11 册《日本军方文件》，江苏人民出版社、凤凰出版社 2006 年版，第 161 页。

③ 《步兵第五十联队史及步兵第一五〇联队史》，王卫星编，刘军等译：《南京大屠杀史料集》第 57 册《日军文献》下，江苏人民出版社 2010 年版，第 654 页。

④ 《步兵第六十八联队第一大队战斗详报》，王卫星、雷国山编：《南京大屠杀史料集》第 11 册《日本军方文件》，江苏人民出版社、凤凰出版社 2006 年版，第 162 页。

⑤ 《奔波于炮火下的摄影班》，王卫星编：《南京大屠杀史料集》第 10 册《日军官兵与随军记者回忆》，江苏人民出版社、凤凰出版社 2006 年版，第 45—46 页。

道阵地中，抵抗极为顽强。敌军尤其擅长防御作战，遇到我军重炮、野炮的集中炮击，就暂时沉寂，一中止炮击就立刻开始射击，像是不给我军冲锋的时机。敌军方面确实有一技之长。另外，在我军占领城墙后的12日下午，作为负有保卫首都责任的敌军，从4时多到深夜，连续十几次竭力反击，试图夺回城墙也是理所应当的。城内外，城墙上，军号声遥相呼应，鼓舞其声势浩大的反击，不能不认为有值得赞赏之处，其精神教育也是很彻底的。①

自12日上午11时日军攻击雨花门始，至13日早晨6时城墙上的守军停止反击并撤退止，中日两军在雨花门至武定门城墙一线以及城下地区，反复争夺拉锯长达19个小时，中国守军以伤亡千余人的代价，有效迟滞了日军的前进速度，为守军的撤退赢得了宝贵的时间。

四　中华门战斗

中华门地处城南，位于雨花台之北，是南京南面防线中重要的一环。该防线东至通济门界，西至水西门界。作为南面防线核心点的中华门，其南北长约128米，东西宽约90米，建有瓮城三座，设有藏兵洞23个，号称可藏兵3000人。高大的城墙，加之横贯城前的护城河，成为阻挡日军侵入城中的天然屏障。在雨花台失陷前后，这里也成为战场。

中华门一线，初为第88师第262旅朱赤部防守，11日，雨花台阵地吃紧，该师师长孙元良急令第262旅旅长朱赤率领所部前往增援，其原先城垣防务（除中华门、雨花台附近外）则由第156师及第74军分担。②据第51师战斗详报记载："相持至本晚十一时，奉命换守赛公桥经沈家圩迄关帝庙以东之线，并以一部担任水西门以南八百公尺处起迄西南城角之城垣守备。""一五三旅邱团全部及三〇一团之残余，据守水西门以南八百公尺处起至西南城角之城垣构筑工事，掩护附廓阵地之战斗。"③在中华门前护城河堤一线设防的则为第51师一部以及第87师一部。

① 《步兵第一五〇联队战斗详报第6号》，王卫星、雷国山编：《南京大屠杀史料集》第11册《日本军方文件》，江苏人民出版社、凤凰出版社2006年版，第264页。

② 《南京卫戍军战斗详报》，中国第二历史档案馆藏，档案号七八七—7593。

③ 《陆军第五十一师于卫戍南京战斗之经过》（1938年1月），中国第二历史档案馆藏，档案号七八七—7592。

攻击中华门的日军部队为第 6 师团谷寿夫部以及第 114 师团一部。谷寿夫将第 11 旅团（旅团长坂井德太郎）下辖的步兵第 13 联队和步兵第 47 联队，安排在中华门东西两侧攻击位置，同时展开进攻。第 6 师团战史记载："突击中华门为步兵第十三联队（熊本），突击中华门和西南角的中间地带为步兵第四十七联队（大分）"①。

12 月 10 日傍晚，第 6 师团司令部下达了进攻南京城的命令。要点如下：

右翼部队攻打包括中华门的南北一线（以东地区为第一一四师团）至城墙西南凸角之间。

步兵第十一旅团（缺步兵第四十七联队的部分部队）

独立机枪第八大队第三中队

野炮炮兵第六联队第一大队

独立山炮炮兵第二联队第二中队

独立轻型装甲车第二中队及第六中队主力

工兵第六联队第一中队主力

辎重兵第六联队第一中队主力

左翼部队分批向西北部移动兵力，攻打水西门、汉西门及以西地区。

步兵第三十六旅团（缺步兵第四十五联队的部分部队）

骑兵第六联队

野炮炮兵第六联队第三大队

独立山炮炮兵第二联队主力

工兵第六联队第二中队主力

辎重兵第六联队第二中队主力

炮兵部队跟随第一线推进，在安德门东西地区占领阵地，主力协助右翼部队，以部分部队协助左翼部队。

野炮炮兵第六联队本部和第二大队

野战重炮炮兵第十四联队第一大队

工兵半个小队

① 《熊本兵团战史——支那事变》，王卫星编，刘军等译：《南京大屠杀史料集》第 56 册《日军文献》上，江苏人民出版社 2010 年版，第 426 页。

工兵部队和预备队一起行动。

工兵第六联队（缺配属部队）

预备队经铁心桥、西善桥向小米行移动。

步兵第四十五联队第一大队[①]

雨花台阵地激战正酣之时，已有小股日军向中华门一线城墙进行小规模进攻。12月10日，王晏清参谋陪同南京卫戍副司令长官罗卓英视察中华门一线阵地，在阵地上看到守军1个团正在城外与日军激战。同时，罗卓英一行在中华门城楼上听取了守军关于中华门一线战况的汇报。王晏清在事后回忆：

那个军官又告诉我，前天有一部分日军突入到中华门的城楼底下，并有少数日军冲到了城门下，占据了沙包掩体工事，用机关枪向我方扫射，情况十分危急。但是，我们没有畏惧，马上组织反攻，同时城楼上的人把集束手榴弹往下扔，结果把日军打了出去，我们马上恢复了中华门城楼下的阵地，解除了日军对城内的威胁。[②]

当日下午，日军在两辆坦克的掩护下向中华门进攻，守军第51师第306团团长邱维达命令步兵炮直接瞄准射击，当即击毁这两辆坦克。此时，守军1个加强连奉命出击，失去坦克掩护的日军受此打击只得纷纷后撤。此役毙敌数十人，我军士气为之一振，中华门转危为安。[③]

至12月11日晨，日军步兵第13联队已经抵近中华门前2000米处，中日双方展开了激烈的炮战。据日军步兵第13联队官兵回忆："敌人从城内和雨花台炮台两侧向我们发动了猛烈攻击，友军的×炮也一起排开，对准雨花台炮台开炮。"[④]激战至晚，日军已进至距离中华门500米处设立据点。此时的激战更加激烈，日军遭遇了来自城墙和城内我守军顽强的抵抗。据该部日军官兵后来回忆："敌军

① 曹大臣编，罗文文等译：《南京大屠杀史料集》第62册《日军第六师团官兵回忆》，江苏人民出版社2010年版，第48—49页

② 王晏清：《南京保卫战片段》，中国人民政治协商会议全国委员会文史资料研究委员会《南京保卫战》编审组编：《原国民党将领抗日战争亲历记·南京保卫战》，中国文史出版社1987年版，第34页。

③ 邱维达：《淳化阻击战》，中国人民政治协商会议全国委员会文史资料研究委员会《南京保卫战》编审组编：《原国民党将领抗日战争亲历记·南京保卫战》，中国文史出版社1987年版，第150页。

④ 谷口胜：《征野千里》，王卫星编，叶琳、李斌等译：《南京大屠杀史料集》第61册《日军官兵日记与回忆》下，江苏人民出版社2010年版，第679页。

从城内射来的迫击炮弹越来越猛烈，无论是军工路还是田野中，都散布着灼热的弹片。”“战斗异常激烈，仿佛全南京的敌人都仅向我们发起了攻击，只有我们在经历着这场战斗。”[①] 双方激战彻夜未熄，日军步兵第 13 联队第 2 大队第 8 中队中队长中村进中尉，在 11 日的战斗中被中国守军击毙。

12 日，随着雨花台阵地的陷落，日军第 6 师团各部如潮水般涌向中华门一线城垣，大规模的进攻正式开始了。就在第 6 师团一线各部队逼近中华门的同时，日军轰炸机以中华门为目标进行了猛烈的轰炸，中华门一线阵地顿成一片火海。

由于中华门位于日军步兵第 13 联队和步兵第 47 联队作战位置的交界处附近，因此出现了两个联队同时攻击中华门的情况。步兵第 47 联队联队长长谷川正宪命令第 1 大队全力攻打中华门城墙，第 3 大队则从侧面协助攻击。我守军早已将中华门前面的桥梁破坏，此时日军欲攻占中华门，必须渡过城门前的秦淮河。坚守在城墙上和秦淮河河堤上的守军，对渡河的日军进行了顽强的阻击。

日军步兵第 47 联队第 2 中队在其“阵中日志”中，记载了中日两军为了渡河和反渡河展开的血战，具体内容如下：“已做好充分准备等待时机的中队随即势如破竹般地冲向城墙。冲到河南岸一看，情况却和先前工兵小队长通报的不同，城墙南部的河水很深，根本不可能过河。”“12 时 30 分，第二中队侦察兵攀上城墙，其主力在中队左翼前进，部分兵力渡河。但遭到来自城墙西南角河西部村庄的侧面火力攻击，渡河极其困难。城墙脚下的人员陷入危险之中。”“敌军的侧翼火力也越来越猛烈，加藤上等兵胸部中弹沉入水中；广濑少尉艰难地游到对岸。二宫分队中也陆续出现伤员及溺水的人员，为救人跳入河里的中畑伍长也负了重伤。那情景实在是惨不忍睹。”“第三中队正利用小船逐次渡河，但遭到敌军火力攻击，不断有人受伤。”“敌军侧翼火力的攻击越来越猛，形成难以渡河的困难局面。”[②]

为了配合攻城，步兵第 47 联队集中所属的数十门山炮对准城墙一点进行猛烈的炮击，经连续数小时轰击，终在中华门西面 300—400 米处的城墙上轰开一个缺口，为步兵攀登城墙打开了通道。东京情报社编写的《大分第 47 联队奋战记》中，记载了日军炮击中华门的情况，其中写道：

---

① 谷口胜：《征野千里》，王卫星编，叶琳、李斌等译：《南京大屠杀史料集》第 61 册《日军官兵日记与回忆》下，江苏人民出版社 2010 年版，第 680 页。

② 《步兵第四十七联队第二中队阵中日志》，王卫星、雷国山编：《南京大屠杀史料集》第 11 册《日本军方文件》，江苏人民出版社、凤凰出版社 2006 年版，第 305—306 页。

气急的长谷川命令联队炮中队的伊藤晃大尉、速射炮中队的安部康彦中尉，试图用第四十七联队自己的火炮，独自炸开突击通道。因此将隶属联队的火炮全部对准城墙，同时开炮。鏖战之中，不可能用马将大炮拉来，都是靠士兵们的肩扛手拉才好不容易将大炮拉到位。同时，竟还将500枚炮弹一并送到了第一线。

速射炮第二小队队长山口牧人少尉……刚将炮在第一线的小土丘上架设好，即在深深的草丛遮掩下，集中火力对准城墙开炮，弹无虚发地将所发现的向日军阵地猛烈射击的敌军火力点挨个击毁。因连续猛射，过热的炮管融化了上面的油漆，引燃了火炮周围的草丛，腾起熊熊大火，敌军即对准火焰集中炮击。①

就在步兵第47联队炮击的同时，野炮兵第6联队也对中华门进行了猛烈地炮击。该部官兵回忆："在野炮、10寸榴弹炮和15寸榴弹炮的集中炮击下，中华门门洞上方匾额里'仁勇'两字中的'勇'字被炸得粉碎，只留下了孤零零的'仁'字。"②此时，配属第6师团的独立轻装甲车第2、第6中队的20余辆九四式装甲车也向中华门进行猛烈射击。在猛烈炮火掩护下，日军步兵第47联队第3中队派出首批6人敢死队，向中华门以西段的城墙实施突击。城墙上守军与登城日军展开了惨烈的厮杀。该联队官兵在事后回忆：

被分散安排在城墙上的支那监视兵，大叫着从各个地方爬出来围向日本兵，互相投掷着手榴弹，在浓浓的硝烟中，夹杂着刺刀穿过肉体的声音、殴打声和伤者的呻吟声。

骚乱中敌兵不断增加兵力，开始取出捷克机枪射击了。城墙上的人纠缠在一起格斗时，捷克机枪顾不上分清敌、我，瞅空就打，总之是盲目射击。

手榴弹扔完了，也没时间开枪，就拣起地上的石头砸，用脚踹，最后将带着刺刀的枪投向敌群，赤手空拳地扭打在一起。这是一场惨烈的肉搏战。③

---

① 《大分第四十七联队奋战记》，曹大臣编，罗文文等译：《南京大屠杀史料集》第62册《日军第六师团官兵回忆》，江苏人民出版社2010年版，第117页。

② 西乡正三郎：《攻陷南京的激动之情》，曹大臣编，罗文文等译：《南京大屠杀史料集》第62册《日军第六师团官兵回忆》，江苏人民出版社2010年版，第330页。

③ 《大分第四十七联队奋战记》，曹大臣编，罗文文等译：《南京大屠杀史料集》第62册《日军第六师团官兵回忆》，江苏人民出版社2010年版，第114—115页。

在守军的反击下，日军这6人的敢死队或死或伤，最后仅剩中津留伍长1人在城墙上等待援兵。该伍长的日记记录下了当时的状况：“我们从空洞处爬上城墙，但是，由于敌人的猛烈射击，我们不能将头探出，于是就用挪出来的墙砖堆砌成小小的掩体，一边用轻机枪压制敌人，一边扩大桥头堡阵地。面对敌人三番五次的反击，战友们奋力战斗，确保了桥头堡的稳固，得以逐步扩大战果。然而，在战斗中最先倒下的是安藤康文军曹，手持发烟筒施放烟幕的白石伍长也被敌弹击中。真锅彰、寺山胜见一等兵阵亡，粟津定一等兵身负重伤，江口森次一等兵负轻伤。”①

南京卫戍司令长官部参谋处科长谭道平述及这一场面时称：“重磅的炮弹，轰击中华门，坚固的城墙外壳，被震裂的万千的烂石块，飞在空中，掷向所有的住屋，屋子立刻倾坍下去，石壳里面的泥沙飞奔下来，正似湍急的流沙”。同时，还有30余架日机不断在天空盘旋，将炸弹和宣传品投掷下来，威胁中方守城军队赶快开城投降。②

中午时分，已陆续有大量日军登上了中华门城墙，随即中国守军对攀登上城墙的日军展开了英勇的反击。日军战史记载：“12月12日12时12分，步兵第四十七联队第三中队在距离中华门西北约四百米的城墙上，最先竖起了日章旗。然而，后续登城异常困难，敌人进行了顽强的反击，我部分官兵先后伤亡。”③中方的战史也记录下了当时的情形：

十二日午时，中华门以西城垛被敌炸毁数处。至午后二时，敌爬墙登城者约二百余名，而我左翼守兵又复不战而退，东段城垣翕无一人。我三〇六团虽奋力将该敌驱逐，然因受雨花台敌火之瞰制，兵力又极单薄，相持至晚七时，已阵亡营长万琼、胡豪二员，负伤团长邱维达一员，连长以下一千三百余名。④

在中华门东侧一线的日军第114师团步兵第66联队于12日下午2时许攻占

① 《熊本兵团战史——支那事变》，王卫星编，刘军等译：《南京大屠杀史料集》第56册《日军文献》上，江苏人民出版社2010年版，第428—429页。

② 谭道平：《南京卫戍战史话》，东南文化事业出版社1946年版，第69页。

③ 《熊本兵团战史——支那事变》，王卫星编，刘军等译：《南京大屠杀史料集》第56册《日军文献》上，江苏人民出版社2010年版，第427页。

④ 《陆军第五十一师于卫戍南京战斗之经过》（1938年1月），中国第二历史档案馆藏，档案号七八七—7592。

雨花台后，即沿着雨花路向中华门攻击前进。从雨花台撤退下来的第88师一部官兵，则利用沿街的房屋作掩护，与日军展开了激烈巷战。日军战史对此这样描述道："敌军官中，有的不肯投降而战斗到最后一刻，有的从背后打死想投降的部下。"[①]为了配合攻城，日军野战重炮第114联队也在雨花台构筑炮兵阵地，动用大口径榴弹炮向中华门轰击。对此，位于清凉山炮台的我要塞炮兵部队也进行了顽强的抵抗，双方展开了激烈的炮战。日军战史写道："我友军炮兵（重炮）也通宵向城里开炮，炮弹掠过头顶，试图压制敌炮火。我方炮兵一射击，敌炮兵就停止射击，我方一停止，他们就又开始射击。"[②]

在这次攻城战中负了伤的日军步兵第47联队第1大队第3中队中队长三明保明说："我们架上了云梯攀登攻城，梯子只有两根腿，非常危险。有的兵倒栽葱摔下来。登云梯是好靶子，也有的兵被打下来。"[③]

美国记者戴维·贝尔加米尼则对厮杀的恐怖场面和中国军队的顽强抵抗，有更生动的描绘。贝尔加米尼写道：

> 月亮还没有升起来。唯有那恐怖的手榴弹爆炸声和照明弹忽隐忽现的闪光，中国部队凭借被炮火打得狼藉不堪的护墙，操旧式步枪和双手用满洲大刀进行战斗；日本人则在机枪掩护下爬上云梯，云梯架起后被推翻，推翻后又架起来。连珠般的机枪声，流弹的嗖嗖声和炮弹砰然落地的巨响混成一片，其间夹杂着躯体掉进古老的护城河中的哗啦飞溅声。[④]

到12日晚7时，据守中华门阵地的第306团团长邱维达接到师长王耀武的电话称："南京全城战况混乱，要作有计划战斗已不可能。为了保持一部分实力作尔后长期作战计，部队完成当前任务后，应相机撤退，浦口以北为撤退方向。"[⑤]

---

① 《步兵第六十六联队第一大队战斗详报》，王卫星、雷国山编：《南京大屠杀史料集》第11册《日本军方文件》，江苏人民出版社、凤凰出版社2006年版，第239页。

② 《步兵第六十六联队第一大队战斗详报》，王卫星、雷国山编：《南京大屠杀史料集》第11册《日本军方文件》，江苏人民出版社、凤凰出版社2006年版，第241页。

③〔日〕森山康平著，天津市政协编译委员会译：《南京大屠杀与三光作战》，四川教育出版社1984年版，第25—26页。

④〔美〕戴维·贝尔加米尼著，张震久等译：《日本天皇的阴谋》上册，商务印书馆1984年版，第79—80页。

⑤ 邱维达：《淳化阻击战》，中国人民政治协商会议全国委员会文史资料研究委员会《南京保卫战》编审组编：《原国民党将领抗日战争亲历记·南京保卫战》，中国文史出版社1987年版，第150页。

邱遂召集尚存之营连长到自己身边，在城墙上凭借手电筒光，研究撤退路线。不料，敌人见有光亮，立即以机枪瞄准扫射，邱维达左腿中弹骨断，被救下火线，继由团附继续指挥部队边抵抗、边撤退。

13日凌晨，中华门城墙上的守军仍然在顽强地进行着最后的抵抗，日军被阻止于秦淮河对岸无法前进。13日5时，日军第114师团步兵第127旅团在野炮兵第1大队和重炮兵第1中队的炮火协助下，再次下达了突击中华门的命令，命令称：

> 重炮兵破坏中华门附近的城墙，接着在野炮兵的炮击支援下突击。
>
> 突击时，将各种重武器等配置在屋顶上及雨花台高地，实施彻底的支援射击。
>
> 冲锋顺序为第一〇二联队，接着是第六十六联队。[①]

在此次突击中侥幸存活下来的伍长中津留大作在其日记中记下了攀登城墙时的情景：

> 我们将事先准备好的长约十米的两架竹梯绑在一起爬上城墙，可是竹梯离城墙顶端还差三米。士兵们脚踩杂树和砖缝爬上城墙，并竖起了日章旗。然而守城的敌军集中火力阻止我军登城，好不容易竖起的日章旗也成了敌人的攻击目标，我们只好将旗帜放下。士兵们聚精会神地将城砖一块块挪出，终于打开了一个仅能容下身体的空洞。我们从空洞处爬上城墙，但是，由于敌人的猛烈射击，我们不能将头探出，于是就用挪出来的墙砖堆砌成小小的掩体，一边用轻机枪压制敌人，一边扩大桥头堡阵地。[②]

在猛烈炮火的轰击下，中华门右侧城墙一角开始坍塌，日军敢死队开始向中华门突击。城墙上的守军冒着猛烈的炮火，奋勇抵抗。对于中华门战斗的最后关头，任职于南京卫戍司令长官部的谭道平如此描述：“那时，万千无秩序的士兵，自发自动的迎冲过去，把他们的身体当作城墙，因此，得以阻遏一下敌人的长驱。”[③]

---

① 《步兵第六十六联队第一大队战斗详报》，王卫星、雷国山编：《南京大屠杀史料集》第11册《日本军方文件》，江苏人民出版社、凤凰出版社2006年版，第244页。

② 《熊本兵团战史——支那事变》，王卫星编，刘军等译：《南京大屠杀史料集》第56册《日军文献》上，江苏人民出版社2010年版，第428—429页。

③ 谭道平：《南京卫戍战史话》，东南文化事业出版社1946年版，第69页。

直到13日上午10时，当中华门上的守军全部退出后，日军才得以完全占领该处。第6师团方面，步兵第13、第23、第47联队也分别于12日午时至13日凌晨3时，陆续占领了中华门以西一线的城墙。中华门及其附近城垣的战斗，日军遭到了中国守军的沉重打击，其第6师团阵亡56人，负伤300人；[①]第114师团步兵第102联队和步兵第66联队阵亡58人，负伤237人。[②]中国守军也付出了惨重的代价，官兵牺牲至少在千余人以上，第264旅中校参谋赵寒星、第51师第306团少校团附万琼、少校营长胡豪等多名校级军官阵亡。

中华门及其附近城垣阵地，虽于12日午夜后相继失守，但是中国军队的英勇抵抗，使日军伤亡惨重，沉重地打击了日本侵略者的嚣张气焰。

---

①《第六师团战时旬报第13、14号》，王卫星、雷国山编:《南京大屠杀史料集》第11册《日本军方文件》，江苏人民出版社、凤凰出版社2006年版，第277页。

②《第一一四师团战斗详报（自12月6日至12月14日）》，王卫星、雷国山编:《南京大屠杀史料集》第11册《日本军方文件》，江苏人民出版社、凤凰出版社2006年版，第228页。

第二节　城东地区战斗

一　紫金山主峰战斗

紫金山屹立于南京城东北部，呈东西走向，东西长约7公里，南北宽约3公里。其山势险峻，宛若天然要塞，历来为兵家必争之地，太平天国、辛亥革命时期均在此发生激战。作为南京城区的制高点，紫金山的得失，攸关全局。早在1934年，国民政府军事委员会就因紫金山之天堡城为南京城之制高点，于攻防二者关系甚大，实有构筑工事之必要，要求在天堡城构筑重机枪掩体数座，以瞰制登山之敌，同时也要求在天堡城与紫金山之山腹山麓，根据地形构筑步兵重兵器半永久工事。1935年参谋本部城塞组临时工程处在紫金山上修建各类工事15座，直至全面抗战爆发前，又陆续修建多处工事。[①]

在南京保卫战中，守卫紫金山阵地与日军血战的中国守军是被称为“蒋介石的铁卫队”的中央陆军军官学校教导总队（以下简称“教导总队”）。教导总队创建之初即配备德国顾问，采取德式训练，装备也以德式为主。总队中的中高级军官如总队长桂永清、参谋长邱清泉，团长杨厚彩、谢承瑞等人均有赴欧洲军事强国留学深造的经历，下级军官则多为中央军校各期及训练班毕业学生。至于士兵的挑选也甚为严格，对于文化程度、年龄、体格等各方面都有一定标准。因此，教导总队堪称当时中国军队之精锐。

全面抗战爆发前，教导总队由总队部、3个团、军士营、骑兵队、炮兵营、工兵连、通信连、辎重连、自动车队、卫生队、特务连、军官教育队、军乐排、修械所等

① 费仲兴：《紫金山的碉堡》，南京出版社2019年版，第107页。

单位组成，官兵共计 13517 人。[①] 军械方面共有德造 24 步枪 8577 支，捷克式轻机关枪 351 挺，马克沁重机关枪 102 挺，信号手枪 134 支，苏罗通 2 公分小炮 22 门，苏罗通 37 战车炮 18 门，苏罗通 75 榴弹炮 18 门，82 迫击炮 28 门，75 博福斯山炮 12 门。[②]

淞沪会战爆发后，教导总队先后投入近万人开赴战场，撤回南京不足 5000 人，几经扩编整理，仍然不够补充上海作战产生的缺额，平均各连约缺少编制定额的 15%。[③] 后来负责南京紫金山及光华门地区守备的教导总队，辖有 3 个步兵旅（计有 6 个步兵团，另有 3 个新步兵团在湖南训练）、1 个补充兵团和 1 个工兵团，加之直属部队如炮兵营、骑兵营、通信兵营、军士营、特务营、辎重兵营等，总人数约为 3 万人。

由于中央陆军军官学校教导总队的营房就设于孝陵卫，该部官兵在此训练已有四年之久，对周边的地形地貌十分熟悉。早在唐生智擘画南京防守计划时，便将紫金山的防守交由该部官兵。总队长桂永清结合紫金山的地形，将总队下辖的 3 个旅进行了排兵布阵，以第 1 旅防守西山南北，自孝陵卫至白骨坟一线，与第 87 师联系；第 2 旅防守中山陵地区；第 3 旅防守紫金山各峰，并与第 48 师联系；总队部指挥所设于富贵山炮台地下室内。[④] 参谋本部陆地测量局绘制的紫金山地图显示，自西向东沿山脊线，分别有第二峰、第一峰、茅山、老虎洞等几处高地。

进攻紫金山一线的日军部队为中岛今朝吾所率第 16 师团，该部以步兵第 33 联队主力攻击紫金山一线高地；其右翼为步兵第 38 联队，由玄武湖北侧及紫金山北侧向南京城北部进兵；其左翼为步兵第 9 联队，攻击紫金山南侧地区；最左翼为步兵第 20 联队，沿京杭公路直趋中山门。[⑤]

12 月 9 日，第 16 师团主力在攻占汤山等地后陆续进入下麒麟门附近，进抵南京东侧阵地，紫金山已近在眼前。当日，第 16 师团决定以步兵第 33 联队（欠第 1

---

① 《中央陆军军官学校教导总队人员马匹统计表》，中国第二历史档案馆编：《中华民国史档案资料汇编》第 5 辑第 2 编“军事”（1），江苏古籍出版社 1998 年版，第 376—377 页。

② 《周振强呈蒋中正中央军校教导总队关于教育防务人事军械方面报告》，台北“国史馆”藏，档案号 002—080200—00485—081。

③ 刘庸诚：《上海南京抗战亲历记》，中国人民政治协商会议全国委员会文史资料研究委员会《南京保卫战》编审组编：《原国民党将领抗日战争亲历记 · 南京保卫战》，中国文史出版社 1987 年版，第 180 页。

④ 石怀瑜：《血沃钟山　饮恨长江》，《黄埔》1996 年第 5 期。

⑤ 《步兵第三十三联队史》，王卫星编，刘军等译：《南京大屠杀史料集》第 56 册《日军文献》上，江苏人民出版社 2010 年版，第 276 页。

大队及第5、第8中队）为右翼，进攻紫金山一带高地。步兵第33联队接到命令后，以第3大队为前卫，于10日上午7时由下麒麟门出发，向紫金山进击。为了攻打紫金山，步兵第33联队先期派人前往△227高地的中国守军阵地进行了侦察。

△227高地即紫金山老虎洞阵地。老虎洞为紫金山东麓突起的小高地，是东面防线的前哨，其战略位置十分重要，守军利用险要地形，在阵地上自北至东南面构筑了多座钢筋水泥碉堡，并在岩石中以炸药开辟出相连的战壕。日军要夺取紫金山第一、第二峰，必须先攻下老虎洞这个前沿阵地。

中日两军老虎洞阵地攻防战于12月10日正式打响。日军升起侦察气球，指引其炮兵部队向紫金山中国守军阵地轰击。守卫老虎洞阵地的是教导总队第3旅第5团第3营罗毓峰部，该部利用坚固工事顽强抵抗。时任教导总队第5团通信连连长的石怀瑜回忆："午后，敌人在飞机、炮火配合下，向我5团3营老虎洞阵地发起猛攻。我军居高临下，利用良好地形，凭借坚固工事，沉着镇定迎战。待敌步兵接近我阵地时，以炽盛的步机枪火力和手榴弹，将大部敌兵消灭在阵地前，残敌被迫后撤。"①

10日拂晓，日军集中猛烈炮火轰击老虎洞阵地，紫金山东麓陷入一片火海。守军冒着敌人的猛烈炮火顽强抵抗，在友邻部队的火力支援下，再次将日军击退。见进攻受挫，日军步兵第33联队速射炮中队受命对老虎洞阵地上的4处钢筋水泥碉堡进行炮击，以压制中国守军的火力。对此，日军战史写道：

1.上午9时接到上述命令，命冈村少尉进入阵地，并与联队炮中队长磋商炮击目标，决定联队炮中队炮击目标（1），速射炮中队炮击目标（2）。

2.我速射炮中队将火炮分解搬运，勇猛前进，已进入阵地，而联队炮中队尚未到达，且目标（1）为坚固的混凝土机枪掩体，并已开始向我第三大队方向射击。现在不能再犹豫，于是当机立断，命令向目标（1）的机枪掩体射击。第二发炮弹命中目标，将其压制。

3.接着，向目标（2）射击，但此处已无敌人，故停止射击。此时发现混凝土机枪掩体即目标（3）正向第二大队正面射击。中队长命令冈村少尉指挥一个分队仍然监视目标（1）的敌人，自己率领一个分队向第三大队右翼前进，以便向该机枪掩体射击，协助第二大队的攻击。于是转移阵地至山脊右后方。

① 石怀瑜：《血沃钟山　饮恨长江》，《黄埔》1996年第5期。

4. 进入阵地后，雾霾笼罩着山麓，观测不理想。炮手透过雾霾观测射击，准确命中目标，将该机枪掩体摧毁。

……

5. 冈村少尉率领一个分队进抵杂木林北侧，再次炮击目标（3），炮弹命中目标并引起大火，遂停止炮击。这时，第三大队第一线部队正尾随敌人攀登山坡，向高地发起突击，而目标（4）的轻机枪正向我第一线猛烈射击。于是立即命令向其开炮并命中目标，将目标（4）摧毁。[①]

10 日下午，日军利用风向，再次向老虎洞阵地发射了大量的燃烧弹、烟幕弹、催泪弹，阵地防御工事尽毁，守军营长罗毓峰、连长胡琏等主要干部相继阵亡，全营牺牲大半，入夜后剩余官兵奉命放弃阵地，向第二峰转移，老虎洞阵地遂告失守。

日军第 9 师团步兵第 35 联队也接到旅团司令部命令："第十六师团正在苦战，立刻前去支援"，联队长紧急命令菅原梅吉率领第 3 大队向紫金山方向攻击前进。[②]第 3 大队第 9 中队于 10 日 7 时许夺取马群北方高地后，即接到命令向黄马方向迂回，从侧面进攻紫金山△ 382.5 高地（即第二峰次高点）。上午 10 时 30 分，第 3 大队大队长菅原梅吉在高地上正准备命令第 12 中队从第 9 中队左边展开攻击时，被中国守军击毙。与此同时，向△ 382.5 高地进攻的第 9 中队也遭遇到守军的顽强抵抗，弹雨倾泻而下，将刚刚攀登到半山腰的第 9 中队中队长野田耕夫击成重伤，后死于野战医院。关于步兵第 35 联队进攻紫金山的战斗，日方战史写道："第九中队不断击退敌军的反击，然后从其阵地侧面继续进攻。经投掷手榴弹、白刃格斗，上午 11 时占领了紫金山△ 385.5 高地。"[③]然而事实上，第 9 中队仅仅占领了△ 382.5 高地的北侧，南侧仍然在教导总队手中。

下午 1 时 15 分，配属第 10 军的独立攻城重炮兵第 2 大队接到为攻击紫金山日军部队提供炮火支援的命令后，第 1 中队中队长梶浦大尉即指挥 1 门 89 式 150 毫米口径加农炮，对紫金山△ 382.5 高地东南约 100 米处的守军机枪掩体进行破坏

① 《步兵第三十三联队速射炮中队南京附近战斗详报》，王卫星编，刘军等译：《南京大屠杀史料集》第 56 册《日军文献》上，江苏人民出版社 2010 年版，第 295 页。

② 《第九师团战史》，王卫星编，刘军等译：《南京大屠杀史料集》第 56 册《日军文献》上，江苏人民出版社 2010 年版，第 118 页。

③ 《步兵第三十五联队上海、南京附近战斗经过概要》，王卫星、雷国山编：《南京大屠杀史料集》第 11 册《日本军方文件》，江苏人民出版社、凤凰出版社 2006 年版，第 121 页。译者认为△ 385.5 高地之说有误，似应为△ 382.5 高地。

性炮击，共计发射破甲榴弹 14 枚，其中 4 枚直接命中目标。[①]

在步兵第 33 联队方面，在占领老虎洞阵地后，联队长野田谦吾决心扩大一线部队的“战果”，要求所部迅速夺取△ 448.5 高地（即第一峰）。该部旋以第 2 大队为右翼、第 3 大队为左翼，兵分两路向第二峰进攻。并于 10 日傍晚 6 时 25 分下达“步三三作命甲第 128 号”命令，要求“全力进攻面前之敌”。[②] 第二峰最高点海拔 385 米。守卫第二峰阵地的教导总队官兵居高临下、据险死守，激战至晚，连续击退日军多次进攻。日军野田谦吾联队长见进攻受挫，下令要求第 2 大队于 11 日天亮前必须占领△ 382.5 高地附近。第 2 大队大队长三浦俊雄少佐认为沿着山脊线进攻地形狭小，以少数兵力进行夜袭较为合适，于是命令第 6 中队中队长辻四五郎大尉率领所部进行夜袭。该部在夜袭中遭到我守军顽强反击，伤亡惨重。对此，日军战史写道：

第六中队勇猛地实施了攻击，但是，敌军用手榴弹进行顽强的抵抗，并且左后方受到两百余名敌军的反击，中队出现多人伤亡，进攻暂时受挫，但是至凌晨时，终于夺取了敌阵一角。[③]

经一夜激战，第 6 中队伤亡多达 70 余人。三浦大队长不得不派第 7 中队前往增援，至 11 日上午 8 时 50 分，才完全占领了△ 382.5 高地。坚守△ 382.5 高地的教导总队官兵为此也付出了重大的伤亡代价，日军战后从被击毁的守军机枪掩体中，发现有十五六名中国士兵的尸体相互重叠在一起。这使他们不得不为守军顽强的战斗精神所折服，其在“战斗详报”中惊叹道：“可见他们是何等顽强，前仆后继地死守该机枪掩体。”[④]

在日军第 2 大队攻占第二峰的同时，作为左翼的第 3 大队在南侧山腰受到山顶我守军迫击炮等火力压制，无法取得进展，战事呈现拉锯状态。在接到上海派

① 《独立攻城重炮兵第 2 大队战斗详报　昭和 12 年 12 月 3 日—昭和 12 年 12 月 15 日》，日本防卫省防卫研究所藏，档案号 C11111857300。

② 《步兵第三十三联队南京附近战斗详报》，王卫星、雷国山编：《南京大屠杀史料集》第 11 册《日本军方文件》，江苏人民出版社、凤凰出版社 2006 年版，第 79 页。

③ 《步兵第三十三联队史》，王卫星编，刘军等译：《南京大屠杀史料集》第 56 册《日军文献》上，江苏人民出版社 2010 年版，第 277 页。

④ 《步兵第三十三联队速射炮中队南京附近战斗详报》，王卫星编，刘军等译：《南京大屠杀史料集》第 56 册《日军文献》上，江苏人民出版社 2010 年版，第 297 页。

遣军司令官朝香宫要求尽快攻占紫金山的催促后，野田谦吾联队长于12日凌晨0时45分下达了对第一峰的总攻击命令，命令称：

一、第二大队（欠第八中队、第七中队一个小队，配属工兵一个小队）继续对第一峰展开攻击并占领之，接着攻占天文台北部高地，并向太平门进发，尤其要警惕从北部袭来的敌军。

二、第三大队（欠第十中队）夺取前面的敌人阵地后，消灭从第一峰南麓至明孝陵北侧附近阵地上的敌人，继而击破天文台南侧高地的敌军后向富贵山进发。

三、第一线两个大队的战斗区域划分以第一峰东侧封闭曲线高地南麓—第一峰东南小封闭曲线—天文台连线为界。第一线部队凭借炮兵的炮击攻击前进，具体时间另行命令。

四、联队炮、速射炮中队在目前阵地协助两个第一线大队，尤其是右侧大队；配属的野炮兵第八中队在上五旗附近占领阵地后向第一峰敌军阵地实施炮击，协助右侧第一线大队。①

教导总队在第二峰至第一峰的守备阵地上，构筑了配有迫击炮和重机枪的碉堡和散兵壕，并在前方设置了一道高约两米的屋檐状铁丝网。12日清晨，日军步兵第33联队第2、第3两个大队在速射炮中队炮火的掩护下，向前沿△371高地以及第一峰发起了攻击。坚守阵地的教导总队官兵利用坚固工事，以机枪、手榴弹顽强抵抗。日军第9中队代理中队长福田少尉，以及三轮少尉、乙部准尉等多人被击毙，第3机枪中队中队长菅野大尉、第5中队中队长肱冈大尉、第9中队中队长井原中尉以及间柄少尉、横山少尉、驹谷准尉等被击伤。激战至午后，日军仅仅攻占了△371高地，第一峰仍然在教导总队手中。对此，日军战史写道：

敌军不愧是精锐的教导总队的士兵，其抵抗无比猛烈，从山顶的碉堡和下方的水泥机枪掩体等处不断有迫击炮和机关枪的近距离反击，进行最后的挣扎……一场激烈的战斗随即展开，紫金山上已成为双方肉搏的战场。②

① 《步兵第三十三联队史》，王卫星编，刘军等译：《南京大屠杀史料集》第56册《日军文献》上，江苏人民出版社2010年版，第278页。

② 《步兵第三十三联队史》，王卫星编，刘军等译：《南京大屠杀史料集》第56册《日军文献》上，江苏人民出版社2010年版，第280页。

最终，在日军密集炮火的轰击下，守军阵地上9个以上的碉堡等机枪掩体被摧毁，官兵伤亡惨重，第一峰阵地也于12日晚6时失守。负责主攻的日军步兵第33联队在攻占紫金山主峰一线高地的战斗中，遭遇守军顽强的抵抗，一共被击毙40人，击伤164人。[①]

第一峰虽然失守了，但是第一峰至天文台一线仍有坚守不退的教导总队官兵在奋勇抵抗。后来，日军采用了毒辣的火攻，阵地上的教导总队官兵在熊熊烈火中坚守到了最后一刻。12月12日的《东京朝日新闻》记录下了这悲壮的一幕：

占领了紫金山的我军确认，在山顶及山腰的阵地内还有相当多的败残兵，所以于12日下午5时30分在紫金山东麓一带放火……尝试对敌兵进行火攻。大火借东北风之势，转眼间整个山都烧了起来，火势进一步向西面的山坡蔓延，曾经是敌军炮兵观测阵地的天文台也被大火包围……紫金山呈现出一派凄惨的景象。[②]

这时，在明孝陵准备撤退的教导总队第1团排长李慕超回望紫金山，看到“中山门外的阵地上，一片沉寂，惟独紫金山上的守军，与敌鏖战正酣，火光冲天，呼声震地。”[③]

自12日傍晚6时第一峰失守至13日早晨7时30分天文台被敌占领，教导总队官兵在紫金山上又坚守了13个小时又30分钟，至此日军才完全占领紫金山主峰及其一线高地。事后日军为此感叹道：“据守紫金山的敌军虽然是敌人，但的确很勇猛，他们也战斗到最后一个人。明知结果肯定是死，但还是顽强抵抗，一直奋勇地阻挡我军的进攻。”[④]

战后，在南京卫戍司令长官唐生智，副司令长官罗卓英、刘兴呈送给蒋介石的报告中，对守卫南京各部队进行点评的内容里，对于坚守紫金山的教导总队给予了高度评价，报告称：“守紫金山之部队，亦能沉着勇敢，迨我军退出南京之

---

① 《步兵第三十三联队南京附近战斗详报》，王卫星、雷国山编：《南京大屠杀史料集》第11册《日本军方文件》，江苏人民出版社、凤凰出版社2006年版，第87页。

② 《整个紫金山化为火海》，王卫星编，何慈毅、李斌等译：《南京大屠杀史料集》第58册《〈东京日日新闻〉与〈大阪每日新闻〉》报道，江苏人民出版社2010年版，第207页。

③ 李慕超：《血战白骨坟》，中国人民政治协商会议全国委员会文史资料研究委员会《南京保卫战》编审组编：《原国民党将领抗日战争亲历记·南京保卫战》，中国文史出版社1987年版，第194页。

④ 《第九师团战史》，王卫星编，刘军等译：《南京大屠杀史料集》第56册《日军文献》上，江苏人民出版社2010年版，第121页。

翌日，犹有一部官兵死守阵地，作壮烈之牺牲。”①

二　中山陵园附近战斗

突破射乌山一线中国守军阵地的日军第16师团步兵第9联队，于12月10日陆续进抵紫金山麓中山陵东侧待命，该部以第1大队攻击中山陵至小红山官邸一线。坚守中山陵东侧阵地与日军对峙的中国守军为教导总队第3团。据通信连连长石怀瑜回忆：

其防御的正面，右起陵园南端之林森公馆，向北沿中山陵东侧、灵谷寺高地至老虎洞南端一带之线。当时团的防御部署是：“第二营营长（孙仲献）为右翼营，占领陵园新村至中山陵东南高地阵地，右与第一旅一团联系；第一营营长（邹作华）为左翼营，占领中山陵东侧地区，包括灵谷寺至老虎洞南端阵地，左与三旅五团联系；第三营（营长卢禹鼎）为预备队，在吴王坟（梅花山）、明孝陵东侧一带地区占领阵地；团指挥所设在朱元璋墓前隧道内，配属的工兵连负责构筑团防御地区内营连的重点工事”。②

参与攻击中山陵以东南京守军阵地的日军步兵第9联队第1大队第3中队中队长赤尾纯藏，如此描述守军阵地情况：“我发现隔着山谷距离我所在的位置约300米远的对面山脊上，有数十个机枪火力点（用泥土和砖瓦构筑的碉堡），各碉堡之间有战壕相连，敌军兵力不明。只要我稍微一探脑袋，子弹就从几个碉堡毫不留情地飞过来。而且敌人在阵地前面的深谷中设置了好几道铁丝网。这些铁丝网都在敌人机枪的射程之内，当穿越这些铁丝网的时候就会被敌人全部歼灭。”③

当日，日军升起高空侦察气球观察监视守军阵地及部队调动情况，并指示炮兵对守军阵地猛烈轰击。同时，日军士兵在战车掩护下，向教导总队第3团坚守的阵地发起了“最猛的一次且带有决定性的攻击”，第3团以战车防御炮向敌军

① 秦孝仪主编：《中华民国重要史料初编·对日抗战时期》第2编（2），台北中国国民党中央委员会党史委员会1981年编印，第224页。

② 石怀瑜：《南京保卫战纪实》，廖利明编：《南京保卫战文史资料》，南京出版社2019年版，第391页。

③ 赤尾纯藏：《火化的青烟——悼念殉国之士》，王卫星编，叶琳等译：《南京大屠杀史料集》第33册《日军官兵回忆》，江苏人民出版社2007年版，第76页。

战车猛烈射击，当即击毁敌战车数辆，活捉战车兵数名。失去战车掩护的日军，均被守军以步枪及手榴弹击退，敌军“阵前弃尸累累，伤亡惨重”。[①]日军步兵第9联队第1大队第1机关枪中队中队长田代大尉也被我守军成功击毙。日本的《东京日日新闻》对12月10日当天的战斗进行了报道，其中写道：“片桐部队终于进抵中山门，此前，他们曾在中山陵附近遇到了极为顽强的阻击，10日以来，他们对中山陵附近的敌人阵地展开了多次突击。10日下午2时，位于第一线突击部队先头的田代寿藏大尉突入敌兵聚集的阵地，在斩杀数名敌军后，军刀折断。当他拿起死去士兵的刺刀准备继续向前冲时，被敌弹击中了头部，壮烈牺牲。”[②]激战至晚，日军始终无法突破守军阵地，战斗呈胶着状态。

11日，战斗愈加激烈，双方的战线也更加接近，中日两军仅仅相隔300米左右。此时，日军对守军阵地进行了更为猛烈的炮击。服部忠三大尉指挥日军步兵第9联队步兵炮中队，集中4门山炮对我守军阵地碉堡进行猛烈射击。日军官兵后来回忆当时的情景：“在我们前方，十多个敌人的碉堡瞬间就一个个地被摧毁了。”“因为敌我只有300米的距离，我方的炮弹以每分钟数十发的发射速度直接准确地打击敌军，所以射击效果非常显著。敌人猛烈的射击在我联队炮的猛轰下逐渐停止了。”[③]

下午5时，天色已渐昏暗，日军趁机对我守军阵地展开突击。日军为了确保突击万无一失，由服部忠三大尉指挥步兵第9联队步兵炮中队，再次集中4门山炮，每隔3分钟就对我守军阵地展开一次密集射击，如此反复多次。在日军猛烈炮击下，守军阵地尽毁。此时，赤尾纯藏大尉率领的第3中队突进至守军阵地中央地带。然而，教导总队第3团官兵立即从四面八方对突入阵地的日军进行反击，使该股日军即刻陷入中方守军的重围之中。对此，日方中队长赤尾纯藏写道：“到了这个时候（晚上8时左右），敌人好像又再次返回到先前在联队炮支援下被我们中队突破的阵地上。另外，在第三中队所在地的周围，也出现很多敌人包围过来的征兆。”[④]在

---

① 石怀瑜：《南京保卫战纪实》，廖利明编：《南京保卫战文史资料》，南京出版社2019年版，第392页。

② 《攻占中山门的华章／军刀折断／握紧刺刀的刹那间／田代大尉壮烈牺牲》，王卫星编，何慈毅、李斌等译：《南京大屠杀史料集》第58册《〈东京日日新闻〉与〈大阪每日新闻〉报道》，江苏人民出版社2010年版，第203页。

③ 赤尾纯藏：《火化的青烟——悼念殉国之士》，王卫星编，叶琳等译：《南京大屠杀史料集》第33册《日军官兵回忆》，江苏人民出版社2007年版，第77—78页。

④ 赤尾纯藏：《火化的青烟——悼念殉国之士》，王卫星编，叶琳等译：《南京大屠杀史料集》第33册《日军官兵回忆》，江苏人民出版社2007年版，第80页。

中国守军的英勇反击下，日军不得不龟缩在战壕里面躲避子弹。可是由于当时正处深夜，能见度只有20—30米，严重阻碍了守军的反击行动，故虽经彻夜激战，但是始终未能完全消灭被围困的这股日军。激烈的战斗，一直持续到12日清晨仍未停息。

12日清晨，日军动用数十架轰炸机对中国守军阵地进行了猛烈的俯冲轰炸。在日军猛烈炮火的狂轰滥炸下，中山陵东侧、灵谷寺及陵园新村2营阵地的掩体大多被敌穿甲弹击毁，新村许多房屋起火。此时，教导总队第3团团部所在地的明孝陵也遭遇了日军的炮火攻击，第3团团附彭月翔回忆道：

敌炮兵延伸火力向我团吴王坟（梅花山）、明孝陵一带纵深阵地射击，估计发射炮弹约在八九百发之多，我阵地轻重武器掩体遭到破坏。我团指挥所附近也中弹数发，人员幸无伤亡。敌之气球时而高悬南京上空，指挥炮兵射击。敌空军从早到晚不时地对南京和附近地区轮番轰炸，协助地面部队攻城。①

面对敌机的肆虐，在廖仲恺墓附近设置阵地，担任防空、掩护总队指挥部任务的教导总队第2团小炮连，以20毫米口径苏罗通机关炮对日机进行了猛烈的射击，当即击毁日机1架。该连代理连长严开运回忆道："十二月十二日下午四时左右，我连击毁了一架敌机，坠落于中山门北侧的前湖东南畔。"②

在日军炮击守军阵地的间隙，其步兵第9联队第1大队下辖的其他中队为了救援被围困的第3中队，也向守军阵地发起总攻。攻击日军遭遇到我守军的顽强抵抗，激战一直持续到傍晚6时。然而，战况陡然出现逆转。由于第3团第1营阵地左翼的第5团紫金山第二峰阵地被敌突破，使得第1营左侧背遭遇敌军猛烈攻击。第3团团长李西开命令，第1营除一部留下节节抵抗阻击日军外，大部退守天堡城、明孝陵东侧高地一带，继续奋战。与此同时，第2营阵地也出现了状况，其右翼第1团西山阵地被日军攻占，使第2营右翼完全暴露在敌军火力攻击之下，加之第2营因连日奋战伤亡过大，已经无法形成有效战力阻击日军。团长李西开随即命令团预备队第3营接替第2营防务，在明孝陵东南高地、梅花山高地及以

① 彭月翔：《从坚守阵地到北撤长江》，中国人民政治协商会议全国委员会文史资料研究委员会《南京保卫战》编审组编：《原国民党将领抗日战争亲历记·南京保卫战》，中国文史出版社1987年版，第177页。

② 严开运：《难忘的战斗》，中国人民政治协商会议全国委员会文史资料研究委员会《南京保卫战》编审组编：《原国民党将领抗日战争亲历记·南京保卫战》，中国文史出版社1987年版，第198页。

南地区构筑阵地，阻止敌军前进。第 2 营则转移至天堡城南麓暂时休整，并作为团预备队使用。[①] 同时，团长李西开还果断决定，将团指挥所转移至廖仲恺墓地南段之团预备指挥所重掩蔽部内，继续指挥战斗。

坚守梅花山高地一线阵地的第 3 营官兵，也与抵近的日军发生了激烈战斗，第 3 营迫击炮排排长谢造时（中央陆军军官学校第十期毕业）在战斗中阵亡。12 日黄昏，南京卫戍司令长官部已经下达总退却令，仍然有部分教导总队官兵继续坚守在阵地上，誓与阵地共存亡。教导总队第 2 团第 14 连连长颜希儒就是其中一人。颜连阵地位于廖仲恺墓一侧，12 日将近黄昏时，颜希儒接到撤退的命令后，立即召集班、排长作了传达，并指定一排长负责全连的队伍后撤。他本人则带领两名战士留在了阵地上。颜希儒说："不管怎样撤退，我都不走了。"并从腰间取出两颗手榴弹，表示要与日军同归于尽。他最终牺牲在中山陵园。[②]

日军步兵第 9 联队第 1 大队第 3 中队中队长赤尾纯藏对当日的战况，有详细描述。他在回忆文章中写道："傍晚 6 时 30 分左右，周围已经开始昏暗了。我指挥第三中队展开夜间突袭的队形，首先用掷弹筒向敌人阵地射击，然后一举突入敌人阵地。""在我们的右前方、左前方似乎还有敌人。我们不断遭到敌人三个方向的射击。"[③] 赤尾纯藏本人亦在守军的阻击下被击成重伤，此外，在当日战斗中步兵第 9 联队第 1 大队第 1 中队中队长川濑高繁大尉等日军军官被我守军击毙。《东京日日新闻》的特派员志村对当日的战况有如下记载：

中山陵前的敌我激战已持续了四个昼夜，到 12 日晚上还没有结束，如炒豆般的机关枪声、不断轰鸣的炮声，更为高悬的寒月平添了几分凄凉和悲壮。敌军伤亡惨重，我片桐部队的川濑高繁大尉也壮烈牺牲，另外还有十余人负伤。[④]

---

① 石怀瑜：《南京保卫战纪实》，廖利明编：《南京保卫战文史资料》，南京出版社 2019 年版，第 392—393 页。

② 严开运：《难忘的战斗》，中国人民政治协商会议全国委员会文史资料研究委员会《南京保卫战》编审组编：《原国民党将领抗日战争亲历记 · 南京保卫战》，中国文史出版社 1987 年版，第 197 页；中国第二历史档案馆、侵华日军南京大屠杀遇难同胞纪念馆编：《南京保卫战殉难将士档案》第 16 册，南京出版社 2007 年版，第 1630 页。

③ 赤尾纯藏：《火化的青烟——悼念殉国之士》，王卫星编，叶琳等译：《南京大屠杀史料集》第 33 册《日军官兵回忆》，江苏人民出版社 2007 年版，第 84 页。

④ 《中山陵前的战斗 / 激战四昼夜》，王卫星编，何慈毅、李斌等译：《南京大屠杀史料集》第 58 册《〈东京日日新闻〉与〈大阪每日新闻〉报道》，江苏人民出版社 2010 年版，第 206 页。

在中山陵以东的阵地，与教导总队官兵并肩作战抵御日军的还有一支特殊的武装，这便是总理陵园管理委员会警卫处警卫大队。警卫大队最初是随着孙中山奉安南京安葬中山陵而组织成立的，日常负责护卫陵园、保护森林及陵园生产、维持全园治安及交通、取缔违警事项，以及其他关于公安消防等事项。1937 年 11 月国民政府迁都重庆之时，由于孙中山的遗体无法迁移，警卫大队受命留下 20 余人继续守卫陵墓。由警卫大队副大队长温燕任总指挥，分队长黄惠三、刘祥、郑世泉、陈贤，中士班长赵致广、郭培光、游英为骨干，分率大队卫士协助教导总队防守紫金山各要点，共同抗敌。在 12 月 12 日的战斗中，分队长刘祥阵亡于五棵松阵地，分队长黄惠三阵亡于中山陵前，分队长张绍龙则阵亡于太平门，区绍维、黎杰华等 18 名卫士分别牺牲在二道沟、灵谷寺、明陵东村等处的阵地上。据事后统计，陵园警卫大队阵亡或遇害人员有 24 名之多。[①]

三　孝陵卫及周边战斗

12 月 8 日，日军第 16 师团在右翼队（步兵第 33 联队）攻击紫金山的同时，左翼队（步兵第 19 旅团）则攻击下麒麟门至中山门沿路地区，其中以步兵第 20 联队沿京杭公路直趋中山门。守备京杭公路一线阵地的中国守军为教导总队第 1 旅第 1 团和第 2 旅第 3 团等部，其中以第 1 旅第 1 团（欠第 2 营）附战防炮一连，占领西山南北、孝陵卫至白骨坟之线阵地，右与第 87 师联系，左与第 2 旅联系；以第 2 旅第 3 团附工兵一连，占领陵园、中山陵两侧、灵谷寺高地至老虎洞西侧一带阵地，右与第 1 旅联系，左与第 3 旅联系。

12 月 7 日，教导总队第 1 旅第 1 团第 2 营奉总队长桂永清之命，前往麒麟门开设前进阵地。营长索本勤命令第 5 连占领乱石岗阵地，第 6 连占领麒麟门阵地，第 7 连为预备队。[②]8 日清晨，日军即以山炮向乱石岗、麒麟门、九九高地等处守军阵地猛烈轰击，守军也以迫击炮进行还击。在乱石岗阵地失守后，日军以主力转而猛攻营指挥所所在的九九高地。阵地守军以手榴弹猛烈反击，在战斗中营长索本勤负伤，全营遂向中山门转移，九九高地也告失守。在突破教导总队前进阵地后，日军即向白骨坟阵地进击。所谓白骨坟，即位于中央体育场附近的咸丰八

① 苏艳萍：《抗战中的中山陵》，江苏人民出版社 2017 年版，第 168—171 页。

② 石怀瑜：《南京保卫战纪实》，廖利明编：《南京保卫战文史资料》，南京出版社 2019 年版，第 388 页。

年公墓地。守卫白骨坟阵地的部队为教导总队第 1 旅第 1 团第 3 营，营长周石泉将营指挥所设于遗族学校附近，以第 9 连为右翼，守卫白骨坟—卫岗之间地区，第 10 连为左翼，守卫下马坊—铁匠营西侧高地之间地区。① 9 日清晨，日军即向守军阵地猛烈炮击，守军依托坚固阵地顽强抵抗，激战至中午，敌军数次进攻均被击退。

10 日，日军一部已进抵孝陵卫、西山、陵园新村一线。其步兵第 20 联队第 1 大队以第 3 中队为右翼，攻击陵园新村及其西南方的国民政府主席官邸一线阵地，以第 4 中队为左翼攻击西山高地。

陵园新村在民国时期曾作为国民党军政要员云集的别墅区，各项生活设施一应俱全，还配套有邮局、小学等附设单位。《总理陵园管理委员会报告》介绍了陵园新村的位置："新村位置居于总理陵墓之南约三里许，近邵家山之东麓，南距孝陵卫约里许，东北与灵谷寺毗连，东邻中央体育场，负山带水，地极清幽。"② 然而，如此奢华的别墅区却因为战事几乎毁于一旦。《大公报》记者曾目睹当时的情形，写道：

车中遥望陵园新村之美丽楼房，烟火冲天，尽付一炬。初尚惊疑日兵已至，或奸人纵火，经询沿途步哨，始悉我军自动燃放，借以"扫清射界"。过孝陵卫街，更见两侧房屋早已"燃扫"完了，仅我在防御战上最需要之断壁残垣矗然耸立而已。③

正严阵以待守卫陵园新村的教导总队官兵奋勇迎击来犯日军，与攻入新村内的日军展开激烈搏杀。陵园新村内的一座座建筑成为双方争夺重点，互将新村内的钢筋水泥混凝土房作为现成的"碉堡"使用，凭借厚厚的墙壁，展开激烈争夺。日军官兵回忆道："我们占领了旁边的建筑物，据守空地的敌军仍在顽强抵抗。我们拿下一楼，他们就坚守二楼。"④ 双方争夺战直至 10 日晚仍未停息，日军步兵第 20 联队第 1 大队第 3 中队的士兵东史郎在日记中写道："夜深人静，枪声显得格外响亮了。'哒哒哒'的轻机枪声音，'嗖——嘭！'的迫击炮声音，还有

① 石怀瑜：《南京保卫战纪实》，廖利明编：《南京保卫战文史资料》，南京出版社 2019 年版，第 389 页。

② 总理陵园管理委员会编：《总理陵园管理委员会报告》，南京出版社 2008 年版，第 541 页。

③ 凌曦、唐恺编：《南京保卫战中方报纸报道（1937—1938）》，南京出版社 2020 年版，第 89 页。

④ 森英生：《中队长的记录》，王卫星编，叶琳等译：《南京大屠杀史料集》第 33 册《日军官兵回忆》，江苏人民出版社 2007 年版，第 94 页。

实在可爱的慢腾腾的'啪、啪'的步枪声音，以及远处黑暗中沸腾的喊声、士兵军靴的声音，刺刀的声音，和叽叽喳喳的说话声交织在一起，而且与黑暗同时来到的静谧，一起演奏着交响乐。"①

11日，日军步兵第20联队第1大队第3中队的攻击目标即转向了林森官邸，该中队的糸井在战时手记中写道："敌军以三层西式建筑的林森官邸为中心进行防守，并进攻我军，战斗犹如巷战，敌我战线犬牙交错。这期间，我中队一直冒着敌军的扫射、狙击、手榴弹、迫击炮弹等的猛烈攻击，最终夺取了林森官邸。"②

教导总队官兵对失守的阵地也展开了多次的反攻，日军士兵回忆道："这天下午到夜里，敌军转为真正的反击，枪炮声通宵达旦。"③日军攻占林森官邸后即作为临时据点，与四方城一线的教导总队官兵激烈对峙，一直持续到12日，双方仍然呈现拉锯状态。日军步兵第20联队第1大队第3中队中队长森英生写道："12日，西山高地的战斗仍在继续，而且这天下午，无论在西山高地还是在我中队正面，敌军开始猛烈反击，其斗志不容小视。他们趁着刮起的西风，放火燃烧中队正面的这片草丛，这真是出乎我们意料。"④直到12日深夜，守军放弃四方城阵地向城内撤退，日军才得以攻占了被称为"南京最后的阵地"的四方城。

日军步兵第20联队第4中队奉命对陵园新村西南面的西山高地展开攻击。由于西山高地是拱卫中山门的最后一道屏障，西山高地一失，日军便可长驱直入直抵中山门。因此，该阵地的得失显得至关重要。守备西山阵地的中国守军为教导总队第1旅第1团第1营，营长姚明德。根据教导总队通信连连长石怀瑜回忆，当时营的防御部署如下：第1连（连长高振芳）为左翼连，占领西山北端阵地；第2连（连长王锷千）为右翼连，占领西山南端阵地（含京杭公路）并派出一名排附带领强干的士兵数名设伏于孝陵卫西公路桥下涵洞内，以侧射火力消灭进入西山阵地前沿之敌，并在桥东公路中间埋设大捆引火炸弹，阻止敌战车前进；第3连（连长黄光朔）为前哨连，占领农业实验场一带前哨阵地，并向前方派出远程

① 东史郎：《东史郎日记》，王卫星编：《南京大屠杀史料集》第8册《日军官兵日记》，江苏人民出版社、凤凰出版社2005年版，第431页。

② 《糸井手记》，王卫星编，叶琳等译：《南京大屠杀史料集》第32册《日本军方文件与官兵日记》，江苏人民出版社2007年版，第407页。

③ 《糸井手记》，王卫星编，叶琳等译：《南京大屠杀史料集》第32册《日本军方文件与官兵日记》，江苏人民出版社2007年版，第407页。

④ 森英生：《中队长的记录》，王卫星编，叶琳等译：《南京大屠杀史料集》第33册《日军官兵回忆》，江苏人民出版社2007年版，第96页。

哨兵侦察瞭望。在与敌接触之前，将西山前的高级官员住宅一律破坏，免被敌利用。重机枪连（连长汤国俊）在第1、第2连间的隘路路口选择阵地，扫清射界；迫击炮排（排长姓名失记）于西山中部高峰选修炮位，消灭孝陵卫以北、林森公馆以东隐蔽地带之敌；战防炮排于孝陵卫街西、西山公路旁选修炮位，阻击敌战车西进；营指挥所在西山中峰第1、第2两连阵地中间之后。①

12月10日拂晓，西山高地的攻防战正式打响。日军首先以重炮猛烈轰击守军阵地，教导总队官兵也以猛烈炮火回击，双方首先展开了激烈炮战。对此，日军官兵回忆道："8时左右开始，野炮联队也到了，9时左右开始，一个联队整好炮队，9时后开始了猛烈的射击，敌方也携野炮、重炮、重迫击炮等猛烈地对抗我方。""联队炮也对准西山高地的碉堡一齐轰击。野炮、重炮也都以这个西山高地为目标进行射击。"②

与此同时，日军以战车为前导向西山阵地发起冲击，当即被守军战防炮击毁两辆，并活捉战车兵3名。教导总队第2旅第3团团长李西开对当日的战事回忆道：

敌炮兵猛烈向我总队第一、三、五团西山、陵园新村、第二峰之主阵地逐段加强攻击。敌之坦克分两路引导步兵向前猛冲。敌之气球高悬空中观察，指导放炮兵射击。敌空军也时来轰炸扫射助战。左路敌军由孝陵卫街公路向西山第一团进攻；右路敌军由灵谷寺向中山陵、陵园新村进攻。我两团之防坦克炮连奋勇迎击，击毁敌坦克两辆，敌坦克不敢前进。③

经整日激战，西山阵地仍在中国守军手中。晚8时，日军步兵第20联队下达"大作命163号"命令，具体内容如下：

一、敌军依托孝陵卫西部高地山脊及孝陵卫北部高地山脊上的坚固阵地顽强抵抗。

① 石怀瑜:《南京保卫战纪实》，中国人民政治协商会议北京市宣武区委员会文史资料委员会编:《宣武文史》第4辑，1995年，第213—214页。

② 牧原信夫：《牧原信夫日记》，王卫星编：《南京大屠杀史料集》第8册《日军官兵日记》，江苏人民出版社、凤凰出版社2005年版，第600页。

③ 李西开:《紫金山战斗》，中国人民政治协商会议全国委员会文史资料研究委员会《南京保卫战》编审组编:《原国民党将领抗日战争亲历记·南京保卫战》，中国文史出版社1987年版，第172页。

我第一线之右翼大队从中央运动场西侧，左翼大队从寺冈东部高地，向山脊进击。

第九联队与右翼大队沿同一线路进击。

二、联队在确保目前的阵地同时，做好明日拂晓在炮兵的支援下，突破当面敌军防线，沿大道两侧向附近中山门前进的准备。

三、第一线大队在确保目前阵地的基础上，做好明日拂晓攻击的准备。

四、预定炮兵的攻击准备射击从上午8时30分开始，约两个小时。与炮兵商定的具体事项另行指示。

五、第三大队于明日拂晓前利用夜幕掩护，与配属之工兵夺取道路北侧的碉堡。

立即派出联络人员与下麒麟门之师团司令部联系。

六、第二大队作为预备队，位于第三大队的后方。

七、为支援明日拂晓两大队的进攻，步兵炮队应侦察敌人阵地。

八、为了明日拂晓的进攻，速射炮中队应侦察敌阵地碉堡及火力点。但是，今晚应以一门反坦克炮在道路附近占领阵地。①

11日，步兵第20联队复增兵力对西山左右两翼阵地展开了更加猛烈的攻势，“左边的村子里作为联队预备队的第七中队，接着是山麓的第十二中队，左边高地里的第十中队，右边是第九、第十一中队，分别先后发起了冲锋。”②面对猛烈的炮火，教导总队官兵英勇奋战，击退日军多处进攻。中国守军勇敢的战斗精神，给日军官兵留下了深刻的印象。作为日军步兵第20联队翻译的穴泽一寿回忆道：“就在这个时候，从战壕中跳出来一个中国军队的军官，他勇敢地举着手枪，径直向日本军猛冲过来。”③参战的日军士兵也在日记中描述了当日的战况：“自前天以来，已经往西山的敌人阵地一处倾泻了近千发炮弹，但现在该处还有人在用步枪、机关枪朝我方射击。”④

---

① 《步兵第20联队速射炮中队作战命令》，王卫星编，叶琳等译：《南京大屠杀史料集》第32册《日本军方文件与官兵日记》，江苏人民出版社2007年版，第173页。

② 牧原信夫：《牧原信夫日记》，王卫星编：《南京大屠杀史料集》第8册《日军官兵日记》，江苏人民出版社、凤凰出版社2005年版，第602页。

③ 穴泽寿一：《翻译从军论的反对者》，王卫星编，叶琳等译：《南京大屠杀史料集》第33册《日军官兵回忆》，江苏人民出版社2007年版，第229页。

④ 牧原信夫：《牧原信夫日记》，王卫星编：《南京大屠杀史料集》第8册《日军官兵日记》，江苏人民出版社、凤凰出版社2005年版，第601页。

战事愈来愈激烈，防守西山右翼阵地的第2连连长王锷千阵亡，重机枪连连长汤国俊负伤。此时，日军已攻至西山脚下，战况十分危急。营长姚明德急领第3连第1排前往增援，并与营附李维周分赴左右两翼督战。然而，李维周刚步出掩蔽部，即中弹阵亡。姚明德营长大声疾呼："弟兄们，要沉着打，把敌人消灭在阵地前，不让有一个逃回。"官兵们看到营长亲临一线，顿时士气大振，终将敌军杀退，阵地转危为安。① 西山高地的惨烈厮杀给日军官兵也留下了深刻的记忆，其事后回忆道："当时，经历了十倍于我的敌人手榴弹的猛烈反击的洗礼，步枪、机关枪、捷克式机枪的子弹如雨点般飞来。连摆好射击架势的工夫都没有。"②

傍晚6时，日军步兵第20联队第4中队第1小队第6分队突破守军防线，冲上了西山高地。攻占西山高地后的日军惊叹道："敌人受到如此强大的炮击还仍然顽强地抵抗到最后，实在令人佩服。"③ 然而，此时日军仅仅攻占了西山阵地的一部。11日夜晚至12日清晨，教导总队官兵对被占领的阵地又展开了多次反击。对此，日军战史写道：

黎明时，敌军又企图夺回本战场的重要地点——西山高地。我左后方受到五十来名敌兵持续、猛烈的射击和反扑。第二小队及预备队一齐猛烈回击，接着，小队长高仓准尉身先士卒，经过十几分钟的奋勇搏杀，敌被击退至西边。在这次战斗中，高仓准尉、福岛伍长及大队炮兵小队长梅川曹长于肉搏时中弹，壮烈牺牲。④

12日整日，双方的战斗仍然围绕着西山高地至遗族学校一线展开。教导总队官兵除一部退守遗族学校西方高地和中山门东面高地的第二道防线外，余部则坚守西山高地继续抵抗。对此，日军战史记载：

早上以来，大队主力顶着正面猛烈的弹雨，奋力前进，配属于我部的轻重机

① 石怀瑜：《南京保卫战纪实》，中国人民政治协商会议北京市宣武区委员会文史资料委员会编：《宣武文史》第4辑，1995年，第216页。

② 山田芳造：《最先登上西山高地》，王卫星编，叶琳、李斌等译：《南京大屠杀史料集》第61册《日军官兵日记与回忆》下，江苏人民出版社2010年版，第461页。

③ 牧原信夫：《牧原信夫日记》，王卫星编：《南京大屠杀史料集》第8册《日军官兵日记》，江苏人民出版社、凤凰出版社2005年版，第602页。

④ 《步兵第二十联队第四中队阵中日志第5号》，王卫星、雷国山编：《南京大屠杀史料集》第11册《日本军方文件》，江苏人民出版社、凤凰出版社2006年版，第94页。

枪虽然也全力协助，但前进非常艰难。正午时分，第二中队好不容易占领了我中队北面的西山高地北半部。第十一中队又逐步进至西山高地南部的西北侧，于是中队同第二中队重又向西北方向进攻，猛烈射击溃逃到遗族学校方向的敌兵，准备进攻敌军的第二道防线。

我大队在此虽然最终得以完全击退西山高地的敌军，但敌军从遗族学校南北阵地整天向我高地上猛烈地集中射击，并且我部还受到来自紫金山方向的猛烈炮击，伤亡惨重。

入夜后敌军仍在顽强抵抗。炮击又造成我中队长及手下数人伤亡。①

日军方面的有关记载显示，中国守军虽然是在艰难的情况下，但官兵仍然奋勇争先、浴血作战，给进攻之敌以不同程度杀伤，迟滞了日军的进攻。

延至13日凌晨，日军步兵第20联队第2大队经过夜袭，攻占了教导总队位于遗族学校农场的阵地。至此，东郊一线守军阵地尽失，失去了屏障的中山门彻底暴露在日军面前。

四　中山门地区战斗

中山门位于南京城东，原址为明代所建的朝阳门。1927年，国民政府定都南京后，为了迎接孙中山奉安大典以及城市建设的需要修建了中山大道，同时将大道尽头的朝阳门拆除，改建为三孔城门，并由国民政府行政院院长谭延闿题写“中山门”门额。

中山门作为城东的重要防线，早在构筑南京城防工事时就在光华门以东至中山门一线的城墙内，设有钢筋水泥结构重机枪掩体5座。为了保密的需要，蒋介石还曾指示唐生智“中山门城上一带之城堞有残缺不齐者应即修复，并将城墙内之机枪眼口从速掩蔽，勿使城外一望而见也。”②

南京保卫战期间，由第87师、教导总队等部负责中山门前沿一线阵地的守备，而城墙上的防守则由第103师及教导总队一部负责。第103师于12月10日由副师

① 《步兵第二十联队第四中队阵中日志第5号》，王卫星、雷国山编：《南京大屠杀史料集》第11册《日本军方文件》，江苏人民出版社、凤凰出版社2006年版，第94页。

② 《蒋中正电唐生智请即修复南京中山门城上一带城堞残缺不齐处并掩蔽墙内机枪眼口》，台北“国史馆”藏，档案号002-080200-00418-115。

长戴之奇率领，由镇江撤退至南京，当日在中央军校操场稍事休整后，即奉命调防中山门一线担任城防守备。根据部署，第103师负责由光华门左侧200米处至中山门一线的城防守备任务。该部第618团负责光华门左侧至中山门间的城墙转弯处，右与第66军联系，左与第613团联系；第613团负责地段则沿城墙向左一直延伸至中山门。第615团作为师预备队，位于马标附近。参与进攻中山门一线的日军部队，则为第9师团步兵第7联队、步兵第35联队和第16师团步兵第20联队等部，以及配属的炮兵和战车部队。

12月8日晚，日军第9师团各部相继突破中国守军位于上坊镇一线的阵地后，随即转入向南京城的攻击。作为师团右翼队的步兵第6旅团奉命向中山门方向攻击前进，其步兵第35联队于9日拂晓前进至红土山东边高地。中国守军的部署，系由第87师负责农场艺校、红土山、吴家坡至工兵学校一线的防守。守卫该线阵地的第87师第261旅第521团第3营官兵，与来犯的日军步兵第35联队展开了激烈的厮杀。在日军猛攻之下，该营重机枪连连长慈巨圣以下多人伤亡，不得不退到后方休整，将阵地交由教导总队第1旅第1团第3营接防。

此时，日军以战车为前导，对红土山一线阵地再次发起了猛攻。第3营第9连、第10连依托坚固工事顽强抵抗，击退日军多次进攻，并击毁敌战车1辆。此后，日军不断增兵，战况愈加激烈，阵地上守军伤亡惨重，作为预备队的第11连也加入战斗。眼看阵地将失，第1旅旅长周振强急调军士营携带战车防御炮前往增援。由于增援兵力及时赶到，终于打退日军进攻，暂时稳住了阵地。日军进攻受挫后，配属步兵第35联队的山炮兵第9联队第1大队一部集中山炮，对守军阵地猛烈炮击，阵地大部被摧毁，守军不得不放弃红土山至教导总队营房一线阵地，退守遗族学校农场继续抵抗。当日军攻占教导总队营房时，遭到了来自前方守军阵地迫击炮的猛烈射击，死伤惨重。

同日，同为右翼队的步兵第7联队也抵近步兵第35联队左侧，准备攻击工兵学校附近的守军阵地。联队本部下达了攻击中山门的“步七作命甲第101号”命令，该命令称：

三、第一大队为右翼第一线，明天即10日早晨从东士卫至北侧的孩子里一带展开，先扫荡工兵学校，然后迅速进抵河流一线，准备占领城墙。

四、第二大队（欠第八中队）为左翼第一线，明天即10日早晨从北部孩子里向南部孩子里一带展开，尽速进抵河流一线，做好占领城墙的准备。

……

五、明天即10日，步炮中队进抵第一线后，在工兵学校两侧高地占领阵地，支援第一线两个大队占领城墙。

六、山炮兵中队明天即10日进抵第一线后，在工兵学校东北侧高地附近占领阵地，担任压制敌人重火器的任务。

七、工兵小队位于预备队的位置，担任为第一线大队爆破城墙，以便攀登，以及准备渡河器材的任务。①

12月10日，占领教导总队营房的步兵第35联队继续向纵深攻击。当推进至遗族学校农场一线时，遭遇我守军的顽强抵抗，被阻于阵地前，前进不得。日军战史写道："10日拂晓以来，前线的两个大队虽然全力进攻，但由于敌军据守着由三道防线组成的阵地，且每道防线都由机枪暗堡和一连串的铁丝网构成，加上部队又受到来自紫金山山脉一带的敌步炮火力的射击，所以进攻未能如意。"②

左翼方面，日军步兵第7联队以第1大队向工兵学校一线阵地展开攻击，坚守阵地的第87师第260旅官兵将原先修筑的碉堡工事升级成强固闭锁堡。面对来犯日军，每座碉堡充分发挥了独立作战的特性，连续击退日军3次进攻。日军原打算当日突破守军阵地进抵城墙下的计划被彻底打破。此时，第260旅旅长刘启雄和第261旅旅长陈颐鼎，一同向师长沈发藻建议乘胜反击，利用1个团的兵力由孩子里经张家上向小石山方向攻击日军右侧背。可是上级担心万一出击不成影响守备兵力，反击方案终未被采纳。

日军右翼两个联队持续对中山门一线展开攻击的同时，上海派遣军直辖炮兵指挥官野战重炮兵第5旅团旅团长内山英太郎少将，下达了炮击中山门的"军炮作命第125号"命令，要求：

独立攻城重炮兵第一大队第一中队（欠二小队）于白水村附近展开，对中山门及其城壁东南角附近以及中山路以北城内重要建筑进行破坏性炮击。

临时攻城重炮兵中队于石山村附近展开，对中山门及其城壁东南角附近以及

① 《步兵第七联队作战命令》，王卫星编，叶琳等译：《南京大屠杀史料集》第32册《日本军方文件与官兵日记》，江苏人民出版社2007年版，第117页。

② 《步兵三十五联队上海、南京附近战斗经过概要》，王卫星、雷国山编：《南京大屠杀史料集》第11册《日本军方文件》，江苏人民出版社、凤凰出版社2006年版，第120页。

中山路以南城内重要建筑进行破坏性炮击。

攻城重炮兵第一联队第一大队于白水村东侧地区展开，对中山门及南京城内十字路口附近重要建筑进行破坏性炮击。

野战重炮兵第十一联队第一大队于陆军兵营以西地区展开，对中山门及其城壁东南角附近以及中山路以南重要建筑进行破坏性炮击。

并由独立气球第三中队协助升空指引炮兵进行炮击。①

根据日军炮击中山门的炮兵部队序列统计，计有89式150毫米加农炮、试制240毫米榴弹炮、45式240毫米榴弹炮、38式150毫米榴弹炮等在内多种大口径重炮，参加了对中山门的炮击。

11日，日军第9师团左翼队一部已攻至光华门城下，反观右翼队方面仍未能接近中山门城垣一线。为此，右翼队下达“六旅作命甲第134号”作战命令，要求“右翼队仍将重点放在中山门南半部分,要占领城墙。炮兵部队主要是协助右翼队战斗。”②上午10时50分，协助步兵第35联队攻击的山炮兵第9联队第1大队的第2、第3两中队，集中炮火对守军阵地机枪掩体等工事进行破坏性射击，将守军阵地工事大部击毁。下午2时，日军步兵在轻型装甲车第7中队（第1、第3小队）数辆战车的掩护下，强行破坏了铁丝网，突入了前沿阵地，接着又相继突破第二、第三道防线。中国守军则退守中山门东侧高地继续抵抗，中日两军在中山门前方的高地展开激烈争夺，当日日军始终未能进抵中山门下。《大阪每日新闻》报道了当日的战况：

11日一整天，我军展开猛烈进攻，南京南北五门、东西三门都成了激战的战场，尤其在中山门、光华门附近，虽然我军的攻击十分猛烈，但敌军的反击也出乎意料的顽强，甚至有些地方的战斗呈胶着状态。③

中方资料对当日的战事也有详细的记录，第103师第618团营长赵旭就曾回忆道：

---

① 《附录第1—第11炮兵队命令 军炮作命第118号》，日本防卫省防卫研究所藏，亚洲历史资料中心，档案号C11111857500。

② 《六旅作命甲第134号》，王卫星、雷国山编：《南京大屠杀史料集》第11册《日本军方文件》，江苏人民出版社、凤凰出版社2006年版，第104页。

③ 《我炮兵准确无比，猛烈炮击市中心的敌阵地》，王卫星编，何慈毅、李斌等译：《南京大屠杀史料集》第58册《〈东京日日新闻〉与〈大阪每日新闻〉报道》，江苏人民出版社2010年版，第432页。

十二月十一日上午九时，攻占苜蓿村之敌，开始炮击中山门约三十分钟后，步兵在其飞机、大炮掩护下，向我中山门猛攻……我六一三团给予反击，战斗极为激烈。下午一时，中山门左右两侧一百多公尺处，被敌炮各轰塌一个缺口，我师预备队适时增援，抢堵缺口。我团预备队也派出一个连，我营派九连向日军左侧射击。我军以劣势装备及血肉之躯，在爱国心鼓舞下，与敌反复冲杀，前赴后继，浴血奋战，激战至下午六时许，日军攻夺中山门之目的受挫，中山门仍在我军手中。敌我伤亡均大，我营第九连新任连长陈仕琪负伤，士兵阵亡十一名伤十多名。①

步兵第7联队方面的战事则集中在工兵学校一线。坚守工兵学校的是中国军队第87师第260旅刘启雄部，此时只剩下不到1个营的兵力。在激战中，守军阵地前沿防御工事在日军山炮兵中队和步兵炮中队炮火攻击下，被摧毁殆尽。此时，日军以3个大队的兵力轮番向守军阵地冲击，经数小时激战，守军兵力所剩无几，工兵学校遂告失守。当日军占领工兵学校后，发现仍然有中国士兵坚守在工兵学校的三层小楼内。此时，身陷重围之中的守军毫不畏惧，不断以机枪向日军猛烈射击，使日军多次进攻均未得逞。有日军官兵回忆道："步枪中队的人抱着成捆的柴火（稻草）匆匆忙忙地进进出出，说是要火烧白色三层楼里的残余敌人。不过因为是钢筋混凝土的建筑物，最终没有成功，好像造成了不小的损失。"②

直至深夜，左翼方面的战事仍未停息，无法退入城中的守军对日军展开了多次反击。日军的战史描述了当时的战况："晚上7时30分左右，第一大队、第二大队和第三大队分别占领了工兵学校北侧高地，海拔50.5高地及南侧的高地……入夜，无路可退的残敌几十人一股左冲右突，但第一线部队凭借刺刀歼灭了这些残敌。"③

同日，日军重炮兵也对中山门城墙进行了猛烈的炮击，这使中山门遭遇到历史上不曾有的破坏，也是整个南京保卫战中，日军对南京各城门炮击最为严重的一次。在日军重炮猛烈轰击下，中山门多处被炸毁。守备中山门的第103师官兵

① 赵旭：《南京保卫战亲历记》，廖利明编：《南京保卫战文史资料》，南京出版社2019年版，第303页。

②《N.Y一等兵手记》，王卫星编：《南京大屠杀史料集》第9册《日军官兵日记与书信》，江苏人民出版社、凤凰出版社2006年版，第221页。

③《敦贺联队史》，王卫星编，刘军等译：《南京大屠杀史料集》第56册《日军文献》上，江苏人民出版社2010年版，第195页。

冒着炮火积极抢堵被炮火破坏的城墙，一名日军官兵曾在日记中记录下了守军舍身抢堵城墙的英勇壮举：“遭到重炮连续轰击的城墙上，两三个敌兵乘着炮击的间隙不断地用沙袋修补缺口，好像现在才知道似的想着支那兵的那种执着劲。”[①]然而，守军为此也付出了惨重的代价，守卫中山门一线城墙的第103师第618团团长万式炯这样描述当时的情形：

敌炮兵向我中山门阵地狂轰滥炸，我们准备了大量的沙包用来堵塞缺口……眼睁睁地看着敌人的炮弹把沙袋和我们的战士炸上了天，第三营第十连连长戴伟当即阵亡。[②]

12日，日军重炮兵对中山门一线的炮击更为猛烈，一时间城墙上硝烟弥漫。为了尽快打开突破口，敌人采取了凿锯式炮击，即专门针对城墙的一点进行连续性炮击。在重炮的轰击下，城墙的缺口被越打越宽，致使守军已无办法再用沙袋进行封堵。就在城墙遭遇炮击的同时，日军的航空兵对中山门一线守军阵地进行了猛烈轰炸。

炮火停息后，步兵便开始攻击。作为右翼的日军步兵第35联队则继续向中山门方向推进，途中遭遇来自中山门右侧以及城门前守军的顽强抵抗，被阻于城下。教导总队第1旅第2团第1营第4连少尉排长杨大鹏，面对蜂拥而至的日军，率部作殊死的奋战，在激战中不幸被击中要害，阵亡于中山门城头上。[③]激战至晚，团长万式炯鉴于形势十分危急，准备向南京卫戍司令长官部汇报时，发现电话通信已经断绝，派人前往汇报才得知指挥所早已人去楼空。万团长迫不得已下令撤退。

半夜，攻城日军发现枪声稀落下来，判断守军已经撤退。位于步兵第35联队右翼的步兵第20联队以藤作少尉等组成的十余人将校侦察队，率先从中山门城门北侧的破坏口处登上了城墙，高村少尉“用白色粉笔在中山门上写上了‘13日3时10分，大野部队占领’的字样”[④]。步兵第35联队的将校侦察队其后也于13

① 《N.Y一等兵手记》，王卫星编：《南京大屠杀史料集》第9册《日军官兵日记与书信》，江苏人民出版社、凤凰出版社2006年版，第222页。

② 万式炯：《第103师江阴抗战及撤退概述》，中国人民政治协商会议全国委员会文史资料研究委员会《南京保卫战》编审组编：《原国民党将领抗日战争亲历记·南京保卫战》，中国文史出版社1987年版，第86页。

③ 杨叔进：《遥祭胞兄杨大鹏烈士》，《侨园》1996年第4期。

④ 犬饲总一郎：《南京攻防战之真相》，王卫星编，叶琳等译：《南京大屠杀史料集》第33册《日军官兵回忆》，江苏人民出版社2007年版，第124页。

日凌晨 5 时 30 分登上了城墙，随着后续部队的赶到，早上 7 时日军完全占领了中山门。①

日军步兵第 7 联队在占领工兵学校后，仍不时遭遇来自守军的反击，为此，不得不抽调一部兵力对工兵学校展开“扫荡”。经过激战，该联队第一线部队相继占领工兵学校以北一线高地，由于受到来自苜蓿园以南的后庄，及其附近北方高地守军野炮、山炮、迫击炮的火力压制，正与守军对峙中。此时，该联队正等待重炮将城墙轰塌后，一举攻入城内。然而，联队长伊佐一男与步兵第 6 旅团旅团长在观察炮击城墙情况时，发现破坏口并不理想，部队难以由此突入。于是要求重炮继续轰击，直到 12 日下午突破口才逐渐被打开。此时，中山门自城门至南侧一线已有四处被炮击形成缺口，其中最宽一处达 70 米。突破口打开后，该联队一线部队即向守军阵地发起了进攻，激烈的枪声一直持续到半夜，直到次日拂晓才逐渐停息。13 日凌晨 5 时，待守军撤退后，该联队相继占领了后庄一线阵地，后来，从步兵第 35 联队正面爆破缺口处登上并占领了中山门。

占领中山门后，日军各部在向市中心推进时，也遭遇到守军的顽强阻击，巷战一触即发。《东京日日新闻》这样描述当时的状况：“从中山门左右两侧城墙的破坏口突入城内的大野、片桐、伊佐、富士井各部队紧追败敌，沿中山路向明故宫方向的敌军心脏部位发起攻击，开始了激烈的巷战。”② 日军入城后下令进行“扫荡”，由于占领中山门的日军各部分属第 9 师团和第 16 师团，上海派遣军司令部作出规定：以中部桥（中山门南方 800 米）—外五龙桥之间的河流—古物保存所（中山门西方 800 米）—中山路（到中山码头）一线分界，两侧分别为第 9 师团和第 16 师团的“扫荡”区域。③ 经过长达近一天的“扫荡”，中山门附近的战事才逐渐平息，参与“扫荡”的步兵第 7 联队在战史中写道：“各队在 14 日凌晨 3 时前后基本上结束了扫荡，回归联队。”④

---

①《步兵三十五联队上海、南京附近战斗经过概要》，王卫星、雷国山编：《南京大屠杀史料集》第 11 册《日本军方文件》，江苏人民出版社、凤凰出版社 2006 年版，第 121 页。

②《即将完全占领南京 / 今晨突破中山门 / 扫荡城内大半残敌 / 向心脏部位迅猛进击》，王卫星编，何慈毅、李斌等译：《南京大屠杀史料集》第 58 册《〈东京日日新闻〉与〈大阪每日新闻〉报道》，江苏人民出版社 2010 年版，第 225 页。

③《九师作命甲第 131 号》，王卫星、雷国山编：《南京大屠杀史料集》第 11 册《日本军方文件》，江苏人民出版社、凤凰出版社 2006 年版，第 102 页。

④《敦贺联队史》，王卫星编，刘军等译：《南京大屠杀史料集》第 56 册《日军文献》上，江苏人民出版社 2010 年版，第 202 页。

五 丁家山、仙鹤门附近战斗

占领句容后，日军第16师团步兵第38联队根据作战部署从汤山以北地区向南京方向攻击前进。联队长助川静二于12月7日傍晚6时下达命令称：

一、第二大队（欠第二中队、第一机关枪队、联队炮）为右第一线，在上埠头以东地区展开，务必占领上埠头。

二、第三大队击退当面之敌后，以一部占领周村高地。

三、两个大队在敌人退却时要做好不使敌军逃走的准备。

四、第二中队于晚上8时在上埠头集结兵力，第三、第十中队在原地集结兵力，并到达上埠头，作为联队的预备队。

五、我在现所在地（上埠头以南500米的道路上）待到晚上8时许，然后前往上埠头地区。①

位于上埠头以西的丁家山高地为该地区的一处重要的军事据点，要占领上埠头地区，首先非夺取丁家山不可，于是，围绕丁家山一线高地的争夺战，便成为汤山以北地区的一场重要的战事。

守卫该线阵地的是第2军团第41师。早在1937年11月29日，第2军团就奉蒋介石之命前往南京加入保卫南京的战斗序列，其第41师第121旅及其师部首先由汉口乘船向南京急进，于12月4日上午10时抵达南京，其第123旅也于12月6日抵京。该部从下关煤炭港码头登陆后，即遵令占领龙王山、栖霞山之线构筑阵地。根据敌情变换，军团长徐源泉向第41师下达作战命令，要求：

着该师派二四一团，并调担任小金庄警戒之二四六团，归张旅长习崇指挥，迅速占领乌鸦山、拜经台、雷彭台之线，分派一部至九华山，占领前进阵地。另以步兵一连，扼守普渡桥，构筑工事，逐次拒止敌人。②

① 《奈良联队战记》，王卫星编，刘军等译：《南京大屠杀史料集》第56册《日军文献》上，江苏人民出版社2010年版，第328页。

② 《第二军团京东战役战斗详报》，中国第二历史档案馆藏，档案号七八七—7591。

命令下达不久，布防于丁家山的第41师第246团即与进至该处的日军步兵第38联队先头部队发生激战，几经战斗终将来犯之敌击退。守军战史写道："第二四六团进至丁家山、龙江头附近，即与由孟塘方面侵入之敌约七八百人遭遇，该团当占领丁家山一带，驱逐该敌，并威力侦察其后方情况"①。

12月7日拂晓，日军步兵第38联队等部在大小十余门炮的掩护下再次组织兵力来犯，中日两军在射乌山、石洞山、丁家山之线展开激烈厮杀，双方损失均重，但阵地仍由中国守军掌握。当日深夜12时，南京卫戍司令长官部下达"卫参作第25号命令"，要求第66军、第36师补充第2团、第41师将侵入孟塘附近二三百敌军彻底消灭，"决自岘山—狮子山—射鸟（乌）山三方面包围攻击，并限明（八）日将该敌捕捉歼灭之。"②然而，未等第41师完全行动起来，日军首先对该部所在阵地展开了攻击。

日军方面，步兵第30旅团旅团长佐佐木到一少将对步兵第38联队下达了作战命令，要求"右翼第一线部队继续进攻，到达镇江至南京的公路沿线后，以一部继续追击敌人，主力则向普陀寺东面高地挺进。"③接到作战命令后，日军步兵第38联队第12中队趁着夜色对丁家山展开了攻击，中日两军在黑夜中展开了激烈厮杀。至8日拂晓，日军始终未能夺取丁家山高地。

天亮后，日军又一次纠集步兵数千人，在强大炮火的掩护下重新来犯，守军奋勇抵抗，战事呈现胶着态势。守军战史写道："敌步兵约数千人，炮约三十余门，亦于同时攻击我丁家山、石洞山、射鸟〔乌〕山、狮子山之线，并以一部牵制我拜经台二四一团，互相激战。我毙敌甚多，本军亦伤亡枕藉。"④

丁家山阵地上的守军迫击炮连续向日军猛烈轰击，其中数发炮弹准确命中日军步兵第38联队本部。日军战史记录下了其遭遇炮击的一幕：

时间是在12月8日上午8时许。上级根据第三大队对丁家山的进攻状况，下达了作战命令，并要求各队接受命令的人员在联队本部集结……突然间，"轰、轰"，不知从哪里传来几声炮响，紧接着，"嗖、嗖"，几枚炮弹在本部旁边开设的第

---

① 《第二军团京东战役战斗详报》，中国第二历史档案馆藏，档案号七八七—7591。

② 《第二军团京东战役战斗详报》，中国第二历史档案馆藏，档案号七八七—7591。

③ 《奈良联队战记》，王卫星编，刘军等译：《南京大屠杀史料集》第56册《日军文献》上，江苏人民出版社2010年版，第330页。

④ 《第二军团京东战役战斗详报》，中国第二历史档案馆藏，档案号七八七—7591。

三大队包扎所爆炸。[①]

遭到轰击的日军，其联队的指挥完全被打乱，一时间几乎陷入停滞的状态。

12 月 7 日上午 9 时许，战事已呈现白热化，眼见久攻不下，日军调集飞机 6 架，战车八九辆前来助战。守军"以守龙王山之二四五团（欠一营）由右翼出击，卒形成东西斗山、丁家山各点之争夺战。"[②] 鉴于此，日军步兵第 38 联队联队长也不得不换下损失惨重的第 12 中队，改由第 9 中队继续对丁家山进行攻击。经连日血战，我守军损失惨重，第 242、第 246 团干部伤亡殆尽，而第 245、第 241 团亦各伤亡二三百人。[③] 丁家山阵地于 8 日上午 11 时被日军攻陷。

8 日晚，由于外围各要点相继失陷，南京卫戍司令长官部下达了退守复郭阵地的命令。第 2 军团接到命令后，军团长即命令由后续赶到的第 48 师第 283 团、第 287 团等部，于龙王山、栖霞山之线与敌保持接触，阻击日军追击部队，掩护第 41 师各部撤退。与此同时，在孟塘等处与日军激战的第 66 军第 160 师等部，也接到了军部要求撤退的命令，其中称：

（一）敌情如贵官所知。我防守近郊之部队现已进入阵地。

（二）师奉令即撤至大水关、燕子矶地区整理。

（三）九五六团应于黄昏后经麒麟门、仙鹤门向燕子矶前进。

（四）余部即按师部、四七八旅、九五五团、九五九团之次序，向燕子矶前进。[④]

第 48 师和第 160 师在撤退的线路上均要途经仙鹤门地区，这两支中国守军在该处留下了共 500 余人的掩护部队阻击日军。

判断守军相继撤退后，日军支队长佐佐木到一下达了追击命令，命令要求："支队主力于拂晓以后一举向镇江至南京公路沿线挺进，并迅速进抵何家边至普陀寺一线……上述作战区域为陈家岗、下埠头、仙鹤门镇。"[⑤]

---

① 《奈良联队战记》，王卫星编，刘军等译：《南京大屠杀史料集》第 56 册《日军文献》上，江苏人民出版社 2010 年版，第 342 页。

② 《第二军团京东战役战斗详报》，中国第二历史档案馆藏，档案号七八七—7591。

③ 《第二军团京东战役战斗详报》，中国第二历史档案馆藏，档案号七八七—7591。

④ 《陆军第一六〇师锡澄南京两役战斗详报》，中国第二历史档案馆藏，档案号七八七—7582。

⑤ 《奈良联队战记》，王卫星编，刘军等译：《南京大屠杀史料集》第 56 册《日军文献》上，江苏人民出版社 2010 年版，第 333 页。

当日军步兵第38联队沿着守军撤退的线路跟踪追击至仙鹤门附近的东西流镇一线高地时，遭遇了守军顽强的抵抗。该处的战斗在日军步兵第38联队战史中被完整地记录下来，称之为“东流镇附近战斗”。东流镇附近战斗于12月9日上午10时许打响，日军步兵第38联队以3个大队的兵力在野炮兵大队、迫击炮队等众多炮火支援下对东西流镇、普陀寺、尧化门车站等处进行轮番攻击。日军战史写道：

在随机应变、敏捷展开的助川部队的攻击之下，敌人节节后退。但是，敌军一部利用东流镇附近的高地迅速形成防御的态势……尽管助川部队进行了周密的部署，但是，战斗仍然会不时陷入僵局。①

虽然中日两方史料文献对于该处战斗的具体细节记录不多，但从日军步兵第38联队的战斗详报中可以看出，在不到24小时的战斗中，步兵第38联队竟然消耗榴弹75发、重机枪子弹2195发，由此可见战事之激烈。

10日凌晨，当掩护任务相继达成后，中国守军分别从仙鹤门向尧化门、燕子矶一线退却。根据第160师战史记载，至9日24时，各部完全到达燕子矶附近集结。②第2军团各部也退守至尧化门一线，在杨坊山、银孔山等处结成了新的防线，准备迎接接下来更加残酷的战斗。

六　杨坊山、银孔山及紫金山北麓战斗

紫金山北麓及其左翼的杨坊山、银孔山、太平山等数座山体，共同构成了南京城东北方向的防御圈。京沪铁路线从杨坊山与银孔山之间穿过，故此两山为防御圈的核心，其战略地位十分重要。该线的防守由徐源泉所率第2军团、霍守义所率第112师等部负责。

担任杨坊山、银孔山守备任务的第2军团，早在淞沪会战时就抽调了多达1万多名官兵补充淞沪战场伤亡过大的部队，军团本身只留有少数官兵，几乎成了空架子。其后为参加南京战役而补充的新兵，仅仅临时接受了装退子弹、瞄准射击、

① 《奈良联队战记》，王卫星编，刘军等译：《南京大屠杀史料集》第56册《日军文献》上，江苏人民出版社2010年版，第334页。

② 《陆军第一百六十师锡澄南京两役战斗详报》，中国第二历史档案馆藏，档案号七八七—7582。

投掷手榴弹等最基本的训练，战斗力较差。[①] 该部在装备方面更是堪忧，全军团近1/3的步枪为老旧的毛瑟步枪，重机枪也有近1/3存在故障，而轻机枪每连仅有1挺，每团的迫击炮连所用的迫击炮更是老旧款式，没有瞄准器具，射击时仅靠估略进行瞄准。[②] 而进攻该区域的日军为第16师团步兵第19旅团旅团长佐佐木到一少将指挥的右翼支队，根据第16师团师团长中岛今朝吾命令，该支队欲绕道紫金山北麓地区直取下关，企图切断南京守军的退路。该支队由步兵第38联队、步兵第33联队第1大队、独立轻装甲车第8中队，以及野炮兵第22联队1个大队、迫击炮大队1个小队等部队混合编成。

12月8日，正当第2军团第41师在外围阵地与日军厮杀之际，第2军团之后续部队第48师第142旅于凌晨2时从煤炭港登陆上岸后，以急行军向预定阵地前进。根据上级军部要求该旅以第284团守备乌龙山要塞，以第283团接替第41师守备龙王山阵地。第48师师部及第144旅于上午8时从煤炭港登岸后，也接到命令向栖霞山急进，另以一部分兵力进小金庄，占领阵地，赶筑工事。当该师行将完成相关部署时，局势陡然出现逆转。当晚，南京卫戍司令长官部鉴于外围阵地呈现不支状态，为集中兵力固守南京，遂下令各部退守复郭阵地，部署要求“第二军团固守杨坊山、乌龙山之线及乌龙山要塞。”[③] 同时，以南京卫戍司令长官部的名义下达了“卫参作字第28号”命令，规定了各部队行动的具体要求，其中对于第2军团的命令为：

1.第二军团之第四八师（欠一团）占领杨坊山122.5高地北麓薛氏坟、曹村、和尚庄、杨家边、下西风头、曹庄之线，左与乌龙山守备队、右与教导总队连〔联〕络，务速构筑工事。该军团之第四一师，仍占领龙潭及打油山、龙王山之线，右与三十六师之补充二团连〔联〕系，拒止敌人，并于栖霞山、龙王山之线，预备占领第二阵地。

2.第二军团以旅长指挥之一团，附重炮第八团之一连及要塞部队，为乌龙山守备队，于下西风头—张家边—小金庄、乌龙山炮台—白家边之地区，编成坚固

① 郭浚：《第二军团驰援南京述要》，中国人民政治协商会议全国委员会文史资料研究委员会《南京保卫战》编审组编：《原国民党将领抗日战争亲历记·南京保卫战》，中国文史出版社1987年版，第137页。郭浚应为韩浚之误。

② 《第二军团京东战役战斗详报》，中国第二历史档案馆藏，档案号七八七—7591。

③ 《南京卫戍军战斗详报》，中国第二历史档案馆藏，档案号七八七—7593。

之环形阵地，务具独立持久作战能力。[①]

然而，在接到总部命令之前，第41师在狮子山、石洞山、射乌山及拜经台、龙潭之线与日军的激战呈胶着状态，且伤亡过大，难以撤出战斗。因此，龙王山、栖霞山及小金庄之线的阵地，已由第48师第283团、第284团、第287团之一部先行占领，并赶筑工事。军团长徐源泉一面将前方情形用电话报告南京卫戍司令长官唐生智，一面计划将第41师与第48师各部按照南京卫戍司令长官部的命令分别部署新的战斗位置。由于第41师阵地正面过宽且部队伤亡惨重，当深夜变换阵地之时，突遭日军袭击。日军除以一部跟踪追击第41师换防部队外，另以大部由小胡山经复兴桥向龙王山以西地区绕追，企图截断守军后方联络线。

面对突发情况，第2军团军团长徐源泉紧急处置，于12月9日凌晨2时在尧化门军司令部下达命令：

本军团应迅速占领杨坊山北麓薛氏坟—曹村—和尚庄—杨家边—下西风头—曹庄之线，左借乌龙山要塞，以主力控置于太平山附近，【达】与敌决战之目的，规定各部部署如左：

1. 48D（欠一四二旅之二八四团）应即占领薛氏坟—曹村—和尚庄（含）之线，构筑工事，以283R控置于银孔山左后方袁枣树附近，为师预备队。

2. 41D（欠242R、246R）应即占领和尚庄（不含）—杨家边—下西风头—曹庄之线，构筑工事。

3. 48D第一四二旅（欠二八三团）任乌龙要塞之守备，遵照卫参字第28号命令规定，迅速编成坚固之环形阵地，具最后与敌作持久战之能力。

4. 41D第242R、246R迅撤至太平山后，朱家边、伏家场一带整理，并为军预备队。

……

军战斗指挥所设于乌龙山。[②]

接到命令后，第48师第283团、第287团于龙王山、栖霞山之线阻击追击而

① 《第二军团京东战役战斗详报》，中国第二历史档案馆藏，档案号七八七—7591。《详报》称下达“卫参字第28号”命令，有误，应为“卫参作字第28号”命令。

② 《第二军团京东战役战斗详报》，中国第二历史档案馆藏，档案号七八七—7591。

至的日军，掩护第 41 师撤退。当第 41 师摆脱日军追击后，第 48 师第 283 团和第 287 团也交替掩护向预备阵地转进。然而，在第 2 军团各部进入新阵地后却大失所望。中方战史写道：

查由杨坊山北麓经和尚庄、下西风头至曹庄之线，既无预筑阵地，即要塞区域防御工事亦欠完成。经本军各部赶筑终日，不过粗具野战工事之程度，未克增强。复查杨坊山全部，形势重要，而教导总队未及占领，设被敌占，则彼此侧翼均受瞰制，殊为可虑。为维持全局，不能不顾计，勉令 288R 第三营延伸至杨坊山而占领之，抢筑工事，以作右翼重点之支撑。①

实际上，该处不仅是阵地工事构筑极不完善，而且由于战线过长也给防守增加了很大压力。防守该区域的第 48 师师长徐继武坦言："我师除以一团守乌龙山要塞外，其余三团则担任左自和尚庄起，右至杨坊山北麓至山地起伏绵长二十余里之战线，一线配备尚虑不足，纵深配置，实所不能。"②

12 月 10 日一早，日军侦察机为了配合地面部队进攻，对守军阵地进行了全方位侦察。当日下午 2 时，日军便对第 48 师防区和尚庄、曹村、杨坊山一带展开了猛烈攻击。坚守杨坊山一线阵地的第 48 师第 144 旅第 288 团，以唯一的重武器迫击炮频频向日军轰击，击退日军多次猛烈进攻。

面对守军迫击炮轰击，日军第 16 师团步兵第 19 旅团旅团长佐佐木到一心有余悸地写道：

敌军不断用迫击炮轰击我前线部队的后方，按照 50 米的射击间距，有规律地炮击沿路区域。田里尘土飞扬，炸塌了农家房顶，炸断了树木，轰炸情景极为壮观……眨眼工夫就落下一百多发炮弹，这可不是闹着玩的。③

可是，由于守军第 144 旅大部分是没有经过充分训练的新兵，战斗力不高，在日军猛攻下，前沿阵地相继失守。日军步兵第 38 联队竹内正中佐所率的第 1 大

① 《第二军团京东战役战斗详报》，中国第二历史档案馆藏，档案号七八七—7591。

② 《第二军团京东战役战斗详报》，中国第二历史档案馆藏，档案号七八七—7591。

③ 佐佐木到一：《佐佐木到一日记》，王卫星编：《南京大屠杀史料集》第 8 册《日军官兵日记》，江苏人民出版社、凤凰出版社 2005 年版，第 309 页。

队乘机攻占了杨坊山东侧高地。中国守军则退至杨坊山主峰继续抵抗，中日两军围绕主峰展开了激烈的厮杀，此时，新兵在中下级军官和富有作战经验的老兵带领下，越战越勇，始终将敌军压制在主峰之下。日军官兵回忆道："敌人死守最高点，两军的攻防战一度异常激烈。竹内大队的前进因此非常困难。"① 日军不得不再次请求炮火支援，配属步兵第 38 联队的野炮兵大队 1 个中队，集中火力猛烈轰击杨坊山主峰，阵地工事尽毁，守军伤亡惨重。中方"战斗详报"写道："我守该山 288R 第三营陈营长庆勋指挥全营，反复混战，卒以敌炮火与飞机轰炸，及其轻机枪火猛烈，全营壮烈牺牲，陈营长身负重伤。"②

下午 4 时许，森井菊藏大尉指挥的第 3 中队在强大火力的掩护下攻占了杨坊山主峰的守军阵地，杨坊山遂告失守。日军战史记录下了守军阵地陷落后的悲壮情景："在陷落的山顶战壕里，敌兵的尸体重叠在一起。"③ 杨坊山战斗之惨烈，于此可见一斑。然而，战斗并未就此停息，守军当即组织了 200 余人对失守的阵地展开了多次反击。日军战史写道：左翼方面，傍晚起至凌晨 1 点，中方军队以约 200 人兵力为夺回阵地连续发动了七次夜袭。④

同日，防守和尚庄至杨坊山一线的守军第 144 旅第 287、第 288 团各一部也与日军展开了惨烈的厮杀。第 288 团中校团附何继厚、第 1 营营长苑师温，第 287 团第 3 营营长秦慎符等多人先后在战斗中受伤，而下级军官及士兵更是伤亡惨重。⑤

攻占杨坊山阵地后，日军则继续向其右翼的银孔山展开攻击。为了配合攻击，第 16 师团下达命令，临时将步兵第 33 联队第 1 大队（缺 1 个中队）及轻型装甲车第 8 中队，划归右翼支队指挥。银孔山阵地的守军为第 48 师第 142 旅第 283 团第 1 营。早在杨坊山发生激战之时，第 2 军团军团长徐源泉就担心杨坊山一旦失守，将导致后方联络线被敌截断，便紧急命令该团第 2 营增援第 1 营，以增强杨坊山右翼银孔山的防守力量。

---

① 《奈良联队战记》，王卫星编，刘军等译：《南京大屠杀史料集》第 56 册《日军文献》上，江苏人民出版社 2010 年版，第 336 页。

② 《第二军团京东战役战斗详报》，中国第二历史档案馆藏，档案号七八七—7591。

③ 《奈良联队战记》，王卫星编，刘军等译：《南京大屠杀史料集》第 56 册《日军文献》上，江苏人民出版社 2010 年版，第 336 页。

④ 《自无锡至南京步兵第三十八联队（佐佐木支队）战斗经过要图》，日本防卫省防卫研究所藏，亚洲历史资料中心，档案号 C11111205700。

⑤ 《第二军团京东战役战斗详报》，中国第二历史档案馆藏，档案号七八七—7591。

11 日一早，日军以重炮猛轰银孔山。炮击后，其步兵在轻型装甲车第 8 中队数十辆战车的掩护下，向守军阵地发起猛攻。守军在营长单喆渊、连长孙世考的指挥下浴血奋战。在日军的日记中也出现了“敌军的抵抗实在太顽强了”之语。[①]

激战中，营长单喆渊膀臂中弹，不顾血流如注仍裹伤再战，率领部下杀向敌群，不幸再次被敌弹命中要害，最终阵亡在银孔山阵地上。守军战史记录下了这悲壮的一刻：“我守该山 283R 之第一营营长单喆渊、连长孙世考，身先士卒，血战半日，饮弹殉国，而全营官兵亦伤亡殆尽。”[②]该团第 2、第 3 营在增援银孔山阵地的过程中，也遭遇日军重炮轰击和飞机轰炸，损失惨重，伤亡达半数以上。面对如此惨烈的伤亡，守军仍然坚守不退，顽强抵抗。日军步兵第 30 旅团旅团长佐佐木到一在 11 日的日记中写道：“当我步兵沿斜坡向上冲锋时，甚至还有敌兵宁死不退，死守阵地，宁死不屈。”[③]11 日下午 1 时 40 分，日军突破守军防线，遂攻占了银孔山阵地。

同日，除银孔山外，第 2 军团其他各防线部队也与日军发生了激战的战斗。战斗中，日军步兵在轻型装甲车第 8 中队数十辆战车的掩护下，向守军阵地发起冲击。守卫阵地的第 144 旅旅长韩浚见情况危急，急令第 288 团团长曹毅组织部队炸毁敌战车，以阻敌前进。曹毅团长接到命令后，立即部署 1 个多连的兵力隐蔽在敌军必经的小森林内，并将全团一部分轻重机枪和集束手榴弹集中起来归该连使用。当敌战车进入伏击圈后，一声令下，各种轻重武器一齐开火，集束手榴弹也纷纷向敌战车投去。敌军猝不及防，战车被击毁多辆，余车冲开随车步兵急忙逃窜，敌遗尸遍野，我缴获敌战车多辆。[④]

当杨坊山、银孔山阵地相继陷落后，守军开始向左翼太平山方向撤退，并利用既有阵地继续抵抗，同时乌龙山炮台上守军的重炮也频频向日军轰击。在日军步兵第 38 联队联队长助川静二的要求下，协助该部之独立攻城重炮兵第 2 大队的 150 毫米口径加农炮，对太平山守军阵地进行了破坏性轰击，连续射击约 40 分钟，

① 佐佐木到一：《佐佐木到一日记》，王卫星编：《南京大屠杀史料集》第 8 册《日军官兵日记》，江苏人民出版社、凤凰出版社 2005 年版，第 310 页。

② 《第二军团京东战役战斗详报》，中国第二历史档案馆藏，档案号七八七—7591。

③ 佐佐木到一：《佐佐木到一日记》，王卫星编：《南京大屠杀史料集》第 8 册《日军官兵日记》，江苏人民出版社、凤凰出版社 2005 年版，第 310 页。

④ 郭浚：《第二军团驰援南京述要》，中国人民政治协商会议全国委员会文史资料研究委员会《南京保卫战》编审组编：《原国民党将领抗日战争亲历记 · 南京保卫战》，中国文史出版社 1987 年版，第 139—140 页。郭浚应为韩浚。

共发射破甲榴弹 23 发。[①] 一时间，守军阵地陷入一片火海。

日军原以为动用 3 个中队的重炮和 1 个大队野炮进行压制性炮击，就可以顺利地攻下太平山阵地，可是激战至傍晚，阵地仍在中国军队手中。然因连日激战，第 2 军团各部损失惨重，全军损失已达 1/3 以上，第 2 军团军团长徐源泉写道："京东之役，敌炮每以数十门向我连续发射，弹如雨注……统计我军伤亡被炮击者占十分之七。"[②]11 日晚 6 时，军团长徐源泉下令全军缩小阵线，各部相继放弃太平山等一线阵地，退入乌龙山要塞区继续坚守。

日军步兵第 38 联队进攻银孔山阵地的同时，其一部对第 2 军团右翼的紫金山北麓也发起了攻击。负责指挥该线日军部队的佐佐木到一少将在 11 日的日记中写道："开始进攻占据银孔山东西两侧阵地的敌军。增援队伍 9 时抵达。目的是让他们先协助师团主力进攻。于是，派部分队伍经紫金山北麓开往和平门方向。但该方向的敌军阵地无隙可乘。"[③] 紫金山北麓原为教导总队骑兵营负责守备，总队长桂永清鉴于防守力量薄弱，临时抽调刚刚赶赴南京参战的第 112 师参与防守。该师抵达南京后，奉桂永清之命由第 336 旅守备紫金山北麓沿长江一线阵地。虽然该师经江阴一役损失惨重，全师仅 4000 余人，奉调南京未及休整即投入战斗，但面对强敌仍然发挥了顽强的战斗精神，誓死不退，一直激战至 12 日，日军仍然未能突破紫金山北麓阵地。可是，由于军令不畅，南京卫戍司令长官部虽已于 12 日下午 5 时下达撤退令，但该师防守官兵却"因未奉到变换防地命令，遂全部牺牲于紫金山阵地附近。"

后来，守军第 112 师于"战役经过概要"中，沉痛总结其教训为：

南京战役，我部队未得喘息即蒙受重创，且接战后即未奉到上峰另一命令指示，致使死守一地，全部牺牲。[④]

---

①《步兵第三十八联队战斗详报　昭和 12 年 12 月 10 日—昭和 12 年 12 月 12 日》，日本防卫省防卫研究所藏，亚洲历史资料中心，档案号 C111111937700。

②《第二军团京东战役战斗详报》，中国第二历史档案馆藏，档案号七八七—7591。

③ 佐佐木到一：《佐佐木到一日记》，王卫星编：《南京大屠杀史料集》第 8 册《日军官兵日记》，江苏人民出版社、凤凰出版社 2005 年版，第 310 页。

④《陆军第一百十二师抗战八年中重要战役经过概要》，中国第二历史档案馆藏，档案号七八七—6557。标题中"抗战八年"系指全面抗战的八年。

第三节　城东北地区战斗

一　乌龙山与江面阻敌战斗

乌龙山坐落于南京城东北三十里的长江南岸，山上建有乌龙庙，山以庙得名。乌龙山海拔 72 米，山体呈扇形分布，东西长约五公里，南北宽约两公里，成为拱卫江防的天然屏障。同时，乌龙山对岸的划子口则与乌龙山炮台形成夹角，共同扼守着长江通往下关的主要航道。划子口，因在明末作为以“划子”（小木船）载人过江的渡口所在地而得名。全面抗战爆发之前，中国军事当局就鉴于划子口“前扼长江，后控滁口”的重要性，在该处设置了永久工事，并由中央军校教导总队第 1 团第 3 营第 9 连的 1 个排，负责划子口以及附近大河口江防工事的看护和巡视任务。①

早在江阴抗战之时，中国海军的平海、宁海、逸仙、建康、楚有等军舰相继被日军击沉。由于主要战舰大多丧失，中国海军难以用军舰拱卫长江水道，阻敌溯江而上。鉴于此，中国海军为继续坚持抗战不得不改变战略决策，“决计拆卸舰炮，安装长江两岸，用以腰击敌舰。”② 因此，海军部便将编组成立的海军炮队配置在长江南北两岸，“达到步步设防，节节抗战目的，以粉碎敌人由水道直趋长江上游之策略。”③ 此后，根据守卫南京的方略，海军部将江防守备第 2 大队一部调防划子口阵地，同时将由“海圻”号巡洋舰拆下的 47 毫米口径小炮部署在该阵地上，从水道阻击敌军的进犯。

划子口对岸的乌龙山炮台始建于清同治十三年（1874 年），分别在乌龙山滨

① 胡卓然：《南京保卫战中的海军作战》，《团结报》2017 年 12 月 1 日。

② 国民政府海军总司令部编：《海军战史》，1941 年编印。

③ 《海军抗战纪事》，中国第二历史档案馆藏，档案号七八七—16835。

江设暗炮台 7 座，安炮 7 尊；明炮台 3 座，安炮 4 尊。在山矶头设暗炮台 4 座，安炮 4 尊；明炮台 2 座，安炮 6 尊。[①] 全面抗战爆发后，中国军事当局鉴于清代遗留下来的老旧炮台无法达到现代化战争的要求，难以抵御日军海陆空一体化的攻势，遂积极赶筑了甲一、甲二两座现代化要塞高射炮台。其中甲一台就建在乌龙山上，一方面与乌龙山炮台合力防江，另一方面与甲二台合力防空。[②]

此时，乌龙山炮台（龙台）、老虎山炮台（虎台）、狮子山炮台（狮台）、马家山炮台（马台）、雨花台炮台（雨台），与新增设的甲一台、甲二台共同划归江宁区要塞司令部直接管辖，要塞司令为邵百昌中将、参谋长为曹友仪。后来，江宁区要塞司令部鉴于“所属单位日见增多，应行减少部分俾易指挥”，特别于 1937 年 11 月 1 日在龙台、虎台、甲一台、甲二台之上，组设“龙虎总台部”，任命陆军炮兵中校黄永诚为江宁区要塞龙虎总台总台长。[③]

乌龙山要塞区由乌龙山炮台与甲一台共同组成。乌龙山炮台简称龙台，下辖台部、龙一台、龙二台，总台长为欧阳椿，龙一台台长为卓超寰、龙二台台长为李植寰。甲一台台长为李诚中。江宁区要塞司令部守备第 2 营第 4 连担任乌龙山要塞区的守备。在兵力配属方面，龙台共有官兵 161 人，甲一台共有官兵 75 人，守备第 2 营第 4 连共有官兵 98 人。[④] 在武器配属方面，龙台计有 31 式 75 口径野炮 8 门、克式 75 口径山炮 2 门、12 公分快炮 2 门、15 公分快炮 2 门、23 公分长式炮 2 门、自卫 79 步枪 35 支、白朗林手枪 3 支，各类炮弹 2774 发；甲一台计有 8.8 公分快炮 4 门、自卫 79 步枪 20 支、自来得手枪 4 支，各类炮弹 484 发；守备第 2 营第 4 连计有 79 步枪 93 支、79 轻机关枪 3 挺、自来得手枪 2 支。[⑤]

1937 年 11 月，在成立南京卫戍司令长官部之时，司令长官唐生智就出于“要塞以全力掩护长江封锁线，并协同核心守备队之战斗”[⑥] 之战略构想，在制定首都

---

① 丁进：《南京保卫战中的乌龙山炮台》，《钟山风雨》2015 年第 1 期。

② 瀛云萍：《坚守乌龙山炮台》，中国人民政治协商会议全国委员会文史资料研究委员会《南京保卫战》编审组编：《原国民党将领抗日战争亲历记·南京保卫战》，中国文史出版社 1987 年版，第 208 页。

③《江宁区要塞司令部关于龙虎总台成立日期致参谋本部函》，中国第二历史档案馆编：《南京保卫战档案》第 5 册，南京出版社 2018 年版，第 450—452 页。

④《江宁区要塞司令部民国二十六年九月份兵力驻地表》，中国第二历史档案馆编：《南京保卫战档案》第 5 册，南京出版社 2018 年版，第 393—394 页。

⑤《江宁区要塞司令部九月份装备月报表》，中国第二历史档案馆编：《南京保卫战档案》第 5 册，南京出版社 2018 年版，第 411—431 页。

⑥《首都保卫军作战计划》（1937 年 11 月），中国第二历史档案馆藏，档案号七八七—7593。

保卫军作战计划的时候，特别将教导总队第1团归要塞邵百昌司令指挥，任乌龙山要塞守备，以增强乌龙山炮台的守备力量。曾担任乌龙山守备任务的教导总队第1旅第1团第2营营长索本勤回忆道："1937年11月的最后一天，桂永清命令我营开到乌龙山以右地段，担任乌龙山之守备。"[①]12月4日上午10时，第2军团先头部队第41师第121旅及其师部从下关煤炭港登陆后，即向甘家巷前进。同时，该部派遣联络官前往乌龙山要塞区与教导总队联系接防事宜。教导总队交防后，奉桂永清命令将部队开至尧化门一线，并在铁路沿线构筑防御工事。

根据第41师师长丁治磐的部署，以第121旅负责龙王山、栖霞山之线的守备，以第123旅第245团负责乌龙山要塞、第246团负责小金庄阵地的守备。守军战史记载：12月6日凌晨3时许，第123旅（欠第246团）登陆，即出发赴乌龙山，并指挥要塞部队守备该要塞。[②]然而，随着前方战事愈加激烈，第41师各部奉命向当面之敌攻击前进，第123旅第246团已在丁家山等处与来犯日军展开激烈厮杀，师长丁治磐急调原部署在龙王山的第121旅第242团前进至乌龙山、狮子山一线，形成侧面梯次配备。同时，将第123旅第245团由乌龙山调至龙王山，作为师预备队使用。此时，乌龙山要塞守备兵力几成空虚状态。鉴于此，第2军团军团长徐源泉命令："栖霞山、小金庄各阵地及乌龙山要塞守备，俟四八师到达后，另令迅即分别占领。"[③]12月8日凌晨2时，第48师先头部队第142旅由煤炭港登陆后，其第284团以急行军赶赴乌龙山要塞。同日，南京卫戍司令长官部下达了转移阵地的命令：

第二军团以旅长指挥之一团，附重炮第八团之一连及要塞部队，为乌龙山守备队，于下西风头—张家边—小金庄、乌龙山炮台—白家边之地区，编成坚固之环形阵地，务具独立持久作战能力。[④]

乌龙山要塞区的战斗于12月9日打响。当日日军飞机飞临守军第41师甘家巷一线阵地上空轮番轰炸，甲一台的官兵见此情况立即进入战斗状态，操作88毫

① 索本勤：《九九高地阻击战》，中国人民政治协商会议全国委员会文史资料研究委员会《南京保卫战》编审组编：《原国民党将领抗日战争亲历记·南京保卫战》，中国文史出版社1987年版，第190页。

② 《第二军团京东战役战斗详报》，中国第二历史档案馆藏，档案号七八七—7591。

③ 《第二军团京东战役战斗详报》，中国第二历史档案馆藏，档案号七八七—7591。

④ 《第二军团京东战役战斗详报》，中国第二历史档案馆藏，档案号七八七—7591。

米口径快炮向来犯的日机猛烈射击，密集的弹雨纷纷在日军机群周围爆炸，日机见此状况急忙逃窜，守军阵地转危为安。

12 月 10 日，由佐佐木到一少将指挥的日军右翼支队向第 2 军团驻守的杨坊山阵地展开了猛烈攻击，由于第 2 军团的重武器仅为迫击炮，这难以抵御日军的猛烈炮火，乌龙山要塞的守军接到支援命令，立即组织要塞内的重炮轰击进犯的日军。日军的战史写道："战斗打响了，杨坊山的敌人用机关枪和迫击炮发动猛烈袭击，敌军在该阵地上约有两个中队的兵力，乌龙山和岔路口的炮台也猛烈地炮击。"①

此时，日本海军也奉命溯江西上，以图完成对南京的包抄之势。正当日军军舰试图冲破乌龙山要塞区的时候，遭遇了要塞守军的顽强抵抗。当时，为了增强划子口的守备力量，要塞守备总队及时将原设于小金庄的2门小炮移往划子口阵地。参与战斗的甲一台台附瀛云萍后来在回忆文章中如此描述当时的情形：

> 敌舰于十日午进入我炮台前七千公尺远之位置，我甲一台与龙台当即予以猛烈炮击，双方交战，结果敌舰狼狈退去，在我台最大射程以外逗留，不敢前进。②

敌舰这一退，也大大缓解了要塞守军江防的压力，乌龙山炮台的官兵得以全力对付来自空中的袭击。日机再次对第 2 军团的一线防御阵地进行轰炸之时，均被守军的高射炮火击退。守军战史写道："敌机竟日向我尧化门、甘家巷间友军阵地轰炸，经我甲一台驱逐，不逞而退。"③

11 日，日军突破杨坊山守军阵地后即向银孔山大肆进攻。为了支援银孔山阵地上的守军，乌龙山炮台集中重炮从右侧后背向进犯的日军步兵第 38 联队猛烈轰击。据守军战斗详报记载："晨，尧化门友军，后移太平山、银孔山之线。午前十时，敌复向之猛攻，我乌龙山一带备炮向敌密集部队猛射，闻敌受伤极重。"④由于日军步兵第 38 联队配备的是 75 毫米口径山炮，其火力和射程远远不及乌龙

---

① 《奈良联队战记》，王卫星编，刘军等译：《南京大屠杀史料集》第 56 册《日军文献》上，江苏人民出版社 2010 年版，第 336 页。

② 瀛云萍：《坚守乌龙山炮台》，中国人民政治协商会议全国委员会文史资料研究委员会《南京保卫战》编审组编：《原国民党将领抗日战争亲历记·南京保卫战》，中国文史出版社 1987 年版，第 209—210 页。

③ 《澄镇宁各要塞区作战经过及心得概要》，中国第二历史档案馆藏，档案号七八七—7587。

④ 《澄镇宁各要塞区作战经过及心得概要》，中国第二历史档案馆藏，档案号七八七—7587。

山炮台上的重炮，对于中国守军的炮击几乎无招架之力，因而不得不向后方求援。配属日军右翼支队的独立重炮兵第2大队第1中队接到前方的求援后，在中队长梶浦俊彦大尉的指挥下于下午3点30分，以1门89式150毫米口径加农炮对乌龙山炮台进行了试探性射击，共计发射破甲榴弹12发。[①] 为了掩护步兵的进攻，日军航空兵也对守军阵地和乌龙山炮台进行了大肆轰炸。甲一台的高射炮兵立即开炮迎敌，当场击落敌机1架。敌机尝到了守军高炮的厉害后，不敢低飞，扫射轰炸都只在高空进行，因而对炮台威胁不大。同时，为了防备敌军从划子口登陆威胁我江防安全，军事当局命令："长江要塞守备总队第二大队全部调划子口，备敌登陆。"[②]

12日，战况急剧恶化，位于乌龙山周边的杨坊山、银孔山、太平山等一线高地相继失陷，防守该区域的第2军团也因连日激战，各师战斗人员伤亡过大，不得不缩小阵线，以一部撤入乌龙山要塞内，大部占领要塞外之戴家边、贾家边、王家边、白家边之线，全体官兵声言誓与要塞共存亡。日军方面，则以陆海空三面倾全力围攻乌龙山要塞区。日军集中89式150毫米口径加农炮等重型火炮对乌龙山炮台进行了轮番炮击，自上午10时55分，即开始对乌龙山炮台进行炮击，后分别于下午1时23分和3时50分再次对乌龙山炮台进行炮击，三次炮击共计发射炮弹36发。[③] 由于甲一台上的最新式8.8公分快炮，在连日的激战中给日军的飞机和步兵以沉重的打击，日军对此恨之入骨，必除之而后快。故于午后1时47分对乌龙山炮台西北方约一公里之甲一台进行炮击，共计发射破甲榴弹35发。[④] 乌龙山要塞陷入一片火海，守军损失惨重，其中龙一台23公分及15公分口径炮均被损毁，仅留龙二台16公分口径炮可射击，士兵伤亡30余人。守军战史对当天的战况记录如下：

本日，敌炮骤增，内有重炮七八门，主向我龙台、甲一台射击，至十二时许，先后毁我龙台火炮四门、甲一台火炮三门。[⑤]

---

① 《独立攻城重炮兵第二大队　自昭和12年12月3日至昭和12年12月13日南京附近战斗详报》，日本防卫省防卫研究所藏，亚洲历史资料中心，档案号C1111185700。

② 《澄镇宁各要塞区作战经过及心得概要》，中国第二历史档案馆藏，档案号七八七—7587。

③ 《独立攻城重炮兵第二大队　自昭和12年12月3日至昭和12年12月13日南京附近战斗详报》，日本防卫省防卫研究所藏，亚洲历史资料中心，档案号C1111185700。

④ 《独立攻城重炮兵第二大队　自昭和12年12月3日至昭和12年12月13日南京附近战斗详报》，日本防卫省防卫研究所藏，亚洲历史资料中心，档案号C1111185700。

⑤ 《澄镇宁各要塞区作战经过及心得概要》，中国第二历史档案馆藏，档案号七八七—7587。

在日军飞机和重炮对乌龙山要塞狂轰滥炸的同时，日本海军派出以“保津”号炮舰、“势多”号炮舰、扫3号扫海艇、扫6号扫海艇组成的先头部队，向乌龙山阻塞线冲击，企图突破该线直逼下关，形成对南京的合围。乌龙山炮台与对岸的划子口阵地的中国守军当即开炮阻拦，给予日军迎头痛击。在守军猛烈的炮击之下，日本海军的“保津”号炮舰、扫3号扫海艇、扫6号扫海艇先后中弹，其中“保津”号炮舰左舷轮机被击中；扫3号扫海艇艇长室被击中；扫6号扫海艇后部舰桥被击中，水兵有1人重伤，机关兵有1人轻伤。① 受到重创后，日舰相继逃回。守军战史也记录下了当日的战况：“午前十一时半，敌驱逐舰四支〔只〕沿江而上，至封锁线前约一千五百公尺处，经我划子口海炮及乌龙山一带备炮射击，结果一只前桅及望台被毁，其余亦均被伤，回驶封锁线外约万公尺处，不时向我射击。”②

下午2时30分，日军舰队主队的数艘炮舰联合向乌龙山阻塞线发起攻击，均被乌龙山炮台与划子口阵地的炮火拦截，失败而归。激战中，日军“神丸”号水上飞机母舰上的数架水上侦察机和第2联合航空队的战机，对乌龙山炮台及划子口阵地进行了猛烈轰炸，守军损失惨重。③ 下午4时50分，日军再次纠集扫海艇数艘开至乌龙山阻塞线附近试图清除守军布设的水雷，被乌龙山要塞守军发现后，以仅有的2门12公分口径快炮向敌舰集中射击，终将其击退。④

12日下午5时，南京卫戍司令长官唐生智下达撤退令的同时，特别命令乌龙山要塞区守军继续炮击日军，以掩护其他各部守军撤退。此时，乌龙山要塞区的火炮只剩下龙台1门、甲一台1门及野山炮连8门而已。接到命令后，乌龙山要塞区的守军从晚上8时开始连续向日军炮击，掩护友军撤退。指挥日军右翼支队的佐佐木到一曾在日记中写道：“该炮台的高射炮一直到战斗的最后一刻都在向我飞机射击。”⑤ 战至深夜，乌龙山要塞区周边阵地的守军大多已经退却，日军步兵在十余辆战车的掩护下，从北家边、瓜村等处向龙台包围过来，位于乌龙山前的野山炮连的8门山炮当即开火，击毁日军战车3辆。

此时，“龙虎总台”业已陷落，总台长黄永诚下落不明，总台附赵旭在阵地

---

① 胡卓然：《南京保卫战中的海军作战》，《团结报》2017年12月1日。

② 《澄镇宁各要塞区作战经过及心得概要》，中国第二历史档案馆藏，档案号七八七—7587。

③ 《主要作战研究17·南京攻略作战　自昭和12年11月26日至昭和12年12月17日》，日本防卫省防卫研究所藏，亚洲历史资料中心，档案号C14120597400。

④ 《澄镇宁各要塞区作战经过及心得概要》，中国第二历史档案馆藏，档案号七八七—7587。

⑤ 佐佐木到一：《佐佐木到一日记》，王卫星编：《南京大屠杀史料集》第8册《日军官兵日记》，江苏人民出版社、凤凰出版社2005年版，第312页。

上临时对要塞守军下达了撤退令，他说道：“南京已失守，我们再打也没有什么用了，司令官也已不知去向。我也没得到撤退命令，为了保存我们的特种人才，你们走吧。杀头有我去顶着。”[①] 为了不将要塞资敌，守军在撤退前对火炮及要塞建筑进行了破坏。守军一面将炮闩、瞄准具拆解下来投入江中，一面把棉被卷成一条长长的火线，一端通向弹药库，一端通到外面，临走时将外端点燃，把火慢慢引入火药库。13 日，日军不知要塞守军已经撤退，再次派遣飞机对已空无一人的乌龙山炮台进行空袭。第 1 联合航空队所属的 3 架 95 式陆上攻击机在海军大尉三原元一指挥下，自 13 日上午 10 时 15 分至 11 时 40 分对乌龙山炮台进行了轰炸，共计投下 250 公斤炸弹 6 枚、60 公斤炸弹 40 枚。乌龙山炮台的炮位、仓库等建筑物悉数被炸毁。[②]

当乌龙山要塞被彻底摧毁后，江防阵地就只剩下划子口一处了。就在 13 日南京陷落的当天，划子口阵地的海军炮队坚持与日本海军战斗到了最后一刻。当日，日本海军舰队的“保津”号炮舰和“势多”号炮舰突破乌龙山阻塞线进行侦察的时候，立即遭到了划子口守军的猛烈炮击。“保津”“势多”两舰的《航泊日志》均记录了双方多次炮战的经过。守军战史也记录了当时的情形：“至九时半，敌舰九只向我封锁线直驶，被我划子口海炮射击，当即伤二只，沉一只（系被炮击或触发水雷，未详）。我海炮三门亦被击毁。”[③] 终因敌众我寡，在日军重炮和飞机的轰炸之下，划子口阵地大部被摧毁，炮位尽失。没有江防阵地的阻挡后，日本海军舰队以“保津”号、“势多”号为先头部队，于 13 日下午 2 时 40 分率先通过乌龙山阻塞线突入南京江面，其舰队主队也于下午 4 时抵达南京江面。[④]

自 12 月 12 日下午 5 时唐生智下达撤退令起，至日本海军 13 日下午 3 时 40 分抵达南京江面，最终与日本陆军对南京形成合围态势，坚守在乌龙山要塞区的第 2 军团和江宁要塞部队，与划子口阵地上的海军炮队相互配合，不顾日军海陆空立体的打击，顽强阻击日本海军舰队溯江进犯，坚持抵抗到最后一刻，为南京守军从下关一带江面渡江突围赢得了近 24 小时的时间，这段宝贵的时间，也在很大程度上挽救了许多官兵的性命。

---

① 瀛云萍：《保卫南京坚守乌龙山炮台纪实》，廖利明编：《南京保卫战文史资料》，南京出版社 2019 年版，第 562 页。

② 《乌龙山炮台攻击战斗详报　第 1 联合航空队上海派遣队　昭和 12 年 12 月 13 日》，日本防卫省防卫研究所藏，亚洲历史资料中心，档案号 C14120282500。

③ 《澄镇宁各要塞区作战经过及心得概要》，中国第二历史档案馆藏，档案号七八七—7587。

④ 日本防卫厅防卫研修所战史室编：《战史丛书·中国方面海军作战（1）》，朝云新闻社 1974 年版，第 468 页。

二　北郊山地守备与战斗

在南京保卫战期间，根据南京卫戍司令长官部的部署，担任下关地区守备任务者为第78军。该军由第36师扩编而成，宋希濂任军长并兼任第36师师长。虽扩编成军，但仍以第36师为基干，仅多增加1个补充团而已。由于在淞沪会战中损失很大，该军于1937年11月22日到达南京时，全军总人数只有5071人，其中战斗兵仅2853人。[①]为了加强部队的实力，从芜湖抽调了两团兵力补充该军，但补充的新兵毫无军事常识，就连射击等最基本的军事技能都不具备。带队的军官只得临时在阵地上摆上石灰包，边教射击、讲授军事知识，边守阵地。[②]后几经补充，该军全员达到11968人，但非战斗人员占24%。全军的重武器有轻重机枪229挺、迫击炮20门、小炮8门。本应配属军、师一级单位的山炮、野炮等火炮竟然没有一门。

当该部完成相关补充后，即接到南京卫戍司令长官部下达的作战命令，要求“第三十六师先以主力位置于张王庙附近，担任幕府山、红山、玄武门、挹江门之守备，并与幕府山要塞协同。”[③]与此同时，依据日军未来攻击重点之东正面为红山附近，西正面为下关附近的判断，军长宋希濂让幕僚着手拟定了第78军南京北郊附近守备计划，规定：

东正面主阵地选定于红山、北固山、幕府山东端高地之线，左右两翼依托于玄武湖与幕府山要塞，而以石顶山南北各高地、高家村高地、铁石山、煤炭山东方附近高地线为前进阵地，并派出一部于太平门车站、陆家井、晓庄村、反省院、燕子矶之线占领警戒阵地。西正面主阵地选定于老虎山、象山、水关桥、狮子山、黄泥山、南山、华严冈之线，左右依托于幕府山要塞与南京城，而以水雷营、东炮台迄下关惠民河东岸之线为前进阵地，并以一部于海军体育场、江口车站、电灯厂、九家圩之线占领警戒阵地。炮兵主阵地于南京牧场西南侧地区选定之。[④]

① 《陆军第七十八军南京之役战斗详报》，中国第二历史档案馆藏，档案号七八七—7590。

② 欧阳午：《南京撤退追忆》，中国人民政治协商会议全国委员会文史资料研究委员会《南京保卫战》编审组编：《原国民党将领抗日战争亲历记·南京保卫战》，中国文史出版社1987年版，第240页。

③ 《陆军第七十八军第三十六师京沪抗日战斗详报》，中国第二历史档案馆藏，档案号七八七—7514。

④ 《陆军第七十八军第三十六师京沪抗日战斗详报》，中国第二历史档案馆藏，档案号七八七—7514。

完成相关部署后，军长宋希濂即率领各旅、团长暨军直属部队主官，前往新阵地对阵地周边地形地貌进行系统勘察，并根据勘察结果，制定了军阵地的构筑命令，要求：

阵地工事就原有之永久工事为基础而构筑之，首先完成以交通壕纵横连〔联〕络之散兵坑、有掩盖之步兵重火器掩体、人员武器轻中掩蔽部及必要之副防御工事（外壕与铁丝网），尔后依时间之许可逐渐加强之。但工事重点应如左着眼：

甲、红山、北固山、煤炭山、象山、狮子山、黄泥山、南山各构成强固闭锁堡，充分赋予独立性。

乙、石顶山、华严冈各构成半闭锁堡。①

在构筑阵地的同时，该军还派出一部负责玄武门、中央门、新民门、兴中门、挹江门等城门之堵塞任务。根据要求，各城门仅保留一个门洞供人员出入。军长宋希濂则每日亲率幕僚人员前往阵地视察、指导工事修筑，并在阵地上召集各级干部，进行精神讲话及战术指导，致全军士气大振。至12月9日，红山、北固山、幕府山等地工事构筑任务相继完成。

来犯之敌为日军第16师团第30旅团旅团长佐佐木到一指挥的右翼支队，该支队于11日晚相继突破中国守军杨坊山、银孔山等阵地后，根据第16师团要求切断南京守军退路的命令，继续向下关地区前进。支队长佐佐木到一命令先遣大队由尧化门向红山方向攻击前进。日军战史写道："作为先遣大队的步兵第三十三联队第一大队（欠第二中队）正午后自何家凹沿标高57.4高地一线展开，正在进攻敌军。"② 此时，步兵第38联队联队长助川静二率领由第1大队、工兵小队、轻装甲车第8中队组成的前卫部队，紧跟先遣大队之后，经尧化门、冈下、马营向十字街前进。

守军第36师的具体部署为：

三十六师一零八旅任东正面红山、北固山阵地之守备，右与教导总队连〔联〕络，左与一零六旅连〔联〕系。一零六旅以一部守备东正面煤炭山阵地，其主力

① 《陆军第七十八军第三十六师京沪抗日战斗详报》，中国第二历史档案馆藏，档案号七八七—7514。

② 《步兵第三十八联队战斗详报第11号》，王卫星、雷国山编：《南京大屠杀史料集》第11册《日本军方文件》，江苏人民出版社、凤凰出版社2006年版，第62页。

协同幕府山、狮子山各要塞，担任西正面之守备与金川门、新民门之警戒，右与一零八旅连〔联〕系，左与清凉山守备队连〔联〕络。[①]

第108旅以第215团守备红山地区，以第216团守备北固山地区，何家凹高地一线设有该旅的前进阵地。该地的攻防战于12日正午打响，第215团以仅有的4门迫击炮和4门20公分小炮连续向日军进攻部队轰击。为此，日军战史写道："在这期间，我遭到敌军的猛烈炮击，妨碍了部队行动。"[②]12日傍晚6时许，经6小时激战，日军先遣大队仍被阻于何家凹至△57.4高地一线，无法前进。

此时，军长宋希濂刚在南京卫戍司令长官部参加了关于南京守军总退却的紧急会议。返回军部，宋希濂立即与幕僚人员研拟了第78军的撤退命令，命令要求军主力于12日晚11时开始集结，作撤退准备，同时部署留下第108旅第215团第3营在红山，第216团第2营在北固山继续阻击日军，掩护全军撤退，并严令："各掩护队非有命令不得撤退，撤退时概须于第一线留置极少数部队，于明日（十三日）拂晓前最后撤退渡江。"[③]

与此同时，位于北固山阵地北侧的老虎山炮台也接到了掩护守军撤退的命令，由于日本海军舰队被阻于乌龙山阻塞线前，为老虎山炮台上的要塞炮兵创造了条件，可以集中火力打击城内的日军。根据江宁区要塞司令部的编制，老虎山炮台总台下辖虎一台、虎二台、虎三台3座炮台，虎台总台长杨汉坤，台部设幕府山；虎一台台长周质一，台部设幕府山；虎二台台长商云樵，台部设老虎山；虎三台台长杨锦云，台部设香山。此外，老虎山上另设有现代化高射炮台甲二台，台长陈镜清。守备第2营第5连第2排及第6连第3排分别驻防上元门岗和金顶乡，担任虎台守备任务。[④]装备方面，虎台装备克式75山炮2门、12公分快炮4门、15公分新式炮1门、15公分气压炮2门、20公分中式炮2门、20公分短式炮4门。甲二台装备8.8公分快炮4门。[⑤]守军作战报告写道："虎台与甲二台自午后八时

① 《陆军第七十八军第三十六师京沪抗日战斗详报》，中国第二历史档案馆藏，档案号七八七—7514。

② 《步兵第三十八联队战斗详报第11号》，王卫星、雷国山编：《南京大屠杀史料集》第11册《日本军方文件》，江苏人民出版社、凤凰出版社2006年版，第61页。

③ 《陆军第七十八军南京之役战斗详报》，中国第二历史档案馆藏，档案号七八七—7590。

④ 《江宁区要塞司令部民国二十六年九月份兵力驻地表》，中国第二历史档案馆编：《南京保卫战档案》第5册，南京出版社2018年版，第393—394页。

⑤ 《江宁区要塞司令部九月份装备月报表》，中国第二历史档案馆编：《南京保卫战档案》第5册，南京出版社2018年版，第413页。

均向红山、北固山集中射击，掩护友军撤退。至十三日午前三时，毁炮撤退。”[①]

至13日凌晨，坚守红山至北固山一线高地的守军仍然在顽强地抵抗着，丝毫没有撤退的迹象，战事呈现拉锯态势。日军步兵第30旅团旅团长佐佐木到一见12日的攻势毫无结果，连夜下达了继续攻击的命令，命令称：“支队今天（13日）继续将重点保持在左翼，并要突破敌军中央进入下关方向。”“步兵第三十八联队长指挥的部队（配有迫击炮小队）于拂晓后开始进攻。应派部分兵力努力攻下道路以北，以主力努力攻克十字街东面高地。”“野炮兵大队（欠第三中队）应尽快在兴卫村附近占领阵地，协助前线步兵进攻。”[②]

13日拂晓，担任掩护任务的守军相继撤退后，日军主力于中午时分占领了守军的核心阵地——红山。此时，作为前卫司令官的步兵第38联队联队长助川静二大佐，下达了确保目前地点以及下关方面追击撤退守军的命令，其中要求：

3. 步兵第三十三联队第一大队要确保目前地点。
4. 步兵第三十八联队第一大队（欠第一、第三中队）要向下关方向追击敌军。
5. 第一中队要占领和平门及中央门。
6. 第三中队（欠一个小队）要确保玄武湖北方高地。
7. 轻型装甲车部队要向下关方向追击敌军。[③]

接到联队命令后，奥藤悟一郎大尉指挥的步兵第38联队第1大队第1中队，脱离联队本部单独向和平门展开了攻击。守卫和平门的第78军补充旅一部经短暂抵抗后放弃阵地后撤，和平门于13日上午9时许陷落。

日军步兵第38联队向下关方向的追击部队，一路遭遇部分守军的节节抵抗，直到13日下午3时方抵达下关。至下午5时许，步兵第38联队各部完全占领了和平门以西各城门以及下关地区。至此，守军通向下关的退路被日军切断。然而，这时距离南京卫戍司令长官部下达撤退令已经过去了20多个小时。正是掩护部队的坚决抵抗，为全军撤退赢得了宝贵的时间。可是，担任掩护的官兵也为此付出

① 《澄镇宁各要塞区作战经过及心得概要》，中国第二历史档案馆藏，档案号七八七—7587。

② 《佐佐木支队命令》，王卫星、雷国山编：《南京大屠杀史料集》第11册《日本军方文件》，江苏人民出版社、凤凰出版社2006年版，第46页。

③ 《步兵第三十八联队战斗详报第11号》，王卫星、雷国山编：《南京大屠杀史料集》第11册《日本军方文件》，江苏人民出版社、凤凰出版社2006年版，第65—66页。

了惨重的代价。

由于日军第 16 师团右翼支队集中主力向下关方向追击退却的中国守军，已无法抽出兵力进攻老虎山及幕府山要塞。当 13 日南京城已经沦陷时，老虎山及幕府山要塞仍然由中国守军控制。直到 12 月 14 日凌晨时分，日军第 13 师团步兵第 65 联队才从乌龙山向幕府山方向攻击前进。此时，中国守军虽已奉命全部撤退，但在幕府山、老虎山一带担负掩护撤退任务的部分守军，仍忠于使命，尽力阻击敌人。

我们可以从日军步兵第 65 联队辎重队一等兵斋藤次郎的日记中了解到要塞的情形，其日记记载："幕府山要塞，周边都用铁丝网封锁，挖了战壕，像是南京附近最后的一道防线。"斋藤在 14 日的日记中写道：14 日凌晨 5 时，"在行进了两公里左右的时候，在离我们有一百多米远的前方传来了手榴弹爆炸的声音。这一带残敌活动频繁。不知手榴弹是从左侧一边的高山上掷下的，还是在道路旁边事先埋好的。我机关枪队的五名战友因此而受重伤。"① 该联队第 7 中队上等兵柳沼和也在其 14 日的"阵中日记"中记述："出发不久，第八中队便遭到了敌人从山上扔下来的手榴弹袭击，死了一人，还有人负伤。"② 与柳沼和也同一中队的补充兵上等兵新妻富雄在 14 日的日记中写道："今天凌晨 4 时 50 分列队，进攻南京城中的虎子台炮台"，"攻打炮台，我方约有四五人阵亡，七八人负伤。"③ 值得一提的是，联队炮中队行进至观音门附近时，又突然遭到了来自江对岸守军火力的打击，方寸大乱。联队炮中队一等兵菅野嘉雄在"阵中笔记"中记述："在观音门附近，遭到了江对岸七里方向的猛烈袭击，立刻命令弹药小队长予以还击。"④ 经过激烈战斗，将守军火力压制以后，该部日军才得以继续向幕府山前进，其后也一直遭遇守军的零星袭击，直到下午 2 时才完全占领了幕府山要塞。

① 《斋藤次郎阵中日记》，王卫星编：《南京大屠杀史料集》第 9 册《日军官兵日记与书信》，江苏人民出版社、凤凰出版社 2006 年版，第 177 页。

② 《柳沼和也阵中日记》，王卫星编：《南京大屠杀史料集》第 9 册《日军官兵日记与书信》，江苏人民出版社、凤凰出版社 2006 年版，第 239 页。

③ 《新妻富雄阵中日记》，王卫星编：《南京大屠杀史料集》第 9 册《日军官兵日记与书信》，江苏人民出版社、凤凰出版社 2006 年版，第 251 页。

④ 《菅野嘉雄阵中笔记》，王卫星编：《南京大屠杀史料集》第 9 册《日军官兵日记与书信》，江苏人民出版社、凤凰出版社 2006 年版，第 330 页。

第四节 城西地区战斗

一 赛公桥、水西门一线战斗

历史悠久的赛公桥，建于明洪武年间，位于南京城墙西南角前，横跨秦淮河支流。相传，南京明城墙是由工部和应天府分段修筑，后应天府先行竣工，以余款建筑此桥，得名赛工桥。另有一说，此桥是南京巨富沈万三的儿媳以自己“私房钱”建造，由于在时间和质量上均赶超其公公助宫修建的工程，故而得名“赛公桥”。后人以杜牧《阿房宫赋》的名句“长桥卧波”“不霁何虹”赋予此桥新的名称——赛虹桥。

赛公桥地处城南与城西交接处，战略位置十分重要，在南京保卫战期间，守卫这里的中国军队是第 74 军第 51 师。12 月 8 日，淳化一线中国守军阵地被日军相继突破，该师于 12 月 9 日晚，转至藏家巷、毛官渡、新闸、杨庄一线阵地，经彻夜激战，始将早先占领该地之敌击退。10 日拂晓，日军以七八百名官兵猛攻守军左翼阵地，双方攻防甚烈，战事呈现胶着之势。

11 日晨，敌复增兵 2000 余人，在飞机、大炮的掩护之下向守军猛攻，阵地易手数次，“据守该处之三〇五团营长于清祥负重伤，连排长以下伤亡四百余名。”[①] 正午时分，因左翼第 88 师雨花台阵地被敌占据，以致毛官渡、华严寺守军腹背受敌。守军“然犹奋力拼战，不敢放弃寸土。”终因寡不敌众，相持至晚 11 时，第 51 师所部，“奉命换守赛公桥经沈家圩迄关帝庙以东之线，并以一部担任水西门以南八百公尺处起迄西南城角之城垣守备，左与 88D、右与 58D 切取连〔联〕络。”师长王耀武命令第 151 旅之第 302 团程智部全体和第 305 团之一部扼守赛公桥至

① 《陆军第五十一师于卫戍南京战斗之经过》（1938 年 1 月），中国第二历史档案馆藏，档案号七八七—7592。

关帝庙以东之线。[①]

日军方面，进攻赛公桥一线的是第 6 师团左翼队的步兵第 36 旅团步兵第 23、第 47 联队，以及配属的骑兵、炮兵、战车等部队。12 月 10 日，第 6 师团即以“六师作命甲第 81 号”发布命令，其中要求：

三、右翼队应驱逐正面之敌，进攻南京城南门即中华门及西南角。

四、左翼队应逐步将兵力调至西北方，进攻水西门及汉中门。

配属的骑兵第六联队，应让迂回部队逐步进入下关一带，阻止敌军渡江。[②]

然而，由于水西门外及其以北地区河流交错、水网密布，严重阻碍了日军部队的行动。为此，日军左翼队不得不将攻击目标向右侧移动，集中到西南角城墙一线。12 月 12 日，当日军第 6 师团各部突破雨花台阵地，陆续进抵南京城墙一线之际，该师团规定了各部的突击目标，其中以步兵第 23 联队进攻城墙西南角，步兵第 45 联队进攻水西门。然而，赛公桥一线的守军阵地介于城西与城南之间，一方面是作为城西南角城防阵地的前沿阵地，一方面则是扼守通往水西门及下关方面的要冲。因此，在日军步兵第 23、第 45 联队的进攻线路上，赛公桥阵地首当其冲。

12 月 12 日拂晓，日军配属左翼队的独立山炮兵第 2 联队和野炮兵第 6 联队第 3 大队，以及军属野战重炮兵第 14 联队第 1 大队等炮兵部队，集中重炮猛轰赛公桥及城墙西南角守军阵地。炮击过后，步兵第 23 联队以第 3 大队第 11 中队（配属机枪）为左翼第一线，向赛公桥核心阵地发起猛攻；以第 2 大队第 7、第 8 两中队为右翼第一线，猛攻西南角城墙。在十余辆战车的掩护下，第 2 大队第 7、第 8 中队于上午 9 时抵近城墙西南角外 400 米处的守军阵地，遭到来自城墙上下守军各种轻重火力的阻击，第 2 大队第 8 中队中队长吉良中尉被当场击毙。[③]

坚守阵地的第 302 团团长程智与该团第 2 营营长徐景明率全营官兵奋勇抵抗，战况之烈，前所未有。第 74 军军长王耀武对此回忆道：

---

① 《陆军第五十一师于卫戍南京战斗之经过》（1938 年 1 月），中国第二历史档案馆藏，档案号七八七—7592。

② 《六师作命甲第 81 号》，王卫星、雷国山编：《南京大屠杀史料集》第 11 册《日本军方文件》，江苏人民出版社、凤凰出版社 2006 年版，第 265 页。

③ 《都城步兵第二十三联队战记》，王卫星编，刘军等译：《南京大屠杀史料集》第 57 册《日军文献》下，江苏人民出版社 2010 年版，第 462 页。

正值战斗激烈之际，敌战车三辆掩护其步兵向我阵地冲击，企图一举突破第一五一旅的防线。我军也集中炮火向其射击，敌战车慌张乱闯，其中有一辆一头栽到河沟里，人车皆亡，其余两辆仓皇后退。①

据中方战斗详报记载："十二日拂晓，敌即集中炮火轰击赛公桥及西南城墙角，旋以唐克车十余辆，飞机二十余架掩护步兵进攻赛公桥，战况之烈，空前未有。赛公桥为敌突破数次，幸赖官兵英勇与敌肉搏，经三小时之恶战，终将赛公桥阵地完全恢复。"②

在赛公桥的激烈战斗中，以第302团上校团长程智的殉国经过尤为壮烈。程智，湖南醴陵人，黄埔军校五期步兵科毕业，历任排长、连长、营长、副团长等职。早在奔赴抗日疆场之前，程智就已抱定必死之决心。他给母亲写了一封诀别的家书，嘱咐道：

总算等到了与日寇交手的一天，此正是男儿报国之时，余决心以七尺之躯许国，唯盼吾妻能顺利分娩，所生勿论男女，望善抚之，以继余志。③

面对强敌来犯，程智以"宁做刀下鬼，不做投降人"之誓，勉励部属奋勇杀敌。战况紧急之际，他亲率第2营与进犯日军展开肉搏，经三小时激战终将敌军杀退，阵地转危为安。然而，在战斗中程智右手三根手指被打断，血流不止。当副官劝他退出阵地时，他推开副官，大声疾呼："南京是我国首都，城内有我父老兄弟，决不能让鬼子前进一步，我们要与阵地共存亡，死在这里就是死得其所。"④话音刚落，突遭日军机枪扫射，连中九弹，壮烈殉国，不久中校副团长兼第1营营长郑溥生也在战斗中阵亡。据中方军史记载，在赛公桥战斗中守军共毙敌500余名，击毁战车4辆，缴获轻重机枪10余挺、步枪40余支；我方亦付出惨重代价：团长程智阵亡，营长曹恕初负伤，连长以下伤亡高达1700余人。⑤

---

① 王耀武：《第七十四军参加南京保卫战经过》，中国人民政治协商会议全国委员会文史资料研究委员会《南京保卫战》编审组编：《原国民党将领抗日战争亲历记·南京保卫战》，中国文史出版社1987年版，第145页。

② 《陆军第五十一师于卫戍南京战斗之经过》（1938年1月），中国第二历史档案馆藏，档案号七八七—7592。

③ 程增孝：《血洒赛虹桥》，南京市雨花台区政协文史委员会编：《雨花文史》第2集，1988年。

④ 程增孝：《血洒赛虹桥》，南京市雨花台区政协文史委员会编：《雨花文史》第2集，1988年。

⑤ 《陆军第五十一师于卫戍南京战斗之经过》（1938年1月），中国第二历史档案馆藏，档案号七八七—7592。

此时，日军步兵第23联队一部已突破守军赛公桥一线阵地，进抵水西门及其西南角城墙一线。根据中方军事资料记载，城墙上的中国守军为第51师第153旅旅长李天霞所率第306团和第301团之一部，第154师一部，以及首都警察厅保安总队的部分武装员警。

从下午3时开始，日军野战重炮兵第14联队、野炮兵第6联队等炮兵部队，集中大小口径火炮对水西门及西南角城墙连续炮击1小时，其中以野战重炮兵第14联队的15公分口径榴弹炮破坏为巨，水西门城楼以及西南角城墙多处被炸毁。参与炮击城墙的日军炮兵，在事后写道："中队很快接到了破坏水西门的任务，马上投入了战斗，射出的22发炮弹中有3发炮弹击中目标，将其摧毁。"① 西南角靠右侧的城墙，也终于承受不住52发榴弹炮榴弹和120发野炮炮弹的不间断轰击，被炸开了一个很大的缺口。在城墙被破坏的同时，日军工兵部队在20米宽的护城河上面架起了便桥。步兵第23联队第9中队在机关枪、速射炮、联队炮等密集火力掩护下，通过便桥渡过护城河，从炮火炸出的城墙缺口处攀登而上，于下午4时44分攻占了城墙西南角。

在日军登上城墙后不久，南京卫戍司令长官部对全线守军下达了总撤退令。然而，此时坚守在水西门的守军第154师第920团第6连，不仅没有立即撤退，全体官兵还在连长罗敬重的指挥下，利用夜色的掩护，对登上城墙的日军展开了反击。罗敬重将全连机枪集中起来向日军猛烈射击，一时间，密集的枪声、手榴弹的爆炸声响成一片，战斗异常激烈。罗连长及其所部的英勇壮举，在中国军事资料中留下了浓墨重彩的一笔：

> 十二日，敌又借炮火掩护再次进犯，城堡曾一度被敌所占。但该员不屈不挠、身先士卒向敌冲锋，恢复已失阵地。不幸臂部受创数处，仍从容自若，不稍离指挥位置，继续战斗。是日晚，南京弃守，该员因身受创伤未能突围而出。②

中日两军在西南角城墙至水西门一线阵地反复争夺，在守军猛烈的攻势之下，登上城墙的日军明显招架不住，不得不请求炮火支援。野战重炮兵第14联队第1大队第3中队不惜动用了对步兵杀伤力极大的榴霰弹，向守军猛烈轰击。刹那间

---

① 《梶村止日记》，王卫星编，叶琳等译：《南京大屠杀史料集》第32册《日本军方文件与官兵日记》，江苏人民出版社2007年版，第431页。

② 《第一五四师官兵英勇杀敌事迹表》，中国第二历史档案馆藏，档案号七八七—6927。

城墙上硝烟弥漫、血肉横飞，守军逐渐不支，不得不向后退却，此时已是12日晚间10时30分，守军以1个连的微弱兵力已经在城墙上阻击日军5个多小时。日军的战史也记录下了这次阻击战斗：

城墙一角被攻破占领后，敌军不顾一切地在重机枪掩护下以约一个中队步兵对破口上之我友军展开小规模反攻，反复争夺达数次之多。在此期间，第三中队使用榴霰弹六发，榴弹四发。在第一线部队合力之下，午后十一时三十分许（敌军）渐次退却之势愈益明朗。[①]

此后，占据西南角城墙的日军一直受到来自汉西门、清凉山等处守军阵地上火力的阻击，未有进一步行动。直到12月13日晨，待前方守军的枪炮声完全平息之后，日军步兵第23联队第3大队大部方从西南角城墙突破口处向水西门方向推进，占领了水西门。

二　秦淮河西战斗

位于水西门、汉西门、定淮门外的秦淮河西地区，为从西南方向包抄南京城直至下关江边的必经之地，战略地位十分重要。守军第58师、宪兵部队等先后在该地区守备，并在棉花堤、上新河、江东门、三汊河等地与日军展开激战。日军方面，则由谷寿夫所率第6师团之步兵第23、第45联队及其配属部队，担负夺取河西阵地，迂回南京城北之作战任务。

12月9日，在牛首山阵地上与日军两个师团血战终日的中国守军第58师，由于其右侧的第88师一部提前撤退，造成该师阵地过早暴露。为了避免造成更大损失，南京卫戍司令长官部下令该部撤出牛首山阵地，退至城西方向，担任双闸镇至宋家凹一线的守备。第58师左侧为宪兵部队，根据宪兵副司令萧山令的部署，担任第58师左侧棉花堤、上新河一线阵地守备任务的部队为宪兵教导团第1营及宪兵第5团的1个重机枪连。

与此同时，日军方面由步兵第23联队、第45联队，骑兵第6联队，独立山

① 《南京追击战中的战斗详报　野战重炮兵第14联队第1大队（2）》，日本防卫省防卫研究所藏，亚洲历史资料中心，档案号C11111929800。

炮兵第2联队，野炮兵第6联队第3大队，工兵第6联队第2中队，辎重兵第2联队第2中队组成的第6师团左翼队，也接到了师团长谷寿夫的命令，将兵力集中于南京城西北方向，突破该线守军阵地后，向下关方向迂回，欲以此切断守军渡江的退路。

12月10日，日军第6师团左翼队之步兵第45联队已抵近水西门外棉花堤一带。中午12时，该股日军中由小原重厚少佐指挥的第3大队派出200余人的先头部队，在骑兵第6联队1个中队的配合下，向守军棉花堤阵地发起猛烈进攻。担任前沿阵地守备的是宪兵教导第2团第1营第2连，该连全体官兵在连长杨子光、排长凌光欧的指挥下沉着应战，终将来犯日军击退。守军"战斗详报"记载了当天的战况："十日十二时，我派出至上新河、棉花堤之部队，被约有骑兵一连及便衣队二百名之敌猛烈攻击，卒以我坚强抵抗，敌未得逞。"① 战斗中，日军机枪手以点射方式向守军射击，造成守军官兵数十人伤亡，同时守军机枪手也以点射进行了猛烈还击。据时任教导第2团第2营营长马崇兴回忆："在战斗中敌军以三、五点放射击准确，我军连续伤亡三十多人，我军特等射手董学仁、苏显汉亦以点放还击，使敌军受创，后董学仁（大理喜洲人）壮烈牺牲。"②

11日拂晓，日军步兵在坦克掩护下，再次向守军阵地发起攻击。宪兵教导第2团第1营全体官兵在营长郭干武指挥下，利用机枪的交叉火力和手榴弹顽强抵抗。日军士兵回忆："前进了还不到150米，捷克机枪的交叉射击，还有雨点一般的手榴弹就从左侧后方向我们袭来。"③ 面对日军1个大队兵力的轮番攻击，战至下午2时，守军阵地依然屹立不动。日军士兵不得不惊叹："敌军以越来越猛烈的捷克机枪火力阻挡我前进，丝毫没打算撤退。"④

日军见久攻不下，随即将兵力转向棉花堤阵地左侧的守军第58师防区。第58师因连日作战伤亡过大，造成守卫兵力薄弱，致使阵地被敌突破。据守军战史记载："至十一日拂晓，有步骑炮联合之敌，大举犯我棉花堤之阵地，势甚凶猛，因我之前仆后继，阵地迄无变化。但因友军五十八师遭受敌之猛烈袭击，向江东门一

① 《宪兵司令部在京抗战部队之战斗详报》，中国第二历史档案馆藏，档案号七八七—7595。

② 马崇兴：《伤亡殆尽的宪兵教导第二团》，中国人民政治协商会议全国委员会文史资料研究委员会《南京保卫战》编审组编：《原国民党将领抗日战争亲历记·南京保卫战》，中国文史出版社1987年版，第201页。

③ 寺园哲志：《在敌兵眼前大胆修机枪》，曹大臣编，罗文文等译：《南京大屠杀史料集》第62册《日军第六师团官兵回忆》，江苏人民出版社2010年版，第282页。

④ 知仓松三：《扛着机枪冲入敌阵地》，曹大臣编，罗文文等译：《南京大屠杀史料集》第62册《日军第六师团官兵回忆》，江苏人民出版社2010年版，第283页。

带转进，我在棉花堤之阵地遂行突出，不得已，乃退至棉花堤稍后之线，继续抵抗。”[①]

直到傍晚，日军步兵第45联队第3大队仍然被阻于守军第二道防线，前进不得。日军士兵曾这样描述当晚的战况：“月光下，枕戈以待的敌军火力，从第二道阵地的十多个射击孔吐出猛烈的火舌，弹头钻进我们趴着的湿地的前后左右，出现一个个好像暴雨砸在地面形成的那种小坑。”[②]

12日一早，日军步兵第45联队之第3大队大队长小原重厚便命令第11中队作为大队先头部队，向上河镇一线守军阵地发起进攻。守军利用碉堡等坚固工事顽强抵抗，碉堡前方是一片无垠的开阔地，进攻的日军在守军各种火力的压制下无法前进。激战至傍晚，宪兵教导第2团第1营官兵已经连续打退了日军3次进攻，全营虽已伤亡过半，阵地仍然未失。此时，步兵第45联队联队长竹下义晴一面命令第3大队继续攻击，一面命令左翼第2大队占领江东门。

接到继续攻击的命令后，第3大队大队长小原重厚换下了早前进攻不力的第11中队，改由田中军吉指挥的第12中队在夜色掩护下，再次向守军阵地发起进攻。刹那间枪声大作，中日两军还展开了激烈的手榴弹大战。在战斗中，第12中队的第1、第2小队的小队长均被守军击毙。12日傍晚7时许，敌第3大队正面的宪兵教导第2团第1营虽然已经接到撤退命令，但该营在营长郭干武指挥下，又阻击日军1个小时，直到晚上8时才下令撤退，此时全营剩余官兵已不足满编的1/3。在11日、12日的激战中，日军步兵第45联队所属联队炮、速射炮以及山炮兵第2联队第1大队的十余门山炮连续向守军阵地猛烈轰击，仅山炮兵第2联队第1大队向守军阵地发射的榴弹就达80枚之多。[③]

在敌第2大队方面，大队长成友藤夫接到联队关于占领江东门的命令后，即以日高精藏率领的第7中队为先头部队，由所街向江东门挺进，这股日军在突破守军机枪阵地后，随即攻占位于江东门附近的中央广播电台。12日晚23时，中队长日高精藏下达命令：

一、明天早上联队主力朝江东门、下关一线追击，一部分沿着扬子江左岸的堤坝朝下关方向追击。

① 《宪兵司令部在京抗战部队之战斗详报》，中国第二历史档案馆藏，档案号七八七—7595。

② 寺园哲志：《在敌兵眼前大胆修机枪》，曹大臣编，罗文文等译：《南京大屠杀史料集》第62册《日军第六师团官兵回忆》，江苏人民出版社2010年版，第282页。

③ 《棉花地地区战斗》，日本防卫省防卫研究所藏，亚洲历史资料中心，档案号C13070250200。

二、前田小队确保占领江东门无线电台。明早以后的行动因无其他特别指示，根据战斗情况可以相机独立行动。[①]

13日凌晨时分，日军步兵第45联队之第3大队以第9中队为尖兵中队，配属机枪第3中队小川小队、步兵炮小队紧跟第2大队，沿着大路由上河镇向江东门追击。同时，该联队命令“第十一中队为左追击队，配属工兵两个分队和一门山炮，沿江岸堤坝向下关方向挺进，以截断敌军的退路。”[②]上午6时30分，计划向夹江方面渡江突围的守军第74军及宪兵部队，在上新河地区迎头碰上向前推进的日军步兵第45联队第11中队。日军步兵第45联队的战史对当时的战况记录如下：“不久，整个中队展开了全面的白刃战，双方陷入厮杀混战之中。乌云般的敌军吹着军号冲了上来，双方的吼叫声、手榴弹的爆炸声响成一片，战场瞬时成了杀声震天的地狱。”日军第11中队中队长大薗庄藏大尉也在这场战斗中被一发子弹击穿头部，当场毙命。[③]

守军官兵英勇顽强的战斗精神，也给日军留下了深刻印象。参战日军对一名无名中国军官阵亡前的英雄壮举回忆道：“有一个勇敢的敌人逼近到友军轻机枪跟前，一只手举着毛瑟手枪不停地射击，一只手向我投掷手榴弹。友军瞄准并将其击毙。”[④]战斗越来越激烈，日军不惜动用山炮向中国军队抵近射击，缺乏重武器的守军在炮击之下伤亡惨重。战斗中，中国守军第58师第174旅副旅长刘国用上校力战而亡。经4小时激战，已无力再战的中国军队不得已，逐渐将撤退方向转向侧面江岸，试图渡江撤退。

中日两军在上新河激战的同时，在江东门至三汊河一线，中国守军也与日军步兵第45联队第2大队第7中队、第3大队第9中队，山炮兵第2联队第1大队一部展开了激烈厮杀。上午8时许，从城里突围而出的中国军队，在江东门中央军人监狱附近与日军遭遇后，随即展开了一场惨烈的白刃肉搏。日军战史详细描

① 前田吉彦：《前田吉彦日记》，王卫星编：《南京大屠杀史料集》第9册《日军官兵日记与书信》，江苏人民出版社、凤凰出版社2006年版，第489页。江东门应位于长江右岸，此处有误。

② 《步兵第四十五联队史》，王卫星编，刘军等译：《南京大屠杀史料集》第57册《日军文献》下，江苏人民出版社2010年版，第508页。

③ 《步兵第四十五联队史》，王卫星编，刘军等译：《南京大屠杀史料集》第57册《日军文献》下，江苏人民出版社2010年版，第509页。

④ 《回顾上河镇》，曹大臣编，罗文文等译：《南京大屠杀史料集》第62册《日军第六师团官兵回忆》，江苏人民出版社2010年版，第295页。

述了当时的状况：

> 不分地点，无论远近，嘿哈嘿哈的呐喊声，刀枪的撞击声，持续不断展开一场火花四溅的壮烈白刃战。这是一场令人窒息的搏斗。尘土飞扬，血肉横飞，人人成了血人。①

战斗打响后，日军第3大队大队炮小队的两门92式步兵炮，在小队长岩间中尉指挥下向守军猛烈炮击，掩护第9中队攻击。守军也以仅有的迫击炮进行还击，炮弹准确命中日军的炮兵阵地，敌岩间小队长当场毙命。作为第3大队先头的第9中队，同样遭受了守军以手榴弹展开的大规模反击，第9中队中队长前川参次被击成重伤。为了压制中国守军的火力，日军山炮兵第2联队第1大队的1个中队也投入了战斗。在日军各种炮火的轰击下，守军虽然伤亡很大，但是不少官兵仍然坚持战斗到生命的最后一刻。日军资料曾记录："一看，有个奄奄一息的敌伤兵，正尽全力扔着手榴弹，其中一颗扔到聚集着五六个友军的地方爆炸了，有若干人受伤。"②

跟踪追击的日军步兵第45联队第2大队第5中队，也于上午9时许前进至三汊河一线，下关码头已经近在咫尺。按照正常行军速度，不及半小时就可抵达下关码头附近的沿江地区。然而，中国军队第36师第106旅第211团第3营的500余名官兵，正按照师长宋希濂命令，坚守在三汊河阵地上，他们承担着掩护南京卫戍军撤退的艰巨任务。当日军第5中队在第3机关枪中队的重机枪掩护下，试图通过三汊河直逼下关时，遭遇了中国守军的顽强抵抗，两军展开激烈战斗。此时，配属第2大队的山炮兵第2联队第2中队亦加入战斗，炮击守军阵地。守军以迫击炮进行还击，一发迫击炮弹直接命中日军的炮位，敌炮兵当场被炸死数人。

战斗从上午9时一直持续到下午3时，为其他守军赢得了整整6个小时的撤退时间。然而，第211团第3营却失去了渡江撤退的宝贵时机，全营几乎全部牺牲在南京城最后的战斗中。

---

① 西盛义：《从上河镇的激战到下关附近》，曹大臣编，罗文文等译：《南京大屠杀史料集》第62册《日军第六师团官兵回忆》，江苏人民出版社2010年版，第299—300页。

② 西田盛：《了不起的对手》，曹大臣编，罗文文等译：《南京大屠杀史料集》第62册《日军第六师团官兵回忆》，江苏人民出版社2010年版，第303页。

三 城内要塞炮台阻敌战斗

在江宁区要塞司令部下辖的各炮台中，除位于城外的乌龙山、幕府山、老虎山、雨花台等炮台外，城内有兴中门内的狮子山炮台、定淮门内的马家山炮台、清凉山上的马三台。此外，城内五台山还设有高射炮阵地。这些炮台备有野山炮、海炮、高射炮等武器及少量守备步兵。在南京保卫战期间，这些炮台密切配合复郭阵地与反空袭战斗，打击溯江而上的敌舰，掩护守军撤退，发挥了重要作用。狮台、马台是距离南京城中心最近的两座要塞炮台，狮台和马台均依南京城墙而建，位于兴中门至清凉门间，各因地处狮子山和马家山而得名。狮台设于兴中门内的狮子山，台长冯藩，计有官兵 71 名。同时，要塞司令部将守备第 1 营营部及第 1 连、第 2 连、机枪连也部署在狮子山上，担任狮台守备任务。马台则包括总台部及马一台、马二台、马三台三座炮台，总台部设于华严岗，马一台、马二台分别设于定淮门内的杨家山、何家山以及马家山上，马三台则设于清凉门内的清凉山上，总台长为刘秉勋，马一台台长为李伟，马二台台长为李兴让，马三台台长为赵万源，计有官兵 106 人，并以守备第 2 营第 4 排驻防于清凉山上，担任守备任务。[①] 各炮台的火炮配置方面，根据中国军事资料记载：狮台，配备有克式 29 倍 75 野炮 4 门、12 公分口径快炮 2 门、15 公分口径新式炮 4 门；马台，配备有 12 公分口径快炮 6 门、15 公分口径快炮 4 门。[②]

由于狮台和马台临近重要的民生设施，其防空任务尤重。因此，狮台和马台在南京保卫战中的作用主要有二：一为防空，以高射炮随时打击空中之敌；二为以重炮向城外射击，直接支援守军陆地作战。其中马三台所在的清凉山，不仅是南京城内的一处制高点，更是当时首都水厂蓄水池所在地。战前唐生智在制定南京城防御计划时就考虑到水厂的蓄水池对于军事以及民生的重要性，便将中央陆军军官学校所属的 2 门 2 公分口径高射炮部署在清凉山上，同时在清凉山附近的五台山上也设置了中央防空学校练习队第一连的数门当时中国最先进的博福斯 M1929 式 75 毫米高射炮，与清凉山炮台共同抵御空中来犯之敌。

---

① 《江宁区要塞司令部民国二十六年九月份兵力驻地表》，中国第二历史档案馆编：《南京保卫战档案》第 5 册，南京出版社 2018 年版，第 392—394 页。

② 《江宁区要塞司令部九月份装备月报表》，中国第二历史档案馆编：《南京保卫战档案》第 5 册，南京出版社 2018 年版，第 415—419 页。

而狮台因临近下关码头以及首都电厂，在狮子山山顶也部署有数门2公分口径高射炮。

与此同时，在南京卫戍军成立之初，宪兵副司令萧山令鉴于清凉山作为南京城西部地区防御重点，战略位置十分重要，即以宪兵第2团、宪兵第5团之1营及重机枪连、宪兵教导团、宪兵特务营、宪兵重机枪营、宪兵通信教导队等部组成清凉山守备队，任命宪兵第2团少将团长罗友胜为守备队队长。罗友胜率部接防清凉山地区后，立即将兵力进行了4层的梯次配置，以宪兵教导团第1营附宪兵第5团、宪兵重机枪营之各一部为第一线，配备于上新河、棉花堤阵地；以宪兵教导团（欠1营）为第二线，配备于水西门、汉中门至清凉山28号机枪掩体之线；以宪兵第2团、宪兵重机枪营之另一部为第三线，配备于清凉山、草场门、定淮门至老虎洞阵地之线；以宪兵第5团之余部为第四线，配置于水佐岗、古林寺之线；以宪兵通信教导队、宪兵特务营为总预备队，作为机动力量。

清凉山阵地的战斗以双方激烈的炮战拉开帷幕。日军第6师团、第114师团集中主力对雨花台阵地展开猛烈进攻。为了支援雨花台守军作战，江宁区要塞司令邵百昌坐镇清凉山炮台，亲自指挥要塞炮兵对进攻雨花台的日军予以猛烈炮击。遭遇重炮轰击的日军，一时阵脚大乱，进攻未逞，雨花台阵地转危为安。12月12日，日军再次集中重炮轰击清凉山守军阵地，据中方军事文献记载："八时许，敌炮兵开始射击我水西门、清凉山一带阵地，我虽伤亡甚重，然犹坚守不退。"①宪兵教导团中校团附萧芳炳、宪兵第2团少校团附刘作民、宪兵第2团第3营中校营长封靖海均于是役阵亡。

此时，日军一部已抵近南京城墙一线，准备攻城。在日军重炮的轰击下，南京城垣多处坍塌，日军乘机从破坏口处攀登上城墙。中国守军立即展开反击，与日军进行白刃肉搏。由于中日两军已经缠斗在一起，为了避免误伤，邵百昌乃命令炮兵进行延伸炮击，继续打击日军后续部队，迟滞其进攻态势。日军感到清凉山炮台的炮击将严重威胁其后续的攻势，乃发动炮兵对清凉山炮台进行火力压制。野战重炮兵第14联队联队长井手龙男接到命令后，立即要求第1大队第2中队、第3中队的8门83式15公分口径榴弹炮向清凉山炮台猛轰。守军阵地顿时陷入一片火海，两门火炮被摧毁，炮兵伤亡十余人。②正在清凉山炮台督战的邵百昌司

① 《宪兵与南京保卫战》，张慧卿编：《南京保卫战历史文献（1937—1949）》，南京出版社2019年版，第337页。

② 姜昭龙：《武昌首义一少年　邵百昌将军传》，台北黎明文化出版社1985年版，第140页。

令立即命令狮子山炮台守军予以还击，狮子山炮台上的数门重炮对位于安德门附近的日军炮兵阵地进行了猛烈炮击。遭到炮击后，日军的火力大为减弱。这时，清凉山炮台之炮兵遂利用炮击间隙加固工事，准备再战。

位于清凉山不远处的五台山高射炮阵地也经历了血与火的考验。12 月 10 日，日军航空兵数架轰炸机对五台山附近轮番轰炸扫射，中日双方展开了一场空袭与反空袭的战斗。中国军事资料记载了当日战况："是日自晨至晚，敌机三五不断在城内轰炸，五台山七五炮阵地附近落弹数枚，亦有在五台山附近炸裂者。"① 当时居住在小粉桥的南京安全区国际委员会主席拉贝也在当天的日记中记录下了中日双方激战的情况，其日记写道："午夜 2 时 30 分的时候，响起了猛烈的炮火声，其间还伴有机枪声……五台山高射炮阵地遭到了炮击，同时也进行了还击，而我的房子就在这个炮击区域范围内。南面和西面也开始炮击。"② 由于忌惮守军高射炮的威力，日军飞机不敢低飞轰炸，故五台山高射炮阵地损失不大。眼见空袭无果，日军遂改为炮击。11 日上午 8 时 45 分，日军独立重炮兵第 2 大队第 1 中队在仙鹤门镇设置炮兵阵地，以 89 式 150 毫米口径野战加农炮对五台山守军高射炮阵地进行远程炮击，共发射尖锐弹 10 枚。在日军炮兵和航空兵的双重攻击下，阵地上落弹甚多，如不撤退将有人炮尽毁的危险。防空学校练习队队附吕琦将阵地的紧急情况向南京卫戍司令长官部报告，得到准许后，吕琦等人便连夜将 7.5 公分口径高炮撤离五台山阵地。据吕琦等人在日后所撰写的报告称："本晚九时余，偕陈连长率领练习队第一连。七五炮自五台山开始变换至模范路附近，至翌晨二时许，全部整置完毕。"③

12 日晚 8 时许，虽然南京卫戍司令长官部的撤退令早已下达，但是清凉山炮台却又响起了隆隆的炮声。此时，马台要塞炮兵正奉命炮击水西门外日军追击部队，掩护城外守军向上新河方向退却。为了彻底摧毁清凉山炮台，日军野战重炮兵第 14 联队第 1 大队等部再次向清凉山炮台进行破坏性炮击，双方展开激烈炮战。晚 9 时 20 分，终因敌众我寡，清凉山炮台大部被毁，守军伤亡惨重。

---

① 《防空部队防守南京及撤退报告》，中国第二历史档案馆编：《南京保卫战档案》第 8 册，南京出版社 2018 年版，第 374 页。

② 〔德〕约翰·拉贝著，本书翻译组译：《拉贝日记》，江苏人民出版社、江苏教育出版社 2009 年版，第 129 页。

③ 《防空部队防守南京及撤退报告》，中国第二历史档案馆编：《南京保卫战档案》第 8 册，南京出版社 2018 年版，第 376 页。

此时，坚守清凉山阵地的宪兵部队正准备与日军作最后的决战，突然接到了南京卫戍司令长官部向花旗营集结的命令，要求于晚6时集中于下关江边，准备渡江撤退。由于宪兵副司令萧山令兼首都警察厅厅长、南京市代理市长等数职，负责殿后任务，宪兵部队的行动暂归宪兵第2团团长罗友胜指挥。罗友胜当即命令，宪兵教导团派兵两个营占领蛇山、龙蟠里、五台山一带阵地，负责掩护大部队撤退。与此同时，第78军军长宋希濂也将其所属补充第2团第3营调防到三牌楼至定淮门一线担任掩护任务。这样，宪兵部队为第一线，第78军一部为第二线，层层设防，坚决阻敌前进。马台总台长刘秉勋少校也在华严岗总台部指挥马一台、马二台尚存官兵，继续炮击日军。在掩护部队的奋力阻击下，直到12月13日晨，日军各部仍然被阻于水西门一线。为此，负责掩护的守军也付出了惨重的代价，马台官兵自总台长刘秉勋少校以下因撤退不及，大部阵亡在炮位上。中国军事资料记录下了这悲壮的一幕："马台于午后八时，向上新河一带射击，掩护友军退却，旋因消息断绝，被陷城中，无退出者。"① 同样，第78军补充第2团第3营全体官兵，也无一人渡江撤离。

13日上午，日军第6师团师团长谷寿夫下达"六师作命甲第82号"命令，要求"师团要派部分部队继续进攻城内及清凉山附近。"② 第6师团步兵第13联队第3大队，步兵第23联队第2大队、第3大队等部，奉命向清凉山方向前进。下午2时许，日军才占领清凉山阵地。

此时，狮子山炮台的守军仍然坚守在炮位上，开炮猛轰向下关包抄过来的日军部队，掩护大部守军撤退。狮子山炮台的炮击有效迟滞了日军攻势，直到14日，日军步兵第45联队才在独立山炮兵第2联队的炮火协助下，攻占了狮子山炮台。然而，直至被日军完全攻占的那一刻，我狮子山炮台的炮声仍未停息。中国《社会日报》在12月15日报道称："首都我军虽已后撤，但我少数部队仍拼死孤战，以掩护他部撤退，故城内各处均有激烈巷战。中山、中华、光华、通济、和平各门均相继突破，全城大火蜂起，烈焰高涨，有如火海之中。惟城北狮子山炮台我仍固守，居高临下发炮轰击。"③ 日本陆军发言人在接受美联社记者采访时，也印证了中国方面的报道，该发言人称："日军对南京地区尚未

---

① 《澄镇宁各要塞区作战经过及心得概要》，中国第二历史档案馆藏，档案号七八七—7587。

② 《六师作命甲第82号》，王卫星、雷国山编：《南京大屠杀史料集》第11册《日本军方文件》，江苏人民出版社、凤凰出版社2006年版，第267页。

③ 凌曦、唐恺编：《南京保卫战中方报纸报道（1937—1938）》，南京出版社2020年版，370页。

完全占领，因为中国军队在狮子山要塞的大炮并未沉寂，西面山上的炮群仍在开火。”[①]

南京城内各要塞炮台的抵抗，一直坚持到城陷之后。要塞官兵的顽强战斗意志，是中国军人抗战精神的光辉写照。

① 《攻占的南京城内美国人均安然无恙》，张生编：《南京大屠杀史料集》第6册《外国媒体报道与德国使馆报告》，江苏人民出版社、凤凰出版社2005年版，第84页。

第五节　其他地区战斗

一　高淳、当涂沦陷

11月30日，日军国崎支队等部突破守军阵地后，一举攻占南京外围防线重镇广德镇。日军进攻上海受挫时，其大本营编组成立第10军参加上海作战，以第9旅团步兵第41联队为班底，编组成立了国崎支队，由第9旅团旅团长国崎登任支队长，下辖步兵第41联队、骑兵第5联队1个小队、独立山炮兵第3联队、工兵第5联队1个小队、辎重兵第5联队第1中队、第5师团通信队1个小队、第5师团卫生队一部、第5师团第4野战医院等部。[①]

与此同时，国崎支队接到第10军司令官柳川平助的命令，要求该支队“沿广德—建平—水阳镇道路前进至水阳镇，并准备前进至太平府附近。”[②]至12月4日，该部日军攻陷建平（今郎溪县）后，继续向水阳镇进犯。水阳镇位于现在的宣城市宣州区，与高淳仅以水阳江相隔。

进犯水阳镇的日军以步兵第41联队第3大队为基干，同时配属工兵、山炮兵、卫生队一部，总兵力达千余人，并附有92式步兵炮和94式山炮各两门。而防守水阳镇的中国军队，多为由淞沪战场上撤退下来的部队，涉及第11军团第57师、财政部税警总团等部，人数500余人，重武器仅有重机枪4—5挺、迫击炮4门。

12月5日晚，该部日军由狸桥头等处渡河，当晚在该处露营，预备次日拂晓对水阳镇发起进攻。6日上午，日军首先以92式步兵炮和重型掷弹筒对守军阵地

① 张宪文主编：《南京大屠杀全史》（下册），南京大学出版社2012年版，第1123页。

② 《丁集作命甲第47号》，王卫星、雷国山编：《南京大屠杀史料集》第11册《日本军方文件》，江苏人民出版社、凤凰出版社2006年版，第202页。

进行火力打击，打击过后其步兵分从左右两翼对水阳镇发起攻击。守军依托有利地形进行梯次防御，并以仅有的机枪和迫击炮向来犯日军猛烈射击。日军战史记载，守军利用在民居上开设的枪口进行顽强抵抗，日军死伤逐次增加。[①]至晚8时许，双方仍在血战中。日军一线攻击部队始终未能突破守军阵地，第3大队大队长片山宪四郎少佐命令第12中队在工兵小队配合下，乘坐小船由水路绕攻守军左侧背，协同正面部队，对守军形成夹击之势。由于敌众我寡，在两路日军夹攻下，守军阵地出现破口，日军第9中队于晚上9时30分通过夜袭，占领水阳镇东南端，其后第10、第11中队相继攻占水阳镇各要点，至7日凌晨，水阳镇完全沦陷。

当日军步兵第41联队第3大队进攻水阳镇时，国崎支队发布"国作命第193号"命令："支队明日（7日）沿漆桥—高淳道路前进至高淳，而后再准备向太平前进。"[②]7日下午1时左右，敌先头部队步兵第41联队第2大队抵达高淳，接着第3大队也由水阳镇抵达高淳。高淳的沦陷，预示着日军包围南京的态势已开始形成。

水阳镇至高淳一线的战斗，看似一场很小的攻防战，然而战斗十分激烈。据资料记载，日军步兵第41联队第3大队在6日一天的战斗中，就消耗轻机枪子弹3000发、重机枪子弹7420发、重掷弹筒榴弹60发、步兵炮榴弹36发。[③]由此可见水阳镇、高淳一线战斗之激烈程度。

日军占领高淳后，其下个目标便是当涂。在日军看来，当涂县城是中国军队位于南京和芜湖之间扬子江岸的要塞，其作为南京的后方，比芜湖更受重视。[④]国崎支队各部在独立工兵第2、第10联队的协助下，"利用民船和机动艇渡过了福林河以及丹阳湖，一举在当涂县城（位于南京、芜湖间的扬子江岸）东南方上岸"[⑤]。登岸后的日军长驱直入，在击退了守军小规模的阻击后，一举突入当涂城内。当

---

① 《建平及溧阳镇附近战斗详报》，日本防卫省防卫研究所藏，亚洲历史资料中心，档案号C11111224600。

② 《阵中日志　自昭和12年12月1日至昭和12年12月31日　步兵第9旅团（1）》，日本防卫省防卫研究所藏，亚洲历史资料中心，档案号C11111135000。

③ 《建平及溧阳镇附近战斗详报》，日本防卫省防卫研究所藏，亚洲历史资料中心，档案号C11111224600。

④ 《逼近芜湖、当涂》，王卫星编，何慈毅、李斌等译：《南京大屠杀史料集》第58册《〈东京日日新闻〉与〈大阪每日新闻〉报道》，江苏人民出版社2010年版，第393页。

⑤ 《逼近芜湖、当涂》，王卫星编，何慈毅、李斌等译：《南京大屠杀史料集》第58册《〈东京日日新闻〉与〈大阪每日新闻〉报道》，江苏人民出版社2010年版，第392页。

涂陷落后，日军“攻当涂渡江入和县，绕道长江北岸攻浦口”[①]的战略计谋已经大部达成。这时南京江北地区已经处于岌岌可危之中。

当涂虽已陷落，但中日两军的战斗还远未结束。12月13日，配属国崎支队的独立工兵第2联队第1中队在中队长藤原桂一郎大尉的指挥下，搭乘由14艘95式轻操舟组成的船队，携带着大量弹药，由丹阳湖从水路向浦口方向行进，意图为正在进攻浦口的国崎支队随时提供弹药补充。下午3时30分，当日军船队行驶至丹阳湖大龙口附近，突然遭遇潜伏在岸边的中国守军伏击。在守军机枪的扫射下，日军十余人非死即伤。其中队长藤原桂一郎大尉也被守军的1发枪弹由右胸射入左背穿出，击成重伤，该中队长仍然负隅顽抗，最终在我守军机枪的连续扫射下，身中数弹当场毙命。后续船上的日军陆续将船靠岸，登岸与守军展开激战，经1小时左右激战后，守军退却。这场战斗，共击毙日军中队长以下数十人。

大龙口一线的战斗虽然短暂，但这应该是在南京沦陷以后，除浦口一线激战外，给日军造成最大伤亡的一次战斗，尤其是击毙了日军1个中队长，这更是南京保卫战中并不多见的重要战果。

二　江北地区战斗

根据南京卫戍军的战斗部署，将保卫南京的作战地点分为江宁镇、牛首山、淳化镇、汤山、龙潭之线的东南正面阵地，以及由雨花台、紫金山、乌龙山、幕府山及南京城垣组成的复郭阵地。而随着战事的发展，作为南京卫戍军后方阵地的江北地区，其战略地位日益凸显。为了打破日军最左翼部队从江北沿江包抄南京守军后路的图谋，驻江北地区部队虽未列入南京卫戍军战斗序列，但在战役后期，仍承担了阻击江北日军，掩护守军部队渡江撤退的重要任务。

在日军方面，早已将江北地区纳入其进攻南京的战略决策之中。早在1937年11月19日，第10军司令官柳川平助就下达命令：“国崎支队应派一支小部队确保平望镇，主力经嘉善、湖州、广德向芜湖挺进，以切断敌军的退路。然后根据情况，做好派主力或部分部队进入扬子江西岸南京背后的准备。”[②]12月2日，柳川平助

① 曹聚仁：《采访本记》，生活·读书·新知三联书店2008年版，第190页。

② 《丁集团命令》（1937年11月9日），王卫星、雷国山编：《南京大屠杀史料集》第11册《日本军方文件》，江苏人民出版社、凤凰出版社2006年版，第199页。

再次下达“丁集作命甲第50号”命令，要求“国崎支队应从广德—建平—水阳镇—太平府道路方向渡过扬子江到左岸，尔后进入浦口附近，切断敌军退路。”[①]可见，日军绕攻江北地区，企图对南京形成合围态势的意图已经十分明显。

蒋介石原本计划让第17军团军团长胡宗南担任南京卫戍副司令长官，作为唐生智的副手协助防卫南京。可是命令还未下达，日军已经沿长江北岸进犯，胡宗南乃奉命返回浦口部署防卫。此时，江北一线的中国守军包括第1军下辖的第1师、第78师以及第102师等部。虽说有3个师，但各部经过历次血战，建制均不完整。以第1师为例，在淞沪会战中第1师第2团团长杨杰、第4团团长李友梅先后阵亡，营长以上大量负伤，前仆后补，多至一百数十人，连排长几无幸存者。[②]第78师经淞沪血战后，干部亦伤亡殆尽，官兵仅有4000余名，到达南京时补充新兵3172名，以图维持战力。

12月8日，日军左翼支队长国崎登下达命令，要求步兵第41联队渡过扬子江，攻占浦口，以截断守军退路。在中国军队方面，兼任第1军军长的胡宗南，以军部名义下达命令：

第七十八师应即占领浦口、浦镇、卸甲甸及江家市桥（葛塘东方四公里）一带阵地，利用津浦路局及附近地方所有材料赶筑增强据点工事，任对江面之警戒，特应注意浦口车站、码头、浦镇及卸甲甸等处之守备。[③]

11日，国崎支队各部在独立工兵第10联队协助下，乘坐舟艇于当涂以北慈湖附近渡过长江，从乌江镇登陆后向浦口进逼。此时，南京城的复郭战斗也进入最危急关头，蒋介石连续两次向南京卫戍司令长官唐生智发来“真侍参”与“真戌侍参”撤退令，称“如情势不能久持时，可相机撤退，以图整理，而期反攻。”[④]12日凌晨3时，当唐生智召集部属到自己住处，商讨研拟撤退方案时，江北地区的战斗已一触即发。

① 《丁集团命令》（1937年12月2日），王卫星、雷国山编：《南京大屠杀史料集》第11册《日本军方文件》，江苏人民出版社、凤凰出版社2006年版，第203页。

② 王云五主编：《民国胡上将宗南年谱》，台北商务印书馆1972年版，第83页。

③ 《陆军第七十八师第四次抗倭无锡江浦浦镇各战役战斗详报》，中国第二历史档案馆藏，档案号七八七—7541。

④ 《南京卫戍军战斗详报》，中国第二历史档案馆藏，档案号七八七—7593。

国崎支队以步兵第 41 联队第 1 大队配属速射炮中队及工兵 1 个小队作为先头部队，于 12 日凌晨 2 时率先由桥林镇向浦口方向前进，并于高旺镇突破守军前进阵地，进至江浦城外，计划于拂晓时分发起总攻。与此同时，国崎支队其余各部则在第 1 大队左翼方面展开。防守江浦一线阵地的守军部队为第 1 军第 78 师第 234 旅，该旅下辖第 467 团和第 468 团。由于江浦城格局所限，兵力无法大规模展开，不利于防守，因而守军仅以第 468 团第 3 营固守江浦城，第 467 团则分散在江浦城左右两翼协防。第 467 团团长许良玉作出如下部署：第 1 营坚守大马山南麓，侧击来犯日军；第 3 营则占领江浦西南赵家园一带高地，瞰制日军；第 2 营作为团预备队，随时机动。

战斗打响后，日军步兵第 41 联队第 1 大队以第 4 中队沿大道方向直取江浦城；由步兵第 41 联队第 2、第 3 大队各一部配属山炮兵 1 个中队组成的另一路，则绕攻守军右翼阵地，以完成包围态势。右翼一线高地的攻防战斗进行得异常激烈，阵地一度失守，守军又以白刃肉搏将敌杀退。阵地得而复失，失而复得，反复数次。日军为此惊叹："守军的抵抗颇为顽强。"① 最终，由于防守江浦城的守军第 468 团第 3 营阵地被突破，日军以一部绕袭第 467 团第 3 营阵地侧背，守军不得不放弃阵地向后退却。对此，中方"战斗详报"记录战况如下：

> 敌旋以主力向我赵家园高地猛力冲搏，与（原文如此）我许团第三营，与敌激战四小时，营长张炎受重伤，其余官兵伤亡过半。即由该团派第六连增援，而敌另以一部直趋南门，乘谢团第三营凌乱之际，于正午十二时袭占江浦城，复向我赵家园阵地左后方袭击，张营不支后退。②

为了掩护第 3 营退却，第 467 团团长许良玉连下两道命令，要求作为预备队的第 2 营迅速抢占城北公路西侧高地，阻止日军前进；要求第 1 营继续坚守大马山阵地。下午 1 时 30 分，日军以两股部队分从东西两侧夹击第 2 营阵地，营长邹凌美力战阵亡，该营被迫放弃阵地向大小马山一线转移。在坚守江浦城及其一线高地的战斗中，第 78 师第 234 旅第 467 团伤亡达 618 人，第 468 团伤亡亦有

① 《建平—浦口附近战斗详报（第 10 号） 自昭和 12 年 12 月 3 日至昭和 12 年 12 月 16 日 国崎支队》，日本防卫省防卫研究所藏，亚洲历史资料中心，档案号 C11111135300。

② 《陆军第七十八师第四次抗倭无锡江浦浦镇各战役战斗详报》，中国第二历史档案馆藏，档案号七八七—7541。文中"谢团"即第 468 团。

百余人。[①]

当第78师第234旅与日军鏖战之时，第1师第1团也奉命赶到，暂归第78师指挥。第78师师长李文即命令该团以一营之兵力在浦镇西侧十里桥附近构筑阵地，策应第467团。下午1时30分，该团第1营与进至浦镇西侧的日军遭遇，随即发生激战，战斗中营长张楚阵亡，其余官兵伤亡较大。在阵地将失之际，该团第2、第3营奉命赶到增援，终将日军击退，阵地转危为安。

由于通讯不畅，直至下午3时，位于浦镇的第78师师部方知江浦已失陷。在攻陷江浦后，跟踪而来的日军大部遂向浦口追击。此时，守军第234旅尚在转进途中，浦镇兵力空虚，师长李文急令康庄部第232旅火速支援，其命令要求：

> 康旅除留一营配置于卸甲（甸）附近警戒外，其余全部迅速转移于花旗营、高丽营之线，占领馒头山、大顶山、二顶山及正椅山、大小椅山一带构筑阵地，并派步兵一连至永宁镇担任警戒。[②]

12日下午4时许，进至石佛寺高地的日军步兵第41联队第1大队，遭遇守军约1个营兵力的顽强抵抗，位于第1大队左翼的第3大队等部，也与守军激烈对峙中。

江北地区的战事也直接影响着唐生智等守城将领对于南京撤守的决策。据文献记载，“此时由郎溪及宣城北进之敌，已经当涂越采石，进逼首都；并以一部渡江经乌江镇趋浦口，我卫戍长官见战局已无法挽回，遂下令放弃南京，实行突围。”[③]第三战区司令长官顾祝同在战后对南京撤守决定也曾进行这样的分析：“敌军偷渡江浦，南京陷于重围，难望持久，不得已，奉命撤退。”[④]由于下关通浦口为我军后方唯一交通路线，根据制定的各部队渡江次序，南京卫戍司令长官部和特务队将于13日晚6时从下关地区渡江至浦口。此时，保卫南京的战事中心已集中在江北地区，坚守住浦口，掩护高级将领及直属部队渡江北撤，显得至关重要。

---

① 《陆军第七十八师第四次抗倭无锡江浦浦镇各战役战斗详报》，中国第二历史档案馆藏，档案号七八七—7541。

② 《陆军第七十八师第四次抗倭无锡江浦浦镇各战役战斗详报》，中国第二历史档案馆藏，档案号七八七—7541。

③ 秦孝仪主编：《中华民国重要史料初编·对日抗战时期》第2编（2），台北中国国民党中央委员会党史委员会1981年编印，第231页。

④ 军事委员会军官训练团编：《东战场京沪战役的检讨》，1938年，第8页。

此时，日军为了彻底切断中国守军退路，其国崎支队于12日下午6时下达“国作命第207号”命令，该命令要求支队当夜要将重点保持在左边继续进攻，从东面进攻浦口中国守军阵地。[①] 中国守军坚守不退，日军一时未能突破。因此，唐生智等高级将领得以顺利撤退。据中国方面资料记载：“下午十一时唐总监及一部高级人员由南京渡至浦口后，即经浦镇向六合前进。”[②]

13日晨，南京城战事大部已经平息，而浦口的攻防战仍在激烈进行中。守军部署如下：以第1师第3团占领宝盖山及浦镇南侧，支援第1团馒头山、二顶山阵地；以第78师第468团占领浦镇西北，支援第1团右翼，确保各阵地间相互策应。[③] 该地区阵地设置主要面向东南方，依托半永久性工事，各个机枪掩体之间以带顶盖的壕沟相连；而面向西的工事虽为临时赶筑，亦有四五十个带顶盖的机枪掩体以加强火力。

国崎支队以两个大队分为左右两路，对浦口城展开猛烈攻击。经数小时激战，左右两路大队分别从东西两面占领了城墙。之后，日军企图向城内进攻时，遭遇到城内高地上守军的顽强抵抗。双方激战至下午3时，日军一部突破守军第1师第1团阵地后，相继突入浦镇西部地区，守军金汤门、韩信点将台一带阵地均沦入敌手，战事一度十分危急。然而，幸赖左右两翼的火力支援，以及主阵地拼死抵抗，浦镇东部及北侧一带高地仍在中国军队手中。日军方面也不得不承认，由于守军阵地的巧妙配置与守军的顽强抵抗，给其进攻造成很大阻力。日军战史写道：

> 城墙内高地上阵地的配置极为巧妙……利用所在地点的房屋、竹林等掩蔽物布置了由轻重机枪构筑的主要火力点。另外，不只是两侧有极为良好的侧防设施，以及来自土门西北高地上敌军的侧后方射击等，而且射击位置不明的重武器火力覆盖了整个战场。因此，夺取城墙后的进攻发展态势并不如意。[④]

---

① 《国崎支队战斗详报》，王卫星、雷国山编：《南京大屠杀史料集》第11册《日本军方文件》，江苏人民出版社、凤凰出版社2006年版，第323页。

② 《陆军第七十八师第四次抗倭无锡江浦浦镇各战役战斗详报》，中国第二历史档案馆藏，档案号七八七—7541。

③ 《陆军第七十八师第四次抗倭无锡江浦浦镇各战役战斗详报》，中国第二历史档案馆藏，档案号七八七—7541。

④ 《国崎支队战斗详报》，王卫星、雷国山编：《南京大屠杀史料集》第11册《日本军方文件》，江苏人民出版社、凤凰出版社2006年版，第325页。

经数日激战，中国守军第1军等部虽然顺利完成了掩护南京卫戍司令长官部退却的任务，但是部队也为此付出了重大伤亡。此时，投入战斗的预备队也伤亡殆尽，几乎到了无兵可用的地步。至13日下午4时，军长胡宗南忍痛下达撤退命令，要求各部“即沿铁道向乌衣附近转进，并逐次占领阵地拒止敌人。”

第78师遂于13日下午4时20分下达转进命令，该命令要求：

2. 师附第一师第一旅拟于本十三日晚转进至乌衣镇西葛集等处，逐次占领阵地拒止敌人。

3. 第二三四旅（欠许团）应于本日午后六时开始，沿铁路向乌衣转进，即在该镇附近占领阵地、构筑工事、拒止敌人北进。

4. 第二三二旅应以一团在晓桥沿河之线占领阵地，拒止敌人，其旅部及第四六三团应于本午后七时转进至毕家店附近，并在西葛集、赵营子及其附近河堤构筑预备阵地。①

当全军向后退却时，担任掩护的守军一部仍在浦镇一线高地顽强阻击日军，直到13日夜晚，守军阵地上的枪炮声才逐渐稀疏。12月12日下午5时唐生智下达撤退令，而江浦、浦口一线的中国守军一直坚持到12月13日晚11时，日军完全控制浦镇已是14日上午11时，这为南京城内的守军赢得了宝贵的40多个小时的撤退时间，使南京保卫战的最高指挥中枢南京卫戍司令长官部，包括唐生智、罗卓英、刘兴等在内的高级军官得以安全到达浦口，顺利向滁州方向后撤。

12月14日，当守军退出江浦县城后，又立即布置新的阵地进行节节防御，以迟滞日军的进攻。江北地区的战事一直持续到12月17日仍未停息。据文献记载，至17日，“浦口与江浦经六昼夜之血战，我军已退出，移至九连山、九顶山及江浦东北朱山、大公山一带。进占浦口之寇军已分三路攻津浦及运河，乌衣已失守，现两军在滁州南全椒一带血战中。”②

中日双方在浦口一线作战的激烈程度，可从日方弹药消耗数量看出一些端倪。根据12月3日至15日国崎支队武器弹药损失消耗表记载，该部总共消耗步枪子弹14537发、轻机枪子弹80380发、重机枪子弹14420发、手枪子弹52发、大队

---

① 《陆军第七十八师第四次抗倭无锡江浦浦镇各战役战斗详报》，中国第二历史档案馆藏，档案号七八七—7541。

② 陈重编：《中国抗敌大事日记》，新国民出版社1938年版，第147页。

炮炮弹 231 发、联队炮炮弹 48 发、速射炮炮弹 112 发、掷弹筒榴弹 919 枚、手榴弹 885 枚、榴弹 130 发、榴霰弹 12 发。[①] 而其麾下的步兵第 41 联队第 3 大队，仅 12 日至 13 日这两天就消耗步枪子弹 11158 发，轻机枪子弹 44244 发、重机枪子弹 10061 发、手榴弹 268 枚、掷弹筒榴弹 443 枚、步兵炮炮弹 70 枚。不仅如此，该大队还对守军使用了催泪弹 24 发，发烟弹 23 发。[②]

① 《1937 年 12 月 3 日—15 日国崎支队武器弹药损失消耗表》，王卫星、雷国山编：《南京大屠杀史料集》第 11 册《日本军方文件》，江苏人民出版社、凤凰出版社 2006 年版，第 329 页。

② 《步兵第四十一联队第三大队江浦及浦口附近战斗详报　昭和 12 年 12 月 11 日至 12 月 14 日》，日本防卫省防卫研究所藏，亚洲历史资料中心，档案号 C11111224800。

第七章　撤守和突围战斗

在南京保卫战的最后关头，于危殆形势下，南京卫戍司令长官唐生智遵从蒋介石指令，于紧急中部署部队匆忙撤退。但因在部署中存在重大失误，致许多部队在执行过程中产生严重的混乱情况。其间有的部队以血战杀开一条突围之路，得以保存部分兵员；有的官兵抢占极少的渡船或使用简陋器具而侥幸过江；然而还有更多的既缺乏统一指挥又脱离原部队建制的散乱官兵（包括伤病员），毫无秩序地拥挤在江边，其中被踩踏、溺水，以及为日军军舰及飞机扫射而致死者甚众。

第一节　撤退令下达

一　市区巷战准备

连日来，中方守军据城坚守、浴血奋战，但以战斗力明显不足的兵力来对抗日方优势的火力和装备，实难坚持。复郭阵地战斗只进行了 4 天，战斗态势便急速恶化。守军各部队在奋力抵抗后，便根据新的情况做巷战准备。

早在 11 月底，南京卫戍部队即在外围各阵地陆续开展战前动员、工事构筑等工作，积极做好奋力迎敌的各项准备。与此同时，部分驻扎城内的部队也着手在南京城内积极进行巷战准备。

英国路透社于 11 月 30 日自上海发出的电讯称："日军刻向首都逐步前进，本城已转成一大军营，准备抵御，各要点之街道现正筑造有刺铁丝障碍物，城外则开掘战壕，并布置其他防御工程。……蒋委员长今日曾巡视环城四周之防务，甚为满意……”[①]据教导总队幸存者唐广普回忆，其所在部队奉命“把南京各城门用沙袋堵起来，城门外公路挖上壕沟，进行守备”[②]。

当常州失守，丹阳告急之时，南京城的防务工作进一步得到加强。国民社于12月1日自南京发出的电讯称：“南京城门除有十门已经用障碍物关闭外……城中各处均筑行战壕，街衢交通要点均置沙包电网，城外各军事要点亦均布置炮位、埋藏地雷。”[③]

12月9日，日军诱降中方军民未成，便决定以优势兵力向复郭阵地加速推进，并在10日以猛烈火力对南京城发起总攻。之后，各路日军依仗其军事实力的优势，从不同方向，向南京复郭阵地全面展开猛烈进攻。

形势虽已极为严峻，但参加南京卫戍战的各部队并未退缩，其守土抗敌的决心依然坚定。诸高级将领，多能身先士卒，决心战斗到最后一刻。

南京卫戍司令长官部副司令长官罗卓英身先士卒，激励士气。时任第16军团司令部中校参谋的王晏清称，罗卓英曾对参谋人员说：“南京是先总理葬身之所，如果不战就放弃是我们的耻辱，我们有何脸面见先总理于地下呢？所以必须同敌人决一死战。……要守住城，必须以城为依托，牵制敌人，以城外部队进行机动，里应外合才能守住城。今天南京是个孤城，城外除紫金山有我们的部队外，没有大部队集结，所以，只能利用城墙为依托来消耗敌人。因此，我们守城是个持久防御。……人生总有一死，我们死在南京，葬身钟山之下，必为后代所敬仰，还可以教育后人。”[④]

12月11日，唐生智发表谈话：“吾军以血肉之躯，与钢铁相争，伤亡之数，当然重大”，其语气亦十分悲壮。据《申报》刊载的路透社11日发自汉口的报道：“唐氏又称，目下南京全城已处猛烈轰炸之下，雨花台及紫金山附近仍在激战中……首都局势仍在华军控制之下，现正坚决抗战……惟华军之士气，殊激昂也……即使日军进占南京，华人将觉其抵抗侵略之地位，更为有利，因日军愈深入，其所

---

① 《蒋介石巡视南京防务》，《申报》1937年12月1日，马振犊等编：《南京大屠杀史料集》第2册《南京保卫战》，江苏人民出版社、凤凰出版社2005年版，第84页。

② 《唐广普口述》，张宪文、吕晶编：《见证与记录：南京大屠杀史料精选（中方史料）》，江苏人民出版社2014年版，第732页。

③ 《南京防务加强 / 现有驻军五万 / 形势严重我决死守 / 城中各处均筑战壕》，《申报》（上海版）1937年12月2日。

④ 王晏清：《南京保卫战片段》，中国人民政治协商会议全国委员会文史资料研究委员会《南京保卫战》编审组编：《原国民党将领抗日战争亲历记·南京保卫战》，中国文史出版社1987年版，第34页。

遭遇之困难亦愈多。”①

南京卫戍军各部队官兵们抱“杀身成仁，为国捐躯”之志，决心同日军作最后的奋战。据路透社 12 月 11 日清晨自上海发出的电讯称：“昨晚中国军队抵抗日军血战时所流之血，将石子砌成之街道染成深红色。”②《申报》刊载的快讯社 12 日发自汉口的报道云：“华军虽在陆空猛烈夹攻之下，仍拼死迎敌，有进无退，其忠勇壮烈，令人钦佩。”③

南京复郭阵地处于激烈战斗之时，城内巷战准备也在加紧进行中。

中央社 12 月 9 日自汉口发出的电讯称：在中山北路以东及新街口以南，“此地带内，除在赶赴难民区途中之平民外，已成佩有黄色卫戍臂章者独占之街衢，而壕渠、沙包、铁丝网障碍物，一切巷战设施，亦遍置于此地域中”④。

昔日的南京城中各处繁华地带，都在积极进行巷战准备。王晏清参谋在回忆文章中写道：“十二月十一日，罗要我陪同他到前沿阵地去视察，沿途经过山西路、鼓楼、大行宫、新街口一带，看见十字路口都在构筑工事，工事都用沙袋堆起，是准备巷战的”⑤。

在南京沦陷前，唐生智作为守卫南京城的最高指挥官，在形势已经十分危急的情况下，一面命令部队做好巷战准备，一面严令部队不准擅自撤退。

12 月 11 日，第 78 军宋希濂部“奉令增厚城防，作巷战准备”⑥。此前唐生智曾命“第四十一、四十八两师，务须固守朝阳洞至乌龙山之线阵地”，当日他又面授第 78 军：“如有部队散兵自行后退，着由该军严予制止，倘敢违抗，准以武力执行”⑦。

中方报纸对南京守军在城内构筑街道工事、进行巷战准备的情况及时进行了跟踪报道。快讯社于 12 月 12 日自汉口发出的电讯称：“截至十一日傍晚，南京

---

① 《光华门争夺剧烈 / 我扼守雨花台炮台 / 首都局势昨晚未有变化 / 日机猛烈轰炸 / 全城大火 / 唐生智督战士气旺盛》，《申报》（上海版）1937 年 12 月 12 日。

② 《首都附郭仍激战中 / 敌一部冲入光华门已被歼灭 / 炮火笼罩全城 / 难民区亦落弹》，《大公报》（汉口版）1937 年 12 月 12 日。

③ 《首都展开空前血战 / 日方认攻取南京实非易事》，《申报》（上海版）1937 年 12 月 13 日。

④ 《首都东南郊大激战 / 我第一线防务巩固 / 淳化镇两据点我拼死坚守中 / 汤山附近争夺高地伤亡均重》，《大公报》（汉口版）1937 年 12 月 9 日。

⑤ 王晏清：《南京保卫战片段》，中国人民政治协商会议全国委员会文史资料研究委员会《南京保卫战》编审组编：《原国民党将领抗日战争亲历记 · 南京保卫战》，中国文史出版社 1987 年版，第 33 页。

⑥ 《陆军第七十八军南京之役战斗详报》，中国第二历史档案馆藏，档案号七八七—7590。

⑦ 《陆军第七十八军南京之役战斗详报》，中国第二历史档案馆藏，档案号七八七—7590。

仍在华军固守中。华军各据点布置坚固之工事，准备于日军突破城垣入城时与之作猛烈巷战。总之，日军若欲占领南京，必须付出重大之代价而后可。”①

12月12日，战况较前日更为激烈。该日凌晨，唐生智即向守军各部发出“卫参作第44号命令”，严令“各区阵地，非有命令不得放弃，违者按连坐法治罪”。②至中午时，因雨花台主阵地已经完全被日军占领，紫金山第二峰也难以保住。负有掩护任务的部队，被抽调进城作巷战准备。《南京卫戍军战斗详报》载，是日“遂调三十六师一团进城准备巷战”③。据多份战报资料记载，南京卫戍司令长官部曾命令多支部队加强城防，准备巷战。

在第78军的“战斗详报”中，不仅有关于市内准备巷战的记录，还有关于在下关实施戒严的记录。12日中午12时左右，唐生智召见第78军军长宋希濂，下达口头命令：“1. 下关通浦口为我军后方惟一交通路，该军应竭力维持秩序，禁止散兵游勇麇集，以确保要点。2. 七十四军在上河镇与敌激战，其后方交通，由汉西门与城内连〔联〕络，禁止一切散兵及部队通过三汊河退入下关。”④

宪兵部队在其“战斗详报”中记载：“十二时，奉命在南京之部队须有与南京共存亡之决心，并增筑准备巷战之工事，全部闻命，士气为之一壮。”⑤

第66军及所辖第160师在各自“战斗详报”中也都有巷战准备的描述。第66军“战斗详报”记载：“一六零师及军属炮工兵营，集结于玄武门、水西门一带，构筑工事，准备巷战。”⑥第160师“战斗详报”记载：“十二日七时，奉令构筑玄武门至水西门之南正面阵地，准备巷战。”⑦

12日午后1时开始，雨花台及紫金山第一峰据点相继失守。考虑到下关地区可能发生的混乱情况，唐生智电话命令第78军：“着于下关宣布戒严，禁止一切行动。”⑧军长宋希濂奉命即刻命令所属“第二一二团除留兵力四连守城外，余均

① 《中方守军拼死迎敌》，《申报》1937年12月13日，马振犊等编：《南京大屠杀史料集》第2册《南京保卫战》，江苏人民出版社、凤凰出版社2005年版，第127页。

② 南京卫戍司令长官部“卫参作第44号命令”，侵华日军南京大屠杀遇难同胞纪念馆藏。

③ 《南京卫戍军战斗详报》，中国第二历史档案馆藏，档案号七八七—7593。

④ 《陆军第七十八军南京之役战斗详报》，中国第二历史档案馆藏，档案号七八七—7590。

⑤ 《宪兵参加抗日战役史绩》，中国第二历史档案馆编：《南京保卫战档案》第8册，南京出版社2018年版，第328页。

⑥ 《陆军六十六军南京突围战斗详报》，中国第二历史档案馆藏，档案号七八七—7583。

⑦ 《陆军第一百六十师锡澄南京两役战斗详报》，中国第二历史档案馆藏，档案号七八七—7582。

⑧ 《陆军第七十八军南京之役战斗详报》，中国第二历史档案馆藏，档案号七八七—7590。

开入下关，宣布戒严。”[①] 至12日晚8时，南京守军还有最后一两个据点在坚持。

对于城内“南京安全区”，原本南京军方已经答应不在该地派驻军队，并拆除了军事设施，但为了迎接即将到来的严峻战斗，又不得不布置了全副武装的军警在此巡逻。南京安全区国际委员会主席约翰·拉贝在其12月12日的日记中写道：“我原来以为日本人可以在平静中接管城市，但这种想法没有得到证实。在安全区内仍然可以不断地看见佩戴黄袖标的中国军人，他们全副武装，带着步枪、手枪和手榴弹，就连警察佩带的也不再是手枪，而是违反规定地带上了步枪。”[②]

12日下午，在中华门、水西门一带阵地被日军相继突破后，第88师部分官兵擅自向挹江门溃退，第74军部队官兵也开始聚往三汊河，准备自搭浮桥撤往下关。经戒严部队劝阻，以上部队或返回阵地，或停止撤退。鉴于战场形势的急剧变化，以唐生智为首的南京卫戍司令长官部也没有再发出诸如继续巷战的指令，而是根据蒋介石的指示，于12日下午直接下达了撤退令。

事实上，自唐生智以下的南京守城官兵在十分艰苦和危急的情势下，的确曾有在南京进行巷战的想法和准备，只是在接到撤退令后，方结合城内外战况，放弃了巷战的打算。之后，除了负有掩护任务，需争夺和保卫撤退通道的部队负责阻敌前进之外，其余守卫部队的任务，便已转变为保存有生力量，而不是继续滞留城内与敌人进行巷战。

南京卫戍司令长官部撤退令的下达，实际上意味着取消了原先“作巷战准备”的指令。但在守城部队混乱的撤退过程中，实际上仍有小部分守军自发地奋力与日军展开分散的、小规模的巷战。

二　蒋介石下达撤退命令

根据“短期固守”南京的方针，11月中旬，南京国民政府主席林森率领政府各单位移迁重庆，并于12月初在陪都开始办公。蒋介石夫妇则一度仍住中山陵园官邸，以表固守国都之决心，稳定军心民心。其间，蒋介石多次率部到南京周边实地视察防御工事和阵地设施情况，为南京卫戍军各部队提振士气。与此同时，他积极斡旋，接待外宾，寻求一切可能的机会，尤其是等待国联会议为抗日之战

① 《陆军第七十八军南京之役战斗详报》，中国第二历史档案馆藏，档案号七八七—7590。

② 〔德〕约翰·拉贝著，本书翻译组译：《拉贝日记》，江苏人民出版社、江苏教育出版社2009年版，第130页。

带来转机。然而，11 月初召开的国联会议，与会各方并没有对远东的中日战事给予过多关注，使蒋介石寄希望于国际力量的努力付诸流水。

12 月 4 日，日军已经推进到南京以东句容、镇江、秣陵关一线，从地理上实现了对南京的半包围。在地面部队快速推进的同时，日军还派出多批次飞机对南京城施行日夜轰炸。12 月 7 日凌晨，蒋介石乘坐专机飞往江西庐山，继续远程指挥南京地区的战斗。

随着南京的战事日益恶化，“是继续打，还是再守一守？”蒋介石为此问题所纠结。他对“国际干预力量”仍心存侥幸，曾致电李宗仁等人，称：“南京决守城抗战，图挽战局，一月以后，国际形势必大变，中国当可转危为安。”①

12 月 10 日，在日军的强力攻势下，南京城东面的紫金山、南面的雨花台等主阵地战火升级，大战之幕再次快速拉开。南京卫戍军各部队官兵虽积极应战，但各部队总体战斗力已经远远不如淞沪战役时期。南京外围主阵地两三天便告失守，而复郭阵地立足未稳又渐次被日军突破。随着战况的急剧恶化，国民政府军事委员会深感形势已是愈发严峻，如继续坚持固守，南京卫戍军各部队便有被日军包围全歼的可能。

经过紧急研究，蒋介石仓促做出了准予守军撤退的决定。

12 月 11 日，蒋介石先是指示在江北的第三战区副司令长官顾祝同给唐生智打电话，下达有关撤退命令事宜。据唐生智回忆，中午 12 时接到顾祝同打来的电话，转告蒋介石关于撤退的命令，要他渡江向津浦路撤退，军队相机突围。

顾祝同说：“委员长已下令要南京守军撤退，你赶快到浦口来，我现在要胡宗南在浦口等你。”

唐生智答道：“前线如此紧急，被突破的地方很多，如何撤退？”

顾祝同说：“你今晚务必撤退过江。”

唐生智回复：“有许多事情应该与各部队长交代清楚，才能撤退。不然，以后责任，由谁来负？”

顾祝同交代：“你留个参谋长交代一下就行了，今晚赶快过江吧！”

唐生智回答：“那不行，至迟也要到明晚才能撤退。我不能只顾一人的死活，不顾军队。”

---

① 《蒋委员长致第五战区司令长官李宗仁第一战区司令长官程潜等告以决在南京守城抵抗一月以后国际情势必大变电》（1937 年 12 月 6 日），秦孝仪编：《中华民国重要史料初编 · 对日抗战时期》第 2 编（2），台北中国国民党中央委员会党史委员会 1981 年编印，第 219 页。

顾祝同催促道："敌人已到六合，情况非常紧急。"

唐生智仍坚持说："今晚要我过江是不行的。"[①]

唐生智接到顾祝同电话后不久，收到蒋介石发来的"真侍参"撤退令，表示南京保卫战已经发挥了牵制日军的作用，为尔后继续抗战计，"如情势不能久持时，可相机撤退，以图整理，而期反攻"[②]。数小时后，蒋介石又一次发来"真戌侍参"撤退令，内容同"真侍参"撤退令。

然而，就在蒋介石连发两份撤退令后，南京卫戍司令长官部已在落实撤退任务时，蒋又发送了一份"我军仍以在京持久坚守为要"的手令。原文如下：

限即到。南京。唐司令长官，刘、罗副司令长官：据报江浦附近已发现敌军，是敌希图对我四面合围，或威胁我后路，逼我撤退也。五日激战，京城屹立无恙。此全赖吾兄之指挥若定，与牺牲精神有以致之。经此激战后，若敌不敢猛攻，则只要我城中无恙，我军仍以在京持久坚守为要。当不惜任何牺牲，以提高我国家与军队之地位与声誉，亦为我革命转败为胜惟一之枢机。如南京能多守一日，即民族多加一层光荣，如能再守半月以上，则内外形势必一大变；而我野战军亦可如期策应，不患敌军之合围矣。遥望京城，想念官兵死伤苦痛，无任系念！进退战守，生死荣辱，惟兄等熟图之。中正手启。十二申。[③]

这份手令要求南京卫戍军各部队"当不惜任何牺牲，以提高我国家与军队之地位与声誉"，发出时间是12月12日的下午3时至5时之间。事实上，该份电报发出之时，南京卫戍司令长官部已在召开会议，部署守军撤退事宜。南京卫戍司令长官部参谋谭道平曾回忆："委员长在庐山，虽则有线电早就断了，而无线电到十一日为止，还保持着联络，每一天有一二个电报来指示我们。"[④]这说明南京卫戍司令长官部的对外通信未必在12日还处于通畅状态，蒋介石的这份手令并不一定能够成功发送到南京卫戍司令长官部。而且，即使该电令确实发送成功了，

① 唐生智：《卫戍南京之经过》，中国人民政治协商会议全国委员会文史资料研究委员会《南京保卫战》编审组编：《原国民党将领抗日战争亲历记·南京保卫战》，中国文史出版社1987年版，第4—5页。

② 《南京卫戍军战斗详报》，中国第二历史档案馆藏，档案号七八七—7593。

③ 《蒋委员长致南京卫戍司令长官唐生智副司令长官罗卓英、刘兴指示南京为我国革命转败为胜之枢机应不惜任何牺牲坚守手令》（1937年12月12日），秦孝仪主编：《中华民国重要史料初编·对日抗战时期》第2编（2），台北中国国民党中央委员会党史委员会1981年编印，第219—220页。

④ 谭道平：《南京卫戍战史话》，东南文化事业出版社1946年版，第68页。

也可能到达南京卫戍司令长官部时，卫戍军已经执行了撤退任务，将不在位，且撤退时电报设备被拆卸、电报文件被销毁，而各路守军或正处于与敌最后激战中，或处于混乱撤退之中，根本无暇顾及接收新的电令。从目前已公开出版或可查到的官方档案资料中，也没有发现关于收到这份电报的记录，唐生智、王耀武、谭道平等各级参战官兵的回忆录中也都没有提及此份电报。因此，可以说，蒋介石“出尔反尔”紧急发出的这份手令，最终并没有如他所预期的那样发挥出应有的作用。

关于南京保卫战中守军的撤守问题，蒋介石前后一共发出过4次指令，方式和内容也有所不同。从方式上看，第一次是通过他人电话代转的方式进行指示，第二次、第三次、第四次均是通过电报方式发布指示。从内容上看，前三次表达的都是明确要“撤”的意向指示，而第四次表达的则是希望“守”的倾向性指示。为何在如此短促的时间内，在同一问题上竟会出现意思截然相反的指示？这与蒋介石本身在战略指挥上多变的风格有关。

三　唐生智的撤退部署

作为南京卫戍司令长官部的最高长官，唐生智在接到蒋介石接二连三的撤退令后也有自己的思考与应对。12月11日中午顾祝同奉蒋介石之命打来的电话，内容比较明确，称“委员长已下令要南京守军撤退”，要求唐“赶快到浦口来”“今晚务必撤退过江”。11日下午至晚上，蒋介石连续发出“如情势不能久持时，可相机撤退，以图整理，而期反攻”[①]的“真侍参”和“真戌侍参”撤退令。与中午的电话命令相比，这两道电文命令的下达，给了唐生智可以不再坚守的指示，但从这两道电文中也看不出要求“立即”撤退的明确表达。因此，唐生智面对这两道“撤退令”，实际上须在退与守之间艰难选择：一是命令对撤退时机的选择含意不清，给执行留下了较大的犹疑空间与变数；二是即使立即撤退，守军各部在各阵地均与进攻日军呈犬牙交错、攻守交织的态势，也不便顺利实施撤退。为此，在撤守这个问题上，唐生智采取了一面继续坚守、一面布置撤退的两手举措。

关于继续坚守。11日夜里12时，即12日凌晨0时，唐生智下达了“卫参作第44号命令”，指示：

---

① 《南京卫戍军战斗详报》，中国第二历史档案馆藏，档案号七八七—7593。命令文参见《唐生智致钱大钧密电》（1937年12月13日），中国第二历史档案馆编：《抗日战争正面战场》上册，江苏古籍出版社1987年版，第404页。

第八十三军应固守自光华门东城角（含）起，经光华门至武定门南端（含）城垣之线……第七十二军孙军长指挥第八十八师及八十七师（欠一部），应固守武定门（不含）经通光营房、雨花台至赛虹桥（不含）（柏庄西约三百米，五万分一地图无此名）之阵地及该区域城垣守备……第七十四军应固守赛虹桥（含）经沈家圩、江东门至北河镇之阵地，以一部占领上新河，左与第八十八师密切连〔联〕系，并须接替八十八师所遗水西门（含）起至西南城角之城垣守备……除上记者外，余皆照以前规定办理……各区阵地，非有命令不得放弃，违者按连坐法治罪。[①]

很明显，“卫参作第44号命令”是一份继续坚守、坚持战斗的命令。作为对这一命令的执行与响应，守军各部亦多有相应措施。如第160师“十二日七时，奉令构筑玄武门至水西门之南正面阵地，准备巷战”[②]；宪兵部队至12日正午仍在依令作坚守抗击之准备，“十二时，奉命在南京之部队须有与南京共存亡之决心，并增筑准备巷战之工事，全部闻命，士气为之一壮。”宪兵部队还于下午4时，依令将水西门至西南角城墙段交由第74军防守，“十六时，奉命将水西门之阵地交于友军五十一师”[③]。“卫参作第44号命令”的下达，其目的有二：第一、鉴于蒋介石的两道“撤退令”留有伸缩空间，对于是否已到弃守时机，仍需观察，故再作短时间的坚持抵抗，以观后效；第二、全军之全线撤退，需要分析战场形势，全盘部署也需要一些准备时间，即使领导层已在准备退却，但前线部队亦仍需有一个退却前的坚守姿态。

关于布置撤退。尽管蒋介石在两道撤退令中，都给唐生智保留了一定的审时度势、自主决定的空间，但根据时至11日下午的战况，唐生智确认，南京是守不下去了。时间紧急，守军多留一时便会多增加一分风险，需要尽快传达落实撤退各项事宜。12日凌晨3时左右，唐生智召集副司令长官罗卓英、刘兴，参谋长周斓，以及参谋处长廖肯、参谋处第一科科长谭道平等人，商讨撤退问题。据当事人谭道平回忆，唐生智表态说：“现在城已被击破，无法守卫了，委员长已有命令，叫我们撤退，你们赶快去准备撤退命令罢！”[④]随后，参谋长周斓便带领参谋人员，

---

① 南京卫戍司令长官部“卫参作第44号命令”，侵华日军南京大屠杀遇难同胞纪念馆藏。

② 《陆军第一六〇师锡澄南京两役战斗详报》，中国第二历史档案馆藏，档案号七八七—7517。

③ 《宪兵参加抗日战役史绩》，中国第二历史档案馆编：《南京保卫战档案》第8册，南京出版社2018年版，第328页。

④ 谭道平：《南京卫戍战史话》，东南文化事业出版社1946年版，第70页。

按照蒋介石的命令精神，结合守军各部战况，连夜起草撤退要旨，并油印好命令文本待用。

12 日，日军 5 个师团集中炮兵及航空兵火力对南京复郭阵地及各城垣又一次发起了持续猛攻，坚守阵地的守军各部队拼死抵抗，陷入恶战。

久经沙场征战的唐生智知道，在南京的这 10 余万守军若要撤退，除大部须就地突围外，对于部分拟选择渡江撤退至后方的部队来说，下关乃渡江的唯一通道，故需保持该处的畅通。12 日中午 12 时，唐生智电召第 78 军军长宋希濂，指明下关至浦口的路线是守军撤往江北的唯一退路，该军应竭力维持秩序，禁止散兵游勇聚集于此，以确保要点。[①] 午后 1 时，唐生智又电话命令宋希濂，在下关宣布戒严，禁止一切行动。[②] 短短 1 个小时内，唐生智接连给宋希濂下达两道既非战斗部署、亦非明确撤退命令的口头命令，从大势观之，此乃从技术上准备撤退的部署。

唐生智对待蒋介石撤退令所采取的一面继续坚守、一面部署撤退的临变举措，从军事学上来看，并无过错。此乃有经验的高级指挥官在战役结束前夕，常会采用的有秩序、有步骤撤出战斗的措施。即高层已在准备撤退，基层仍在坚守，而要顺利撤退，不能不先行坚守。此时此刻，退需要守来配合，守是为了保证退的成功实施。

12 日中午前后，在日军猛烈炮火攻击下，中华门城防被撕开一个缺口，日军蜂拥而入。第 72 军第 88 师孙元良部 2000 余人向下关方向撤退，被第 78 军第 36 师宋希濂部奉命阻止。午后 2 时，紫金山主阵地、雨花台阵地逐渐被日军突破。城垣战斗情况持续恶化。

下午 5 时，唐生智主持召开了守城各部队师长及以上高级将领会议，副司令长官罗卓英、刘兴，参谋长周斓，副参谋长佘念慈等均出席。会议的中心议题便是落实蒋介石发出的“相机”撤退命令事宜。会上，唐生智说：“南京现已十分危急，少数敌人业已冲入城内，在各位看来，以为尚有把握再行守卫否？”[③] 大家都静默不语。之后，唐生智便传达了蒋介石前一日发来的两份要求撤退的电令。随即，参谋长周斓便将已经印刷好的撤退命令，分别派发给各参会将领，人手一份。这份以首都卫戍司令长官名义发出的文号为“作命特字第一号”的文件，包括正文、“南京卫戍军突围计划”和“各部队转进时联络信号规定表”三项内容。“命令”

① 《陆军第七十八军南京之役战斗详报》，中国第二历史档案馆藏，档案号七八七—7590。

② 《陆军第七十八军南京之役战斗详报》，中国第二历史档案馆藏，档案号七八七—7590。

③ 谭道平：《南京卫戍战史话》，东南文化事业出版社 1946 年版，第 77 页。

原文如下：

卫戍作命特字第一号（地名参看三十万分一图）

命令

十二月　　　　日　　午时

于首都铁道部卫戍司令部

一、敌情如贵官所知。

二、首都卫戍部队决于本（　　）日晚冲破当面之敌，向浙皖边区转进。我第七战区各部队刻据守安吉、柏垫（宁国东北）、孙家铺（宣城东南）、杨柳铺（宣城西南）之线，牵制当面之敌，并准备接应我首都各部队之转进，又芜湖有我第七十六师，其南石硊镇有我第六师占领阵地，正与敌抗战中。

三、本日晚各部队行动开始时机、经过区域及集结地区，如另纸附表规定。

四、要塞炮及运动困难之各种火炮并弹药，应即彻底自行炸毁，不使为敌利用。

五、通信兵团，除配属外部队者应随所属部队行动外，其余固定而笨重之通信器材及城内外既设一切通信网，应协同地方通信机关彻底破坏之。

六、各部队突围后运动，务避开公路，并须酌派部队破坏重要公路桥梁，阻止敌之运动为要。

七、各部队官兵应携带四日份炒米及食盐。

八、予刻在卫戍司令部，尔后到浦镇。

右令

计附表第一第二两纸

司令长官唐〇〇①

同时，对该命令中所列第3项“各部队行动开始时机、经过区域及集结地区”，均在附表中作出明确规定。各部队突围计划要旨为：

（一）七十四军由铁心桥、谷里村、陆郎桥以右地区突击，向祁门附近集结。

（二）七十一军、七十二军，自飞机场东侧高桥门、淳化镇、溧水以右地区向敌突击，向黟县附近集结。

① 《南京卫戍军战斗详报》，中国第二历史档案馆藏，档案号七八七—7593。

（三）教导总队、六六军、一〇三师、一一二师，自紫金山北麓麒麟门、土桥镇、天王寺以南地区向敌突击。教导总队向昌化附近集结。六六军向休宁附近集结。一〇三师、一一二师向于潜附近集结。

（四）八十三军于紫金山、麒麟门、土桥镇东北地区突击，向歙县附近集结。

以上各部队突击时机为十二日晚十一时后开始，但八十三军为十三日晨六时。

（五）第二军团应极力固守乌龙山要塞，掩护封锁线，于不得已时渡江，向六合集结。

（六）三十六师、宪兵部队及直属诸队，概依次渡江（另有渡江计划表），先向花旗营、乌衣附近集结，但三十六师应掩护各部队渡江后，然后渡江（又最后口授命令要旨：87D、88D、74A、教导总队诸部队，如不能全部突围，有轮渡时可过江，向滁州集结）。[①]

该命令层次内容十分清晰，其中，（一）（二）（三）（四）项所列各部队是守备复郭阵地的主力部队，其撤退安排是“先突围，后集结”，（五）（六）项所列部队是“先掩护，后渡江”。总的来说，这是一个“大部突围，一部渡江”的计划。这是在当时守军危急、困难的情况下，唯一可行的撤退计划。

关于渡江部队的安排，也有专门的命令和附表：

命令

十二月十二日下午三时

于南京司令部

一、本部各部队奉命向徽州附近地区转进。

二、本司令部直属部队及三十六师着于今（十二）日晚渡江，向乌衣、花旗营附近先集结待命。

三、各部队之行动，如另表规定。

右令

附各部渡江次序规定表一份

司令长官唐〇〇[②]

---

① 《南京卫戍军战斗详报》，中国第二历史档案馆藏，档案号七八七—7593。

② 《南京卫戍军战斗详报》，中国第二历史档案馆藏，档案号七八七—7593。

《各部渡江次序规定表》规定，各部队渡江共分6批次进行，12日傍晚6时开始第一批次渡江，13日凌晨4时至早上6时开始第六批次渡江，基本为每2个小时安排一批次部队渡江，各部队集结码头均为津浦码头及三北码头。其具体安排如下：

（一）第一批：司令长官司令部和特务队共2支队伍，12日傍晚6时开始渡江，渡江指挥官为佘念慈。

（二）第二批：各种炮兵、战车部队、武器弹药、防空司令部、炮兵指挥部共5支队伍，12日晚上8时开始渡江，渡江指挥官为邵百昌。该批次渡江部队因涉及武器装备，特别说明“不能搬运之炮兵及装备等一律毁灭之”。

（三）第三批：宪兵司令部、宪兵各团、警备司令部、通信部队、工兵部队、本部机枪连共6支队伍，12日晚上10时开始渡江，渡江指挥官为萧山令。

（四）第四批、第五批：第36师、补充第11团，因该队伍庞大、人数众多，占用了两个批次的名额，渡江开始时刻为12日中午12时至13日凌晨4时，渡江指挥官为宋希濂。

（五）第六批：义勇军、金陵师管区、补充兵训练处、铁道司令部、运输司令部共5支队伍，另加前五次未能载运之人员，渡江开始时刻为13日凌晨4时至早上6时，渡江指挥官为何志浩。

该表还对各部队提出三项渡江纪律要求：一、各次序单位应听渡江指挥官之指挥，按时登船，不得自行拥挤；二、各部笨重行李一律不许渡江；三、各部队渡江时，务宜静肃。此外，还要求第36师于掩护各部渡江后再行渡江，撤退时尽量毁灭南京所有建设。①

会议结束前，唐生智说：“战争不是在今日结束，而是在明日继续；战争不是在南京卫戍战中终止，而是在南京以外的地区无限地延展，诸君应记住今日的耻辱，为今日的仇恨报复！各部队应指出统率的长官，如其因为部队脱离掌握，无法指挥时，可以同我一起过江。”②其意当指在座之高级指挥官，如与所率部队脱离，其本人可与唐一起乘船过江。而前文在“突围计划”中已载明，唐于下发撤退命令后，又最后口授命令要旨，称“87D、88D、74A、教导总队诸部队，如不能全部突围，有轮渡时可过江，向滁州集结”。该口头命令与书面命令相悖，

① 《南京卫戍军战斗详报》，中国第二历史档案馆藏，档案号七八七—7593。

② 谭道平：《南京卫戍战史话》，东南文化事业出版社1946年版，第77页。

事实上将“大部突围，一部过江”的原则，改变成了“大部渡江，一部突围”。许多原本应突围的部队误以为江边有船、可以渡江撤往浦口，于是纷纷转而选择这条貌似安全的向后方撤退的路线。大量守军部队一拥而上，沿着中山路撤向挹江门外长江边，陷入溃退。

第二节 突围战斗

一 第66军、第83军从城东突围

南京保卫战进入尾声时，能够按照唐生智发布的书面撤退命令要求，选择从正面突围，避免拥堵在长江边的部队，只是极少数。成建制突围的部队是广东部队第66军叶肇部和第83军邓龙光部。

根据南京卫戍司令长官部签发的撤退命令，第66军和第83军应自南京城东北方向突围后，再转安徽地区集结，具体为“按一六〇、一五九、一五六、一五四师之顺序，由太平门突围，经汤山、句容向安徽宁国集中。”①

在参加完南京卫戍司令长官部部署撤退工作的会议后，第66军军长叶肇随即向所部命令：

1. 敌约五六联队向雨花台、紫金山我友军阵地猛烈攻击中，紫金山以北，有敌一联队。我守军全部于本（十二日）夜突围，向安徽转进。

2. 军以突围之目的，于本夜九时由太平门出发，经紫金山北麓东西流镇、句容、溧阳、郎溪等地向宁国集中。

3. 第一六零师（欠四八零旅）应于黄昏后到太平门集合，撤除城门沙包，依九五六团、九五五团次序，经紫金山麓向句容方向之敌攻击，掩护主力前进至高骊山后，即向南转进。

4. 军属炮兵营、工兵营应于黄昏后，依次到太平门集合，在一六零师之后跟进。

5. 第一五九师（欠四七七旅）应于黄昏后，将守城部队逐次撤退到太平门附

① 《陆军第一百六十师锡澄南京两役战斗详报》，中国第二历史档案馆藏，档案号七八七—7582。

近集合，在工兵营之后跟进。

6. 笨重行李及机密图书文件，不得已时自行焚毁，勿入敌手。

7. 行进时，予在九五五团先头。①

该命令中提到的第955团，为第160师第478旅所辖。第160师是第66军的主力部队，担负着先导、突击等重要任务。在南京保卫战中，由军长叶肇担任该师师长，指挥战斗。

早在11日，第160师在南京外围阵地战斗结束后便奉命收缩阵地，退回燕子矶一带整理待命。其间，该师对所辖部队进行了重新调整，编并为第955团、第956团，第956团团长喻英奇被提升为第478旅代旅长，第160师参谋处处长蔡如柏被调充任第956团团长，中校参谋钟汉柏升任师参谋处处长，司徒非被委任为师少将参谋长。

12日晚7时，第160师在太平门内集合完毕，召集连长以上指挥官开会，口头下达撤退命令，即：师以突破重围，在宁国集结之目的，拟由太平门经紫金山麓东西流镇、汤山、句容、溧水、郎溪向宁国集中；13日至句容东南地区，14日至溧水东南地区，15日至郎溪东端地区；第955团为预备队，随师部行进。②

晚7时半，第160师开始移动，然而进展极为缓慢。先头部队费时1个多小时，方将堆塞在城门处的沙包搬运完毕。部队移动过程中，又遇教导总队自紫金山方向往城内撤退，加上需清除埋设的地雷及地面各种障碍物，费时较多。直至岔路口附近，经整理队伍，才大致理顺组织序列。

与第66军同为广东部队的第83军，是从下蜀、龙潭一带向南京地区转进。12月7日，第83军奉命进入南京后在城垣一线负责巷战工事构筑等工作。该军下辖第154师和第156师两个师。其中，第154师奉命到水西门附近守备，划归第72军军长孙元良就近指挥，其余部队负责汉西门、玄武门一线巷战工事构筑工作。10日，第156师奉命增援光华门，经过10日、11日连续战斗，该师伤亡颇重。

当12月12日下午南京卫戍司令长官部下达撤退命令时，第83军所辖两师还在城垣一线继续与日军激烈战斗。其中，第154师在水西门至中华门之间城垣一线，第156师在通济门至光华门之间城垣一线。

① 《陆军第六十六军南京突围战斗详报》，中国第二历史档案馆藏，档案号七八七—7583。

② 《陆军第一百六十师锡澄南京两役战斗详报》，中国第二历史档案馆藏，档案号七八七—7582。

第83军军长邓龙光与参谋长陈文参加了南京卫戍司令长官部撤退会议，会后立即赶回所在部队，与军参谋处处长刘绍武等人会合，在湖南路中央党部与第66军叶肇军长、第159师罗策群副师长等人商定：两支广东部队合二为一，由叶肇统一指挥。其中，因第66军到达南京后未进行战斗，容易集合，因此作为先锋部队，而第83军因人马分居两处，待集中后作为后卫部队。

12日晚11时，在太平门外岔路口附近，第66军和第83军两支部队与日军警戒部队遭遇。第66军第160师第956团发起冲锋，与敌肉搏，击退了日军。一部向日军实施掩护射击，确保守军主力部队迅速向东行进。

12时左右，第66军第159师在岔路口附近与日军骑兵第3联队遭遇。日军该骑兵部队隶属第3师团，联队长为星善太郎。骑兵第3联队共有第1、第2两个中队。星善太郎紧急下令，要求“第一中队迅速沿主干道进抵第二中队与联队本部之间的地区，击溃敌军。机关枪小队由我直接指挥，进抵本部北侧。第二中队确保目前所在地。”[①] 中方第159师副师长（代师长）罗策群几次指挥部队集中火力向日军部队第2中队阵地发起冲击，但都没有成功。最后，罗副师长举起马鞭，用广东话高声呼喊：“跟我来，几大就几大，唔好做哀仔呀？”（跟我来，炮火大就大了，不要做没出息的人）在代师长的带领和感召下，终于将日军击溃、趁势突围，但罗策群也不幸壮烈牺牲。[②] 第66军参谋处处长郭永镳在战后呈报的突围报告中描述：“是〔12日〕夜十二时许，始抵岔路口附近，即遇敌拦阻。除以一部驱逐敌人警戒部队外，余分作数纵队，乘敌罅隙，由小道偷过。敌虽数度迂回袭击，均被我军击退。”[③]

13日凌晨，突围的守军第66军与敌骑兵第3联队混成骑兵队展开了恶战。双方死伤严重，日军更是创造了该联队登陆以来的最高伤亡记录。根据日军第3师团骑兵第3联队战史记载：在此次战斗中，“伤员接连不断地从前线被送到联队本部附近，这表明战斗异常激烈……这场战斗给予敌军以沉重打击，但我部队的伤亡也是登陆以来最多的一次”；“躲过第二小队攻击的敌大纵队，又洪水般涌

① 《骑兵第三联队史》，王卫星编，刘军等译：《南京大屠杀史料集》第56册《日军文献》上，江苏人民出版社2010年版，第91—93页。

② 刘绍武《第八十三军南京突围记》，中国人民政治协商会议全国委员会文史资料研究委员会《南京保卫战》编审组编：《原国民党将领抗日战争亲历记·南京保卫战》，中国文史出版社1987年版，第252页。

③ 《陆军第六十六军上校参谋处长郭永镳报告：南京突围后经过报告书》（1938年3月3日），中国第二历史档案馆藏，档案号七八七—7583。

入部署在道路岔路口附近堤坝上我中队主力的阻击阵地，双方很快又混杂在一起继续进行殊死搏斗。中队长木村大尉阵亡，继而宫胁军曹身中数弹，像是要保护中队长似的倒伏在中队长身上。太田第一小队长也被手榴弹炸死，下士官兵多人负伤，其情形十分惨烈。敌军的损失虽数十倍于我，但我主力的损失也给中队造成毁灭性的打击”①。

日军骑兵第3联队骑兵中尉福井参加了这场发生在13日凌晨的惨烈的遭遇战，他对战斗中南京守军部队发起的一次次勇猛冲锋，以及此次战斗给双方部队造成的惨重伤亡，印象都极为深刻。他使用“从来没有见过”这一表达描述了当时的战况：“敌人像云霞一般东一团西一团地正从道路上朝这边逼近，大家马上严阵以待，准备决一死战。50米，30米，10米，5米，大家一齐开火，眼前的敌人一片片倒下。可是这次敌人来得太多，部队吹起冲锋号，全体官兵一齐杀向敌人。敌人有的进入我右面阵地，有的进入我左面阵地，有的进入我中央阵地，战场很快一片混乱，木村部队完全陷入了孤立的境地……部队主力此时尚处于敌人的包围之中，大家继续奋战。不久敌人第三次来袭，或西，或东，或北，在冲锋的军号声中大吼着向我阵地冲来。迫击炮弹也跟着朝我射来，到处都在爆炸。”到战斗结束时，“放眼望去，满山遍野黑压压的全是尸体，如此惨烈的战场我从来没有见过”②。

突围成功的这两支部队自岔路口经尧化门，又折向南，进抵仙鹤门附近。在这里，该部与日军的后续部队进行了一场大规模的遭遇战。大约有5000余名突围官兵在冲锋号声中向在此设防的日军发起了一波又一波冲击，一时间军号声、枪炮声、喊杀声响彻云霄。

仙鹤门附近战斗打响后，驻守在新庄附近的日军独立攻城重炮兵第2大队第1中队中队长梶浦大尉，也被突然而至的枪炮声惊起，遂立即对部队下达了紧急集合的命令。面对中国守军组织的大规模夜袭，梶浦中队长既担心阵地不保，又害怕重炮被中国守军破坏，竟不得不发出“战斗到最后一人，也要死守火炮”的训示。在日军的军事文献中对梶浦中队的此次战斗情况，记有：“重炮中队被敌军优势兵力包围，中队长带领下属团结一致，独立（作战）死守火炮，并伺机实施有效

① 《骑兵第三联队史》，王卫星编，刘军等译：《南京大屠杀史料集》第56册《日军文献》上，江苏人民出版社2010年版，第93—94页。

② 《福井手记》（1937年12月13日），王卫星编，叶琳等译：《南京大屠杀史料集》第33册《日军官兵回忆》，江苏人民出版社2007年版，第20—21页。

的零距离射击（意为火炮平射），终于击退敌军”。[①]

在夜色中，中日两军展开了惨烈的混战。13 日凌晨 3 时，唯恐守军逐渐转向新庄附近突围，日军步兵第 38 联队紧急增调机枪中队的 1 个小队在新庄东方高地开设阵地。突围的守军在敌军机枪火力猛烈的压制下逐渐不支，突围行动遭遇了重创，部分队伍在战斗中被打散，不得不分散突围。其中五六千人因无法突破日军设置的强大火力网，只得退至新庄及其北侧高地附近重新集结，试图寻找另一条突围线路。这部分守军于夜色中发现了新庄附近日军的炮兵阵地，随即组织了二三百人的兵力对该炮兵阵地展开了夜袭行动。第 160 师官兵奋不顾身，向日军炮兵阵地攻击，“毙敌兵三四百名，敌骑五六十匹，毁敌炮二门，沿途电话线，均被我军剪断，敌狼狈向东南逃窜”[②]。第 159 师在东流镇附近与日军“肉搏数小时，卒将敌击退，毁敌炮四门”[③]。

在仙鹤门一带的战斗中，广东部队牺牲惨重，但该部不畏艰难，虽居绝对劣势仍奋勇冲杀，造成日军大量伤亡。

日军第 16 师团师团长中岛今朝吾在 12 日深夜被电话惊醒，他在当天日记中写道：“〔12 日〕深夜 3 时被惊醒了。求助的有 10 厘米加农炮大队（原注：独立攻城重炮兵第二大队 15 厘米加农炮的误记）本部及第一中队、混成骑兵队。他们遭到了要从南京城里城外撤退逃跑的残兵败卒的袭击。”[④] 该师团后勤参谋木佐木久在日记中写道：“胜利了！占领首都之日，怎么没到拂晓就闹腾起来了？原来是接到仙鹤门附近重炮兵及骑兵遭敌袭击报告，使得司令部发生了骚动。敌人充其量是为数不多的残兵败卒，而装备着步枪的重炮兵、骑兵表现得如此惊慌失措，听起来简直太荒唐了。可司令部不加分析地完全相信并如此骚乱也够荒唐的。”[⑤]

日军第 30 旅团旅团长佐佐木到一则记录了该部步兵、工兵、骑兵等不同兵种在慌乱中应战而遭到重大损失的惨状。他在日记里如此写道：“那天夜里又遭到袭击，进行掩护的一个步兵中队和一个工兵小队……进行了长达四个小时的战斗。

---

① 《第 2 个战例 以团结一致的独立行动死守火炮，伺机实施有数（有限而有效的）零距离射击（平射），终于击退敌人的事例》，日本防卫省防卫研究所藏，亚洲历史资料中心，档案号 C11111913600。

② 《陆军第一百六十师锡澄南京两役战斗详报》，中国第二历史档案馆藏，档案号七八七—7582。

③ 《陆军第六十六军南京突围战斗详报》，中国第二历史档案馆藏，档案号七八七—7583。

④ 《中岛今朝吾日记》（1937 年 12 月 13 日），王卫星编：《南京大屠杀史料集》第 8 册《日军官兵日记》，江苏人民出版社、凤凰出版社 2005 年版，第 276—277 页。

⑤ 《木佐木久日记》（1937 年 12 月 13 日），王卫星编：《南京大屠杀史料集》第 8 册《日军官兵日记》，江苏人民出版社、凤凰出版社 2005 年版，第 332 页。

其后方，原来部署了两个步兵中队作为后卫的，半夜后，也与来自两个方向突围反攻过来的敌军大部队进行了战斗……另外，驻守在后方卫生所附近的混合骑兵团，黑暗中遭到敌军袭击。敌军冲进院内，使他们损失人员二百余名，马六十余匹，他们当时是慌作一团。”①

13日晨5时，突围部队抵达空山、狮子山，与日军再次发生大规模战斗。日军派出50余辆战车截住准备突围部队的去路，并出动飞机30余架，猛烈轰炸中方突围部队。据第160师战斗详报载：“敌兵以排山倒海之势，向我攻击，经我军屡次冲锋，均未能突出，且被截成数段。”②第66军战斗详报记载：“到达空山、狮子山后，与步炮空联合约四五千之敌遭遇，发生激战，屡围屡攻，再三肉搏，牺牲壮烈，得未曾有。毙敌千余，毁敌炮数门、战车三辆、铁甲车一辆、汽车二辆。”③

战斗十分激烈，一直持续到中午。日军不断派来部队增援，守军突围部队分散占领各高山据点，并继续进行了顽强抵抗，勉强杀出一条血路，往汤山附近撤退。第66军参谋处上尉郭永镳在其《南京突围后经过报告书》中写道：“至午，复与其步炮联合之敌遭遇。当时以众寡悬殊，乃避实就虚，向敌侧面冲击，连占各高山据点。敌又以汽车载运其步炮兵拦阻进路，并以炮兵向我侧面猛烈轰击，势甚危殆。乃以一部直向敌炮兵阵地冲进，将敌步兵击退后，毁敌山炮两门，我军乃继续前进。”④

东武夫是日军第16师团步兵第38联队的一个普通士兵，他参加了南京城东北部一带的攻击战斗。他在12月13日的日记中记录了此处的激烈战斗情形：“早晨6时左右，在回中队的途中，在××高地与大约500名敌败残兵进行了交战，双方展开了一场大激战。……战斗激烈进行的时候，小队长似乎下定了决心，向小队全体人员作了如下训示，以鼓舞全体人员的斗志。‘如果敌人突然冲进来，也决不能丢掉这个阵地。全体人员应该并肩而死。’”⑤

13日下午4时后，突围部队在方冲附近，又一次与日军展开了一场血战。日

① 《佐佐木到一日记》（1937年12月13日），王卫星编：《南京大屠杀史料集》第8册《日军官兵日记》，江苏人民出版社、凤凰出版社2005年版，第315页。

② 《陆军第一百六十师锡澄南京两役战斗详报》，中国第二历史档案馆藏，档案号七八七—7582。

③ 《陆军第六十六军南京突围战斗详报》，中国第二历史档案馆藏，档案号七八七—7583。

④ 《陆军第六十六军上校参谋处长郭永镳报告：南京突围后经过报告书》（1938年3月3日），中国第二历史档案馆藏，档案号七八七—7583。

⑤ 《东武夫阵中日记》，王卫星编，叶琳等译：《南京大屠杀史料集》第32册《日本军方文件与官兵日记》，江苏人民出版社2007年版，第392—393页。

军部队有10余辆坦克、数十名骑兵。经过5次冲杀，守军遭到截击和分割，伤亡十分惨重，到半夜时分才分别陆续抵达汤山炮兵营房与转经台。郭永镳在其《南京突围后经过报告书》中描述了当时的战况：

至〔13日〕下午四时许，抵汤山龙潭公路附近，复遇敌唐克车十余辆，骑兵数十名，不断截击。诚恐损害过大，乃不顾一切，以横队超越马路。比抵路侧时，又遇敌战车阻拦。幸我军已进入死角内，敌战车无法射击。我候至天黑，乃得通过。但是时因月暗天黑，摸索前进，官兵各自奋力作战，迨超越马路时，各部竟失却连〔联〕络。于是，一部直向汤水镇前进，受敌拦袭，经五次冲击，至夜半，始抵炮兵营房。一部则向拜经台大山前进。①

对于方冲战斗，当地村民也有印象深刻的回忆：

这一仗，中央军只有一小部分从山口往北冲的跑出来了，跑出来的又有许多被鬼子打死了。张家岗、陈家边后头的小山坡上有不少人被打死，梅花墩上也死了不少了。日本兵的机枪火力很猛，方冲山上竹林里的竹子都打秃了。这一仗，被打死的中央军有好几百人。②

经过空山和狮子山等地的连续激烈战斗，第66军第160师部队已经完全被打散，军长叶肇和军参谋长黄植南两人在混乱中与部队失去了联系。他们在汤山附近的山地里潜伏一天后，换上便衣，混入京沪公路上的难民群，又远离交通要道行走多日，辗转多地后，经上海搭乘轮船返回广东。③

至13日夜，已被打散的第66军第160师，分作两股部队进行突围：其中一股部队有官兵600余人，突出重围后，经南陵，于12月24日到达徽州，交由第480旅副旅长莫福如负责收容；另一股部队由师参谋处处长钟汉柏带领，经沿途收容散兵，共得人枪400余，于1938年1月1日到达徽州。另有百十个成群的小部

① 《陆军第六十六军上校参谋处长郭永镳报告：南京突围后经过报告书》（1938年3月3日），中国第二历史档案馆藏，档案号七八七—7583。

② 费仲兴：《城东生死劫》，中国工人出版社2008年版，第153页。

③ 屠仰慈：《记最后退出南京的叶肇将军》，郭沫若、田汉等：《血肉长城：抗战前线将领访谈》，上海科学技术文献出版社2005年版，第135页。

队陆续归队。

钟汉柏率领的突围部队，13 日晚到达土桥附近村庄，14 日清点、集合后有官兵百余人。部队不断化整为零、又化零为整，反反复复，“处处向敌逆袭”，并切断敌人后方交通通信。15 日，部队经过岔路镇到达谢村，在乌山镇附近公路击毁敌人装甲汽车 4 辆，击毙日军 10 余人，在谢村又收容官兵百余人，突围部队扩充为 200 余人，旋将官兵编为 2 连，分别由第 159 师机枪连连长邓华才、第 956 团步炮连连附徐祥率领。此时钟汉柏得悉，本部有六七百人已过谢村，正向小丹阳转进，于是便带领部队赶到小丹阳，又收容散兵数百人。同时，他向正在转进中的部队发出通报如下：

一、据报当涂有敌骑二百余，并有兵力未详之大部队沿河拦阻，石臼湖有敌汽艇十余只出没，我渡河困难。

二、余已率兵两连到达小丹阳，决本晚向溧水洪蓝埠方面转进。

三、贵部今后行止如何？请即示知，以便连〔联〕络。[①]

第 955 团和第 959 团官兵 700 余人在小丹阳与钟汉柏部队会合后，部队官兵共达 1000 余人。钟汉柏将官兵以“江南游击支队”名义，共编为两个支队。第 1 支队有官兵 700 余人，由钟汉柏亲自率领，分 3 个大队，分别由邓华才、徐祥、黄德才率领，该支队有轻机枪 12 挺、步枪 221 支、驳壳枪 50 余支。第 2 支队由第 959 团军需主任辜国华率领，当晚回到谢村，后沿袁家铺、十四牌、蕙封山一线，转而南进，至宁国集中。[②]

钟汉柏率领 700 余人当晚通过洪蓝埠以北，又经芝山、又溪港，到达邓埠镇。经侦察，得知固城湖、三塔荡间横断南北交通的胥河，其上坝、下坝、邓埠河口等各处桥梁，都已由日军扼守。第 1 大队邓华才部充当先锋，突袭邓埠当面之敌，经与敌军激战 1 小时，迫使对方且战且退，从而掩护支队主力部队顺利通过邓埠。后部队辗转多地，到达徽州，因伤亡、落伍、散失，最后只有 420 余名官兵安全抵达，经清点，轻机枪损失 4 挺，步枪损失 49 支。[③]

第 66 军的第 159 师紧随第 160 师突围，在 13 日被日军分割后，除少数被钟

① 《陆军第一百六十师锡澄南京两役战斗详报》，中国第二历史档案馆藏，档案号七八七—7582。

② 《陆军第一百六十师锡澄南京两役战斗详报》，中国第二历史档案馆藏，档案号七八七—7582。

③ 《陆军第一百六十师锡澄南京两役战斗详报》，中国第二历史档案馆藏，档案号七八七—7582。

汉柏收容，大部分被军参谋处郭永镳收容。14 日，郭永镳在句容九华山脚的墓东村设立收容站。当晚，部队仅让第 159 师营附林诗学率领 1 个建制比较完整的连队留在墓东，扼守山坳，其余被收容队伍进入山村分散居住。之后，第 159 师第 475 旅旅长林伟俦、第 952 团团长何全标经过墓东，进入山村与郭部会合。旋有军部军需官翁永年携现款万元赶来收容站，从而使收容站经费极度短缺的问题，得以缓解。

郭永镳在九华山、高骊山间地区开展的收容工作共持续了 17 天，至 12 月底共收容官兵 1500 余人，枪支三四百条。收容官兵被分为 3 个营，由第 159 师营附林诗学、第 160 师连长崔翼南、第 156 师团附谭廷光分别担任营长。① 收容部队在驻地"组织民众担任游击，屡挫敌人"②，后于 12 月 31 日开拔南返，移经溧阳、郎溪、广德，辗转多地后，至 1938 年 1 月 11 日方抵达宁国。③

第 66 军的第 159、第 160 师，经南京一役，再经突围辗转散失，损失惨重。在集中于江西、湖南后方整训时，其分别由林伟俦、莫福如、郭永镳等率队安全抵达者，加上在沿途散失后又陆续归队者，不足 8000 人。据叶肇军长在 1938 年 3 月 11 日呈报给蒋介石的一份电文中记载：第 66 军"首都突围后，计一五九师官佐五百一十余、战斗兵二千三百余、非战斗兵八百余……一六〇师官佐四百八十余、战斗兵约三千、非战斗兵七百余"④，可知该军撤出南京的幸存官兵数为：第 159 师 3610 人，第 160 师 4180 人⑤，合计为 7790 人。

第 83 军作为与第 66 军共同突围部队中的后卫部队，人员散失时间较早。12 日夜间在岔路口突围后，部队便已分散，随军长邓龙光突围成功的军直属队

① 参见《陆军第六十六军上校参谋处长郭永镳报告：南京突围后经过报告书》（1938 年 3 月 3 日），中国第二历史档案馆藏，档案号七八七—7583；李益三：《南京突围及广东队伍收容经过》，中国人民政治协商会议全国委员会文史资料研究委员会《南京保卫战》编审组编：《原国民党将领抗日战争亲历记·南京保卫战》，中国文史出版社 1987 年版，第 261—262 页。

② 《陆军第六十六军南京突围战斗详报》，中国第二历史档案馆藏，档案号七八七—7583。

③ 《陆军第六十六军上校参谋处长郭永镳报告：南京突围后经过报告书》（1938 年 3 月 3 日），中国第二历史档案馆藏，档案号七八七—7583。

④《叶肇电蒋中正陈报返抵攸县防次检视整理所部及武器通讯器材补充情形》（1938 年 3 月 11 日），台北"国史馆"藏档案，数位典藏号：002—080200—00495—132。

⑤ 另有战报记录显示，第 160 师于 1938 年 2 月在攸县、赣州集中后"调查共计全师官兵三千四百余"，见《陆军第一百六十师锡澄南京两役战斗详报》，中国第二历史档案馆藏，档案号七八七—7582。此两份档案中关于第 160 师兵力数量的异同，主要在于"非战斗兵"700 人是否计算在内。有关分析见程瑶、唐恺：《南京保卫战部分守军的参战、损失、撤退人数》，《日本侵华南京大屠杀研究》2018 年第 4 期。

不到百人。邓龙光一行人为了冲过日军的封锁线，避免因日军增援部队到来而增加战斗难度，由邓急令特务连以密集火力掩护突围，最终特务连死伤散失过半。后部队在行进中又被冲散，到达淳化附近时，军长身边已经只剩下参谋处长刘绍武、随从副官王志，加上卫士三四人、特务连士兵二三人，后奉命到屯溪收容“由南京陆续出来的官兵一二千人”[①]，于1938年1月中旬到湖南进行集中整训。

第83军未参加突围但最终脱险的人员还有：第154师师长巫剑雄及师参谋长张弛，第156师师长李江及师参谋处处长张显歧等人。在第154师和第156师从城垣一线分别向太平门附近靠近准备突围时，两位师长都没有找到各自的队伍。他们根据城内现场情况，没有赶往太平门参加突围，而是直接从江边渡江，经过种种艰难，侥幸成功。其中，巫剑雄和张弛系从乌龙山搭船过江；李江和张显歧则是从距离挹江门几百公尺的地方，用脚缚吊出城外，从下关搭乘轮船过江。[②]

二　多支部队未能成功突围

在南京保卫战中，孙元良率领第72军第88师负责守卫南京城南重要据点——雨花台到中华门一带阵地，经持续多日战斗，致使第88师损失极为惨重。第88师师部参谋卢畏三在《第八十八师扼守雨花台中华门片段》一文中写道：“十二日上午十时，雨花台已陷落，第二六四旅新接任旅长廖龄奇率不到两千人的残兵（包括工兵营在内）绕城而走，终于到达下关江边，乘辎重营两个连控制的三百多艘木船渡江了，时间是下午五时左右。”[③]12月21日，第74军俞济时部在开封收容部队官兵时，曾一并收容了第88师部分官兵，计有将官1名（参谋长）、校官16名、尉官136名、士兵1420名。[④]这极有可能就是廖龄奇旅长率部渡江后的幸存官兵，合计1573人。第262旅旅长吴求剑亦率渡江残部到达后方。时任第88师军械处

---

① 刘绍武:《第八十三军南京突围记》，中国人民政治协商会议全国委员会文史资料研究委员会《南京保卫战》编审组编：《原国民党将领抗日战争亲历记·南京保卫战》，中国文史出版社1987年版，第254页。

② 刘绍武:《第八十三军南京突围记》，中国人民政治协商会议全国委员会文史资料研究委员会《南京保卫战》编审组编：《原国民党将领抗日战争亲历记·南京保卫战》，中国文史出版社1987年版，第254页。

③ 卢畏三：《第八十八师扼守雨花台中华门片段》，廖利明编：《南京保卫战文史资料》，南京出版社2019年版，第208页。

④ 《俞济时电蒋中正奉命于开封收容五十一师官兵枪械各情并拟早日从事整训》（1937年12月21日），台北“国史馆”藏档案，数位典藏号：002—090105—00002—384。

主任兼南京通讯处主任的葛天曾著文，述说在汉口见到吴求剑及询问孙元良下落的情况。[①]

关于第 88 师师长孙元良的去向，在南京保卫战刚结束后的一段时间内一直是个谜。12 月 18 日，一封疑为第 264 旅旅长廖龄奇[②]拍发给蒋介石的电报中，报告了第 88 师师部长官们在南京保卫战撤退中抛弃部队、下落不明的情况："首都陷后，职部转进浦口，所有人员、武器及器材损失至为奇重。孙军长、彭副师长巩英及各旅团长行踪尚未明了，沿津浦路收容仅得官兵千余人。"[③]直至南京城失陷 50 多天后，孙元良的下落才有了一丝官方消息。1938 年 1 月 29 日，原第三战区副司令部长官部参谋长，时任江苏省政府委员兼民政厅厅长的韩德勤以"艳电"致蒋介石，报告孙元良已经找到。电文称："八十八师孙师长元良已脱险抵泰县。除饬沿途各县长护送来淮阴外，谨电呈报。"[④]2 月 2 日，第三战区司令长官顾祝同在呈报给蒋介石的电文中也提到孙元良率少数残部撤退的情况。孙元良在电文中称：

（1）职由龙潭瓜洲口岸，本日抵泰，拟明乘轮到阜宁转淮阴。

（2）前月十三日晨，职率本师七百人，友军数百人由晓庄冲出，拟往茅山，但沿路被敌骑截击、轰炸，只余三百人到下茆（疑为下蜀之误）。因给养困难、弹药缺乏，遂分五人为一组，令副师长彭巩英指挥潜伏待机，职决自往杭州，行至奔牛，左身麻木，一病几死，住于一张姓家，扶养二十余日……[⑤]

孙元良在常州奔牛休养期间，听说了苏州、无锡一带通行已经十分困难，同时又打听到泰兴口岸还有外轮往来，于是又再次"昼伏夜行"，返回到龙潭一带，

① 葛天:《我所知道的孙元良》，中国人民政治协商会议全国委员会文史资料委员会编:《文史资料存稿选编》第 19 辑《军政人物》（上册），中国文史出版社 2002 年版，第 463 页。

② 该电报署名为孙元良，但此时的孙元良应为"失踪"状态，根据电报内容中"途中暂由职负责率领先抵开封"一句，又电文中提及"孙军长"，可以判断发电者并非孙元良本人，而应为率领部队渡江撤退的军官——第 264 旅旅长廖龄奇，故此处注明"疑为廖龄奇"。

③ 《孙元良电蒋中正率领该部业抵开封集结整理待命》（1937 年 12 月 18 日），台北"国史馆"藏档案，数位典藏号：002-090105-00002-386。

④ 《韩德勤等电蒋中正八十八师师长孙元良脱险抵泰县已饬江苏省沿途各县长护送淮阴等文电日报表等二则》（1938 年 2 月 1 日），台北"国史馆"藏档案，数位典藏号：002—080200—00494—033。

⑤ 《顾祝同电蒋中正据孙元良称该军剿匪追击及首都战后官兵伤亡情形》（1938 年 2 月 2 日），台北"国史馆"藏档案，数位典藏号：002—080200—00281—018。

并设法渡江到达瓜洲，其设法雇佣民船到江都县三江营，再徒步前往泰县。在泰县，他设法与江苏省政府委派的县长取得联系，并与江苏省政府韩德勤厅长联系接洽，时间约为 1938 年 1 月 29 日前后。韩德勤在得到孙元良的消息后立即向蒋介石报告，并令沿途各县长护送其来淮阴，同时亦对孙的下一步行程进行了妥善安排。在韩德勤的倾力帮助下，孙元良第二天便乘坐小火轮抵达阜宁，韩氏派车前往迎接。后来，又经淮阴到徐州，经郑州，于 1938 年 3 月下旬到了武汉。①

综合第 88 师渡江撤退的情况，大致为：第 264 旅新任旅长廖龄奇率领不足 2000 人渡江，辗转多地后到达开封者 1573 人；第 262 旅旅长吴求剑率千余人渡江北撤；孙元良军长所率 600 余人在龙潭附近渡江。上述三股第 88 师残部，安全撤至后方者应合计共有 3000 人左右。

与第 88 师部队情况比较相近的还有第 87 师、教导总队等，“因部队在奉命前业已自动撤退，无法集结掌握，亦有因与敌胶着不易脱离战场者”，教导总队“当夜及翌日渡江者约千余人，第八十七师则仅直属部队三百余人渡过而已”②。

守卫紫金山一线的教导总队从 7 日晚开始与日军交战，直到撤退命令下达后仍有部队坚守不退，战斗一直持续到 13 日中午。根据主攻紫金山的日军第 16 师团步兵第 33 联队报告，10 日到 13 日的战斗，中国军队共遗尸 6830 具③。

11 日晚 10 时左右，教导总队副总队长兼第 1 旅旅长周振强在紫金山第一峰指挥所看到南京中华门方向和下关方向都起火了，便打电话到总队部，但没有打通。他又派人到总队部去看，部下回来报告说，总队长桂永清“下午七时到总指挥部开会以后没有回来，参谋长邱清泉也离开了总队部，城里部队很乱，都纷纷向下关方向跑去”。这时，总指挥的电话也已经打不通，旅部参谋马连桂又前来向周振强报告说：“八十八师防守的雨花台阵地已被敌人占领，并有一小部敌人攻进了城，八十八师部队很混乱，又看到粤军邓龙光部队都出了太平门。”

于是，周振强当即赶到富贵山总队部，召集步兵第 3 旅旅长马威龙、工兵团团长杨厚灿、骑兵团团长王翰卿等人，告知当前战场情形，并商议决定：第 3 旅

① 孙元良：《亿万光年中的一瞬——孙元良回忆录》，台北世界出版社（台内著字第 4573 号）1974 年版，第 238 页。

② 《南京各军师突围概述》，马振犊等编：《南京大屠杀史料集》第 2 册《南京保卫战》，江苏人民出版社、凤凰出版社 2005 年版，第 238 页。

③ 《步兵第三十三联队南京附近战斗详报》，王卫星、雷国山编：《南京大屠杀史料集》第 11 册《日本军方文件》，江苏人民出版社、凤凰出版社 2006 年版，第 89 页。

旅长马威龙率本旅同粤军第83军邓龙光部一起突围；工兵团团长杨厚灿率本团到下关煤炭港、燕子矶之间准备渡河器材，骑兵团团长王翰卿率本团占领煤炭山之线担任掩护；第1旅第1团团长秦士铨率本团为后卫；从12时开始逐次由各自阵地撤退，留一部占领紫金山的天堡城为掩护阵地，其余部队向下关煤炭港、燕子矶方向撤退，设法渡江。

12日凌晨1时，周振强率领总队部特务营百余人，经尧化门到了煤炭港，即指挥队部渡江，并指定滁县为集中地点。12日中午12时采用木排渡江，13日到达滁县，共收容官兵4000多人。14日晚，沿津浦路步行到明光，乘车经徐州、开封到达武昌。[①]第3旅只有旅长马威龙、团长邓文僖二人冲出包围。参谋长邱清泉、第5团团长睢友蔺、第2旅旅部中校参谋廖耀湘等3人在撤退时，化装藏入民间，以后又化装成难民，才逃出南京。

第87师奉命守卫中山门和光华门一带，自12月8日开始与日军激战，至11日阵地已全部被毁，官兵仍在废墟中抵抗，血战不退。12日下午通信系统瘫痪后，第87师便与外界失联，直到13日凌晨2时，第87师看到其他守城部队离开南京后也开始尝试撤退，因大部与敌胶着不易脱离，仅撤出师直属部队约300人。[②]

在城西一带的战斗中，先后有第74军、宪兵部队、江宁要塞部队参加了战斗。其中，第74军先是负责守备淳化、牛首山一带阵地，多次与日军展开激战，12月9日撤往水西门一带继续抵抗，与雨花台一带第88师守备地区相连接。12日下午，第74军军长俞济时参加完南京卫戍司令长官部的撤退会议后，按命令预定的撤退方案是由铁心桥、谷里村、陆郎桥以右地区突击，向祁门附近集结。俞济时派军部参谋给各师送去撤退命令，嘱咐第51师“立即设法渡江”，第51师师长王耀武“即令第一五一旅到八卦洲附近绑扎木排过江，第一五三旅及师直属部队至下关设法渡江，过江后到滁州车站附近集结”[③]。第51师师长王耀武随后率领师部人员经城内中山路向挹江门前进，到达下关江边，正发愁无船过江的时候，遇到

---

① 周振强：《蒋介石的铁卫队——教导总队》，马振犊等编：《南京大屠杀史料集》第2册《南京保卫战》，江苏人民出版社、凤凰出版社2005年版，第251—252页。

② 《南京各军师突围概述》，马振犊等编：《南京大屠杀史料集》第2册《南京保卫战》，江苏人民出版社、凤凰出版社2005年版，第238页。

③ 王耀武：《第七十四军参加南京保卫战经过》，中国人民政治协商会议全国委员会文史资料研究委员会《南京保卫战》编审组编：《原国民党将领抗日战争亲历记·南京保卫战》，中国文史出版社1987年版，第146页。

军部张副官，被其告知：“军长和冯圣法等都已过江了，军长见战事失利，早派人在浦口预备好了一只小火轮，这只火轮每次可以装三百多人，叫我来接你和部队。”[①] 王耀武立即带着一部分人上船过江，同时立即加派师部副官主任赵汝汉带着一部分武装士兵，协同军部张副官接运第 74 军的官兵。第 51 师第 151 旅第 306 团团长邱维达也搭乘这条船得以渡江。[②] 除此以外，根据《抗日战史——淞沪会战（三）》记载，第 74 军俞济时部在城南进行了突围，部分官兵至 13 日拂晓成功渡江。原史料摘录如下：“第七十四军方面，十二日二十时奉命突围后，俞军长即令第五十一师残余官兵与第五十八师共同协力，突破城南敌之包围线，激战良久，卒排除敌军阻力，到达双闸镇。至十三日拂晓，除第五十一师残余官兵大部渡过长江外，第五十八师到达长江左岸者，仅得三分之一。”[③]

宪兵部队教导第 2 团负责清凉山附近的守备工作，其“教导团第一营附宪五团之重机枪连，配备于上新河、棉花堤之阵地。教导团（欠一营）配备于水西门、汉中门至清凉山二十八号机枪掩体之线”[④]。宪兵教导团第 2 团共有 3 个营，据第 2 营营长马崇兴回忆：“宪兵教导第二团奉命驻守清凉山、清凉门、水西门、汉西门、雨花台一带防守。”[⑤] 随着复郭各阵地战斗的激烈进行，先有教导团第 2 团第 3 营增援光华门战斗，损失惨重。后有教导团第 2 团第 1 营在棉花地、上新河一带布防增援第 58 师右翼，损失也很惨重，“全营已伤亡三分之二”[⑥]。第 2 营守卫水西门、汉西门、清凉门，伤亡 30 余人，奉命撤退过程中，第 6 连在挹江门跟大部队于混乱中失去了联系。第 4 连、第 5 连到达下关码头后，发现没有渡江船只，马崇兴便命士兵斩断码头趸船的铁链，在连长奋力指挥下，两个连先后渡过长江。夜里，马崇兴率领班长王谣，以及号长、传令兵等 4 人扎木筏，在 13 日凌晨渡江撤退。与此同时，第 3 营下辖的第 7、第 8、第 9 连到达挹江门后，在混乱中被挤

① 王耀武：《第七十四军参加南京保卫战经过》，中国人民政治协商会议全国委员会文史资料研究委员会《南京保卫战》编审组编：《原国民党将领抗日战争亲历记·南京保卫战》，中国文史出版社 1987 年版，第 146 页。

② 邱维达：《淳化阻击战》，中国人民政治协商会议全国委员会文史资料研究委员会《南京保卫战》编审组编：《原国民党将领抗日战争亲历记 · 南京保卫战》，中国文史出版社 1987 年版，第 151 页。

③ 《南京各军师突围概述》，马振犊等编：《南京大屠杀史料集》第 2 册《南京保卫战》，江苏人民出版社、凤凰出版社 2005 年版，第 238 页。

④ 《宪兵司令部在京抗战部队之战斗详报》，中国第二历史档案馆藏，档案号七八七—7595。

⑤ 马崇兴：《伤亡殆尽的宪兵教导第二团》，中国人民政治协商会议全国委员会文史资料研究委员会《南京保卫战》编审组编：《原国民党将领抗日战争亲历记·南京保卫战》，中国文史出版社 1987 年版，第 201 页。

⑥ 马崇兴：《伤亡殆尽的宪兵教导第二团》，中国人民政治协商会议全国委员会文史资料研究委员会《南京保卫战》编审组编：《原国民党将领抗日战争亲历记·南京保卫战》，中国文史出版社 1987 年版，第 202 页。

散了。而第 9 连因为曾经担任过城防检查勤务，熟知南京地形，在代连长向斌的指挥下，走挹江门脚下的古代地下暗道，全连安全撤出城外，并于当日夜 12 时后登上澄平轮渡过长江。[①]

原东北军老牌主力部队第 112 师负责守备紫金山北麓沿长江一线阵地，阻滞了日军步兵第 38 联队的连日进攻。参加南京保卫战前，第 112 师负责守御江阴要塞，后奉命退却镇江，就地修整，重新组建了师部和直属队，第 334 旅旅长马万珍代理师长，李寓春为参谋长。全师约 4000 人。[②]12 月 7 日，第 112 师抵达南京，归教导总队指挥。12 日，总撤退令下达，然而，该师大部分官兵“因未奉到变换防地命令，遂全部牺牲于紫金山阵地附近。”[③] 据后来侥幸突围成功的第 112 师第 672 团团长万毅回忆：

> 112 师派驻桂永清教导总队的联络参谋，看教导总队已在纷纷撤逃，如梦初醒，连忙打电话报告，电话不通，便气喘吁吁地跑回来报告。代师长马万珍下令我团沿京芜公路向芜湖撤退。我当时提出建议，是否改变突围方向，从现在的阵地左翼燕子矶之间寻找山中的小路，向天目山一带突向敌人后方。马代师长与李参谋长商量后，在电话上回答我说：“服从命令，坚决向芜湖突围。”我就没有再说别的。[④]

万毅续称：由于当时各部队均争先恐后涌向下关，觅船北逃，局面很快失控。“挤过来挤过去，把部队都挤散了，代师长马万珍带师部和 671 团向下关方向找船渡江。实际没有几条船，人都挤到江里去了”。[⑤]

由于指挥体系崩溃，所部各自为战。鉴于此，万毅率第 672 团残部第 3 营先头部队绕道江心洲东边突围。天亮时分，万毅命第 7、第 8 连展开，与敌交火，当时第 8 连连长负伤，万毅带着战士一起冲锋，将当面来敌击退。万毅在回忆录中还记录了之后的惨烈细节：

---

① 马崇兴：《伤亡殆尽的宪兵教导第二团》，中国人民政治协商会议全国委员会文史资料研究委员会《南京保卫战》编审组编：《原国民党将领抗日战争亲历记·南京保卫战》，中国文史出版社 1987 年版，第 202 页。

② 张德良、周毅主编：《东北军史》，辽宁大学出版社 1987 年版，第 470 页。

③ 《陆军第一百十二师抗战八年中重要战役经过概要》，中国第二历史档案馆藏，档案号七八七—6557。

④ 万毅：《万毅将军回忆录》，中共党史出版社 1998 年版，第 52—53 页。

⑤ 万毅：《万毅将军回忆录》，中共党史出版社 1998 年版，第 53 页。

敌人在我们左侧展开火力，把我们部队压到一处江汊子上，恰好那里有点木排，我们就用木排上了江心洲。这时，我看到下关码头那边人群拥挤，前边的人像下饺子一样，纷纷落水，后边的人看不到前面的情况，还往前涌，那情景真是太惨了，我们这里陆陆续续用木筏子退到江心洲上，大约有七八十个人。我向江面派出了警戒。敌人有一艘军舰停在江面上，向我们打了几炮，见没有什么动静，就开走了……〔我们在〕江心洲待到下午大约两三点钟，江上漂来一只小船，我们一看是一只空船有被火烧的痕迹，估计是敌人把收拢的民船捆在了一起放火烧，没有烧掉才漂过来的。我让一个战士扛一挺机枪先上去，然后又上去五个人用枪托和钢盔划水，全船加我一共才六个人。终于乘这只小船过了江。其余的人有的找根木棍，有的找捆稻草，用什么办法的都有，想方设法漂过江去。有的人漂不久就下沉了，再也上不来了。①

第 112 师部队的成功突围者先后分散到达徐州第 57 军收容站，后再转到淮安县城。经过江阴、南京一带的战斗，第 112 师损失极大。该师在守备江阴前有 5000 多人，参加江阴战斗后，损失营长以下官兵 700 余人；退出江阴后，“全师约 4000 余人，集中镇江待命”②；在南京保卫战中，全师整编为一个旅，“全旅官兵于阵地陷落后，生还者仅四五十人”，③“两个团都失去了控制，马万珍代师长和参谋长李寓春只带了少数随从渡江。”④第 112 师上校参谋陶振华，第 336 旅上校副旅长李兰池、旅中校参谋阎绍先，第 668 团中校团附周荫轩等均在南京保卫战中阵亡。

尽管第 112 师在撤退中损失惨重，但其固守紫金山北麓阵地，迟滞日军进攻，为其他方面部队的突围争取了宝贵的时间。如广东部队第 66 军和第 83 军突围路线为“由太平门突围，经汤水、句容向安徽宁国集中”，如果日军步兵第 38 联队过早突破紫金山北麓阵地直趋太平门，第 66 军和第 83 军向岔路口一线突围的计划很有可能破产。13 日上午 9 时，攻占紫金山主峰的日军步兵第 33 联队第 2 大队的部分部队（第 6 中队、1 个机枪小队和 1 个工兵小队）从紫金山直下攻占了太平

① 万毅：《万毅将军回忆录》，中共党史出版社 1998 年版，第 54 页。

② 万毅：《万毅将军回忆录》，中共党史出版社 1998 年版，第 51 页。

③ 《陆军第一百十二师抗战八年中重要战役经过概要》，中国第二历史档案馆藏，档案号七八七—6557。

④ 万毅：《万毅将军回忆录》，中共党史出版社 1998 年版，第 54 页。

门。[①]因此，第112师坚守紫金山北麓阵地至最后时刻，以自身惨重的损失，实际上帮助第66军和第83军成功突围。

南京保卫战结束后，守军主力分别向南京以南浙江、安徽两省的于潜、昌化、歙县、休宁、黟县、祁门等地附近集结，一部退至长江以北之来安县附近。[②]

---

①《步兵第三十三联队南京附近战斗详报》，王卫星、雷国山编：《南京大屠杀史料集》第11册《日本军方文件》，江苏人民出版社、凤凰出版社2006年版，第85页。

②《南京各军师突围概述》，马振犊等编：《南京大屠杀史料集》第2册《南京保卫战》，江苏人民出版社、凤凰出版社2005年版，第240页。

第三节　不成功的撤退

一　唐生智与总部的撤退

在举世瞩目的南京保卫战中，唐生智率领十余万部队，在南京城外围和复郭阵地，先后与日军英勇拼搏旬日。南京卫戍司令长官部根据蒋介石指令，于12月12日下午部署撤退。

唐生智身为卫戍军司令长官，其撤退过程亦甚艰难。12月12日下午5时多，他在主持召开撤退部署工作会议后，离开唐公馆，准备前往南京卫戍司令长官部所在地——位于中山北路的铁道部，对守军撤退事宜再行督查，交代有关工作。临走前，他叮嘱参谋处谭道平、李仲辛等人将重要作战文件、地图资料等搜集好，把不用的公文和无法带走的机要设备就地销毁，最后给留在唐公馆的卫士留下500元钱和20瓶汽油，交代他们在全体人员离开后烧毁房屋。然而，由于城内各街道已经一片混乱，终因“交通阻隔，已不能入”，唐生智遂放弃了再去南京卫戍司令长官部的打算。

唐生智由南京警备司令部的一位副官陪送到江边码头，费时2个多小时，于晚上近8时才赶到煤炭港附近的海军码头。

副司令长官罗卓英、刘兴等南京卫戍司令长官部人员的渡江过程也不顺利。罗卓英由第36师熊新民团长陪同，于近8时抵达海军码头。此时，码头上已经戒备森严。时任南京警备司令部参谋程奎朗回忆，他和熊团长一行走近码头时，“码头上铁栏门已经关闭，由江防司令部派兵把守，不许进入，经和守兵交涉，才允许我们通过。到了趸船，江边停有小火轮一只，已经挤满了人，因听说是罗卓英，未加阻拦。上船后，船即开动。”①

① 程奎朗:《南京复廓阵地的构筑及守城战斗》，中国人民政治协商会议全国委员会文史资料研究委员会《南京保卫战》编审组编:《原国民党将领抗日战争亲历记·南京保卫战》，中国文史出版社1987年版，第44页。

南京卫戍司令长官部参谋处第一科科长谭道平和李仲辛在唐公馆处理完公文和通信设备后，又赶往铁道部把遗留的文件焚毁，然后匆忙赶往江边码头。他们在过挹江门时，才发现第36师原本是奉令开来城中准备巷战的部队，还没有接到撤退命令。于是，谭道平找到维持秩序部队的团长，向其出示撤退文件并传达了其任务后，得以顺利通过检查。出了挹江门，发现江边已是异常纷乱，他们两人到达煤炭港海军码头，并早于唐生智、罗卓英等人，登上了那艘预留给南京卫戍司令长官部人员的小火轮。这时的小火轮已经载有三四百人，都是司令长官部的官兵。

司令长官部副参谋长佘念慈和参谋处长廖肯一直没有出现，唐生智在登船一小时后，下令开船。晚9时左右，小火轮往浦口驶去。

唐生智等人乘坐的这艘救命小火轮，能够侥幸存留，得益于参谋长周斓和江宁要塞司令邵百昌。这也是唐生智下令收缴一切船只，作“破釜沉舟”之举后侥幸存留的渡江工具。据谭道平回忆，这艘小火轮的来历是这样的：“十二月七日，江阴江防司令部装运一部分人员和军用品开到江宁要塞外面的乌龙山，停留在封锁线外，后来周参谋长坚主把这艘船暂时取来，所以由我通知江宁要塞司令邵百昌，把小筏引港进入，停泊煤炭港”①。正是这艘小火轮，得以将司令长官部大部分人员送抵江北。

晚上10时，小火轮抵达浦口。乘着夜色，唐生智一行沿着铁道徒步北行，往滁州方向撤退，但走了不多久，在花旗营方向突然响起枪声，再往前走，枪声更加密集。据前方探路士兵报告，应是江浦方面的日军向浦口方向包围过来。于是，唐生智一行又改往东北方向的六合地区前进。

然而，队伍行进速度很慢。一方面，唐生智身为高级将领，在日常执行军务时，多乘坐专用汽车，加上长期生病，体质较为虚弱，如今在黑夜中行走于荒野，更觉乏累。一位陈姓副官费了大力气，在深夜终于从一户农民家借来一辆板车。板车拉到唐生智面前时，唐生智看到车上还沾有牛粪，感到极为不适，便说：“这辆车如何可以坐呢？”于是，继续由卫士搀扶着步行前进。又走了一程，唐生智实在走不动了，便问陈副官有没有找到汽车。陈副官如实作答：“没有，只有那一辆板车。”唐生智叹息道：“我带兵二十年，大小百余战，从未有今日之狼狈。”说完，无可奈何地登上了这辆沾着牛粪的板车。唐生智坐在板车上，又询问身边的工作人员：“长官部的人员都过江没有？”“佘参谋长、廖处长没有来，莫非

① 谭道平：《南京卫戍战史话》，东南文化事业出版社1946年版，第85页。

是遇难了！”唐生智心情异常沉痛。[①]

唐生智一行在由浦口向六合方向行进过程中，遇到一座木桥，桥身大部分已经着火，成了危桥。但是，当时已经没有其他道路可走，此桥便是逃生的必经之路。于是，官兵们找来木板，加上泥土，将木板盖压到桥面上，众人十分艰难地通过了这座木桥。在他们过了木桥行进了约 1 里，便听到轰然一声响，木桥已被烧断。

13 日晨 7 时左右，唐生智一行到达六合。第三战区副司令长官顾祝同给他们留下了 6 辆卡车使用。稍事休息后，长官部一行人便乘坐卡车，于当日下午赶到滁州。经过一夜劳顿奔波，唐生智已是十分疲累，狼狈不堪。据时任教导总队作战参谋刘庸诚回忆："唐司令长官身披一件黄呢子军大衣，内着呢军服，衣领以下的几个纽扣都没有扣上，头上戴了一顶红绿色鸭绒睡帽，顶上还有一个彩色帽结子，嘴上叼着一支香烟。"[②]

在滁州醉翁亭，唐生智召集安全脱险的多名高级将领，开了一次会，研究南京保卫战的善后事宜。参加人员包括罗卓英等司令长官部高级将领，运输司令周鳌山等。会上，唐生智对南京保卫战出现如此溃败的局面，表示深深的自责。他说："我打了一辈子仗，从来没有打过这样糟的仗。"还说道："我对不起国人，也对不起自己！"[③] 会上，他对南京卫戍军运输司令周鳌山大声呵斥道："你干什么的！你把我的几千伤兵都丢在江那边被日本人杀了！"周鳌山吓得不敢找借口反驳，只是支支吾吾地说道："我有什么办法呢？情况变得太快了，我有什么办法？"唐生智余怒未消，厉声说道："枪毙你！"[④] 后来，在唐生智呈报给蒋介石的一份报告中写道："运输司令周鳌山、副司令陈铁坚等工作不力，遗〔贻〕误戎机甚大，应请交后方勤务部撤职查办。"[⑤]

会后，唐生智一行登上从滁州开往临淮关的火车，并于当晚到达临淮关。在

① 谭道平：《南京卫戍战史话》，东南文化事业出版社 1946 年版，第 85 页。

② 刘庸诚：《南京抗战纪要》，中国人民政治协商会议全国委员会文史资料研究委员会《南京保卫战》编审组编：《原国民党将领抗日战争亲历记 · 南京保卫战》，中国文史出版社 1987 年版，第 188 页。

③ 王晏清：《南京保卫战片段》，中国人民政治协商会议全国委员会文史资料研究委员会《南京保卫战》编审组编：《原国民党将领抗日战争亲历记 · 南京保卫战》，中国文史出版社 1987 年版，第 35 页。

④ 王晏清：《南京保卫战片段》，中国人民政治协商会议全国委员会文史资料研究委员会《南京保卫战》编审组编：《原国民党将领抗日战争亲历记 · 南京保卫战》，中国文史出版社 1987 年版，第 35 页。

⑤ 《军事委员会侍从室第一处主任钱大钧汇转南京卫戍司令长官唐生智副司令长官罗卓英、刘兴呈蒋委员长为卫戍南京未能持久守备自请处分报告》（1937 年 12 月 24 日），秦孝仪主编：《中华民国重要史料初编 · 对日抗战时期》第 2 编（2），台北中国国民党中央委员会党史委员会 1981 年编印，第 225 页。

这里，唐生智、罗卓英、刘兴三人联名通过军事委员会侍从室第一处主任钱大钧给蒋介石发送密电，呈报自11日收到撤退令后南京的战况，电报内容如下：

职等于是〔12日〕夜九时渡江徒步至六合，本晨乘车抵滁。本部兵员五百余人现已渡江会集者仅约百人，现在六合、乌衣等处分头收容中。①

随后，唐生智宣布南京卫戍司令长官部撤销，司令长官部人员愿意到训练总监部工作的，就随军到长沙，不愿意去长沙的，可到第三战区工作，对这两个去处都不感兴趣的，则再听候资遣。自此，南京卫戍司令长官部完成了它短暂的历史使命，宣告解散。

唐生智、罗卓英、刘兴三人到达汉口后，再次向蒋介石呈报南京保卫战情况，坦言未能履行职责，请求处分。报告称：

职等奉令卫戍南京，既不能为持久之守备，又不克为从容之撤退，以致失我首都，丧我士卒，比以戴罪之身来鄂晋谒……呈请予处分……②

后来，唐生智面谒蒋介石，再次表态，愿意承担责任、接受处分。他说：“一切责任都是我的，请处分。”③蒋介石并未当面表态，只是让他好好休养。

二　伤兵撤退与滞留④

11月12日上海失陷后，国民政府决定迁都重庆，党政机关、文教卫机构、厂矿企业、部分市民陆续踏上内迁之路。部分医院人员内迁，如中央医院医护人员

---

① 《唐生智等致钱大钧密电》（1937年12月13日），中国第二历史档案馆编：《抗日战争正面战场》上册，江苏古籍出版社1987年版，第404页。

② 《军事委员会侍从室第一处主任钱大钧汇转南京卫戍司令长官唐生智副司令长官罗卓英、刘兴呈蒋委员长为卫戍南京未能持久守备自请处分报告》（1937年12月24日），秦孝仪主编：《中华民国重要史料初编·对日抗战时期》第2编（2），台北中国国民党中央委员会党史委员会1981年编印，第223页。

③ 唐生智：《卫戍南京之经过》，中国人民政治协商会议全国委员会文史资料研究委员会《南京保卫战》编审组编：《原国民党将领抗日战争亲历记·南京保卫战》，中国文史出版社1987年版，第5页。

④ 本目中关于南京沦陷前伤兵的医治与疏散情况，参见于宁：《全面抗战初期南京的伤兵救护》，《日本侵华南京大屠杀研究》2020年第2期。

或迁往重庆，或迁往贵阳。首都医院奉命关闭，医护人员和行政人员迁往武汉。11 月 15 日，国民政府下令将南京伤兵迁往内地。首都医院关闭后，“所收伤兵 3318 名，乃沿江南铁路及长江水路移送皖赣各地军医院，分散收容。”[①] 因首都战事临近，此前参与伤兵救护工作的民间团体或结束任务，或迁往后方。如此种种，导致“请来工作的人压根就不见踪影”，而到了南京的伤兵“有时几天都无人过问，无人为他们包扎伤口、供给食物”[②]，部分伤兵甚至因此病死。美国传教士福斯特在致家人信函中描述：“当时有很多士兵死亡，我们却找不到人负责把尸体抬走，所以他们就被堆放在伤员旁边。”[③]

南京卫戍军战斗序列正式颁布后，部分守城部队加紧开设绷带所、野战医院等卫生机关。以第 78 军第 36 师宋希濂部为例，在其守备计划中规定：“卫生第一连应准备于和平门车站、文殊禅院（金川门外）、挹江门各附近开设绷带所。卫生第二连应准备在中央党部、外交部开设野战病院。”“伤病兵至野战病院之输送，主用担架，副用汽车。由野战病院之后送，主用船舶，副用车辆。”[④] 其他部队的情况与第 36 师大致类似。

伤兵救护工作除利用军队原配备的军医机关外，也需要地方医院的支援。但此时地方医院要么关闭，要么已经撤往后方。在组织撤退工作的过程中，卫生勤务部不得不预留一批军医机关，以应对在南京卫戍战斗中陆续产生的伤兵病员。11 月下旬，为弥补救护人员的不足，通过征召方式建立了由 1000 多名官兵组成的第二救护总队，以应对城防救护之急需。但稍显不足的是，这些应征人员并无专业救护经验。当时的南京已届寒冬，寒气袭人，这批救护总队的官兵还穿着单衣。后经搬用部分内迁机构遗留衣物，方得改善。当枪炮声已经在南京城墙四周猛烈响起的时候，有人动员正在从事救护工作的军医官蒋公穀离京出走。蒋公穀答道：“至于我，是负着重大责任的人，断不能自由自在地出走。倘我现在跟你到汉口，这叫做逃，逃的人生命是有了，再拿什么面目去见人呢？生死成败，早已置诸度外，

---

① 胡兰生：《中华民国红十字会历史与工作概述》，《红十字月刊》1947 年 6 月，第 18 期，第 6 页。

② 《福斯特致家人函》（1937 年 12 月 7 日），章开沅编译：《南京大屠杀史料集》第 4 册《美国传教士的日记与书信》，江苏人民出版社、凤凰出版社 2005 年版，第 131 页。

③ 《福斯特致妻子函》（1937 年 11 月 23 日—1938 年 2 月 13 日），章开沅编译：《南京大屠杀史料集》第 4 册《美国传教士的日记与书信》，江苏人民出版社、凤凰出版社 2005 年版，第 91—92 页。

④ 《陆军第七十八军南京北郊附近守备计划》，中国第二历史档案馆编：《南京保卫战档案》第 8 册，南京出版社 2018 年版，第 221 页。

请你不要代我着急。”[①]

11 月底，卫生勤务部也奉命撤离南京前往武汉，该部野战救护处处长金诵盘奉命代理部务工作，并统一指挥留守南京的军医机关，共计 8 个医院、4 个收容所、4 个接应所、1 个汽车组，以及军医署驻苏办事处、卫戍兵站监部卫生处等。为了明确工作任务和救护区域，金诵盘召集各军医机关及各军、师军医处负责人举行会议，决定卫生材料及经费的补充应由军医署驻苏办事处负责，并明确了各卫生机关的具体分工及驻地。[②]

12 月 5 日，日军已进抵句容，南京保卫战在外围阵地揭开战幕。此时，在南京城内还滞留有 4000 余名伤病员。军政部第 17 卫生船舶负责在长江航线运送伤兵，此次的任务就是奉命把这 4000 名伤员安全转运到武汉。年仅 15 岁的少年徐杰也在这支参与转运伤病员的队伍中，他的职务是司药，就是负责为医生传送药品。据徐杰回忆，他们提前 3 天将伤病员运上船，每天运送 1000 人，运了整整 3 天，船才开始启动。船的容量只有 3000 人，但为了让全部伤病员上船，便安排在走道都住满了人。12 月 6 日晚，该船于 8 点钟在下关正式开船，从南京出发前往武汉。[③]4000 名滞留南京的伤病员由此得以安全撤退。

随着南京保卫战各处阵地上战斗的激烈进行，各路守军部队伤兵数量也呈现急剧攀升态势，每天都有成千伤兵陆续由城南运送到城内。为了便于统一管理伤兵，各医院奉命到外交部和军政部集中。[④]

战斗期间，虽然各方均做了积极努力，但因客观上伤病员数量过于庞大，导致仍有许多伤兵无法得到及时救治。约翰·拉贝在他 12 月 9 日的日记中如此写道：“路灯熄灭了，在夜幕中，可以看见伤员在街道上蹒跚，没人去帮助他们，已经没有医生、卫生员和护理人员了。”[⑤] 据《纽约时报》报道：“约翰·马吉牧师的委员会在攻城战开始后，集中力量调配现有医院的医疗资源，集中力量将伤员送往这些医院。他们无法处理数量巨大的受伤人员，攻城时南京街头看到的中国伤兵是整个悲惨场面中最触目惊心的一幕。伤兵跛足而行，在街巷爬行，数以百计

① 蒋公穀：《陷京三月记》，南京出版社 2006 年版，第 6 页。

② 蒋公穀：《陷京三月记》，南京出版社 2006 年版，第 2—3 页。

③ 张连红、吴先斌、张定胜编：《南京保卫战老兵口述史》，南京出版社 2020 年版，第 155—156 页。

④ 蒋公穀：《陷京三月记》，南京出版社 2006 年版，第 7 页。

⑤〔德〕约翰·拉贝著，本书翻译组译：《拉贝日记》，江苏人民出版社、江苏教育出版社 2009 年版，第 122 页。

的伤兵死在主要的街道上。”[①] 其情景令人心酸而无奈。在城外参加作战的部队，其伤兵的状况也很不理想。

随着战况的进一步急剧恶化，城外伤病员要转送进城内，城内伤兵要运送到后方，这都成了难题。第 2 军团因“京郊公路线已为友军阻塞，且被敌人截断……伤病官兵更难转送”[②]。驻守南京的各军医机关所面临的棘手问题，一是救治伤兵，二是将城内伤兵尽快运往后方。此时，南京卫戍司令长官部已下达了“伤兵出城渡江，亦须得卫戍长官的手令，才可放行”[③] 的命令，旨在向外界表明守军誓与南京共存亡的决心，同时为了稳定军心，阻止部分贪生怕死之官兵临阵脱逃，将下关江边的船只集中到煤炭港统一看管。考虑到转送伤员需要渡江工具，野战救护处处长金诵盘虽经请示唐生智，“建议将城内所有之医院，统开浦口一带，城内外分段设接应收容等所，并于江干指定船只，倘前线伤兵下来，可以按站输送过江，于医疗及运送上，均有很多的便益”[④]，但并没有得到卫戍司令长官部批准。南京卫戍司令长官部的这一纸命令，限制了正常的伤兵运输，使许多伤兵失去了转移机会。

尽管条件困难，疏散伤兵的工作在各方的积极努力下，并未真正停止。各类民间力量也发挥了积极作用，城内西方友好人士也再次行动起来，努力开展伤病兵转移疏散工作。12 月 9 日，约翰 · 马吉护送一批伤病兵搭乘从浦口来的火车，利用渡船顺利过江。[⑤]

参加南京救护工作的，还有从外地赶来支援的热心青年。如苏州红十字会救护队的 20 名男女青年，都是热心爱国的好青年，他们于 11 月 30 日徒步赶来南京，投效野战救护处。除了派遣一队出城服务，女队员过江离开外，其余队员便承担了“此时所有重要命令的传达，伤兵过江的护送”等任务。救护队蒋队长“尤富胆识，的确是可以担负重大责任的人”，在他的带领下，救护队积极参加伤兵救护工作，且不避艰险，在护送伤兵过江等工作中功不可没。12 月 12 日，苏州红十字会救护队接到要护送千余名伤兵过江的任务。下午 2 时许，该队向野战救护处报告“江面缺乏船只，无法运送”。野战救护处正准备向南京卫戍司令长官部洽

---

① 杨夏鸣、张生编，杨夏鸣等译：《南京大屠杀史料集》第 29 册《国际检察局文书 · 美国报刊报道》，江苏人民出版社 2007 年版，第 519 页。

② 《第二军团京东战役战斗详报》，中国第二历史档案馆藏，档案号七八七—7591。

③ 蒋公穀：《陷京三月记》，南京出版社 2006 年版，第 9 页。

④ 蒋公穀：《陷京三月记》，南京出版社 2006 年版，第 5 页。

⑤ 《马吉致妻子函》（1937 年 12 月 15 日），章开沅编译：《南京大屠杀史料集》第 4 册《美国传教士的日记与书信》，江苏人民出版社、凤凰出版社 2005 年版，第 146 页。

商拨发船只事宜，又得知救护队已经在上游找到了一只损坏的汽船，经他们自己修理一番，居然又可以开行了，“当即输送过江数百名”。[①]

中国童子军也在南京救护工作中发挥了积极作用。童子军有着丰富的战地服务经验，有的童子军中队曾在一·二八淞沪战役中做过战地服务。如今全面抗战爆发，他们又举起了服务的旗帜再次奔驰在东战场上。1 中队童子军从 10 月份开始自上海调遣到无锡、镇江两地分担两地救护工作，随着战局突变，不久又撤退至紫金山山麓。在南京保卫战中，1 中队童子军负责看守医院，保卫外交部、军政部两个医院的受伤将士。童子军自言：“热血沸腾的少年，有的是一颗忠勇的心，我们愿与国都共存亡，而不想离别了这些亲爱的士兵！”

随着战况持续恶化，医院院长相继离开，只有 37 名童子军和一个医院主任——中校医官，仍坚持留守下来。这批担任志愿者的 37 名童子军利用临时征集来的 10 余艘船，护送了 174 名伤兵渡江，并安全抵达浦口。童子军的会刊曾记录了这次成功的救护经历，从中可以感受到他们的慷慨激昂：

一百七十条宝贵的生命系在我们的手里了，这里需要的是勇敢镇静和敏捷。时间已不容延迟，每个人都运用最快的方法把士兵运出来。十多里长距离的搬运，那里再没有汽车可利用，但我们终于很平安的到达了下关。江边挤满了千万难民，火药味窒着每个人的呼吸，而船只又是那样不容易征发，这里便产生了一个更困难的问题。可是童子军是不会屈服的，更不会束手待毙。我们会无办法中找办法，从死路中寻生路。两个钟头后十多条船给我们找到了，我们和伤兵离开了下关向浦口进发。[②]

然而，面对十分庞大的伤兵数量，能够转移的伤兵数仍十分有限，大多数伤兵只能就地安置。但军医机关本身却不具备安置条件，因而救护负责人金诵盘转而寻求西方人士的支持，尝试同南京安全区国际委员会进行交涉，考虑将伤兵安置在国际委员会设立的安全区内。在中方看来，南京危在旦夕，把伤兵交给西方人士，或许还有一线生机。同时，中方认为此举是“根据红十字会条约为人道而发的合理的请求”，所以希望南京安全区国际委员会亦应该有合理的办法，但该

① 蒋公榖：《陷京三月记》，南京出版社 2006 年版，第 10 页。

② 行之：《南京沦陷前夕抢救伤兵渡江》，《中国童子军第一七七团年刊》1947 年第 2 期。

委员会此前为了换取日军对安全区的承认，曾向日军作出过“安全区内将不驻扎中国军队和军事设施”的承诺，如果贸然收留伤兵将会为日军闯入安全区提供借口。基于此因素，拉贝等人考虑到安全区内广大无辜难民的安全，感到十分为难，“这种做法原本是违反协议的，但是我希望日本人知道了以后不会因此而提出责难”[①]。

地处安全区内的各医院，已经迫于压力不再收治伤兵，并迫不得已开始赶走已经收治的伤兵。此前已经收治伤兵的鼓楼医院，“在安全区建立后……被告知不能再收治伤兵，且必须将在医院接受治疗的伤兵赶出医院。”[②]在鼓楼医院工作的鲍恩典在信中记述了这一事实：“12 月 5 日到 12 日的那一个星期，战火已经接近南京。不断有士兵来我们这里接受治疗……一些人希望留在医院里（许多人也需要留院治疗），然而我们不得不送他们离开。我们理应是一所平民医院，为了这些士兵和南京人民的安全，我们不敢收留他们。”[③]尽管医院本身已经无法收治伤兵，但医护人员并未放弃救治伤兵。“我们被迫关闭我们的大门和后门，而实际上我们继续为他们提供救治，医生和护士上街为他们包扎伤口及其他简单的治疗，但是他们中的绝大部分人需要比这些更多的治疗。”[④]

12 日下午，南京守军部队开始奉命撤退。马吉在其日记中写道：“中国士兵开始撤退时我去了外交部，在那儿我发现许多伤兵但没有医生和护士，后来福斯特和我到三牌楼的军政部，在那儿发现有更多的伤兵，大约有 10~20 名军队医护人员，但没有一个人在为伤员做事而是准备撤退。”[⑤]

一时间，全城守军都在忙着撤退，城内主要干道人满为患，伤兵的死活已经无人顾及。第 51 师师长王耀武在撤退途中看到：“各部队遗弃的伤兵很多，其中勉强能行者，也拄着棍子向下关前进，一面走一面骂”[⑥]。只有少数的伤兵被护送过江，大量中国官兵包括部分伤兵涌向江边，但因为缺乏渡江工具，多数人被随后赶来的日军当场射杀或绑缚后集体屠杀，仅有少数人藏身在安全区及城外的江

---

① 〔德〕约翰·拉贝著，本书翻译组译：《拉贝日记》，江苏人民出版社、江苏教育出版社 2009 年版，第 124 页。

② 杨夏鸣译：《麦卡伦日记与书信》（1938 年 1 月 22 日），《日本侵华南京大屠杀研究》2020 年第 1 期。

③ 杨夏鸣编译：《鲍恩典书信选（1937—1938）》（一），《日本侵华南京大屠杀研究》2018 年第 3 期。

④ 杨夏鸣译：《麦卡伦日记与书信》（1938 年 1 月 22 日），《日本侵华南京大屠杀研究》2020 年第 1 期。

⑤ 《马吉致妻子函》（1937 年 12 月 15 日），章开沅编译：《南京大屠杀史料集》第 4 册《美国传教士的日记与书信》，江苏人民出版社、凤凰出版社 2005 年版，第 147 页。

⑥ 王耀武:《第七十四军参加南京保卫战经过》，中国人民政治协商会议全国委员会文史资料研究委员会《南京保卫战》编审组编:《原国民党将领抗日战争亲历记·南京保卫战》，中国文史出版社 1987 年版，第 146 页。

南水泥厂难民营，得以幸免于难。

12月13日，南京城失陷，日军攻入城中。是日晚，有6名伤员躺在鼓楼医院的后门口，该院医护人员觉得“把他们留在那里实在于心不忍”，但他们还是不敢收治任何军人，到了14日一大早，发现“4人已经离开，还有2人死在那里”①。

据《纽约时报》报道：“日军进城之际，数分钟之内伤兵救援委员会便改编为国际红十字会分会”。由于伤兵无人照料，新成立的国际红十字会南京委员会便采取紧急措施，“接管了设在外交部大楼内的一所主要的中国陆军医院，将所能调配的运输工具都送往全城各处去运伤兵。仍在城内的中国医护人员被动员来这所医院工作”。起初，日军同意这所医院自由运作，但仅一天之后，他们便“禁止外国人进入该地，也不顾医院内500名中国伤兵的死活”②。因为外侨被禁止进入外交部和军政部的伤兵医院，拉贝十分担忧他们安置在外交部的伤兵：“我们安置伤兵的外交部已经不允许我们进去，中国医护人员也不许离开……外交部里的人和那些伤员靠什么活下来，对我来讲简直是个谜。”③ 日军第16师团师团长中岛今朝吾也在日记中记述了这一情况：“由于被禁止出入，物资匮乏，伤兵迟早会自然死去……日本军方面因自身的伤员颇多，拒绝兼顾其他。”④ 可以想象，医院的伤员们不仅缺乏食物和药物，生命安全更是无法得到保障。

参加南京保卫战的各守军部队，其撤退过程是惨烈的，损失是惨重的，而伤病员撤退中的混乱又成为南京保卫战战场上的另一悲剧。南京城沦陷前夕，随着首都医院关闭，医护人员转移，伤兵的处境变得极为艰难。尽管留守南京的军医机关尽力救护和疏散伤兵，部分西方人士也积极伸出援手，但仍有相当一部分伤兵因为既缺乏照料又无法转移，最终或者不治而亡，或者惨死于日军屠刀之下。

三　第2军团侥幸渡过长江

在南京保卫战中，除了在城垣阵地的各守军部队外，还有两支部队——江宁

① 杨夏鸣编译：《鲍恩典书信选（1937—1938）》（一），《日本侵华南京大屠杀研究》2018年第3期。

② 《F·提尔曼·杜丁发往〈纽约时报〉航空邮讯》，张生编：《南京大屠杀史料集》第6册《外国媒体报道与德国使馆报告》，江苏人民出版社、凤凰出版社2005年版，第136页。

③ 〔德〕约翰·拉贝著，本书翻译组译：《拉贝日记》，江苏人民出版社、江苏教育出版社2009年版，第138—139页。

④ 《中岛今朝吾日记》（1937年12月13日），王卫星编：《南京大屠杀史料集》第8册《日军官兵日记》，江苏人民出版社、凤凰出版社2005年版，第279页。

要塞部队和第 2 军团，他们坚守在城东北方向的乌龙山一带，作为南京城复郭阵地的支点。其中，第 2 军团这支部队在南京保卫战后期，因为与卫戍司令长官部之间消息不够畅通，基本处于独立作战状态。该部在军团长徐源泉的领导下，与日军进行了英勇战斗，并在南京城失陷后有序撤退，且大部渡过长江。

第 2 军团下辖第 41 师（含 2 个旅计 4 个团）和第 48 师（含 2 个旅计 5 个团）。自八一三淞沪战役开始后，第 2 军团便奉命陆续抽调老兵及部分士官补充到第一线，这部分官兵在淞沪战场损失颇巨，因此参加南京保卫战的多半是入伍不久的新兵。自 12 月 5 日起，两师先后到达南京，在军团长徐源泉的带领下，与日军进行了英勇战斗。徐源泉曾给何成濬发去电报，称“本军连日激战，伤亡奇重，于 11 日晚退入要塞区收容整理”[①]。日军连续派出飞机轰炸，加上地面炮兵紧紧跟进，致使 12 日的战况进一步恶化，“军团长因情况紧急，亲赴前线视察，以振士气，督率所部坚守原阵地与敌抗战”[②]。下午 2 时左右，南京城垣各处战况持续恶化之时，南京卫戍司令长官唐生智、江宁要塞司令邵百昌先后给徐源泉部去电询问战况，并令该军团出击。此时，徐源泉因仍在前线督战，由第 41 师师长丁治磐接听电话，并当即报告“全线受敌人攻击甚烈，无力出击”[③]。

下午 4 时许，徐源泉给唐生智发去电报，告知近两日来第 2 军团的战斗情况，表明虽然有日方的连续发炮和飞机轰炸，但全体官兵仍在重围之中与敌奋勇战斗。同时，电文中也指出部队存在的困难之处，请求增加“给养、弹药”，帮助解决伤兵后送等问题。原文如下：

职军昨（真）日与步炮连〔联〕合万余之敌，并附战车二十余辆激战入夜，以各师连日逐次消耗兵力达三分之二，不能再于要塞外作战，拟缩小阵线，以一部撤入乌龙山要塞内，大部占领要塞外之戴家边、贾家边、汪家边、白家边之线，为求巩固，以备与要塞共存亡。惟龙台总台长业已失踪，并将龙台平时通信设备如无线电、电话、军鸽破坏无余，使职无法指挥，迄欲与钧座通话亦不可能。尤可虑者，要塞炮射击指挥无人，野（山）炮各连官长亦多不见，而要塞工程原未完竣。查今（文）日自拂晓起至发电时止，敌炮仍向要塞区连续发炮，飞机轰炸五次，

① 《徐源泉致何成濬电》（1937 年 12 月 13 日），中国第二历史档案馆编：《南京保卫战档案》第 7 册，南京出版社 2018 年版，第 122 页。

② 《第二军团京东战役战斗详报》，中国第二历史档案馆藏，档案号七八七—7591。

③ 《第二军团京东战役战斗详报》，中国第二历史档案馆藏，档案号七八七—7591。

似此要塞本身已不可恃，职惟有尽力督率官兵在重围之中，与敌奋斗。惟给养、弹药及伤兵后送诸问题，仍祈设法解决为祷。[①]

就在第2军团还在等待南京卫戍司令长官部的电复和支援的过程中，乌龙山要塞状况持续恶化，炮台只剩下10门备炮，分别是龙台1门、甲一台1门、野山炮连8门。[②]

12日下午5时左右，南京卫戍司令长官部召开会议部署撤退事宜，但军团长徐源泉因一直在前线阵地督战未能回城参加会议，所以并不知南京城内已部署撤退的消息。据第2军团少校参谋祝晴川回忆，该部派在卫戍司令长官部参谋处任联络参谋的王虚舟，在当日下午曾返回集团军司令部报告称："挂了几次电话不通，卫戍部的通信班已撤走，唐长官已对各部下达突围命令，长官们早已过江跑了。"[③]

徐源泉率领第2军团抵达南京后曾将军团司令部设在南京城内颐和路，主要幕僚有少将高级参谋谢某，少校作战参谋祝晴川，上尉作战参谋喻义、王虚舟，另有警卫1连，电台1部，勤杂人员多人。[④] 当得知南京卫戍司令长官部已下达突围撤退命令的消息后，第2军团司令部立即使用无线电与前线部队联络，但尝试几次都没有成功。留在司令部的几位参谋就地开会，特务连顾连长表示，愿率其官兵出挹江门过江找部队。于是，参谋祝晴川便到司令部对门的交辎大队借来新轿车1辆、卡车3辆，率特务连官兵及愿随行者，乘车开往挹江门。他们一行经过南京卫戍司令长官部门口时，发现此处已人去楼空，后因"挹江门不准通行"，又乘车返回军团司令部。

此时还在城东北一带战斗的第2军团前线部队，弹药已经用尽。据军团长徐源泉致蒋介石密电称：12月12日"下午五时许，小金庄下游江面封锁线似已被敌破坏，敌舰逐渐上移，同时要塞区西南两面被敌冲破，同时我军粮弹俱绝"[⑤]。然而，卫戍司令长官部通信班早已奉命撤退，电话电报系统均已联络不上，因此第2

---

① 《第二军团京东战役战斗详报》，中国第二历史档案馆藏，档案号七八七—7591。

② 《江宁要塞区自二十六年十二月九日起至二十六年十二月十三日止间作战经过概要》，中国第二历史档案馆藏，档案号七八七—7587。

③ 祝晴川：《南京沦陷记（节选）》，廖利明编：《南京保卫战文史资料》，南京出版社2019年版，第118页。

④ 祝晴川：《南京沦陷记（节选）》，廖利明编：《南京保卫战文史资料》，南京出版社2019年版，第115页。

⑤ 《徐源泉致蒋介石电》（1937年12月23日），中国第二历史档案馆编：《南京保卫战档案》第7册，南京出版社2018年版，第134—135页。

军团才会在战报中提到，“至下午十一时许，犹无复电”[①]。徐源泉在给何成濬的电报中如此描述当日战况：“至午后十二时，要塞东西守兵伤亡殆尽，敌遂冲入，混战于我阵地内，嗣南面守兵前后受敌夹击，亦复混战，伤亡净尽。至本元日（13日）午前二时许弹尽。职赴西北角指挥该处之一部向敌攻击，以期就此殉国，而为近旁之官兵所阻，挟职冲出混乱渡江”[②]。

12 日深夜，南京城内沿江退离的散兵抵达乌龙山地区，第 2 军团官兵从他们口中得知南京城已经失守、大量官兵拥挤在长江边而无法渡江的消息。其间，恰好又遇到从上游驶来的民船 20 余只，船夫说：“南京于下午即失，我等原在浦口被扣，下午无人过问，见情况不好，又上新河、白河口一带均有敌，不能上驶，只得向下游逃生。”[③]这批民船遂被第 2 军团扣留征用。

根据第 2 军团战斗详报记述，该部自 12 日夜里，“先令一部奋向东面打开退路，严密警戒，乃由周家沙、黄泥荡两码头乘夜陆续渡江，分向长江北岸之望江亭、通江集等处，收容集结”[④]。

13 日凌晨 1 时左右，第 2 军团开始组织有序渡江，天公作美，“正遇东风，达旦不息，往来顺风，驶渡甚速”[⑤]。在组织渡江的过程中，该军团各级指挥官履职尽责，提高了渡江效率。到了早上 7 时左右，全部人员安全渡江。

13 日晨 8 时左右，日军舰队向南京方向上驶，同时派出飞机在长江两岸持续轰炸。乌龙山被炸成了秃山，一片灰白色。陆地上，日军山田支队在没有遇到抵抗的情况下，占领了乌龙山。

成功渡江后，第 2 军团官兵得以依赖江北地带柳林丛密等特点进行隐蔽，后奉命分路向来安地区转进，于 12 月 19 日到达。

12 月 23 日，第 2 军团各部队在抵达安徽寿县后进行整理，对伤亡情况进行了统计。军团长徐源泉在自寿县给蒋介石发去的电文中称，南京一战，第 41 师“官长阵亡 57 员，受伤 38 员，士兵阵亡 1725 名，受伤 581 名，骡马阵亡 90 匹，受伤 26 匹”，第 48 师“官长阵亡 44 员，受伤 45 员，士兵阵亡 2093 名，受伤 435

---

① 《第二军团京东战役战斗详报》，中国第二历史档案馆藏，档案号七八七—7591。

② 《徐源泉致何成濬电》（1937 年 12 月 13 日），中国第二历史档案馆编：《南京保卫战档案》第 7 册，南京出版社 2018 年版，第 123 页。

③ 《第二军团京东战役战斗详报》，中国第二历史档案馆藏，档案号七八七—7591。

④ 《第二军团京东战役战斗详报》，中国第二历史档案馆藏，档案号七八七—7591。

⑤ 《第二军团京东战役战斗详报》，中国第二历史档案馆藏，档案号七八七—7591。

名，骡马阵亡 95 匹，伤 5 匹”，军团部特务连“士兵阵亡 47 名，受伤 13 名”[①]。如此算来，南京一战，第 2 军团共阵亡官兵 3966 名，受伤 1112 名，计伤亡 5078 名。

后来，部队沿途还收容了一些自愿要求加入第 2 军团队伍的散兵，使幸存兵力总数略有增长，第 41 师“官长 472 员，士兵 5778 名，骡马 174 匹，步枪 3130 支”；第 48 师“官长 407 员，士兵 5046 名，骡马 131 匹”。即经撤退过程中的陆续补充，第 2 军团官兵总数共达 11851 名。[②]该军团于 12 月 22 日在寿县接到蒋介石电令，命至黄安、麻城整理。于是，部队在 12 月 27 日到达安徽六安后，稍做休整，于 1938 年 1 月 5 日出发，14 日抵达黄安、麻城一带。

四　长江边的拥挤与混乱

按照唐生智原定的撤退计划，即书面撤退命令所列内容，南京守军原本只有南京卫戍司令长官部与各直属部队、宪兵部队及第 36 师渡江，但在卫戍司令长官部召集师长以上指挥官的会议上，宣读撤退令后，唐生智又临时口头命令，第 87 师、第 88 师、第 74 军（含第 51 师、第 58 师）及教导总队，“如不能全部突围，有轮渡时可过江，向滁州集结”。这样，原定的“大部突围，一部渡江”的方针，便衍变出“大部渡江，一部突围”的局面。

现实情况是，当时的南京卫戍司令长官部可以支配的渡江工具，只有几艘小火轮和为数不多的民船。原本计划在 12 月 12 日下午 6 时至 13 日早上 6 时这有限的时间之内，完成运送大约两个师的工作，这已经是一个十分艰难繁重的任务。而实际需要渡江的部队一下子翻了番，运输力量严重不足，撤退时间又极为紧迫，原本通过突围尚有生存机会的各守军部队，通过渡江根本无法成功撤退。

此前，在下关与浦口之间本有两艘轮渡可以使用，每艘轮渡承载量为 700 至 800 人，过江往返一次约 40 至 50 分钟。由于日机在白天频繁进行侦察轰炸，轮渡在白天不敢开动，但在 12 月份的南京已是寒冬时节，下午 5 点左右天已基本全黑，到早上 7 点多才会放亮。两艘轮渡在一整夜可以运送约 3 万人过江。但是，在唐生智“背水一战”的思想指导下，他命令将此两艘轮渡调去了汉口，仅留下几艘

① 《徐源泉致蒋介石电》（1937 年 12 月 23 日），中国第二历史档案馆编：《南京保卫战档案》第 7 册，南京出版社 2018 年版，第 135 页。

② 《徐源泉致蒋介石电》（1937 年 12 月 23 日），中国第二历史档案馆编：《南京保卫战档案》第 7 册，南京出版社 2018 年版，第 136—137 页。

小火轮。这些小火轮中，最大的只有 100 多匹马力。[①]能够征用来的民船，也只有二三百只。这种状况，给各路部队的撤退带来了极大的困难。

12 日下午 5 时南京卫戍司令长官部部署撤退的会议结束后，各路守军部队中师以上级别将领领命后，各奔东西。有的自行撤离，有的回到各自部队，组织突围或撤退事宜。大批部队选择撤退过江，巨大的人流和车流密集交叉，使得南京城内各主干道路拥堵不堪。

一支防空炮兵部队在练习队队附吕琦和第 41 团第 1 营营长李申之的率领下，经万般艰难，始得由卫戍司令长官部所在地通过挹江门，渡过长江，而达浦口。其报告经历如下：

六时四十分，始随二参谋并带浦口阵地之传达兵出部，而挹江门至铁道部之马路上已人马车辆满塞矣。因守城部队未接有撤退命令而未开城，如此滞留马路上几一小时。只闻阻止出城之步枪、机枪声，故挹江门附近因此而自相残杀者甚众，殊伤心惨目。人马愈停愈多，堵塞无隙地，不独车辆不能进退，则人与人之间已无法转动，危险殊甚。斯时不得不抛弃车辆与行李，绕道前进。七时四十分，始得交涉出。十一时余过江达浦口。[②]

自 12 日傍晚到次日日军抵达长江边之前，从挹江门到长江边，满是守军部队中已经处于失控状态的官兵。这里面，既有按照撤退命令应列入渡江序列的部队官兵，也有按照唐生智口头命令“可渡江”的部队官兵。大家挤在江边，有的继续奋勇杀敌，有的在积极寻找工具渡江，有的则徒劳地来回奔走。这种人挤人的状态持续了很长时间，渐已造成失控局面。一方面，人挤人给道路疏通造成很大困难；另一方面，人挤人也给通行官兵的人身安全带来极大隐患。因为道路趋于堵塞，踩踏致死的事故不断发生；因为人多船少，争船落水者也不在少数；因为船小人多，还造成了一些船翻人溺的事故。

第 78 军第 36 师宋希濂部奉命负责维持城内秩序和渡江秩序，凡是未经命令批准私自渡江的部队，一律不得通过挹江门，并开枪加以制止。然而，他们并不

① 宋希濂:《南京守城战》，中国人民政治协商会议全国委员会文史资料研究委员会《南京保卫战》编审组编:《原国民党将领抗日战争亲历记 · 南京保卫战》，中国文史出版社 1987 年版，第 238 页。

② 《吕琦等关于撤离南京的情况报告》（1937 年 12 月 30 日），中国第二历史档案馆藏，档案号七八七—7463。引文中“出部”系指离开南京卫戍司令长官部。

知道卫戍司令长官部关于允许撤退的最新部署。因而有一部分部队，在挹江门一带与第 36 师发生了冲突，甚至出现开枪互打的情况。

第 74 军第 51 师王耀武部根据唐生智口头允许渡江的指令，打算分头渡江。其第 151 旅在八卦洲附近绑扎木排过江。第 153 旅与师直属部队，则由师长王耀武亲自率领，由下关渡江。王耀武在带领部队经由城内中山北路往挹江门行进时，遭到了第 36 师宋希濂部的武力阻止，“子弹由头顶上空飕飕飞过”。于是，王耀武只好率部绕道行至挹江门。据他本人描述：挹江门“城门只开了一扇，人多门窄，极为拥挤，甚至有被挤倒踩死的；有一辆马车挤翻在地下；人们光顾逃命，宁肯踩着马越过车而去，也没有人将倒在城门下妨碍行走的马和车拉开”[①]。

挹江门本是一座较小的城门，各路守军部队从四面八方往挹江门方向涌来，很快便人满为患。不论是官兵，还是民众，城破在即，多数人陷入了恐慌溃败、夺路失序的状态。不仅官兵出城要通过挹江门，各种设备运送出城也要通过挹江门，坦克车等车辆也要通过挹江门，因而踩踏事件不断发生。在这里，“逃难的人挤满了城门洞，都想抢先出去，都拥挤得出不去，人一挤，被挤躺下去的就爬不起来，给踩死在下面。这就人重人，尸首重尸首，堆了半城门洞。”[②]据宪兵司令部战报记载，“今以一挹江门（沙袋均未撤去）而退出十余万大军，致被踏死者堆积如山”[③]。此时的挹江门俨然已成了“地狱之门”。

教导总队第 1 旅第 2 团团长谢承瑞便是在狭窄的挹江门通道中被拥挤失控的人群踩倒身亡的。多日来，谢承瑞连续作战已是十分劳累，尤其是在光华门一带战斗时冲锋在前、负伤在身，在奉命撤退过程中，身体已是极度虚弱，又没有得到特殊照顾或保护，被失控的人群冲倒并踩踏，不幸身亡，年仅 33 岁。[④]

即使勉强挤出了挹江门，面临的依旧是混乱的秩序、失控的人群。在通往江边的道路上，有因相互间的枪战被打死的，有被踩死的，靠少量部队维持秩序，根本制止不住涌向江边的人潮。

各路守军官兵到了下关江边后，方发现根本无船可渡，现场变得更加混乱。据第 74 军第 51 师师长王耀武回忆：

---

① 王耀武：《第七十四军参加南京保卫战经过》，中国人民政治协商会议全国委员会文史资料研究委员会《南京保卫战》编审组编：《原国民党将领抗日战争亲历记·南京保卫战》，中国文史出版社 1987 年版，第 146 页。

② 赵伟：《抗战文学与南京保卫战》，《福建师范大学学报（哲学社会科学版）》2014 年第 3 期。

③ 《宪兵司令部在京抗战部队之战斗详报》，中国第二历史档案馆藏，档案号七八七—7595。

④ 罗娟：《谢承瑞：战火赤焰逞英豪》，《中国档案》2018 年第 9 期。

各码头上的人很多，如同热锅上的蚂蚁到处乱窜；江里只有极少数的船只；无船的部队见船就抢，也有互相争船或木排而开枪的；有的利用一块门板或一根圆木而横渡长江的；有的看到过江无望而化装隐藏在老百姓家里的。[①]

据第78军战斗资料记载：“仅有之少数船舶，至此人人争渡，任意鸣枪。船至中流被岸上未渡部队以枪击毁，沉没者有之，装载过重沉没者亦有之。”[②]第78军军长宋希濂自己的回忆文章中也有类似的描述：

因载重过多，船到江中沉没者有之；因争夺船只，互相开枪毙伤者有之，将船击毁沉没者亦有之。许多官兵拆取店户门板，制造木筏，行到江中，因水势汹涌，不善驾御，惨遭灭顶者数以千百计。哀号呼救之声，南北两岸闻之者，莫不叹伤感泣，真可谓极人世之至惨。[③]

卫戍司令长官部参谋王晏清回忆说：“在下关的江边上，人们纷纷抢先过江，有的用木盆、门板渡江，江面上人头点点，像野鸭子一样。有的蹲在木盆里，有的趴在门板上，悲惨之状目不忍睹。”[④]

卫戍司令长官部上尉参谋谭道平和另一名司令部参谋人员在撤退的人群中，亲见到沿江码头的混乱情况。他在回忆文章中表达了“在死亡面前人人都有深深的无力感”这一复杂情绪。他写道：

看见沿江码头上，秩序是异常纷乱，枪声这边停了，那边又响了起来，人是成千上万，渡船却只有二三只，谁不想早一刻能够渡过那一条白练也似的长江。这长江，在此时已成了生和死的分界线，在种种的混乱恐怖之下，大家都感到生命的脆弱，争夺渡江，彼此互骂互闹，痛哭流涕。一只船刚靠近了岸，便有一群人，跳跃上去，冒率地坠入了江里，也没有人来理会他，几百只手紧拖住渡船的船缘，

① 王耀武：《第七十四军参加南京保卫战经过》，中国人民政治协商会议全国委员会文史资料研究委员会《南京保卫战》编审组编：《原国民党将领抗日战争亲历记·南京保卫战》，中国文史出版社1987年版，第146页。

② 《陆军第七十八军南京之役战斗详报》，中国第二历史档案馆藏，档案号七八七—7590。

③ 宋希濂：《鹰犬将军——宋希濂自述》，中国文史出版社1986年版，第133页。

④ 王晏清：《南京保卫战片段》，中国人民政治协商会议全国委员会文史资料研究委员会《南京保卫战》编审组编：《原国民党将领抗日战争亲历记·南京保卫战》，中国文史出版社1987年版，第33页。

不给它开驶。他们认为也只有上了船，迅疾地离开江南才可以得到安全。船里的人们怒骂着还站在岸上不让他们开驶的人群，船里有几个弟兄，把枪向天空鸣射，但是有什么效用呢？在生和死的边缘上，除了上船，什么都是死的邀请。水手经过了好多的说话，竭力把船撑动，可怜，有好多人，还紧攀着船沿，随着渡船驶到江里，也有跌在水里随着江水流向东方，在这个俄顷里，人与人之间什么也没有了。①

一位外侨也如此描述了大溃退期间下关江边的惨状："去下关和江边的路上，情形狼狈异常，堆满了中国军队所抛弃的来复枪、子弹、皮带、军装、汽车、卡车等等。无数的车辆燃烧着，一片可怕的大火场。通向下关和江边的城门已经关闭，恐怖万分的士兵纷纷用绳子、绑腿布、皮带和布条吊上城墙，许多人是跌死了。而最为凄惨的景象则在江边。如痴如狂的士兵，挤上江边的民船，因为载重太多，民船是倾覆了，沉没了，许多人是这样溺毙了。许多人想用木筏渡江，结果也遭遇同样的命运。"②

第 74 军第 51 师第 306 团上校团长邱维达，在跟随师长王耀武从下关渡江时，看到了江边混乱拥挤的状况。他写道："我在中山码头停下约一小时，眼看下关一带情形比战场更凄惨，从前线退下的散兵、伤员、后方勤杂部队、辎重、车辆，以及部队眷属、老弱妇孺，沿江马路挤得水泄不通。一会儿，江中的敌舰机关枪扫射过来，敌侦察机掉下几颗照明弹，吓得人群乱窜乱逃，到处一片哭声、呼救声、怨骂声，搅成一片，真是惨绝人寰！""此时，也有一些战士和健壮居民别出新计，有的下门板，找木头扎成木筏，有的找来木盆木桶，作为渡江器材。一时江面上人头挤挤，有如蚂蚁一般浮在江面上，黑压压地一片。后被敌舰发现，开始用机枪扫射，继则连子弹也不用了，兵舰开足马力，朝着江面上的人群横冲直撞。不到半小时，江面上所有企图泅水过江者，无一幸免，尽葬江底！"③此时的邱维达因在中华门战斗时身负重伤，属于伤病员，第 74 军军长俞济时过江时问起第 51 师师长王耀武，知晓还有邱维达身负重伤没有过

---

① 谭道平：《南京卫戍战史话》，东南文化事业出版社 1946 年版，第 83—84 页。

② 〔英〕田伯烈著，杨明译：《1937：一名英国记者实录的日军暴行》，湖北人民出版社 2005 年版，第 18—19 页。

③ 邱维达：《我参加南京保卫战经过》，马振犊等编：《南京大屠杀史料集》第 2 册《南京保卫战》，江苏人民出版社、凤凰出版社 2005 年版，第 305 页。

江。于是，王耀武受命派船来接邱维达。然而，邱的渡江过程还是充满了惊险：“由于岸上人山人海，船离岸尚有三十米远，就有大批人跃进江里，向船游去，几乎把船弄翻。后来我被一条绳索的一头系着腰，从水中拖拉上船，才得以离开这座被血染红了的城市。”①

第71军第87师副师长兼第261旅旅长陈颐鼎，也目睹了渡江官兵被日军扫射的悲惨情况。他说：“此时敌舰已在江面上横冲直闯，来往逡巡不已，并用机枪不断地对我利用各种漂浮器材顺流而下的官兵扫射，被打死或被敌舰撞翻漂浮工具而淹死的人无法计数。”②他本人的渡江经历也十分惊险。他率部撤退到燕子矶江边时，连同一部分宪兵、警察和其他部队的散兵，人数曾高达3000。但是，由于当夜他派出的警戒部队与日军搜索部队交火，许多自愿集合到他麾下的人员，听到交火枪声后，便自行离去。最后，他的身边只剩下7个人，包括1名副官、2名卫士和特务排长等。他们找到一块长约2丈、宽约6尺的木板，打算用它作为渡江工具。但是，木板离开岸边不到50公尺，便开始逐渐下沉。战友们“为减轻木板上的重量，纷纷跳下水去，有的被江流冲走而没有下落；有的则在江中大声喊叫：‘我们有个旅长，谁能救他过江给他一千块钱！’”真是患难见真情！后来，陈颐鼎被人用浮筏搭救，幸免于难。在渡江时，他眼睁睁看着战友们的尸体不断从身边流过，“江水被染红，情景凄惨，目不忍睹”③。

日军步兵第45联队沿着南京城西郊，一路从上新河、江东门攻击到下关，该联队军曹西盛义目睹了下关江边中国军队遭到日本陆海军协同屠戮的情况。他说：

踏着、跨过几百具敌兵尸体，不觉来到了扬子江边。一看江面，敌兵蚂蚁般地挤在木筏上、门板上和小船上，企图逃走。机枪轻快地喷射出火舌，成堆的敌兵相继消失在水底。看来我海军早已来到扬子江上了，我们通过手旗与他们取得了联系，敌军的退路被完全切断了。④

---

① 邱维达：《淳化阻击战》，中国人民政治协商会议全国委员会文史资料研究委员会《南京保卫战》编审组编：《原国民党将领抗日战争亲历记·南京保卫战》，中国文史出版社1987年版，第151页。

② 陈颐鼎：《第八十七师在南京保卫战中》，中国人民政治协商会议全国委员会文史资料研究委员会《南京保卫战》编审组编：《原国民党将领抗日战争亲历记·南京保卫战》，中国文史出版社1987年版，第158页。

③ 陈颐鼎：《第八十七师在南京保卫战中》，中国人民政治协商会议全国委员会文史资料研究委员会《南京保卫战》编审组编：《原国民党将领抗日战争亲历记·南京保卫战》，中国文史出版社1987年版，第158页。

④ 西盛义：《从上河镇的激战到下关附近》，曹大臣编，罗文文等译：《南京大屠杀史料集》第62册《日军第六师团官兵回忆》，江苏人民出版社2010年版，第302页。

参加守卫南京的各路大军，除第66军和第83军从城东北正面突围、第2军团从乌龙山附近自行渡江之外，约有10万名各部官兵麇集在下关长江边，人为造成了原本可以避免的重大伤亡，也直接导致了大批官兵惨遭集体射杀，或是在城陷后为日军俘获遭虐杀。整体而言，为期仅十余天的南京保卫战，守军各部损失奇重，而因撤退不善造成的损失，占了较大比重。正如南京安全区国际委员会财务主管、德国礼和洋行工程师斯蒂安·克勒格尔根据其在扬子江边的所见所闻而总结的那样："这场撤退究竟夺去了中国最优秀部队中的多少人的生命，永远也无法统计。"①

① 《德国档案馆中有关侵华日军南京大屠杀的档案资料》，《抗日战争研究》1991年第2期。

第八章　战役结果

历经艰难困苦的南京保卫战在英勇悲壮的浴血厮杀中结束了，南京城于 12 月 13 日失陷。日本侵略者挟其兵力与武器的优势接连突破中国守军防线，而中国守军虽处兵力与武器的劣势，但广大爱国官兵无论是在空中、江面，还是在山野城头，都能秉持民族大义与爱国精神，以鲜血与生命与敌顽强拼战，并给其大量杀伤，这彰显了中华民族抗敌御侮的浩然之气。然最高统帅部与卫戍指挥机关在战略暨战役上的一些失当举措，以及全民抗战的尚未充分组织与坚决发动，也直接或间接地导致了南京保卫战的失利及其损失的扩大，其中的教训与启示是极为深刻和发人深省的。

第一节　失利的战役

一　南京城失陷

从 12 月 12 日下午开始，南京守军奉命全面撤退，仅在复郭、城垣阵地上，留下少量部队坚守，掩护主力转移。一些重要的建筑物，为不使敌人得以利用而放火焚烧。位于中山北路的军政部、铁道部（即南京卫戍司令长官部）、交通部建筑，均由第 36 师派人烧毁。据执行这一任务的第 36 师工兵营营长肖兆庚回忆：“我指挥部队将引火材料汽油、煤油等准备好后，即命令第一连连长王涤陈率队烧毁交通部，第二连连长朱厚鸿率队烧毁军政部和铁道部。大约八时半点的火，顷刻间火光冲天。”[①]其他如唐生智公馆等处，唐亦均布置烧毁。一时间，市内一些主要建筑物都冒起浓烟烈火。暮色中，兵荒马乱，火光熊熊。

1937年12月13日晨，各路日军已蜂拥进城，其中第6师团和第114师团从中华门、水西门入城，第9师团以及第3师团的先遣队从光华门入城，第16师团从中山门、太平门入城，第13师团的山田支队从乌龙山、幕府山攻入和平门。午后2时，日海军第11支队溯江而上，抵达下关。午后4时，日军国崎支队沿长江北岸攻占浦口，切断了南京守军往江北的退路。中国守军全线撤退，城市由东而南、由西而北相继失守。南京城的失陷，标志着南京保卫战的结束。

中山门陷落。由于中山门守军奉命撤退，日军第16师团步兵第20联队于13日凌晨在未经战斗的情况下占领了该城门，并在城门上留下一行白色大字：“昭和12年12月13日凌晨3时10分，大野部队占领。”[②]随后，日军第9师团步兵第35联队从中山门左侧轰塌的城墙缺口突入城内。

太平门陷落。太平门位于紫金山脚下，毗邻富贵山，是中山门北面的另一座重要城门，战略地位十分重要。据日军第16师团步兵第33联队“战斗详报”记载：“13日早上7时30分左右，第二、第三大队相继占领了天文台高地。同日上午9时10分第二大队的部分部队（第六中队、一个机枪小队和一个工兵小队）占领了太平门并让日章旗高高飘扬在城门上。”[③]

光华门陷落。光华门位于中山门以南，是南京保卫战时中日两军反复争夺的复郭阵地之一。日军曾一度突入城门又悉数被中国守军击毙，城门上布满了累累弹孔，战斗极为惨烈。12日夜，中国守军陆续撤退。13日凌晨，日军第9师团之步兵第36联队再次突击光华门。据该联队“战斗详报”称：是日凌晨4时，该处“枪声完全停止，也没有投掷来的手榴弹……第一线部队从城墙上对敌人进行追击性射击”，“凌晨5时，联队长手捧军旗来到城墙上，面对东方之皇宫进行遥拜，此时东方天空已经泛白”。[④]至此，光华门完全陷落。

---

① 肖兆庚：《守备南京简记》，中国人民政治协商会议全国委员会文史资料研究委员会《南京保卫战》编审组编：《原国民党将领抗日战争亲历记·南京保卫战》，中国文史出版社1987年版，第244页。

② 《糸井手记》，王卫星编，叶琳等译：《南京大屠杀史料集》第32册《日本军方文件与官兵日记》，江苏人民出版社2007年版，第408页。

③ 《步兵第三十三联队南京附近战斗详报》，王卫星、雷国山编：《南京大屠杀史料集》第11册《日本军方文件》，江苏人民出版社、凤凰出版社2006年版，第85页。

④ 《步兵第三十六联队战斗详报》，王卫星编，叶琳等译：《南京大屠杀史料集》第32册《日本军方文件与官兵日记》，江苏人民出版社2007年版，第167页。

通济门、武定门陷落。两城门位于光华门与中华门之间，于13日被日军第3师团步兵第68联队占领。据日方资料记载："12月13日，作为先遣队的步兵第六十八联队位于第九师团左翼向南京城发起了攻击，在工兵第三联队的协助下，第二大队攻入并占领了武定门，接着第三大队攻入并占领了通济门。"[①]

雨花门陷落。雨花门位于中华门东侧，是南京城南的重要城门之一，城市铁路穿门而过，为沟通城内外交通的重要通道。12日下午，日军第114师团步兵第115联队一部突入雨花门，在中国军队的猛烈反击下，日军无法站稳脚跟，未能扩大战果。12日晚10时，步兵第115联队下达"步一一五联队作命第67号"命令："联队于明天早晨接近城墙附近，坚决占领有利位置，以防敌军的反攻，在城门警戒，并依次扫荡铁路线（含铁路线）以西地区。"[②]13日凌晨，随着中国守军逐渐撤退，日军随即占领了雨花门。

中华门陷落。中华门属于南京城南重要复郭阵地，在雨花台阵地失陷后，中日两军在中华门及其附近城墙展开了非常激烈的战斗，古老的中华门城堡上至今仍留有当年两军交战的密集弹孔。13日凌晨3时，日军第6师团步兵第13联队第1大队第2中队突击登上中华门西侧城墙，接着又扩大占领了西侧约200米的一段城墙。其后续部队架设云梯继续攀登。中国守军虽集中射击，与登城日军展开激战，猛烈抵抗，但终因伤亡过大、后援不继，日军后续部队逐次占领了城楼两侧，中华门最终失陷。

水西门陷落。水西门位于南京城墙西部，是日军第6师团步兵第23联队的主攻目标。据日方资料记载，12日，日军"在炮兵集中火力进行数次支援后，下午4时45分，步兵第二十三联队第一大队终于攻占了城墙，夜间还在城墙上逐步扩大战果"[③]。13日上午8时30分左右，该联队第3大队亦占领了水西门。

下关陷落。日军在攻占南京东、南、西各城门的同时，为了截断中国军队渡江北撤的退路，迅即从南京城东、西两面向北面的下关进击。东路方面，第16师团步兵第38联队于13日凌晨从紫金山向下关追击，先后占领城北和平门、中央

---

① 《第三师团通信队志》，王卫星编，刘军等译：《南京大屠杀史料集》第56册《日军文献》上，江苏人民出版社2010年版，第83页。

② 《步兵第一一五联队第二大队战斗详报》，王卫星编，叶琳等译：《南京大屠杀史料集》第32册《日本军方文件与官兵日记》，江苏人民出版社2007年版，第231页。

③ 《第六师团战时旬报第13、14号》，王卫星、雷国山编：《南京大屠杀史料集》第11册《日本军方文件》，江苏人民出版社、凤凰出版社2006年版，第274—275页。

门及红山高地等处，于当日下午 3 时左右进抵下关江边。13 日上午，第 16 师团步兵第 33 联队亦由紫金山天文台向下关追击，据该联队队史记载："〔13 日〕上午 10 时 30 分，联队接到直属师团指挥的命令后，留下第六中队警备太平门，主力以第二大队为先头，从天文台北侧的道路下山，沿太平门—和平门—下关的道路，一边扫荡沿途的小村落，一边向下关急进。"① 当日下午，进抵下关。西路方面，第 6 师团步兵第 45 联队和骑兵第 6 联队于 13 日晨，在河西棉花堤、上新河等处与撤退的中国守军发生激战后，占领江东门、三汊河，随后向北直趋下关，当日傍晚与来自东面的第 16 师团在下关会合。

在占领南京的各支日军中，除了上述部队外，还有一支日军精锐部队从安徽黄山太平县渡过长江，向南京长江北岸的浦口迂回，因其支队长为步兵第 9 旅团旅团长国崎登少将，故称"国崎支队"。该支队于 12 月 2 日从广德出发，3 日到达郎溪，6 日自郎溪出发，9 日占领太平，10 日攻入当涂。日本陆军步兵上校西垣新七所著《中国事变史》中叙述了日军从当涂附近渡江北进的作战行动。内称："占领当涂后，有我军之一部，以敌不预想之奇袭，神出鬼没之行动，由古烈山（当涂北方约二十五公里）附近，急袭乌江之敌而占领该地。不暇休息，即越过省界，进入江苏省境。十一日午后十时三十分，到达桥林镇，夜间少憩之后，于十二日未明时，由该地出发，向浦口进击。"② 国崎支队于 12 日在江浦石佛寺附近与中国军队展开激战后，傍晚占领了江浦，13 日下午攻占津浦铁路的终点浦口车站，切断了中国军队渡江北撤的退路。14 日起，该支队连续数天在江浦、浦镇、花旗营等地进行所谓"扫荡"，搜捕放下武器的中国军人和疑似军人的普通平民，并加以集体屠杀。日军海军亦协同陆军，对下关江面进行扫射。日军第 16 师团步兵第 30 旅团旅团长佐佐木到一在 13 日的日记中写道："拂晓前，我前线部队插入敌军阵地，继续紧追敌军。轻装甲车在上午 10 时左右首先攻进下关，向云集在江岸的或逃进江里的敌军败兵扫射。估计打完了 15000 发子弹……随后赶上来的第六师团的部分兵力从南边来到江岸，海军第十一舰队溯江而上，对顺流而下的敌船进行扫射，并于下午 2 时抵达下关。国崎支队于下午 4 时抵达对岸的浦口。其

① 岛田胜巳：《步兵第三十三联队史——光荣的 50 年历程》，王卫星编，刘军等译：《南京大屠杀史料集》第 56 册《日军文献》上，江苏人民出版社 2010 年版。第 281 页。

②〔日〕西垣新七：《中国事变史》，中国第二历史档案馆、南京市档案馆编：《侵华日军南京大屠杀档案》，江苏古籍出版社 1987 年版，第 26 页。

他向城墙进攻的部队，都攻进了城里并不断进行扫荡。”[1]

日军各支部队从东南西北不同方向攻入南京，南京全城为日军占领。这是南京历史上十分黑暗的一天，也是中华民族历史上十分黑暗的一页。1937 年 12 月 13 日这一天，也成为南京大屠杀开始的标志性日子，南京市民从此遭受了长达 6 个多星期的大屠杀暴行。

日军的暴行并非于 13 日“突发”，而是伴随着进攻南京的战斗一路不断发生，在占领南京后达到最高潮。侵略者的战车，从南京军民的尸体上隆隆驶过。往日人来人往的马路变成了一条条“血路”。成千上万的死难者中，有阵亡的将士，也有被日军任意射杀的无辜市民。日本记者铃木二郎描述了光华门附近马路上的惨景：“通向光华门的马路两侧都是长长的壕沟，里面填满了烧得焦烂不堪的尸体，铺在马路上的许多木头下面，也有尸体，手脚飞出在外，活像一幅今世的地狱图。”“我看到履带发出转动声音的坦克，无情地压在上面飞驰而过。尸体的臭气和硝烟弥漫的臭气一起散发出来，犹如置身于焦热的地狱、血池的地狱，以至于有了一种错觉，好像已经站到‘狱卒’的立场上了。”[2]

陷落后的南京，完全成为日军肆意泄欲的对象。日军的铁蹄，给南京人民带来了空前的灾难。一位外侨在给友人的一封信中说：“（12 月）十四日，日军潮水一般涌入城内。坦克车、炮队、步兵、卡车，络绎不绝。恐怖的时代随之开始，而且恐怖的严重性一天比一天增加起来。他们征服了中国的首都，征服了蒋介石政府的所在地，他们是胜利者，应该为所欲为。日本飞机曾散发传单，宣称日军是中国人唯一的真朋友，日军将保护善良的中国人。于是日军随意奸淫、掳掠和杀戮，以表示他们的诚意。”[3] 攻入南京的日军，打着“扫荡”的旗号，对手无寸铁的南京人民和已经放下武器的中国士兵，进行骇人听闻的野蛮屠杀，尤其是在 12 月 17 日日军举行“入城式”之前，大规模集体屠杀逐日上演，每天都有成千上万的军民被押往长江边和秦淮河边，倒在日军的机枪和刺刀下。据日方资料《中国事变陆军作战史》记载：“各师团按照预先指示的攻击要领，各以步兵一个联队为基干的部队入城扫荡了城内。第十六师团的一部进入下关，乘舟艇在江上射

---

① 《佐佐木到一日记》，王卫星编：《南京大屠杀史料集》第 8 册《日军官兵日记》，江苏人民出版社、凤凰出版社 2005 年版，第 315—316 页。

② 铃木二郎：《我目击了那次南京的悲剧》，《丸》1971 年 11 月特大号。

③ 〔英〕田伯烈著，杨明译：《1937：一名英国记者实录的日军暴行》，湖北人民出版社 2005 年版，第 19—20 页。

击败退的敌人，给敌人很大的杀伤。各兵团在华中方面军的 17 日入城式前，完成了南京城内外的主要扫荡任务。”[①]

为了宣扬占领南京的“战功”和“武威”，日军于 1937 年 12 月 17 日举行了“入城式”。日本方面将之称为“第五次入城式”，意即近代日军在中国国土举行的第五次炫耀侵略武功的仪式。17 日下午 1 时半，在先导部队的指引下，日本华中方面军司令官松井石根、上海派遣军司令朝香宫鸠彦亲王、第十军司令柳川平助等高级将领骑马从南京城东的中山门入城，沿着中山东路检阅两旁的日军部队，前往“庆祝”会场南京国民政府大院。与陆军部队相呼应，日本海军方面，由中国方面舰队司令长官长谷川清率上海海军特别陆战队司令官大川内传七、第 3 水雷战队司令官近藤英次郎等海军将领，在长江边的中山码头分乘 30 余辆卡车，从南京城北的挹江门入城，检阅号称“海之精锐”的陆战队及海军炮队。与此同时，海陆航空队编队在南京城上空盘旋，以壮“声势”。国民政府官邸入口门柱上张贴“入城式”字样标识，会场悬挂巨幅太阳旗。

当全体将领在国民政府前庭集合完毕后，松井、朝香宫、柳川、长谷川四人自左至右，一字排开，站在中心位置，主持了日本国旗升旗仪式。日军全体官兵唱日本国歌，日本国旗在数十万南京市民的咒骂和哭泣声中，慢慢升起。日军官兵们遥向东方的天皇敬礼。松井石根率众三呼“大元帅陛下万岁”。他在这一天的日记中写道：

从中山门到国民政府的道路两边，站满了两军代表的队伍。他们在师团长的指挥下，列队排在道路两旁。我一边对他们进行检阅，一边驱马前进。两军司令官及其幕僚随行其后。对于眼前从未经历过的盛大场面，真是感慨万千啊……举行完升国旗仪式后，全体面向东方举行遥拜仪式。我带领全体人员高呼三声大元帅陛下万岁。由于感慨至极，以至于在高呼第二声时，竟然因哽咽而发不出声了。于是在第三声时，我运足劲头高亢洪亮地高呼出来。全体人员随同我完成了历史性的庆典仪式。[②]

在升旗与向天皇遥拜仪式结束之后，师团长以上的高级指挥官进行了合影，

---

① 〔日〕日本防卫厅防卫研究所战史室著，齐福霖译，《中国事变陆军作战史》第 1 卷第 2 分册，中华书局 1981 年版，第 113 页。

② 《松井石根阵中日记》，王卫星编：《南京大屠杀史料集》第 8 册《日军官兵日记》，江苏人民出版社、凤凰出版社 2005 年版，第 150 页。

并由参加仪式的队长以上军官，共饮天皇所赐御酒。一时间，群魔乱舞，丑态百出。中国方面舰队司令长官长谷川清率众再次三呼“大元帅陛下万岁”。

在国民政府前的仪式结束后，松井石根一行，又穿过大街，接受成千上万士兵的欢呼，抵达城北的首都饭店。松井将下榻于此，并在这里举行宴会，以示庆祝入侵南京的成功。当这批侵略者得意忘形的时候，南京人民正经历着他们历史上最为悲惨和痛苦的时刻。松井自己也不得不承认：“只见市内家家闭门关窗。居民尚集结在南京城西北的避难地区。路上几乎见不到支那人。”[①]

拍摄了“入城式”的胶片，当天下午由日本华中方面军总部的“幸风”号飞机运往日本，在日本迅速而广泛地放映。

18 日下午 2 时，日军在南京明故宫飞机场举行陆海军“慰灵”仪式，为其阵亡或病死的官兵招魂。松井为下午即将举行的“忠灵祭”，写成了一首题为“攻克南京有感”的挽诗：

灿矣旭旗紫金城，
江南风色愈清清。
貔貅百万旌旗肃，
仰见皇威耀八纡。[②]

诗中充满了对侵略战争的赞扬和对军国主义霸道的炫耀。

会场中部搭建铺有白布的祭坛，供奉从上海等地运来的祭品。祭坛后面竖立高达 8 米、书写“中部支那方面陆海军战死病亡将士之墓”字样的白木板，四周悬挂各色飘带旗和日军军旗，参加仪式列队的日军有 1 万余人。华中方面军司令官松井石根、中国方面舰队司令长官长谷川清担任祭主。首先由朝香宫鸠彦亲王进行供奉，在“降神”仪式之后，松井石根、长谷川清相继朗读祭文，日本驻南京总领事冈崎胜男宣读日本驻华大使川越茂的致辞。其间，日军军乐队吹奏《国之镇魂》，各部队降旗默哀，最后举行“升神”仪式。

南京的陷落，虽使日军逞一时之快，但并没有削弱中国人民的抗日意志，反

① 《松井石根阵中日记》，王卫星编：《南京大屠杀史料集》第 8 册《日军官兵日记》，江苏人民出版社、凤凰出版社 2005 年版，第 150 页。

② 《松井石根阵中日记》，王卫星编：《南京大屠杀史料集》第 8 册《日军官兵日记》，江苏人民出版社、凤凰出版社 2005 年版，第 151 页。

而更加坚定了中国军民抗争到底的决心与持久抵抗的方针。在13日蒋介石发出的通电中，即表达了继续抗战的决心，表示“国军退出南京，绝不致影响我政府始终一贯抵抗日本侵略原则之国策。其唯一意义，实只有更加强全国一致继续抗战之决心。盖政府所在地，既已他迁，南京在政治上、军事上已无重要性可言。予作战计划，本定于敌军炮火过烈，使我军作无谓牺牲过甚之时，将阵线向后转移。今已本此计划，令南京驻军退守其他阵地，继续抗战。”[①]12月15日，蒋介石又在武昌发表《为我军退出南京告国民书》，表达了持久抗战和最后决胜的信心，表示“中国持久抗战，其最后决胜之中心，不但不在南京，抑且不在各大城市，而实寄于全国之乡村与广大强固之民心”。蒋介石代表国民政府声明：“此次抗战，绵亘五月，敌方最初企图，实欲不战而屈我。我方所以待敌者，始终为战而不屈；不屈则敌之目的终不能达。敌愈深入，将愈陷于被动之地位。敌如必欲尽占我四千万方里之土地，宰割我四万万之人民，所需兵力，当为几何？诚使我全国同胞，不屈不挠，前仆后继，随时随地皆能发动坚强之抵抗力。敌之武力终有穷时，最后胜利必属于我。”[②]

经历腥风血雨的南京，并没有屈服于日军的淫威，而是进入了在屈辱中坚持抗争的艰难岁月。

二　中国军队损失惨重

南京卫戍部队先后调集了15万大军。这15万军队，经过在外围和复郭阵地的血战、突围和较为混乱的渡江，以及城陷之后被日军血腥屠杀，损失大半，最终只有少量官兵侥幸渡过长江，或从陆路突围，历尽艰险，返归部队。

日本学者古屋奎二在《蒋介石秘录》一书中，运用中国官方提供的资料，称：“在南京保卫战中，中国军伤亡超过了6000人。”[③]这一数字，可能只是中国军事当局对于战场伤亡人数的保守估算，没有包括撤退中伤亡和南京沦陷后滞留军

① 秦孝仪总编纂：《“总统”蒋公大事长编初稿》卷3，台北中国国民党中央委员会党史委员会1976年编印，第150页。

② 秦孝仪主编：《中华民国重要史料初编·对日抗战时期》第2编（2），台北中国国民党中央委员会党史委员会1981年编印，第221—222页。

③〔日〕《产经新闻》社撰、古屋奎二主笔，《蒋介石秘录》翻译组译：《蒋介石秘录》第4卷，湖南人民出版社1988年版，第38页。

人被屠杀的人数。

南京卫戍司令长官部参谋处科长谭道平在战后根据其回忆，列出了参加南京作战各部队的损失情况，大致如下：

部队	伤亡及踪迹不明数
第 2 军团（含第 41、第 48 师）	5000 人
第 66 军（含第 159、第 160 师）	3000 人
第 83 军（含第 154、第 156 师）	1500 人
第 36 师	1500 人
第 51 师	4000 人
第 58 师	3000 人
第 87 师	3500 人
第 88 师	5000 人
教导总队	7000 人
第 103 师、第 112 师、宪兵及直属部队	3000 人
合　计	36000① 人

对照其他史料对各部队伤亡、损失情况的统计，谭道平这一列表中的各损失数，明显偏低。在同一列表中，他把南京卫戍军的总数定为 81000 人，对比守军实际人数 15 万人，少了将近一半。因此，他对损失数字的统计偏低，不足为奇。

日军在攻占南京后，公布了一份战况统计，称："敌方战死八万四千，被俘一万五百人。"② 另一则战况统计于 12 月 18 日由华中方面军发布，称："当攻打南京时，敌军遗弃的尸体不少于八九万，俘虏达数千。缴获武器和军需物资甚多，包括二十四英寸口径的榴弹炮等等，并有步枪、弹药及其他。"③ 就中国军队的损失数量而言，日军公布的这一数字倒比较接近实际。但是，他们的表述与统计是绝对错误的。因为依据南京保卫战的战斗规模，守军不可能"战死"84000 人；其中相当大的损失数量，不是战死，而是在放下武器后被日军屠杀的。同时，被俘的数字，除了有出入之外，也没有说明这些被俘者的最终结局乃为被屠杀。

---

① 谭道平：《南京卫戍战史话》，东南文化事业出版社 1946 年版，第 93—95 页。（编者：该损失人数经计算为 36500 人，原著合计为 36000 人，似有误）

② 《日军公布的南京攻击战战况统计报告》（中译文），中国第二历史档案馆、南京市档案馆编：《侵华日军南京大屠杀档案》，江苏古籍出版社 1987 年版，第 17 页。

③ 〔日〕洞富雄著，毛良鸿等译：《南京大屠杀》，上海译文出版社 1987 年版，第 9 页。

依据能查到的中国军方档案资料及原部队指挥官回忆录记载，如前文所述，第66军、第83军、第88师以及第2军团几支部队，虽经突围并部分撤离，但依旧有较大损失。具体情况如下：1.第66军计有1万人参加南京之战，且该军除汤山地区战斗外，系作卫戍军之预备队，经考证撤出南京的幸存官兵总数在7790人以上，故总共损失为2200人左右。2.第83军计有5500人参战[①]，到1938年1月陆续收容一两千人，由王得全率领到湖南集中训练，[②]故南京一战，该军在作战与撤退中，大约共损失3500人。3.第88师参战兵力1.2万人，经渡江撤退而幸存官兵3000人，故总计损失9000人。4.第2军团损失为5078人（含第41师2401人，第48师2617人，军团部60人）。

其他几支部队的损失情况也较为惨重，其中第78军、宪兵部队、教导总队、第74军的损失比例均已超过半数，有的占比甚至达到85%以上。

第78军宋希濂部仅下辖第36师1个师，总兵力共计3个旅5个团。经核查，该军参加南京保卫战的全部兵员为11968人。实际上，在整个南京保卫战期间，第78军除了补充第2团曾奉命参加复兴桥、大小胡山战斗而有所伤亡外，其余部队均因仅负责城内警戒工作而"未发一枪，未杀一敌"，因此，可以推断，该部损失大部产生于未能过江撤退。根据12月12日下午南京卫戍司令长官部印发的撤退命令，第78军属于"掩护各部渡江后再行渡江"的部队。当晚，在完成掩护司令长官部及其直属部队由下关渡江的任务后，除该部担负维持秩序和掩护撤退任务的部队外，均奉命陆续集结到和记公司附近。此前，该部使用重金得以从浦口雇得2艘小汽艇、1艘500吨小河轮和15只小民船。其中，小汽艇运送一次"给资十元"，小河轮运送一次"给资百元"，民船最便宜，运送一次"给资五元"[③]。然而，此时的下关秩序已经大乱，麇集在下关的各支部队"均行向和记公司拥挤，于是军属各部队悉被冲乱抢渡"，虽是由军长宋希濂亲自指挥，仍有多支部队未能渡江。宋"遥闻隔江嚎恸之惨，惟有相向唏嘘，默然泪下也"[④]。因渡江船舶容量小，且江边控制失序，第78军各部被冲乱，渡江工具被抢，船舶多被击沉或强制载重过大而沉入江底，导致该军渡江成功

① 谭道平：《南京卫戍战史话》，东南文化事业出版社1946年版，第93页。

② 刘绍武：《第八十三军南京突围记》，廖利明编：《南京保卫战文史资料》，南京出版社2019年版，第263页。

③《陆军第七十八军南京之役战斗详报》，中国第二历史档案馆藏，档案号七八七—7590。

④《陆军第七十八军南京之役战斗详报》，中国第二历史档案馆藏，档案号七八七—7590。

率不高。第 78 军滞留在南京城内未能成功渡江者，包括以下部队：1. 在三汊河担任掩护的第 211 团第 3 营全体人员；2. 在三牌楼担任掩护的第 212 团第 1 营全体人员；3. 在中央路担任掩护的补充第 2 团第 3 营全体人员；4. 在红山担任掩护的第 215 团第 3 营全体人员；5. 在迈皋桥、北固山担任掩护的第 216 团第 2 营全体人员；6. 已到达长江边但因渡船被抢用的工兵营全体人员、第 216 团第 3 营全体人员、辎重营第 1 连全体人员、通信营第 1 连全体人员、无线电排全体人员，以及军马、预备械弹、被服、辎重的全部。① 即便是成功渡江的部队，人员均已残缺不全。据《陆军第七十八军南京之役战斗详报》记载，第 78 军第 36 师万余人的部队，在保卫战中并未经历大的战斗，但其有生力量在撤退中竟损耗大半。12 月 30 日部队清查时，伤官佐 10 名、士兵 105 名，死官佐 6 名、士兵 44 名，生死不明官佐 167 名、士兵 6856 名，总计伤亡及生死不明官兵为 7188 名；渡江后清点，计收容军官 486 名、士兵 4451 名，计为 4937 名。② 该部最后得以安全撤退者不足 5000 人，对照前文所述原有兵员 11968 人，可见撤退造成的损失之大。

宪兵部队参加南京保卫战时全部兵员总数为 6452 人③。该部队原为“首都警卫军”，由部队性质而定，在南京保卫战中本以维持城防治安为主，后因战事激烈，部分部队被调往光华门、棉花堤两处，辅助主力部队作战，遭到一定伤亡。按照南京卫戍司令长官部的撤退命令，宪兵部队本应在允许渡江部队之列，但因战时通信联络不畅通等因素，致使该部队行进到挹江门附近时，为第 36 师部队所阻拦。据该部战报记载：“斯时，友军纷沓而至，拥挤不堪，枪声四起，血肉横飞，于是队伍为之散乱，行装为之全失。迭经交涉，方许通行。至海军部门前，又被该师所阻，本部所属团营益形紊乱，致能至下关江边者为数甚少。斯时，江中已无船可渡，乃扎木筏渡江。”④ 宪兵司令部在战后总结报告中指出：“渡河准备不充分，

① 《陆军第七十八军南京之役战斗详报》，中国第二历史档案馆藏，档案号七八七—7590。

② 《陆军第七十八军南京之役战斗详报》《陆军第七十八军卫戍南京人员、马匹伤亡及生死不明统计表》，中国第二历史档案馆藏，档案号七八七—7590。

③ 此处引用宪兵司令部 1946 年印行的《宪兵忠烈纪要》中的记载：“综计此次战役，我宪兵动员官兵六千四百五十二员名”，转引自张慧卿编：《南京保卫战历史文献（1937—1949）》，南京出版社 2019 年版，第 338 页。此数据与中国第二历史档案馆所藏档案《宪兵司令部在京抗战部队之战斗详报》附表所列数据有出入：战报附表中总人数少 1002 人，且附表存在多项数字相加产生讹误和辨读歧见的问题。

④ 《宪兵司令部在京抗战部队之战斗详报》，中国第二历史档案馆藏，档案号七八七—7595。

致十余万大军云集江边，均无船可渡，不得已而扎筏，当时溺死于江中者甚多。”[①] 该部经南京保卫战一役，“其因参战殉难经查有确据者，自萧副司令以下计官兵一千二百十员名，受伤官兵五十六员名，生死不明者二千五百八十四员名”[②]。按此计算，宪兵部队合计损失 3850 人，其损失多因转进中被友军阻击及无船渡江，占比超过半数。

桂永清所部教导总队参战时共有 30000 余人[③]，经连日战斗与仓促撤退，元气大伤，损失大量人员、辎重。劫后余生的教导总队残部在滁州设置收容站，余部后撤至河南休整。桂永清到达开封后，在 12 月 21 日的电文中称，该部撤退至江北后，“集结官兵仅千余人，此时仅有重机关枪 2 挺，轻机枪 18 挺，步枪 360 支”[④]。该部第 2 团第 3 营营长吴幼元称，12 月中旬部队在开封收容整理后，“总队部、直属第二团第一营及第一、第二两旅，到达开封的共计一千七百余人”[⑤]。这与桂永清电文中所报数字相吻合。吴在回忆文章中又称：“教导总队第三旅突围后，也于一九三八年两月底到达九江，计有官兵五百余人。教导总队参加保卫南京的有三万余人，现在仅收容了两千二百余人，这一战的结果实在令人寒心！”[⑥] 但教导总队副总队长兼第 1 旅旅长周振强认为，该部经渡江撤退，于 12 月 14 日到达滁县时，“共收容官兵四千多人”[⑦]。

俞济时所率领的第 74 军编制数为 2.1 万余人[⑧]，根据第 51 师师长王耀武回忆，该军参加南京保卫战时官兵有 1.7 万余人[⑨]，撤退中“经一夜接运及自行设法过来

---

① 《宪兵司令部在京抗战部队之战斗详报》，中国第二历史档案馆藏，档案号七八七—7595。

② 《宪兵与南京保卫战》，张慧卿编：《南京保卫战历史文献（1937—1949）》，南京出版社 2019 年版，第 338 页。

③ 吴幼元：《在南京保卫战中的教导总队》，廖利明编：《南京保卫战文史资料》，南京出版社 2019 年版，第 366 页。

④ 《桂永清、戴笠、陈果夫等有关淞沪会战的电文》，中国第二历史档案馆藏，档案号七八七—7449。

⑤ 吴幼元：《在南京保卫战中的教导总队》，廖利明编：《南京保卫战文史资料》，南京出版社 2019 年版，第 366 页。

⑥ 吴幼元：《在南京保卫战中的教导总队》，廖利明编：《南京保卫战文史资料》，南京出版社 2019 年版，第 366 页。

⑦ 周振强：《教导总队在南京保卫战中》，中国人民政治协商会议全国委员会文史资料研究委员会《南京保卫战》编审组编：《原国民党将领抗日战争亲历记·南京保卫战》，中国文史出版社 1987 年版，第 169 页。

⑧ 《第七十四军抗战以来参战经过》，中国第二历史档案馆藏，档案号七八七—6551。

⑨ 王耀武：《第七十四军参加南京保卫战经过》，中国人民政治协商会议全国委员会文史资料研究委员会《南京保卫战》编审组编：《原国民党将领抗日战争亲历记·南京保卫战》，中国文史出版社 1987 年版，第 141 页。

的约五千人，武器损失殆尽”[①]。第 51 师大部随师长王耀武连夜抢渡，13 日拂晓渡江完毕，清点伤亡共 7855 人，其中阵亡和失踪约 4070 人[②]；第 58 师仅将军山一战，可查战亡就达 800 人[③]，在突围中损失更大。两师共计撤出 5000 余人，在整个南京作战中共损失 1.2 万名官兵。

其余部队兵力和武器装备更弱，在撤退过程中损失更为惨重。第 103 师排长田兴翔回忆：“我师七千多人进入南京，战后回到武汉归队者不到一千人。”[④]其损失占比高达 86.6%。第 112 师同样在守备江阴要塞战役中败退后转入南京紫金山防御。12 月 7 日起，日军以步炮联合之 3 万余众，由尧化门向紫金山阵地进攻，该师之第 336 旅在阵地死守，未接到换防和撤退命令，阵地陷落后几乎全部牺牲，仅生还四五十人[⑤]。

根据军史档案与参战官兵回忆资料，兹将保卫战中各参战部队伤亡与踪迹不明的损失情况，列表如下：

部队	损失情况
第 2 军团（含第 41 师、第 48 师）	5078 人
第 66 军（含第 159 师、第 160 师）	2200 人
第 83 军（含第 154 师、第 156 师）	3500 人
第 78 军（含第 36 师）	7188 人
第 74 军（含第 51 师、第 58 师）	12000 人
第 71 军（含第 87 师）	9700 人[⑥]
第 72 军（含第 88 师）	9000 人
教导总队	26000 人[⑦]

① 王耀武:《第七十四军参加南京保卫战经过》，中国人民政治协商会议全国委员会文史资料研究委员会《南京保卫战》编审组编:《原国民党将领抗日战争亲历记·南京保卫战》，中国文史出版社 1987 年版，第 147 页。

② 《陆军第五十一师于卫戍南京战斗之经过》（1938 年 1 月），中国第二历史档案馆藏，档案号七八七—7592。

③ 《第一一四师团战斗详报》，王卫星、雷国山编：《南京大屠杀史料集》第 11 册《日本军方文件》，江苏人民出版社、凤凰出版社 2006 年版，第 230 页。

④ 田兴翔：《南京大屠杀脱险记》，张连红编：《南京大屠杀史料集》第 3 册《幸存者的日记与回忆》，江苏人民出版社、凤凰出版社 2005 年版，第 424 页。

⑤ 《陆军第一百十二师抗战八年中重要战役经过概要》，中国第二历史档案馆藏，档案号七八七—6557。

⑥ 前文已述，该军参战官兵约 1 万名，据《南京各军师突围概要》称，在最后撤离渡江行动中，“第八十七师则仅直属部队三百余人渡过而已”。

⑦ 上文已述，教导总队原有 3 万人参加南京之战，撤退后“共收容官兵四千多人”。

第103师	6000人
第112师	3950人[①]
宪兵部队	3850人
合　计	88466人[②]

在上述统计中，南京保卫战参战各部队的损失近9万人。这个数字还没有包括未计入建制师、团级部队的人员损耗。这个数字，已占全部参战人员的60%。也就是说，经过南京激战的伤亡和日本侵略军的残酷屠杀，近15万人的南京卫戍部队，只有5万余人安全撤退到后方。这一重大损失，既从一个方面反映了中国军人在南京保卫战中英勇拼搏、不怕牺牲的伟大精神；同时，也真切地记录了中国军队在南京一役中，牺牲之惨重。

三　战役失败的标志

南京之战，从参战部队被称为“南京卫戍军”“首都卫戍部队”，以及人们将此战役称为“南京守城战”“南京卫戍战”“南京保卫战”来看，它都和南京城的存亡直接相联。南京城陷之日，亦即南京卫戍战、南京保卫战结束之时。不可否认，南京城的失陷，是南京保卫战重要的、直接的结局。它为南京保卫战画上了一个沉重的句号。同样不可否认，南京保卫战的结果是一个败局。但是，必须指出：南京城的失陷，并不是南京保卫战失败的标志；换句话说，南京保卫战并非因南京城失陷才成为失败之役。

首先，战役的目标并不是永久固守南京城。前文已述，南京保卫战并不属于决战型战役，其只是一种过程性的防守。所谓“短期固守”，实际就是最终不守，这是不言自明的道理。实际上，早在蒋介石定下对南京“短期固守”方针之时，便同时下达了相关的指示：“既作短时间守城之望，则不必将全部之基干部队，全部牺牲，须预为撤退之掩护。”“若是迫不得已放弃南京时，各防守部队撤退，得有掩护。”[③]显然，南京城的放弃、失陷，在中国军事当局看来，是意料之中的事。既然在战役目标中并不包括永久固守南京城，因此在衡量南京保卫战胜负、成败时，

① 前文已述，该师约有4000人来南京参战，据《陆军第一百十二师抗战八年中重要战役经过概要》载，经紫金山激烈战斗，“仅生还四五十人”。

② 含部分约数。

③ 第三战区长官司令部编制：《抗战纪实》，中国第二历史档案馆藏，档案号七八七—6700。

便不应将城市是否守住作为一项条件来评估。

其次，军力对比与战场形势，决定了南京城必然要失陷。日本攻击南京的华中方面军，其所属9个师团，除第101师团留沪作警备部队外，其余8个师团和国崎支队，都人数不等地投入了南京战役。日军直接攻击南京的部队虽只有10万人左右，但大多是训练有素的老兵。作战时，陆海空密切配合，且有新式坦克、火炮等重武器装备。在攻击南京期间，日本除由国内、台湾、朝鲜等地机场出动飞机参加作战，还有由佐贺忠治率领、配属上海派遣军的第3飞行团随军作战；由长谷川清司令长官率领的中国方面舰队，也以舰艇和飞机，支持了日本陆军对南京的攻击。中国方面虽有13个建制师又10个建制团，约15万人参加守卫南京，但军队构成庞杂，作战手段落后。据时任南京卫戍司令长官部参谋处第一科科长谭道平先生统计：守军中，能直接同敌人厮杀的战斗兵只占60%，刚入伍的新兵占了38%。有的新兵战斗前还没有摸过枪，不懂射击要领，部队开到阵地后，只好“一面做工事，一面教射击”①。这支守军，不仅缺乏训练，而且缺少重武器装备。投入保卫战的特种兵，只有炮兵第8团1个整团、炮兵第10团的新15榴炮营，另外还有战车防御炮8门、轻战车10辆和大小高射炮27门。至12月初，在南京复郭、城垣展开激战时，中国空军战机已损失殆尽；海军主力舰艇一部被炸毁，一部已撤至长江中上游。就地形而言，如前文所述，许多高级将领均指出其易攻难守的缺陷。据德国档案记载，其派驻中国担任军事顾问的冯·法肯豪森将军，在南京保卫战前，曾“强烈地劝蒋介石不要保卫处于长江一个死湾子里的南京”②。后来的事实证明，这种不利的地形，确给中国军队的补给、撤退和转移，造成了很大的困难。上述强弱悬殊的军事力量对比及不利防守的地形，使得南京城的失陷成为历史之必然。因此，城陷与否，已不能构成衡量战役成败的要素。

复次，中外历史上存在着许多不以一城一地得失论胜负的实例。在研究南京城守弃对战役成败的影响时，这些战例有着重要的参考、借鉴价值。1812年9月，拿破仑率60万大军兵临莫斯科城下，俄方实行坚壁清野，使法军只得一座空城，物资匮乏，精神沮丧，陷入饥寒交迫的境地。后来，法军在被迫撤退时，遭受到巨大损失，逃到尼门河时只剩下2万余人，拿破仑本人则几乎是只身逃

---

① 欧阳平：《南京撤退追忆》，中国人民政治协商会议全国委员会文史资料研究委员会《南京保卫战》编审组编：《原国民党将领抗日战争亲历记·南京保卫战》，中国文史出版社1987年版，第240页。

② 《德国档案馆中有关侵华日军南京大屠杀的档案资料》，《抗日战争研究》1991年第2期。

回巴黎。对于俄国来说，莫斯科的失陷，不仅不是抗法战争失败的标志，而且可以认为，它是俄军争取主动、扭转战局的一个成功措施。中国人民解放战争史上则更有著名的苏中“七战七捷”可以借鉴。1946年七八月间，全国性内战的战火刚燃起不久，活跃在江苏苏中地区的华中野战军，经过7次重要战斗，共歼灭国民党军6个旅又5个交通警察大队计5.3万余人，但是苏中解放区重镇如皋、海安却为国民党军所占领。解放区军民在这一战役中，虽失二城及大片土地，但大量歼灭国民党军的有生力量，实现了战役的既定目标，故这一战役可称“七战七捷”，成为解放战争中获胜的典型战例。1937年12月南京的失陷，与100多年前俄国莫斯科的失陷，以及解放战争中如皋、海安的失陷在某些方面具有相似之处，即都存在着比城市的存亡更为重要的战役目标，因而可以不以城市弃守来论战役的胜负。

如上所述，根据南京保卫战的具体情况，南京城的失陷并不是战役失败的标志。那么，认定这一战役失败的主要依据又是什么呢？探索这一问题，应当跳出南京这一座孤城弃守、存亡的狭小眼界，多方位、多视角地去观察和思考与这一战役有关的各种因素。

第一，歼灭敌人较少。

歼灭敌人，这本是夺取战争胜利的重要条件。在中国抗日战争的初期，面对强大的入侵者，通过每一个战役、战斗来大量歼灭敌人的有生力量，对于中国军事当局来说显得尤其重要。没有对敌人的大量歼灭，其所进行的每一个战役和战斗，便失去了起码的意义。

中国军队在南京保卫战一役中，究竟消灭了多少敌人？有日方资料记载：日军“战死八百，战伤四千”[①]，即共伤亡4800人。这个统计数字显然太低，不仅不符合南京保卫战中，中国军队消灭日军的实际情况，且亦与日方其他军事文献、军史资料披露的数字不相符合。

现仅以几支攻击南京的日军主力部队的损失为例，来加以探讨。日军第6师团主要参加了牛首山、板桥、安德门、中华门、下关一带的战斗，据其战史资料统计，该师团在南京会战中，共战死306人，负伤884人，合计伤亡1190人。[②]另一支

① 《南京攻击战况统计报告》，中国第二历史档案馆、南京市档案馆编：《侵华日军南京大屠杀档案》，江苏古籍出版社1987年版，第17页。

② 《熊本兵团战史——支那事变》，王卫星编，刘军等译：《南京大屠杀史料集》第56册《日军文献》上，江苏人民出版社2010年版，第435页。

完整参加了攻击南京战斗的第16师团，自1937年11月13日从白茆口登陆以来，直至攻陷南京，共战死505人，伤亡合计2194人。[①]该部队的伤亡，其大部应发生在攻击句汤线及紫金山一带的激烈战斗中。日军第9师团先后沿京沪线与常州至淳化公路向南京攻击前进。该师团在自12月10日起的“进攻南京城战斗”中，包括“淳化镇附近”的战斗，共战死460人，负伤1156人，合计伤亡1616人。[②]仅上列3支部队的伤亡人数已达5000人，即使酌量扣除第16师团在进军南京途中的伤亡，其攻击南京的实际伤亡数亦应在4000人以上。可见将日军攻击南京整个战役的伤亡数，估计为4000人左右之不确。

又据日军战史《中支那方面陆上作战经过概要》统计，在“南京追击战”中，日军伤亡人数约为26000人。[③]在该战史所称“南京追击战”中，除作为这一“追击战”主体的攻击南京城的战斗外，还包括了突破吴福、锡澄防线及西攻芜湖、北略苏北的战斗，其部队也包括了并未直接参加攻击南京城郊的第18师团全部与第3、第13师团之一部分。不可否认，在此“南京追击战”中，最激烈的阶段应为攻击南京城郊的战斗。由此可以推断，在这一“追击战”伤亡的26000人中，其在与南京卫戍部队作战中的伤亡，应在1万至1.5万人之间。

中国方面迄今似未发现有对日军攻击南京伤亡的完整统计，但分散的统计为数不少。12月5日，日军在进攻句容以西土桥镇时，为中方第74军击毙六七十人。[④]12月6日，中方第478旅官兵在句容以西突围时，共歼灭日军300余人。[⑤]12月5日至7日，中方第51师在淳化附近，毙敌二百余，伤三百余，使日军计伤亡500余人。[⑥]而关于日军于城郊正式向南京城发起总攻的前三日之伤亡，《救国时报》称：在南京附近，“激战数日夜，寇军死亡六千以上。”[⑦]12月10日，中方报纸报道：“十日傍晚，光华门一带城垣被敌攻城炮击毁数处，敌军一部虽冲入城内，当即被我

① 《第十六师团作战经过概要》，王卫星、雷国山编：《南京大屠杀史料集》第11册《日本军方文件》，江苏人民出版社、凤凰出版社2006年版，第53页。

② 《第九师团作战经过概要》，王卫星、雷国山编：《南京大屠杀史料集》第11册《日本军方文件》，江苏人民出版社、凤凰出版社2006年版，第118页。

③ 《中支那方面陆上作战经过概要》，王卫星编，刘军等译：《南京大屠杀史料集》第56册《日军文献》上，江苏人民出版社2010年版，第56—57页。

④ 《我军收复长兴广德/句容西北将有大战》，《大公报》1937年12月12日。

⑤ 《陆军第一百六十师锡澄南京两役战斗详报》，中国第二历史档案馆藏，档案号七八七—7582。

⑥ 《陆军第五十一师于卫戍南京战斗之经过》，中国第二历史档案馆藏，档案号七八七—7592。

⑦ 《我军退出南京后继续坚持抗战》，《救国时报》1937年12月20日。“死亡”似为“伤亡”之误。

包围歼灭，敌遗尸五百余具，仅十余人生还。”[①] 在唐生智下达撤退令后的突围战斗中，中方第66军与第83军于12日夜在仙鹤门附近毙敌兵三四百人；[②] 继于13日晨，在空山、狮子山一带毙敌千余[③]。仅以上零星、分散的报告、报道中披露的战果，日军的伤亡数已达8600余人。由此可以推测，在中方的视野中，日军为攻击南京，其伤亡总数约在万人左右。

在历时10天左右的南京保卫战中，歼灭日军1万余人，虽不能算少，但距离歼灭战还相差很远。日军用于直接攻击南京的兵力，近5个师团。按日军编制，“其一个师团战时兵力，约为官兵二万二千人”[④]，损失2000余人，仅及全师团兵力的1/10。这样的伤亡数字，是敌军在继续战斗中，可以承受得起的。查阅中日双方的资料，尚未见在此役中，有歼灭日军成建制联队（团）的情况。显然，南京保卫战没有收到用歼灭战的方法来消耗敌人的效果。

第二，守军损失惨重。

尽可能保存自己的有生力量，把战斗的人员损失降到最低限度，无论从战略还是从战术上来看，都是战争中的一条重要原则。无谓和过量的牺牲，乃兵家之大忌。

南京守军在保卫战中，总共损失了多少兵力？日本方面宣称，在南京之役中，“敌方战死八万四千，被俘一万五百人”[⑤]。另在日军编写的战史日志中记载：“在攻占南京的战斗中敌人损失如下：我军扫荡敌军人数合计约80000，逃亡人数约20000，俘虏数千。”[⑥] 上述两个关于中国军队损失的统计数字，一为9.45万人，一为10万数千人，总之是在10万人左右。当然，日方是故意掩饰、回避了屠杀放下武器之军人的暴行。大量事实证明，在上述10万名中方损失的军人中，其绝大多数都是在放下武器后遭到残杀的。

在前文关于南京守军损失的统计中已揭示，南京卫戍军之13个建制师又10个建制团共15万人，只有约5万人撤离了南京。这就说明，根据中方的档案及文

① 《首都附郭仍激战中》，《大公报》1937年12月12日。

② 《陆军第一百六十师锡澄南京两役战斗详报》，中国第二历史档案馆藏，档案号七八七—7582。

③ 《陆军第六十六军南京突围战斗详报》，中国第二历史档案馆藏，档案号七八七—7583。

④ 陈诚：《陈诚先生回忆录：抗日战争》上册，台北“国史馆”2005年版，第17页。

⑤ 《日军公布的南京攻击战战况统计报告》，中国第二历史档案馆、南京市档案馆编：《侵华日军南京大屠杀档案》，江苏古籍出版社1987年版，第17页。

⑥ 《支那事变经过日志》，王卫星编，刘军等译：《南京大屠杀史料集》第56册《日军文献》上，江苏人民出版社2010年版，第26页。

献资料，可以看出，在南京之役中，交战伤亡与被俘后遭屠杀者总共约 10 万人。这与日方资料显示的数字，大致相同。

守卫南京的 15 万大军，在战斗中伤亡和放下武器后遭日军屠杀共损失约 10 万人，致使多数部队已不成建制，短时间内无法恢复战斗力。这样的损失，应该说是巨大而惨重的。

第三，坚守时间太短。

争取时间，拖住敌人，以利再战，是南京保卫战的一项重要的战略目标。无论从争取抗战胜利的宏观，还是从调整淞沪战后战场的微观来说，通过南京保卫战，牵制敌人，整顿后方，准备新的战场，都是十分必要的。

按照中日双方原来预定的方案，南京之役至少要进行一两个月的时间。蒋介石在 11 月 12 日的一份电报中说："预计敌十日左右，方能到达南京城下，再固守两周以上，约需月余时间。"[①]11 月中旬，蒋介石在视察狮子山、天堡城等处要塞炮台后，又指示："首都锦带江山，可以说是天然的要塞，要是守卫有方，一定可以支撑一二个月。"[②]当战事已推进到南京城郊时，蒋介石又在离开南京前夕致电李宗仁、程潜、阎锡山、蒋鼎文、朱绍良等高级指挥官称："南京决守城抗战，图挽战局，一月以后，国际形势必大变，中国当可转危为安。"[③]其时，日军也做了与中国军方大致相同或相近的时间估算。日本华中方面军于 11 月 22 日，向参谋本部呈报了如下意见："方面军以现在的兵力不惜付出最大牺牲，估计最迟在二个月以内可达到目的〔指攻占南京〕。"[④]可是，战役进行的实际情况，却出乎中日双方军事当局的意料之外，从 11 月 25 日组建南京卫戍部队算起，只经过了 18 天时间，南京即告失陷；从 12 月 1 日日本华中方面军下达攻占南京的命令算起，日军只用了 10 天时间，即分别从句容、天王寺、溧阳、广德等地出发，攻至南京城郊；从 12 月 10 日日军向南京城发动总攻击算起，他们只用了三四天时间，即破城而入。可以说南京守军没有为中国军事当局及其友军争取到应有的、足够的时间来休整部队、准备战场；相反，却让日军从容实现了迅速占领南京的政略和

① 第三战区长官司令部编制：《抗战纪实》，中国第二历史档案馆藏，档案号七八七一 6700。

② 谭道平：《南京卫戍战史话》，东南文化事业出版社 1946 年版，第 47 页。

③ 秦孝仪主编：《中华民国重要史料初编 · 对日抗战时期》第 2 编（2），台北中国国民党中央委员会党史委员会 1981 年编印，第 219 页。

④〔日〕日本防卫厅防卫研究所战史室著，齐福霖译：《中国事变陆军作战史》第 1 卷第 2 分册，中华书局 1981 年版，第 106 页。

战略目标。这不能不说是南京保卫战的一大败笔。

总之，南京保卫战由于未能较多地消灭敌人、较好地保存自己和争取到较为充裕的时间，可以说没有实现这一战役既定的目标，因此是一个失败的战役。如果说，南京城的失陷只是诸多不以个人意志为转移的客观因素作用的结果，那么，上述决定战役败局的三个方面的情况，则在很大程度上应归咎于主观指挥的失误和临战发挥的不理想。如果说，南京城失陷这一结局乃是意料之中的情况并带有某种历史的必然性，那么，出现上述决定战役败局的三个方面情况则殊属意外，带有一定的偶然性，未能获得本可企求的战果。

四　失败原因

南京保卫战失败的原因是多方面的。其中，国民党军政当局坚持片面抗战路线，采取单纯防御战略及其他方面的失误，是最主要的。

第一，坚持片面抗战路线和幻想国际调停。

国民党当局虽迫于全国人民高涨的抗日情绪和受到西安事变的推动，公开宣布与共产党合作，结成抗日民族统一战线，但其所执行的路线，仍是一条不发动人民群众的片面抗战路线，不相信人民群众的力量，寄希望于“国际调停”和“国际形势的变化”。

早在12月5日南京保卫战刚刚打响的时候，毛泽东同志就明确指出，全面抗战初期各战役的“第一个教训”，便是“尚未动员全国人民到抗战中来。反对日本帝国主义侵略的战争而不带群众性，是必然会遭遇失败的。”①

蒋介石对由德国驻中国大使陶德曼转达的日本“和谈”条件，很感兴趣，并于12月2日表示，“德之调停不应拒绝”“如此尚不算是亡国条件”②“中国接受日本的要求，作为和平谈判的基础”③。国民政府内一些高级将领，如白崇禧、唐生智、徐永昌、顾祝同等，也赞同蒋介石的这一态度。汪精卫特别起劲，他在12月6日召集的第五十四次国防最高会议常务委员会会议上，力主接受日本的条件。后来只是由于谈判尚在进行，南京就已失陷，日方又提出新的更为苛刻的条件，加上全国人民的激烈反对，此次调停才未成功。教导总队总队长桂永清曾在总队

① 陆诒：《毛泽东谈抗战前途》，《大公报》（汉口版）1937年12月20日。

② 黄美真、张云编：《汪精卫集团投敌》，上海人民出版社1984年版，第153页。

③ 黄美真、张云编：《汪精卫集团投敌》，上海人民出版社1984年版，第120页。

军事会议上散布："得到秘密消息，已由德国大使陶德曼出面调停，同日本讲和，日本不一定会来打南京；即使来打，只要守一个短时间，也可以换得讲和的条件"。[①]在抗日战争已经全面爆发的情况下，国民党军政当局实行如此错误的路线并抱如此不切实际的幻想，南京保卫战的失败不可避免。

第二，组织指挥的严重失误。

首先，在战略指导思想上，单纯防御，被动应战。

国民党军政当局对于日军进攻南京的路线，是估计到了的。早在1934年，南京国民政府参谋本部拟订的《南京防守计划》中，即预料作战形势为："诸兵连〔联〕合之敌沿京沪铁路、京杭国道，或沿江北地区向南京攻击前进"[②]。1935年秋，南京进行军事演习，曾假想敌人"沿京杭大道上行，猛扑首都"，确定了"南京的防卫并不在南京本身，而为其外围之太湖流域地区"的战略思想，制定了"在金坛、句容、溧水之间迎战敌军"[③]的战斗方案。可是，当1937年12月日军大举进攻南京时，国民党军政当局并没有实施这个方案，而是集中兵力于城郊，被动应战。作为首都屏障的金坛、句容、溧水、溧阳等地，几乎没有经过什么大的战斗，即为日军顺利攻占。及至日军扑至南京城下时，守军又不能主动出击，而是分兵把守，形成处处被动挨打的局面。唐生智根据蒋介石的指令，将守城的主力部队7个军和1个教导总队，按照外围和复郭两个层次部署，各部队防地很宽，缺乏纵深配备，亦没有充足的预备队。如第2军团两个师驻防尧化门外，实施正面防御约40公里，地境极宽。"各以全师兵力完全展布，犹觉不敷分配，而敌之攻我，专注一点，我则处处薄弱，坐以受攻，终至被各个击破"。其军团长徐源泉在战斗详报中说："盖防御而不取攻势，鲜有能达目的者。"[④]

在南京保卫战进行过程中，远在延安的毛泽东同志就在向《大公报》记者发表谈话时指出：抗战正面战场各次战役中的一个重要教训是，"战场上所采的战略战术，犯了'专守防御'的错误。军事上战略战术的基本原则，是保护自己，消灭敌人。因此，我们要设法减低敌人优势武器之运用，避实就虚，击中敌人致

① 周振强：《蒋介石的铁卫队——教导总队》，马振犊等编：《南京大屠杀史料集》第2册《南京保卫战》，江苏人民出版社、凤凰出版社2005年版，第250页。

② 国民政府参谋本部拟订：《南京防守计划》（1934年），中国第二历史档案馆藏，档案号七八七—1995。

③ 王平：《八年抗战》，台北文海出版社1966年版，第47页。标题"八年抗战"系指"八年全面抗战"。

④ 《第二军团京东战役战斗详报》，中国第二历史档案馆藏，档案号七八七—7591。

命的弱点。敌人在每次战斗中，采用迂回及中央突破战略，我们便不能专门着重在'单纯防御'，死守正面，使敌人恰恰施展其优势武器，而集中击破我正面。必要的阵地和城市，我们当然要守，但主要的还是我们的'防御'，还要配合上侧翼或敌人后方迅雷不及掩耳的攻击，要以独立自主的运动战来歼灭敌人。"①

在南京保卫战激烈进行的过程中，许多身处第一线的战地指挥官，都曾建议采取灵活机动的战术，主动向敌军发起攻势。但是这些积极的建议，大多没有得到采纳。12月初，在句容失陷前，正在句容附近指挥第156师作战的第83军参谋处长刘绍武，曾向军长邓龙光建议："以第一五六师全面出击，解决敌指挥部后，即将矛头指向句容西进之敌截歼之，使南京守城部队赢得准备的时间。"但这一建议遭到了江防军总司令刘兴的否定。刘说："守恐不保，还说攻吗？"后来，该军参谋长陈文又以同乡关系，向唐生智提出了同样的建议，结果也没有受到重视。②当教导总队与日军前锋在紫金山对垒时，该部副总队长兼第1旅旅长周振强，曾同第3旅旅长马威龙、工兵团团长杨厚灿联名建议："集中兵力由紫金山的岔路口地区出击，威胁敌人后方。"但没有得到总队长桂永清和南京卫戍司令长官唐生智的同意。他们的理由是："现在消耗兵员太多，万一出击不成，守南京的兵力就更不够了。"③12月9日，当第87师部队在光华门城外一连打退敌人三次进攻以后，该师副师长兼第261旅旅长陈颐鼎建议，"由孩子里经张家上向小石山敌右侧背施行反击"，但也以"万一出击不成，影响防守阵地兵力"④的理由，遭到否决。

其次，保卫战的组织实施，松散无力，指挥不灵。

在南京保卫战整个过程中，令不能行，禁不能止，严重影响了战役的顺利进行。正如南京卫戍军指挥机关在总结是役经验教训时所写："各级指挥官对上级命令多不重视，尤其不按指定之时间履行任务，是为最大之弊端。"⑤战斗初期，第48

---

① 陆诒：《毛泽东谈抗战前途》，《大公报》（汉口版）1937年12月20日。

② 刘绍武：《第八十三军南京突围记》，中国人民政治协商会议全国委员会文史资料研究委员会《南京保卫战》编审组编：《原国民党将领抗日战争亲历记·南京保卫战》，中国文史出版社1987年版，第249—250页。

③ 周振强：《教导总队在南京保卫战中》，中国人民政治协商会议全国委员会文史资料研究委员会《南京保卫战》编审组编：《原国民党将领抗日战争亲历记·南京保卫战》，中国文史出版社1987年版，第167页。

④ 陈颐鼎：《第八十七师在南京保卫战中》，中国人民政治协商会议全国委员会文史资料研究委员会《南京保卫战》编审组编：《原国民党将领抗日战争亲历记·南京保卫战》，中国文史出版社1987年版，第154页。

⑤ 《南京卫戍军战斗详报》，中国第二历史档案馆藏，档案号七八七—7593。

师开至尧化门外阵地后，以 1 个团守乌龙山要塞，3 个团担任自和尚庄至杨坊山北麓的防务。由于友邻部队未能按照规定进驻杨坊山阵地，故使该部勉力应付，造成“一线配备尚虑不足，纵深配置，实所不能”[①]的困难局面。

有些部队与阵地相互之间联络、配合也较差。如光华门内外分属不同部队防守。守城门的部队不同城外部队协调，将城门堵死，“不仅伤兵不能后送，且连城内外有线通话也就此中断”[②]。城外部队多次向上级要求改变这种状况，均未能得到解决。更糟糕的是，当敌军向光华门外阵地猛烈进攻时，位于中山门外路北的炮兵阵地，有普福斯山炮 12 门，也因怕遭日军炮火压制，而拒绝友邻步兵的求援。[③]

12 月 12 日，当守城战斗进入最紧张阶段时，第 72 军一部擅自由雨花台撤至城内，直奔挹江门，准备撤退；第 74 军曾搭浮桥，准备由三汊河向下关撤退。[④]这些不服从命令、指挥失灵的现象，给南京保卫战带来了极为有害的后果。

再次，保卫战的战役退却，一片混乱，损失惨重。

南京城的守与弃，本都是意料中的事，作为防守南京的最高指挥官唐生智，应当提前准备好从南京撤退的预案。可是，战役的实际情况显示，唐在这方面决定突然，部署草率。12 月 12 日下午，唐向全体守军下达撤退令。而是日凌晨，他才布置参谋人员起草撤退令，到上午还不断下达准备巷战的指令。从唐生智本人，到各军、师、旅长，思想上都没有一个渐进的由守变退的准备。而从南京城撤退，又不同于从一个山头、一块阵地撤退。它需要有全局性的考虑和部署，才能够在敌军包围中，以最小的牺牲顺利实施。加之，在撤退的具体部署上，唐生智又表现出了严重的随意性。书面的撤退命令本为“大部突围，一部渡江”，即除南京卫戍司令长官部机关及其直属部队、第 36 师、第 2 军团（就地）渡江外，其余部队均须作正面突围。但唐在开会部署时，又突然口头同意第 87 师、第 88 师、第 74 军与教导总队可以渡江向滁州集结。这样一来，就大大超过了下关轮渡的运输能力，根本无法实现。最后，除第 66 军、第 83 军各两个师由正面突围，第 2 军团的两个师于龙潭附近渡江至六合外，其余 7 个师与 10 个团均拥挤在下关江边，

---

① 《第二军团京东战役战斗详报》，中国第二历史档案馆藏，档案号七八七—7591。

② 陈颐鼎：《第八十七师在南京保卫战中》，中国人民政治协商会议全国委员会文史资料研究委员会《南京保卫战》编审组编：《原国民党将领抗日战争亲历记·南京保卫战》，中国文史出版社 1987 年版，第 155 页。

③ 陈颐鼎：《第八十七师在南京保卫战中》，中国人民政治协商会议全国委员会文史资料研究委员会《南京保卫战》编审组编：《原国民党将领抗日战争亲历记·南京保卫战》，中国文史出版社 1987 年版，第 155 页。

④ 《陆军第七十八军南京之役战斗详报》，中国第二历史档案馆藏，档案号七八七—7590。

造成了欲渡不能，大部滞留，遭日军屠杀的悲惨结局。同时，由于撤退系仓促决定，渡船无着，联络不畅，大部渡江部队到了江边而无渡船；有些部队始终未能接到总部的撤退命令，只得自行决定阵地的撤守。这些因素也都增加了撤退的混乱与损失。

第三，防御工事的构筑与后勤供应方面，也存在着严重的缺陷。

南京城郊的工事，虽经营多年，但构筑粗劣，使用不便，给保卫南京的战斗造成了很大困难。11月下旬，唐生智以卫参字第3号训令，命第78军于汤山附近，“指导民夫构筑复廓阵地”。但该军“所要民夫无着”，只得“以所余部队进入工作地区，自行担任构筑”，致使“工事殊少进展”。[①] 防守淳化的第51师部队，则因“淳化附近之国防工事，均系距离甚远，而目标显明之机关枪掩体，欲构成坚固而纵深之阵地需工甚大，而担任外线作战之部队输送力量薄弱，爆破材料及障碍物材料极感缺乏”，故“虽经星夜赶筑，终以正面过宽、材料缺乏，阵地未能完成预期之坚固程度”。[②] 第2军团军团长徐源泉，则对东北郊乌龙山一带的工事构筑，感慨尤深。他在战斗详报中写道：“要塞构筑应求强固。乌龙山为首都复廓要点，又为江防重地，设置要塞，诚为必要。惟以现代空军发达，而我海军又极贫弱，不能阻敌舰深入，则该要塞之构筑，非力求强固不可。乃乌龙山炮台炮位露天，无异于野战炮兵之阵地，经敌舰半日之炮击，全台炮位即毁坏无遗，失去要塞之效用，实为憾事。”[③] 更为恶劣的是，中山门至光华门之间城墙上构筑的永久工事，“虽然外面涂了水泥，而内部的横梁都是南竹，并且已经腐烂。官兵发现这种情况，愤恨已极”。[④]

南京保卫战的后勤工作，严重拖了战役的后腿。战时弹药供应不足，撤退时竟无备用船只。此均战争中之咄咄怪事。卫戍军指挥机关于战后总结称：“国府西迁后，各项交通器材随之俱行，各军经上海撤退损失，亦所存无多。至弹药之补给、伤兵之救护，与夫抢堵城垣缺口材料之运输，俱极缓慢，一被突破，即有牵动全线之虞。”[⑤] 尧化门外的阵地，或因重武器不足，或因无与国防工事配套之

① 《陆军第七十八军南京之役战斗详报》，中国第二历史档案馆藏，档案号七八七—7590。

② 《陆军第五十一师于卫戍南京战斗之经过》，中国第二历史档案馆藏，档案号七八七—7592。

③ 《第二军团京东战役战斗详报》，中国第二历史档案馆藏，档案号七八七—7591。

④ 周振强：《蒋介石的铁卫队——教导总队》，马振犊等编：《南京大屠杀史料集》第2册《南京保卫战》，江苏人民出版社、凤凰出版社2005年版，第253页。

⑤ 《南京卫戍军战斗详报》，中国第二历史档案馆藏，档案号七八七—7593。

武器，使得有些工事无法利用。在前线战斗的教导总队官兵，未发到当月薪饷，直至渡江后，才补发了撤至江北的4000人之薪饷。从前线运下来的大量伤兵，也缺医少药，甚至无人照料。军医蒋公穀记称：12月5日，“据报，下关江岸，有伤兵千余，无人照顾”；原已签批的2万元医药用款，只能以1500元应付了事。[①]这些都对伤员的救护和战事的进行造成严重不良影响。

客观上，敌我双方军力的对比与南京城不利防守的地形，对战局也有着重要的影响。

全面抗战初期处于敌强我弱的态势。在南京保卫战的实际进程中，敌强我弱的情况十分明显。就中日双方1个步兵师的编制装备进行比较：日军1个师团战时兵力为官兵22000人，马5800余匹，步骑枪约9500支，轻重机枪600余挺，各式火炮108门，战车24辆；中国军队每师官兵11000人，步骑枪3800支，轻重机枪328挺，各式火炮及迫击炮46门，掷弹筒243个。[②]蒋介石的嫡系高级将领陈诚认为中方“其劣势程度，可以想见。尤以重武器短少，不足以组成战略单位之火力。且大多数编制名额未尽充实，尤为最大弱点。”[③]

此外，就地形而言，南京虽称“龙盘虎踞”，地势险要，但因背临大江，如敌自陆地来攻，则难守而易攻。早在南京保卫战进行之前，一些高级将领就指出了这一点。李宗仁称南京为“绝地”，认为敌人可以三面合围，而我无退路。刘斐则认为，南京地处长江弯曲部内，易被敌人用海军封锁，陆军围截。

由此可见，南京保卫战的失败，乃由多方面因素综合造成，非一人一事所可使然。

五 唐生智的功过

唐生智是南京保卫战的最高指挥官，与战役的胜负、成败有着直接的关系。保卫战虽以失败而告终，但这并不影响我们多角度地去公正、客观地评价唐生智。

首先，必须充分肯定唐生智守城抗敌的功劳。

在1937年11月中旬，上海甫失，日军乘胜西进，兵锋甚锐；而中国军队刚

① 蒋公穀：《陷京三月记》：“南京大屠杀”史料编辑委员会等编：《侵华日军南京大屠杀史料》，江苏古籍出版社1985年版，第65—66页。

② 陈诚：《陈诚先生回忆录：抗日战争》上册，台北“国史馆”2005年版，第17页。

③ 陈诚：《陈诚先生回忆录：抗日战争》上册，台北“国史馆”2005年版，第17页。

经大败，损兵折将，未及整补，在东战场，已很难组织坚强有力的抵抗。在这样的形势下，国民党高级将领中，多数主张不守南京，或只以少量部队作“象征性的防守”。只有唐生智力主守卫，认为可以通过保卫南京的战斗，阻止和延缓日军的进攻，为中国军队的休整和集中争取时间。他大声疾呼:“现在敌人已迫近首都，首都是国父陵寝所在地。值此大敌当前，在南京如不牺牲一二员大将，我们不仅对不起总理在天之灵，更对不起我们的最高统帅。本人主张死守南京，和敌人拼到底！”[①] 在是否真正守卫南京这个问题上，唐生智力排众议，有独到的见解。当然，主张不守南京者，亦有其道理，不守南京并不等于“投降”“卖国”。但是，唐生智主张守卫南京，无论从其战略思想来说，还是从其爱国的精神来说，都是值得肯定和称赞的。更为难能可贵的是，唐生智是在“明知不可为而为之”的情况下，挺身而出，承担起守卫南京之重大责任的。他曾说：“南京我明知不可守，这是任何稍有常识的人都会知道的。”[②] 这就更加显现了他的勇气与精神。

唐生智在他守卫南京的思想为蒋介石接受后，又以带病之躯，主动承担了防守南京之责。曾到南京来与唐一道视察地形的白崇禧称他“身体衰弱不堪，身着重裘”，并说：“我见他虚弱之身体，不禁为南京之防守担心，为他自己担心。”[③] 但唐生智当面向蒋介石保证：“临危不乱，临难不苟。”他的就职，真可谓“受任于败军之际，奉命于危难之间”，其战斗勇气，殊属可贵。

唐生智将15万人的守城大军，分作外围阵地和复郭阵地两个层次配备，决定以固守复郭据点及城垣之目的，策定防御部署。其部署，从战略、战术上来考察，是否科学、正确，当可再议，但它说明，南京卫戍军是摆开了阵势来迎战敌军的，是真的想打，不是虚张声势。

值得高度评价的是，唐生智在日军大军压境的形势下，拒绝了敌人的劝降，报之以坚决的还击。12月9日，日军用飞机撒下了《投降劝告书》，极尽了威胁、讹诈之能事，并规定了谈判投降的时间和地点。唐生智于当日傍晚，即下达了“各部队应以与阵地共存亡之决心，尽力固守，决不许轻弃寸地”[④] 的第36号命令。9日当晚，守卫南郊将军山阵地的部队，一连打败了敌人30余次进攻，许多官兵壮

① 李宗仁口述，唐德刚撰写：《李宗仁回忆录》（下），广西人民出版社1980年版，第699页。

② 唐生智：《卫戍南京之经过》，中国人民政治协商会议全国委员会文史资料研究委员会《南京保卫战》编审组编：《原国民党将领抗日战争亲历记·南京保卫战》，中国文史出版社1987年版，第4页。

③ 白崇禧：《白崇禧回忆录》，解放军出版社1987年版．第121页。

④ 《陆军第七十八军南京之役战斗详报》，中国第二历史档案馆藏，档案号七八七—7590。

烈牺牲；10日上午，守卫紫金山、光华门一带的教导总队、第87师等部队，都以猛烈的炮火，回答了敌人的劝降。特地从苏州赶到中山门外句容公路步兵哨线，准备接受中国军使谈判投降的日本华中方面军参谋长塚田攻，也只得灰溜溜地空手而返。应当肯定，唐生智率军拒降的举动，代表了中国人民抗日御侮的共同意志，显示了中国军队在民族敌人面前，威武不屈的战斗精神。

日军劝降不成，恼羞成怒，于10日下午1时，开始对南京实施总攻击。唐生智率领南京卫戍军，依托古老的南京城垣，在紫金山、光华门、中华门、赛公桥等复郭阵地与日军进行了更为激烈的战斗。唐生智甚至不顾敌机轮番轰炸和炮弹在寓所上空爆炸，拒绝去地下室，坚持在自己的百子亭寓所指挥战斗。据谭道平先生描述："忽然屋顶上霹雳一声，窗门就倒了下来，玻璃震得粉碎，桌上物品在空中乱飞。"但是，唐生智却从容地说："我不能为日本的几颗炸弹炮弹，搬走这所屋子，这里，如嫌办公狭窄，你们可以迁移到铁道部地下室去办公，我呢，不能离开这里，刘、罗两位副长官和我留在此地好了。"①

在南京城已三面被围，形势十分紧急的情况下，唐生智一面令部队做好巷战准备，一面严令不准擅自撤退。他于11日晚已经接到蒋介石的两次撤退令，但直至12日上午，仍用心部署部队坚守阵地，积极抵抗。这说明，唐生智在率军守土抗敌方面还是努力的、认真的。

南京保卫战，由于主客观的种种原因，最终虽不免于失败，但中国军队所进行的顽强抵抗、英勇战斗，打击了日本军队的侵略气焰，显示了中华儿女的坚强意志，推动了全国人民的抗日热潮。南京保卫战的历史价值，首先来自千万名中华儿女的流血牺牲，浴血奋战；同时，也和唐生智个人的贡献有着直接的联系。他的主要贡献在于：在日军疯狂进逼南京的危急情况下，自告奋勇，受命守城；悉心指挥，临难不苟；拒绝投降，认真抵抗。肯定上述这些贡献与功劳，是对唐生智在南京保卫战中的活动进行评价的基本出发点。

其次，也必须看到，唐生智指挥失误，撤退无方，是导致保卫战失败的重要原因。

作为南京卫戍军的最高指挥官和具有长期戎马生涯的军人，唐生智在南京保卫战中的失误，也是令人痛心的。前文已述，唐生智统率的南京卫戍军，指导思想是单纯防御、被动应战；组织实施松散无力、指挥不灵；战役退却一片混乱、损失惨重。对这些指挥上的失误，唐生智当然应负最主要的责任。

① 谭道平：《南京卫戍战史话》，东南文化事业出版社1946年版，第61页。

唐生智将守城的主力部队，按照外围和复郭两个层次部署，每支部队负担的正面都很宽，缺少纵深配备。一些部队的一线指挥官，提出主动出击的计划，亦多遭否决，未能付诸实施。上述战略思想上的错误，贯彻南京保卫战之始终，致使10余万大军经一周的流血牺牲，却不能更多地消灭日军的有生力量，亦不能坚守更长的时间。这是战役指挥上的最大失误，也是最高指挥官的最大过失。战斗中一些部队没有按照卫戍司令长官部的命令进入和坚守阵地，以致影响了全盘战局的顺利展开。这种情况能一再发生，便说明不完全是“下面”的问题，理应追究上层指挥的责任。指挥官的天职是指挥，如果这一基本职能竟不能履行，当然是最大的失职。再就撤退之混乱来说，虽有其客观上不得已之处，但唐生智事前未精心筹划，布置撤退时又临时变更原定方案，随意增加准予渡江部队的数量，无疑人为地增加了撤退的困难和危险。唐生智对撤退转移指挥不当，其所损失部队的人数，远远超过了在守城战斗中伤亡人员的数量。这是唐生智应承担的最大的指挥责任。

前已分析，南京保卫战的失败，是由多方面的原因造成的。唐生智在指挥上的失误，是其中的一条重要原因。这一过失，应是评价唐生智在南京保卫战中功过的重要依据。

不过，就唐生智个人而言，只能在历史提供给他的那个舞台上活动，因而，由他所承担的责任，也只能是有限度的。有些情况，对于唐生智来说，只是一种客观存在，而不是由他造成的。例如：其一，国民党当局采取的片面抗战路线，并对“和谈”抱着不切实际的幻想。这是由以蒋介石为代表的国民党中央决定的，非唐生智个人所能左右。其二，敌强我弱的悬殊对比，这是在特定历史条件下形成的，远非唐生智个人的力量所能改变。其三，南京城不利防守的地形，此乃自然界之特点，更非唐生智个人所能选择。

此外，在讨论南京失陷与唐生智应负的责任时，还应当看到，国民政府守卫南京的总方针，是作“短期固守”，这就是说，南京的失陷，是预料之中的事情，并不取决于唐生智个人的“有能”或“无能”。他虽在保卫战之初，表示过“誓与南京共存亡”的态度，但也不能就此要求他一定要牺牲在石头城下。对于唐生智撤离南京的时间、方法及战场损失，尽可加以研讨，并究其指挥的责任；但他率部撤退，未能“与南京共存亡”，却是奉了蒋介石的命令。唐于12月12日下午5时部署撤退，规定首批撤退的时间为傍晚6时；而他本人系于当晚9时始行渡江，次晨乘车抵滁州。这一撤离南京的时间表，对于一个组织指挥战役的最高指挥官来说，并没有什么明显不当的地方。以唐生智在中国军队中所处的地位和身份，若竟死在南京战场，这对于敌我双方的士气，并不能产生有利于我的效应。因此，对于唐生智率军撤退一节，似无由过分苛责。作为一个军人，在战斗前表示要与阵地共存亡，后来奉命撤退，阵地亡而人存，这在古今中外的战争史上，是常有的事，不足为怪。

据此，在南京失陷这个问题上，唐生智对于“敌强我弱”的战场形势和“三面被围、背临大江”的地形等客观现实，只能接受和承认；对于国民党的片面抗战路线，“短期固守”南京的方针，以及从南京撤退的命令，也只是执行的问题，并不能负多大的责任。白崇禧曾于事后评论说：“平心而论，以残缺疲败之师是不能与优势战胜之敌相抗的。”[①]唐生智指挥上的失误，是造成南京保卫战失败的重要原因之一，但不是唯一的原因。

在民族敌人入侵、民族危机空前严重的情况下，唐生智愿意抗日并积极参加抗日战争，把枪口指向日本侵略军，是符合中国人民和中华民族的根本利益的。这是个大前提。而对于他在战役指挥上的失误，以及因此所造成的损失，则应放在这个大前提之下，加以恰当的评估。

总之，唐生智率军守土抗敌有很大的功劳，战役指挥失误有重大的过失。他的功、过都是客观存在的。过不能掩功，功不能抵过。没有必要强求将一个历史人物的功、过量化成一个精确的数字比例。历史不是数学。但是，对每个历史人物及其各个时期的活动，必须有一个基本的认识。总的说来，就唐生智在南京保卫战中的表现来看，他不愧为一名抗日爱国将领。

① 白崇禧：《白崇禧回忆录》，解放军出版社 1987 年版，第 122 页。

第二节　战俘惨遭屠杀

一　大批战俘被屠杀

南京陷落后，约有 9 万名中国军人因撤退失败而成为日军的俘虏。面对 9 万多中国战俘，日本军方基本上实行了“不保留俘虏”和“全部处理”的方针。

12 月 7 日，松井石根在他设于苏州的方面军指挥所亲自起草了《攻占南京城要领》，规定：

一、在南京守城司令官或市政府当局尚留在市内的情况下，设法劝告其开城，以和平方式入城。此时，各师团各选派步兵一个大队为基干部队先入城，在城内分地区进行扫荡。

二、在敌之残兵仍据城进行抵抗的情况下，将到达战场的全部炮兵展开，进行炮击，夺取城墙，各师团以步兵一个联队为基干的部队进入城内进行扫荡。①

“扫荡”一词，在军事上原本与“抵抗”相对应，有“抵抗”才有“扫荡”。在南京失陷前后，侵华日军实际上已将“扫荡”的主要目标放在那些已经放下武器、停止抵抗的中国军人及战俘的身上。这一举措，是完全违背国际公法的。1907 年《海牙第四公约》所附的《陆战规则》第 23 条规定：“（禁止）背信弃义地杀死或杀伤属于敌对国家或军队之人；杀死或杀伤已经放下武器、无自卫手段或已确定投降者”②。1929 年 7 月 27 日订立的《日内瓦战俘待遇公约》强调：“每一国当尽

① 〔日〕日本防卫厅防卫研究所战史室著、齐福霖译：《中国事变陆军作战史》第 1 卷第 2 分册，中华书局 1981 年版，第 111—112 页。

② 李恩涵：《日本军战争暴行之研究》，台北商务印书馆 1994 年版，第 71 页。

力减低战俘面对之不可避免的严酷与致力改善其命运”。其第 2 条更清楚地规定：“战俘系在敌对国家的权力之下，而非为捕捉他们的个人或军队所有；他们必须在所有时刻给予人道方式的对待与保护，特别不遭受暴力侮辱与公众好奇心之行为。对俘虏报复之措施，应予禁止。”①

日本历史学家秦郁彦在《南京事件》一书中，对侵华日军在攻占南京前后屠杀俘虏的行为，作出了与《朝日新闻》记者本多胜一相似的论述。他认为：“第一线部队不能带着俘虏作战，没有收容的设施，也没有准备监视人员的粮食。如果请求收留，却不能接受，那就只能处刑或释放。”“捕获俘虏的部队向上级司令部询问的时候，几乎毫无例外，得到的回答都是处刑。”② 在日军由上海向南京进击的途中，曾下达了类似“逢人便杀”的命令。

从已经掌握的大量资料来看，对于南京的战俘以及分不清是否系军人的市民，日军上自华中方面军司令官松井石根及其司令部，下至师团、旅团、联队及基层军官，曾逐级下达、执行过屠杀令。

松井石根曾亲口命令对战俘“纪律肃正”，即屠杀。据当年担任华中方面军专属副官的角良晴少佐（后升大佐）回忆：1937 年 12 月 18 日，第 6 师团的情报参谋曾以电话报告方面军司令部，请示“在下关所掳获的中国难民十二三万人如何处理？”角良晴听到该部情报课课长长勇（中佐）简单地发出命令：“全部杀掉”。角良晴认为此事关系重大，乃奔告松井石根。当松井从长勇处得悉“难民中杂有军人”时，遂命令：“混杂的军人都应予以‘纪律肃正’〔屠杀〕。”③

继松井石根之后担任上海派遣军司令官的朝香官鸠彦王及其派遣军司令部，也直接下令屠杀俘虏。朝香宫于 12 月 2 日被任命为上海派遣军司令官，12 月 5 日飞离东京，3 天后抵达南京外围战地。当他听说大批中国军队已被包围，将会投降时，便由他签署盖章，发出了一连串标有“机密，阅后销毁”字样的命令，内容十分简单：“杀掉全部俘虏”④。

12 月 13 日以后，南京城已经失陷。日军第 13 师团第 103 旅团所属之步兵第 65 联队，在乌龙山、幕府山一带俘获 14777 名中国军人。

第 103 旅团旅团长山田栴二在 12 月 15 日的日记中写道：“派本间骑兵少尉去

① 李恩涵：《日本军战争暴行之研究》，台北商务印书馆 1994 年版，第 75—76 页。

② 秦郁彦：《南京事件》，日本中央公论社 1986 年版，第 194—195 页。

③ 李恩涵：《日本军战争暴行之研究》，台北商务印书馆 1994 年版，第 114—115 页。

④ 〔美〕戴维·贝尔加米尼著，张震久等译：《日本天皇的阴谋》上册，商务印书馆 1984 年版，第 70 页。

南京，联系处理俘虏的事宜和其他事宜。命令说将俘虏全部杀掉。各部队都因缺粮而大伤脑筋。”① 步兵第65联队第8中队远藤高明少佐在12月16日的日记中也写道：“遵照军部命令，傍晚开始将俘虏的三分之一押送到江岸，由Ⅰ执行枪杀。”②

第16师团师团长中岛今朝吾在“阵中日记”中，详细披露了该师团执行屠杀令的情况。他在12月13日的日记中写道：

> 二十一、基本上不实行俘虏政策，决定采取全部彻底消灭的方针。但由于是以1000人、5000人、10000〔人〕计的群体，连武装都不能及时解除。
>
> ……
>
> 二十三、处理上述七八千人，需要有一个大壕，但很难找到。预定将其分成一两百人的小队，领到适当的地方加以处理。③

日军对中国战俘的杀戮主要为集体屠杀，时间集中在南京沦陷后的第一周，也就是日军12月17日进行“入城式”的前后，这一段时间也是南京大屠杀最疯狂、最血腥的时期。约9万名无秩序、混乱的守军，或因无渡船滞留在长江边，或因失去指挥未能从原阵地突围。他们中的大部分在放下武器后，遭到日军野蛮的屠杀。仅千人以上的屠杀，即有汉中门、鱼雷营、中山码头、煤炭港、草鞋峡、上新河、燕子矶、宝塔桥等10多处。有代表性的集体屠杀如下：

1. 草鞋峡集体屠杀57000多名战俘和平民。草鞋峡位于南京北郊幕府山北麓江滩和八卦洲之间，是一条狭长的江岸，弯多水急，形似草鞋，故名草鞋峡，又叫上元门、大窝子，是日军集体屠杀规模最大、杀害人数最多的一个地点。日军第13师团第103旅团步兵第65联队曾在这里执行屠杀战俘的任务。日本记者横田于12月16日报道称：“两角部队在乌龙山、幕府山炮台附近的山地俘虏了14777名从南京溃逃的敌兵，由于俘虏人数是前所未有的，因此两角部队不知如何处理。”④

---

① 《山田栴二日记》，王卫星编：《南京大屠杀史料集》第9册《日军官兵日记与书信》，江苏人民出版社、凤凰出版社2006年版，第3页。

② 〔日〕小野贤二：《第13师团山田支队的南京大屠杀》，陈安吉主编：《侵华日军南京大屠杀史国际学术研讨会论文集》，安徽大学出版社1998年版，第106页。文中“Ⅰ”指步兵第65联队之第1大队。

③ 《中岛今朝吾日记》，王卫星编：《南京大屠杀史料集》第8册《日军官兵日记》，江苏人民出版社、凤凰出版社2005年版，第280页。

④ 《不知如何处理的大批俘虏/挤满22间屋子/粮食不足令人困惑》，王卫星编，王卫星、李斌等译：《南京大屠杀史料集》第59册《〈东京朝日新闻〉与〈读卖新闻〉报道》，江苏人民出版社2010年版，第246页。

根据不保留俘虏的方针，两天后的12月18日，日军便将囚禁于幕府山下四所村、五所村等地的中国战俘和平民共5.7万余人，“用铅丝两人一扎，排成四路，驱至下关草鞋峡，用机枪悉予扫射后，复用刺刀乱戳，最后浇以煤油，纵火焚烧，残余骸骨悉投于江中。”①

2. 燕子矶集体屠杀50000多名战俘和平民。燕子矶位于南京北郊栖霞区观音门外长江边。史料记载，日军“在燕子矶滩一处，杀毙我解除武装青年在五万人以上，尸横遍野，惨不忍睹。”②陆军第88师军人郭国强，曾匿于三台洞附近，亲见“当时日军用机枪扫射了一天一夜，有两万名已经解除武装的‘中央军’丧了命。”③

3. 鱼雷营集体屠杀9000多名中国战俘和平民。鱼雷营位于南京上元门西北长江岸边。12月15日，殷有余等一批被俘官兵及民众300余人，被日军自上元门押至该处。日军在此“置有机枪四挺，而被捆绑者一群约共九千人以上，于行进期间敌人即发动机枪予以扫射”。④殷有余伏于尸堆中幸存下来。后来他在接受中国审判战犯军事法庭检察官丁承纲讯问时说：“这一天连官兵带老百姓一共被俘虏约九千多人”；“日本兵用四挺机关枪扫射，只漏下九个人没有打死”。⑤

4. 中山码头集体屠杀5000多名战俘和平民。中山码头位于南京下关中山北路北段西端，濒临长江边，1929年由津浦铁路局筹备修建，1935年落成，初名津浦铁路首都码头，后定名中山码头。1937年12月16日傍晚，日军以搜捕中国军人的名义，从南京安全区内华侨招待所抓捕已解除武装的中国军人和平民5000多人，押至码头江边，以机枪扫射，对跳入江中逃生者，则以步枪射击，并向江中投掷手榴弹。幸存者陆军上尉梁庭芳在远东国际军事法庭作证：“我们大约是在下午5点离开难民营，大约在7点到江边，捆俘虏和开枪屠杀一直持续到凌晨2点……在屠杀持续了4个小时后我和我的朋友决定逃跑。我们冲到江边，并跳了下去。”⑥

① 《军事法庭对战犯谷寿夫的判决书及附件》（1947年3月10日），胡菊蓉编：《南京大屠杀史料集》第24册《南京审判》，江苏人民出版社、凤凰出版社2006年版，第395页。

② 《日军在燕子矶集体屠杀的调查表节录》（1945年10月1日），中国第二历史档案馆、南京市档案馆编：《侵华日军南京大屠杀档案》，江苏古籍出版社1987年版，第102页。

③ 《郭国强证言》，“南京大屠杀”史料编辑委员会等编：《侵华日军南京大屠杀史料》，江苏古籍出版社1985年版，第402页。

④ 《南京市临时参议会关于南京大屠杀案调查的报告》（1946年），中国第二历史档案馆、南京市档案馆编：《侵华日军南京大屠杀档案》，江苏古籍出版社1987年版，第562页。

⑤ 《查讯证人殷有余笔录》（1946年10月19日），中国第二历史档案馆藏，档案号五九三—870。

⑥ 《梁庭芳证词》，杨夏鸣编：《南京大屠杀史料集》第7册《东京审判》，江苏人民出版社、凤凰出版社2005年版，第132—133页。中国军事法庭对战犯谷寿夫判决书中，称梁庭芳为梁廷芳。

另一名死里逃生的难民刘永兴说：在这次屠杀中，“机枪扫射以后，日军又向尸体上浇上汽油，纵火焚烧，企图毁尸灭迹。”[①]

5. 上新河集体屠杀 28000 多名战俘和平民。上新河位于南京城西南水西门外，南京沦陷时，防守城南雨花台一带的中国军人大批退至该地区被日军所俘，分别在江东门、汉西门、凤凰街、广播电台、自来水厂、皇木厂、新河口、拖板桥、菩提阁、菜市口、荷花池、螺丝桥、江滩、棉花堤、双闸、东岳庙等处遭日军杀戮，尸横遍野。居住在上新河地区的木商盛世徵和昌开运，曾亲见日军在江东门螺丝桥、棉花堤、双闸一带屠杀居民的情景。他们在一份证词中说：“日本军杀戮我国被俘军人及逃难人民，共计二万八千七百三十人幣（毙）命于上新河地区。自民国二十六年十二月不记日，当时日军将被俘军人推下塘水中，掷下稻草，倒下煤油，抛去烈火，烧死者不计其数；以铅丝缚脚手，面盖柴草烧死者亦多……以手掷弹、机枪、刺刀等武器处死国军及逃难人民，尸横遍野，人血染地。”[②]他们在雇工掩埋尸体时，因“每具尸体以法币四角，共费法币一万余元”[③]，故计得该地区遇难军民之确实人数。

6. 凤台乡、花神庙一带集体屠杀 7000 多名战俘和平民。凤台乡、花神庙位于南京城南中华门外，南京大屠杀发生后，2000 余名守军士兵和 5000 多名平民在该处被日军屠杀。村民芮方缘、张鸿儒，商人杨广才等组织 30 多人，戴着红卍字会袖标连续 40 多天掩埋死难者尸体，将其分别掩埋于雨花台山下及望江矶、花神庙等处。他们在 1945 年 12 月 8 日的一份具结中称：“由南门外附廓至花神庙一带，经四十余日积极工作，计掩埋难民尸体约五千余具，又在兵工厂内宿舍二楼、三楼上经掩埋国军兵士尸体约二千余具，分别埋葬雨花台山下及望江矶、花神庙等处，现有骨堆可证。所有难民尸体均系在各街巷及防空壕等处而来，姓名固无从获悉。”[④]

7. 汉中门集体屠杀 2000 多名战俘和平民。汉中门为南京西部城门，位于汉中路西端。1937 年 12 月 15 日，日军将南京安全区内司法院难民收容所负责维持秩

---

① 《刘永兴证言》，“南京大屠杀”史料编辑委员会等编：《侵华日军南京大屠杀史料》，江苏古籍出版社 1985 年版，第 410 页。

② 《盛世徵、昌开运证实日军在上新河地区屠杀中国“被俘军人及逃难人民”28730 人的结文》（1946 年 1 月 15 日），中国第二历史档案馆等编：《侵华日军南京大屠杀图集》，江苏古籍出版社 1997 年版，第 69 页。

③ 《盛世徵等关于助款雇工掩埋尸体致南京市抗战损失调查委员会呈文》（1946 年 1 月 9 日），南京市档案馆藏，档案号 1024—1—35126。

④ 市民芮芳缘、张鸿儒、杨广才关于义务掩埋被难军民尸体的结文，1945 年 12 月 8 日，南京市档案馆藏，档案号 1024—1—35126。

序的中国警察400余名、放下武器的中国军人和平民1000余名，总共2000余人，排成4队，押至汉中门内，再由士兵手执长绳，每批圈出100余人押至该城门外的秦淮河边，用机枪扫射，再以刺刀捅刺，后加木柴、汽油焚烧。在这场大屠杀中幸存下来的交通警察伍长德先遭刀刺，又被火烤，在尸堆中侥幸脱险，后在鼓楼医院医治50多日才出院。战后，伍长德回忆："下午一点到达汉中门，要我们这两千多人都在城门里停下来，并被命令坐下。接着，两个日本兵拿着一根长绳子，一人手持一头，从人群中圈出一百多人，周围由大批日本兵押着，带往汉中门外，用机枪扫死。就这样，我眼看着这些被抓来的人们，每批一二百人，被用绳子圈起来，又一批一批地被带到汉中门外枪杀掉。"①

8. 江东门集体屠杀10000多名战俘和平民。江东门位于南京城西水西门外。南京陷落后，日军将江东门附近的10000余名被俘中国军人关在中央陆军监狱里，用机枪全部射杀。陆军第87师的一名叫刘世海的士兵与50余名放下武器的士兵，在12月16日或17日，于模范监狱门前，被十几个日军，"一起从四周冲上来，用军刀刺刀乱砍乱杀"。他说："同行的五十来人，只有我一人幸存，现在脖子上还有刀疤约十厘米。"②

我国台湾资深学者李恩涵先生根据日本军方的"战斗详报""战斗日记""阵中日记"等资料，整理出了一份日军在南京大屠杀中屠杀俘虏、"便衣兵"、"散兵"的"清单"。其中直接与屠杀俘虏有关的内容为：

12月13日，第16师团第33联队将俘虏3096人全部处死；

12月14日，第16师团第38联队于尧化门外俘7200人，17日处刑；

12月14日（？），第114师团第66联队杀俘一千数百人；

12月14—17日，第13师团第65联队于幕府山长江江岸大湾子处死俘虏13500人（或15000人，或14777人）；

12月15日，第6师团第23联队于水西门附近将俘虏约2000人处刑；

第16师团第38联队将俘虏200人于马群处刑。③

① 《伍长德证言》，"南京大屠杀"史料编辑委员会等编：《侵华日军南京大屠杀史料》，江苏古籍出版社1985年版，第399页。

② 《刘世海证言》，"南京大屠杀"史料编辑委员会等编：《侵华日军南京大屠杀史料》，江苏古籍出版社1985年版，第401—402页。

③ 李恩涵：《日本军战争暴行之研究》，台北商务印书馆1994年版，第30—32页。

仅以上列举之不完全统计，已有27000余名俘虏被屠杀。

此外，尚有为数众多的所谓“败残兵”“散兵”“便衣兵”被集体屠杀。不过，这一数字中，还包含了许多被指认为“兵”的无辜平民在内。据李恩涵先生所整理的资料，这一类屠杀主要有：

12月12—13日，第6师团第45联队“歼灭”由城内及下关脱出之“兵民”万余人；

12月14日，第16师团第30旅团在太平门处刑“败残兵”数千人；

12月14日，第16师团第9联队将4000名“散兵”，在城外“连行”（屠杀）；

12月14日至1938年1月5日，南京西部警备司令官佐佐木到一将城内“便衣兵”2000人、城外“便衣兵”数千人，在下关集体屠杀；

第9师团右翼部队在城内“扫荡”，“歼灭”“败残兵”7000余名；

第16师团第30旅团在紫金山北“扫荡”、处死“散兵”数百人；

第16师团第20联队自“安全区”捕“散兵”约500人处刑。①

有一部分放下武器的军人，离开了成建制的部队，脱下军装，分散进入安全区或市民家中。这部分军人，绝大部分经过日军仔细检查，包括额头有无帽痕，手心、肩头有无老茧等特征，与部分无辜青壮年市民一同被拉出处死。

此外，日军还采用“良民登记”的办法，欺骗那些放下武器的士兵与部分没有当过兵的百姓出来“自首”，然后加以杀害。南京安全区国际委员会总干事乔治·费奇在一封信中，记录了发生在金陵大学难民区240名“自首者”遭到屠杀的事实。他写道：12月26日，“金陵大学内，登记的手续开始了。日方扬言如果中国兵能够出来自首，将罚做夫役，可以保全生命。约二百四十人真出来自首了，他们却全给捆载而去。其中有两三个人受伤后佯装已死，乘机逃脱，到医院来求治。据他们说，一群给机关枪扫射，一群则为日军刺刀演习的靶子。”②

日军无视国际公约，对中国被俘军人疯狂进行集体屠杀的野蛮行径，使南京大屠杀达到高潮。约9万名被俘军人在短短一两周里惨遭杀戮，这是中国抗日力量的重大损失，更显日本军国主义的野蛮本性。

---

① 李恩涵：《日本军战争暴行之研究》，台北商务印书馆1994年版，第30—32页。

② 〔英〕田伯烈著、杨明译：《外人目睹中之日军暴行》，国民出版社1938年版，第36页。

二　草鞋峡战俘暴动

哪里有屠杀，那里就会有反抗。面对穷凶极恶的侵略者，如果说个别的反抗是英雄的壮举，那么成规模的抗争，则更加可贵。南京大屠杀期间，草鞋峡就曾发生较大规模的战俘暴动。

提及“暴动”一词，不言而喻，其本身已经包含了“集团”与“群体”的意思，不可能将三五个少数人的反抗行为称为“暴动”。最早在文献资料上出现的南京大屠杀中草鞋峡暴动内容，是1950年2月10日《新华日报》发表的一篇文章，该文记载有幸存者曰：“十六日晚，用铁丝或绳索绑腿，两人一扎，排成四路，驱至下关草鞋峡，用机枪悉予扫射，此时被害者鼓勇前呼‘夺枪夺枪’。”[①]20多年后，南京大学历史系高兴祖老师在其执笔的著作《日本帝国主义在南京的大屠杀》一书中，根据上述幸存者叙述等资料，又一次向读者演绎了发生在草鞋峡的暴动情景。书中写道：“在草鞋峡被屠杀的五万多名士兵，在日寇几十挺机枪的扫射中，自知必死，因而不顾弹雨，不顾刺刀，大声高喊‘夺枪！夺枪！’拼命向日寇冲去，前面的倒下了，后面的又扑上去，前仆后继，络续不绝，直到全部牺牲为止。”[②]上述中方最早关于草鞋峡暴动的文字，仅仅提示了暴动事实的存在，但是对于暴动的具体场景，描述尚较模糊，语焉不详。其中有些内容，尚与后来发现的其他资料存在交叉与矛盾。

综合各方面资料可知，草鞋峡暴动是发生于1937年12月16日与17日两天，由同一批被拘押者、对付同一支日军部队，分作两次进行的集体反抗行动。

首先是在12月16日，被日军山田支队从乌龙山开始，一路收容、押解至幕府山麓的数千名战俘与难民，利用生火做饭的机会，可能是故意制造了由火灾而产生的混乱，冲出火场，实施暴动。日军步兵第65联队第4中队补充兵少尉宫本省吾在12月16日的日记中写道：“转眼之间就在吃午饭时，突然起火，引起骚动，非常混乱。烧了三分之一左右。”[③]该联队第8中队远藤高明少尉在同一天的日记中也记载：“12时30分，因俘虏收容所失火，奉命出动。”[④]据该联队负责警备

① 《南京人民的仇恨——记“南京大屠杀”》，《新华日报》1950年2月10日，第3版。

② 南京大学历史系编著：《日本帝国主义在南京的大屠杀》，1979年内部版，第65页。

③ 〔日〕本多胜一著，刘春明等译校：《南京大屠杀始末采访录》，北岳文艺出版社2001年版，第323页。

④ 《远藤高明阵中日记》，王卫星编：《南京大屠杀史料集》第9册《日军官兵日记与书信》，江苏人民出版社、凤凰出版社2006年版，第54页。

工作的第 12 中队士兵回忆："虽然我们的警戒并不严，但他们却开始复仇了。一下子两栋房子就全部被烧毁，一半左右的士兵趁机逃走了。"该中队八卷竹雄中尉还发现，在被拘押者中有一位中校参谋指挥了这次暴动。八卷写道："在他们之中，有一个被称为参谋的中校。他虽然混在一般士兵里，态度却一直没有妥协过。看起来他好像负责内部指挥。"①

在中国方面，也保存了被拘押者关于 16 日这一天在火灾中实施暴动的记录。当时被拘押在幕府山兵营中的教导总队士兵唐广普，目睹并亲身经历了惨烈的草鞋峡暴动。军旅作家徐志耕在对唐广普的采访记录中写道："第四天，一个讲四川口音的国民党兵悄悄地说：'跑啊，不跑不得了！'怎么跑呢？那天夜里，这个四川兵把芦席草盖的大礼堂点着了。一刹时，风吼火啸，烈焰腾空！唐广普在礼堂斜对面的一排草房子里。草房子里的人都冲出了门朝外面奔跑。日本兵的军号嘀嘀哒哒地吹起来了，四周的机关枪开火了，已经爬上铁丝网的，像风扫落叶般地倒下来，踩着人背跳下了壕沟的，也因爬不上陡峭的沟壁而被枪弹打死在深沟中"。②

紧接着，在火场暴动的次日即 12 月 17 日，又发生了一次更加悲壮、激烈的屠场暴动。在这次暴动中，又有数千名暴动者，面对喷射火舌的机枪，勇敢抗争，企图冲出屠场。

日本作家藤原审尔在长篇纪实文章《众所周知的事》中，对草鞋峡暴动的事实作了详细的叙述。文中记录了参与处理该处尸体的日军步兵第 65 联队一个士兵的叙述。这个士兵说：

在我们来清理的前夜，两个机枪小队奉命一起从路上朝集中在下面沙滩上的人群射击，发布此命令的高级军官大概认为：对方没有防备，加上已断粮一星期，体力已消耗殆尽，两个小队的机枪就足够了。而他们失算了。他们忽视了那些面临死亡的人们发疯般挣扎所爆发出的异常力量……

夜幕刚一降临，机枪就咆哮着开始射击了。"哇"地一声，难民们的怒火一下爆发出来。刹那间，他们意识到喷着火舌的机枪意味着什么。他们大声呐喊着像雪崩似的朝着机枪小队冲过去。毕竟是潮水般人群，就像聚集着覆盖整个宫城

① 《战争与人》，王卫星编：《南京大屠杀史料集》第 10 册《日军官兵与随军记者回忆》，江苏人民出版社、凤凰出版社 2006 年版，第 370—371 页。

② 徐志耕：《南京大屠杀》，昆仑出版社 1987 年版，第 112—113 页。

前广场的人群，满腔怒火地蜂拥而至，两个机枪小队一下被冲垮了。[①]

日军负责执行屠杀任务的步兵第65联队第1机关枪中队准尉箭内享三郎，回忆17日暴动那惊心动魄的一刻时说："去江边集合的最紧张时刻，一瞬间暴乱发生了。他们一起站了起来，开始挥舞着树枝什么的袭击卫兵，打倒他们然后逃跑。有的跳进江水里，有的向陆地上跑，黑夜中的突然事件就这么发生了。"[②]

中国军人突如其来的暴动，打乱了屠杀者的阵脚，使得日军部队一片惊慌。日军的机枪，甚至在慌乱中向自己的部队开火。身临现场的该联队第5中队角田荣一中队长说："当时非常混乱，虽然我跟在队伍最后面，可是由于我方的枪弹也朝自己人射过来了，所以还是不得不趴下来躲避。"[③]

南京守军教导总队士兵唐广普也亲历了这一天的江边暴动。徐志耕在采访中详细记录了他们互相松绑和实施暴动的场景。他写道："他用牙齿咬开了前面一个人手膀上的布条结，后面的人帮他解开了手腕上的布条。你帮我，我帮你，唐广普周围的人大多都松了绑。"对于暴动的悲壮景况，徐志耕记述：

"卡死他！卡死他！"

"夺枪！夺枪！"

"要死一起死！"

骚动中传来了一阵又一阵的叫喊声。

俘虏们三四个人拖住一个日本兵，用拳头揍，用手扼，用脚踢牙咬！鬼子们扔掉了枪，哇哇地乱叫。腿脚快的都跑上了大路。这时，四面的重机枪一齐开火了。……"哒哒哒哒"的机枪声吼叫了二十多分钟后停了。江滩上密密麻麻地躺满了血淋淋的尸体。还有人在爬行、在滚动。[④]

17日的江边暴动，暴动者徒手与日军进行了惨烈的搏斗，有的还夺过日军

---

① 藤原审尔：《众所周知的事——百万支那派遣军造成的中国妇女受难记》，王卫星编：《南京大屠杀史料集》第10册《日军官兵与随军记者回忆》，江苏人民出版社、凤凰出版社2006年版，第192页。

② 《战争与人》，王卫星编：《南京大屠杀史料集》第10册《日军官兵与随军记者回忆》，江苏人民出版社、凤凰出版社2006年版，第376页。

③ 《战争与人》，王卫星编：《南京大屠杀史料集》第10册《日军官兵与随军记者回忆》，江苏人民出版社、凤凰出版社2006年版，第376页。

④ 徐志耕：《南京大屠杀》，昆仑出版社1987年版，第115—116页。

手中的刀枪作为自己的武器，杀向对方。在黑夜的搏斗中，执行屠杀任务的日军已分不清敌我，出现了误伤己方的情况。这样，便造成了部分日军官兵的伤亡。日军步兵第65联队第1大队上等兵荒海清卫直接参加了现场屠杀，他在这一天的日记中确认："今天在山里，大队出现伤亡者。"①据日方资料记载，该联队第12中队八卷竹雄中尉在将俘虏从幕府山押向扬子江边时，途中俘虏们就开始逃跑，八卷所在中队有的士兵被俘虏挟持走，然后被杀死。②该联队机关枪中队大友登茂树少尉回忆，步兵第65联队在这次暴动中共有官兵7人毙命，他说："我的中队里也死了军官。他被卷入俘虏的暴乱之中，身上被刺达七处之多。"他甚至认为，"在那样的暴乱中联队只死了七人，或许的确算得上是比较少的了。"③该联队宫本省吾少尉在12月17日的日记中也记载了这次暴动对日军造成的损伤。日记称："终于出现大漏洞，友邻部队也付出好几名死伤者。我们中队死一人，伤二人。"④该联队第1中队上等兵伊藤喜八在日记中称，在17日的暴动中，日军死亡了10人。他在12月18日的阵中日记中记述："下午去枪杀现场观摩，那场面惨不忍睹。我军阵亡10人，还有一些受伤者。"⑤也有亲见现场暴动的日军士兵认为，在暴动中日军总共伤亡了10多人。一个化名为"小林"的辎重兵说：暴动中日本兵的"战死者"，"有的是刀或者枪被夺而遭祸的；有的是在夜幕的混乱中发生内讧而致伤亡的"。"据认为，日本兵这样的伤亡者有十来个。"日本记者本多胜一在采访记录中写道："离小林不到两米的地方，有一个士兵也躺倒在地，但实际上已腹部中弹当即死亡。他叫渡边，须贺川人，比小林年轻两三岁。"⑥在有关暴动造成日军伤亡人数的说法中，甚至有说法是两个小队。藤原审尔写道："……熊熊火墙，挡住了蜂拥逃离人群的去路，无法逃跑的结果是统统死光。然而，听说其代价是友军的两个小队也葬身其中，

① 《荒海清卫日记》，王卫星编：《南京大屠杀史料集》第9册《日军官兵日记与书信》，江苏人民出版社、凤凰出版社2006年版，第125页。

② 《战争与人》，王卫星编：《南京大屠杀史料集》第10册《日军官兵与随军记者回忆》，江苏人民出版社、凤凰出版社2006年版，第375页。

③ 《战争与人》，王卫星编：《南京大屠杀史料集》第10册《日军官兵与随军记者回忆》，江苏人民出版社、凤凰出版社2006年版，第376页。

④ 〔日〕本多胜一著、刘春明等译校：《南京大屠杀始末采访录》，北岳文艺出版社2001年版，第378页。

⑤ 《伊藤喜八阵中日记》，王卫星编：《南京大屠杀史料集》第9册《日军官兵日记与书信》，江苏人民出版社、凤凰出版社2006年版，第148页。

⑥ 〔日〕本多胜一著，刘春明等译校：《南京大屠杀始末采访录》，北岳文艺出版社2001年版，第385页。

随人群而去了。”[①] 日军的一个小队，相当于中国军队中的一个排，应有 30 人左右，两个小队共有六七十人。这个数字也许不准确，有所夸大，但可见暴动给日军造成的伤亡和损失之大。

作为草鞋峡集体暴动主体的部队，主要有：

1. 教导总队。该部队参战前有 3.5 万人，最后安全撤退后方者只有约 4000 人，除在守卫紫金山战斗中有大量伤亡外，其大多数损失应发生在撤退中。就地域看，从紫金山防地向西渡江，草鞋峡、燕子矶一带是最近的地点。该部副总队长兼第 1 旅旅长周振强曾于 12 日召集各部指挥官商定，由工兵团“到下关煤炭港、燕子矶之间准备渡河器材”，各部队“向煤炭港、燕子矶之间方向撤退，设法渡江”[②]。其第 2 旅第 3 团团附彭月翔在回忆文章中写道：12 月 13 日上午，“我第三团撤退到燕子矶地区后，部队已失去掌握，团部的人已被冲散。”[③] 日本《东京朝日新闻》特派员横田，先后于 12 月 15 日、16 日发出的战地报道中，均点明被俘军人包括了大批教导总队的官兵。他在 15 日的报道中，以“在江岸俘虏 15000 名敌兵 / 有军官学校、教导总队等的士兵”为题。其 16 日报道称：“这些人都是蒋介石的嫡系部队，是穿统一军服的教导总队的士兵。”“根据目前的了解，俘虏中有十名军官，领头的是教导总队的参谋沈博施。”[④] 从报道的口气分析，教导总队的官兵在这批被俘人员中，占了相当大的数量。

2. 第 78 军。该军仅有第 36 师一个师，由宋希濂军长兼任师长，全部参战兵员为 11968 人。战役中，除补充第 2 团曾参加汤山附近战斗，有所伤亡外，其他各部均负责城内警戒，未与日军交战，但安全撤退者仅 4937 人，损失达 7188 人之多。12 日、13 日间在和平门外执行掩护任务的第 215 团、第 216 团、工兵营、辎重营等部，均流散、滞留于和平门外幕府山、煤炭山一带，成为日军山田支队捕俘的对象。该部第 215 团小炮连一等炮手石明，曾亲身经历了草鞋峡的集体屠杀，身中机枪

---

① 藤原审尔:《众所周知的事——百万支那派遣军造成的中国妇女受难记》，王卫星编:《南京大屠杀史料集》第 10 册《日军官兵与随军记者回忆》，江苏人民出版社、凤凰出版社 2006 年版，第 192 页。

② 周振强：《蒋介石的铁卫队——教导总队》，马振犊等编：《南京大屠杀史料集》第 2 册《南京保卫战》，江苏人民出版社、凤凰出版社 2005 年版，第 252 页。

③ 彭月翔:《从坚守阵地到北撤长江》，中国人民政治协商会议全国委员会文史资料研究委员会《南京保卫战》编审组编：《原国民党将领抗日战争亲历记 · 南京保卫战》，中国文史出版社 1987 年版，第 176 页。

④ 《在江岸俘虏 15000 名敌兵 / 有军官学校、教导总队等的士兵》《不知如何处理的大批俘虏 / 挤满 22 间屋子 / 粮食不足令人困惑》，王卫星编，王卫星、李斌等译:《南京大屠杀史料集》第 59 册《〈东京朝日新闻〉与〈读卖新闻〉报道》，江苏人民出版社 2010 年版，第 241 页、第 246 页。

子弹，又被刺中 3 刀。[①] 当年曾参加攻击南京作战的日本军事史学家犬饲总一郎在《南京攻防战之真相》一文中写道，在“幕府山附近的数千败残兵”中，包括了“来自南京以南芜湖的第三十六师约四千名补充新兵中的大部分”[②]。

3. 第 66 军和第 83 军。该二军均属粤系部队，又称广东军。在从南京撤退时，这两支部队结合在一起，是唯一冲破当面敌军突围出去的部队。该部粤军于 12 月 12 日晚 7 时在太平门集中出发，途经岔路口、尧化门、仙鹤门、汤山等地，不断与日军右翼左侧之第 16、第 3 师团遭遇作战，自 13 日凌晨起至午前、午后，第 83 军与第 66 军先后溃散，逐渐失去建制，无法有效实施指挥。故该部突围路线虽远离长江边，但在群龙无首、一盘散沙的情况下，会有众多士兵迷走于突围路线周边的幕府山、燕子矶一带。前述犬饲总一郎在《南京攻防战之真相》一文中，也同时指出，在幕府山附近俘获的中国军人，包含了“残余的广东军部队”[③]。

4. 第 88 师。该部自淞沪战场撤退来京，有 6000 人，后又补入金陵师管区拨交的部分新兵，约有 1 万人投入南京保卫战。最后撤退收拢者只 3000 人左右。该部固在惨烈战斗中牺牲众多，但于撤退中被俘、散失者当亦不在少数。该部所坚守阵地，本离草鞋峡一带长江边甚远，后由于撤退路线乃为出城北挹江门，沿长江向北寻找渡口，故达于草鞋峡及其以北一带。第 72 军军长兼第 88 师师长孙元良后来在回忆录中写道：“若干残破的部队撤退到下关江边时，只有临流徘徊了。”[④] 日本战地记者横田于 12 月 15 日发出电讯称，步兵第 65 联队两角部队于 14 日占领幕府山炮台后，俘虏了包含“第八十八师”在内的共计 14777 名中国军人。[⑤]

至于草鞋峡暴动的屠杀者亦即暴动的抗争对象，则为日军第 13 师团之山田支队。

以荻洲立兵中将为师团长的第 13 师团与第 9、第 16 师团，以及第 3、第 11 师团的部分兵力，同属日军攻击南京之右翼部队，而第 13 师团又处该翼之右侧。

① 杨克林、曹红：《中国抗日战争图志》中册，香港天地图书有限公司 1992 年版，第 378 页。

② 犬饲总一郎：《南京攻防战之真相》，王卫星编，叶琳等译：《南京大屠杀史料集》第 33 册《日军官兵回忆》，江苏人民出版社 2007 年版，第 126 页。

③ 犬饲总一郎：《南京攻防战之真相》，王卫星编，叶琳等译：《南京大屠杀史料集》第 33 册《日军官兵回忆》，江苏人民出版社 2007 年版，第 126 页。

④ 孙元良：《亿万光年中的一瞬——孙元良回忆录》，台北世界出版社（台内著字第 4573 号）1974 年版，第 237—238 页。

⑤ 《在江岸俘虏 15000 名敌兵 / 有军官学校、教导总队等的士兵》，王卫星编，王卫星、李斌等译：《南京大屠杀史料集》第 59 册《〈东京朝日新闻〉与〈读卖新闻〉报道》，江苏人民出版社 2010 年版，第 241 页。

该师团系按1937年9月9日动员令，在福岛县新组编的“特设师团”，亦即“在常设师团的动员计划外，以召集来的后备役为主体”的“后备师团”，“其兵士的大部分是现役期满后5—15年的30来岁的后备兵”。[①]因此，这支部队的主力乃为服役多年、训练有素的老兵。第13师团于10月1日在吴淞口登陆、编入上海派遣军序列后，先后于11月14日占浏河镇、12月2日占江阴、12月11日占镇江。12月11日当天，上海派遣军在计划由第13师团之沼田支队从镇江渡江北上，攻占靖江、扬州、滁县等地的同时，下令组建了山田支队，其任务是沿长江南岸西进，在第16师团的右侧后，切断南京守军向后方转移的退路。

山田支队由第13师团所属之第103旅团旅团长山田梅二少将统率，以两角业作大佐所部步兵第65联队为其主力，此外还配属了山炮兵第19联队、工兵第13联队、骑兵第17大队、辎重兵第13联队的部分兵力。[②]该支队组建后，立即沿江南铁路线西北侧的长江边，由镇江经高资、栖霞山，直扑南京城北郊的乌龙山、幕府山。《东京朝日新闻》报道称：“从镇江沿扬子江岸长驱直入进击而来的两角部队，于13日占领了乌龙山炮台，14日又占领了幕府山炮台。”[③]正是这支山田支队，充当了对草鞋峡战俘的集体屠杀者与镇压战俘集体暴动的刽子手。

需要补充说明的是，虽然在日本报纸的报道中，提及山田支队俘获了一二万名中国军人时，多将此举记在“两角部队”即步兵第65联队的名下，但实际上，草鞋峡暴动的抗争对象、镇压暴动的部队，还包括了山田支队的其他部队。该支队山炮兵第19联队第8中队伍长近藤荣四郎记称，他于12月16日发生火灾的当晚，“前去与担任警卫的中队交接换班……最终将20000人中的三分之一，即7000人拉到扬子江边枪决。”[④]另一名同属山炮兵第19联队的第3大队伍长目黑福治，于12月17日的日记中写道：“下午5时，前去执行枪杀13000名敌军俘虏的任务。”[⑤]

---

① 〔日〕小野贤二、藤原彰、本多胜一编，李一杰、吴绍沅译：《南京大屠杀——日军士兵战场日记》，社会科学文献出版社2007年版，“解说”第1页。

② 〔日〕小野贤二：《第13师团山田支队的南京大屠杀》，陈安吉主编：《侵华日军南京大屠杀国际学术研讨会论文集》，安徽大学出版社1998年版，第99页；孙宅巍：《南京保卫战史》，南京出版社2014年版，第55—56页。

③ 《在江岸俘虏15000名敌兵/有军官学校、教导总队等的士兵》，王卫星编，王卫星、李斌等译：《南京大屠杀史料集》第59册《〈东京朝日新闻〉与〈读卖新闻〉报道》，江苏人民出版社2010年版，241页。

④ 《近藤荣四郎阵中日记》，王卫星编：《南京大屠杀史料集》第9册《日军官兵日记与书信》，江苏人民出版社、凤凰出版社2006年版，第89页。

⑤ 《目黑福治阵中日记》，王卫星编：《南京大屠杀史料集》第9册《日军官兵日记与书信》，江苏人民出版社、凤凰出版社2006年版，第105页。

由此可见，镇压草鞋峡暴动、屠杀参与暴动之中国军人的部队，不仅仅是步兵第65联队两角业作所部，而且还包括了支队中的山炮兵第19联队等其他部队。

草鞋峡战俘集体暴动，以其数千人参加的惊人规模，使它在南京大屠杀的抗争历史中，具有标志性、象征性、代表性的地位。它同那些个别的、分散的反抗行动，虽然在本质上有着相同的属性，但却具有完全不同的力度和影响。它是南京军民在南京大屠杀中顽强抗争的标志性事件。实事求是地揭示草鞋峡暴动的历史真相，对于全面、完整地诠释和解读南京保卫战、南京大屠杀的历史，有着重要的意义。

草鞋峡战俘的暴动壮举，是南京保卫战的继续及其悲壮的尾声。它再现了南京军民的铮铮铁骨，展示了南京军民顽强不屈的精神风貌。它是南京这座英雄城市的光辉写照和不朽丰碑。

第三节 城陷后的战斗

一 绝境中的抗争

南京陷落前后，中国守军的撤退虽然混乱且损失惨重，但广大官兵怀着对日本侵略者的仇恨，发扬了崇高的爱国主义精神，同日军进行了最后的拼死搏斗。

中日双方记者曾多次报道南京巷战的情况。中央社记者在采访了几位由南京逃出的难民后，报道了中国军人继续抵抗的激烈巷战，称："军人爱国，杀敌心切，于是十三日晨曦中，城内外各处枪声大作，敌我巷战开始，冲锋肉搏，我孤军均作壮烈卫士之牺牲。"①记者范式之报道称："十三日拂晓，敌我已在城内各处发生巷战。"②日方特派员浮岛也于13日从南京城发出急电："今晨以来，构成南京攻防战最后一幕的大巷战和大歼灭战正在展开"，中国军队"正在进行垂死挣扎"。③日本同盟社在这一天发出了如下电讯："敌人在城内明故宫第一线主阵地集中火力阻止我军的攻击，进行顽强抵抗。枪炮声震撼着天地。"④

巷战的地点，从南到北，从东到西，遍布全城各处。《东方杂志》详细报道了12月13日南京沦陷当天中日两军在中华门、水西门及城南一带发生激烈巷战的情况，其消息称：

① 《失守后的南京》，《闽政与公余》第20期，1938年1月。

② 范式之：《敌蹂躏下的南京》，"南京大屠杀"史料编辑委员会等编：《侵华日军南京大屠杀史料》，江苏古籍出版社1985年版，第120页。

③ 〔日〕本多胜一著，刘春明等译校：《南京大屠杀始末采访录》，北岳文艺出版社2001年版，第261—262页。

④《强渡城墙下河流/各部队从中山门突入/在明故宫方面展开激烈巷战》，王卫星编，王卫星、李斌等译：《南京大屠杀史料集》第59册《〈东京朝日新闻〉与〈读卖新闻〉报道》，江苏人民出版社2010年版，第437页。

至十三日晨，日军又冲破中华门，沿中山路进迫。我军节节抵抗，发生剧烈巷战。日军同时又由紫金山发炮攻城，我军亦于狮子山还炮抵抗，枪声、炮声响若巨雷，自朝至暮无时或息，我军壮烈牺牲者甚众，日军伤亡亦极重。战至正午，水西门亦破，于是城之西南一带皆发生空前巷战，全城火光冲天……[①]

英国路透社记者史密斯是南京陷落时留在南京的5位西方记者之一，他撰写了关于失陷前南京战情的报告摘要。史密斯对于城南巷战情况的报告内容如下："（12日）下午晚些时候，部队从南城总撤退。整个师秩序井然地北撤。只有1000人留在南城。他们勇敢地坚持巷战。到了午夜，他们全部被歼……12月13日早晨，城里还看不到日本军队。南城还在中国人手中。前夜里，南城门前发生了激烈的战斗，阵亡的中国士兵已逾千人。"[②] 他在另一篇发给《北京时报》的报道中，这样描述担任后卫的中国军队的勇敢战斗情景："担任后卫的部队勇敢地战斗，阻遏日军前进。机枪通宵达旦猛烈地扫射，在午夜时分达到最高潮，许多城防部队的军人在城外战死，目击者后来在那儿见到上千具中国军人的尸体。"[③]

一些留在战地的美国记者，目睹中国守军对每一寸土地的最后坚守，由衷赞叹"中国军人展示英勇气概"，他们是真正的英雄。美国记者哈立德·埃邦德在发往《纽约时报》的一篇特讯中称："中国军人在南京再次展现了能够经受艰难困苦的非凡能力，并在任何军人都为之胆寒的条件下，坚守阵地。在大多数情况下他们没有酬劳，吃不饱，也没有条件救护伤员，但是中国军人逼迫日军为城门附近的每一寸土地付出巨大的代价。"[④] 美国派拉蒙新闻电影社的摄影记者门肯在南京城陷后发出的一篇电讯中，称赞一位守军二等兵是"未被颂扬的英雄"。他在电讯中说："对我来说，南京城陷落之际，未被颂扬的英雄是位无名的中国二等兵。他的行为也许救了我和来自得克萨斯州的《纽约时报》记者提尔曼·杜丁的命。我们在中央饭店附近的中山路上行走，这位二等兵示意我们到路边去，他

① 《南京沦陷经过》，马振犊等编：《南京大屠杀史料集》第2册《南京保卫战》，江苏人民出版社、凤凰出版社2005年版，第137页。

② 《路透社记者史密斯先生关于1937年12月9日至15日南京战情的报告摘要》，《抗日战争研究》1991年第2期。

③ 《目击者叙说南京的陷落》，张生编：《南京大屠杀史料集》第6册《外国媒体报道与德国使馆报告》，江苏人民出版社、凤凰出版社2005年版，第81页。

④ 《南京遭围困》，张生编：《南京大屠杀史料集》第6册《外国媒体报道与德国使馆报告》，江苏人民出版社、凤凰出版社2005年版，第79页。

正和一群士兵进行最后的抵抗战斗。我们弯腰钻进安全地带后，日军的坦克在街上隆隆驶来，机枪喷着火舌。坦克走后，我们发现二等兵和他的战友都倒在街头牺牲了。”①

一些在撤退中走散了的小部队，在混乱中各自为战，在高阶军官的带领下，同遭遇的日军顽强战斗。

炮兵第 42 团一位叫沈咸的副连长曾经亲自指挥了市中心附近的巷战。他率领 18 名官兵在往江边撤退的途中，不断与侵入城内的日军展开战斗，并在莲花桥附近，主动向正在屠杀百姓的 6 个日军发起攻击，将这些日军统统消灭，他们自己则阵亡 5 人。据沈咸回忆：“（12 月 13 日）下午，我们官兵十九人多次绕过敌人火力网撤退到太平北路莲花桥一带，向江边靠拢，途中又牺牲了三个兄弟。这时，来人报告：有六个敌兵在杀害近百名的老百姓。我当即命令：‘向敌人袭击！’终将敌兵统统杀死，收缴了武器。我们也有两名士兵阵亡。”②

第 87 师的一位叫张谊的工兵营上尉连长，于 13 日率全连官兵，先后在山西路小学与古林寺占据有利地形，与日军展开激烈战斗，直至 100 余名官兵全部壮烈牺牲。张谊率部“占据山西路小学的一幢二层楼房，以轻重机枪和步枪向日寇开火，打得日寇措手不及，十余步骑兵中弹倒下。日寇指挥官很感意外，遂组织火力还击，以期歼灭这些不怕死的中国兵。双方持续交火达两小时”。在山西路小学的战斗中，张谊部牺牲 20 余人，但又有其他部队被打散的官兵 40 余人加入这支工兵连队伍。该部于天黑后，撤离山西路小学，经三步两桥、清凉古道、古平岗，来到古林寺。14 日晨，“数百日军已越过古平岗，向古林寺扑了过来，枪声炮声四起，张谊急忙指挥官兵们奋勇还击，战斗打得相当激烈。张谊知道已被日寇包围，决心以死殉国，他们拒绝投降，一直打到弹药耗光，犹以枪刺迎向敌人，直到一百多人全部战死。”③

宪兵副司令、首都警察厅厅长萧山令将军在 13 日上午，于长江边指挥了宪兵部队与日军的遭遇激战。据文献记载：“时敌骑兵涌至，用机关枪向我撤退军民扫射，顿使无辜同胞，亦罹浩劫。”萧山令“目睹敌寇灭绝人性，滥杀无辜，当即振臂

① 《目击者描述中国军队溃退时南京的恐怖景象》，张生编：《南京大屠杀史料集》第 6 册《外国媒体报道与德国使馆报告》，江苏人民出版社、凤凰出版社 2005 年版，第 104 页。

② 沈咸：《高炮连参加南京保卫战简记》，中国人民政治协商会议全国委员会文史资料研究委员会《南京保卫战》编审组编：《原国民党将领抗日战争亲历记 · 南京保卫战》，中国文史出版社 1987 年版，第 226 页。

③ 王炳毅：《寻找消失在古林寺的抗日英雄》，《南京晨报》2005 年 3 月 31 日。

高呼杀敌，率先领导军警部队，与日军奋勇冲杀，致身负重创……于伤重殒命前，犹高呼‘中国不会亡’”。[①]

除了激烈的巷战，许多军民在牺牲前，面对敌人的屠刀和机枪，怒目而视，高呼口号，威武不屈。据目击者记述，“受难的同志，全身鲜血淋漓”，“依然叫骂怒视”[②]。当日军在汉中门外、中山码头等地进行集体屠杀时，都出现了中国军民呼喊“打倒日本帝国主义”口号的壮烈场面。

在国民政府司法院，数十名被俘士兵被强迫攀登四层楼的屋顶。这些士兵自知不是中途摔死，就是被日军纵火烧死，便奋不顾身地去夺取敌人手中的武器，甚至用牙齿咬住敌人的耳朵或腿部。他们虽然全部牺牲了，但是也当场打死了几个日本兵。[③]

中国军人在城陷后进行的巷战与各种战斗，是南京保卫战的继续与延伸，也是南京城陷后长期抗击日本侵略者的开始。

二　中苏战机空袭南京

在中国全面抗战阶段，苏联援华志愿航空队为中国的抗日战争作出了重要贡献。全面抗战爆发后，牺牲在中国战场的第一位国际友军战士，正是来自苏联的援华志愿航空队。苏联政府为支援中国人民的抗日战争，自 1937 年 10 月起，即开始派遣空军志愿队来华作战。当年，其最初的空军志愿队拥有飞机 168 架，共 701 人，组成 4 个大队，分驻南昌、汉口、南京，联队长基达林斯基，副联队长马琴，政委塔留金，参谋长彼图霍夫，总工程师谢洛夫。不久，基达林斯基由于健康原因回国，马琴任联队长。[④] 自苏联援华志愿航空队来到中国后，至南京失陷，该志愿航空队数次参加对日空战，共击落日机 20 架。[⑤] 有不少苏联飞行员就牺牲在南京战场，长眠于南京紫金山麓的抗日航空烈士公墓。

① 秦孝仪主编：《中华民国重要史料初编 · 对日抗战时期》第 2 编（2），台北中国国民党中央委员会党史委员会 1981 年编印，第 239 页。

② “南京大屠杀”史料编辑委员会等编:《侵华日军南京大屠杀史料》,江苏古籍出版社 1985 年版,第 191 页。

③ 南京大学历史系编著：《日本帝国主义在南京的大屠杀》，1979 年内部版，第 65 页。

④ 马琴：《中国之行》，南京市政协文史资料委员会编：《蓝天碧血扬国威——中国空军抗战史料》，中国文史出版社 1990 年版，第 170 页、第 180 页。

⑤ 范方镇：《中国空军英勇抗战》，南京市政协文史资料委员会编：《蓝天碧血扬国威——中国空军抗战史料》，中国文史出版社 1990 年版，第 24 页。

作为全面抗战爆发后第一支援助中国的外国友军，苏联援华志愿航空队曾在南京空战中与中国空军并肩作战，从而为保卫南京立下赫赫战功。南京陷落后，苏联志愿航空队继续在武汉等地打击日军，并出击侵占南京的日军，与中国战机一道对已为日军占领的南京机场等军事设施进行了长期、多批次的空袭。

1938 年 1 月 2 日，苏联援华志愿航空队轰炸机大队由波留宁大队长率领，由南昌飞南京轰炸南京机场。在这次空袭行动中，共炸毁停驻在南京机场的日机 20 余架，苏联飞行员符多维英、射击士柯斯金和领航员弗洛罗夫阵亡，大队长波留宁的座机被击伤，在芜湖迫降，后在当地民众帮助下安返汉口。① 中苏飞行员此次空袭南京机场的行动，给南京民众和在南京坚持救济工作的国际友好人士以很大鼓舞。南京安全区国际委员会主席约翰·拉贝在 1 月 2 日的日记中写道："今天中国轰炸机首次飞到南京上空，对此我们虽然充满忧虑，却等待已久。它们绝不是作为朋友而来，而是作为敌人而来！它们投弹像日本人以前一样准确，但是到目前为止，谢天谢地，炸弹大多扔在了同一个地方，即城南的机场及其周围地区。日本人的飞机也出现了，但是很少，相当弱。"② 南京安全区国际委员会工作人员麦卡伦在致家人的日记信函中，提及发生在 1 月 2 日的空袭使日军惊慌失措的情况。他在 1 月 4 日的日记中写道："周一（按指 1 月 3 日）我没有记下我们经历了一场来自中国方面的真正空袭。我们差不多已经忘记了空袭是怎么回事。日方吃惊不小，对此毫无准备，惶然失措。后来日本飞机立即采取行动，疯狂反击。"③

1 月 25 日，中苏双方联合筹划再次出动飞机，空袭南京机场。为此，蒋介石在汉口接见了苏联空军顾问日加列夫、苏联空军轰炸机联队长马琴等人，并同他们研究了于近期空袭南京日军机场的行动。蒋介石说：

日本人在南京机场集中了大批轰炸机和战斗机，显然，他们最近就要袭击我们的目标，我希望空军能提前给南京机场一次打击，要尽可能快些。马琴先生希望战斗机能为轰炸机护航的建议我已经知道了，我们正在考虑这个问题，现在还

① 范方镇：《中国空军英勇抗战》，南京市政协文史资料委员会编：《蓝天碧血扬国威——中国空军抗战史料》，中国文史出版社 1990 年版，第 24 页。

② 〔德〕约翰·拉贝著，本书翻译组译：《拉贝日记》，江苏人民出版社、江苏教育出版社 2009 年版，第 263 页。

③ 《麦卡伦致家人函》，章开沅编译：《天理难容——美国传教士眼中的南京大屠杀（1937—1938）》，南京大学出版社 1999 年版，第 261 页。

没有这个可能，但我们要尽快解决。①

接着，经中国空军副总指挥毛邦初将军与苏方日加列夫、马琴等空军高级将领研究决定，由苏联援华志愿航空队于1月26日派出3个中队的СБ飞机去轰炸南京机场。参加这次空袭行动的苏方人员有：联队长马琴、总工程师谢洛夫，以及中队和分队队长穆拉维也夫、库兹涅佐夫、科兹洛夫、多贝斯和纽赫季林等。同时，还有几名中国飞行员随机执行任务。对其战斗任务的规定是：目标为南京机场，备用目标为南京东南铁路；队形为楔形队列；负载为50%爆破弹与50%燃烧弹；组织以中队为单位；高度为4300米，进行俯冲。②

1月26日，天刚放亮，苏联轰炸机联队的12架轰炸机便在联队长马琴的率领下，以3500—4000米的高度，从南昌出发，沿着长江飞向南京。由于长江上空有浓密的10级云量，联队决定在云层上进行轰炸。据联队长马琴介绍："敌人没有料到我们会这么早来袭击，密集和连续的轰炸，使整个机场都挨了炸弹……从机场上升起了巨大的火舌和一团团黑烟，响起了猛烈的爆炸声，停机坪上激荡着爆炸的气浪，机场周围笼罩在一片烟与火之中。这是加过油的日本轰炸机、油库和弹药库在爆炸和燃烧。"③

这次空袭行动，炸毁了大批停放在机场的日机。当苏联轰炸机联队完成了对南京机场的袭击开始返航时，10余架日军战斗机才慌忙升空追来。日机在攻击行动中，先后损毁4架。苏机也被击落1架，该机的机组人员，包括1名中国飞行员牺牲。南京安全区国际委员会主席拉贝在1月27日的日记中，记录下了中苏飞行员的这次空袭行动，日记写道：

昨天早上6点左右，我被一种很像是中国空袭警报的声音吵醒了。声音虽然不响，距离虽然不近，但并不因此而不清晰……终于，日本人也用上了电动警报系统（警报声持续了很长时间）。这是中国飞机在自己的机场上空轰炸……麦卡

① 马琴：《中国之行》，南京市政协文史资料委员会编：《蓝天碧血扬国威——中国空军抗战史料》，中国文史出版社1990年版，第182页。

② 马琴：《中国之行》，南京市政协文史资料委员会编：《蓝天碧血扬国威——中国空军抗战史料》，中国文史出版社1990年版，第183页。马琴回忆文中对此次轰炸南京的日期表述模糊，同书范文镇文《中国空军英勇抗战》中明确日期为1938年1月26日（第25页）。

③ 马琴：《中国之行》，南京市政协文史资料委员会编：《蓝天碧血扬国威——中国空军抗战史料》，中国文史出版社1990年版，第183页。

伦这时早已起床，正在机场附近为医院大批采购蔬菜。他亲眼看见一所房子被击中，顿时燃烧了起来。[①]

3月10日晨，中国空军战机再次飞临南京上空，轰炸南京日军机场，炸毁日机10余架。3月12日，是南京沦陷后的第一个孙中山先生逝世纪念日。为了凭吊中山先生，鼓舞南京人民的斗志，由中国空军第3大队第25中队中队长汤卜生驾驶单翼美式侦察机1架，低空飞入南京上空。汤卜生以惊人的勇气和娴熟的技艺，在中山陵上空盘旋数圈，以示谒陵。他驾机“绕着粉蓝的牌坊、祭坛、灵堂盘旋了三圈，带着举国的沉痛在灵堂上空摇翅致哀，一捧洁白的玉兰自空飘洒而下”[②]。汤卜生是湖北黄梅人，时年26岁，毕业于中央航空学校第三期，他奉命驾机来南京谒陵的行动，显示了中国空军的英武和勇敢，是对日本侵略者淫威的蔑视，使处于铁蹄下的南京人民倍感亲切，倍受鼓舞。

自武汉、广州等地失守后，随着中国人民的抗日战争转入艰苦的相持阶段，以及中、苏空军人员及战机的严重损耗，中国空军除一部分担任警戒任务外，大部转入整训，因而在一段时期内，也无力奔袭南京等日军占领区腹地。同时，苏联自1941年6月开始了卫国战争，再也抽不出力量支援中国的抗战。这年年底，在华的苏联军事人员基本都撤回国内，飞机和空军装备均移交给中国空军。当1941年12月太平洋战争爆发后，在美国的支援下，中国空军的实力又逐步得到恢复，并与美国驻华空军特遣队联手，袭击和轰炸日伪统治下的军事设施与有关机构，并给其造成重大损失。这严重威胁了日本侵略军在中国的大本营南京的所谓安全，亦使处于日军铁蹄下的南京人民深受鼓舞。这种行动一直断断续续地持续到1945年8月日军投降前夕。

---

① 〔德〕约翰·拉贝著，本书翻译组译：《拉贝日记》，江苏人民出版社、江苏教育出版社1997年版，第424—425页。

② 王苏红、王玉彬：《中国大空战》，转引自经盛鸿：《南京沦陷八年史（1937年12月13日—1945年8月15日）》（下册），社会科学文献出版社2005年版，第1111—1112页。

第四节 铭记英烈

一 殉国将领英名永存

英勇悲壮的南京保卫战，虽然由于主客观多方面的原因，最后以失败而告终，但是，中国军人在这一战役中所表现出来的英勇不屈、顽强奋战的精神，是中国人民与中华民族的宝贵精神财富。通过对军史档案逐一核实查证，笔者得知，中国守军在南京保卫战中，共牺牲 8 名将军，他们是：宪兵少将副司令萧山令，第 159 师少将副师长罗策群，第 156 师少将参谋长姚中英，第 160 师少将参谋长司徒非，第 87 师第 259 旅少将旅长易安华，第 88 师第 262 旅少将旅长朱赤、第 264 旅少将旅长高致嵩，第 156 师第 468 旅少将副旅长李绍嘉。其中，在经国民政府批准的请恤指令档案中注明追晋中将者有：萧山令、易安华、朱赤、高致嵩。[①] 此外，还牺牲了 13 名团长以上指挥官，他们是：第 58 师第 174 旅上校副旅长刘国用，第 112 师第 336 旅上校副旅长李兰池，第 159 师第 477 旅上校副旅长黄纪福、谢彩轩，教导总队第 3 旅上校副旅长雷震，第 51 师第 302 团上校团长程智，第 87 师补充旅补充团上校团长谢家珣，第 88 师补充旅第 1 团上校团长华品章、第 524 团上校团长韩宪元、第 527 团上校团长李杰，第 160 师第 956 团上校团长蔡如柏，教导总队第 1 旅第 1 团上校团长秦士铨、第 2 团上校团长谢承瑞。其中，在经国民政府批准的请恤指令档案中注明追晋少将者有：刘国用、雷震、程智、谢家珣、华品章、韩宪元、李杰、秦士铨、谢承瑞。[②] 在南京空战中阵亡（含重伤后牺牲者）

① 中国第二历史档案馆、侵华日军南京大屠杀遇难同胞纪念馆编：《南京保卫战殉难将士档案》，南京出版社 2007 年版，第 2307 页、第 605 页、第 711 页、第 735 页。

② 中国第二历史档案馆、侵华日军南京大屠杀遇难同胞纪念馆编：《南京保卫战殉难将士档案》，南京出版社 2007 年版，第 426 页、第 1631 页、第 326 页、第 589 页、第 735 页、第 712 页、第 713 页、第 1630 页、第 1631 页。

的空军飞行员有：乐以琴、黄居谷、刘炽徽、刘兰清、戴广进、傅啸宇、马金钟、曹芳震、张韬良、金正熹、游云章、敖居贤、蒋其炎、刘龙光、范涛共15名。[①] 他们和所有捐躯在南京战场的中国军人的英灵，将永远受到全中国人民的敬仰和铭记。兹将部分烈士的生平、事迹记录于后。

萧山令（1892—1937） 国民革命军宪兵少将副司令

萧山令，字铁侬，湖南益阳人，曾入读保定陆军军官学校第3期步兵科，初在湘军任排、连、营长，1926年参加北伐战争，历任副团长、参谋长等职，曾短期返回家乡任益阳县长。1932年宪兵司令部成立后，萧担任总务处长，1936年擢升少将参谋长，1937年3月，任宪兵副司令。11月南京国民政府西迁后，萧任代理宪兵司令、首都警备司令、防空司令、首都警察厅厅长等职。12月南京保卫战打响后，他督率宪兵在光华门、中山门、水西门、清凉山、上新河、棉花堤等地与日军激战，命令宪兵增筑城内街垒工事，准备巷战。12日下午，萧奉命指挥宪兵部队由下关撤退至江北，迨抵江边，苦乏船只，遂令部队分别乘木筏渡江。13日上午，日军先头部队已到达下关江边。他亲率残部阻击追兵，为民众及部队殿后，在战斗中身中数弹，当场阵亡。事后，国民政府追赠其为陆军中将。[②]1985年，湖南省人民政府追认其为革命烈士。2014年，萧山令入选《第一批著名抗日英烈和英雄群体名录》。

罗策群（1893—1937） 国民革命军陆军第66军第159师少将副师长

罗策群，广东兴宁人，曾入读保定军校第6期工科。1931年九一八事变后，他立下“不灭倭寇誓不还”的誓言。1937年全面抗战爆发后，罗任第159师第475旅旅长，率部参加淞沪会战，与日军血战九昼夜，所部牺牲过半，仍坚守不退，屡次击溃日军进攻，升任少将副师长。上海沦陷后，所部转战吴、锡、澄等地，12月初在南京汤山一带阻击日军。12月6日，面对日军飞机、重炮、坦克猛烈攻击，罗率部血战两昼夜，伤亡惨重。汤山失守后，其撤至明故宫一带，策应增援光华门。12日深夜，他指挥部队在太平门拆除沙包，奉为前锋，开辟突围通道。在与日军交火中，他身先士卒，冒密集弹雨冲锋在前，于太平门外岔路口中弹殉国。2014年，

① 南京航空烈士纪念馆提供。参考中国第二历史档案馆、侵华日军南京大屠杀遇难同胞纪念馆编：《南京保卫战殉难将士档案》，南京出版社2007年版；《保卫南京，13只“鹰”血洒长空》，《扬子晚报》2013年12月14日；徐霞梅：《陨落》，团结出版社2016年版；何邦立、徐夏文：《七十年前的南京空战》，《钟山风雨》2007年第6期等。

② 秦孝仪主编：《中华民国重要史料初编·对日抗战时期》第2编（2），台北中国国民党中央委员会党史委员会1981年编印，第239页。又据胡博、王戡所著《碧血千秋：抗日阵亡将军录》（武汉大学出版社2013年版，第80页）称，萧为以“手枪自杀殉职”。

罗策群入选《第一批著名抗日英烈和英雄群体名录》。

姚中英（1896—1937） 国民革命军陆军第83军第156师少将参谋长

姚中英，字若珠，广西平远人，曾入读黄埔军校第2期和陆军大学第8期，参加北伐战争，因作战勇敢，先后由排长晋升连长、营长、团长。1937年8月淞沪会战爆发后，他随部由广东韶关开赴上海。后因部队到达时，上海已经失陷，遂被调往苏锡常等地逐次抵抗日军进攻，其晋升为第83军第156师少将参谋长。12月初，姚部奉命退守南京，扼守汤山一带，阻止日军沿宁杭公路北犯，先后在汤山、紫金山、太平门一带与日军鏖战。12日下午，他率第932团断后，掩护师主力向太平门集中突围，于辗转冲杀时不幸中弹，壮烈殉国。2014年，姚中英入选《第一批著名抗日英烈和英雄群体名录》。

司徒非（1893—1937） 国民革命军陆军第66军第160师少将参谋长

司徒非，字严克，广东开平人，曾入读保定军校第6期骑兵科。1932年一·二八淞沪抗战时，他随第十九路军在上海抗击日军。1937年8月，其以总部少将高参身份就职第160师第477旅旅长，参加淞沪会战。上海沦陷后，他于12月初随军撤往南京，奉命驻守汤山、青龙山一带阵地。汤山失陷后，其率部退守紫金山东北。12月11日，他被任命为该师参谋长，12日夜，率部向东突围至句容时与日军拼杀，不幸中弹殉国。2015年，司徒非入选《第二批著名抗日英烈和英雄群体名录》。

易安华（1903—1937）[①] 国民革命军陆军第71军第87师第259旅少将旅长

易安华，字福如，号济臣，江西宜春人，曾入读黄埔军校第3期宪兵科，后参加北伐战争。1932年一·二八淞沪抗战时，他随第87师在上海闸北一线阻击日军。1933年冬，其升任第87师第522团上校团长。1937年8月，其率部参加八一三淞沪会战，升任第87师第259旅少将旅长，身先士卒，指挥有方。上海失陷后，他率部参加南京保卫战，在光华门、通济门一线布防，与日军第18旅团血战三昼夜，迫使日军转攻雨花台方向，旋率部向雨花台阵地反攻，12日晨，"饮弹阵亡于雨花台畔"[②]。1983年，中华人民共和国民政部追认其为革命烈士。2014年，易安华入选《第一批著名抗日英烈和英雄群体名录》。

---

① 参见胡博、王戡：《碧血千秋：抗日阵亡将军录》，武汉大学出版社2013年版，第69页；该书称易生于1903年5月31日（清光绪二十九年五月初五日）。另有称易生于1899年、1900年等诸说。现从胡、王说。

② 《易烈士安华事迹表》，中国第二历史档案馆、侵华日军南京大屠杀遇难同胞纪念馆编：《南京保卫战殉难将士档案》，南京出版社2007年版，第2285—2291页。关于易牺牲地点尚有通济门外、中华门外等多说。现从《易烈士安华事迹表》说。

朱赤（1903—1937） 国民革命军陆军第72军第88师第262旅少将旅长

朱赤，字幼卿，号新民，江西修水人，曾入读黄埔陆军军官学校第3期步兵科，后参加北伐战争。1932年一·二八淞沪抗战时，其在江湾、庙行及蕴藻浜一带与日军苦战两昼夜，迫使日军停止进攻。1937年8月淞沪会战开始时，他率部在闸北、八字桥一带抗击日军，攻占驻沪日本海军司令部，因功升任第88师第262旅少将旅长，上海沦陷后奉命防守南京，扼守雨花台右翼阵地。12月9日，面对日军轮番轰炸、扫射和炮击，他亲赴一线战壕，指挥官兵顽强抗敌，并率敢死队杀入敌阵。12月12日，日军以优势兵力向雨花台发起猛攻，朱部阵地全毁，弹尽力竭，朱赤本人与全旅官兵皆壮烈殉国。朱赤牺牲后，国民政府追晋其为陆军中将。1987年，中华人民共和国民政部追认其为革命烈士。2014年，朱赤入选《第一批著名抗日英烈和英雄群体名录》。

高致嵩（1899—1937） 国民革命军陆军第72军第88师第264旅少将旅长

高致嵩，号子晋，广西岑溪人，曾入读黄埔陆军军官学校第3期步兵科，后参加北伐战争。1932年一·二八淞沪抗战时，高任第88师中校参谋，战斗在江湾至庙行一带。1937年8月淞沪会战爆发后，其编入第88师第264旅，在闸北持志大学、五洲公墓、八字桥一带与日军展开激烈巷战，后升任第264旅少将旅长。上海沦陷后，他率部参加南京保卫战，扼守雨花台左翼阵地，利用雨花台地形殊死抵抗，与第262旅朱赤部协同作战，数次击退日军轮番进攻。12月12日晨，数千日军在大批飞机支援下，再次猛攻雨花台守军阵地，第264旅伤亡惨重。高身先士卒，率官兵杀向敌阵，当日下午因弹尽援绝，壮烈殉国，后被国民政府追晋为陆军中将。1986年3月，浙江省人民政府追认其为革命烈士。2014年，高致嵩入选《第一批著名抗日英烈和英雄群体名录》。

李绍嘉（1891—1937） 国民革命军陆军第83军第156师第468旅少将副旅长

李绍嘉，又名李少霞，广西桂县人，早年入粤军，隶属国民革命军第4军，参加北伐战争。1936年，李任第156师第468旅少将副旅长。1937年10月，国民政府将第154师和第156师合编为第83军，李随部赴江阴守备江防，11月下旬掩护主力西撤，在镇江、句容一带作战。12月初，李随部在南京郊区组织防御，参加守卫光华门战斗。12月12日在中华门掩护官兵突围时，手枪弹尽，他以手榴弹自杀殉国。[①]2015年，李绍嘉入选《第二批著名抗日英烈和英雄群体名录》。

---

① 林祥：《“南京突围”殉职的李少霞》，廖利明编：《南京保卫战文史资料》，南京出版社2019年版，第257页。关于李牺牲的情节有多种说法，现从林说。

刘国用（1898—1937） 国民革命军陆军第74军第58师第147旅上校副旅长

刘国用，广东梅县人，曾入读黄埔陆军军官学校第3期步兵科，后参加北伐战争，1936年，先后任第74军第58师第344团团附、上校团长。1937年8月淞沪会战爆发后，刘率部参战，擢升该师第147旅上校副旅长。上海失守后，他率部撤往南京，于12月9日起在牛首山一带与日军激战三日后，退守水西门，在水西门外阻击日军，坚持至13日，终因弹尽援绝，壮烈殉国。国民政府追晋其为陆军少将。2015年，刘国用入选《第二批著名抗日英烈和英雄群体名录》。

李兰池（1896—1937） 国民革命军陆军第57军第112师第336旅上校副旅长

李兰池，字锦卿，辽宁锦西人，曾入读东北陆军讲武堂第7期步兵科，参加热河抗战和长城抗战。西安事变后，他任第57军第112师第336旅第672团上校团长。1937年全面抗战爆发后，他率部开赴江苏，阻击由上海西进之日军。11月下旬，其参加江阴保卫战，顽强抵抗日军精锐第13师团的猛烈进攻。12月初，他未及休整又率部由镇江撤守南京，担任太平门外蒋王庙一线防御任务。在阵地危急时刻，李率部与日军白刃格斗，双方死伤惨重，12月12日，代行第112师第336旅副旅长之职，当晚奉命率部向大胜关方向转移，在突围激战中不幸被敌弹击中，壮烈牺牲。2014年，李兰池入选《第一批著名抗日英烈和英雄群体名录》。

黄纪福（1902—1937） 国民革命军陆军第66军第159师第477旅上校副旅长

黄纪福，广东梅县人，1936年任第66军第159师团长，1937年参加淞沪会战，在刘行、广福等地抗击日军，予敌重创。上海失陷后，黄随部至南京，任第477旅上校副旅长，参加汤山拒敌，汤山失守后，即经麒麟门退至大水关集结。12月10日，黄调驻明故宫，策应增援光华门守军，12日，随第66军经太平门突围，在沿途战斗中壮烈牺牲。2015年，黄纪福入选《第二批著名抗日英烈和英雄群体名录》。

谢彩轩（1896—1937） 国民革命军陆军第66军第159师第477旅上校副旅长

谢彩轩，广东合浦县（现为广西）人，毕业于西江讲武堂，历任排、连长，1931年任第1集团军第1教导团中校营长，1936年擢升为第3军第1教导团上校团长，旋奉调为第4路军上校参事。1937年全面抗战爆发后，谢任第66军第159师第949团团长，旋于南京保卫战中提任第477旅上校副旅长。当第159师由上海撤抵南京时，谢方由粤赶抵部队。12月12日，谢奉命率部由太平门出城向东突围，在突围作战中以身殉国。2014年，谢彩轩入选《第一批著名抗日英烈和英雄群体名录》。

雷震（1902—1937） 中央陆军军官学校教导总队第 3 旅上校副旅长

雷震，原名雷汝勤，四川蒲江人，曾入读黄埔陆军军官学校第 2 期炮兵科，后参加北伐战争，1932 年参加一・二八淞沪抗战，1937 年全面抗战爆发后，调任中央军校教导总队第 3 旅上校副旅长。12 月，其参加南京保卫战，驻守紫金山阵地，与日军激烈战斗，13 日，于下关火车站掩护军民撤离时，力战攻抵下关之日军，以身殉国。1938 年 9 月，国民政府追晋其为少将，入祀蒲江忠烈祠。1986 年，四川省人民政府追认其为革命烈士。2015 年，雷震入选《第二批著名抗日英烈和英雄群体名录》。

程智（1907—1937） 国民革命军陆军第 74 军第 51 师第 151 旅第 302 团上校团长

程智，湖南醴陵人，早年读书时受进步思想影响，投笔从戎，入读黄埔军校第 5 期。1937 年 7 月全面抗战爆发后，程任第 74 军第 51 师第 151 旅第 302 团上校团长，率部开赴上海参加淞沪会战。上海沦陷后，其率部撤至南京，驻守南郊及水西门外一带。12 月 5 日起，其所部与日军数次激战。12 日拂晓，日军以坦克 10 余辆、飞机 20 余架掩护步兵，集中炮火轰击程部防守之赛虹桥。战斗中，其右手三指被打断，弹穿其腹部，肠断而出，壮烈牺牲。国民政府追晋其为陆军少将。2020 年，程智入选《第三批著名抗日英烈和英雄群体名录》。

谢家珣（1903—1937） 国民革命军陆军第 71 军第 87 师补充旅补充团上校团长

谢家珣，江西赣县人，黄埔军校第 5 期步兵科毕业。1937 年 12 月南京保卫战时，其任第 71 军第 87 师补充旅补充团上校团长。12 月 10 日，其在光华门与日军第 9 师团激战，于战斗中阵亡，后被国民政府追晋为陆军少将。2020 年，谢家珣入选《第三批著名抗日英烈和英雄群体名录》。

华品章（1902—1937） 国民革命军陆军第 72 军第 88 师补充旅第 1 团上校团长

华品章，字荣衮，四川西昌人，曾入读黄埔陆军军官学校第 4 期炮兵科，后参加北伐战争，1936 年任第 72 军第 88 师第 262 旅副旅长兼野战补充团团长，驻南京外围。1937 年 8 月淞沪会战爆发后，其率部开赴上海前线抗击日军，11 月底撤至南京整补备战，驻守雨花台阵地。12 月 9—12 日间，其率部连续击退大批日军进攻，12 日下午，在弹尽援绝时，率军与日军进行肉搏战，与全团官兵皆壮烈殉国。1939 年 8 月，国民政府追晋其为陆军少将。2015 年，华品章入选《第二批著名抗日英烈和英雄群体名录》。2016年4月，四川省人民政府追认其为革命烈士。

韩宪元（1906—1937）　国民革命军陆军第72军第88师第262旅第524团上校团长

韩宪元，字则垂，号如潮，海南文昌人，曾入读黄埔陆军军官学校第3期步兵科，后参加北伐战争。1937年8月淞沪会战爆发时，韩任第88师第262旅第524团上校团长，防守闸北，与敌血战三月，所守阵地，寸土不失。《申报》曾以“英雄团长访问记”为题，报道其率领第524团官兵英勇杀敌的事迹，并刊登其亲笔题写的“抗战图存”四字。上海失陷后，他随部撤守南京，驻防雨花台阵地，苦战5昼夜，终因弹尽援绝，壮烈殉国。2015年，韩宪元入选《第二批著名抗日英烈和英雄群体名录》。

李杰（1904—1937）　国民革命军陆军第72军第88师第264旅第527团上校团长

李杰，别号盾吾，湖南东安人，曾入读黄埔陆军军官学校第5期步兵科。1937年淞沪战役中，其率部设防于闸北八字桥，与日军在大场激战。11月下旬，其所部编入南京卫戍部队序列，任第72军第88师第264旅第527团上校团长，担任雨花台右翼阵地之防守。自12月9日起，李部连日与攻击雨花台之日军第9、第114师团展开血战，多次击退日军进攻。12日下午，经反复肉搏、奋勇冲杀，雨花台阵地失守，李率一部官兵突围至大校场机场，旋于中弹受伤后，自杀殉国，后被国民政府追晋为陆军少将。

蔡如柏（1899—1937）　国民革命军陆军第66军第160师第478旅第956团上校团长

蔡如柏，广西邕宁人，曾入读广西陆军干部养成所。1936年，其任第1集团军第11师参谋长，后调任第66军第160师上校参谋处长，1937年8月参加淞沪会战，负责作战补给工作。上海沦陷后，其调任第160师第956团团长，12月，随部在南京汤山阻敌，汤山失守后，随军退守大水关休整。13日，其随部突围至汤山时，遭遇日军第16师团主力攻击，于战斗中壮烈牺牲。2015年，蔡如柏入选《第二批著名抗日英烈和英雄群体名录》。

秦士铨（1907—1937）　中央陆军军官学校教导总队第1旅第1团上校团长

秦士铨，别号亮琴，湖南零陵人，曾入读黄埔陆军军官学校第5期步兵科，后任军校第6期步兵科第4中队中尉区队附。1937年12月南京保卫战时，其任教导总队第1旅第1团上校团长，奉命驻守紫金山老虎洞、西山到工兵学校之线，率部在西山高地与日军激战。12 日中午，秦于西山高地失守后壮烈牺牲。国民政府追晋其为陆军少将。2020 年，秦士铨入选《第三批著名抗日英烈和英雄群体名录》。

谢承瑞（1904—1937） 中央陆军军官学校教导总队第 1 旅第 2 团上校团长

谢承瑞，字苍荪，江西南康人，早年赴法国军事院校留学，后入读中央军校高等教育班第 4 期，1935 年，任教导总队军官队军事教官。1937 年 12 月南京保卫战时，其任教导总队第 1 旅第 2 团上校团长，守卫南京工兵学校、光华门等阵地。10 日下午，日军敢死队在密集炮火掩护下，推进到光华门外护城河一线，并有少数士兵攻入城门洞中。谢亲率敢死队将汽油桶扔进城门洞，点燃火种，并用十几挺轻机枪一起射击，将蜷缩在城门洞内的日军一举歼灭。13 日，谢奉命率部向下关撤退，因身体虚脱，过挹江门时被踩踏牺牲。1938 年 10 月，国民政府追晋其为陆军少将。1988 年 11 月，中华人民共和国民政部追认其为革命烈士。

乐以琴（1914—1937） 空军第 4 航空大队第 21 中队上尉副队长

乐以琴，原名乐以忠，四川芦山人，九一八事变后，他积极参加爱国青年的抗日救亡运动，并决心投笔从戎，因年龄不足，遂以其四哥“乐以琴”之名，于 1933 年 9 月考入杭州笕桥中央航空学校第 3 期。在经过初、中、高三个阶段的飞行训练后，其于次年 12 月以优异成绩学成毕业，后历任中国空军第 3 大队第 8 中队飞行员、中央航校教官、空军第 4 大队第 22 中队分队长、空军第 4 大队第 21 中队上尉副队长。1937 年八一三事变后，他与战友高志航等共同取得“八一四”空战胜利。此后，乐又多次在上海、南京空战中击落、击伤敌机，共击落日机 8 架，被誉为“江南大地之钢盔”、中国空军“四大天王”之一。12 月 3 日，在南京上空迎战数十架来犯日机时，战机中弹，乐跳伞时头部受重伤，不幸牺牲。国民政府追晋其为空军少校，葬于南京航空烈士公墓。

二 无名英雄唱响金陵悲歌

除了留下姓名的殉国将士外，还有更多的无名英雄，有的顽强与日军单独作战，有的不愿撤离毅然返回战场，有的面对日军的屠杀而放声冷笑，践行了“与南京共存亡”的誓言，把一腔热血洒在了南京的土地上。

数十名敢死队员捐躯光华门

为了全歼潜伏在城门洞里的日军，除了上文提及的教导总队谢承瑞团长率敢死队，以火种、汽油、机枪将日军消灭外，还有第 156 师由无名勇士组成的敢死队，将再次潜入城门洞的日军，予以消灭。据南京卫戍军总部参谋处谭道平科长叙述："我一五六师挑选出敢死队员数十名，由城墙上缒悬下去，将潜伏在城门洞圈里的少数敌军，用手榴弹汽油把他们全部焚毙，并猛袭通光营房，将那里的日军全部驱逐，而他们在追击中间，也没有一个生还，这数十位英雄的高贵牺牲，使光华门和通济门方面，转危为安。"①

两名装甲兵打得日军措手不及

在南京南郊的方山战斗中，有两名中国装甲兵的战车被日军打坏。他们不甘心就此弃车而走，决心与战车共存亡。当日军贸然直入时，这两名战士就隐藏在战车里，见敌人一大队人靠近后，"他俩轻轻地将机关枪从战车转塔前后两端伸出，突然袭击，打得敌人落花流水，滚滚倒地的有几十人"。② 战至黄昏，两名战士下车乘夜撤退，在撤离时其中 1 人不幸被日军炮火击中牺牲。另一名战士则逃脱了日军的追击，返回部队。后来，这名幸存的战士，又英勇牺牲在 1939 年年底的昆仑关战役中。

重返战场的两名坦克兵和两名驾驶兵

12 月 12 日夜晚，守军战车第一连的战车和汽车都集中在下关江边。他们找到了一艘小火轮及其拖运的小木船，准备将木船两只一排用跳板连起来，让战车开上去，运送过江。可是由于车重、船的吨位小，船与船之间又联结不牢，因此战车一开上跳板，船即倾倒，反复多次，仍无效果。于是，由指挥官决定，将战车与汽车炸毁，人员全部上船。

这时，有两名驾驶兵和两名坦克兵站出来说："我们四人决计留在这里打日本鬼子。"军官说："上面给我们的命令是去浦镇后方。"驾驶兵坚持说："不，我们是打日本鬼子的，敌人已经到了面前，应该打了再说。"两位坦克兵说："我们的战车上还有武器，与其破坏，不如和日本鬼子干一场。"指挥官被他们的精神感动了，叮嘱他们选好武器，带足弹药，并给他们发了几天伙食费。这 4 名士兵怀着巨大的勇气和决心，去和日军作拼死的决斗。③ 他们的命运无人知晓。他们的行动，令所有战友动容。

---

① 谭道平：《南京卫戍战史话》，东南文化事业出版社 1946 年版，第 65—66 页。

② 杜聿明：《南京保卫战中的战车部队》，中国人民政治协商会议全国委员会文史资料研究委员会《南京保卫战》编审组编：《原国民党将领抗日战争亲历记·南京保卫战》，中国文史出版社 1987 年版，第 214 页。

③ 刘树芃：《战车第一连在下关》，中国人民政治协商会议全国委员会文史资料研究委员会《南京保卫战》编审组编：《原国民党将领抗日战争亲历记·南京保卫战》，中国文史出版社 1987 年版，第 216—217 页。

英雄连长拉掉断指挥拳冲锋

在雨花台阵地的一次激烈战斗中，一位连长的左手三根手指被日军打断，鲜血淋漓的断指在眼前摇摆。他强忍剧痛，用右手将左手三根断指往外强拉，咬牙硬把三根断指拉掉，然后高举缺了三根手指的左手，右手举着手枪高喊“冲啊，冲啊！”该连官兵在他的鼓舞下奋勇向日军冲杀过去。[①]英雄们的身影，淹没在漫天的硝烟之中。

中国军人的笑声令日军战栗

12月13日，与日军一道进城的日本《东京日日新闻》记者铃木二郎，在中山门附近，见到了发生在城墙上的一幕情景。

一队中国士兵，被日军押上25米高的中山门城墙，排成一列。一群日本兵端着插上刺刀的步枪，齐声大吼，向着中国士兵的前胸或腰部刺去，守军士兵一个接着一个地被刺落到城外的城墙脚下。铃木说：“只见飞溅的血雨喷向半空，阴森的气氛使人汗毛直竖，浑身战栗。”可是，就在那些中国士兵被刺杀的时候，他们的态度和表情令人永远难忘。他们那对侵略者蔑视的神情，令日军胆寒。铃木叙述了这批中国军人在生命最后一刻的表现。他写道：“他们站在死神面前，有人脸上浮泛着冷笑，有人若无其事地大笑，等待着死亡。”[②]这是中国士兵反抗侵略者的怒吼之笑，这面对死亡而不惧的笑声，体现了抗战军人的无畏气概和坚贞气节。

下关江边临时“指挥”作战的军医

12月13日下午，拥挤到下关江边却无船可渡的一群散兵，眼见日军一来就要被集体屠杀，他们不愿做待宰的羔羊，拉住一位身穿黄呢军服的上校军官说：“长官，你指挥我们回去抵抗一下不好吗？不然，咱们只有死路一条了。”这位长官是一名军医，并非战斗指挥官，他说：“我是军医，不懂军事。”士兵们说：“只要你命令我们打就行。”上校随即高呼：“弟兄们，向鬼子打呀！”士兵们闻令随即向日军追兵猛烈开火。日军想不到在江边乱军之中，还会遭到如此激烈的抵抗，大为震惊。而这位临时“指挥”作战的上校军医和那群士兵，都在这场最后的战斗中献出了生命。[③]最近据报端披露，这位在下关江边临时指挥杀敌的上校军医，乃为韩国英烈徐檀坡。徐檀坡1891年出生于韩国忠清南道，

---

① 郭雄等编：《抗日战争时期国民党正面战场重要战役介绍》，四川人民出版社1985年版，第39页。

② 《日中战争全貌》，《丸》1971年11月特大号。

③ 瀛云萍：《坚守乌龙山炮台》，全国政协文史和学习委员会编：《南京保卫战亲历记》，中国文史出版社2015年版，第229页。

原名徐相德，来中国后，就读于江苏省立医政学院，毕业后先后在中国陆军第19路军、第2师、第87师等部工作。1937年抗日战争全面爆发后，徐任第87师军医处上校处长，参加淞沪、南京战役，并于南京城陷后率众在下关江边抗击日军，直至壮烈牺牲。①

舍身赴死消除制高点的勇士

12月9日，日军已经攻至光华门城外，守军利用高大的城墙，居高临下，顽强据守。但是，在城楼左侧百余米的地方有一个小面粉厂，离城墙不到10米远，其楼顶却比城墙要高1米多。如果敌人发现这一制高点，派兵占领，并加强火力，就会对城垣的守卫造成巨大威胁。因此，必须立即派人把这座面粉厂烧掉。

当时，城墙上下，都在日军的射击范围以内，谁要是从城墙上下来，执行烧毁小面粉厂的任务，无异于把自己暴露在枪林弹雨之中，十分危险。一位军官把这一艰巨的任务向士兵们说明，并号召组织敢死队去完成。话音刚落就有10多人从队伍中站出来，愿意舍身去烧毁这一目标。

报名的人多，不可能同时都去。他们按先后排成一队，每人都带上稻草、火柴，由城墙上用绳子把人放下去。第一名刚从城垛放下1米左右，就被日军发觉开枪打死。接着第二名站出来说："我是第二名，让我去！"于是，又照前次方法放下去，可是还没有放到一半，又被打死。城墙上的人着急了。只见第三名士兵站出来说："现在轮到我了，但不能照老办法，需换一个城垛口。"他把绳子系在腰间，估计绳子的长度为城墙高度的2/3，一下子猛跳下去，到城墙高度的1/3处时，再迅速把绳子放到地面。用这种方法，这名战士终于成功地下到了城墙根。②

这时，日军发现我方的意图，企图派兵抢占面粉厂。但是，守军战士已抢在日军的前面，将目标烧着，顷刻之间，木质楼房在烈火中塌毁。它对城墙的威胁，亦由此解除。

宁死不辱的伤兵少年

12月13日傍晚，日军步兵第十九旅团司令部通信班长犬饲总一郎，从中山门来到中央医院。他在病房的一个角落里见到一个只有十五六岁的少年伤兵。伤兵说，他是陆军士官学校的学生，在紫金山战斗中负了伤，不能动了。两小时后，

---

① 《请记住他：上校军医徐檍坡　牺牲于南京保卫战的韩国英烈》，《潇湘晨报》2021年12月14日。

② 向鸿远：《增援光华门侧记》，中国人民政治协商会议全国委员会文史资料研究委员会《南京保卫战》编审组编：《原国民党将领抗日战争亲历记·南京保卫战》，中国文史出版社1987年版，第204—205页。

当日军通信班长再来这里查看时，病房里已空无一人。那位与他谈过话的少年伤兵，则已死在附近的一口井里。目睹这一事实的犬饲总一郎说："他身体不能走动，一定是爬到这儿投井自杀的……这件事我一直记忆犹新，难以忘怀。"①

留城掩护撤退的勇士杀出重围

在南京守城大军混乱撤退之际，有一支部队留城掩护。他们冒着巨大的风险，置生死于不顾，保护大部队撤离首都。在经过血战，完成任务后，又杀出重围归队。据中央社 12 月 15 日电讯："我南京守军 13 晚奉命退出时，当由某长官在各连选拔一部精锐勇士布置城内各据点掩护大队出城。迨我大队分由光华门、挹江门运动完毕后，所担任掩护之精锐勇士仍分据清凉山、五台山一带，以示流最后一滴血，守城内最后一寸土。14 晨敌军向城北进行时，突遭此精锐勇士之猛烈侧击，因发生巷战。激战竟日，敌死伤逾两千余名，我亦伤亡甚重。入晚，我精锐勇士以掩护任务完成，遂杀出重围分向某某两处归队云。"②

三　各参战部队在抗战中继续奋战

悲壮的南京保卫战，虽以首都失陷、战役失败而告终，但各支参战部队在激烈战斗中所表现出的顽强拼搏、奋勇杀敌的爱国主义精神，仍被传承到日后的持久抗战之中。在许多正面战场的重大战役中，都有南京保卫战参战部队及其将领的光辉身影。

紧接着南京保卫战之后，进行了徐州会战与徐州外围的豫东会战，从南京战场走出的部队，因大多不成建制，需要休整、补充，但第 74 军、第 112 师等部，仍然迅速投入了徐州会战，新组建的第 71 军也迅速投入了豫东会战。

由俞济时军长率领的第 74 军，在南京保卫战中经淳化、赛公桥、牛首山、将军山等惨烈战斗，再加上混乱撤退中的散失、伤亡，部队由 1.7 万余人减员至 5000 人。该部在河南开封收容、整补后，旋即于 1938 年春，参加了徐州会战。5 月中旬，在丰县与冲入城内的千余日军第 16 师团机械化部队展开激烈巷战，多次击退日军

---

① 〔日〕田中正明著、军事科学院外国军事研究部译：《"南京大屠杀"之虚构》，世界知识出版社 1985 年版，内部读物，第 162 页。

② 凌曦、唐恺编：《南京保卫战中方报纸报道（1937—1938）》，南京出版社 2020 年版，第 404 页。消息来自从南京撤出人员，辗转传述，对于消灭日军数字可能有夸大之处，但相信有部分掩护部队作英勇战斗，应为南京城陷之际的真实记录。

进攻，“一个营伤亡殆尽，其余部队分由东、南、北门突围”[①]。第74军在丰县一带的巷战与成功突围，不仅再现了南京保卫战的悲壮场面，而且吸取了南京保卫战不善撤退的教训。

由宋希濂率领的第78军和由王敬久率领的第71军，在南京保卫战序列中均为单建制师，也是战役中损失惨重的两支部队。1938年5月，原第78军军长兼第36师师长宋希濂，在武汉被任命为新组建的第71军军长，率领曾参加南京保卫战的第36师、第87师、第88师，以及第61师，随即参加豫东会战。这支以南京保卫战中3个建制师为主组成的部队，带着南京保卫战的记忆，又奋勇鏖战在豫东大地。第71军奉前敌总司令薛岳令，被编为西路军，自5月21日起，自西而东，向据守仪封、内黄、马王寨的日军土肥原所部第14师团发起攻击。指挥战斗的宋希濂称：“一开始，守敌十分顽强，我攻击部队逼近寨子时，被其浓密的火力射击，伤亡颇大。我即命令集中所有火力，包括山炮、迫击炮、重机枪等，全力制压对我危害最大的敌军火力点……我军兵力逐次投入战斗，扩大战果，使战斗愈演愈烈，机枪声和手榴弹的爆炸声，有如疾风骤雨。”[②]在战火中，宋希濂果断地将曾血战南京雨花台、资历较深、作战勇敢的第528团团长沈芝生调升为第262旅旅长。5月26日，第87师和第88师分别从东南和西南两个方向向兰封的日军发起进攻。战斗从拂晓一直进行到黄昏，虽“两师攻城部队伤亡枕藉”，但“官兵前仆后继，奋勇战斗”，终于在城墙上建立了三个立足点，“遂在城墙上和敌军展开了激战，敌军一再反击，企图消灭我登城部队，但均被我击退。”[③]兰封遂于27日为中国军队克复。

随着日军溯江而上对武汉发起进攻，多支曾参加南京保卫战的部队，如第66军叶肇部、第74军俞济时部、第71军宋希濂部、第10军徐源泉部、第112师霍守义部等，只经过半年左右的休整，有的还边整顿边战斗，便又马不停蹄地加入保卫大武汉的战斗。1938年八九月间，第66军、第74军参加了保卫南浔路的战斗，与攻击南浔路的日军第101师团激战月余，大挫日军锐气。10月上旬，该二部又投入万家岭战斗，与友军一道，将日军第106师团、第101师团的4个联队包围于万家岭附近地区。中国军队组织数百勇士的敢死队，奋力进攻，终将万家岭攻占，“因敌顽抗，不愿缴械投降，致尽遭格毙，陈尸河谷，弃械遍野，仅数百人向西

① 张宪文主编：《抗日战争的正面战场》，河南人民出版社1987年版，第113页。

② 宋希濂：《鹰犬将军——宋希濂自述》，中国文史出版社1986年版，第140—141页。

③ 宋希濂：《鹰犬将军——宋希濂自述》，中国文史出版社1986年版，第145页。

北豕突，情状至为狼狈。”①

众多从南京保卫战中冲杀出来的高级将领，带着从南京保卫战中获取的经验与教训，在漫漫的抗战征途中，屡建奇功，有的英勇殉国，使保卫首都作战的伟大精神，在新的抗战时空中得到弘扬与彰显。

南京保卫战中任教导总队第3旅代旅长兼第5团团长的马威龙，曾率部防守紫金山北麓阵地，与日军激战数日，战果卓著。南京城陷后，他率残部突围成功。原教导总队于1938年3月被改编为第46师，马任第138旅少将旅长。5月，马威龙旅奉命参加豫东战役，配合第71军从兰封东进，对由土肥原贤二所率之日军第14师团发起攻势作战。马威龙曾组织突击队发动夜袭，成功突入日军阵地，与日军展开血战。后因双方态势发生变化，兰封失守。马于5月25日奉命再次猛攻兰封。在攻击过程中，马旅有一个营被日军包围，为解救该营，马威龙亲率一个营前往增援，并对劝其不要亲临一线的团长说：“上级指挥官怕冒险，不能身先士卒，怎么能激励士气？”言毕即手持冲锋枪率领官兵冲入敌阵。②激战中，马威龙因前额中弹，壮烈殉国，时年仅30岁。1969年3月，经台湾当局批准，将马威龙入祀台北圆山忠烈祠。

南京保卫战时的第51师第305团上校团长张灵甫，在保卫战中，先后率部参加淳化及水西门外战斗。为掩护全师主力转移阵地，该团在管头、上坊镇与日军激烈战斗，据该师“战斗详报”记载：“该团团长张灵甫负伤，连长伤亡五员，排长以下伤亡六百余名。”③嗣后，张灵甫先后参加武汉会战、南昌会战、常德会战、长沙会战，屡立战功。1938年秋，张升任第153旅少将旅长。在武汉会战后期的万家岭战役中，他主动请缨，带领突击队从后山攀登绝壁，攻占日军退路张古山，血战五天五夜，阵地多次失而复得，其全身多处负伤，始终坚守阵地，致日军第106师团大部被歼。张部因此被日军称为“支那第一恐怖军”。

杜聿明在南京保卫战时，身为中国第一个陆军装甲兵团的首任团长。该部装甲兵的10余部德式战车参加了南京保卫战。这些战车曾配合步兵在方山、淳化、栖霞山等处战斗。在淳化战斗中，“日军被战车撞辗死伤约四十余人”④。在方山，

---

① 《陈诚致蒋介石电》（1938年10月10日），中国第二历史档案馆编：《抗日战争正面战场》上册，江苏古籍出版社1987年版，第760页。

② 胡博、王戡：《碧血千秋——抗日阵亡将军录》，武汉大学出版社2013年版，第118页。

③ 《陆军第五十一师于卫戍南京战斗之经过》，中国第二历史档案馆藏，档案号七八七—7592。

④ 何嘉兆：《战车三连卫戍南京纪实》，中国人民政治协商会议全国委员会文史资料研究委员会《南京保卫战》编审组编：《原国民党将领抗日战争亲历记·南京保卫战》，中国文史出版社1987年版，第219页。

两名隐蔽在被击坏的战车中的装甲兵，用战车机关枪一连击毙日军数十人，打得日军闻风丧胆。此后，杜先后任第200师师长、机械化新军第5军军长。1939年12月，杜聿明在桂南会战中，指挥荣1师、第200师等部在五塘、六塘、八塘等处，“经十余日之猛烈攻击，逐次攻略坚固碉堡二十余个”[①]，并用重炮轰击界首阵地，通过血战夺取该阵地，接着奋勇顶住日军的猖狂反扑，坚守住界首据点。军事档案记载：“昆仑关之敌（约四五百人，野炮四门）经第五军荣誉师、二百师先后攻击后，伤亡惨重，弹尽粮绝，一切惟恃空中之有限输送，是以作战意志、精神、能力，皆逐渐消沉。”[②]昆仑关一战，杜部重创有“钢军”之称的日军第5师团，使中国军队在抗战战场上军威大振。

王耀武在南京保卫战中，曾率第51师与日军激战于淳化与赛公桥一线。淳化之战，被日军称为“一场殊死的战斗”“短兵相接的肉搏战”。王于嗣后的兰封会战、万家岭战役中，表现出色，于1939年6月晋升为第74军中将军长。在1941年春的上高会战中，王耀武指挥第74军顶住了日军第34师团的空地立体进攻，不稍后退。据中国军史记载，在3月22日的战斗中，该部官兵“拼死力拒，虽然血肉纷飞，伤亡惨重，仍不稍退。是日一日间全线敌我伤亡均在四千以上。”[③]此战被何应钦称为抗战中“最精彩之战”，王耀武指挥之第74军亦获得“抗日铁军”之荣誉，被授以飞虎旗，以表彰其战绩。

参加过南京保卫战的部队和将领，带着南京保卫战的硝烟，也带着南京保卫战的勇敢和悲壮，延续着南京保卫战，延续着伟大的抗日战争。南京保卫战，成为他们心灵和血液中挥之不去的历史记忆，激励着他们从持久、艰苦的战火中，一步步走向胜利。

四　支援抗战的英雄市民

从1937年8月15日日机空袭南京开始，南京市民便投入抗日的洪流，支援部队守卫南京。他们的年龄、身份、职业、能力各异，但同样都有着一颗抗战救

① 《杜聿明致蒋介石密电》（1939年12月31日），中国第二历史档案馆编：《抗日战争正面战场》下册，江苏古籍出版社1987年版，第881页。

② 《蔡仁清关于昆仑关九塘作战经过致徐永昌报告》（1940年1月17日），中国第二历史档案馆编：《抗日战争正面战场》下册，江苏古籍出版社1987年版，第888页。

③ 张宪文主编：《抗日战争的正面战场》，河南人民出版社1987年版，第225页。

国之心，与战斗的军人一样坚强和勇敢，为抵抗日军侵略作出了贡献。正如媒体人黎浩先生在《立体武装下的南京》一文中略带几分自豪口气所写：

南京武装起来了，社会的各部门都紧张到疯狂的顶点。亢奋、激越、坚强、沉着，一切战斗的色素充塞了每个角落。今日的南京变质了，像适应着季节的节奏一样，她脱尽了江南烟雨的气氛；秋高马肥，她成功了个广大的营幕，里面深藏着一座不可抵御的复兴中国的发动机。清凉山、北极阁、雨花台……这些画意诗情的名胜，在胡笳四起的厮杀声中，也都一个个显出冲锋的英姿，肉搏的神态。崛起的南京！兴奋的南京！我们的首都，现正十足地洋溢着火焰！

……

全体市民总动员卷入于筑防空壕的紧张漩涡中，那更是一幅太动人的集体劳作的画图了。热闹马路旁，我看见了武装的军警，球鞋短裤的学生，裸臂赤足的工人，穿绸质衣服的平时所谓斯文人，一个个你拿着箩，我拿着锹，大家协调的设计，齐一的动工。严肃包围了四周，紧张笼罩了一切，学生站立到民众的中间，军民打成了一片，大家完全忘记了艰苦，只是专心地火急地在完成那些挖土、打砖、铺板……的工作。彼此相互叫唤着“赶快”，任何一角都听不着“慢一点”的呼声。这些场合，再配合了街头播音机狂吐出慷慨激昂的歌声，那真是“中国怒吼”了！此情此景，令人感奋欲泣！①

南京市民的临战、备战姿态，也深深感动了驻京的外国记者。美国《纽约时报》在一篇有关南京的电讯中报道：“今天，南京投入全城力量，清除和化解昨天日军空袭所造成的严重后果。工人们义务清运瓦砾，打扫街道，修理电话线路和炸毁的自来水总管。还专门花工夫恢复中央发电厂，让其正常运转。”“在众多不顾遭受到的破坏，现在还在继续工作的机构中，有中央新闻社，中、英教会组织以及面向全国的广播电台。”②

随着战火的迫近，南京市民纷纷投入拥军、劳军和为作战部队的服务之中。据教导总队军士营第2连士兵吴春祥回忆，这方面有几件事给他留下了深刻的印象：

① 黎浩：《立体武装下的南京》，张慧卿编：《南京保卫战历史文献》（1937—1949），南京出版社2019年版，第86—89页。

② 《南京从大轰炸中恢复（1937.9.27）》，杨夏鸣、张生编，杨夏鸣等译：《南京大屠杀史料集》第29册《国际检察局文书·美国报刊报道》，江苏人民出版社2007年版，第350页。

“第一，是日本人快要打到南京时，我们教导总队与南京老百姓共同修建野战工事时，老百姓都很积极参与进来，在城外水泥碉堡里、城墙上都刷写着抗战标语，到处都是激励民众抗击日寇的宣传；第二，南京保卫战开始后，我们在阵地上的吃喝、伤员输送都是老百姓冒着炮火自发给我们担负；第三，撤退到江边时，江北很多渔民小船为我们军人渡江。”[①]战火中，即使是夫子庙的歌女，也有了为抗日而歌的意味，一些抗日志士“借歌女的嗓子，筹集救国的资金，于是那些歌女的娇声，也间接在那里抵抗敌人的炮火。”[②]

奉调来南京参战的部队官兵，无不为南京市民的无私奉献与亲切关怀，而深受鼓舞。经江阴、镇江战斗后，12 月 5 日奉调来南京的第 103 师第 618 团第 3 营营长赵旭，深情记述：“在南京守备战的八天中，受到南京市民的积极支援，每夜都送茶送水送糕点米饭馒头、菜肴（都是最好的可口的菜肴）、唱机、罐头等，并亲切劝饮食，还问官兵有何困难事件要解决的，有如父母对子女一样关怀，鼓励努力多杀敌人，紧守阵地，勿使敌人得逞。夜间还有中小学师生到来慰问，鼓舞士气，增强官兵誓死保卫祖国的决心和信心”[③]。各新闻媒体亦纷纷报道南京市民积极参战、支前的英雄壮举。《扫荡报》以“市民参战 / 接济军食助建防御工事”为题，于 12 月 11 日的电讯中报道：“南京商会每日办大批馒首及干菜等，派人送各守城将士度饥。抗敌后援会组大批担架队抬运伤兵，壮丁帮助建筑防御工事。南京业已充分表现军民合作之精神。”[④]

事实证明，南京保卫战的参加者，除了在第一线与敌人拼杀的守城官兵外，还有成千上万的南京市民，他们也是南京保卫战的战士与英雄。

五　抗战精神永存

南京保卫战虽以城陷为结局，但战役中官兵们不怕牺牲、英勇顽强的抗战精神，将在中国人民抗日战争的史册中，永放光芒。南京守军以铮铮铁骨鏖战强敌，

① 吴春祥：《炮声对我们这些新兵来说可谓震耳欲聋》，张连红、吴先斌、张定胜编：《南京保卫战老兵口述史》，南京出版社 2020 年版，第 105—106 页。

② 柔君：《由南京谈到杭州》，张慧卿编：《南京保卫战历史文献（1937—1949）》，南京出版社 2019 年版，第 105 页。

③ 赵旭：《南京保卫战亲历记》，廖利明编：《南京保卫战文史资料》，南京出版社 2019 年版，第 309 页。

④ 《市民参战 / 接济军食助建防御工事 / 欧美人士组赴京救援队》，凌曦、唐恺编：《南京保卫战中方报纸报道（1937—1938）》，南京出版社 2020 年版，第 196 页。

前仆后继，共赴国难，为后人留下了宝贵的精神财富。

保卫战向国人宣示了团结爱国的伟大情怀

南京保卫战，始终高举着“团结”与“爱国”这两面大旗，同时也时刻宣示着“团结”与“爱国”这两种伟大的精神。

南京保卫战牵动着全国人民的心，“保卫南京”“保卫首都”成为当时人们发自内心的呼喊，生动展现了“天下兴亡，匹夫有责”的爱国情怀。在南京保卫战前后，新闻媒体不断向全社会呼吁：“此次保卫首都的血战，为全民族国家生死存亡的战争，为革命史上最光荣的战争，为复兴民族最重要的一幕。”“保卫首都的责任，不仅是前线将士或某一部分人所应单独负担的，乃是全国人民，‘地无分南北，人无分老幼’，所应一致参加，奋勇杀贼，以前仆后继之精神与有我无贼之决心，与贼抗战到底，以争最后五分钟的胜利的。”[①] 著名媒体人沈熳若慷慨陈词，号召全中国四万万人要以自己的血肉来保卫首都，保卫国家。他著文写道：“同胞呀，复仇战争，乃是神圣战争，神圣战争即是人格战争，首都在危，敌人在栗，我们必以四万万人的血肉和力量来保卫首都，使敌人战斗力尽消耗于此一战中。”[②]

早在11月20日国民政府发布《移驻重庆宣言》后，中国共产党就发出了“实行全面的全民族抗战”来“保卫南京”的号召，在《解放》周刊发表时评《国民政府迁都感言》，指出：“不要因为国都的迁移，而存着放弃南京以至于长江流域的思想，我们应当发动广大的民众武装起来，实行保卫南京”“实行全面的全民族抗战，坚决保卫南京。开放民众运动，改造军队，改革政治机构，坚持抗战到底，争取抗战的胜利，把日寇驱逐出中国，使我们的国都能重新搬回南京！”[③] 与这篇时评配套，《解放》周刊还刊登了由中国共产党人凯丰作词的歌曲《保卫南京》，歌词号召“同胞们，快快动员起来，武装起来，保卫南京！”“实现全面的抗战，全民族的抗战”。在南京沦陷后，1938年7月于汉口出版《抗战歌曲集丛》时，凯丰又将该歌词最后一句改为“我们的首都，已在沦陷中，同胞们，一致动员起来，武装起来，收复南京！”从“保卫南京”到“收复南京”，彰显了中国军民在南京保卫战中团结战斗、夺取胜利的伟大爱国主义精神。

---

① 张彝鼎：《起来！保卫我们的首都！》，张慧卿编：《南京保卫战历史文献（1937—1949）》，南京出版社2019年版，第111页。

② 沈熳若：《论保卫首都与最后胜利进一步之认识》，张慧卿编：《南京保卫战历史文献（1937—1949）》，南京出版社2019年版，第115页。

③ 《国民政府迁都感言》，《解放》1937年第1卷第25期。

保卫战向世界传递了反抗侵略的坚定决心

南京守城官兵在一周多的守城战斗中，先后在外围与复郭阵地与强敌进行了顽强的拼搏。他们用鲜血与生命，向世界各国人民传递了反抗侵略、决不屈服的坚强决心。

驻南京的美英记者，对中国军人为保卫国土的勇敢牺牲精神和打击日军的战绩，给予了高度赞誉，向国际社会做了大量的报道。

美国《纽约时报》根据战地记者发回的快讯，对发生在南京郊外的战斗，做了最初的战况报道。该报在12月8日的消息中称："今天两支日本部队对两座南京古城墙城门发动的猛烈攻击被中国守军打退，战斗中，日军遭受1000人的伤亡……日军的前锋已抵达外城麒麟门，但在遭受重大伤亡后被中国守军赶了回去。"①美国记者德丁于12月9日发回的专讯则描述了中国守军拼死抵抗的细节。他写道：

在南京周围十英里的半圆形防线上，中国军队在各个战场拼死抵抗，阻止日军向前推进，中日双方的主力部队已经激战数周，双方都有严重伤亡。

据中方报道，日军为打通通往南京南大门而在秣陵关、牛首山发动的两次协同进攻已经被压制。据说参与进攻的日军有3000人，备有坦克。据报道，其中5辆被缴获。中国守军报告，在当天的战斗中，有14位军官和370名士兵阵亡。②

美国新闻记者高度赞扬南京守军炮兵对进攻日军的顽强阻击。《芝加哥每日新闻报》记者司迪尔于12月10日从南京发出电讯称："由蒋介石委员长最好的部队和最差的部队混合而成的，还包括数千名新兵的中国部队的官兵们，只要有城墙在他们和日军之间存在，就顽强抵抗着。中国军队的炮口，炮弹一个接一个地打出。"③同一天，《纽约时报》记者德丁发出特电，称赞"中国军队抗战斗志高昂"。他写道："中国军队的炮弹给予日军前线严厉的打击，防

① 《中国挫败敌人两次进攻》，杨夏鸣、张生编，杨夏鸣等译：《南京大屠杀史料集》第29册《国际检察局文书·美国报刊报道》，江苏人民出版社2007年版，第432页。

② 《日军放火烧山，300中国人山顶阵亡（1937.12.9）》，杨夏鸣、张生编，杨夏鸣等译：《南京大屠杀史料集》第29册《国际检察局文书·美国报刊报道》，江苏人民出版社2007年版，第438—439页。

③ 《大炮集中攻击南京/防卫已放弃》，张生编《南京大屠杀史料集》第6册《外国媒体报道与德国使馆报告》，江苏人民出版社、凤凰出版社2005年版，第55页。

止敌军布置阵地，准备重炮压制南京。虽然遭受了日军空中惩罚性轰炸，中国军队仍据守着前线。”[①]英国路透社记者史密斯12月12日从意大利大使馆的屋顶，观察到了中日双方炮火的激烈交锋。他写道：“南面的三处大火将高耸入云的烟柱推向空中。炮火摧毁城西山上水利设施的巨声震撼了整个南京城。城西山丘上的中国炮群仍在反击。”[②]

在中国军队退守复郭阵地后，日军曾用飞机向守军投下“劝降书”，但这一“劝降”的举动遭到了南京守军的坚决拒绝。在南京卫戍司令长官唐生智将军的号召下，南京守军坚定地表示“誓与南京共存亡”。美英记者及时向国内报道了南京决不屈服的战斗姿态。英国通讯社发表记者报道称：“南京卫戍军司令长官唐生智在电话中向在汉口的中国军队的高级官员报告说，中国军队的士气依然高涨，战况正向有利于中国军队的方向发展……唐将军还声称：在日军声明星期五〔12月10日〕已占领的紫金山附近，战斗仍然在继续，我会誓死保卫南京的。”[③]

自12月10日日军向南京城垣发起总攻后，中日双方部队在南京古城墙附近展开激烈搏斗。守城官兵虽然知道战局的失败已无可挽回，但仍奋不顾身，以死相拚。西方记者及时报道了南京保卫战中最后的战斗场面，讴歌中国军人的英勇气概。《纽约时报》记者埃邦德于12月11日自上海发出一份特电，内称：“中国军队在城墙上到处建起了强化水泥制的机关枪座、炮座、战壕。所以日军至今未取得决定性战果。”特电还特别引述了唐生智将军自南京发往武汉报告中所云：“我们用血肉和钢铁作战”[④]。美国记者德丁在采访中亲见中国官兵誓死守卫国土的动人场面，他在电讯中写道：“某种歇斯底里的情绪在中国城防部队里显现出来。大家都懂得大多数人已被困住，都要牺牲。笔者见到一小股士兵刚刚在街角竖好路障，他们庄严地围成一圈，宣誓与阵地共存亡。”[⑤]

---

① 《中国军队抗战斗志高昂》，张生编：《南京大屠杀史料集》第6册《外国媒体报道与德国使馆报告》，江苏人民出版社、凤凰出版社2005年版，第59页。

② 《目击者叙说南京的陷落》，张生编：《南京大屠杀史料集》第6册《外国媒体报道与德国使馆报告》，江苏人民出版社、凤凰出版社2005年版，第81页。

③ 《处于包围攻击下的南京／中国军队面前的陷阱》，张生编：《南京大屠杀史料集》第6册《外国媒体报道与德国使馆报告》，江苏人民出版社、凤凰出版社2005年版，第53页。

④ 《城墙阻止日军》，张生编：《南京大屠杀史料集》第6册《外国媒体报道与德国使馆报告》，江苏人民出版社、凤凰出版社2005年版，第75页。

⑤ 《南京陷落／日军施暴》，张生编：《南京大屠杀史料集》第6册《外国媒体报道与德国使馆报告》，江苏人民出版社、凤凰出版社2005年版，第132页。

12 月 12 日，唐生智根据蒋介石的指示，向卫戍部队下达了撤退令。虽然撤退的过程是混乱无序的，但在这一过程中，仍然有守城官兵为掩护撤退、阻敌前进而不惜献出生命的壮举。美英记者的战地报道，也为南京保卫战中的勇士们唱出了最后的赞歌。这一天，美国合众社以“南京筑起血肉城墙阻止日军进攻”为题，报道了发生在首都南京的最后的战斗。电讯称：“震耳欲聋的日军炮火今天清晨震撼着南京城，步兵则在 18 座城门上短兵相接，进行着中国历史上空前惨烈的血腥攻防战。”“成千上万装备好、纪律严明的中国部队并肩和装备差的地方部队一起作战，击退日军猛烈的进攻。”[①] 英国路透社记者史密斯于 12 月 12 日的电讯中报道了 1000 名中国士兵奉命留守城南，“勇敢地坚持巷战，直到午夜时分全部被歼灭”的英雄壮举。[②] 美联社记者则根据“来自南京的零星报道”与“停泊在长江上的外国军舰发出的无线电讯”，报道了中国军人在城陷前夕进行“几乎是自杀性的搏斗”的情景。电讯称：“数股中国军队被困在城内，继续与日军进行着几乎是自杀性的搏斗，或以建筑物为屏障阻击日军，以迟滞占领者的进程。”[③] 这些报道，在客观的叙述中，饱含着对中国军人处境的同情，以及对其牺牲奉献精神的赞扬。

众多西方记者与媒体，对中国军人在南京保卫战中表现的赞誉，向世界传递了中国人民反抗侵略者的坚定决心。

保卫战向日军展现了顽强拼搏的坚强意志

南京守军的英勇抵抗，给日本侵略军留下了惨痛的记忆。日军部队的“战斗详报”与私人日记、回忆文章中，有大量文字记载了他们在南京城下战斗的痛苦感受。这些记录，从另一个视角，展现了南京保卫战的惨烈悲壮与南京守军顽强拼搏的坚强意志。

中国军队于各阵地前，都修筑了多层次的防御工事，对于阻止日军进攻发挥了重要作用。进攻淳化镇的日军第 9 师团最早接触到中国军队在永久国防工事基础上加筑的野战工事。这种工事一度使进攻的日军只能潜伏在守军射击的死角位

---

① 《南京筑起血肉城墙阻止日军进攻》，张生编：《南京大屠杀史料集》第 6 册《外国媒体报道与德国使馆报告》，江苏人民出版社、凤凰出版社 2005 年版，第 70—71 页。南京之城墙以“内城门十三”与“外城门十八”而闻名。城陷前在城墙上的战斗，应发生在原拥有 13 座老城门的城垣上，文中所称“18 座城门”有误。

② 《路透社记者史密斯先生关于 1937 年 12 月 9 日至 15 日南京战情的报告摘要》，《抗日战争研究》1991 年第 2 期。

③ 《日军向南京城外推进》，陆束屏汇辑、编译：《南京大屠杀——英美人士的目击报道》，红旗出版社 1999 年版，第 73 页。

置，无法前进。该部步兵第36联队分队长山本武在战斗打响一天一夜后，于12月7日的日记中写道："淳化镇的敌人依然顽强，特别是在用混凝土构筑的碉堡阵地上。就算陆续派出敢死队实施突击，也只是徒增牺牲。心急如焚的大队长山崎大尉亲自率领一个小队试图进行攻击并夺取阵地，但只能在碉堡的射击死角待着，陷入了进退两难、无计可施的境地。"① 担负进攻雨花台阵地的日军第6师团，也尝够了守军坚固防御工事的苦头。该师团战史记称："这里到处都是敌人构筑的阵地，反坦克壕随处可见，还有机枪掩体。""敌人的迫击炮弹呼啸而来，发出可怕的声音，机枪猛烈扫射，在周围溅起尘土。"② 其步兵第23联队的名叫宫永武义的伍长在回忆文章中称：雨花台阵地的地堡里，"轻、重机枪不停地向我军喷射火舌"③。

中国军人英勇拼搏、不怕牺牲的精神，给了进攻的日军以极大的震慑。守卫紫金山阵地的教导总队官兵，面对日军强大猛烈的炮火，仍顽强抵抗，坚守阵地。主攻紫金山阵地的日军第16师团步兵第20联队士兵牧原信夫在"阵中日志"中感叹："敌人受到如此强大的炮击还仍然顽强抵抗到最后，实在令人佩服。"④ 配合进攻紫金山阵地的日军第9师团，在其战史中记载："据守紫金山的敌军的确很勇猛，他们战斗到最后一个人。明知结果肯定是死，但还是顽强抵抗，一直奋勇地阻挡我军的进攻。"⑤ 担负攻击中华门东侧的日军第114师团，十分感叹中国军队的顽强战斗精神。其步兵第150联队在"战斗详报"中记录，12月12日下午，在日军占领中华门一侧城墙后，中国军人"从下午4时多到深夜，连续十几次竭力反击"，"城内外、城墙上，军号声遥相呼应，鼓舞其声势浩大的反击"。该"战斗详报"无奈地"赞赏"中国军队的"精神教育也是很彻底的"。⑥

守军的顽强抵抗，给日军造成了大量伤亡。在淳化的三天战斗中，守军击退

---

① 《山本武日记》，王卫星编，叶琳等译：《南京大屠杀史料集》第32册《日本军方文件与官兵日记》，江苏人民出版社2007年版，第345页。

② 《熊本兵团战史——支那事变》，王卫星编，刘军等译：《南京大屠杀史料集》第56册《日军文献》上，江苏人民出版社2010年版，第422页。

③ 宫永武义：《顽强的敌人》，曹大臣编，罗文文等译：《南京大屠杀史料集》第62册《日军第六师团官兵回忆》，江苏人民出版社2010年版，第358页

④ 《牧原信夫日记》，王卫星编：《南京大屠杀史料集》第8册《日军官兵日记》，江苏人民出版社、凤凰出版社2005年版，第602页。

⑤ 《第九师团战史》，王卫星编，刘军等译：《南京大屠杀史料集》第56册《日军文献》上，江苏人民出版社2010年版，第121页。

⑥《步兵第一五〇联队战斗详报第6号》，王卫星、雷国山编：《南京大屠杀史料集》第11册《日本军方文件》，江苏人民出版社、凤凰出版社2006年版，第264页。

了日军10余次进攻，毙伤日军500余名。日军步兵第36联队的“战斗详报”于12月8日记称：“在佐藤大尉的激励下，第十二中队虽然杀入敌碉堡阵地并夺取了该阵地之一部，但因遭遇敌交叉火力之猛烈射击以及敌之反击，连续出现伤亡，加之佐藤大尉阵亡，攻击终归失败。”①日军步兵第20联队是进攻紫金山的最左翼部队，其任务为沿主干道向中山门进攻。该联队第4中队在12月12日的《阵中日志》中记述：这一天，“敌军从遗族学校南北阵地整天向我高地上猛烈地集中射击，并且我部还受到来自紫金山方向的猛烈炮击，伤亡惨重。”②主攻光华门的日军步兵第36联队，在战斗中发生大量伤亡，在其军史文献中记载：12日这一天，中国守军大举反击，“一边扔手榴弹，一边在远处猛烈袭击”，在弹药用完之后，“双方随即展开了白刃战”，使日军官兵伤亡大半。据该联队统计，在攻击光华门的数日战斗中，计有伊藤善光少佐等275人阵亡，小清川大尉等546人负伤。③

发生在南京城下的战斗情景，成为日军难忘的一段痛苦记忆。日军步兵第47联队担负从中华门西侧攻击城垣的任务。在12月12日抢渡秦淮河时，不断发生伤亡，渡河士兵冒着守军猛烈射击的炮火，在水中艰难挣扎，其第2中队“阵中日志”称，“那情景实在是惨不忍睹”。后来，该联队登城士兵又在城楼上与中国守军进行了“惨烈的肉搏战”。该联队官兵回忆，守军从各个方面包围过来，守军与日军“互相投掷着手榴弹，在浓浓的硝烟中，夹杂着刺刀穿过肉体的声音、殴打声和伤者的呻吟声。”④日方资料称中华门城堡上的战斗“其情景宛如一幅‘地狱图’”。

日军记忆中的“殊死的战斗”“惨烈的肉搏战”和“地狱图”，以另一个视角，展示了中国军人在南京保卫战中顽强拼搏的抗战精神。

南京保卫战中守城官兵所表现出来的那种勇敢顽强、坚韧不拔、不怕牺牲、团结战斗的抗战精神，是我们中华民族宝贵的精神财富，是激发中国人民夺取抗战最后胜利的强大精神力量，也是全体中国军人、全中国人民和中华民族的光荣与骄傲！

---

① 《步兵第三十六联队战斗详报》，王卫星编，叶琳等译：《南京大屠杀史料集》第32册《日本军方文件与官兵日记》，江苏人民出版社2007年版，第154—155页。

② 《步兵第二十联队第四中队阵中日志第5号》，王卫星、雷国山编：《南京大屠杀史料集》第11册《日本军方文件》，江苏人民出版社、凤凰出版社2006年版，第94页。

③ 《鲭江步兵第三十六联队史》，王卫星编，刘军等译：《南京大屠杀史料集》第56册《日军文献》上，江苏人民出版社2010年版，第163页。

④ 《大分第四十七联队奋战记》，曹大臣编，罗文文等译：《南京大屠杀史料集》第62册《日军第六师团官兵回忆》，江苏人民出版社2010年版，第114页。

结束语

一 战略战术得失

随着12月13日南京城的失陷，南京保卫战战役的主体阶段便宣告结束。保卫战给中国人民的抗日战争历史书写了光荣悲壮的一页，但同时也留下了内容丰富的经验教训。其在战略战术方面的得失，尤其值得研究与总结。

中国人民的抗日战争，最主要的战略便是坚持持久战，争取在持久的作战中逐步消耗敌人，使胜利的因素逐步增长。毛泽东在其名著《论持久战》中指出："中国不可避免地要走一段艰难的路程，抗日战争是持久战而不是速决战"。[①] 民国军事家蒋百里，早在20世纪20年代就根据中日双方实力的对比作出判断："我侪对敌人制胜之唯一方法，即是事事与之相反，彼利速战，我恃之以久……彼之武力中心在第一线，我侪则置之第二线"[②]。蒋介石在上海沦陷后即于11月13日之日记中写道："抗战最后地区与基本战线，将在粤汉、平汉两铁路以西。"[③] 其欲将日军兵锋引向西南、西北腹地之战略，跃然纸上。持久战的战略，就是在中国处于弱势地位而又地大物博、人口众多的情况下，采用的一种"拖"的战略，拖住侵略者，使之愈陷愈深，不能自拔，最后被拖死在人民战争的汪洋大海之中。曾在东战场担任第三战区前敌总司令与第七战区副司令长官的陈诚，认为淞沪、南京之役，是一场"在我们导演之下"，使日军"由北而南的侵扰，变成由东而西的仰攻"的战役，这一牵引敌军用兵方向的根本改变，"便是沪战最大的成功

① 毛泽东：《论持久战》，《毛泽东选集》第二卷，人民出版社1991年版，第453页。

② 蒋百里：《军国主义衰亡与中国》，转引自李吉荪：《中日南京之战》，澳门国际炎黄文化出版社2001年版，第5页。

③〔日〕《产经新闻》社撰、古屋奎二主笔，《蒋介石秘录》翻译组译：《蒋介石秘录》第4卷，湖南人民出版社1988年版，第36页。

所在”[①]。南京保卫战在根本战略思想上，是淞沪会战战略思想的继续和延伸，此战继淞沪会战之后，进一步将日军引向东部战场，有利于将其一步步拖向西部大后方战场，让其被迫与中方进行持久作战。包括淞沪、南京等地区在内的东部战场，地理形势殊异于华北平原，到处充斥水网地带。这给欲溯长江西上的日军机械化大部队的行动，造成了很大的障碍和困难。南京保卫战是改变日军进军方向这一战略构想的重要一环。保卫战的进行，使日军进一步就范于中方以空间换时间的战略设计，而日方既定之速决战战略遭到挫败。

同时，南京保卫战的准备与进行，在前后 1 个月内，吸引了日军重兵西进南京，给中国守军从淞沪战场撤向皖南、鲁西一带，布置新的战场争取了宝贵的时间。正如南京卫戍军参谋处第一科科长谭道平所说：南京保卫战的进行，“在战略上看来，也可以吸引追击的敌人向南京前进，使从上海撤退下来的五六十个师，至少也可以减轻一些压迫，得到转进喘息的时间”“掩护我上海大军得以安然地向浙皖边区退却”[②]。事实也正是这样，后来在徐州、武汉战役中作为主力部队的陈诚系部队和桂系部队，都因南京保卫战的准备与进行，得到了一段整顿与布置的时间。持久战的战略，就是要不断地在有利于我的地域组织新的战役，逐次消耗敌军的实力与精神意志。南京保卫战，除了战役本身阻滞日军之前进、消耗日军之实力外，还接应了淞沪作战部队的撤退，掩护了徐州战场部队的战斗准备。这些战斗行为与功能，在战略上都是对持久战的实践、支持与贡献。

从战略上来说，南京保卫战的失败表现在两个方面：

一是由于歼敌人数较少、坚守时间过短，未能最大限度地收获持久战的效果。持久战的战略目标，就是在漫长的持久作战中，不断地消耗敌人、降低其前进的速度，使之愈陷愈深、愈战愈弱。根据中日双方的统计，保卫战中日军伤亡约万人。日军兵力的损失，约占其进攻南京总兵力的 1/10，各部建制均基本保持，可以在稍加整补或不予整补的情况下，直接参加新的战场作战。再就战役坚守的时间来说，自 12 月 4 日在句容、汤山一带与日军前锋部队接触起，至 13 日城陷，共历时 10 天。这与持久战战略在各战役、战场死死拖住敌人的要求，还有相当大的差距。蒋介石于南京城陷前夕之 12 月 12 日，曾在给唐生智的手令中，要求其“不惜任何牺牲”“再守半月以上”。虽由于战场情况复杂，此手令未必为唐生智收到且已无执行之可能，

① 陈诚：《陈诚先生回忆录：抗日战争》上册，台北“国史馆”2005 年版，第 36 页。

② 谭道平：《南京卫戍战史话》，东南文化事业出版社 1946 年版，第 47、第 117 页。

但蒋之要求，出于他本人对国际形势的观望，也体现了其从持久战战略出发，在坚守时间上的期望值。显然，南京保卫战的实际情况，并未能实现这一期望。

二是由于撤退不善，铸成大错，使守军八九万人被俘后惨遭屠杀。大批有生力量的损失，显然不利于持久战战略的实施。南京守军在交战中的损失，约为1万人，连同未能安全撤退而遭屠杀者，计达10万人左右，达全部守军人数的2/3，致多数部队已不成建制，丧失战斗力。保持大量有生力量，是坚持持久作战的基础条件。南京保卫战中守军不对称的非正常损失，是战略上的重大失误。

战役中运用适当的战术，是保证战略目标得以实现的必备条件。正确的战略，需有与之匹配的正确的战术。在军事史中，鲜有战术错误而能达成既定战略目标的先例。

南京卫戍司令长官唐生智，在南京保卫战中实行了将部队安排于外围阵地与依托城垣的复郭阵地之双重设置。这样的战术安排，本身亦属正常，并无明显不当。唐将其主力部队第66军、第74军、第83军与第2军团布置于自江宁镇至孟塘、龙潭之外围阵线，将第87师、第88师、第36师及教导总队布置于雨花台、河定桥至紫金山之复郭阵线。在12月4日至13日的10天激战中，两层阵地由外围而至城垣，交相衔接，虽遇日军劝降之讹诈，终坚守而不弃。南京守军充分利用了外围与复郭阵地的双层设置，逐次阻挡日军的进攻，消耗其军力，消磨其作战意志，从而部分地收获了持久作战战略的效果。

其次，唐生智在接获蒋介石撤退令后，在其发布的“卫戍作命特字第一号”书面撤退命令中，制定了“大部突围，一部渡江”的正确原则。这在当时背临大江、人多船少的情况下，无疑是唯一正确的选择。渡江，虽然因系向后方撤退，没有与敌交火的风险，比较安全；但若无足够船只，大量部队无法渡过长江，则“安全”又变成了不安全。相反，突围需就地冲破敌人的封锁，杀出一条血路，会有牺牲，但就总体而言，突围所需付出的代价，远比滞留江边、候敌就戮要少得多。第66军叶肇部的突围撤退，就是明显一例。该部经淞沪血战，伤亡惨重，迨移师南京时，两师各编并为1个旅，全员人数万余人。突围中，虽经岔路口、狮子山、空山、方冲、邓埠等遭遇战，然最后抵达安徽宁国集中者，仍有7790人。个别部队，如第2军团徐源泉部，本即驻守江边，临机又寻得路过渡船，使该部仍有11851名官兵得以安全渡过长江，撤转后方。撤退中“大部突围，一部渡江”战术原则的制定，以及在部分部队中得以贯彻实施，亦为战术成功之处。

南京保卫战的战术失误首先表现在单纯防御、被动应战方面。固然，保卫战本身保卫城市的目标，注定了其作战的防御性质。它不是一次夺取城市、主动进攻的战役。但是，持久与速决、内线与外线，并非绝对的对立。叶剑英于1937年8月随周恩来、朱德到南京参加最高国防会议时曾指出："虽战略上持久，但战术上仍应攻势，以求速战速决。战略上虽采内线，但战术上仍应取外线，随时包围敌人。只有战术的攻势与速决，才能保证战略的持久；只有战术的外线围歼，才能实现战略的内线作战。"[①]叶剑英的观点，非常切合南京保卫战的实际情况。要利用两道防御阵地拖住日军，就要选择部分地点与部分部队冲向外围，速战速决，对日军一部予以歼灭性打击。唐生智等高级将领在指挥南京保卫战作战时战术死板，被动防御，未能于某时某地集中优势兵力，大胆前进至外线，攻敌一点，予以歼灭。正如第2军团军团长徐源泉在战斗详报中所说："盖防御而不取攻势，鲜有能达目的者。"[②]在这里，防御与进攻、持久与速决，是矛盾的统一。以主动进攻求防御，则防御成；以消极坚守求持久，则持久失。

保卫战中另一个重大的战术失误，为临时改变撤退部署中"大部突围，一部渡江"的原则。唐生智于12月12日下午召开师长以上高级指挥官会议，在下发了书面的"大部突围，一部渡江"撤退令后，忽又口授命令，"87D、88D、74A、教导总队诸部队，如不能全部突围，有轮渡时可过江，向滁州集结。"[③]此口一开，使八九万部队拥滞于江边，无船过江，而部队又已群龙无首、一盘散沙，失去了战斗力。这些滞留江边的守军官兵，一部就地被俘，遭集体屠杀；一部闯入民间，又被日军搜出，与难民一起同遭屠杀。由于撤退的不善，使守军的损失猛增八九倍，在15万守城大军中，只有5万名左右安全撤退到后方。此种战例，在整个抗日战争中都极为罕见。

自南京保卫战结束之日起，人们便开始研究与思考这一战役在战略战术方面的得失。这是一个没有止境的研究课题。它对整个抗日战争及其以后的解放战争、一切的反侵略战争，都有着深远的借鉴与指导意义。

二　与南京大屠杀的多重关联

南京保卫战与南京大屠杀前后相互承接，南京大屠杀自南京保卫战失败而开

① 中国第二历史档案馆藏档案，转引自李吉荪：《中日南京之战》，澳门国际炎黄文化出版社2001年版，第8页。

② 《第二军团京东战役战斗详报》，中国第二历史档案馆藏，档案号七八七—7591。

③ 《南京卫戍军战斗详报》，中国第二历史档案馆藏，档案号七八七—7593。

始，南京保卫战以南京大屠杀发生而告终。但它们之间的关系，远不止此，而是有着多重的、复杂的内在关联。

南京保卫战是南京大屠杀的重要历史背景。中国是个独立的主权国家，不通过交战，没有南京城的失陷，日本侵略军不可能从天而降，直达南京。对于日本侵略军来说，血腥的南京大屠杀，是他们用血与火来攻陷南京的延伸，是他们军国主义思想的恶性膨胀，是他们侵略行动的发展与升级。南京大屠杀的远期背景，是60多年来日本帝国主义对中国的侵略与暴行，以及中国的贫穷、落后，中国军民持久、顽强的抵抗；而其近期背景，则是刚刚发生的日本侵略军对南京的进攻与占领，南京保卫战的悲壮进行，以及南京守军不成功的撤退。当历史的舞台上演南京大屠杀历史悲剧的时候，人们仍然可以清楚地听到渐渐远去的枪炮声，看到那战争的硝烟和流淌的鲜血，闻到那浓烈的火药味和血腥味。这便是战争与暴行之间的辩证关系，侵略战争必然带来暴行，暴行自然以侵略战争为其背景。

南京保卫战的时空范畴影响着南京大屠杀的时空范畴。前文已经讨论，南京保卫战的时空范畴，自12月4日起，发生在江宁镇—淳化—汤山—龙潭这一弧形圈内的地域。而日本侵略军的暴行，又是与其侵略战争同步的。他们侵略到哪里，就会施暴到哪里。在接近南京城垣时，暴行则更多、更残忍。因此，严格说来，受其影响，南京大屠杀开始的时间，就不是12月13日，而是比这更早一些的12月上旬；其地域，也就不能仅仅局限于南京市的12个行政区，而是应包括大弧形圈内的江宁县，以及日军为包围和追击南京守军而到达的江浦、六合二县。

南京守军的英勇抵抗必然遭到日本侵略军的疯狂报复。从宏观来看，60多年来中国军民对日本侵略者顽强的抗争，是遭到日本侵略者报复的基本因素。哪里有反侵略斗争，哪里就有侵略者的报复，这是民族斗争中一条不以人们意志为转移的规律。因此，南京保卫战的壮烈进行，当然也会遭到日本侵略军的疯狂报复。侵略者的报复，从来就是不分对象的，不管是抵抗的军人，还是非武装的百姓。被侵略者的抗争，从来也是冒着被敌人加倍报复的风险而进行的。从这一点来说，南京守军的抵抗，南京保卫战的进行，均为日军进行南京大屠杀提供了借口。

唐生智不成功的撤退，使9万大军滞留城内，一部潜入民间，被日军利用作为搜捕青壮年平民的借口。在组织退却之初，唐生智考虑到时间紧迫、人多船少的客观情况，确定了“大部突围，一部渡江”的撤退原则。这一原则，本来是比较切合实际的。但是到正式宣布撤退令时，唐又临时口头更改原令，允许部队“有轮渡时，可过江向滁州集结”[①]，实际形成“大部渡江，一部突围”的局面，致使八九万人滞留江边，一部成为日军俘虏，一部潜入民间。在整个抗日战争的过程中，还没有第二个城市，在失陷之后，有这么大量的部队滞留。他们既无法撤出，又不能组织成可以战斗的武装集团。大批放下武器的军人潜入民间，被日军利用为搜捕、屠杀平民的借口。日本侵略军进入南京城后，正是打着搜寻“中国军人”的旗号，大肆捕捉无辜市民，恣意杀害。在许多场合，日军不分青红皂白，不论男女老幼，一概加以残暴的屠杀。但是，也有一些场合，日军确是按照一个军人可能具备的特征，如额头上是否有帽痕，手心、肩头是否有老茧等，来决定是否捕捉一位男性青壮年。因此，可以说，大量中国守军官兵潜藏到民间，部分地为日军加害中国平民百姓与扩大暴行的规模提供了借口，诱发或促发了一部分本可避免的屠杀事件。这也是南京大屠杀这样的惨剧发生在南京，而不是其他城市的因素之一。

被日军屠杀的放下武器的军人，构成了南京大屠杀遇难同胞的重要部分。滞留南京的近 9 万名军人，一部被俘，惨遭集体屠杀；一部于潜入民间后，基本都被搜捕而遭到屠杀。由于在统计上，受到日军集体屠杀俘虏与“便衣兵”，以及安全撤退到后方的军人等数字的制约，被日军屠杀的放下武器的军人，人数应在 7 万至 9 万之间，最低不低于 7 万人，最高亦不高过 9 万人。这在南京大屠杀 30 万遇难同胞人数中占到了 1/4 左右。尤其应当指出的是，由于军人是有严密组织的集团，其生死、去留，都比一般市民更便于从宏观上统计与估算。7 万至 9 万人，是一个庞大的群体；1/4，也是一个相当大的比例。可以说，由于这部分放下武器的军人被屠杀，大大增大了南京大屠杀的规模。

南京保卫战的延伸，是南京大屠杀中抗争的重要内容。南京城的失陷，南京大屠杀的开始，标志着南京保卫战的结束。但是，南京保卫战同时又以新的形式在延伸，在继续。一切发生在南京地区的，以打击日本侵略者为目标的反抗与斗争，都是南京保卫战的继续。这是一种民族精神的延续与发扬。南京守军在城陷后，仍然规模不等、程度不同地与日军进行了殊死拼搏；在南京大屠杀期间，被屠杀的军民，面对日本侵略者的刀枪，赤手空拳，屠场暴动，英勇抗争；在整个日本占领时期，国共两党都在南京城及其周围地区，坚持了秘密斗争和武装反抗，

① 《南京卫戍军战斗详报》，中国第二历史档案馆藏，档案号七八七—7593。

打击日伪占领者的统治。抗争中的军民，认为自己的行动是南京保卫战的继续，他们在继续用自己的血肉之躯为保卫南京、打击敌人而战斗。南京大屠杀本身就包含着屠杀与抗争这一对矛盾。有侵略者的屠杀，就有被侵略者的反抗。被屠杀，是中国人民的屈辱；勇敢抗争，则是中国人民的光荣。南京保卫战的影响与延伸，铸就了南京大屠杀中光荣与抗争的一面，显示了中华民族的自尊与自信。

南京保卫战与南京大屠杀之间的多重内在关联，说明南京保卫战对于南京大屠杀有着深远的影响。南京大屠杀的许多重要理论问题，如背景、范畴、原因、规模、抗争等，都与南京保卫战的内容有着直接的、密不可分的联系。

三　军事政治意义

南京保卫战就其规模来说，只是抗日战争正面战场的一次中等规模的战役；同时，战役又以失败而告终，守军官兵牺牲惨重。正因为如此，长期以来，军界、史界存在着一种贬低南京保卫战军事政治意义、夸大其战略政略失误的理念。本著既称“南京保卫战全纪录”，当然有责任、有义务，在论述保卫战全部史实的基础上，从宏观、整体上，还原该战役在抗日战争历史上应有的地位，实事求是地肯定其在军事政治方面的重要意义与价值。

首先在军事方面，南京保卫战具有重要的战略战术和彰显抗战精神的意义。

在过往的研究中，南京保卫战曾被说成“一触即溃”“不战而逃”，好像根本未进行过什么激烈的战斗。桂系主帅李宗仁认为，在南京的守军，“激战不到三四天工夫便全军溃败”[①]。也有人将这一战役称为“一幕跡近荒唐的首都保卫战”[②]。有的军事史著作，并不将南京保卫战视作一次独立的战役，而是只将其作为淞沪战役的尾声一笔带过。有的抗战史著作，只是在南京大屠杀内容中，对南京保卫战的过程加以简介。本著认为，南京保卫战的军事价值应予深刻认识并充分肯定。

前节已对保卫战在战略战术方面的得失，做了专门的论述。战略战术的得与失，都有重要的意义。得，固然是正面的战役成果，奠定了其在抗日战争中应有的地位；失，亦从反面提供了经验教训，成为八年全面抗战中的宝贵财富。南京保卫战是

① 中国人民政治协商会议广西壮族自治区委员会文史资料研究委员会编:《李宗仁回忆录》(下)，内部发行，1980年，第701页。

② 怀远：《唐生智死守南京终不死》，香港《春秋》第757期，1989年2月1日。

坚持持久抗战战略设计中的重要一环，不仅继淞沪会战之后，进一步将日军吸引、死拖在东战场，而且也在淞沪与徐州两次会战中间，发挥了缓冲、承接的作用。它在歼敌、坚守时间和自损方面的失误，则是以血的教训，警示了在日后的对日作战中，应当注意的问题。

尤其值得肯定的是，南京保卫战中表现出来的英勇拼搏、顽强战斗的抗战精神，是中国军人永远的光荣与骄傲。这一战役，发生在全面抗战初期、淞沪血战之后，敌我双方强弱悬殊，中方部队明知不可为而为之，与日本侵略军进行着一场力量不对称、不平衡的较量。在这种情况下，中国军人以对祖国的忠诚，与敌浴血拼搏，给予日军沉重的打击。日军参战官兵称在南京阵地的作战，是一场"殊死的战斗""惨烈的肉搏战"，是一幅"地狱图"。英美记者称赞中国军人"誓与阵地共存亡""进行着不畏牺牲的战斗"。南京一役，中国守军共有8名将军，11名旅、团长，31名上校军衔和副团职以上的指挥官牺牲在阵地上。保卫战共在外围与复郭阵地进行了多达30次以上的大小战斗。事实证明，中国军人在坚守的各处阵地都进行了激烈的战斗与顽强的抵抗。我们应当为南京保卫战正名，把曾经对历史的曲解纠正过来，理直气壮地承认，它是中国人民抗日战争中一页光荣的战史。

其次，在政治方面，南京保卫战具有全国独一无二的重要政治地位。攻击南京的日军最高指挥官松井石根，曾狂妄宣称："别无他途，只有拿下南京，打垮蒋介石政权。这就是我必须完成的使命。"① 它是一场保卫首都之战。在民族反侵略战争中，为保卫首都而战，历来受到国际社会的高度关注；就国内而言，这对鼓舞提振全国的军心民心，都有重大的象征意义与实际意义。从政治上考虑，在国民政府上层，也曾有过不同看法。第五战区司令长官李宗仁认为，宣布南京为不设防城市，在政治上较为主动；军事委员会秘书长张群主张，我军自动退出南京，对将来一旦和谈较为有利。② 但最终在蒋介石主持下，还是定下了对南京"短期固守"的方针。蒋介石说："南京是我国的首都，为国际观瞻所系，对全国人心也有重大影响，完全不守是不可以的。"③ 他还在日记中写道："南京城不能守，然不能不守，对上、对下、对国、对民无以为怀矣。"④ 后来被蒋介石任命为南京卫戍司

---

① 〔美〕戴维·贝尔加米尼著，张震久等译：《日本天皇的阴谋》上册，商务印书馆1984年版，第54页。

② 孙宅巍：《南京保卫战史》，南京出版社2014年版，第109—110页。

③ 宋希濂：《鹰犬将军——宋希濂自述》，中国文史出版社1986年版，第125页。

④ 《蒋介石日记》（手稿本），1937年11月26日，转引自杨天石：《寻找真实的蒋介石》，山西人民出版社2008年版，第237页。

令长官的唐生智，在幕僚会议讨论中，也认为：“南京是我国的首都，为国际观瞻所系，又是孙总理陵墓所在，如果放弃南京，将何以对总理在天之灵？”[①]跟随唐生智左右的作战科科长谭道平在论述南京保卫战的著作中写道：“南京的守城战，是中外人士观瞻所在，富有政略的意义。”[②]政略的正确与否，不仅关系到全国军民的战斗意志，而且对敌方、对国际社会也会造成很大影响。如果中方对首都不战、不守，敌方会因此趾高气扬、不可一世；国际社会也会因此而对中国的战局失去信心。南京城郊地区进行的30余次战斗，充分表达了全国军民不离不弃的坚强意志。这不是在保卫一个普通的城市，它象征着为国家的独立和自由而持久作战的决心。经过南京保卫战一役，经激战而后撤，这就有了向国人交代、动员持久抵抗的底气。正因为如此，蒋介石方能在《为我军退出南京告国民书》中声称：“此次抗战，绵亘五月，敌方最初企图，实欲不战而屈我。我方所以待敌者，始终为战而不屈；不屈则敌之目的终不能达。”[③]

南京保卫战在政略上的重要价值，还体现在经大规模血战之后而不屈不挠的坚强意志。日本侵略者妄图“三个月灭亡中国”，变中国为其殖民地。经淞沪一役，中方调集70万大军，与日军鏖战三月，以伤亡30万人的代价，毙伤日军5万余人。日军在侵占上海后，随即兵分三路，挥师西进，兵锋直指南京。中方敢不敢在淞沪血战之后，在南京再作抵抗，这是考验中国军民战斗意志的试金石。是否打南京这一仗，不仅是战略问题，而且首先是政略问题，是降还是战的问题。屈服还是再战？战，则几乎所有调集至南京的部队，均甫经淞沪之惨烈战斗，残缺不全，兵不足额。果若开战，中方将处于比淞沪之战更为弱势、劣势的地位，这是必然的。日军指挥官松井石根在率部攻击复郭阵地前，用飞机投下“劝降书”，声称若继续交战，“千载之文化归于灰烬，十年之经营化为泡影”，勒令中国军队派出代表，与华中方面军司令官代表“达成关于接收南京城之必要协定”[④]。然而，南京守军并未慑于日军的讹诈而停止抵抗，而是依托城垣，从各处复郭阵地，以猛烈的炮火作为回答。南京血战，是中方不投降、不求和政略的顽强表现。

---

① 刘斐：《抗战初期的南京保卫战》，中国人民政治协商会议全国委员会文史资料研究委员会《南京保卫战》编审组编：《原国民党将领抗日战争亲历记·南京保卫战》，中国文史出版社1987年版，第9页。

② 谭道平：《南京卫戍战史话》，东南文化事业出版社1946年版，第47页。

③ 秦孝仪主编：《中华民国重要史料初编·对日抗战时期》第2编（2），台北中国国民党中央委员会党史委员会1981年编印，第222页。

④《支那事变经过概要》，王卫星编，叶琳等译：《南京大屠杀史料集》第32册《日本军方文件与官兵日记》，江苏人民出版社2007年版，第25—26页。

南京保卫战是中国人民实行持久战战略，坚持抗战、决不屈服政略的伟大斗争的重要一役。其战略与政略，均因南京作为首都的地位而更具重要的意义。首都一役，为全国其他战役、战场做出了榜样。经受了血与火考验的南京保卫战中的中国军人，以自己的热血与生命谱写了一曲抗日壮歌。他们不愧为中华民族的优秀子孙。

四　重要的历史地位

在相同的历史背景下，胜利的战役要比失败的战役具有更为重要的历史地位和更大的影响。南京保卫战是一次失败的战役。但是，对于任何一次阶级斗争、民族战争来说，对它的评价，起决定作用的因素，是其本身的性质；某一方的胜负、得失，只能从属于这一性质而发挥影响、作用。中华民族神圣的抗日战争，并没有因南京保卫战的失败而失色，日本侵略者也没有因占领南京而增辉。

南京保卫战作为中国民族革命战争的一个组成部分，有着重要的历史意义和影响。

首先，它又一次表明了国民党在全面抗战初期对日作战积极、努力的态度。毛泽东指出："从一九三七年七月七日卢沟桥事变到一九三八年十月武汉失守这一个时期内，国民党政府的对日作战是比较努力的。""有比较积极的抗战"，其"政策的重点还放在反对日本侵略者身上"[①]。南京保卫战是由国民党直接组织指挥的。蒋介石在淞沪会战失败的情况下，又以南京守备部队和部分自上海撤退的部队为基础，调集武汉的第 2 军团徐源泉部和云南的第 60 军卢汉部（未抵达），共 13 个师 15 个团、约 15 万官兵，内含蒋的嫡系部队教导总队桂永清部、第 74 军俞济时部、第 71 军王敬久部、第 72 军孙元良部等，组织南京保卫战。他要求："各部队长要在唐长官的指挥下，抱定不成功便成仁的决心，克尽革命军人保国卫民的天职"[②]。受命担任南京卫戍司令长官的唐生智，更多次表示并下令各部队"与南京共存亡"；12 月 9 日，在日军兵临城下，发出最后通牒的情况下，守军以猛烈的炮火攻击，回答了敌人。这一切表明，国民党军事当局继淞沪战役之后，又一次摆开了阵势，迎战日军，把本来对着中国共产党和工农红军的枪口，转而

① 毛泽东：《论联合政府》，《毛泽东选集》第三卷，人民出版社 1991 年版，第 1037 页。

② 谭道平：《回忆一九三七年唐生智卫戍南京之战》，中国人民政治协商会议江苏省委员会文史资料研究委员会编：《江苏文史资料选辑》第 16 辑，江苏古籍出版社 1985 年版，第 30 页。

对向中华民族的共同敌人日本帝国主义。这是一个很大的进步，是符合中华民族和全国人民利益的。

其次，守城官兵浴血奋战的爱国壮举，是全中国军民共同的光荣和骄傲。

南京战役中，中国军队多从淞沪战场撤退下来，未及休整，新兵又未经训练，加之在训练和武器装备方面，都比敌人差得多。在如此不利的情况下，明知不可为而为之，全凭一腔爱国热情，以血肉之躯，力御强敌，其精神殊堪赞佩。在城东南光华门的激烈战斗中，为消灭潜伏在城门洞里的日军，第156师的数十名敢死队员，由城墙上缒悬而下，用手榴弹和汽油把他们全部焚毙；之后，又猛袭占据通光营房的日军，把他们全部加以驱逐。最后，这数十名勇士，全部牺牲于追击敌人的战斗中，一个也没有生还。① 在城南之中华门，当城门已被敌人炮火轰破，敌军突入时，万千守军毅然向敌人潮水般地冲杀过去，"把他们的身体当作城墙""以阻遏一下敌人的长驱"②。方山的两名装甲兵战士，在战车被击毁的情况下，决心与战车共存亡，埋伏在战车内，待一大队日军走近时，突然从转塔前后两端伸出机枪，一举消灭了几十个敌人。后来他们在撤离坦克时，一人不幸牺牲，另一人安全转移。③ 当日军坦克冲进光华门时，一些中国士兵"绑了一身手榴弹向日军坦克车滚去"，与敌坦克同归于尽。④ 在南京战役期间，第88师少将旅长朱赤、高致嵩，第87师少将旅长易安华，第156师少将参谋长姚中英、第468旅少将副旅长李绍嘉，第159师少将副师长罗策群，第160师少将参谋长司徒非，宪兵少将副司令萧山令，以及团长谢家珣、程智、谢承瑞、韩宪元、华品章、李杰等，均壮烈牺牲。他们在南京保卫战中表现出来的爱国主义精神，激励着中国军队和中国人民在整个抗日战争中英勇斗争、抗敌御侮。

此外，南京保卫战的失误，还为其他战役提供了血的教训。

南京保卫战中，较大的失误有二：一是消极防御，被动挨打；二是撤退无方，损失惨重。

关于消极防御。这是南京保卫战战役指挥上的重要失误。整个战役，自始至终，均呈被动挨打的态势。特别是在敌强我弱的大环境下，这种态势，绝无有效歼敌

---

① 谭道平：《南京卫戍战史话》，东南文化事业出版社1946年版，第65页。

② 谭道平：《南京卫戍战史话》，东南文化事业出版社1946年版，第69页。

③ 杜聿明：《南京保卫战中的战车部队》，中国人民政治协商会议全国委员会文史资料研究委员会《南京保卫战》编审组编：《原国民党将领抗日战争亲历记·南京保卫战》，中国文史出版社1987年版，第214页。

④ 天津《大公报》，1945年9月10日。

的可能。毛泽东在总结中国革命战争经验的基础上指出：“消极防御实际上是假防御，只有积极防御才是真防御，才是为了反攻和进攻的防御。”[①]南京失陷3个月后，中国军队在台儿庄会战中，即改变了消极防御的做法，取得了辉煌战果。

关于撤退无方。南京守军的损失有85%发生在撤退之中。这在一般战役中是少见的。根据中国革命战争的规律，“退却之所以必要，是因为处在强敌的进攻面前，若不退让一步，则必危及军力的保存。”[②]退却首先是为了保存自己，同时，也是为了下一步消灭敌人。若退却而不能保存自己，则不如不退却而同敌人拼消耗，与敌人同归于尽。时隔5个月，第五战区四五十万大军为突破日军对徐州地区的包围封锁，于1938年5月中旬，除留第24集团军于苏北、第69军及海军陆战队于鲁南、鲁中坚持外，以第68军刘汝明部为掩护，战区主力部队分作5路，迅速突围。李宗仁指挥第五战区突围的成功，粉碎了日军聚歼中国军队的意图，完整地保存了作战的主力，为武汉保卫战准备了条件。

中国军队在台儿庄会战中以积极防御而取胜，在徐州撤退中以严密部署、成功突围而获誉，固然有国外和历史上的丰富战例作为借鉴，亦有与南京保卫战不尽相同的战场条件和指挥素质；但从时间、地域上来说，与之非常接近的南京保卫战的经验教训，则当然对其具有一定影响。

南京保卫战，虽然从双方投入的兵力和持续的时间来说，只是一次中等规模的战役；但由于南京是当时中国的首都，是日军借以胁迫中国投降的攻击重点，加之南京守军英勇拼搏、牺牲惨烈，这又使它作为全面抗战初期一次举国瞩目的重要战役，载入了中国人民抗战和世界人民反法西斯战争的光荣史册。

南京保卫战的悲壮历史，将永远铭刻在南京人民和全中国人民的记忆之中！

南京保卫战中为国家为民族流血牺牲的英勇将士们永垂不朽！

---

① 毛泽东：《中国革命战争的战略问题》，《毛泽东选集》第一卷，人民出版社1991年版，第198页。

② 毛泽东：《中国革命战争的战略问题》，《毛泽东选集》第一卷，人民出版社1991年版，第206页。

大事记

（1937年7月—1938年初）

1937年

7月7日 日军向临近北平之宛平城及卢沟桥发动进攻，中国驻军第29军某部奋起还击，是为卢沟桥事变（亦称七七事变），并由此拉开中国全民族抗战的序幕。

7月8日 中共中央发表中国共产党为日军进攻卢沟桥的通电，号召全中国同胞、政府与军队团结起来，筑成民族统一战线的坚固长城，抵抗日寇侵略！

△ **同日** 毛泽东、朱德、彭德怀等红军将领致电蒋介石，要求实行全国总动员，保卫平津，保卫华北，收复失地。

7月9日 彭德怀、林彪、刘伯承、贺龙等代表全体红军将士致电蒋介石，表示全体红军愿即改名为国民革命军，并请授命为抗日前锋，与日寇决一死战！

7月10日 蒋介石向全国各行营、绥署及各省市发出密电，要求全国各地方各部队“确实准备，勿稍疏懈，以防万一”。此密电事实上成为秘密的全国抗日动员令。

7月12日 南京各群众团体举行联席会议，讨论抗战工作，并通电全国，号召奋起抗战。

7月15日 南京各机关、团体代表300余人开会成立首都各界抗敌后援会。17日，南京文化界100余名知名人士集会，成立首都文化界抗敌后援会，要求国民政府即日出兵抗日。18日，首都华侨教育总会等8个团体集会，联合成立首都华侨抗敌后援会。31日，金陵大学、中央大学及各中、小学学生200余人，聚会宣布成立南京学生界抗敌后援会，并组织学生到新街口、夫子庙等繁华地段进行抗日宣传。

7月16日 国民政府请美国大使调停中日冲突，遭日本政府拒绝。同日，日本陆军中央部训令中国驻屯军司令官，并规定以本月19日为最后期限，要求中国驻军须撤退冀察等事项。

7月17日　蒋介石在庐山发表谈话，指出卢沟桥事变发展的结果，直接关系着"中国存亡的问题"，中国已到了"最后关头"；此事变若不能和平解决，"便只有拼全民族的生命，以求国家的生存"。该谈话标志着国民政府对日方针的根本性转变与抗战建国方针的初步确立。

8月9日　周恩来、朱德、叶剑英应邀到南京参加国防会议，坦陈抗日方略，并与国民党谈判。19日，国民党同意将红军改编为国民革命军第八路军（9月11日改称第18集团军），设立总指挥部，统辖3个师，以朱德、彭德怀为正副总指挥。22日，国民政府军事委员会正式公布了红军改编的命令。之后八路军主力相继挺进华北抗日前线御敌。谈判期间，周恩来等还就国统区出版抗日报刊、释放政治犯，以及在南京等地设立八路军办事处问题与有关方面洽商，取得积极成果。

8月13日　日军进攻上海，淞沪会战爆发。此战是中日双方在抗日战争中规模最大、战斗最为惨烈的战役。中日双方共投入约100万军队，历时三月。中国军队的顽强抵抗，粉碎了日本"三个月灭亡中国"的狂妄计划。

8月14日　国民政府发表《自卫抗战声明书》，向全世界宣布："中国决不放弃领土之任何部分，遇有侵略，惟有实行天赋之自卫权以应之。"

8月15日　日本重型轰炸机机群首次空袭南京，大校场、明故宫机场与八府塘、中山东路一带人口稠密地区遭猛烈轰炸，伤亡军民数十人。中国空军英勇还击，击落敌机多架。

8月19日　日本海军航空兵当天于白昼夜间两度空袭南京，轰炸中央陆军军官学校、国立中央大学等单位，造成人员伤亡与财产损失。中国空军予以英勇还击，击落敌机1架，并俘获其机组人员5人。这是全民族抗战开始后，南京地区首次俘虏日军。

8月21日　中国外交部部长王宠惠和苏联驻华全权代表鲍格莫洛夫在南京正式签订了《中苏互不侵犯条约》，并协商通过了最后的补充要求。

8月25日　《中国共产党抗日救国十大纲领》发表，其中再次强调：在国共两党彻底合作的基础上，建立全国各党各派各界各军的抗日民族统一战线，领导抗日战争、精诚团结，共赴国难。

8月　存放于南京朝天宫的故宫博物院文物，开始分南北两路西迁川黔。

9月19—25日　日军共出动飞机近300架次，对南京各重要目标进行10余次大规模空袭，造成南京军民大量伤亡，损失惨重。其中在9月19日的空战中，中国空军飞行员有 4 人牺牲，这是南京空中保卫战中牺牲的第一批航空烈士。

9 月 22 日 国民党中央通讯社正式发表中共早于 7 月 15 日向国民党递交的《中共中央为公布国共合作宣言》（即《共赴国难宣言》）。次日蒋介石发表谈话，承认中共的合法地位。这标志着以第二次国共合作为基础的抗日民族统一战线正式形成。

9 月中旬 秦邦宪（博古）、董必武来到南京，任中国共产党驻京代表。之前于 8 月下旬设立的八路军驻京办事处（后改称第 18 集团军驻京办事处）亦为中共中央驻京办事处。该办事处是第二次国共合作以后，中共领导的军队在国民党统治区设立的第一个公开办事机构（位于南京市傅厚岗 66 号），李克农任办事处主任（处长）。11 月底，办事处工作结束。

9 月 南京金陵女子文理学院部分系科迁至武昌华中大学办学。

10 月 12 日 根据国共两党达成的协议，国民政府军事委员会宣布，将南方 8 省 10 余个地区的红军游击队，改编为国民革命军陆军新编第四军（简称新四军），叶挺任军长，项英任副军长，下辖 4 个支队，共 1 万余人。

△ 日军轰炸机在战斗机掩护下前往南京执行轰炸任务，遭中方战机拦截。激战中，中国空军击落日机 3 架，击伤 2 架，从而打击了日军妄图以战斗机掩护空袭的阴谋，获得大胜。

10 月 在校长罗家伦主持下，国立中央大学的 7 个学院、1500 余名学生、1000 名教职工及家属，再加上其他人员共 4000 余人，随携图书、仪器 1900 余箱，开始西迁入川。11 月中旬抵重庆，12 月 1 日正式开学。

△ 南京警备司令部改编为首都警卫军司令部，负责南京防守任务，由大本营直辖。

11 月 7 日 日军以上海派遣军与第 10 军编组成华中方面军，松井石根大将为司令官，并兼任上海派遣军司令官。

11 月 12 日 中国守军在淞沪战场经血战三月，终因强弱悬殊而不守，上海陷落。同日，蒋介石与林森会商，决定迁都重庆。

11 月 13 日 国民政府发表自上海撤退之声明，表达坚决抗战之决心。

△ 蒋介石指出：“抗战最后地区与基本战线，将在粤汉、平汉两铁路以西。”

△ 日军一部在白茆口、浒浦镇一带登陆，配合陆上部队，攻击吴福线。

11 月 15 日 第三战区左翼军完成对吴福线的占领。16 日，昆山失守。

△ 日军第 10 军司令官柳川平助主持召开幕僚会议，决定“以军的主力独自

果断地向南京追击”。

11 月 16 日　第三战区制定《第三期作战计划》，决以一部兵力用于沪杭线，阻敌发展；以一部兵力，约 3 至 5 师，回任首都拱卫；调川军 6 个师，集结于广德、宁国地区。

△ 国民党、国民政府在南京各机关，开始公开大规模迁往重庆、汉口、长沙等地。国民政府主席林森在南京登“永丰”舰启程赴川。

△ 金陵兵工厂接到军政部关于全厂西迁重庆的命令。月底，将各种制造工具、发电设备等共 4300 吨拆装完毕，撤离南京前往重庆。

11 月 17 日　蒋介石命令薛岳所率左翼军：“苏州、常熟、福山之线应固守，非有命令不得撤退。”

11 月 18 日　日军第 10 军根据前一天制定之《从嘉兴向南京追击的作战指导要领》精神，命令各师团：“不失时机一举向南京追击敌人。”

△ 日军第 3 师团由华中方面军的直辖部队，回师到上海派遣军辖下。

11 月 18 日　中央图书馆奉命西迁。20 日，将重要图书 130 箱 1 万余册运离南京，西赴武汉，中经宜昌，于 1938 年 2 月初运抵重庆。

11 月 19 日　第三战区左翼军总司令薛岳根据全局形势，命令部队自吴福线撤退，占领锡澄阵地。

△ 福山、常熟、苏州、嘉兴失守，京沪客车停驶。

△ 嘉兴失守，作为首都南京东南屏障的乍平嘉国防线，经中国守军浴血奋战后，终为日军突破。

△ 日军全天向吴福线猛烈炮击。鉴于吴福线已难以坚守，左翼军总司令薛岳下达撤退令。至此，作为拱卫首都南京第一道防线的吴福线被日军突破。

11 月中旬　蒋介石为防守南京事，连续召开高级幕僚会议，最终确定“短期固守”方针。19 日，蒋以手令特派唐生智为南京卫戍司令长官，并开始组建南京卫戍部队。

11 月 20 日　国民政府正式发表移驻重庆宣言：国民政府“为适应战况，统筹全局，长期抗战起见，本日移驻重庆，此后将以最广大之规模，从事更持久之战斗”。中央通讯社报道：国民政府各机关，经陆续迁移，今已搬迁完毕。

△ 南京卫戍司令长官唐生智履职视事。24 日，国民政府军事委员会正式发文，任命唐生智为南京卫戍司令长官。

△ 日本设立帝国大本营，参谋总长的权力增大，可支配陆海军两大臣。

11 月 21 日 日机三度空袭南京。

△ 太湖南线吴兴失守，守军第 174 师少将副师长夏国璋殉职。

△ 苏联援华航空志愿队 40 余架战机飞抵南京（一说 11 月 22 日），并于 22 日直接投入南京空战，此为该航空志愿队之首战。激战中取得击落日机 1 架，并击毙其飞行员的出色战绩。其间亦有 1 架志愿队飞机被日机击中坠毁，飞行员牺牲。

11 月 22 日 南京安全区国际委员会正式宣告成立。国际委员会由英国、美国、德国、丹麦四国之 15 名侨民组成，德国西门子中国公司驻南京代表拉贝被推为主席。与此同时，国际委员会还发起成立了由 17 人组成的国际红十字会南京委员会，美国圣公会马吉牧师任主席。

△ 宋希濂率第 36 师抵达南京。

△ 日军华中方面军向东京参谋本部报告称："为了使事变迅速解决，乘现在敌人的劣势，必须攻占南京。"

11 月 23 日 蒋介石至常州，召集前方将领训话。

△ 广东部队第 83 军到达无锡，掩护主力撤退。

11 月 24 日 日本举行第一次大本营御前会议，作战部长下村定报告作战计划称：华中方面军正不失时机地进行追击；由于许多炮兵、辎重部队还在前线部队的后方，华中方面军应先行轰炸南京及其他要地，以消磨中国军队的战斗意志。

△ 日军参谋本部发出指令，废除原规定华中方面军作战地域在苏州、嘉兴一线以东的"制令线"。

11 月 25 日 蒋介石颁布首都卫戍部队战斗序列，内含第 72 军孙元良部、第 78 军宋希濂部、首都警备军谷正伦部、教导总队桂永清部等。之后首都卫戍部队规模继续扩大，直至包含 13 个建制师又 10 个建制团，共约 15 万人。

△ 第三战区左翼军奉命主力向皖赣边境撤退，一部向常州撤退，江防军固守江阴要塞。

△ 长兴、无锡失守。

△ 日军华中方面军将《第二期作战计划大纲》发至所属两军，命令其在无锡—湖州线做好战斗准备，以备一举攻占南京。

△ 日军华中方面军司令官松井石根发表声明：除非中国政府停止抵抗，否则日军将继续进攻南京及汉口，甚至重庆。

△ 由丹麦、德国、英国、美国四国侨民组成的国际委员会，向中日当局建议在南京设立安全区，供避难平民居住。

11月26日 中国军队在锡澄线进行了最后的抵抗后，决定放弃锡澄线。

△ 私立金陵大学学生和教职工500余人，携图书、仪器400余箱，于11月25日、29日及12月3日，分三批西迁入川。

△ 第三战区左翼军放弃锡澄线。日军集中兵力向江阴进攻。

11月27日 唐生智向外国记者与留京外侨发表谈话，表示“本人及所属部队誓与南京共存亡，不惜牺牲于南京保卫战中”，“此种牺牲定将使敌人付出莫大之代价”。

△ 俞济时率第74军退守南京，被编入南京卫戍军战斗序列。

△ 江苏省政府自镇江迁苏北办公。

△ 共产党人凯丰（何克全）作词、吕骥作曲的抗战歌曲《保卫南京》，在延安解放社出版的第25期《解放》杂志上发表。歌曲用急迫的节奏，铿锵的音调，号召全国民众保卫南京，坚定抗战信念。

11月28日 日军参谋本部向华中方面军下达“向南京追击”的电令。

△ 日军第114师团占领宜兴。

△ 日军第16师团占领常州。

11月29日 蒋介石率唐生智、顾祝同、胡宗南、桂永清、孙元良、邵百昌等将领，视察紫金山、雨花台、狮子山复郭阵地。

△ 日军海军航空兵对南京南郊溧水城区进行狂轰滥炸，造成特别重大人员伤亡和财产损失，其中遇难同胞约1000人。

11月30日 蒋介石致电顾祝同、刘兴、唐生智，规定：“首都卫戍军除固守南京既设阵地外，应与第三战区部队密切协同，相互策应，击破敌之攻围军。”

△ 南京市市长马超俊致函南京安全区国际委员会，拨给难民区大米3万担；后又续拨面粉2万袋、10万元现金和部分食盐。

△ 日军占领南京外围防御重点之广德，守军第145师中将师长饶国华自杀殉国。

11月 中央研究院奉命西迁，其中原设南京的总办事处及地质、气象、心理、动植物四所迁重庆，史语、社会二所迁南溪李庄，天文所迁昆明。

△ 南京卫戍司令长官唐生智策定南京城防御计划——《首都保卫军作战计划》，该计划对防御方针、指导要领、兵团部署等进行了详尽安排。

12月1日 国民政府发言人在汉口表示，南京必当死守，并引蒋介石语：“中国如对日屈服，即失去一切，如抵抗即赢得一切。”

△ 国民政府在重庆开始办公。

△ 江阴经激战数日后失守。中国军队在江阴江面击伤7艘日舰。

△ 日本大本营下达华中方面军战斗序列令，司令官松井石根，下辖上海派遣军和第10军；同日还敕令“华中方面军司令官须与海军协同，攻占敌国首都南京”。

△ 日军华中方面军下达命令：第10军主力自12月3日开始行动，击败当面之敌进入溧水附近地区；上海派遣军主力自12月5日开始行动，击败当面之敌进入磨盘山山脉。

△ 12月1日，南京市市长马超俊将难民区行政权交予南京安全区国际委员会。7日，唐生智下令所有中国军队一律撤离安全区。

12月2日 蒋介石召集白崇禧、顾祝同、徐永昌、唐生智等高级将领，商讨对德国大使陶德曼调停的对策，确定不拒绝德国调停和华北政权需要保存两条原则。当天下午，蒋会见陶德曼，表达了上述两条原则等意向。

△ 中方第83军（欠第154师）在武进一带完成掩护主力撤退的任务后，退至镇江附近。

△ 日军占领丹阳、金坛、溧阳。

△ 日方免去松井石根上海派遣军司令官之兼职，任命朝香宫鸠彦王继任该职。

△ 日军第6师团接获命令，从湖州—广德—郎溪—洪蓝埠之线，以强行军追上第114师团，后于12月8日在南京南郊，与第114师团左翼相接，共同攻击雨花台阵地。

△ 日机10余架次两度空袭南京，被击落4架。

12月3日 空战中，被誉为中国空军“四大天王”之一的空军第4大队第21中队副中队长乐以琴殉国。

△ 溧水失守。

△ 自12月1日至3日，日机对南京继续进行无差别猛烈轰炸。中苏空军联合地面防空部队对日机进行拦截，双方互有战机毁损和飞行员伤亡。后随着惨烈悲壮的南京保卫战打响，日军对南京的空袭和地面进攻逐步结合到一起。同时，南京防空作战也融入南京保卫战之中。

12月4日 南京保卫战之前哨战斗，于句容境内上葛村、白兔镇率先分别打响。

△ 守军第66军于句容西端之既设阵地抵御日军进攻，其第478旅与日军激战3日后突出重围。

△ 日军一部开始与淳化守军发生接触，6日起猛烈战斗。守军第51师奉命在

湖熟、淳化一带迎击敌军，经血战 3 日，奉命放弃淳化、方山阵地，向河定桥、麻田之线转移。

12 月初　南京永利铔厂利用太古公司“黄浦”号轮船，将 200 余吨机器设备、生铁、铁板及部分硫酸铔成品，装船西运。

12 月 5 日　蒋介石电令正在皖南前线指挥作战的第 15 集团军总司令罗卓英，离防赴京，就任南京卫戍副司令长官。

△ 日军占领句容后，南京守军开始在汤山、湖熟、淳化一带，首先与入侵日军展开激战。

△ 第 2 军团徐源泉部由汉口开赴南京，其第 41 师抵达煤炭港，并即开赴尧化门阵地。

12 月 6 日　蒋介石向参加守城的少将以上将领发表讲话，勉励大家服从唐生智领导，努力固守南京。

△ 日军一部开始由句容攻击孟塘地区，守军第 41 师、第 160 师与第 36 师之补充第 2 团，奉命在孟塘、大胡山地区围堵日军。经激战 3 日，予日军重创后，守军放弃该阵地。

△ 湖熟镇、索墅镇前进阵地失守。

12 月 7 日　蒋介石于清晨乘飞机离开南京，赴江西。

△ 国民政府宣布南京为交战区。

△ 为保证安全区为非武装区，唐生智下令，所有军队及军用设施一律撤离安全区。

△ 守卫牛首山之第 58 师部队，开始同进攻日军发生激战，经奋战三日夜，奉命退守双闸镇至宋家凹一线。

△ 日军占领镇江城。此后，守军第 103、第 112 师及镇江要塞部队在象山、焦山、圌山关等阵地继续顽强坚守，经鏖战 5 日，方分别撤至南京与江北。

△ 日本外相广田弘毅向德驻日大使狄克逊表示：由于最近日本在军事上的“巨大胜利”和中国的“严重失败”，日本将扩大其在谈判中提出的要求。

△ 日军华中方面军通告《攻占南京城要领》，规定了以和平和非和平方式进入南京，进行“扫荡”的规模和要求。

△ 日军第 114 师团占领秣陵关。

△ 宁国失守。

12 月 8 日　日军占领南京西南方重要阵地淳化。

△ 南京卫戍司令长官部鉴于东南两面之大弧形外围阵地多处已被突破的情况，即下达命令，调整部队部署，退守复郭阵地。其新的防守阵地东起乌龙山、杨坊山，中经紫金山、雨花台、牛首山，西至板桥镇。

△ 南京安全区国际委员会发布《告南京市民书》，正式宣告南京安全区建立，并在区内第一次悬挂起具有特殊标志的旗帜；警察向居民发出通告，或迅速进入安全区，或离开南京，各处城门不久即将关闭。

△ 由汤山西进之日军，开始进抵紫金山地区。守军在数日内，与日军在老虎洞、红毛山、西山等地区展开激战。

△ 汤水镇失守。

12月9日 日军华中方面军司令官松井石根，命飞机在空中向南京守军投下“劝降书”，声称：“百万日军已席卷江南。南京城将陷入重围之中”，南京守军若不投降，千年古城将毁于一旦；次日中午前，将在中山门外的步兵哨线上接待中方谈判投降的使者。

△ 日军华中方面军参谋长塚田攻一行，由苏州驰赴南京郊外，准备接待中国军队谈判投降的使者。

△ 唐生智拒不投降，命令“各部队应以与阵地共存亡之决心，尽力固守，决不许轻弃寸地”；并令第78军负责收缴各军船只，决心背水一战。第78军宋希濂军长遵照唐生智的命令，严行收缴各部船只，并不准散兵私自乘船北渡。

△ 光华门守军开始与日军激战。此后数日，城门不断被日军炮火击破，守军随破随堵，歼灭入侵之日军。第156师的一支敢死队缒城而下，歼灭躲在城门洞中之残敌，并进击通光营房，全部为国牺牲。

△ 大胜关失守。

△ 雨花台开始发生激战。守军第88师连日坚守阵地，与日军浴血奋战。

△ 牛首山阵地被突破，守军第58师向水西门附近集结。

△ 日军华中方面军命令将和平进入南京时，各师团入城“扫荡”的基干部队，由原1个大队增加为3个大队。

12月10日 日军华中方面军参谋长塚田攻一行于中午前来到南京中山门外哨线，准备接收中国军队使者的投降答复，结果空手而返。午后1时，日军华中方面军下令对南京城发起总攻击。

△ 南京守军根据唐生智“与阵地共存亡”的命令，不理会日军的劝降恫吓，自清晨起，即以猛烈炮火回击日军的讹诈。

△ 教导总队在紫金山阵地退守第二峰。

△ 芜湖失守。

△ 日军国崎支队自当涂附近渡江，占领乌江，后于 11 日攻占江浦县桥林镇，12 日占江浦县城，13 日占浦口东站，切断了南京守军的水上退路。

12 月 11 日 中午，顾祝同以电话向唐生智转达蒋介石的撤退命令。当日，唐生智连接蒋介石“真侍参”和“真戌侍参”两道撤退令，内称“如情势不能久持时，可相机撤退，以图整理，而期反攻”。

△ 唐生智向报界表示：守军正以血肉之躯，与钢铁相争，坚决抵抗日军进攻。

△ 南京卫戍副司令长官罗卓英到中华门一带视察前线阵地。

△ 守军第 2 军团之第 48 师，在东北郊杨坊山与日军激战，经竟日拼杀，第 288 团之第 3 营官兵几乎全部壮烈牺牲，营长孙庆勋亦身负重伤，杨坊山失守。接着，第 283 团第 1 营又在银孔山与日军血战，营长单喆渊殉国，全营官兵伤亡殆尽，银孔山被占。

△ 水西门外棉花堤、上新河一带发生激烈战斗，守军第 74 军与宪兵部队坚守阵地，顽强拼搏。

△ 日军攻击南京的二线兵团第 3 师团，派出一支先遣队，进入第 9 师团左翼，参加对南京东南城垣的攻击。

△ 日军第 18 师团奉命停止对南京的攻击，集结于太平、芜湖间地区，准备攻击杭州。

△ 夜 24 时（12 日凌晨 0 时），唐生智下达“卫参作第 44 号命令”，指示“各区阵地，非有命令不得放弃，违者按连坐法治罪”。

12 月 12 日 晨，守军第 87 师第 259 旅少将旅长易安华，亲率一个加强团在通济门外向日军发起突袭，以身殉国。

△ 日军集中大批飞机和重炮，猛烈攻击雨花台阵地。守军第 262 旅少将旅长朱赤、第 264 旅少将旅长高致嵩殉国，该 2 旅官兵大部牺牲，雨花台阵地失守。

△ 水西门、中华门间赛公桥发生激战，守军第 51 师之第 302 团血战终日，阵地屡失屡得，予日军以沉重打击，团长程智为国捐躯。

△ 日军山田支队与海军舰艇猛攻乌龙山要塞，守军第 2 军团与要塞部队奋勇抵抗，双方损失严重。

△ 下午 5 时，唐生智召集守城将领会议，宣布撤退命令。书面命令中规定“大部突围，一部渡江”；但其又口头同意第 87 师、第 88 师、第 74 军、教导总队等

部，“如不能全部突围，有轮渡时可过江，向滁州集结”。唐本人于当晚9时渡江，次晨抵六合后，转往滁州。

△ 下午，蒋介石改变前令南京守军撤退原旨，复致电唐生智、罗卓英、刘兴，令其不惜任何牺牲，坚守南京。但在当时已经十分混乱的战局下，该命令并未发挥作用和影响。

△ 守军第160师少将参谋长司徒非，第156师少将参谋长姚中英、第468旅少将副旅长李绍嘉，在指挥部队突围时，以身殉国。

12月13日 凌晨起，中山门、光华门、中华门、水西门等城垣先后被日军突破，南京城失陷。17日，日军举行“入城式”，其华中方面军司令官松井石根、上海派遣军司令官朝香宫鸠彦王、第10军司令官柳川平助、中国方面舰队司令长官长谷川清等将领齐集南京城。

△ 凌晨起，守军第66军、第83军在突围时，于岔路口、仙鹤门、新庄、空山、狮子山等处，与大批日军遭遇，发生激战，双方伤亡严重。守军第159师少将副师长罗策群在岔路口战斗中，率部冲锋，牺牲于阵前。

△ 守军第2军团放弃乌龙山要塞，自凌晨零时至晨7时，由乌龙山东面周家沙、黄泥荡两码头渡江至六合。

△ 上午，守军宪兵部队少将副司令萧山令于江边率领残部阻击追兵，以身殉职。

△ 唐生智、罗卓英、刘兴电呈蒋介石，报告南京撤退情况。

△ 蒋介石就自南京撤退发出通电，表示继续抵抗侵略的决心。电称：“国军退出南京，绝不致影响我政府始终一贯抵抗日本侵略原定之国策。”

△ 日军侵占南京后，在6周的时间里，对手无寸铁的南京平民和放下武器的中国军人进行了惨绝人寰的大屠杀。总计南京同胞被血腥屠杀达30万人以上。同时，日军还大肆奸淫、纵火、抢劫，据统计，在占领后的1个月，南京市内共发生2万起左右的强奸事件；纵火使许多繁华商业街道与优秀古代建筑变为废墟，“半城几成灰烬”；日军对金银、衣服、粮食、车辆、书籍等物无所不抢，抢劫物品总价值达2300多亿元。

12月15日 第160师参谋处长钟汉柏率1000余人，在江宁县小丹阳组织“江南游击支队”一、二两支队，有序突破日军封锁，向后方撤退。

△ 蒋介石为守军退出南京发表告国民书，指出：“中国持久抗战，其最后决胜之中心，不但不在南京，抑且不在各大都市，而实寄于全国之乡村与广大强固

之民心。”

12月16日 幕府山被俘官兵数千人，利用囚禁地发生火灾的机会，实行集体暴动，冲出被囚营房，遭日军血腥屠杀。

12月17日 草鞋峡江边数千被俘军人，在日军集体屠杀现场，挣脱捆绑，赤手空拳，冲向日军，实行集体暴动，遭日军血腥屠杀。

12月24日 由军事委员会侍从室第一处主任钱大钧转呈蒋介石，唐生智、罗卓英、刘兴为卫戍南京未能持久守备自请处分的报告。

12月下旬 由第74军军长俞济时，在开封收容第88师渡江官兵1573人。

△ 第159师郭永镳部在句容九华山、高骊山一带，编组为3个营，分由林诗学、崔直行、谭廷光任营长，组织驻地民众开展抗日斗争。

1938年

本年初 第66军在江西、湖南等后方整训时，共收容成功突围之官兵7790人。

△ 第83军成功突围之官兵计一二千人，在湖南集中整训。

主要参考资料

一、档案、文献、回忆录

1. 中国第二历史档案馆馆藏档案。

2. 南京市档案馆馆藏档案。

3. 侵华日军南京大屠杀遇难同胞纪念馆馆藏资料。

4. 台北“国史馆”馆藏档案。

5. 日本防卫省防卫研究所藏档案。

6. 中共中央文献研究室编:《周恩来年谱(一八九八——一九四九)》,人民出版社、中央文献出版社 1990 年版。

7. 中央统战部、中央档案馆编:《中共中央抗日民族统一战线文件选编》(下),档案出版社 1986 年版。

8. 中央档案馆编:《中共中央文件选集》第 11 册,中共中央党校出版社 1991 年版。

9. 中共中央党史资料征集委员会编:《第二次国共合作的形成》,中共党史资料出版社 1989 年版。

10. 中共中央党校中共党史资料室编:《卢沟桥事变和平津抗战(资料选编)》,中共中央党校科研办公室 1986 年印行。

11. 中国第二历史档案馆、侵华日军南京大屠杀遇难同胞纪念馆编:《南京保卫战殉难将士档案》(“南京大屠杀史研究与文献”系列丛书第 11—20 册),南京出版社 2007 年版。

12. 中国第二历史档案馆编:《南京保卫战档案》(第 1—8 册),南京出版社 2018 年版。

13. 中国第二历史档案馆整编:《中华民国史史料长编》第 43 册,南京大学出版社 1993 年版。

14.《国民政府公报》，1935—1945 年。

15. 中国第二历史档案馆编：《中德外交密档（1927—1947）》，广西师范大学出版社 1994 年版。

16. 总理陵园管理委员会编：《总理陵园管理委员会报告》，南京出版社 2008 年版。

17. 中国第二历史档案馆编：《国民政府抗战时期厂企内迁档案选辑》上，重庆出版社 2016 年版。

18. 中国第二历史档案馆编：《抗日战争正面战场》上册，江苏古籍出版社 1987 年版。

19. 中国第二历史档案馆、南京市档案馆编：《侵华日军南京大屠杀档案》，江苏古籍出版社 1987 年版。

20. 中国第二历史档案馆编:《中华民国史档案资料汇编》第 5 辑第 1 编“军事”第 1 卷、第 5 辑第 1 编“政治”第 1 卷、第 5 辑第 2 编“外交”第 1 卷，江苏古籍出版社 1998 年版。

21. 中共南京市委党史资料征集编研委员会办公室：《南京革命史大事记（1919—1949）》，中共南京市委党史资料征集编研委员会办公室 1986 年印行。

22. 中共南京市委党史工作办公室、中共南京市委宣传部编：《南京百年风云（1840—1949）》，南京出版社 1997 年版。

23. 中共南京市委党史办公室、八路军南京办事处纪念馆编：《抗战初期的八路军驻南京办事处》，南京大学出版社 1987 年版。

24. 中共上海市委党史研究室编:《上海抗战图史》,上海人民出版社 2015 年版。

25. 中国人民政治协商会议全国委员会文史资料委员会编：《文史资料存稿选编》第 19 辑《军政人物》（上册），中国文史出版社 2002 年版。

26. 中国人民政治协商会议全国委员会文史资料研究委员会编：《文史资料选辑》第 12 辑（合订本第 3 册）、第 15 辑（合订本第 4 册）、第 71 辑（合订本第 24 册），中国文史出版社 1986 年版。

27. 中国人民政治协商会议全国委员会文史资料研究委员会《八一三淞沪抗战》编审组编：《原国民党将领抗日战争亲历记・八一三淞沪抗战》，中国文史出版社 1987 年版。

28. 中国人民政治协商会议全国委员会文史资料研究委员会《南京保卫战》编审组编:《原国民党将领抗日战争亲历记·南京保卫战》,中国文史出版社 1987 年版。

29. 江苏省政协文史委员会编：《江苏文史资料存稿选编·军事卷》（上册），江苏人民出版社 2007 年版。

30. 江苏省政协文史资料委员会、江苏省国防科学技术工业办公室编：《江苏近代兵工史略》，江苏文史资料编辑部 1989 年印行。

31. 南京市政协文史资料委员会编:《蓝天碧血扬国威——中国空军抗战史料》，中国文史出版社 1990 年版。

32. 南京市雨花台区政协文史委员会编：《雨花文史》第 2 集，1988 年。

33. 上海社会科学院历史研究所编：《“八一三”抗战史料选编》，上海人民出版社 1986 年版。

34. 复旦大学历史系日本史组编译:《日本帝国主义对外侵略史料选编（1931—1945）》，上海人民出版社 1975 年版。

35. 复旦大学历史系中国近代史教研组编：《中国近代对外关系史资料选辑（1840—1949）》下卷第 2 分册，上海人民出版社 1977 年版。

36. 毛泽东：《毛泽东选集》第一、第二卷，人民出版社 1991 年版。

37. 周恩来：《周恩来选集》上卷，人民出版社 1980 年版。

38. 何应钦：《民国丛书第二编·32：何上将抗战期间军事报告》，上海书店 1990 年版。

39.《何应钦将军九五纪事长编》编辑委员会编：《何应钦将军九五纪事长编》（上），台北黎明文化事业公司，1984 年印行。

40. 秦孝仪主编:《中华民国重要史料初编·对日抗战时期》第 2 编第 1 册、第 2 册，第 3 编第 2 册，第 6 编第 3 册，续编第 1 册、第 3 册，台北中国国民党中央委员会党史委员会 1981 年编印。

41.《革命文献》第 76 辑，台北中国国民党中央委员会党史史料编纂委员会、“中央”文物供应社 1978 年版。

42. 秦孝仪总编纂：《“总统”蒋公大事长编初稿》卷 3、卷 4，台北中国国民党中央委员会党史委员会 1978 年编印。

43. 黄季陆主编：《革命人物志》第 4、14 集，台北中国国民党中央委员会党史史料编纂委员会 1970、1975 年编印。

44. 吕芳上主编:《蒋中正先生年谱长编》第五册，台北“国史馆”、中正纪念堂、中正文教基金会 2015 年版。

45. 赵炳坤、刘炳炎：《京镇杭联合防空演习记事》，军事委员会防空委员会

1936 年印行。

46. 南京市政府秘书处编印：《十年来之南京》，1937 年。

47. 中央防空学校编：《南京防空经验》，1939 年 7 月印行。

48. 国民政府海军总司令部编：《海军战史》，1941 年编印。

49. 军事委员会军官训练团编：《东战场京沪战役的检讨》，1938 年。

50. 陈重编：《中国抗敌大事日记》，新国民出版社 1938 年版。

51. 中央航空学校：《航空学校校史》，1943 年编印。

52. 宪兵司令部编：《宪兵忠烈纪要》，宪兵司令部 1946 年印行。

53. 李宗仁口述，唐德刚撰写：《李宗仁回忆录》（下），广西人民出版社 1980 年版。

54. 白崇禧：《白崇禧回忆录》，解放军出版社 1987 年版。

55. 白崇禧口述，贾廷诗、陈三井等记录，郭廷以校阅：《白崇禧口述自传》，中国大百科全书出版社 2016 年版。

56. 万毅：《万毅将军回忆录》，中共党史出版社 1998 年版。

57. 张发奎口述，夏莲瑛访谈及记录，胡志伟译注：《张发奎口述自传：国民党陆军总司令回忆录》，当代中国出版社 2012 年版。

58. 张治中：《张治中回忆录》，华文出版社 2007 年版。

59. 程思远：《政坛回忆》，广西人民出版社 1983 年版。

60. 陈诚：《陈诚先生回忆录：抗日战争》上册，台北“国史馆”2005 年版。

61. 孙元良：《亿万光年中的一瞬——孙元良回忆录》，台北世界出版社（台内著字第 4573 号）1974 年版。

62. 王云五主编：《民国胡上将宗南年谱》，台北商务印书馆 1972 年版。

63. 张宪文主编：《南京大屠杀史料集》第 1—72 册，江苏人民出版社、凤凰出版社 2005—2010 年版。

64. 张宪文、吕晶编：《见证与记录：南京大屠杀史料精选（日方史料）》，江苏人民出版社 2014 年版。

65. 党德信、杨玉文主编：《抗日战争国民党阵亡将领录》，解放军出版社 1987 年版。

66. 郭沫若、田汉等：《血肉长城：抗战前线将领访谈》，上海科学技术文献出版社 2005 年版。

67. 朱成山编，彭曦等译：《侵华日军南京大屠杀日本报刊影印集》上下册，南京出版社 2011 年版。

68. 朱成山主编，桂奋权、卢彦名译：《海外南京大屠杀史料集》，南京出版社 2007 年版。

69. 张连红、吴先斌、张定胜编：《南京保卫战老兵口述史》，南京出版社 2020 年版。

70. 陆束屏编著、翻译：《英国外交官和英美海军军官的记载》，南京出版社 2013 年版。

71. 张慧卿编：《南京保卫战历史文献（1937—1949）》，南京出版社 2019 年版。

72. 廖利明编：《南京保卫战文史资料》，南京出版社 2019 年版。

73. 凌曦、唐恺编：《南京保卫战中方报纸报道（1937—1938）》，南京出版社 2020 版。

74. 刘建业、陆大钺主编：《迁都重庆的国民政府》，北京出版社 1994 年版。

75. 刘善章、周荃主编：《中德关系史文丛》，青岛出版社 1991 年版。

76. 李巨廉、王斯德主编：《第二次世界大战起源历史文件资料集（1937.7—1939.8）》，华东师范大学出版社 1985 年版。

77. 李欣栩、池子华主编：《中国红十字运动史料选编》第八辑，合肥工业大学出版社 2017 年版。

78. 杨志本主编：《中华民国海军史料》，海洋出版社 1987 年版。

79. 杨夏鸣译：《麦卡伦日记与书信》（1938 年 1 月 22 日），《日本侵华南京大屠杀研究》2020 年第 1 期。

80. 杨夏鸣编译：《鲍恩典书信选（1937—1938）》（一），《日本侵华南京大屠杀研究》2018 年第 3 期。

81. 苏联外交部外交文件出版委员会：《苏联外交政策文件集》第 20 卷，苏联共产党中央委员会政治文学出版社 1976 年版。

82.〔美〕明妮·魏特琳著，南京师范大学南京大屠杀研究中心译：《魏特琳日记》，江苏人民出版社 2000 年版。

83.〔德〕约翰·拉贝著，本书翻译组译：《拉贝日记》，江苏人民出版社、江苏教育出版社 2009 年版。

84.〔日〕日本陆军恤兵部发行：《支那事变战迹之刊》中卷，中央陆军军官学校第四分校 1941 年印。

85. 日本海军省教育局：《支那事变尽忠录》，1941 年编印。

86. 日本防卫厅防卫研修所战史室编：《战史丛书・中国方面陆军航空作战》，朝云新闻社 1974 年版。

87. 日本防卫厅防卫研修所战史室编：《战史丛书・中国方面海军作战》，朝云新闻社 1974 年版。

88. 〔日〕日本防卫厅防卫研究所战史室著，齐福霖译：《中国事变陆军作战史》第 1 卷第 2 分册，中华书局 1981 年版。

89. 〔日〕今井武夫著，天津市政协编译委员会译：《今井武夫回忆录》，中国文史出版社 1987 年版。

90. 〔日〕东史郎著，张国仁等译：《东史郎日记》，江苏教育出版社 1999 年版。

91. 〔日〕松冈环编著，新内如、全美英，李建云译：《南京战・寻找被封闭的记忆——侵华日军原士兵 102 人的证言》，上海辞书出版社 2002 年版。

二、报刊

1.《中央日报》1937 年 7 月—12 月。

2.《申报》（上海版）1937 年 8 月—12 月。

3.《申报》（汉口版）1938 年 1 月。

4.《大公报》（上海版）1937 年 9 月—12 月。

5.《大公报》（汉口版）1937 年 12 月。

6. 天津《大公报》（长沙版）1937 年 12 月。

7. 上海《时报》1937 年 12 月。

8. 上海《民国日报》1932 年 1 月。

9.《京华晚报》1937 年 10 月—1938 年 1 月。

10.《新中华报》1937 年 11 月—12 月。

11. 巴黎《救国时报》1937 年 9 月—12 月。

12.《解放》第 1 卷第 25 期，1937 年。

13.《中山日报》1937 年 12 月—1938 年 3 月。

14.《扫荡报》1937 年 12 月。

15.《武汉日报》1937 年 12 月—1938 年 1 月。

16.《东南日报》1937 年 11 月—12 月。

17.《华美晚报》1937 年 12 月。

18.《华字日报》1937 年 12 月。

19.《国民公报》1937 年 12 月。
20.《社会日报》1937 年 12 月。
21.《越华报》1937 年 12 月。
22.《大晚报》1937 年 12 月。
23.《战时日报》1937 年 12 月。
24.《新闻夜报》1937 年 12 月。
25.《晶报》1937 年 12 月。
26.《救亡日报》，1937 年 8 月 30 日。
27.《新蜀报》1937 年 12 月。
28.《南京文献》1947 年第 3 号。
29.《文艺月刊》第 1 卷第 3 期，1937 年。
30.《火线下三日刊》第 7 期，1937 年。
31.《半月文摘》第 2 卷第 6 期，1938 年 5 月。
32.《文摘》第 11 号，1938 年 2 月。
33.《前哨（长沙）》第 3 卷第 10 期，1937 年。
34.《航空周报》第 5 期，1937 年。
35.《防空军人》第 1 卷，1939 年。
36.《抗战》周刊第 1 卷第 20 期，1938 年 1 月。
37.《救中国》第 9 期，1937 年。
38.《时事月报》第 17 卷第 6 期，1937 年。
39.《时事半月刊》第 1 卷第 3—5 期，1937 年 11 月—12 月。
40.《时事类编特刊》第 3 期，1937 年 10 月。
41.《红十字月刊》第 18 期，1947 年 6 月。
42.《战斗周报》第 8 期，1937 年。
43.《铁血评论》第 1 卷第 1 期，1938 年。
44.《国闻周报》第 14 卷第 47 期，1937 年。
45.《闽政与公余》第 20 期，1938 年 1 月。
46.《宇宙风》第 71 期，1938 年 7 月。
当代报刊：
1.《民国档案》
2.《抗日战争研究》

3.《江海学刊》

4.《学海》

5.《江苏社会科学》

6.《南京社会科学》

7.《日本侵华南京大屠杀研究》

8.《民国春秋》

9.《江苏地方志》

10.《南京史志》

11.《新华日报》

12.《南京日报》

13.《扬子晚报》

14.《现代快报》

15.《南京晨报》

三、著作、论文、文章

1. 中共中央文献研究室编:《朱德传》,人民出版社、中央文献出版社1993年版。

2. 中共中央文献研究室编:《周恩来传》,人民出版社、中央文献出版社1989年版。

3. 军事科学院军事历史研究部著:《中国抗日战争史》上卷、中卷,解放军出版社1994年版。

4. 江苏省中共党史学会编:《江苏抗日战争史》,中共党史出版社2007年版。

5. 张宪文主编:《中华民国史纲》,河南人民出版社1985年版。

6. 张宪文等著:《中华民国史》第2、第3卷,南京大学出版社2005年版。

7. 张宪文主编:《南京大屠杀全史》上、中、下册,南京大学出版社2012年版。

8. 张宪文、李继锋等著:《中国抗日战争史》(第二卷),化学工业出版社2016年版。

9. 郭汝瑰、黄玉章主编:《中国抗日战争正面战场作战记》,江苏人民出版社2015年版。

10. 孙宅巍著:《钟山硝烟——南京保卫战纪实》,河南大学出版社1995年版。

11. 孙宅巍著:《1937:南京悲歌》,台北先智出版事业股份有限公司1995年版。

12. 孙宅巍主编:《南京大屠杀》,北京出版社1997年版。

13. 孙宅巍著：《澄清历史——南京大屠杀研究与思考》，江苏人民出版社 2005 年版。

14. 孙宅巍著：《民国史论丛》，凤凰出版社 2010 年版。

15. 孙宅巍著：《南京保卫战史》，南京出版社 2014 年版。

16. 孙宅巍著：《南京大屠杀真相》，南京出版社 2016 年版。

17. 孙宅巍、王卫星、崔巍主编：《江苏通史 · 中华民国卷》，凤凰出版社 2012 年版。

18. 南京市地方志编纂委员会办公室编：《南京通史 · 民国卷》，南京出版社 2011 年版。

19. 中共南京市委党史办公室编：《南京人民革命史》，南京出版社 1991 年版。

20. 中共江苏省委党史工作委员会《苏南抗日斗争史稿》编写组编：《苏南抗日斗争史稿》，江苏人民出版社 1987 年版。

21. 张生等著：《南京大屠杀史研究》（上、下），凤凰出版社 2015 年版。

22. 黄慧英著：《南京大屠杀见证人拉贝传》，百家出版社 2002 年版。

23. 南京师范大学南京大屠杀研究中心主编：《魏特琳传》，南京出版社 2001 年版。

24. 杨奎松著:《国民党的“联共”与“反共”》, 社会科学文献出版社 2008 年版。

25. 陶文钊、杨奎松、王建朗著：《抗日战争时期中国对外关系》，中国社会科学出版社 2009 年版。

26. 杨天石著:《找寻真实的蒋介石: 蒋介石日记解读 1》, 重庆出版社 2015 年版。

27. 马振犊、戚如高著：《蒋介石与希特勒——民国时期中德关系研究》，九州出版社 2012 年版。

28. 魏宏运著、南开大学历史学院编：《抗日战争与中国社会》上，天津人民出版社 2017 年版。

29. 杨光彦等主编：《重庆国民政府》，重庆出版社 1995 年版。

30. 姜昭龙著：《武昌首义一少年　邵百昌将军传》，台北黎明文化出版社 1985 年版。

31. 滕昕云著：《抗战前期德制新中央军南京保卫战之折戟沉沙》，台北老战友工作室军事文粹部 2018 年版。

32. 李吉荪著：《中日南京之战》，澳门国际炎黄文化出版社 2001 年版。

33. 李吉荪著：《国民革命军一级上将唐生智》，中国旅游出版社 1993 年版。

34. 高兴祖著：《日军侵华暴行——南京大屠杀》，上海人民出版社 1985 年版。

35. 经盛鸿著：《南京沦陷八年史（1937 年 12 月 13 日—1945 年 8 月 15 日）》（上册），社会科学文献出版社 2005 年版。

36. 经盛鸿著：《恶魔的吹鼓手与辩护士——战时日本新闻传媒与南京大屠杀》（上），南京出版社 2008 年版。

37. 孟国祥著：《大劫难：日本侵华对中国文化的破坏》，中国社会科学出版社 2005 年版。

38. 高晓星、时平著：《民国空军的航迹》，海潮出版社 1992 年版。

39. 夏蓓，邓攀著：《南京百年城市史（1912—2012）· 工农业卷》，南京出版社 2014 年版。

40. 朱明、杨国庆著：《南京城墙史话》，南京出版社 2008 年版。

41. 苏智良等编著：《去大后方——中国抗战内迁实录》，上海人民出版社 2005 年版。

42. 费仲兴著：《城东生死劫》，中国工人出版社 2008 年版。

43. 费仲兴著：《紫金山的碉堡》，南京出版社 2019 年版。

44. 罗娟编著：《南京保卫战》，航空工业出版社 2016 年版。

45. 罗娟、马振犊著：《南京城防保卫战》，金城出版社 2021 年版。

46. 陈书麟、陈贞寿编著：《中华民国海军通史》，海潮出版社 1993 年版。

47. 唐学锋著：《中国空军抗战史》，四川大学出版社 2000 年版。

48. 张德良、周毅主编：《东北军史》，辽宁大学出版社 1987 年版。

49. 徐帆、甄锐著：《钢铁抗战：中日装甲兵全史（1918—1937）》，中国长安出版社 2015 年版。

50. 胡博、王戡著：《碧血千秋：抗日阵亡将军录》，武汉大学出版社 2013 年版。

51. 孙科著：《中苏关系》，中华书局 1946 年版。

52. 陈诚著：《八年抗战经过概要》，国防部史政局 1946 年版。

53. 谭道平著：《南京卫戍战史话》，东南文化事业出版社 1946 年版。

54. 蒋纬国总编著：《国民革命战史 · 第三部：抗日御侮》（5），台北黎明文化事业股份有限公司 1979 年版。

55. 吴相湘编著：《第二次中日战争史》，台北综合月刊社 1973 年版。

56. 王平著：《八年抗战》，台北文海出版社 1966 年版。

57.〔英〕田伯烈著，杨明译：《1937：一名英国记者实录的日军暴行》，湖北人民出版社 2005 年版。

58.〔日〕本多胜一著、刘春明等译校：《南京大屠杀始末采访录》，北岳文艺出版社 2001 年版。

59.〔日〕洞富雄著，毛良鸿等译：《南京大屠杀》，上海译文出版社 1987 年版。

60.〔美〕戴维·贝尔加米尼著，张震久等译：《日本天皇的阴谋》上册，商务印书馆 1984 年版。

61.〔美〕柯伟林著，陈谦平、陈红民、武菁、申晓云译：《蒋介石政府与纳粹德国》，中国青年出版社 1994 年版。

62.〔俄〕卡利亚金著、赖铭传译：《沿着陌生的道路：一位苏联驻中国军事顾问的笔记》，解放军出版社 2013 年版。

63. 孙宅巍：《试论抗战初期的南京保卫战》，《江海学刊》1985 年第 5 期。

64. 孙宅巍：《评唐生智在南京保卫战中的功过》，《历史档案》1985 年第 4 期。

65. 孙宅巍：《南京保卫战及其失败》，江苏省中共党史学会、江苏省中国现代史学会编：《抗日战争史新论》，南京工学院出版社 1986 年版。

66. 孙宅巍：《如何评价南京保卫战——再论南京保卫战》，《民国档案与民国史学术讨论会论文集》，档案出版社 1988 年版。

67. 孙宅巍：《南京保卫战双方兵力的研究》，江苏省史学会编：《抗日战争史事探索》，上海社会科学院出版社 1988 年版。

68. 孙宅巍：《南京保卫战战事述略》，《南京方志通讯》1990 年第 3 期。

69. 孙宅巍：《试论南京保卫战研究中几个有争议的问题》，《民国档案》1993 年第 1 期。

70. 孙宅巍：《大陆学界研究南京保卫战述评》，台北《近代中国史通讯》第 15 期，1993 年。

71. 孙宅巍：《壮烈的南京空战》，《民国春秋》1994 年第 6 期。

72. 孙宅巍：《论南京保卫战的决策及其结局》，《南京社会科学》2000 年第 4 期。

73. 孙宅巍：《1935：南京保卫战大演习》，《钟山风雨》2008 年第 1 期。

74. 孙宅巍：《中、苏、美战机空袭日军占领下的南京》，《档案与建设》2014 年第 8 期。

75. 孙宅巍：《关于南京保卫战中巷战之我见》，《南京史志》2015 年第 1 期。

76. 孙宅巍：《诠释南京保卫战中牺牲的将军》，《钟山风雨》2015 年第 6 期。

77. 孙宅巍：《美英记者笔下的南京保卫战》，《南京党史》2015 年第 6 期。

78. 孙宅巍：《论南京保卫战的历史地位与影响》，《南京社会科学》2015 年第 7 期。

79. 孙宅巍：《悲壮的南京保卫战》，《江苏文史研究》2017 年第 2 期。

80. 孙宅巍:《给日军留下惨痛记忆的南京保卫战》,《南京档案》2017 年第 4 期。

81. 孙宅巍：《论南京保卫战对南京大屠杀的影响》，《日本侵华南京大屠杀研究》2018 年第 1 期。

82. 孙宅巍：《对南京保卫战的新认知》，《党史资料研究》2018 年第 2 期。

83. 孙宅巍:《南京保卫战再研究》,《日本侵华南京大屠杀研究》2019 年第 1 期。

84. 孙宅巍：《论南京大屠杀中的草鞋峡暴动》，《日本侵华南京大屠杀研究》2020 年第 3 期。

85. 孙宅巍：《新发现南京保卫战第 44 号作战令的重要价值》，《日本侵华南京大屠杀研究》2021 年第 3 期。

86. 孙宅巍:《再论南京保卫战的时空范畴》,《军事历史研究》2021 年第 4 期。

87. 台北“国史馆”：《孤城英烈一将军——萧山令南京保卫战殉国记》，《南京史志》1987 年特刊。

88. 张其立：《日寇对南京的空袭》，《南京史志》1987 年特刊。

89. 胡哲峰：《抗战前国民党政府国防准备评述》，《军事历史研究》1987 年第 2 期。

90. 张其立:《探讨 1937 年南京保卫战的几个问题》,《南京史志》1988 年第 4 期。

91. 高榆、刘存权、强剑衷：《南京保卫战纪实》，《南京史志》1988 年第 6 期。

92. 怀远：《唐生智死守南京终不死》，香港《春秋》第 757 期，1989 年 2 月。

93. 高晓星：《评中国海军的抗日作战》，《军事历史研究》1990 年第 4 期。

94. 钱建明：《江阴要塞区保卫战》，《江苏地方志》1995 年第 3 期。

95. 文辉：《南京保卫战中的首都警察部队》，《江苏地方志》1995 年第 3 期。

96. 李君山：《南京保卫战国府决策与执行过程》，台北《历史月刊》1995 年 8 月号。

97. 文丁：《1937：南京空中保卫战》，《共鸣》1995 年第 9 期。

98. 呼延如璞、赵志:《南京光华门城头中华魂——记谢承瑞烈士》,《民国春秋》1997 年第 5 期。

99. 赵华能：《南京沦陷前的防空准备》，《民国春秋》2000 年第 6 期。

100. 戚厚杰：《抗战时期兵器工业的内迁及在西南地区的发展》，《民国档案》

2003 年第 1 期。

101. 张连红:《南京大屠杀前夕南京人口的变化》,《民国档案》2004 年第 3 期。

102. 王作化:《中国历史上第一次防空大演习》,《纵横》2005 年第 2 期。

103. 孙玉芹:《1934—1945 年间国民政府的国民兵组训述评》,《军事历史研究》2007 年第 4 期。

104. 古琳晖:《全面抗战爆发前国民政府防空建设述评》,《南京政治学院学报》2009 年第 1 期。

105. 邢烨:《沦陷前后南京在中日双方眼中的地位和价值比较》,《民国档案》2012 年第 3 期。

106. 丁进:《紫金山老虎洞阵地考》,《档案与建设》2012 年第 11 期。

107. 高晓星:《南京军民的空中保卫战》,《日本侵华史研究》2013 年第 2 期。

108. 张苏赣:《江阴阻敌战的经过与得失》,《日本侵华史研究》2013 年第 3 期。

109. 戚厚杰:《南京保卫战指挥机构与参战部队考证》,《日本侵华史研究》2013 年第 4 期。

110. 张国松:《1931—1937: 南京防空教育与宣传工作初探》,《日本侵华史研究》2013 年第 2 期。

111. 丁进:《南京保卫战中的乌龙山炮台》,《钟山风雨》2015 年第 1 期。

112. 杨向昆:《首都城防战备与南京保卫战》,《日本侵华史研究》2017 年第 4 期。

113. 程瑶、唐恺:《南京保卫战部分守军的参战、损失、撤退人数》,《日本侵华南京大屠杀研究》2018 年第 4 期。

114. 罗娟:《谢承瑞:战火赤焰逞英豪》,《中国档案》2018 年第 9 期。

115. 于宁:《全面抗战初期南京的伤兵救护》,《日本侵华南京大屠杀研究》2020 年第 2 期。

116. 经盛鸿:《侵华日军进攻南京的兵力及其部署分析》,《军事历史研究》2020 年第 2 期。

117. 汪海涛:《南京保卫战守城官兵参战及撤离人数再辨析》,《军事历史研究》2020 年第 2 期。

118. 卢彦名、唐恺:《南京保卫战的江北地区防御作战》,《档案与建设》2020 年第 7 期。

后　记

学术研究是一件永无止境的千秋事业。南京保卫战，是中国人民伟大抗日战争中一个耀眼的亮点。

我于 1997 年在我国台湾地区出版了第一版《南京保卫战史》，2014 年由南京出版社出版了经修订后的新版《南京保卫战史》。进入 21 世纪后，随着南京大屠杀史料的喷涌问世，南京保卫战的史料也大量涌现。差不多在我拿到新版《南京保卫战史》的同时，心中就开始涌动着一个新的想法：倾尽今生之余力，写一部《南京保卫战全纪录》！

南京大学中华民国史研究中心、侵华日军南京大屠杀遇难同胞纪念馆、国家记忆与国际和平研究院编纂的“南京大屠杀史料集”“南京大屠杀史研究与文献”“南京保卫战史料与研究”等大型史料集、丛书，为南京保卫战史研究，提供了丰富的信息与史料，是南京保卫战史深入、创新研究取之不竭的源泉。

《南京保卫战全纪录》于 2019 年 11 月，作为国家记忆与国际和平研究院的委托课题，正式立项。其间，得到侵华日军南京大屠杀遇难同胞纪念馆大力支持，由一批有志于研究南京保卫战史的优秀中青年学者组成写作团队。经一年辛勤搜集资料与认真撰写，书稿初稿自 2021 年春起陆续完成。编写过程中，团队全体成员努力搜寻各种资料，多次集体沟通交流，反复修订调整文本，使定稿成为写作团队集体智慧的结晶。

然而，就在我夜以继日、抓紧统稿期间，我的多种糖尿病并发症严重发作，视力模糊至不能正常阅读文字。顷刻间，《南京保卫战全纪录》项目面临被迫中止、无果而终的艰难境地。蒙纪念馆领导惠予关照，坚持以《南京保卫战全纪录》善始善终、成功问世的信念，全力采取补救措施，致使本项目得以继续运转。

在此过程中，幸得挚友、老同事、江苏省社会科学院历史研究所杨颖奇研究员不避艰险，不辞辛劳，挺身而出，鼎力相助，以其深厚的学术功底、严谨的治学态度，认真为全书做统稿工作。颖奇先生的欣然介入、加盟，逐段逐条核实资料，逐字逐句圈点勾画，为本书注入了新的智慧与能量，使《南京保卫战全纪录》在危难中重获新生，得以循序渐进，圆满完成。

南京出版社聂焘先生，作为本书的责任编辑，校核仔细、认真，其敬业精神，令人敬佩。侵华日军南京大屠杀遇难同胞纪念馆刘静静女士，出于职责分工，负责本书后期编辑出版的校读、整合、联系工作，尽职尽责，作出了宝贵贡献。

本书所引用的中方、日方、美英等史料均未做改动，以保持原貌。在本书编写后期，侵华日军南京大屠杀遇难同胞纪念馆新任馆长周峰先生，秉承纪念馆既定宗旨，对本书的定稿与出版，给予了高度重视与支持。

本书写作分工如下：

孙宅巍　提出指导思想和编写大纲，撰写导论、结束语、后记，增写部分目，全书修改与统稿

杨颖奇　大事记，增写部分目，全书修改与统稿

马　培　第一章

罗　娟　第二章、第七章

胡卓然　第三章、第五章

张国松　第四章

唐　恺　第六章、参考资料

王　立　第八章

值此全部书稿完成付梓之际，喜见团队中诸位中青年学者从中锤炼成长，倍觉欣慰，南京保卫战史研究后继有人。此亦为纪念馆当初支持我主持该团队、该项目之初衷。期望本书的出版，能得到史界同仁的指正，共同将南京保卫战史与抗日战争史的研究引向深入。

孙宅巍

2023 年 12 月

附：

《南京保卫战全纪录》主编、作者简介

主编：

孙宅巍，1940年10月生，江苏扬州人，1962年毕业于南京大学历史系，江苏省社会科学院研究员、历史研究所原副所长，江苏省文史研究馆馆员，江苏省高端智库国家记忆与国际和平研究院研究员；2000年被评为江苏省优秀哲学社会科学工作者，同年经国务院批准享受政府特殊津贴；长期从事中国近现代史、民国史研究，共独立完成或主编15部著作，与人合著著作20部；发表主要学术论文百余篇，主持国家课题并主编专著《南京大屠杀》，被评为国家社科基金优秀成果三等奖、江苏省哲学社会科学优秀成果一等奖，全书被译成日文出版，部分内容被译成英文，收入美国普林斯顿大学史学论文集《南京1937：纪念与反思》。其他主要著作有《民国史论丛》《南京保卫战史》《1937：南京悲歌》（台北先智出版事业股份有限公司1995年出版）《澄清历史——南京大屠杀研究与思考》等。

杨颖奇，1952年5月生，陕西西安人，研究员，1979年入陕西师范大学学习，1983年入东北师范大学读研究生，分获哲学学士、法学硕士学位；1986年任教于解放军南京政治学院，1991年起就职于江苏省社会科学院历史研究所，曾任所长，现任江苏省历史学

会副会长兼秘书长、江苏省中国近现代史学会副会长等职；曾撰著、合著或主编出版《江苏通史（中华人民共和国卷 1949—1978）》（获江苏省第 13 届哲学社会科学优秀成果一等奖）、《南京通史（民国卷）》（获江苏省第 12 届哲学社会科学优秀成果二等奖）、《南京解放史（1945—1949）》（获南京市第 15 次哲学社会科学优秀成果一等奖）、《风卷红旗》、《中统大特务》、《民国政治要员百人传》、《民国军事将领百人传》、《中国社会各界抗战百杰》、《江苏历代名人录（政治卷）》、《江苏省志 · 人物志（1978—2008）》、《述说与诉讼——南京大屠杀幸存者夏淑琴传》等 14 部著作，另发表学术论文 80 余篇。

作者（按姓氏笔画为序）：

马培，女，1992 年 3 月生，河北邯郸人，现为侵华日军南京大屠杀遇难同胞纪念馆馆员，国家记忆与国际和平研究院助理研究员，南京市百名优秀文化人才；曾发表学术论文数篇，参与国家、省、市各级社科基金项目及江苏省重点智库课题 9 项，相关研究成果获评省重点智库课题优秀成果、江苏智库研究十佳成果、“江苏省社科应用精品工程”优秀成果一等次、南京市哲学社会科学优秀成果奖等。

王立，1987 年 4 月生，浙江宁波人，侵华日军南京大屠杀遇难同胞纪念馆馆员，侵华日军南京大屠杀史研究会秘书长，入选江苏省文物保护专家库成员、南京市中青年优秀人才、南京市第三批青年文化人才。参与国家和省、市级课题 20 余项，获江苏智库研究十佳成果、江苏省重点智库课题优秀成果、南京市社科决策咨询研究优秀成果一等奖。

张国松，1974 年 10 月生，山东莱州人，侵华日军南京大屠杀遇难同胞纪念馆研究馆员，南京市首批百名优秀文化人才，南京市优秀哲学社会科学工作者，在《南京社会科学》《历史教学问题》等刊物发表论文 20 余篇。

罗娟，女，1985年2月生，江苏连云港人，现任中国第二历史档案馆办公室主任，副研究馆员，担任中国档案学会档案文化专业委员会委员，主要研究方向为民国史、民国档案、中国抗日战争史，曾参与国家社科基金重大项目、江苏省社科基金后期资助项目多项，独立完成或主编著作2部，合著著作3部，发表民国档案及民国史研究论文共10余篇。

胡卓然，笔名栾川，1986年6月生，安徽无为人，现任国家记忆与国际和平研究院副研究员、侵华日军南京大屠杀史研究会会员，2021年加入中国作家协会，已公开发表历史题材文章200余篇，出版著作《敌后传奇》《你所不知道的抗日细节》等十余部，2020年入选第二批南京市百名优秀文化人才，2021年入选第四批南京市青年文化人才。

唐恺，1986年12月生，江苏南京人，供职于南京市栖霞区档案馆（区地方志办公室），现为江苏省中国近现代史学会、侵华日军南京大屠杀史研究会、南京市地方志学会、南京城市文化研究会会员，出版有《南京保卫战中方报纸报道（1937—1938）》（第二作者）一书；在《档案与建设》《日本侵华南京大屠杀研究》《南京学研究》等刊物发表论文数篇。